에듀윌과 함께 시작하면,
당신도 합격할 수 있습니다!

막막하고 불안한 마음을
기본서 40회독으로 극복해 합격한 취준생

취업 후 경비원 관리직 승진을 위해 도전하여
첫 시험에 합격한 20대 경비원

정년을 앞두고 제2의 인생을 위해 공부하여
7개월 만에 동차 합격한 직장인

누구나 합격할 수 있습니다.
해내겠다는 '다짐' 하나면 충분합니다.

마지막 페이지를 덮으면,

에듀윌과 함께
경비지도사 합격이 시작됩니다.

KB210286

eduwill

만점합격자 5인 배출
합격 후기로 검증된 교재

전○준 에듀윌 경비지도사 합격자(現 전역군인)

2차 시험 만점으로 인생 2막의 시작!

처음 혼자 학습할 때는 많은 어려움이 있었으나, 에듀윌과 학습한 이후에는 교수님들께서 공부 방향성과 핵심 포인트를 찍어주셔서 요점을 확실하게 정리할 수 있었습니다. 특히, 어상일 교수님께서 행정형벌과 과태료를 혼합한 문제가 반드시 나올 거라고 예상하셨는데 실제로 출제되었고, 이근명 교수님께서 "기본에 충실하면 어떠한 문제가 나오더라도 해결할 수 있다."라고 하셨던 말씀이 시험 중 떠올라 생소한 문제도 두려움 없이 해결하여 만점의 영광을 얻을 수 있었습니다.

김○환 에듀윌 경비지도사 합격자(現 경찰공무원)

직장생활과 육아를 병행하며 2차 시험 만점!

직장생활과 육아를 하며 또 부상에 시달리며 포기해야 하나 고민했지만, 에듀윌 커리큘럼을 끝까지 믿어보았습니다. 강의는 세 번은 무조건 들어야 한다고 생각했습니다. 두 번째까지는 다 아는 내용 같아 또 들을 필요 없을 것 같았지만, 세 번째 듣는 강의에서 같은 내용을 심층적으로 이해하고 다른 파트와 연계하여 흐름을 정리할 수 있게 되었습니다. 기본서 위주로 이해와 암기를 병행하여 실수 없이 만점을 받을 수 있었다고 생각합니다.

구○빈 에듀윌 경비지도사 합격자(現 대학생)

2차 시험 만점으로 경찰의 꿈에 한 걸음 더!

에듀윌의 커리큘럼은 이론부터 기출, 실전 모의고사, 고득점, 개정법령 특강까지 준비되어 있어서 기본부터 심화까지 흐름을 잡을 수 있었습니다. 특히 고득점 특강 자료는 꽤 많은 분량이었는데, 헷갈리는 부분이 정리되어 있어 공부하는 데 가장 큰 도움이 되었습니다. 시험 전에는 개정법령 특강으로 개정된 법을 숙지하고, 온라인 모의고사 응시로 시험 전 점수를 예측할 수 있어 좋았습니다. 이렇게 시험 직전까지 수험생들을 챙겨주는 에듀윌 덕분에 합격할 수 있었습니다.

다음 합격의 주인공은 당신입니다!

더 많은
합격스토리

회원 가입 시
100% 무료 혜택 제공

가입 즉시, 경비지도사 공부에 필요한 모든 걸 드립니다!

무료 혜택 1	무료 혜택 2	무료 혜택 3	무료 혜택 4	무료 혜택 5
경비지도사 합격필독서	경비지도사 초보수험가이드	전과목 이론강의 0원	최신 기출문제 &해설특강	온라인 모의고사

합격에 꼭 필요한 내용만 담은 합격필독서 *PDF로 제공함	최신 정보&합격 비법 수험가이드 *PDF로 제공함	1, 2차 전과목 기본 이론 강의 무료수강 (3일) *신규가입 회원에 한함	전문 교수진의 꼭 필요한 기출문제 핵심 무료 특강	확실한 실력 체크 무료 온라인 모의고사 *별도 모의고사 신청페이지 오픈 시 확인 가능

더 많은
무료 혜택

eduwill

회독 플래너

| 회독 플래너 활용 TIP |

1. 이론 학습 후 회독표에 학습한 날짜를 기록하세요!
2. 〈3회독 워크북〉을 통해 취약한 절을 파악하고, 〈회독 플래너〉를 통해 반복 학습해 보세요.

파트	챕터	절	1회독	2회독	3회독
PART 1 경호학 총론	CH 01 경호학과 경호	01 경호의 정의	__월__일 ☐	__월__일 ☐	__월__일 ☐
		02 경호 · 경비의 분류	__월__일 ☐	__월__일 ☐	__월__일 ☐
		03 경호의 법원(法源)	__월__일 ☐	__월__일 ☐	__월__일 ☐
		04 민간경호의 이론적 배경	__월__일 ☐	__월__일 ☐	__월__일 ☐
		05 경호의 목적과 원칙	__월__일 ☐	__월__일 ☐	__월__일 ☐
		06 경호의 발달과정과 배경 등	__월__일 ☐	__월__일 ☐	__월__일 ☐
	CH 02 경호의 조직	01 경호조직의 의의와 특성	__월__일 ☐	__월__일 ☐	__월__일 ☐
		02 경호조직의 구성원칙(관리원칙)	__월__일 ☐	__월__일 ☐	__월__일 ☐
		03 각국의 경호조직	__월__일 ☐	__월__일 ☐	__월__일 ☐
		04 경호의 주체와 객체	__월__일 ☐	__월__일 ☐	__월__일 ☐
PART 2 경호학 각론	CH 01 경호업무 수행방법	01 경호임무 수행절차	__월__일 ☐	__월__일 ☐	__월__일 ☐
		02 경호활동의 수칙과 원칙	__월__일 ☐	__월__일 ☐	__월__일 ☐
		03 사전예방경호(선발경호) 방법	__월__일 ☐	__월__일 ☐	__월__일 ☐
		04 근접경호 수행방법	__월__일 ☐	__월__일 ☐	__월__일 ☐
		05 출입자 통제대책	__월__일 ☐	__월__일 ☐	__월__일 ☐
		06 위기상황(우발상황) 대응방법	__월__일 ☐	__월__일 ☐	__월__일 ☐
		07 경호안전대책방법 등	__월__일 ☐	__월__일 ☐	__월__일 ☐
	CH 02 경호복장과 장비	01 경호복장의 종류 및 법제상 규정	__월__일 ☐	__월__일 ☐	__월__일 ☐
		02 경호장비의 유형별 관리	__월__일 ☐	__월__일 ☐	__월__일 ☐
	CH 03 경호의전과 구급법	01 경호원의 자격과 윤리	__월__일 ☐	__월__일 ☐	__월__일 ☐
		02 경호원의 의전과 예절	__월__일 ☐	__월__일 ☐	__월__일 ☐
		03 응급처치 및 구급법	__월__일 ☐	__월__일 ☐	__월__일 ☐
	CH 04 경호의 환경	01 경호의 환경요인	__월__일 ☐	__월__일 ☐	__월__일 ☐
		02 암살 및 테러 등	__월__일 ☐	__월__일 ☐	__월__일 ☐
		03 우리나라의 대테러관리	__월__일 ☐	__월__일 ☐	__월__일 ☐

에너지

ENERGY

시작하라.

그 자체가 천재성이고,
힘이며, 마력이다.

– 요한 볼프강 폰 괴테(Johann Wolfgang von Goethe)

에듀윌 경비지도사

2차 경호학

한권끝장 + 기출특강

경비지도사 시험, POINT 5

경비지도사란?

사회 다변화 및 범죄 증가에 효과적으로 대응해 경찰력의 보완적 역할을 하고자 발생된 민간경비의 경비원입니다. 즉 경비지도사 자격증은 사람의 신변보호, 국가중요시설의 방호, 시설에 대한 안전 업무를 담당하는 경비원을 효율적으로 관리·감독할 수 있는 전문인력을 양성하기 위해 도입한 자격 제도입니다. 그리고 경비지도사는 일반경비지도사와 기계경비지도사로 나뉘며, 무엇을 선택하는가에 따라 시험 과목과 합격 후 담당 업무가 달라집니다.

❶ 일반경비지도사 : 시설경비업무, 호송경비업무, 신변보호업무, 특수경비업무에 종사하는 경비원을 지도·감독 및 교육
❷ 기계경비지도사 : 기계경비업무에 종사하는 경비원을 지도·감독 및 교육

Point 1 응시자격

응시자격 없음.
[단, 「경비업법」 제10조 제1항에 따른 결격사유에 해당하는 자는 경비지도사 또는 일반경비원이 될 수 없습니다.
자세한 결격사유는 담당 사이트(큐넷 경비지도사)에서 확인할 수 있습니다.]

Point 2 시험 과목 및 방법

구분	교시	과목구분	일반 경비지도사	기계 경비지도사	문항 수	시험 시간	시험 방법
1차 시험	1	필수	1. 법학개론 2. 민간경비론		과목당 40문항 (총 80문항)	80분 (09:30~10:50)	객관식 4지택일형
2차 시험	2	필수	경비업법(청원경찰법 포함)			80분 (11:30~12:50)	
		선택 (택 1)	1. 소방학 2. 범죄학 3. 경호학	1. 기계경비개론 2. 기계경비기획 및 설계			

Point 3 합격 기준

구분	합격 기준
1차 시험	매 과목 100점을 만점으로 하여 매 과목 40점 이상, 전 과목 평균 60점 이상 득점한 자
2차 시험	· 선발 예정 인원의 범위 안에서 전 과목 평균 60점 이상을 득점한 자 중에서 고득점 순으로 결정 · 동점자로 인하여 선발 예정 인원이 초과되는 때에는 동점자 모두를 합격자로 결정

※ 1차 시험 불합격자는 2차 시험을 무효로 처리
※ 1차 시험에 합격한 경우 다음 회 시험에 한해 1차 시험 면제
※ 기계경비 또는 일반경비지도사 자격증을 소지한 자가 일반경비 또는 기계경비지도사 시험에 응시할 경우 계속해서 1차 시험 면제

Point 4 자격증 교부 방법 및 활용 방법

(1) 자격증 교부 방법

44시간 기본교육 수료 → 교육수료증 발급 → 교육기관에서 경찰청으로 교육수료자료 송부 → 경찰청 심의 → 경찰청장 명의의 경비지도사 자격증 발급 완료

(2) 자격증 활용 방법

 사설경비업체, 공항 등 취업 상위직급 승진, 경비지도사 의무배치 시행으로 수요 증가

 · 경찰공무원 채용시험 시 가산점 **4점** 부여
· 경찰공무원 승진시험 시 가산점 **0.3점** 부여

 관련 학과 학점 인정 (경찰행정, 경호학과 등 **20학점** 인정)

Point 5 2025년 제27회 경비지도사 시험일정 ✈

시험일	2025. 11. 15. (토) * 1차 · 2차 시험 동시 실시
접수 기간	2025. 09. 22.~2025. 09. 26. * 특별추가 접수 기간 : 2025. 10. 30.~10. 31.
의견 제시 기간	미정
합격자 발표일	2025. 12. 31. (수)

※ 시행기관: 한국산업인력공단
※ 응시수수료: 28,000원(1차 · 2차 시험 동시 응시)
※ 접수처: 큐넷 경비지도사(www.q-net.or.kr/site/security)
  * 상기 시험일정은 사전 공고이며, 확정 공고 및 원서접수에 대한 자세한 내용은 담당 사이트(큐넷 경비지도사)에서 확인하시기 바랍니다.

┃최근 13개년 챕터별 출제 비중

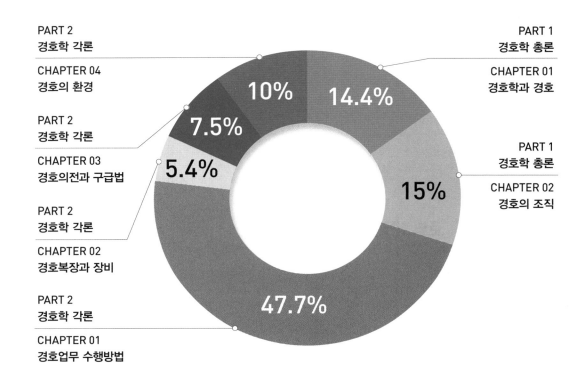

PART 2
경호학 각론

CHAPTER 04
경호의 환경

PART 2
경호학 각론

CHAPTER 03
경호의전과 구급법

PART 2
경호학 각론

CHAPTER 02
경호복장과 장비

PART 2
경호학 각론

CHAPTER 01
경호업무 수행방법

PART 2
경호학 각론

PART 1
경호학 총론

CHAPTER 01
경호학과 경호

PART 1
경호학 총론

CHAPTER 02
경호의 조직

10% 14.4% 7.5% 15% 5.4% 47.7%

최근 13개년 출제분석 POINT3! 🔍

☝ **다수의 문제가 출제되는 챕터가 정해져 있다.**

경호학 각론 중 경호업무 수행방법에서 매년 16~21문제가 출제되고 있습니다. 경호업무 수행방법은 경호학의 핵심사항에 해당하는 분야이기 때문에 세밀하고 집중적인 학습이 필요합니다.

✌ **경호 관련 법령의 내용을 알아야 한다.**

경호학 총론 중 경호의 조직에서 「대통령경호법」의 내용을 묻는 문제가 2~4문제 꾸준히 출제되고 있으며, 경호학 각론 중 경호의 환경에서 「테러방지법」 관련 문제가 1~3문제씩 계속 출제되고 있습니다.

🖐 **출제되는 문제에는 일정한 틀이 있다.**

출제비중이 높지 않은 챕터의 문제들도 꾸준히 일정한 틀 안에서 출제되고 있습니다. 중요 부분 표시가 된 부분 위주로 학습하세요.

I 최근 13개년 출제문항 수

구분			14회	15회	16회	17회	18회	19회	20회	21회	22회	23회	24회	25회	26회
경호학 총론	중요 경호학과 경호	경호의 정의		1	1	1	1	1	1	1	1	1	1	1	1
		경호 · 경비의 분류	1	2	2	3	1	2	2	1	1	1		1	2
		경호의 법원		1			1				2	1			1
		민간경호의 이론적 배경													
		경호의 목적과 원칙	2	2	2	2	1	2	1	2	1	3	2	1	1
		경호의 발달과정과 배경 등	2	1	1	2	1	2	1	1			2	1	2
	중요 경호의 조직	경호조직의 의의와 특성		1				1	1	1	1	2		1	1
		경호조직의 구성원칙(관리원칙)	1	2	1	2	1	2	1	2	1	2	1	1	1
		각국의 경호조직	2	2	2	2	2	1			3	1	1		1
		경호의 주체와 객체	3	2	6	4	2	3	2	2	1	1	2	3	3
경호학 각론	중요 경호업무 수행방법	경호임무 수행절차		1	1	1	1		1	1	1	1		1	1
		경호활동의 수칙과 원칙		1	1	1		2	1	1		2	2	2	
		사전예방경호(선발경호) 방법	6	6	3	3	5	5	4	5	5	3	3	4	4
		근접경호 수행방법	6	5	8	6	6	8	6	6	7	7	6	5	6
		출입자 통제대책	1	2	1	1	3	1	3	1	3	2	2	2	3
		위기상황(우발상황) 대응방법	1	1	2	3	3	1	2	5	2	2	3	3	2
		경호안전대책방법 등	4	1	2	2	4	3	2	1	2	2	3	4	2
	경호복장과 장비	경호복장의 종류 및 법제상 규정	1				1				1	1	1	1	1
		경호장비의 유형별 관리	1	2	2			2	1	3	1	3	2	1	1
	경호의전과 구급법	경호원의 자격과 윤리				1						1	1	1	
		경호원의 의전과 예절	3	1	1	2	1	2	3	1	1	1	1	1	2
		응급처치 및 구급법	1	1	1	1	1	1	1	2	1	1	2	1	1
	경호의 환경	경호의 환경요인		1	1		1	1					1	1	1
		암살 및 테러 등	3	2	1	2					1		1	1	4
		우리나라의 대테러관리(테러방지법)	2	3	1	2	2	3	3	1	4	2	3	1	3
합계			40	40	40	40	40	40	40	40	40	40	40	40	40

※ 산업인력공단 출제기준표상 경호학과 경호(주요 항목) 중 경호의 이론적 배경(세부 항목)은 출제기준으로 명시되어 있으나, 실제 출제된 바는 없습니다.

※ 경호의 환경(주요 항목)에서 암살과 테러 등(세부 항목)은 같은 항목으로 묶었으며, 테러 중 우리나라의 대테러관리는 그 성격 특성상 별도의 항목으로 분리하였습니다.

지난 시험분석으로 27회 시험 미리보기

| 제26회 시험 총평

☑ 예년보다 다소 높은 난이도

까다롭고 생소해 보이는 문제가 일부 있어 난이도는 예년보다 다소 높았습니다. 우발 상황 시 특성을 묻는 박스형 문제, 응급처치 및 구급법 문제는 수험생 입장에서 어려운 문제로 인식되었습니다.

☑ 사소한 함정문제

차분하지 않고 경솔하게 답을 선택할 경우 틀릴 수 있는 문제가 눈에 띄었습니다. 얼핏 보았을 때 쉬워 보였으나, 성급하게 결정할 경우 실수를 유발할 수 있는 함정 문제가 출제되었습니다. 일반적이고 평범함 속에서 실수를 유도하는 문제입니다.

| 제27회 합격전략

☑ 기본이론 및 새로운 내용의 대비는 필수

분야별로 기초적이고 핵심적인 이론은 기본입니다.
전반적인 체계와 세부 핵심이론 습득 후 다양한 경호학 견해와 이론들을 함께 학습해야만 고득점을 받을 수 있습니다.

With 에듀윌 기본서

기본서에 수록된 다른견해 부분을 적극적으로 활용해 다양한 경호학 견해와 이론을 함께 학습하세요.

☑ 문제풀이로 감각 익히기

학습한 이론을 나의 것으로 만들기 위해서는 문제풀이가 필요합니다. 단순히 답만 확인하는 것이 아니라, 틀린 이유와 맞는 이유를 정확하게 규명하며 학습해야 합니다.

With 에듀윌 기본서

문제의 해설과 추가 설명을 병행해 맞는 문제도 한 번 더 정확하게 확인하고 넘어가야 유사한 문제 풀이 시에 정확한 풀이가 가능합니다.

시험 직전까지 개정되는 법령, 어떻게 하나요?

경비지도사 시험은 시험일 기준의 법령을 근거로 문제가 출제됩니다. 따라서 시험 당해 개정된 법령과 관련된 내용은 시험에 출제될 확률이 높습니다. 본 교재는 2025.02.11.까지 개정된 법령을 담고 있습니다. 해당일 이후에 개정된 법령은 아래의 안내를 참고해 반드시 확인하세요!

개정 법령, 이렇게 확인하세요!

1 | '국가법령정보센터(law.go.kr)'를 적극 활용하세요!

국가법령정보센터 홈페이지에서는 법령의 제목만 검색하면 개정 일시와 법령의 내용을 볼 수 있습니다.

2 | '에듀윌 도서몰'에서 개정 내용을 PDF로 확인하세요!

'에듀윌 도서몰'에서는 법 개정 내용과 함께 법과 관련한 교재의 수정 내용까지 PDF로 확인할 수 있습니다.

▶ 에듀윌 도서몰 바로가기   book.eduwill.net
▶ 도서몰 활용 방법   에듀윌 도서몰 접속 > '도서자료실' 클릭 > '정오표' 클릭 > '경비지도사' 검색

시험 직전 에듀윌에서 개정 법령 특강을 무료로 제공합니다! (10월 중 오픈 예정)

▶ 에듀윌 경비지도사 홈페이지 바로가기   guard.eduwill.net

2차 시험 관련 주요 법령

구분	법령	시행일	구분	법령	시행일
경비업법	경비업법	2025.01.31.	집시법	집회 및 시위에 관한 법률	2021.01.01.
	경비업법 시행령	2025.01.31.		집회 및 시위에 관한 법률 시행령	2024.08.06.
	경비업법 시행규칙	2025.01.31.		집회 및 시위에 관한 법률 시행규칙	2024.07.30.
경찰관 직무집행법	경찰관직무집행법	2024.09.20.	청원경찰법	청원경찰법	2022.11.15.
	경찰관직무집행법 시행령	2024.12.27.		청원경찰법 시행령	2024.04.23.
대통령 경호법	대통령 등의 경호에 관한 법률	2025.06.04.		청원경찰법 시행규칙	2022.11.10.
	대통령 등의 경호에 관한 법률 시행령	2023.06.05.	통합방위법	통합방위법	2024.01.16.
	대통령경호안전대책위원회규정	2022.11.01.		통합방위법 시행령	2023.05.02.
	대통령경호처와 그 소속기관 직제	2023.12.29.	테러방지법	국민보호와 공공안전을 위한 테러방지법	2024.02.09.
형사법	형법	2024.02.09.		국민보호와 공공안전을 위한 테러방지법 시행령	2022.11.01.
	형사소송법	2025.01.17.		국민보호와 공공안전을 위한 테러방지법 시행규칙	2024.10.17.

한권으로 끝내는 경호학

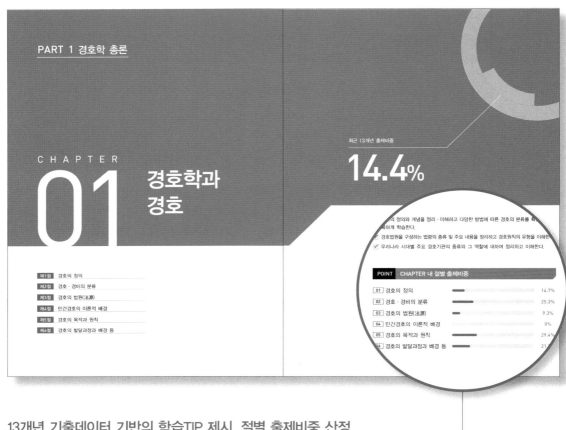

PART 1 경호학 총론

C H A P T E R

01 경호학과 경호

제1절	경호의 정의
제2절	경호·경비의 분류
제3절	경호의 법원(法源)
제4절	민간경호의 이론적 배경
제5절	경호의 목적과 원칙
제6절	경호의 발달과정과 배경 등

최근 13개년 출제비중

14.4%

경호의 정의와 개념을 정리·이해하고 다양한 방법에 따른 경호의 분류를 정확하게 학습한다.
☑ 경호법원을 구성하는 법령의 종류 및 주요 내용을 정리하고 경호원칙의 유형을 이해한다.
☑ 우리나라 시대별 주요 경호기관의 종류와 그 역할에 대하여 정리하고 이해한다.

POINT CHAPTER 내 절별 출제비중

01 경호의 정의	14.7%
02 경호·경비의 분류	25.3%
03 경호의 법원(法源)	9.3%
04 민간경호의 이론적 배경	0%
05 경호의 목적과 원칙	29.4%
06 경호의 발달과정과 배경 등	21

13개년 기출데이터 기반의 학습TIP 제시, 절별 출제비중 산정

· 각 학습 전, 별 학습과 절별 출제비중을 확인하시기 바랍니다.
· 이를 통해 어떤 부분을 더 강조해 학습할지 학습방향을 설정하시기 바랍니다.

✛ 최신 8개년 기출문제 해설특강

최신 8개년
기출해설

공부는 언제나 기출이 기본!
최고의 예상문제인 기출문제 해설특강으로
최신 출제경향을 완벽하게 파악할 수 있습니다.

※ 에듀윌 홈페이지 회원가입 시, 무료 수강이 가능합니다.

에듀윌 book.eduwill.net	>	동영상 강의실	>	'경비지도사' 검색

STEP 2 기초부터 심화까지, 회독하며 보는 완벽 이론

중요도 표시를 통한 강약조절학습

· 별의 개수에 따라 중요도를 한눈에 파악할 수 있습니다.
· 중요도가 높은 이론은 여러 번 반복하며 효율적인 학습이 가능합니다.

심화학습을 통한 보충이론학습

· 헷갈릴 수 있는 어려운 개념은 심화학습 코너에 따로 정리하였습니다.
· 한 번 더 정리하며 고난도 개념도 완벽하게 숙지할 수 있습니다.

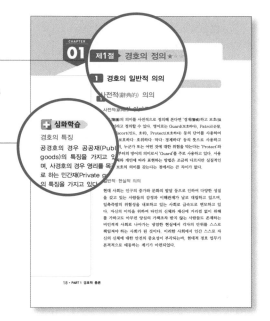

STEP 3 13개년 기출의 핵심만 엄선한 출제 예상문제

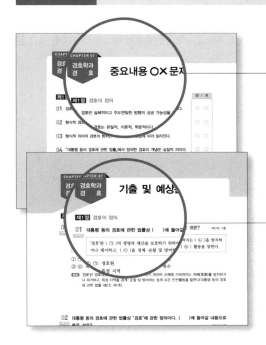

중요내용 OX 문제

중요내용 OX 문제를 통해 시험에 출제될 수 있는 보기 문항들을 미리 살펴보고 익힐 수 있습니다.

기출 및 예상문제

· 13개년 출제분석을 통해 다시 시험에 나올 기출문제만 엄선하였습니다.
· 최신 출제경향에 맞는 예상문제를 함께 수록하여 확실한 개념정리가 가능합니다.

한권으로 끝내는 경호학

STEP 4 기본서의 이해를 돕는 3회독 워크북

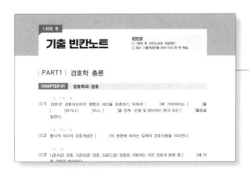

개념정리: 기출 빈칸노트

1회독 후, 필수로 알아 두어야 하는 기출개념만 주관식으로 풀어 보며 확실히 복습하세요.

문제풀이: 최신 기출문제

2회독 후, 2024년 기출문제를 풀어 보며 실력을 점검하세요. 문제풀이로 취약챕터를 재점검해 집중적으로 학습하세요.

실전연습: 마무리 모의고사

3회독 후, 마무리 모의고사로 실전연습을 하세요. 출제확률 높은 문제만 모아 실전감각을 확실히 익힐 수 있습니다.

+ 회독 플래너

학습 효율을 높이는 회독 플래너

- 목표와 일정을 세울 수 있는 플래너를 함께 활용하면 더욱 효과가 좋습니다.
- 이론 학습 후 워크북을 사용하며 회독표에 학습한 날짜를 기록하세요.

만점 합격생이 소개하는
경비지도사 학습 TIP!

대학생 합격자 문**님
▸ 2017년 1차 시험 합격
▸ 2018년 2차 시험 만점 합격

수험생

합격까지 학습기간은 얼마나 되나요?

합격생

1차 시험은 평균 점수에만 도달하면 되기 때문에 한 달의 시간을 가지고 공부했고, 고난도인 2차 시험은 5개월 정도의 학습기간을 잡고 공부했습니다.

저는 경호학을 전공해서 기본 배경 지식을 갖추고 있었지만, 그렇지 않은 경우 학습 기간을 조금 더 길게 잡아도 좋을 것 같습니다.

수험생

만점자만의 학습 노하우가 있다면 무엇일까요?

합격생

가장 효과적이었던 학습방법은 책을 반복해 학습하며 암기하는 것과 기출문제를 주관식처럼 푸는 방법입니다.

❶ 먼저 기본서를 정독하세요. 이해가 되지 않는 부분도 전체 내용의 뼈대를 세우는 과정이라 생각하며 정독하세요. 이 과정을 반복하다 보면 내용에 대한 이해도가 높아지고, 정독하는 시간이 점점 짧아집니다.

❷ 기출문제를 주관식처럼 풀어보세요. 처음에는 기출문제의 답을 책에 표시하지 않고, 이면지 등을 활용하며 여러 번 반복해서 풀어보세요. 이 과정을 반복한 후에는 문제를 보고 주관식으로 답을 적어 보세요. 객관식과 다르게 개념을 확실히 정립할 수 있고, 반복되는 문제 풀이로 중요 포인트가 자연스럽게 정리됩니다.

수험생

합격 후, 경비지도사 자격증은 어떻게 활용하나요?

합격생

저는 자격증 취득 후에 현재는 경비지도사로 활동하고 있습니다. 반드시 경비지도사로 활동하지 않아도 취업 가산점을 받는 등 더욱 다양한 분야로 진출이 가능합니다!

차례

PART 1 경호학 총론

PART 2 경호학 각론

PART 1 경호학 총론

CHAPTER

01 경호학과 경호

| 학습 TIP

☑ 경호의 정의와 개념을 정리·이해하고 다양한 방법에 따른 경호의 분류를 확인하여 정확하게 학습한다.

☑ 경호법원을 구성하는 법령의 종류 및 주요 내용을 정리하고 경호원칙의 유형을 이해한다.

☑ 우리나라 시대별 주요 경호기관의 종류와 그 역할에 대하여 정리하고 이해한다.

| POINT | CHAPTER 내 절별 출제비중 |

경호학과 경호

제1절 ▶ 경호의 정의 ★☆☆

1 경호의 일반적 의의

1. 사전적(辭典的) 의의

경호(警護)의 의미를 사전적으로 정의해 본다면 '경계(警戒)하고 보호(保護)함'이라고 정의할 수 있다. 영어로는 'Guard(보호하다), Patrol(순찰, 경찰), Escort(인도, 호위), Protect(보호하다)' 등의 단어를 사용하여 '지키다 · 보호하다 · 호위하다 · 막다 · 경계하다' 등의 뜻으로 사용하고 있다. 특히, 누군가 또는 어떤 것에 대한 위험을 막는다는 'Protect'와 공격으로부터의 방어의 의미로서 'Guard'를 주로 사용하고 있다. 사용하는 단체와 개인에 따라 표현하는 방법은 조금씩 다르지만 실질적인 경계와 보호의 의미를 갖는다는 점에서는 큰 차이가 없다.

2. 일반적 · 현실적 의의

현대사회는 인구의 증가와 문화의 발달 등으로 인하여 다양한 성질을 갖고 있는 사람들의 감정과 이해관계가 날로 대립하고 있으며, 일촉즉발의 위험성을 내포하고 있는 사회로 급속도로 변모하고 있다. 자신의 이익을 위하여 타인의 신체와 재산에 거리낌 없이 위해를 가하고도 아무런 양심의 가책조차 받지 않는 사람들도 존재하는 비인격적 사회로 나아가는 냉엄한 현실에서 각자의 안위를 스스로 책임져야 하는 사회가 된 것이다. 이러한 사회에서 인간 스스로 자신의 신체에 대한 안전의 중요성이 부각되는바, 현대적 경호 업무가 본격적으로 태동하는 계기가 마련되었다.

3. 「대통령 등의 경호에 관한 법률」상의 경호 개념

(1) 경호의 의의

경호란 경호대상자의 생명과 재산을 보호하기 위하여 신체에 가하여
지는 위해(危害)를 방지하거나 제거하고, 특정 지역을 경계·순찰 및
방비하는 등의 모든 안전활동을 말한다(법 제2조 제1호).

(2) 경호의 용어 정의(법 제2조)

경호	호위	경호대상자의 생명과 재산을 보호하기 위하여 신체에 가하여지는 위해(危害)를 방지하거나 제거하는 모든 안전활동을 말한다.
	경비	특정 지역을 경계·순찰 및 방비하는 모든 안전활동을 말한다.
경호구역		소속공무원과 관계기관의 공무원으로서 경호업무를 지원하는 사람이 경호활동을 할 수 있는 구역을 말한다.
소속공무원		경호처 직원과 경호처에 파견된 사람을 말한다.
관계기관		경호처가 경호업무를 수행함에 있어 필요한 지원과 협조를 요청하는 국가기관, 지방자치단체 등을 말한다.

핵심 기출문제

01 대통령 등의 경호에 관한 법률에 명시된 '경호'에 관한 정의이다. (   )에 들어갈 내용으로 옳은 것은? • 제25회 기출

경호대상자의 생명과 재산을 보호하기 위하여 신체에 가하여지는 위해를 (㉠)하거나 (㉡)하고, 특정 지역을 경계·순찰 및 방비하는 등의 모든 (㉢) 활동을 말한다.

	㉠	㉡	㉢
①	방어	차단	경비
②	방지	차단	경호
③	방지	제거	안전
④	방어	제거	경호

해설 '경호'란 경호대상자의 생명과 재산을 보호하기 위하여 신체에 가하여지는 위해(危害)를 방지하거나 제거하고, 특정 지역을 경계·순찰 및 방비하는 등의 모든 안전 활동을 말한다(대통령 등의 경호에 관한 법률 제2조 제1호).

정답 ③

심화학습

경호
경호는 '호위'와 '경비'의 합성어이다. 이 용어를 처음 사용한 것은 1949년 12월 내무부훈령이며, 이후 1963년 「대통령경호실법」(현 대통령 등의 경호에 관한 법률)에서 경호라는 용어를 사용하고 정의하였다. 즉, 최초로 경호(호위 + 경비)의 개념을 구분하고 정의한 것은 1949년 내무부훈령이며, 「대통령 등의 경호에 관한 법률」에서도 정의하고 있다.

심화학습

소속공무원
소속공무원은 경호처 직원과 경호처에 파견된 사람으로 구성된다. 경호처에 파견된 사람은 경찰공무원, 현역군인 및 관련 분야의 공무원 등을 모두 말하며, 근무 시 경호처장의 지휘를 받고 경호처장이 정한 복장을 착용한다.

4. 「경찰관 직무집행법」, 「전직대통령 예우에 관한 법률」상의 경호 · 경비의 의미

「경찰관 직무집행법」 제2조의 직무의 범위에 경비, 주요 인사(人士) 경호가 포함되며, 「전직대통령 예우에 관한 법률」 제6조 제4항에는 전직대통령 또는 그 유족에 대하여는 필요한 기간의 경호 · 경비 예우를 할 수 있다고 규정되어 있다. 법문상 표현이 조금 다르나 그 개념에는 차이가 없다고 보아야 할 것이다. 즉, 이 두 법은 경호와 경비를 구분하고 있으나, 기능적 측면에서 볼 때 「대통령 등의 경호에 관한 법률」상의 경호에 해당하는 정의와 다를 바 없다고 볼 수 있다.

5. 「경비업법」상의 경호의 의미

「경비업법」 제2조에서는 경비업무의 일환으로 신변보호업무를 규정하면서 그 개념을 사람의 생명이나 신체에 대한 위해의 발생을 방지하고 그 신변을 보호하는 업무라고 하고 있다. 「경비업법」에서는 경호 또는 호위라는 용어를 사용하지 않는 대신 신변보호라는 용어를 사용하는데, 이는 경호 개념 중 호위에 해당하는 용어이다. 그러나 현실적으로 일부 민간경호 영역에서는 경호, 호위, 신변보호, 경비 등 다양한 용어가 혼용되고 있다.

6. 외국에서의 경호의 의미

(1) 미국 비밀경호국(Secret Service)의 경호 정의

미국의 비밀경호국에서는 경호란 실체적이고 주도면밀한 범행의 성공 가능성을 최소화하는 작용이라고 정의하고 있다(Protection is to minimize the chances of success of any real or contemplated attack).

일본의 요인경호대
SP(Security Police)는 동경도 경시청 소속으로 '요인경호대'라고 칭하며, '동경도 경시청 경호과'라고 칭하기도 한다. 내각총리대신(수상), 국내요인, 국빈에 대한 구체적인 경호계획과 근접경호에 대한 업무를 직접 담당한다.

(2) 일본 경찰(요인경호대: Security Police)의 경호 정의

일본의 요인경호대(동경도 경시청 소속)에서는 경호란 신변에 위해가 있을 경우 국가 공공의 안녕과 질서에 영향을 줄 우려가 있는 자에 대하여 그 신변의 안전을 확보하기 위한 경찰활동이라고 정의하고 있다.

2 경호 개념의 구분

1. 형식적 의미의 경호

(1) 형식적 의미의 경호는 조직을 중심으로 파악한 개념으로, 역사적 · 제도적 의미의 경호라고도 한다.

(2) 실정법 · 제도 · 기관 중심적 관점에서 이해한 것으로, 현실적인 경호기관을 중심으로 정립된 개념, 즉 경호기관에 의하여 행하여지는 모든 작용을 말한다.

(3) 현실적인 경호기관을 중심으로 정립된 개념으로, 실정법상 일반경호기관의 권한에 속하는 일체의 경호작용을 말한다. 실정법상의 경호기관의 권한에 속하는 모든 업무는 실질적 의미의 경호인지의 여부를 불문하고 형식적 의미의 경호에 해당한다.

(4) 경호기관이 수행하는 활동 중 실질적 개념하의 위해로부터 보호하는 활동이 아니더라도 법적으로 경호기관이 수행하는 활동이라면 형식적 의미의 경호활동이라고 할 수 있다. 따라서 형식적 의미의 경호가 반드시 실질적 의미의 경호가 되는 것은 아니다.

(5) 「대통령 등의 경호에 관한 법률」에서 정의한 경호의 개념은 형식적 의미의 경호 개념이다.

(6) 형식적 의미의 경호 범위와 대상은 각 국가의 실정법에 따라 달라진다.

2. 실질적 의미의 경호

(1) 실질적 의미의 경호란 경호의 주체가 국가기관이든 민간인이든 개인이든 단체든 실질적인 위해로부터 대상자를 보호하는 본래적 성격과 일치하는 모든 경호활동을 말하며, 이러한 의미의 경호는 그 활동의 본질적 · 이론적 관점에서 정의한 개념으로 경호의 개념을 학문적인 측면에서 실질적 경호 개념을 적용하여 이해하고자 한 개념이다. 따라서 이를 본질적 · 이론적 · 학문적 개념의 경호라고도 한다.

(2) 실질적 의미의 경호란 경호주체가 누구인지와 관계없이 경호대상자의 신변안전과 재산을 보호하고 기타 공공의 안녕과 질서유지를 수행하기 위하여 집행하는 모든 업무를 의미한다. 경호대상자의 절대적 신변안전을 보호하기 위하여 모든 사용 가능한 수단과 방법을 동원한다.

➕ 심화학습

형식적 의미의 경호
형식이란 어떠한 틀에 맞추어진 것을 의미한다. 형식적 의미의 경호란 법(경호 관련 법), 제도(구체적인 경호제도), 기관(구체적인 경호기관)이라는 형식적 틀에 맞추어진 것이다. 따라서 형식적 의미의 경호는 경호의 특성을 구체화한 개념이다.

➕ 심화학습

형식적 의미의 경호와 실질적 의미의 경호 범위
실질적 의미의 경호는 경호주체의 범위가 형식적 의미의 경호에 비하여 넓지만(포괄적이지만), 그 업무의 범위는 형식적 의미의 경호에 비하여 좁다(제한적이다). 실질적 의미의 경호에서는 누가 경호활동을 하느냐에 제한을 두고 있지 않으나, 그 행위는 실질적 경호행위에 국한된다. 반면, 형식적 의미의 경호에서는 경호기관의 모든 행위를 형식적 의미의 경호로 본다.

(3) 실질적 의미의 경호란 경호대상자에 대해 정치적 배경의 돌발적인 폭력 · 불법행위 · 교통사고 등의 인위적인 위해, 화재 · 건조물 손괴 · 산사태 등의 자연 발생적인 위해 등으로부터 그 신변을 지키고 안전을 확보하기 위한 작용을 말한다.

신변안전
신변(몸과 몸의 주위)에 위험이 생기거나 사고가 날 염려가 없음 또는 그런 상태를 의미한다.

(4) 실질적 의미의 경호는 경호대상자의 신변안전과 재산을 보호하고 기타 공공의 안녕과 질서유지를 위한 제반작용이라고 할 수 있다. 즉, 인위적 위해 및 자연적 위해요인을 사전에 방지 및 제거하기 위한 제반활동이다.

(5) 실질적 의미의 경호는 형식적 의미의 경호와 일치하지 않는 경우도 있다.

(6) 실질적 의미의 경호 개념은 이론적으로 '모든 위험과 곤경으로부터 경호대상자를 안전하게 보호하기 위한 제반활동'이라고 할 수 있다.

3. 형식적 의미의 경호와 실질적 의미의 경호 사례

형식적 의미의 경호 사례	실질적 의미의 경호 사례
대통령경호처나 경찰기관이 연말을 맞이하여 불우이웃을 돕기 위한 봉사활동을 했다면, 이는 형식적 의미의 경호활동에는 해당되지만, 실질적 의미의 경호활동에는 해당되지 않는다.	8 · 15 경축행사 중 단상에서 경축사를 낭독하는 대통령에게 총격을 가하는 괴한을 일반인 참석자인 이근명이 제압하여 대통령의 목숨을 구했다면, 이는 실질적 의미의 경호활동에는 해당되지만, 형식적 의미의 경호활동에는 해당되지 않는다.

핵심 기출문제

02 경호의 개념에 관한 설명으로 옳은 것은 모두 몇 개인가? •제23회 기출

- 경호의 본질적 · 이론적인 입장에서 이해한 것은 실질적 의미의 경호 개념이다.
- 경호기관을 기준으로 하여 정립한 개념은 형식적 의미의 경호개념이다.
- 경호대상자의 신변안전을 위하여 사용 가능한 모든 수단과 방법을 동원하는 것은 실질적 의미의 경호개념에 해당한다.

① 없음　　　　　　　　　　② 1개
③ 2개　　　　　　　　　　④ 3개

해설 ● 형식적 의미의 경호: 실정법 · 제도 · 기관 중심적 관점에서 이해한 것으로, 경호기관에 의하여 행하여지는 모든 작용을 말한다. 조직을 중심으로 파악한 개념으로, 역사적 · 제도적 의미의 경호라고도 한다. 실정법상 경호기관 권한에 속하는 모든 업무는 형식적 의미의 경호에 해당한다.
● 실질적 의미의 경호: 경호의 주체와 관련 없이 경호대상자를 보호하는 모든 경호활동으로, 본질적 · 이론적 · 학문적 개념의 경호라고 한다. 경호대상자의 절대적 신변안전을 보호하기 위하여 모든 사용 가능한 수단과 방법을 동원하며, 모든 위험과 곤경으로부터 경호대상자를 안전하게 보호하기 위한 제반활동이라고 할 수 있다.

정답 ④

03 수업 시간에 두 학생에게 경호의 개념에 대하여 질문을 하였다. 각 학생이 대답한 경호의 개념은? ・제20회 기출

> A학생: "대통령 등의 경호에 관한 법률에 의한 대통령경호처가 담당하는 모든 작용이 경호의 개념이라고 생각합니다."
> B학생: "본질적인 입장에서 모든 위해요소로부터 경호대상자를 안전하게 보호하기 위한 제반활동을 말합니다."

	A학생	B학생		A학생	B학생
①	형식적 의미	형식적 의미	②	실질적 의미	형식적 의미
③	형식적 의미	실질적 의미	④	실질적 의미	실질적 의미

해설 ● A학생(형식적 의미의 경호): 실정법 · 제도 · 기관 중심적 관점에서 이해한 것으로, 현실적인 경호기관을 중심으로 정립된 형식적 의미의 경호 개념 중 실정법인 「대통령 등의 경호에 관한 법률」에 의한 경호기관(대통령경호처)이 담당하는 모든 작용을 경호 개념으로 설명하였다. 이는 형식적 의미의 경호 개념에 해당한다.
● B학생(실질적 의미의 경호): 경호의 주체가 국가기관이든 민간인이든 개인이든 단체든 실질적인 위해로부터 대상자를 보호하는 경호의 본래적 성격과 일치하는 모든 경호활동을 실질적 의미의 경호 개념이라고 한다. 본질적인 입장에서 모든 위해요소로부터 경호대상자를 안전하게 보호하기 위한 제반활동은 실질적 의미의 경호활동에 해당한다.

정답 ③

3 경호학의 학문성

1. 경호학의 정의

경호학은 경호에 관한 여러 현상을 연구하는 학문으로 사회과학에 해당하지만 일부 자연과학 분야까지 그 영역이 확장되어 종합과학의 성격을 띤 종합예술이며, 경호대상자의 절대적 신변안전을 도모하려는 호위와 경비활동을 위한 제반작용을 포괄적으로 연구하는 학문이다.

2. 경호학의 성격

(1) 사회과학

경호학은 경호와 관련된 경호현상, 경호조직, 경호작용 등 사회현상을 연구하는 학문으로서 일부 자연과학 분야까지 영역을 확장한 사회과학이다.

(2) 실용과학

경호학은 경호의 목적을 달성할 수 있는 합리적인 수단과 이론을 탐구하며 경호에 적합한 제도와 법을 찾아내고, 실제의 경호에 적용하기 위한 학문으로 실용과학이다.

(3) 종합과학

경호학은 사회학, 범죄학, 행정학, 경찰학 등의 인접 사회과학의 방법을 총동원하는 사회과학이나 일부 자연과학 분야까지도 그 영역으로 하고 있으며, 최적의 경호방법을 찾고자 하는 실용과학으로서 종합과학적 성격을 가지고 있다.

3. 경호학의 연구대상

경호학은 경호의 개념, 경호제도의 역사, 경호의 조직, 신변보호 및 시설경비의 경호작용, 경호 무기 및 장비, 경호환경 등의 제 관계를 종합적으로 연구하여야 한다.

(1) 경호규범과 경호현상

① **경호규범**: 경호관계 법규에 대한 해석과 각 조항의 성립배경 및 기능을 연구대상으로 한다.
② **경호현상**: 경호의식 · 경호제도, 경호관계 등을 연구대상으로 한다.

(2) 경찰과의 관계

경찰이 경호의 중추적인 역할을 하고 있으므로 경호를 연구하기 위해서는 사회 제 관계 속에서 존재하는 경찰과의 상호작용에 있어 경찰권의 성질 · 행사 · 법집행 등을 연구대상으로 하여야 한다.

➕ **심화학습**

경호학의 연구방법
경호학은 경호해석학적 연구방법을 기본으로 한다.

규범과 현상
• **규범**
한 사회집단의 구성원들이 공유하는 행위의 기준이나 규칙으로, 전형적으로 법이라는 형식을 취하며 재판 등을 통해 공적 제재가 이루어진다.
• **현상**
사물이나 어떤 작용이 드러나는 바깥 모양새를 말한다.

(3) 일반적인 연구대상

일반적으로 경호학의 연구대상은 경호환경, 경호조직, 경호작용, 경호제도·법, 경호인 등이고, 이에 필요한 학문적 지식에는 범죄학, 심리학, 사회학, 법학, 행정학, 경찰학, 민간경비, 체육학, 군사학, 윤리학, 응급구조학 등이 있다.

4. 우리나라 경호학의 성립

(1) 발아단계(태동단계)

1968년 위준혁 교수의 석사학위 논문인『경호경비에 관한 연구』가 발간되면서 경호학이라는 분야가 일반인에게 알려지기 시작하였다. 또한 이 시기는 일부 선구적인 학자에 의해 경호학이 일반인에게 소개되기 시작한 시기로, 경호학의 태동단계라고 할 수 있다.

(2) 형성단계

1970년대부터 1990년대 초반까지의 시기로 실질적인 필요에 의하여 경호학 이론이 형성된 시기이다. 국가기관인 경찰대학이나 경찰종합학교를 중심으로 내부 교육을 위한 교재가 발행되면서 경호학이 하나의 학문 분야로 형성되기 시작하였다. 그러나 일반인은 이러한 연구물에 대한 접근에 상당한 제약이 있어 경호학의 확산에는 기여하지 못하였다.

(3) 확산단계

1990년대 중반 이후 경찰실무 분야와 학계에서 다양한 연구물들이 출간되기 시작한 시기로, 한국체육대학교, 용인대학교 등에서 경호학과, 안전관리학과 등 경호 관련 학과들이 개설되기 시작하였다. 또한 김두현 교수의『경호학개론』, 정태황 교수의『경호이론과 실무』, 이상철 교수의 『경호방법론』 등 여러 관련 교재가 출간되었고, 1996년 한국경호경비학회가 창립되어 경호학의 학문적 체계화에 큰 전환점이 마련되었다.

(4) 발전단계

2000년대에는 경호학 분야에 대한 관심과 수요가 증가하였고, 전국에 경찰·경호 관련 학과들이 많이 신설되었다. 또한 이 시기에는 1990년대 말의 연구활동을 기반으로 하여 학문적인 체계화가 이루어지기 시작하였다.

➕ 심화학습

경호학 발달
대학에서는 순수 학문으로서의 경호학 연구가 시작되었으며, 이와는 별도로 경호기관에서는 순수 실무 위주의 경호 연구가 이루어지고 있었다. 최근에는 경호학의 이론적인 부분과 현장의 실무를 접목하는 방향으로 대학과 경호기관에서 활발한 연구가 병행되고 있다.

5. 경호학의 접근방법

(1) 규범론적 접근방법

경호란 무엇을 어떻게 하여야만 할 것인가에 대한 당위성을 찾는 데 중점을 두는 방법을 말한다.

(2) 경험론적 접근방법

경험적인 검증, 실험검증을 통한 과학적인 연구방법을 중시하는 접근 방법으로, 실증주의, 행태주의, 자연과학주의, 경험주의 등이 이에 해당한다.

(3) 생태학적 접근방법

경호와 환경의 상호관계를 인정하는 입장을 말한다. 이는 특히 환경이 경호에 미치는 영향력을 중심으로 연구하는 방법이다.

(4) 체계론적 접근방법

경호현상을 체계로 파악하여, 경호체계는 사회체계 등의 상위체계의 부분으로서 또는 다른 하위체계의 구성으로 이루어져, 한편으로는 상호 체계 간의 독립성을 유지하고, 다른 한편으로는 체계 간 상호 의존적으로 작용하는 가운데 질서와 통일성을 유지하는 것으로 보는 입장을 말한다.

(5) 주관론적 접근방법

경호현상을 이해함에 있어 객관적인 경호현상에 대한 연구자의 주관적인 견해를 가미하는 방법을 말한다.

(6) 구조기능론적 접근방법

어떠한 사회조직, 사회 구성체는 일정한 구조로 형성되므로 사회조직, 사회 구성체가 수행하는 기능들은 각기 전체에 속한 하나의 구성요소로서 유기적으로 상호작용한다고 이해하는 방법이다.

6. 경호학의 구체적 분과

(1) 범죄학(Criminology)

범죄의 일반적인 증가 경향과 광역화, 도시화, 전문화 현상에 대처할 수 있도록 범죄현상에 대한 정확한 파악과 원인의 이해, 각종 범죄이론의 해석 작용, 대책론 등에 걸쳐 사회병리현상으로서의 범죄에 대하여 연구하고 경호의 방법론과 연결한다.

(2) 경호정보 분석론(Theory analysis for security intelligence)

현대사회를 정보화 시대라고 부른다. 정보화가 산업 전반의 효율성을 높여 국가경쟁력을 제고할 수 있으며, 최소의 비용으로 쾌적한 생활환경을 조성하여 삶의 질을 향상시키는 가장 유효한 수단이 되고 있기 때문이다. 따라서 정보의 수집에서 정리, 평가, 확인, 통합, 보관, 활용, 교류에 이르는 정보관리에 관한 지식의 습득은 정보화 사회에서 필수이다. 경호정보 분석론에서는 정보관리에 관한 지식을 습득함으로써 정보화 시대를 사는 기본자세와 각종 정보활용법에 대하여 연구한다.

(3) 경호방법론(Theory of protection methods)

경호임무 수행에 필요한 절차와 방법에 대하여 연구하고, 첩보와 정보수집을 통한 위해분석 및 대처방안을 모색하며, 경호계획서 작성방법, 현장답사와 안전대책, 우발상황 발생 시 조치요령, 경호 실시 후 결과평가 등과 같은 경호 운영 시 필수 내용에 대하여 연구한다.

(4) 경호경비법(The law of security)

경호경비업무 수행을 위하여 경호경비에 관계되는 법에 대한 지식과 이해를 요한다. 경호경비 관계법으로는 「대통령 등의 경호에 관한 법률」, 「경찰관 직무집행법」, 「경비업법」 등이 있으며, 이러한 법의 내용을 이해하여 경호경비업의 사건 및 사고 등에 대한 법적인 처리 절차를 연구한다.

(5) 탐정학(Private investigation)

현재 우리나라는 탐정(민간조사원)에 관한 제도를 도입하고자 하는 법안이 국회에 제출되기도 하였으나 아직 도입되지 않고 있다. 탐정학은 일상생활 속의 다양한 위험요소와 가속화되어 가는 범죄로부터 인명과 재산을 보호하기 위하여 탐정역사의 발전과정과 조사업무에서부터 정보수집, 현장보존 등의 기법을 연구하고, 탐정이 갖추어야 할 여러 가지 법적 문제 해결 능력을 배운다.

사회병리학
사회학적 방법에 따라 개인·집단·지역사회·전체사회·문화 등에 있어서의 이상·일탈이나 기능장애 등의 문제를 연구하는 학문으로, 19세기 후반 유럽에서 체계화되어 20세기에 미국으로 옮겨 가 크게 발달하였다.

(6) **기계경비기획설계**(Planning security system)

경비대상물에 경비서비스를 제공하는 도입단계로서 경비대상물의 입지조건, 건물구조, 취약부분을 관찰하고 위협을 분석하여 고객의 요구를 충족시킬 수 있는 안전시스템을 입안하는 것을 말한다. 기계경비기획설계에서는 경비진단, 기획의 사고와 방법, 현장조사방법 등을 연구한다.

(7) **민간경비론**(Theory of private security)

증가하는 치안 수요와 국민의 안전에 대한 욕구가 증대되면서 민간부문의 자본과 기술을 도입하여 범죄를 예방하는 민간경비제도가 대두되었다. 민간경비론은 민간경비업의 현황, 관계법규, 인력경비와 기계경비시스템, 특수경비원제도 및 경비지도사제도, 민간경비의 건전한 육성과 경찰의 역할 등에 대하여 연구한다.

(8) **경호행정학**(Security administration)

경호업무에서 발생하는 제반행정상황을 연구하는 학문이다. 경호행정학의 정책, 조직, 인사, 예산 등에 관하여 연구한다.

(9) **생활테러학**(Theory of life terrorism)

현대사회는 물질문명이 고도로 발달하고 생활환경이 복잡해지면서, 과거에는 절도, 강도, 폭행, 강간 등에 국한되었던 범죄가 현재에는 암살, 납치, 파괴 등으로 흉포화 · 지능화 · 전문화 · 조직화되고 있다. 생활테러학은 조직적인 범죄를 효율적으로 예방하고 대처할 수 있는 다양한 방법을 연구한다.

(10) **응급처치법**(Method of first aid)

경호원이 임무수행 중 발생할 수 있는 긴급 상황에서 환자의 상태가 악화되지 않도록 처치할 수 있는 방법을 다룬다.

제2절 ▶ 경호 · 경비의 분류 ★★☆

1 경호의 분류

1. 경호의 대상에 따른 분류

국내요인	경호처 경호대상	갑(A)호	• 대통령과 그 가족, 대통령 당선인과 그 가족 • 대통령권한대행과 그 배우자 • 전직대통령과 그 배우자(원칙: 퇴임 후 10년 이내) • 그 밖에 경호처장이 경호가 필요하다고 인정하는 요인
	경찰 경호대상	을(B)호	• 국회의장, 대법원장, 국무총리, 헌법재판소장 • 전직대통령과 그 배우자(원칙: 퇴임 후 10년 경과) • 대통령선거후보자
		병(C)호	갑호 · 을호 외에 경찰청장이 필요하다고 인정한 사람
외국요인	경호처 경호대상	A, B, C, D 등급 (갑호)	• 외국의 국가원수(대통령, 국왕)와 그 배우자, 행정수반과 그 배우자 • 그 밖에 경호처장이 경호가 필요하다고 인정하는 요인
	경찰 경호대상	E, F 등급 (을호)	• 부통령, 부총리, 왕족, 외빈 A, B, C, D등급의 배우자 단독방한 • 전직대통령, 전직총리, 국제회의 · 국제기구의 중요인사 • 기타 장관급 이상으로 경찰청장이 경호가 필요하다고 인정한 사람

❖ 국내요인 중 갑호 경호대상자와 외국요인 중 A, B, C, D등급 경호대상자의 경우 1선은 경호처에서 담당하고, 2선과 3선은 경찰이 담당한다. 국내요인 중 을호 · 병호 대상자와 외국요인 중 E, F등급 경호대상자의 경우 경찰 책임하에 경호를 실시한다.

❖ 외빈의 경호등급(A, B, C, D)은 경호처장이 외교부장관, 국가정보원장, 경찰청장과 협의하여 결정한다.

➕ **심화학습**

외국요인 중 국가원수 또는 행정부수반은 우리나라와의 관계 등을 고려하여 A, B, C, D등급으로 구분한다. 하지만 외국원수를 갑호로 표시하기도 하기 때문에 외국요인 중 국가원수 또는 행정부수반을 갑호 경호대상이라 하여도 틀린 내용은 아니다. 제16회 시험에서는 당시의 영국여왕을 갑(A)호 대상이라고 표현하였다.

핵심 기출문제

04 대통령경호처장이 경호등급을 구분하여 운영하고자 할 경우 협의 대상이 아닌 자는?

• 제26회 기출

① 경찰청장
② 외교부장관
③ 국방부장관
④ 국가정보원장

해설 외빈의 경호등급(A, B, C, D)은 경호처장이 외교부장관, 국가정보원장, 경찰청장과 협의하여 결정한다.

정답 ③

---

2. 경호의 수준에 따른 분류

1급(A급)	행사보안이 사전에 노출되어 경호의 위해가 증대된 상황하의 각종 행사와 국왕 및 대통령 등 국가원수급의 1등급 경호대상으로 결정된 국빈행사의 경호이다. 사전에 공개된 의전절차에 따라 진행된다.
2급(B급)	행사준비 등의 시간적 여유가 없이 갑자기 결정된 상황하의 각종 행사와 수상 및 국무총리급의 경호대상으로 결정된 국빈행사의 경호이다. 비공개된 의전절차에 따라 이루어진다.
3급(C급)	사전에 행사준비 등 경호조치가 거의 없는 상황하에서 이루어지는 것으로 장관급의 경호대상으로 결정된 국빈행사의 경호이다. 의전절차 없이 불시에 행사가 진행되고, 사전경호조치도 없이 최소한의 근접경호만으로 실시한다.

3. 성격에 따른 분류

심화학습

성격에 따른 분류 5방식

성격에 따른 분류 3방식(공식, 비공식, 약식) 이외에 완전공식, 완전비공식을 더하여 5가지 방법으로 분류하는 경우도 있으나, 완전공식의 경우 공식경호에 포함되며, 완전비공식은 비공식경호에 포함된다. 아울러 완전비공식은 약식경호와 혼동될 수 있으므로 3방식으로 분류하는 것이 합리적이다.

공식경호 (1호, A호)	공식행사 시의 경호이다. 관계자 간에 행사일정을 미리 통보받아 사전에 계획되고 공개된 의전절차에 따라 행사가 진행되는 경호로, 국경일, 기념일, 대통령 취임식, 정상회담 시 등의 경호가 이에 해당한다.
비공식경호 (2호, B호)	비공식행사 시 행사 일정의 사전 통보나 협의 없이 이루어지고 비공개된 의전 절차에 따라 행사가 진행되는 경호로, 예정에 없던 수해지역 방문, 고아원 방문, 전통시장 방문 등 현장방문행사 등의 경호가 이에 해당한다.
약식경호 (3호, C호)	의전절차 없이 불시에 행사가 진행되고 사전경호조치도 없는 상태에서 최소한의 근접경호만으로 실시하는 통상적 경호로, 특정 지역 내에서 짧은 이동, 불시에 이루어지는 외출행사, 일상적인 출퇴근 시에 이루어지는 경호가 이에 해당한다. 공식경호나 비공식경호는 정해진 의전절차에 따라 진행되지만 약식경호는 정해진 의전절차 없이 임의적으로 이루어진다.

참고 **공식 · 비공식 · 약식경호의 특징**

성격에 따른 구분	행사의 종류	노출 · 비노출경호
공식경호	공식행사	노출경호 위주
비공식경호	비공식행사	비노출경호 위주
약식경호	비공식 · 개인적 행사	비노출경호 위주

핵심 **기출문제**

05 경호의 분류에 관한 설명으로 옳은 것은?
· 제26회 기출

① 비공식경호는 출 · 퇴근 시 일상적으로 실시하는 경호이다.
② 장소에 따른 경호는 행사장경호, 숙소경호, 도보경호 등으로 분류된다.
③ 경호의 수준에 의한 분류에 따라 공식경호, 비공식경호, 약식경호 등으로 구분한다.
④ 약식경호는 일정한 규칙적인 방식에 의하지 아니하고 실시하는 경호를 말한다.

해설 ① 비공식경호는 비공식행사 시 행사 일정의 사전 통보나 협의 없이 이루어지는 비공개된 의전 절차에 따라 행사가 진행되는 경호이다. 이에 반하여 출 · 퇴근 시 일상적으로 실시하는 경호는 약식경호에 해당한다.
② 장소에 따른 경호는 행사장경호, 숙소경호 등으로 분류되며, 도보경호는 이동수단에 따른 경호에 해당한다.
③ 경호의 수준에 따른 분류는 1급(A급) 경호, 2급(B급) 경호, 3급(C급) 경호로 구분한다. 공식경호, 비공식경호, 약식경호는 경호의 성격에 따른 분류에 해당한다.

정답 ④

06 경호 · 경비의 분류에 관한 설명으로 옳은 것은?
· 제25회 기출

① 경비업법에 의한 경비의 분류에서 특수경비업무는 공경비로 구분된다.
② 경호의 성격에 따른 분류에 따라 1급, 2급, 3급으로 구분할 수 있다.
③ 연도경호는 경호행사의 장소에 의한 분류에 따라 구분할 수 있다.
④ 경비업법에 따른 경비의 분류에 드론경비업무가 추가되었다.

해설 ① 「경비업법」에 의한 경비의 분류에서 특수경비업무는 사경비(민간경비)로 구분된다.
② 경호의 성격에 따른 분류에 따라 공식(1호, A호)경호, 비공식(2호, B호)경호, 약식(3호, C호)경호로 구분할 수 있다.
④ 「경비업법」에 따른 경비의 분류에는 시설경비업무, 호송경비업무, 신변보호업무, 기계경비업무, 특수경비업무가 있다. 드론경비업무는 「경비업법」에 따른 경비의 분류에 해당하지 않는다.

정답 ③

4. 장소에 따른 분류

장소에 따른 경호의 분류는 행사가 이루어지는 장소를 기준으로 구분하는데, 크게 행사장경호, 숙소경호, 연도경호로 나눌 수 있다. 장소에 따른 분류를 육상경호, 해상 및 해안경호, 공중경호 등으로 분류하기도 한다.

(1) 행사장경호

경호대상자가 참석하거나 주관하는 행사장에서의 경호를 말한다. 행사장은 경호대상자가 비교적 장시간 머물게 될 뿐 아니라 일반 군중들과 경호대상자 간의 거리가 가까우므로 완벽한 경호가 필요하다.

(2) 숙소경호

경호대상자가 평소 거처하는 관저뿐만 아니라 임시로 외지에서 머무는 장소도 경호하는 것으로, 다음과 같은 특징이 있다.
① 비교적 장시간에 걸치게 되고 야간근무가 이루어지며, 행사장에 준한 3선 개념의 경호가 이루어진다.
② 숙소경호 시 정복요원은 정문 등 출입구에 입초하여 경계와 출입자 통제에 임하고, 사복요원은 숙소 주위를 잠복 및 유동경계하며 거동 수상자 검문과 도난·화재 등의 사고를 예방한다.

(3) 연도경호(노상경호)

경호대상자가 행·환차 시 도로에 대한 제반위해요소를 사전에 배제하는 육로경호와, 철도 관계기관과의 긴밀한 협조로 육로경호와 함께 철로 주변에 대해 경호하는 철도경호가 있다. 육로경호는 도로상에서의 위해요소 제거행동이며, 철도경호는 철로 주변에서의 경호활동이다.

5. 이동수단에 따른 분류

(1) 보행경호(도보경호)

① 경호대상자가 가까운 거리를 도보로 이동할 때 실시하는 경호를 말한다. 도보 중 피경호자는 위해의 목표가 되기 쉬우므로 경호대상자에게 접근할 수 있는 통로의 봉쇄를 위해 동행하는 경호요원은 자신의 위치를 먼저 선정하여야 한다.

➕ 심화학습

보행경호 취약성
보행경호 시 경호대상자가 외부에 노출될 가능성이 커 테러의 위험도가 높으므로 현장에서는 최대한 도보이동을 지양(자제)해야 한다.

② 보행경호 시에는 위험인물로 보이는 사람이나 일반인의 접근을 제지하기 위한 예비경호요원이 있어야 하고, 산책이나 야외도보 중에는 가까운 곳에 차량을 대기시켜 만약의 경우를 대비하여야 한다.

(2) 차량경호

① 경호대상자가 차량을 사용하여 중거리를 이동할 때 실시하는 경호를 말한다.

② 경호수행방식: 경호대상자의 자동차 등에 동승하여 차내 행선지에서의 보호임무를 수행하며, 동승경호방식과 전후방 호위 경호방식이 있다.

 ㉠ 동승경호방식: 경호대상자의 자동차에 동승하여 차내 및 행선지에서의 보호임무를 수행하며, 유사시 경호대상자를 안전지역으로 대피시키는 일을 기본임무로 한다.

 ㉡ 전후방 호위 경호방식: 경호대상자의 차량을 선도하면서 연도 및 행선지에서의 경호활동을 하고, 경호대상자 탑승차량 보호와 승하차 시 경호를 기본임무로 한다.

③ 선도경호차량과 후미경호차량

선도경호 차량	행·환차로 안내, 행사시간에 맞는 주행속도 조절, 진행방향 결정, 전방에 대한 경계업무, 위해상황 시 전방공격 차단, 비상통로의 확보, 우발상황이 예측될 때 무선으로 전파하여 대비하는 임무를 수행한다.
후미경호 차량	기동 간 경호대상자차량의 방호업무, 경호지휘임무의 수행, 후미에서 접근하는 차량 통제 및 추월 방지를 대비하는 임무를 수행한다.

(3) 열차경호

① 경호대상자가 열차를 이용하여 이동 시에 열차 내외에서 이루어지는 경호를 말한다.

② 통상 열차 내에서의 경호책임은 출발지역에서 도착지역까지로, 출발지역 관할 시·도경찰청 및 지부에서 담당한다. 단, 경호대상자가 국가원수(대통령)인 경우 열차 내에서의 경호책임은 경호처장이, 열차 외곽 철도상의 책임은 시·도경찰청장이 담당한다.

➕ **심화학습**

열차경호는 이동수단에 따른 분류이고, 철도경호는 장소에 따른 분류 중 연도경호에 해당한다.

(4) 선박경호

① 경호대상자가 선박을 이용하여 이동 시 실시하는 경호를 말한다.
② 선박이 일반여객선일 경우 선내 검색을 철저히 한 다음 경호대상자를 승선하도록 하여 경호하여야 한다. 군·경의 함정일 때에는 자체 인원으로 경호임무를 수행하며 경호대상자가 먼저 타고 먼저 내린다. 즉, 안전이 확보된 선박의 경우 경호대상자가 먼저 타고 먼저 내리지만, 안전이 확보되지 않은 일반여객선의 경우 보통 경호대상자가 나중에 타고 먼저 내린다.

➕ 심화학습

선박에서의 상석
객실등급이 정해져 있으면 그 등급에 따라 상석이 결정되며, 객실등급이 정해져 있지 않을 경우에는 선체의 중심부가 상석이 된다.

(5) 항공기경호

① 경호대상자가 항공기로 이동 시에 실시하는 경호를 말한다. 이는 선박경호와 같은 요령으로 실시한다.
② 항공기 내의 탑승자와 장비에 대해 사전에 충분한 보안점검이 필요하다.
③ 비행기를 타고 내릴 때에는 경호대상자가 마지막으로 타고 먼저 내리는 것이 일반적인 순서이다.

6. 직종에 따른 분류

(1) 경제인경호

① 회장·사장 등의 경제적으로 중요한 인물을 대상으로 하는 경호를 말한다.
② 경제인은 경제적 영향력이 있는 사람으로 잦은 외국방문이 있을 수 있기 때문에 경제인경호 시에는 그 나라의 풍습과 지리·언어를 가능한 한 익혀 두어 보다 품위 있는 보좌로 신변보호를 더 돋보이게 하는 경호임무를 수행하여야 한다.

(2) 정치인경호

① 정당인·국회의원 등 정치인을 대상으로 하는 경호를 말한다.
② 정치인들은 사회적·정치적 영향력이 강한 인물이므로 경호위해자나 경호위해조직이 완벽한 범죄를 위한 조직적 공격을 계획할 수 있으며, 숙련된 게릴라와 과학적인 장비를 동원할 수 있으므로 이에 대한 경호계획을 따로 수립할 필요가 있다.

➕ 심화학습

정치인경호
국회의원(국회의장 제외), 정당인의 경우에는 공경호기관의 일상적인 경호대상이 아니다.

(3) 연예인경호

① 가수 · 배우 등의 연예인을 대상으로 하는 경호를 말한다.

② 유명연예인은 행사일정이 바쁘기 때문에 경호임무를 수행하는 데 많은 어려움이 뒤따른다. 연예인이라는 특정한 직업으로 인해 많은 청중 앞에 설 기회가 자주 있고 열광적인 팬들의 기습적 접근이 쉽게 일어날 수 있다. 경호요원은 세련된 스타일의 연예인을 경호하는 만큼, 의상과 외모에 대해서도 신변경호 이상으로 갖추어야 한다.

(4) 일반인경호

과거에는 경호의 객체를 고위공직자, 기업인 등 사회적 저명인사 및 많은 사람들과 잦은 접촉을 하는 연예인 등으로 국한하였으나, 최근에는 사회가 다양화 · 흉포화 · 범죄화되면서 일반인들에 대한 경호의 필요성이 대두되었다.

① **자녀 등하교경호**: 자녀의 등하교 시 유괴 및 폭력예방경호, 갑작스러운 사건 · 사고 시 위험한 지역에서 안전한 지역까지 동행하여 보호하는 경호업무이다.

② **학교폭력 안전경호**: 학교폭력 방지 및 예방을 위한 경호업무이다.

③ **법정동행경호**: 법정출입에 따른 신변보호 업무와 소송진행 중 폭력, 협박, 납치 등으로부터 보호하는 경호업무이다.

7. 경호작용의 직 · 간접에 따른 분류

(1) 직접경호

행사장에 계획된 별도의 경호인원과 장비가 배치된 상태의 경호를 말한다. 즉, 행사장 주변에 경호장비 등을 배치하여 인적 · 물적 · 자연적(지리적) 위해요소를 통제하는 활동은 직접경호에 해당한다. 3선 개념의 경호를 실시한다.

(2) 간접경호

평상시 치안상의 안전활동이나 대공활동만으로 자연스럽게 이루어지는 경호를 말한다. 행사장에서 직접경호 지역을 제외한 지역에 대한 경호로, 평상시의 첩보수집활동, 치안활동, 안전대책작용 등이 간접적인 경호활동에 해당한다.

07 다음을 경호로 분류할 때 해당하지 않는 것은? · 제21회 기출

대한민국을 방문한 K국 대통령의 시장 방문 시 경호 관계기관에서는 주변에 알리지 않고 경호를 하였다. 이때 시장에서 쇼핑 중 위해자에 의한 피습사건이 발생하여 B경호원은 몸을 날려 위해행위를 차단하였고, 동료 경호관들이 대통령을 안전한 곳으로 대피시켰다.

① A급 경호
② 비공식경호
③ 직접경호
④ 약식경호

해설 대한민국을 방문한 K국 대통령(A급 경호)의 시장 방문 시 경호 관계기관에서는 주변에 알리지 않고 경호(비공식경호)를 하였다. 이때 시장에서 쇼핑 중 위해자에 의한 피습사건이 발생하여 B경호원은 몸을 날려 위해행위를 차단하였고, 동료 경호관들이 대통령을 안전한 곳으로 대피시켰다. 제시된 행동은 직접경호(경호인원과 장비가 배치된 현장에서의 경호), A급 경호, 비공식경호에 해당한다.
약식경호란 일정한 방식에 의하지 않는 경호로, 절차를 갖추지 않는 간편한 방식에 의한 경호이며, 출퇴근 시 실시하는 일상적 경호가 대표적이다.

정답 ④

8. 활동시점 및 경호방법에 따른 분류

(1) 사전예방경호(선발경호)

일정 규모의 경호팀이 사전에 도착하여 각종 경호활동을 수행하는 경호를 말한다.

(2) 근접경호(수행경호)

행사 시 이동 중이나 행사장에서 피경호인(경호대상자)에게 근접하여 경호활동을 수행하는 경호를 말한다.

9. 근무형태에 따른 분류

(1) 노출경호

① 복장(정복)을 단정히 하고 경호대상의 중심에서 공개적으로 경호하고 귀빈이나 일반 군중 또는 관객들이 볼 때 경호대상의 신변을 보호하기 위한 경호원임을 쉽게 알아볼 수 있도록 실시하는 것으로, 예상될 수 있는 범행 기도 불순분자의 접근에 대해 위엄을 과시할 수 있는 경호방법을 말한다.

② 노출된 경호의 예로 명찰 또는 비표 등을 달고 출입을 관리·통제하는 경호·경비 등을 들 수 있다. 이는 신분이 노출된다는 단점이 있지만, 질서유지 및 출입 관리에 효과적이므로 행사경호 시 운용이 용이하다.

(2) 비노출경호

범행 기도 불순분자 또는 일반 군중들이 경호원임을 인식하지 못하도록 자유 복장으로 실시하는 경호형태로, 때와 장소·행사의 성격 등을 고려하여 비밀리에 실시하는 경호방법을 말한다.

(3) 혼합경호

행사의 성격·규모 또는 상황에 따라 위엄을 과시할 필요가 있는 경우와 비밀리에 실시할 경우를 구분하여 노출경호와 비노출경호를 각각 필요한 부분에 혼용하여 실시하는 경호방법을 말한다.

10. 주체에 따른 분류

(1) 공경호

국가기관에 의한 경호를 말한다. 경호대상이 관계법규에 근거하고, 국가기관에 의해 행해지는 경호활동이며, 국가요인의 신변보호를 통해 국가안전에 기여한다.

(2) 사경호(민간경호)

「경비업법」에 의한 허가를 받아 실시하는 경호를 말한다. 의뢰인과의 계약에 의해 정해지고, 민간에 의해 행해지는 경호활동이며, 의뢰인에 대한 안전보장을 통해 영리를 추구한다.

경호의 시작
역사적으로 볼 때 사경호가 먼저 시작되었으며, 공경호는 고대 국가 출현 후 탄생하였다.

심화학습

공경호·사경호의 공통적 특성
폐쇄성·보안성·기동성은 공경호 조직의 운영 특성인 동시에 민간 경호조직에도 적용되는 특성이다.

08 경호의 분류에 관한 설명으로 옳지 <u>않은</u> 것은 모두 몇 개인가?

· 제20회 기출

> • 직접경호는 평상시에 이루어지는 치안 및 대공활동, 국제정세를 포함한 안전대책작용이다.
> • 행사장경호는 경호대상자가 참석하거나 주관하는 행사에서의 경호업무를 말한다.
> • 국왕 및 대통령 등 국가원수급의 경호는 1(A)급 경호에 해당된다.
> • 숙소경호는 평소 거처하는 관저나 임시로 외지에서 머무는 장소에서의 경호업무를 말한다.
> • 약식경호는 일정한 방식에 의하지 않고 출 · 퇴근과 같이 일상적인 경호업무를 말한다.

① 1개　　　　　　　　　　② 2개
③ 3개　　　　　　　　　　④ 4개

해설 평상시에 이루어지는 치안 및 대공활동, 국제정세를 포함한 안전대책작용은 간접경호이다. 직접경호는 행사장에 계획된 별도의 경호인원과 장비가 배치된 상태의 경호를 말한다.

정답 ①

2 경비의 분류

1. 경비기관에 따른 분류

(1) 공경비

국가공권력을 집행하는 국가기관, 즉 대통령경호처, 경찰, 검찰, 교정기관 등이 법집행권과 강제권을 갖고 개인의 생명과 재산 보호, 사회질서 유지 등에 관련된 업무를 수행하는 제반활동을 말한다.

(2) 민간경비

특정인의 비용 부담을 전제로 하고 강제권을 수반하지 않는 수단과 방법을 사용하여 개인의 신체 · 생명 · 재산 등을 보호하기 위하여 행하는 경비를 말한다.

2. 경계개념에 따른 분류

(1) 비상경계(정비상경계)

국가적 중요행사를 전후한 일정 기간이나 비상사태의 발생 징후가 농후할 때의 경계(고도의 경계를 요할 때)를 말한다.

비상경계
중대한 일이 일어나거나 일어날 우려가 있을 때, 특정 지역을 특별히 경계하는 일을 말한다.

(2) 준(準)비상경계

① 각종 행사일을 전후한 일정 기간 또는 비상사태의 발생 우려가 있거나 불안전한 사태가 계속될 때의 경계(집중적인 경계가 요구될 때)를 말한다.

② 비상사태 발생의 징후는 희박하나 불안전한 사태가 계속되어 집중적인 경계가 요구될 때 실시하는 경계이다.

3. 경계대상에 따른 분류

(1) 치안경비(다중범죄 진압경비)

① 공공의 안녕과 질서를 문란하게 하는 범죄와 관련된 소요사태에 대해 경비부대가 예방·경계·진압하는 활동을 말한다.

② 간첩·다중범죄 예방, 비상경계 등이 있다.

다중범죄
정치, 경제, 사회, 문화적 원인 또는 특정 집단의 주의, 주장, 요구 조건 등을 관철할 목적으로 나타나는 시위, 소요, 폭동 등의 범죄 행위이다.

(2) 혼잡경비

① 경기대회, 기념행사 등 미조직 군중의 혼란 또는 혼란에 의하여 발생하는 예측 불가능한 사태를 예방·경계·진압하는 작용을 말한다.

② 수익자부담원칙이 적용된다(단, 국가적·공적 행사는 경찰이 전담).

(3) 특수경비(대테러경비)

① 총포류, 도검류, 폭발물에 의한 중요 범죄 등의 사태로부터 발생한 위해를 예방·경계·진압함으로써, 국민의 재산과 생명을 보호하고 공공의 안녕과 질서를 유지하는 경비 활동이다.

② 특수경비업무를 담당하기 위하여 경찰특공대를 운용한다.

(4) 재해경비(재난경비)

① 천재지변, 홍수, 태풍, 화재, 지진 등 재해에 의하여 발생하는 위해를 예방·경계·진압하는 작용을 말한다.

② 현장에 지휘본부를 설치하여 인명 구조에 최선을 다한다.

경찰특공대
1983년 10월에 창설된 부대로, 테러사건에 대한 예방활동 및 무력진압, 테러사건과 관련한 폭발물의 탐색 및 처리, 인질·총기사건 등 중요범죄 예방 및 진압, 각종 재해·재난 등 긴급상황 발생 시 인명 구조를 그 임무로 한다.

(5) 중요시설경비

시설의 재산이나 문서에 대한 비인가자의 접근을 방지하고 간첩, 태업, 절도, 강도 등 기타 침해행위에 대해 예방·경계·진압하는 작용을 말한다.

(6) 경호경비

정부요인을 암살하려는 행위를 미연에 방지하고 피경호자의 신변을 보호하려는 경비활동을 말한다.

(7) 선거경비

① 선거 시 후보자에 대한 신변보호와 투·개표장에서의 선거와 관련한 폭력·난동·테러 등 선거방해책동요소(합법적인 선거를 방해하려는 요소)를 사전에 예방·제거하는 경비활동을 말한다.
② 혼잡·특수·경호·다중범죄 진압 등 종합적인 경비가 요구된다.

4. 경비중요도에 따른 분류

국가중요시설 지정 및 방호 훈령(국방부훈령 제1057호)에 따라 국가중요시설(공공기관, 공항, 항만, 주요산업시설 등 적에 의하여 점령 또는 파괴되거나 기능이 마비될 경우 국가안보 및 국민생활에 심대한 영향을 미치는 시설)을 '가'급, '나'급 및 '다'급으로 구분한다.

(1) '가'급 시설

① 의의: 적에 의하여 점령 또는 파괴되거나 기능 마비 시 광범위한 지역의 통합방위작전수행이 요구되고, 국민생활에 결정적인 영향을 미칠 수 있는 시설을 말한다.
② 종류

행정시설	대통령실, 국회의사당, 대법원, 정부종합청사, 국방부·국가정보원 청사, 한국은행 본점
산업시설 등	국가경제에 중대한 영향을 미치는 대규모산업시설(철강, 조선, 항공기, 정유 등), 원자력발전소, 국제공항 등

국가중요시설 지정 및 방호 훈령
과거에는 법제처 사이트에서 확인할 수 있는 공개훈령이었으나, 외부 불순세력도 그 내용을 알게 된다는 문제로 인하여 현재는 비공개 훈령으로 전환되어 일반인이 확인할 수 없다. 교재의 내용은 과거 공개 당시의 내용을 골간으로 주변 환경 변화에 따른 일정한 사항을 가감하여 서술되었음에 유의한다.

➕ 심화학습

훈령
상급기관이 하급기관에 대하여 장기간에 걸쳐 그 권한의 행사를 일반적으로 지시하기 위하여 발하는 명령을 말한다.

(2) '나'급 시설

① 의의: 적에 의하여 점령 또는 파괴되거나 기능 마비 시 일부 지역의 통합방위작전수행이 요구되고, 국민생활에 중대한 영향을 미칠 수 있는 시설을 말한다.

② 종류

행정시설	대검찰청 · 경찰청 · 기상청 청사, 한국산업은행 · 한국수출입은행 본점
산업시설 등	국가경제에 영향을 미치는 중요산업시설로서 파괴 시 대체가 곤란한 시설, '가'급 이외의 방위산업시설 중 주요 전투장비의 완제품 및 핵심부품 생산시설, 국제공항을 제외한 주요 국내공항

(3) '다'급 시설

① 의의: 적에 의하여 점령 또는 파괴되거나 기능 마비 시 제한된 지역에서 단기간 통합방위작전수행이 요구되고, 국민생활에 상당한 영향을 미칠 수 있는 시설을 말한다.

② 종류

행정시설	기타 중앙행정기관의 청급 독립청사(조달청, 통계청, 산림청 등), 국가정보원 지부, 한국은행 각 지역본부, 다수의 정부기관이 입주한 남북출입관리 시설, 기타 중요 국 · 공립기관
산업시설 등	'가'급, '나'급 이외의 특별한 보호가 요구되는 산업시설

∷ 보충학습 「통합방위법」상 용어의 정의

1. **통합방위**
   적의 침투 · 도발이나 그 위협에 대응하기 위하여 각종 국가방위요소를 통합하고 지휘체계를 일원화하여 국가를 방위하는 것을 말한다.

2. **통합방위사태**
   적의 침투 · 도발이나 그 위협에 대응하여 갑종사태, 을종사태, 병종사태의 구분에 따라 선포하는 단계별 사태를 말한다.

3. **통합방위작전**
   통합방위사태가 선포된 지역에서 작전지휘관(통합방위본부장, 지역군사령관, 함대사령관 또는 시 · 도경찰청장)이 국가방위요소를 통합하여 지휘 · 통제하는 방위작전을 말한다.

5. 실정법 규정에 따른 분류

(1) 「대통령 등의 경호에 관한 법률」상의 경비 분류

① **경계활동**: 위해자의 위해기도나 침투에 대비하여 사전에 실시하는 감시활동을 의미한다.

② **순찰활동**: 위해자의 위해기도를 사전에 예방 · 탐지 · 제거하기 위하여 일정 지역을 순회하면서 살피는 활동을 말한다.

③ **방비활동**: 위해자에 의한 침투나 각종 재해를 방어하기 위한 제반 준비활동을 말한다.

(2) 「경비업법」상의 경비 분류

① 시설경비업무

② 호송경비업무

③ 신변보호업무

④ 기계경비업무

⑤ 특수경비업무

⑥ 혼잡 · 교통유도경비

3 경비경찰

1. 의의

공공의 안녕과 질서를 파괴하는 국가비상사태, 긴급한 주요 사태 등이 발생하거나 발생할 우려가 있는 경우, 또는 개인이나 단체가 불법행위를 함으로써 공공의 질서를 파괴하는 경우 등의 상황에서 범죄를 예방 · 경계 · 진압하는 경찰활동을 수행하는 사람을 경비경찰이라고 한다. 협의의 공경비와 같은 개념이다.

➕ 심화학습

시설경비와 호송경비대상
시설경비는 일정한 장소 안에 있는 시설과 물건을 대상으로 하지만, 호송경비는 운반 중에 있는 물건(현금 등 귀중품)을 대상으로 한다. 예를 들어, 일정한 시설 안의 금고에 보관 중인 현금은 시설경비의 대상이지만, 운반 중에 있는 현금은 호송경비의 대상이다.

공공의 안녕
개인의 생명 · 신체(건강) · 명예 · 자유 · 재산과 같은 주관적 권리와 객관적인 성문법 질서, 국가의 존속 · 국가 및 그 밖의 공권력 주체의 제도 및 행사가 아무런 장애를 받지 않고 있는 상태이다.

:: 보충학습 경비경찰의 의의

1. **경찰의 분류**
   경찰은 그 업무에 따라 생활안전경찰, 수사경찰, 교통경찰, 경비경찰, 정보경
   찰, 보안경찰, 외사경찰로 분류한다.
2. **경비경찰의 중요성**
   경비경찰은 국민복지추구에 직접적·적극적인 개입은 하지 않지만 간접적으
   로 행복한 삶을 추구할 수 있는 기본토양을 다지는 작업이라는 측면에서 그
   중요성이 있다.
3. **경비경찰의 대상**
   모든 개인적·단체적 불법행위가 경비경찰의 대상이 되는 것은 아니다. 예를
   들어, 살인죄라도 단순살인의 경우는 수사경찰의 대상이지만, 간첩이나 정치
   적 보복에 의한 요인살해는 경비경찰의 대상이 된다.

생활안전경찰과 외사경찰
- **생활안전경찰**
  범죄예방 정책의 수립과 집행,
  기타 이와 관련된 활동을 통하
  여 국민의 생명과 재산을 보호
  하고 공공의 안녕과 질서를 유
  지하는 경찰이다.
- **외사경찰**
  외국이나 외국인과 관계되는 사
  건을 담당하는 경찰이다.

2. 특징

(1) 처리기한 없이 신속을 요하는 즉응적(즉시적) 경찰활동

생활안전경찰이나 수사경찰이 처리기간 내에 업무를 처리한다면 별
다른 문제가 발생하지 않을 것이다. 그러나 경비경찰은 다중범죄,
테러, 경호상 위해나 경찰작전상황 등이 발생한 경우 즉응적이고 신
속한 제압이 필요하며, 상황의 종료에 따라 처리가 종결되므로 일방
적으로 처리기한을 설정할 수 없다.

(2) 복합적 경찰기능수행

경찰업무를 예방과 진압으로 크게 나누면, 경비경찰은 두 가지를 아
울러 수행한다. 생활안전경찰이나 정보경찰은 예방경찰이고, 수사경
찰은 진압경찰에 치중하며, 경비경찰은 예방과 경계, 진압을 아울러
수행하는 복합적 기능의 경찰활동을 수행한다. 경비경찰은 특정한 사
태가 발생한 후에 진압하는 사후진압적 측면이 있으나, 사태의 발생
을 미연에 방지하는 예방진압에 더 큰 비중을 두어야 한다.

(3) 국가목적적 치안의 수행

생활안전경찰이나 수사경찰은 국민의 생명과 신체 그리고 재산을 침
해하는 범죄를 예방하거나 범죄를 수사함으로써 공공의 안녕과 질서
를 유지하는 데 직접적인 목적을 둔다. 그러나 경비경찰은 직접적으
로 공공의 안녕과 질서를 파괴하는 범죄를 대상으로 하므로 경비경
찰의 임무를 국가목적적 치안의 수행이라고 일컫는다.

(4) 조직적 부대활동

경비경찰은 단순한 개인 단위로 활동하는 것이 아니고, 보통 부대 단위의 조직적 활동을 한다. 경비경찰은 개인적인 활동으로 이루어지기보다 항상 부대활동으로 훈련과 근무를 하며, 경비사태 발생 시 조직적이고 집단적이며 물리적인 힘으로 대처하는 것을 특징으로 한다. 따라서 경비사태에 효과적으로 대비하기 위한 체계적인 부대편성, 관리, 운영은 경비경찰 기능의 생명이라 할 수 있다.

(5) 현상유지적 활동

경비경찰은 현재의 질서상태를 보존, 즉 현상을 유지하는 데 중점을 둔다. 적극적으로 현상을 개선하고 발전시키는 부분에 앞선 현상유지적 활동인 만큼 급진적인 사회개혁이나 획기적인 변화의 추구는 경비경찰의 몫이 아니다. 하지만 현재의 안녕과 질서를 잘 유지할 수 있는 방법의 개발에 대한 개혁적인 노력까지 배제하라는 의미는 아니다.

(6) 하향적 명령에 따른 활동

경비경찰은 조직적인 부대활동이며, 하향적인 명령에 따라 움직이는 활동이다. 경비경찰은 명령에 따른 활동이므로 부대원의 재량은 상대적으로 적고 수명사항에 대한 책임은 지휘관이 지는 경우가 많다.

3. 경비경찰활동의 기본원칙

(1) 비례의 원칙

경찰권의 발동조건과 정도는 질서유지의 필요와 정도에 비례하여 사회통념상 상당한 정도로 발동되어야 하며, 직무수행에 필요한 최소한도 내에서 행사되어야 하고 남용되어서는 안 된다는 원칙이다. 즉, 비례의 원칙은 경찰권 발동의 조건과 정도를 정한 원칙이다.

(2) 보충성의 원칙

경비경찰의 법집행은 공공의 안녕과 질서의 유지를 목적으로 하는 공권력에 의한 활동이므로 다른 사회의 일반적인 방법으로 통제가 불가능할 때 최후수단으로서 개입해야 하며, 그 수단의 선택에 있어서도 안녕과 질서를 회복하는 데 요구되는 최소한의 침해만 가하면서 사태를 해결할 수 있는 방법을 선택해야 한다는 원칙이다.

(3) 적시성의 원칙

경비경찰권은 경비상황의 발생에 따른 개입의 조건을 고려하여 가장 적합한 시기에 발동되어야 한다는 원칙이다. 이는 곧 경비경찰의 적시성을 요한다는 것으로, 이때를 놓치면 경비경찰의 목적과 임무수행에 차질을 빚을 수 있음을 경고한 것이기도 하다.

4. 경비범죄(다중범죄)의 특징

(1) 조직적이며 계획적이다.

(2) 확신범적 성격을 갖는다.

(3) 정책 대립 내지 상이한 이익집단 세력 간의 충돌이다.

(4) 전국적인 파급성을 갖는다.

(5) 군중심리의 영향이 다대(多大)하다.

5. 경비경찰의 경비 수단의 원칙

(1) 균형의 원칙

경비 상황과 대상에 따라 유효·적절하게 부대를 배치하여 실력을 행사하는 원칙을 말한다. 즉, 한정된 경비력을 가지고 최대의 효과를 발휘할 수 있도록 상황과 대상에 따라 유효·적절하게 인력을 배치하여 실력을 행사하는 원칙을 말한다.

(2) 위치의 원칙

경비사태가 발생할 때 상대방보다 유리한 지점과 위치를 신속하게 확보·유지하는 원칙을 말한다.

(3) 적시성의 원칙

위해자의 힘이 가장 약한 시점을 포착하여 강력한 실력을 행사하는 원칙을 말한다.

(4) 안전의 원칙

경비사태가 발생하여 이를 진압할 때에는 경비경력이나 군중들이 사고를 당하지 않도록 안전하게 사태를 진압해야 한다는 원칙을 말한다.

> ➕ **심화학습**
>
> 경비 수단의 종류
> - **직접적 실력행사**
>   즉시강제, 범죄의 예방과 제지, 강제해산, 주동자 및 주모자 격리, 해산명령 등이 직접적 실력행사에 해당한다.
> - **간접적 실력행사**
>   관련자에게 주의를 주고, 일정한 행위를 요구하는 임의처분인 경고가 간접적 실력행사에 해당한다.

제3절 ▶ 경호의 법원(法源) ★★★

경호법의 존재형식 또는 법적 근거를 경호의 법원이라고 한다. 즉, '경호활동의 법적 근거가 어디에 있는가'의 문제이다. 경호의 법원도 다른 행정의 법원과 마찬가지로 원칙적으로 성문법이 법원이 되며, 성문법에 근거가 없는 경우에는 보충적으로 불문법도 법원이 된다. 경호의 성문법원으로 「헌법」·법률·조약·명령이 있고, 불문법원으로는 경호관습법·판례법·조리가 있다. 우리나라는 성문법 국가이므로 성문법을 우선으로 하고, 불문법은 보충적으로 채용하고 있다.

1 「헌법」

1. 「헌법」은 최상위의 경호법원

「헌법」은 한 나라의 국민의 기본권 보장 및 정치체제의 조직과 운영에 관하여 규정한 최고의 권력을 가지며 최상위에 존재하는 기본법이며, 다른 모든 법들이 효력을 가질 수 있는 근거가 된다. 따라서 「헌법」은 모든 법의 근본으로서 최상위의 경호의 법원이다.

2. 「헌법」상의 경호 근거 법조문

대통령의 지위에 관해서는 「헌법」 제66조에 의거, 대통령은 국가원수로서의 지위와 행정부의 수반으로서의 지위 및 「헌법」 제74조에 따라 국군통수권자로서의 지위를 갖고 있다고 규정하고 있다. 전직대통령의 신분과 예우에 관해서는 「헌법」 제85조에서 법률로 정하도록 규정하고 있어 「전직대통령 예우에 관한 법률」의 근거 규정이 되며, 대통령을 보좌하고 행정 각부를 총괄하는 국무총리의 지위에 관한 사항은 「헌법」 제86조에서 규정하고 있다. 그 밖에도 입법·사법·행정부의 주요 경호대상의 법적 지위를 규정하고 있다.

➕ 심화학습

경호법원으로서 「헌법」의 중요성
우리나라 「헌법」에서는 대통령이 국가 최고의 공직자임을 규정하고 있다. 이를 근거로 하여 대통령에게 국가 최고의 경호활동이 제공된다.

⊗ 「헌법」상의 경호 근거 법문 확인

제66조	• 대통령은 국가의 원수이며, 외국에 대하여 국가를 대표한다. • 대통령은 국가의 독립·영토의 보전·국가의 계속성과 「헌법」을 수호할 책무를 진다. • 대통령은 조국의 평화적 통일을 위한 성실한 의무를 진다. • 행정권은 대통령을 수반으로 하는 정부에 속한다.
제74조	• 대통령은 「헌법」과 법률이 정하는 바에 의하여 국군을 통수한다. • 국군의 조직과 편성은 법률로 정한다.
제85조	전직대통령의 신분과 예우에 관하여는 법률로 정한다.
제86조	• 국무총리는 국회의 동의를 얻어 대통령이 임명한다. • 국무총리는 대통령을 보좌하며, 행정에 관하여 대통령의 명을 받아 행정 각부를 통할한다. • 군인은 현역을 면한 후가 아니면 국무총리로 임명될 수 없다.

2 법률

법률은 「헌법」이 규정하고 있는 범위 내에서 국민의 권리와 의무에 관하여 행정부나 입법부에서 입안·발의하고 국회의 의결을 거쳐 대통령이 이를 공포함으로써 법률적인 효력이 발생한다. 법률은 「헌법」 다음가는 법으로, 명령이나 규칙보다 상위법이다.

1. 「대통령 등의 경호에 관한 법률」(약칭: 대통령경호법)

(1) 연혁

① 「대통령 등의 경호에 관한 법률」은 1963년 12월 14일 법률(法律) 제1507호로 제정(제정 당시의 법명은 대통령경호실법)되었으며, 1981년 1월 29일 경호대상을 대통령 당선인과 그 가족, 대통령으로 당선이 확정된 자와 가족, 전직대통령 및 그 가족으로 하는 개정이 있었다. 또한 대통령경호실장 및 경호실 직원 중 일부를 현역 군인으로 보할 수 있다는 법적 근거의 추가, 직권남용 금지 등 구체적인 내용의 개정이 있었다.

② 2008년에는 제5차 개정(이때 법명이 대통령 등의 경호에 관한 법률로 개칭됨)이 있었는데, 대통령 등의 경호에 관한 사무를 분장하기 위하여 대통령실장 소속으로 경호처를 두는 등 조직을 변경하였다.

③ 2010년 3월 12일 6차 개정이 되면서 전직대통령과 그의 배우자

CHAPTER 01 경호학과 경호 • **47**

및 자녀에 대한 경호처의 경호대상기간이 연장되었다. 「대통령 등의 경호에 관한 법률」은 현 대통령과 대통령 당선이 확정된 자 및 그 가족과 퇴임 후 10년 이내 전직대통령, 대통령실 경호처가 인정하는 경호대상자 등에 대한 경호 및 대통령실 경호처의 활동 에 관한 규정을 정하고 있다.

④ 2012년 2월 2일 8차 개정이 되면서 다자간 정상회의의 경호 및 안전관리에 관한 규정이 신설되었다.

⑤ 2013년 3월 23일 「정부조직법」이 개정되어 대통령실이 대통령 비서실, 국가안보실, 대통령경호실의 3실로 나누어지면서 종전 대통령실장의 업무 중 경호업무 관련된 사항이 대통령경호실장 의 업무로 귀속되었으며, 전직대통령의 자녀는 경호실의 경호대 상에서 제외되었다.

⑥ 2017년 7월 26일 「정부조직법」이 개정되면서 경호실이 경호처 로 그 조직의 명칭이 바뀌었고, 청와대는 2실(국가안보실, 대통령 비서실) 1처(대통령경호처) 체제로 편제되었다.

(2) 주요 내용

① **경호처의 경호대상**(법 제4조)
  ㉠ 대통령과 그 가족
  ㉡ 대통령 당선인과 그 가족
  ㉢ 본인의 의사에 반하지 아니하는 경우에 한정하여 퇴임 후 10 년 이내의 전직대통령과 그 배우자. 다만, 대통령이 임기 만 료 전에 퇴임한 경우와 재직 중 사망한 경우의 경호 기간은 그로부터 5년으로 하고, 퇴임 후 사망한 경우의 경호 기간은 퇴임일부터 기산(起算)하여 10년을 넘지 아니하는 범위에서 사망 후 5년으로 한다.
  ㉣ 대통령권한대행과 그 배우자
  ㉤ 대한민국을 방문하는 외국의 국가원수 또는 행정수반(行政首 班)과 그 배우자
  ㉥ 그 밖에 처장이 경호가 필요하다고 인정하는 국내외 요인(要人)
  ㉦ 위 ㉢에도 불구하고 전직대통령 또는 그 배우자의 요청에 따 라 처장이 고령 등의 사유로 필요하다고 인정하는 경우에는 5년의 범위에서 ㉢에 규정된 기간을 넘어 경호할 수 있다.

➕ 심화학습

경호처와 경호실의 차이
2017년 문재인 정부 출범에 따른 「정부조직법」 개정으로 대통령경호실이 대통령경호처로 변경되었다. 그리고 과거 경호실장은 장관급이었으나, 경호처장은 차관급으로 그 직위가 하향 조정되었다. 그러나 경호기관으로서의 독립성은 유지되었다.

➕ 심화학습

경호처의 경호대상과 관련한 가족 범위
경호처 경호대상에서 규정하는 가족이란 대통령 및 대통령 당선인의 배우자 및 직계존비속을 말한다.

② **경호구역의 지정**: 처장은 경호업무의 수행에 필요하다고 판단되는 경우 경호구역을 지정할 수 있다(법 제5조).

③ **국가기관 등에 대한 협조 요청**: 처장은 직무상 필요하다고 인정할 때에는 국가기관, 지방자치단체, 그 밖의 공공단체의 장에게 그 공무원 또는 직원의 파견이나 그 밖에 필요한 협조를 요청할 수 있다(법 제15조).

④ **경호 · 안전 대책기구**: 대한민국에서 개최되는 다자간 정상회의에 참석하는 외국의 국가원수 또는 행정수반과 국제기구 대표의 신변(身邊)보호 및 행사장의 안전관리 등을 효율적으로 수행하기 위하여 대통령 소속으로 경호 · 안전 대책기구를 둘 수 있으며, 경호 · 안전 대책기구의 장은 처장이 된다(법 제5조의2).

⑤ **경호공무원의 사법경찰권**: 처장의 제청에 의하여 서울중앙지방검찰청 검사장이 지명한 경호공무원은 경호대상에 대한 경호업무 수행 중 인지한 그 소관에 속하는 범죄에 관하여 직무상 또는 수사상 긴급을 요하는 한도 내에서 사법경찰관리의 직무를 수행할 수 있다(법 제17조).

⑥ **무기의 휴대 및 사용**: 처장은 직무를 수행하기 위하여 필요하다고 인정할 때에는 소속공무원에게 무기를 휴대하게 할 수 있다(법 제19조).

사법경찰권
범죄수사, 범인체포 등을 위하여 행해지는 통치권이다.

2. 「전직대통령 예우에 관한 법률」(약칭: 전직대통령법)

(1) 연혁

① 「전직대통령 예우에 관한 법률」은 제3공화국 「헌법」상 규정은 없지만 전직대통령의 예우에 관한 사항을 규정하기 위하여 1969년 1월 22일 법률 제2086호로 제정되었고, 1980년 10월 27일 제8차 「헌법」 개정에서 「헌법」 조항에 신설되었다. 1987년 10월 29일 제9차 「헌법」 개정에서 전직대통령의 예우와 퇴임 후의 사회활동 지원을 위해 관련된 조항이 개정되었고, 1995년, 2005년, 2010년, 2011년, 2017년에 각각 개정이 있었다.

② 전직대통령 또는 그 유족에게 필요한 기간의 경호 및 경비, 교통 · 통신 및 사무실 제공 등의 지원, 본인 및 그 가족에 대한 치료, 그 밖에 전직대통령으로서의 필요한 예우 등이 규정되었다.

(2) 주요 내용

① 전직대통령의 예우

㉠ 연금

ⓐ **전직대통령 연금**: 전직대통령에게는 연금을 지급한다. 연금 지급액은 지급 당시의 대통령 보수연액(報酬年額)의 100분의 95에 상당하는 금액으로 한다(법 제4조).

ⓑ **유족에 대한 연금**: 전직대통령의 유족 중 배우자에게는 유족연금을 지급하며, 그 연금액은 지급 당시의 대통령 보수연액의 100분의 70에 상당하는 금액으로 한다(법 제5조).

㉡ **기념사업의 지원**: 민간단체 등이 전직대통령을 위한 기념사업을 추진하는 경우에는 관계 법령에서 정하는 바에 따라 필요한 지원을 할 수 있다(법 제5조의2).

㉢ **그 밖의 예우**(법 제6조 및 시행령 제7조)

ⓐ 전직대통령은 비서관 3명과 운전기사 1명을 둘 수 있고, 전직대통령이 서거한 경우 그 배우자는 비서관 1명과 운전기사 1명을 둘 수 있다.

ⓑ 전직대통령이 둘 수 있는 비서관과 운전기사는 전직대통령이 추천하는 사람 중에서 임명하며, 비서관은 고위공무원단에 속하는 별정직 공무원으로 하고, 운전기사는 별정직 공무원으로 한다. 전직대통령의 비서관은 행정안전부장관의 제청으로 국무총리를 거쳐 대통령이 임명하고, 운전기사는 행정안전부장관이 임명한다.

ⓒ 전직대통령이 서거한 경우 그 배우자가 둘 수 있는 비서관과 운전기사는 전직대통령의 배우자가 추천하는 사람 중에서 임명하며, 서거한 전직대통령 배우자의 비서관은 행정안전부장관의 제청으로 국무총리를 거쳐 대통령이 임명하고, 운전기사는 행정안전부장관이 임명하되, 비서관은 고위공무원단에 속하는 별정직 공무원으로 하고, 운전기사는 별정직 공무원으로 한다.

ⓓ 전직대통령 또는 그 유족에게는 관계 법령에서 정하는 바에 따라 다음의 예우를 할 수 있다.

• 필요한 기간의 경호 및 경비(警備)

• 교통·통신 및 사무실 제공 등의 지원

• 본인 및 그 가족에 대한 치료

- 그 밖에 전직대통령으로서 필요한 예우

② **권리의 정지**: 이 법의 적용 대상자가 공무원에 취임한 경우에는 그 기간 동안 연금의 지급을 정지한다(법 제7조 제1항).

③ **제외**: 전직대통령이 다음의 어느 하나에 해당하는 경우에는 필요한 기간의 경호 및 경비(警備)의 예우를 제외하고는 이 법에 따른 전직대통령으로서의 예우를 하지 아니한다(법 제7조 제2항).

  ㉠ 재직 중 탄핵결정을 받아 퇴임한 경우

  ㉡ 금고 이상의 형이 확정된 경우

  ㉢ 형사처분을 회피할 목적으로 외국정부에 도피처 또는 보호를 요청한 경우

  ㉣ 대한민국의 국적을 상실한 경우

탄핵
대통령, 국무총리, 그 밖의 행정부 고급공무원이나 법관과 같은 신분보장이 되어 있는 공무원의 위법행위에 대하여, 국회의 소추·심판에 의하여 또는 국회의 소추에 의한 다른 국가기관의 심판에 의하여 이를 처벌하거나 파면하는 특별한 제도이다.

핵심 기출문제

09 경호의 객체에 관한 설명으로 옳지 <u>않은</u> 것은?　　•제20회 기출

① 경호객체는 경호임무를 제공받는 경호대상자를 말한다.

② 대통령 당선인과 그 가족은 대통령 등의 경호에 관한 법률에 따라 대통령경호처의 경호대상이다.

③ 대통령 등의 경호에 관한 법률에 따라 대한민국을 방문하는 외국의 국가원수 또는 행정수반과 그 배우자는 대통령경호처의 경호대상이다.

④ 재직 중 탄핵결정을 받아 퇴임한 전직대통령의 경우 전직대통령 예우에 관한 법률에 따라 필요한 기간의 경호 및 경비의 예우를 하지 아니한다.

해설 재직 중 탄핵결정을 받아 퇴임한 전직대통령의 경우라도 필요한 기간의 경호 및 경비(警備)의 예우는 제공된다.

정답 ④

3. 「경찰관 직무집행법」

(1) 연혁

「경찰관 직무집행법」은 1953년 12월 14일 제정·공포되었다.

(2) 주요 내용

① **목적**: 「경찰관 직무집행법」은 국민의 자유와 권리 및 모든 개인이 가지는 불가침의 기본적 인권을 보호하고 사회공공의 질서유지를 위한 경찰관(경찰공무원만 해당)의 직무 수행에 필요한 사항을 규정함을 목적으로 한다(법 제1조).

② 경찰관의 직무범위

ㄱ 경찰관의 직무범위는 국민의 생명·신체 및 재산의 보호, 범죄의 예방·진압 및 수사, 범죄피해자 보호, 경비·주요 인사(人士) 경호 및 대간첩·대테러 작전 수행, 공공안녕에 대한 위험의 예방과 대응을 위한 정보의 수집·작성 및 배포, 교통 단속과 교통 위해(危害)의 방지, 외국 정부기관 및 국제기구와의 국제협력, 그 밖에 공공의 안녕과 질서유지이다(법 제2조).

ㄴ 법령에서 경찰관의 직무범위 중 경비·주요 인사(人士) 경호를 명문으로 규정하여 경호작용의 직접적인 근거가 된다.

4. 「국가경찰과 자치경찰의 조직 및 운영에 관한 법률」(약칭: 경찰법)

(1) 연혁

1991년 5월 31일 「경찰법」이란 법명으로 제정·공포되었으며, 2021년 1월 1일 법명이 「국가경찰과 자치경찰의 조직 및 운영에 관한 법률」로 개칭되었다.

심화학습
「경찰법」의 제정연도를 물으면 1991년으로 한다.

(2) 주요 내용

① 목적: 「국가경찰과 자치경찰의 조직 및 운영에 관한 법률」은 경찰의 민주적인 관리·운영과 효율적인 임무수행을 위하여 경찰의 기본조직 및 직무 범위와 그 밖에 필요한 사항을 규정함을 목적으로 한다(법 제1조).

② 경찰의 임무

ㄱ 경찰의 임무는 국민의 생명·신체 및 재산의 보호, 범죄의 예방·진압 및 수사, 범죄피해자 보호, 경비·요인경호 및 대간첩·대테러 작전 수행, 공공안녕에 대한 위험의 예방과 대응을 위한 정보의 수집·작성 및 배포, 교통의 단속과 위해의 방지, 외국 정부기관 및 국제기구와의 국제협력, 그 밖에 공공의 안녕과 질서유지이다(법 제3조).

ㄴ 법령에서 경찰의 임무 중 경비·요인경호를 명문으로 규정하여 경호작용의 직접적인 근거가 된다.

5. 「경비업법」

(1) 연혁

「경비업법」은 1970년 이후 급속한 도시화·산업화에 따른 범죄현상의 급증에 대처하고 민간역량의 건전한 발전을 위해 1976년 12월 31일 법률 제2946호로 제정되었다.

(2) 주요 내용

① **경비업의 규정**: 「경비업법」에서 경비업은 규정된 업무를 도급받아 행하는 영업으로, 법인이 아니면 영위할 수 없으며, 경비업자는 경비인력·자본금·시설 및 장비 등을 갖추고 경비업무를 특정하여 그 법인의 주사무소의 소재지를 관할하는 시·도경찰청장의 허가를 받아야 한다고 규정하고 있다.

② **경비업의 종류**: 경비업은 법인이 아니면 영위할 수 없으며, 설립에 있어서 주무관청의 허가와 법인사무에 관한 검사·감독을 받도록 되어 있다. 경비업의 종류는 다음과 같이 6가지로 구분한다 (법 제2조, 제3조).

시설경비업무	경비를 필요로 하는 시설 및 장소(경비대상시설)에서의 도난·화재와 그 밖의 혼잡 등으로 인한 위험 발생을 방지하는 업무
호송경비업무	운반 중에 있는 현금·유가증권·귀금속·상품 그 밖의 물건에 대하여 도난·화재 등의 위험 발생을 방지하는 업무
신변보호업무	사람의 생명이나 신체에 대한 위해의 발생을 방지하고 그 신변을 보호하는 업무
기계경비업무	경비대상시설에 설치한 기기에 의하여 감지·송신된 정보를 그 경비대상시설 외의 장소에 설치한 관제시설의 기기로 수신하여 도난·화재 등의 위험 발생을 방지하는 업무
특수경비업무	공항(항공기 포함) 등 대통령령으로 정하는 국가중요시설의 경비 및 도난·화재와 그 밖의 위험 발생을 방지하는 업무
혼잡·교통 유도경비업무	도로에 접속한 공사현장 및 사람과 차량의 통행에 위험이 있는 장소 또는 도로를 점유하는 행사장 등에서 교통사고나 그 밖의 혼잡 등으로 인한 위험 발생을 방지하는 업무

www.eduwill.net

➕ 심화학습

「경비업법」은 사경호의 법원에 해당한다.

➕ 심화학습

「경비업법」 제정 당시 법명은 용역경비업법이었으며, 1999년 법명이 경비업법으로 개칭되었다. 제정년도를 물으면 1976년으로 한다.

③ **경비지도사**: 경비원을 지도 · 감독 및 교육하는 자를 말하며, 일반경비지도사와 기계경비지도사로 구분한다(법 제2조).

6. 「청원경찰법」

(1) 연혁

「청원경찰법」은 1962년 4월 3일 법률 제1049호로 제정되었으나 제도화되지 못하고 사문화 상태로 있다가 1973년 전문 개정으로 제도화되었다.

(2) 주요 내용

① **목적**: 「청원경찰법」은 청원경찰의 직무 · 임용 · 배치 · 보수 · 사회보장 및 그 밖에 필요한 사항을 규정함으로써 청원경찰의 원활한 운영을 목적으로 한다(법 제1조).

② **청원경찰의 정의**: 청원경찰이란 국가기관 또는 공공단체와 그 관리하에 있는 중요시설 또는 사업장, 국내 주재 외국기관, 그 밖에 행정안전부령으로 정하는 중요시설 · 사업장 또는 장소에 해당하는 기관의 장 또는 시설 · 사업장 등의 경영자가 경비(청원경찰경비)를 부담할 것을 조건으로 경찰의 배치를 신청하는 경우에 그 기관 · 시설 또는 사업장 등의 경비를 담당하게 하기 위하여 배치하는 경찰을 말한다(법 제2조).

(3) 청원경찰의 신분

청원경찰에 대하여는 「형법」이나 그 밖의 법령에 의한 벌칙을 적용하는 경우와 「청원경찰법」 및 동법 시행령에서 특별히 규정한 경우를 제외하고는 공무원으로 보지 아니한다(시행령 제18조).

(4) 청원경찰의 직무

① 청원경찰은 청원경찰의 배치 결정을 받은 자(청원주)와 배치된 기관 · 시설 또는 사업장 등의 구역을 관할하는 경찰서장의 감독을 받아 그 경비구역만의 경비를 목적으로 필요한 범위에서 「경찰관 직무집행법」에 따른 경찰관의 직무를 행한다(법 제3조).

+ 심화학습

청원경찰제도

청원경찰제도는 우리나라만의 독특한 제도로 '내 직장은 내가 지킨다.'는 자위 방범 사상과 북한 정권의 남침 위협으로부터 국가기관의 중요 시설 등을 보호하기 위하여 1962년 「청원경찰법」이 제정됨으로써 시행되었다.

참고 「경찰관 직무집행법」 제2조 직무의 범위 중 청원경찰의 직무

1. 국민의 생명·신체 및 재산의 보호
2. 범죄의 예방·진압
3. 경비, 주요 인사 경호
4. 그 밖에 공공의 안녕과 질서 유지

❖ 경찰관 직무 중 '공공안녕에 대한 위험의 예방과 대응을 위한 정보의 수집·작성 및 배포' 등은 '수사' 외 관련 업무에 해당되므로 청원경찰의 업무에서 삭제하며, '교통 단속과 교통 위해의 방지'는 교통경찰의 고유 업무 영역이므로 청원경찰의 업무에서 삭제한다.

② 청원경찰은 민간경비원에 포함되므로 사법경찰사무를 취급할 수 없어 수사활동 등은 할 수 없다. 다만, 경비구역 내에서 청원주와 관할 경찰서장의 감독하에 「경찰관 직무집행법」에 의한 직무 수행만 제한적으로 적용된다.

심화학습

경호의 법원과 「청원경찰법」
청원경찰은 그 업무 중에 경비구역 안에서의 주요 인사 경호 업무가 있다. 예를 들면, 경비구역 내에 국가원수 등 주요 인사가 방문한 경우 그 경호업무의 일부를 담당하여야 한다. 따라서 이를 경호의 법원으로 본다.

핵심 기출문제

10 경호경비 관련법의 제정 순서대로 옳게 나열한 것은? • 제20회 기출

> ㉠ 청원경찰법
> ㉡ 국민보호와 공공안전을 위한 테러방지법
> ㉢ 경찰관 직무집행법
> ㉣ 대통령 등의 경호에 관한 법률

① ㉠ - ㉡ - ㉣ - ㉢ ② ㉠ - ㉢ - ㉡ - ㉣
③ ㉢ - ㉠ - ㉣ - ㉡ ④ ㉢ - ㉣ - ㉠ - ㉡

해설 「경찰관 직무집행법」(1953.12.14.) - 「청원경찰법」(1962.4.3.) - 「대통령 등의 경호에 관한 법률」(1963.12.14.) - 「국민보호와 공공안전을 위한 테러방지법」(2016.3.3.)의 순이다.

정답 ③

11 경호경비 관련법의 제정 연도를 순서대로 옳게 나열한 것은? • 제18회 기출

> ㉠ 청원경찰법
> ㉡ 경찰관 직무집행법
> ㉢ 경비업법
> ㉣ 대통령 등의 경호에 관한 법률

① ㉠ - ㉡ - ㉢ - ㉣   ② ㉠ - ㉣ - ㉡ - ㉢
③ ㉡ - ㉠ - ㉢ - ㉣   ④ ㉡ - ㉢ - ㉣ - ㉠

해설 「경찰관 직무집행법」(1953.12.14.) - 「청원경찰법」(1962.4.3.) - 「대통령 등의 경호에 관한 법률」(1963.12.14.) - 「경비업법」(1976.12.31.)의 순이다.

정답 ③

---

7. 「국민보호와 공공안전을 위한 테러방지법」(약칭: 테러방지법)

(1) 연혁

「국민보호와 공공안전을 위한 테러방지법」은 2016년 3월 3일 법률 제14071호로 제정되었으며, 2016년 6월 4일부터 시행되었다.

(2) 주요 내용

「국민보호와 공공안전을 위한 테러방지법」은 테러의 예방 및 대응 활동 등에 관하여 필요한 사항과 테러로 인한 피해보전 등을 규정함으로써 테러로부터 국민의 생명과 재산을 보호하고 국가 및 공공의 안전을 확보하는 것을 목적으로 한다(법 제1조). 이 법에서 관계기관의 장은 국가중요시설과 테러대상시설에 대한 테러예방대책과 테러 이용수단, 국가 중요행사에 대한 안전관리대책을 수립하여야 하며(법 제10조 제1항), 이에 따른 안전관리대책의 수립ㆍ시행 및 대테러ㆍ안전대책기구의 편성ㆍ운영에 관한 사항 중 대통령과 국가원수에 준하는 국빈 등의 경호 및 안전관리에 관한 사항은 대통령경호처장이 정한다(시행령 제26조 제4항).

8. 「통합방위법」

(1) 연혁

통합방위
적의 침투ㆍ도발이나 그 위협에 대응하기 위하여 각종 국가방위요소를 통합하고 지휘체계를 일원화하여 국가를 방위하는 것을 말한다.

「통합방위법」은 1997년 1월 13일 제정되었으며, 1997년 6월 1일부터 시행되었다.

(2) 주요 내용

① 「통합방위법」은 적(敵)의 침투ㆍ도발이나 그 위협에 대응하기 위하여 국가 총력전(總力戰)의 개념을 바탕으로 국가방위요소를 통합ㆍ운용하기 위한 통합방위대책을 수립ㆍ시행하기 위하여 필요한 사항을 규정함을 목적으로 한다(법 제1조).

② 적의 침투나 도발은 경호대상자의 안전에 위해 요인이 될 수 있

다. 통합방위 및 통합운용은 경호대상자의 신변 위해세력에 대항하는 경호 및 경비업무와 밀접한 관련이 있다.

9. 「집회 및 시위에 관한 법률」(약칭: 집시법)

(1) 연혁

「집회 및 시위에 관한 법률」은 1962년 12월 31일 제정되었으며, 1963년 1월 1일부터 시행되었다.

(2) 목적

「집회 및 시위에 관한 법률」은 적법한 집회(集會) 및 시위(示威)를 최대한 보장하고 위법한 시위로부터 국민을 보호함으로써 집회 및 시위의 권리 보장과 공공의 안녕질서가 적절히 조화를 이루도록 하는 것을 목적으로 한다(법 제1조).

3 조약 및 국제 법규

1. 조약

조약(條約)이란 나라와 나라 사이에 맺은 법적 구속력을 가지는 약속이다. 조약은 국가가 의회 등을 통해 비준하면 그 국가의 법이 된다. 국가와 국가 사이에 합의한 문서를 말하며, 조약ㆍ의정서ㆍ협정서ㆍ각서 등으로도 불린다.

2. 국제 법규

우리나라와 합의된 조약이 아니고 국제사회에서 일반적으로 통용되는 규범성을 갖춘 법규범과 국제 관습법을 말한다.

3. 법적 근거

(1) 「헌법」 제6조 제1항에는 「헌법」에 의하여 체결ㆍ공포된 조약과 일반적으로 승인된 국제 법규에 대하여 국내법(國內法)과 같은 효력을 인정하고 있다.

> **시위(示威)**
> 여러 사람이 공동의 목적을 가지고 도로, 광장, 공원 등 일반인이 자유로이 통행할 수 있는 장소를 행진하거나 위력(威力) 또는 기세(氣勢)를 보여, 불특정한 여러 사람의 의견에 영향을 주거나 제압(制壓)을 가하는 행위를 말한다.

(2) 한국군과 주한미군 간의 대통령 경호에 대한 합의각서

① 경호와 관련된 조약의 예로서 한국군과 주한미군 간의 대통령 경호에 대한 합의각서를 예로 들 수 있다. 합의각서는 SOFA(Status of Forces Agreement) 협정 제3조(시설구역 – 보안조치) 및 제25조(보안조치)를 근거로 하여 체결되었다.

② 한 · 미 SOFA는 대한민국과 미국의 상호방위조약 제4조에 의한 시설과 구역 및 대한민국에서의 미국군대의 지위에 관한 협정으로서 한국 및 외국 국가원수의 미군부대 방문 또는 인접 지역 방문 시 경호 관련 정보교환, 경호 · 경비사령관 임명, 안전 및 보안조치 관련 협조 내용 등 한국군과 주한미군 간의 대통령 경호에 관한 합의 내용이 포함되어 있다.

③ 구체적인 내용을 보면 동 조약(합의각서) 제2조에서는 한국 및 외국의 국가원수가 주한미군부대나 한 · 미연합군부대 그리고 인근 지역 및 부대를 방문 시 적용하도록 그의 범위를 정하고 동 조약 제3조에서는 첫째, 대통령 경호 · 경비에 관한 협조는 한국대통령경호처 및 한국군 부대와 미군부대 간에 실시하며, 둘째, 대통령 경비업무를 효과적으로 수행하기 위하여 한 · 미관계기관회의를 통하여 정보를 상호교환하고 경호책임자 임명, 안전조치문제, 보안조치문제, 필요에 따라 추가협의가 요구되는 사항 등에 관하여 긴밀히 협조하도록 그 협조체제를 규정하고 있다.

:: 보충학습 한 · 미 SOFA(주한미군지위협정)

> 대한민국과 아메리카합중국 간의 상호방위조약 제4조에 의한 시설과 구역 및 대한민국에서의 합중국 군대의 지위에 관한 협정으로, 약칭 한 · 미 SOFA라고 부른다. 일반적으로 국제법상 외국 군대는 주둔하는 나라의 법질서에 따라야만 하지만, 주둔하는 나라에서 수행하는 특수한 임무의 효율적 수행을 위해 쌍방 법률의 범위 내에서 일정한 편의와 배려를 제공하게 된다. 이에 따라 맺어진 주한미군의 지위에 관한 협정이 한미행정 협정이다. 이는 미국의 입장에서는 국회 비준 없이 맺은 약식 협정에 해당하는 행정 협정이지만, 우리나라는 국회의 비준을 거쳐 맺은 조약이므로 우리 입장에서는 '한미주둔군 지위 협정'이라고 명명하는 것이 올바르다고 할 수 있다.

(3) 외교관 등 국제적 보호인물에 대한 범죄의 예방 및 처벌에 관한 협약

① 1973년 12월 14일 국제연합 제28차 총회에서 채택되었으며, 1977년 2월 20일 발효되었다. 우리나라에서는 1983년 6월 24일 발효되었다.

② 국제연합 국제법위원회가 작성한 초안을 기초로 하였으며, 전문 및 20개 조로 이루어진다.

③ 체약국은 '국제적으로 보호되는 자'와 그 시설 등에 대한 살인 · 유괴 등의 폭력적 침해행위 및 이것들의 협박 · 미수 · 가담을 범죄행위로써 처벌하고, 자국 영역 내에서 이루어진 행위에 대해 재판권을 설정하고, 용의자가 소재하는 체약국에 대해서는 자국에 소추할 것인지, 관계국으로 인도할 것인지의 선택 의무가 부과된다. 항공기 범죄에 관한 여러 조약과 함께 국제테러리즘 방지를 위해 체결된 조약 중 하나이다.

⊞ 보충학습 외교관 등 국제적 보호인물에 대한 범죄의 예방 및 처벌에 관한 협약 제1조

본 협약의 목적상
1. '국제적 보호인물'은 다음을 의미한다.
  ① 관계국의 「헌법」상 국가원수의 직능을 수행하는 집단의 구성원을 포함하는 국가원수, 정부수반 또는 외무부장관으로서 그들이 외국에 체류할 모든 경우 및 그들과 동행하는 가족의 구성원
  ② 일국의 대표나 공무원 또는 정부 간 성격을 지닌 국제기구의 직원 또는 기타 대리인으로서 범죄가 이들 본인, 그의 공관, 그의 사저 또는 그의 교통수단에 대하여 행해진 시기와 장소에서 국제법에 따라 그의 신체, 자유 또는 존엄에 대한 공격으로부터 특별한 보호를 받을 자격이 있는 자 및 그의 세대의 일부를 구성하는 가족의 구성원
2. '피의자'란 규정된 범죄 중의 하나 또는 그 이상을 범하였거나 이에 가담하였다고 일견 판단할 수 있는 충분한 증거가 있는 자를 의미한다.

4 명령 · 규칙

1. 의미

(1) 명령

① 국회의 의결을 거치지 않고 행정권(行政權)에 의하여 제정되는 법규를 말한다.

② 대통령령, 국무총리령, 부령(部令) 등이 있으며, 해당 법률의 테두리 안에서 개인의 권리 · 의무에 관한 사항을 규율함이 원칙이다.

(2) 규칙

① 상위 법규인 법률의 시행에 필요한 세부 내용을 규정한 것을 말한다.

② 법규의 성질을 지닌 규칙(법규명령)과 행정기관 내부적인 사항만을 규정한 비법규적인 규칙(행정규칙)이 있다.

(3) 법규명령

① 대통령령, 총리령, 부령(部令), 중앙선거관리위원회규칙 등으로 구별된다.

② 「헌법」또는 법률에 의하여 수권을 받은 정당한 기관이, 수권의 범위 내에서 상위법령에 저촉되지 않고 실현가능하며 명백한 내용에 관하여, 입법예고와 법제처의 심사 등 필요한 절차를 거쳐 조문(條文)·번호·일자 등의 형식을 갖추어 제정하여야 한다.

(4) 행정규칙

① 행정조직 내부에서 행정의 사무처리 기준으로서 제정된 일반적·추상적 규범을 말한다.

② 실무상 훈령, 통첩, 예규 등이 이에 해당한다.

③ 일반 국민에 대한 관계를 규율하는 것이 아니라, 행정조직 내부와 공법상의 특별권력 관계에서의 조직·활동을 규율한다는 점에서 법규명령과 구별된다.

2. 「대통령 등의 경호에 관한 법률 시행령」

「대통령 등의 경호에 관한 법률」의 내용을 세부적으로 규정한 명령(대통령령)으로, 「대통령 등의 경호에 관한 법률」에서 위임된 가족의 범위, 전직대통령 등의 경호, 경호구역, 하부조직, 경호원의 임용, 공로퇴직, 복제 등 세부적인 사항을 규정하고 있으며, 전직대통령과 그 배우자의 호위에 대하여 규정하고 있다.

3. 「대통령경호안전대책위원회규정」

(1) 연혁

「대통령경호안전대책위원회규정」은 1981년 대통령령 제10233호로 제정·공포된 법령이다.

(2) 목적

「대통령경호안전대책위원회규정」은 「대통령 등의 경호에 관한 법률」 제16조(대통령경호안전대책위원회)에 따른 대통령경호안전대책위원회의 구성 및 운영에 관하여 필요한 사항을 규정함을 목적으로 한다(법 제1조).

통첩과 예규

• **통첩**
일반적으로 관청 등에서 문서로 통지하는 일이나 그 서면을 말하며, 행정관청이 관하(管下)의 기관·직원 또는 지방자치단체 등에 대해 어떤 사항을 통지하는 형식이다.

• **예규**
상급행정관청이 하급행정관청에 대하여 그 지휘권 내지 감독권으로서 발하는 명령 내지 지시로서 행정규칙의 한 형식이다. 예규통첩이라는 말과도 비슷하게 쓰이고 있는데, 예규(例規)는 기본적이고 일반적인 사항을 명령할 때 취하는 형식이고, 통첩(通牒)은 세부적인 사항 및 구체적이고 개별적인 사항을 시달할 때 쓰인다.

---

(3) 대통령경호안전대책위원회 구성

① 대통령경호처의 경호대상에 대한 경호업무를 수행할 때에는 관계 기관의 책임을 명확하게 하고, 협조를 원활하게 하기 위하여 경호처에 대통령경호안전대책위원회(이하 '위원회'라 한다)를 둔다.

② 위원회는 위원장과 부위원장 각 1명을 포함한 20명 이내의 위원으로 구성한다.

③ 위원장은 경호처장이 되고, 부위원장은 차장이 되며, 위원은 관계 기관의 공무원이 된다.

④ 위원회의 사무를 처리하기 위하여 위원회에 간사 1인을 둔다.

⑤ 위원은 국가정보원 테러정보통합센터장, 외교부 의전기획관, 법무부 출입국·외국인정책본부장, 과학기술정보통신부 통신정책관, 국토교통부 항공안전정책관, 식품의약품안전처 식품안전정책국장, 관세청 조사감시국장, 대검찰청 공공수사정책관, 경찰청 경비국장, 소방청 119구조구급국장, 해양경찰청 경비국장, 합동참모본부 작전본부 소속 장성급 장교 중 위원장이 지명하는 1명, 국군방첩사령부 소속 장성급 장교 또는 2급 이상의 군무원 중 위원장이 지명하는 1명, 수도방위사령부 참모장과 위원장이 임명 또는 위촉하는 자로 구성한다(법 제2조).

(4) 대통령경호안전대책위원회 관장업무

① 대통령경호에 필요한 안전대책과 관련된 업무 협의

② 대통령경호와 관련된 첩보 및 정보의 교환과 분석

③ 대통령경호처 경호대상에 대한 경호에 필요하다고 인정되는 업무

(5) 책임

① 대통령경호안전대책활동(안전대책활동)에 관하여는 위원회 구성원 전원과 그 구성원이 속하는 기관의 장이 공동으로 책임을 지며, 각 구성원은 위원회의 결정사항, 기타 안전대책활동을 위하여 부여된 임무에 관하여 상호 간 최대한의 협조를 하여야 한다.

② 각 구성원의 분장책임을 구체적으로 규정하고 있다.

경호규정 우선
국가 최고 공직자인 대통령의 경호업무를 주관하는 경호처의 경호규정이 경찰청장이 정한 경호규칙에 우선하는 것은 대통령 경호가 모든 경호업무 중 가장 중요하고 최우선이기 때문이다.

4. 경호규정 및 경호규칙

(1) 경호규정

① 「대통령 등의 경호에 관한 법률 시행령」 제36조(위임사항)에서 이 영의 시행에 관하여 필요한 사항은 대통령경호처장이 정하도록 위임하고 있으며, 이에 따라 경비업무 규정 등 수십 개의 경호규정을 제정·시행하고 있다.

② 경호규정은 행정규칙의 성격을 갖는다.

(2) 경호규칙

① 경찰청장이 1991년 7월 31일 훈령 제12호로 경호규칙을 제정하여 시행하고 있다.

② 경호규칙은 경호차량으로 경호대상자를 호위, 안내함으로써 교통의 원활한 소통을 도모함과 동시에 의식행사를 겸한 노상행차의 신변안전을 도모하는 등 경호업무의 세부적인 규정을 정하고 있다. 단, 그 부칙에는 대통령경호처지침과 경호규칙이 상이한 경우 대통령경호처지침이 우선한다고 규정하고 있다.

③ 경호규칙은 행정규칙의 성격을 갖는다.

5 불문법원

불문법원에는 관습법, 판례법, 조리가 있으며, 이는 성문법에 대한 보충적 법원이 된다. 특히, 조리는 경호법원 중 최후의 법원으로서의 의미가 크다.

행정선례법과 민중적 관습법 ╌┈┈▶

• **행정선례법**
  행정청이 취급하는 선례가 오랫동안 반복적으로 시행되어 그로 인해 일반 국민에게도 법적 확신을 가지게 하여 관습화된 것이다.

• **민중적 관습법**
  민중(피지배계급으로서의 일반 대중) 사이에 장기적으로 계속됨으로써 그것이 다수의 국민에 의해 인식되었을 때 성립하는 관습법으로, 주로 공물, 공수 등의 사용관계에서 성립하며, 입어권(수산업법 제40조 제1항 참조), 공유수면이용 및 인수·배수권, 하천용수권 등의 성립이 그 예에 해당한다.

관습법	• 사회생활에서 습관이나 관행이 굳어져 법의 효력을 갖게 된 것을 말한다. • 사회질서와 선량한 풍속에 반하지 않는 관습이 단순한 예의적 또는 도덕적인 규범으로서 지켜질 뿐만 아니라, 사회의 법적 확신 내지 법적 인식을 수반하여 법의 차원으로 굳어진 것을 말한다. 例 행정선례법, 민중적 관습법, 경호관습법 등
판례법	판례의 누적(累積)에 의하여 성립한 법 규범으로서 성문화되지 아니한 법이다.
조리	• 사람의 상식으로 판단 가능한 사물이나 자연의 본질적 이치를 말하는 것으로, 그 방법에는 유추해석·반대해석·일반원칙 추출방법 등이 있다. • 사회통념, 사회적 타당성, 신의성실, 사회질서, 형평, 정의, 이성, 법에 있어서의 체계적 조화, 법의 일반원칙 등으로 표현되기도 한다.

제4절 ▶ 민간경호의 이론적 배경

1. 사회계약설

사회계약의 이론들은 17~18세기에 토머스 홉스, 존 로크, 장 자크 루소와 같은 철학가들에 의해 주장되었다. 사회계약설은 사회 구성원들의 자유로운 합의를 통하여, 즉 계약으로 국가를 형성하는 데 합의하고, 이를 통해 국가가 창설되었다는 주장이다. 즉, 인간은 태어나면서부터 자유 · 평등의 권리를 가지며, 이 권리를 보다 잘 보장하기 위하여 서로 계약을 맺어 '법이 지배하는' 정치 사회(국가)를 구성할 필요가 있다고 설명하고, 또 정치 사회를 운영하기 위하여 설치된 정치 기관을 어떻게 행사하면 개인의 자유와 생명의 안전을 지킬 수 있는지를 제시한 사상이다.

2. 매슬로우(Maslow)의 욕구 5단계설

매슬로우는 많은 관찰과 실험적 연구를 토대로 인간의 욕구를 다섯 가지 계층으로 분류하여 동태적 결합이론(動態的 結合理論, Holistic dynamic theory)이라 부르는 욕구 5단계 이론을 발전시킨다. 매슬로우의 욕구 제2단계에 해당하는 인간의 안전 욕구를 충족시키기 위하여 경호학과 경호산업이 탄생하였다.

제1단계 생리적 욕구 (생명유지의 기본적 욕구)	기아, 갈증, 호흡, 배설, 성욕, 취침 등 강렬하고 우선순위가 높은 욕구
제2단계 안전 욕구 (자기보존의 욕구)	신분보장, 육체적 · 정신적 위협으로부터 보호를 받고자 하는 욕구
제3단계 사회적 욕구 (소속감과 친화 욕구)	가족, 애인, 친구, 직장동료 등과 정이 담긴 관계를 유지하려 하고, 자기가 원하는 집단에 소속되어 귀속감을 느끼고자 하는 욕구
제4단계 존경 욕구 (인정받으려는 욕구)	자기가 하는 일에 자부심을 느끼며, 타인으로부터 존경을 받고자 하는 고차원의 욕구
제5단계 자아실현의 욕구 (잠재적 능력의 실현 욕구)	자기의 잠재력을 최대한으로 살리고 자기가 하고 싶었던 일을 실현하는 최고급의 욕구

➕ 심화학습

욕구 5단계의 우선순위

사람은 가장 기초적인 욕구인 생리적 욕구를 먼저 채우려 하며, 이 욕구가 어느 정도 만족되면 안전해지려는 욕구를, 안전 욕구가 어느 정도 만족되면 사회적 욕구를, 그리고 더 나아가 존경 욕구와 마지막 욕구인 자아실현 욕구를 차례대로 만족하려 한다는 것이다. 즉, 사람은 5가지 욕구를 만족하려 하되 우선순위에 있어 가장 기초적인 욕구부터 차례로 만족하려 한다는 것이다.

3. 경제환원론적 이론

경제환원론적 이론은 특정한 현상을 설명함에 있어 그 현상이 직접적으로는 경제와 무관하지만, 그 발생원인을 경제문제에서 찾으려는 입장이다. 민간경비시장의 성장을 범죄의 증가에 따른 직접적 대응이라는 측면에서 파악한다. 특히, 거시적 차원에서 범죄의 증가원인을 실업의 증가에서 찾으려는 입장이다. 즉, 실업이 경제 침체에서 발생한다고 봄으로써 민간경비시장의 성장을 경제 전반의 상태와 운용에 연결하여 설명하려는 입장으로, 내부적으로 갖는 경제결정론적 단순성과 더불어 한 사례의 특정한 시간대를 기준으로 한 사회현상의 경험론적 고찰에 근거를 둔다.

:: 보충학습　경제환원론

1. 경제환원론 관점
   경제 침체 ⇨ 실업 증가 ⇨ 범죄 증가 ⇨ 민간경비산업의 성장 및 발전
2. 한계점
   경제환원론에서는 모든 문제를 경제 침체에 초점을 맞추어 이론을 전개하였다. 하지만 범죄의 발생원인이 경제 침체에만 있는 것은 아니다. 경제가 발전하고 경제가 호황일 때에도 범죄가 지속되는 것을 설명하지 못하는 것이 경제환원론의 한계이다.

---

4. 공동화 이론

공동화 이론은 경찰이 수행하고 있는 경찰 본연의 기능과 역할, 즉 범죄 예방과 통제와 같은 서비스를 제공할 수 있는 능력이 감소되면서 생기는 공동화 상태를 민간경비가 대신한다는 이론이다. 사회의 다원화 및 분화로 인해 초래되는 사회적 긴장과 갈등, 대립 등에 의한 무질서와 범죄의 증가에 대응하기 위하여 경찰력이 증가해야 하지만, 현실적으로 경찰력의 증가는 이러한 사회적 수요를 충족시키지 못하므로 그 결과 생겨나는 공동(Gap)을 메우기 위해 민간경비가 발전한다는 이론이다. 이 이론은 공경비의 제한적 능력 때문에 생기는 공백을 메울 수 있는 것이므로 민간경비와 경찰은 상호 갈등이나 경쟁관계에 있는 것이 아니라 상호 보완적·역할 분담적 관계에 있다는 것을 전제로 한다.

5. 이익집단이론

이익집단이론은 플로벨(Flovel)이 경제환원론적 이론이나 공동화 이론을 부정하면서 주장한 이론으로, '그냥 내버려 두면 보호받지 못하는 재산을 민간경비가 보호한다.'는 입장이다. 이익집단이론은 민간경비를 하나의 독립적인 행위자로 인식하고 민간경비가 자체적으로 고유한 영역을 가질 수 있다고 파악한다. 한 사회 내에 존재하는 많은 이익집단들이 그들의 이익을 최대화하기 위해 행위하는 것처럼 민간경비도 자신의 집단적 이익을 극대화하기 위하여 규모를 팽창시키고 새로운 규율과 제도를 창출하는 등의 노력을 한다는 이론이다. 이익집단이론에서는 민간경비의 양적 성장은 초기단계에서 일어나는 현상이며, 궁극적으로는 이익집단으로서의 내부적 결속과 제도화, 조직화의 결과로 민간경비의 세력과 입지를 강화하게 되어 민간경비가 성장한다고 본다.

6. 수익자부담이론

수익자부담이론은 원칙적으로 경찰의 공권력 작용은 거시적 측면에서 질서유지나 체제수호 등과 같은 역할과 기능에 한정하고, 사회 구성원 개개인 또는 여타 집단과 조직 차원의 안전과 보호는 결국 해당 개인이나 조직이 담당하여야 한다는 이론이다. 즉, 경찰은 거시적인 질서유지의 역할을 담당하고, 개인의 안전과 보호는 개인의 비용으로 한다는 이론이다. 자본주의 사회에서 개인이 자신의 건강이나 사유재산을 보호받기 위하여 건강보험이나 자동차보험에 가입하는 것처럼 개인의 재산 보호나 범죄에서 올 수 있는 신체적 피해의 보호는 결국 개인적 비용으로 보호할 수밖에 없다는 이론이다.

7. 공동생산이론

치안서비스의 생산과정에 있어 경찰과 같은 공공부문의 역할증대뿐만 아니라 민간부문의 참여가 활성화되어야 한다는 방안이 활발하게 논의되고 있다. 공공경찰의 한계를 일부 극복하고 시민의 안전욕구를 증대시키기 위하여 개인·집단이 범죄예방활동, 즉 치안서비스 생산과정에 자율적·적극적으로 참여하도록 하여 인적·물적 안전자원을 보다 효율적이고 체계적으로 활용한다는 이론이다.

심화학습

수익자부담이론

수익자부담이론에 의하면 해당 행사를 개최하는 개인 또는 기업은 행사장의 질서유지를 위하여 모든 비용과 책임을 부담하는 것이 원칙이지만 철저하게 수익자부담의 원칙을 지키는 것이 현실적으로 어려운 경우도 있다.

8. 민영화이론

민영화는 학자마다 다르게 정의하고 있는데, 웹스터(Webster)는 민영화를 공적 소유에서 사적 소유로 변화시키는 것이라고 정의하고 있다. 사바스(Savas)는 민영화를 활동이나 자산소유에 있어 정부의 역할을 감소시키고 민간의 역할을 증대시키는 것이라고 정의한다. 민영화의 목적에는 사원주식제도의 활성화, 소득 재분배, 경제적 자산의 소유구조의 확장, 공공지출과 행정비용의 감소, 사기업 경영에 대한 정부 개입의 감소 등이 있다.

제5절 ▶ 경호의 목적과 원칙 ★★☆

1 경호의 목적

경호의 목적에는 신변안전보호, 질서유지, 국위선양(이미지 개선), 권위유지, 친화도모 등이 있다.

1. 경호대상자의 신변안전보호(궁극적 목적)

경호의 가장 핵심적인 목적은 직·간접적인 위해로부터 피경호자의 생명·신체에 대한 안전을 도모함에 있다. 경호대상자의 신변보호와 안전을 위해서는 유사시 경호원이 자신의 생명을 희생할 각오가 되어 있어야 한다.

2. 질서유지와 혼잡 방지

피경호자가 사회적·조직적으로 중요한 인물인 경우 피경호자에 대한 위해는 사회적으로 커다란 혼란을 발생시킬 수 있으므로 사회적으로 중요한 인물에 대한 성공적인 경호활동은 그 인물에 대한 위해로부터 야기될 수 있는 사회 혼란을 방지할 수 있다. 질서유지의 목적은 범죄 및 안전사고에 대한 예방을 그 근본으로 하고 있다.

➕ 심화학습

국위선양(이미지 개선)
공경호의 경우 '이미지 개선(Image making)'은 국가 전체의 이미지와 관련된 문제로 '국위선양'이라는 의미로 사용하기도 한다.

3. 국위선양(이미지 개선) · 국제적 지위 향상

국내외 주요 요인(要人)에 대한 경호·경비의 완벽한 활동은 경호의 우수성을 과시하여 국가에 대한 이미지 제고와 의전적인 차원에서의 국위선양에 중요한 역할을 한다. 국제적 행사에서의 우수한 경호·보안은 피경호자의 심적인 안정을 가져온다.

4. 피경호자의 권위유지

각종 위해로부터 피경호자의 생명·신체의 안전을 확보하고 불미스러운 사건으로부터 피경호자를 보호함으로써 「헌법」과 법률 등으로 정해진 주요 요인의 권위를 유지하며, 정치지도자나 사회 저명인사 등의 체면·품위를 유지한다.

5. 경호대상자와 일반 대중의 친화 도모

행사 시 경호대상자는 일반 대중과 빈번히 접촉하므로 친절하고 겸손한 태도로 경호를 시행하여 경호대상자와 일반 대중 간에 친화를 도모할 수 있도록 하여야 한다. 경호원의 강압적인 제재와 접근의 봉쇄는 오히려 군중의 심리를 불안하게 할 수 있고, 피경호인의 이미지와 대인 친화도에 악영향을 줄 수 있으므로 일반인과의 자연스러운 접촉을 수용하고 대중에게 무례하지 않은 경호활동을 수행하여야 한다.

2 경호의 이념

경호의 이념은 경호의 목적을 달성하기 위하여 이상적으로 여겨지는 생각이나 견해를 말한다. 일반적으로 경호의 이념은 합법성, 협력성, 보안성, 희생성, 정치적 중립성의 5가지로 구분한다. 그러나 일부에서는 민주성(참여)을 6번째 이념으로 정의하기도 한다.

1. 합법성

합법성이란 법의 테두리 내에서 경호가 이루어져야 한다는 것으로, 법치주의 국가에서는 당연히 따라야 할 이념이다. 부득이하게 법을 어기지 않고서는 피경호자의 신변보호가 어려운 경우를 제외하고는 경호활동은 합법성을 지켜야 한다.

2. 협력성

성공적인 경호활동을 완수하기 위해서는 각 조직이나 국민들과의 체계적인 협력이 매우 중요하다. 즉, 대통령경호처 또는 경찰의 경호기관 단독으로는 공경호활동의 성공적인 완수가 어려우므로 관련된 다수 기관 및 국민들의 협조가 필수적이다.

3. 보안성

대상자의 일거수일투족에 대한 정보가 적에게 알려지지 않는 상태에서 경호가 이루어져야 한다.

4. 희생성

경호활동은 위해에 대한 공격적인 행위보다 방어적인 행위를 기본원칙으로 하므로 경호 시 경호원은 생명과 신체의 위협으로부터 자유로울 수 없다. 따라서 경호원은 투철한 희생정신이 없으면 성공적인 경호활동을 완수할 수 없다.

5. 정치적 중립성

경호원이 어느 한 편의 정치적 이념을 지지하는 경향을 띠는 경우에는 성공적인 경호활동을 수행하기 어려우므로 경호원은 정치적으로 중립성을 유지하여야 한다.

3 경호의 원칙

1. 경호의 일반원칙

(1) 3중경호의 원칙(중첩경호의 원칙)

① 경호대상자의 위치를 중심으로 경호대상자가 위치한 집무실이나 행사장으로부터 내부(안전구역, 근접경호), 내곽(경비구역, 중간경호), 외곽(경계구역, 외곽경호)으로 구분하여 세 겹의 보호막 또는 경계선을 설치하여 효율적인 경호가 실시되어야 한다는 경호행동반경을 거리개념으로 전개한 원칙을 말한다.

➕ 심화학습

3중경호가 필요한 이유

조기경보체제를 구축하여 위해요소 및 동향 관련 정보를 신속하게 입수하고 대응할 수 있는 시간적 여유를 가질 수 있다. 아울러 위해요소의 침입을 중첩(중복)되게 차단하고, 이에 따라 공간적·시간적·대상별로 차등화된 통제를 통하여 효율적인 경호활동을 할 수 있다.

② 3중경호의 원칙은 위해가 발생할 때 시간 및 공간적으로 이를 지연시키거나 피해의 범위를 최소화하기 위한 효과적인 방어전략이다.

③ 예비구역의 성격을 지닌 2선과 3선은 경호에 관한 정보와 첩보를 수집해 이를 1선과 2선 지역 또는 명령통제소에 조기 전파하여 적절한 경호조치를 취하는 조기경보체제가 주요 기능이다.

④ 미국의 3중경호

1선 (내부, 안전구역)	근접경호원에 의해 완벽한 통제가 이루어지는 안전구역으로, 권총의 평균 유효사거리 및 수류탄 투척거리를 기준으로 반경 50m 이내에 설정하여야 한다. 경호대상자에게 직접적인 위해를 가할 수 있는 위험지역이다(완벽한 통제). 비인가자의 절대적 출입 통제가 실시된다(출입자 통제관리, M.D. 설치, 비표확인 및 출입자 감시).
2선 (내곽, 경비구역)	근접경호원 및 경비경찰에 의한 부분적 통제가 되는 경비구역을 말하는데, 이는 건물 내곽의 울타리 안쪽으로 대체로 소총의 유효사거리인 반경 50~600m 이내이다. 경호대상자의 신변과 행사안전에 직·간접적으로 영향을 미칠 수 있는 구역이다(부분적 통제). 행사장으로 향하는 통로 통제 시에는 반드시 방호벽을 설치하며, 중요지점에는 경호원의 추가 배치가 원칙이다(돌발사태 대비 비상대기조 및 예비대 운영, 구급차·소방차 대기).
3선 (외곽, 경계구역)	인적·물적·자연적 취약요소에 대한 첩보, 경계가 필요한 경계구역을 말하는데, 이는 행사장을 중심으로 한 외곽 울타리지역으로 행사에 간접적으로 영향을 미칠 수 있는 지역이다(제한적 통제). 소구경 곡사화기의 유효사거리를 기준으로 600~1,000m 이상의 범위이고, 수색 및 사찰활동이 중점 실시된다(감시조 운영, 기동 순찰조 운영, 원거리 불심자 검문차단).

⑤ 영국의 3중경호

근접경호	경호대상자의 신변을 보호하고 숙소를 경비한다.
중간경호	정복경관의 일상적인 경찰활동, 교통정리, 관찰, 통신활동 등의 작용을 통해 요인의 경호를 담당한다.
외곽경호	정보 분석, 항만관리, 위험인물의 파악, 사건 발생 소지의 사전 제거 등을 통해 경호를 담당한다.

➕ **심화학습**

영국과 미국의 3중경호 차이
영국은 왕실의 위엄과 권위를 살린다는 목적으로 외곽경호(제3선)에 치중하며, 위해요소에 대한 원천적 봉쇄를 우선으로 한다. 미국은 대통령제 국가로 국민과 함께한다는 이유로 원천적 봉쇄의 외곽경호보다 근접경호(제1선)에 중점을 두어 피경호인의 직접적 안전(보안)에 가장 치중하고 있다.

> **참고** 문형 금속탐지기(M.D.; Metal Detector)
>
> 금속탐지기는 전자기 유도와 맴돌이 전류를 이용하여 쉽게 보이지 않는 금속 물질을 탐지하기 위해 만든 도구이다. 교류 전류가 흐르는 코일에 의해 자기장이 발생하면, 그에 의해 금속에 맴돌이 전류가 발생한다. 금속탐지기는 이 맴돌이 전류에 의해 발생된 자기장을 이용하여 금속을 탐지한다. 현대에 이르러 금속탐지기는 지뢰 제거, 공항 등에서의 무기 탐지, 고고학, 보물 사냥, 지질 탐사 그리고 식품에서의 이물질 감지 등 다양한 분야에서 사용되고 있다.

(2) 두뇌경호의 원칙

경호는 경호원의 신체적 조건에 의한 완력이나 무력에 의한 대처능력도 중요하지만, 보다 중요한 것은 사전의 치밀한 계획과 준비이고 그보다 중요한 것은 경호임무 수행 중 긴급하고 위험한 상황이 발생하였을 때 고도의 예리함과 순간적인 판단이다. 이에 대한 원칙을 두뇌경호의 원칙이라고 한다.

(3) 방어경호의 원칙

① 경호원은 공격자의 제압보다 경호대상자의 방어 및 대피를 우선해야 한다는 원칙을 말한다.

② 경호상의 방어원칙이란 경호 중 돌발사태 발생 시 근접경호원이 공격자의 위해요소를 방어하는 행위를 우선시해야 하고 공격자를 직접 공격하여야 하는 것은 아니라는 원칙이다. 즉, 긴급상황 발생 시 무기 사용 등의 공격적 행위보다 방어 위주의 엄호행동을 하여야 한다는 원칙을 말한다. 긴급 시 경호원은 경호대상자의 주변에 방벽을 형성하여 일단 그 신변을 보호하고 우선 안전한 곳으로 대피시킨 다음, 대적·제압 등 상황에 따른 조치를 취하여야 한다.

(4) 은밀경호의 원칙

① 경호를 떠들썩하고 요란하게 하지 말라는 것으로, 경호원은 은밀하게 조용히 행동하며 언제든지 경호대상자의 신변을 보호할 수 있는 행동반경 내에 위치하여 경호에 임해야 한다는 원칙을 말한다. 또한 경호장비나 경호원이 위해기도자의 눈에 띄지 않게 은밀하게 경호임무를 수행하는 것을 말한다.

② 은밀경호는 적에게 경호원의 존재나 행동을 예측하지 못하는 심리적 압박을 주어 위해기도를 제약하는 기능으로 작용하기도 한다. 그리고 주변에 위압감을 주어 위해요소들의 피경호인에 대한 이미지 손상이나 노출에 따른 그들의 대응전략 수립을 막는 데 그 목적을 둔다.

2. 경호의 특별원칙(공경호의 기본원칙)

(1) 자기담당구역 책임의 원칙

경호원들은 각자 책임 분배에 의하여 자기의 담당구역을 갖게 되는데, 자기담당구역 내에서 발생하는 사태에 대하여는 어떠한 상황에서도 책임지고 해결하여야 하며, 자기 담당이 아닌 다른 구역에서 위급한 상황이 발생하여 다른 곳의 경호원이 위험에 처하거나 공격을 받더라도 자기책임구역을 이탈해서는 안 된다는 원칙이다.

(2) 목표물(경호대상자) 보존의 원칙

위해자가 경호대상자(목표물)의 위치와 상황을 알 수 없도록 철저히 격리 보안을 유지하거나 경호대상자를 암살자 또는 위해가능성이 있는 자로부터 가능한 한 멀리 떨어뜨려 놓는 원칙으로, 상호격리의 원칙을 말한다.

> **참고** 경호대상자(목표물)를 안전하게 보존하는 방법
>
> 1. 원칙적으로 경호대상자의 행사코스, 행차장소, 행차일시 등을 비공개로 하여야 한다.
> 2. 동일한 장소에 반복되는 행차는 가급적 피하여야 한다.
> 3. 일반 대중에게 훤히 드러나는 도보행차는 가급적 자제해야 한다.

> **다른견해** 목표물 보존의 원칙의 두 가지 개념
>
> 목표물 보존의 원칙이 두 가지 개념을 포함한다고 보는 관점도 있다. 하나는 경호원은 어떠한 희생을 무릅쓰고라도 경호대상자의 생명을 지켜 낸다는 의미이고, 다른 하나는 경호원은 끝까지 경호대상자 곁을 지켜야 한다는 의미이다. 따라서 경호원의 행동원칙 중 가장 포괄적인 원칙에 해당한다.

(3) 하나의 통제된 지점을 통한 접근의 원칙

경호대상자에게 접근할 수 있는 통로를 하나로 통제하여 위해자가 접근할 수 있는 기회를 최소화하여야 한다는 원칙을 말한다. 여러 개의 출입구와 통로가 있는 경우에는 오히려 상대방에게 접근의 용이성을 부여하는 취약성을 갖기 때문이다. 누구든 경호대상자에게 접근하려는 자는 경호요원이 확인할 수 있어야 하고, 허가절차를 거쳐 접근이 가능하도록 해야 한다.

(4) 자기희생의 원칙

경호원은 어떠한 상황에서 어떠한 희생을 치르고서라도 경호대상자를 절대 보호해야 한다는 원칙을 말한다. 따라서 경호대상자가 위기에 처했을 때에는 자기 몸을 희생하여 경호대상자를 보호함으로써 신변의 안전을 확보하여야 한다.

핵심 기출문제

12 경호의 원칙에 관한 설명이다. 〈보기 1〉과 〈보기 2〉의 내용이 옳게 연결된 것은?

• 제26회 기출

〈보기 1〉
a. 경호대상자가 대중에게 노출되는 도보이동은 가급적 제한하여 위해를 가할 가능성이 있는 요소로부터 경호대상자를 보호하여야 한다.
b. 경호대상자를 중심으로 '근접경호 – 중간경호 – 외곽경호'로 나누어 경호업무를 수행한다.
c. 고도의 순간적인 판단력과 치밀한 사전계획이 중요하다.

〈보기 2〉
㉠ 목표물 보존의 원칙　　㉡ 은밀경호의 원칙
㉢ 중첩경호의 원칙　　㉣ 두뇌경호의 원칙

① a – ㉠, b – ㉡, c – ㉢
② a – ㉠, b – ㉢, c – ㉣
③ a – ㉢, b – ㉠, c – ㉡
④ a – ㉣, b – ㉢, c – ㉠

해설 a. 경호대상자가 대중에게 노출되는 도보이동은 가급적 제한하여 위해를 가할 가능성이 있는 요소로부터 경호대상자를 보호하여야 한다(목표물 보존의 원칙).
b. 경호대상자를 중심으로 '근접경호 – 중간경호 – 외곽경호'로 나누어 경호업무를 수행한다(중첩경호의 원칙=3중경호의 원칙).
c. 고도의 순간적인 판단력과 치밀한 사전계획이 중요하다(두뇌경호의 원칙).

정답 ②

13 다음에서 설명하는 경호의 원칙은?

• 제24회 기출

> 경호대상자의 행차코스는 원칙적으로 비공개되어야 하며, 행차 예정 장소도 일반 대중에게 비공개되어야 한다. 더불어 대중에게 노출되는 경호대상자의 보행행차는 가급적 제한되어야 위해를 가할 가능성이 있는 위험으로부터 경호대상자를 보호할 수 있다.

① 목표물 보존의 원칙
② 자기담당구역 책임의 원칙
③ 하나로 통제된 지점을 통한 접근의 원칙
④ 자기희생의 원칙

해설 목표물 보존의 원칙이란 위해자가 경호대상자(목표물)의 위치와 상황을 알 수 없도록 철저히 격리 보안을 유지하거나 경호대상자를 암살자 또는 위해가능성이 있는 자로부터 가능한 한 멀리 떨어뜨려 놓는 원칙으로, 상호격리의 원칙을 말한다.

정답 ①

14 3중경호의 원칙에 관한 설명으로 옳지 않은 것은?

• 제23회 기출

① 3중경호의 기본구조는 경호대상자가 위치한 장소로부터 내부, 외부, 외곽으로 구분하여 경호 행동반경을 거리개념으로 설명한 것이다.
② 1선은 완벽한 통제가 이루어져야 하며, 경호원의 확인을 거치지 않은 인원의 출입은 금지한다.
③ 2선은 부분적 통제가 실시되지만 경호원의 확인을 거치지 않은 인원 및 물품은 감시의 영역을 벗어나서는 안 된다.
④ 3중의 경호막을 통해 조기경보체제를 확립하여 위해행위에 대비할 수 있다.

해설 3중경호의 기본구조는 경호대상자가 위치한 장소로부터 내부(안전구역), 내곽(경비구역), 외곽(경계구역)으로 구분하여 경호 행동반경을 거리개념으로 설명한 것이다.

정답 ①

---

3. 민간경호의 특별원칙

(1) 민간경호의 개념

특정인의 비용부담을 전제로 강제권을 수반하지 않는 수단과 방법을 사용하여 개인의 신체·생명·재산 등을 보호하기 위하여 행하는 경비를 말한다.

(2) 민간경호의 특별원칙

경호의 기본원칙에서는 민간경호(일반경호)와 공경호가 크게 차이가 없지만, 민간경호는 공경호에 비해 강제적 집행부분의 금지, 활동범

➕ 심화학습

민간경호의 발달

치안서비스시장에 민간자본의 투자·유입은 민간경비산업의 급속한 발달을 가져왔고, 이와 더불어 특권층의 전유물이라 생각하여 관심을 갖지 않던 경호에 대한 일반 대중의 관심 증가와 경호산업에 대한 인식의 변화로 인해 민간경호가 발달하게 되었다.

위의 제한, 신분상의 제약(일반인과 동일)에 있어 경호활동이 소극적으로 나타날 수 있다. 따라서 경호원 개인의 능력 향상과 순발력, 민첩성, 조직력(팀워크), 준비력이 필요하다.

수익자부담의 원칙	공경비와 달리 민간경비가 갖는 영리성으로 인해 서비스에 대한 비용을 부담한 고객에 대해서만 경비서비스를 제공한다는 원칙을 말한다.
비폭력수단 우선원칙	경호를 행사함에 있어 공격자로부터 경호대상자에 대한 위해기도나 불손한 의도의 접근이 있을 때에는 공격에 의한 경호보다 방어가 우선시되어야 하며, 방어 시에는 비폭력적 수단이 우선하여야 한다는 원칙을 말한다.
사법기관과의 충돌 방지원칙 (법 집행기관 우선원칙)	민간경비원이 경호 수행 시 발생하는 사태가 공경비의 활동과 중첩되거나 충돌이 생길 때에는 법 집행기관(공경비)의 활동이 우선시되어야 한다는 원칙을 말한다.
과잉방어 금지의 원칙	경호활동은 공격자에 의해 발생한 위해행위의 정도에 비례하여 경호수단도 이에 적절하게 대응하여야 하며, 위해에 대해 지나친 수단을 사용하면 안 된다는 원칙을 말한다.
신의성실의 원칙	「민법」 제2조에 규정된 것으로 계약을 이행할 때에는 계약당사자의 신뢰에 어긋나지 않도록 항상 성실하게 행동하여야 한다는 원칙을 말한다. 경호원이 경호대상자를 경호할 때에도 이러한 신의성실의 원칙을 준수하여야 한다.
개인비밀 엄수의 원칙	보안과 경호대상자의 명예 유지를 위하여 경호원은 경호대상자의 신변에 관한 사항을 외부에 알려지게 하여서는 안 된다는 원칙을 말한다.

제6절 ▶ 경호의 발달과정과 배경 등 ★★☆

1 경호의 탄생

1. 경호의 기원

인간이 집단적인 생활을 영위하면서부터 경호와 유사한 활동은 이미 이루어졌다고 할 수 있다. 경호는 자신의 가족, 집단, 그리고 왕이나 최고지도자 또는 집권자 등에 대한 신변보호의 필요성에 의하여 자연발생적으로 나타났다.

2. 경호의 역사적 기록

우리나라에서 경호활동에 대한 최초의 기록은 삼국시대에 나타난다. 그러나 엄밀한 의미에서 경호 또는 경비만의 기록이라고는 할 수 없고, 군사, 행정, 치안 등과 분리되지 않은 것이며 그것들의 주체 또는 행위에 관한 기록이다.

3. 현대적 경호의 시작

우리나라에서 현대적 경호는 1948년 정부 수립 이후 1949년 2월 경무대경찰서가 설치되고 경무대경찰서장이 책임자가 되어 대통령 경호업무를 수행하면서 시작되었다. '경호'라는 용어도 이 시기(1949년 12월, 내무부훈령 제25호)부터 처음 사용하기 시작하였다.

4. 현대적 민간경비 시작

우리나라에서 현대적 민간경비는 1962년 미군부대에 경비용역을 제공하면서부터 시작하였다. 1976년 「용역경비업법」(현 경비업법)이 제정되면서 법률에 근거한 규율이 시작되었다.

2 삼국시대의 경호제도

1. 고구려

대모달	막하라수지(莫何邏繡支) 또는 대당주(大幢主: 당들의 연합 부대장)라고도 하며, 조의두대형(皂衣頭大兄) 이상의 관등을 가진 자만이 역임할 수 있는 최고의 무관직이었다. 당(唐)나라의 위장군(衛將軍)에 비견되는 것으로 수도의 방위를 담당하고 왕권을 강화하기 위한 중앙군의 지휘자였다.
말객	대형(大兄) 이상의 관리가 취임해 군사 1천 명을 거느리면서 궁성경비를 담당하는 독립된 단위 부대인 당(幢)을 지휘하는 대모달 다음가는 무관직이었다. 경호·경비업무를 수행하였다.

2. 백제

위사좌평	6좌평의 하나로, 궁중 및 국도의 경비를 담당하는 숙위병을 통솔하는 최고의 군관이었다.
5부 5방	5부는 백제의 중앙군 역할을 수행하던 병력이었다. 수도를 5부로 나누고 각 부는 다시 5방으로 나누었는데, 각 부마다 500명씩의 군대를 편성하여 도합 2,500명이 교대로 왕성을 경비하고 도성을 수비하였다.

3. 신라

시위부	수도에 설치된 무관부로서 궁성의 숙위(경비)와 왕 및 왕실세력 행차 시 호위(수행)하는 것이 주된 임무였다.
서당	국도의 숙위, 경비 임무를 담당한 국왕 직속의 특수부대이다. 통일신라기에는 9서당으로 완성되었다.
금군	시위부 소속으로 모반·반란 등을 평정하고 진압하는 임무를 수행하였다.

4. 삼국시대 경호제도의 특징

우리나라의 경호의 개념은 임금이나 최고지도자 또는 집권자 등에 대한 신변보호의 필요에 의하여 자연 발생적으로 나타났으며, 경호조직의 분화 정도가 낮아 군사적 기능과 경찰기능을 동시에 수행하였다. 즉, 경호·군사·치안이 통합 운영되었다. 우리나라의 기록상 최초의 경호경찰활동은 삼국시대부터였고, 최초의 민간경호조직은 통일신라기에 출현하였다. 이 시기의 경호조직은 주로 정권 유지를 위한 국왕호위적 성격의 친위부대가 발달하였고, 이 시기의 군사조직은 분화 정도가 낮아 군사조직의 최고직은 문관과 무관의 구별이 명확하지 않고 겸직하는 경우가 대부분이었다.

➕ **심화학습**

최초의 민간경호조직 출현 시기
우리나라 최초의 민간경호조직이 출현한 시기는 통일신라시대이다.

3 고려시대의 경호제도

1. 고려 전기

(1) 초기 중앙군

중군	고려 초기 태조 왕건의 친위군으로 우천군 1천, 천무군 1천, 간천군 1천으로 구성되었다.
좌강	지천군 1만, 마군 1만으로 구성되었다.
우강	보천군 1만, 마군 1만으로 구성되었다.

(2) 순군부

고려 초기에 병부의 위에 있던 군조직으로, 궁성 내 치안 및 경비를 담당한 경비경찰적 성격을 띤 부대를 말한다.

(3) 내군부

고려 초기에 궁중시위임무를 수행하던 친위군을 말한다.

(4) 2군 6위

① 2군(軍): 친위군(시위군)으로 응양군과 용호군을 말하는데, 이들은 근장, 친종, 친어 등으로 불리었다.

② 6위(衛): 좌우위, 신호위, 흥위위, 금오위, 천우위, 감문위를 6위라고 한다. 이들 중 좌우위, 신호위, 흥위위는 개성수비와 변방수비를 하고, 금오위는 경찰의 임무, 천우위는 왕의 시종임무, 감문위는 궁성수비 및 출입감시를 수행하였다.

(5) 내순검군(內巡檢軍)

묘청의 난이 일어나자 1136년(인종 14년) 도성의 혼란 수습을 목적으로 성내좌우순검사(城內左右巡檢使)를 두었으며, 1167년(의종 21년)에는 궁궐 내의 경비를 강화하기 위해 내순검군(內巡檢軍)을 설치하고 양번(兩番)으로 나누어 숙위하게 하였다.

(6) 중추원

고려 초기 왕명출납과 군사기무·왕궁숙위를 담당했던 중추원은 왕궁경비를 최초로 분리하여 독립적으로 관장하였다. 중추원은 우리나라 최초의 전문 공경호기관이다. 이후 중추원은 몇 차례 업무의 통·폐합 등을 거치다가 조선 세종 14년(1432년)에 다시 독립적인 숙위와 경비만을 관장하게 되었고 세조 12년(1466년)에 중추부로 개칭되었다.

2. 고려 무신집권기

(1) 도방

경대승이 자기 자신의 신변보호를 목적으로 자신의 집에 결사대를 머물게 한 전문적인 민간경호조직이었으며, 이후 최충헌이 경대승의 도방을 부활시켜 문·무관, 한량, 군졸을 막론하고 6번으로 나누어 매일 교대로 그의 집을 수비하고, 출입 시 6번이 모두 호위하게 하였다. 최우 집권기에는 내외도방으로 더욱 확대·강화하였는데, 최우는 이들을 반란 정벌, 외적 방어, 토목공사 등에 동원하였다.

심화학습

도방의 설립

고려시대 무신집권기에 경대승이 권력을 장악한 후 자기의 집에 있는 사병의 숙소를 도방이라고 불렀다. 경대승이 죽자 도방은 해체되었으나, 최충헌이 집권하면서 도방을 다시 부활시켰다. 이를 6번 도방이라고 하며, 최우 때에는 자신의 가병을 내도방으로, 최충헌의 6번 도방을 외도방으로 한 내외도방으로 발전시켰다.

(2) 서방(書房)

최우가 만든 문인들로 구성된 최씨정권의 숙위기관이다.

(3) 마별초(馬別抄)

몽고와의 전쟁 중 최우가 몽고의 기병에 영향을 받아 설치한 기병대로, 도방과 함께 호위기관으로서 사병뿐만 아니라 의장대로서의 기능도 담당하였다. 도방과 함께 최씨가문을 지킨 가병의 역할을 하였다.

(4) 삼별초(三別抄)

고종 때 최우가 설치한 야별초, 우별초, 좌별초로 구성된 친위대로, 주로 최우정권의 호위임무와 함께 도성의 치안, 방범순찰임무 등을 수행하였다. 삼별초는 창설 초기에는 공적인 성격이 강하였으나, 후반기에는 최씨정권의 사적 부대로 변모하였다.

(5) 승병

고려시대에는 불교가 융성하여 대부분의 사찰에서 대규모의 농장이나 재산을 보호하기 위한 자체적 사병을 보유하고 있었다.

3. 고려 후기

(1) 순마소(巡馬所)

무신정권 후 원나라의 지배하에 몽고의 제도에 따라 설치된 순마소는 도적 방지, 무고자·포악자 등의 단속과 변방 수비, 왕의 친위임무를 수행하였다.

(2) 순군만호부(巡軍萬戶府)

원나라의 제도에 따른 군제로, 도만호·상만호·만호·부만호·진무·천호·제병 등으로 구성된 순군만호부는 순마소의 후신으로 일반적인 치안유지와 왕의 뜻을 거스른 자에 대한 징계·처벌을 담당하였다.

(3) 사평순위부(司平巡衛府)

순군만호부가 공민왕 18년(1369년)에 사평순위부로 개편된 것으로 방도금란, 모역, 관료의 탐폭 등을 바로잡고 징계하는 역할을 수행하였다.

방도금란과 모역
- 방도금란(防盜禁亂)
  도적을 막고 변란을 금함
- 모역(謀逆)
  국가를 다스리고 있는 왕실을 뒤집어엎을 것을 꾀함

(4) 성중애마(成衆愛馬)

충렬왕 때 상류층 자제들로 하여금 왕을 숙위하도록 하여 설립된 성중애마는 내시, 다방 등 근시의 임무를 띤 자들이 군사적 기능을 강화함으로써 이루어진 것으로, 성중관과 애마가 합쳐진 말이다. 성중관은 내시, 다방 등으로 국왕을 측근에서 모시는 근시직이었으며, 후기에는 숙위임무를 맡은 애마를 합쳐 성중애마라고 한 것이다. 왕을 측근에서 호위하는 특수부대에 해당한다.

4. 고려시대 경호제도의 특징

고려시대의 경호제도도 삼국시대의 경호제도처럼 군사적 성격과 경찰조직적 성격이 함께 존재하였으나, 삼국시대와 구별되는 전문적인 공경호의 성격을 지닌 군사조직들이 발달하였다. 중추원은 공경호로서, 도방은 사경호로서 각각 전문경호기관으로서의 성격을 가지고 있었던 것으로 본다.

➕ 심화학습

최초의 전문적 경호기관
- 우리나라 최초의 전문 공경호기관은 중추원이다.
- 우리나라 최초의 전문 민간경호기관은 고려시대의 도방이다.

4 조선시대의 경호제도

1. 조선 전기

오위	오위(의흥위, 용양위, 호분위, 충좌위, 충무위)는 조선 전기의 중앙군제로, 수도경비임무와 함께 중추적 국방력이었다.
의흥친군위	조선 건국과 더불어 10위의 중앙군 중 하나로, 왕실의 사병적 성격을 가지며, 궁성의 시위와 왕의 시종업무를 수행하던 친위군이었다.
의흥삼군부	태조 2년(1393년) 의흥친군위의 후신으로 숙위 담당 외에 군사 전반에 걸쳐 통제권을 행사하였다.
갑사	조선조 중앙군 기간병종인 갑사는 태종~세종 중엽까지 근위병으로 왕의 호위임무를 수행하였다.
10사	태조 3년(1394년) 10위를 개편한 조직으로, 당시 궁궐의 시위와 한성의 순찰·경비임무를 담당하였다.
별시위	태종 1년(1400년) 고려 말 이래 왕권 보호를 수행한 성중애마가 폐지되고 신설된 특수군인 별시위는 시험에 의하여 선발되어 왕의 측근에서 시위임무를 수행하였다.
내금위	태종 7년(1407년) 설치된 왕의 측근 호위군사조직으로, 여러 군사조직 중 가장 좋은 대우를 받은 군사·경호조직이다. 초기에는 무예를 갖춘 외관자제로 충당되었으나, 세종 5년(1423년)부터는 시험에 의하여 선발되어 교대근무 없이 장기간 궁중근무군사로 활동하였다.
내시위	태종 9년(1409년) 내금위·별시위와 거의 같은 양반 출신으로 시험에 의하여 선발되어 왕의 측근에서 시위임무를 수행하였으며, 세종 6년(1424년)에 내금위에 합쳐졌다. 동일한 성격의 내금위가 먼저 설치되어 있었으나, 인원이 부족하다 하여 태종 9년(1409년)에 새로 내시위가 구성되었다.
겸사복	세종 때 설립된 겸사복은 말의 수발, 궁중의 가마, 외양간, 목장 등을 관리하면서 세자의 호위임무까지 수행하였다.
충의위	세종 즉위년(1418년) 개국공신, 정사공신, 좌명공신 등 3공신의 자손을 대우하기 위하여 공신의 자손으로 편성된 특수부대로, 4번으로 나누어 숙위하였다. 조선 전기 중앙군 오위 중 충좌위에 속한다.

우림위	조선시대 병종(兵種)의 하나로, 왕의 친위부대이다. 『경국대전』에 기재되지 않았으나 실제로 설립되어 있었다. 성종 23년(1492년) 4월 병조의 요청에 의하여 우림위를 신설하고, 양반의 첩 자손 중에 무재(武才)가 있는 자를 택해 소속시켰다. 신설목적은 서얼의 진출로를 열어 주며, 1491년의 야인 정벌로 인하여 궁궐 및 도성을 지키는 많은 병력이 북방지역으로 출동하자 국왕의 시위 및 궁궐의 숙위가 허술해진 데 대한 보완조치, 남방의 왜(倭)에 대비하고자 한 군사적 필요에서였다.
내삼청	내금위, 우림위, 겸사복의 3개 기구를 말한다. 국왕의 친위대 역할로 왕궁경비와 국왕의 호위를 맡았다. 일반 군조직 이외의 조직으로 병조판서 휘하에 소수 정예로 조직되었다.

2. 조선 후기

호위청	인조 1년(1623년) 인조반정으로 집권한 서인들의 사병들로 편성하여 국왕의 호위임무를 수행한 가장 대표적인 경호기관으로, 공적인 녹(일정한 급료)을 받았다. 처음에는 3개청을 두었으나 정조 때 1개청으로 축소하였다.
어영군	조선 후기 인조반정 후 인조 1년(1623년)에 설립된 국왕의 호위군대로, 속오군(지방의 양인과 양반으로 조직한 예비군인)과 정예병을 선발하여 75일씩 윤번호위를 담당하였다.
어영청	조선 후기 효종 때 어영군을 확대하여 어영청의 군사로 한성의 수비까지 담당하였다.
금군	수어청(남한산성 수비군)·어영청의 뒤를 이어 군사력을 강화하기 위하여 효종 때 설치한 국왕의 친위군으로, 금려(禁旅) 또는 금병(禁兵)이라고도 하였다. 현종 7년(1666년)에 내금위, 우림위, 겸사복 등 3군영을 합쳐 금군청을 설치함으로써 금군(禁軍)이란 명칭이 붙게 되었다. 금군은 궁성의 수비와 왕의 호위 외에 야전출동을 통하여 전국을 평정하고 각지에 주둔하는 등 조선의 중책부대로서 국왕의 친위군 및 실질적인 국군 역할을 하였다.
금위영	숙종 때 설치된 기병부대로, 궁중수비를 담당하였다.
용호영	영조 때 금군인 내삼청(내금위, 겸사복, 우림위)을 개편하여 설립한 국왕의 친위부대이다. 영조 31년(1755년)에 궁궐의 숙위(宿衛)와 호종(扈從)을 담당하던 금군청(禁軍廳)을 개칭한 것이다.

➕ 심화학습 ▶

조선 후기의 왕실호위
조선 후기에 왕의 호위를 위한 병력은 호위군관으로 이루어진 호위청과 금군으로 이루어진 용호영이었다.

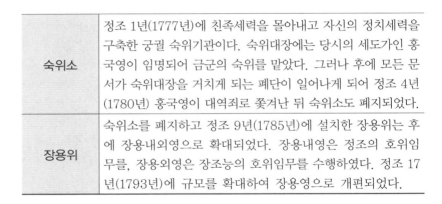

숙위소	정조 1년(1777년)에 친족세력을 몰아내고 자신의 정치세력을 구축한 궁궐 숙위기관이다. 숙위대장에는 당시의 세도가인 홍국영이 임명되어 금군의 숙위를 맡았다. 그러나 후에 모든 문서가 숙위대장을 거치게 되는 폐단이 일어나게 되어 정조 4년(1780년) 홍국영이 대역죄로 쫓겨난 뒤 숙위소도 폐지되었다.
장용위	숙위소를 폐지하고 정조 9년(1785년)에 설치한 장용위는 후에 장용내외영으로 확대되었다. 장용내영은 정조의 호위임무를, 장용외영은 장조능의 호위임무를 수행하였다. 정조 17년(1793년)에 규모를 확대하여 장용영으로 개편되었다.

장조
정조의 아버지로 사도세자라고 불리며, 장조능의 당시 묘호는 현륭원이다.

3. 조선시대 경호제도의 특징

삼국시대 · 고려시대에 비해 조선시대의 경호조직은 전문적인 공경호임무를 수행하는 호위조직이 발달하였으나, 법적 · 제도적으로 군사기능과 경찰기능이 분명하게 분리되지는 못하였다. 또한 조선시대의 민간경비의 수준은 공경호에 비해 미미한 편이었다.

5 · 한말의 경호제도(구한말 전후의 경호제도)

1. 갑오경장 이전(구한말 전기)

갑오경장
1894년 7월부터 1896년 2월까지 개화파 내각에 의해 추진된 근대적 제도 개혁이다.

무위소	고종 11년(1874년)에 설치되어 궁궐수비를 담당한 왕의 친위군으로, 책임자는 무위도통사였다. 1881년 무위영으로 개편된다.
무위영	고종 18년(1881년) 종래 5군영 중 훈련도감 · 용호영 · 호위청을 합쳐 새로 설립된 무위영은 무위소의 연장으로, 왕궁을 지키는 친군 내지는 근위군이다. 1882년 흥선대원군에 의해 폐지되었다.
친군용호영	국왕 호위대인 용호영의 강화책의 일환으로 설립된 친군용호영은 병조판서와 훈련원 당상이 함께 시험에 의하여 선발하였고, 용호영 · 총어영 · 경리청 등을 합쳐 친군용호영으로 칭하였는데, 이는 왕의 호위부대였다.
시위대	1895년 을미사변 후 러시아국 편제에 따라 개편하여 편성한 신식 군대로 궁중시위의 임무를 수행하였다. 1907년 강제로 군사해산식을 거행당하고 폐지되었다. 당시 제1대대장 박승환의 자결은 시위대 군인들의 항일의병활동의 계기가 되었다.

을미사변
1895년(고종 32년) 일본공사 미우라가 지휘하는 폭도들이 경복궁에 난입하여 명성황후를 시해한 사건을 말한다.

친위대	1895년 을미사변 후 김홍집 내각이 훈련대를 폐지하고 친위군과 진위군으로 양분하여 친위군은 경성에 주둔시켜 왕성 수비를 담당하게 하였으며, 진위군은 지방수비를 담당하였다. 친위대는 1905년 폐지되었다.

2. 갑오경장 이후(구한말 후기)

경위원	갑오경장 이후 광무 5년(1901년)에 설치되어 궁중에서의 내·외곽 경비와 궁내 사법업무를 담당한 오늘날의 경호경비경찰에 해당한다. 광무 9년(1905년) 궁내부 주전원(主殿院) 내의 황궁경위국으로 개편되었다.
황궁경위국	광무 9년(1905년)에 경위원이 개편되어 조직된 황궁경위국은 궁궐의 경비, 치안사무를 담당하던 경찰기구이다.
경무총감부	한일합방(1910년) 이후 황궁경위국을 개편하여 경무총감부로 통합한 후 황궁경찰서를 설치하였으며, 북서(北署)는 창덕궁, 서서(西署)는 덕수궁의 경호업무를 담당하였다.
창덕궁경찰서	황궁경위국을 경무총감부로 통합한 이후에 왕의 거처인 창덕궁과 덕수궁 지역을 경호하였다.

3. 한말의 경호제도의 특징

한말의 경호조직은 일제의 침략 의도에 따라 규모가 축소되었으나, 이때 최초로 근대 경호기관의 면모가 나타났다.

핵심 기출문제

15 우리나라 구한말 경호조직의 변천에 관한 내용이다. 일어난 순서대로 나열된 것은?

• 제26회 기출

> ㉠ 훈련도감·용호영·호위청을 합쳐 무위영을 설립하였다.
> ㉡ 관제 개혁에 의하여 경위원이 황궁경위국으로 개편되었다.
> ㉢ 훈련대를 폐지하고, 친위대를 경성에 주둔시켜 왕성수위를 전담하게 하였다.

① ㉠ - ㉡ - ㉢
② ㉠ - ㉢ - ㉡
③ ㉡ - ㉢ - ㉠
④ ㉢ - ㉠ - ㉡

해설 '㉠ 1881년 - ㉢ 1895년 - ㉡ 1905년' 순이다.

정답 ②

심화학습

시위대의 의병활동

전직 군인들에 의한 의병활동에서 가장 중추적인 역할을 한 것은 전직 시위대 소속 군인들이다. 군 경력이 있는 사람들이 본격적으로 의병활동에 참여하여 의병들의 질적 능력이 향상되었다.

CHAPTER 01 경호학과 경호 • **83**

6 대한민국의 경호제도

1. 경무대경찰서

(1) 1949년 2월 23일 창덕궁경찰서가 폐지되고 경무대경찰서가 신설되면서 내무부 경무국산하 경위부가 행하던 대통령에 대한 호위를 전담하게 되었다. 이때 종로경찰서 관할인 중앙청 및 경무대 구내가 경무대경찰서의 관할구역이 되었다. 이후 1953년 3월 그 관할구역을 경무대 구내로 제한하였다[경찰서 직제(대통령령) 1953.3.20.)].

(2) 1949년 12월 내무부훈령 제25호에 의하여 경호규정이 제정되어 최초로 '경호(警護)'라는 용어의 사용과 경호업무가 정비되었다.

(3) 경무대경찰서의 구성은 경무계, 사찰계, 경비계로 편성되었다.

(4) 경호대상은 대통령, 부통령, 외국의 원수, 기타 내무부장관 및 도지사가 필요하다고 인정하는 인사이고, 경찰관은 도상(途上)·열차 및 선박, 기타 필요하다고 인정하는 장소에 소정의 경호원을 배치하여 피경호자(被警護者)의 신변에 안전을 기한다.

2. 경무대경찰관파견대, 청와대경찰관파견대

(1) 1960년 4·19혁명 이후 3차 개헌(1960년 6월 15일)을 통해 대통령 중심제에서 내각책임제로 정부형태가 변화되면서 경무대경찰서가 폐지(1960년 6월 28일)되고, 서울시경찰국 경비과에서 경무대경찰관파견대를 설치(1960년 8월 13일)하여 대통령의 경호 및 대통령 관저 경비를 담당하였다. 또한 1960년 12월 윤보선 대통령이 경무대를 청와대로 명칭을 개칭함에 따라 경무대경찰관파견대는 청와대경찰관파견대로 명칭이 개칭되었다.

(2) 청와대경찰관파견대는 경비계, 수행계, 행정반으로 구성되어 있다.

3. 국가재건최고회의의장 경호대, 중앙정보부경호대

(1) 1961년 군사혁명위원회가 국가재건최고회의로 개칭되면서 국가재건최고회의의장의 경호를 위하여 국가재건최고회의의장 경호대가 임시로 편성되었으나, 같은 해 중앙정보부 창설과 동시에 중앙정보부경호대로 변경되어 경호를 실시하였다.

➕ 심화학습

청와대의 유래
1948년 8월 정부 수립 후, 1960년 8월까지 이승만 대통령의 명명으로 제1공화국의 대통령 관저명 '경무대(景武臺)'로 불려 오다가, 그 해 8월 13일 제2공화국 대통령으로 윤보선이 선출되어 입주하였고 같은 해 12월 청와대로 개명하였다. 이 명칭은 대리석으로 된 본관 건물이 청기와로 이어져 있는 데서 연유한 것이다.

(2) 국가원수, 국가재건최고회의의장, 부의장, 내각수반, 국빈, 기타 경호대장이 지명하는 주요 인사의 신변보호 등의 임무를 담당하였다.

4. 101경비단, 202경비단

(1) 개요

101경비단은 대통령실의 경비와 경호를 담당하는 경찰부대로, 서울특별시경찰청 소속 직할대이며, 인사 계통은 서울특별시경찰청이지만 지원부대이기 때문에 대통령경호처가 작전 통제한다. 대통령실 경내의 경비, 방문객 안내, 작업자 감독을 담당한다. 대통령실 외곽지역은 서울특별시 경찰청 소속 직할대인 202경비단(연혁: 1990년 종로서 소속 120경비대 창설로 시작되었다)이 담당한다.

(2) 101경비단 연혁

① 1949년 경무대경찰서 설치, 1960년 경무대 경찰서 폐지, 서울특별시 경찰국 경비과 소속 특정지역 경찰관 파견대를 설치하였다.

② 1963년 청와대 경호실로 이관, 1968년 서울특별시 경찰국 청와대 경비대로 명칭을 변경하였다.

③ 1976년 치안본부 소속의 101경비대를 101경비단으로 명칭을 변경하였다.

❖ 1949년 창설된 경무대경찰서에 그 기원을 두고 있으며 대통령경호실보다 역사가 조금 더 오래되었다.

5. 대통령경호처(실)

(1) 연혁

① 박정희 대통령이 취임하면서 1963년 12월 14일 「대통령경호실법」과 같은 해 12월 16일 「대통령경호실법 시행령」이 각각 제정·공포되어 대통령경호실이 정식으로 출범하였다.

② 1963년 당시에는 대통령과 그 가족, 대통령으로 당선이 확정된 자 및 경호실장이 특히 필요하다고 인정되는 국내외 요인에 대한 경호와 대통령관저의 경비에 관한 사항을 담당하도록 되어 있었으나, 1981년에는 전직대통령 및 그 배우자와 자녀의 호위가 추가되었다.

③ 2008년 개정된 「정부조직법」 제14조의 규정에 따라 대통령 등의 경호에 관한 사무를 분장하기 위하여 대통령실장 소속으로 경

호처를 설치하였다.

④ 2013년 「정부조직법」 개정으로 종전의 경호처가 대통령실에서 분리·독립하여 다시 대통령경호실이 되었다. 이때 경호실에 실장을 두되 실장은 경호에 관한 사무를 통할하고, 경호실에 차장 1인을 두되 차장은 실장을 보좌하였다.

⑤ 2013년 8월「대통령 등의 경호에 관한 법률」 개정으로 전직대통령 자녀가 경호실 경호대상에서 제외되었다.

⑥ 2017년 문재인 정부 출범에 따라 「정부조직법」이 개정되면서 대통령경호실이 대통령경호처로 그 명칭이 변경되었다.

(2) 현 대통령경호처 기능 및 업무

대통령경호처는 기획관리실, 경호본부, 경비안전본부 및 지원본부로 편성되며, 경호전문교육을 위한 소속기관으로 경호안전교육원을 두고 있다.

① 기획관리실
  ㉠ 국회·예산 등 대외업무와 인사·조직·정원관리 업무
  ㉡ 미래 경호위협 분석 및 대비

② 경호본부
  ㉠ 대통령 행사 수행 및 선발경호활동
  ㉡ 방한하는 외국정상, 행정수반 등 요인에 대한 경호

③ 경비안전본부
  ㉠ 대통령실과 주변지역 안전 확보를 위한 경비 총괄
  ㉡ 대통령실 내·외곽을 담당하는 군·경 경호부대 지휘
  ㉢ 국내외 경호 관련 정보수집 및 보안업무
  ㉣ 행사장 안전대책 강구 및 전직대통령에 대한 경호

④ 지원본부
  ㉠ 시설관리, 경호차량 운행 등 경호행사 지원 업무
  ㉡ 국정업무통신망 운용 및 과학적 경호시스템 구축
  ㉢ IT 장비개발

⑤ 경호안전교육원
  경호안전교육원은 다음 사무를 관장한다(대통령경호처와 그 소속기관 직제 제6조).
  ㉠ 경호안전관리 관련 학술연구 및 장비개발
  ㉡ 대통령경호처 직원에 대한 교육

➕ **심화학습**

경호처 조직

「대통령경호처와 그 소속기관 직제」(대통령령)에서 '대통령경호처에 기획관리실·경호본부·경비안전본부 및 지원본부를 두고(제5조), 경호안전교육원은 경호안전관리 관련 학술연구 및 장비개발, 대통령경호처 직원에 대한 교육 등의 사무를 관장한다(제6조).'고 규정하였다.

ⓒ 국가 경호안전 관련 분야에 종사하는 공무원에 대한 수탁교육

ⓔ 경호안전 관련 단체에 종사하는 사람에 대한 수탁교육

ⓜ 대통령경호안전대책위원회 관련 기관 소속공무원 및 처장이 필요하다고 인정하는 사람에 대한 수탁교육

ⓑ 그 밖에 국가 주요 행사 안전관리 분야에 관한 연구 · 조사 및 관련 기관에 대한 지원

6. 대통령경호지원기관

(1) 경찰(시울시경찰청)

서울경찰청 경비부 경비2과에서 경호업무를 담당하고 있다.

① 101경비단

② 202경비단

③ 22경찰특공대: 서울경찰청 소속 경찰 직할대로 대한민국 대통령의 경호를 담당하는 경호경찰부대로 대통령 경호처의 근접경호를 지원한다.

④ 서울경찰청 경찰특공대

(2) 군(국군방첩사령부, 수도방위사령부)

① 국군방첩사령부

군대 내의 보안 및 방첩업무를 담당하며, 주로 군과 관련된 경호계획 및 협조업무를 담당한다.

② 수도방위사령부(제55경비대대, 제33헌병대대)

㉠ 제55경비대대: 특정경비구역에 대한 작전임무 수행

㉡ 제33헌병경호대: 대통령경호처 경호임무 지원

핵심 기출문제

16 다음 경호기관 중에서 시대순(과거부터)으로 세 번째에 해당하는 경호기관의 명칭은?

• 제26회 기출

① 청와대경찰관파견대　　② 대통령경호처
③ 경무대경찰서　　④ 대통령경호실

해설 '③ 경무대경찰서(1949년) → ① 청와대경찰관파견대(1960년) → ④ 대통령경호실(1963년) → ② 대통령경호처(2008년)' 순이다.

정답 ④

17 다음 대한민국 경호역사에서 두 번째로 일어난 것은? · 제24회 기출

① 중앙정보부 경호대가 발족되었다.

② 경무대경찰서가 신설되었다.

③ 치안본부 소속의 101경비대를 101경비단으로 변경하였다.

④ 대통령경호실을 대통령경호처로 변경하였다.

해설 ① 1961년
② 1949년
③ 1976년
④ 2017년

정답 ①

18 대한민국 정부 수립 이후 경호기관에 관한 설명으로 옳지 <u>않은</u> 것은?
· 제21회 기출

① 경무대경찰서: 1953년 경찰서 직제를 개정하여 관할구역을 경무대 구내로 제한하여 경호임무 담당

② 청와대경찰관파견대: 1960년 3차 개헌을 통해 내각책임제에서 대통령 중심제로 바뀌면서 대통령의 경호와 경비 담당

③ 국가재건최고회의의장경호대: 1961년 중앙정보부경호대로 정식 발족하여 최고회의의장 등의 신변보호 임무 수행

④ 대통령경호실: 1963년 설립되어 대통령과 그 가족, 대통령으로 당선이 확정된 자 및 경호실장이 필요하다고 인정하는 요인에 대한 경호 담당

해설 1960년 4 · 19혁명 이후 3차 개헌(1960년 6월 15일)을 통해 대통령 중심제에서 내각책임제로 정부형태가 변화되었다.

정답 ②

중요내용 ○✕ 문제

제1절 경호의 정의

	O	X

01 경호란 실체적이고 주도면밀한 범행의 성공 가능성을 무력화하는 것이다. ☐ ☐

02 형식적 경호는 본질적, 이론적, 학문적이다. ☐ ☐

03 형식적 의미의 경호의 범위는 각 국가의 실정법에 따라 달라진다. ☐ ☐

04 「대통령 등의 경호에 관한 법률」에서 정의한 경호의 개념은 실질적 의미의 경호 개념이다. ☐ ☐

05 실질적 의미의 경호는 경호의 특성을 추상화한 개념이다. ☐ ☐

제2절 경호 · 경비의 분류

06 장소에 따른 경호는 행사장경호, 숙소경호, 도보경호 등으로 분류된다. ☐ ☐

07 행사장 주변에 경호장비 등을 배치하여 인적 · 물적 · 자연적 위해요소를 통제하는 활동은 직접경호활동이다. ☐ ☐

08 치안경비란 시설의 재산이나 문서에 대한 비인가자의 접근을 방지하고 간첩, 태업, 절도, 강도 등 기타 침해행위에 대해 예방 · 경계 · 진압하는 작용을 말한다. ☐ ☐

○✕ 정답 01 ✕ 02 ✕ 03 ○ 04 ✕ 05 ○ 06 ✕ 07 ○ 08 ✕

✕ 해설
01 경호란 실체적이고 주도면밀한 범행의 성공 가능성을 최소화하는 것이다.
02 형식적 경호는 법, 제도, 기관 중심적이다. 경호 개념을 본질적, 이론적, 학문적으로 본 것은 실질적 경호이다.
04 형식적 의미의 경호에 대한 설명이다.
06 장소에 따른 경호는 행사장경호, 숙소경호 등으로 분류되며, 도보경호는 이동수단에 따른 경호에 해당한다.
08 중요시설경비에 대한 설명이다.

제3절 경호의 법원(法源)

	O	X

09 「대통령경호처와 그 소속기관 직제」는 경호의 법원 중 법률에 해당한다.　☐　☐

10 「경비업법」은 사경호의 법원이며, 「대통령 등의 경호에 관한 법률」은 공경호의 법원이다.　☐　☐

11 판례법은 경호의 법원 중 성문법원에 해당한다.　☐　☐

12 청원경찰은 「청원경찰법」에 의해서만 업무를 수행할 수 있다.　☐　☐

13 「대통령 등의 경호에 관한 법률」 및 「경비업법」은 법률에 해당한다.　☐　☐

14 경찰청장이 경호업무에 관하여 제정·시행하는 것은 경호규정이다.　☐　☐

제4절 민간경호의 이론적 배경

15 민간경호의 이론적 배경으로는 사회계약설, 매슬로우(Maslow)의 욕구 5단계설, 경제환원론적 이론, 공동화 이론, 이익집단이론, 수익자부담이론, 공동생산이론 및 민영화이론 등이 있다.　☐　☐

16 매슬로우(Maslow)의 욕구 5단계설 중 제3단계인 사회적 욕구를 충족시키기 위하여 경호학과 경호산업이 탄생하였다.　☐　☐

제5절 경호의 목적과 원칙

17 경호의 목적 중 궁극적인 목적은 질서유지와 혼잡방지이다.　☐　☐

18 3중경호는 경호대상자가 위치한 지역에서 가장 근거리부터 엄중한 경호를 실시하는 경호로, 내부(안전구역, 근접경호), 내곽(경비구역, 중간경호), 외곽(경계구역, 외곽경호)으로 구분한다.　☐　☐

O	X

19 자기희생의 원칙은 경호의 원칙 중 일반원칙에 해당한다.

☐ ☐

20 "고도의 순간적인 판단력과 치밀한 사전계획이 중요하다."는 두뇌경호의 원칙에 대한 설명이다.

☐ ☐

제6절 경호의 발달과정과 배경 등

21 우리나라는 1963년 대통령경호실이 출범되면서 최초로 경호라는 용어를 사용하였고, 경호업무의 체제가 정비되었다.

☐ ☐

22 대통령경호처는 기획관리실, 경호본부, 경비안전본부 및 지원본부로 편성되며, 경호전문교육을 위한 소속기관으로 경호안전교육원을 두고 있다.

☐ ☐

OX 정답　09 ×　10 ○　11 ×　12 ×　13 ○　14 ×　15 ○　16 ×　17 ×　18 ○　19 ×　20 ○
21 ×　22 ○

X 해설　09 「대통령경호처와 그 소속기관 직제」는 경호의 법원 중 명령(대통령령)에 해당한다.
　　11 판례법은 경호의 법원 중 불문법원에 해당한다.
　　12 청원경찰은 「청원경찰법」뿐만 아니라 경비목적을 위하여 필요한 범위 안에서 「경찰관 직무집행법」에 의한 경찰관의 직무도 행한다.
　　14 경호규칙에 대한 설명이다.
　　16 매슬로우(Maslow)의 욕구 5단계설 중 제2단계인 인간의 안전 욕구를 충족시키기 위하여 경호학과 경호산업이 탄생하였다.
　　17 경호의 궁극적인 목적(최고의 목적)은 경호대상자의 신변안전보호에 있다.
　　19 자기희생의 원칙은 경호의 원칙 중 특별원칙(공경호의 기본원칙)에 해당한다.
　　21 최초로 '경호'라는 용어가 사용되고 경호업무의 체제가 정비된 것은 1949년 12월 내무부훈령에 의해 경호규정이 제정되면서부터이다.

기출 및 예상문제

제1절 경호의 정의

01 대통령 등의 경호에 관한 법률상 (   )에 들어갈 용어로 옳은 것은?　　•제22회 기출
◻◻◻✕

> '경호'란 (㉠)의 생명과 재산을 보호하기 위하여 신체에 가하여지는 (㉡)을 방지하거나 제거하고, (㉢)을 경계·순찰 및 방비하는 등의 모든 (㉣) 활동을 말한다.

① ㉠: 경호원　　　　　　　　　② ㉡: 안전
③ ㉢: 특정 지역　　　　　　　④ ㉣: 특수

해설 '경호'란 경호대상자의 생명과 재산을 보호하기 위하여 신체에 가하여지는 위해(危害)를 방지하거나 제거하고, 특정 지역을 경계·순찰 및 방비하는 등의 모든 안전활동을 말한다(대통령 등의 경호에 관한 법률 제2조 제1호).

02 대통령 등의 경호에 관한 법률상 "경호"에 관한 정의이다. (   )에 들어갈 내용으로
◻◻◻✕ 옳은 것은?　　•제24회 기출

> 경호대상자의 생명과 재산을 보호하기 위하여 (㉠)에 가하여지는 (㉡)을/를 방지하거나 제거하고, (㉢)을 경계·순찰 및 방비하는 등의 모든 안전활동을 말한다.

	㉠	㉡	㉢
①	신체	위해	특정 지역
②	신체	손해	모든 지역
③	개인	위해	특정 지역
④	신체	위험	모든 지역

해설 '경호'란 경호대상자의 생명과 재산을 보호하기 위하여 신체에 가하여지는 위해(危害)를 방지하거나 제거하고, 특정 지역을 경계·순찰 및 방비하는 등의 모든 안전활동을 말한다(대통령 등의 경호에 관한 법률 제2조 제1호).

03 실질적 의미의 경호 개념에 관한 설명으로 옳지 <u>않은</u> 것은?
□△×

① 경호의 개념을 본질적, 이론적인 입장에서 이해한 것으로 학문적 측면에서 고찰된 개념이다.

② 경호대상자의 절대적 신변안전을 보호하기 위하여 모든 사용 가능한 수단과 방법을 동원한다.

③ 실질적 의미의 경호 개념은 이론적으로 '모든 위험과 곤경으로부터 경호대상자를 안전하게 보호하기 위한 제반활동'이라고 할 수 있다.

④ 실정법상 경호기관의 권한에 속하는 일체의 경호작용을 의미한다.

해설 현실적인 경호기관을 중심으로 정립된 개념으로 실정법상 일반경호기관에 속하는 일체의 경호작용은 형식적 의미의 경호이다.

04 형식적 의미의 경호 개념에 관한 설명으로 옳은 것은?   • 제17회 기출
□△×

① 경호주체가 국가, 민간에 관계없이 경호대상자를 보호하는 모든 활동을 말한다.

② 경호의 개념을 본질적 · 이론적 입장에서 이해한 것이다.

③ 현실적인 경호기관을 기준으로 정립된 개념이다.

④ 학문적 측면에서 고찰된 개념이다.

해설 ①②④ 실질적 의미의 경호 개념이다.

▶ **형식적 의미의 경호 개념**

형식적 의미의 경호란 경호의 실질적 의미와 관계없이 현실적인 경호기관에 의하여 행해지는 모든 작용을 말한다.

01 ③   02 ①   03 ④   04 ③   **정답**

05 각 국가별 경호에 대한 정의로 옳지 <u>않은</u> 것은?

① 일본 요인경호부대의 경호 정의는 신변에 위해가 있을 경우 국가 공공의 안녕과 질서에 영향을 줄 우려가 있는 자에 대해 신변의 안전을 확보하기 위한 경찰활동이다.

② 미국 비밀경호국의 경호 정의는 실체적이고 주도면밀한 범행의 성공 기회를 완전 무력화하는 것이다.

③ 한국 대통령경호처의 경호 정의는 경호대상자의 생명과 재산을 보호하기 위하여 신체에 가하여지는 위해를 방지 또는 제거하고, 특정한 지역을 경계·순찰 및 방비하는 등의 모든 안전활동을 말한다.

④ 한국 경찰기관의 경호 정의는 경호대상자의 신변에 대하여 직·간접적인 위해를 방지하여 그의 안전을 도모하는 경찰활동이다.

해설 미국 비밀경호국은 국토안보부 산하기관으로, 최초에는 국가 중요 정보수집, 위폐 및 위조 서류 단속, 국보급 물품관리 등의 정보 수사기관으로 출발하였으나 정국을 불안정하게 만드는 대통령 암살 기도를 분쇄하기 위한 경호임무를 맡게 됨으로써 현재는 경호와 수사라는 이중 임무의 조직으로 발전하여 주로 경호 위주의 임무를 수행하고 있다. 비밀경호국은 Secret Service라고도 불리며 통상 SS라고 칭하여진다. 미국 비밀경호국에서는 '경호는 실체적이고 주도면밀한 범행의 성공 가능성을 최소화하는 데 있다.'고 정의한다.

06 경호와 관련된 설명으로 옳지 <u>않은</u> 것은?

① 경호처에 파견된 경찰공무원은 경호처 소속공무원에 해당되지 않는다.

② 관계기관이란 경호처가 경호업무를 수행함에 있어 필요한 지원과 협조를 요청하는 국가기관, 지방자치단체 등을 말한다.

③ 경찰관 직무집행법과 전직대통령 예우에 관한 법률에서는 법문상 경호와 경비를 구분하고 있다.

④ 경비업법에서는 경호와 호위라는 용어 대신 신변보호라는 용어를 사용한다.

해설 「대통령 등의 경호에 관한 법률」 제2조(정의)는 소속공무원을 경호처 직원과 경호처에 파견된 자로 규정하고 있다. 따라서 경호처에 파견된 경찰공무원이나 군인은 경호처 소속공무원이 된다.

07 경호의 정의와 개념을 잘못 말한 자는?

• 제21회 기출

[O][△][X]

> A경호원: 경호란 경호대상자의 생명과 재산을 보호하기 위하여 신체에 가하여지는 위
>   해를 방지하거나 제거하고, 특정 지역을 경계·순찰 및 방비하는 등의 모든
>   안전활동을 말해.
> B경호원: 맞는데, 경호는 보안이 강조되므로 자신의 몸을 최대한 은폐, 엄폐하여 근무
>   하는 습관이 필요해.
> C경호원: 경호는 경호대상자와 위해행위자 사이의 완충벽이라고 볼 수 있어.

① A   ② B
③ A, C   ④ B, C

해설 경호는 경호대상자의 안전이 절대적이므로 자신의 몸을 최대한 은폐, 엄폐하며 근무하는 습관보
다 자신의 체위를 최대한 확장하여 어떠한 경우라도 경호대상자를 보호하려는 근무 습관이 필요
하다.

08 경호학에 대한 설명으로 옳지 않은 것은?

[O][△][X]

① 경호학은 법학, 행정학, 경찰학, 사회학 등의 학문과 밀접한 관련을 지니고 있다.
② 경호학은 경호규범에 연구의 초점을 두고 있기 때문에 복잡하고 다양한 경호현상
  은 연구대상에서 제외된다.
③ 경호학은 경호해석학적 연구방법을 기본으로 한다.
④ 경호학은 경호규범의 구현을 위하여 경호대상, 기관 및 제도를 연구대상으로 한다.

해설 경호학은 경호규범과 경호현상 모두를 연구대상으로 한다. 경호규범은 경호관계 법규에 대한 해석
과 각 조항의 성립 배경 및 기능을 연구대상으로 하며, 경호현상은 경호의식·경호제도, 경호관계
등을 연구대상으로 한다. 일반적인 경호학의 연구대상은 경호환경, 경호조직, 경호작용, 경호제
도·법, 경호인 등이고, 이에 필요한 학문적 지식에는 범죄학, 심리학, 사회학, 법학, 행정학, 경찰
학, 민간경비, 체육학, 군사학, 윤리학, 응급구조학 등이 있다.

05 ②   06 ①   07 ②   08 ②   정답

제2절 경호 · 경비의 분류

09 공경호와 민간경호의 특성에 관한 설명으로 옳지 <u>않은</u> 것은?
• 제17회 기출

① 공경호의 경호대상이 관계법규에 근거하고, 민간경호는 의뢰인과의 계약에 의해 정해진다.

② 경호조직의 운영에 있어 공경호는 폐쇄성 · 보안성 · 기동성의 특성을 가지나, 민간경호는 이러한 특성을 갖지 않는다.

③ 공경호는 국가기관에 의해 행해지는 경호활동이고, 민간경호는 민간에 의해 행해지는 경호활동이다.

④ 공경호는 국가요인의 신변보호를 통해 국가안전에 기여하며, 민간경호는 의뢰인에 대한 안전보장을 통해 영리를 추구한다.

해설 폐쇄성 · 보안성 · 기동성은 공경호조직의 운영 특성인 동시에 민간경호조직에도 적용되는 특성이다. 경호조직은 경호를 완전무결하게 수행하기 위해서는 경호조직의 비공개와 경호기법의 비노출 등 폐쇄성을 가져야 하고, 경호와 관련된 인원 · 문서 · 통신 · 경호대상자의 신변 등을 불순분자로부터 완벽하게 보호할 보안성을 가져야 하며, 신속하게 장소를 이동할 수 있는 기동성을 가져야 한다. 이는 성공적인 경호활동을 위하여 공경호와 민간경호가 모두 갖추어야 할 경호의 특성에 해당한다.

10 대통령 등의 경호에 관한 법률상 경호의 대상이 <u>아닌</u> 것은?

① 대통령 당선자와 그 가족   ② 대통령 후보
③ 대통령권한대행과 그 배우자   ④ 방한하는 외국의 국가원수

해설 「대통령 등의 경호에 관한 법률」상 경호대상이라는 것은 경호처 경호대상을 말한다. 대통령 후보는 경찰 경호대상인 을호 경호대상자이다.

▶ 「대통령 등의 경호에 관한 법률」상 경호처의 경호대상

1. 대통령과 그 가족
2. 대통령 당선인과 그 가족
3. 본인의 의사에 반하지 아니하는 경우에 한정하여 퇴임 후 10년 이내의 전직대통령과 그 배우자. 다만, 대통령이 임기 만료 전에 퇴임한 경우와 재직 중 사망한 경우의 경호 기간은 그로부터 5년으로 하고, 퇴임 후 사망한 경우의 경호 기간은 퇴임일부터 기산(起算)하여 10년을 넘지 아니하는 범위에서 사망 후 5년으로 한다.
4. 대통령권한대행과 그 배우자
5. 대한민국을 방문하는 외국의 국가원수 또는 행정수반(行政首班)과 그 배우자
6. 그 밖에 처장이 경호가 필요하다고 인정하는 국내외 요인(要人)
7. 위 3.의 경우에도 불구하고 전직대통령 또는 그 배우자의 요청에 따라 처장이 고령 등의 사유로 필요하다고 인정하는 경우에는 5년의 범위에서 3.에 규정된 기간을 넘어 경호할 수 있다.

11 경호의 분류와 소속이 옳게 연결된 것은?

• 제20회 기출

> ⊙국회의장과 ⓒ헌법재판소장이 공식 행사에 참석 차 이동 중 ⓒ예정에 없던 고궁
> 에 들러 ⓔ경호원을 대동하여 시민들과 대화를 하였다.

	⊙	ⓒ	ⓒ	ⓔ
①	갑호	갑호	공식	대통령경호처
②	갑호	을호	공식	경찰청
③	갑호	갑호	비공식	대통령경호처
④	을호	을호	비공식	경찰청

해설 ⊙ⓒ 국회의장과 헌법재판소장은 경호대상에 따른 분류 중 을호 경호대상이다.
ⓒ 예정에 없던 고궁에 들른 것은 사전에 행사일정의 통보가 없이 이루어진 경호이므로, 성격에
따른 경호의 분류 중 비공식경호에 해당한다.
ⓔ 을호 경호대상자는 경찰의 경호대상이므로 경찰청 경호원을 대동하여 시민들과 대화한 것이다.

12 경호의 성격에 의한 분류 중 경호관계자의 사전 통보에 의해 계획 · 준비되는 경호활동은?

• 제18회 기출

① 공식경호   ② 직접경호
③ 약식경호   ④ 비공식경호

해설 경호관계자 간에 행사일정을 사전에 통보받아 계획 · 준비하여 실시하는 공식행사 때의 경호(국경
일, 기념일, 기공식 및 준공식)는 공식경호에 해당한다. 공식경호는 사전에 행사가 대외적으로 알
려져 있기 때문에 위해기도자의 공격 가능성이 높다.

09 ② | 10 ② | 11 ④ | 12 ① | **정 답**

13 경호의 분류에 관한 설명으로 옳은 것은?

□△×

① 행사장경호는 성격에 따른 분류이고, 차량경호는 이동수단에 따른 분류이다.

② 보행경호는 이동수단에 따른 분류이고, 공식경호는 대상에 따른 분류이다.

③ 선박경호는 장소에 따른 분류이고, 보행경호는 이동수단에 따른 분류이다.

④ 항공기경호는 이동수단에 따른 경호이고, 노상경호는 장소에 따른 분류이다.

해설 ① 행사장경호는 장소에 따른 분류이고, 차량경호는 이동수단에 따른 분류이다.
② 보행경호는 이동수단에 따른 분류이고, 공식경호는 경호의 성격에 따른 분류이다.
③ 선박경호와 보행경호는 모두 이동수단에 따른 분류이다.

14 경호 · 경비의 분류에 관한 설명으로 옳지 <u>않은</u> 것은? • 제22회 기출

□△×

① 경호의 대상에 따라 갑(A)호, 을(B)호, 병(C)호 등으로 구분할 수 있다.

② 경호행사의 장소에 의한 분류에 따라 행사장경호, 숙소경호, 연도경호 등으로 구분할 수 있다.

③ 치안경비는 공공의 안녕과 질서를 문란하게 하는 경비사태에 대한 예방 · 경계 · 진압하는 작용이다.

④ 경호수준에 따른 분류에 해당하는 비공식경호는 출 · 퇴근 시 일상적으로 실시하는 경호이다.

해설 비공식경호는 성격에 따른 경호의 분류이다. 출퇴근 시 일상적으로 실시하는 경호는 성격에 따른 분류 중 약식경호에 해당한다.

15 장소에 의한 경호의 분류가 <u>아닌</u> 것은? • 제17회 기출

□△×

① 연도경호 ② 숙소경호

③ 선발경호 ④ 행사장경호

해설 선발경호(사전예방경호) 및 근접경호는 활동시점 및 경호방법에 따른 경호의 분류이다. 장소에 의한 경호의 분류는 경호행사가 이루어지는 장소가 어딘가에 따른 분류이다. 행사장경호, 숙소경호, 연도경호(노상경호) 등으로 나눌 수 있으며, 연도경호(노상경호)는 다시 육로경호와 철도경호로 나뉜다.

16 **경호의 분류에 관한 설명으로 옳지 않은 것은?**

○△×

① 현충일, 광복절 행사 등 국경일 행사에 참석하는 대통령에 대한 경호 수준은 1급(A급)경호에 해당한다.

② 공식경호행사를 마치고 귀가 중 환차코스를 변경하여 예정에 없던 행사장에 방문할 때의 경호는 비공식경호이다.

③ 행사장 주변에 경호장비 등을 배치하여 인적 · 물적 · 자연적 위해요소를 통제하는 활동은 간접경호에 해당한다.

④ 행사준비 등의 시간적 여유가 없이 갑자기 결정된 상황하의 경호수준은 2급(B급)경호라고 할 수 있다.

해설 행사장 주변에 경호장비 등을 배치하여 인적 · 물적 · 자연적 위해요소를 통제하는 활동은 직접경호에 해당한다.

▶ 직 · 간접에 의한 경호의 분류

직접경호	행사장에 계획된 별도의 경호인원과 장비가 배치된 상태의 경호를 말한다.
간접경호	평상시 치안상의 안전활동이나 대공활동만으로 자연스럽게 이루어지는 경호를 말한다.

17 **비노출경호에 관한 설명으로 옳은 것은?**

○△×

① 경호대상자에게 부담을 주지 않고 일반시민의 통제를 최소화하는 경호방식이다.

② 경호인력과 장비의 동원을 최소화하고 노출을 억제함으로써 비용을 절감하기 위한 경호방식이다.

③ 위해기도자의 위해 의사를 제압할 수 있는 유 · 무형적 힘을 이용하여 경호조치를 취하는 방식이다.

④ 경호원의 비공개활동으로 인하여 경호대상자와 일반시민 간의 소통이 단절되는 단점이 있다.

해설 ② 비노출경호는 경호대상자가 위해상황에 노출되지 않게 경호원을 배치함으로써 위해기도자에게 예측가능기회를 부여하지 않고, 위해기도자의 불안감을 증폭시켜 경호업무의 성과를 높이기 위한 경호방식이다. 비용절감을 위한 경호방식은 아니다.

③ 위해기도자의 위해 의사를 제압하기 위해 유형적 · 무형적 힘을 이용하여 경호조치를 취하는 방식은 노출경호(위력경호)이다.

④ 경호원이 비공개활동(비노출경호)을 하게 되면 경호대상자와 일반시민 간의 소통(접촉)이 공개활동(노출경호)의 경우보다 원활하게 된다.

13 ④ 14 ④ 15 ③ 16 ③ 17 ① 정답

18 경호수준에 의한 분류 중 사전경호조치가 전무한 상황하의 각종 행사 시의 경호는?

• 제17회 기출

① 1급(A급)경호　　　　　　　　② 2급(B급)경호
③ 3급(C급)경호　　　　　　　　④ 4급(D급)경호

해설 경호수준에 의한 분류는 1급(A급), 2급(B급), 3급(C급)으로 구분하며, 이는 경호의 수준에 따른 분류이다. 이 중 사전경호조치 없이 이루어지는 행사 시의 경호는 3급(C급)경호이다. 이는 가장 낮은 수준의 경호이다.

▶ **경호수준에 의한 경호분류**

1급(A급)	행사보안이 사전에 노출되어 경호의 위해가 증대된 상황하의 각종 행사와 국왕 및 대통령 등 국가원수급의 1등급 경호대상으로 결정된 국빈행사의 경호이다. 사전에 공개된 의전절차에 따라 진행된다.
2급(B급)	행사준비 등의 시간적 여유 없이 갑자기 결정된 상황하의 각종 행사와 수상 및 국무총리급의 경호대상으로 결정된 국빈행사의 경호이다. 비공개된 의전절차에 따라 이루어진다.
3급(C급)	사전에 행사준비 등 경호조치가 거의 없는 상황하에서 이루어지는 것으로 장관급의 경호대상으로 결정된 국빈행사의 경호이다. 의전절차 없이 불시에 행사가 진행되고, 사전경호조치도 없이 최소한의 근접경호만으로 실시한다.

19 경호 및 경비의 분류에 관한 설명으로 옳지 <u>않은</u> 것은?

• 제23회 기출

① 약식경호는 의전절차 없이 불시에 행사가 진행되고, 사전경호조치도 없는 상태에서 최대한의 근접경호만으로 실시하는 경호활동을 말한다.
② 1(A)급 경호는 사전에 노출되어 경호위해가 증대된 상황하의 각종 행사와 대통령 등 국가원수급의 1등급 경호대상으로 결정된 국빈행사의 경호이다.
③ 경호관계자의 사전 통보에 의해 계획·준비되는 경호활동은 경호의 성격에 의한 분류 중에서 공식경호에 해당한다.
④ 장소에 따른 경호는 행사장경호, 숙소경호 등으로 분류되며 연도경호도 이에 해당한다.

해설 약식경호는 의전절차 없이 불시에 행사가 진행되고, 사전경호조치도 없는 상태에서 최소한의 근접경호만으로 실시하는 경호활동을 말한다. 특정 지역 내에서 짧은 이동, 불시에 이루어지는 외출행사, 일상적인 출퇴근 시에 이루어지는 경호가 이에 해당한다. 공식경호나 비공식경호는 정해진 의전절차에 따라 진행되지만, 약식경호는 정해진 의전절차 없이 임의적으로 이루어진다.

20 이동수단에 의한 경호의 분류 및 내용에 관한 설명으로 옳지 <u>않은</u> 것은?

① 보행경호 시에는 우발상황에 대비하여 가장 가까운 곳에 차량을 대기시켜 두어야 한다.

② 차량경호 시 차선변경 등 지휘임무를 맡고 있는 차량은 선도차량이다.

③ 열차경호책임은 출발지역으로부터 도착지역까지로, 출발지 관할 시 · 도경찰청에서 담당한다.

④ 비행기를 타고 내릴 때에는 경호대상자가 마지막으로 타고 먼저 내리는 것이 일반적 순서이다.

해설 차량경호 시 차선변경 등 지휘임무를 맡고 있는 차량은 후미차량이다. 후미차량은 차량경호의 지휘임무와 함께 경호대상자의 예비차량 역할도 한다.

▶ 선도경호차량과 후미경호차량의 임무

선도경호 차량	행 · 환차로 안내, 행사시간에 맞는 주행속도 조절, 진행방향 결정, 전방에 대한 경계업무, 위해상황 시 전방공격 차단, 비상통로의 확보, 우발상황이 예측될 때 무선으로 전파하여 대비하는 임무를 수행한다.
후미경호 차량	기동 간 경호대상자차량의 방호업무, 경호지휘임무의 수행, 후미에서 접근하는 차량 통제 및 추월 방지를 대비하는 임무를 수행한다.

21 경비경찰이 상대방이 허약한 시점을 포착하여 집중적으로 강력한 실력행사를 하는 것을 의미하는 경비원칙은?

① 균형의 원칙　　② 적시성의 원칙
③ 안전의 원칙　　④ 위치의 원칙

해설 ① 균형의 원칙이란 경비상황과 대상에 따라 유효 · 적절하게 부대를 배치하여 실력을 행사하는 원칙을 말한다.
③ 안전의 원칙이란 경비사태가 발생하여 이를 진압할 때에는 경비경력이나 군중들이 사고를 당하지 않도록 안전하게 사태를 진압해야 한다는 원칙을 말한다.
④ 위치의 원칙이란 경비사태가 발생할 때 상대방보다 유리한 지점과 위치를 신속하게 확보 · 유지하는 원칙을 말한다.

18 ③　19 ①　20 ②　21 ②　**정답**

22 경호 · 경비의 분류에 관한 설명으로 옳지 <u>않은</u> 것은?

$\boxed{\bigcirc \triangle \times}$

① 간접경호는 행사장에 인원과 장비를 배치하여 인적 · 물적 · 지리적 위험요소를 예방하기 위한 경호이다.

② 약식경호는 출퇴근 시 일상적으로 실시하는 경호와 같이 일정한 방식에 의하지 않고 실시하는 경호이다.

③ 준(準)비상경계는 비상사태 발생의 징후는 희박하나 불안전한 사태가 계속되어 집중적인 경계가 요구될 때 실시하는 경계이다.

④ 1(A)급 경호는 행사보안이 사전에 노출되어 경호위해가 증대된 상황하의 각종 행사 시 국왕 및 대통령 등 국가원수급에 대한 경호이다.

> **해설** 행사장에 대한 경호작용이 직접적인가 간접적인가에 따라 직접경호와 간접경호로 구분된다. 간접경호는 평상시의 치안이나 대공활동만으로 자연스럽게 이루어지는 경호이고, 직접경호는 행사장에 인원과 장비를 배치하여 인적 · 물적 · 지리적 위험요소를 예방하기 위한 경호이다.

23 경비의 경계대상에 의한 분류의 내용으로 옳은 것은?

$\boxed{\bigcirc \triangle \times}$

① 치안경비는 시설의 재산, 문서에 대한 비인가자의 접근을 방지하고 간첩, 태업, 절도 및 기타 침해행위를 예방, 경계, 진압하는 작용을 말한다.

② 특수경비는 총포, 도검, 폭발물, 기타 총기류에 의한 인질, 살상 등의 사태로부터 발생할 위해를 예방, 경계, 진압하는 작용을 말한다.

③ 중요시설경비는 경기대회, 기념행사 등의 미조직 군중의 혼란 또는 혼란에 의하여 발생하는 예측 불가능한 사태를 예방, 경계, 진압하는 작용을 말한다.

④ 재해경비는 공공의 안녕과 질서를 문란하게 하는 사태에 대하여 실시하는 활동으로서 예방, 경계, 진압하는 작용을 말한다.

> **해설** ① 중요시설경비에 대한 설명이다.
> ③ 혼잡경비에 대한 설명이다.
> ④ 치안경비에 대한 설명이다.

24 경호 및 경비의 분류에 관한 설명으로 옳은 것을 모두 고른 것은?

○△× · 제19회 기출

> ⊙ 2(B)급 경호는 행사준비 등의 시간적 여유 없이 갑자기 결정된 상황에서의 각종 행사와 수상급의 경호대상으로 결정된 국빈행사의 경호이다.
> ⓒ 약식경호는 의전절차 없이 불시에 행사가 진행되고, 사전에 경호조치도 없는 상태에서 최소한의 근접경호만으로 실시하는 경호활동을 말한다.
> ⓒ 특수경비는 총포류, 도검류, 폭발물에 의한 중요 범죄 등의 사태로부터 발생한 위해를 예방하거나 경계하고 진압함으로써 국민의 생명과 재산을 보호하고 공공의 안녕과 질서를 유지하는 경비활동이다.

① ⊙

② ⊙, ⓒ

③ ⓒ, ⓒ

④ ⊙, ⓒ, ⓒ

해설 ⊙ 경호의 수준에 따른 분류 중 2(B)급 경호에 대한 설명이다.
ⓒ 성격에 따른 경호의 분류 중 약식경호에 대한 설명이다.
ⓒ 경계대상에 따른 경비의 분류 중 특수경비에 대한 설명이다.

25 국가중요시설 지정 및 방호 훈령의 분류기준에 대한 설명으로 옳지 않은 것은?

○△×

① 대통령실, 국회의사당 등은 '가'급에 속한다.
② 경찰청, 대검찰청 등은 '가'급에 속한다.
③ 정부종합청사, 국방부 청사 등은 '가'급에 속한다.
④ 적에 의하여 점령 또는 파괴되거나, 기능 마비 시 일부 지역의 통합방위작전수행이 요구되고, 국민생활에 중대한 영향을 미칠 수 있는 시설을 '나'급 경비시설이라고 한다.

해설 대통령실, 국회의사당, 대법원, 정부중앙청사, 국방부 청사·국가정보원 청사, 한국은행 본점은 '가'급 시설 중 행정시설에 해당한다. 중앙행정기관 각 부(部)·처(處) 및 이에 준하는 기관, 대검찰청·경찰청·기상청 청사, 한국산업은행·한국수출입은행 본점은 '나'급 시설 중 행정시설에 해당한다.

22 ① 23 ② 24 ④ 25 ② 정답

제3절 경호의 법원(法源)

26 경호의 법원에 대한 설명으로 옳지 <u>않은</u> 것은?

⊡△✕

① 경호의 법원은 원칙적으로 성문법이나, 보충적으로 불문법도 법원이 된다.

② 대통령경호안전대책위원회 규정은 대통령경호안전대책위원회의 구성 및 운영에 관하여 필요한 사항을 규정한 것이다.

③ 경호법의 존재형식 또는 법적 근거를 경호의 법원이라고 한다.

④ 대통령경호안전대책위원회규정은 경호처장이 정하는 행정규칙의 성격을 지닌다.

> **해설** 「대통령경호안전대책위원회규정」은 일반적으로 사용하는 행정규칙(규칙, 규정)과 개념이 다른 대통령령에 해당하는 것으로, 법규명령에 해당한다. 행정규칙은 행정조직 내부에서 행정의 사무처리 기준으로서 제정된 일반적·추상적 규범을 말하며, 실무상 훈령, 통첩, 예규 등이 이에 해당한다. 또한 일반 국민에 대한 관계를 규율하는 것이 아니라, 행정조직 내부와 공법상의 특별권력 관계에서의 조직·활동을 규율한다는 점에서 법규명령과 구별된다.

27 경호·경비와 관련된 법적 근거로 옳은 것은?

⊡△✕

① 대간첩 작전 수행, 요인경호 등의 포괄적 임무를 규정한 것은 「대통령 등의 경호에 관한 법률」이다.

② 대통령경호처지침과 경호규칙이 상이할 경우 대통령경호처지침이 우선한다고 규정한 것은 '경호규정 부칙'이다.

③ 대통령과 그 가족, 대통령으로 당선된 자와 그 가족에 대한 경호는 '경호규칙'에 근거한다.

④ 한국군과 주한미군 간의 대통령 경호에 대한 합의각서의 법적 근거는 'SOFA조약'이다.

> **해설** ① 대간첩 작전 수행, 요인경호 등의 포괄적 임무를 규정한 것은 「경찰관 직무집행법」이다.
> ② 대통령경호처지침과 경호규칙이 상이할 경우 대통령경호처지침이 우선한다고 규정한 것은 '경호규칙 부칙'이다.
> ③ 대통령과 그 가족, 대통령으로 당선된 자와 그 가족에 대한 경호는 「대통령 등의 경호에 관한 법률」에 근거한다.

28 대한민국의 경호 관련 법제도에 관한 설명으로 옳지 <u>않은</u> 것은?

_{○△×}

· 제22회 기출

① 대통령경호처장은 대통령이 임명한다.

② 대통령경호처에 기획관리실 · 경호본부 · 경비안전본부 및 지원본부를 둔다.

③ 대통령경호안전대책활동에 관하여는 구성원 전원과 그 구성원이 속하는 기관의 장이 공동으로 책임을 진다.

④ 전직대통령이 벌금 이상의 형이 확정된 경우 '필요한 기간의 경호 및 경비'의 예우를 하지 아니한다.

> **해설** ▶ 전직대통령의 예우의 제외
>
> 전직대통령이 다음의 어느 하나에 해당하는 경우에는 필요한 기간의 경호 및 경비(警備)의 예우를 제외하고는 이 법에 따른 전직대통령으로서의 예우를 하지 아니한다(전직대통령 예우에 관한 법률 제7조 제2항).
> 1. 재직 중 탄핵결정을 받아 퇴임한 경우
> 2. 금고 이상의 형이 확정된 경우
> 3. 형사처분을 회피할 목적으로 외국정부에 도피처 또는 보호를 요청한 경우
> 4. 대한민국의 국적을 상실한 경우

29 경호의 성문법원에 해당하는 것을 모두 고른 것은?

_{○△×}

· 제26회 기출

> ㉠ 헌법
> ㉡ 판례법
> ㉢ 대통령경호안전대책위원회규정
> ㉣ 대통령경호처와 그 소속기관 직제

① ㉠, ㉡, ㉢ 　　　　② ㉠, ㉡, ㉣

③ ㉠, ㉢, ㉣ 　　　　④ ㉡, ㉢, ㉣

> **해설** 「헌법」, 「대통령경호안전대책위원회규정」(대통령령), 「대통령경호처와 그 소속기관 직제」(대통령령)는 성문법(입법기관에 의하여 제정 · 공포되어 문서화된 법)원에 해당한다. 불문법(문서의 형식을 갖추지 않은 법)원에는 관습법, 판례법, 조리가 있으며, 이는 성문법에 대한 보충적 법원이 된다.

26 ④　　27 ④　　28 ④　　29 ③　　**정답**

30 경호의 법원(法源)에 관한 설명으로 옳지 않은 것은?

• 제23회 기출

① 대통령 등의 경호에 관한 법률은 대통령 등에 대한 경호를 효율적으로 수행하기 위하여 경호의 조직·직무범위와 그 밖에 필요한 사항을 규정함을 목적으로 한다.

② 경호의 성문법원으로 헌법·법률·조약·명령·판례법 등을 들 수 있다.

③ 우리나라는 전직대통령의 예우에 관하여 전직대통령 예우에 관한 법률에서 규정하고 있다.

④ 대통령경호안전대책위원회 구성 및 운영에 관하여 필요한 사항은 대통령경호안전대책위원회규정에서 명시하고 있다.

해설 경호의 법원 중 「헌법」·법률·조약·명령은 성문법에 해당하고, 관습법, 판례법, 조리는 불문법에 해당한다.

31 경호·경비의 법규명령에 해당하는 것은?

① 대통령 등의 경호에 관한 법률
② 청원경찰법 시행령
③ 경비업법
④ 경호규정

해설 ①③ 법률에 해당한다.
④ 행정규칙에 해당한다.

32 경찰청장이 경호업무에 관하여 제정·시행하고 있는 것은?

① 경호규칙
② 경호규정
③ 대통령 등의 경호에 관한 법률
④ 경비업법 시행령

해설 경호규칙은 경찰청훈령 제12호(1991년 7월 31일)로 제정된 경찰경호에 관한 포괄적이고 일반적인 규정을 둔 행정규칙으로, 경호업무의 세부적인 규정을 정하고 있다.
② 경호규정은 경호처장이 제정·시행하고 있다. 경호규칙의 부칙에서는 대통령경호처지침과 경호규칙이 상이한 경우 대통령경호처지침이 우선한다고 규정하고 있다.

33 다음 설명과 관련 있는 것은?

◯△✕

- 대통령경호에 필요한 안전대책업무, 경호에 유관한 첩보 및 정보의 상호 교환 및 분석, 기타 경호상 필요하다고 인정되는 사항을 관장하도록 한 것
- 대통령경호안전대책작용에 관하여는 위원회 구성원 전원과 그 구성원이 속하는 기관장이 공동으로 책임지도록 하고, 각 구성원의 책임사항을 구체적으로 규정

① 경찰관 직무집행법
② 대통령 등의 경호에 관한 법률
③ 대통령경호안전대책위원회규정
④ 전직대통령 예우에 관한 법률

해설 「대통령경호안전대책위원회규정」은 대통령 경호임무 수행에 있어 관계부서의 책임을 명확히 하고, 관계부서 간 협조를 원활히 함으로써 대통령 경호임무 수행에 만전을 기하기 위하여 대통령경호안 전대책위원회의 구성·운영과 관계부서의 책임사항을 규정함을 목적으로 제정한 대통령령이다.

34 대통령경호안전대책위원회규정상 안전대책활동에 관한 책임소재로 옳은 것은?

◯△✕

① 위원회 구성원 전원책임이다.
② 그 구성원이 속하는 기관의 장의 책임이다.
③ 위원회 구성원 전원과 그 구성원이 속하는 기관의 장의 공동책임이다.
④ 위원장의 단독책임이다.

해설 대통령경호의 안전대책활동에 관하여는 위원회 구성원 전원과 그 구성원이 속하는 기관의 장이 공동으로 책임을 지며, 각 구성원은 위원회의 결정사항, 기타 안전대책활동을 위하여 부여된 임무에 관하여 상호 간 최대한의 협조를 하여야 한다.

| 30 ② | 31 ② | 32 ① | 33 ③ | 34 ③ | ◀ 정답 |

35 경호의 법원(法源)에 관한 설명으로 옳지 <u>않은</u> 것은?

• 제22회 기출

① 대통령경호안전대책위원회규정은 경찰관 직무집행법 제16조에 따른 대통령경호안전대책위원회의 구성 및 운영에 관하여 필요한 사항을 규정한다.

② 대통령 등의 경호에 관한 법률은 대통령 등에 대한 경호를 효율적으로 수행하기 위하여 경호의 조직·직무범위와 그 밖에 필요한 사항을 규정한다.

③ 전직대통령 예우에 관한 법률은 전직대통령의 예우에 관한 사항을 규정한다.

④ 대통령경호처와 그 소속기관 직제는 대통령경호처와 그 소속기관의 조직과 직무범위, 그 밖에 필요한 사항을 규정한다.

> **해설** 「대통령경호안전대책위원회규정」은 「대통령 등의 경호에 관한 법률」 제16조에 따른 대통령경호안전대책위원회의 구성 및 운영에 관하여 필요한 사항을 규정한다.
>
> ▶ **대통령경호안전대책위원회(대통령 등의 경호에 관한 법률 제16조)**
>
> ① 제4조(경호대상) 제1항 각 호의 경호대상에 대한 경호업무를 수행할 때에는 관계기관의 책임을 명확하게 하고, 협조를 원활하게 하기 위하여 경호처에 대통령경호안전대책위원회(이하 '위원회'라 한다)를 둔다.
> ② 위원회는 위원장과 부위원장 각 1명을 포함한 20명 이내의 위원으로 구성한다.
> ③ 위원장은 처장이 되고, 부위원장은 차장이 되며, 위원은 대통령령으로 정하는 관계기관의 공무원이 된다.
> ④ 위원회는 다음 각 호의 사항을 관장한다.
>   1. 대통령 경호에 필요한 안전대책과 관련된 업무의 협의
>   2. 대통령 경호와 관련된 첩보·정보의 교환 및 분석
>   3. 그 밖에 제4조 제1항 각 호의 경호대상에 대한 경호에 필요하다고 인정되는 업무
> ⑤ 위원회의 구성 및 운영에 필요한 사항은 대통령령으로 정한다.

제4절 민간경호의 이론적 배경

36 매슬로우의 욕구 5단계 이론을 단계별 순서대로 나열한 것은?

㉠ 사회적 욕구	㉡ 안전의 욕구
㉢ 생리적 욕구	㉣ 자아실현의 욕구
㉤ 존경의 욕구	

① ㉡ ⇨ ㉢ ⇨ ㉠ ⇨ ㉤ ⇨ ㉣

② ㉡ ⇨ ㉠ ⇨ ㉢ ⇨ ㉤ ⇨ ㉣

③ ㉢ ⇨ ㉠ ⇨ ㉡ ⇨ ㉤ ⇨ ㉣

④ ㉢ ⇨ ㉡ ⇨ ㉠ ⇨ ㉤ ⇨ ㉣

해설 매슬로우는 인간의 욕구를 '생리적 욕구(ⓒ) ⇨ 안전의 욕구(ⓛ) ⇨ 사회적 욕구(ㄱ) ⇨ 존경의 욕구(ⓜ) ⇨ 자아실현의 욕구(ㄹ)' 5단계로 분류하였다.

▶ 매슬로우(Maslow)의 욕구 5단계 이론

> 매슬로우는 많은 관찰과 실험적 연구를 토대로 인간의 욕구를 다섯 가지 계층으로 분류하여 동태적 결합이론(動態的 結合理論, Holistic dynamic theory)이라 불리는 욕구 5단계 이론을 발전시켰다. 순서와 내용은 다음과 같다.
> 제1단계: 생리적 욕구(생명유지의 기본적 욕구) ⇨ 제2단계: 안전 욕구(자기보존의 욕구: 안전을 구하려는 것) ⇨ 제3단계: 사회적 욕구(소속감과 애정 욕구, 친화 욕구) ⇨ 제4단계: 존경 욕구(인정받으려는 욕구: 자존심, 명예, 성취, 지위 등) ⇨ 제5단계: 자아실현의 욕구(잠재적 능력을 실현하고자 하는 것)

37 다음 설명에 해당하는 민간경호·경비론의 성장배경에 대한 이론은?

○△✕

> 민간경비 성장에 대한 이 이론은 자본주의 사회에 있어 경찰의 공권력 작용은 원칙적으로 거시적 측면에서 질서유지나 체제수호 등과 같은 역할과 기능으로 한정시켜, 사회구성원 개개인 차원이나 여타 집단과 조직 등의 안전과 보호는 결국 해당 개인이나 조직이 담당하여야 한다는 인식에 기초한 이론이다.

① 경제환원론   ② 공동화이론

③ 수익자부담이론   ④ 이익집단이론

해설 수익자부담이론에 대한 설명이다.

▶ 수익자부담이론

> 공권력의 활동을 최소화한다는 이유와 경찰력의 무분별한 사적인 사건 개입을 줄여 한계에 다다른 경찰력의 상대적 무력함을 조금이라도 줄여 보기 위한 방편으로서, 개인의 이해관계와 재산의 보호 및 신변안전에 대해서는 수익자 개인이 직접 경비를 부담하여 수익자 자신이 지켜야 한다는 논리에서 시작되었다.

35 ①   36 ④   37 ③   정답

제5절 경호의 목적과 원칙

38 경호의 목적에 관한 설명으로 옳지 <u>않은</u> 것은?

①△×

① 국내외 요인에 대한 완벽한 경호는 국제적인 지위향상과 국위선양에 기여한다.

② 주요 요인과 정치지도자나 사회저명인사 등의 체면 또는 기품 등을 유지한다.

③ 안전을 위한 경호대상자와 환송자 · 환영자 간의 친화도모를 위한 활동은 배제하여야 한다.

④ 경호대상자에 대한 직접적인 위해를 방지 및 제거함으로써 신변안전을 도모한다.

> **해설** 안전을 위한 경호대상자와 환송자 · 환영자 간의 친화도모를 위한 활동은 경호의 목적 중 하나이다. 경호의 목적에서 가장 중요한 것은 경호대상자의 신변안전도모이므로 신변안전에 지장이 없는 범위 내에서 친화를 도모할 수 있도록 해야 한다.

39 경호의 목적에 관한 설명으로 옳지 <u>않은</u> 것은?

①△×

① 완벽한 경호 및 경비는 우수성을 국내외에 과시하고 국가의 의전적인 차원에서 국위를 선양하고 국제적인 지위를 향상시키는 데 중요한 목적이 있다.

② 혼잡할 우려가 있는 행사장에서 분산 유도하거나 사전에 운집을 저지하는 등 적절한 조치를 취하여 질서를 유지하고 주요 요인의 신변안전을 도모함을 목적으로 한다.

③ 경호는 경호대상자의 신변을 보호하는 것뿐만 아니라 국토방위와 경제발전에도 목적이 있다.

④ 경호의 가장 핵심적인 목적은 직 · 간접적인 위해로부터 피경호자의 생명 · 신체에 대한 안전을 도모함에 있다.

> **해설** 경호의 목적에는 경호대상자의 신변안전보호, 질서유지와 혼잡 방지, 국위선양 · 국제적 지위 향상, 피경호자의 권위 유지, 경호대상자와 일반 대중과의 친화 도모가 있다. 국토방위와 경제발전은 경호의 목적과 관련이 없다.

40 경호의 이념에 관한 설명으로 옳지 <u>않은</u> 것은?

◯△✕

① 합법성 − 경호는 법적인 테두리 안에서 이루어져야 한다.

② 협력성 − 경호는 다수의 기관들이 참여하고, 국민들의 협조가 이루어져야 성공적으로 완수할 수 있는 활동이다.

③ 보안성 − 경호활동을 위해서는 위해요소로부터 경호대상자나 경호주체의 움직임을 모르도록 하는 것이 바람직하다.

④ 희생성 − 경호원은 정치적으로 반대 입장에 있는 요인(要人)을 경호해야 하는 상황이 있을 수 있으므로 정치적으로 중립을 유지해야 한다.

해설 ▶ 희생성은 경호활동은 위해에 대한 공격적인 행위보다 방어적인 행위를 기본원칙으로 하므로 경호 시 경호원은 생명과 신체의 위협으로부터 자유로울 수 없다는 경호이념이다. 경호원은 정치적으로 반대 입장에 있는 요인(要人)을 경호해야 하는 상황이 있을 수 있으므로 정치적으로 중립을 유지해야 한다는 것은 경호이념 중 정치적 중립성에 대한 설명이다.

41 다음에서 설명하는 경호의 원칙은? • 제24회 기출

◯△✕

경호대상자가 위치한 지역에서 가장 근거리부터 엄중한 경호를 취하는 순서로 근접경호, 중간경호, 외곽경호로 나누고 그에 따른 요원의 배치와 임무가 부여된다.

① 3중경호의 원칙　　　　　② 두뇌경호의 원칙

③ 방어경호의 원칙　　　　　④ 은밀경호의 원칙

해설 ▶ **3중경호의 원칙(중첩경호의 원칙)**

경호대상자의 위치를 중심으로 경호대상자가 위치한 집무실이나 행사장으로부터 내부(안전구역, 근접경호), 내곽(경비구역, 중간경호), 외곽(경계구역, 외곽경호)으로 구분하여 세 겹의 보호막 또는 경계선을 설치하여 효율적인 경호가 실시되어야 한다는 경호행동반경을 거리개념으로 전개한 원칙을 말한다.

42 다음 설명의 경호활동 원칙은?

• 제19회 기출

○△×

> 경호대상자가 위험한 상황에 처했을 경우에는 경호대상자의 머리를 숙이게 한다든지,
> 완력으로 안전한 곳으로 인도한다든지 하여 위험을 모면케 하는 경호활동으로 긴급상
> 황 발생 시 경호대상자를 우선 안전한 곳으로 대피시키는 것이 바람직하다.

① 방어경호의 원칙   ② 예방경호의 원칙
③ 두뇌경호의 원칙   ④ 자기희생의 원칙

해설 방어경호의 원칙이란 경호원은 공격자의 제압보다 경호대상자의 방어 및 대피를 우선해야 한다는
원칙이다. 긴급 시 경호원은 경호대상자의 주변에 방벽을 형성하여 일단 그 신변을 보호하고 우선
안전한 곳으로 대피시킨 후 그다음 대적 · 제압 등 상황에 따른 조치를 취하여야 한다.

43 경호의 원칙에 관한 설명으로 옳은 것은?

• 제18회 기출

○△×

① 3중경호의 원칙: 경호대상자가 위치한 지역으로부터 경호행동반경을 거리개념
으로 전개한 원칙
② 은밀경호의 원칙: 경호대상자는 어떠한 상황하에서도 절대적으로 보호되어야 한
다는 원칙
③ 두뇌경호의 원칙: 위해기도자로부터 경호대상자를 떼어 놓는다는 원칙
④ 하나의 통제된 지점을 통한 접근의 원칙: 자신의 책임구역에 대해서는 자신이 책
임을 져야 한다는 원칙

해설 ② 자기희생의 원칙에 대한 설명이다.
③ 목표물 보존의 원칙에 대한 설명이다.
④ 자기담당구역 책임의 원칙에 대한 설명이다.

44 경호의 행동원칙에 관한 설명으로 옳은 것을 모두 고른 것은? • 제19회 기출

|O|△|X|

㉠ 자기담당구역 책임의 원칙: 경호원은 자신의 책임하에서 주어진 임무를 완수하고 담당구역을 지켜내야 한다.
㉡ 자기희생의 원칙: 경호원은 자신을 희생해서라도 경호대상자의 신변을 안전하게 보호해야 한다.
㉢ 목표물 보존의 원칙: 경호대상자를 위해요소로부터 떼어 놓는 것이다.
㉣ 은밀경호의 원칙: 경호대상자의 얼굴을 닮은 경호원 또는 비서관을 임명하여 경호위해자로부터 경호대상자를 은밀하게 보호하는 방법이다.

① ㉠

② ㉠, ㉡

③ ㉠, ㉡, ㉢

④ ㉠, ㉡, ㉢, ㉣

해설 ㉣ 은밀경호의 원칙이란 경호요원은 은밀하게 조용히 행동하며 경호장비나 경호원이 위해기도자의 눈에 띄지 않게 은밀하게 경호 임무를 수행하는 것을 말한다. 경호대상자의 얼굴을 닮은 경호원 또는 비서관을 임명하여 경호위해자로부터 경호대상자를 보호하는 것은 기만경호이다.

45 3중경호의 원칙에 해당하지 <u>않는</u> 구역은? • 제23회 기출

|O|△|X|

① 안전구역

② 경비구역

③ 경계구역

④ 방호구역

해설 3중경호의 원칙(중첩경호의 원칙)은 경호대상자의 위치를 중심으로 경호대상자가 위치한 집무실이나 행사장으로부터 내부(안전구역, 근접경호), 내곽(경비구역, 중간경호), 외곽(경계구역, 외곽경호)으로 구분하여 세 겹의 보호막 또는 경계선을 설치하여 효율적인 경호가 실시되어야 한다는 경호행동반경을 거리개념으로 전개한 원칙을 말한다.

| 42 ① | 43 ① | 44 ③ | 45 ④ | **정답** |

46 3중경호에 관한 설명으로 옳은 것은?

• 제22회 기출

① 1선은 경비구역으로 소구경 곡사화기의 유효사거리를 고려한 개념이다.

② 2선은 경계구역으로 권총 등의 유효사거리를 고려한 건물 내부구역으로 설정한다.

③ 경호대상자가 위치한 지역에서 경호를 취하는 순서로 '근접경호 – 중간경호 – 외곽경호'로 나눈다.

④ 위해자가 위치한 곳으로부터 '내부 – 내곽 – 외곽'으로 구분한다.

> **해설** ① 1선은 완벽한 통제가 이루어지는 안전구역으로 권총의 평균 유효사거리 및 수류탄 투척거리를 기준으로 반경 50m 이내에 설정하여야 한다.
> ② 2선은 근접경호원 및 경비경찰에 의한 부분적 통제가 되는 경비구역으로, 건물 내곽의 울타리 안쪽으로 대체로 소총의 유효사거리인 반경 50∼600m 이내이다.
> ④ 경호대상자가 위치한 곳으로부터 '내부 – 내곽 – 외곽'으로 구분한다.

47 3중경호(중첩경호)의 원칙에 대한 사항으로 옳지 않은 것은?

① 3중경호의 원칙이란 경호대상자의 위치를 중심으로 경호대상자가 위치한 집무실이나 행사장으로부터 내부(근접경호), 내곽(중간경호), 외곽(외곽경호)으로 구분하여 세 겹의 보호막 또는 경계선을 설치함으로써 효율적인 경호가 실시되어야 한다는 원칙을 말한다.

② 영국의 경우는 내부를, 미국의 경우는 외곽을 보다 중시하는 순서를 취하고 있다.

③ 정복경찰의 일상적 경호활동을 중간경호라고 한다.

④ 이 이론을 처음으로 정립한 것은 영국 런던경시청 경호국이며, 실제적 기법으로 발전시킨 것은 미국 비밀경호국이다.

> **해설** 영국의 경우에는 외곽경호에 더 큰 비중을 두어 위해요소를 사전에 제거하는 데 주력하는 특징이 있고, 미국의 경우에는 중간 및 외곽경호보다 근접경호에 더 큰 비중을 두고 있다.

48 경호의 일반원칙에 대한 설명으로 옳지 <u>않은</u> 것은?

◯△✕

① 두뇌경호의 원칙은 경호 실시 도중에 위험한 상황이 발생하였을 때 고도의 예리함
과 순간적인 판단으로 위험요소를 제거하는 데 경호의 중심을 둔다는 원칙이다.

② 3중경호의 원칙에서는 경호대상자가 위치한 지역에서 가장 근거리부터 엄중한 경
호를 취하는 순서로 따져 안전구역, 경비구역, 경계구역으로 나눈다.

③ 은밀경호의 원칙은 은밀하게 조용히 행동하며 언제든지 경호대상자의 신변을 보
호할 수 있는 행동반경 내에 위치해 경호에 임해야 한다는 원칙이다.

④ 목표물 보존의 원칙은 경호원은 공격자의 제압보다 경호대상자의 방어 및 대피를
우선으로 해야 한다는 원칙이다.

> **해설** 경호대상자에게 위험한 상황이 발생하였을 경우 경호대상자를 우선 안전한 곳으로 대피시켜야 한
> 다는 원칙은 경호의 일반원칙 중 방어경호의 원칙이다. 목표물 보존의 원칙은 목표물(경호대상자)
> 을 위해요소와 위해자로부터 최대한 멀리 떨어뜨려 놓아야 한다는 원칙으로 경호의 특별원칙에 해
> 당한다.

49 경호의 원칙에 관한 설명으로 옳은 것을 모두 고른 것은? •제21회 기출

◯△✕

> ㉠ 경호행사장을 안전구역, 경비구역, 경계구역으로 설정한다.
> ㉡ 고도의 순간 판단력과 치밀한 사전계획이 중요하다.
> ㉢ 위해가능성이 있는 것부터 경호대상자를 격리시킨다.
> ㉣ 위해행위 발생 시 방호 및 대피보다 위해자를 공격하여 무력화시키는 것이 우선이다.

① ㉠, ㉣ ② ㉠, ㉡, ㉢

③ ㉡, ㉢, ㉣ ④ ㉠, ㉡, ㉢, ㉣

> **해설** ㉠ 3중경호의 원칙, ㉡ 두뇌경호의 원칙, ㉢ 목표물 보존의 원칙에 대한 설명이다.
> ㉣ 경호의 원칙 중 방어경호원칙에 위반되는 내용이다. 위해행위 발생 시 방호 및 대피가 위해자
> 를 공격하여 무력화시키는 것보다 우선이다.

46 ③ 47 ② 48 ④ 49 ② 정답

50 중첩경호(3중경호) 원칙의 필요성으로 옳지 <u>않은</u> 것은?

• 제16회 기출

① 경호영향권역을 공간적으로 구분하여 상대적으로 차등화된 경호조치를 통한 경호의 효율성 증대

② 3중의 경호막을 통해 조기경보체제를 확립하여 위해행위에 대비

③ 광범위한 지역에 대한 강력한 경호조치로 위협요소 제거

④ 경호자원의 낭비적 요소 제거

해설 경호대상자를 중심으로 일정한 범위 안에서 그 범위의 정도에 따라 1선, 2선, 3선으로 구분하여 경호활동을 실시하는 것이 중첩경호(3중경호)이다. 중첩경호(3중경호)는 경호행동반경의 거리에 따라 방법과 정도가 다르게 경호활동을 실시하는 것이지, 광범위한 지역에 대한 강력한 경호조치로 위협요소를 제거하는 것은 아니다.

51 경호를 실시함에 있어 사전에 계획과 준비를 치밀하고 철저하게 하여 위험요소를 제거하는 데 중점을 둔다는 경호의 원칙은?

① 두뇌경호의 원칙　　　　　　② 3중경호의 원칙

③ 방어경호의 원칙　　　　　　④ 은밀경호의 원칙

해설 경호에 있어 경호원의 신체적 조건에 의한 완력이나 무력에 의한 대처능력도 중요하지만, 보다 중요한 것은 사전의 치밀한 계획과 준비이며, 이보다 더 중요한 것이 경호임무 수행 중 긴급하고 위험한 상황이 발생하였을 때의 고도의 예리함과 순간적인 판단인데, 이를 두뇌경호의 원칙이라고 한다.

52 목표물이 안전하게 보존되기 위해 고려해야 하는 사항으로 옳지 <u>않은</u> 것은?

① 행차코스, 행차할 예정 장소 등은 원칙적으로 비공개여야 한다.

② 경호보안이 잘 지켜져야 한다.

③ 대중에게 노출된 보행행차는 가급적 제한되어야 한다.

④ 동일한 장소에 수차 행차했다면 안전하므로 이곳을 이용해야 한다.

해설 같은 장소를 여러 번 행차했다면 그곳은 노출되어 위험하므로, 경호대상자의 안전을 위하여 사전에 배제해야 한다.

53 경호의 행동원칙에 해당하는 것은 몇 개인가?

|O|△|X|

• 제25회 기출

- 다수의 지점을 통한 접근의 원칙
- 목표물 보존의 원칙
- 상황 발생구역 최우선의 원칙
- 'S(경고) − E(제압) − C(방어)'의 원칙

① 1개   ② 2개
③ 3개   ④ 4개

해설 목표물 보존의 원칙을 제외한 나머지는 경호의 행동원칙에 해당하지 않는다.
- 다수의 지점을 통한 접근의 원칙이 아니라 하나의 통제된 지점을 통한 접근의 원칙이 해당한다.
- '상황 발생구역 최우선 원칙(상황 발생 시 구역 최우선의 원칙)'은 경호의 행동원칙이 아니라 경비의 행동원칙에 해당한다.
- 우발상황 발생 시 SCE 대응원칙은 'S(Sound Off, 경고) − C(Cover, 방호) − E(Evacuation, 대피)'이다.

54 경호의 원칙에 관한 설명으로 옳은 것을 모두 고른 것은?

|O|△|X|

• 제20회 기출

- ㉠ 위해가능성이 있는 모든 것에서 경호대상자를 격리시킨다.
- ㉡ 경호는 고도의 순간적인 판단력과 사전 치밀한 계획이 중요하다.
- ㉢ 경호는 위해기도자를 공격하는 것이 아니라, 위해요소로부터 경호대상자를 방어하는 것이다.
- ㉣ 행사장을 안전구역, 경비구역, 경계구역으로 설정한다.

① ㉠, ㉢   ② ㉠, ㉡, ㉢
③ ㉡, ㉢, ㉣   ④ ㉠, ㉡, ㉢, ㉣

해설 ㉠ 목표물 보존의 원칙, ㉡ 두뇌경호의 원칙, ㉢ 방어경호의 원칙, ㉣ 3중경호의 원칙에 대한 설명이다.

| 50 ③ | 51 ① | 52 ④ | 53 ① | 54 ④ | **정답** |

55 경호대상자를 절대적으로 보호해야 한다는 원칙은?

□△✕

① 자기희생의 원칙

② 자기담당구역 책임의 원칙

③ 목표물 보존의 원칙

④ 하나의 통제된 지점을 통한 접근의 원칙

해설 자기희생의 원칙이란, 경호원은 어떠한 상황에서 어떠한 희생을 치르고서라도 경호대상자를 절대적으로 보호해야 한다는 원칙을 말한다. 따라서 경호대상자가 위기에 처했을 때에는 자기 몸을 희생해 경호대상자를 보호하여 경호대상자 신변의 안전을 확보하여야 한다.

56 경호의 행동원칙에 관한 설명으로 옳지 <u>않은</u> 것은? • 제23회 기출

□△✕

① '자기담당구역 책임의 원칙'에 의하면 자신의 책임하에 주어진 임무를 완수하고 담당구역을 지켜야 한다.

② '자기희생의 원칙'은 경호원 자신을 희생해서라도 경호대상자의 신변을 안전하게 보호해야 한다.

③ '하나의 통제된 지점을 통한 접근의 원칙'에 의하면 경호대상자에게 접근할 수 있는 출입구나 통로는 하나만 필요하고, 담당경호원의 허가절차가 요구되지 않는다.

④ '목표물 보존의 원칙'은 경호대상자를 위해요소로부터 분리하는 것을 말한다.

해설 '하나의 통제된 지점을 통한 접근의 원칙'에 의하면 경호대상자에게 접근할 수 있는 출입구나 통로는 하나만 필요하고, 담당경호원의 허가절차가 요구된다.

57 다음 경호활동에서 나타나지 <u>않는</u> 원칙은?

・제21회 기출

> 평소 경호대상자는 어떠한 상황에서도 절대적으로 보호되어야 한다는 생각으로 근무하고 있는 K경호원은 경호대상자가 은행에 갈 때 차량과 이동로를 노출시키지 않고 근접 경호활동을 하였다. 마침 은행 강도사건이 은행에서 발생하여 경호대상자를 우선 안전한 곳으로 대피시키고 강도사건 발생을 관할 경찰서에 조속히 알려 사건을 마무리할 수 있었다.

① 은밀경호의 원칙 　　　　② 중첩경호의 원칙
③ 목표물 보존의 원칙 　　　④ 방어경호의 원칙

해설 평소 경호대상자는 어떠한 상황에서도 절대적으로 보호되어야 한다는 생각으로 근무하고 있는 K경호원은 경호대상자가 은행에 갈 때 차량과 이동로를 노출시키지 않고(은밀경호의 원칙) 근접경호활동을 하였다. 마침 은행 강도사건이 은행에서 발생하여 경호대상자를 우선 안전한 곳으로 대피시키고(방어경호의 원칙, 목표물 보존의 원칙) 강도사건 발생을 관할 경찰서에 조속히 알려 사건을 마무리할 수 있었다.

제6절 경호의 발달과정과 배경 등

58 한국 경호제도의 역사적 변천에 관한 설명으로 옳지 <u>않은</u> 것은?

① 신라시대의 시위부는 궁성의 숙위와 왕 및 왕실세력 행차 시 호위하는 것이 주된 임무였으며, 시위부 소속의 금군은 모반·반란 등을 평정하고 진압하는 임무를 수행하였다.

② 고려시대의 마별초는 묘청의 난을 계기로 도성의 치안유지를 위하여 설치한 것으로 좌·우 순검사를 두었으며, 의종 때 내순검군이라 하여 숙위를 더욱 강화하였다.

③ 조선시대의 호위청은 인조반정으로 집권한 서인들이 거사에 동원되었던 군사를 해체하지 않고 있다가 계속되는 역모사건을 계기로 왕의 동의를 얻어 설치한 것이다.

④ 정부 수립 이후 1949년 2월 23일 창덕궁경찰서가 폐지되고 경무대경찰서가 신설되면서 종로경찰서 관할인 중앙청 및 경무대 구내가 경무대경찰서의 관할구역이 되었다.

해설 고려시대의 마별초는 몽고와 전쟁 중 최우가 몽고 기병의 영향을 받아 설치한 기병대이다.

| 55 ① | 56 ③ | 57 ② | 58 ② | 정답 |

59 시대별 경호기관에 관한 설명으로 옳지 <u>않은</u> 것은?

☐△✕

① 역사적 기록상 경호·경비가 탄생한 것은 삼국시대부터라고 할 수 있으나 이때 구조는 경호·경비만으로 분리되지 않고 군사·치안과 함께 통합적으로 이루어졌다.

② 현대적 의미의 경호는 1963년 창설된 대통령경호실이 그 시작이라고 할 수 있다.

③ 우리나라에 처음으로 전문 경호기관이 출현한 것은 고려시대로 보며, 대표적인 것이 중추원과 도방이다.

④ 민간 차원의 경호·경비는 1976년 용역경비업법이 제정되면서 제도적 인정을 받는 경호가 시작되었다.

> **해설** 1948년 정부 수립 이후 대통령경호를 위해 생긴 경무대경찰서(1949년 창설)가 현대적 의미의 경호(공경호)의 시작이라고 할 수 있다.

60 시대별 경호기관의 연결이 옳은 것은?

☐△✕

① 백제: 서당, 시위부

② 고려시대: 겸사복, 충의위

③ 조선시대: 숙위소, 장용위

④ 한말 후기(갑오경장 이후): 무위소, 무위영

> **해설** ① 서당, 시위부는 신라시대 경호기관이다.
> ② 겸사복, 충의위는 조선시대 경호기관이다.
> ④ 무위소, 무위영은 한말 전기(갑오경장 이전)의 경호기관이다.

61 삼국시대 신라 왕의 호종과 궁성의 숙위를 담당한 기관은?

☐△✕

① 성중애마   ② 대모달

③ 말객   ④ 시위부

> **해설** 시위부는 국도에 설치된 무관부로서 궁성의 숙위(경비)와 왕 및 왕실세력 행차 시 호종(수행)하는 것이 주된 임무인 신라의 경호기관이다.
> ① 고려 후기의 경호기관이다.
> ②③ 고구려의 경호기관이다.

62 고려시대의 경호기관에 해당하는 것은?

① 대모달과 말객
② 5부 5방
③ 시위부와 금군
④ 성중애마

해설 성중애마(成衆愛馬)는 고려 제25대 충렬왕 때 상류층 자제들로 하여금 왕을 숙위하도록 설립되었으며, 내시, 다방 등 근시(近侍)의 임무를 띤 자들이 군사적 기능을 강화하여 이루어졌다. 애마(愛馬)는 부대(部隊), 조합(組合), 단체, 주군(州郡)의 뜻을 가지는 몽고어로, 성중애마는 과거, 음서, 남반 등과 함께 관직으로 출세하는 길의 하나였는데, 점차 많은 인원을 가진 충용위 등 대부대가 생기면서 군사적 성격이 농후하게 되었다.
① 대모달과 말객은 고구려의 경호기관이다.
② 5부 5방은 백제의 경호기관이다. 5부는 백제의 중앙군 역할을 수행하던 병력으로 수도를 5부로 나누고, 각 부는 다시 5방으로 나누었다.
③ 시위부와 금군은 신라의 경호기관이다. 시위부는 궁성의 숙위와 왕실의 행차 시 호위하는 것을 주된 임무로 하며, 금군은 시위부 소속으로 모반·반란 등을 평정하고 진압하는 임무를 수행한다.

63 고려시대의 경호조직이 아닌 것은?

① 내시위
② 순마소
③ 내순검군
④ 사평순위부

해설 내시위는 조선시대 전기의 경호조직으로, 태종 9년 내금위·별시위와 거의 같은 양반 출신으로 시험에 의하여 선발되어 왕의 측근에서 시위임무를 수행하였다. 이후 세종 6년에 내금위에 합쳐졌다. 동일한 성격의 내금위가 먼저 설치되어 있었으나, 인원이 부족하여 1409년(태종 9년)에 새로 내시위가 구성되었다.
② 순마소는 고려 후기의 경호조직으로 무신정권 후 원나라의 지배하에 몽고의 제도에 따라 설치되었으며, 도적 방지, 무고자·포악자 등의 단속과 변방 수비, 왕의 친위임무를 수행하였다.
③ 내순검군은 고려 전기의 경호조직이다.
④ 사평순위부는 고려 후기의 경호조직으로, 순군만호부가 공민왕 18년에 사평순위부로 개편된 것으로 방도금란, 모역, 관료의 탐폭 등을 바로잡고 징계하는 역할을 수행하였다.

64 다음 중 고려시대의 경호기관은?

• 제19회 기출

① 시위부
② 성중애마
③ 별시위
④ 호위청

해설 성중애마는 고려시대 후기의 경호기관이다.
① 시위부는 신라의 경호기관이다.
③ 별시위는 조선시대 전기의 경호기관이다.
④ 호위청은 조선시대 후기의 경호기관이다.

65 우리나라에서 최초로 전문 공경호기관이 탄생한 시기와 최초로 전문 민간경호기관이
○△✕ 탄생한 시기가 바르게 연결된 것은?

① 고려 - 고려
② 고려 - 삼국시대
③ 대한민국 정부 수립 이후 - 구한말
④ 고려 - 구한말

> **해설** 우리나라 최초의 전문 공경호기관이 탄생한 시기는 고려(중추원)이며, 최초의 전문 민간경호기관
> 이 탄생한 시기도 고려(도방)이다.

66 조선후기 정조 때 설치한 경호기관은? · 제24회 기출
○△✕
① 장용영
② 호위청
③ 내순검군
④ 삼별초

> **해설** 조선후기 정조 때 설치되었으며, 후에 장용내외영으로 확대되었다. 장용내영은 정조의 호위임무
> 를, 장용외영은 장조능의 호위임무를 수행하였다.
> ② 조선후기 인조 때 설치한 경호기관이다.
> ③ 고려 전기 의종 때 궁궐 내의 경비를 강화하기 위하여 설치하였다.
> ④ 고려무신집권기 고종 때 설치한 기관으로 최우정권의 호위임무와 도성의 치안, 방범순찰임무를
>   수행하였다.

67 구한말의 경호기관이 <u>아닌</u> 것은?
○△✕
① 무위소
② 무위영
③ 내금위
④ 친위대

> **해설** 내금위는 조선시대 태종 7년에 설치된 왕의 측근 호위군사조직으로, 여러 군사조직 중 가장 좋은
> 대우를 받은 군사 · 경호조직이다. 초기에는 무예를 갖춘 외관자제로 충당되었으나, 세종 5년부터
> 는 시험에 의하여 선발되어 교대근무 없이 장기간 궁중근무군사로 활동하였다.

68 대한민국 정부 수립 이후 경호를 담당한 최초의 경호기관은?

① 경무대경찰서　　　　　　　　② 국가재건최고회의의장 경호대
③ 대통령경호실　　　　　　　　④ 청와대경찰관파견대

> **해설** 1949년 2월 창덕궁경찰서가 폐지되고 중앙청 및 경무대 구내를 관할로 하는 경무대경찰서가 신설되었다.

69 다음 중 우리나라의 경호기관에서 역사적으로 두 번째로 설치된 것은?　　•제25회 기출

① 도방　　　　　　　　　　　② 호위청
③ 시위부　　　　　　　　　　④ 금위영

> **해설** '③ 시위부(신라) ⇨ ① 도방(고려 무신집권기) ⇨ ② 호위청(조선 후기 인조) ⇨ ④ 금위영(조선 후기 숙종)' 순으로 설치되었다.

70 조선 후기의 경호기관에 관한 설명으로 옳지 <u>않은</u> 것은?　　•제18회 기출

① 호위청: 인조반정 후에 설립한 기관으로 왕의 호위를 담당하였다.
② 금군: 국왕의 친위군으로 별시위, 겸사복, 충의위 등 내삼청으로 분리되었다.
③ 숙위소: 정조 시대에 존재하였던 궁궐 숙위 기관이다.
④ 장용위: 왕의 호위를 강화하기 위해 정조 때 설치한 전담부대이다.

> **해설** 조선 후기의 경호기관인 금군은 수어청(남한산성 수비군)·어영청의 뒤를 이어 군사력을 강화하기 위하여 효종 때 설치한 국왕의 친위군으로, 내삼청(내금위, 우림위, 겸사복)으로 구성되었다. 금군은 궁성의 수비와 왕의 호위 외에 야전출동을 통하여 전국을 평정하고 각지에 주둔하는 등 조선의 중책부대로서 국왕의 친위군 및 실질적인 국군 역할을 하였다.

65 ①	66 ①	67 ③	68 ①	69 ①	70 ②	◀ **정답**

71 대한민국 근대 이후 경호제도에 관한 설명으로 옳은 것은?

ⓞ△✕

① 창덕궁경찰서가 폐지되고 경무대경찰서가 신설되면서 대통령과 가족, 대통령 당선이 확정된 자, 전직대통령 및 가족의 호위를 담당하였다.

② 대통령 중심제에서 내각책임제로 변화되면서 대통령 경호 및 관저 경비는 경무대경찰서가 담당하였다.

③ 대통령경호실이 출범되면서 최초로 경호라는 용어 사용과 경호업무의 체제가 정비되었다.

④ 군사혁명위원회가 국가재건최고회의로 발족되면서 국가재건최고회의의장 경호대가 임시로 편성된 후 중앙정보부로 예속되었다.

해설 ① 1963년에 「대통령경호실법」이 제정되어 대통령과 가족, 대통령 당선이 확정된 자를 경호하게 되었고, 1981년에 「대통령경호실법」이 개정되어 전직대통령 및 가족의 경호가 추가되었다.
② 대통령 중심제에서 내각책임제로 변화되면서 경무대경찰서가 폐지되고 서울시경찰국 경비과에서 청와대경찰관파견대를 설치하여 대통령의 경호 및 관저 경비를 담당하였다.
③ 경무대경찰서가 설치되고, 1949년 내무부훈령 제25호에 의하여 '경호규정'이 제정되어 최초로 경호라는 용어 사용과 경호업무 체제 정비가 이루어졌다.

72 대한민국 정부 수립 이후 경호기관에 관한 설명으로 옳은 것은 모두 몇 개인가?

ⓞ△✕

• 제19회 기출

• 경무대경찰서는 주로 대통령 경호임무를 수행하였으며, 1953년 경찰서 직제를 개정하여 관할구역을 경무대 구내로 제한하였다.
• 청와대경찰관파견대는 1960년 3차 개헌을 통해 내각책임제에서 대통령 중심제로 정부형태가 변화되면서 종로경찰서 소속으로 대통령의 경호 및 대통령 관저의 경비를 담당하였다.
• 국가재건최고회의의장 경호대는 1961년 중앙정보부경호대로 정식발족하여 국가원수, 최고회의의장 등의 신변보호 임무를 수행하였다.
• 대통령경호실은 1981년 대통령경호실법 개정으로 '전직대통령과 그 배우자 및 자녀'가 경호대상으로 추가되었다.

① 1개
② 2개
③ 3개
④ 4개

해설 청와대경찰관파견대는 1960년 3차 개헌을 통해 대통령 중심제에서 내각책임제로 정부형태가 변화되면서 서울시경찰국 소속으로 대통령의 경호 및 대통령 관저의 경비를 담당하였다.

73 대한민국 정부 수립 이후 경호제도 변천과정의 순서로 옳은 것은?

O△X

① 경무대경찰서 ⇨ 국가재건최고회의의장 경호대 ⇨ 청와대경찰관파견대 ⇨ 대통령
경호실 ⇨ 대통령실경호처 ⇨ 대통령경호실

② 국가재건최고회의의장 경호대 ⇨ 청와대경찰관파견대 ⇨ 대통령경호실 ⇨ 경무대
경찰서 ⇨ 대통령실경호처 ⇨ 대통령경호실

③ 대통령경호실 ⇨ 청와대경찰관파견대 ⇨ 경무대경찰서 ⇨ 국가재건최고회의의장
경호대 ⇨ 대통령실경호처 ⇨ 대통령경호실

④ 경무대경찰서 ⇨ 청와대경찰관파견대 ⇨ 국가재건최고회의의장 경호대 ⇨ 대통령
경호실 ⇨ 대통령실경호처 ⇨ 대통령경호처

해설 ▶ 대한민국 정부 수립 이후 경호제도의 변천

경무대경찰서	1949년 2월 23일 창덕궁경찰서가 폐지되고 경무대경찰서가 신설되면서 종로경찰서 관할인 중앙청 및 경무대 구내가 경무대경찰서의 관할구역이 되었다.
청와대경찰관파견대	1960년 4·19혁명 이후 3차 개헌을 통해 대통령 중심제에서 내각책임제로 정부형태가 변화되면서 경무대경찰서가 폐지되고 서울시경찰국 경비과에서 청와대경찰관파견대를 설치하여 대통령의 경호 및 관저 경비를 담당하였다.
국가재건최고회의의장 경호대	1961년 군사혁명위원회가 국가재건최고회의로 개칭되면서 국가재건최고회의의장의 경호를 위하여 국가재건최고회의의장 경호대가 임시로 편성되었으나, 같은 해 중앙정보부 창설과 동시에 중앙정보부경호대로 변경되어 경호를 실시하였다.
대통령경호실	박정희 대통령이 취임하면서 1963년 12월 14일 「대통령경호실법」과 같은 해 12월 16일 「대통령경호실법 시행령」이 각각 제정·공포되어 대통령경호실이 정식으로 출범하였다.
대통령실경호처	2008년 개정된 「정부조직법」 규정에 따라 대통령 등의 경호에 관한 사무를 분장하기 위하여 대통령실장 소속으로 경호처를 설치하였다.
대통령경호실	2013년 「정부조직법」 개정에 따라 대통령실이 대통령비서실, 국가안보실, 대통령경호실로 분할되어 대통령경호실은 5년 만에 다시 독립된 기관이 되었다.
대통령경호처	2017년 문재인 정부 출범에 따라 「정부조직법」이 개정되면서 대통령경호실이 대통령경호처로 변경되었다.

CHAPTER

02 경호의 조직

최근 13개년 출제비중

15%

│학습 TIP

- ☑ 경호조직의 의의와 특성을 정리 · 이해하며, 경호조직 구성원칙의 종류를 상호 비교 · 확인하여 정확하게 학습한다.
- ☑ 각 나라별 경호기관 및 경호유관기관의 명칭과 그 역할을 비교 · 구분하여 정리한다.
- ☑ 대통령경호안전대책위원회 위원이 될 수 있는 사람과 각 위원의 담당업무를 연결하여 학습한다.

경호의 조직

제1절 ▶ 경호조직의 의의와 특성 ★★★

1 경호조직의 의의

1. 조직의 일반적 의의

(1) 조직(組織)은 개인이 완수할 수 없는 목표를 달성하기 위한 여러 사람들의 협동·수단·시스템(체계)을 말한다. 인간 등의 집단 혹은 공동체가 일정한 목적 또는 의사를 달성하기 위해 지휘 관리와 역할 분담이 정해져 계속적인 결합이 유지되고 있을 때, 그 집단은 조직 혹은 단체로 불린다.

(2) 집단의 활동을 조직화하기 위해서는 관리의 방법이 존재하여야 한다. 관리는 소수자의 강력한 리더십에 의한 경우도 있고, 집단의 합의에 의한 경우도 있지만, 구성 요소에 변동이 있어도 조직의 자율적인 활동을 유지하기 위해서는 대표 선출이나 총회 운영 등 조직 운영을 위한 제 규범을 갖추는 것이 필수불가결하다. 현대의 대기업이나 정부는 다수의 계층으로 구성된 복잡한 조직 구조를 가지고 있다.

2. 경호조직의 의의

경호조직이란 경호대상자의 신변보호를 위한 단체로, 범죄나 자연적인 재해상태를 예방하고 진압함으로써 경호대상자의 생명과 신체를 보호하는 인적·체계적 결합체를 말한다.

2 경호조직의 특성

1. 조직의 일반적 특성

(1) 수단성

조직은 그 자체가 목표가 아니라 특정한 목표를 달성하기 위한 수단적인 성격을 갖고 있다.

➕ 심화학습

조직의 일반적 특성
- 목표지향성
- 구조적 활동체제
- 사회적 실체
- 계속성

(2) 분업성

목표 달성을 합리적으로 성취하고자 하며, 각 계층별 분업의 원칙에 따라 편성된다.

(3) 상호작용성

하나의 조직체제로서 그 조직이 처한 환경과 언제나 영향을 주고받으며 상호작용을 한다.

2. 경호조직의 특성

경호활동을 위한 경호조직은 일반조직과 비슷한 점도 있지만, 그 특수성에 따라 다른 점도 있다. 경호조직의 특성에는 통합성과 계층성, 기동성, 폐쇄성(보안성), 전문성, 대규모성 등이 있다.

(1) 통합성과 계층성

① 경호조직은 기구단위와 권한책임이 분화되어야 한다.
② 조직 안에 있는 세력중추는 권한의 계층을 통하여 분화된 노력을 상호 조정·통제함으로써 경호에 만전을 기할 수 있도록 통합적인 활동을 하여야 한다.
③ 경호조직은 부대단위의 조직적 활동을 특성으로 하기 때문에 전체구도가 통일적인 피라미드형의 계층적 조직구조로 이루어진다. 그 속에서 서로 상하의 계층을 이루고 지휘·감독 등의 방법에 의하여 경호목적을 통일적으로 실현한다.
④ 경호조직의 계층성은 의사결정의 신속성과 지휘 계통의 단일성, 명령 또는 커뮤니케이션의 신속한 전달과정을 요구한다.
⑤ 경호조직은 기구단위, 권한과 책임 등이 경호업무의 목적 달성에 기여할 수 있도록 분화되어야 하므로 다른 조직보다 계층성이 더욱 강조된다.

(2) 기동성

① 각종 이동수단과 첨단정보통신수단의 발달·인구집중현상·환경보호, 더 나아가 세계공동체를 향한 외교활동 증대로 인해 경호조직은 기동성을 갖춘 조직구조를 가져야 한다.
② 위해조직의 정보수집 및 계획 수립 시간이 대폭 단축되고 암살 및 테러가 고도화됨에 따라 기동성의 확보를 위해 경호장비의 과학화, 지원체제의 기동성 등이 요구되고 있다.

통합성과 계층성
• 통합성
  강력한 중앙통제에 의해 하나로 움직이는 전문화된 소규모 그룹의 합체를 말한다.
• 계층성
  상명에 대한 하명으로 움직이는 피라미드형 계층적 구조를 말한다.

기동성
상황에 따라 재빠르게 움직이거나 대처하는 특성을 말한다.

폐쇄성
경호대상자의 경호를 완전무결하게 수행하기 위해서는 위해기도자에게 잘 알려지지 않도록 경호조직의 비공개와 경호비법의 비노출 등 폐쇄성의 특성을 갖추어야 한다.

(3) 폐쇄성(보안성)

① 경호활동은 위해조직과 경호조직 간의 정보수집과 보안활동의 싸움이라고 할 수 있으므로 경호를 완전무결하게 수행하기 위해서는 경호조직의 비공개와 경호기법의 비노출 등 폐쇄성을 가져야 한다.

② 일반적으로 정부조직은 법령주의와 공개주의 원칙에 따르지만, 경호조직은 비밀문서로 관리하거나, 배포하더라도 부분적으로 비공개로 할 수 있다.

③ 경호활동에 대하여 일반적인 공개주의 원칙이 적용되지만, 암살자나 테러집단에 대해서는 경호에 대한 정보가 알려지지 않도록 기밀성을 유지하여야 한다.

④ 모든 경호는 예방경호에 중점을 두는 것이므로 가급적 경호규모를 공개하지 않기도 하며, 조직기만과 같은 방법으로 암살기도자로 하여금 경호목적 달성에 영향을 미치지 않는 방향으로 유도하기도 한다.

(4) 전문성

① 테러행위의 수법이 지능화·고도화되고 있으므로 경호조직은 이에 대처하기 위해 각 임무별로 세분화된 다양한 전문가로 구성하여야 한다.

② 현대사회는 고도로 분화된 사회구조를 특징으로 하며, 분화된 구조는 전문화와 밀접한 관련이 있다. 따라서 경호활동의 효율성을 높이기 위해서는 권력보다 전문직업인으로서 전문화되어야 한다.

(5) 대규모성

① 경호조직은 그 기구의 규모 및 인원을 늘려 나가며 점차 대규모화되고 있다. 위해요소의 다양성과 광범위성에 대비하기 위해 경호조직은 대규모화되어야 한다.

② 광범위한 위해요소와 범죄의 분화 및 전문화에 효과적으로 대처하기 위해서는 소규모 경호조직이 아닌 다양한 전문가로 구성된 대규모 경호조직이 필요하다.

③ 경호조직은 과거에 비해 그 기구와 인원 면에서 다변화되고 있다.

➕ 심화학습

다변화(多邊化)
일의 방법이나 모양이 다양하고 복잡해짐 또는 그렇게 만드는 것을 의미한다.

> **다른견해** 경호조직의 특성
>
> 경호조직의 특성을 전문성, 기동성, 통합성, 보안성, 협력성으로 구분하는 다른 견해도 있다. 여기서 유의할 것은 일반적으로 경호조직의 구성원칙(관리원칙)으로 분류하는 협력성의 원칙을 경호조직의 특성으로도 서술한 것이다. 경호활동을 함에 있어 유관기관 및 일반국민의 협조가 필수적인 만큼 이러한 분류도 타당성이 있다.

핵심 기출문제

01 경호조직의 특성으로 옳지 <u>않은</u> 것은?　　　　　• 제26회 기출

① 권력보다는 전문성이 요구되는 조직이다.
② 계층성에 따른 지휘 · 감독에 의해 목적을 달성한다.
③ 위해기도자에게 경호조직과 경호기법이 노출되지 않아야 한다.
④ 조직구조는 통일된 마름모형으로 구성하여 효율성을 극대화한다.

> **해설** 경호조직구조는 피라미드형으로 구성하여 효율성을 극대화한다. 피라미드형 조직구조는 과거부터 현재까지 많은 기관에서 활용하고 있는 보편적인 조직구조이다. 지휘관(최고 책임자) 입장에서는 조직구조를 한눈에 관망할 수 있고 의사결정이 지휘관에게 집중되어 관리가 용이하다는 장점이 있어 경호조직의 효율성을 극대화할 수 있다.
>
> 정답 ④

02 경호조직의 특성에 관한 설명으로 옳은 것은?　　　　　• 제25회 기출

① 기동성의 특성을 갖는다.
② 독립된 비협력성의 특성을 갖는다.
③ 폐쇄성보다 개방성이 더욱 요구된다.
④ 가시적인 경호를 위해 보안성보다는 노출성이 더욱 요구된다.

> **해설** ② 협력성의 특성을 갖는다.
> ③ 개방성보다 폐쇄성이 더욱 요구된다.
> ④ 노출성보다는 보안성이 더욱 요구된다.
>
> 정답 ①

03 경호조직의 특성에 관한 설명으로 옳은 것은?　　　　　• 제22회 기출

① 기구 및 인원의 측면에서 소규모화되고 있다.
② 전체 구조가 통일적인 피라미드형을 구성하면서 그 속에 서로 상하의 계층을 이루고 지휘 · 감독 등의 방법에 의해 경호목적을 통일적으로 실현한다.
③ 경호조직의 공개, 경호기법의 노출 등 개방성을 가진다.
④ 테러행위의 비전문성, 위해수법의 고도화에 따라 경호조직은 비전문성이 요구된다.

해설 ① 경호조직은 기구 및 인원의 측면에서 대규모화되고 있다.
③ 경호조직의 비공개, 경호기법의 비노출 등 폐쇄성을 가진다.
④ 테러행위의 지능화, 위해수법의 고도화에 따라 경호조직은 전문성이 요구된다.

정답 ②

조직의 구성원칙
조직의 구성원칙이란 복잡하고 거대한 조직을 합리적으로 구성하고 능률적으로 관리하여 조직목표를 효율적으로 달성하는 데 필요한 원칙을 말한다.

제2절 ▶ 경호조직의 구성원칙(관리원칙) ★★★

1. 경호지휘 단일성의 원칙

(1) 지휘 및 통제의 이원화로 인해 일어나는 문제들을 보완하기 위해 경호조직의 경호활동은 그 성격상 신속한 조치의 필요성과 단일 명령의 체계가 필요하다. 즉, 경호기관은 반드시 한 사람의 지휘자만 있어야 하며, 한 사람의 지휘를 받아야 한다. 경호조직의 각 구성원은 오직 하나의 상급기관(지휘관)에게만 보고하고, 그 명령지휘를 받고 그에게만 책임을 진다는 것이다.

(2) 하나의 기관에는 반드시 한 사람의 지휘자만이 있어야 한다. 지휘자가 여러 명이 있을 경우 이들 사이의 의견의 합치는 어렵게 되고 행동도 통일되기가 쉽지 않다. 여러 사람의 상이한 상급자로부터 지휘를 받고 책임을 진다면 모순·중복·혼란 등이 초래될 수 있다. 상급감독자나 하급보조자가 지휘자의 권한을 침해한다면 전체 경호기구는 혼란에 빠지게 되어 경호조직은 마비상태가 될 우려가 있다.

(3) 경호업무가 긴급성을 요하고, 모순과 중복 및 혼란을 없애기 위해 다양한 형태의 임무와 조직들이 공존해 함께 수행하는 경호활동의 성격상 지휘의 단일성이 요구된다.

2. 경호체계 통일성의 원칙

(1) 경호체계의 통일이란 경호기관의 모든 단위나 체계가 당해 경호조직이 추구하는 목적 달성을 위해 일관되게 작용하여야 한다는 것이다. 즉, 조직구조의 정점에서 말단까지 상하계급 간에 일정한 관계가 형성되어 책임과 업무의 분담이 이루어지고, 명령(命令)과 복종(服從)이라는 지위와 역할의 체계가 통일되어야 한다는 원칙이다.

➕ 심화학습
분업의 원리
최상위의 계급부터 최하위의 계급까지 책임과 임무가 명확히 나누어져야 명령과 복종의 통일적 체계가 형성된다는 경호체계 통일성의 원칙은 일반기업체의 분업의 원리와 관련 있다.

(2) 경호조직 체계가 통일되어야 협조가 잘 이루어지고, 경호기관과 다른 기관 사이에 위급사태가 발생할 때에도 상호 지원 및 응원이 원활히 이루어질 수 있다.

(3) 완벽한 체계가 확립된 후에야 비로소 모든 경호조직은 협조가 이루어져 공동으로 경호임무를 수행할 수 있고, 상하 의견이 소통된다.

3. 기관단위(조직단위) 작용의 원칙

(1) 경호작용은 그 성격상 개인이 아닌 경호조직 차원에서 이루어지는 기관단위의 작용이므로 기관의 하명에 의해 일어난다는 원칙이다.

(2) 경호조직의 관리와 임무수행을 위한 최종결정은 지휘관만이 할 수 있고, 지휘관의 명령에 의해서만 업무가 이루어지며 그 결과에 대한 책임도 원칙적으로 지휘관만이 지는 것을 의미한다.

(3) 경호조직을 관리하기 위한 지휘권, 장비, 보급지원체제가 이루어져야 경호기관단위가 확립된다.

4. 경호협력성의 원칙

(1) 경호조직과 국민과의 관계에서 요구되는 원리이다.

(2) 경호협력성의 원칙이란 경호조직과 국민 또는 관련 기관 및 관련 단체와의 협력을 통하여 경호업무를 수행하여야 한다는 원칙을 말한다.

(3) 경호조직이 완벽하고 경호원의 수가 많다고 하더라도 모든 위해요소를 직접 인지할 수 없을 뿐 아니라 모든 사태에 대응하기가 여의치 못하므로 완벽한 성공적인 경호를 위해서는 국민의 절대적인 협력이 필요하다.

(4) 경호조직에서는 국민의 역량을 결합하려고 모든 방법을 강구·노력해야 한다.

다른견해 경호조직 운영(구성)의 원칙

경호조직의 구성원칙에 대한 다른 견해도 있다. 해당 견해를 주장하는 학자들은 다른 경호학자들과 달리 기존의 경호조직의 구성원칙 중 경호체계 통일성의 원칙 대신 경호기동성(機動性)의 원칙을 첨부하였고, 경호기동성의 원칙을 "경호대상자에 대한 위해상황은 언제, 어디서, 어떠한 상황으로 발생할지 예측하기 쉬운 일이 아니며, 위해기도자가 사전에 치밀한 계획에 의해 공격을 준비하지만 공격 자체는 매우 돌발적으로 이루어지기 때문에 경호대상자를 중심으로 급변하는 주변 상황을 철저하고 신속하게 파악하면서 사전·사후에 대응할 수 있는 준비태세를 갖추고 있어야 한다."라고 주장하며, 이를 경호기동성(機動性)의 원칙이라고 명칭하였다.

핵심 기출문제

04 국민과 함께하고, 경호에 우호적인 사회환경을 조성해야 한다는 경호조직의 원칙은?
• 제26회 기출

① 경호지휘 단일성의 원칙
② 경호협력성의 원칙
③ 경호기관단위 작용의 원칙
④ 경호체계 통일성의 원칙

해설 경호협력성의 원칙이란 경호조직과 국민 또는 관련 기관 및 관련 단체와의 협력을 통하여 경호업무를 수행하여야 한다는 원칙을 말한다. 즉, 국민과 함께하고, 경호에 우호적인 사회환경을 조성해야 한다는 경호조직의 원칙이다.

정답 ②

05 다음에서 설명하는 경호조직의 원칙은?
• 제24회 기출

하나의 기관에는 반드시 한 사람의 지휘자만이 있어야 한다. 지휘자가 여러 명이 있을 경우 이들 사이의 의견의 합치는 어렵게 되고 행동도 통일되기가 쉽지 않다. 상급감독자나 하급보조자가 지휘자의 권한을 침해한다면 전체 경호기구는 혼란에 빠지게 되어 경호조직은 마비상태가 될 우려가 있다.

① 경호체계 통일성의 원칙
② 경호지휘 단일성의 원칙
③ 경호기관단위 작용의 원칙
④ 경호협력성의 원칙

해설 경호지휘 단일성의 원칙이란 경호업무는 긴급성을 요하고, 아울러 모순과 중복 및 혼란을 없애기 위하여 경호기관의 각 구성원은 오직 하나의 상급기관(지휘관)에게만 보고하여 그의 명령을 받고 그에게만 책임을 진다는 것이다.

정답 ②

06 다음이 설명하는 경호조직의 구성원칙은?

• 제23회 기출

> 경호기관의 구조는 전체의 다양한 조직수준을 통해 상하계급 간의 일정한 관계가 성립되어, 책임과 업무의 분담이 이루어져야 함을 의미한다.

① 경호지휘 단일성의 원칙　　② 경호체계 통일성의 원칙
③ 경호기관단위 작용의 원칙　　④ 경호협력성의 원칙

해설 경호체계의 통일이란 경호기관의 모든 단위나 체계가 당해 경호조직이 추구하는 목적 달성을 위해 일관되게 작용하여야 한다는 것이다. 즉, '경호체계 통일성의 원칙'은 조직구조의 정점으로부터 말단까지 상하계급 간의 일정한 관계가 형성되어 책임과 업무의 분담이 이루어지고, 명령과 복종이라는 지위와 역할의 체계가 통일되어야 한다는 원칙이다.

정답 ②

07 경호조직의 운영에 관한 설명으로 옳은 것은?

• 제21회 기출

① 위해 수법의 고도화에 따라 현대의 경호조직은 경호의 전문성이 요구된다.
② 다수의 경호원이 운용될 경우에는 다수의 지휘체계를 운영해야 한다.
③ 현대의 경호조직은 과거에 비해 축소되고 있다.
④ 완벽한 방어 및 대응체계를 구축하기 위해서는 개인단위 작용으로 이루어져야 한다.

해설 ② 다수의 경호원이 운용될 경우라도 단일 지휘체계를 운영해야 한다.
③ 현대의 경호조직은 과거에 비해 확대되고 대규모화하고 있다.
④ 완벽한 방어 및 대응체계를 구축하기 위해서는 기관단위 작용으로 이루어져야 한다.

정답 ①

08 경호체계 통일성의 원칙에 해당하는 것은?

• 제20회 기출

① 테러의 수법이 지능화·고도화되어 감에 따라 경호조직에 있어서도 기능의 전문화 내지 분화현상이 나타난다.
② 상하계급 간의 일정한 관계가 이루어져 책임과 업무의 분담이 이루어지고 명령과 복종의 지위와 역할의 체계가 통일되어야 한다.
③ 완벽한 경호를 위해서는 국민의 절대적인 협력을 통하여 총력경호를 추구한다.
④ 경호임무 수행 중 긴급사태에 대처하기 위해서는 지휘관의 신속한 판단력과 지휘명령이 요구된다.

해설 경호체계 통일성의 원칙이란 조직구조의 정점에서 말단까지 상하계급 간에 일정한 관계가 형성되어 책임과 업무의 분담이 이루어지고, 명령(命令)과 복종(服從)이라는 지위와 역할의 체계가 통일되어야 한다는 원칙이다.

정답 ②

비밀경호국(Secret Service)
비밀경호국(SS)은 국토안보부
(Department of homeland
security)에 속한 법 집행기관으
로 국장과 부국장을 두고 있다.

제3절 ▶ 각국의 경호조직 ★★☆

1 미국의 경호기관

1. 국토안보부 산하의 비밀경호국

(1) 비밀경호국의 구성

① 링컨 대통령이 재무성 내에 통화위조 단속기관의 설립을 명한 것이 비밀경호국의 효시이다. 비밀경호국은 연방화폐의 위조사건, 국고 · 은행 · 통화에 관한 범죄를 담당하기 위해 전속수사관 10명으로 창설되었고, 1865년 7월 5일 재무성 소속기관으로 발족하였다.

② 1901년 맥킨리 대통령 암살 이후 재무부장관과 대통령비서관의 합의 끝에 비밀경호국이 대통령 경호를 하게 되었으며, 이것이 의회에 의해 승인된 것은 1906년 실행된 일반경비법에 의해서이다.

③ 1869년에는 대정부 범죄의 단속, 연금부정수급자나 국립은행 부정관리 단속이 추가되었으며, 1921년에는 대첩보임무, 1930년에는 백악관경비업무, 1940년에는 외국 요인에 대한 경호임무가 추가되었다.

④ 9 · 11테러 이후 국토안보부의 창설로 인하여 예전의 재무성 산하에서 2003년 3월 1일부로 국토안보부로 소속이 변경되었다.

∷ 보충학습 국토안보부

2001년 9월 11일에 발생한 미국대폭발테러사건 이후 미국 행정부 내의 각 부처에 분산된 대테러 기능을 통합할 목적으로 추진되기 시작하였다. 이어 2002년 11월 19일 500쪽에 달하는 신설법안이 의회에서 통과되어 창설되었다. 1947년 전쟁부와 해군부를 통합해 국방부를 창설한 이후 가장 큰 규모의 정부조직 개편으로, 기존의 22개 정부 조직에서 17만 명을 흡수하였다. 국경 경비, 재난대비활동, 화생방 공격대비 활동, 정보분석 등의 업무를 관할하며, 세관, 이민귀환국, 국경순찰대, 비밀경찰대, 연방비상계획처 등 기존의 조직을 흡수하였다. 그 밖에 교통안전부와 국토안보연구센터, 사이버 보안전략 총괄기관 등 새로 창설되는 기관도 산하기관에 포함되는 등 미국 행정부 내에서 규모가 가장 크다. 기존의 연방수사국(FBI)과 중앙정보국(CIA)은 흡수에서 제외되었다. 가장 중요한 업무는 미국에 대한 테러공격의 예방과 국민보호이며, 수장인 장관은 미국 내의 모든 테러 위협과 관련된 정보에 대한 접근권, 비자발급 및 거부권한을 갖는다.

---

(2) 비밀경호국의 임무

① 대통령 및 요인의 경호

- ㉠ 대통령
- ㉡ 부통령
- ㉢ 대통령과 부통령의 직계가족
- ㉣ 전직대통령과 그 배우자, 그리고 16세 미만의 자녀
- ㉤ 미국을 방문한 외국 국가원수와 그 배우자
- ㉥ 국토교통부장관이 국가의 특별한 보호가 필요하다고 인정하여 지정한 행사

② 백악관 및 외국대사관 경비

- ㉠ 백악관 시설 및 부지 경비
- ㉡ 워싱턴 소재 부통령 관저 경비
- ㉢ 외국대사관 경비

③ 통화위조 수사 및 기타 재무법령의 집행

- ㉠ 미국 및 외국 정부가 발행하는 통화·국채, 유가증권에 관련된 범죄 수사, 체포 및 법 집행
- ㉡ 유가증권의 위조·변조, 연방준비금 등에 관련된 법령 위반에 대한 법 집행
- ㉢ 전자자금 이체 등 접근장치를 이용한 범죄 및 돈세탁에 관한 범죄

(3) 비밀경호국의 조직

비밀경호국의 조직에는 행정처, 수사처, 경호처, 연락공보처, 안전처, 훈련처, 감사처가 있다.

행정처	비밀경호국의 조직, 인사, 회계 등의 관리업무 담당
수사처	정부발행의 수표, 국채 등의 위조수사 담당
경호처	• 대통령 및 기타 요인 경호의 경호업무 담당 • 대통령경호과, 부통령경호과, 요인경호과, 특별경호과, 정복경호과

(4) 비밀경호국의 경호원

비밀경호국의 경호원은 특별수사관이 담당하고 있다.

➕ 심화학습

미국 전직대통령 경호기간

종래에는 전직대통령에 대한 평생 경호를 의무화하였으나 1994년 수정법은 '퇴임 후 10년까지'로 제한하였다. 그러다 법 개정(전직 대통령보호법)으로 인해 다시 평생 경호대상으로 바뀌어 조지 부시(George Bush) 대통령부터는 비밀경호국(SS)의 평생 경호대상이 되었다.

2. 비밀경호국 경호의 특징

(1) 3중경호원칙

1선(내부)	• 안전구역 • 권총 유효사거리, 수류탄 투척거리(50m 이내)
2선(내곽)	• 경비구역 • 소총 유효사거리(50~600m 이내)
3선(외곽)	• 경계구역 • 소구경 곡사화기 유효사거리(600~1,000m 범위)

(2) 3중경호의 효과

① 경호대상 인물을 중첩적으로 경호함으로써 위해자의 경호대상자에 대한 접근을 방지할 수 있다.
② 3선경호는 사태 발생 시 대응이 용이하고, 경호책임지역을 명확히 구분함으로써 지휘 · 통제에 효율적이다.

(3) 비밀경호국 운영상의 특징

동행경호요원 중심의 배치, 완벽한 경호장비의 운용, 유관기관 활용의 최대화 등이 있다.

3. 경호유관기관

연방범죄수사국 (FBI)	미국 내 테러 · 폭력 · 납치 및 범죄조직에 대한 첩보수집, 범죄예방 및 수사와 기타 방첩을 통한 경호첩보를 제공하는 비밀경찰기관이다.
중앙정보국 (CIA)	국제 테러조직, 적성국 동향에 대한 첩보의 수집 · 분석 · 전파, 외국의 국빈 방문에 따른 국내 각급 정보기관의 조정을 통한 경호정보를 제공하는 등의 임무와 특수정보의 수집 및 특수공작의 수행을 담당하며, 대통령의 자문에 응하는 직속기관이다.
이민국 (USCIS)	해외 불순인물의 출입국 동향 파악 및 통제, 국내에 체류하고 있는 외국인 중 불순인물에 대한 첩보 제공을 임무로 하는 기관이다.

심화학습

SS(비밀경호국)의 경호활동
SS의 경호활동은 업무수행의 전문성과 대규모성에서 세계 최고 수준의 경호조직으로 평가받는다. 대통령 근접경호의 기본형태는 8명이 1개조를 이룬다. 7명이 근접경호를 실시하고, 1명이 엄호사격을 실시한다.

국무부 (DS; Department of State) 산하 요인경호과	내방하는 국빈에 대한 경호, 국무장관, 차관, 외국 대사 경호, 기타 요인 경호를 주요 임무로 한다.
국가안전보장회의 (NSC; National Security Council)	국무부 산하로 국내정책, 외교정책, 군사정책의 통합 등에 관하여 대통령에게 자문하는 최고자문 회의이다.
국가안전보장국 (NSA; National Security Agency)	국방부 소속 정보수집기관으로 세계를 무대로 전 자첩보활동을 하는 방대한 국가안보기관이다.
국방부 육군성 (Department of the Army)	군 관련 경호첩보의 수집 · 분석 · 전파와 미국 내의 외국정부 관료 경호 등의 임무를 수행한다. 육군 정예 경호원으로 선발되었으며, 미국 국방부 산하 3성 중 하나의 기관이다.

미국 국무부
미국 외무부의 후신으로 정보수집, 정책의 수립과 실시, 외교교섭 등을 주관하는 부서들로 구성된다.

2 영국의 경호기관

1. 수도경찰청

(1) 수도경찰청의 구성

국가경찰인 런던수도경찰청(Metropolitan police service)에 특별작전부(SO; Special Operations: 특수업무국, 특수부, 요인경호본부)를 두고 국왕 및 총리 등에 대한 경호를 담당한다.

➕ 심화학습

SO(Special Operations)
각각의 경호학 교재들에서 그 해석상 명칭을 특별작전부, 특수업무국, 특수부, 요인경호본부 등으로 기술하고 있으나, 모두 SO를 지칭하는 명칭이다.

(2) 특별작전부(요인경호본부)의 구성

특별작전부 3개의 하위 부서인 경호국(Protection command), 안전국(Security command), 대테러작전국(Counter terrorism command)으로 구분된다.

2. 경호국(Protection command)

(1) 경호국의 구성

경호국은 경호업무 수행을 위하여 왕실 및 특별요인 경호과(RaSP; Royal and Specialist Protection)와 의회 및 외교관 경호과(PaDP; Parliamentary and Diplomatic Protection)로 구분된다.

(2) 경호국의 임무

① 왕실 및 특별요인경호과의 임무

  ㉠ 국왕과 왕실 가족에 대한 경호

  ㉡ 총리, 정부각료(각부 장관), 해외 파견 자국 외교관, 특별요인
  (왕실 및 정부고위인사를 방문한 사람 등)에 대한 경호

  ㉢ 국가정보기관에서 보호가 필요하다고 요구한 사람의 경호

  ㉣ 런던 원저궁, 스코틀랜드 왕실가족 거주지역 경비

② 의회 및 외교관경호과의 임무

  ㉠ 영국에 파견된 외교관과 사절단에 대한 경호

  ㉡ 국회의사당(웨스트민스터) 지역 경호 · 경비

3. 영국 경찰경호의 특징

(1) 3중경호

근접경호	경호대상자의 신변을 보호하고 숙소를 경비한다.
중간경호	정복경관의 일상적인 경찰활동, 교통정리, 관찰, 통신 활동 등의 작용을 통해 요인의 경호를 담당한다.
외곽경호	정보 분석, 항만관리, 위험인물의 파악, 사건 발생 소지의 사전 제거 등을 통해 경호를 담당한다.

(2) 특징

① 영국의 3중경호는 근접경호보다 외곽경호에 더욱 비중을 주어 위험요소를 사전에 제거하고자 한다.

② 사전예방경호 및 분권화와 책임제경호라고 할 수 있으며, 비노출 경호를 중시하고, 신속한 대피를 중심으로 한다.

4. 경호유관기관

보안서비스국 (SS; Security Service)	국내 보안과 방첩활동이 주 임무이다. 간첩 방위 및 태업을 기도함으로써 발생하는 국내외적 위험 또는 국내외를 불문하고 국가를 전복하려는 개인 및 조직의 활동으로부터 온전히 국토를 방위하는 것이 목표이다. MI5라고 불리기도 한다.

비밀정보부 (SIS; Secret Intelligence Service)	국외 경호 관련 정보의 수집·분석·처리업무를 담당한다. 해외 첩보를 담당하는 기구로 공공기관과 외국 첩보원들 간의 차단막이 되며, 공공기관과 해외 첩보원 간의 중재 및 방첩임무를 맡고 있다. MI6라고 불리기도 한다.
정부통신본부 (GCHQ; Government Communications Headquarters)	경호와 관련된 통신정보를 수집·분석·배포하는 업무를 담당한다. 전자정보수집과 암호 관련 지원·해독업무를 한다. 이러한 정보의 수집은 영연방국가들과 긴밀한 협조를 얻어 임무를 수행한다.

3 일본의 경호기관

1. 경찰청 황궁경찰본부

(1) 일본천황의 경호기관으로, 천황 및 황족에 대한 경호, 황궁경비 수행을 임무로 한다. 일본에서는 이를 '경위'라고 한다. 보통의 경찰과 달리 형사·교통의 관할권은 없다.

(2) 황궁경찰본부는 경찰청 부속기관이지만, 천황의 경호·황궁경비와 관련한 기밀 및 보안유지 등을 위하여 경찰청장의 직접적인 통제를 받지 않는다.

2. 경찰청 경비국 공안, 동경경시청 경호과

(1) 내각총리대신(수상) 및 국내요인과 국빈에 대한 경호는 경찰청 소속 경비국에서 담당한다. 경찰청 경비국은 공안 제1과, 제2과, 제3과를 두고 있다. 공안 제1과와 제3과는 경호정보의 수집, 분석, 평가의 업무를 수행하며, 공안 제2과는 총리대신 및 요인경호에 대한 지휘감독·조정 및 연락협조 업무·안전대책작용 등의 업무를 수행한다. 이에 반하여 동경경시청 경호과(SP; Security Police)는 구체적인 경호계획 수립과 근접경호에 대한 직접적인 업무를 담당하고 있다. 즉, 경찰청경비국에서는 전반적인 경호계획 수립 및 경호업무의 조정, 통제 등의 역할을 하고 실질적인 경호업무(구체적인 경호계획 수립, 근접경호)는 동경경시청 경호과에서 담당한다.

(2) 일반경호원(행선지경호원, 연도경호원)과 신변경호원으로 나누어 운영한다.

➕ 심화학습

경호와 경위의 구별

- **경호**
  경호는 정부요인이나 외국요인에 대한 신변보호로서 경찰청이 담당한다.
- **경위**
  경위는 일본천황이나 황족에 대한 보호활동으로서 경찰청 직속의 황궁경찰본부가 전담한다.

3. 경호유관기관

내각정보조사실	내각의 중요정책에 관한 정보수집 및 보고를 하고, 국내치안정보를 취급하는 국가정보기관이다.
공안조사청	파괴활동방지법에 의해 1952년 창설되어 문제성 단체 조사 및 해산 등의 업무를 수행하고 있으며, 북한에 대한 정보활동을 수행한다.
방위청 정보본부	육·해·공 군사정보활동 기능을 수행한다.
외무성 조사기획국	국제문제에 대한 첩보수집과 분석, 특정국가에 대한 조사·연구업무를 수행한다.

4 프랑스의 경호기관

내무부 산하 국립경찰청(PNF; La Police Nationale de France)과 국방부 산하 국립헌병대(GN; La Gendarmerie Nationale de France)가 합동으로 경호업무를 맡아 운영하고 있다.

1. 경찰청 요인경호과(SPHP)

내무부 국립경찰청 소속으로, 요인경호과의 임무는 다음과 같다.
① 대통령과 그 가족의 경호
② 수상의 경호
③ 각 부 장관의 경호
④ 그 밖의 국내외 요인 경호

2. 국립헌병대 소속 공화국경비대 및 공화국수비대

(1) 공화국경비대(GSPR)

테러와 각종 위해로부터 대통령과 그 가족, 전직대통령, 대통령 후보 등을 보호한다는 목적으로 1983년 창설되었다.

(2) 공화국수비대(GR)

공화국수비대의 임무는 의전, 외국공관과 공항의 수하물 입·출입에 대한 안전활동 및 각종 국가 행사에서의 에스코트, 국가공공기관(대통령궁, 수상의 공식거주지역, 국회, 법원 등)의 경비이다.

➕ **심화학습**

프랑스 요인경호
프랑스의 요인경호는 대규모의 인원을 동원하는 것보다 사전의 첩보분석을 통한 경호환경분석에 중점을 두며, 대중에 대한 비노출성을 특징으로 한다.

➕ **심화학습**

공화국경비대(GSPR)
'공화국대통령경호대'라고 해석하여 표시하는 경우도 있음에 유의한다.

3. 경호유관기관

대테러조정통제실 (UCLAT)	국내외 대테러 및 인질 난동에 대한 정보를 수집 · 종합 · 분석하여 처리하는 업무를 수행한다.
경찰특공대 (RAID)	VIP에 대한 신변을 보호하며 위해발생 시 위해 제거를 위한 대테러작전 및 사전예방작전(검문, 검색), 폭발물처리업무를 수행한다.
내무성 일반정보국 (RG)	행사 관련 지역주민들에 대한 사전 대테러정보의 수집 및 방첩활동과 국내 모든 외국인과 외국기관 및 단체에 관한 정보수집 · 분석 · 처리업무를 수행한다.
해외안전총국 (DGSE)	국방부 소속으로 해외 정보수집 및 분석업무를 수행한다.

5 독일의 경호기관

내무부 소속으로 2개의 연방경찰부서인 연방범죄수사국과 연방경찰을 두고 있다.

1. 연방범죄수사국(BKA) 경호안전과(SG)

연방범죄수사국(연방범죄수사청) 경호안전과는 독일의 대통령 경호기관으로서, 대통령, 수상, 연방각료(장관), 외국원수, 국빈, 외교사절의 경호를 주 임무로 한다.

2. 연방경찰(BPOL)

연방국경수비대에서 연방경찰로 명칭이 변경되었다. 대통령 및 수상 집무실을 포함한 주요 연방기관의 시설경비, VIP 항공기 운항과 경호행사 시 외곽경비의 지원 등의 임무를 한다.

3. 경호유관기관

연방정보부 (BND)	해외 정보의 수집 · 분석 및 국외 첩보 제공의 임무를 수행한다.
연방정보보안청 (BSI)	사이버 및 통신보안에서 핵심적인 역할을 담당하는 기관이다. 연방정보부(BND) 내의 '중앙정보기술안전실'을 독립기구화한 기관이다.

➕ 심화학습

연방정보보안청
연방정보보안청은 연방정보기술보안청, 연방정보기술안전청, 연방전자정보보안청(국) 등으로 표기하기도 한다.

연방헌법보호청 (BfV)	국내의 정보수집·분석·관리, 국내 극좌·극우·대간첩·대테러 대책수립 및 외국인 동향감시 임무를 수행한다.
국방보안국 (MAD)	국방성 산하 정보기관으로 군 관련 첩보 및 경호 관련 첩보 제공 임무를 수행한다.
주립경찰·지역경찰	외곽경비, 연도경비, 일반정보수집 등의 임무를 수행한다.

핵심 기출문제

09 각국의 경호조직으로 옳은 것은? • 제23회 기출

> A: 비밀경호국(SS)
> B: 연방범죄수사국(BKA)
> C: 공화국경비대(GSPR)

	A	B	C		A	B	C
①	미국	독일	프랑스	②	미국	프랑스	독일
③	독일	미국	프랑스	④	프랑스	미국	독일

해설 비밀경호국(SS)은 미국의 대통령 경호기관이고, 연방범죄수사국(BKA)은 독일의 연방대통령, 수상, 연방각료 등을 경호하는 경호기관이며, 공화국경비대(GSPR)는 프랑스 대통령 등의 보호를 목적으로 창설되었다.

정답 ①

10 각국의 경호 유관기관에 관한 설명으로 옳지 않은 것은? • 제19회 기출

① 미국 중앙정보국(CIA): 국제 테러조직, 적성국 동향에 대한 첩보 수집·분석·전파, 외국 국빈 방문에 따른 국내 각급 정보기관 조정을 통한 경호정보 제공
② 영국 보안서비스국(SS): 외무성 소속으로 MI6로 불리기도 하며, 국외 경호 관련 정보의 수집·분석·처리업무 담당
③ 독일 국방보안국(MAD): 국방성 산하 정보기관으로 군 관련 첩보 및 경호 관련 첩보 제공 임무 수행
④ 프랑스 해외안전총국(DGSE): 국방부 소속으로 해외 정보수집 및 분석업무 수행

해설 외무성 소속으로 MI6로 불리기도 하며, 국외 경호 관련 정보의 수집·분석·처리업무를 담당하는 기관은 영국의 비밀정보부(SIS; Secret Intelligence Service)이다. 영국의 보안서비스국(SS; Security Service)은 국내 보안과 방첩활동이 주 임무이다. 간첩 방위 및 태업을 기도함으로써 발생하는 국내외적 위험 또는 국내외를 불문하고 국가를 전복하려는 개인 및 조직의 활동으로부터 온전히 국토를 방위하는 것이 목표이다.

정답 ②

6 중국의 경호기관

1. 당 중앙경위국

(1) 소속

공산당 중앙위 군사위원회 소속이다.

(2) 경호업무

① 중국 국가주석, 총리 및 당 고위직 경호와 중남해(고위지도자 거주지역) 경비업무를 수행한다.

② 국내외를 막론하고 국가지도자의 근접경호를 수행한다.

(3) 경호원

경호요원의 신분은 군인이다.

2. 공안부 경호국

(1) 소속

공산당 국무원 공안부 소속이다.

(2) 경호업무

① 당 중앙경위국의 업무를 지원한다.

② 외국 국빈의 경호 및 경호계획의 수립, 국내요인의 주변경호(행사장에서의 안전조치와 주변의 교통관리)와 유관기관과의 업무 협조를 담당한다.

(3) 경호원

경호요원의 신분은 우리나라의 경찰에 가깝다.

7 북한의 경호기관

1. 호위사령부

(1) 소속

국무위원장 직속기구이다.

> **➕ 심화학습**
>
> **당 중앙경위국**
> 당 중앙판공청 경위국은 속칭 '중난하이 금위군(中南海禁衛軍)'이라고 불리며, 우리나라로 보면 청와대경호처 격이다.

(2) 임무

> 우리나라의 대통령경호처와 수도방위사령부를 합한 것과 유사한 역
> 할을 한다. 즉, 평양의 방어와 경비, 그리고 국무위원장을 호위하는
> 목적으로 설립되었다.

(3) 경호업무

> ① 국무위원장 김정은의 근접경호(1선 경호)를 담당한다.
> ② 김정은 일가와 노동당 고위간부를 보호한다.

2. 보위국

(1) 소속

> 국무위원장 직속기구이다.

(2) 임무

> 국가안전보위성, 인민보안성과 함께 북한의 3대 정보·사찰기관이
> 며, 우리나라의 국군방첩사령부 같은 조직으로 인민군 내부를 감시하
> 고 통제하는 임무를 담당한다.

(3) 경호업무 등

> ① 김정은 군부대 행사를 전담한다.
> ② 김정은의 2선 경호를 담당한다.
> ③ 당·정·군 동향 파악과 권력기관에 대해 상호 견제하고 감시한다.

3. 북한 경호조직의 특징

(1) 경호기관이 철저하게 베일에 가려져 있다.

(2) 북한 경호기관과 관련한 자료들에 일부 상이한 사항이 있었으며,
최근 탈북 인사의 방송 출연에서의 대담내용을 정리하면 김정은의
1선 경호는 호위사령부, 2선 경호는 국가안전보위성과 보위국, 3선
경호는 인민보안성에서 담당한다.

(3) 최고 통치권자의 경호기관은 군을 중심으로 조직·운용된다.

(4) 단순한 경호목적을 넘어 국가 체제유지 차원에서 경호가 수행된다.

심화학습

국무위원장 김정은
2016년 6월 29일 북한 최고인민회의에서 국방위원회를 폐지하고 국무위원회를 신설했으며, 김정은이 국무위원회 위원장(국무위원장)으로 취임하였다.

보위국
보위사령부가 보위국으로 명칭이 변경되었다.

국가안전보위성과 인민보안성
• **국가안전보위성**
북한에서 반당·반체제 주민들과 사상 이반자들을 색출·감시하는 사회통제기구이다.
• **인민보안성**
치안 유지를 주 임무로 하는 국가기구로, 우리의 경찰청에 준한다.

---

8 한국의 경호기관

1. 대통령경호처

(1) 대통령경호처의 설치

「정부조직법」제16조의 규정에 의하면 대통령 등의 경호를 담당하기 위하여 대통령경호처를 두며, 경호처에 경호처장을 둔다.

(2) 경호처의 임무

경호처는 대통령과 그 가족, 대통령당선인과 그 가족, 본인의 의사에 반하지 아니하는 경우에 한하여 퇴임 후 10년 이내의 전직대통령과 그의 배우자(원칙), 대통령권한대행과 그 배우자, 대한민국을 방문하는 외국의 국가원수 또는 행정수반과 그 배우자, 그 밖에 경호처장이 경호가 필요하다고 인정하는 국내외 요인을 경호한다.

(3) 경호처 경호관의 5대 핵심가치

충성	마음의 중심에 국가와 국가원수를 두고 진심에서 우러나오는 정성으로 임무완수를 위해 자신의 모든 것을 바치는 참된 자세를 의미한다.
자기통제	전문성과 원칙을 바탕으로 경호 임무수행을 위하여 자신을 연마하고 절제하여 최상의 준비태세를 유지하는 것을 의미한다.
통합	소통과 배려를 바탕으로 다양한 작전요소들을 융합하여 통합적인 사고로 작전능력을 극대화하는 것을 의미한다.
상황판단	다양한 경호환경 속에서 순간 선택을 통한 상황통제 및 적절한 조치능력을 바탕으로 성공적인 경호활동을 보장하는 것을 의미한다.
용기	경호 임무수행을 위해 두려움에 맞서 주저 없이 자신을 희생할 수 있는 신념을 행동으로 실천하는 것을 의미한다.

2. 경찰청 경비국 경호과

(1) 소속

우리나라는 국가경찰제도를 기본으로 하며, 일부 지역에서 자치경찰제도를 병행하고 있다. 경호업무를 담당하는 기관은 경찰청 경비국 경호과이다.

(2) 경호업무

① 경호계획의 수립 및 지도

② 경호행사 지도

③ 대통령경호처 경호행사 시 협조 업무

④ 국무총리, 국회의장, 대법원장, 헌법재판소장, 전직대통령(원칙적
으로 퇴임 후 10년이 지난 전직대통령), 경찰청장이 필요하다고 인
정한 인사 등에 대한 경호

(3) 서울특별시경찰청의 경비 관련 업무

서울특별시경찰청(서울경찰청)은 경비부, 101경비단, 202경비단, 국
회경비대, 경찰특공대 등을 두어 대통령실 경비, 외빈 경호, 국회의
경호 · 경비, 테러대응 등의 업무를 수행한다.

3. 한국 경호기관의 특징

(1) 경호기관의 이원적 구성

① 「대통령 등의 경호에 관한 법률」에 따른 대통령경호처의 경호와
「경찰관 직무집행법」 제2조의 '요인경호' 규정에 따른 경찰의 경
호직무에 대한 경호가 두 기관에 의하여 행하여진다.

② 「대통령 등의 경호에 관한 법률」과 「경찰관 직무집행법」은 특별
법과 일반법과의 관계에 있는 것이므로 일반적으로 '요인'에 대한
경호는 경찰의 임무이지만, 「대통령 등의 경호에 관한 법률」이 규
정하고 있는 경우는 경호처가 중심이 되어 경호업무를 수행한다.

(2) 경호기관의 민주화

1963년 제3공화국의 출범 이후 경찰이 담당하던 대통령 경호를 대통
령경호실이 담당하면서 경호기관의 권력기관화 문제가 대두하고 경
호공무원의 신분 보장 등이 문제되었으나, 경호원의 직권남용금지를
규정하고 특정직 공무원으로 신분을 보장하는 등의 법률 개정을 통하
여 경호기관의 민주화와 중립성을 어느 정도 이루고 있다.

4. 대통령경호안전대책위원회

(1) 구성

① 경호처에 대통령경호안전대책위원회를 둔다.

② 위원장과 부위원장 각 1명을 포함한 20명 이내로 한다.

③ 위원장은 경호처장이 되고, 부위원장은 차장이 되며, 위원은 대통령령이 정하는 관계기관의 공무원이 된다.

④ 위원은 국가정보원 테러정보통합센터장, 외교부 의전기획관, 법무부 출입국 · 외국인정책본부장, 과학기술정보통신부 통신정책관, 국토교통부 항공안전정책관, 식품의약품안전처 식품안전정책국장, 관세청 조사감시국장, 대검찰청 공공수사정책관, 경찰청 경비국장, 소방청 119구조구급국장, 해양경찰청 경비국장, 합동참모본부 작전본부 소속 장성급 장교 중 위원장이 지명하는 1명, 국군방첩사령부 소속 장성급 장교 또는 2급 이상의 군무원 중 위원장이 지명하는 1명, 수도방위사령부 참모장과 위원장이 임명 또는 위촉하는 자로 구성한다.

❖ 국방부 조사본부장 및 문화체육관광부 관광산업정책관은 위원에서 제외되었다.

(2) 책임

① 대통령경호안전대책활동에 관하여는 위원회 구성원 전원과 그 구성원이 속하는 기관의 장이 공동으로 책임을 지며, 각 구성원은 위원회의 결정사항과 기타 안전대책활동을 위하여 부여된 임무에 관하여 상호 간 최대한의 협조를 하여야 한다.

② 각 구성원의 분장책임

ⓐ **대통령경호처장**: 안전대책활동에 관한 전반적인 업무를 총괄하며 필요한 안전대책활동지침을 수립하여 관계부서에 부여한다.

ⓑ **국가정보원 테러정보통합센터장**
- 입수된 경호 관련 첩보 및 정보의 신속한 전파 · 보고
- 위해요인의 제거
- 정보 및 보안대상기관에 대한 조정
- 행사참관 해외동포 입국자에 대한 동향 파악 및 보안조치
- 그 밖에 국내외 경호행사의 지원

ⓒ **외교부 의전기획관**
- 입수된 경호 관련 첩보 및 정보의 신속한 전파 · 보고
- 방한 국빈의 국내 행사 지원
- 대통령과 그 가족 및 대통령 당선인과 그 가족 등의 외국방문 행사 지원

> **보안조치**
> 기밀의 누설 방지와 효율적인 보안을 유지하기 위하여 취해지는 사전 및 사후 보안대책을 말한다.

- 다자간 국제행사의 외교의전 시 경호와 관련된 협조
- 그 밖에 국내외 경호행사의 지원

ⓓ 법무부 출입국 · 외국인정책본부장
- 입수된 경호 관련 첩보 및 정보의 신속한 전파 · 보고
- 위해용의자에 대한 출입국 및 체류관련 동향의 즉각적인 전파 · 보고
- 그 밖에 국내외 경호행사의 지원

ⓔ 과학기술정보통신부 통신정책관
- 입수된 경호 관련 첩보 및 정보의 신속한 전파 · 보고
- 경호임무 수행을 위한 정보통신업무의 지원
- 정보통신망을 이용한 경호 관련 위해사항의 확인
- 그 밖에 국내외 경호행사의 지원

ⓕ 국토교통부 항공안전정책관
- 입수된 경호 관련 첩보 및 정보의 신속한 전파 · 보고
- 민간항공기의 행사장 상공비행에 대한 관련 업무 지원 및 협조
- 육로 및 철로와 공중기동수단에 대한 관련 업무 지원 및 협조
- 그 밖에 국내외 경호행사의 지원

ⓖ 식품의약품안전처 식품안전정책국장
- 식품의약품 안전 관련 입수된 첩보 및 정보의 신속한 전파 · 보고
- 경호임무에 필요한 식음료 위생 및 안전관리 지원
- 식음료 관련 영업장 종사자에 대한 위생교육
- 식품의약품 안전검사 및 그 밖에 필요한 자료의 지원
- 그 밖에 국내외 경호행사의 지원

ⓗ 관세청 조사감시국장
- 입수된 경호 관련 첩보 및 정보의 신속한 전파 · 보고
- 출입국자에 대한 검색 및 검사
- 휴대품 · 소포 · 화물에 대한 검색
- 그 밖에 국내외 경호행사의 지원

ⓘ 대검찰청 공공수사정책관
- 입수된 경호 관련 첩보 및 정보의 신속한 전파 · 보고
- 위해음모 발견 시 수사지휘 총괄

- 위해가능인물의 관리 및 자료 수집
- 국제테러범죄 조직과 연계된 위해사범의 방해책동 사전 차단
- 그 밖에 국내외 경호행사의 지원

ⓙ 경찰청 경비국장
- 입수된 경호 관련 첩보 및 정보의 신속한 전파·보고
- 위해가능인물에 대한 동향 파악
- 행사참석자 및 종사자의 신원조사
- 행사장·이동로 주변 집회 및 시위 관련 정보 제공과 비상 상황 방지대책의 수립
- 우범지대 및 취약지역에 대한 안전조치
- 행사장 및 이동로 주변에 있는 물적 취약요소에 대한 안전조치
- 총포·화약류의 영치관리와 봉인 등 안전관리
- 불법무기류의 단속 및 분실무기의 수사
- 그 밖에 국내외 경호행사의 지원

ⓚ 해양경찰청 경비국장
- 입수된 경호 관련 첩보 및 정보의 신속한 전파·보고
- 해상에서의 경호·테러예방 및 안전조치
- 그 밖에 국내외 경호행사의 지원

ⓛ 소방청 119구조구급국장
- 입수된 경호 관련 첩보 및 정보의 신속한 전파·보고
- 경호임무 수행을 위한 소방방재업무 지원
- 그 밖에 국내외 경호행사의 지원

ⓜ 합동참모본부 작전본부 소속 장성급 장교 중 위원장이 지명하는 1명
- 입수된 경호 관련 첩보 및 정보의 신속한 전파·보고
- 안전대책활동에 대한 육·해·공군업무의 총괄 및 협조
- 그 밖에 국내외 경호행사의 지원

ⓝ 국군방첩사령부 소속 장성급 장교 또는 2급 이상의 군무원 중 위원장이 지명하는 1명
- 입수된 경호 관련 첩보 및 정보의 신속한 전파·보고
- 군내 행사장에 대한 안전활동
- 군내 위해가능인물에 대한 안전조치
- 행사참석자 및 종사자의 신원조사

> **합동참모본부**
> 합동참모본부는 3군 참모총장과 해병대사령관 및 합동참모회의 의장으로 구성되며, 최고 지휘관인 대통령과 그 자문기관인 국가안전보장회의 및 국방장관에게 국방·용병 및 군대의 유지에 관해서 조언을 할 뿐만 아니라, 합동작전을 직접 지휘하는 기능도 가지고 있다.

- 경호구역 인근 군부대의 특이사항 확인 · 전파 및 보고
- 이동로 주변 군 시설물에 대한 안전조치
- 취약지에 대한 안전조치
- 경호유관시설에 대한 보안지원 활동
- 그 밖에 국내외 경호행사의 지원
◎ 수도방위사령부 참모장
- 입수된 경호 관련 첩보 및 정보의 신속한 전파 · 보고
- 수도방위사령부 관할지역 내 진입로 및 취약지에 대한 안전조치
- 수도방위사령부 관할지역의 경호구역 및 그 외곽지역 수색 · 경계 등 경호활동 지원
- 그 밖에 국내외 경호행사의 지원

핵심 기출문제

11 대통령경호안전대책위원회규정상 대통령경호안전대책위원회의 위원이 아닌 자는?

• 제20회 기출

① 외교부 의전기획관
② 과학기술정보통신부 통신정책관
③ 소방청 119구조구급국장
④ 국무조정실 대테러센터장

해설 국무조정실 대테러센터장은 「국민보호와 공공안전을 위한 테러방지법」상 테러대책실 무위원회의 위원장으로 「대통령경호안전대책위원회규정」상 대통령경호안전대책위원회의 위원이 아니다.

정답 ④

(3) 위원장

① 위원장은 위원회의 회의를 소집하고, 그 의장이 된다.
② 위원장은 필요하다고 인정할 때에는 부위원장으로 하여금 위원장의 직무를 대행하게 할 수 있다.

간사
단체나 기관의 사무를 담당하여 처리하는 직무 또는 그런 일을 하는 사람을 말한다.

(4) 간사

① 위원회의 사무를 처리하기 위하여 위원회에 간사 1인을 둔다.
② 간사는 대통령경호처 직원 중에서 위원장이 임명한다.

(5) 실무위원회

① 위원회의 소관사항을 예비심의하거나 위원회로부터 위임받은 사항의 처리를 위하여 위원회에 실무위원회를 둘 수 있다.

② 실무위원회의 구성·운영 등에 관하여 필요한 사항은 위원장이 정한다.

5. 경호유관기관

외교부, 법무부, 국토교통부, 국가정보원, 경찰청, 관세청, 합동참모본부, 국군방첩사령부, 수도방위사령부 등이 있다.

≫ 각 나라의 경호조직 비교

분류	경호객체	경호주체		경호유관기관
		경호기관	경호원신분	
미국	대통령과 부통령	국토안보부의 비밀경호국	특별수사관	• 연방범죄수사국 (FBI) • 중앙정보국(CIA) • 이민국(USCIS) • 국무부 산하요인경호과 • 국가안전보장회의 • 국가안전보장국 • 국방부 육군성
	• 국무부 장·차관 • 외국 대사 • 기타 요인	국무부 요인 경호과	경호요원	
	미국 내 외국 정부 관료	국방부 육군성	미 육군 경호요원	
영국	• 국왕 • 총리 및 정부 각료	특별작전부(요인경호본부) 왕실 및 특별요인 경호과	경찰관	• 보안서비스국 • 비밀정보부 • 정부통신본부
독일	• 대통령, 수상·장관 등 헌법기관 • 외국의 원수 • 국빈 및 외교사절	연방범죄수사국 경호안전과, 연방경찰	경찰관	• 연방정보부 • 연방정보보안청 • 연방헌법보호청 • 국방보안국 • 주립경찰·지역경찰
프랑스	• 대통령과 그 가족, 수상 • 각 부 장관 등	경찰청 요인경호과, 공화국경비대	별정직 국가공무원, 국무부 산하의 공화국 경호대	• 대테러조정통제실 • 경찰특공대 • 내무성 일반정보국 • 해외안전총국

	천황	황궁경찰본부	경찰관	• 내각정보조사실
일본	수상 및 국내요인과 국빈	경찰청 경비국 공안 제2과	경찰관	• 공안조사청 • 방위청 정보본부 • 외무성 조사기획국
한국	대통령	경호처	경호요원	• 경찰청
	국무총리 및 국무위원 등	경찰청 경비국	경찰관	• 국가정보원 • 합동참모본부 • 국군방첩사령부 • 수도방위사령부 등

제4절 ▶ 경호의 주체와 객체 ★★☆

1 경호의 주체

1. 경호주체의 개념

(1) 의미

① 경호주체란 경호대상자의 신변보호를 달성하기 위하여 일정한 경호작용을 주도적으로 실시하는 당사자를 말하며, 공경비와 민간경비가 있다.

② 경호주체는 경호작용을 할 수 있는 권한이 있는 자, 즉 경호조직 또는 실질적인 경호작용을 할 수 있는 법적인 근거를 가진 자이다.

(2) 종류

① **원래의 분류**: 원래의 경호주체는 국가(경호처·국가경찰), 공공단체(자치경찰)이며, 경호주체로서의 이들의 지위(地位)는 국가로부터 전래된다. 다만, 사인 또는 사법인(시설경호기관)은 법률이 정하는 바(인·허가 또는 특별법)에 따라 위임되는 범위 내에서만 경호의 주체가 된다.

② **경호대상에 따른 분류**: 경호주체를 경호대상에 따라 구별하면 국가원수 경호기관, 수상(국무총리) 등 경호기관, 민간인 경호기관(단체) 등이 있다.

2. 한국의 경호요원(대통령 등의 경호에 관한 법률)

「대통령 등의 경호에 관한 법률」은 대통령 등에 대한 경호를 효율적으로 수행하기 위하여 경호의 조직·직무범위와 그 밖에 필요한 사항을 규정함을 목적으로 한다.

(1) 대통령경호처의 설치

① **경호처의 설치**: 「정부조직법」 제16조(대통령경호처)의 규정에 따라 대통령 등의 경호를 담당하기 위하여 대통령경호처를 둔다.

② **경호처장**: 대통령경호처장은 대통령이 임명하고, 경호처의 업무를 총괄하며 소속공무원을 지휘·감독한다(법 제3조 제1항). 대통령경호처에는 처장 1명을 두되, 처장은 정무직으로 한다(정부조직법 제16조 제2항).

③ **경호차장**: 경호처에 차장 1명을 둔다. 차장은 1급 경호공무원 또는 고위공무원단에 속하는 별정직 국가공무원으로 보하며, 처장을 보좌한다(법 제3조 제2·3항).

> **∷보충학습** 대통령경호처의 처장과 차장의 권한·지위
>
> 1. 처장의 권한·지위
>   ① 경호에 관한 사무 총괄
>   ② 소속공무원의 지휘·감독
>   ③ 경호원의 임명 제청권(5급 이상), 전보·휴직·겸임·파견·직위해제·정직 및 복직권
>   ④ 대통령경호안전대책위원회 위원장
>   ⑤ 경호·안전 대책기구(경호안전통제단)의 장
> 2. 차장의 권한·지위
>   ① 경호처장의 보좌
>   ② 경호처장의 직무대행권
>   ③ 대통령경호안전대책위원회 부위원장
>   ④ 경호안전통제단 부단장

(2) 경호대상(법 제4조)

① 대통령과 그 가족, 대통령 당선인과 그 가족
② 대통령권한대행과 그 배우자
③ 대한민국을 방문하는 외국의 국가원수 또는 행정수반(行政首班)과 그 배우자
④ 그 밖에 처장이 경호가 필요하다고 인정하는 국내외 요인(要人)

정무직 공무원과 별정직 공무원
- **정무직 공무원**
  선거에 의하여 취임하거나 국회의 동의나 정치적 판단에 의해 임명되고 정책결정을 주로 하는 공무원이다.
- **별정직 공무원**
  비서관·비서 등 보좌업무 등을 수행하거나 특정 업무를 담당하기 위해 일반직 공무원과 다른 절차와 방법에 의해 임용되고, 일반직 공무원의 계급에 상응하는 보수를 받는 공무원으로 법령에 의해 지정된다. 국회 수석전문위원, 국가정보원 기획조정실장, 대통령경호처 차장, 감사원 사무차장, 비서관·비서, 중앙행정기관의 차관보, 실·국장 등이 해당한다.

⑤ 본인의 의사에 반하지 아니하는 경우에 한정하여 퇴임 후 10년 이내의 전직대통령과 그 배우자. 다만, 대통령이 임기 만료 전에 퇴임한 경우와 재직 중 사망한 경우의 경호 기간은 그로부터 5년으로 하고, 퇴임 후 사망한 경우의 경호 기간은 퇴임일부터 기산(起算)하여 10년을 넘지 아니하는 범위에서 사망 후 5년으로 한다.

⑥ 위 ⑤에도 불구하고 전직대통령 또는 그 배우자의 요청에 따라 처장이 고령 등의 사유로 필요하다고 인정하는 경우에는 5년의 범위에서 ⑤에 규정된 기간을 넘어 경호할 수 있다.

⑦ 위 ①에 따른 가족은 대통령 및 대통령 당선인의 배우자와 직계존비속으로 한다(영 제2조).

핵심 기출문제

12 대통령 등의 경호에 관한 법률에 따른 대통령경호처의 경호대상은?

· 제26회 기출

ㄱ 대통령권한대행과 그 배우자
ㄴ 대한민국을 방문하는 외국의 행정수반(行政首班)과 그 배우자
ㄷ 본인의 의사에 반하지 않은 전직 대통령(퇴임 후 7년)과 그 가족
ㄹ 대통령경호처 실장이 경호에 필요하다고 인정하는 국내외 요인(要人)

① ㄱ, ㄴ   ② ㄷ, ㄹ
③ ㄱ, ㄴ, ㄷ   ④ ㄴ, ㄷ, ㄹ

해설 ㄷ 본인의 의사에 반하지 않은 전직 대통령(퇴임 후 7년)과 그 배우자가 대통령경호처 경호대상이다.
ㄹ 대통령경호처 처장이 경호에 필요하다고 인정하는 국내외 요인(要人)이 대통령경호처 경호대상이다.

정답 ①

13 우리나라 경호에 관한 설명으로 옳지 않은 것은? · 제24회 기출

① 소방청 119구조구급국장은 대통령경호안전대책위원회의 위원이다.
② 대통령경호처장은 대통령이 임명하고, 경호처의 업무를 총괄하며 소속공무원을 지휘·감독한다.
③ 대통령 당선인은 경호의 대상이지만 대통령 당선인 가족은 경호대상이 아니다.
④ 경호의 성문법원에는 헌법, 법률, 조약, 명령을 들 수 있다.

대통령 당선인과 그 가족(배우자 및 직계존비속)은 경호처 경호대상이다(대통령 등의 경호에 관한 법률 제4조 제1항, 영 제2조).

정답 ③

---

(3) 전직대통령의 경호(영 제3조)

전직대통령과 그 배우자의 경호에는 다음의 조치를 포함한다.

① 경호안전상 별도주거지 제공(별도주거지는 본인이 마련할 수 있다)
② 현 거주지 및 별도주거지에 경호를 위한 인원의 배치, 필요한 경호의 담당
③ 요청이 있는 경우 대통령전용기, 헬리콥터 및 차량 등 기동수단의 지원
④ 그 밖에 대통령경호처장이 관계기관과 협의하여 정한 사항

핵심 기출문제

14 대통령 등의 경호에 관한 법령상 전직 대통령과 그 배우자에 대한 경호의 조치로 옳은 것은?
• 제25회 기출

① 요청이 있는 경우 헬리콥터를 제외한 대통령 전용기 및 차량 등 기동수단의 지원
② 현 거주지 및 별도주거지에 경호를 위한 인원의 배치
③ 요청이 있는 경우 대통령전용기를 제외한 헬리콥터 및 차량 등 기동수단의 지원
④ 대통령경호처장이 관계기관에 통보하여 정한 사항 수행

해설 요청이 있는 경우 대통령전용기, 헬리콥터 및 차량 등 기동수단의 지원을 할 수 있다.

정답 ②

---

(4) 경호등급(영 제3조의2)

① **경호등급의 구분 운영**: 처장은 대한민국을 방문하는 외국의 국가원수 또는 행정수반(行政首班)과 그 배우자, 그 밖에 처장이 경호가 필요하다고 인정하는 국내외 요인(要人)의 경호임무를 수행하기 위하여 해당 경호대상자의 지위와 경호위해요소, 해당 국가의 정치상황, 국제적 상징성, 상호주의 측면, 적대국가 유무 등 국제적 관계를 고려하여 경호등급을 구분하여 운영할 수 있다.
② **협의대상**: 경호등급을 구분하여 운영하는 경우에는 외교부장관,

국가정보원장 및 경찰청장과 미리 협의하여야 한다.

③ **경호등급 관련 필요사항 설정**: 이는 처장이 따로 정한다.

(5) 경호구역의 지정 등

① **경호구역 지정권자**: 처장은 경호업무의 수행에 필요하다고 판단되는 경우 경호구역을 지정할 수 있다(법 제5조 제1항).

② **비례의 원칙에 따른 경호구역의 지정**: 경호구역의 지정은 경호목적 달성을 위한 최소한의 범위로 한정되어야 한다(법 제5조 제2항).

③ **경호구역의 지정**: 경호구역을 지정할 때에는 경호업무 수행에 대한 위해요소와 구역이나 시설의 지리적·물리적 특성 등을 고려해 지정한다(영 제4조).

④ **비례의 원칙에 따른 안전활동**: 소속공무원과 관계기관의 공무원으로서 경호업무를 지원하는 사람은 경호 목적상 불가피하다고 인정되는 상당한 이유가 있는 경우에만 경호구역에서 질서유지, 교통관리, 검문·검색, 출입통제, 위험물 탐지 및 안전조치 등 위해 방지에 필요한 안전활동을 할 수 있다(법 제5조 제3항).

⑤ **인력·시설·장비 등의 조정**: 처장은 경호업무를 효율적으로 수행하기 위해 필요한 경우 관계기관의 장과 협의하여 법 제15조(국가기관 등에 대한 협조 요청)에 따라 경호구역에서의 경호업무를 지원하는 인력·시설·장비 등에 관한 사항을 조정할 수 있다(영 제3조의3 제3항).

(6) 경호업무 수행 관련 관계기관 간의 협조 등(영 제3조의3)

① **증명서 및 필요자료 제출 요구**: 처장은 경호대상에 대한 경호를 위하여 필요한 경우 대통령비서실, 국가안보실 및 경호·안전관리 업무를 지원하는 관계기관에 근무할 예정인 사람에게 신원진술서 및 「가족관계의 등록 등에 관한 법률」에서 정하는 증명서와 그 밖에 필요한 자료의 제출을 요구할 수 있다. 이 경우 처장은 제출된 자료의 내용을 확인하기 위하여 관계기관에 조회 또는 그 밖에 필요한 협조를 요청할 수 있다.

② **범죄경력 조회 등 필요한 협조 요청**: 처장은 안전활동 등 경호업무를 효율적으로 수행하기 위하여 필요한 경우에는 관계기관에 대하여 경호구역에 출입하려는 사람의 범죄경력 조회 또는 사실증명 등 필요한 협조를 요청할 수 있다.

심화학습

경호구역 내에서의 보호의무 등
- **안전조치**: 처장은 경호구역 내에 있는 사람의 생명과 신체의 보호를 위하여 필요한 안전조치를 시행하여야 한다.
- **국민 불편 최소화**: 처장은 경호구역 내에서 안전조치활동을 함에 있어 국민의 불편을 최소화하도록 대책을 강구하여야 한다.
- **세부사항**: 안전조치의 내용과 경호구역의 범위 등에 관한 세부사항은 처장이 정한다.

심화학습

「가족관계의 등록 등에 관한 법률」상 증명서
- 기본증명서
- 가족관계증명서
- 혼인관계증명서
- 입양관계증명서
- 친양자입양관계증명서

(7) 다자간 정상회의의 경호 및 안전관리

경호 · 안전 대책기구 (법 제5조의2)	설치	대한민국에서 개최되는 다자간 정상회의에 참석하는 외국의 국가원수 또는 행정수반과 국제기구 대표의 신변보호 및 행사장의 안전관리 등을 효율적으로 수행하기 위하여 대통령 소속으로 경호 · 안전 대책기구를 둘 수 있다.
	장(長)	경호 · 안전 대책기구(경호안전통제단)의 장은 처장이 된다.
	경호 · 안전 대책기구 장의 업무	• 다자간 정상회의의 경호 및 안전관리 활동에 관한 업무를 총괄한다. • 다자간 정상회의의 경호 및 안전관리를 위하여 필요하면 관계기관의 장과 협의하여「통합방위법」제2조 제13호에 따른 국가중요시설(공공기관, 공항 · 항만, 주요 산업시설 등 적에 의하여 점령 또는 파괴되거나 기능이 마비될 경우 국가안보와 국민생활에 심각한 영향을 주게 되는 시설)과 불특정 다수인이 이용하는 시설에 대한 안전관리를 위하여 필요한 인력을 배치하고 장비를 운용할 수 있다.
	구성	경호 · 안전 대책기구는 소속공무원 및 관계기관의 공무원으로 구성한다.
	구성시기, 운영기간	경호 · 안전 대책기구의 구성시기 및 운영기간은 다자간 정상회의의 규모 · 성격, 경호 환경 등을 고려하여 처장이 정한다. 경호 · 안전 대책기구의 운영기간은 다자간 정상회의별로 1년 6개월을 초과할 수 없다.
국가중요시설 등의 인력배치 등 (영 제4조의4)	경호구역 내	경호구역 내에서는 관계기관의 장과 협의하여 경호 · 안전 대책기구의 장이 인력배치 및 장비운용을 주관하여 실시한다.
	경호구역 외의 지역	경호구역 외의 지역에서는 관계기관의 장과 협의하여 해당 국가중요시설 또는 불특정 다수인이 이용하는 시설의 안전관리를 담당하는 관계기관의 장이 인력배치 및 장비운용을 주관하여 실시한다.
	인력배치 및 장비운용 기간	다자간 정상회의별로 6개월을 초과할 수 없다.

➕ **심화학습**

경호 · 안전대책기구 설치

방한하는 다수의 외국정상에게 신변안전 관련 사건이 발생하는 경우 모든 책임은 대한민국에 귀속된다. 이에 효율적으로 대비하기 위하여 대통령 소속으로 경호 · 안전대책기구를 설치하고, 미리 많은 인력과 장비를 활용하여 국빈의 완벽한 신변보호를 달성한다.

:: 보충학습 「다자간 정상회의의 경호 및 안전관리 업무에 관한 규정」

1. 목적

   이 훈령은 대한민국에서 개최되는 다자간 정상회의의 경호 및 안전관리 업무를 효율적으로 수행하기 위하여 「대통령 등의 경호에 관한 법률」에 따라 설치되는 경호·안전 대책기구의 구성 및 운영에 필요한 사항을 규정함을 목적으로 한다.

2. 경호·안전 대책기구의 명칭 및 기능

   「대통령 등의 경호에 관한 법률」에 따른 경호·안전 대책기구의 명칭은 경호안전통제단(통제단)이라 하며, 통제단은 다자간 정상회의의 경호 및 안전관리를 위한 경호·안전종합대책을 수립·시행한다.

3. 통제단의 부단장

   통제단의 부단장은 대통령경호처 차장이 되며, 통제단의 부단장은 통제단장(경호처장)을 보좌하고, 통제단장이 부득이한 사유로 직무를 수행할 수 없을 때에는 부단장이 그 직무를 대행한다.

4. 하부조직

   통제단에 경호안전기획조정실(기조실)을 두고, 기조실에 경호작전본부, 대테러본부, 군작전본부, 경찰작전본부, 소방방재본부 및 해경작전본부를 둔다.

5. 인원의 파견 및 채용

   ① 통제단장은 관계행정기관 또는 공공단체의 장과의 협의를 거쳐 해당 기관 또는 단체의 소속공무원 또는 직원의 파견이나 겸임을 요청할 수 있다.

   ② 통제단장은 필요한 경우 예산의 범위에서 관련 분야 전문가나 보조 인력을 채용할 수 있다.

   ③ 통제단에 직원을 파견한 원 소속기관의 장은 파견 공무원 또는 직원을 파견기간의 종료 전에 복귀시키려는 경우에는 통제단장과 미리 협의하여야 한다.

핵심 기출문제

15 대통령 등의 경호에 관한 법령상 밑줄 친 기구의 구성원을 모두 고른 것은?

• 제26회 기출

경호·안전 대책기구의 장은 다자간 정상회의의 경호 및 안전관리를 위하여 필요하면 관계기관의 장과 협의하여 「통합방위법」 제2조 제13호에 따른 국가중요시설과 불특정 다수인이 이용하는 시설에 대한 안전관리를 위하여 필요한 인력을 배치하고 장비를 운용할 수 있다.

| ㉠ 대통령경호처장 | ㉡ 소속공무원 | ㉢ 관계기관의 공무원 |

① ㉠

② ㉠, ㉡

③ ㉡, ㉢

④ ㉠, ㉡, ㉢

해설 경호 · 안전 대책기구는 대통령경호처장(경호 · 안전 대책기구의 장) 및 소속공무원(경호처 직원과 경호처에 파견된 사람으로 구성된다)과 관계기관(경호처가 경호업무를 수행함에 있어 필요한 지원과 협조를 요청하는 국가기관, 지방자치단체 등을 말한다)의 공무원으로 구성한다.

[정답] ④

(8) 과학경호 발전방안의 수립 · 시행

처장은 다음 각 호의 업무를 효율적으로 수행하기 위해 필요한 경우 독자적 또는 산학협력 등을 통한 경호연구개발사업의 수행으로 첨단 과학기술을 활용한 과학경호 발전방안을 수립 · 시행할 수 있다(영 제4조의5).

① 경호구역에서의 경호업무

② 경호 구역 안에서의 안전 활동 업무

③ 법 제5조의2 제1항(다자간 정상회의)에 따른 신변보호 및 행사장의 안전관리 등의 업무

④ 그 밖에 경호업무의 효율적 수행을 위해 처장이 필요하다고 인정하는 업무

(9) 직원

① 신분

㉠ 특정직 국가공무원 등: 경호처에 특정직 국가공무원인 1급부터 9급까지의 경호공무원과 일반직 국가공무원을 둔다. 다만, 필요하다고 인정할 때에는 경호공무원의 정원 중 일부를 일반직 국가공무원 또는 별정직 국가공무원으로 보할 수 있다(법 제6조 제1항).

㉡ 경호공무원 각 계급의 직무 종류별 명칭은 대통령령으로 정한다(법 제6조 제2항).

특정직 공무원
특정직 공무원은 일반직 공무원과 마찬가지로 실적과 자격에 의해 임용되고 신분이 보장되는 점에서는 동일하지만, 특정직 공무원은 담당 직무가 특수하여 거기에 필요한 자격 · 복무규율 · 정년 · 보수체계 · 신분보장 등에서 특수성을 인정할 필요가 있는 공무원을 별도로 분류한 것이다.

»» 경호공무원의 계급별 직급의 명칭(영 별표 1)

계급	직급의 명칭
1급	관리관
2급	이사관
3급	부이사관
4급	경호서기관
5급	경호사무관

6급	경호주사
7급	경호주사보
8급	경호서기
9급	경호서기보

임용
정부조직에서 사람을 선발하여 쓰는 활동으로 공무원관계를 발생, 변경, 소멸시키는 모든 행위이다.

② **임용권자**(법 제7조)

　㉠ **대통령의 임용권**: 5급 이상 경호공무원과 5급 상당 이상 별정직 국가공무원은 처장의 제청으로 대통령이 임용한다. 다만, 전보·휴직·겸임·파견·직위해제·정직(停職) 및 복직에 관한 사항은 처장이 행한다.

　㉡ **처장의 임용권**: 처장은 경호공무원 및 별정직 국가공무원에 대하여 ㉠ 외의 모든 임용권을 가진다.

　㉢ **「국가공무원법」의 준용**: 고위공무원단에 속하는 별정직 공무원의 신규채용에 관하여는 「국가공무원법」 제28조의6(고위공무원단에 속하는 공무원으로의 임용 등) 제3항을 준용한다.

> **「국가공무원법」 제28조의6 제3항**
> 임용권자 또는 임용제청권자는 고위공무원단에 속하는 공무원의 채용 또는 고위공무원단 직위로 승진임용하고자 하는 경우 임용대상자를 선정하여 고위공무원임용심사위원회의 심사를 거쳐 임용 또는 임용제청하여야 한다. 다만, 고위공무원단에 속하는 공무원의 채용에 있어서는 임용절차 간소화, 직무의 특수성 등을 고려하여 경력직 고위공무원을 특수경력직 또는 다른 경력직 고위공무원으로 채용하는 경우 등 대통령령으로 정하는 경우에는 고위공무원임용심사위원회의 심사를 생략할 수 있다.

③ **직원의 임용자격**: 경호처 직원은 신체 건강하고 사상이 건전하며 품행이 바른 사람 중에서 임용한다(법 제8조 제1항).

④ **신규채용**: 경호공무원 및 일반직 공무원의 신규채용은 공개경쟁채용시험으로 한다(영 제10조 및 제13조).

　㉠ **공개경쟁채용시험의 방법**: 공개경쟁채용시험은 필기시험·면접시험·신체검사 및 체력검정으로 실시한다. 다만, 처장이 필요하다고 인정하는 경우에는 실기시험·지능검사·인성검사 및 적성검사의 전부 또는 일부를 병행하여 실시할 수 있다.

　㉡ **공개경쟁채용시험의 대상**: 경호공무원의 공개경쟁채용시험의 대상이 되는 계급은 5급·7급 및 9급으로 하고, 일반직 공무원의 공개경쟁채용시험의 대상이 되는 계급은 9급으로 한다.

ⓒ **별정직 공무원의 신규채용**: 별정직 공무원의 신규채용은 비서·공보·의무·운전·사범·교관·사진 등의 특수분야를 대상으로 한다.

⑤ **시보임용**(영 제11조)

　ⓐ 5급 이하 경호공무원 또는 일반직 공무원을 신규채용하는 경우에는 1년 이내의 기간 동안 시보로 임용하고 그 기간 중에 근무성적과 교육훈련성적이 양호한 경우에 정규직원으로 임용한다.

　ⓑ 휴직기간, 직위해제기간 및 징계에 의하여 정직처분을 받은 기간은 시보임용기간에 산입하지 아니한다.

⑥ **직원의 결격사유**: 다음의 어느 하나에 해당하는 사람은 직원으로 임용될 수 없다(법 제8조 제2항).

　ⓐ 대한민국의 국적을 가지지 아니한 사람

　ⓑ 「국가공무원법」 제33조 각 호의 어느 하나에 해당하는 사람

「국가공무원법」 제33조(결격사유)

1. 피성년후견인
2. 파산선고를 받고 복권되지 아니한 자
3. 금고 이상의 실형을 선고받고 그 집행이 끝나거나(집행이 끝난 것으로 보는 경우를 포함한다) 집행이 면제된 날부터 5년이 지나지 아니한 자
4. 금고 이상의 형의 집행유예를 선고받고 그 유예기간이 끝난 날부터 2년이 지나지 아니한 자
5. 금고 이상의 형의 선고유예를 받은 경우에 그 선고유예 기간 중에 있는 자
6. 법원의 판결 또는 다른 법률에 따라 자격이 상실되거나 정지된 자
6의2. 공무원으로 재직기간 중 직무와 관련하여 「형법」 제355조(횡령·배임) 및 제356조(업무상의 횡령과 배임)에 규정된 죄를 범한 자로서 300만 원 이상의 벌금형을 선고받고 그 형이 확정된 후 2년이 지나지 아니한 자
6의3. 다음 각 목의 어느 하나에 해당하는 죄를 범한 사람으로서 100만 원 이상의 벌금형을 선고받고 그 형이 확정된 후 3년이 지나지 아니한 사람
　가. 「성폭력범죄의 처벌 등에 관한 특례법」 제2조에 따른 성폭력범죄
　나. 「정보통신망 이용촉진 및 정보보호 등에 관한 법률(약칭: 정보통신망법)」 제74조 제1항 제2호 및 제3호에 규정된 죄
　다. 「스토킹범죄의 처벌 등에 관한 법률」 제2조 제2호에 따른 스토킹범죄
6의4. 미성년자에 대하여 「성폭력범죄의 처벌 등에 관한 특례법」 제2조에 따른 성폭력범죄 또는 「아동·청소년의 성보호에 관한 법률」 제2조 제2호에 따른 아동·청소년대상 성범죄를 범한 사람으로서 다음 각 목의 어느 하나에 해당하는 날부터 20년이 지나지 아니한 사람

➕ 심화학습

시보임용제도

공무원을 신규채용함에 있어 일정한 기간 동안 신규채용자에 대해 공무원으로서의 자질·적성 등 적격성을 검증하는 과정에서 시보임용기간 중에 있는 공무원의 근무성적 또는 교육훈련성적이 불량한 때에는 임용권자의 재량으로 면직시킬 수 있는 제도이다. 이 기간 중에는 공무원 신분보장을 받지 못한다.

피성년후견인

질병, 장애, 노령 그 밖의 사유로 인한 정신적 제약으로 사무를 처리할 능력이 지속적으로 결여된 사람으로, 가정법원으로부터 성년후견 개시의 심판을 받은 자를 말한다.

> 가. 금고 이상의 실형을 선고받고 그 집행이 끝나거나(집행이 끝난 것으로 보는 경우를 포함한다) 집행이 면제된 날
> 나. 금고 이상의 형의 집행유예를 선고받고 그 집행유예가 확정된 날
> 다. 벌금 이하의 형을 선고받고 그 형이 확정된 날
> 라. 치료감호를 선고받고 그 집행이 끝나거나 집행이 면제된 날
> 마. 징계로 파면처분 또는 해임처분을 받은 날
> 7. 징계로 파면처분을 받은 때부터 5년이 지나지 아니한 자
> 8. 징계로 해임처분을 받은 때부터 3년이 지나지 아니한 자

ⓒ **당연퇴직 사유**: 직원이 ㉠, ㉡의 어느 하나(국가공무원법 제33조 제5호는 제외한다)에 해당하는 때에는 당연히 퇴직한다(대통령 등의 경호에 관한 법률 제8조 제3항).

⑦ **비밀의 엄수**(법 제9조)

㉠ 소속공무원[퇴직한 사람 및 원(原) 소속기관에 복귀한 사람을 포함]은 직무상 알게 된 비밀을 누설하여서는 아니 된다.

㉡ 소속공무원이 경호처의 직무와 관련된 사항을 발간하거나 그 밖의 방법으로 공표하려면 미리 처장의 허가를 받아야 한다.

⑧ **직권면직**: 직원(별정직 국가공무원은 제외)이 다음에 해당되는 때에는 임용권자가 직권으로 면직할 수 있다(법 제10조).

「대통령 등의 경호에 관한 법률」 제10조 제1항(직권면직사유)

1. 신체적·정신적 이상으로 6개월 이상 직무를 수행하지 못할 만한 지장이 있을 때
2. 직무 수행 능력이 현저하게 부족하거나 근무태도가 극히 불량하여 직원으로서 부적합하다고 인정될 때
3. 직제와 정원의 개폐(改廢) 또는 예산의 감소 등에 의하여 폐직(廢職) 또는 과원(過員)이 된 때
4. 휴직 기간이 끝나거나 휴직 사유가 소멸된 후에도 정당한 이유 없이 직무에 복귀하지 아니하거나 직무를 수행할 수 없을 때
5. 직무 수행 능력이 부족하거나 근무성적이 극히 불량하여 대통령령으로 정하는 바에 따라 대기 명령을 받은 사람이 그 기간 중 능력 또는 근무성적의 향상을 기대하기 어렵다고 인정될 때
6. 해당 직급에서 직무를 수행하는 데에 필요한 자격증의 효력이 상실되거나 면허가 취소되어 담당 직무를 수행할 수 없게 되었을 때

➕ **심화학습**

선고유예의 당연퇴직 사유 제외
'금고 이상의 형의 선고를 받은 경우에 그 선고유예기간 중에 있는 자'는 경호직원의 임용결격사유에는 해당되지만, 당연퇴직 사유에는 해당되지 아니한다.

직권면직
일정한 법정의 사유가 있는 경우에 본인의 의사와 무관하게 임용권자가 직권으로 행하는 면직(일정한 직무에서 물러나게 함)처분을 말한다.

○ 직권면직사유 제2호, 제5호에 해당하여 면직하는 경우에는 대통령령으로 정하는 바에 따라 고등징계위원회의 동의를 받아야 한다. 이 경우에는 고등징계위원회에 직권면직 동의 요구서로 동의를 요구하여야 한다.

○ 직권면직사유 제3호에 해당하여 면직하는 경우에는 임용 형태, 업무실적, 직무 수행 능력, 징계처분 사실 등을 고려하여 면직 기준을 정하여야 한다. 이 경우 면직된 직원은 결원이 생기면 우선하여 재임용할 수 있다.

○ 위 ○의 면직기준을 정하거나 직권면직사유 제3호에 따라 면직 대상자를 결정할 때에는 대통령령으로 정하는 바에 따라 인사위원회의 심의·의결을 거쳐야 한다.

② 직무 수행 능력이 부족하거나 근무성적이 극히 불량하여 「국가공무원법」에 따라 직위해제된 사람에게 3개월의 범위에서 대기를 명하여야 한다.

◎ 처장은 대기 명령을 받은 사람에게 능력 회복이나 근무성적의 향상을 위한 교육훈련 또는 특별한 연구과제 부여 등 필요한 조치를 하여야 한다.

⑨ **정년**: 경호공무원의 정년은 다음의 구분에 따른다(법 제11조).

연령정년	5급 이상 58세, 6급 이하 55세
계급정년	2급 4년, 3급 7년, 4급 12년, 5급 16년

○ **강임**: 경호공무원이 강임(降任)된 경우에는 계급정년의 경력을 산정할 때 강임되기 전의 상위계급으로 근무한 경력은 강임된 계급으로 근무한 경력에 포함한다.

○ **퇴직**: 경호공무원은 그 정년이 된 날이 1월부터 6월 사이에 있는 경우에는 6월 30일에, 7월부터 12월 사이에 있는 경우에는 12월 31일에 각각 당연히 퇴직한다.

강임
같은 직렬 내에서 하위직급에 임명하거나, 하위직급이 없어 다른 직렬의 하위직급으로 임명하거나, 고위공무원단에 속하는 일반직 공무원을 고위공무원단 직위가 아닌 하위직위에 임명하는 것을 말한다. 강임된 공무원은 상위직급 또는 고위공무원단 직위에 결원이 생기면 우선 임용된다.

핵심 기출문제

16 대통령 등의 경호에 관한 법률상 다음(㉠~㉢)에 해당하는 숫자의 합은?

• 제25회 기출

> ㉠ 대통령경호처 차장의 인원수
> ㉡ 5급 이상 경호공무원의 정년연령
> ㉢ 대통령경호안전대책위원회에서 위원장과 부위원장을 포함하여 최대 가능한 위원의 수

① 76   ② 77
③ 78   ④ 79

해설 ㉠ 대통령경호처 차장의 인원수(1명)
㉡ 5급 이상 경호공무원의 정년연령(58세)
㉢ 대통령경호안전대책위원회에서 위원장과 부위원장을 포함하여 최대 가능한 위원의 수(20명)

정답 ④

---

⑩ **인사위원회**(영 제7조)

㉠ **설치**: 대통령경호처(이하 "경호처"라 한다) 직원의 인사에 관한 정책 및 그 운용에 관한 중요사항을 심의하기 위해 인사위원회 및 인사실무위원회를 둔다.

㉡ **인사위원회 구성**: 인사위원회는 위원장 1인과 5인 이상 7인 이하의 위원으로 구성하며, 위원장은 2급 이상 직원 중에서, 위원은 3급 이상 직원 중에서 각 처장이 임명한다.

㉢ **인사실무위원회의 구성**: 인사실무위원회는 위원장 1인과 5인 이상 7인 이하의 위원으로 구성하며, 위원장은 3급 이상 직원 중에서, 위원은 4급 이상 직원 중에서 각 처장이 임명한다.

㉣ **필요사항의 제정**: 인사위원회 및 인사실무위원회의 회의 기타 운영에 관하여 필요한 사항은 처장이 정한다.

⑪ **징계**(법 제12조)

㉠ **징계위원회의 설치**: 직원의 징계에 관한 사항을 심사·의결하기 위하여 대통령경호처에 고등징계위원회와 보통징계위원회를 둔다.

⨠ 고등징계위원회와 보통징계위원회의 비교

구분	고등징계위원회	보통징계위원회
위원장	경호차장	기획관리실장
위원	3급 이상의 직원(고위공무원단에 속하는 직원을 포함)과 일정한 요건에 해당하는 사람 중에서 성별을 고려하여 처장이 임명 또는 위촉한다.	4급 이상의 직원(고위공무원단에 속하는 직원을 포함)과 일정한 요건에 해당하는 사람 중에서 성별을 고려하여 처장이 임명 또는 위촉한다.
관할	• 1급 내지 5급 직원에 대한 징계사건 및 6급 이하 직원에 대한 중징계 사건을 심사 · 의결한다. • 징계위원회의 관할이 다른 상하직위자가 관련된 징계사건은 고등징계위원회에서 심사 · 의결한다.	• 6급 이하 직원에 대한 경징계 사건을 심사 · 의결한다. • 하위직위자에 대한 징계를 분리하여 심사 · 의결하는 것이 타당하다고 인정되는 때에는 고등징계위원회의 의결로써 하위직위자에 대한 징계사건을 보통징계위원회에 이송할 수 있다.

➕ 심화학습

중징계와 경징계
• **중징계**
 파면, 해임, 강등, 정직이 이에 해당한다.
• **경징계**
 감봉 및 견책이 이에 해당한다.

ⓛ **징계위원회의 구성**: 각 징계위원회는 위원장 1명과 4명 이상 6명 이하의 위원으로 구성한다.

ⓒ **징계권자**: 직원의 징계는 징계위원회의 의결을 거쳐 처장이 한다. 다만, 5급 이상 직원의 파면 및 해임은 고등징계위원회의 의결을 거쳐 처장의 제청으로 대통령이 한다.

ⓔ **징계의결의 요구**: 처장은 소속 직원에게 징계사유가 있다고 인정되는 때에는 관할 징계위원회에 징계의결을 요구하여야 하며, 경호처에 파견되어 근무 중인 직원에 대하여 징계사유가 있다고 인정되는 때에는 파견직원의 원소속기관의 장에게 그 사유를 통보하여야 한다.

⑫ **보상**(법 제13조, 영 제32조)

㉠ **실시**: 직원으로서 각 경호대상에 대한 경호업무 수행 또는 그와 관련하여 상이(傷痍)를 입고 퇴직한 사람과 그 가족 및 사망(상이로 인하여 사망한 경우를 포함한다)한 사람의 유족에 대하여는 대통령령으로 정하는 바에 따라 「국가유공자 등 예우 및 지원에 관한 법률」 또는 「보훈보상대상자 지원에 관한 법률」에 따른 보상을 한다.

　　　ⓛ 대상

　　　　ⓐ 상이(傷痍)를 입고 퇴직한 사람과 그 가족: 「국가유공자 등 예우 및 지원에 관한 법률」 제6조의4(상이등급의 구분) 또는 「보훈보상대상자 지원에 관한 법률」 제6조(신체검사)에 따른 상이등급에 해당하는 신체의 상이를 입고 퇴직한 사람과 그 가족으로 한다.

　　　　ⓑ 사망(상이로 인하여 사망한 경우를 포함한다)한 사람의 유족: 직원의 사망 당시 「국가유공자 등 예우 및 지원에 관한 법률」 제5조(유족 또는 가족의 범위) 또는 「보훈보상대상자 지원에 관한 법률」 제3조(유족 또는 가족의 범위)에 해당하는 사람으로 한다.

　　　　ⓒ ⓐ에 해당하는 사람은 「국가유공자 등 예우 및 지원에 관한 법률」 또는 「보훈보상대상자 지원에 관한 법률」에 따른 전상군경(戰傷軍警), 공상군경(公傷軍警) 또는 재해부상군경과 그 가족으로 보고, ⓑ에 해당하는 사람은 「국가유공자 등 예우 및 지원에 관한 법률」 또는 「보훈보상대상자 지원에 관한 법률」에 따른 전몰군경(戰歿軍警), 순직군경(殉職軍警) 또는 재해사망군경의 유족으로 보아 「국가유공자 등 예우 및 지원에 관한 법률」 또는 「보훈보상대상자 지원에 관한 법률」에 따른 보상을 실시한다.

　　　　ⓓ 보상을 받으려는 사람은 「국가유공자 등 예우 및 지원에 관한 법률」 또는 「보훈보상대상자 지원에 관한 법률」에 따라 국가보훈부장관에게 등록을 신청하여야 한다. 이 경우 등록신청서에는 처장이 발급한 상이확인증명서 또는 사망확인증명서를 첨부하여야 한다.

　　　　ⓔ 처장은 「국가유공자 등 예우 및 지원에 관한 법률 시행령」 또는 「보훈보상대상자 지원에 관한 법률 시행령」에 따라 국가보훈부장관으로부터 국가유공자 또는 보훈보상대상자 요건과 관련된 사실의 확인에 대한 요청을 받으면 그 요건과 관련된 사실을 확인하여 국가보훈부장관에게 통보하여야 한다.

　　⑬ 「국가공무원법」과의 관계 등(법 제14조)

　　　㉠ 「국가공무원법」 준용: 직원에 대하여는 「대통령 등의 경호에

관한 법률」에 특별한 규정이 있는 경우를 제외하고는 「국가공무원법」을 준용한다.

ⓒ **규정 적용 제외**: 직원에 대하여는 「국가공무원법」 제17조(인사에 관한 감사) 및 제18조(통계보고)를 적용하지 아니한다.

⑭ **국가기관 등에 대한 협조요청**(법 제15조): 처장은 직무상 필요하다고 인정할 때에는 국가기관, 지방자치단체, 그 밖의 공공단체의 장에게 그 공무원 또는 직원의 파견이나 그 밖에 필요한 협조를 요청할 수 있다.

⑮ **대통령경호안전대책위원회**(법 제16조)

ㄱ **설치**: 경호처의 경호대상에 대한 경호업무를 수행할 때에는 관계기관의 책임을 명확하게 하고, 협조를 원활하게 하기 위하여 경호처에 대통령경호안전대책위원회(이하 '위원회'라 한다)를 둔다.

ㄴ **구성**

ⓐ 위원회는 위원장과 부위원장 각 1명을 포함한 20명 이내의 위원으로 구성한다.

ⓑ 위원장은 처장이 되고, 부위원장은 차장이 되며, 위원은 대통령령으로 정하는 관계기관의 공무원이 된다.

ㄷ **관장업무**

ⓐ 대통령 경호에 필요한 안전대책과 관련된 업무의 협의

ⓑ 대통령 경호와 관련된 첩보·정보의 교환 및 분석

ⓒ 그 밖에 경호처 경호대상에 대한 경호에 필요하다고 인정되는 업무

ㄹ 위원회의 구성 및 운영에 필요한 사항은 대통령령(대통령경호안전대책위원회규정)으로 정한다.

⑯ **경호공무원의 사법경찰권**(법 제17조)

ㄱ 처장의 제청으로 서울중앙지방검찰청 검사장이 지명한 경호공무원은 경호처 경호대상에 대한 경호업무 수행 중 인지한 그 소관에 속하는 범죄에 대하여 직무상 또는 수사상 긴급을 요하는 한도 내에서 사법경찰관리(司法警察官吏)의 직무를 수행할 수 있다.

ㄴ 7급 이상 경호공무원은 사법경찰관의 직무를 수행하고, 8급 이하 경호공무원은 사법경찰리(司法警察吏)의 직무를 수행한다.

심화학습

행정경찰과 사법경찰의 비교
행정경찰은 본래적 의미의 경찰로서 사회공공의 안전과 질서의 유지를 위한 경찰을 말하고, 사법경찰은 범죄의 수사, 범인의 체포 등을 위한 경찰을 말한다.

심화학습

사법경찰관과 사법경찰리의 비교
수사기관에는 검사뿐만 아니라 사법경찰관도 있다. 경무관, 총경, 경정, 경감, 경위는 사법경찰관으로서 범죄의 혐의가 있다고 사료하는 때에는 범인, 범죄사실과 증거를 수사한다. 이에 반해 경사, 경장, 순경은 사법경찰리로서 수사의 보조를 하여야 한다.

핵심 기출문제

17 대통령 등의 경호에 관한 법률상 경호공무원에 대한 사법경찰권 지명권자는?

· 제24회 기출

① 검찰총장

② 서울중앙지방검찰청 검사장

③ 경찰청장

④ 서울특별시경찰청장

해설 경호공무원(처장의 제청으로 서울중앙지방검찰청 검사장이 지명한 경호공무원을 말한다)은 경호대상에 대한 경호업무 수행 중 인지한 그 소관에 속하는 범죄에 대하여 직무상 또는 수사상 긴급을 요하는 한도 내에서 사법경찰관리(司法警察官吏)의 직무를 수행할 수 있다(대통령 등의 경호에 관한 법률 제17조 제1항).

정답 ②

⑰ **직권 남용 금지 등**(법 제18조)

　㉠ 소속공무원은 직권을 남용하여서는 아니 된다.

　㉡ 경호처에 파견된 경찰공무원은 「대통령 등의 경호에 관한 법률」에 규정된 임무 외의 경찰공무원의 직무를 수행할 수 없다.

⑱ **무기의 휴대 및 사용**(법 제19조)

　㉠ **무기휴대 권한**: 처장은 직무를 수행하기 위하여 필요하다고 인정할 때에는 소속공무원에게 무기를 휴대하게 할 수 있다.

　㉡ **무기의 사용 및 사용제한**: 무기를 휴대하는 사람은 그 직무를 수행할 때 필요하다고 인정하는 상당한 이유가 있을 경우 그 사태에 대응하여 부득이하다고 판단되는 한도 내에서 무기를 사용할 수 있다. 다만, 다음 중 어느 하나에 해당할 때를 제외하고는 사람에게 위해를 끼쳐서는 아니 된다.

　　ⓐ 「형법」에 따른 정당방위와 긴급피난에 해당할 때

　　ⓑ 경호처 경호대상에 대한 경호업무 수행 중 인지한 그 소관에 속하는 범죄로 사형, 무기 또는 장기 3년 이상의 징역 또는 금고에 해당하는 죄를 범하거나 범하였다고 의심할 만한 충분한 이유가 있는 사람이 소속공무원의 직무집행에 대하여 항거하거나 도피하려고 할 때 또는 제3자가 그를 도피시키려고 소속공무원에게 항거할 때 이를 방지하거나 체포하기 위하여 무기를 사용하지 아니하고는 다른 수단이 없다고 인정되는 상당한 이유가 있을 때

　　ⓒ 야간이나 집단을 이루거나 흉기나 그 밖의 위험한 물건을 휴대하여 경호업무를 방해하기 위하여 소속공무원에게 항

정당방위와 긴급피난

· **정당방위**

「형법」상 현재의 부당한 침해를 방위하기 위하여 타인에게 해악을 가하는 것을 정당화하는 것을 말한다.

· **긴급피난**

자기 또는 타인의 법익에 대한 현재의 위난을 피하기 위한 상당한 이유가 있는 행위를 긴급피난이라고 한다. 긴급피난은 정당방위와 같이 긴급행위이므로 처벌되지 않는다.

거할 경우에 이를 방지 또는 체포하기 위하여 무기를 사용하지 아니하고는 다른 수단이 없다고 인정되는 상당한 이유가 있을 때

⑲ 벌칙(법 제21조)

㉠ 「대통령 등의 경호에 관한 법률」 제9조 제1항(비밀의 엄수), 제18조(직권 남용 금지 등) 또는 제19조 제2항(무기의 휴대 및 사용)을 위반한 사람은 5년 이하의 징역이나 금고 또는 1천만 원 이하의 벌금에 처한다.

㉡ 제9조 제2항(소속공무원은 경호처의 직무와 관련된 사항을 발간하거나 그 밖의 방법으로 공표하려면 미리 처장의 허가를 받아야 한다)을 위반한 사람은 2년 이하의 징역이나 금고 또는 500만 원 이하의 벌금에 처한다.

핵심 기출문제

18 대통령 등의 경호에 관한 법률상 경호의 주체와 객체에 관한 설명으로 옳지 **않은** 것은?

• 제22회 기출

① 대통령 당선인의 직계존비속은 대통령경호처의 경호대상이다.
② 대한민국을 방문하는 외국 행정수반의 배우자는 대통령경호처의 경호대상이다.
③ 대통령경호처에 파견된 경찰공무원은 이 법에 규정된 임무 외의 경찰공무원의 직무를 수행할 수 없다.
④ 소속공무원이 직무상 알게 된 비밀을 누설한 경우 7년 이하의 징역이나 금고 또는 5천만 원 이하의 벌금에 처한다.

해설 소속공무원이 직무상 알게 된 비밀을 누설한 경우 5년 이하의 징역이나 금고 또는 1천만 원 이하의 벌금에 처한다(대통령 등의 경호에 관한 법률 제21조 제1항).

정답 ④

⑳ 민감정보 및 고유식별정보의 처리
처장은 다음 각 호의 업무를 수행하기 위하여 불가피한 경우 「개인정보 보호법 시행령」에 따른 범죄경력자료에 해당하는 정보, 특정 개인을 알아볼 목적으로 일정한 기술적 수단을 통해 생성한 정보(경호업무를 수행하는 경우로 한정한다)나 주민등록번호, 여권번호, 운전면허의 면허번호 또는 외국인등록번호가 포함된 자료를 처리할 수 있다(영 제35조의2).

① 법 및 이 영에 따른 경호업무
② 임용 직원의 임용 자격 확인 등에 관한 업무

참고 경호처 경호공무원의 의무

1. 「대통령 등의 경호에 관한 법률」상의 특별의무
「대통령 등의 경호에 관한 법률」에서 경호처 소속공무원의 비밀의 엄수, 직권 남용 금지 등, 무기의 휴대 및 사용에 대한 의무를 규정하였는데, 이는 경호처의 경호업무상 필수적인 것이므로 특별히 규정된 것이다.

2. 준용되는 「국가공무원법」상 국가공무원의 의무
「대통령 등의 경호에 관한 법률」제14조 제2항에서는 "직원에 대하여는 이 법(대통령 등의 경호에 관한 법률)에 특별한 규정이 있는 경우를 제외하고는 「국가공무원법」을 준용한다."라고 규정하였으므로 경호처 직원에게 「국가공무원법」상의 다음의 의무도 적용된다.

① 선서의 의무: 공무원은 취임할 때에 소속기관장 앞에서 선서하여야 한다. 다만, 불가피한 사유가 있으면 취임 후에 선서할 수 있다.

② 성실의무, 복종의무, 직장이탈금지의무, 친절·공정의 의무, 품위유지의 의무

③ 종교중립의 의무
ㅇ 공무원은 종교에 따른 차별 없이 직무를 수행하여야 한다.
ㅈ 공무원은 소속상관이 ㅇ에 위배되는 명령을 한 경우에는 이에 따르지 아니할 수 있다.

④ 비밀엄수의 의무, 청렴의 의무, 외국정부의 영예 등을 받을 경우의 의무

⑤ 영리업무 및 겸직금지의 의무

⑥ 정치운동의 금지의무
ㅇ 공무원은 정당이나 그 밖의 정치단체의 결성에 관여하거나 이에 가입할 수 없다.
ㅈ 공무원은 선거에서 특정 정당 또는 특정인을 지지 또는 반대하기 위한 다음의 행위를 하여서는 아니 된다.
Ⓜ 투표를 하거나 하지 아니하도록 권유운동을 하는 것
Ⓝ 서명운동을 기도·주재하거나 권유하는 것
Ⓞ 문서나 도서를 공공시설 등에 게시하거나 게시하게 하는 것
Ⓟ 기부금을 모집 또는 모집하게 하거나, 공공자금을 이용 또는 이용하게 하는 것
Ⓠ 타인에게 정당이나 그 밖의 정치단체에 가입하게 하거나 가입하지 아니하도록 권유운동을 하는 것

⑦ 집단행위 금지의 의무
ㅇ 공무원은 노동운동이나 그 밖에 공무 외의 일을 위한 집단행위를 하여서는 아니 된다. 다만, 사실상 노무에 종사하는 공무원은 예외로 한다.
ㅈ 사실상 노무에 종사하는 공무원으로서 노동조합에 가입된 자가 조합업무에 전임하려면 소속장관의 허가를 받아야 하며, 허가에는 필요한 조건을 붙일 수 있다.

영예
명예와 비슷한 것으로, 훈장, 상장, 표창 등을 받는 것을 의미한다. 개인이나 단체로부터 훈장 등을 받을 때에는 문제가 없으나, 외국정부에서 받을 때에는 대통령의 허가를 받아야 한다.

3. 한국의 국무총리 등의 경호기관(경찰청 경비국)

(1) 국무총리 등 주요 요인의 경호는 경찰청 경비국이 담당한다. 경찰청 경비국은 경비과, 경호과, 항공과로 구성되어 있다.

(2) 경찰청 경비국의 임무는 경호계획의 수립 및 지도, 요인의 보호에 관한 사항, 테러예방 및 진압대책의 수립·지도에 관한 사항이며, 국무총리 등에 대한 경호임무를 주로 담당한다.

4. 한국의 경찰공무원

(1) 경찰제도의 특징 및 근거 규정

① 한국의 경찰제도는 대륙법계 국가의 독임제 국가경찰제도를 근간으로 하되, 영미법계 국가의 지방자치경찰제도를 일부 병행한다.

② 경찰제도에 관한 근거 규정은 「국가경찰과 자치경찰의 조직 및 운영에 관한 법률」이며, 경찰임무는 「경찰공무원법」, 「경찰관 직무집행법」 등에 규정되어 있다.

(2) 경찰의 개념(槪念)

일반 경찰기관의 권한에 속하는 작용을 형식적 의미의 경찰이라고 하며, 실질적 의미의 경찰은 공공의 안녕과 질서를 유지하고, 이에 대한 위해 방지를 목적으로 하는 권력적 작용을 말한다.

(3) 경찰관의 신분

① 경찰관의 신분은 특정직 공무원이다.

② 경찰공무원은 신체 및 사상이 건전하고, 품행이 방정(方正)한 자이어야 임용될 수 있다.

(4) 경찰공무원이 갖추어야 할 일반적인 요건

덕성	인애정신, 확고한 신념, 도덕적 용기, 책임감, 명예, 성실성, 공정한 태도 등
학식	적절한 경찰실무에 대한 지식, 정치적인 지식, 법률적·경찰전술적 지식 등
체력과 정신력	강인한 육체적 건강, 정신적 건강 등
직무 수행능력	경찰간부에 요구되는 지도력, 거시적 안목, 풍부한 식견과 수양 등

➕ 심화학습

경찰경호 근거
「경찰관 직무집행법」에서 직무의 범위를 규정하면서 '주요 인사 경호'를 경찰관의 임무로 규정하고 있다. 이 규정이 경찰경호의 법적 근거가 되며, 세부적인 경호활동에 관하여는 경찰청훈령인 '경호규칙'과 '경호편람' 등에서 정하고 있다.

◀ **품행이 방정(方正)한 자**
품성과 행실이 바르고 점잖은 사람

(5) 「경찰관 직무집행법」상의 직무의 범위

① 국민의 생명 · 신체 및 재산의 보호

② 범죄의 예방 · 진압 및 수사, 범죄피해자 보호

③ 경비, 주요 인사(人士) 경호 및 대간첩 · 대테러 작전 수행

④ 공공안녕에 대한 위험의 예방과 대응을 위한 정보의 수집 · 작성 및 배포

⑤ 교통 단속과 교통 위해(危害)의 방지

⑥ 외국 정부기관 및 국제기구와의 국제협력

⑦ 그 밖에 공공의 안녕과 질서유지

(6) 경호경찰관의 주요 임무

불심자
수상한 거동이나 주위의 사정을 합리적으로 판단하여 어떤 범죄를 범하였거나 또는 범하려 한다고 의심할 만한 상당한 이유가 있는 자를 말한다.

① 불심자의 접근을 차단 및 방지하고 불심자를 사전 색출하여 배제한다.

② 환송자 · 환영자를 정리 및 관찰하고 거동수상자에 대한 검문 · 검색을 한다.

③ 정복경찰관으로부터 검문을 받은 자와 기타 불심자를 미행하여 동정을 감시한다.

(7) 한국경찰의 경호대상

경찰의 경호대상은 국무총리, 국회의장, 대법원장, 헌법재판소장, 기타 경찰청장이 필요하다고 인정하는 인사, 원칙적으로 퇴임 후 10년이 지난 전직대통령 등이 있다.

(8) 경찰관의 무기사용(경찰관 직무집행법 제10조의4)

① 경찰관은 범인의 체포, 범인의 도주 방지, 자신이나 다른 사람의 생명 · 신체의 방어 및 보호, 공무집행에 대한 항거의 제지를 위하여 필요하다고 인정되는 상당한 이유가 있을 때에는 그 사태를 합리적으로 판단하여 필요한 한도 내에서 무기를 사용할 수 있다.

② 다만, 다음 중 어느 하나에 해당할 때를 제외하고는 사람에게 위해를 끼쳐서는 아니 된다.

ㄱ 「형법」에 규정된 정당방위와 긴급피난에 해당할 때

ㄴ 다음의 어느 하나에 해당하는 때에 그 행위를 방지하거나 그 행위자를 체포하기 위하여 무기를 사용하지 아니하고는 다른 수단이 없다고 인정되는 상당한 이유가 있을 때

ⓐ 사형·무기 또는 장기 3년 이상의 징역이나 금고에 해당하는 죄를 범하거나 범하였다고 의심할 만한 충분한 이유가 있는 사람이 경찰관의 직무집행에 항거하거나 도주하려고 할 때

ⓑ 체포·구속영장과 압수·수색영장을 집행하는 과정에서 경찰관의 직무집행에 항거하거나 도주하려고 할 때

ⓒ 제3자가 ⓐ 또는 ⓑ에 해당하는 사람을 도주시키려고 경찰관에게 항거할 때

ⓓ 범인이나 소요를 일으킨 사람이 무기·흉기 등 위험한 물건을 지니고 경찰관으로부터 3회 이상 물건을 버리라는 명령이나 항복하라는 명령을 받고도 따르지 아니하면서 계속 항거할 때

ⓒ 대간첩 작전 수행과정에서 무장간첩이 항복하라는 경찰관의 명령을 받고도 따르지 아니할 때

5. 민간인 경호기관

(1) 미국

① 미국의 초기 역사는 영국 이주민의 역사이므로 초기의 이주자들은 영국왕실의 권위주의적인 통치방식을 배척하고 지방분권적 통치방식을 선호하였는데, 이로 인하여 범죄에 대응하는 방식도 민병대, 자경단 등 자치경비조직의 형태로 발달하였다.

② 미국은 서부개척시대부터 사설경비업무영역이 발달한 나라로, 시설물보호, 개인신변보호, 방범안전기 제조 및 설치, 범죄와 범죄자 정보의 제공, 조사 및 탐정업무 등을 민간경비가 담당하였으며 시설경비업무보다 신변보호제도가 더 발달하였다.

(2) 일본

① 제2차 세계대전 후 현대적 민간경비업을 전문으로 하는 민간경비업체가 출현하였는데, 이는 SECOM의 전신으로 스웨덴의 경비회사와 제휴하여 설립된 일본경비보장이다.

② 1964년 동경올림픽의 선수촌경비를 계기로 민간경비가 획기적으로 발전하였다.

③ 1970년 오사카만국박람회로 민간경비가 확립되었는데, 이때 민간경비는 시설관리, 관람객들의 안전, 질서유지 등에 투입되었다.

➕ 심화학습

소년 대상 징역형 선고
형사 사건에서 소년에게 징역형을 선고하는 경우(집행유예 없이) 단기와 장기를 구분하여 선고를 한다. 단기 1년, 장기 3년을 선고하는 경우 최소 1년, 최장 3년의 징역을 살아야 한다는 의미이다. 소년의 경우 성인에 비해 변화 가능성을 염두에 두기 때문에 단기와 장기를 구분하여 징역형을 선고한다.

④ 일본의 민간경비산업은 미국에서 도입하여 일본 최대 성장산업으로 발전하였고 한국, 중국까지 진출하였다.

⑤ 경비서비스의 종류

시설경비	신변보호업무를 수행하고 주택·사무소 등의 건물 또는 주차장과 유원지 등의 시설에서의 도난사고 발생을 경계하고 방지한다.
교통유도경비	도로공사, 건설현장, 각종 행사장 등에서 차량의 유도 및 사고의 발생을 예방·방지하는 업무를 수행한다.
수송경비	운반 중인 현금, 골동품, 위험물 등의 사고 발생을 경계하고 방지한다.

(3) 한국

① 한국의 사설경비에는 청원경찰과 용역경비 등이 있으며, 주요 임무는 범죄예방활동이다.

② 청원경찰은 민간인 신분으로 근무지역 내에서 「경찰관 직무집행법」에 의한 경찰관의 직무를 수행하며, 용역경비는 사인의 자격으로 시설주가 요구하는 경비시설 내에서 경비업무를 수행한다.

③ 현행법상 인정되는 요인경비는 경찰과 대통령경호원에 의한 경호, 「경비업법」상의 경비원에 의해 실시되는 신변보호작용 등이 있다.

6. 한국의 민간경호원

(1) 민간경호원

① **개념**: 연예인, 정치인, 기업인, 기타 일반인 등의 신변을 보호하기 위하여 위험요소를 사전에 제거하고, 경호대상자의 안전을 도모하기 위하여 경호활동을 수행하는 자를 말한다.

② **임무**: 경호대상자의 생명이나 신체에 대한 위해의 발생을 방지하고 그 신변을 보호하는 업무, 생명과 재산을 보호하는 업무 등이다.

③ **민간경호원의 범인 체포·감금**: 민간경호원이 범인을 체포·감금할 때에는 「형법」상의 체포·감금죄가 성립하지만, 현행범의 체포, 정당방위(과잉방위 제외), 자구행위(일정범위)에 해당될 때에는 위법성이 조각된다.

자구행위
자기의 권리를 침해받았을 때 법적인 절차에 의하지 않고 스스로의 실력으로 그 권리를 지키는 일을 말한다.

④ **민간경호원의 휴대가 가능한 장구**: 경적(호루라기), 단봉(짧고 둥근 막대기), 분사기 등이 있으며, 경비업자가 민간경호원으로 하여금 가스분사기를 휴대하게 하여 직무를 수행하는 경우에는 미리

「총포·도검·화약류 등의 안전관리에 관한 법률」 등에 의하여 분사기의 소지 허가를 받아야 한다. 또한 총기의 경우 일반경호원은 휴대 및 사용할 수 없고, 특수경비원만 엄격한 제한하에 휴대 및 사용이 가능하다.

⑤ **경호원의 자질과 태도**: 경호대상자를 수행하는 경호원은 가까운 곳에서 고객을 보호하는 일이므로 오랜 기간 같이 있어도 불편하지 않은 유형의 경호원이 선호된다. 즉, 고객이 좋은 인상을 느낄 수 있도록 하고 신뢰와 친근감을 가질 수 있도록 해야 하므로 다음과 같은 자질과 태도를 갖추도록 노력해야 할 것이다.

ㄱ "보고 듣고 말하지 않는다."라는 불문율을 철저히 지켜 고객의 프라이버시 존중과 경호보안을 철저히 해야 한다.

ㄴ 경호대상자에게 첫 만남에서 신뢰를 줄 수 있어야 한다. 대부분의 전문적인 직업에서는 고용과정에서의 첫인상이 매우 중요하다. 면접 시 짧은 시간 내에 자기 자신을 충분히 표현해야 하므로 경호원은 외모에서나 거동 그리고 작은 행동에서조차 듬직한 신뢰를 심어 줄 수 있어야 한다.

ㄷ 기본적인 조건으로 사회적인 품위, 인성, 예절, 외모, 위생 그리고 적절하게 옷 입는 방법 등에 대한 이해가 있어야 한다.

ㄹ 경호원은 선천적으로 조용한 성품, 유쾌한 성격, 자신감 그리고 전문적인 지식과 태도를 갖추어야 한다.

ㅁ 경호원은 직업적인 필요에 의하여 무서운 기술, 조절된 폭력성, 보호본성과 희생정신이 동시에 있어야 한다.

ㅂ 경호대상자의 신체적인 특성, 건강상태, 심리상태 등을 빨리 파악할 수 있어야 한다.

ㅅ 경호원에게 있어 제일 중요한 업무는 경호대상자의 안전이 최우선임을 경호대상자에게 정확하게 인식시킬 수 있어야 한다는 것이다.

⑥ **바람직한 사설경호원의 경호원상**

ㄱ 신뢰할 수 있고, 투철한 직업의식을 갖고 있는 경호원

ㄴ 규율관념이 확실하고, 양식을 갖춘 경호원

ㄷ 건강하고 왕성한 신체적 능력을 갖춘 경호원

ㄹ 예의 바르고 침착하고 친절한 경호원

ㅁ 희생정신을 가진 경호원

ㅂ 풍부한 전문적 지식을 체득하고 있는 경호원

(2) 청원경찰

① 개념: 국가기관 또는 공공단체와 그 관리하에 있는 중요시설 또는 사업장, 국내 주재 외국기관, 그 밖에 행정안전부령으로 정하는 중요시설·사업장 또는 장소에 해당하는 기관의 장 또는 시설·사업장 등의 경영자가 경비(청원경찰경비)를 부담할 것을 조건으로 경찰의 배치를 신청하는 경우 그 기관·시설 또는 사업장 등의 경비를 담당하게 하기 위하여 배치하는 민간경찰을 말한다.

② 임무: 청원경찰은 청원경찰의 배치결정을 받은 자(청원주)와 배치된 기관·시설 또는 사업장 등의 구역을 관할하는 경찰서장의 감독을 받아 그 경비구역만의 경비를 목적으로 필요한 범위에서 「경찰관 직무집행법」에 따른 경찰관의 직무를 행한다.

③ 직무의 범위

  ㉠ 국민의 생명·신체 및 재산의 보호

  ㉡ 범죄의 예방·진압

  ㉢ 경비, 주요 인사(人士) 경호

  ㉣ 그 밖에 공공의 안녕과 질서유지

④ 배치장소

  ㉠ 국가기관 또는 공공단체와 그 관리하에 있는 중요시설 또는 사업장

  ㉡ 국내 주재 외국기관

  ㉢ 기타 행정안전부령으로 정하는 중요시설·사업장 또는 장소

「청원경찰법 시행규칙」 제2조(배치대상)

1. 선박·항공기 등 수송시설
2. 금융 또는 보험을 업(業)으로 하는 시설 또는 사업장
3. 언론·통신·방송 또는 인쇄를 업으로 하는 시설 또는 사업장
4. 학교 등 육영시설
5. 「의료법」에 따른 의료기관
6. 그 밖에 공공의 안녕질서 유지와 국민경제를 위하여 고도의 경비(警備)가 필요한 중요시설·사업체 또는 장소

---

⑤ 법적 지위

  ㉠ 청원경찰은 순수 민간인이며, 그 배치구역 내에서 경비목적을 위하여 필요한 범위 안에서 「경찰관 직무집행법」에 의한 경찰관의 직무를 수행한다.

ⓛ 청원경찰은 「형법」, 기타 법령에 의한 벌칙의 적용에 있어서는 공무원으로 본다.

⑥ 청원경찰의 기본 휴대장구로는 경찰봉, 호루라기, 포승, 가스분사기, 총기(권총 또는 총기) 등이 있다.

⑦ 무기 및 탄약관리

　ⓐ 무기고 및 탄약고는 단층에 설치하고 환기·방습·방화 및 총받침대 등의 시설을 갖추어야 한다.

　ⓛ 탄약의 지급은 소총의 경우 1정당 15발 이내, 권총의 경우 1정당 7발 이내이다.

　ⓒ 무기를 지급받은 청원경찰이 매주 1회 이상 무기를 손질하여야 한다.

　ⓡ 탄약고는 무기고와 떨어진 곳에 설치하고, 그 위치는 사무실이나 그 밖에 여러 사람을 수용하거나 여러 사람이 오고 가는 시설로부터 격리되어야 한다.

　ⓜ 무기고와 탄약고에는 이중 잠금장치를 하고, 열쇠는 관리책임자가 보관하되, 근무시간 이후에는 숙직책임자에게 인계하여 보관시켜야 한다.

　ⓗ 지급된 무기 및 탄약의 회수 사유: 청원주는 다음 각 호의 어느 하나에 해당하는 청원경찰에게 무기와 탄약을 지급해서는 안 되며, 지급한 무기와 탄약은 즉시 회수해야 한다(청원경찰법 시행규칙 제16조 제4항).

　　ⓐ 직무상 비위(非違)로 징계 대상이 된 사람

　　ⓑ 형사사건으로 조사 대상이 된 사람

　　ⓒ 사직 의사를 밝힌 사람

　　ⓓ 치매, 조현병, 조현정동장애, 양극성 정동장애(조울병), 재발성 우울장애 등의 정신질환으로 인하여 무기와 탄약의 휴대가 적합하지 않다고 해당 분야 전문의가 인정하는 사람

　　ⓔ ⓐ부터 ⓓ까지의 규정 중 어느 하나에 준하는 사유로 청원주가 무기와 탄약을 지급하기에 적절하지 않다고 인정하는 사람

무기고 및 탄약고를 단층에 설치하는 이유

무기고 및 탄약고는 단층(하나로만 이루어진 층, 또는 그런 층으로 된 것)에 설치한다. 각종 재해재난 시 무기 및 탄약을 신속하게 외부로 반출하기 용이하며, 그 밖의 긴급 시에도 빨리 외부로 인출하기 위함이다.

:: **보충학습** 「경비업법」상의 특수경비원에게 지급된 무기회수 사유

시설주는 다음 각 호의 특수경비원에 대하여 무기를 지급해서는 안 되며, 지급된 무기가 있는 경우 이를 즉시 회수해야 한다(경비업법 시행규칙 제18조 제5항).
1. 형사사건으로 인하여 조사를 받고 있는 사람
2. 사직 의사를 표명한 사람
3. 정신질환자
4. 그 밖에 무기를 지급하기에 부적합하다고 인정되는 사람

➕ **심화학습**

무기보관 사유

경찰기관의 장은 다음에 해당하는 경우에는 대여한 무기 · 탄약을 무기고에 보관하도록 하여야 한다.
• 술자리 또는 연회장소에 출입할 경우
• 상사의 사무실을 출입할 경우
• 기타 정황을 판단하여 필요하다고 인정되는 경우

:: **보충학습** 「경찰장비관리규칙」상의 무기 · 탄약회수 사유

1. **무기 · 탄약회수의 절대적 사유**
   경찰기관의 장은 무기를 휴대한 자 중에서 다음 각 호에 해당하는 자가 발생한 때에는 즉시 대여한 무기 · 탄약을 회수해야 한다. 다만, 대상자가 이의신청을 하거나 소속 부서장이 무기 소지 적격 여부에 대해 심의를 요청하는 경우에는 무기 소지 적격 심의위원회의 심의를 거쳐 대여한 무기 · 탄약의 회수 여부를 결정한다(경찰장비관리규칙 제120조 제1항).
   ① 직무상의 비위 등으로 인하여 중징계 의결 요구된 된 자
   ② 사의를 표명한 자

2. **무기 · 탄약회수의 상대적 사유**
   경찰기관의 장은 무기를 휴대한 자 중에서 다음 각 호에 해당하는 자가 있을 때에는 심의위원회의 심의를 거쳐 대여한 무기 · 탄약을 회수할 수 있다. 다만, 심의위원회를 개최할 시간적 여유가 없거나 사고 방지 등을 위해 신속한 회수가 필요하다고 인정되는 경우에는 대여한 무기 · 탄약을 즉시 회수할 수 있으며, 회수한 날부터 7일 이내에 심의위원회를 개최하여 회수의 타당성을 심의하고 계속 회수 여부를 결정한다(경찰장비관리규칙 제120조 제2항).
   ① 직무상의 비위 등으로 인하여 감찰조사의 대상이 되거나 경징계의결 요구 또는 경징계 처분 중인 자
   ② 형사사건의 수사 대상이 된 자
   ③ 경찰공무원 직무적성검사 결과 고위험군에 해당되는 자
   ④ 정신건강상 문제가 우려되어 치료가 필요한 자
   ⑤ 정서적 불안 상태로 인하여 무기소지가 적합하지 않은 자로서 소속부서장의 요청이 있는 자
   ⑥ 그 밖에 경찰기관의 장이 무기소지 적격 여부에 대해 심의를 요청하는 자

⑧ **임용요건**
  ㉠ 18세 이상인 사람
  ㉡ 행정안전부령으로 정하는 신체조건에 해당하는 자
     ⓐ 신체가 건강하고 팔다리가 완전할 것
     ⓑ 시력(교정시력을 포함한다)은 양쪽 눈이 각각 0.8 이상일 것
  ㉢ 「국가공무원법」 제33조(결격사유) 중 어느 하나에도 해당되지 않는 자

(3) 경비지도사

① 임무
  - ㉠ 경비원의 지도 · 감독 · 교육에 관한 계획의 수립 · 실시 및 그 기록의 유지(월 1회 이상)
  - ㉡ 경비현장에 배치된 경비원에 대한 순회점검 및 감독(월 1회 이상)
  - ㉢ 경찰기관 및 소방기관과의 연락방법에 대한 지도
  - ㉣ 집단민원현장에 배치된 경비원에 대한 지도 · 감독
  - ㉤ 그 밖에 대통령령이 정하는 직무(기계경비지도사의 경우에 한한다)
    - ⓐ 기계경비업무를 위한 기계장치의 운용 · 감독
    - ⓑ 오경보 방지 등을 위한 기기관리의 감독

② 자격취소 사유
  - ㉠ 경비지도사의 결격사유에 해당하게 된 때
  - ㉡ 허위, 그 밖의 부정한 방법으로 경비지도사자격증을 교부받은 때
  - ㉢ 경비지도사자격증을 다른 사람에게 빌려 주거나 양도한 때
  - ㉣ 자격정지 기간 중에 경비지도사로 선임되어 활동한 때

2 경호의 객체

1. 국왕(國王)

영국과 일본은 의원내각제 정부형태를 취하고 있으면서 현재 영국은 국왕이, 일본은 천황이 상징적인 국가원수의 지위에 있다. 따라서 그들은 주요한 지위에 있는 경호대상자가 된다.

2. 대통령(大統領)

미국과 한국은 대통령제 정부형태를 취하고 있으므로 대통령이 주 경호대상자이다.

> **국가원수**
> 국가원수(國家元首)는 국가의 최고 지도자이자 국제법상 외국에 대하여 그 나라를 대표하는 자격을 갖는 주체이다. 군주국에서는 국왕이나 황제가, 공화국에서는 대통령이 국가원수인 경우가 대부분이다.

(1) 미국 대통령

국가원수, 행정수반, 수석외교관, 수석입법자, 국군최고사령관, 당수, 공안의 보호자, 국민의 대변자, 번영의 관리자 등의 역할을 수행한다.

(2) 한국 대통령

국가원수로서의 지위, 국민대표기관으로서의 지위, 행정부 수반으로서의 지위를 가지며, 경호는 경호처가 담당한다.

① **국가원수로서의 지위**: 국가의 원수라 함은 대외적으로 국가를 대표하고, 대내적으로 국가의 통일성과 전체성을 대표할 자격을 가진 국가기관을 말한다.

» **국가원수로서의 지위**

대외적으로 국가를 대표할 지위	국가를 대표하여 선전포고와 강화 · 조약의 체결 · 비준, 외교사절의 신임 · 접수 · 파견권 등
국헌(국가)수호자로서의 지위	국가의 독립 · 영토의 보전 · 국가의 계속성과「헌법」을 준수할 책무, 긴급재정경제처분 · 명령권 및 긴급명령권, 계엄선포권, 전쟁수행권, 위헌정당해산제소권 등
국정의 통합 · 조정자로서의 지위	헌법개정제안권, 중요정책의 국민투표회부권, 국회임시회집회요구권, 국회출석발언권, 법률안제출권, 사면 및 감형에 대한 권한 등
헌법기관구성권자로서의 지위	대법원장 · 헌법재판소장 · 감사원장의 임명, 헌법재판소재판관 · 대법관 · 중앙선거관리위원회 3인의 임명권, 감사위원임명권 등

② **국민대표기관으로서의 지위**:「헌법」에 대통령을 대내적인 국민대표로 정한 규정은 없으나, 대통령의 국민대표기관으로서의 지위를 시사하는 규정은 적지 않다. 대통령은 국민에 의하여 직접 선출된다는「헌법」제67조 직선제 조항 등을 들 수 있다. 따라서 현행「헌법」에서도 국가원수인 동시에 행정부 수반인 대통령은 국회와 더불어 대내적인 국민대표를 의미한다. 다만, 이 경우 국회가 다원적 집단 이익의 대표를 의미한다면, 대통령은 통일적 국가 이익의 대표를 의미한다.

③ **행정부 수반으로서의 지위**:「헌법」제66조 제4항은 "행정권은 대통령을 수반으로 하는 정부에 속한다."라고 하여 행정부 수반으로서의 대통령의 지위를 구성하고 있다. 행정부 수반이라 함은

행정부를 조직하고 통할하는 집행에 관한 최고책임자를 의미한다. 대통령의 행정부 수반으로서의 지위는 다음과 같다.

ㅤㄱ 행정에 관한 최고지휘권자·최고책임자로서의 지위
ㅤㄴ 행정부 조직권자로서의 지위
ㅤㄷ 국무회의 의장으로서의 지위

➕ 심화학습

국군통수권

대한민국의 육·해·공군을 포함한 국방기구와 조직상 편제된 모든 국군을 지휘·통할할 권한을 국군통수권이라 하며 대통령의 권한에 속하며 이는 국가원수로서의 지위가 아니라 행정부 수반으로서의 지위에 해당한다.

3. 수상

의원내각제 형태의 국가인 영국·일본·독일 등의 수상은 업무 집행에 관한 실질적 권한을 가지고 있으므로 경호의 주 대상자이다.

4. 국무총리

국무총리제도의 대표적인 나라는 우리나라이다. 국무총리는 대통령의 권한대행자로서의 지위, 대통령의 보좌기관으로서의 지위, 집행부 제2인자의 지위, 국무회의 부의장의 지위, 대통령 다음의 상급 행정관청의 지위를 갖는다.

5. 전직대통령(前職大統領)

미국에서 전직대통령은 평생 동안 경호의 대상이 되지만, 한국에서는 본인의 의사에 반하지 아니하는 경우에 한하여 10년 이내의 전직대통령은 경호처가, 그 이후 전직대통령은 경찰이 경호를 실시한다.

6. 민간인·정치인

사설경호기관의 경호대상으로 기업인, 정치인, 연예인, 스포츠인, 기타 일반인을 들 수 있다.

(1) 기업인

국가기관에서 신변보호 임무를 수행하여 주는 방위산업체종사자 등을 제외한 기업체 총수들은 주로 사설경호원을 이용하고 있는데, 이들은 엄격한 선발과정에 의해 채용된다. 회사의 이익과 직결되는 문제가 발생할 수 있기 때문이다. 경호대상자들은 경호원들이 경호대상자에게 맞는 구비조건을 갖추어 줄 것을 요구하고 있고 실제로 조

➕ 심화학습

법외 경호

법에 의하여 실제 존재하는 모든 경호를 규율하는 것은 불가능하며, 계약자유의 원칙에 의하여 체결하는 사인(私人) 간의 고용계약 등의 형식에 의한 민간경호를 법에 의하여 모두 규제하는 것도 바람직한 것만은 아니기 때문에 존재할 수밖에 없는 현상이다.

건 또한 까다롭게 적용하고 있다. 기업인들의 경호 실패는 그 기업의 흥망과 깊은 관련을 가지고 있으므로 기업의 비밀유지를 위한 필수 조건을 갖추고 있어야 한다.

(2) 정치인

정치인들의 대다수는 국가의 국가경호기관 경호대상에 포함되지 않아 경호요원을 보유하고 있지 않다. 정치인의 경호는 주로 청년당원들에 의해 이루어지고 있는데, 이는 전문성이 떨어지고 주먹구구식으로 이루어져 각종 테러의 위협에서 자유로울 수 없으므로 사설경호원을 채용하게 된다.

(3) 연예인

가수, 탤런트, 연극배우, 무용인 등을 일컬으며, 이들은 지명도는 높으나 국가기관에 의한 신변보호를 전혀 받지 못한다. 이들은 공경호대상이 아니므로 수익자부담원칙이 적용된다. 유럽이나 선진국에서는 공연 수입의 일부를 행사금액 비율 중 적게는 5%에서 많게는 20%까지 공연자와 관람객이 있는 행사장의 안전을 위한 경비로 편성하도록 의무화하고 있다.

(4) 스포츠인

생활수준이 높아지고 스포츠에 대한 좋은 인식이 작용하여 스포츠경기를 관람하거나 스포츠활동을 함으로써 자신의 건강을 유지하고 스트레스를 해소하는 경우가 늘어나고 있다. 우리나라에서도 세계적인 스포츠선수를 배출하여 국제적으로 국가의 명예를 드높이고 있는 실정이다. 이로 인해 스포츠인들의 위상은 무척 높아졌고 유명 스포츠인은 유명 연예인보다 더 많은 인기를 누리고 있는 실정이다. 따라서 이들이 경기장이나 주택 이동 시 극성팬들에 의한 돌발사태를 대비하여야 하고, 기타 테러의 위협에도 대비하며 경호활동에 임하여야 한다.

(5) 아동 및 부녀자

아동 및 부녀자를 상대로 하는 유괴 범죄가 갈수록 늘어나고 있다. 여성을 보호하는 경호원으로는 주로 고도의 무술실력을 갖춘 여성경호원을 선호하는 경호대상자가 많은 실정인데, 이는 과거 남성경호원들은 신체적 특성이 다른 점이 많아 경호대상자나 경호원 서로 간에 불

➕ 심화학습

여성경호원

여성 의뢰인이 늘어남에 따라 여성경호원의 수요가 크게 늘어나고 있다. 여성경호원의 가장 큰 장점은 의뢰인(여성)과 함께 24시간 어디에나 동행을 할 수 있다는 점이다. 또한 의뢰인을 단순히 경호하는 것뿐만 아니라 같은 여성이라는 유대감으로 의뢰인을 위로해 줄 수 있어 심리적인 안정감을 제공하기도 한다.

편함이 많이 나타났기 때문이다. 여성 및 아동의 경호원의 경우, 범죄행위 기도자들은 대부분이 금품을 노리고 범행한다는 사실을 알고 이에 대해 적절한 경호기법을 가지고 경호임무를 수행하여야 한다.

(6) 학교폭력 피해학생

학생들을 대상으로 하는 경호업무는 대개 학교폭력 피해학생들을 보호하는 것이다. 집단 따돌림이나 학교주변의 폭력배들이 귀가하는 학생들에게 폭력을 행사하는 폭력피해 등으로 인해 하굣길에 불안감이 조성되고 있다. 이에 많은 부모들이 학생을 대상으로 경호를 원하는 경우가 많다. 이때 경호원은 감수성이 예민한 청소년을 이해해 줄 수 있고 고민을 상담할 수 있는 자세로 학생보호 경호에 투입돼 임무에 만전을 기하여야 한다.

(7) 외국인

외국인의 우리나라 방문에는 여러 목적이 있을 것이다. 국빈이나 기타 외교사절의 경우는 국가경호기관에서 신변보호를 하지만, 관광이나 다른 목적으로 방문하는 외국인은 그 지역의 위험도에 따라 사설경호를 이용하는 경우가 늘고 있다. 대부분의 외국인은 관광을 목적으로 방문하는 경우가 많아 지역의 특성이나 풍습 등을 잘 설명해 줄 수 있는 관광가이드를 겸한 경호원을 원하고 있다. 따라서 사설경호기관은 경호대상자의 관광목적지, 관광내용 등을 파악하여 이에 적합한 관광 관련 전문경호원을 투입하여야 한다.

핵심 기출문제

19 경호의 주체 및 객체에 관한 설명으로 옳지 <u>않은</u> 것은? • 제19회 기출

① 경호주체는 경호목적을 달성하기 위해 적극적으로 일정한 경호작용을 주도적으로 실시하는 당사자를 말한다.
② 경호객체는 경호관계에서 경호주체의 상대방인 경호대상자를 말한다.
③ 경호대상자의 협조를 유도하기 위해서는 경호대상자의 심리적 성향을 이해하고 적합한 기법을 개발하여 신뢰감을 얻는 것이 중요하다.
④ 경호대상자가 경호에 협조적인 경우, 경호대상자 주위의 안전구역을 해제함으로써 유연한 경호임무를 완수해야 한다.

해설 경호대상자 주위의 안전구역은 절대안전구역이라고 표현하기도 한다. 안전구역은 경호대상자를 중심으로 하여 반경 50미터 범위 이내이다. 즉, 권총 유효사거리 및 수류탄 투척거리 이내이다. 안전구역을 해제하면 경호대상자를 직접적인 위해로부터 보호할 수 없으므로 안전구역을 해제하여서는 아니 된다.

정답 ④

3 경호의 구성요소

경호는 경호대상자의 신변안전에 위협이 되는 제반 경호환경을 경호원이 관리하고 통제하는 과정이다. 경호활동에 기본적으로 작용하여 경호활동에 영향을 주는 요소는 크게 경호원, 경호대상자, 경호환경의 3가지로 구분할 수 있는데, 이 3가지 요소는 경호를 구성하는 기본요소로 경호활동에 직접 또는 간접적으로 작용한다.

1. 경호원

(1) 개념 및 정의

① 경호원 또는 보디가드(Bodyguard)는 경호에 종사하는 직업이다. 정부 요인, 저명인, 기업 중역 등 중요인물의 신변을 경호하여 유괴, 암살과 같은 위협으로부터 경호대상을 지키는 사람을 말한다.

② 경호목적을 달성하기 위해 적극적으로 일정한 경호작용을 주도적으로 실시하는 당사자를 경호주체라고 한다. 즉, 경호원은 경호활동의 주체로서 경호활동에 직·간접으로 참여하여 경호활동을 주관하는 사람을 말한다.

(2) 능력

경호원에 대한 잘못된 인식 중 하나는 경호원을 마치 특별한 신체조건을 가지거나 특별한 능력이 있는 사람으로 생각하는 경향이다. 경호원도 기본적으로 일반인과 동등한 능력을 행사하는 사람이며, 단지 경험이나 교육·훈련을 통해 경호업무에 보다 잘 접근할 수 있는 마인드를 소유한 사람이라는 점을 알아야 한다.

(3) 분류

① 경호원의 호칭은 경호업무를 수행하는 기관마다 달리 표현된다.

② 대통령경호처의 경우 대통령 경호업무를 수행하는 사람을 직급에 따라 경호관과 경호사로 구분하고 있다.

➕ 심화학습

경호처의 경호관·경호사

5급 이상은 경호관, 6급 이하는 경호사라고 통칭한다.

③ 민간경호의 경우 경호업무를 수행하는 요원을 「경비업법」에 규정하고 있는 다른 경비업무를 수행하는 사람과 함께 모두 경비원이라고 명시하고 있다.

(4) 임무수행을 위한 노력

① 경호원은 원만한 경호업무수행을 위해 경호대상자와 조화를 잘 이루어야 한다.

② 경호대상자의 신변을 보호하기 위하여 위해요소의 제거와 안전확보와 같은 기본임무 외에 경호대상자의 이미지를 실추시키거나 경호활동으로 말미암아 경호대상자가 곤란한 상황에 처하게 하여서는 안 된다.

③ 임무수행을 위해 알게 된 비밀사항은 보호해야 하며, 특히 경호원의 자세나 언행 등이 경호활동에 큰 영향을 미칠 수 있다는 점을 인식하여야 한다.

④ 경호원은 경호대상자의 생명을 보호해야 하는 중요한 임무의 주체자로서 그 막중한 책임을 수행하고, 주변으로부터의 다양한 요구를 충족시키기 위하여 많은 노력을 기울여야 한다.

⑤ 다음에 열거한 것은 경호원에게 요구되는 것 중 기본적인 사항으로, 다음과 같은 요구조건을 충족시킬 수 있도록 지속적으로 노력하여야 한다.

　㉠ 겸손하고 희생할 수 있는 자세를 견지할 것

　㉡ 성실하고 책임감이 있을 것

　㉢ 체력과 유연한 사고방식을 유지할 것

　㉣ 집중력과 분별력이 있어야 하고 입체적으로 생각할 수 있도록 최선을 다할 것

　㉤ 차분함을 유지하고 개인의 감정을 쉽게 노출하지 않을 것

　㉥ 공격적인 자세를 피할 것

(5) 바람직한 경호원상

① 신뢰할 수 있는 경호원

② 양식을 갖춘 경호원

③ 규율관념이 투철한 경호원

④ 책임감이 강한 경호원

⑤ 동작이 민첩하고 빈틈이 없는 경호원

⑥ 일을 확실히 실행하는 경호원

⑦ 침착하고 친절한 경호원

⑧ 몸을 아끼지 않는 적극적인 경호원

⑨ 일을 능숙하게 처리하는 경호원

⑩ 예의 바른 경호원

2. 경호대상자

(1) 정의

경호업무를 제공받는 사람(경호원이 보호해야 하는 대상자), 즉 경호활동의 객체가 되는 사람으로, 피경호인이라는 표현을 사용하기도 한다. 경호대상자의 경호에 대한 인식이나 관심은 경호의 결과에 큰 영향을 미칠 수 있는 중요한 요소이다.

(2) 경호대상

일반적으로 공경호의 경우 경호대상자가 공적으로 지정되지만, 민간경호의 경우 경호대상자 측으로부터 경호활동을 요청받는 경우가 대부분이므로 대상이 다양하다.

:: 보충학습 경호대상자에 대한 인식

> 많은 경우 경호업무 시 경호대상자를 단순하게 경호활동의 객체로 인식하여 경호활동과 분리시키려는 경향이 있으나, 경호대상자는 경호활동에 주요한 영향을 미친다는 것을 인식해야 한다. 예를 들어, 경호대상자의 경호활동에 대한 관심이나 경호원과의 관계 등과 같은 것은 경호업무의 효율성에 커다란 영향을 미치게 된다. 또한 다양한 개인의 취향이나 생활패턴의 변화, 여가활동의 변화 등 경호형태도 변화하게 되므로 이러한 변화에 대응할 수 있도록 관심을 기울여야 한다.

(3) 분류

경호대상자는 성격에 따라 크게 정치 경호대상자, 상황 경호대상자, 저명 경호대상자, 경제 경호대상자의 4가지 형태로 구분할 수 있다.

① **정치 경호대상자**: 국민에 의해 선출되거나 국가로부터 임명된 자로서 그의 공적인 직무수행을 위해 신변보호가 필요하다고 인정된 사람을 말한다. 주로 국가의 주요 인사가 그 대상일 경우가 많으며, 일부는 공경호의 대상이지만, 상황에 따라 일부는 민간경호의 대상이 되기도 한다.

② **상황 경호대상자**: 특별히 사회의 이목이나 여론을 집중시키는 사건과 관계되어 단기간 또는 일정한 기간 동안 보호가 요구되는

➕ **심화학습**

공경호원의 경호대상자 심리상태 인지

국가정상의 경호를 담당하는 공경호원은 성공적인 임무 수행을 위하여 경호대상에 대하여 높은 이해력을 가지고 있어야 하는데, 이 중 중요하게 다루어야 할 부분은 경호대상자의 심리상태 인지이다. 공경호원의 경호대상 심리상태 인지방법에는 평소와의 비교 방법, 세밀한 관찰 방법, 언론매체를 통한 인지 방법, 주변인의 도움 등이 있다.

사람을 말한다. 상황 경호대상자는 상황 여건이 지속되는 동안 경호가 제공되기 때문에 경호기간이 한시적인 경우가 보통이며, 주로 공경호가 대상이 된다. 예를 들어, 외국에서 방문하는 공식적인 귀빈이나 대형사건과 연루된 피해자, 법정 증인 등을 보호하는 활동이 있으며, 우리나라의 경우, 북한에서 망명한 요인에 대한 경호활동을 예로 들 수 있다. 이 경우 경호대상자의 관련 상황을 보존하기 위해 경호활동이 작용하려는 경향이 크다.

③ **저명 경호대상자:** 각 분야에서 특별한 재능을 발휘함으로써 많은 사람으로부터 관심을 받게 되면서 야기되는 위해로 인해 경호를 필요로 하는 사람을 말한다. 어떤 분야이든 저명도가 높아지면 그 주변에는 많은 사람이 몰려들게 되고 이러한 상황은 잠재적인 위해를 예고하기 때문에 경호를 요구하게 되는 경우가 많다. 저명 경호대상자는 주로 민간경호의 대상이 되는데, 연예계 인사, 스포츠계 인사, 과학계 인사 등이 있다.

④ **경제 경호대상자:** 경제적 능력을 바탕으로 자신의 경제활동 또는 개인활동 시 안전을 보장받기 위해 경호를 필요로 하는 사람을 말한다. 경호활동에 소요되는 비용을 지급할 수 있는 사람은 모두 경제적 경호대상자가 될 수 있으므로 가장 광범위한 경호대상자를 포함한다. 또한 경제적 경호대상자는 이윤추구를 목적으로 하는 민간경호의 목적에 가장 부합될 뿐 아니라 민간경호의 시작 개념과 일치한다.

(4) 경호대상자 주변과 군중 및 경호활동의 관계

경호대상자가 누구든지 경호대상자의 인지도와 경호업무 사이에는 밀접한 관계가 있다. 즉, 인지도에 따라 주변에 모이는 군중의 수나 보도진들과 같은 참석자 규모의 차이가 있으며, 이러한 주변요소들은 경호활동 시 부담요인으로 작용하게 된다. 경호대상자의 주변과 군중, 그리고 경호활동의 관계는 다음과 같이 설명할 수 있다.

① 군중 속에서 많은 위해사건이 발생하며, 어떤 형태이든 위험요소이다.

② 경호대상자의 인지도가 높을수록 그 주변에는 많은 사람이 모이며, 그에 대한 위해가능성은 그만큼 높아진다.

③ 경호대상자가 군중과 가까이할 때, 군중과 악수하기를 원한다.

④ 저명한 경호대상자 주변에는 많은 취재진들이 몰려든다.

3. 경호환경

경호환경은 경호활동에 직·간접적으로 영향을 미칠 수 있는 주변요소 및 요인을 말하며, 많은 것을 포함하는 의미로 위해를 분석하거나 경호형태 등을 결정하는 데 필요하다. 경호기법은 이 경호환경을 제어 또는 조정하는 기술이라고 할 수 있을 정도로 경호업무 시 중요하게 고려되어야 하며, 경호환경에 따라 경호활동이 결정된다고 해도 과언이 아니다. 경호환경은 지리적 환경, 사회적 환경, 경제적 환경, 정치적 환경, 그 밖의 환경 등 5가지로 구분할 수 있다. 이러한 환경 중 지리적 환경은 경호활동에 직접적·미시적으로 작용하게 되는 데 비해 나머지 4가지 환경들은 간접적·거시적으로 작용하게 된다.

(1) 지리적 환경

경호활동이 이루어지는 장소를 중심으로 한 주변의 지리적 상황을 말한다. 지리적 환경에 따라 인원 및 장비 등의 운용형태가 달라질 수 있으므로 지리적 환경은 경호활동 계획단계에서 우선적으로 고려되어야 할 부분이다.

(2) 사회적 환경

경호활동 시 발생 가능한 위해를 분석함에 있어 다양한 사회현상의 변화, 특히 여러 형태의 범죄발생과 분리해서 생각하기는 어렵다. 사회의 변화과정에서 나타나는 가치관의 악화, 사회질서의 붕괴와 사회집단의 갈등과 같은 많은 문제점들은 범죄를 유발하게 되며, 범죄는 경호위해의 한 요인으로 작용하게 된다. 이유 없는 범죄나 우발적인 범죄와 같은 비계획적인 범죄는 경호활동 시 신중하게 관찰되어야 하고, 마약이나 알코올 중독자들에 의한 우발적인 범죄에 관심을 기울여야 한다.

(3) 경제적 환경

경제적인 변화는 인간생활 패턴의 변화와 직결되는 중요한 요소 중 하나이며, 개인이나 기업 또는 국가의 경제변화는 인간생활에 직·간접적으로 영향을 미치게 될 뿐만 아니라 사회분위기를 변화시키는 중요한 요인이 되기도 한다. 경제상황이 어려워지면 사회도 그만큼 어려워지고 불안정하게 되며, 이러한 변화는 범죄를 증가시키는 요인이 되며, 범죄 가능성의 증가는 경호대상자에 대한 위해가능성의 증가와 연관될 수 있다. 경제성장은 개인의 생활패턴을 변화시키게 함으로써 노동시간의 변화, 개인의 여가생활의 증가, 자동차 증가와 레저문화의 확산 등으로 이어져 경호대상자가 요구하는 경호형태를 변화시킨다. 따라서 경호업무를 담당하는 사람들도 이러한 변화를 수용하여 경호대상자의 세분화된 욕구를 만족시킬 수 있도록 노력하여야 한다.

(4) 정치적 환경

경호활동은 경제적 환경과 마찬가지로 사회적 환경의 변화와 밀접한 관계가 있다. 정치형태에 따라 권력구조가 달라지고, 이에 따라 경호대상자의 선정이나 경호기관의 성격, 경호기관의 법적 지위 등이 달라진다는 점에서 공경호에 많은 영향을 미치게 된다.

(5) 그 밖의 환경

종교적 환경이나 문화적 환경 등도 경호활동에 어느 정도 일정한 작용을 하게 된다. 또한 다른 나라에서 경호활동이 이루어질 때 나라에 따라 여러 가지 경호환경을 분석할 필요가 있다. 개인의 무기 소지 가능 여부, 치안 정도, 인종이나 종교적 대립 정도, 경호활동에 대한 법적 근거 등은 경호활동에 영향을 주는 요인으로 작용한다.

CHAPTER 02

경호의 조직

중요내용 ○✕ 문제

	O	X

제1절 경호조직의 의의와 특성

01 경호조직은 계층성에 따른 지휘 · 감독에 의해 목적을 달성하며, 권력보다는 전문성이 요구되는 조직이다.

02 경호조직은 성공적인 임무수행 및 국민의 알 권리 충족을 위해 경호기법 등의 개방성을 가져야 한다.

제2절 경호조직의 구성원칙(관리원칙)

03 개인단위 작용의 원칙은 경호조직의 구성원칙(관리원칙)에 해당한다.

04 "오직 하나의 상급기관(지휘관)에게만 보고하고, 그 명령지휘를 받고 그에게만 책임진다."는 것은 경호지위 단일성의 원칙에 대한 설명이다.

05 "최종결정은 지휘관만이 할 수 있고, 지휘관의 명령에 의해서만 업무가 이루어지며 그 결과에 대한 책임도 원칙적으로 지휘관만이 진다."는 것은 지휘단일성의 원칙에 대한 설명이다.

06 경호협력성의 원칙이란 경호조직과 국민 또는 관련 기관 및 관련 단체와의 협력을 통하여 경호업무를 수행하여야 한다는 원칙을 말한다.

제3절 각국의 경호조직

07 대통령경호안전대책활동(안전대책활동)에 관하여는 위원회 구성원 중 업무 관련성이 있는 위원과 그 위원이 속하는 기관의 장이 공동으로 책임을 진다.

08 행사참석자 및 종사자의 신원조사업무는 국군방첩사령부 소속 장성급 장교 또는 2급 이상 군무원 중 위원장이 지명하는 1명의 업무이다.

192 · **PART 1** 경호학 총론

	O	X
09 행사참관 해외동포 입국자에 대한 동향 파악은 법무부 출입국·외국인정책본부장의 분장책임이다.	□	□
10 위해가능인물에 대한 동향 파악은 대검찰청 공공수사정책관의 분장책임이다.	□	□
11 경찰청 정보국장, 수도방위사령부 작전처장은 대통령경호안전대책위원회 위원이다.	□	□

제4절 경호의 주체와 객체

	O	X
12 대통령권한대행과 그 가족은 대통령경호처 경호대상이다.	□	□
13 경호·안전 대책기구(경호안전통제단)를 대통령 소속으로 둘 수 있다.	□	□
14 대한민국 대통령의 국군통수권은 국가원수로서의 지위에 해당한다.	□	□

OX 정답　01 ○　02 ×　03 ×　04 ○　05 ×　06 ○　07 ×　08 ○　09 ×　10 ×　11 ×　12 ×
13 ○　14 ×

X 해설　02 경호조직은 비공개와 비노출 등 폐쇄성의 특성을 가져야 한다.
03 기관단위(조직단위) 작용의 원칙이 경호조직의 구성원칙(관리원칙)에 해당한다.
05 기관단위(조직단위) 작용의 원칙에 대한 설명이다.
07 위원회 구성원 전원과 그 구성원이 속하는 기관의 장이 공동으로 책임을 진다.
09 행사참관 해외동포 입국자에 대한 동향 파악 및 보안조치는 국가정보원 테러정보통합센터장의 업무이다.
10 위해가능인물에 대한 동향파악은 경찰청 경비국장의 분장책임이다.
11 경찰청에서는 경비국장, 수도방위사령부에서는 참모장이 위원이다.
12 대통령권한대행과 그 배우자가 대통령경호처 경호대상이다.
14 대한민국 대통령의 국군통수권은 행정부 수반으로서의 지위에 해당한다.

제1절 경호조직의 의의와 특성

01 경호조직의 특성과 원칙에 관한 설명으로 옳지 <u>않은</u> 것은?
□△✕
① 경호조직은 기구단위, 권한과 책임 등이 경호업무의 목적 달성에 기여할 수 있도록 통합되어야 한다.
② 경호장비의 과학화와 이를 지원하기 위한 행정업무의 자동화, 컴퓨터화 등 과학기술의 도움으로 기동성을 갖춘 경호조직을 요구한다.
③ 상하계급 간 일정한 관계가 이루어져 책임과 업무의 분담이 이루어지고 명령과 복종의 지위와 역할의 체계가 통일되어야 한다.
④ 일반적으로 정부조직은 법령주의와 공개주의 원칙에 따르지만, 경호조직에서는 비밀문서로 관리하거나 배포의 일부제한으로 비공개가 가능하다.

해설 경호조직 안에 있는 세력 중추는 경호의 만전을 기할 수 있도록 통합활동을 하여야 하지만, 경호조직의 목적 달성을 추구하기 위해서는 그 구성요소가 분화되어 있어야 한다. 또한 기구단위, 권한과 책임 등이 경호업무의 목적 달성에 잘 기여할 수 있도록 분화되어야 한다.

02 경호조직의 특성에 대한 설명으로 옳지 <u>않은</u> 것은?
□△✕
① 경호조직은 경호의 집행기관적 성격으로 계층성의 특성이 있다.
② 경호기관의 권위주의를 유지하기 위해서는 경호조직의 폐쇄성을 항상 유지하여야 한다.
③ 경호위해 수법의 지능화, 고도화에 대응하기 위하여 경호전문성이 요구되고 있다.
④ 경호위해요소의 증가로 인하여 경호조직의 대규모 현상이 나타나고 있다.

해설 경호조직의 폐쇄성은 경호기관의 권위를 유지하기 위함이 아니라, 경호임무의 특수성 때문이다.
▶ **경호조직의 폐쇄성**

경호활동은 위해조직과 경호조직 간의 정보수집과 보안활동의 싸움이라고 할 수 있으므로 경호를 완전무결하게 수행하기 위해서는 경호조직의 비공개와 경호기법의 비노출 등 폐쇄성을 가져야 한다. 일반적으로 정부조직은 공개주의 원칙에 따르지만, 경호조직은 그 업무의 특성상 비밀문서로 관리하거나, 배포하더라도 부분적으로 비공개할 수 있다.

03 경호조직의 특성과 원칙에 대한 설명으로 옳지 <u>않은</u> 것은?

① 경호임무는 경호조직의 비공개와 경호기법의 비노출 등 폐쇄성의 특성을 가지고 있다.

② 경호조직은 기구단위, 권한과 책임 등이 경호업무에 기여할 수 있도록 통합되어야 하지만, 권한의 계층을 통해 분화된 노력을 조정·통제하여 분화활동을 하여야 한다.

③ 경호업무는 긴급성을 요하고 모순, 중복, 혼란성을 피하기 위해 지휘 단일성이 요구된다.

④ 기관단위의 임무결정은 지휘자만이 할 수 있고, 경호의 성패는 지휘자만이 책임을 진다.

해설 경호조직은 기구단위와 권한책임이 분화되어야 하며, 조직의 중추 세력은 권한의 계층을 통하여 분화된 노력을 상호조정·통제함으로써 성공적인 경호를 할 수 있다. 즉, 경호조직은 그 특성상 계층성과 통합성을 함께 가지고 있다.

04 경호조직의 특성에 해당하지 <u>않는</u> 것은?   • 제19회 기출

① 기동성   ② 통합성
③ 개방성   ④ 전문성

해설 경호조직의 특성에는 통합성, 계층성, 기동성, 폐쇄성, 전문성, 대규모성이 있다. 개방성은 경호조직의 특성인 폐쇄성과 반대되는 개념이다.

01 ①   02 ②   03 ②   04 ③   **정답**

05 경호조직의 특성에 관한 설명으로 옳지 **않은** 것은?

① 현대사회는 고도의 유동성을 띠게 되면서 경호조직도 그 높은 기동성을 띤 조직으로 변해 가고 있다.

② 경호조직은 성공적인 임무수행을 위해 조직 및 경호기법 공개 등의 개방성을 가져야 한다.

③ 경호조직은 통일적인 피라미드형을 구성하면서 그 조직 내 계층을 이루고 지휘·감독 등을 통하여 경호목적을 실현한다.

④ 현대사회에서 경호조직은 전문성에 기초를 두어야 하며, 대규모화되고 있다.

> **해설** 경호활동은 위해조직과 경호조직 간의 정보수집활동과 보안활동의 싸움이라고 할 수 있으므로 경호를 완전무결하게 수행하기 위해서는 경호조직의 비공개와 비노출 등 폐쇄성의 특성을 가져야 한다. 경호대상자에 대한 경호를 성공적으로 수행하기 위해서는 위해기도자에게 경호조직이 비공개되고, 경호비법이 비노출되어야 한다.

06 경호조직의 특성에 관한 설명으로 옳은 것은?
· 제22회 기출

① 기구 및 인원의 측면에서 소규모화되고 있다.

② 전체 구조가 통일적인 피라미드형을 구성하면서 그 속에 서로 상하의 계층을 이루고 지휘·감독 등의 방법에 의해 경호목적을 통일적으로 실현한다.

③ 경호조직의 공개, 경호기법의 노출 등 개방성을 가진다.

④ 테러행위의 비전문성, 위해수법의 고도화에 따라 경호조직은 비전문성이 요구된다.

> **해설** ① 경호조직은 기구 및 인원의 측면에서 대규모화되고 있다.
> ③ 경호조직의 비공개, 경호기법의 비노출 등 폐쇄성을 가진다.
> ④ 테러행위의 지능화, 위해수법의 고도화에 따라 경호조직은 전문성이 요구된다.

07 경호조직의 특성에 관한 설명으로 옳지 <u>않은</u> 것은?

|O|△|×|

① 경호행사를 직접 담당하는 경호기관의 조직은 다른 조직에 비해 계층성이 강조되고 있다.

② 경호조직업무의 전문화와 과학적 관리를 필요로 하며, 경호조직 관리상 전문가의 채용 또는 양성을 필요로 한다.

③ 경호조직은 비공개와 경호기법의 비노출 등 폐쇄성의 특성을 갖는다.

④ 경호조직은 정치체제의 변화와 역사적 사건들로 인해 그 기구 및 인원 면에서 점차 소규모화되어 가고 있다.

> **해설** 경호조직은 기구의 규모 및 인원 면에서 점차 대규모화되고 있다. 광범위한 위해요소와 범죄의 분화 및 전문화에 효과적으로 대처하기 위해서는 소규모 경호조직이 아닌 다양한 전문가로 구성된 대규모 경호조직이 필요하다.

08 경호조직의 특성과 원칙에 관한 설명으로 옳은 것을 모두 고른 것은?

|O|△|×|

> ㉠ 하나의 경호조직은 한 사람만의 지휘를 받아야 하는 것이 아니라, 각 분화된 단위별로 여러 사람의 지휘를 받아야 한다.
> ㉡ 경호업무의 성격상 경호는 개인단위 작용으로 이루어진다.
> ㉢ 경호조직은 조직의 비공개, 경호비법 비노출 등 폐쇄성을 가진다.
> ㉣ 경호조직은 기구단위, 권한과 책임 등이 경호업무의 목적 달성에 기여할 수 있도록 분화되어야 한다.
> ㉤ 경호조직은 과거와 비교하여 소규모화되고 있다.

① ㉡, ㉣   ② ㉢, ㉣

③ ㉠, ㉢, ㉣   ④ ㉠, ㉢, ㉤

> **해설** ㉠ 하나의 경호조직은 한 사람의 지휘를 받아야 하며, 반드시 한 사람의 지휘자만이 있어야 한다 (경호지휘 단일성의 원칙).
> ㉡ 경호업무의 성격상 경호는 조직단위 작용으로 이루어진다(조직단위 작용의 원칙).
> ㉤ 경호조직은 과거와 비교하여 대규모화되고 있다(대규모성).

05 ②   **06** ②   **07** ④   **08** ②   **정답**

09 경호조직의 특성과 원칙에 관한 설명으로 옳은 것은?　　　　　　　• 제21회 기출

○△✕

① 경호조직은 기구단위, 권한과 책임 등이 경호업무의 목적 달성을 위해 통합되어야 한다.

② 경호조직은 계층성, 개방성, 기동성의 특징을 가진다.

③ 경호업무는 지휘권, 장비, 보급지원체계 등이 갖춰진 기관단위의 작용으로 이루어진다.

④ 경호업무의 모순, 중복, 혼란 등을 방지하여 신뢰성을 높이기 위해 복합 지휘체제를 구성하여야 한다.

해설　① 경호조직은 기구단위, 권한과 책임 등이 경호업무의 목적 달성을 위해 분화되어야 한다.

② 경호조직은 계층성, 폐쇄성, 기동성의 특징을 가진다.

④ 경호업무는 긴급성을 요하는 업무이고, 경호활동의 성격상 다양한 형태의 임무와 조직들이 함께 수행하기 때문에 업무의 모순과 중복 및 혼란을 없애기 위해 지휘의 단일성이 요구된다.

10 경호조직의 특성과 원칙에 관한 설명으로 옳지 <u>않은</u> 것은?　　　　　• 제20회 기출

○△✕

① 경호조직은 경호기법 비노출 등 폐쇄성을 가진다.

② 경호업무의 성격상 기관단위작용으로 이루어진다.

③ 경호조직은 기구단위, 권한과 책임 등이 경호업무의 목적 달성에 기여할 수 있도록 통합되어야 한다.

④ 경호조직은 과거와 비교하여 그 기구와 인원 면에서 대규모화되고 있다.

해설　경호업무의 목적 달성에 기여하기 위해 경호조직의 기구단위, 권한과 책임 등은 분화되어야 한다.

제2절 경호조직의 구성원칙(관리원칙)

11 경호조직의 구성 원칙 중 아래의 내용과 관계가 있는 원칙은?
• 제20회 기출

> 국제행사의 안전한 진행을 위하여 전국적으로 배치된 경비지도사를 통하여 경호정보를 신속하게 수집하였다.

① 경호지휘 단일성의 원칙
② 경호체계 통일성의 원칙
③ 경호기관단위 작용의 원칙
④ 경호협력성의 원칙

해설 경호협력성의 원칙이란 경호조직과 국민 또는 관련 기관 및 관련 단체와의 협력을 통하여 경호업무를 수행하여야 한다는 원칙을 말한다. 전국적으로 배치된 경비지도사를 통하여 경호정보를 신속하게 수집하는 것은 경호협력성의 원칙에 부합된다.

12 경호지휘 단일성의 원칙에 관한 설명으로 옳지 <u>않은</u> 것은?
• 제22회 기출

① 다수의 경호원이 있어도 지휘는 단일해야 한다.
② 하나의 기관에는 한 사람의 지휘자만 있어야 한다.
③ 경호조직은 지위와 역할의 체계가 통일되어야 한다.
④ 경호업무가 긴급성을 요한다는 점에서도 필요하다.

해설 "경호조직은 지위와 역할의 체계가 통일되어야 한다."는 경호체계 통일성의 원칙에 관한 설명이다.

▶ **경호지휘 단일성의 원칙**

> 지휘 및 통제의 이원화로 인해 일어나는 문제들을 보완하기 위해 경호조직의 경호활동은 그 성격상 신속한 조치의 필요성과 단일 명령의 체계가 필요하다. 즉, 경호기관은 반드시 한 사람의 지휘자만 있어야 하며, 한 사람의 지휘를 받아야 한다. 경호조직의 각 구성원은 오직 하나의 상급기관(지휘관)에게만 보고하고, 그 명령지휘를 받고 그에게만 책임을 진다는 것이다.

09 ③   10 ③   11 ④   12 ③   **정답**

13 다음 설명에 해당하는 경호조직의 구성원칙은?

〇△✕

> 경호기관의 모든 단위나 체계가 당해 경호조직이 추구하는 목적을 위해 일관되게 작용하여야 한다는 것이다. 즉, 조직구조의 정점으로부터 말단까지 상하계급 간에 일정한 관계가 형성되어 책임과 업무의 분담이 이루어지고, 명령과 복종이라는 지위와 역할의 체계가 통일되어야 한다는 원칙이다.

① 경호지휘 단일성의 원칙　　　　② 경호체계 통일성의 원칙
③ 경호기관단위 작용의 원칙　　　④ 경호협력성의 원칙

해설 경호조직의 체계가 통일되어야 협조가 잘 이루어지고, 경호기관과 다른 기관 사이에 위급사태가 발생할 때에도 상호 지원 및 응원이 원활히 이루어질 수 있다는 내용은 경호체계 통일성의 원칙에 해당한다. 경호체계가 통일되어 있어야 경호조직이 하나의 경호목표를 갖고 통일된 경호업무를 수행할 수 있다. 통일된 체계하에서라야 경호기관 상호 간에 원활한 지원과 협조가 가능하다.

14 다음이 설명하는 경호조직의 원칙은?

〇△✕

• 제22회 기출

> • 경호업무의 성격상 개인적 작용으로 이루어지지 않는다.
> • 하급자를 관리하기 위한 지휘권, 장비, 보급지원체제를 갖추고 있어야 한다.

① 경호협력성의 원칙　　　　　　② 경호기관단위 작용의 원칙
③ 경호체계 통일성의 원칙　　　　④ 조정의 원칙

해설 ▶ 경호기관단위(조직단위) 작용의 원칙

> 1. 경호작용은 그 성격상 개인이 아닌 경호조직 차원에서 이루어지는 기관단위의 작용이므로 기관의 하명에 의해 일어난다는 원칙이다.
> 2. 경호조직의 관리와 임무수행을 위한 최종결정은 지휘관만이 할 수 있고, 지휘관의 명령에 의해서만 업무가 이루어지며 그 결과에 대한 책임도 원칙적으로 지휘관만이 지는 것을 의미한다.
> 3. 경호조직을 관리하기 위한 지휘권, 장비, 보급지원체제가 이루어져야 경호기관단위가 확립된다.

15 경호조직의 원칙에 관한 설명으로 옳지 않은 것은?

☐△✕

① 상하계급 간에 일정한 관계가 형성되어 책임과 임무가 분담되고 이에 따른 명령과 복종체계가 형성되는 것을 체계 통일성의 원칙이라고 한다.

② 위원회나 집단지휘체계의 구성은 효율적인 업무수행을 위해 바람직하다.

③ 지휘 단일성의 원칙에는 하급조직원은 하나의 상급조직에 대해서만 책임을 진다는 의미가 포함된다.

④ 조직의 관리와 업무수행을 위한 최종의 결정과 하명은 지휘관만이 할 수 있고, 그 책임도 지휘관에게 있다는 원칙은 경호기관단위 작용의 원칙이다.

> **해설** 각종 위원회나 집단지휘체계를 구성하는 것은 긴급한 경호업무수행에 지장을 초래할 수 있으므로 지휘 단일성의 원칙상 바람직하지 못하다.

16 다음에서 설명하는 경호조직의 원칙은?

• 제25회 기출

☐△✕

> 경호조직은 명령과 지휘체계가 이원화되지 않아야 하며, 경호업무 자체가 긴급성을 요한다는 점에서 더욱 필요한 원칙이다.

① 경호지휘 단일성의 원칙　　　② 경호체계 통일성의 원칙

③ 경호기관단위 작용의 원칙　　④ 경호협력성의 원칙성

> **해설** 경호지휘 단일성의 원칙이란 경호조직은 명령과 지휘체계가 이원화되지 않아야 하며, 경호업무 자체가 긴급성을 요한다는 점에서 더욱 필요한 원칙이다. 경호업무는 긴급성을 요한다. 아울러 모순과 중복 및 혼란을 없애기 위하여 경호기관의 각 구성원은 오직 하나의 상급기관(지휘관)에게만 보고하고, 그의 명령을 받고 그에게만 책임을 진다는 것이다.

| 13 ② | 14 ② | 15 ② | 16 ① | **정답** |

17 국민과 함께하고, 경호에 우호적인 사회환경을 조성해야 한다는 경호조직의 원칙은?

• 제26회 기출

① 경호지휘 단일성의 원칙
② 경호협력성의 원칙
③ 경호기관단위 작용의 원칙
④ 경호체계 통일성의 원칙

해설 경호협력성의 원칙이란 경호조직과 국민 또는 관련 기관 및 관련 단체와의 협력을 통하여 경호업무를 수행하여야 한다는 원칙을 말한다. 즉, 국민과 함께하고, 경호에 우호적인 사회환경을 조성해야 한다는 경호조직의 원칙이다.

18 경호조직의 원칙에 관한 설명으로 옳지 <u>않은</u> 것은?

① 경호는 업무의 성격상 기관단위 작용으로 이루어지지 않고 개인단위 작용으로 이루어진다.
② 경호업무가 긴급성을 요하고, 모순과 중복 및 혼란을 없애기 위해 지휘단일성이 요구된다.
③ 상하계급 간에 일정한 관계에 의해 책임과 업무의 분담이 이루어지고, 명령과 복종의 지위와 역할의 체계가 통일되어야 한다.
④ 완벽한 경호를 위해 국민의 협력이 필요하고, 모든 방법을 강구하여 국민의 역량을 결합하기 위해 노력해야 한다.

해설 경호는 업무의 성격상 개인단위 작용으로 이루어지지 않고 기관단위 작용으로 이루어진다. 경호임무수행에는 기관별 고유임무를 수행하고 있는 다양한 분야의 많은 기관이 참여한다. 각 기관은 기관단위로 주어진 임무를 수행하고 그 결과에 대하여 책임진다.

19 경호조직의 원칙에서 협력성에 해당하지 <u>않는</u> 것은?

• 제23회 기출

○△✕

① 경호조직과 일반 국민과의 유기적인 상호작용을 의미한다.

② 국민이 경호업무에 협조하여 조직화가 필요한 경우 이런 조직은 임의성보다는 강제성이 수반되어야 한다.

③ 전국적으로 배치된 경비지도사를 통하여 경호정보를 신속하게 수집하는 것도 경호협력성과 관련된다.

④ 경호조직은 유관기관과의 상호협력을 통해 지속적인 정보 및 보안활동을 바탕으로 한 경호대응력을 강화해야 한다.

해설 ▶ 국민이 경호업무에 협조하여 조직화가 필요한 경우 이런 조직은 강제성보다 임의성이 수반되어야 하며, 국민의 자발적 협력을 필요로 한다.

제3절 각국의 경호조직

20 미국의 경호제도에 관한 설명으로 옳지 <u>않은</u> 것은?

○△✕

① 대통령의 경호를 담당하고 있는 비밀경호국은 연방 최초의 법집행기관이자 수사기관이다.

② 비밀경호국은 1865년에 정식으로 발족되었다.

③ 2001년 9·11테러가 발생되자 재무성 산하에 있었던 비밀경호국을 대통령 직속 조직으로 변경하여 운영하고 있다.

④ 비밀경호국의 임무는 크게 대통령 및 요인의 경호, 백악관 및 외국대사관 경비, 통화위조 조사 및 기타 재무법령의 집행으로 구분한다.

해설 ▶ 미국은 2001년 9·11테러 이후 국토안보부를 설치하여 재무성 산하에 있었던 비밀경호국을 국토안보부 내 별개의 조직으로 운영하고 있다. 비밀경호국은 미국 국토안보부(Department of Homeland Security) 소속의 경호조직으로, 2003년 3월 1일부로 국토안보부로 소속이 변경되었다.

17 ② 　18 ① 　19 ② 　20 ③ 　**정답**

21 미국 비밀경호국의 임무로 옳지 <u>않은</u> 것은?

[O][△][X]

① 대통령 및 대통령 당선자의 경호

② 전직대통령과 그 배우자 및 16세 미만의 자녀의 경호

③ 국내 테러, 폭력, 납치 및 범죄조직에 대한 경호첩보 제공

④ 통화위조 단속, 기타 재무법령의 집행

> **해설** 국내 테러, 폭력, 납치 및 범죄조직에 대한 경호첩보 제공은 미국 연방수사국인 FBI가 담당하고 있다. 미국 비밀경호국의 임무는 크게 대통령경호임무, 재무 관련 범죄수사, 백악관 및 외국대사관 경비 등으로 되어 있다.

22 미국 비밀경호국의 임무로 옳지 <u>않은</u> 것은?

[O][△][X]

① 부통령 당선인의 경호

② 백악관 및 외국대사관의 경비

③ 화폐위조에 대한 수사

④ 대통령선거 시 선거일 기준 150일 이내 주요 정당의 대통령 및 부통령 후보자의 경호

> **해설** ▶ **비밀경호국의 주요 임무**
>
> 1. 대통령과 부통령 및 그 직계가족의 경호
> 2. 대통령 당선자·부통령 당선자의 경호 및 그 직계가족의 경호
> 3. 전직대통령과 그 배우자(재혼 시 제외) 및 16세 미만의 자녀의 경호
> 4. 미국을 방문한 외국의 원수나 행정부의 수반과 동행 배우자의 경호
> 5. 특정 업무로 외국을 방문 중인 미국 정부 사절로서 대통령이 지정한 자의 경호
> 6. 대통령선거일 기준 120일 이내의 주요 정당의 대통령 및 부통령 후보자의 경호
> 7. 국가적으로 특별한 경호가 필요한 행사 시 국토안보부장관 등이 지정한 자
> 8. 백악관 및 외국대사관 경비
> 9. 미국 및 외국 정부가 발행하는 통화·국채, 유가증권에 관련된 범죄 수사, 체포 및 법 집행
> 10. 유가증권의 위조·변조, 연방준비금 등에 관련된 법령 위반에 대한 법 집행
> 11. 전자자금 이체 등 접근장치를 이용한 범죄 및 돈세탁에 관한 범죄

23 국가별 국가원수에 대한 경호담당기관이 잘못 연결된 것은?

① 미국 – 국토안보부 산하 비밀경호국(Secret Service)

② 영국 – 비밀정보부(Secret Intelligence Service)

③ 프랑스 – 경찰청 요인경호과(SPHP)

④ 독일 – 연방범죄수사국(BKA) 경호안전과(SG)

해설 내무성 소속 런던수도경찰청(The Metropolitan Police Service) 특별작전부(SO; Special Operations)의 경호국 왕실 및 특별요인경호과가 영국의 국가원수인 국왕의 경호기관이다. 경호국 왕실 및 특별요인경호과는 총리 및 각료 등의 경호도 담당한다. 영국의 비밀정보부(SIS; Secret Intelligence Service)는 국외 경호 관련 정보의 수집·분석·처리업무를 담당하는 경호유관기관으로, 해외 첩보를 담당하는 기구로 공공기관과 외국 첩보원들 간의 차단막이 되며, 공공기관과 해외 첩보원 간의 중재 및 방첩임무를 맡고 있으며, MI6라고 불리기도 한다.

24 각국의 국가원수 경호기관에 관한 설명으로 옳지 않은 것은?

① 미국의 비밀경호국(Secret Service)은 1865년 위조지폐단속을 주목적으로 설립되었으며, 이후 1906년 일반경비법에 의하여 비밀경호국의 대통령경호임무는 합법화되었다.

② 프랑스는 내무부 산하 경찰청 소속의 요인경호과(SPHP)와 국방부 산하 국립헌병대 소속 공화국 대통령경호대(GSPR)가 합동으로 경호업무를 수행하고 있다.

③ 독일은 내무부 소속 연방범죄수사국(BKA) 경호안전과(SG)에서 연방대통령, 수상, 연방각료, 외국원수, 국빈, 외교사절의 경호업무를 담당한다.

④ 중국의 경우 공안부 경위국이 국가주석의 경호업무를 담당하며, 외국국빈의 경호는 당 중앙경위국에서 담당한다.

해설 중국의 경우 공안부 경위국이 외국국빈의 경호업무를 담당하며, 국가주석의 경호는 당 중앙경위국에서 담당한다. 당 중앙경위국은 중국 국가주석, 총리 및 당 고위직 경호와 중남해(고위지도자 거주지역) 경비업무를 수행하며, 경호요원의 신분은 군인이다. 공안부 경위국은 외국 국빈의 경호 및 경호계획의 수립, 국내요인의 주변경호(행사장에서의 안전조치와 주변의 교통관리)와 유관기관과의 업무 협조를 담당하고, 당 중앙경위국의 업무를 지원하며, 경호요원의 신분은 우리나라의 경찰에 가깝다.

21 ③　22 ④　23 ②　24 ④　**정답**

25 각국 경호기관에 관한 설명으로 옳은 것은?

• 제25회 기출

① 미국 - 비밀경호국의 경호대상은 부통령과 그 직계가족도 포함된다.

② 프랑스 - 대통령경호를 담당하는 기관은 경찰청 경호안전과이다.

③ 독일 - 경찰국 요인경호과 경호대상은 대통령과 수상을 포함한다.

④ 일본 - 황궁경찰본부의 경호대상은 내각총리 및 대신의 경호를 포함한다.

해설 ② 프랑스 - 대통령경호를 담당하는 기관은 경찰청 요인경호과이다.
③ 독일 - 연방범죄수사국 경호안전과 경호대상은 대통령과 수상을 포함한다.
④ 일본 - 황궁경찰본부의 경호대상은 천황 및 황족에 대한 경호를 포함한다.

26 외국의 경호와 관련하여 ㉠과 ㉡에 해당하는 기관이 바르게 연결된 것은?

> ㉠ 프랑스의 대통령 경호를 담당하는 주무기관
> ㉡ 독일의 대통령 경호를 주로 담당하는 기관

	㉠	㉡
①	경찰청 요인경호과	연방범죄수사국 경호안전과
②	연방범죄수사국 경호안전과	경찰청 요인경호과
③	수도경찰청 왕실 및 특별요인경호과	경찰청 경비국 공안 제2과
④	경찰청 경비국 공안 제2과	수도경찰청 왕실 및 특별요인경호과

해설 프랑스의 대통령 경호를 담당하는 주무기관은 경찰청 요인경호과이며, 독일의 대통령 경호를 주로 담당하는 기관은 연방범죄수사국 경호안전과이다.

27 각 공경호의 주체와 객체에 관한 설명으로 옳은 것은?

① 대한민국 경찰청 경비국 경호과에서는 대통령권한대행, 대통령후보자와 그의 배우자 및 자녀의 경호를 담당한다.

② 일본천황의 경호기관은 동경도 경시청 직할에 설치되어 있는 경호안전국이다.

③ 미국의 비밀경호국은 부통령, 국무성 장·차관 및 외국대사 등의 경호와 의전에 대한 경호업무를 주관하고 있다.

④ 북한 국무위원장의 근접경호(1선 경호)는 호위사령부에서 담당한다.

해설 ① 대한민국 경찰청 경비국 경호과에서는 국무총리, 국회의장, 대법원장, 헌법재판소장, 경찰청장이 필요하다고 인정하는 인사, 퇴임 후 10년이 지난 전직대통령 등에 대한 경호를 실시한다.
② 일본천황의 경호기관은 경찰청 부속기관인 황궁경찰본부이다.
③ 미국의 경우 국무성 장·차관 및 외국대사, 기타 요인의 경호와 의전에 대한 업무는 국무성 요인 경호과에서 담당한다.

28 미국의 경호유관기관으로 국제 테러조직, 적성국 동향에 대한 첩보수집·분석·전파, 외국 국빈 방문에 따른 국내 각급 정보기관의 조정을 통한 경호정보를 제공하는 기관은?

① 중앙정보국(CIA)　　　　　② 연방수사국(FBI)
③ 이민국(USCIS)　　　　　④ 국방부 육군성

해설 중앙정보국(CIA)은 국제 테러조직, 적성국 동향에 대한 첩보의 수집·분석·전파, 외국의 국빈 방문에 따른 국내 각급 정보기관의 조정을 통한 경호정보를 제공하는 등의 임무와 특수정보의 수집 및 특수공작의 수행을 담당하며, 대통령의 자문에 응하는 직속기관이다.

25 ①　　**26** ①　　**27** ④　　**28** ①　　**정답**

29 미국의 국내 범죄조직에 대한 경호첩보를 제공하는 기관의 명칭은?
◻◻◻
① 국가안전보장국(NSA)　　　　　② 국가안전보장회의(NSC)
③ 연방범죄수사국(FBI)　　　　　④ 중앙정보국(CIA)

해설▸ 미국 내 테러·폭력·납치 및 범죄조직에 대한 첩보수집, 범죄예방 및 수사와 기타 방첩을 통한 경호첩보를 제공하는 비밀경찰기관은 연방범죄수사국(FBI)이다.

30 각국 경호 유관기관의 역할에 관한 설명으로 옳지 <u>않은</u> 것은?　　　•제18회 기출
◻◻◻
① 미국 중앙정보국(CIA): 적성국 동향에 대한 정보수집·분석·전파
② 영국 비밀정보부(SIS): 국내 정보수집 및 분석
③ 독일 연방정보부(BND): 해외 정보수집·분석·관리
④ 프랑스 해외안전총국(DGSE): 해외 정보수집 및 분석

해설▸ 영국의 비밀정보부(SIS; Secret Intelligence Service)는 국외 경호 관련 정보의 수집·분석·처리업무를 담당하며, 해외 첩보를 담당하는 기구로 공공기관과 외국 첩보원들 간의 차단막이 되며, 공공기관과 해외 첩보원 간의 중재 및 방첩임무를 맡고 있다.

31 각 나라별 경호유관조직의 연결이 옳지 <u>않은</u> 것은?　　　•제16회 기출
◻◻◻
① 영국 − 비밀정보부(SIS)　　　　② 독일 − 해외안전총국(DGSE)
③ 미국 − 중앙정보국(CIA)　　　　④ 일본 − 공안조사청

해설▸ 해외안전총국(DGSE)은 프랑스의 경호유관기관으로, 해외 정보수집 및 분석업무를 수행한다.

32 일본의 경호유관기관으로 문제성 단체 조사 및 해산 등의 업무와 북한에 대한 정보활동을 수행하는 기관은?

ㅇ△✕

① 내각정보조사실   ② 공안조사청

③ 방위청 정보본부   ④ 외무성조사기획국

해설 일본의 공안조사청은 파괴활동방지법에 의해 1952년 창설되어 문제성 단체 조사 및 해산 등의 업무를 수행하고 있으며, 북한에 대한 정보활동을 수행하고 있다.

33 국가 − 경호기관 − 경호대상자의 연결이 옳지 <u>않은</u> 것은?   · 제21회 기출

ㅇ△✕

① 대한민국 − 대통령경호처 − 대통령과 국무총리 및 그 가족

② 미국 − 비밀경호국 − 대통령과 부통령 및 그 가족

③ 영국 − 수도경찰청 − 왕과 수상

④ 독일 − 연방범죄수사청 − 대통령과 수상

해설 국무총리는 대한민국 대통령경호처의 경호대상이 아니며, 경찰의 경호대상에 해당한다.

▶ 한국경찰의 경호대상

경찰의 경호대상은 국무총리, 국회의장, 대법원장, 헌법재판소장, 기타 경찰청장이 필요하다고 인정하는 인사, 원칙적으로 퇴임 후 10년이 지난 전직대통령 등이 있다.

| 29 ③ | 30 ② | 31 ② | 32 ② | 33 ① | 정답 |

제4절 경호의 주체와 객체

34 대통령 등의 경호에 관한 법령상 대통령경호안전대책위원회에 관한 설명으로 옳지 <u>않은</u>
것은?

• 제17회 기출

① 대통령경호처의 경호대상에 대한 경호업무를 수행할 때에는 관계기관의 책임을
명확하게 하고, 협조를 원활하게 하기 위하여 비서실에 대통령경호안전대책위원
회를 둔다.

② 대통령경호안전대책위원회는 위원장과 부위원장 각 1명을 포함한 20명 이내의 위
원으로 구성한다.

③ 위원장은 처장이 되고, 부위원장은 차장이 되며, 위원은 대통령령으로 정하는 관
계기관의 공무원이 된다.

④ 대통령경호안전대책위원회는 대통령 경호와 관련된 첩보 · 정보의 교환 및 분석업
무를 관장한다.

> **해설** 경호대상에 대한 경호업무를 수행할 때에는 관계기관의 책임을 명확하게 하고, 협조를 원활하게
> 하기 위하여 경호처에 대통령경호안전대책위원회를 둔다(대통령 등의 경호에 관한 법률 제16조 제
> 1항).

35 대통령경호안전대책위원회 규정에 관한 설명으로 옳지 <u>않은</u> 것은?

① 경호처에 대통령경호안전대책위원회를 둔다.

② 대통령경호안전대책활동(안전대책활동)에 관하여는 위원회 구성원 중 업무관련성
이 있는 위원과 그 위원이 속하는 기관의 장이 공동으로 책임을 진다.

③ 각 구성원은 위원회의 결정사항, 기타 안전대책활동을 위하여 부여된 임무에 상호
간 최대한의 협조를 하여야 한다.

④ 각 구성원의 분장책임을 구체적으로 규정하고 있다.

> **해설** 대통령경호안전대책활동(안전대책활동)에 관하여는 위원회 구성원 전원과 그 구성원이 속하는 기
> 관의 장이 공동으로 책임을 진다.

36 대통령경호안전대책위원회의 위원은?

⊙△✕

① 소방청 119구조구급국장

② 식품의약품안전처 식품소비안전국장

③ 대통령경호처 경호본부장

④ 경찰청 보안국장

해설 ▶ 대통령경호안전대책위원회 위원은 국가정보원 테러정보통합센터장, 외교부 의전기획관, 법무부 출입국·외국인정책본부장, 과학기술정보통신부 통신정책관, 국토교통부 항공안전정책관, 식품의약품안전처 식품안전정책국장, 관세청 조사감시국장, 대검찰청 공공수사정책관, 경찰청 경비국장, 소방청 119구조구급국장, 해양경찰청 경비국장, 합동참모본부 작전본부 소속 장성급 장교 중 위원장이 지명하는 1명, 국군방첩사령부 소속 장성급 장교 또는 2급 이상의 군무원 중 위원장이 지명하는 1명, 수도방위사령부 참모장과 위원장이 임명 또는 위촉하는 자로 구성한다.

37 대통령경호안전대책위원회규정상 다음의 분장책임을 지는 구성원은?　·제22회 기출

⊙△✕

- 입수된 경호 관련 첩보 및 정보의 신속한 전파·보고
- 방한 국빈의 국내 행사 지원
- 대통령과 그 가족 및 대통령 당선인과 그 가족 등의 외국방문 행사 지원

① 국토교통부 항공안전정책관

② 외교부 의전기획관

③ 국가정보원 테러정보통합센터장

④ 해양경찰청 경비국장

해설 ▶ 외교부 의전기획관의 분장책임

1. 입수된 경호 관련 첩보 및 정보의 신속한 전파·보고
2. 방한 국빈의 국내 행사 지원
3. 대통령과 그 가족 및 대통령 당선인과 그 가족 등의 외국방문 행사 지원
4. 다자간 국제행사의 외교의전 시 경호와 관련된 협조
5. 그 밖에 국내외 경호행사의 지원

34 ① 　35 ② 　36 ① 　37 ② 　정답

38 다음 위해 분장업무에 책임을 지는 사람은?

◯△✕

> • 입수된 경호 관련 첩보 및 정보의 신속한 전파 · 보고
> • 위해가능인물에 대한 동향 파악
> • 행사참석자 및 종사자의 신원조사
> • 우범지대 및 취약지역에 대한 안전조치

① 대검찰청 공공수사정책관　　　　② 법무부 출입국 · 외국인정책본부장
③ 경찰청 보안국장　　　　　　　　④ 경찰청 경비국장

해설 제시된 위해 분장업무 이외에도 경찰청 경비국장은 행사장 · 이동로 주변 집회 및 시위 관련 정보 제공과 비상상황 방지대책의 수립, 행사장 및 이동로 주변에 있는 물적 취약요소에 대한 안전조치, 총포 · 화약류의 영치관리와 봉인 등 안전관리, 불법무기류의 단속 및 분실무기의 수사, 그 밖에 국내외 경호행사의 지원 등의 업무에 책임이 있다.

39 대통령경호안전대책위원회 위원의 임무에 관한 내용으로 옳지 <u>않은</u> 것은?

◯△✕

① 법무부 출입국 · 외국인정책본부장 – 출입국자에 대한 검색 및 검사
② 대검찰청 공공수사정책관 – 위해가능인물의 관리 및 자료 수집
③ 관세청 조사감시국장 – 휴대품 · 소포 · 화물에 대한 검색
④ 국군방첩사령부 소속 장성급 장교 – 행사참석자 및 종사자의 신원조사

해설 출입국자에 대한 검색 및 검사, 휴대품 · 소포 · 화물에 대한 검색은 관세청 조사감시국장의 임무이다. 법무부 출입국 · 외국인정책본부장은 위해용의자에 대한 출입국 및 체류 관련 동향의 즉각적인 전파 · 보고의 임무를 담당한다.

40 대통령경호안전대책위원회 위원 중 대검찰청 공공수사정책관의 임무가 <u>아닌</u> 것은?

◯△✕

① 입수된 경호 관련 첩보 및 정보의 신속한 전파 · 보고
② 위해음모 발견 시 수사지휘 총괄
③ 국제테러범죄 조직과 연계된 위해사범의 방해책동 사전차단
④ 위해가능인물에 대한 동향 파악

해설 위해가능인물에 대한 동향 파악은 경찰청 경비국장의 임무이다.

41 대통령경호안전대책위원회 규정상 다음의 업무분장에 해당하는 자는? ·제18회 기출 변형

☐△✕

- 입수된 경호 관련 첩보 및 정보의 신속한 전파·보고
- 위해요인의 제거
- 정보 및 보안대상기관에 대한 조정
- 행사참관 해외동포 입국자에 대한 동향 파악 및 보안조치
- 그 밖에 국내외 경호행사의 지원

① 국군방첩사령부 소속 장성급 장교　② 국가정보원 테러정보통합센터장
③ 외교부 의전기획관　④ 법무부 출입국·외국인정책본부장

해설 행사참관 해외동포 입국자에 대한 동향 파악 및 보안조치, 정보 및 보안대상기관에 대한 조정 등은
국가정보원 테러정보통합센터장의 업무분장에 해당한다.

42 대통령경호안전대책위원회 위원과 그 분장업무를 연결한 것으로 옳은 것은?

☐△✕

① 대검찰청 공공수사정책관: 위해가능인물에 대한 동향 파악
② 국군방첩사령부 소속 장성급 장교 또는 2급 이상의 군무원 중 위원장이 지명하는
　1명: 경호유관시설에 대한 보안지원활동
③ 경찰청 경비국장: 위해가능인물의 관리 및 자료 수집
④ 국가정보원 테러정보통합센터장: 행사참석자 및 종사자의 신원조사

해설 ① 위해가능인물에 대한 동향 파악은 경찰청 경비국장의 업무이다.
　③ 위해가능인물의 관리 및 자료 수집은 대검찰청 공공수사정책관의 임무이다.
　④ 행사참석자 및 종사자의 신원조사는 경찰청 경비국장의 업무이다.

38 ④　39 ①　40 ④　41 ②　42 ②　**정답**

43 대통령경호안전대책위원회 규정에서 대통령경호안전대책활동 사항 중 대검찰청 공공
수사정책관의 분장책임에 해당하는 것은?

① 국제테러범죄 조직과 연계된 위해사범의 방해책동 사전차단
② 경호임무 수행을 위한 정보통신업무의 지원
③ 위해가능인물에 대한 동향 파악
④ 육로 및 철로와 공중 기동수단에 대한 관련 업무 지원 및 협조

> **해설** 대검찰청 공공수사정책관은 국제 테러범죄 조직과 연계된 위해사범의 방해책동 사전차단, 위해가
> 능인물의 관리 및 자료 수집, 위해음모 발견 시 수사지휘 총괄 등의 임무를 담당한다.
> ② 과학기술정보통신부 통신정책관의 분장책임에 해당한다.
> ③ 경찰청 경비국장의 분장책임에 해당한다.
> ④ 국토교통부 항공안전정책관의 분장책임에 해당한다.

44 대통령 등의 경호에 관한 법률상 대통령경호처의 경호대상이 <u>아닌</u> 자는? (단, 단서 조
항은 고려하지 않음)
· 제23회 기출

① 대통령 당선인의 아들
② 대통령권한대행의 배우자
③ 대통령 퇴임 후 5년이 지난 전직대통령
④ 대통령경호처 차장이 필요하다고 인정하는 국외 요인(要人)

> **해설** '대통령경호처장이 필요하다고 인정하는 국내외 요인(要人)'이 대통령경호처 경호대상에 해당한다.

45 대통령 등의 경호에 관한 법령상 대통령경호처의 경호대상에 해당하는 것은?
· 제25회 기출

① 대통령당선인과 직계존비속
② 퇴임 후 7년이 된 전직대통령과 그 가족
③ 퇴임 후 10년이 된 전직대통령과 그 가족
④ 대통령권한대행과 직계존비속

> **해설** ② 퇴임 후 7년이 된 전직 대통령과 그 배우자가 경호처 경호대상이다.
> ③ 퇴임 후 10년이 된 전직대통령과 그 배우자가 경호처 경호대상이다.
> ④ 대통령권한대행과 그 배우자가 경호처 경호대상이다.

46 대통령 등의 경호에 관한 법률상 '경호 대상'에 관한 내용이다. (   )에 들어갈 숫자는?

☐△✕ • 제24회 기출

> 본인의 의사에 반하지 아니하는 경우에 한정하여 퇴임 후 (㉠)년 이내의 전직 대통령
> 과 그 배우자. 다만, 대통령이 임기 만료 전에 퇴임한 경우와 재직 중 사망한 경우의
> 경호 기간은 그로부터 (㉡)년으로 하고, 퇴임 후 사망한 경우의 경호 기간은 퇴임일
> 부터 기산(起算)하여 (㉢)년을 넘지 아니하는 범위에서 사망 후 (㉣)년으로 한다.

	㉠	㉡	㉢	㉣
①	5	5	10	5
②	5	10	10	5
③	10	5	5	5
④	10	5	10	5

해설 본인의 의사에 반하지 아니하는 경우에 한정하여 퇴임 후 10년 이내의 전직대통령과 그 배우자. 다만, 대통령이 임기 만료 전에 퇴임한 경우와 재직 중 사망한 경우의 경호기간은 그로부터 5년으로 하고, 퇴임 후 사망한 경우의 경호기간은 퇴임일부터 기산(起算)하여 10년을 넘지 아니하는 범위에서 사망 후 5년으로 한다(대통령 등의 경호에 관한 법률 제4조 제1항 제3호).

47 다음 밑줄 친 경호대상에 해당하지 <u>않는</u> 자는?

☐△✕ • 제26회 기출

> 미국 선거유세 도중 대통령 후보자가 괴한에 의해 저격을 당한 사건이 발생한 일이 있었다. 우리나라도 이러한 사건들에 대비해 대통령경호처의 <u>경호대상</u>을 규정한 법이 있다.

① 대통령의 아들 ② 대통령의 누나
③ 대통령 당선인의 딸 ④ 대통령 당선인의 할아버지

해설 대통령 경호처의 경호대상을 규정한 법은 대통령 등의 경호에 관한 법률(약칭: 대통령경호법)이다. 대통령(현직 대통령을 의미한다)과 대통령 당선인과 관련한 경호대상의 범위는 동일하다. 대통령(대통령 당선인 포함)과 그 가족(배우자와 직계존비속)을 경호대상으로 한다. 그러므로 대통령의 누나는 직계가 아닌 방계혈족으로 경호대상에 해당하지 않는다.

43 ① 44 ④ 45 ① 46 ④ 47 ② **정답**

48 대통령 등의 경호에 관한 법률상 경호의 대상이 <u>아닌</u> 것은?

◯△✕

① 대통령 당선자와 그 가족
② 대통령후보
③ 대통령권한대행과 그 배우자
④ 방한하는 외국의 국가원수

해설 대통령후보는 경찰청의 경호대상이다.
①③④ 「대통령 등의 경호에 관한 법률」에 의한 경호대상자에 해당한다.

49 국무총리에 대한 경호의 책임기관은?

◯△✕

① 대통령경호처
② 경찰청 경비국
③ 국무총리 국무조정실
④ 비상기획위원회

해설 경찰청 경비국은 국무총리, 국회의장, 대법원장, 헌법재판소장, 경찰청장이 필요하다고 인정한 인사, 퇴임 후 10년이 지난 전직대통령 등에 대한 경호를 실시한다.

50 대통령 등의 경호에 관한 법률상 다음 (   ) 안에 들어갈 내용은?   • 제21회 기출

◯△✕

> 소속공무원과 관계기관의 공무원으로서 경호업무를 지원하는 사람은 경호목적상 불가피하다고 인정되는 상당한 이유가 있는 경우에만 (   )에서 질서유지, 교통관리, 검문·검색, 출입통제, 위험물 탐지 및 안전조치 등 위해 방지에 필요한 안전활동을 할 수 있다.

① 안전구역
② 경계구역
③ 통제구역
④ 경호구역

해설 ▶ 비례의 원칙에 따른 안전활동

> 소속공무원과 관계기관의 공무원으로서 경호업무를 지원하는 사람은 경호목적상 불가피하다고 인정되는 상당한 이유가 있는 경우에만 경호구역에서 질서유지, 교통관리, 검문·검색, 출입통제, 위험물 탐지 및 안전조치 등 위해 방지에 필요한 안전활동을 할 수 있다(대통령 등의 경호에 관한 법률 제5조 제3항).

51 대통령 등의 경호에 관한 법령상 경호구역에 관한 설명으로 옳지 <u>않은</u> 것은?

① 대통령경호처장은 경호업무의 수행에 필요하다고 판단되는 경우 경호구역을 지정할 수 있다.

② 대통령경호처장이 경호구역을 지정할 경우 경호목적 달성을 위해 최대한의 범위로 설정되어야 한다.

③ 경호구역을 지정할 때에는 경호업무 수행에 대한 위해요소와 구역이나 시설의 지리적·물리적 특성 등을 고려해 지정한다.

④ 대통령경호처 소속공무원과 경호업무를 지원하는 사람은 경호목적상 필요하다고 인정되는 상당한 이유가 있는 경우에만 경호구역에서 안전활동을 할 수 있다.

해설 경호구역의 지정은 경호목적 달성을 위한 최소한의 범위로 한정되어야 한다. 이는 국민의 불편을 최소화하면서 경호업무에 지장이 없는 범위 내에서 경호구역을 지정하기 위함이다.

52 대통령 등의 경호에 관한 법률상 경호구역에 관한 다음의 설명 중 (   ) 안에 들어갈 내용을 올바르게 연결한 것은?

(㉠)으로서 경호업무를 지원하는 사람은 경호 목적상 불가피하다고 인정되는 상당한 이유가 있는 경우에만 경호구역에서 질서유지, 교통관리, 검문·검색, 출입통제, 위험물 탐지 및 (㉡) 등 위해 방지에 필요한 안전활동을 할 수 있다.

	㉠	㉡
①	소속공무원	안전점검
②	소속공무원과 관계기관의 공무원	안전조치
③	관계기관의 공무원	안전조치
④	관계기관공무원과 공공기관 임직원	안전점검

해설 소속공무원과 관계기관의 공무원으로서 경호업무를 지원하는 사람은 경호 목적상 불가피하다고 인정되는 상당한 이유가 있는 경우에만 경호구역에서 질서유지, 교통관리, 검문·검색, 출입통제, 위험물 탐지 및 안전조치 등 위해 방지에 필요한 안전활동을 할 수 있다(대통령 등의 경호에 관한 법률 제5조 제3항).

48 ②   49 ②   50 ④   51 ②   52 ②   **정답**

53 대통령 등의 경호에 관한 법률상 경호등급에 대한 설명으로 옳지 않은 것은?

◻◇✕

① 경호등급과 관련하여 필요한 사항은 경호처장이 정한다.

② 방한하는 외국 국가원수의 경호등급은 국제적 관계를 고려하여 구분한다.

③ 경호등급을 구분하여 운영하는 경우에는 미리 국가정보원장 및 경찰청장의 승인을 받아야 한다.

④ 처장이 경호가 필요하다고 인정하는 국내외 요인에 대한 경호등급은 경호대상자의 지위와 경호위해요소를 고려하여야 한다.

> **해설** 경호처장은 대한민국을 방문하는 외국의 국가원수 또는 행정수반(行政首班)과 그 배우자, 그 밖에 처장이 경호가 필요하다고 인정하는 국내외 요인(要人)의 경호임무를 수행하기 위하여 해당 경호 대상자의 지위와 경호위해요소, 해당 국가의 정치상황, 국제적 상징성, 상호주의 측면, 적대국가 유무 등 국제적 관계를 고려하여 경호등급을 구분하여 운영할 수 있으며, 경호등급을 구분하여 운 영하는 경우에는 외교부장관, 국가정보원장 및 경찰청장과 미리 협의하여야 한다.

54 대통령 등의 경호에 관한 법령상 다음 (   ) 안에 들어갈 내용으로 옳은 것은?

◻◇✕

• 제17회 기출

> 처장은 대통령 등의 경호에 관한 법률에 따른 경호대상에 대한 경호를 위하여 필요한 경우 (   ), (   ) 및 경호·안전관리 업무를 지원하는 관계기관에 근무할 예정인 사 람에게 신원진술서 및 가족관계의 등록 등에 관한 법률에서 정하는 증명서와 그 밖에 필요한 자료의 제출을 요구할 수 있다. 이 경우 처장은 제출된 자료의 내용을 확인하기 위하여 관계기관에 조회 또는 그 밖에 필요한 협조를 요청할 수 있다.

① 대통령비서실, 국가안보실

② 대통령비서실, 국방부 조사본부실

③ 대검찰청 공공수사부, 국가안보실

④ 대검찰청 공공수사부, 국방부 조사본부실

> **해설** 「대통령 등의 경호에 관한 법률 시행령」 제3조의3(경호업무 수행 관련 관계기관 간의 협조 등)에서 규정한 내용으로, 경호처장은 필요한 경우 대통령비서실, 국가안보실 및 경호·안전관리 업무를 지 원하는 관계기관에 근무할 예정인 사람들에 대하여 신원진술서 등의 자료 제출을 요구할 수 있다.

55 대통령 등의 경호에 관한 법률상의 다자간 정상회의의 경호 및 안전관리에 대한 설명
□△✕ 으로 옳지 <u>않은</u> 것은?

① 대한민국에서 개최되는 다자간 정상회의에 참석하는 외국의 국가원수 또는 행정
수반과 국제기구 대표의 신변(身邊)보호 및 행사장의 안전관리 등을 효율적으로 수
행하기 위하여 대통령 소속으로 경호·안전 대책기구를 둘 수 있다.

② 경호·안전 대책기구의 장은 경호처 차장이 된다.

③ 경호·안전 대책기구는 소속공무원 및 관계기관의 공무원으로 구성한다.

④ 경호·안전 대책기구의 장은 다자간 정상회의의 경호 및 안전관리를 위하여 필요
하면 관계기관의 장과 협의하여 통합방위법에 따른 국가중요시설과 불특정 다수
인이 이용하는 시설에 대한 안전관리를 위하여 필요한 인력을 배치하고 장비를 운
용할 수 있다.

해설 경호·안전 대책기구의 장은 경호처장이 된다.

56 대한민국에서 개최되는 다자간 정상회의의 경호 및 안전관리 업무를 효율적으로 수행
□△✕ 하기 위하여 대통령 등의 경호에 관한 법률에 따라 설치되는 경호·안전 대책기구의
명칭은?   • 제19회 기출

① 경호안전종합본부   ② 경호안전통제단
③ 경호안전대책본부   ④ 경호처 특별본부

해설 「대통령 등의 경호에 관한 법률」 제5조의2 제1항은 "대한민국에서 개최되는 다자간 정상회의에 참
석하는 외국의 국가원수 또는 행정수반과 국제기구 대표의 신변(身邊)보호 및 행사장의 안전관리
등을 효율적으로 수행하기 위하여 대통령 소속으로 경호·안전 대책기구를 둘 수 있다."라고 규정
하고 있다. 이에 따라 설치되는 경호·안전 대책기구에 관한 사항을 규정하기 위하여 제정된 대통
령훈령(제331호)인 「다자간 정상회의의 경호 및 안전관리 업무에 관한 규정」 제2조 제1항에서 "「대
통령 등의 경호에 관한 법률」 제5조의2 제1항에 따른 경호·안전 대책기구의 명칭은 경호안전통
제단(이하 '통제단'이라 한다)이라 한다."라고 규정하였다.

| 53 ③ | 54 ① | 55 ② | 56 ② | **정답** |

57 대통령 경호공무원에 대한 설명으로 옳지 <u>않은</u> 것은?

□△✕

① 대통령경호처 직원 중 경호처장의 제청에 의해 서울중앙지방 검찰청 검사장이 지명한 경호공무원만이 사법경찰권을 가진다.

② 사법경찰권이 없는 경호공무원이 현행범을 체포하였을 경우 즉시 사법경찰관리에게 인도하여야 한다.

③ 경호공무원이 직무와 관련하여 직·간접적으로 사례·증여 또는 향응을 받을 수 없도록 규정한 것은 일반 공무원에게는 해당되지 않는 엄격한 청렴의무를 부과한 것이다.

④ 경호직원이 직무수행 중 부상 또는 사망하였을 경우 국가유공자 등 예우 및 지원에 관한 법률상의 여러 가지 보상을 받을 수 있다.

> **해설** 경호공무원이 직무와 관련하여 직·간접적으로 사례·증여 또는 향응을 받을 수 없도록 규정한 것은 일반 공무원과 같은 청렴의무를 부과한 것이다.

58 대통령경호원으로 임용될 수 <u>없는</u> 자는?

□△✕

① 금고 이상의 형의 선고유예를 받고 3년이 경과한 자

② 도로교통법을 위반하여 벌금형의 선고를 받은 사실이 있는 자

③ 징계에 의하여 파면의 처분을 받은 때로부터 5년을 경과하지 아니한 자

④ 구류의 선고를 받은 사실이 있는 자

> **해설** 징계에 의하여 파면의 처분을 받은 때로부터 5년이 지나지 아니한 자는 대통령경호원의 임용결격사유에 해당되어 대통령경호원이 될 수 없다.
> ① '금고 이상의 형의 선고유예기간 중에 있는 자'가 결격사유에 해당한다. 따라서 선고유예를 받고 3년이 경과된 자는 임용결격사유에 해당하지 않는다.
> ② 「도로교통법」을 위반하여 벌금형의 선고를 받은 경우에는 「국가공무원법」상의 임용결격사유에 해당하지 않는다.
> ④ 구류 선고는 「국가공무원법」상의 임용결격사유에 해당하지 않는다.
> ▶ **대통령경호처 직원의 결격사유**
>
> 1. 대한민국의 국적을 가지지 아니한 자
> 2. 「국가공무원법」 제33조(결격사유) 각 호의 어느 하나에 해당하는 자

59 경호공무원으로 임용될 수 있는 사람은?

□△×

• 제16회 기출 변형

① 피성년후견인

② 파산선고를 받고 복권되지 아니한 자

③ 징계로 해임처분을 받은 때부터 4년이 지난 자

④ 법원의 판결 또는 다른 법률에 따라 자격이 상실되거나 정지된 자

해설 징계로 해임처분을 받은 때부터 3년이 지나지 아니한 자가 결격사유이다. 따라서 징계로 해임처분을 받은 때부터 4년이 지난 사람은 경호공무원 결격사유에 해당하지 않는다.

60 대통령 등의 경호에 관한 법률의 내용으로 옳지 않은 것은?

□△×

• 제16회 기출

① 경호처에 특정직 국가공무원인 1급부터 9급까지의 경호공무원과 일반직 국가공무원을 둔다. 다만, 필요하다고 인정할 때에는 경호공무원의 정원 중 일부를 일반직 국가공무원 또는 별정직 국가공무원으로 보할 수 있다.

② 경호처에 파견된 경찰공무원은 이 법에 규정된 임무 외의 경찰공무원의 직무를 수행할 수 없다.

③ 대한민국의 국적을 가지지 아니한 사람은 경호처 직원으로 임용될 수 없다.

④ 경호처장은 경호업무에 필요하다고 판단되는 경우 경호목적 달성을 위해 필요한 최대한의 범위를 경호구역으로 지정할 수 있다.

해설 경호처장은 경호업무에 필요하다고 판단되는 경우 경호목적 달성을 위해 필요한 최소한의 범위를 경호구역으로 지정할 수 있다. 이는 국민 불편을 최소화하면서 경호목적을 달성할 수 있도록 하기 위함이다.

| 57 ③ | 58 ③ | 59 ③ | 60 ④ | 정답 |

61 대통령경호처에 관한 설명으로 옳지 <u>않은</u> 것은?

⊡△☒

① 차장은 고위공무원단에 속하는 별정직 국가공무원으로 보하여야 한다.

② 5급 이상 경호공무원과 5급 상당 이상 별정직 공무원은 처장의 제청으로 대통령이 임용한다.

③ 6급 이하의 경호공무원은 대통령경호처장이 임용한다.

④ 경호처 직원은 직무와 관련된 사항을 발간하거나 그 밖의 방법으로 공표하려면 미리 경호처장의 허가를 받아야 한다.

해설 차장은 1급 경호공무원 또는 고위공무원단에 속하는 별정직 국가공무원으로 보하며, 처장을 보좌한다. 차장은 경호처장의 직무대행권을 가지며, 대통령경호안전대책위원회 부위원장이며, 경호안전대책통제단 부단장이다. 차장은 1급 경호공무원 또는 고위공무원단에 속하는 별정직 국가공무원인 사람 중에서 보할 수 있는 것이지, 고위공무원단에 속하는 별정직 국가공무원으로만 보하는 것은 아니다. 1급 경호공무원도 차장에 보할 수 있으며, 고위공무원단에 속하는 별정직 국가공무원도 차장에 보할 수 있다.

62 대통령 등의 경호에 관한 법률상 경호공무원이 당연퇴직되는 사유에 해당하는 것을 모두 고른 것은?

⊡△☒

⊙ 징계로 해임처분을 받은 때부터 3년이 지나지 아니한 자

⊙ 대한민국 국적을 가지지 아니한 자

⊙ 금고 이상의 형의 선고유예를 받은 경우에 그 선고유예 기간 중에 있는 자

⊙ 벌금 이상의 실형을 선고받고 그 집행이 끝나거나(집행이 끝난 것으로 보는 경우를 포함한다) 집행이 면제된 날부터 3년이 지나지 아니한 자

⊙ 법원의 판결 또는 다른 법률에 따라 자격이 상실되거나 정지된 자

⊙ 금고 이상의 형의 집행유예를 선고받고 그 유예기간이 끝난 날부터 2년이 지나지 아니한 자

① ㉠, ㉡, ㉢, ㉣

② ㉠, ㉣, ㉤

③ ㉡, ㉣

④ ㉢, ㉣, ㉤

해설 ㉢ 금고 이상의 형의 선고유예를 받은 경우에 그 선고유예 기간 중에 있는 자는 결격사유에는 해당하지만, 당연퇴직 사유에는 해당하지 않는다.

㉣ 금고 이상의 실형을 선고받고 그 집행이 종료되거나 집행을 받지 아니하기로 확정된 후 5년이 지나지 아니한 자가 당연퇴직 사유에 해당한다.

63 대통령 등의 경호에 관한 법률에 규정되어 있는 내용 중 경호처 소속공무원이 지켜야
◻◻◻ 할 내용으로 옳은 것은?

① 영리 및 겸직 금지　　　　　② 직권남용 금지

③ 직장이탈 금지　　　　　　　④ 정치운동 금지

> **해설** 소속공무원은 직권을 남용하여서는 아니 된다(대통령 등 경호에 관한 법률 제18조 제1항). 이 규정
> 을 위반한 사람은 5년 이하의 징역이나 금고 또는 1천만 원 이하의 벌금에 처한다(대통령 등 경호
> 에 관한 법률 제21조 제1항).

64 대통령경호원이 퇴직 후에도 준수해야 하는 의무는?
◻◻◻

① 직장이탈 금지의 의무　　　② 정치운동 금지의 의무

③ 직권남용 금지의 의무　　　④ 비밀엄수의 의무

> **해설** 공무원은 재직 중은 물론 퇴직 후에도 직무상 득한 비밀을 엄수하여야 한다.

65 대통령 등의 경호에 관한 법률상 비밀엄수 규정의 적용을 받지 <u>않는</u> 자는?
◻◻◻

① 대통령 경호업무에 동원된 종로경찰서 소속 경찰관

② 대통령경호처에 파견근무 중인 서울시경찰청 소속 경찰관

③ 대통령경호처에서 퇴직 후 5년이 지난 전직(前職)경호공무원

④ 대통령경호처에 파견근무 후 원 소속으로 복귀한 국가정보원 직원

> **해설** 비밀엄수 규정의 적용을 받는 자는 경호처 직원과 경호처에 파견되어 근무하는 자(퇴직한 사람과
> 원(原) 소속 기관에 복귀한 사람을 포함한다)이다.

| 61 ① | 62 ① | 63 ② | 64 ④ | 65 ① | 정답 |

66 경호처 경호공무원에 관한 설명으로 옳은 것은?

◯△✕

① 경호공무원이 신체, 정신상의 이상으로 인하여 6개월 이상 직무를 담당하지 못할 만한 지장이 있을 때에는 직권면직의 대상이 된다.

② 소속공무원이 경호처의 직무와 관련된 사항을 발간 또는 기타의 방법으로 공표하고자 하는 때에는 미리 경호처 차장의 허가를 받아야 한다.

③ 경호공무원의 유족은 국가유공자 등 예우 및 지원에 관한 법률에 의한 보상의 대상이 되지 아니한다.

④ 경호처 차장의 제청에 의하여 검찰총장이 지명한 경호공무원은 일정범위 내에서 사법경찰관리의 직무를 행할 수 있다.

> **해설** ② 경호처 차장의 허가가 아닌 경호처장의 허가를 받아야 한다.
> ③ 경호대상에 대한 경호업무 수행 또는 그와 관련하여 상이(傷痍)를 입고 퇴직한 사람과 그 가족 및 사망(상이로 인하여 사망한 경우를 포함한다)한 사람의 유족에 대하여는 「국가유공자 등 예우 및 지원에 관한 법률」 또는 「보훈보상대상자 지원에 관한 법률」에 따른 보상을 한다.
> ④ 경호공무원의 사법경찰권은 경호처장의 제청에 의하여 서울중앙지방검찰청 검사장이 지명한다.

67 대통령 등의 경호에 관한 법률상 경호처의 인사위원회에 관한 설명으로 옳지 <u>않은</u>

◯△✕ 것은?

① 인사위원회는 위원장 1인과 5인 이상 7인 이하의 위원으로 구성한다.

② 인사위원회의 위원장은 모든 직원 중에서 처장이, 위원은 3급 이상 직원 중에서 차장이 각각 임명한다.

③ 인사위원회 및 인사실무위원회의 회의, 기타 운영에 관하여 필요한 사항은 처장이 정한다.

④ 경호처 직원의 인사에 관한 중요사항을 심의하기 위하여 경호처에 인사위원회 및 인사실무위원회를 둔다.

> **해설** 인사위원회의 위원장은 2급 이상 직원 중에서, 위원은 3급 이상 직원 중에서 각각 처장이 임명한다 (대통령 등의 경호에 관한 법률 시행령 제7조 제2항).

68 대통령 등의 경호에 관한 법률상 경호공무원의 사법경찰권에 대한 설명으로 옳은 것은?

① 사법경찰권이 없는 경호공무원은 직무수행 중 현행범이라도 영장 없이는 체포할 수 없다.

② 8급 이상 경호공무원은 사법경찰관의 직무를 수행한다.

③ 사법경찰관의 직무를 수행할 수 있는 경호공무원은 경호업무 수행 중 인지한 소관 범죄에 관하여 직무상 또는 수사상 긴급을 요하는 한도 내에서 사법경찰관리의 직무를 행할 수 있다.

④ 사법경찰권이 없는 경호원이 현행범인을 체포하였을 경우에도 직무상 긴급을 요하는 한도 내에서 수사를 할 수 있다.

해설 ① 현행범은 누구든지 영장 없이도 체포할 수 있다(형사소송법 제212조).
② 7급 이상 경호공무원은 사법경찰관의 직무를 수행하고, 8급 이하 경호공무원은 사법경찰리의 직무를 수행한다.
④ 사법경찰권이 없는 경호원은 현행범인을 체포할 수는 있으나, 수사를 할 수는 없다.

69 경호공무원의 사법경찰권에 관한 내용이다. 다음 (   )에 들어갈 내용이 옳게 짝지어 진 것은?

• 제16회 기출

> (   )의 제청으로 서울중앙지방검찰청 검사장이 지명한 경호공무원은 대통령 경호업무 수행 중 인지한 그 소관에 속하는 범죄에 대하여 직무상 또는 수사상 긴급을 요하는 한도 내에서 사법경찰관리의 직무를 수행할 수 있다. 여기서 (   ) 이상 경호공무원은 사법경찰관의 직무를 수행하고, (   ) 이하 경호공무원은 사법경찰리의 직무를 수행 한다.

① 대통령경호처장, 7급, 8급   ② 대통령경호처 차장, 5급, 6급
③ 대통령경호처장, 5급, 6급   ④ 대통령경호처 차장, 7급, 8급

해설 사법경찰권을 가질 수 있는 경호공무원의 지정신청권은 대통령경호처장이 갖는다. 경호공무원이 라 하여 모두 사법경찰권을 갖는 것은 아니며, 필요한 인원에 한하여 일정한 절차를 거쳐 사법경찰 권을 갖는다. 사법경찰관리(司法警察官吏)는 사법경찰관과 사법경찰리를 합하여 지칭하는 용어로, 사법경찰관은 경무관·총경·경정·경감·경위(7급) 등을 말하고, 사법경찰리는 경사·경장 및 순 경(8급)을 말한다.

66 ①   67 ②   68 ③   69 ①   **정답**

70 대통령 등의 경호에 관한 법률의 내용으로 옳지 <u>않은</u> 것은?

• 제17회 기출

① 5급 이상 경호공무원은 대통령경호처장의 제청으로 대통령이 임용한다.

② 임용권자는 직원(별정직 국가공무원은 제외)이 신체적·정신적 이상으로 6개월 이상 직무를 수행하지 못할 만한 지장이 있으면 직권으로 면직할 수 있다.

③ 5급 이상 경호공무원의 정년은 58세이고, 6급 이하 경호공무원의 정년은 55세이다.

④ 대통령경호처장의 제청으로 서울중앙지방검찰청 검사장이 지명한 경호공무원은 일반범죄에 대하여 수사상 긴급을 요하는 한도 내에서 사법경찰관리의 직무를 수행할 수 있다.

해설 경호공무원(대통령경호처장의 제청으로 서울중앙지방검찰청 검사장이 지명한 경호공무원을 말한다)은 경호대상에 대한 경호업무 수행 중 인지한 그 소관에 속하는 범죄에 대하여 직무상 또는 수사상 긴급을 요하는 한도 내에서 사법경찰관리(司法警察官吏)의 직무를 수행할 수 있다(대통령 등의 경호에 관한 법률 제17조 제1항).

71 대통령경호원이 그 임무수행상 부득이한 경우라도 총기 사용을 할 수 <u>없는</u> 경우는?

① 정당방위

② 긴급피난

③ 야간이나 상대가 집단을 이루거나 흉기, 기타 위험한 물건을 휴대하여 경호업무를 방해하기 위하여 소속공무원에 항거할 때 이를 방지 또는 체포하기 위하여 무기를 사용하지 아니하고는 다른 수단이 없다고 인정되는 상당한 이유가 있을 때

④ 2년 이상의 징역에 해당하는 소관범죄를 범한 자가 도주하려고 할 때

해설 경호대상에 대한 경호업무수행 중 인지한 그 소관에 속하는 범죄로 사형·무기 또는 장기 3년 이상의 징역 또는 금고에 해당하는 죄를 범하거나 범하였다고 의심할 만한 충분한 이유가 있는 사람이 소속공무원의 직무집행에 대하여 항거하거나 도주하려고 할 때 등에는 총기를 사용할 수 있다.

72 경호공무원이 무기를 사용할 때 사람에게 위해를 끼치지 <u>않아야</u> 하는 경우는?

① 형법상 정당방위에 해당할 때
② 형법상 정당행위에 해당할 때
③ 형법상 긴급피난에 해당할 때
④ 야간이나 집단을 이루거나 흉기 등을 휴대하여 경호업무를 방해하기 위하여 경호 공무원에게 항거할 때 이를 방지하거나 체포하기 위하여 다른 수단이 없다고 인정되는 상당한 이유가 있을 때

> **해설** ①③④의 경우 경호공무원이 무기를 사용할 때 사람에게 위해를 끼칠 수 있다. 그러나 「형법」상 정당행위에 해당할 때에는 그러하지 아니하다. 「형법」은 "법령에 의한 행위 또는 업무로 인한 행위, 기타 사회상규에 위배되지 아니하는 행위는 벌하지 아니한다."라고 규정하였고, 학설은 이를 위법성조각사유라고 한다. 예를 들어, 법무부 소속의 사형집행인이 적법한 절차에 의하여 사형을 집행하는 행위는 법령에 의한 행위이며, 의사가 환자의 다리를 절단하는 행위는 업무로 인한 치료행위이다. 이러한 경우는 무기를 사용하더라도 위해를 끼치지 않아야 하는 경우에 해당하지 않는다.

73 대통령경호처에 파견된 사람에게 직무수행을 위하여 필요하다고 인정할 때 무기를 휴대하게 할 수 있는 사람은?

• 제16회 기출

① 경찰청장　　　　　　　　② 대통령경호처장
③ 대통령경호처 차장　　　　④ 국가정보원장

> **해설** 경호처장은 직무수행을 위하여 필요하다고 인정할 때에는 소속공무원(경호처 직원과 경호처에 파견된 사람을 말한다)에게 무기를 휴대하게 할 수 있다(대통령 등의 경호에 관한 법률 제19조 제1항).

70 ④　　71 ④　　72 ②　　73 ②　　**정답**

74 우리나라 경호공무원의 의무사항으로 옳지 <u>않은</u> 것은?

☐△☒

① 소속상관의 허가 없이 직장을 이탈할 수 없다.

② 영리목적으로 다른 직무와의 겸업을 할 수 없다.

③ 자신이 희망하는 종교와 정당 가입은 가능하다.

④ 공무원으로서 집단행위를 할 수 없다.

> **해설** 「국가공무원법」 제65조(정치운동의 금지)에서 "공무원은 정당이나 그 밖의 정치단체의 결성에 관여하거나 이에 가입할 수 없다."라고 규정하여 공무원의 정당 가입을 금지하고 있다. 공무원은 자신이 희망하는 종교를 갖고 종교활동을 할 수는 있으나, "종교에 따른 차별 없이 직무를 수행하여야 한다."라고 규정(국가공무원법 제59조의2)하여 종교 중립의 의무를 부여하고 있다.

75 대통령 등의 경호에 관한 법률상의 내용에 관한 설명으로 옳지 <u>않은</u> 것은?

☐△☒

① 대통령경호처장은 6급 이하 경호공무원과 6급 상당 이하 별정직 공무원에 대하여 일체의 임용권을 가진다.

② 경호공무원의 전보 · 휴직 · 겸임 · 파견 · 직위해제 등에 관하여는 대통령경호처장이 이를 행한다.

③ 소속공무원이 경호처의 직무와 관련된 사항을 발간하고자 할 때에는 미리 경호처 차장의 허가를 받아야 한다.

④ 경호공무원 각 계급의 종류별 명칭은 대통령령으로 정한다.

> **해설** 소속공무원이 경호처의 직무와 관련된 사항을 발간 및 그 밖의 방법으로 공표하고자 할 때에는 미리 처장의 허가를 받아야 한다(대통령 등의 경호에 관한 법률 제9조 제2항).

76 대통령 등의 경호에 관한 법령상 다음 (　　)에 들어갈 내용으로 옳은 것은?

⊙△✕

• 제16회 기출

> 소속공무원은 대통령경호처의 직무와 관련된 사항을 발간하거나 그 밖의 방법으로 공표하려면 미리 대통령경호처장의 허가를 받아야 한다. 이를 위반한 사람은 (　　)년 이하의 징역·금고 또는 (　　)만 원 이하의 벌금에 처한다.

① 2 − 500
② 2 − 1,000
③ 3 − 500
④ 3 − 1,000

해설 소속공무원은 경호처의 직무와 관련된 사항을 발간하거나 그 밖의 방법으로 공표하려면 미리 처장의 허가를 받아야 한다(대통령 등의 경호에 관한 법률 제9조 제2항). 이를 위반한 사람은 2년 이하의 징역·금고 또는 500만 원 이하의 벌금에 처한다(대통령 등의 경호에 관한 법률 제21조 제2항).

77 경호주체 중 신분상 성격이 다른 것은?

⊙△✕

① 경호처 소속 공무원
② 인천공항 특수경비원
③ 공군부대 군무원
④ 경찰청 소속공무원

해설 ①③④의 경우 신분상 성격이 공경호 주체에 해당하나, 인천공항 특수경비원은 민간인 신분으로 사경호 주체에 해당한다.

74 ③　75 ③　76 ①　77 ②　정답

78 우리나라 대통령의 행정부 수반으로서의 지위가 <u>아닌</u> 것은?

☐☐☒

① 행정에 대한 최고지휘권자의 지위

② 대외적으로 국가를 대표할 지위

③ 행정부 조직권자로서의 지위

④ 국무회의 의장으로서의 지위

해설 우리나라 대통령의 지위는 국가원수로서의 지위, 국민대표기관으로서의 지위, 집행부(행정부) 수반으로서의 지위로 구분된다. 국가원수는 국가 최고 지도자이자 국제법상 외국에 대하여 그 나라를 대표하는 자격을 갖는 주체로, 국가원수로서의 지위에는 대외적으로 국가를 대표할 지위, 국헌(국가)수호자로서의 지위, 국정의 통합·조정자로서의 지위, 헌법기관구성권자로서의 지위가 해당한다.

79 우리나라 갑(A)호 경호대상인 대통령의 법적 지위 중 국가원수로서의 지위에 포함되지

☐☐☒ <u>않은</u> 것은?

① 대외적으로 국가를 대표할 지위

② 국가수호자로서의 지위

③ 헌법기관구성권자로서의 지위

④ 국군통수권자로서의 지위

해설 대통령은 대한민국의 행정부의 수반이다. 즉, 정부의 수반이다. 국군의 관리는 국방부에서 관할하고, 국방부는 정부에 소속되어 있다. 따라서 정부의 수반은 국방부의 수반이 되기 때문에 국군통수권은 국가원수로서의 지위가 아니라 행정부 수반으로서의 지위에 해당한다. 국군을 통수한다 함은 국군의 총지휘권자로서 군정·군령권(軍政軍令權)을 담당하고 있음을 말한다.

80 경호의 객체(A)와 주체(B)는?

| ○△× |

> 퇴임한 지 8년 된 대한민국 전직대통령, 배우자 및 그 자녀가 생활하는 공간에서 경찰
> 관과 대통령경호원이 함께 경호임무를 수행하고 있다.

	A	B
①	전직대통령, 배우자	경찰관
②	전직대통령, 배우자, 자녀	대통령경호원
③	전직대통령, 배우자	경찰관, 대통령경호원
④	전직대통령, 배우자, 자녀	경찰관, 대통령경호원

해설 퇴임한 지 8년 된 대한민국 전직대통령과 그 배우자는 경호처 경호대상이며, 그 자녀는 경호대상
이 아니다. 따라서 경호객체는 전직대통령 및 배우자에 한한다. 경호주체는 경호처이지만, 경찰관
과 대통령경호원이 함께 경호임무를 수행한다고 전제하였다. 근접경호는 경호처에서 담당하고
내·외곽경호는 경찰의 지원을 받고 있으므로 경호의 주체는 대통령경호처 경호원 및 경찰관으로
볼 수 있다.

81 경호의 구성요소에 관한 설명으로 옳지 않은 것은?

| ○△× |

① 경호는 경호대상자의 신변안전에 위협이 되는 제반 경호환경을 경호원이 관리하
고 통제하는 과정이다.

② 경호목적을 달성하기 위해 적극적으로 일정한 경호작용을 주도적으로 실시하는
당사자를 가리켜 경호주체라고 한다.

③ 경호의 객체인 경호대상자는 경호원이 보호해야 하는 대상자를 말하며, '피경호인'
이라고 표현하기도 한다.

④ 경호대상자의 경호에 대한 인식이나 관심은 경호의 결과에 영향을 미치지 않는다.

해설 경호대상자(피경호인, VIP)의 경호에 대한 인식이나 관심은 경호의 결과에 큰 영향을 미칠 수 있
는 중요한 요소이다.

PART 2 경호학 각론

CHAPTER 01 경호업무 수행방법

47.7%

학습 TIP

☑ 경호임무 수행절차를 순서별로 파악·정리하고, 경호활동의 기본고려요소(사전계획, 책임분배, 자원동원, 보안유지)를 확인한다.

☑ 사전예방경호(선발경호)의 개념·특성·기본요소를 정리하고, 경호활동 4단계(예방, 대비, 대응, 평가단계)를 비교·분석한다.

☑ 근접경호의 의의·특성 및 근접경호작용 기본원칙 개념을 정리한다. 또한 도보이동 간 대형의 종류별 특성을 파악한다.

☑ 위기상황의 특성 및 대응방법의 순서별 세부사항을 파악하고, 안전검측활동의 기본지침 및 원칙을 학습한다.

POINT CHAPTER 내 절별 출제비중

01 경호임무 수행절차	4%
02 경호활동의 수칙과 원칙	5.2%
03 사전예방경호(선발경호) 방법	22.6%
04 근접경호 수행방법	33.1%
05 출입자 통제대책	10.1%
06 위기상황(우발상황) 대응방법	12.1%
07 경호안전대책방법 등	12.9%

경호업무 수행방법

제1절 ▶ 경호임무 수행절차 ★☆☆

1. 경호의 계획 수립

(1) 경호준비과정에서 전반적인 사항을 사전에 검토하고 준비하는 과정으로 경호책임자 등이 경호를 지휘하기 위하여 경호에 관한 기본계획이나 실시계획을 수립하는 것이다. 경호에서는 조그마한 실수라도 치명적인 경호의 실패를 초래하기 때문에 철저한 경호계획의 수립으로 완벽한 경호활동을 기하여야 한다.

(2) 경호계획의 수립은 국가경호기관에서만 실시하는 것이 아니라 사설경호기관에서도 경호계획을 수립하여 운영하여야 한다. 계획에 의해 경호활동을 하면, 특히 개인경호의 경우 불필요한 움직임을 줄일 수 있다. 사설경호에서도 경호를 요청하게 된 배경 등을 정확히 파악하여야 완벽한 경호계획을 수립할 수 있다.

2. 경호계획의 수립목적

경호계획의 수립목적은 경호대상자의 신변안전을 보호하는 것으로서, 예상되는 비상사태를 예방하고 실제상황 발생 시 신속히 대처할 수 있도록 계획을 세워 경호에 실수가 없도록 하는 것이다.

3. 경호계획 수립 시 유의사항

(1) 사전 현지답사를 실시하여 완벽한 계획이 되도록 한다.

(2) 사전 현지답사는 가능한 한 도보로 하여야 하며, 꼭 필요한 장소에는 배치예정 병력을 표시한다. 병력이 배치될 장소와 경호경비원의 수송, 급식 및 숙소에 관한 계획을 세운다(군수사항).

(3) 사전에 관계기관회의를 개최하여 문제점을 검토한 후 현지 실정에 맞게 실현 가능한 경호계획을 수립하여야 하며, 안전검측 실시사항을

포함하여 완벽한 계획이 되도록 하여야 한다.

(4) 검색장비, 통신장비, 차량 등의 동원장비에 대한 것과 행사계획의 변경이나 비상사태에 대비하여 예비 병력을 확보하는 등 융통성 있는 계획을 세운다.

(5) 예기치 않은 변화의 가능성 때문에 경호임무를 수행할 때에는 융통성 있게 수립하여야 한다.

(6) 안전에 영향을 미칠 수 있는 악천후 기상 및 가능성 있는 위협 등에 대비하여 예비계획 및 우발계획을 준비한다.

(7) 책임구역과 책임자를 지정하고 계획서 도면에 책임의 한계를 명시하여야 하며, 수립된 계획의 실천사항을 계속적으로 확인하여 미비한 사항을 즉각 보완한다.

(8) 해안지역 행차 시의 경호경비에 있어서는 육·해·공의 입체적 경호경비가 이루어지도록 계획을 세운다.

(9) 경호원에 대한 교양과 상황에 따른 예행연습을 실시하여 착오가 없도록 하며, 주관부서, 행사장 수용능력, 행사장 병력 배치, 비상통로 확보, 비표 패용, 교통 통제, 주차장의 관리, 예행연습 등을 포함시킨다.

4. 경호계획 수립의 원칙과 융통성

(1) 경호계획 수립 시의 원칙

경호임무는 사전에 신중하고 세밀하게 계획되어야 한다. 경호대상자의 이동경로, 일정, 행사계획 등에 따라 철저하게 준비가 이루어져야 한다.

(2) 경호계획 수립 시의 융통성 부여

경호계획은 경호 이외의 업무계획과 비교하여 융통성이 강조되어야 한다. 경호계획 수립 시 획일적이고 경직적인 계획 수립을 지양하고, 현장에서 경호환경 변화에 따라 적절하게 대응할 수 있는 융통성이 부여되어야 한다. 즉, 돌발사태에 대비할 수 있는 비상대책이 강구되어야 한다. 가능한 한 우발상황에 대비하여 임기응변적 대응이 가능하도록 계획이 수립되어야 한다. 따라서 경호대상자의 수행원과 관계기관과의 업무협조는 필수적이다.

> **예비계획, 우발계획**
> • **예비계획**
> 기본계획에 의한 임무달성이 실패할 경우에 대비하여 기본 임무는 변경되지 않은 상태에서 상이한 방법으로 임무를 달성하기 위하여 수립된 계획을 말한다.
> • **우발계획**
> 우발사태의 발생으로 본 계획의 시행이 곤란하거나 불가능할 경우에 대비한 계획을 말한다.

5. 경호행사계획 수립 시 고려사항

① 수행원 수
② 기동방법 및 수단
③ 경호대상자의 신상
④ 방문지역의 특성에 관한 사항

핵심 기출문제

01 경호행사계획 수립 시 고려사항이 <u>아닌</u> 것은?　　• 제26회 기출

① 수행원 수
② 기동방법 및 수단
③ 위해기도자의 신상 및 도주로
④ 방문지역의 특성에 관한 사항

해설 경호행사계획이란 경호행사의 준비과정에서 전반적인 사항을 검토하고 준비하는 과정을 말한다. 경호행사계획 수립 시 고려사항으로 수행원 수, 기동방법 및 수단, 방문지역의 특성에 관한 사항은 고려사항으로 올바르다. 이에 반하여 위해기도자의 신상 및 도주로는 고려사항으로 포함하기에 적절하지 않다. 위해기도자의 신상이란 위해를 가할 사람의 평소 처신 또는 그 주변에 관한 사항을 의미하는데, 행사계획 수립 과정에서 위해기도자를 특정할 수 없으며, 도주로까지 미리 파악하여 계획을 수립한다는 것은 현실성이 없다. 다만, 경호대상자의 신상은 경호행사계획 수립 시 고려사항에 포함된다.

정답 ③

6. 경호계획 수립의 방침

(1) 경호는 최소의 인력으로 최대의 효과를 달성하도록 하여야 하며, 경호활동 시 국민 불편은 최소화해야 한다.

(2) 경호정보를 수집·분석하여 행사장, 연도경호의 종류 명시 및 책임구역을 명확하게 분리해야 하며, 돌발사태에 대한 대비책을 강구해야 한다.

(3) 사전예방적 경호활동을 중요시해야 하며, 교통정리도 철저히 해야 한다.

(4) 책임적 임무, 사전경호교육훈련을 반복 실시하여 경호보안의 유지를 철저히 해야 한다.

7. 세부 시행계획

안전대책	단계별 사전 안전활동, 안전검측, 검식활동, 검문소 운영, 참석자 안전관리 등
행사장경호	3중경호, 경호경비본부의 운영, 우발사태 발생에 대한 대비 등
연도경호	배치시간, 근무요령기술, 예비경찰력의 확보, 바리케이드 설치 등
교통관리	교통소통 대책 마련, 비상시 우회 및 측방도로 확보, 비상통로 확보 등
경계대책	수상한 자에 대한 검문·검색 실시, 중요시설 경계 대책 마련 등

8. 경호계획 수립에 따른 단계별 활동절차(임무수행절차)

(1) 계획단계(제1단계: 출발 전 준비단계)

① **시간적 개념**(계획단계 시행 시기): 계획단계란 경호임무 수령 후 선발대가 행사장에 도착하기 전의 단계를 말한다.

② **계획단계의 경호활동**

   ㉠ 정보수집과 분석: 행사계획이 하달되면 기본적인 자료를 수집하여 행사전반에 대한 상황을 판단한다. 계획단계에서 가장 중요한 것은 행사에 관련된 정확한 정보를 수집·분석하여 적절한 경호조치를 계획(1단계 경호계획)하는 것이다.

   ㉡ 현장답사

      ⓐ 경호조치를 하기 위한 취약요소를 분석하고, 운용경호자원의 규모를 판단하며 기동수단을 선정하기 위하여 현장을 답사한다.

      ⓑ 현장답사는 경호보안을 위하여 극소수의 기획요원과 담당요원만으로 합동으로 이루어져야 한다.

      ⓒ 현장답사를 출발하기 전에 중요한 것은 관련 정보의 획득을 통하여 안전판단이 선행되어야 한다는 것이다.

   ㉢ 세부계획 수립: 현장답사 후에는 안전판단을 토대로 하여 행사장에 대한 인적·물적·지리적 정보를 수집하고 이에 필요한 지원요소에 대한 소요를 판단한 후 구체적인 세부계획(2단계 경호계획)을 수립한다.

➕ 심화학습

세부 시행계획 수립 시 참고사항

• 경호대상자의 상황 및 실태
• 경호대상자의 신상
• 경호대상자의 불안요소

➕ 심화학습

현장답사 시 고려사항

• 행사의전계획서 확보
• 행사장의 기상, 특성, 구조, 시설 등 여건 파악
• 취약요소 분석, 안전대책 판단기준 설정
• 출입통제 범위 및 병력동원 범위 판단
• 헬기장 선정
• 기동수단 및 승·하차지점 판단
• 행차 및 환차 코스 확인 판단

③ **경호계획 수립 시 유의사항**

㉠ 경호 관련 법규, 업무지침, 업무지시 등을 완전히 숙지하고 경호근무요령을 충분히 습득한 후에 경호계획을 수립한다.

㉡ 사전에 현장답사는 가능한 한 도보로 하여 정확한 정보를 얻고, 꼭 필요한 장소에 경호요원을 배치한다.

㉢ 건물 및 시설의 구조도를 구하여 경호취약요소를 정밀하게 분석한다.

㉣ 다른 경호기관과의 협조 시에는 합동으로 현장답사를 하며, 책임한계를 명확히 구분한다.

㉤ 책임구역과 책임자를 명확히 구분하여 경호요원 및 각종 경호장비에 대한 소요판단을 산출한다.

㉥ 사전에 관계자 회의를 열어 문제점을 검토하고, 현실에 적합한 계획을 수립한다. 계획의 실천추진사항은 계속적으로 확인 · 점검한다.

㉦ 행사계획의 변경이나 우발상황에 대비하여 예비적 경호요원과 경호장비를 충분히 확보한다.

㉧ 경호요원에 대한 교육과 예행연습을 실시하여 실제상황에서의 혼선을 예방한다.

(2) 준비단계(제2단계: 행사장 도착 후 안전활동단계)

① **시간적 개념**(준비단계 시행 시기): 준비단계는 계획 수립 이후 경호원이 행사장에 도착한 후부터 행사시작 전까지의 단계를 말한다.

② **준비단계의 경호활동**

㉠ **경호작전지휘소**(CP; Command Post)**의 개설 · 운용**

ⓐ 선발대는 행사장에 도착 즉시 CP를 개설 · 운용한다.

ⓑ 경호 CP는 본대가 임무를 종료한 후 행사장지역을 벗어나 안전지역으로 이동할 때까지 운용함을 원칙으로 한다.

ⓒ 경호 CP는 선발대장에게 경호작전에 관한 정보를 제공하고, 상황의 접수, 보고, 전파 및 기록을 유지하며, 행사진행계획을 모니터링하여 종합상황실 및 행사장 CP 간 유기적 연락 및 협조체제 강구 등의 임무를 수행한다.

㉡ **제2차 현장답사**

ⓐ 행사장에 도착하는 즉시 행사지역 내 관련 경호기관의 안전활동 상태, 행차코스, 참석자 안내계획, 우발대책, 기타

종합상황실
상황처리를 단일화하고, 신속하고 정확한 상황파악과 조치로 사태를 효율적으로 처리하기 위하여 설치하며, 24시간 운용된다.

주요한 사항에 대하여 확인 및 답사를 한다.

ⓑ 제2차 현장답사는 작성된 분야별 세부계획과 실행 간의 타당성 여부를 검토하기 위함이다.

ⓒ 관계자 회의

ⓐ 관계자 회의를 열어 계획과 실행 사이의 예상되는 문제점과 위해 및 취약요소별 예상상황을 분석하고, 출입통제대책 강구, 비상대책 확인 등 종합적인 경호활동을 점검한다.

ⓑ 관계자 회의의 참석인원은 경호보안을 위하여 극히 제한적으로 허용하고 통제되어야 한다.

③ 준비단계의 중요성: 준비단계는 경호활동의 핵심으로, 폭발물에 대한 안전검측이 실시되고 취약요소가 분석되며 이에 대한 대비책이 제시되는 경호작용의 중요단계이다.

(3) 행사단계(제3단계: 행사실시단계, 본대 도착 후 행사단계)

① 시간적 개념(행사실시단계 시행 시기)

㉠ 행사단계는 경호대상자가 관저(집무실)를 출발해 행사장에 도착하고 나서 행사를 마친 후 관저(집무실)에 복귀하기까지의 단계를 말한다.

㉡ 근접경호요원이 출발지 또는 타 행사장으로 출발하여 행사장에 도착하고 행사를 실시한 후 행사장을 출발하여 출발지 또는 타 행사장에 도착하기 전까지의 과정에 해당한다.

㉢ 행사실시단계를 세분하면 출발지에서 행사장, 행사기간, 행사장에서 출발지 간의 3단계로 구별할 수 있다. 행사단계에서 가장 중요한 것은 행사 중 비상사태 또는 우발상황이 발생했을 때 방어 우선의 경호활동이 행하여져야 한다는 것이다.

② 행사실시단계의 경호활동

㉠ 우발사태로의 계획전환: 경호대상자가 도착하기 전 모든 위해요소가 제거된 상태에서 참석자들이 입장하고 안전확보조치가 유지되어 경호대상자가 도착한 후에는 각종 비상대책 및 우발사태로의 계획으로 전환하여야 한다. 행사실시 중에는 전 근무자는 우발사태 대비로의 임무전환을 하고 경호대상자의 동선상 취약점에 따라 근접임무를 수행하게 된다.

㉡ 긴밀한 협조체계: 행사실시 중에는 선발경호와 근접경호 간의 긴밀한 협조체계 속에 행사가 이루어져야 한다.

➕ 심화학습

현장답사 실시시기

계획단계에서는 계획을 수립하기 위하여 현장에서 취약요소를 확인하고 운용경호자원의 규모를 판단하며 기동수단을 선정하기 위한 현장답사를 실시한다. 준비단계에서도 현장에서 분야별 세부계획과 그 계획의 실행 간의 타당성을 확인하기 위한 현장답사가 필요하다. 이를 제2차 현장답사라고 한다.

(4) 결산단계(제4단계: 평가단계)

① **시간적 개념**(결산단계 시행 시기)

㉠ 결과를 보고하는 단계인 결산단계는 경호행사가 종료되고 경호요원이 행사장을 철수한 후에 경호활동에 대한 평가가 이루어지는 단계를 말한다.

㉡ 경호요원이 행사장을 철수한 후 선발대가 출발지로 복귀하여 경호활동에 대한 자료정리를 마칠 때까지의 과정에 해당한다.

② **결산단계의 활동**: 결산단계에서는 경호활동에 대한 자체 평가회의를 통하여 경호활동 전반에 대한 사실적 작용을 평가한 다음, 이에 대한 제반 참고사항을 기록하여 다음 행사에 반영하는 자료의 보존활동이 이루어진다. 일반적으로 경호결산단계는 경호활동의 잘된 점과 잘못된 점을 비교·평가하는 경호평가와 행사 결과보고서의 작성 및 자료보존으로 구분된다.

㉠ **경호평가**: 경호행사가 종료되었다고 해서 언제나 의도된 대로 움직여지는 것은 아니며, 어떤 때에는 전혀 다른 방향으로 일이 처리되는 경우 등이 있으므로 경호 행사가 끝난 다음에 설정된 기준과 실적을 비교하는 평가가 필요하다. 평가는 경호 임무의 마지막 단계인데, 가능하면 임무완료 직후에 이루어져야 효과가 극대화된다. 평가목적은 임무의 성공과 실패 여부를 논의하는 데 있다. 따라서 진행과정과 적용기법에 대한 회고가 비망록과 일지를 통해 이루어져야 한다. 또한 목표를 달성하는 데 적용된 방법도 요약해 두도록 한다. 경호행사에 참여한 모든 요원이 문제점과 해결방안을 토의하여 다음번 경호 임무 수행 시 유사문제 발생을 막는 토대가 되도록 한다.

㉡ **행사 결과보고서의 작성**: 행사 결과보고서의 작성은 보다 향상된 경호를 위해 한 번 시도한 것의 결과를 평가하여, 잘못이 있으면 즉각 시정함으로써 잘못을 반복하지 않고 계속 경호발전이 이루어지게 한다. 대화 형식으로 작성되는 행사 결과보고서는 경호임무 수행 간의 주요 강조사항을 기록하며, 임무종료 직후 계획전담요원이 작성한다. 행사 결과보고서를 작성할 때에는 경호요원들의 메모와 일지, 경호대상자와 그의 참모, 사전예방경호요원 등의 코멘트를 참고로 한다. 직면했던 문제들과 이 문제들에 대해 제시된 해결책에 중점을 두

비망록
어떤 사건이나 관찰 결과를 잊지 않기 위하여 기록하는 것으로서, 기억을 돕는 문서를 말한다. 경호활동의 진행과정과 적용기법에 대한 회고를 위하여 비망록을 사용한다.

고 행사 결과보고서를 작성한다.

보충학습 보고서의 작성요령

1. 보고서는 경호임무 수행자 간의 주요 강조사항을 대화의 형식으로 작성한다.
2. 보고서는 임무가 종료된 직후 계획전담요원이 작성한다.
3. 결과보고서를 작성할 때에는 경호요원들의 메모와 일지, 경호대상자와 그의 참모, 사전예방경호요원 등의 코멘트를 참고로 하여 작성한다.

ⓒ 자료보존: 자료보존은 경호임무 수행절차의 마지막 단계로, 토의 평가자료와 현장보고사항 중 보존에 필요한 자료를 정리·보관하는 단계이다. 자료보존은 향후 유사한 행사에 대한 참고가 되며 경호발전에 중요한 역할을 하게 된다.

핵심 기출문제

02 경호임무 수행절차에 관한 설명으로 옳지 않은 것은? • 제23회 기출

① 계획단계는 경호임무 수령 후부터 선발대가 행사장에 도착하기 전까지의 경호활동이다.
② 행사단계는 경호대상자가 집무실을 출발해서 행사장에 도착하여 행사가 진행된 이후 복귀 시까지의 경호활동이다.
③ 평가단계에서는 경호 실시결과를 분석하고 평가하여 이를 보완한다.
④ 경호임무의 단계별 절차는 '준비단계 ⇨ 계획단계 ⇨ 행사단계 ⇨ 평가단계'이다.

해설 경호임무의 단계별 절차는 '계획단계 ⇨ 준비단계 ⇨ 행사단계 ⇨ 평가단계'이다.
정답 ④

9. 경호업무 수행절차(위협평가를 중심으로 한 절차)

경호업무 수행절차는 '정보수집·분석 ⇨ 위협평가 ⇨ 경호계획 수립 ⇨ 검측활동 ⇨ 근접경호 ⇨ 경호평가' 순으로 이루어진다.

(1) 정보수집·분석

경호와 관련하여 필요한 정보를 수집하고 그 정보의 가치와 적격성 여부를 판단한다. 분석과정에서는 정보분석가의 전문성과 자질, 분석기관, 정보의 질 등이 중요시된다. 대중 앞에서의 노출이나 제반 여건에 의해서 필연적으로 노출을 수반하는 행차의 지속시간과 사전 위해 첩보수집 간 획득된 내재적인 위협을 분석한다.

CHAPTER 01 경호업무 수행방법 • 241

(2) 위협평가(Threat Assessment)

① **개념**: 경호작전에서 과학적인 절차에 의하여 위협 수준을 객관적인 수치로 계량화하여 경호원들이 위협의 정도를 정확하고 쉽게 인지하도록 하고, 경우에 따라서는 피경호인도 함께 인식하여 효과적인 경호적 대응체계를 수립할 수 있도록 하기 위한 필수적인 절차이다.

② **목적**
　㉠ 경호작전의 규모를 결정하기 위한 것이다.
　㉡ 경호원 및 경호대상자 모두에게 위협의 수준을 이해하도록 하여 효과적인 대응방법을 마련하기 위한 과정이다.

③ **항목**
　㉠ 경호대상자는 어떤 인물인가?(암살대상이 될 수 있는 정치인인가? 또는 사생활이 보호되기를 원하는 연예인인가? 등)
　㉡ 어린이라면 유괴 가능성은 있는가?
　㉢ 경호대상자가 방문하는 지역은 위험한가?
　㉣ 과거 위협에 처한 적이 있는가?
　㉤ 누구에 의하여 또는 왜, 언제, 위협을 당했는가?
　㉥ 경찰이 이러한 사실을 알고 있는가?

④ **위협의 등급판단**
　㉠ **개념**: 위협정보를 모두 수집하고 분석하여 경호대상자가 직면한 위협의 정도 또는 등급을 판단하는 것이다.
　㉡ **위협의 등급판단 방법**
　　ⓐ 사생활과 관련되거나 사업관계와 관련되는 정보는 은밀히 조사하여야 한다.
　　ⓑ 어느 특정한 위협을 과소평가하여 위험의 발단을 놓치지 않아야 한다.
　　ⓒ 논리적 추정과 방법에 의하되 항상 보이는 것과 같지 않다는 점도 주의하여야 한다.

(3) 경호계획 수립

경호계획 수립은 경호과정에서 전반적인 사항을 사전검토하고 준비하는 과정으로, 경호책임자 등이 경호활동을 지휘하기 위하여 경호에 관한 기본계획이나 실시계획을 수립하는 것이다.

(4) 검측활동

검측활동이란 경호대상자에게 위해를 가할 가능성이 있는 모든 취약요소 및 위해물질을 사전에 탐지, 색출, 제거 및 안전조치를 하여 위해를 가할 수 없는 상태로 전환시키는 활동을 말한다.

(5) 근접경호

근접경호란 행사 시 경호대상자에 대하여 직접적으로 가해지는 위해를 방지, 제거하기 위해 실내외 행사장은 물론 도보, 이동, 차량, 선박, 항공기, 철도 등의 기동 간(機動間)에서 실시하는 활동을 말한다.

(6) 경호평가

경호활동은 여러 조직과 기관들의 상호협력 체제와 복합된 요소들의 결합으로 이루어지는 활동으로, 완전하게 계획대로 수행된다는 것은 사실상 불가능하다. 따라서 향후 그 차이와 문제점을 보완하고 감소시키기 위하여 행사 후 평가활동은 필수적이다.

10. 경호위해요소

인적 위해요소	시국불만자, 외국인, 교포, 일반요시찰인, 피보안처분자, 공격형 정신병자 등
물적 위해요소	직접적으로 위해가 될 수 있는 자연물, 인공물 또는 위해자에게 이용될 수 있는 자연물, 인공물

제2절 ▶ 경호활동의 수칙과 원칙 ★☆☆

1 ▌ 경호활동의 의의 · 목표 · 요소

1. 경호활동의 의의

(1) 기본개념

경호기관 또는 경호원들이 효율적으로 경호목적을 달성하기 위하여 실행하는 일련의 사실적 작용을 경호활동이라고 한다. 경호활동의 기본개념은 어떤 집단 간의 전투개념이 아니라, 일정 규모의 경호대가 단독 또는 소수의 한정된 위해분자와 벌이는 두뇌 또는 물리적

➕ 심화학습

경호임무 과정
- **민간경호**
  '경호의뢰 ⇨ 상담 · 계약 ⇨ 경호계획 수립 ⇨ 경호팀 작전회의 ⇨ 선발경호팀 임무수행 ⇨ 수행경호팀 임무수행 ⇨ 임무완료 ⇨ 평가 ⇨ 보고서 작성 ⇨ 사후관리' 순으로 진행된다.
- **공경호**
  경찰 또는 대통령경호처의 공경호 업무도 경호의뢰, 상담, 계약 등의 부분을 제외하고는 민간경호와 동일한 순서로 진행된다.

➕ 심화학습

보안처분
보안처분이란 범인이 다시 범행할 위험을 막기 위하여 행하는 개선교육이나 보호 따위의 처분을 말하며, 피보안처분자란 이러한 보안처분을 받은 사람을 말한다.

➕ 심화학습

예방 · 사전활동
경호활동은 사전적 예방활동, 방어적 활동이 중요하다. 예방은 어떤 위해기도가 발생하지 않도록 미리 준비하는 것을 의미한다. 예방활동을 하기 위한 구체적 행위가 사전예방경호이다.

싸움이다. 즉, 경호활동은 기본적으로 공격이 아닌 방어개념이며, 효과적인 방어를 위해서는 사후적 방어조치가 아닌 사전의 예방경호 활동이 중요하고 바람직하다.

(2) 예방경호 기본

선발경호에서는 행사장에 사전에 파견되어 인적·물적·지리적 위해요소를 제거하고, 만일의 경우 예상되는 비상사태에도 대비하는 예방경호를 기본으로 하고 있다.

(3) 경호대상자 방어 우선

근접경호 역시 비상시 효과적으로 경호대상자를 보호하기 위하여 범인을 제압하는 것보다 경호대상자의 방어가 우선이 된다. 예를 들어, 경호원이 무기(총기)로 범인에 대응할 때보다 먼저 몸으로 경호대상자를 보호하는 것이 보다 신속한 보호효과를 거둘 수 있고, 범인이 혼자 또는 한쪽 방향으로 위해를 기도하는 것이 아니라, 양동작전을 구사하여 다방면에서 위해가 이루어질 수도 있다는 점에서 비상시 경호대상자의 방어 및 대피가 범인의 제압보다 우선한다.

(4) 위해상황 발생 시 대처방법

위해상황이 발생되면 최초발견자에 의한 상황의 빠른 전파가 우선되어야 한다(다만, 위해기도자와 촉수거리에 있을 정도로 가까운 위치에 있는 경호원은 먼저 위해기도자를 제압한다). 전파방법은 무선, 육성, 유선 등이 있으며, 이를 통해 주변근무자 또는 통제 지휘소가 적절한 조치를 취할 수 있도록 유도한다.

(5) 선발경호와 근접경호

행사 시 선발경호는 출입구, 취약지점, 행사장 내부 등 주요지점을 확보하여 안전을 유지하는 한편, 근접경호는 경호대상자를 중심으로 가까운 지점에서 사주경계를 하는 것이 주요임무이다. 선발경호는 근무지를 계속 확보하여 주변 상황을 통제하고, 책임구역에서 발생한 위해상황에 대해 즉각 상황을 전파하고 필요시 방호·대적 임무까지 수행한다. 근접경호는 일단 위해에 대한 경고와 함께 방호·대적·대피의 임무까지 수행해야 한다.

(6) 경호대상자의 대피

경호대상자에 대한 방호와 거의 동시에 이루어져야 하는 것이 경호대상자에 대한 현장 이탈, 즉 대피이다. 이는 경호대상자를 사고 현장에서 안전지역으로 신속히 이동시키는 행위인데, 위해의 종류에 따라 대피장소가 바뀔 수 있으며, 부상 시는 상처 부위나 치료에 적합한 병원으로 이동시켜야 한다. 대피 장소가 국가원수의 숙소나 안전지역이라면 병력의 증원과 같은 추가조치가 필요 없지만, 대피 장소가 치료를 위한 병원이라면 제2의 범행을 방지하기 위하여 병력의 증원 등 후속조치가 이루어져야 한다.

핵심 기출문제

03 경호활동에 관한 설명으로 옳지 않은 것은? • 제22회 기출

① 3중경호는 위해기도 시 시간 및 공간적으로 지연시키거나 피해의 범위를 최소화하기 위한 방어전략이다.
② 선발 및 근접경호의 구분 운용은 효과적으로 위해기도를 봉쇄하려는 예방경호와 방어경호의 작용이다.
③ 경호원은 위해발생 시 경호대상자의 방호 및 대피보다 위해기도자의 제압이 우선이다.
④ 경호의 임무의 단계별 절차는 계획단계 ⇨ 준비단계 ⇨ 행사단계 ⇨ 평가단계이다.

해설 경호원은 위해발생 시 위해기도자의 제압보다 경호대상자의 방호 및 대피가 우선이다. 경호활동의 궁극적 목적은 경호대상자의 신변보호이다. 경호대상자의 신변보호를 위하여 경호대상자의 방호 및 대피가 우선시된다.

정답 ③

2. 경호활동의 구분

주체(국가기관, 사인)에 따른 구분	경호작용을 누가 하느냐에 따라 공경호와 사경호로 구분한다.
목적에 따른 구분	행사 시작 전의 계획 수립 및 안전점검을 목적으로 하는가, 경호대상자 주변에서 직접 가해지는 위협을 제거하는 것을 목적으로 하는가에 따라 사전예방경호와 근접경호로 구분한다.
절차에 따른 구분	경호활동의 진행순서와 구체적인 경호활동을 하는 데 거쳐야 하는 일정한 차례와 방법(경호절차)에 따라 경호준비작용, 안전대책작용, 경호실시작용, 사후평가작용으로 구분한다.

3. 경호활동의 목표

경호대상자를 암살, 납치 또는 신체적 침해로부터 보호하는 것이 경호작용의 목표이고, 범행의 성공 가능성을 최소화하는 것이 경호의 목적이다.

4. 경호활동의 요소

(1) 경호활동의 기본 고려요소

경호활동의 주목적은 테러 · 암살 · 납치 등 신체적 위해로부터의 보호에 있으며, 경호업무수행을 원활하게 하기 위해서는 사전계획 수립, 책임분배, 자원동원, 보안유지 등이 사전에 검토되어야 한다. 이를 경호활동의 기본 고려요소라고 한다.

① **사전계획 수립**: 경호활동에 있어 사전계획은 전체 경호활동의 성공 여부를 결정하는 핵심이다. 계획은 예기치 않은 변화의 가능성에 대비하여 융통성 있게 수립해야 하고, 경호환경을 극복하기 위한 예비 및 우발계획을 준비해야 한다. 경호계획에 포함되어야 할 사항에는 목적, 방침, 실시, 지휘 및 통신, 행정사항, 부록 등이 있다. 계획 수립 시까지는 여러 요원 및 기관의 지원과 협력이 필요하며, 계획 수립은 전적으로 계획전담요원의 업무이다.

>> **계획의 단계별 구분**

1단계 경호계획	선발경호에 의한 현장답사가 이루어지기 전에 기본적인 사항을 포함한 계획이다(포괄적 계획).
2단계 경호계획	선발경호팀에 의한 현장답사 후 구체적이고 상세한 내용을 포함한 계획이다(구체적 세부 계획).

② **책임분배**: 경호활동은 여러 기관들이 참여하고 이들 기관의 유기적인 협조체계가 요구되는 활동이므로 성공적인 경호활동을 위해서는 경호원 간의 임무와 책임에 대한 명확한 분배와 각 기관 간에 임무형태에 따른 책임의 분배가 선행되어야 한다. 또한 경호대상자에 대한 완벽한 경호보장을 위해 서로 긴밀한 협조가 이루어져야 하며, 2인 이상의 경호대상자가 있을 때에는 서열이 높은 경호대상자를 우선시하여야 한다.

③ **자원동원**: 경호활동의 성공적인 수행을 위해서는 다양한 자원(경호자원)의 효과적인 이용이 필수적이다. 경호활동을 할 때에는 철저

경호자원
경호활동을 원활하게 수행하기 위하여 필요한 수단으로, 경호인력과 경호장비 등이 있다.

하게 분석된 위해자료를 토대로 하여 어떠한 유형의 자원이 동원되고 어떻게 이용할 것인지를 결정하여야 한다. 또한 경호대상자의 대중에 대한 노출이나 제반여건에 따라 경호하는 데 소요되는 자원이 결정된다. 경호에 동원되는 자원은 경호대상자가 참석하는 행사 지속시간, 대중에의 노출 정도, 위협분석(Threat Analysis)의 결과에 따라 결정된다.

④ 보안유지: 경호활동상 보안은 가장 기본이 되는 요소이므로 경호대상자, 수행원, 행사 세부일정, 경호경비상황 등의 보안사항은 인가된 자 이외에는 엄격하게 통제되어야 한다.

㉠ **경호작용 시 보안의 중요성**: 경호대상자의 일정과 움직임이 노출되지 않도록 경호보안을 철저하게 하는 것은 경호대상자의 안전을 위하여 중요하다. 경호업무는 완벽한 경호실시를 위하여 많은 인력과 장비, 그리고 오랜 시간이 소요되므로 경호의뢰를 받는 순간부터 경호보안은 고려되어야 한다.

㉡ **보안의 실시**: 경호대상자와 수행원, 행사 세부일정, 적용되고 있는 경호·경비상황에 대한 보안의 유출은 엄격히 통제되어야 한다. 정보에 대한 접근과 유출은 인가된 자 이외의 사람에게는 금지되어야 한다. 또한 경호대상자가 요인 또는 대중의 관심을 끄는 인물이라면 방송출연 등 대중매체에의 보안유출도 주의가 요구된다.

㉢ **단계별 보안대책**

ⓐ **경호준비단계**
  • 현장답사 및 경호안전활동은 노출되지 않게 은밀하게 실시한다. 특히, 협조기관과 업무협력 시 보안에 유의하여야 한다.
  • 경호 관련 사항은 반드시 비밀문서로 처리한다.
  • 경호 관련 서류는 무단복제를 금지하고 초안지를 완전히 파기한다.
  • 전화 등의 통신시설에 의한 경호협조는 통신보안에 유의하여야 한다.

ⓑ **경호실시단계**
  • 행사지역 안에서는 필요한 차량을 제외하고 경광등과 비상라이트 점등을 금지한다.
  • 검문검색, 시민통제, 출입인원 통제 시에는 요인의 존재, 방문 또는 경호이유를 표현하지 않아야 한다.

- 경호작전 중 무전기의 노출 휴대는 지양하고, 리시버를 사용하는 것이 보안유지에 더 효과적이다.

ⓔ **통신보안대책**

ⓐ 경호지침의 하달은 반드시 문서로 하고, 무선망에 의한 지침하달을 금지한다.

ⓑ 경호지침 이외의 현장 경호업무 연락은 반드시 무선망으로 하되 음어(陰語)를 사용한다.

통신보안
통신장비를 통하여 소통되는 제반정보가 직접 또는 간접적으로 테러목적 등을 가진 자에게 누설되는 것을 미연에 방지하거나 지연시키기 위한 제반 수단과 보호방책을 말한다.

핵심 기출문제

04 경호작용의 기본요소에 관한 설명으로 옳은 것은 모두 몇 개인가?

· 제25회 기출

- 경호환경을 극복하기 위한 예비 및 우발계획 준비
- 경호임무는 명확하게 각각의 임무형태에 책임 부과
- 경호 경비 상황에 관한 보안유출에 대한 엄격한 통제
- 대중 앞에서의 노출이나 제반 여건에 의해서 필연적으로 노출을 수반하는 행차의 지속시간과 사전 위해 첩보수집 간 획득된 내재적인 위협을 분석

① 1개　　　　② 2개　　　　③ 3개　　　　④ 4개

해설 지문 4개 모두 경호작용의 기본요소에 관한 옳은 설명이다.

정답 ④

---

(2) 경호임무의 수행절차

① **통상 임무수행단계**(임무통지): 임박한 경호임무의 통지를 받으면 시간적 진행 순으로 사건일지를 작성(공식적 문서로 간주)한다. 일지에는 임무에 관한 모든 정보사항을 기록하고, 임무수행 결과로 산출된 모든 정보를 보존한다.

② **행사일정**(임무파악): 관계기관이나 행사주관기관으로부터 관련된 행사일정을 획득하여 본격적인 경호임무가 시작되는 단계로, 행사일정 및 임무 수령 시 포함될 사항은 다음과 같다.

㉠ 출발 및 도착일시, 지역(도착 공항 등)에 관한 사항

㉡ 공식 및 비공식 수행원에 관한 사항

㉢ 경호대상자의 신상

㉣ 의전사항

㉤ 방문지역이나 국가의 특성(기후, 지리, 치안 등)

ⓗ 수행원 등이 투숙할 숙소의 명칭과 위치

ⓢ 이동수단(기동수단) 및 방법

ⓞ 경호대상자가 참석하는 모든 행사와 활동범위

ⓩ 경호대상자와 접촉할 의전 관련자, 관료, 기업인 등

ⓒ 방문단과 동행하는 취재진에 관한 사항

ⓚ 관련 소요비용

ⓣ 경호안전에 영향을 줄 수 있는 행사주최 측 및 방문국의 요구
사항

핵심 기출문제

05 경호임무의 포함요소 중 행사일정 계획 시 고려되지 <u>않는</u> 사항은?

• 제20회 기출

① 출발 및 도착일시
② 기동방법 및 수단
③ 행사에 참석하는 공무원의 명단
④ 방문지역의 지리적 특성

해설 출발 및 도착일시, 기동방법 및 수단, 방문지역의 지리적 특성은 행사일정 계획 시 행
사일정에 따른 임무파악과 직접적인 관련이 있으므로 행사일정 계획 시 고려할 사항
에 해당한다. 그러나 행사에 참석하는 공무원의 명단은 경호임무의 포함요소 중 행사
일정 계획 시 고려할 사항으로 볼 수 없다.

정답 ③

③ **포괄적 계획 수립**: 경호대상자와 행사일정이 파악되면 이를 바탕
으로 하여 경호의 목적과 전체적인 방향, 경호방법, 경비요원의
수(전체), 관련 기관과의 협조체계 구축 등 개략적이고 포괄적인
경호계획을 수립하여야 한다.

④ **연락 및 협조**: 경호기관은 외교와 의전에 관련된 조직들과의 연락
및 협조가 유기적으로 이루어져야 한다. 연락 및 협조체제 구축
시 협의사항은 다음과 같다.

　ⓐ 기후변화 및 악천후를 고려한 행사 스케줄과 행사 관련자의
시간계획

　ⓑ 행사참석 손님 · 진행요원 · 관련 공무원 · 행사위원 등의 명단

　ⓒ 행사 시 경호대상자가 주거나 받는 선물 증정행사

　ⓓ 경호대상자와 수행원의 편의시설

　ⓔ 경호대상자의 참석 범위, 행사의 구체적인 성격

➕ 심화학습

경호협조의 필요성
경호업무는 여러 기관 간 협력과
노력을 통하여 완벽을 기할 수 있
으므로 관련 국가기관 간 협조가
필요하다. 각 기관의 기능과 지역
에 따른 역할분담이 체계성 있게
기능적으로 수행되어야 경호의 목
적이 달성될 수 있다. 그러기 위
해서는 관련 기관 상호 간의 이
해와 협조가 필수적이다.

ⓑ 취재진 인가 및 통제 상황

ⓢ 언론보도 여부, 언론보도 제한 사항

⑤ **정보수집 및 위해분석**: 행사일정을 획득하여 경호의 목적과 방향이 설정된 후 경호와 관련된 인적·물적인 정보를 수집하며, 이를 토대로 위해첩보를 수집·분석하여 경호담당기관에 통보한다.

⑥ **세부계획 수립**(계획 수립 2단계): 포괄적인 경호계획에 의하여 설정된 경호목적과 방향을 지침으로 하여 경호와 관련된 정보수집과 위해분석을 바탕으로 행사에 맞는 구체적인 경호계획을 수립하는 단계이며, 이 단계를 계획 수립 2단계라고도 한다. 경호형태, 경호원 수(분야별), 동원 자원, 책임의 분배 등이 이 단계에서 이루어진다.

⑦ **경호 실시**: 경호대상자가 행사 당일에 경호임무 수행지역에 도착함으로써 구체적인 경호활동이 실시된다. 실시단계는 경호대상자가 관저에 복귀하거나 주무관청 관할권에 도착하면 종결된다.

⑧ **경호평가**: 경호임무가 완성된 직후에 설정된 기준과 실적을 비교 평가하여 경호 수행상 나타난 잘된 점과 잘못된 점을 파악하는 절차이다.

⑨ **행사 결과보고서 작성**: 경호 일정이 종료된 후(임무종료 직후) 경호대상자와 참모, 사전예방경호원 등의 코멘트를 참고로 하여 계획전담요원에 의해 경호임무 수행 중의 주요 강조사항을 기록한다. 계획전담요원은 경호임무 수행 중에 있었던 주요 강조사항을 기록하여 책임자에게 보고하여야 한다.

(3) 경호 수행절차

임무통지	경호준비작용	사전예방경호활동
임무파악		
포괄적 계획 수립	안전대책작용	
연락·협조체제 구축		
정보수집 및 위해분석		
세부계획 수립		
경호실시	경호실시작용	근접(수행)경호활동
사후평가	사후평가작용	경호평가활동
보고서 작성		

2 경호활동의 수칙과 원칙

1. 경호활동의 수칙

경호활동의 수칙이란 경호활동 시 행동이나 절차에 관하여 지켜야 할 사항을 정한 규칙을 말한다. 이는 경호대상자가 지켜야 할 경호대상자의 수칙과 경호원이 지켜야 할 경호원의 수칙으로 구분한다.

(1) 경호대상자의 수칙

① 개념: 경호는 경호원만의 일방적·편면적 활동만으로는 목적을 달성할 수 없다. 경호대상자와 경호원의 상호 협조가 필요하다. 경호원의 활동수칙에 대하여 경호대상자가 경호를 위하여 견지해야 하는 자세가 필요한데, 이를 경호대상자의 활동수칙이라고 한다.

② 경호대상자 활동수칙의 내용

㉠ 취약점의 노출은 공격의 기회를 제공하므로 항상 스스로를 보호할 수 있도록 하며, 이를 위하여 주변의 취약점을 파악하고 침착한 대처를 하도록 한다.

㉡ 여행이나 면담 시에는 반드시 장소, 면담자, 여행 수단, 도착 및 귀착 일시를 가족이나 경호원에게 알리도록 한다.

㉢ 면담이나 상대방과의 업무처리는 반드시 신원이 확인된 사람, 공인된 장소, 정해진 시간에 가족이나 경호원이 참석하거나, 말소리를 들을 수 있는 가까운 거리에서 하도록 한다.

㉣ 계획된 행동, 업무사항, 개인 생활을 언론 및 타인에게 알리지 말고, 구체적인 일정이 담긴 계획서를 남겨 놓고 자택이나 사무실을 비우지 않도록 한다.

㉤ 이유 여하를 막론하고 신원이나 직업이 불확실한 사람은 만나지 말고, 부득이한 경우에는 경호원을 참석시키도록 한다.

㉥ 불규칙적인 출근, 산책, 운동 등의 행동 양식을 통하여 가해자가 공격을 계획하지 못하도록 변화 있는 생활양식을 갖도록 한다.

㉦ 차량으로 이동할 때에는 교통신호를 지키기 위한 경우나 길을 잘못 들었을 때를 제외하고는 정차해서는 안 되며, 위험인물의 접근을 막기 위해 차량의 창문과 차 문을 꼭 잠그도록 한다.

㉧ 집무실, 주택 주변에 수상한 거동자가 있으면 경계심을 가지고 경호원에게 알리도록 한다.

➕ 심화학습

경호대상자 활동수칙

• 필요성
경호활동은 시간과 장소, 대인접촉의 횟수 등에서 단순하지 않고 복잡할수록 어려워진다. 따라서 경호활동은 구체적으로 수행하는 경호원뿐만 아니라 경호대상자에게도 준수사항 또는 유의사항 등이 필요하다.

• 활동수칙 개요
 – 정보의 공유
 – 변화 있는 행동양식 추구
 – 일정의 비노출·비공개
 – 수상한 자를 경호원에게 알림

ⓩ 정기적으로 개인적 혹은 공무상의 일정을 확인하고 경찰의 협조를 얻어 은밀한 교통수단을 사용할 수 있는 방법도 모색해 두어야 한다.

ⓩ 위험이 발생하거나 예상될 때에는 자동차 경적, 호루라기, 휘파람 등을 이용하여 주위 사람에게 알려 도움을 받도록 한다.

ⓚ 위해사건이 발생했을 때에는 즉시 경찰에 연락하고 통보를 기다리며, 공격받은 장소에 손을 대지 말고 경호원이나 경찰 이외에는 정보를 주지 않으며, 가해자와 개인적인 전화나 접촉을 하지 않도록 한다.

ⓔ 가족들에게도 이러한 안전수칙을 기억하도록 하여야 한다.

(2) 경호원의 수칙

① **개념**: 경호원의 활동수칙이란 효과적인 경호활동을 수행하기 위하여 경호원이 지켜야 하는 원칙, 수칙 또는 유의사항을 말한다.

② **경호원 활동수칙의 내용**

ⓐ **희생정신**: 경호원으로서 갖추어야 할 가장 근본적인 정신이다. 다른 여타의 공공안전 서비스직업에서 일하는 모든 사람들의 기본자세로, 특히 신변보호가 주 임무인 경호원에게는 가장 중요한 첫 번째 수칙이다. 자기희생, 육탄방어(경호)의 정신을 의미한다.

ⓑ **준비정신**: 경호에서 한 번의 실수는 피경호인의 피해(부상, 사망)와 직접적으로 연결되기 때문에 준비가 되어 있지 않은 상황은 곧 활동의 실패(작전의 실패)라는 결과로 이어지게 되며, 자신 또는 팀의 존속에도 큰 영향을 주게 된다. 이에 대비하기 위하여 필요한 정보(지식) 및 기술의 습득과 사전정보입수, 기본계획 수립, 사전검토 등이 필요하다.

ⓒ **자기계발**: 점점 극단적으로 변해 가는 범죄성향과 수준의 발전 및 세계화에 의한 활동범위의 광범위화에 따라 경호원들의 개인적 퀄리티(Quality)의 고급화가 요구되고 있다. 순간적 사태 대응이 가능하도록 경호요원 각 개인의 전문적 지식에 바탕을 둔 순발력과 고도의 판단력이 요구된다. 각종 장비의 활용과 전문분야에 필요한 지식, 외국어 및 상황에 따라 대처할 수 있는 의전지식 등 개인적 능력의 발전에 기반한 경호활동이 필요하다.

➕ **심화학습**

근무수칙 및 마음가짐
• **경호원의 근무수칙**
경호원은 신변보호를 위한 전문적 기술 또는 방어력 이외에 행동과 언어 및 예절 등에서도 원칙, 수칙 또는 유의사항을 필요로 한다.
• **경호원의 마음가짐**
  – 의뢰자로부터 선택된 사람이라는 자부심을 갖는다.
  – 경호대상자의 분신으로 생각하고 근무한다.
  – 동료에게 부담을 주지 않는다.
  – VIP 신변보호를 위하여 어떠한 희생도 감수한다.

➕ **심화학습**

경호원의 능력
• 전문가적 지식
• 감정조절
• 무기 · 장비조작
• 격투호위능력
• 응급처치 능력
• 차량운전기술
• 리더십
• 경호계획 수립
• 외국어 구사능력

:: 보충학습 경호원의 능력

1. **차량운전기술**
   경호원은 범죄 및 테러범들의 미행 또는 고속강습에 대한 방어는 물론, 회피하는 기술도 배워야 한다. 또한 비상시를 대비하여 자동차의 정비기술 등을 겸비하는 것이 중요하다.
2. **응급처치능력**
   상처보호나 심폐소생술과 같은 응급처치에 대해서도 알아 두어야 한다. 경호원의 의무는 경호대상의 생명을 안전하게 지키는 데 있기 때문이다.

ㄹ **팀워크**: 경호임무는 하나의 잘 짜인 팀을 중심으로 개인적 능력을 발휘할 수 있어야 한다. 아무리 자신의 능력이 뛰어나더라도 경호활동은 '팀플레이'라는 것을 잊지 않아야 한다.

ㅁ **피경호인의 사생활 보호**: 경호원은 활동 중에도 피경호인의 사생활에 피해를 주거나 방해가 되어서는 안 된다. 피경호인의 대인활동에 피해를 주거나 과도한 행동으로 피경호인의 이미지에 손상을 주는 경호활동은 아무리 안전하게 활동을 종료하더라도 실패한 경호라고 할 수 있다. 피경호인의 사생활 보호는 피경호인의 신변보호만큼 중요하다.

ㅂ **비밀엄수**: 경호의 원칙 중 정보관리에 관한 사항에 해당한다. 비밀정보의 관리 및 유출방지는 경호원(업체)의 기본적인 도리로서 이것이 지켜지지 않는다면 직업의식의 결여 및 자격미달이라고 할 수 있다. 활동 전 정보누출에 의하여 피경호인의 안전에 중대한 문제가 발생할 수 있으며 경호활동 자체가 마비될 수 있기 때문이다. 사후 정보관리에 관한 부분도 민감한 문제로 번질 수 있다. 피경호인의 사생활이 유출되어 사회적, 개인적 피해가 발생할 수 있으며 이에 따른 경호원(경호업체)의 신임도 하락과 경호원으로서의 직업상 신뢰에 손상이 생길 수 있다.

ㅅ **사상(이념) 중립적 자세**: 경호활동에서 개인적 감정이나 사상적(이념적) 중립성을 지키는 것은 기본적 정신자세 중 하나이다. 특히, 공경호에서는 정치적, 사상적 이념의 중립성이 요구되며, 사경호의 경우 개인적 감정 이입이 쉽고 피경호인의 사생활 속에 포함되기 쉬우므로 주의하여야 한다. 사적인 감정은 경호활동의 본래 목적을 훼손할 수 있으며, 경호팀 전체의 와해를 불러올 수 있다. 이는 경호활동의 실패로 이어질

+ 심화학습

사상 중립적 자세

공경호요원은 국가원수 등 고위공직자를 대상으로 경호활동을 담당하는 공무원으로 그 신분이 보장되어 있다. 공경호요원은 그가 경호하는 경호대상자의 신변보호에만 전념하여야 한다. 경우에 따라 공경호요원과 경호대상 경호대상자 간에 사상이 다를 수 있다. 공경호요원은 사상의 자유는 있으나, 그것을 외부에 표출할 수 없으므로 외부적으로 사상의 중립성을 가져야 한다.

수 있으므로 주의하여야 한다.
  ◎ 기타 수칙: 위의 7가지 기본수칙 외에도 방어우선과 은밀경호, 복장 및 자세, 의전교육, 세부시행수칙 등이 있다. 위의 7가지 기본수칙을 중심으로 각 단체나 업체, 팀마다의 시행수칙들이 있으며, 사항 및 활동의 성격상 약간의 차이가 있다.

2. 경호활동의 원칙

(1) 경호활동의 기본적 원칙

경호활동에서 일관되게 지켜야 하는 기본적인 규칙인 경호활동의 원칙은 다음과 같다.

① 권위주의적 요소를 배제하고 의전과 예절에 입각한 친절하고도 겸손한 경호자세를 견지하여야 하며, 위해가해자에게 위압감을 줄 수 있어야 한다.

② 일반인의 불편을 최소화하고 경호대상자와 국민의 필요한 접촉을 보장하여 호응받는 민관일체의 경호를 수행하여야 한다.

③ 경호대상자의 명성에 해가 가지 않도록 하여야 하고, 당황하지 않아야 하며, 위해자와 타협적인 행동을 하지 않아야 한다.

④ 최대한 노출하지 않고 은밀하면서도 유연한 자세로 정교한 경호기술을 발휘하기 위한 교육 훈련에 충실하여야 한다.

⑤ 경호대상자가 정상적인 업무를 수행할 수 있도록 보장하고, 가능한 한 사생활을 침해하지 않도록 하여야 한다.

⑥ 감시와 검색업무를 강화하되, 과도하고 불필요한 통제로 인하여 경호대상자의 명예를 실추시키지 않도록 유의하여야 한다.

⑦ 위해분자의 입장에서 경호상 취약성을 분석하여 위해행위를 효과적으로 사전에 봉쇄할 수 있는 예방경호에 총력을 집중하여야 한다. 사전예방경호는 숙련된 사후적 방어조치보다 우선시한다.

⑧ 경호원의 행동은 은밀하게 침묵 속에서 해야 하며, 행동반경은 항상 경호대상자의 신변을 엄호하여야 한다. 그리고 위기 시에는 신속히 안전지대로 대피시키고, 혼란 없이 다음 임무를 계속 수행하도록 해야 한다. 즉, 은밀, 엄호, 대피, 계속 근무의 행동지침이 습관화되어 있어야 한다.

⑨ 경호원은 무기사용을 자제하고 순간적인 판단력과 융통성, 냉철한 이성과 상황판단 능력 및 정보 분석능력을 길러야 한다.

엄호
덮거나 가려서 보호해 주는 것을 말한다.

⑩ 경호대상자가 참석할 장소와 지역에 사전에 선발대를 보내 점검표를 작성하고 정보를 분석하여 위험요인을 사전에 제거하여야 한다.

⑪ 경호대상자에게는 스스로 안전에 대처할 수 있도록 일상적인 경호수칙을 만들어 숙지하게 함으로써 개인적인 위험에 대한 경각심을 높이게 하여야 한다.

⑫ 경호대상자의 시간, 장소, 차량, 습관화된 행동을 변화시켜 위해자가 다음 행동을 예측할 수 없도록 변화를 주어야 한다.

⑬ 경호대상자와 비슷한 성격과 취미를 가진 경호원을 선발하여 경호원에 대한 인간적 친밀감과 신뢰도를 갖도록 하여야 한다.

⑭ 경호대상자가 여자일 경우 화장실이나 탈의실 등 남자경호원이 접근할 수 없는 장소에는 여자경호원이 임무를 수행할 수 있도록 하여야 한다.

⑮ 경호업무의 효율성을 높이기 위하여 경호대상자의 종교, 직업, 병력 및 건강상태, 신체장애 여부, 약물복용 여부, 선호하는 음식, 싫어하는 음식, 교우관계, 고향, 습관, 성격, 출신학교, 친인척 관계, 인기도, 업무추진 방법, 기타 특이사항 등에 대한 기본정보를 파악하여 숙지하여야 한다.

⑯ 신속하고 과감한 대처능력이 필요하고, 예리하고 정확한 판단력을 갖추어야 한다.

핵심 기출문제

06 경호원의 행동수칙으로 옳지 않은 것은?
• 제25회 기출

① 신속하고 과감한 대처능력이 필요하다.
② 위해가해자에게 위압감을 줄 수 있어야 한다.
③ 예리하고 정확한 판단력을 갖추어야 한다.
④ 숙련된 사후적 방어조치는 사전 예방경호보다 우선시한다.

해설 사전예방경호는 숙련된 사후적 방어조치보다 우선시한다.

정답 ④

(2) 선발 및 근접경호 구분 운용의 원칙

① 선발경호의 의미: 선발경호는 경호대상자가 예정된 행사장에 도착하기 전에 현장에 출동하여 위해기도를 사전에 색출·제거하

기 위한 예방적 차원의 경호활동을 말한다. 범인의 치밀한 위해 기도를 색출하여 무력화하기 위해 일정한 시간이 필요하므로 사전에 경호요원이 행사장에 도착하여 활동하고, 안전구역을 확보하는 예방활동이 선발경호이다.

② **근접경호의 의미**: 근접경호는 경호대상자에게 근접·밀착하거나 경호대상자와 함께 이동하면서 예상되는 각종 위해요소에 대처하는 경호활동을 말한다.

③ **선발경호와 근접경호의 구분 운용**

ㄱ 경호대상자의 활동을 시간별로 구분하고 경호요원의 역할을 기능별로 구분하여 경호작용을 실시하는 것은 경호목적을 효과적으로 달성하기 위한 것이다.

ㄴ 선발대를 행사장에 사전에 파견하여 제반 사항을 준비하고 경호대상자에 대한 위해요소가 전혀 없는 상태에서 본대가 도착하게 선발경호와 근접경호를 구분하여 운용하는 것이 경호활동의 원칙이다.

ㄷ 선발경호와 근접경호를 구분하여 운용하는 것은 예방경호와 방어경호의 기능적 결합이라고 할 수 있다.

제3절 ▶ 사전예방경호(선발경호) 방법 ★★★

1 사전예방경호의 개념 및 기본요소

1. 사전예방경호의 개념

(1) 사전예방경호의 의의

경호대상자가 현장에 도착하기 전에 임시로 편성된 경호선발대가 행사지역에 파견되어 미리 현장답사를 실시하고 효과적인 경호협조와 경호준비를 하는 것이다. 이때 인적·물적·지리적 취약요소에 대한 대책, 현지 경호정보활동, 행사장 안전활동 및 검측 등의 안전조치를 세운다. 사전예방경호활동이 실시되는 지역은 안전이 확보되어 근접경호요원의 부담이 줄고 임무수행에 도움이 된다. 이러한 예방적 경호조치는 위해기도자의 입장에서 분석하는 것이 효과적이다.

심화학습

사전예방경호의 취약점
경호대상자의 공식적 행사일정 이전에 선발경호활동이 이루어지기 때문에 노출의 위험이 있고 경호보안에 이롭지 못하다는 단점이 있다.

(2) 사전예방경호(선발경호)의 목적

① 행사지역의 안전을 확보한다.

② 사전에 각종 위험(위해) 요소를 제거하거나 최소화한다.

③ 행사지역의 경호 관련 정·첩보를 획득하고 공유한다.

④ 우발상황에 대응하기 위한 비상대책을 강구한다.

2. 사전예방경호의 특성

사전예방경호는 일정한 규모의 경호팀이 사전에 현장에 미리 도착하여 각종 경호활동을 수행하므로 경호대상자에게 발생할 수 있는 각종 위해사항을 사전에 제거하는 사전 예방적 특성을 갖는다.

다른견해 사전예방경호의 특성

사전예방경호의 특성을 세분화하여 예방성, 통합성, 안전성, 예비성으로 구분하는 견해도 있다.
1. **예방성**
   위해요소를 사전에 발견하여 제거하고 위해요소의 침투 가능성을 거부함으로써 경호행사를 안전한 환경 속에서 치르기 위함이다.
2. **통합성**
   경호행사에 고유기능과 임무를 갖고 있는 많은 부서가 참가하여 경호활동을 수행하므로 이러한 참가 부서들의 기능이 하나가 되어 통합된 힘을 발휘하기 위함이다.
3. **안전성**
   선발경호의 가장 큰 임무는 행사장의 안전을 사전에 확보하는 일이다.
4. **예비성**
   우발상황에 신속히 대처하고, 만약의 상황에 대비하기 위한 비상대책은 항상 준비되어 있어야 하는데, 이를 예비성이라고 한다. 현지 지형에 맞는 대응계획과 대피계획을 수립·대응하는 것은 예비성에 해당한다.

핵심 기출문제

07 다음이 설명하는 선발경호의 특성은? •제26회 기출

경호대상자에 대한 경호활동은 고유한 기능과 임무를 가지고 있는 다른 여러 기관이 참여하여 이루어지지만, 이들 각 기관들이 하나의 지휘체계 아래 보완적이고 협력적 관계에서 주어진 임무를 수행한다.

① 통합성   ② 예방성

③ 안전성   ④ 예비성

해설 통합성이란, 경호행사에 고유기능과 임무를 갖고 있는 많은 부서가 참가하여 경호활동을 수행하므로 이러한 참가 부서들의 기능이 하나가 되어 통합된 힘을 발휘하기 위함이다.

정답 ①

08 선발경호의 특성에 관한 설명으로 옳지 <u>않은</u> 것은? · 제25회 기출

① 예비성 - 우발상황에 신속히 대처하고, 만약의 상황에 대비한 비상대책 수립이 있어야 한다.
② 예방성 - 선발경호의 임무이자 경호의 목표이다.
③ 안전성 - 행사장의 안전을 사전에 확보하는 일이다.
④ 통합성 - 현지 지형에 맞는 대응계획과 대피계획을 수립·대응하는 것이다.

해설 통합성이란, 경호행사에 고유기능과 임무를 갖고 있는 많은 부서가 참가하여 경호활동을 수행하므로 이러한 참가 부서들의 기능이 하나가 되어 통합된 힘을 발휘하기 위함이다.

정답 ④

3. 사전예방경호의 기본요소

(1) 경호의 연락 및 지휘 협조체계 구축

① **경호협조체계 구축의 필연성**: 경호활동은 상이한 성격을 가진 여러 기관들이 주된 경호기관을 중심으로 협조체계를 구축하여 수행하는 통합적 활동이므로 성공적인 경호를 위해서는 경호협조체계의 구축이 필수적이다.

② **경호협조체계 구축 관련 법령**: 「대통령 등의 경호에 관한 법률」 제15조와 「대통령경호안전대책위원회규정」에서도 경호협조체계의 구축을 중시하여 이에 대한 규정을 두고 있다.

> **「대통령 등의 경호에 관한 법률」 제15조(국가기관 등에 대한 협조 요청)**
> 처장은 직무상 필요하다고 인정할 때에는 국가기관, 지방자치단체, 그 밖의 공공단체의 장에게 그 공무원 또는 직원의 파견이나 그 밖에 필요한 협조를 요청할 수 있다.
>
> **「대통령경호안전대책위원회규정」 제4조 제1항**
> 대통령경호안전대책활동(이하 '안전대책활동'이라 한다)에 관하여는 위원회 구성원 전원과 그 구성원이 속하는 기관의 장이 공동으로 책임을 지며, 각 구성원은 위원회의 결정사항 기타 안전대책활동을 위하여 부여된 임무에 관하여 상호 간 최대한의 협조를 하여야 한다.

심화학습

경호협조체계 구축의 중요성
각 기관의 기능과 지역에 따른 역할분담이 체계성 있고 기능적으로 수행될 때 경호의 목적이 달성될 수 있다. 따라서 관련 기관 상호 간의 이해와 협조가 중요하고, 하나의 지휘체계 아래 상호보완적 임무를 수행해야 한다.

③ **협조기관**: 경호와 관련하여 가장 주된 기관은 대통령경호처이다. 그 밖에 경찰, 국가정보원, 국군방첩사령부, 기타 행사담당기관 등이 협조기관이다.

④ **연락 및 협조체제 구축 시 고려사항**: 사전예방경호를 효율적으로 수행하려면 주된 경호기관을 중심으로 상이한 성격을 가진 여러 기관들이 다음의 사항을 고려하여 연락 및 협조체제를 구축하여야 한다.

　㉠ 경호대상자와 수행원의 편의시설

　㉡ 경호대상자의 참석범위

　㉢ 행사의 구체적인 성격

　㉣ 취재진의 인가 및 통제상황

⑤ **기능적 역할분담과 협조**: 경호업무는 측근경호, 행사장경호, 외곽경호, 연도경호, 안전검측 등으로 기능이 분리되어 각각 다른 기관에서 행하여지지만, 상호협조를 통해 경호목적에 기여하게 된다.

⑥ **경호협조의 역기능**: 현실적으로 경호준비과정에서 불필요한 기관의 간섭과 통제 등이 실질적인 경호업무를 방해하는 경우가 발생한다. 따라서 각 기관의 역할분담은 정확히 이루어져야 하고, 담당지역, 담당업무를 완벽히 책임지는 체제가 구축되어야 한다.

(2) 경호안전작용

경호안전작용이란 모든 수단과 방법을 동원하여 각종 위해요소를 사전에 탐지·제거하여 경호대상자의 신변을 완전하게 보호하는 예방경호업무를 말한다.

① **정보활동분야(경호정보작용)**

　㉠ 정보활동이란 인적·물리적·지리적 위해요소를 사전에 수집·분석·전파하여 경호대상자의 신변의 안전을 보호하려는 예방경호활동을 말한다.

　㉡ 정보활동은 경호활동과 관련된 정보를 수집·분석하여 경호원에게 제공하는 것으로 경호정보의 질적 요건 3요소인 정확성, 적시성, 완전성을 갖추어야 한다.

편의시설
이용자에게 유익하거나 편한 환경을 제공하는 시설로, 휴게실·미용실·사우나 등을 예로 들 수 있다.

➕ 심화학습

경호정보수집
미국의 비밀경호국은 "경호정보수집이란 잠재적 위협에 대한 전략적 위험신호들과 진행 중인 구체적 음모에 대한 전술적 위험요소들을 수집하는 것이다."라고 정의한다.

정확성	정보는 사용자의 결심에 영향을 주는 특수지식이므로 그것이 갖춰야 할 요건은 정확성이다. 첩보는 부정확한 내용이 있을 수 있으나, 정보는 첩보 중에서 사실인 것만을 선택하여 사용할 수 있게 하는 데 의미가 있다. 첩보의 평가과정에서 진실성을 판단하지 못한 나머지 허구의 사실을 정보로 사용하는 실수를 범해서는 안 된다. 정보의 수집과정에서는 인간적 상호 조직관계 속에서 공동의 책임이 수반되므로 모든 담당자는 정보의 정확성이 저해되지 않도록 전달자의 원칙을 지켜야 한다.
적시성	정보는 적시적인 지식이어야 한다. 아무리 정확하고 완전한 정보라도 알맞은 시기에 이용되지 못하면 무가치해지므로 정보는 요구자가 필요한 적시에 맞추어 신속하게 전달되어야 한다.
완전성	정보는 주제에 관련되는 모든 정확한 사항이 완전하게 조직·구성되어야 한다. 정확한 내용이라 할지라도 사용목적에 부합되도록 완전하게 구성되지 못한다면 정보로서의 가치가 없게 된다. 따라서 정보는 대책과 정책수립을 위하여 조직적 체계가 수립되어 완성품으로서 존재할 때에만 가치를 발휘할 수 있다. 절대적인 완전성이 아니더라도 시간이 허용되는 범위에서 가능한 한 사용자가 의도한 대상과 관련한 모든 사항이 작성되어야 한다.

ⓒ 경호정보를 어떻게 수집·평가·분석·실행하는가에 따라 경호활동의 기본적 방향이 결정되므로 신속하고 정확한 정보의 분석과 대책의 수립이 요구된다.

ⓔ 경호 관련 기본정보, 분석정보, 판단정보, 예고정보 등을 작성하여 경호지휘소에 전파하는 것은 경호정보작용에 해당한다.

② **보안활동분야(경호보안작용)**

ⓐ 보안활동은 경호와 관련된 인원, 문서, 시설, 지역, 자재, 통신, 특히 피경호자의 신변 등을 불순분자로부터 완벽하게 보호할 대책을 수립하여 이를 지속적으로 보완·유지해 나가는 것을 말한다.

ⓑ 행사 관련 정보에 대한 보안유지 여부에 따라 경호의 성공 가능성이 달라지므로 보안활동은 중요하다.

ⓒ 행사보안이란 경호대상자의 움직임을 감추거나, 공식적인 행사에서도 경호대상자의 이동경로, 이동방법 등을 공개하지 않음으로써 위해표적을 은폐하여 테러, 저격, 기타 위해를 준비할 수 있는 기회를 주지 않아 경호대상자의 신변안전을 도

➕ 심화학습

보안의 실제

우리나라의 대통령경호처와 미국의 SS에서는 대통령의 경호활동 시 출발·도착시간, 행차로, 환차로 및 행사장까지 정치적으로 문제점이 없는 한 사전에 공개하지 않도록 하여 위해기도자들의 암살계획을 저지하려고 노력한다.

모하는 활동을 말한다.

참고 보안업무의 원칙

1. **보안과 능률의 원칙(보안과 능률의 조화의 원칙)**
"보안을 지나치게 강조할 경우 생산된 정보가 사용자에게 제대로 전달되지 않아 정책결정에 사용하지 못할 수 있다."라는 원칙을 말한다. 또한 능률만을 강조한다면 보안유지가 되지 않아 정보로서의 가치가 상실될 수 있다는 의미를 내포하고 있는 원칙이기도 하다.

2. **알 사람만 알아야 한다는 원칙**
"알 필요성이 없는 사람은 경호대상자에 관한 정보에 접근해서는 안 된다."라는 원칙을 말한다.

3. **적당성(適當性)의 원칙**
"사용자가 필요한 만큼 적당한 양의 정보를 전달하도록 한다."라는 원칙을 말한다.

4. **부분화의 원칙**
"내용과 가치의 정도에 따라 다른 비밀과 관련되지 않게 독립시켜야 한다."라는 원칙을 말한다.

:: 보충학습 보호지역(보안업무규정 제34조, 보안업무규정 시행규칙 제54조 제1항)

1. **보호지역의 설정**
각급기관의 장과 관리기관 등의 장은 국가안전보장에 관련되는 인원·문서·자재·시설의 보호를 위하여 필요한 장소에 일정한 범위의 보호지역을 설정할 수 있다.

2. **보호지역의 구분**
설정된 보호지역은 중요도에 따라 제한지역, 제한구역 및 통제구역으로 나눈다.

제한지역	비밀 또는 국·공유재산의 보호를 위하여 울타리 또는 방호·경비인력에 의하여 승인을 받지 않은 사람의 출입에 대한 감시가 필요한 지역
제한구역	비인가자가 비밀, 주요시설 및 Ⅲ급 비밀 소통용 암호자재에 접근하는 것을 방지하기 위하여 안내를 받아 출입하여야 하는 구역
통제구역	보안상 매우 중요한 구역으로서 비인가자의 출입이 금지되는 구역

3. **승인**
보호지역에 접근하거나 출입하려는 사람은 각급기관의 장 또는 관리기관 등의 장의 승인을 받아야 한다.

4. **출입제한·금지**
보호지역을 관리하는 사람은 승인을 받지 않은 사람의 보호지역 접근이나 출입을 제한하거나 금지할 수 있다.

❖ 「보안업무규정」은 대통령령이며, 「보안업무규정 시행규칙」은 대통령훈령이다.

09 보안업무규정 시행규칙상 보호지역에 관한 설명으로 옳은 것을 모두 고른 것은? • 제19회 기출

> ㉠ 보호지역은 제한지역, 제한구역, 통제지역, 통제구역으로 구분할 수 있다.
> ㉡ 제한구역은 비밀 또는 국·공유재산의 보호를 위하여 울타리 또는 방호·경비인력에 의하여 일반인의 출입에 대한 감시가 필요한 구역을 말한다.
> ㉢ 제한지역은 비인가자가 비밀, 주요시설 및 Ⅲ급 비밀 소통용 암호자재에 접근하는 것을 방지하기 위하여 안내를 받아 출입하여야 하는 지역을 말한다.
> ㉣ 통제구역은 보안상 매우 중요한 구역으로서 비인가자의 출입이 금지되는 구역을 말한다.

① ㉣   ② ㉠, ㉣   ③ ㉡, ㉢   ④ ㉡, ㉢, ㉣

해설 ㉠ 보호지역은 제한지역, 제한구역 및 통제구역으로 구분할 수 있다.
㉡ 비밀 또는 국·공유재산의 보호를 위하여 울타리 또는 방호·경비인력에 의하여 일반인의 출입에 대한 감시가 필요한 지역은 제한지역이다.
㉢ 비인가자가 비밀, 주요시설 및 Ⅲ급 비밀 소통용 암호자재에 접근하는 것을 방지하기 위하여 안내를 받아 출입하여야 하는 구역은 제한구역이다.

정답 ①

③ 안전대책작용
  ㉠ 안전대책작용이란 행사지역 내외부에 산재한 인적·물적·지리적 위해요소에 대한 안전대책 강구, 행사장 내외곽 시설물에 대한 폭발물 탐지·제거 및 안전점검, 경호대상자에게 제공되는 각종 음식물에 대한 검식작용 등 통합적인 안전작용을 말한다. 경호대상자에 대한 위해요소를 사전에 제거하기 위해 순찰, 출입통제, 검측장비 등을 이용한 안전검색을 통하여 경호대상자의 모든 활동영역에 대한 안전성을 검사하고 계속하여 유지하는 것이다.
  ㉡ 안전조치는 행사 시 경호대상자에게 위해를 줄 수 있는 물질을 안전하게 관리하는 것이며, 안전검측은 경호대상자에게 위해여건을 제공할 수 있는 자연 및 인공물에 대하여 위해를 가할 수 없는 상태로 전환시키는 제반활동을 말한다.

심화학습
안전활동
경찰경호의 경우 경호행사의 준비 또는 진행 중에 인적·물적·지리적 취약대상에 대해 제반위해요소를 제거하기 위하여 실시하는 예방활동(안전대책방법)을 안전활동이라고 한다.

ⓒ 안전대책의 3대 작용원리(원칙)

안전점검	폭발물 등 각종 유해물 탐지·제거
안전검사	경호대상자가 이용하는 기구, 시설 등의 안전상태 검사
안전유지	행사 시 경호대상자에게 위해를 줄 수 있는 물질에 대한 안전점검 및 검사가 이루어진 상태를 관리 또는 통제

핵심 기출문제

10 사전예방경호에 관한 설명으로 옳지 않은 것은? • 제26회 기출

① 안전대책작용의 3대 원칙은 안전검측, 안전검사, 안전검식이다.
② 경호보안작용은 인원, 문서, 시설 등을 위해기도자로부터 보호하는 활동이다.
③ 경호정보작용은 경호대상자의 신변안전을 위협하는 취약요소 등을 사전에 수집 및 분석하는 것이다.
④ 경호대상자가 도착하기 전에 현장답사를 통해 경호협조와 경호준비를 하는 것을 말한다.

해설 안전대책작용의 3대 원칙은 안전점검, 안전검사. 안전유지이다.

정답 ①

11 안전대책작용에 관한 내용이다. ( )에 들어갈 용어로 옳은 것은? • 제22회 기출

경호행사 시 경호대상자에게 위해를 줄 수 있는 위해물질을 안전하게 관리하는 것을 (㉠)(이)라 하고, 경호대상자에게 위해를 가할 소지가 있는 사람의 접근을 차단하는 것을 (㉡)이라 하며, 경호대상자에게 위해 여건을 제공할 수 있는 자연 및 인공물에 대하여 위해를 가할 수 없는 상태로 전환시키는 작용을 (㉢)(이)라 한다.

	㉠	㉡	㉢
①	안전점검	물적 취약요소 배제작용	안전조치
②	안전조치	물적 취약요소 배제작용	안전검측
③	안전점검	인적 위해요소 배제작용	안전조치
④	안전조치	인적 위해요소 배제작용	안전검측

해설 경호행사 시 경호대상자에게 위해를 줄 수 있는 위해물질을 안전하게 관리하는 것을 안전조치라고 하고, 경호대상자에게 위해를 가할 소지가 있는 사람의 접근을 차단하는 것을 인적 위해요소 배제작용이라고 하며, 경호대상자에게 위해여건을 제공할 수 있는 자연 및 인공물에 대하여 위해를 가할 수 없는 상태로 전환시키는 작용을 안전검측이라고 한다.

정답 ④

2　**경호활동 4단계**(경호업무 수행절차 4단계)

경호활동은 '예방단계 ⇨ 대비단계 ⇨ 대응단계 ⇨ 평가단계'의 4단계로 분류한다. 이를 '경호위기관리단계'라고 표현하기도 한다.

1. 예방단계

경호활동과 관련하여 위험한 상황이 일어나기 전에 미리 대처하여 막는 단계이다. 즉, 법과 제도를 정비하여 우호적인 경호환경을 조성하고, 경호와 관련된 정보와 첩보를 수집·분석하여 경호위협을 평가하여 경호계획을 수립하는 경호준비과정으로, '예견단계 ⇨ 인식단계 ⇨ 조사단계 ⇨ 무력화단계'로 분류한다.

2. 대비단계

앞으로 일어날지도 모르는 경호위해행위에 대비하기 위하여 미리 준비하는 안전활동단계를 말한다. 행사장에 대한 안전유지, 행사장 취약요소에 대한 안전조치와 협조, 행사보안유지와 지리적 취약요소에 대한 거부작전 실시가 이에 해당한다.

> **거부작전**
> 전술적이거나 전략적인 가치를 갖는 지역 또는 목표를 적이 점령하거나 또는 이용하는 것을 방지하거나 방해하기 위하여 실시하는 작전을 말한다.

3. 대응단계

경호위해행위와 관련한 일이나 사태에 맞추어 직접적인 태도나 행동을 취하는 것을 말한다. 경호위기상황에 대한 즉각적인 조치가 이에 해당한다.

4. 평가단계(학습단계)

현장경호활동이 끝난 후 경호활동 전반에 대한 내용을 분석하여 잘잘못을 가리고 차후의 경호활동 시 반영하기 위한 단계를 말한다.

다른견해 경호업무 수행절차 4단계

경호활동 4단계에 대하여 예방단계(준비단계), 대비단계(안전활동단계), 대응단계(실시단계), 학습단계(평가단계)로 서술함으로써 경호업무 수행절차 4단계의 단계별 명칭을 일부 다르게 표현하는 견해도 있다.

1. **예방단계(준비단계)**

예방단계인 정보활동단계는 법과 제도를 정비하여 우호적인 경호환경을 조성하고, 경호와 관련된 정보와 첩보를 수집하고 분석하여 경호위협을 평가하고 이를 토대로 경호계획을 수립하는 경호준비과정이다. 활동 내용에는 경호환경의 조성(법과 제도의 정비, 경호지원시스템 구축, 홍보활동), 정보수집 및 평가, 경호계획 수립이 있다.

2. **대비단계(안전활동단계)**

대비단계인 안전활동단계에서는 경호계획을 근거로, 행사보안의 유지와 위해정보수집을 위한 보안활동을 전개하며, 행사장의 취약요소에 대한 안전대책을 강구하고, 경호위기상황에 대비한 비상대책활동을 실시하며, 위험요소에 대한 거부작전을 실시한다. 활동 내용에는 정보보안활동, 안전대책활동, 거부작전(주요 감제고지 및 취약지 수색, 주요 접근로 차단, 경호영향요소 확인 및 조치)이 있다.

3. **대응단계(실시단계)**

대응단계인 경호활동단계에서는 잠재적인 위해기도자에게 공격의 기회를 주지 않기 위하여 경호인력을 배치하여 지속적인 경계활동을 실시하며, 경호위기상황에 즉각적으로 대응하고 조치하는 즉각 조치활동을 실시한다. 활동 내용에는 경호작전(모든 출입요소 통제 및 경계활동, 근접경호, 기동경호), 비상대책활동, 즉각조치활동(경고, 대적 및 방호, 대피)이 있다.

4. **학습단계(평가단계)**

학습단계인 평가 및 활동단계에서는 경호 실시결과를 분석하고 평가하여 존안하며, 평가결과 대두된 문제점을 보완하기 위한 교육과 훈련을 실시하고, 평가결과를 차기 행사에 반영하기 위한 적용(Feedback)을 실시한다. 활동 내용에는 평가 및 자료 존안(행사결과 평가, 행사결과보고서 작성, 자료 존안), 교육훈련, 적용(새로운 이론 정립, 전파, 행사에의 적용)이 있다.

> **감제고지**
> 적의 활동을 살피기에 적합하도록 두루 내려다보이는 고지(높은 곳)를 말한다.

핵심 기출문제

12 경호임무 수행절차에 관한 설명으로 옳지 <u>않은</u> 것은? • 제26회 기출

① 학습단계 – 경호임무 수행 전에 경호환경을 분석하고 평가하여 문제점 등을 보완하는 단계

② 예방단계 – 우호적인 경호환경을 조성하고 경호위협을 평가해 경호계획을 수립하는 단계

③ 대비단계 – 행사보안유지와 위해정보수집을 위한 보안활동 단계

④ 대응단계 – 경호위기상황에 즉각적으로 대응하고 조치하는 단계

해설 경호임무 수행절차 중 학습단계는 경호실시결과를 분석하고 평가하여 존안하며, 평가 결과 대두된 문제점을 보완하는 단계이다. 즉 경호임무 수행 전이 아니라 경호임무 수행 후에 실시하는 단계이다.

정답 ①

13 경호임무 수행절차에 관한 설명으로 옳지 <u>않은</u> 것은? • 제25회 기출

① 예방단계 – 안전활동단계로 발생 가능한 인적·물적 위해요소에 대한 대비책을 강구하는 단계이다.
② 대비단계 – 정보보안활동, 안전대책활동, 위험요소에 대한 거부작전을 실시하는 단계이다.
③ 대응단계 – 실시단계로 경호대상자에게 발생하는 위해요소에 대한 출입요소의 통제, 근접경호 등의 즉각조치 활동을 하는 단계이다.
④ 학습단계 – 행사결과에 대한 평가, 교육훈련 실시 및 평가, 새로운 이론의 적립과 행사에의 적용을 하는 단계이다.

해설 안전활동단계로 발생 가능한 인적·물적 위해요소에 대한 대비책을 강구하는 단계는 대비단계이며, 예방단계인 정보활동단계는 법과 제도를 정비하여 우호적인 경호환경을 조성하고, 경호와 관련된 정보와 첩보를 수집하고 분석하여 경호위협을 평가하고 이를 토대로 경호계획을 수립하는 경호준비과정이다.

정답 ①

14 경호임무의 수행절차에 관한 설명으로 옳은 것은? • 제24회 기출

① 예방단계–평가단계로 경호 실시 결과 분석
② 대비단계–정보활동단계로 법제를 정비하여 우호적 경호환경 조성
③ 대응단계–경호활동단계로 경호인력을 배치하여 지속적인 경계활동 실시
④ 학습단계–안전활동단계로 위해정보수집을 위한 보안활동 전개

해설 ① 학습단계, ② 예방단계, ④ 대비단계에 해당한다.

정답 ③

3 사전경호활동 중 예방경호작용 수행단계

1. 예견단계(예측단계)

(1) 신변보호작용에 영향을 주는 장애요소는 현존하고 있거나 예측할 수 없을 때 출현할 수 있으며, 장애요소가 언제든 나타날 수 있다는 단순한 가능성이 신변보호상 위험성을 내재하고 있다는 것을 시사한다.

(2) 예견단계에서는 신변보호대상자에게 영향을 줄 수 있는 인적·물질적·지형적·자연적 취약요소에 대한 정보·첩보를 수집할 필요가 있다.

2. 인식단계(인지단계)

(1) 예견단계에서 수집된 정보·첩보 중에서 위해가능성이 있는지를 확인하고 판단하는 단계이다.

(2) 제한된 동원 자원을 활용하여 예방할 수 있는 실질적인 위해요소를 찾아내는 단계로, 정확하고 신속하며 종합적인 고도의 판단력을 필요로 하는 단계이다.

판단력
사물을 인식하여 논리나 기준 등에 따라 판정할 수 있는 능력을 말한다.

3. 조사단계(분석단계)

(1) 인식단계에서 위해가능성이 있다고 판단되는 위해요인을 추적하고 사실 여부를 확인하는 단계이다.

(2) 위해가능성을 직접 확인하고 그 결과에 따라 위해요소에 대한 실제 안전조치 여부를 판단해야 하므로 과학적이고 신중한 행동이 요구된다.

4. 무력화단계(억제단계)

조사단계에서 확인된 실제 위해요인이 신변보호대상자 주변에 접근하지 못하도록 차단하거나 무력화하는 단계이다.

핵심 기출문제

15 신변보호의 예방작용 단계별 순서로 옳은 것은? • 제20회 기출

| ㉠ 조사단계 | ㉡ 무력화단계 |
| ㉢ 인지단계 | ㉣ 예견단계 |

① ㉢ - ㉠ - ㉣ - ㉡   ② ㉢ - ㉣ - ㉠ - ㉡
③ ㉣ - ㉠ - ㉢ - ㉡   ④ ㉣ - ㉢ - ㉠ - ㉡

해설 사전경호활동 중 예방작용 수행단계는 경호활동과 관련하여 위험한 상황이 일어나기 전에 미리 대처하여 막는 단계이다. 이는 법과 제도를 정비하여 우호적인 경호환경을 조성하고, 경호와 관련된 정보와 첩보를 수집·분석하여 경호위협을 평가하여 이를 통하여 경호계획을 수립하는 경호준비과정으로, '예견단계(예측단계) ⇨ 인지단계(인식단계) ⇨ 조사단계(분석단계) ⇨ 무력화단계(억제단계)'로 이루어진다.

정답 ④

4 경호활동 시 정보순환과정의 단계

정보의 순환이란 정보활동 시 소요되는 정보의 요구를 결정하고 이 요구를 충족시키기 위해 수집된 첩보를 평가, 분석, 통합, 해석하여 정보를 생산하는 것을 말한다. 생산된 정보는 정보의 순환과정을 거치게 되는데, 정보의 순환과정은 정보의 요구, 첩보의 수집 및 분석 평가, 정보의 생산 및 배포라는 일련의 순환과정을 말한다. 첩보란 정보가 되기 전의 모든 사회적 현상에 관한 부정확하고 단편적이며 불규칙한 사실을 담은 견문으로, 아직 평가·해석되지 아니한 지식이기 때문에 그 자체로는 사용가치가 매우 희박하다고 볼 수 있다. 정보의 순환은 정보 생산의 여러 단계가 유기적으로 조직되고 상호 보충 작용으로 반복·지속되는 과정으로서 국가 목표를 향해 형성되고 발전해 가는 총괄적인 정보활동이라고 볼 수 있다. 첩보가 정보화되어 배포될 때까지는 '정보의 요구단계 ⇨ 첩보의 수집단계 ⇨ 정보의 생산단계 ⇨ 정보의 배포단계'의 4단계 순환과정을 거친다.

1. 정보의 요구단계

정보의 요구단계란 정보사용자가 필요한 첩보의 수집을 요구하는 단계로, 첩보의 기본요소 결정, 첩보수집계획서의 작성, 명령하달 및 수집에 대한 확인·감독의 소순환 과정으로 이루어진다. 정보요구자의 측면에서 주도면밀한 계획과 수집범위의 적절성, 수집활동에 대한 적절한 감독 등이 요구되는 단계이다.

(1) 첩보의 기본요소 결정

첩보의 기본요소 결정은 어느 분야의 첩보수집이 요구되는지를 확정하고, 그 첩보수집을 가능하게 하기 위한 구체적인 첩보수집의 세부사항을 결정하는 것이다. 첩보의 기본요소 결정은 요구되는 첩보의 내용이나 그 성질에 따라 기본첩보와 특별첩보, 그리고 국가최우선정보첩보와 기타 정보첩보로 구분한다.

➕ **심화학습**

정보의 요구 형태
정보의 요구는 국가지도자 및 정책입안자의 요구(종적 요구), 횡적기관의 요구(횡적 요구), 정보생산자 자체의 판단에서 오는 요구(내적 요구) 3가지로 나눌 수 있다.

기본첩보 (EEI; Essential Element of Information)	국가정책 및 치안정책의 수립에 사용되는 일상적이며 기본적인 정보의 요구사항으로, 계속적이고 반복적이며 전체적 지역에 걸쳐 수집해야 하는 첩보사항을 말한다.
특별첩보 (SRI; Special Requirement for Information)	특별한 사안이나 정황, 특정 주제, 돌발사건의 파악과 해결 등을 위하여 사용되는 특별한 정보의 요구사항으로, 한시적이고 단편적이며 특수지역·특수사건에 대하여 수집해야 하는 첩보사항을 말한다.
국가최우선정보첩보 (PNIO; Priority of National Intelligence Objective)	국가안전보장정책에 관련되는 국가정보, 정부의 연간 기본정책의 수립·시행에 필요한 정보로, 국가정보기관이 최우선적으로 수집해야 하는 첩보사항을 말한다.
기타 정보첩보 (OIR; Other Intelligence Requirement)	급변하는 정세변화에 따라 불가피하게 국가정책의 수정이 요구되는 경우 이를 위해 수집하는 첩보사항으로, PNIO에 포함되어 있지 않거나 포함되어 있어도 정책우선순위가 변경된 경우 등에 대응하기 위한 것이다.

(2) 첩보수집계획서의 작성

첩보수집계획서의 작성은 첩보를 요구함에 있어 어떤 내용의 첩보를 누가, 언제까지 어떤 방법으로 수집·보고할 것인가 하는 계획서를 작성하는 것을 말한다. 첩보수집계획서에는 요구되는 첩보사항 및 첩보수집의 배경, 구체적인 활동지침, 수집기관, 수집기간, 보고방법 등을 명시하여야 하며, 정보의 보안유지 등을 위하여 필요한 경우에는 식별기호를 부여한다. 그러나 특별첩보의 수집을 위한 수집계획서는 작성하지 않는 것이 원칙이며, 수시로 단편적 사항에 대해 요구하는 것이 효과적이다.

(3) 명령하달 및 수집에 대한 확인·감독(사후검토)

명령하달 및 수집에 대한 확인·감독이란 첩보수집계획서가 작성되면 수집활동에 적합한 시기에 구두 또는 서면 등으로 첩보수집기관에 하달하고 요구된 첩보수집이 잘 되고 있는지를 수시로 확인하고 미비점을 보완·지시하는 것을 말한다. 일반적으로 하달문서는 대외비 이상으로 분류하여 처리하여야 하며, 수집활동 등의 확인과정에서는 이미 확정된 계획이라도 요구자의 필요에 따라 수집요소의 변경 및 보완 등의 조치를 취할 수 있다.

2. 첩보의 수집단계

첩보의 수집단계란 첩보수집기관이 정보생산에 필요한 자료를 획득하여 요구기관이나 사용자에게 전달하는 단계를 말한다. 첩보수집은 첩보의 절차에 따라 공개적으로 또는 비공개적으로 할 수 있으며, 첩보의 수집은 첩보수집의 원칙에 따라야 한다.

(1) 첩보수집의 방법

① 공개수집: 뉴스, 각종 간행물, 여론 등과 같이 공개된 자료나 매체를 통하여 수집하는 것으로, 첩보를 입수하는 데 필요한 예산과 노출의 위험성이 적고, 내용의 객관성이 높다.

② 비공개수집: 특별히 비공개되거나 사회로부터 차단된 정황을 얻기 위하여 비밀공작이나 망원 등을 통하여 수집하는 것으로, 첩보를 입수하는 데 예산이 많이 소요되고, 노출의 위험이 따르며, 정보활동의 정당성 내지 합법성이 문제시되는 경우가 있다.

(2) 첩보수집의 원칙

유용성	수집한 첩보는 사용자의 임무수행에 도움이 되는 가치 있는 정보가 많아야 한다.
중요성	첩보의 수집은 중요도가 높은 것부터 우선적으로 수집해야 한다. 그러나 실제에 있어 첩보의 중요성을 구별하기가 쉽지 않으며, 가치가 없어 보이는 첩보라도 관점이나 상황변화에 따라 중요도가 달라지기 때문에 정보경찰의 상황인식과 정보감각이 중요시된다.
수집 가능성	유용성과 중요성을 갖춘 첩보일지라도 수집이 불가능하다면 의미가 없다. 따라서 필요한 첩보를 수집하기 위한 능력의 개발이 필요하다.
출처의 신빙성	첩보에는 역정보와 허위정보가 많으며 과학적 장비를 이용하여 수집한 첩보라도 장비의 고장, 조작의 착오가 있을 수 있으므로 신빙성에 대한 평가가 이루어져야 한다.

3. 정보의 생산단계

정보의 생산단계란 수집된 첩보를 정보요구자의 필요에 맞도록 정보화하는 단계로, 이는 첩보의 분석 및 평가, 정보의 작성 등의 소순환 단계를 거친다.

(1) 첩보의 분석 및 평가

① 첩보의 분석 및 평가는 수집된 첩보를 종합하여 정보생산 자료로서의 가치와 적격성 여부를 판단하는 선택과정이다. 첩보는 단편적이고 부정확한 현상이나 정세이므로 이것을 체계화하는 과정에서 사용자의 용도에 따라 분리, 정리, 선택하여야 한다.

② 평가된 첩보를 요소별로 분류하여 상호 연계성을 발견 또는 확인하고 불확실한 부분을 보완 또는 삭제하여 내용을 재평가하는 분석과정에서는 분석가의 전문성과 자질, 분석기관, 첩보의 질 등이 중요시된다.

③ 자료로서의 적격 여부를 판단하는 데에는 자료의 객관성, 정확성, 적시성 등이 중요시된다.

　㉠ 객관성: 수집된 첩보가 수집자의 주관적 의사가 개재되지 않고 과학적 원리와 사회통념에 입각하여 객관성을 확보하였는가?

　㉡ 정확성: 첩보내용은 첩보요구자의 주제에 따라 육하원칙에 의한 논리성과 정확성을 구비하였는가?

　㉢ 적시성: 모든 첩보는 수집이나 보고에 있어 적절한 시기에 이루어졌는가?

④ 수집된 첩보는 정보생산에 직접 사용할 첩보와 보존자료로 문서화하여 남겨 둘 첩보로 구분할 수 있으며, 정보생산에 사용할 첩보는 어떤 정보의 자료로서 가치와 적격을 가지느냐에 따라 일반적으로 다음의 6가지로 나눌 수 있다.

중요보고자료	국가정책결정과 국가안전에 관한 중요한 내용으로, 비교적 보안성이 요구되는 첩보이다.
일보자료	비교적 수평적 지식이나 상황에 관한 내용으로, 일상적으로 매일 보고·전파되어야 할 첩보이다.
판단서자료	정책결정을 함에 있어 필요한 지식을 제공하는 첩보이다.
기록자료	인물기록, 상태기록, 동향기록 등 국가 및 치안행정을 위한 기본적인 자료를 제공하는 첩보이다.
조사자료	수사첩보, 조사첩보 등 사안의 진상을 명백히 하기 위하여 필요한 첩보이다.
통보자료	타 기관과의 공조 및 조정을 위하여 필요하거나 타 사용자에 의해 효용을 더욱 높일 수 있는 내용의 첩보이다.

(2) 정보의 작성

정보의 작성은 완전한 지식을 산출하기 위하여 평가 및 분석된 첩보자료를 토대로 종합적으로 해석하고, 모순된 내용을 수정하여 보완하며, 논리에 맞도록 재구성하여 정보의 요구주제와 관련하여 새롭고도 완전한 지식을 창조하는 단계이다. 새로운 지식인 정보는 고도의 객관성, 완전성과 간결성이 요구되며, 사소한 모순이나 예외도 없는 실증적이고 논리적인 지식이 되어야 한다. 보안을 요하는 지식은 보안업무규정 등에 의하여 관리되어야 한다.

4. 정보의 배포단계

정보의 배포단계란 생산된 정보를 정보의 요구자 또는 사용자에게 전달하는 단계를 말한다. 전달은 일정한 형식을 필요로 하지 않으며, 구두, 브리핑, 도표, 사진, 필름, 각서, 전화, 서면 등의 다양한 방법으로 이루어진다. 다만, 비밀로 분류된 정보내용은 배포선 기록 등을 첨부하는 등 필요한 장치를 해야 한다. 배포과정에서는 '어느 시기에 누구에게 어떻게 전파해야 하느냐', 즉 필요성, 적시성, 적당성, 보안성, 계속성 등의 원칙에 특히 유의하여야 한다.

(1) 필요성의 원칙

필요성의 원칙이란 정보는 알 필요가 있는 자에게만 알려야 한다는 것으로, 정보사용자의 범위에 관한 것이다. 생산된 정보가 사용자에게 전달되지 않아 정보부재 내지 결핍현상이 일어난다면 이는 정보의 기능이 마비되는 것이므로 정보배포선의 확정은 정보배포의 선행요건이 된다.

(2) 적시성의 원칙

적시성의 원칙이란 정보는 사용자에게 필요한 시기에 전달되어야 한다는 것으로, '어떤 내용의 정보를 언제 전달해야 하느냐'라는 시간적 개념인데, 정보내용에 따라 전달시기의 완급이 결정된다. 필요보다 빨리 전달된 정보는 문제에 대한 예단과 업무의 혼선을 유발시켜 판단을 흐리게 하는 반면, 필요보다 지체된 정보는 사용의 효율성을 저해한다.

(3) 적당성의 원칙

적당성의 원칙이란 정보는 사용자에게 필요한 만큼만 전달해야 한다는 것으로, 전달해야 할 정보내용의 양적 개념이다. 과다정보일 경우에는 정보 공해의 현상이 초래되며, 과소정보일 경우에는 정보의 결핍현상이 야기된다.

(4) 보안성의 원칙

보안성의 원칙이란 정보가 국가기밀에 속하는 경우에는 「보안업무규정」(대통령령) 및 「보안업무규정 시행규칙」(대통령훈령)의 규정을 준수해야 한다는 것이다. 경찰의 정보는 국가기밀에 관한 사항이 많으므로 생산자나 사용자는 이 점에 유의하여야 한다.

(5) 계속성의 원칙

계속성의 원칙이란 정보가 필요한 기관에 배포되었으면 그 주제와 관련된 새로운 정보는 그 기관에 계속 배포해야 한다는 원칙이다. 정기적으로 발행되는 정보가 변동사항이 없다 할지라도 이전 수용자에게 변동사항이 없음을 통보하여야 한다. 즉, 기존 사용자에게 보고된 관련 상황의 변화에 따르는 대비자료를 제공하는 데 의의가 있다.

:: 보충학습 정보(情報, Information)와 첩보(諜報, Intelligence)의 비교

구분	정보	첩보
의의	수집한 첩보를 분석·평가하여 얻은, 적의 실정에 관한 구체적인 소식이나 자료를 말한다. 정보란 가치가 평가되고 체계화된 지식으로 '2차 정보(2차적인 지식) 또는 가공정보'라고 한다.	아직 분석이나 평가 등의 정보처리과정을 거치지 않은 것으로 다소 불확실한 자료이다. 첩보를 '1차 정보(1차적인 지식) 또는 생정보(生情報)'라고 한다.
정확성	객관적으로 평가된 정확한 지식이다.	부정확한 전문지식을 포함한다.
완전성	특정한 사용목적에 맞도록 평가, 분석, 종합, 해석하여 만든 완전한 지식이다.	기초적, 단편적, 불규칙적인 미확인 상태의 지식이다.
적시성	정보사용자가 필요로 하는 때 제공되어야 하는 적시성이 요구된다.	시간에 구애받지 않고 과거와 현재의 것을 불문한다.
생산과정의 특수성	정보의 요구·수집 및 정보의 생산·배포 등의 과정을 거치면서 여러 사람의 협동작업을 통하여 생산한다.	협동작업이 아니고 단편적이고 개인의 식견에 의한 지식이다.

심화학습

정보와 첩보의 공통점
정보와 첩보는 모두 지식으로서의 자료적 가치를 갖는 공통점이 있다.

5 선발경호의 포함요소

1. 선발경호의 준비

행사의 성격, 규모, 특징 등을 분석하고 경호에 대한 문제점 및 취약성을 도출하는 선발경호 준비단계는 경호활동의 성패를 좌우하는 경호활동의 제1단계이다. 이 단계에는 현장답사 및 관련 부서와의 협조, 경호기관들 간의 상호 의견 교환 등이 포함된다.

2. 현장답사

행사일정표와 지침을 받은 후 행사 예정장소를 답사하여 위해요소에 대한 분석, 경호조치를 위한 취약요소 분석, 경호원(인력) 운영규모의 판단, 기동수단 및 기동거리 산정, 행사장의 승·하차 지점과 주변 상황(직시고지, 건물 등 경호환경 및 주요 장소) 등에 대한 사전조사 등을 하여 경호를 위한 구체적인 계획 수립을 하는 준비단계를 현장답사라고 한다.

심화학습

현장답사의 장·단점

• 장점
- 생동감 있고 기억하기 쉽다.
- 이해가 잘 된다.
- 정확한 정보를 알 수 있다.
• 단점
- 시간과 비용이 많이 든다.
- 필요한 준비물이 많다.

보충학습 · 현장답사

1. 현장답사 출발 전 준비사항
   ① 현장답사 장소의 우선순위를 결정하고 답사에 대한 시간계획표를 작성한다.
   ② 지리적 여건과 취약요소에 대한 일반적인 사항을 숙지한 후 답사계획서를 세운다.
   ③ 현장답사를 떠날 때에는 답사계획서, 지도, 사진기 등을 준비한다.
2. 현장답사 시 고려사항
   ① 현장답사를 하고자 할 때에는 행사주최 측과 협력하여 행사 의전계획서를 미리 확보하여야 한다.
   ② 행사장의 기상, 특성, 구조, 시설 등의 여건을 판단, 취약요소를 분석, 경호에 대한 안전대책의 판단기준을 설정하여야 한다.
   ③ 행사장과 그 주변은 물론, 교통과 관련된 시설이나 행·환차 코스가 포함되어야 한다.
   ④ 행사장에 대한 출입과 통제범위 및 인력동원의 수(경호인력 규모)를 판단하고, 안전공간과 주변 여건을 고려하여 헬기장을 선정하여야 한다.
   ⑤ 행사장에 대한 진입로, 주 통로, 주차장 등을 고려하여 기동수단과 승·하차 지점을 판단하여야 한다.
   ⑥ 행사장의 직시고지와 직시건물 등에 대한 경호환경을 판단한다.
   ⑦ 대규모 행사가 예상되는 장소라면 지역의 집회나 공연관련 관계법, 조례 등을 살펴보고 관계기관에 신고한다.
   ⑧ 비상사태 발생 시에 대비하여 미리 비상대피로를 선정한다.

16 경호 현장답사 시 고려사항이 아닌 것은?   • 제21회 기출

① 행사장의 기상, 특성, 시설 등에 대한 취약여건 판단
② 행사장 출입, 통제범위 및 경호인력 규모 판단
③ 행사장의 직시고지와 직시건물 등에 대한 경호환경 판단
④ 개인별 사전임무 및 비상상황 시 개인별 임무

해설 개인별 사전임무 및 비상상황 시 개인별 임무는 경호업무 실시를 위한 임무분배과정
에 해당한다.

정답 ④

3. 경호정보 및 보안작용

현장답사 시에는 현지의 각종 관련 정보를 수집하며, 경호에 대한
보안유지활동을 하여야 한다.

4. 안전대책

경호와 관련하여 수집된 정보와 관찰을 바탕으로 하여 안전점검, 안전
검사, 안전유지, 안전검측, 안전조치 등의 제반활동을 취하여야 한다.

6 사전경호활동 시 업무분장 및 CP의 운용

지휘체계는 혼란을 방지하기 위하여 외곽근무자와 내부근무자를 통합하
여 관리하는 것이 효율적이다.

1. 사전경호활동 시 업무분장

(1) 작전담당자

정보수집 및 분석, 인원(병력)운용 계획, 비상대책체제 구축, 시간사
용 계획, 관계기관 회의 시 주요 지침사항, 예상 문제점, 참고사항
등 계획 및 임무별 진행사항을 점검 · 통합하여 세부계획서를 작성하
는 업무를 담당한다.

(2) 안전대책담당

외부의 영향요소를 파악 · 확인하고 대책을 강구한다. 구체적으로 안전구역의 확보계획 검토, 건물의 안전성 여부 확인, 상황별 비상대피로 구상, 행사장 취약시설물(취약요소) 파악(확인), 공중감시대책, 비상 및 일반예비대 운용방법 확인, 직시건물(고지) 확인, 최기병원(적정병원) 확인 등의 업무를 담당한다.

(3) 출입통제담당

비표
개인이나 한정된 집단에서만 인지되는 표지를 말한다.

행사주최 측과 협조하여 초청장 발급 · 비표 패용 여부 등을 확인한다. 비표는 사전예방경호(선발경호) 시부터 운용한다. 주최 측의 행사진행계획을 면밀히 검토하여 참석대상, 성격분석, 시차별 입장계획 수립, 주차장운용계획 수립, 금속탐지기 운용, 비표 설치장소 선정, 중간집결지 운용, 출입통로 지정, 위험물품 확인을 위한 검문 · 검색, 상주자 및 민원인 대책, 야간근무자 등의 통제계획 등을 사전에 작전담당자에게 전달하는 업무와 검색대 운영 업무를 담당한다.

(4) 행사장 외부담당

안전구역 내 단일출입로 설정, 외곽 감제고지와 직시건물에 대한 안전조치, 취약요소를 고려한 단상의 설치, 방탄막 설치, 비상차량운용계획 수립, (지하)대피시설 점검 및 확보, 차량 및 (세부적인) 공중강습 대비책 수립, 근무자의 감시구역 확보, 순시와 격려 시 인공장벽을 고려하는 등의 업무를 담당한다.

(5) 행사장 내부담당

행사장 내 접근통제, 외부영향에 대한 경비인력 확인, 우발상황 대비, 근무자 예행연습, 경호대상자 동선의 안전도 확인, 초청좌석 사복요원 배치, 정전 등 우발상황 대비, 접견예상 참석자 안내계획 수립, 검측 후 근무자 확보 등의 업무를 담당한다.

(6) 승하차 및 정문담당

진입로 확보 및 취약점 파악, 통행인 순간통제방법 강구, 비상 대기대와 예비대의 대기 장소 확인 등의 업무를 담당한다.

(7) 차량담당

선발대 · 본대 사용 차량 배정, 이동수단별 인원 · 코스 및 휴게실 등의 계획 수립 등의 업무를 담당한다.

(8) 보도담당

보도요원 확인, 위장보도요원 침투차단, 행사장별 취재계획을 수립 · 전파하는 등의 업무를 담당한다.

(9) 행정담당

출장여비 신청 및 수령, 각 대의 숙소 및 식사장소 선정, 비상연락망 구성, 경호복장 · 장비 · 비표 등의 업무를 담당한다.

핵심 기출문제

17 출입통제담당자의 업무로 옳지 않은 것은? ・제23회 기출

① 참석대상자의 입장계획을 세운다.
② 비상계획 및 일반예비대를 운용한다.
③ 출입구의 원활한 소통을 위해 출입통로를 지정한다.
④ 위해기도자와 위험물품 확인을 위한 검문검색을 한다.

해설 비상계획 및 일반예비대 운용은 안전대책담당자의 업무에 해당한다.

정답 ②

2. 경호협조회의

경호활동은 경호기관 내부의 각 부서와 각 담당자 간의 긴밀한 협조와 의사소통을 전제로 한다. 아울러 해당 경호기관(대통령경호처) 외부의 기관(경찰, 국가정보원, 검찰, 국군방첩사령부 등)과 경호협력(협조)회의를 통하여 상호 의견교환 및 업무협조를 한다. 선발경호와 관련한 경호협조회의는 1회로 제한하지는 않으며, 필요하다면 언제든지 개최할 수 있다.

18 선발경호업무 시 출입통제에 관한 설명으로 옳지 않은 것은?

• 제23회 기출

① 경호능력에 부합한 비상대응계획을 수립한다.
② 위해요소를 사전에 발견 및 제거하여 위해요소의 침투가능성을 차단한다.
③ 통제범위는 촉수거리의 원칙을 적용하여 구역별 특성에 맞게 결정한다.
④ 행사와 무관한 사람들의 행사장 출입을 통제 또는 제한하는 구역을 설치·운영해야 한다.

해설 촉수거리(觸手距離, Arm's Reach)란 사람이 팔을 뻗어 닿을 수 있는 거리를 말한다. 즉, 촉수거리의 원칙이란 우발상황 시 경호원이 자신의 팔을 뻗어 닿을 수 있는 정도로 가까이에 있는 대상자(경호대상자 또는 위해기도자)를 선택하고, 위해기도자와 촉수거리에 있을 정도로 가까이에 있는 경호원이 위해기도자를 대적한다는 원칙을 말한다. 통제범위는 구역별 특성에 맞게 결정하여야 하지만, 촉수거리의 원칙을 적용하는 것은 아니다.

정답 ③

19 선발경호활동의 내용으로 옳지 않은 것은?

• 제19회 기출

① 출입통제대책 강구 후 안전검측활동과 안전유지가 이루어져야 한다.
② 출입자 통제대책으로 비표 운용, 주차장 지정, 검색대 운용 등을 할 수 있다.
③ 경호협조회의는 해당 지역 경찰서 관계자 등 행사에 참여하는 다양한 부서와 합동으로 실시하며 보안유지를 위해 1회로 제한한다.
④ 선발경호안전활동의 주요 요소는 출입자 통제대책 강구, 검측 및 안전확보, 비상안전대책의 강구 등이다.

해설 경호협조회의는 해당 지역 경찰서 관계자 등 행사에 참여하는 다양한 기관 및 부서와 합동으로 실시한다. 유기적인 연락 및 협조를 위하여 필요시 실시하며, 횟수를 제한할 필요는 없다.

정답 ③

3. 경호 CP(Command Post: 지휘소, 상황실)의 운용

(1) 설치와 편성

> **심화학습**
>
> 경호 CP의 운영
> 사전경호활동 시부터 경호업무가 시작되므로 경호 CP(경호작전지휘소)는 사전예방경호 시부터 경호종료 시까지 운용된다.

① 다른 기관과의 연락, 협조, 경호의 통합지휘 등의 목적을 위해 설치되는 경호 CP는 지휘·감독이 용이하고 통신수단이 양호한 장소에 설치하여야 한다.
② 경호 CP의 장은 경호팀장이고, 경호요원은 각 부서의 필수요원으로 충당한다.

(2) 임무

① 경호에 동원된 인원에 대한 일원적 지휘
② 대통령경호처의 경호상황본부(경호 CP)와의 유기적인 협조
③ 유·무선 통신망을 구축하여 타 기관과의 협조 및 연락 임무 담당
④ 경호경찰에 대한 내·외곽을 통합지휘하고, 경호 진행사항에 대한 파악과 경호에 대해 필요한 조치 실행
⑤ 행사 간 경호정보의 터미널
⑥ 행사 간 경호작전요소의 통제
⑦ 행사 간 경호통신시스템의 관리 및 유지

핵심 기출문제

20 선발경호에 해당하지 않는 것은?
• 제20회 기출

① 경호대상자가 도착하기 전에 효과적인 경호협조와 경호준비를 하는 사전예방경호활동이다.
② 행사장에 대한 인적·물적·지리적 정보를 수집하여 필요한 지원 요소 소요 판단 후 세부계획을 수립한다.
③ 행사장 취약시설물과 최기병원 등 사실적 관계 확인은 안전대책담당이다.
④ 사전에 점검하지 않은 지역이나 장소에 접근하지 않도록 경호대상자의 측근에서 수행한다.

해설 사전에 점검하지 않은 지역이나 장소에 접근하지 않도록 경호대상자의 측근에서 수행하는 것은 근접경호에 해당한다. 근접경호란 경호대상자의 신변에 대하여 직접적으로 가해지는 위해를 방지·제거하기 위하여 경호대상자 주변에서 수행하는 경호활동으로, 대통령경호처에서는 이를 '수행경호'라고 부른다.

정답 ④

21 선발경호 단계의 활동으로 옳지 않은 것은?
• 제20회 기출

① 비표를 운용한다.
② 현장을 사전 답사한다.
③ 비상대피로를 선정한다.
④ 경호대상자 중심으로 사주경계를 한다.

해설 경호대상자 중심으로 사주경계를 하는 활동은 근접경호에 해당한다.

정답 ④

22 선발경호활동에 해당하는 것은?

• 제18회 기출

① 차량 경호대형 선정
② 기동 간 경호기만
③ 경호지휘소(CP) 운용
④ 복제(複製)경호원 운용

해설 차량 경호대형 선정, 기동 간 경호기만, 복제(複製)경호원 운용은 근접경호활동에 해당하며, 경호지휘소(CP) 운용은 선발경호활동에 해당한다.

정답 ③

제4절 ▶ **근접경호 수행방법** ★★★

1 **근접경호의 의의와 목적**

1. 근접경호의 의의

근접경호란 행사 시 경호대상자의 신변에 대하여 직접적으로 가해지는 위해를 방지 · 제거하기 위하여 실내 · 외 행사장은 물론, 도보 이동, 차량, 선박, 항공기, 철도 등의 기동 간에서 실시하는 활동을 말한다. 실제로 대통령경호처에서는 이를 '수행경호'라고 부른다. 선발경호 또는 사전예방경호활동이 사전적 · 예방적 작용인 반면, 근접경호는 동시적 · 최종적 작용이다.

2. 근접경호의 목적

선발경호에서 충분한 안전계획을 세워 안전구역이 확보되었다 하더라도 범법자의 돌발사태가 발생할 때 최근거리에서 경호대상자를 안전하게 방호 및 대피시켜 보호하는 데 목적이 있다. 경호대상자에게 위해기도자가 접근할 경우에 대비하여 근접경호원이 항상 수행하는 것이며, 이러한 이유로 근접경호는 '보호벽(Protective Wall)' 또는 '최후의 보루'라고 불리기도 한다.

최후의 보루
'보루'란 적의 침입을 막기 위하여 돌이나 콘크리트 따위로 튼튼하게 쌓은 구축물을 의미한다. 이런 개념을 바탕으로 경호학에서는 지켜야 할 대상(경호대상자)을 보호하는 마지막 방어벽이라는 의미로 근접경호를 '최후의 보루'라고 하기도 한다.

3. 근접경호의 특성

노출성	경호활동 자체는 고도의 보안을 요하는 활동이지만 경호대상자의 행차가 시각적으로 외부에 노출될 뿐만 아니라, 각종 매스컴에 의하여 행사 일정과 장소 및 시간이 대외적으로 알려진 상태에서 업무를 수행해야 하는 특성이 있다.
방벽성	경호대상자의 이미지를 고려해야 할 뿐만 아니라 지나친 접근차단이나 과도한 은닉은 곤란하므로 근접도보대형 시 근무자의 체위에 의한 인적 자연방벽효과와 방탄복 및 각종 기동수단에 의해 외부의 공격으로부터 방벽을 구축해야 하는 특성이 있다.
기만성	경호활동에 있어서 위해기도자가 경호대상자나 경호원들의 행동에 대해 자세한 정보를 갖지 못하게 하는 것이 성공적인 경호에 필수적이므로 보안활동과 기만적인 경호활동이 이용된다. 경호의 기만성이란 차량대형 기만, 기동시간 기만, 기동로 및 기동수단 기만, 승하차 지점 기만 등으로 위해기도자로 하여금 행사상황을 오판하도록 실제상황을 은폐하고 허위상황을 제공하여 행사의 효율성을 높이려는 특성이 있다.
기동성 및 유동성	근접경호는 주로 행사장 참가 시 도보 또는 차량에 의하여 기동 중에 이루어지며 행사지역이나 주변 여건, 장비에 따라 경호 자체가 유동성·기동성을 띠는 특성이 있다.
방호 및 대피성	근접경호 수행 중 돌발사태가 발생하였을 때, 범인을 대적하여 제압하는 것을 우선시하기보다 반사적이고 신속·과감한 행동으로 경호대상자의 방호 및 대피를 우선해야 한다는 특성이 있다.

기만경호란 테러 기도자로 하여금 위해기도를 포기하거나 테러 기도가 실패하도록 유도하는 계획적이고 변칙적인 경호기법을 말한다. 기만경호는 주로 행차로 상에서 이용된다. 테러 기도자가 경호대상자의 행차로 및 기타 경호대상자의 모든 활동을 알았을 것으로 판단하고 기 설정된 행차로 및 행사방문 예정시간을 변경하여 활동하는 것이다.

기만경호기법이 적용된 사례로 1983년 미얀마(버마) 아웅산 폭파사건을 들 수 있다. 당시 전두환 대통령은 안기부 및 경호관계자로부터 방문하여도 좋다는 연락을 받고 미얀마로 입국하였고, 북한의 인민무력부 정찰국 소속 테러공작원들은 국가원수가 방문하면 먼저 국립묘지를 참배한다는 것을 알고 아웅산 묘소 입구의 현관 지붕에 폭발물을 설치하였다. 그날 정부 주요 인사들이 먼저 도착하였는데 이때 국가원수가 도착했을 때에만 울리는 나팔소리가 울렸고, 북한의 공작원들은 국가원수가 도착한 줄 알고 원격조정에 의해 폭발물을 터뜨려 국내 주요 인사가 사망하거나 부상을 당하였다. 아직까지 그 나팔소리에 대해 예행연습 차원이었는지는 논란이 일고 있으나, 이를 기만경호기법의 한 사례로 볼 수 있다. 그 나팔소리에 기만되어 테러공격으로부터 경호대상자인 국가원수를 보호하였기 때문이다.

핵심 기출문제

23   다음에서 설명하는 근접경호원의 특성은?

• 제25회 기출

> 테러기도자가 경호대상자의 행차로 및 기타 경호대상자의 모든 활동을 알았을 것으로 판단하게 하여 기 설정된 행차로 및 행사장 방문 예정시간을 이원화하여 경호계획을 수립·운영

① 기만성   ② 방벽성
③ 노출성   ④ 기동 및 유동성

해설 경호활동에 있어서 위해기도자가 경호대상자나 경호원들의 행동에 대해 자세한 정보를 갖지 못하게 하는 것이 성공적인 경호에 필수적이므로 보안활동과 기만적인 경호활동이 이용된다. 경호의 기만성이란 차량대형 기만, 기동시간 기만, 기동로 및 기동수단 기만, 승하차 지점 기만 등으로 위해기도자로 하여금 행사상황을 오판하도록 실제상황을 은폐하고 허위상황을 제공하여 행사의 효율성을 높이려는 특성이 있다.

정답 ①

4. 근접경호작용의 기본원칙

(1) 과학적 두뇌작용원칙

경호원은 과학적 검증을 바탕으로 하는 위협시나리오를 구성해야 한다. 즉, 과학적 두뇌작용이 정밀하게 요구되는 것이다. 이와 함께 피

경호인과 동행근무 중에도 순간순간의 변화에 경호원의 끊임없는 두뇌작용의 판단이 요구된다.

(2) 고도의 경계력(집중력)유지원칙

피경호인의 주변에서 발생되는 위해나 사고는 일반적으로 짧은 시간에 순간적으로 발생되는 경우가 많다. 과학적 두뇌작용의 원칙에 입각하여 경호원에 의해 예견된 공격이나 사고라 하더라도, 순간적으로 집중력을 유지하지 못하여 상황을 보지 못한다면 경호원은 아무런 조치를 취하지 못한다. 따라서 경호원 개인은 본인이 담당한 경계구역에 대해 고도의 집중력을 발휘하여 경계임무를 실행하여야 한다.

(3) 적절한 위치선정원칙

경호원은 위치선정 시 경호대상자의 신분, 사회활동 내용, 행사성격, 행사 보안성 및 취약도 등을 고려하여야 한다. 즉, 현재의 상황과 피경호인의 여러 정황을 고려하여 위치를 지정하여야 한다.

(4) 합리적인(효과적인) 지역방어원칙

근접경호에서 피경호인이 영위하는 사회활동의 관계와 위해가능성의 수준을 고려하고, 상업적 경호작용인 경우 재정적 문제 등의 변수로 인해 모든 위해에 대응할 수 있을 만큼 충분한 수의 경호원을 배치하기는 곤란한 것이 일반적이다. 따라서 경호원은 주변의 지형지물과 시설을 최대한 활용하여 안전을 도모할 수 있도록 고려해야 하며, 특히 위해상황이 발생될 경우에는 대피소, 비상통로, 출입문 등을 제한하여 활용하여야 한다. 도로상에서 도보이동 시에는 차량이 대피소의 역할을 할 수 있다.

(5) 지휘권 단일화의 원칙(신변보호기관 지휘통일의 원칙)

경호지휘권은 반드시 경호전문가에게 귀속하도록 하고, 지휘권을 단일화하여 혼란의 발생을 억제해야 한다는 원칙을 말한다.

참고 경호원칙 비교

경호일반원칙	• 3중경호원칙 • 두뇌경호원칙 • 방어경호원칙 • 은밀경호원칙

경호특별원칙	• 자기담당구역 책임원칙 • 자기희생원칙 • 목적물 보존원칙 • 하나의 통제된 지점을 통한 접근원칙
근접경호작용의 기본원칙	• 과학적 두뇌작용원칙 • 고도의 경계력유지원칙 • 적절한 위치선정원칙 • 합리적 지역방어원칙 • 지휘권 단일화원칙

5. 경호학의 기본이론

경호학의 기본이론에는 자연방벽의 원리, 주의력과 대응효과의 원리, 촉수거리의 원칙, 체위확장의 원칙, 우발상황 발생 시 'SCE' 대응원칙이 있다.

(1) 자연방벽효과의 원리

① **방벽의 개념**: 위해기도자의 공격을 막아 내는 방어벽 또는 방호벽을 말한다.

② **수평적 방벽효과**: 수평적 방벽은 경호원들의 몸 넓이와 관련 있다.

　㉠ **위해기도자가 고정된 위치에서 공격할 때 방벽효과**: 경호원의 위치가 위해기도자와 가까울수록 방벽효과가 증대된다.

　㉡ **위해기도자가 이동하면서 공격할 때 방벽효과**: 경호원의 위치가 경호대상자와 가까울수록 위해기도자는 더 많은 거리를 이동해야만 경호대상자를 시야에 확보하여 공격을 가할 수 있다. 경호원의 위치가 경호대상자와 가까울수록 방벽효과가 증대된다.

③ **수직적 방벽효과**: 위해기도자가 높은 곳이나 고층건물 등 감제고지에서 공격을 시도할 경우, 경호대상자와 가까이 위치한 경호원이 그보다 멀리 떨어져 있는 경호원보다 높은 방벽효과를 제공한다.

④ **방벽효과에 적합한 신체조건**: 일반적으로 경호대상자 주변에서 근접경호를 실시하고 있는 경호원의 체위는 기본적으로 큰 차이는 없으나, 신장은 각 개인에 따라 차이가 있다. 신장의 차이는 수평적 방벽효과보다 수직적 방벽효과 면에서 영향을 미친다. 따라서 경호활동 시 근접경호와 방벽효과 면에서 볼 때 일정 수준 체

격이 커야 하며, 신장이 큰 요원이 우발상황 발생 시 경호대상자
를 보호하는 데 보다 큰 수직적 방벽효과를 제공할 수 있다.

24 자연방벽효과의 원리에 관한 내용이다. (   )에 공통으로 들어갈 내용
으로 옳은 것은?   • 제22회 기출

> • 위해기도자가 고층건물 등에서 공격을 시도할 경우 경호원의 신장 차
>   이가 (   ) 방벽효과에 큰 영향을 미친다.
> • 경호원이 경호대상자에 대한 (   ) 방벽효과를 극대화하기 위해서는
>   항상 바른 자세로 똑바로 서서 몸을 움츠리거나 은폐시켜서는 안 된다.

① 공격적   ② 수직적
③ 회피적   ④ 함몰적

해설 방벽이란 위해기도자의 공격을 막아 내는 방호벽을 말한다. 또한 경호대상자는 경호
원이 형성하는 자연적인 방벽에 의해 보호된다. 위해기도자가 고층건물 등에서 공격
을 시도할 경우 경호원의 신장 차이가 수직 방벽효과에 큰 영향을 미친다. 또한 경호
원이 경호대상자에 대한 수직 방벽효과를 극대화하기 위해서는 항상 바른 자세로 똑
바로 서서 몸을 움츠리거나 은폐해서는 안 된다.

정답 ②

(2) 주의력과 대응력의 원리

① **주의력의 개념**: 경호원이 이상 징후를 포착하기 위하여 기울이는
힘으로, 위해기도자를 사전에 색출하기 위한 노력이라고 할 수
있다. 최대한 자신을 은폐하여 공격의 성공확률을 높이려는 위해
기도자를 찾아내기 위하여 효율적인 사주경계가 필요하다.

② **대응력의 개념**: 위해기도에 반응하여 취하는 태도나 행동능력을
말한다. 위해기도자의 공격 시 경호원들은 신속하고 효과적으로
경호대상자를 보호하여 대피시켜야 하는데, 이를 위해 반사적이
고 기민한 행동이 필요하다.

③ **주의력과 대응력의 상관관계**: 경호원의 주의력을 높이기 위해서는
경계대상(군중)을 보다 잘 살필 수 있도록 경계대상과의 거리를 좁
히는 것이 효과적이지만, 이 경우 경호대상자와의 거리가 멀어져
경호대응력이 떨어지게 된다. 대응력을 높이기 위해서는 우발상
황 발생 시 신속하게 대처하기 위하여 경호대상자와의 거리를 좁
히는 것이 효과적이다. 이때에는 경계대상과 거리가 멀어져 경호

원의 주의력이 떨어지게 된다. 이처럼 주의력효과와 대응효과는 서로 상반된 개념이므로 경호원은 주의력효과와 대응효과를 고려한 위치의 선정에 신중하여야 한다.

핵심 기출문제

25 경호원의 주의력효과와 대응효과에 관한 설명으로 옳지 <u>않은</u> 것은?

• 제26회 기출

① 대응력은 경호원이 위해기도에 반응하여 취하는 태도나 행동능력이다.
② 주의력은 경호원이 이상 징후를 포착하기 위하여 기울이는 힘이다.
③ 주의력효과 측면에서는 경호원과 경계대상과의 거리가 멀수록 유리하다.
④ 대응효과 측면에서는 경호원이 경호대상자와의 거리를 좁히는 것이 효과적이다.

해설 주의력효과 측면에서는 경호원과 경계대상과의 거리를 좁히는 것이 유리하다.

정답 ③

---

(3) 촉수거리의 원칙

① **개념**: 경호학에서 촉수거리(觸手距離, Arm's Reach)란 사람이 팔을 뻗어 닿을 수 있는 거리를 말한다. 촉수거리의 원칙이란 우발상황 시 경호원이 자신의 팔을 뻗어 닿을 수 있는 정도로 가까이에 있는 대상자(경호대상자 또는 위해기도자)를 선택하고, 위해기도자와 촉수거리에 있을 정도로 가까이에 있는 경호원이 위해기도자를 대적한다는 원칙을 말한다.

② **촉수거리의 원칙에 의한 행동 요령**: 위해상황 발생 시 경호원은 경호대상자의 신변보호를 위해 경호대상자를 방호할 것인지, 위해기도자를 제압할 것인지를 선택해야 한다. 이 경우 경호원에게 중요한 판단적 근거를 제공하는 것이 촉수거리의 원칙이다. 위해기도자와의 거리가 경호대상자와의 거리보다 더 가깝고 촉수거리에 위치한다면, 경호원은 위해기도자를 제압하여 경호대상자를 보호하고 위해기도를 무력화하는 것이 바람직하다.

(4) 체위확장의 원칙

① 개념: 우발상황 발생 시 자신의 몸을 최대한 크게 벌려 경호대상자에 대한 방호효과를 극대화해야 한다는 원칙을 말한다.

② 체위확장의 원칙에 의한 행동 요령: 두 팔과 상체를 최대한 크게 벌려 신체에 의한 자연적 방벽효과를 극대화하고, 위해기도자의 공격선상에서 위해공격을 몸으로 막아 내어 경호대상자가 조금이라도 위험에 덜 노출되도록 하여야 한다.

(5) 우발상황 발생 시 'SCE' 대응원칙

① S(Sound Off): '경고'란 육성이나 무전으로 전 경호원에게 상황 내용을 긴급 전파하는 것으로서, 경호대상자에게 인접한 근접요원들이 신속하게 행동을 취하도록 하며, 공범이 있을 경우 제2의 공격에 대비할 수 있다는 효과가 있다.

② C(Cover): '방호'란 우발상황을 처음으로 목격한 경호원이 '경고'하게 되면, 근접경호원이 동시에 신속히 방벽을 형성하는 것이다.

③ E(Evacuation): '대피'란 위해 음모는 대부분 공범이 있으므로 신속히 현장에서 경호대상자를 안전한 곳으로 이탈시키는 것을 말한다.

핵심 기출문제

26 폭발과 총기 공격 발생 시 우발상황 대처에 적용되지 <u>않는</u> 원칙은?

• 제21회 기출

① SCE 원칙 ② 체위확장의 원칙
③ 촉수거리의 원칙 ④ 예방경호의 원칙

해설 폭발과 총기 공격 발생 시 우발상황 대처에 적용되는 원칙에는 SCE 원칙, 체위확장의 원칙, 촉수거리의 원칙이 있다. 예방경호의 원칙은 사고 발생에 대비한 예방차원의 경호업무이므로 우발상황 대처와 관련이 없다.

정답 ④

27 위해기도자의 범행시도에 경호대상자 또는 위해기도자와 가장 가까이 위치한 경호원이 대응해야 한다는 경호원칙은?

• 제19회 기출

① 체위확장의 원칙 ② 주의력과 대응시간의 원리
③ 촉수거리의 원칙 ④ 목표물 보존의 원칙

> **해설** 촉수거리의 원칙이란 우발상황 시 경호원이 자신의 팔을 뻗어 닿을 수 있을 정도로 가까이 있는 대상자(경호대상자 또는 위해기도자)를 선택하고 위해기도자와 촉수거리에 있을 정도로 가까이에 있는 경호원이 위해기도자를 대적한다는 원칙을 말한다.
>
> 정답 ③

28 근접경호 수행방법에 관한 설명으로 옳지 <u>않은</u> 것은?
• 제19회 기출

① 근접도보대형은 장소와 상황 등 행사장 환경에 따라 유연하게 적응시켜야 한다.

② 근접경호는 신체에 의한 방호벽을 형성하되 경호대상자 행동의 자유와 프라이버시를 존중해야 한다.

③ 근접경호원은 종사요원, 경호대상자와 친숙한 방문객, 수행원을 신속하게 익혀야 한다.

④ 도보이동 간 근접경호원의 체위확장은 위기 시 방호효과를 극대화할 수 있으나 평시 노출 및 위력과시의 부정적 효과로 지양해야 한다.

> **해설** 체위확장의 원칙은 우발상황 시 경호원 자신의 몸을 최대한 확장시켜 경호대상자에 대한 방호효과를 극대화해야 한다는 원칙을 말한다. 이는 경호대상자를 보호하기 위하여 경호원의 자기희생을 요구하는 것으로 경호활동 성공을 위한 긍정적인 행동이다.
>
> 정답 ④

29 경호의 기본원리 및 경호기법에 관한 설명으로 옳지 <u>않은</u> 것은?
• 제17회 기출

① 위해기도자의 위치가 고정된 경우, 수평적 방벽효과는 경호원이 위해기도자와 가까이 위치할수록 감소한다.

② 위해기도 시 위해기도자와 가장 가까이 위치한 경호원이 위해기도자를 대적한다.

③ 위력경호는 위해기도자의 위해기도의사를 제압할 수 있는 유형적·무형적 힘을 이용한다.

④ 위해기도 시 경호대상자를 방호해야 하는 경호원은 위해기도자의 공격선상에서 최대한 몸을 크게 벌려 공격을 막는다.

> **해설** 위해기도자의 위치가 고정된 경우, 수평적 방벽효과는 경호원이 위해기도자와 가까이 위치할수록 증가한다. 수평적 방벽효과는 위해기도자의 총기공격 시 자신의 신체 및 옷을 최대한 크게 하는 것을 말하고, 수직적 방벽효과는 신장이 큰 경호요원이 더 큰 방벽효과를 제공하는 것을 말한다.
>
> 정답 ①

➕ 심화학습

위력경호

은밀경호 또는 비노출경호와 반대되는 개념으로, 경호요원을 숨기지 않고 많은 숫자의 경호요원이 자동소총과 칼 등의 무기를 소지한 것을 여과 없이 노출시킴으로써 주변 사람과 잠재적으로 위해를 기도하려는 사람들에게 강력한 위력을 과시하고 공포를 느끼게 하는 경호방법이다. 이는 왕정국가나 후진국에서 주로 사용하는 경호방법이다.

6. 근접경호원의 근무원칙

(1) 근접경호 시 경호원은 경호위치를 수시로 바꾸어야 하며, 경호대상자와 군중 간에 틈을 주어서는 안 된다. 즉, 근접경호원은 경호대상자와 상대적 위치를 바꾸어 가면서 항상 경호대상자와 근접해 있어야 한다.

(2) 행동 수상자들이나 위해자로 생각되는 자 또는 군중들로부터 경호대상자와 경호원의 소지품에 대한 접근을 차단하여야 한다.

(3) 경호대상자와 친밀한 방문자, 수행원과 수행원이 접촉할 것이라고 예상되는 저명인사, 행사장 및 숙소의 종업원 등을 정확히 파악·숙지하고 있어야 한다.

(4) 경호문제와 관련 없는 요구사항, 언론 및 대중과의 불필요한 접촉을 방지하여야 한다.

(5) 인력 및 차량 지원에 대해 사전에 계획을 수립할 때 가족에 대한 경호나 에스코트를 제공하는 것을 인식하고 있어야 한다.

(6) 경호대상자뿐만 아니라 외부 요인 수행자의 안전에 대한 경호도 실시하여야 한다.

7. 근접경호요원의 자격요건

근접경호원은 항상 단정한 외모와 자신 있는 모습, 예리한 판단력, 신속·과감한 대처능력, 다양한 경험 등을 갖추고 있어야 한다.

8. 근접경호의 수행절차

(1) 출동준비단계

① **24시간 출동태세 유지**: 계획된 행사 준비, 불시 행사 및 비공식 행사, 비상사태에 각각 대비한다.

② **근무조 편성**: 일반 행사 및 비공식행사에 대비하여 경호차량 근무조를 편성하며, 비공식행사에 대비하여 개인별 임무를 부여한다.

③ **출동차량 점검**: 경호대상자차량 및 경호차량 가용 여부를 확인하고, 출동차량 정비 및 무전기 상태를 확인한다.

④ **기상 및 특이사항 확인·전파**: 당일 기상 및 도로 상태, 시내 일원의 주요 집회, 예정된 행사와 관련한 주요 정·첩보 사항을 각각 확인하고 전파한다.

(2) 명령수령단계

공식행사 명령은 시간에 맞춰 수령하고, 불시행사는 주의를 기울여 정확히 수령한다.

(3) 임무분석단계

① 행사장의 위치 파악: 기동거리 및 그에 따른 시간을 조정하고, 행사 시간대에 따른 교통량을 파악한다.

② 행사 성격 및 특성 고려: 출동 가용 인원 및 차량소요를 판단하고 차량경호대형 및 차종을 선정한다.

③ 행·환차로 결정: 행·환차로를 답사한 후 특이사항을 파악하여 행·환차로를 주 도로·예비도로로 구분하여 결정하고, 교통관리계획을 수립한다.

④ 답사계획 수립: 취약요소 확인, 경호대상자 이동로 확인, 비상대책 확인 등을 할 수 있는 행사 전 답사계획을 수립한다.

⑤ 근접경호계획 수립: 기동 간 임무, 행사장 임무가 포함된 근접경호계획을 수립한다.

(4) 명령하달단계

명령하달에 포함될 사항에는 행사 일반계획, 경호환경, 차량대형, 행·환차코스, 개인별 임무 부여, 행사장 비상대책, 예행연습 등이 있다.

(5) 실시단계

근접선발경호원의 출동, 출동준비상태 점검, 기동 간 행사장 근접경호를 실시하는 단계이다.

(6) 복귀 후 정리단계

복귀 후 차량 및 장비를 확인하고, 행사결과에 대한 토의를 하며, 행사결과 보고서를 작성하는 단계이다.

9. 근접경호요원의 준수사항

(1) 각각의 경호조장을 중심으로 한 절대적 명령복종의 체제를 유지하여야 하며, 근무지의 장소·지형·취약성 등을 고려하여 융통성이 있는 대형을 취하여야 한다.

(2) 경호원들은 항상 수행비서팀과 긴밀한 협조를 하여야 하며, 연락을 하기 위하여 무선망의 운용이 필요하다.

(3) 경호원의 복장은 보호색의 원리에 의한 비노출적인 색을 착용하여 은밀하게 근무하여야 하며, 근접경호원은 경호대상자와 경호환경에 어울리는 복장을 착용한다. 책임을 완수하기 위해서는 투철한 희생정신으로 과감하게 육탄방어에 의한 경호임무를 수행하여야 한다.

(4) 근접경호요원은 항상 행동과 언어에 주의하여 행사 참석 인사 및 군중 등 외부 사람들과의 위화감이 조성되지 않도록 하며, 예의와 친절을 체질화하여야 한다.

10. 근접경호의 기본임무(근무요령)

(1) 경호대상자 주위의 일반인에게 불편을 초래하지 않는 범위 내에서 경호원 자신의 활동공간을 확보하여 사주경계를 실시한다.

(2) 근접경호원은 책임구역에 따라 경계를 실시하여야 하며, 돌발적인 사태 발생 시 인적방벽을 이용하여 완벽하게 경호대상자를 보호하고, 대적 및 제압보다 경호대상자를 방호하여 안전한 곳으로 대피시키는 것을 우선시하도록 한다.

(3) 근접경호원은 경호대상자에 대한 접근을 차단하여야 하며, 경호대상자 주위의 모든 사람들을 주의 깊게 관찰한다.

(4) 경호대상자의 심리적인 안정감을 고려하여 항상 경호대상자가 볼 수 있는 시야 범위에 위치하여야 한다.

(5) 항상 경호대상자 주위의 모든 사람들의 손을 주의해서 관찰하고, 흉기를 소지하고 있다는 가정하에 대비책을 구상하여야 한다.

(6) 복도, 도로, 계단 등을 수행할 때에는 경호대상자를 공간의 중앙 쪽으로 유도하여 위해발생 시 여유공간이 확보되도록 한다.

(7) 문을 통과할 경우에는 경호원이 먼저 통과하여 안전 여부를 확인한 후 경호대상자를 통과하게 하고, 경호원이 사전에 점검하지 않은 지역이나 장소에는 경호대상자가 절대 접근하지 않도록 한다.

(8) 곡각지와 보이지 않는 공간을 통과할 때에는 항상 경호원이 먼저 안전을 확인하고 경호대상자가 나중에 통과하도록 한다.

곡각지(曲角地)
도로의 휘어진(曲) 부분이나, 꺾인(角) 부분 또는 도로를 양면(앞, 뒤)에 접한 곳을 말한다.

(9) 이동속도는 위해기도자의 공격 가능성을 줄이고 피해정도를 최소화하기 위하여 가능한 한 빠르게 하는 것이 좋다. 단, 경호대상자의 건강상태, 신장, 보폭 등을 고려하여 정하고, 상황에 따라 속도를 조절해야 할 경우에는 경호원 상호 간에 연락하여 조절하도록 한다.

(10) 경호대상자가 타 지역으로 이동해야 할 경우에는 경호원이 그 전에 이동로, 소요시간, 경호대형, 주위의 특이상황, 주의사항 및 이동위치를 사전에 경호대상자에게 알려 주도록 한다.

(11) 경호대상자가 이동할 경우에는 전방경호원의 뒤쪽에서 이동하도록 사전에 알려 주고, 전방경호원은 경호대상자의 시야를 가리지 않고 서로 손과 발이 부딪히지 않도록 주의한다.

(12) 위험지역이나 보이지 않는 공간을 통과할 때에는 항상 경호원이 먼저 안전을 확인하고 경호대상자가 통과하도록 하여야 한다.

(13) 경호대상자가 대중의 가운데에 있을 때, 군중 속을 통과하여 걸을 때, 건물 내로 들어갈 때, 공공행사에 참석할 때, 승·하차할 때 특히 위험하다는 것을 염두에 둔다.

(14) 이동 중 무기 또는 위해기도자가 시야에 나타나면 위해요인과 경호대상자 사이로 움직여 시야를 차단하고, 무기제압 시에는 총구의 방향에 주의하여 경호대상자 방향으로 향하지 않도록 한다.

(15) 근접경호 시 경호원의 위치와 경호대형에 수시로 변화를 주어야 하며, 경호에 관련 없는 언론 및 대중과의 불필요한 접촉을 차단하고, 항상 경호대상자의 최근접에 위치하여야 한다.

(16) 근접경호원은 예상되는 손님, 방문객, 보도요원 및 경호대상자에게 서비스를 제공하는 종사요원의 명단을 사전에 획득하여야 한다.

(17) 경호대상자의 가족동반 시 가족의 경호인력·경호차량의 지원계획을 사전에 수립한다.

(18) 수행원이 위해를 당할 경우 경호수행에 영향을 미치므로 경호대상자는 물론, 외부요인의 수행원에 대해서도 제한된 경호제공이 필요하다.

(19) 근접경호책임자는 항시 경호대상자를 최근접에서 수행하고, 근접경호원의 모든 행동에 대하여 절대적 책임을 지며, 근접경호요원이 언론·대중 등과 대화를 가급적 삼가도록 통제한다.

30 근접경호의 원칙에 관한 설명으로 옳은 것은? •제25회 기출

① 안전구역, 위험구역, 경계구역으로 3중경호의 원칙을 적용한다.

② 경호대상자와 함께 이동하면서 변화하는 주변상황에 비주체적으로 대처해야 한다.

③ 복도, 도로, 계단 이동 시에는 경호대상자를 공간의 중앙 쪽으로 유도하여 위해 발생 시 여유 공간을 확보한다.

④ 위해가해자의 공격 가능성을 줄이고, 위해 발생 시 경호대상자의 피해정도를 최소화하기 위하여 이동속도는 가급적 느리게 하여야 한다.

해설 ① 안전구역, 경비구역, 경계구역으로 3중경호의 원칙을 적용한다.
② 경호대상자와 함께 이동하면서 변화하는 주변상황에 주체적으로 대처해야 한다.
④ 위해가해자의 공격 가능성을 줄이고, 위해 발생 시 경호대상자의 피해정도를 최소화하기 위하여 이동속도는 가급적 빠르게 하여야 한다.

정답 ③

31 근접경호의 원칙에 관한 설명으로 옳지 <u>않은</u> 것은? •제24회 기출

① 출입문 통과 시 경호원이 먼저 통과하여 안전을 확인한다.

② 이동 속도는 경호대상자의 보폭 등을 고려한다.

③ 복도, 계단, 보도를 이동할 때에는 경호대상자를 공간의 가장자리로 유도하여 위해발생 시 여유공간을 확보한다.

④ 경호원은 경호대상자의 최근접에서 움직이도록 한다.

해설 복도, 계단, 보도를 이동할 때에는 경호대상자를 중앙부에 위치하도록 한다. 위해기도자의 공격이 어느 쪽에서 발생할지 알 수 없으므로 경호대상자를 중앙부에 위치하여 대비하도록 한다.

정답 ③

---

2 근접경호의 방법

1. 사주경계(주위경계)

(1) 의의

경호원이 경호대상자의 근접경호를 수행하면서 자신의 책임구역(근무위치)에서 경호대상자를 중심으로 360° 전 방향을 감시하여 위해자로부터의 위해기도를 사전에 인지하기 위한 경계활동을 사주경계라고 한다.

(2) 대상

인적 경계대상	경호대상자의 수행원, 보도요원, 경찰근무자, 행사장의 직원, 노약자 등 경호대상자 주변의 모든 사람을 경계대상으로 한다. 신분이 확실한 수행원이나 보도요원들도 일단 경계의 대상이 된다. 위해기도자는 접근이 용이한 사람으로 위장하는 경우가 많기 때문이다.
물적 경계대상	경호대상자 주변에 있는 모든 시설물과 이용 가능한 자연물 등을 경계대상으로 한다. 외관상 안전하게 보이는 물체라도 폭발물이나 독극물이 은닉되어 있을 가능성을 배제해서는 안 된다.
지리적 경계대상	은폐, 엄폐물로 이용하기 쉬운 자연물과 인공물, 감제고지, 건물의 후미진 곳, 열려 있는 창문, 옥상 등을 경계대상으로 한다. 지리적 경계대상은 옥외에 존재하는 경계대상으로 원거리에 위치하여 육안으로 식별이 어렵기 때문에 공격자의 입장에서 유리하다고 판단되는, 즉 저격이 용이한 지점을 집중적으로 경계하는 것이 효과적이다.

(3) 절차와 방법

① **위험감지능력**: 경험과 훈련 및 정신집중을 통하여 발전시킬 수 있다.

② **위험의 대표적 징후**: 위험감지를 위한 주위 경계 중 '전체적인 상황과 어울리지 않는 움직임 또는 부조화·불균형'이 위험의 대표적 징후가 된다. 이러한 징후에 대해서는 반드시 확인조치를 하여야 한다.

③ **위험감지의 단계**: 위험감지의 단계는 주위관찰, 관찰에 의한 문제제기, 위해발생에 대한 위기의식, 대응조치계획의 수립으로 구분할 수 있다. 이러한 단계들은 최초의 주위관찰과 거의 동시에 이루어지므로 위험에 대한 대응조치가 신속하고 철저하게 마련되어야 한다.

(4) 사주경계요령

① 사주경계는 시야(시각)의 한계를 염두에 두고 주위 경계의 범위를 선정(설정)하여야 하며, 주위 사물에 대한 위기의식을 갖고 전체적인 상황에 어울리지 않는 상황이 있는지의 여부를 살펴보아야 한다.

② 전체적인 분위기와 조화되지 않는 부자연스럽고 불균형한 사항에 대하여 주의 깊게 관찰(경계)한다.

③ 시선은 항상 훑듯이 움직인다.

④ 경호대상자로부터 가까운 곳에서 먼 곳으로, 좌에서 우로, 팀 단위 경호 시 개인의 책임감시구역을 중첩되게 설정한다. 즉, 인접해 있는 경호원과 경계범위를 중복(중첩)되게 실시하여야 한다.

⑤ 원거리 관찰은 사람이 숨을 만한 장소, 물건을 은닉시킬 만한 장소에 중점을 둔다. 중거리 관찰은 사람과 사물 모두를 주시한다. 근거리 관찰 시에는 경호대상자 주변 인물들의 동작을 일괄적이고 전체적으로 파악하여야 한다.

⑥ 관찰은 전체적으로 윤곽을 잡아 나가도록 하여야 한다. 개별적이고 선별적인 관찰은 시간이 많이 소요되기 때문이다.

⑦ 경호원의 시선이 한곳에 고정되면 좋지 않으므로 시선의 방향에 적절한 변화를 주는 것이 좋다.

⑧ 경호원은 잔상효과를 최대한 활용하며, 감시구역 내 인적 취약요소의 행동변화를 기억하도록 집중력을 가져야 한다.

잔상효과
방금 전에 눈으로 본 것을 뇌가 기억하고 있어 그다음에 본 것과 방금 전에 본 것이 겹쳐 보이는 현상이다.

⑨ 복도의 좌·우측, 문, 모퉁이, 창문 주위 등에 관심을 갖고 경계를 하여야 하며, 돌발사태를 제외하고는 고개를 좌우로 심하게 돌리거나 완전히 뒤돌아보는 것을 삼가야 한다.

⑩ 위해를 가하려는 자는 심리적으로 대중 가운데 둘째 열에 서는 경우가 많으며, 목표를 집중하여 주시하고 대개 웃지 않고 몸을 움직이지 않는다는 점을 고려하여 경계를 실시하여야 한다.

⑪ 경호원은 머릿속으로 시각적인 움직임과 정황들에 대한 의문을 제기하고 이를 정리·분석하면서 경계근무를 실시하여야 한다.

⑫ 경호원은 주·정차가 되지 않는 도로상에 차를 주차해 둔 상태에서 경호대상자를 주시하는 자, 더운 날씨에 긴 코트를 입고 있는 자, 추운 날씨에도 옷의 단추를 풀고 있는 자, 주변 상황에 어울리지 않는 행동과 복장을 한 자를 경계하여야 한다.

⑬ 경호대상자 주변에 있는 모든 사람의 눈과 손을 감시하여야 한다.

32 근접경호 시 사주경계 요령으로 옳지 않은 것은? •제25회 기출

① 시각의 한계를 염두에 두고 주위 경계의 범위를 설정한다.

② 위해가해자는 군집된 인파 가운데 맨 앞 열에 서서 경호대상자를 주시하는 경우가 많다.

③ 전체적인 분위기와 조화되지 않는 부자연스럽고 불균형한 사항에 경계를 하여야 한다.

④ 경호대상자의 주변에 있는 모든 사람의 눈과 손을 감시하여야 한다.

해설 위해가해자(위해를 가하려는 자)는 심리적으로 대중 가운데 둘째 열에 서서 경호대상자를 주시하는 경우가 많다.

정답 ②

33 근접경호에서 사주경계에 관한 설명으로 옳지 않은 것은? •제21회 기출

① 시각, 청각 등 오감과 육감을 활용한다.

② 위험감지에 대한 단계와 구조를 이해해야 한다.

③ 인적경계대상은 위해가능한 인원으로 제한하며 사회적 권위와 지위를 고려한다.

④ 경호대상자를 중심으로 360° 전 방향을 감시해야 한다.

해설 인적경계대상은 주변에 있는 모든 사람이 해당한다.

정답 ③

2. 육감경호

(1) 의의

① 육감경호란 경호활동을 수행함에 있어 위험을 예상하는 능력과 위험을 진압하기 위한 재빠른 조치를 취할 시점을 알아보는 감각 등을 말한다. 이는 수많은 경호활동을 통해 이루어지는 것으로 위험을 파악할 수 있는 경험이 필요하다.

② 육감경호는 경호원이 자신의 모든 신체적 감각을 활용하여 주위 경계를 하되, 현상을 있는 그대로 보지 않고 위험을 예측하고 위험을 진압하기 위한 가장 신속하고 효율적인 조치를 취할 수 있는 통찰력, 즉 육감에 의한 경호를 실시하는 것을 말한다.

(2) 방법

① 경호요원의 치밀한 주의력과 신속한 반응 능력이 가장 효율성이 높으므로 근접경호원은 사주경계 시 오관과 육감을 최대한 이용하여 경호활동을 하여야 한다.

② 먼저 위험요소를 분석하고 경호환경에 따른 예상 테러를 생각한 뒤 그 범위에서 자신의 정신적 · 신체적 감각을 통해 느껴지는 범행을 알아채는 것은 수많은 경호활동 경험에서 비롯된다.

③ 신속한 반응이란 암살 기도자의 공격이 일어나는 순간 즉각적으로 총을 뽑아 대응사격을 하는 것이 아니라 경호대상자를 보호하는 것이다.

④ 오관의 감각기관을 정확히 사용하여야 하며, 예기치 않은 상황에 예리한 통찰력을 발휘하여야 한다.

⑤ 육감경호를 실시하려면 경호환경, 경호대상, 테러의 예상, 테러의 방법, 테러의 유형, 테러예상지점 등을 먼저 예상한 후 예상되는 지역에 긴장된 자세로 경계를 하면서 습득하게 되는 일종의 반복경호 개념에서 도입하기도 한다.

> **오관**
> 사람이 갖고 있는 다섯 개의 감각기관을 말한다. 즉, 시각 · 청각 · 후각 · 미각 · 촉각의 감각기능을 지칭한다.

3. 도보이동 간 근접경호방법

이동 시의 경호는 특별히 유의하여야 한다. 이동 시에는 특히 도보에 의한 경호에서 테러활동이 가장 많이 자행되기 때문이다. 그만큼 이동경호는 테러의 공격에 많이 노출되어 행해지기 때문에 사설경호기관에서는 테러에 대한 경호가 주로 보도(步道)이용 시 행해지고 있다. 효과적인 테러 대응을 위해서는 경호대상자를 중심으로 하는 경호원의 배치에 특별한 관심을 기울여야 한다. 근접도보경호대형 자체가 외부적으로 노출이 크고 방벽효과도 낮으므로 근접도보경호는 차량경호에 비해 위해자가 범행을 가할 수 있는 기회가 많다. 따라서 가급적 도보이동을 통한 경호는 지양하는 것이 좋다.

(1) 단점과 대책

① 단점

㉠ 느린 속도: 도보이동 간 경호는 차량이동 간 경호에 비해 속도가 느리므로 노출시간이 길어져 위해의 기회를 많이 제공하게 된다.

ⓛ **방벽의 취약성**: 경호대원들의 도보대형 노출은 경호대상자를 노출시키게 되며, 건물 내부나 차량 안보다 방벽 형성의 면에서 취약하다.

② **대책**

　㉠ 이동속도를 빠르게 하여 위해기도자의 기회와 성공확률을 줄이고 단거리 직선통로로 이동하여 이동거리를 줄인다.

　㉡ 적절한 도보대형을 형성하여 방벽효과를 높여야 한다.

(2) 도보대형 형성 시 고려사항

① 행사장 주변 감제건물의 취약도 및 경호대상자의 취향을 고려하여야 한다.

② 행사장의 취약요소, 인적 취약요소와 이격도(Gap), 물적 취약요소의 위치, 지리적 취약요소, 행사장 주변 감제건물의 취약성을 고려하여 도보대형을 형성하여야 한다.

③ 행사장의 사전예방경호(선발경호) 수준, 행사장의 안전도, 행사장 참석자의 인원수, 참석자의 성향 등을 고려하여야 한다.

④ 경호행사의 성격, 근접경호원의 수, 경호대상자의 노출시간을 참작하여 도보대형을 형성하여야 한다.

핵심 기출문제

34 도보대형 형성 시 고려사항은 모두 몇 개인가? · 제24회 기출

• 행사장의 안전도	• 선발경호의 수준
• 행사의 성격	• 참석자의 성향
• 경호대상자의 취향	• 근접경호원의 인원수

① 3개　　　　　　② 4개
③ 5개　　　　　　④ 6개

해설 모두 도보대형 형성 시 고려사항에 해당한다.

정답 ④

35 행사장 내 경호대상자를 근접경호할 때 도보대형 형성에 관해 고려해야 할 사항으로 옳지 않은 것은? · 제23회 기출

① 행사의 형태와 종류　　② 경찰관서의 수와 위치
③ 경호대상자의 노출시간　④ 인적 취약요소와의 갭(Gap)

해설 도보대형 형성은 근접경호요원으로 구성한다. 따라서 경찰관서의 수와 위치는 도보대형의 형성 시 고려할 사항에 해당하지 않는다.

정답 ②

36 근접경호대형에 관한 설명으로 옳지 <u>않은</u> 것은? • 제22회 기출

① 경호대상자의 성격이나 성향에 따라 경호대형이 결정될 수 있다.
② 도보대형은 장소나 상황에 따라 융통성 있게 변화시킨다.
③ 도보경호는 이동속도가 빠르기 때문에 외부노출시간이 짧아 위해자가 위해를 가할 기회가 줄어들게 된다.
④ 경호대상자 주위에 경호방패막을 형성하여 동선을 따라 이동하는 선(線)개념이다.

해설 도보이동 간 경호는 차량이동 간 경호에 비해 속도가 느리므로 노출시간이 길어져 위해의 기회를 많이 제공하게 된다.

정답 ③

(3) 도보이동 간 경호원칙(경호원의 근무방법)

① 선정된 도보이동시기 및 이동로는 변경되어야 하고, 최단거리 직선통로를 이용하며, 주 통로, 예비통로, 비상대피로를 적절히 선정하고, 주변에 비상차량을 대기시켜 놓도록 한다.

② 근접경호요원은 경호대상자에게 이르는 모든 접근로를 차단하기 위하여 분산되어야 하며, 이동 시에는 위험에 노출되는 정도를 최소화하기 위하여 최단거리 노선을 선택하여야 한다.

③ 도보이동 간에 경호대상자의 안전을 위협할 수 있는 차량이나 만일의 돌발사태 등에 대비하여 경호대상자의 차량도 근접해서 주행하여야 한다.

④ 경호원은 경호대상자의 눈에 띄는 거리에서 활동하여 경호대상자가 심리적 안정감을 갖도록 한다.

⑤ 근접경호원의 위치는 수시로 변경하여야 하며, 장소와 상황에 따라 도보대형을 융통성 있게 변화시켜야 한다.

⑥ 경호대상자가 군중 속을 통과할 때, 대중 가운데 있을 때, 승·하차할 때가 가장 경호에 취약하여 위험하다는 것을 염두에 두어야 한다.

⑦ 저격 등의 위험이 있을 경우에는 밀착형 대형으로 안전도를 높일 수 있다.

⑧ 근접도보경호대형 자체가 외부적으로 노출이 크고 방벽효과도 낮으므로 가급적 도보이동을 통한 경호는 지양하는 것이 좋다.

➕ **심화학습**

도보이동 간 경호의 핵심사항
• 근접경호원 위치 수시 변화
• 차량근접주행
• 최단거리 노선 선택
• 이동로 변경과 접근로 통제

➕ **심화학습**

승·하차 위험시기
차량 승차와 하차 시기 중 위험도는 승차 시가 더 높다. 하차의 경우 경호대상자가 차 안에 가려져 있다가 불쑥 차량 밖으로 나올 수 있기 때문에 위해기도자 입장에서는 정확한 예측을 할 수 없다는 것이 차량승차 시와 다른 점이다.

⑨ 사전에 철저한 선발경호를 통하여 행사장 내에 안전이 확보된 때에는 밀착대형을 하는 것은 적절하지 못하며, 행사장 여건을 고려하여 소수의 근접경호원으로 돌발사태에 대응하는 것이 효과적이다. 행사장의 안전의 확보가 미흡한 경우라면 안전성을 강화하기 위하여 다수의 인원으로 밀착된 도보대형과 개방 대형을 병행하여 상황변화에 적절히 대처하는 방호대형이 바람직하다.

핵심 기출문제

37 근접도보경호에 관한 설명으로 옳은 것은?
• 제26회 기출

① 도보대형 형성 시 고려사항에 행사 성격은 포함되지 않는다.
② 선정된 도보이동 시기 및 이동로는 변경되지 않아야 한다.
③ 경호대상자가 군중 속을 통과하거나 대중 가운데 있을 때 경호에 취약하다.
④ 이동 시 위험에 노출되는 정도를 최소화하기 위하여 장거리 곡선통로를 이용한다.

해설 ① 도보대형 형성 시 고려사항에 행사 성격은 포함되는 것이 올바르다.
② 선정된 도보이동 시기 및 이동로는 위해기도자에게 예측가능성을 부여하지 않기 위하여 변경되어야 효과적이다.
④ 이동 시 위험에 노출되는 정도를 최소화하기 위하여 단거리 직선통로를 이용하는 것이 효과적이다.

[정답] ③

(4) 모퉁이를 회전할 때 경호요령

① 모퉁이는 은폐·엄폐의 목적물로 테러범의 이용대상이 되며, 경호원도 모퉁이를 경호보호활동으로 설정하여 이용하기도 한다.
② 모퉁이를 회전할 때에는 경호원이 먼저 모퉁이를 사전점검하여 안전하다고 판단될 때 경호대상자를 이동시켜야 한다. 모퉁이에서 회전 시 경호원은 바깥쪽으로 회전하여 시야를 넓게 해야 하며, 경호대상자는 모퉁이에 가깝게 밀착시켜 모퉁이를 최대한의 방어벽으로 이용할 수 있게 하여야 한다.

(5) 도보이동 간 대형

① 다이아몬드 대형(마름모 대형, Diamond Formation)
㉠ 다이아몬드 대형은 통상 4명으로 편성되며, 5인 도보대형으로 구성되기도 한다. 팀장은 경호대상자의 우측 후방 촉수거

리에 위치한다. 혼잡한 복도나 군중이 밀집해 있는 통로 등에 적합한 대형으로, 경호원들이 경호대상자의 전후좌우의 전 방향을 둘러싸고 이동하면서 기동로에 대해 360° 경계를 할 수 있도록 책임구역이 부여된다.

ⓛ 360° 경계가 가능하므로 최소의 인원으로 완벽한 방호를 할 수 있는 기본적이면서 이상적인 도보형태이다.

ⓒ 경호대상자의 모든 방향에 대하여 방호가 가능한 대형으로, 세계적으로 가장 많이 이용되는 대형이다.

》 경호요원별 경계구역

전방경호요원	이동로를 확보하는 동시에 전방의 취약요소를 점검하면서 상체를 편 채로 10~2시 방향을 경계한다.
좌·우측방 경계요원	상체를 약간씩 돌린 상태에서 각각 11~7시 방향과 1~5시 방향을 경계한다.
후방경계요원	전방을 향한 자세에서 고개만 돌려 후방을 경계하고, 취약지역에서는 완전히 몸을 돌려 뒷걸음치면서 9~3시 방향을 경계하며 이동한다.

② **쐐기형**(웨즈대형)

ⓞ 다이아몬드 대형보다 느슨한 대형으로 3명으로 쐐기대형을 형성하여 그중 1명은 대상자의 전방에 위치하여 안내와 전방을 감시하고, 2명은 경호대상자의 후방 좌·우측에 위치하여 좌·우측 및 후방의 경계를 수행하는 대형이다.

ⓛ 대중이 별로 없는 장소 통과 시, 인도와 좁은 통로 이동 시, 한쪽에 인위적·자연적 방벽이 있을 때 유용하다.

③ **삼각형 대형**

ⓞ 3명의 경호원이 삼각형 형태를 유지하여 이동하는 도보대형으로, 행사와 주위 사람의 성격, 숫자, 주변 환경의 여건에 따라 길이와 폭을 조정하면서 이동한다.

ⓛ 전방경호원은 안내역할과 이동통로 및 전방경계임무를, 좌·우측방경호원은 후방 사각지역을 경계하면서 이동하여야 한다.

④ **역삼각형 대형**

ⓞ 역삼각형 대형은 진행방향 전방에 위해가능성이 있는 경우에 경호대상자를 도로와 경호원 중앙부에 위치하도록 하는 대형으로, 진행방향의 전방에 오솔길, 곡각지, 통로 등과 같은 지리적 취약점이 있을 때 유용하다.

➕ 심화학습

오솔길과 곡각지

오솔길은 폭이 좁은 호젓한 길이며, 곡각지는 도로의 휘어진 부분이나 꺾인 부분을 의미한다. 이런 지형의 경우 전방부분의 경계가 취약해질 수 있으며, 전방에서 갑작스러운 공격이 이루어질 수 있다. 이에 대비하기 위하여 전방부분의 경계가 강화된 역삼각형 대형이 유용하다.

ⓛ 전방경호원은 전방 및 측방 경계임무를 수행하면서 보속(步速)을 유지·조절하고, 후방경호원은 팀장의 임무를 수행한다.

⑤ **사다리형 대형**(박스형 대형, 사각 대형)

㉠ 경호대상자를 중심으로 4명의 경호원이 사다리형태를 유지하며 이동하는 것으로, 진행방향을 중심으로 양쪽에 군중이 운집해 있는 도로의 중앙을 이동할 때 적합한 대형이다.

㉡ 경호의 반경을 넓히고 전방경호원에 의해 후방근무자 전방의 시야 방해를 줄이기 위해 전방의 좌·우측방경호원들은 후방경호원의 위치보다 폭을 넓게 잡고 경계근무를 수행하여야 한다.

㉢ 전방경호원의 폭이 넓은 관계로 전방에서 저격 또는 위험물체 투척 시 체위확장으로 인한 인적방벽효과가 이루어지지 않는다는 단점이 있다.

다른견해 **근접경호대형 중 기본대형**

근접경호대형 중 기본대형에 대해 명칭과 세부 내용을 다음과 같이 일부 다르게 표현하고 설명하는 견해가 있다.

1. 1인 경호

이는 효과적인 경호방식으로 볼 수 없다. 근접경호의 주 임무인 방벽효과를 제대로 제공하지 못할 뿐만 아니라, 대적과 대피의 임무분담도 이루어질 수 없기 때문이다. 경호대상자와 촉수거리를 유지함으로써 위험상황에 대비하는 경호방법이다.

2. 2인 대형

실내나 복잡한 장소 이동 시에 가장 적합한 대형으로, 안전한 지역에서 취할 수 있는 경호대형이다. 기본적으로 경호대상자의 전방과 후방에서 경계를 제공하는 최소단위의 경호대형이다.

3. 쐐기 대형

안전한 지역이지만 좌·우측에 위험한 요소와 조우할 가능성이 있을 경우 사용하는 경호대형으로, 전방에 1인을 두고 그 외의 경호원은 경호대상자의 측방이나 후방에 위치하는 대형이다. 3인 대형 또는 4인 대형으로 분류하며, 4인 대형의 경우 팀장은 경호대상자의 우측 후방에 한 걸음 정도 떨어져 수행하고, 항상 촉수거리를 유지한다.

4. 마름모 대형(Diamond Formation)

대체로 안전한 지역에서 사용하는 대형으로 안전구역인 경호막의 형성이 비교적 용이하며, 전후좌우 사방에 대한 사주경계가 가능하다. 4인 대형, 5인 대형, 6인 대형으로 분류할 수 있다. 특히, 5인 마름모 대형이 가장 기본적인 대형으로, 팀장을 제외한 4명의 경호원이 전후좌우 전방에 대한 사주경계를 제공한다는 강점이 있다. 이 경우 팀장은 경호대상자의 우측 후방에 한 걸음 정도 떨어져 경호활동을 수행하고, 항상 촉수거리를 유지한다.

5. 사각 대형(Box Formation)

전통적인 마름모 대형의 변형이다. 마름모 대형으로 이동하다가 좁은 통로나 정상적인 마름모 대형을 유지할 수 없을 경우 좁은 종대대형으로 전환하여 사각 대형을 유지한다. 그러나 사각 대형은 넓은 공간에서 사용할 경우 비교적 양호한 사주경계가 가능하지만, 전방과 측방이 노출된다는 위험성이 있다. 경호대상자 좌우에 경호원이 2명씩 위치하면서도 전방과 측방이 노출되어, 대외적인 이미지도 좋지 않으면서 경호에도 그다지 효율적이지 못한 단점이 있다. 그러나 사각 대형은 연도경호 시 도로 양편에 군중이 운집해 있을 경우, 전방은 열어 주고 군중이 밀집해 있는 측방에 대한 경계를 강화할 필요가 있는 경우 사용할 수 있다.

6. 원형 대형(Circle Formation)

경호대상자가 완전히 경호원에 의해 둘러싸여 있는 인상을 주게 되어 대외적인 이미지가 좋지 않을 수 있으나, 경호효과는 높은 대형이다. 원형 대형은 평상시에는 잘 사용하지 않으며, 군중이 밀려오거나 군중에 둘러싸여 있을 경우, 또는 위협이 예상될 경우 경호대상자를 보호하기 위하여 사용하는 경호대형이다. 5인 원형 대형과 6인 원형 대형으로 분류한다.

7. V자 대형(역쐐기 대형)

대외적인 이미지를 중시하는 경호대상자에게 적합한 경호대형이다. 외부로부터의 위협이 없다고 판단되거나, 안전이 확보된 행사장에 입장 시와 같이 주빈인 경호대상자가 바로 스포트라이트를 받도록 할 경우 사용이 가능하다. 경호적 측면에서는 많은 위험이 따르나 전방에는 아무런 위험이 없다는 가정하에, 경호대상자를 바로 노출시켜 전방이 개방된 대형을 취한다.

8. 2중 대형

중대한 위협이 예상되거나 위협을 받고 있는 상황에서 경호대상자의 신변안전을 최우선으로 고려한 강력한 경호대형이다. 경호대형은 2중으로 중첩되게 형성되고, 내선과 외선의 경호원에게는 각각 경호대상자 방호와 대적의 임무가 명확하게 부여된다. 우발상황 발생 시, 외선의 경호원은 위험의 발견과 대적 임무 및 통로개척에 치중하고, 내선의 경호원은 경호대상자의 방호 및 대피가 주 임무이다.

핵심 기출문제

38 아래 설명하는 근접경호대형은?
• 제19회 기출

> 외부로부터 위협이 없다고 판단되며 안전이 확보된 행사장 입장 시와 대외적인 이미지를 중시하는 경호대상자에게 적합한 도보대형

① 마름모 대형　　　　　② V자(역쐐기) 대형
③ 원형 대형　　　　　　④ 쐐기 대형

해설 외부로부터 위협이 없다고 판단되며 안전이 확보된 행사장 입장 시와 대외적인 이미지를 중시하는 경호대상자에게 적합한 도보대형은 V자(역쐐기) 대형이다. 안전이 확보된 행사장에 입장 시와 같이 주빈인 경호대상자가 바로 스포트라이트를 받도록 할 경우 사용이 가능하다.

정답 ②

펜타곤
'Pentagon'은 오각형을 의미하는 영단어이다. 또한 미국의 국방성을 '펜타곤'이라고 칭하는데, 이는 미국 국방성을 하늘에서 내려다보았을 때 형태가 오각형 모양으로 되어 있기 때문이다.

⑥ **오각형 대형**(펜타곤 대형)
  ㉠ 군중 속을 통과하여 이동할 때 적합한 대형이다.
  ㉡ 정면방향의 공격에 대한 방어와 시야확보, 화력이 일렬 대형보다 유리하다.
  ㉢ 5명의 경호원으로 구성하며, 경호원 간격으로 3~4m의 공간이 필요하다.

⑦ **일렬 대형**
  ㉠ 복도나 통로 등과 같이 좁은 공간에서 신속한 이동을 하기에 유리한 대형이다.
  ㉡ 통제가 용이하므로 정면방향 공격에 대하여 방어가 유리하다.
  ㉢ 시야확보와 대응화력에는 불리한 대형이다.

⑧ **페어 대형**: 경호대상자의 전방과 후방에서 경계활동을 수행하는 최소단위의 경호대형으로 2인 1조로 구성한다. 위험요소가 적거나 시선을 덜 받는 경호대상자에게 적용할 수 있다. 경호대상자의 앞뒤의 좌우에 위치하여 전후방은 물론 측면까지 보완할 수 있다.

⑨ **원형 대형**
  ㉠ 경호대상자가 고정된 장소에서 브리핑을 받거나 도보이동 시, 일정 기간 정지해 있을 때 주로 사용한다.
  ㉡ 마름모 대형보다 경계상태가 양호한 대형으로 5~6명의 근접 경호요원이 경호대상자를 중심으로 원의 형태를 유지하면서 경계하는 대형이다.
  ㉢ 경호대상자가 완전히 경호원에 의해 둘러싸여 있는 인상을 주므로 대외적인 이미지는 좋지 않을 수 있으나, 경호효과가 높은 대형이다.

⑩ **악수 시의 대형**
  ㉠ 경호대상자가 불특정 다수인과 악수할 때 최근접거리에서 신체적 접촉이 많으므로 위해자들의 위해기도에 노출될 수 있어 경호원은 최근접하여 경계근무를 강화하여야 한다.

ⓛ 전방경호원은 경호대상자와 악수를 하기 위하여 대기하고 있는 사람들의 수상한 행동, 눈빛, 손을 감시하면서 만일의 사태를 대비한 경계근무를 하여야 한다.

ⓒ 후방경호원은 경호대상자의 최근접에서 악수하는 자와 악수를 마친 자들에 대한 경계근무를 수행하면서 우발상황 발생 시 방어와 대적업무를 수행하여야 하며, 전체 군중의 행동과 손도 감시하여야 한다.

ⓔ 후방경호원은 위해상황이 발생하면 즉시 악수자를 경호대상자의 반대편으로 격리시켜야 한다.

⑪ 계단이동 시의 대형

㉠ 계단을 이동할 때에는 일반 도보대형과 같은 대형을 형성하고 경호대상자는 계단의 중앙부에 위치하도록 한다.

ⓛ 경호대상자가 노약자이거나 높은 구두를 신은 여성일 때에는 계단 측면의 좌·우측 중 외부의 노출이 적은 쪽의 손잡이를 이용하도록 유도한다.

ⓒ 경호원은 경호대상자가 계단에 걸려 넘어지는 일이 없도록 배려해야 하며, 특히 계단에 올라갈 경우 전방경호원은 계단이 끝나는 지점에서 평지에 대한 경계와 감시를 하여 안전이 확인된 후 경호대상자가 올라오게 한다. 그다음 정상적인 도보대형을 형성한 후 경호대상자가 이동하도록 한다.

ⓔ 좌·우측이 개방된 계단을 경호대상자가 이동할 때에는 전방경호원이 계단의 안전 여부 및 이동속도를 조절하고, 좌·우측방경호원은 경호대상자에게 몸을 밀착시켜 방벽을 형성하여 개방된 쪽의 경계근무를 강화하여야 한다.

⑫ 에스컬레이터 이용 시 대형

㉠ 에스컬레이터는 사방이 노출되어 있으므로 가능하면 사용하지 않고 계단이나 엘리베이터를 이용하는 것이 안전하다. 에스컬레이터를 사용하는 경우 에스컬레이터에서도 걸음을 멈추지 않고 최대한 빨리 에스컬레이터를 벗어나도록 하여야 한다.

ⓛ 이동속도가 느려 우발상황 시 신속하게 대피하기 어렵기 때문에 전방 근무자는 이동로를 확보하여 에스컬레이터에서도 이동시간을 단축시킬 수 있도록 한다.

ⓒ 경호원들은 갑작스러운 기계의 고장이나 경호대상자의 실수로 인한 신체적 변화에 대비하면서 주위 경계를 실시하여야 한다.

➕ 심화학습

에스컬레이터 사용
에스컬레이터는 통상 건물 또는 시설물의 중앙에 위치하여 시선이 집중되며, 운행속도가 느려 위험에 노출되는 시간이 길어지기 때문에 가급적 사용을 지양하여야 한다.

ⓐ 경호대상자가 노약자인 경우에는 에스컬레이터의 손잡이를 잡게 하면서 이동하거나, 측근경호원이 부축하여 이동할 수 있도록 하여야 한다.

⑬ 출입문 통과 시 대형

㉠ 문을 통과할 때에는 항상 전방경호원이 문의 상태를 파악하고, 미는 문일 경우에는 안으로 들어가서 문을 잡고 있어야 하며, 당기는 문일 경우에는 바깥에서 문을 잡아 경호대상자가 안전하게 통과할 수 있도록 한다.

㉡ 경호대상자가 문을 통과하기 전에 전방경호원이 먼저 문을 통과하여 내·외부의 안전을 확인한 다음 경호대상자를 통과시키도록 한다.

㉢ 특히 내부 출입자는 내부에 위해자의 은닉 여부, 내부 참석인원, 독극물의 냄새, 시설상의 문제 등을 오각(五覺)을 통해 철저히 확인하여야 한다.

㉣ 경호대상자가 내부에 머물 때, 동석하지 않은 경호원은 불순분자가 내부로 침입하지 않도록 외부에서 출입문 통제와 외부 상황에 대한 경계업무를 수행하도록 하여야 한다.

㉤ 출입문이 자동문일 경우에는 전방경호원이 문의 작동 여부를 살펴보아야 하고, 경호대상자가 자동문을 통과할 때에는 문이 닫히지 않도록 주의하면서 경계임무를 수행하여야 한다.

㉥ 회전문은 가능한 한 사용하지 않는 것이 좋다.

⑭ 공중화장실 경호

㉠ 행사장이나 이동로 주변에 있는 공중화장실은 사전에 파악하여야 하며, 경호대상자가 공중화장실을 사용할 때에는 일반인들과 격리된 곳이 좋다.

㉡ 일반인과 함께 화장실을 사용할 때에는 일반인에게 불편을 주지 않도록 주의하면서 경호원들은 세면기 안쪽과 화장실 측면에서 경계임무를 하여야 한다.

㉢ 경호대상자가 화장실을 사용한 후 외부로 나갈 때에는 먼저 외부 경계에 의한 안전을 확인하여 안전에 이상이 없을 때 정상적인 도보대형을 형성하여 이동하여야 한다.

㉣ 경호대상자가 소변기를 사용할 때에는 화장실의 문을 열었을 때 바로 적의 시야에 노출되지 않는 쪽을 이용하여야 하며,

➕ 심화학습

회전문 사용 금지

회전문은 사람의 출입이 잦은 건물의 출입구에 보온을 위해 설치한 것으로, 축을 중심으로 빙빙 돌려 드나들게 만든 문이다. 일정 시간 회전문 안에 갇히기 때문에 위험요인이 발생한다.

대변기를 사용할 때에는 끝쪽의 벽면이 붙어 있는 곳은 사용하지 않도록 하여야 한다.

⑮ 엘리베이터 탑승 시 대형

    ㉠ 일반인과 다른 별도의 전용 엘리베이터를 이용하는 것이 좋으며, 전용 엘리베이터는 사전에 이동층 표시등, 문의 작동속도, 비상시 작동버튼, 이동속도, 창문의 여부, 정원, 비상용 전화기 설치 여부와 작동상의 이상 유무를 조사해 두어야 한다.

    ㉡ 엘리베이터의 문이 열리면 경호대상자가 외부인의 시야에 바로 노출되지 않는 지역에 위치하도록 하여야 하며, 엘리베이터를 타고 내릴 때에는 내·외부의 안전 여부를 경호원이 먼저 확인하고 이상이 없을 때 경호대상자를 이동시켜야 한다.

    ㉢ 엘리베이터 문이 열리면 전방경호원이 내부를 점검하고 목표층의 버튼을 누른다. 그런 후 경호대상자를 엘리베이터의 내부 안쪽 모서리 부분에 탑승시킨 다음 방벽을 형성하여 경계임무를 수행하도록 하여야 한다.

핵심 기출문제

39 3명의 경호원이 의뢰자로부터 근접경호를 의뢰받아 업무를 수행하게 되었다. 다음 중 옳게 수행한 자는? (단, 경호대상자는 다르며, 경호원은 1인 단독경호로 한다) • 제20회 기출

A경호원은 시민의 불편을 초래하지 않는 범위 내에서 자신의 활동공간을 확보하며 근접경호를 수행하였고, B경호원은 엘리베이터 안에서 신속한 이동을 위하여 경호대상자를 자신 앞의 출입문 쪽에 위치하게 하였다. C경호원은 우발상황이 발생하여 자신의 대피보다 경호대상자의 대피를 최우선으로 하였다.

① A
② A, C
③ B, C
④ A, B, C

해설 엘리베이터 안에서 신속한 이동을 위하여 경호대상자를 경호원 앞의 출입문 쪽에 위치하게 한 경우, 경호대상자가 외부에 노출되므로 위험이 가중된다.

정답 ②

다른견해 근접경호대형 중 응용대형

근접경호대형 중 응용대형을 접견 대형, 단상 대형, 현황보고 대형, 골프 대형, 하차 대형으로 분류하면서 응용대형에 대해 명칭과 세부 내용을 다음과 같이 일부 다르게 표현하고 설명하는 견해가 있다.

1. **접견 대형**

   경호대상자 전방근무자는 동향을 감시하면서 접견자의 질서를 유지하고, 명함이나 선물 등의 전달시도를 찾아내어 조치한다. 팀장과 후방근무자는 접견자의 행동을 세밀히 관찰하고, 우발상황이 발생할 경우 신속하게 경호대상자를 방호하고 대피할 준비를 해야 한다. 접견자 뒤편의 근무자들은 접견자와 일반참석자들의 동향을 감시하고, 후면의 일반참석자들이 무리하게 접근하는 것을 방지한다.

2. **단상 대형**

   필요시에 팀장은 단상에 참석하여 경호대상자의 동태를 관찰하고 참석자들의 동향을 감시하며, 우발상황에 대비하여 경호대상자를 방호하고 대피시킬 태세를 유지한다. 단상 좌우근무자와 단하 근무자는 미확인자의 단상 접근을 차단해야 하고 참석자들의 동향을 감시함으로써 우발상황에 대비한다. 또한 상황에 따라 단하 근무자는 좌석에 착석 근무한다.

3. **현황보고 대형**

   주변의 수행원이나 현황보고판 등을 적절히 활용한 방벽의 형성이 중요하다. 그리고 경호대상자는 한 점의 고정표적이 되는 경우가 많으므로 근무자들은 배면경호 위주로 사주경계에 더욱 만전을 기한다.

4. **골프 대형**

   일반적인 대형보다 벌린 대형을 취하여 운동에 방해가 되지 않도록 하고, 팀장은 캐디를 적절하게 도움으로써 근접에서 만약의 사태에 대비하는 요령 있는 근무가 요구된다.

5. **하차 대형**

   차량대형이 행사장의 예정된 하차지점에 도착하면 근접경호원은 신속히 하차하여 경호대상자 차에 대한 사주경계를 형성해야 한다. 차량사주경계 대형은 각자의 차량 탑승위치에 따라 가장 자연스럽게 위치할 수 있는 위치를 담당한다. 경호차량의 우측에 탑승한 경호원은 경호대상자의 우측을, 좌측에 탑승한 경호원은 좌측을 각각 담당한다.

4. 차량경호방법

(1) 차량경호 시 고려사항

① 사전점검 사항

    ㉠ 차량의 출발지점, 도착지점, 차량의 이동소요시간, 이동대형, 예비도로, 기상, 신호등 및 교통표지판 등을 사전에 점검하여야 한다.

    ㉡ 터널 또는 철도건널목, 교차로 및 곡각지, 도로공사장, 시위지역, 각종 행사 등 취약요소를 사전에 확인·점검하여야 한다.

    ㉢ 행사지역의 행사 주관부서와 협력하여 수화물 취급을 위한 차량 및 요원을 준비한다.

    ㉣ 행·환차로의 선택, 차량대형의 결정, 주·예비도로의 선정, 우발사태 발생 시 대피장소 및 병원 선정 등을 하여야 한다.

② 경호대상자 차량

    ㉠ 의심스러운 지점을 멀리하고 경호대상자가 차를 타고 내릴 때 눈에 잘 띄지 않는 지점을 선정한다.

    ㉡ 경호대상자가 차량을 수시로 바꾸어 타면 위해기도자를 혼란시킬 수 있다.

    ㉢ 경호대상자 차량은 선도차량과 일정 간격을 유지하며 유사시 선도차량과 같은 방향으로 대피한다.

③ **차량선택**: 차량이동 시 수행원의 요구에 맞는 차량을 선택하여야 하고, 경호대상자의 차량은 색상이 보수적이고 문이 4개인 차량으로 선정하여야 한다.

④ **차량대형**: 차량대형이란 차량의 운행 중의 대형을 말하는데, 차량대형 결정 시에는 도로 및 교통상황, 경호대상자의 성향, 행사 성격 등이 포함된다.

⑤ **이동 시 경호차량**: 경호차량은 주차나 정차해 있는 차량 가까이 접근하지 아니한다. 차량이 주행 중일 때보다 정차 시에 경호상 위험도가 증가한다.

⑥ **속도**: 속도는 경호상 중요한 요소이므로 위해기도자의 표적에서 눈에 벗어날 수 있도록 가능한 한 빠르게 이동한다.

⑦ **도로**: 주 도로를 사용할 수 없는 우발상황에 대비하여 예비도로를 선정한다.

⑧ **기사**: 기사들의 그 지역에 대한 지식의 정도, 차량 취급능력 등을 확인하기 위하여 기사와 함께 예정된 행차로를 시험운행한다. 기사는 사복무장 경찰관이나 경호요원이어야 한다.

➕ **심화학습**

차량 시험운행
이동지에서의 차량운전은 신뢰할 수 있는 기관에 의해 보증된 기사가 해야 하고, 실제지역에서의 시험운행으로 운전능력과 지리 숙지를 확인한다.

:: 보충학습 동승경호와 조를 이룬 차량경호

1. **동승경호**
   ① 피경호원의 자동차 등에 동승하여 차내 및 행선지에서의 보호임무를 수행하는 동승경호는 유사시 안전지역으로 대피시키는 일을 기본임무로 한다. 차량이동 간에는 정차, 서행, 신호대기, 회전 시에 특히 경계를 강화하고 피경호원이 승하차 시 장벽과 같이 구축하여 근접경호한다.
   ② 피경호원이 뒷좌석 중앙위치에 타고 경호원이 좌우 양옆에 앉으며 운전석과 조수석에도 각각 경호원이 탄다.

2. **조를 이룬 차량경호**
   다른 차량으로 피경호원의 차량을 선도하면서 연도 행선지에서의 경호활동을 하는 조를 이룬 차량경호는 경호대상자 탑승 차량 보호와 승하차 시 경호를 기본임무로 한다. 경호대상자차량 긴급사태 시 경호차량으로 방어벽을 형성하고 육탄방어로 경호대상자의 긴급대피를 돕는다.

(2) 공중 이동 시 고려사항

주기장(駐機場)
비행기를 세워 두는 곳을 말한다.

① 출발 및 도착 스케줄을 사전에 결정하여야 하며, 경호대상자의 항공기 및 수행원들의 항공기 주기장을 사전에 결정하여야 한다.

② 경호책임자는 경호대상자 및 수행원이 도착하기 전에 교통통제, 경계상태, 안전점검상태, 비행장에서의 군중통제 및 안전대책 등을 위한 합동안전검사 실시를 공항관리자, 관계 요원 및 공항경찰당국과 협의하여야 한다.

(3) 철로 이동 시 고려사항

① 경호대상자가 철로로 이동할 때에는 승·하차 지점, 승강시설, 편의시설, 안전서비스 및 통신기기 등에 관하여 사전에 조사하고 결정하여야 한다.

② 역 정차, 야지(野地) 정차, 엔진·스위치·육교·교량 등으로 야기될 수 있는 문제점을 고려한다.

③ 근접경호요원을 위한 좌석 배정, 제한구역 설정, 바리케이드 사용, 폭발물 및 장애물의 검측과 거수자에 대한 검색 등의 합동안전검사 실시를 철도역장, 철도경찰과 미리 협의하여야 한다.

(4) 해상 이동 시 고려사항

① 편리성, 접근 가능성, 안정성 등을 고려하여 정박위치를 선정하고, 정박지역의 제한과 안전대책 적용을 위한 합동검사 등은 항만관리자, 해안경비대, 항만순찰대와 함께 미리 협의하여야 한다.

② 항만경계순찰을 하려면 해안경비대 및 항만순찰대와 협조하여야
하며, 통신수단과 정박시설을 준비한 후 사전점검을 실시하도록
한다.

(5) 경호차량 선정방법

① 외부의 시선을 집중시키는 고급차나 차체가 지나치게 무거워 기
동력과 제동력이 떨어지는 차량은 지양한다.
② 방향전환이 쉽고, 엔진의 성능과 가속장치가 좋은 차량을 선정
한다.
③ 무선통신장비를 갖춘 차량을 선정한다.
④ 차체가 강하고 방탄능력이 있는 차량을 선정한다.
⑤ 경호대상자차량과 경호차량은 성능과 모양이 비슷한 차량을 선
정하여 경호기만의 효과를 노린다.
⑥ 수행원이 다수일 경우에는 버스 등의 수단을 고려한다.
⑦ 이동지에서의 차량이동은 신뢰할 수 있는 기관에 의해 보증된 기
사가 하여야 하고, 실제 지역에서의 시험운행으로 운전능력과 지
리 숙지를 확인한다.

(6) 차량경호방법

① 대형의 구성과 임무

경호대상자 차량	최고의 성능을 가진 차량 선정, 선도차량과 일정 간격 유지, 유사시 선도차량과 같은 방향으로 대피하는 임무를 수행한다.
선도경호 차량	행·환차로 안내, 행사시간에 맞는 주행속도 조절, 진행방향 결정, 전방에 대한 경계업무, 위해상황 시 전방공격 차단, 비상통로의 확보, 우발상황이 예측될 때 무선으로 전파하여 대비하는 임무를 수행한다.
후미경호 차량	기동 간 경호대상자차량의 방호업무, 경호지휘임무의 수행, 후미에서 접근하는 차량 통제 및 추월 방지를 대비하는 임무를 수행한다.
경호대상자 예비차량	경호대상자차량과 동일한 색상과 차종 선택, 유사시 경호대상자가 바꾸어 사용하도록 대비하는 임무를 수행한다.
경호예비 차량	기동 간 차량 고장 및 피습으로 인한 기존 경호차량의 임무능력 상실 시 사용, 대형의 후방 방호, 우발상황에 대비하는 임무를 수행한다.

➕ 심화학습
경호차량 구비
경호차량의 유리는 착색되어 밖에서 내부를 인지하지 못하여야 하며, 통신장구와 기타 긴급한 상황에서 사용할 수 있는 기구들을 준비하여야 한다.

➕ 심화학습
경호지휘차량
후미경호차량이 경호지휘차량의 임무를 수행하는 이유는 앞에서 보는 것보다 뒤에서 보는 것이 상황을 광범위하게 멀리까지 볼 수 있어 시야가 넓어지기 때문이다. 넓은 시야 확보를 통해 올바르게 전체 상황을 판단하여 지휘하기가 용이하다.

② 출발 전의 차량경호

ㄱ 소화기와 구급약품 등을 비치하여 위급상황을 대비한다.

ㄴ 경호팀장의 명령 없이 차량을 떠나거나 창문을 열지 않는다.

ㄷ 문을 열어 둔 채로 차량을 비우거나 훔칠 물건을 차량 안에 두지 않는다.

ㄹ 연료주입구는 항상 잠가 둔다.

ㅁ 출발 전에 수상한 사람이 주위에 있을 때에는 의심을 한다. 특히, 사람이 탄 채로 정차해 있는 차량을 조심한다.

ㅂ 수상한 사람과 차량에 대하여는 사건 후의 조사에 대비하여 기록해 둔다.

ㅅ 규칙적인 출발과 도착시간을 가능하면 피하고 변화 있게 한다.

ㅇ 경호대상자차량의 운전기사는 사복의 무장경찰관 또는 경호원이어야 한다.

③ 일반적 경호운전요령

ㄱ 평상시보다 빠르게 운전하여야 하며, 주차나 정차되어 있는 차량 가까이는 정차하지 않아야 한다.

ㄴ 가능하면 이동로를 수시로 변경하고 빠른 속도로 운전하며, 어두운 시간대를 피하여 운전하여야 한다.

ㄷ 적색 신호등으로 차가 정지했을 경우 변속기를 출발상태에 위치시킨다.

ㄹ 사고와 같은 비정상적인 상황을 피한다.

ㅁ 위해 시도 가능지점에서 멀리 떨어지도록 도로 상·하행 양편 통제 시 경호차량을 중앙선에 붙여 주행하며, 경호차량과 보도 사이를 주행하는 차량에 주의를 기울여야 한다.

ㅂ 회전 시에는 길 바깥쪽으로 원심력이 작용하여 차량이 전복되거나 전도되는 사고 등의 가능성에 유의해야 한다.

ㅅ 회전 시에는 진입하기 전에 충분히 감속하여 커브에 맞는 속도로 조절하면서 직선에 가까운 코스를 유지한다.

ㅇ 회전 시 선도차량은 중앙선에 근접하여 회전하면서 반대방향의 과속차량에 대한 견제임무를 수행하고 경호대상자차량과 간격을 유지하며 속도를 조절한다.

ㅈ 후미경호차량은 좌회전 시에는 경호대상자차량의 우측 후미차선, 우회전 시에는 좌측 후미차선을 이용하여 회전하면서 접근차량에 대한 방호임무를 수행한다.

원심력
원운동을 하고 있는 물체에 나타나는 관성력이다.

ⓐ 차량을 2~3대 정도 운영하여 적을 기만하는 작전을 사용하는 것이 좋고, 차량의 위치도 항상 변화시켜 예측이 불가능하게 하며, 경호대상자의 승·하차지점은 일반인들의 시선을 끌지 않는 장소로 정하는 것이 좋다.

ⓚ 선발차량을 운용하여 사전에 이동로를 점검하여야 하며, 개활지는 피하는 것이 좋다. 그러나 개활지를 주행할 경우에는 고도의 주의를 하여 차량을 운행하여야 한다.

> **개활지**
> 막힘이 없이 탁 트여 시원하게 너른 땅을 말한다.

핵심 기출문제

40 차량경호에 관한 설명으로 옳은 것은? · 제26회 기출

① 선도경호차에 팀장이 조수석에 탑승하고, 기동 간 이동지휘소의 역할을 한다.
② 경호대상차와 경호차 모두 외부의 시선을 집중시키는 차종이나 색상은 지양한다.
③ 차선 변경 시 경호대상차가 먼저 차선을 바꾸어 차로를 확보한 이후에 후미경호차가 진입한다.
④ 후미경호차는 차량대형을 리드하여 계획된 시간에 목적지에 도착할 수 있도록 속도를 조절하고, 기동 간 전방 상황에 대처한다.

해설 ① 후미경호차에 팀장이 조수석에 탑승하고, 기동 간 이동지휘소의 역할을 한다.
③ 차선 변경 시 후미경호차가 먼저 차선을 바꾸어 차로를 확보한 이후에 경호대상차가 진입한다.
④ 선도경호차는 차량대형을 리드하여 계획된 시간에 목적지에 도착할 수 있도록 속도를 조절하고, 기동 간 전방 상황에 대처한다.

정답 ②

41 차량경호를 맡고 있는 3명의 경호원 중에서 대응이 옳은 사람은? · 제25회 기출

> • A경호원: 경호대상차량의 주차장소를 수시로 변경하고, 주차된 차량이나 차량대형을 감시할 때는 방호된 차 밖에서 사주경계를 실시하였다.
> • B경호원: 경호대상차량을 안전점검 실시한 후 행사장에서 시동을 켠 상태에서 대기하였다가 경호대상자의 탑승과 동시에 출발하여 주행상태를 유지하도록 노력하였다.
> • C경호원: 후미경호차량은 교차로에서 좌회전 시에는 경호대상 차량의 좌측 안쪽에서, 우회전 시에는 우측 안쪽에서 후미차선을 이용하여 회전하면서 외부접근차량에 대한 방호임무를 수행하였다.

① A

② A, B

③ B, C

④ A, B, C

해설 C경호원: 후미경호차량은 교차로에서 좌회전 시에는 경호대상 차량의 우측 바깥쪽에서, 우회전 시에는 좌측 바깥쪽에서 후미차선을 이용하여 회전하면서 외부접근차량에 대한 방호임무를 수행하였다. 즉, 회전 시에는 신속하게 경호대상자 차량의 회전 방향의 반대쪽 옆으로 접근하여 좌우의 접근 차량을 막도록 해야 한다.

정답 ②

④ 상황별 차량경호기법

㉠ 승차 시 경호요령

ⓐ 경호차량은 안전점검을 실시한 후 시동이 걸린 상태로 대기하여야 하며, 차량의 대기위치는 경호대상자가 가장 쉽고 짧은 거리에서 탈 수 있는 곳이어야 한다.

ⓑ 경호대상자는 차량에서 내릴 때(하차 시)보다 더 빠른 속도로 탑승(승차)하여야 한다.

㉡ 주행 중 경호요령

ⓐ 창문을 열 때에는 최대 5cm 이하로 하고, 경호대상자가 탑승하면 즉시 차문을 잠근다.

ⓑ 경호대상자의 좌측 옆 좌석에 경호요원을 앉히는 것을 고려하여야 하며, 차량 정차 시에는 언제라도 출발할 수 있도록 기어를 출발위치에 두어야 하고, 차의 전면이 출입로를 향하게 한다.

ⓒ 이동 시 지름길을 사용하는 것보다 항상 다른 도로를 선택하는 것이 좋으며, 경호차량은 앞차와 일정한 거리를 유지하고 다른 차량이 차량의 대형에 끼어들지 못할 정도의 간격을 유지하여야 한다.

ⓓ 주행 시 경호대상자의 안전 및 위해기도자의 침입에 대비하여 차문과 창문을 닫아야 한다.

ⓔ 도로의 주행은 수시로 다른 도로를 이용하여 변화를 주는 것이 좋다. 출퇴근이나 일상적인 업무와 관련된 동선은 위해자가 공격을 준비하기 용이하므로 주의하여야 한다.

ⓕ 차량경호는 주행 중일 때가 가장 안전하고, 정차 시가 가장 위험하다.

㉢ 하차지점 도착 시 경호요령

ⓐ 경호차량이 하차지점에 도착하는 접근로는 가능한 한 수

심화학습

차량창문

주행 시 창문은 5cm 이하로 여는 것이 바람직하다. 그 이상 창문을 열어 둘 경우 외부로부터의 예상치 못한 공격이나 독가스 살포, 이물질 투척 등의 위해기도자의 테러에 대비할 수 없다.

심화학습

상황별 경호운전

• **건널목**
  방호 대형 형성 통과, 전 차량 동시 통과, 확인 시 통과

• **터널**
  차폭등 점등, 상황 발생 시 후미차량 이용, 후진탈출

• **야간운행**
  1차선을 피해 운행

시로 변경하는 것이 좋으며, 하차지점이 의심스럽거나 많은 교통량으로 진입이 방해받을 경우에는 그 장소에서 정지하거나 기다리지 않고 빨리 이탈하여야 한다.

ⓑ 운전석 옆에 탑승한 경호원은 차에서 내려 경호대상자 탑승문 쪽으로 이동하여 안전을 확인하고, 다른 경호원은 경호대상자 탑승문 뒤쪽의 안전을 점검하여야 한다.

ⓒ 경호팀장은 외부의 안전을 점검한 다음 경호대상자차량의 잠금장치를 풀고 경호대상자가 차에서 건물 안으로 신속하게 이동할 수 있도록 하여야 한다.

ⓓ 팀장(운전석 옆)은 탑승문으로 이동하고, 차량개폐 시 다른 요원은 뒤편을 보강하도록 한다. 차량개폐 및 잠금장치에 대한 통제는 운전석 옆자리 요원(팀장)이 한다.

ⓔ 운전자는 시동을 건 상태에서 경호대상자가 건물 안으로 안전하게 도착할 때까지 운전석에서 대기하고 있어야 한다.

ⓕ 비상시 차량을 급히 출발시킬 수 있는 여유 공간을 확보하고 정차한다.

ⓖ 차선변경 시에는 후미경호차가 먼저 차선을 바꾸어 차선을 확보한 후 경호대상자가 탑승한 차가 안전하게 진입한다.

㉣ 주차 시 경호요령

ⓐ 주차 시에는 차의 정면이 출입로를 향하게 하고 언제든지 출발할 수 있도록 하여야 하며, 주차장소는 밝은 곳이 좋다.

ⓑ 주차장소는 수시로 변경하는 것이 좋고, 주차된 차량이나 차량 대형을 감시하는 경우에는 차 밖에서 하는 것이 좋다.

ⓒ 차를 운행하지 않을 때에는 차문을 잠가 두어야 하며, 주차 후 다시 운행하기 전에 차량의 안전점검을 해야 한다.

심화학습

차량 감시

주차된 차량이나 차량 대형을 감시하는 경우 차 안에서 감시하는 것보다 차 밖에서 감시하는 것이 외부 상황을 더 자세히 확인할 수 있다.

핵심 기출문제

42 경호차량 운용에 관한 설명으로 옳지 않은 것은? • 제20회 기출

① 주차 장소는 자주 변경하는 것이 좋다.
② 야간에는 차량을 밝은 곳에 주차한다.
③ 규칙적인 출발 및 도착시간은 가능한 한 피한다.
④ 주차 차량의 후면부가 차량 출입로를 향하게 주차한다.

해설 주차 시에는 차의 정면이 출입로를 향하고 언제든지 출발할 수 있도록 하여야 한다.

정답 ④

교차로
둘 이상의 도로가 만나 교차하는
지점의 접속점이다.

ⓜ 교차로 접근 및 통과 시의 경호운전법

    ⓐ 교차로에 접근할 때에는 항상 가속페달에서 발을 떼고 브레이크페달을 밟을 준비를 하는 습관을 길러야 한다.

    ⓑ 예상치 못한 상황이나 우발상황이 발생할 수 있으므로 교차로를 건너기 전에 확실히 확인하고 건넌다.

    ⓒ 교차로를 통과할 때에는 자신이 우선이라고 생각하거나 상대방이 양보해 줄 것이라고 생각해서는 안 된다.

    ⓓ 교차로에 접근하면 먼저 좌측을, 그리고 나서 우측을 확인해야 한다.

    ⓔ 교차로 통과 시 차량의 우선순위

       • 교차로에 가장 먼저 진입하는 차에 우선권이 있다.

       • 같은 방향으로 2대의 경호차량이 동시에 교차로에 진입 시 방호차원에서 우측 경호차량이 우선 통과해야 한다.

       • 교차 폭이 서로 다른 경우에는 폭이 넓은 도로에 있는 차에 우선권이 있다.

       • 좌회전 시 직진·우회전 중인 차가 먼저 통과하며, 순서를 지켜 통과한다.

핵심 기출문제

43 차량경호에 관한 설명으로 옳지 <u>않은</u> 것은? ・제22회 기출

① 경호 차량으로 방호대형을 형성하여 경호대상자 차량을 보호하기 위한 경호활동이다.

② 기동 간 경호대상자 차량과 경호 차량 사이에 다른 차량이 끼어들지 못하도록 차량 간격을 유지한다.

③ 교차로, 곡각지 등을 기동할 때와 같이 속도를 줄여야 하는 상황은 경호원이 방어하기 가장 좋은 여건을 제공하게 된다.

④ 경호대상자 차량의 문은 급하게 열지 않도록 하고, 경호원이 정위치 상태에서 주변에 위험요소가 없는 것이 확인되고 난 후에 개방한다.

해설 교차로, 곡각지 등을 기동할 때와 같이 속도를 줄여야 하는 상황은 위해기도자가 공격하기 가장 좋은 여건을 제공하게 된다.

정답 ③

⑤ 차량을 이용한 대응방법

　　㉠ 위험지역으로부터 도피할 때에는 차량 자체로 방어 역할을 수행하면서 가능한 한 그 위험지역으로부터 멀리 그리고 빨리 벗어나야 한다.

　　㉡ 차량을 후방으로 도피할 때에는 최소한 직접적인 위험지역 밖으로 벗어나야 한다.

　　㉢ 차량이 정지된 상태에서 사격이 진행될 경우에는 차 안에서 대응사격을 하여야 한다.

　　㉣ 차량이 위험지역에서 벗어날 수 없는 상황에서는 대응사격을 실시하여야 하며, 위험을 분산시키기 위한 모든 행동을 하여야 한다.

5. 기동 간 경호기만

(1) 의의

위해기도자로 하여금 공격을 타 방향으로 전환시켜 위해기도를 포기 또는 위해기도가 실패하도록 유도하는 계획적 · 변칙적인 경호기법이다.

(2) 필요성

① 행동의 관습성
② 경호대상자의 일정 노출
③ 위해기도의 전문성

(3) 기만방법

① 일반인처럼 자연스러운 옷차림, 행동
② 의도하지 않는 방향으로 이동
③ 허위흔적 표시
④ 기만장애물 및 경비시설 설치
⑤ 소음 및 광채 사용
⑥ 연막차장 사용

(4) 기동대형기만

① 위장 경호대상자차량의 위치를 수시로 변경한다.
② 경호대상자차량을 위장하여 이용한다.

③ 다양한 대형을 변칙적으로 이용한다.

④ 대중의 시야를 벗어났을 때 사용한다.

(5) 복제경호원 운용

경호대상자와 얼굴이 닮은 사람을 경호요원 또는 비서관으로 이용하여 위해기도자의 눈을 분산시킨다.

(6) 효과

적을 기만함으로써 위해자의 공격을 감소시키고 위해자의 공격을 타방향으로 전환시키며, 위해자로 하여금 오판을 하게 한다.

핵심 기출문제

44 다음 중 경호기만 방법으로 옳지 <u>않은</u> 것은?

• 제19회 기출

① 일관성 있는 차량 및 기동로

② 허위흔적 표시

③ 일반인처럼 자연스러운 옷차림과 행동

④ 연막차장

해설 경호기만이란 위해기도자로 하여금 공격을 타 방향으로 전환시켜 위해기도를 포기 또는 실패하도록 유도하는 계획적·변칙적인 경호기법이다. 일관성 있는 차량 및 기동로의 경우 위해기도자에게 쉽게 노출되어 위험한 사태가 도래할 수 있다.

[정답] ①

---

3 행사장·숙소경호활동

1. 행사장경호활동(3선경호)

제1선	안전구역 또는 내부 경비, 완벽한 통제지역, 근접경호지역 등
제2선	경비구역 또는 내곽경비, 부분적 통제지역, 정복경찰관 등 지원요원 지역, 교통정리, 관찰 등
제3선	경계구역 또는 외곽경비, 제한적 통제지역, 인적·물적·지리적 취약요소에 대한 정보수집, 위험인물 파악, 위해요소의 사전제거 및 경계 실시지역, 외부로부터 내부로의 불심자 차단지역, 경찰·군 활동지역 등

2. 숙소경호활동

(1) 숙소경호의 의의

숙소경호란 일반적으로 경호대상자가 평소 거처하는 관저뿐만 아니라 임시로 외지에서 머무는 장소를 경호하는 것을 말한다.

(2) 특성

① 보안성이 취약하다.
② 동일한 장소에 경호대상자가 장시간 체류하게 되므로 고정성이 있다.
③ 숙소의 종류가 다양하고 복잡한 시설과 지역 내에 출입하는 많은 인사에 의한 혼잡성, 보안의 취약성 및 방어개념 미흡 등의 특징이 있다.
④ 자택을 제외한 지방숙소, 호텔, 해외 행사 시 유숙지 등은 일반 업무용 숙박시설의 기능을 가지고 있으므로 시설물들이 복잡하고 많은 위험요소가 내포되어 있어 경호적 개념의 방어에 취약하다.
⑤ 주·야간 경계근무에 따라 경호요원의 피로가 누적된다.

(3) 경호지침

① 숙소의 경호인 경우에는 야간장비인 플래시, 야광밴드, 신호봉 등을 확보하여야 하며, 야음(夜陰)이 주는 경계효과 감소를 고려하여 근무초소 배치를 증가하여야 한다.
② 경호인력을 충분히 확보하고 근무 편성 시 충분한 교대가 가능하도록 하는 등 장기간 근무로 인한 피로를 고려하여야 한다.
③ 경호대상자가 호텔을 숙소로 사용한 경우에는 투숙객 및 출입자에게 불편을 주지 않도록 사전에 대비를 하여야 하며, 경호대상자가 일반투숙객에게 노출되지 않도록 보안유지에 힘써야 한다.
④ 주변 민가 지역 내 위해분자 은거, 감제고지의 불순분자 은신, 숙소주변 차량, 행·환차로 등의 위해요소를 확인한다.

(4) 단독주택의 경호근무 요령

경호대상자가 단독주택에 머무는 경우에는 행사장과 거의 동일하게 근무를 하게 되며, 근무자가 야간근무를 하게 되므로 충분한 야간장비, 즉 플래시, 야광밴드, 신호봉 등을 준비하여야 한다.

➕ **심화학습**

숙소경호 시 3중경호개념 적용
숙소경호에 있어서는 내부, 내곽, 외곽으로 구분하는 3중경호 및 경비개념이 이루어진다.

➕ **심화학습**

숙소경호 유의점
• 일반인에게 공개되며 외국인의 출입이 빈번하므로 특별조치를 요한다.
• 체재와 출입 시 상황을 구분하여 운용한다.
• 체재 중일 때에는 비노출로 제1선 위주의 근무가 주축이 된다.

(5) 호텔경호근무 요령

① 기본근무방침

　㉠ 호텔경호근무를 할 때 요인이 체재하는 경우에는 호텔의 평온을 유지하고 비노출로 은밀하게 제1선 위주로 근무를 하여야 한다. 출입할 경우에는 정문, 승·하차장, 현관, 로비, 1층 승강기, 옥상 등 요인에게 접근이 가능한 지역 위주로 경호원의 인력을 증가시켜 철저히 검색하여야 한다.

　㉡ 호텔종업원들에 대한 신원을 철저히 파악하고 동향을 감시하여야 하며, 경호대상자에 대한 경호를 철저히 하되, 호텔 이용객의 불편을 최소화하도록 유의하여야 한다.

　㉢ 비상사태가 발생하였을 때에는 호텔 내의 모든 사람의 유동을 완전히 통제하고 난 후에 경호처의 통제에 따라 조치를 취하여야 한다.

　㉣ 경호대상자가 호텔을 출입할 경우에는 근거리에서 직접 위해를 가할 가능성이 높으므로 경호대상자에게 접근하는 자를 주의 깊게 살펴보고 경계를 강화하여야 한다.

② 세부근무요령

　㉠ 숙소가 호텔인 경우에는 3중경호 개념을 사용하여 경계임무를 수행하여야 한다.

　㉡ 경호대상자가 호텔에 체류 시 근무자는 투숙객이나 종업원으로 위장하여 투숙자현황, 출입현황, 유동인원에 대해 감시하여야 하고, 경호대상자와 그 일행이 있는 전용층 및 상·하층으로 이르는 통로를 통제하여 외부인의 출입을 막아야 한다.

　㉢ 각 층에 설치된 비상통로와 소화전 등의 안전 여부를 살펴보아야 하며, 옥상을 수색하여 안전을 확인한 후에 출입문을 잠그고(봉쇄하고) 열쇠는 별도로 보관하여야 한다.

　㉣ 경호근무자가 종업원으로 위장하여 투숙객에 대한 인상착의 등의 동향을 감시하여야 하며, 경호대상자의 안전을 위해 일반투숙객의 객실을 조정하여야 한다.

　㉤ 경호대상자가 호텔을 출입할 경우에는 1층 로비나 현관 통로에 경호근무자가 위치하여 경계근무를 실시하여야 한다.

ⓑ 경호근무자가 식당, 커피숍, 라운지 등 위락시설의 종업원으로 위장하여 이동 시 이동하는 통로 쪽으로 접근하여 시설 내의 사람들을 감시하여야 한다.

ⓢ 경호근무자가 지하층 시설물의 종업원으로 위장하여 근무할 때에는 지하의 상가 등 통로상에 이동하는 통행인에 대해 감시하고, 비상계단이나 승강기 등 상층으로 통하는 모든 출입 통로를 통제하여야 한다.

ⓞ 경호대상자가 전용으로 사용하는 승강기에 대하여 안전검측을 실시하여야 하고, 경호대상자가 투숙하는 층에는 다른 승강기가 멈추지 않도록 시설주와 협조하여 기계를 조작하여야 한다.

ⓩ 경호원이나 경호대상자의 요구에 응하기 위하여 숙소와 소유주 및 관리인의 위치를 파악하여야 한다.

ⓒ 숙소 및 주변도로를 순찰할 계획을 수립하여야 하며 경호대상자의 룸 및 유숙용 마스터키를 확보하여야 한다.

ⓚ 신원조사를 하기 위하여 주변 거주 및 종사인원의 명단을 확보해 확인하여야 한다.

4 연도경호

1. 의의

통상 육상경호를 말하는 연도경호란 경호대상자가 행·환차할 것으로 예상되는 주·예비차로에 대한 위해요소를 사전에 배제하여 신변을 보호하는 활동을 의미한다.

2. 종류

완전공식(A형)경호	취임식, 외국 원수 환·송영 등 완전 공개된 행사의 행·환차 시의 경호
공식(B형)경호	국경일 등 공식행사장의 행·환차 시의 경호
준공식(C형)경호	정례회의 참석, 경제동향보고, 각종 기념식 등의 행·환차 시의 경호
완전비공식(D형)경호	민정시찰, 사저행사 시의 경호

마스터키
자물쇠에는 어느 일정한 열쇠가 전속하고 이 이외의 열쇠로는 열 수 없게 되어 있으나 자물쇠의 사용과 방의 관리를 편리하게 하기 위하여 하나의 특별한 열쇠로 전체의 자물쇠를 열 수 있도록 하는 경우가 있는데, 이 만능열쇠를 마스터키라고 한다.

3. 연도경호의 취약성

(1) 고정된 연도의 취약성

요인차량은 주·예비도로를 선택하여 이용하지만 요인차량이 통과할 도로에 대한 예측을 쉽게 할 수 있어 위해자의 은신, 접근이 용이하며, 도로의 곡각지와 고층 건물에서의 고성능 화기를 조준하여 위해할 가능성이 크다.

(2) 폭발물 사용의 용이성

연도에는 하수구, 공중전화박스, 교량, 지하도, 터널 등 각종 물적 위해요소가 존재하여 위해자들의 폭발물 사용 가능성이 높고 원격조종장치의 설치가 용이하므로 이에 대한 대비책이 필수적이다.

(3) 반대방향 차량의 위해가능성

행·환차 시 반대방향에서 돌진하는 차량, 이면도로의 골목길에서 돌진하는 차량, 사거리에서 정차하고 있던 차량에 의한 위해가능성이 높기 때문에 연도경호 시에는 측면에서의 위해에 대한 대책을 세워야 한다.

4. 연도경호근무 요령

(1) 정복근무자

① 정복근무자는 복장이 나타낼 수 있는 권위를 이용한 군중정리, 불순분자의 접근 배제, 경호근무에 대한 피경호자의 신뢰감 유발 등을 위하여 용모와 복장을 단정히 하여 근무에 임하여야 한다.
② 정복근무자는 담당책임구역에서 고정 또는 유동 근무를 하여 연도에 운집한 군중을 정리하고 거동수상자를 감시하여야 한다.
③ 일반군중들에게 경호의 목적상 불필요한 불안감 또는 위화감이 생기지 않도록 경계근무에 신중을 기하여야 하며, 담당책임구역 내의 화분대, 맨홀, 공중전화박스 등의 위해취약요소를 확인·제거하여 안전을 확보하여야 한다.
④ 장시간 서성거리는 자, 행동이 불안하고 초조하며 남의 눈을 피하려 하는 자, 소지품을 가지고 주위를 왔다 갔다 하는 자 등 거동수상자를 발견할 때에는 주변에 인지되지 않도록 조용하면서도 신속하게 이면으로 인도하여 검문·검색을 실시하여야 한다.

⑤ 피경호자의 행차를 전후하여 골목에서 진입을 기도하는 차량 또는 사람, 경사진 골목에서 굴러 나오는 드럼통 등을 신속하면서도 유연하게 제지하여야 한다.

(2) 사복근무자

① 사복근무자는 원칙적으로 비노출 은밀경호를 실시하여야 하므로 복장은 주위환경에 맞도록 착용하고, 무기 및 휴대장비는 정복근무자와 동일하게 착용한다.

② 경호책임구역에서 유동근무를 계속하면서 신원불심자, 정신이상자, 주취자 등에 대한 검문·검색을 철저히 하여 안전을 확보하여야 하며, 물적 취약요소를 파악하는 안전점검 실시 및 취약건물 등의 봉쇄를 통한 안전상태 유지 등을 하여야 한다.

(3) 고층 건물 봉쇄근무자

① 고층 건물은 건물 내에서 행사장·숙소 및 연도를 직시·감제하여 위해행위를 할 수 있으므로 건물 내부 구조를 확인하여 은폐된 지점을 조사하여야 한다.

② 사용하는 건물의 내부 구조물은 사용자 및 관리책임자와 협조하여 통제하여야 하며, 사용하지 않는 건물의 내부 구조물에 대해서는 잠금장치나 내부 위험물 등의 은닉 여부를 확인하고 통제하여야 한다.

③ 경호근무자는 건물 내부의 화분, 투척 가능한 물건, 세탁물, 커튼 등을 관리책임자와 사전에 협조하여 제거하여야 한다.

④ 경호근무자는 경호대상자를 볼 수 있는 방향의 창문을 완전히 봉쇄하여야 하고, 위해기도자가 창문에서 외부 쪽으로 쳐다보지 못하도록 하여야 한다.

⑤ 경호근무자는 건물관리책임자와 내부 상주 인원과 협조하여 거동수상자를 발견한 경우에는 신고하도록 하고, 수시로 변동되는 상황에 따라 구간책임자와 연락수단을 이용하여 보고 및 지시를 받아 신속하게 대처하여야 한다.

(4) 육교근무자

① 육교 난간과 계단에의 위해물 배치 및 부착 여부를 점검하여 안전 여부를 확인하여야 한다.

➕ 심화학습

정·사복근무자

정복근무자는 위엄 있고 단정한 모습을 보이는 반면, 위해기도자에게 노출된다는 단점이 있다. 사복근무자는 은밀하게 근무할 수 있다는 장점이 있다. 따라서 연도근무 시 정·사복근무자를 모두 현장에 배치하여 조화를 이루어야 한다.

---

② 육교근무자는 통행인과 동일행동으로 왕래하면서 정신착란자의 투신 및 불순물 투기에 주의하면서 감시활동을 하여야 한다.

③ 육교근무자는 입구 주변에 운집되는 통행인을 자연스러운 상태로 대기하게 하거나 육교 위에서 통행인이 밑을 내려다보지 않도록 자연스럽게 유도하여야 한다.

(5) 터널근무자

① 터널 내·외부에 대한 안전점검 실시, 위험물질 설치 여부의 확인, 터널 입구와 출구를 직시·감제할 수 있는 지역에 대한 검문과 검색 실시 등을 통해 안전을 확보하여야 한다.

② 터널근무자는 경호제대가 터널을 통과하기 직전에는 터널 입구의 좌우에 위치하여 차량 및 행인을 통제하여야 한다.

(6) 교량근무자

① 교량근무자는 교량 양측과 상하의 철저한 안전점검 및 위해물질의 설치·매설·부착 여부 확인, 교량 밑이나 주변에서 배회하는 자에 대한 검문 등을 철저히 실시하여야 한다.

② 교량근무자는 인도가 분리된 교량인 경우에는 통행을 허용하되 동행하면서 감시를 하고, 인도가 분리되지 않는 교량인 경우에는 통행인을 통제하여야 한다.

(7) 감시조

① **구성**: 감시조는 망원경, 쌍안경 등 원거리 감시장비를 휴대하여 주변의 감시거리 이내 지역을 계속적으로 감시하며 위해요소를 사전에 발견·예방하는 관찰요원, 이상 유무 발견 시 보고하는 연락요원, 암살범이나 테러분자 등의 인적 위해분자가 위해활동을 할 때 이를 저격할 수 있는 저격요원 등으로 구성된다.

② **관찰요원**: 근거리에서 원거리로, 좌에서 우로 중첩되게 또는 계속 반복하여 전 지역을 빠짐없이 관찰하여야 한다.

③ **연락요원**: 거동수상자, 위해기도자 또는 특이사항을 발견하였을 때에는 무선통신망을 이용하여 책임간부에게 즉시 보고하고 지시에 따라 조치를 취하여야 한다.

④ **저격요원**: 원거리를 정확하게 사격할 수 있도록 특수 제작된 총을 소지한 저격요원은 인적 위해분자의 위해활동을 발견할 경우에는 상황에 따라 저격임무를 수행하여야 한다.

(8) 비상대기조

① 비상대기조는 경호행사 도중에 예기치 못한 돌발사태나 비상사태 발생 시 즉시 현장으로 출동하여 사태를 진압하기 위해 편성 · 운영된다.

② 비상대기조는 신속한 출동을 위하여 전원 차량에 탑승하여 대기하여야 하며, 비상대기조의 배치장소는 연도구간의 중앙에 노출이 되지 않으면서 교통이 편리하여 신속하게 출동할 수 있는 장소이어야 한다.

③ 비상대기조의 편성인원은 통상 분대규모로서 지휘자와 조원으로 구성되고, 비상대기조 구성원의 경우 개인장비로 전원 소총을 휴대하고 실탄은 지휘자가 통합보관하며 유사시 사용하도록 한다.

(9) 기동예비대

① 기동예비대는 경호근무자가 경호를 실시하는 도중에 상황의 변화로 추가 병력이 필요하거나 새로운 임무를 수행하여야 할 경우를 대비하여 준비하는 부대를 말한다.

② 기동예비대는 소규모의 병력, 이동할 수 있는 차량, 통신망 구축 등의 조치를 강구하여야 하며, 경호본부(현장지휘본부)와 가까운 곳에서 대기하다가 상황에 따라 임무를 수행하기 위해 출동하여야 한다.

5 경호교통관리

1. 목적

경호대상자가 탑승한 차량의 안전을 도모하고 차량이 정지하지 않은 상태에서 원활한 소통이 이루어지도록 하여 연도 및 행사장에서 차량에 의한 혼잡을 방지하는 데 목적이 있다.

2. 경호교통관리의 3대원칙(S.P.T원칙)

S(Speed)	지정속도관리
P(Pin Point)	경호교통관리가 필요한 주요지점 확보
T(Timing)	신호개방 또는 순간통제시점

> **➕ 심화학습**
>
> 비상대기조의 위치
> 비상대기조는 3선경호의 경우 비상시에 긴급 출동하기 위하여 2선에 위치하는 것이 합리적이다.

3. 관리요령

(1) 행차차량대열은 기준에 의한 차선확보와 신호기개방으로 정차 없이 소통이 유지되어야 한다.

(2) 과잉통제를 지양한다(최단시간 통제).

(3) 대형차량이나 위험물적재차량은 원거리에서 우회조치한다.

(4) 돌출차량이 발생하면 경호차량으로 충돌해서라도 제지한다.

(5) 교통차단이나 위급사태에 대비하여 비상예비코스를 확보한다.

(6) 행사장 및 연도의 취약지점에 구급차 · 소방차 등을 대기시켜 만일의 사태에 대비한다.

제5절 ▶ 출입자 통제대책 ★★

1. 출입자 통제의 개념 및 출입자 통제대책의 방침

(1) 출입자 통제의 개념

① 행사장 출입자 통제는 행사장 내에 출입하는 인적 · 물적 제반요소에 대한 안전활동을 의미한다. 위해자들은 폭발물을 행사용 물품으로 위장하여 반입시키려 하거나 테러장소로 그 건물의 지하공간을 확보하려고 하므로 사전예방의 경호적 차원에서 출입자에 대한 완벽한 통제대책 실시가 중요하다.

② 행사 관련 참석자, 종사자, 상근자 및 반입물품, 기동수단 등이 출입요소이고, 출입통로 지정, 시차입장, 본인 여부 확인, 비표 운용, 검문검색, 주차관리 등을 통제하는 것이 출입통제이다.

(2) 출입자 통제대책의 방침

① 행사장 내 모든 출입요소에 대하여 인가된 인원의 본인 여부와 인가차량의 여부를 확인한다.

② 보안성 강화를 위해 리본, 명찰, 완장, 조끼, 모자, 넥타이, 배지(Badge) 등을 비표로 운용한다.

③ 모든 출입요소는 지정된 출입통로를 사용하여야 하고, 그 밖의 통로는 폐쇄한다(단일 통로 운영 원칙).

➕ **심화학습**

지정된 출입통로 사용 이유
지정된 출입통로를 사용하고 그 밖의 통로를 폐쇄하는 이유는 제한된 인원과 장비로 출입자 통제를 원활하게 하려면 선택과 집중이 필요하기 때문이다.

④ 대규모 행사 시에는 참석대상과 좌석별 구분에 따라 출입통로를 선정하고 시차입장을 하도록 하여 출입통제가 쉽도록 한다.

⑤ 검색은 전자식 문형 금속탐지기, 휴대용 금속탐지기, 육안 및 촉수, 냄새 등 오관에 의한 방법을 이용하여 모든 출입요소를 대상으로 실시하고 경호대상자 이외에는 예외를 허용하여서는 안 된다.

⑥ 물품관리소(물품보관소)를 운영함으로써 출입자의 위해 가능 물품 또는 검색불가 휴대품을 보관한다.

⑦ 주차관리는 참석자들의 불편을 최소화하고 입·퇴장 시 질서유지를 위하여 적당한 인접지역에 주차장을 설치하고 참석자 대상별로 운용함을 원칙으로 한다.

⑧ 1선인 안전구역은 행사참석자를 비롯한 모든 출입요소의 최종 통제지점으로, 행사와 무관한 사람들의 행사장 출입을 통제하고 제한하며, 2선인 경비구역은 행사참석자를 비롯한 모든 출입요소의 1차 통제점이 되어, 상근자 이외의 용무가 없는 사람들의 출입을 가급적으로 제한한다.

⑨ 행사장으로부터 연도경호의 안전거리를 벗어난 주차장의 경우 통제범위에서 제외시킨다.

핵심 기출문제

45 출입자 통제대책에 대한 설명으로 옳은 것은? • 제25회 기출

① 비표는 식별이 용이·선명해야 하고, 위조 또는 복제를 고려하여 복잡하게 제작한다.

② 모든 출입요소는 지정된 출입통로를 사용하여야 하며 기타 통로는 폐쇄하도록 한다.

③ 행사일 전에 배포된 초대장과 비표가 분실될 경우, 해당 초대장과 비표는 모두 무효화한다.

④ 보안성을 강화하기 위해 비표의 종류는 많을수록 좋다.

해설 ① 비표는 식별이 용이하도록 단순·선명하게 제작한다.
③ 비표는 행사 당일 현장에서 배포한다. 비표를 분실한 때에는 즉각 보고하여 이전의 비표 모두 무효화한다.
④ 비표의 종류가 많으면 관리 및 운용하는 데 어려움이 있다.

정답 ②

2. 세부지침의 수립

출입자 통제업무는 안전구역 설정권 내에 출입하는 인적 · 물적 대상에 대하여 행사의 성격, 규모, 참가자 수, 행사장구조, 좌석배치, 주차관리 등을 파악하고 시차입장계획, 안내계획, 주차장 관리계획 등에 대한 세부적 지침을 수립하여 수행하여야 한다.

3. 시차입장계획

참석자의 지위, 연령, 단체, 기동수단, 인원수 등을 고려하여 입장시간을 다르게 적용하고 시차 간격을 두어 입장시키는 것을 말한다.

(1) 모든 참석자는 행사 시작 15분 전까지 입장을 하여야 하며, 지연참석자가 있는 경우에는 검색 후 별도 지정된 통로를 통한 출입을 허용한다.

(2) 참석자들의 행사장 출입을 원활하게 하기 위하여 참석자의 지위, 연령, 단체, 기동수단, 참석자 수 등을 고려하여 시차 간격을 조정하여야 하며, 융통성 있게 출입통로를 지정하여 입장 대기 등의 불편을 최소화하여야 한다.

(3) 입장 소요시간은 1분에 30~40명을 기준으로 계산하되, 행사 성격, 규모, 장소, 출입문의 수, 참석자 등을 고려하여 조정한다.

➕ 심화학습

시차입장계획 수립목적
출입구에 일시에 많은 인원이 모이게 될 경우 신원확인 및 인원통제에 혼란스러운 일이 발생한다. 이러한 사건 발생을 예방하고자 미리 시차입장계획을 세워 참석자의 출입시간대를 정하여 통지한다.

핵심 기출문제

46 출입자 통제업무 수행에 관한 설명으로 옳지 않은 것은? • 제20회 기출

① 출입통로는 가능한 한 단일화 또는 최소화하도록 한다.
② 지연 참석자에 대해서는 검색 후 출입을 허용하지 않도록 한다.
③ 참석자의 지위, 참석자 수 등을 고려하여 시차입장계획을 수립한다.
④ 행사장 및 행사규모에 따라 참석대상별 주차지역을 구분하여 설정한다.

해설 지연 참석자가 있을 경우에는 검색 후 별도 지정된 통로를 통한 출입을 허용한다.

정답 ②

4. 안내계획

행사의 원활한 진행과 혼란방지를 위하여 행사에 참석하는 인원과 차량에 대한 안내를 실시하는 것을 말한다.

(1) 안내요원은 행사 주최 측 요원으로 정하도록 하고, 임무 및 장소에 따라 통로 및 좌석 안내, 기타 조로 구분하여 안내반을 편성하여야 한다.

(2) 중간집결지를 선정하여 운용을 할 경우에는 행사주최 측이 담당하여 행사참석자의 신원과 신분증을 비교한 후 비표 교부 등을 하여야 한다.

(3) 출입증 배부장소 안내조는 가능한 한 참석자를 식별할 수 있는 각 부서별 실무자를 선발하여 운용한다.

(4) 행사 중 업무 수행을 위한 이동과 용변 등의 불가피한 이동요소에 대한 통제는 참석자에게 불편을 초래할 수 있으므로 삼가야 한다. 입장 인원이 많을 경우 혼란방지와 통제의 효율성을 위해 일렬로 입장하게 하며, 차량의 하차 지점부터 출입문까지 불순자를 차단하기 위하여 정복차단조를 배치하고 출입을 관리하여야 한다.

5. 주차관리계획

(1) 주차지역은 가능한 한 일반 주차통제에 무리가 없는 시설을 선정하여 운용한다.

(2) 주최 측은 효율적인 주차관리를 위하여 승차입장카드에 대상별 주차지역을 사전에 지정하여야 하며, 주차지역별로 안내요원을 배치한다.

(3) 경호대상자의 차량은 별도의 주차지역을 확보하여 운용한다.

(4) 행사장 및 행사규모에 따라 참석 대상자별 주차지역을 구분하여 선정하고, 본대 주차지역은 행사참석자 주차장과 구분하여 별도로 이용한다.

6. 출입통로 지정

출입통로는 참가자 누구나 쉽게 식별할 수 있는 통로로 한다. 가능한 한 단일통로를 원칙으로 하되, 행사장 구조, 참가자 수, 참석자 성분 등을 고려하여 수개의 출입통로를 지정하여 불편요소를 최소화할 수 있다.

➕ 심화학습

중간집결지 선정·운용
동일한 단체 또는 기관 등에서 여러 사람이 참석하는 경우 그 사람들은 공통적 특성을 가지고 있다. 따라서 다른 사람들과 섞여 출입통제를 하는 것보다 그런 사람들만을 모아 일괄 출입통제업무를 수행하는 것이 효과적이므로 적절한 곳에 중간집결지를 선정하고 운영한다. 아울러 차량 통제 시 행사장 주변 주차장이 충분치 않을 경우 중간집결지를 운영한다.

7. 참석자 통제

(1) 개별참석자 · 단체참석자

개별참석자인 경우에는 입장카드(초청장)와 신분증을 대조한 후 문형 금속탐지기를 통해 입장하게 하고, 단체참석자인 경우에는 중간집결지를 정해 이곳에서 경찰관과 주최 측 안전요원이 초청장과 신분증을 대조한 후 비표를 교부하여야 한다.

(2) 금속탐지기 통과 · 물품보관소 운용

모든 참석자들은 문형 금속탐지기를 반드시 통과하여야 하며, 참석자들이 소지하고 있는 위해가 될 만한 물건(카메라, 금속류, 우산 등)들은 소유자의 양해를 얻어 특별히 마련된 물품보관소에 보관하여야 한다.

(3) 혼잡방지

참석자가 입장을 할 때에는 혼잡을 피하기 위하여 열을 지어 입장하게 하고, 차량의 하차 지점부터 출입문까지 정복차단조를 배치하여 출입을 관리하여야 한다.

(4) 행사 시 차량통제

금속탐지기를 이용하는 경우 탑승한 출입자의 검측을 위하여 출입자는 차량에서 하차하게 한 후 검측한다.

핵심 기출문제

47 출입자 통제에 관한 설명으로 옳지 않은 것은? • 제26회 기출

① 지연 참석자에 대해서는 검색 후 별도 지정된 통로로 출입을 허용한다.
② 출입통로는 가능한 주 통로와 예비통로 형태의 이중 통로 운영을 원칙으로 한다.
③ 비표는 대상과 용도에 맞게 운용하고, 모양과 색상은 식별이 용이, 단순 · 선명하게 제작하여 사용한다.
④ 행사장 및 행사규모에 따라 참석 대상별 주차지역을 구분하여 선정하고, 경호대상차의 주차지역은 별도로 확보하여 운영한다.

해설 출입통로는 가능한 한 단일통로를 원칙으로 하되, 행사장 구조, 참가자 수, 참석자 성분 등을 고려하여 수개의 출입통로를 지정하여 불편요소를 최소화할 수 있다.

정답 ②

48 행사경호 시 차량통제에 관한 설명으로 옳지 <u>않은</u> 것은? · 제23회 기출

① 입장계획과 연계하여 운영되어야 한다.

② 주차장별로 승차입장카드를 구분한다.

③ 금속탐지기를 이용하여 탑승한 출입자를 차내에서 검측한다.

④ 행사장 주변 주차장이 충분하지 않을 경우 중간집결지를 운영한다.

해설 금속탐지기를 이용하여 탑승한 출입자를 차내에서 검측할 수 없다. 탑승한 출입자를 검측하려면 차량에서 하차하게 하여 검측하여야 한다.

정답 ③

8. 각 임무별 경호요령

(1) 출입통제담당자

① 입장자의 신분증과 초청장명단을 대조 · 확인하여야 하며, 비표 착용자라도 거동수상자에 대해서는 검문 · 검색을 실시하여 신원을 확인한 후에 이상이 없으면 입장을 허가하여야 한다.

② 차량출입문과 도보출입문을 구분하여 입장하도록 한다.

③ 비표 미착용자는 지위 고하와 면식 여부를 불문하고 입장을 불허하여야 하며, 신분과 방문목적을 반드시 확인하여야 한다.

④ 입장시간이 초과된 이후에 도착한 참석자도 입장을 불허하여야 하나, 별도로 경호 CP의 판단하에 입장의 허가 여부를 결정한다.

⑤ 입장자가 반입 규제 대상 품목을 소지한 경우에는 입장자의 양해를 얻어 물품보관소에 보관하고 번호표를 교부한 후 입장시키며, 보도요원들이 카메라 등의 휴대가 허가된 물건을 소지한 경우에는 전문요원의 확인 후에 검색필 표찰을 부착하여 휴대하게 하여야 한다.

➕ 심화학습

출입문 구분

차량과 사람은 그 특성 및 성질이 다르므로 출입통제방법 또한 다르다. 출입문을 구분하지 않을 경우 혼란이 야기되며, 효율적인 출입통제를 할 수 없으므로 차량출입문과 도보출입문을 구분하여 입장하도록 하는 것이 합리적이다.

▪▪ 보충학습 **출입통제담당자 업무**

1. 입장계획 수립, 출입통로 지정
2. 구역별 비표 구분
3. 인원 및 차량에 대한 비표 확인
4. 불순분자의 침투방지 및 검문 · 검색 실시
5. 물품보관소 운영(위험물품 일시 보관 조치)
6. 선발경호 시 비표 발급, 야간근무자 배치
7. 주차관리계획 수립
8. 행사주최 측과 협조하여 출입증 발급

(2) 금속탐지기 운용요원

① 출입문금속탐지기(M.E.) 운용요원은 참석자 전원이 M.E.를 통과하도록 하여야 하며, M.E.를 통과할 때에는 1.5m 전방에 일단 정지시킨 다음 보통속도로 한 사람씩 통과시켜야 한다.

② 일단 M.E.를 통과한 사람이 중간에 밖에 나갔다가 들어오는 경우에도 다시 M.E.를 통과하여 입장하도록 하여야 한다.

③ 본인이 휴대를 희망한 물품 중 휴대가 인정된 물품은 반드시 내용물을 확인한 후에 허가 여부를 결정하여야 하며, 그 밖의 휴대품은 휴대물품보관소에 보관하도록 유도하여야 한다.

④ 참석자가 M.E.를 통과할 때 신호음이 울린 경우에는 금속성 소지품 소지 여부를 살펴본 다음에 다시 M.E.를 통과시켜 확인하여야 한다.

⑤ 참석자가 여자일 때에는 반드시 여경이 신체 수색을 하도록 조치하여야 한다.

(3) 행사장 내부담당자

① 참석자의 비표를 확인하고 신원불심자에 대하여 검문·검색을 실시하여야 하며, 참석자의 입장이 완료된 이후에는 복도, 계단 등에 무단으로 배회하는 자가 없도록 통제하여야 한다.

② 행사장의 단일 출입 및 단상, 천장, 경호대상자 동선 및 좌석위치에 따른 안전도를 확인한다.

③ 행사장 내 단상, 천장, 각종 집기류를 점검한다.

④ 경호대상자의 휴게실 및 화장실에 대한 위치를 파악하고, 안전점검을 실시한다.

⑤ 행사장 내 인적·물적 접근 통제 및 차단계획을 수립한다.

⑥ 접견 예상에 따른 대책 및 참석자 안내계획을 수립한다.

⑦ 행사 개시 10분 전부터는 참석자의 개별행동을 통제하여야 하고, 행사 진행 중에는 경호근무자도 개별행동을 금하고 행사식순에 따라 행동(행사에 적합한 경호활동)하면서 군중에 대한 동향을 살펴보아야 한다.

⑧ 경호근무자는 국민의례 등에 참여하지 말고 오로지 군중경계에 전념하여 돌발상황에 대비하여야 한다.

⑨ 경호근무자의 철수시간은 행사가 완전히 종료되어 참석자가 전부 퇴장한 다음이다.

➕ **심화학습**

단상의 설치·안전도 확인

단상은 주변의 높은 곳에서 위해기도자가 내려다보고 사격 등의 위해를 가할 수 있으므로 행사장 외부담당자가 그런 문제점을 고려하여 설치하고, 행사장 내부담당자는 설치된 단상의 자체 안전도를 확인하는 임무를 수행한다.

(4) 건물 내부담당자

① 경호근무담당구역을 정밀하게 검측하여 위해물건을 사전에 제거하여야 하며, 요인이 있는 방의 직상·하층은 공방을 유지하여야 하고 소음도 완전히 차단하여야 한다.

② 요인이 있는 방에는 비표를 패용하지 않은 자와 일반인의 접근을 차단하기 위하여 통로를 통제하여야 하며, 비록 근무자 복장을 하였더라도 의심스러운 자가 발견되면 반드시 검문·검색을 하여 신원을 확인하여야 한다.

③ 통로를 통제하여 비표를 패용하지 않은 자와 일반인의 접근을 차단한다.

④ 발전실, 변전실 등에 배치된 안전요원은 기계 조작 시에 반드시 입회하여 확인하고, 담당자가 기계를 조작할 경우에도 사전승인을 받아야 한다.

⑤ 취약요소인 화장실, 빈방, 계단 등의 안전을 반드시 확보하여야 하며, 여자화장실에는 여경요원을 배치하여 안전을 확보하여야 한다.

(5) 행사장 외부담당자

① 취약요소 및 직시 지점을 고려하여 단상을 설치한다.

② 안전구역에 대한 단일 출입로를 설정한다.

③ 경비 및 경계구역 내의 안전조치를 강화한다.

④ 차량 및 공중강습에 대비한 대비책을 수립한다.

⑤ 외곽 감제고지, 직시건물에 대한 안전조치를 한다.

⑥ 단상, 전시물, 동선상 취약점에 대한 안전점검을 실시한다.

⑦ 방탄막 설치, 비상차량운용계획 수립, (지하)대피시설 점검 및 확보를 한다.

(6) 초소담당자

① 초소근무자는 책임구역을 명확하게 숙지하고 주의를 다하여 담당구역을 경계하여야 하며, 경계근무 중 거동수상자가 발견된 경우에는 수하요령에 의하여 수하를 실시하되 항상 경계태세를 갖추어 유사시를 대비하여야 한다.

② 근무자는 암구호를 숙지하고 어떠한 상황에서도 근무지를 이탈해서는 안 되며, 근무 중에는 흡연, 잡담을 금하고 졸지 않도록 하여야 한다.

수하
상대편의 정체를 식별하기 위한 수단으로, 미리 아군 사이에 정해 놓은 문답식의 비밀 단어를 사용하여 상대방에게 누구인가를 물어보는 일을 말한다.

③ 인접 근무자와 상호 연락이 가능하도록 항상 대비를 하여야 하며, 문제가 되는 상황이 발생한 경우에는 그 내용을 즉시 전파하여 공동으로 대처할 수 있도록 하여야 한다.

(7) 헬기장담당자

① 헬기장 주변에 직시되는 고층 건물이나 감제고지를 감시·수색하여 안전을 확보하여야 하며, 만약을 대비하여 소방차도 비상대기시켜야 한다.

② 헬기장근무는 행사장에 준하여 실시하므로 통로는 헬기 도착 직전부터 차단하여 일반인의 접근을 방지하여야 한다.

(8) 구내 주차장담당자

① 행사장 경내의 주차차량은 반드시 보닛과 적재함 등을 검색하여야 하며, 주차차량의 엔진은 반드시 끄도록 조치하여야 한다.

② 요인이 체재 중에는 운전원들을 일정한 장소에 대기하도록 조치하고 행사 중에는 운전원들의 동향을 철저히 감시하여야 한다.

③ 주최 측은 효율적인 주차관리를 위해 승차입장카드에 대상별 주차지역을 사전에 고려하여야 하며, 주차장에 주차하는 승용차 등은 리스트에 등재되어 있는 차인지의 여부를 확인하여야 한다.

④ 주차장은 참석자 등의 불편 최소화 및 입·퇴장의 질서유지 등 용이성을 고려하여 적절한 행사장 인접지역으로 선정하고 참석대상별로 구분하여 운용한다.

> **:: 보충학습** 주차장 선정 시 고려사항
>
> 1. 행사장과 안전거리가 충분하고, 주차공간을 충분하게 확보할 수 있는 지역을 선정한다.
> 2. 장소 식별 및 주차가 용이한 지역을 선정한다.
> 3. 전체적인 입·퇴장 계획을 고려하여 인원과 차량의 출입통제가 쉬운 지역을 선정한다.
> 4. 가능한 한 일반주차 통제에 무리가 없는 공공기관 시설을 선정하여 운용한다.

제6절 ▶ 위기상황(우발상황) 대응방법 ★★

1. 위기상황(우발상황)의 의의

(1) 개념

경호임무 수행 도중에 예기치 않게 발생하는 각종 위해상황, 즉 군중의 혼란상황, 예기치 못한 교통사고, 정전사고, 폭발물 폭발사고, 총기공격 등의 우발적 위험 상황을 말한다. 경호행사 시 폭발음이 들리거나 정전이 되어 소등이 되거나 군중들이 무질서한 상태가 되어 경호에 직·간접적으로 나쁜 영향을 초래할 수 있는 상황 등이다.

(2) 돌발사태(우발상황)의 특성

① **사전예측 불가능**: 상황발생 전까지 위해기도 발생시간·장소·방법을 사전에 예측하기가 곤란하다.

② **발생 여부 불확실성**(돌발성): 우발상황은 경호임무 수행 도중에 예기치 않게 발생하는 각종 위해상황이므로 발생 여부가 확실하지 않다.

③ **혼란이 야기되며 무질서한 상황 도래**(심리적 불안정성): 우발상황의 방법·규모에는 차이가 있으나, 충격적 상황에 대한 심리적 공포와 불안감 조성에 따른 혼란이 야기된다.

④ **자기보호본능 발동**: 우발상황 시 폭발음이나 총소리가 나면 자기보호본능으로 자세를 낮추어 경호원의 본분을 망각할 수 있다.

⑤ **즉각적인 조치 요구**: 자연적이든 인위적이든 우발상황 발생 시 상황에 대처할 시간적 여유가 없으므로 근접경호원은 상황을 신속히 파악하여 방벽 형성 및 경호대상자의 방호와 대피로 안전유지를 위한 즉각적인 조치가 필요하다.

⑥ **중대 결과 초래 가능성**(중대성): 경호대상자의 신변에 중대한 결과를 초래할 수 있다.

⑦ **시간 제약성**: 돌발적으로 발생하는 우발상황의 특성으로 인하여 그에 대처할 시간적 여유가 충분하지 않다.

⑧ **현장성**: 우발상황이 발생한 현장에서 상황을 조치하고 문제를 해결하여야 한다.

⑨ **비노출성**: 우발상황은 언제 어떤 형태로 발생할지 알 수 없으며, 미리 외형상으로 노출되는 것이 아니므로 비노출성의 특성이 있다.

> **우발적 위험**
> 위험의 발생 시기를 모르는 위험이나 위험의 발생 여부를 모르는 위험 또는 위험의 발생으로 인한 피해의 정도를 모르는 위험을 말한다.

> **자기보호본능**
> 외부의 위험이나 곤란 따위가 자신에게 미치지 않도록 자신을 잘 보살펴 돌보려는 본능을 말한다. 본능이란 선천적으로 하게 되어 있는 동작을 말한다.

핵심 기출문제

49 우발상황의 특성으로 옳은 것은 모두 몇 개인가?

• 제26회 기출

- 노출성
- 시간 제약성
- 발생 여부의 불확실성
- 자기보호본능 발동
- 즉각조치의 요구
- 혼란 야기
- 예측 불가능성
- 무질서

① 5개　　　　② 6개　　　　③ 7개　　　　④ 8개

해설　노출성을 제외한 모든 내용이 우발상황의 특성에 해당한다. 우발상황은 언제 어떤 형태로 발생할지 알 수 없으며, 미리 외형상으로 노출되는 것이 아니므로 노출성이 아닌 비노출성의 특성이 있다.

정답 ③

50 아래의 특성이 갖는 것은?

• 제25회 기출

- 불확실성
- 경호원 자신의 자기보호본능
- 심리적 불안정성
- 예측 불가능성

① 근접경호　　② 우발상황　　③ 선발경호　　④ 3중경호

해설　우발상황이란 경호임무 수행 도중에 예기치 않게 발생하는 각종 위해상황, 즉 군중의 혼란상황, 예기치 못한 교통사고, 정전사고, 폭발물 폭발사고, 총기공격 등의 우발적 위험 상황을 말한다. 우발상황의 특징으로는 불확실성, 심리적 불안정성, 경호원 자신의 자기보호본능, 예측 불가능성, 즉각적인 조치 필요성, 중대 결과 초래 가능성 등이 있다.

정답 ②

51 경호 우발상황에 관한 설명으로 옳지 않은 것은?

• 제23회 기출

① 우발상황이 예상되는 경호구역에 사주경계를 실시한다.
② 경호원 자신보다는 경호대상자의 안전을 우선으로 한다.
③ 사전예측이 대부분 가능하기 때문에 신속한 대처가 가능하다.
④ 불가항력적 상황에도 경호원은 경호의 책임과 의무가 있다.

해설　우발상황은 상황발생 전까지 위해기도 발생시간 · 장소 · 방법을 사전에 예측하기가 곤란하다(사전예측 불가능).

정답 ③

(3) 위기상황의 극복

위기상황은 예측이 어렵고 혼란을 야기하여 무질서 상태로 만드는 특성이 있다. 위기상황에서 중요한 것은 즉각 조치에 의한 극복이

다. 상황에 대한 인지, 경고, 방호와 대피, 대적과 제압이 즉각조치에 의하여 극복되어야 한다.

(4) 비상대책 수립 시 우선적으로 고려할 요소

위기상황발생 시에는 신속하게 그 장소에서 벗어나야 한다. 비상통로를 이용하여 우선 비상대피소로 이동하고 잠시 후 비상대기차를 이용하여 그 장소에서 완전히 벗어난다.

핵심 기출문제

52 행사장 비상대책 수립 시 우선적으로 고려해야 하는 요소가 <u>아닌</u> 것은?

• 제19회 기출

① 비상장비
② 비상통로
③ 비상대피소
④ 비상대기차량

해설 비상통로, 비상대피소, 비상대기차량은 비상사태 발생 시 경호대상자가 위험한 장소에서 바로 대피하기 위한 수단으로, 비상대책 수립 시 우선적으로 고려해야 할 요소이다.

정답 ①

2. 위기상황(우발상황) 대응방법

(1) 대응순서

돌발사태가 발생할 때 경호원들은 '인지 ⇨ 경고 ⇨ 경호대상자 주변에 방벽 형성 ⇨ 경호대상자 방호 및 대피 ⇨ 대적 및 제압'의 순서에 의하여 신속히 상황을 처리하여야 한다.

(2) 경고와 방벽 및 방호와 대피

경호행사 중 예기치 못한 돌발사태가 발생할 경우 가장 먼저 공격을 인지한 경호원이 육성이나 무전기로 전 경호요원에게 상황내용을 경고하여야 하며, 근접경호요원은 희생정신을 가지고 신속히 경호대상자 주변에 인적방벽을 형성·방호하여 경호대상자를 신속하게 위험지역에서 대피시켜야 한다. 즉, 가장 우선시할 것은 경호대상자의 신변안전이므로 신속히 대피시켜야 한다.

➕ 심화학습

경고의 의의

경고란 모든 경호원에게 발생한 상황의 내용을 간단·명료하게 전파하는 것이다. 은밀하고 비밀스럽게 행동하는 위해기도자를 모든 경호원이 알게 하여 대처할 수 있도록 하기 위함이다.

핵심 기출문제

53 우발상황 대응기법에 관한 설명으로 옳은 것은?
· 제25회 기출

① 경호대상자의 방호보다 위해가해자의 제압을 최우선으로 하여 경호대상자의 안전을 확보한다.

② 체위확장의 원칙과 촉수거리의 원칙이 적용될 수 있다.

③ 우발상황에 대한 경호는 방어적 · 회유적 개념의 신변보호활동이다.

④ 우발상황의 즉각조치 과정은 '경고 – 대피 – 방호'의 순서로 전개된다.

해설 ① 위해가해자의 제압보다 경호대상자의 방호를 최우선으로 하여 경호대상자의 안전을 확보한다.
③ 우발상황에 대한 경호는 방어적 개념의 신변보호활동이다.
④ 우발상황의 즉각조치 과정은 '경고 – 방호 – 대피'의 순서로 전개된다.

정답 ②

(3) 우발상황 발생 시 비상대피장소 선정방법

① 상황이 길어질 경우를 고려하여 잠시 동안 머물러 있을 수 있는 장소를 선정하여야 한다.

② 경호대상자의 노출을 최소화하고 이동에 30초 이내의 시간이 소요되는 장소를 선정하여야 한다. 촌각을 다투는 위급한 상황에서는 짧은 시간에 경호대상자를 안전하게 대피시킬 수 있는 장소를 선정하는 것이 좋다.

③ 불필요한 출입자 통제가 용이한 장소를 사전에 확보해 두는 것이 좋다.

(4) 방호 및 대피대형 형성 시 우선적으로 고려할 내용

① 경호대상자와 경호원 및 위해기도자와의 거리

② 주위상황과 군중의 성격 · 수

③ 공격의 종류와 성격

④ 대응소요시간에 대한 판단

⑤ 방어 및 대피대형을 형성할 수 있는 경호원의 수

(5) 방호의 방법

① 공격을 받게 되면 가장 가까운 위치에 있는 경호원이 대응하고 다른 경호원은 비상대형으로 대형을 변경하여 경호대상자를 보호하여야 한다.

② 경호원들은 위협에 대응하고 다른 경호원을 지원할 때에도 경호대상자를 보호되지 않은 상태로 남겨 두어서는 안 된다.

(6) 대피의 원칙

우발상황 중 특히, 무기 등 총기에 의한 위해기도자가 발생한 경우에는 근접자 우선의 원칙과 신체확장의 원칙을 적용하여 조건반사적으로 대응하여야 한다.

근접자 우선의 원칙	위해기도자가 공격 시 경호요원 전부가 이에 대응하여 제압하는 것이 아니라 가장 가까이에 있는 경호원만이 대응하고 나머지는 경호대상자를 대피시키거나 제2의 공격에 대비해야 한다는 원칙이다.
신체확장의 원칙	상황발생 시 경호원 자신의 몸을 은폐, 엄폐하는 것이 아니라 최대한 확장하고 노출시켜 경호대상자에 대한 방호효과를 극대화하면서 공격방향으로 대응해야 한다는 원칙이다. 이때 경호원은 머리를 꼿꼿하게 세워 주변을 감시한다.

(7) 대피방법 및 대피방향

① 대피는 가능한 한 군중 속을 통과하지 않도록 한다. 군중은 그 자체가 경호의 위험요소라고 할 수 있다.
② 야외 행사 시에는 경호대상자의 근접거리에서 대피를 위한 비상차량을 마련해 놓아야 한다.
③ 경호대상자에게 신체적 무리가 있더라도 대피 시에는 예의를 무시하고 과감하고 신속하게 행동하여야 한다.
④ 대피는 적 공격의 반대방향이나 비상구 쪽으로 하여야 한다.

(8) 자기담당구역 책임 및 현장봉쇄

근접경호원 외의 다른 경호요원들은 자기담당구역 책임의 원칙에 따라 각자의 맡은 지역에서 자신의 행동순서를 염두에 두고 계속 임무를 수행하여야 하며, 대적이 불가피한 경우를 제외하고 책임구역을 떠나 보복을 하여서는 안 된다. 다른 경호요원들은 암살범을 체포하거나 부상자를 돕고 증거의 보존을 위하여 현장을 봉쇄한다.

(9) 대적 · 제압

경호대상자를 보호하고 제2공격, 제3공격을 방어하기 위해서는 대적하여 범인을 제압하여야 한다. 총으로 공격하는 위해자를 제압하는 경우 위해자의 총을 아래 또는 옆으로 편향시키고 제압한다.

심화학습

대피

경호대상자를 신속히 위험지대에서 안전지대로 이동시키는 행위를 말한다. 위해기도에는 대부분 공범이 있으므로 우발상황 발생 시 비상사태로 발전하여 경호원의 즉각 조치가 요구될 때에는 즉시 표적이 되는 경호대상자를 현장에서 이동시켜야 한다.

(10) 방어의 대형

범인의 공격 유형과 성격에 따라 방호 및 대피대형을 형성하여야 한다.

방어적 원형 대형 (Defensive Circle Formation)	위해의 징후가 현저하거나 직접적인 위해가 가해졌을 때 형성하는 방어 대형으로, 경호원들이 강력한 스크럼을 형성하여 경호대상자를 보호하면서 군중 속을 헤치고 나가기 위한 대형이다. 근접경호원은 경호대상자가 보다 작은 표적이 되도록 무릎을 구부려 자세를 낮추도록 하고 경호대상자의 전후좌우에서 에워싸는 형태의 원형 대형을 유지한다. 일단 방어 대형으로 위기를 모면하였다 하더라도 위해기도자와 무기가 완전히 제압되지 않고 재공격 가능성 등의 위험이 남아 있다고 판단될 때에는 신속히 대피대형으로 전환하여 현장에서 즉시 이탈시켜야 한다.
함몰형 대형 (Cave in Formation)	수류탄 또는 폭발물과 같은 폭발성 화기에 의한 공격을 받았을 때 사용되는 방호 대형으로, 경호대상자를 지면에 완전히 밀착시키고 그 위에 근접경호원들이 밀착하며 포개어 경호대상자의 신체가 외부에 노출되지 않도록 하는 대형이다. 이때 경호대상자는 근접경호원에 의해 신체적인 통제와 완력이 가해지는데, 경호대상자의 신변을 보호하기 위해서는 예의를 고려하지 않는 과감한 행동이 요구된다.

핵심 기출문제

54 즉각조치에 관한 설명으로 옳지 않은 것은? • 제21회 기출

① 경고: 공격받고 있다는 상황을 알려 주고 대응행동을 하라는 신호이며, 일반인들에게는 위험상황을 알려 주는 것이다.

② 방호: 자신의 몸으로 방호벽을 형성하고 경호대상자를 엄폐시키는 행동에 우선순위를 두어야 한다.

③ 대피: 방호와 동시에 위험지역을 이탈하기 위해 방호대형을 형성하여 공격방향으로 신속히 이동하여야 한다.

④ 대적: 경호대상자를 등지고 위험발생지역으로 향한 후 몸을 최대한 확장하여 방호범위를 확대한다.

해설 대피 시에는 적 공격의 반대방향이나 비상구 쪽으로 이동하여야 한다.

정답 ③

(11) 경호의 효과와 군중과의 거리

경호원의 주의력효과 면에서는 군중과의 거리가 가까울수록 유리하고, 대응효과 면에서는 군중과의 거리가 멀수록 유리하다.

(12) 공격방향 전환

공격방향 전환 시 범인의 방향을 전환시키는 것이 효과적이다.

심화학습

군중과의 거리에 따른 효과
- **주의력효과**
  경호원이 군중과의 거리가 가까우면 군중의 동태를 파악하기가 쉽다.
- **대응효과**
  군중 속에 숨어 있던 위해기도자가 갑자기 경호대상자가 있는 방향으로 돌진할 경우 경호원과 군중 사이가 멀고 경호대상자와의 거리가 가까울수록 대응하기가 효과적이다.

핵심 기출문제

55 경호임무수행 중 우발상황 발생 시 각 경호원의 대응으로 옳은 것을 모두 고른 것은?

• 제24회 기출

- A경호원: 경호원의 주의력효과 면에서 자신과 군중과의 거리가 가까울수록 유리하다고 판단하였다.
- B경호원: 경호대상자를 대피시키기 위해 다소 신체적인 무리가 오더라도 예의를 무시하고 신속하고 과감하게 행동하였다.
- C경호원: 수류탄과 같은 폭발성 화기에 의한 공격을 받았을 때 방어적 원형 대형으로 경호대상자를 방호하였다.

① A, B   ② A, C   ③ B, C   ④ A, B, C

해설 수류탄과 같은 폭발성 화기에 의한 공격을 받았을 때에는 함몰형 대형으로 경호대상자를 방호한다.

정답 ①

---

3. 비상대책

(1) 의의

비상대책이란 경호활동이 필요한 행사장에서 발생할 수 있는 각종 위해행위(시위·소란행위 등), 화재나 정전 등 경호행사의 정상적인 진행에 영향을 줄 수 있는 여러 가지의 우발사태에 즉각 대처할 수 있는 수단을 말한다. 우발상황 발생을 대비하여 경호지휘소(CP)에서는 각 지원요소별로 연락망을 구성하고, 조기경보체계를 유지하며, 아울러 즉시 출동할 수 있는 만반의 준비태세를 갖추어야 한다.

(2) 비상대피계획과 비상대응계획

비상대책은 비상대피계획과 비상대응계획으로 분류된다.

① 비상대피계획: 비상대피계획은 위험상황이 발생한 지역을 빨리 벗어나 안전한 곳으로 대피하기 위한 계획으로, 이를 위한 수단으로는 비상대피로 선정, 비상대기차량 확보, 비상대피소 마련, 예비차량 대기, 예비도로 선정을 들 수 있다.

② 비상대응계획: 비상대응계획은 갑작스러운 정전이나 화재의 발생 등으로 위험한 상황이 발생할 경우 그 원인을 제거·수습하기 위한 계획으로, 이를 위한 수단으로는 정전대비 전기대책, 화재대비 소방대책, 승강기 사고대비 구조대책 등이 있다.

핵심 기출문제

56 비상대책의 내용으로 옳지 <u>않은</u> 것은?
· 제21회 기출

① 행사장에는 비상대피소를 준비한다.
② 상황에 따른 대피계획은 사전에 결정한다.
③ 비상통로의 출구에는 예비차량을 대기시켜 놓는다.
④ 비상대피계획은 위험상황 발생 시 원인을 제거하기 위한 계획이다.

해설 ▶ 비상대피계획은 위험상황 발생 시 위험장소를 벗어나 안전한 장소로 이동하기 위한 계획이다. 위험상황 발생 시 원인을 제거하고 수습하기 위한 계획은 비상대응계획이다.

[정답] ④

제7절 ▶ 경호안전대책방법 등 ★★☆

1. 경호안전대책방법

경호안전대책이란 경호대상자의 신변을 보호하기 위하여 경호행사의 준비·진행 중에 행사장, 숙소, 연도 등의 인적·물리적·지리적 위해요소를 제거하기 위한 예방활동을 말한다. 안전대책방법에는 평상시 안전활동과 행사 전 안전활동이 있다.

2. 인적 위해요소의 배제활동

(1) 신원 조사대상자의 조사

초청인사, 행사 종사자, 호텔투숙객 등에 대한 행사 전 신원조사를

물리적·지리적 위해요소
직접적으로 또는 위해자가 이용할 수 있는 자연물 및 인공물을 말한다.

➕ 심화학습

인적 위해요소
• 시국불만자
• 신원특이자(교포, 외국인)
• 일반요시찰인
• 피보안처분자
• 공격형 정신병자

실시하여 신원특이자 또는 행동수상자를 사전에 배제하거나 별도로 관리하여야 한다.

(2) 비표 운용

① 비표의 종류

    ㉠ 비표에는 리본, 명찰, 완장, 조끼, 모자, 넥타이, 배지(Badge) 등이 있다.

    ㉡ 비표의 종류는 적을수록 좋고, 제작된 비표는 경호부서에서 검인하여 안전하게 보관하여야 한다.

② 비표 운용의 방법

    ㉠ 경호책임자는 행사 주관처의 협조하에 비표를 제작할 때 입회를 하고, 발급관리 및 통제를 실시하여야 한다.

    ㉡ 행사 당일 현장에서 비표를 배포한다.

    ㉢ 사용한 비표는 폐기한다.

    ㉣ 비표를 분실한 때에는 즉각 보고하여 이전의 비표를 무효로 하여야 하며, 비표를 운반할 때에는 무장경찰관이 호송하여야 한다.

    ㉤ 경호근무자는 전원이 비표를 착용하여야 하며, 비표를 사용할 때에는 행사별로 구별하여야 한다.

    ㉥ 비표를 인수·인계할 때에는 수량을 정확하게 확인하여 비표의 분실 및 오손을 방지하여야 한다.

    ㉦ 경호근무자는 사전예방경호단계인 안전대책활동 시부터 전원 비표를 패용하여야 한다.

핵심 기출문제

57 경호 비표 운용에 관한 내용으로 옳은 것은?

• 제18회 기출

① 행사장의 혼잡방지를 위해 비표는 행사일 전에 배포한다.

② 비표는 식별이 용이하도록 단순·선명하게 제작하여 재활용이 가능하도록 한다.

③ 행사구분별 별도의 비표 운용은 금지사항이다.

④ 비표에는 리본, 명찰, 완장, 모자, 배지(Badge) 등이 있다.

해설 ① 행사 당일 현장에서 비표를 배포한다.
② 사용한 비표는 폐기한다.
③ 비표를 사용할 때에는 행사별로 구별하여야 한다.

정답 ④

3. 물적 취약요소의 배제활동

(1) 안전조치활동

① 경호활동에 있어 가장 위협적인 요소 중 하나가 총기류이고, 민간인이 소유하고 있는 총포·화약류의 관리는 군이나 경찰 소유의 총기류·화약류 관리보다 어려우므로 이에 대한 안전조치활동이 필수적이다.

② 경호행사가 다가오면 개인 소유의 총포는 경찰관서 무기고에 가영치하여 격납·봉인하고, 상품총기는 상점 내의 철제 캐비닛에 격납하여 2중 잠금장치로 봉인하여야 하며, 그 열쇠는 경찰서 생활안전과장과 지구대장 또는 파출소장이 관리한다.

③ 경호행사가 다가오면 화약류 판매소·취급소에 있는 화약류를 시건하고 봉인하여야 하며, 봉인 및 열쇠관리는 해당 지구대장 또는 파출소장이 하여야 한다.

④ 경찰관이 사용하는 총기류와 화약류는 안전관리를 철저히 하여야 하며, 행사장으로부터 일정한 거리 이내인 보안구역에서 경호행사가 있을 때에는 경찰기관의 장은 총기류·화약류에 대한 일일점검상황을 확인하고 일체의 사격을 통제하여야 한다.

⑤ 경호 및 기본임무 수행에 필요한 최소한의 무기를 제외하고는 규정된 시기까지 무기를 무기고에 격납·봉인하여야 하며, 봉인과 열쇠관리는 경무과장, 상황실장, 지구대장 또는 파출소장이 하여야 한다.

⑥ 청원경찰의 무기·탄약은 경호행사가 다가오면 무기고에 격납·봉인하여야 하며, 봉인 시 시설의 책임관리자가 입회하여 관할 지구대장 또는 파출소장 책임하에 실시하여야 한다.

⑦ 경찰관리 예비군의 무기·탄약도 행사 직전에는 행사장에서 근접한 지역의 무기고에 격납·봉인하여야 한다.

⑧ 도시가스, 유류판매소 등의 재고를 파악하여야 하며, 계속해서 순찰을 실시하여야 한다.

> **격납·봉인**
> 집어넣어 두고 밀봉한 자리에 도장을 찍는 것을 말한다.

:: 보충학습 폭발물

1. **폭발물**

   폭발물(爆發物)은 열, 자극, 충격, 기계적 작용에 의하여 폭발을 일으키게 하는 물질이나 물체를 말한다. 안정성의 관점에서 불특성 다수의 사람이 들어가는 시설, 대중교통 기관에 반입이 제한될 뿐 아니라 위험도에 따라 제조와 이동도 규제한다.

2. **폭약**

   화약류 중 폭발반응이 신속하고 폭굉(爆轟), 즉 충격파를 수반하여 폭발을 일으키는 것으로, 기폭약 · 화합화약류 · 혼합화약류 액체폭약(액체산소를 탄소분이 풍부한 흡수제에 흡수시켜 만드는 폭약의 일종) · 다이너마이트류로 나뉜다.

3. **급조폭발물(IED; Improvised Explosive Device)**

   일정하게 정해진 규격 없이 만들어진 폭발물로, 흔히 집에서 만드는 사제폭탄을 말한다. 제조 방식은 따로 정해져 있지 않으며 기폭장치(전기적, 기계적, 화학적 충격에 의하여 폭발을 시키는 장치)와 신관(탄환 · 폭탄 · 어뢰 등에 충전된 폭약을 점화시키는 장치)을 가진 폭발물이라면 급조폭발물에 포함한다. 급조폭발물은 제작자의 능력과 상상력에 따라 다양한 종류, 형태로 제작이 가능하나 일회용으로 재사용이 제한되는 단점이 있다.

4. **폭발사고 방지대책**

   ① 사제폭발물은 제조방법이 인터넷 등으로 확산되어 있으며, 규격은 제조자가 임의로 제작하기 때문에 정형화되어 있지 않으므로 검색이 쉽지 않다.

   ② 폭발물이 외부에서 내부로 유입될 수 있으므로 환기구, 채광창은 닫혀 있어야 한다.

   ③ 폭탄은 차량에 의해 전달되거나 차량에 남아 있는 경우가 많기 때문에 주차는 엄격히 통제되어야 한다.

   ④ 보일러실, 승강기 통제실 등의 접근통로는 미사용 시 외부침입에 대비하여 닫혀 있어야 한다.

핵심 **기출문제**

58 폭발물에 관한 설명으로 옳지 <u>않은</u> 것은?

• 제19회 기출

① 폭약은 파괴적 폭발에 사용될 수 있는 것으로서 액체산소폭약, 다이너마이트 등이 있다.

② 급조폭발물은 다양한 형태로 제작이 가능하며, 재사용이 가능한 장점이 있다.

③ 뇌관에 사용되는 기폭제는 폭발력은 약하나 작은 충격이나 마찰, 정전기 등에 폭발하는 특성이 있다.

④ 폭발물의 폭발효과는 폭풍, 진동, 열, 파편효과 등이 나타난다.

해설 급조폭발물은 사제폭탄을 일컫는 말로, 제작자의 능력과 상상력에 따라 다양한 종류, 형태로 제작이 가능하나, 일회용으로 재사용이 제한되는 단점이 있다.

정답 ②

(2) 안전검측활동

① **안전검측의 의의**: 안전검측이란 경호대상자에게 위해를 가할 가능성이 있는 모든 취약요소 및 위해물질을 사전에 탐지, 색출, 제거 및 안전조치하여 위해를 가할 수 없는 상태로 전환시키는 활동을 말한다. 즉, 사고로 이어질 수 있는 시설물의 불안전요소를 제거하기 위한 활동이다.

② **안전검측의 기본지침**

  ㉠ 검측활동은 경호선발대장의 지침에 따라 세부실시계획을 세워 실시하여야 하며, 검측은 어떠한 경우에도 예외를 인정하면 안 된다.

  ㉡ 안전검측은 경호계획에 따라 공식행사를 할 때 실시하는 것이 원칙이지만, 공식행사가 아닌 행사에서도 필요한 경우 실시 가능하다.

  ㉢ 검측활동 시에는 행사보안 및 통신보안 등 경호대상자의 정보에 대하여 최고도의 보안을 유지하여야 한다.

  ㉣ 검측활동 시에는 인원 및 장비를 최대한 지원받아 활용하고, 원격조정장치에 의한 폭발물 등을 탐색할 때에는 전자검측장비를 활용하여야 한다.

  ㉤ 검측은 경호대상자가 장시간 머물러 있는 곳을 먼저 하고, 경호대상자가 움직이는 통로를 따라 순차적으로 실시하여야 한다.

  ㉥ 누구를 검측자로 할 것인가, 몇 명으로 할 것인가를 결정하고, 공개·비공개 여부, 검측인력·장비의 배치시기 등을 결정하여야 한다.

  ㉦ 경호대상자를 대상으로 하는 위해행위는 항상 발생 가능성을 내포하고 있으므로 공식행사이든 비공식행사이든 안전검측을 실시할 수 있다.

③ **안전검측의 기본원칙**

  ㉠ 안전검측은 은밀하게 실시하고, 가능한 한 현장 확보상태에서 점검한 후 지속적인 안전유지를 하여야 한다.

  ㉡ **안전검측 방법**(순서): 검측대상은 외부, 내부, 공중지역, 연도로 구별한 후 검측을 실시하되, 책임지역을 명확하게 구분하여 가까운 곳에서 먼 곳으로 하고, 좌에서 우로, 밖에서 안으로 중복하여 검측을 실시하여야 한다.

:: 보충학습 안전검측 방법

1. **기본원칙**
   가까운 곳에서 먼 곳으로, 좌에서 우로, 밖에서 안으로 실시한다.
2. **외부 검측**
   밖에서 안으로, 가까운 곳에서 먼 곳으로 실시한다.
3. **내부 검측(방이나 일정한 구획 안에서)**
   방의 가장자리에서 방 중앙으로, 아래층에서 위층으로 실시한다.
4. **방 검측**
   '바닥 ⇨ 벽 ⇨ 천장 ⇨ 천장 내부' 순으로 실시한다.

다른견해 검측의 순서(건물을 기준으로 한 순서)

안전검측 방법과 관련하여 다수의 학자들은 위에서 서술한 방법으로 설명하고 있으나, 일부 학자들은 아래와 같이 건물을 기준으로 하여 다소 다른 표현으로 기술하고 있다.
• 건물 내부에서 외부로 확산해 가며 실시한다.
• 건물 내부는 낮은 곳에서 높은 곳으로 실시한다.
• 건물 외부는 가까운 곳에서 먼 곳으로 확산해서 실시한다.
학자에 따라 다소 다른 표현을 사용하고 있으며, 어느 것이 옳고 어느 것이 그르다고 단정할 수는 없다. 출제위원에 따라 자신의 교재 내용으로 출제하기에 각각의 틀 안에서 학습한다. 즉, '건물'이라는 표현이 없을 경우 일반적인 순서로 정리하며, '건물'이라는 표현을 사용한 경우에는 건물을 기준으로 한 순서로 정리하는 것이 합리적이다.

ⓒ 검측은 적의 입장에서 검측장비를 이용하되 오감을 최대한 활용하여 실시하여야 한다.

ⓔ 검측활동 시에는 능선이나 곡각지점을 반복하여 확인하고, 전기제품인 경우에는 분해하여 확인하여야 하며, 확인이 불가능한 물품인 경우에는 원거리에 격리하여야 한다.

> **능선**
> 산등성이를 따라 죽 이어진 선을 말한다.

ⓜ 검측은 위장하여 타인이 알지 못하도록 실시하여야 하고, 통로(중앙)보다 양 측면, 아래보다 높은 곳을 중점으로 반복하여 검측하며, 의심이 되는 곳은 계속 반복하여 실시하여야 한다.

ⓗ 테러범은 인간이 위를 잘 보지 않고, 더러운 곳이나 공기가 탁한 곳 등을 싫어하는 습성이 있다는 점을 이용하므로 이를 명심하여 사각지점이 없도록 이러한 장소(아래보다 위, 더러운 곳, 공기가 탁한 곳)는 철저한 중점 검색을 실시한다.

> **사각지점**
> 가까운 곳에 있으면서도 눈이 미치지 못하는 일이나 범위를 말한다.

ⓢ 점검은 1차, 2차 점검을 실시한 후 경호요원이 배치 완료된 행사 직전에 최종검색을 실시하여야 한다.

➕ **심화학습**

대피방벽 설치

폭발물 폭발에 의한 충격과 폭발물 파편에 의한 인명손실에 대비하여 주변 100m 이상 인원을 통제하고 방호벽을 설치한다.

◎ 외부에서 내부로, 하부에서 상부로 지역을 분할하고, 높이를 분할하여 실시한다.

ⓩ 위험물 발견 시 100m 이상을 차단하고 대비방벽(대피방벽)을 설치하며, 수색작업반과 통신대책을 수립하여 긴밀한 상호연락을 취한다.

ⓩ 수색지역을 분할하고, 전체를 관찰하여야 하며, 어지럽혀진 비품 및 흔적 등 폭발물 용기와 부스러기가 산재해 있는가를 확인한다.

ⓚ 전자제품은 분해하여 확인하고, 확인이 불가능한 것은 현장에서 제거하거나 원거리에서 따로 보관한다.

핵심 기출문제

59 안전검측의 원칙상 항목별(㉠~㉣) 검측 시 우선으로 중점 검측할 대상으로 옳게 선택한 것은?

• 제25회 기출

> ㉠ 통로의 중앙 – ㉡ 통로의 양 측면
> ㉢ 높은 곳 – ㉣ 낮은 곳
> ㉤ 깨끗한 곳 – ㉥ 더러운 곳
> ㉦ 좌측 – ㉧ 우측
> ㉨ 가까운 곳 – ㉩ 먼 곳
> ㉪ 밝은 곳 – ㉫ 어두운 곳

① ㉠, ㉢, ㉥, ㉦, ㉨, ㉪

② ㉠, ㉣, ㉤, ㉧, ㉩, ㉪

③ ㉡, ㉢, ㉤, ㉧, ㉩, ㉫

④ ㉡, ㉣, ㉥, ㉦, ㉨, ㉫

해설 이 문제에서 '우선적으로 중점 검측할 대상'을 중요도보다 순서로 보아 높은 곳과 낮은 곳 중 낮은 곳을 답으로 정하여 출제위원회에서는 확정답안을 ④로 발표한 것으로 추정한다. 안전검측상 높낮이를 따질 경우 순서를 기준으로 했을 때는 낮은 곳에서 높은 곳으로 하며, 중요도(중점검측)만을 따질 경우 높은 곳이 우선이다.

정답 ④

60 안전검측의 원칙상 항목별(㉠~㉢) 검측 시 우선으로 중점 검측할 대상을 옳게 선택한 것은?

• 제20회 기출

> ㉠ 통로 양 측면, 통로의 중앙
> ㉡ 높은 곳, 낮은 곳
> ㉢ 깨끗한 장소, 더러운 장소

	㉠	㉡	㉢
①	통로의 양 측면	낮은 곳	깨끗한 장소
②	통로의 양 측면	높은 곳	더러운 장소
③	통로의 중앙	낮은 곳	깨끗한 장소
④	통로의 중앙	낮은 곳	더러운 장소

해설 검측 시 통로의 중앙보다 양 측면, 낮은 곳보다 높은 곳, 깨끗한 장소보다 더러운 장소를 중점 반복하여 검측한다. 여기서 '우선적으로 중점 검측할 대상'을 다른 것보다 특별하게 관심을 더 갖고 더 세밀하게 검측할 대상이라는 의미로 보아 출제위원회에서는 확정답안을 ②로 발표한 것으로 추정한다.

정답 ②

 참고 건물 내부 검측요령과 폭발물검측 시 유의사항

1. 건물 내부의 검측요령
   ① 전체를 대충 훑어보며 관찰한 다음 조용히 눈을 감고 청음한다.
   ② 장비를 사용하여 소리 나는 곳을 알아내고, 수색할 구역을 설정한다.
   ③ 수색요원의 업무를 분담해 맡고, 청진기와 반사경을 사용한다.
   ④ 안전거리에서 로프를 통해 원격으로 조정하여 개방한다.
   ⑤ 회로를 점검하기 전에는 선을 절단하거나 스위치를 조작하지 않는다.

2. 폭발물검측 시 유의사항
   ① 비금속물체에서의 금속반응을 확인한다.
   ② 적의 입장에서 폭발물 설치가 가능한 곳을 의심하여 검색한다.
   ③ 오관과 전자장비를 최대한 이용하여 검색한다.
   ④ 손대지 말고 폭발물의 제거와 폭파는 폭발물처리반 요원이 담당하게 한다.
   ⑤ 선을 의심하고 추적해서 확인한다.
   ⑥ 최소한 100m는 주위를 통제하고 출입문·창문을 개방한다.
   ⑦ 건물 내부의 출입을 금지시키고, 비파편성·비금속성 물질로 방벽을 설치한다.
   ⑧ 폭탄은 차량에 의해 전달되거나 차량에 남아 있는 경우가 많기 때문에 주차를 엄격히 통제한다.

④ 안전검측 장비: 위해물질의 존재 여부를 검사하거나 시설물의 안전점검에 사용되는 도구를 말한다. 안전검측 장비에는 금속탐지기, 폭발물탐지기, 드라이버, 펜치, 전등, 청진기, 반사경, 테이프, 리본, 방탄복, 폐쇄회로 텔레비전, X-Ray 탐지기 등이 있다.

⑤ 안전검측 조 편성: 검측조는 통상 2명 1개조로 편성하고, 공공지역에 25%, 외부지역에 25%, 주요지역에 50%씩 배치한다.

심화학습

20회 기출문제와 25회 기출문제에서 똑같은 질문(우선 중점검측 대상)에 각기 다른 답을 확정답안으로 발표하였다. 이는 출제오류 및 출제오류에 대한 사후 대처 미흡으로 추정한다. 향후 이러한 일들이 반복되지 않기를 바란다. 중점 검측대상으로 묻던가 아니면 우선 검측대상으로 묻는 문제로 출제하는 것이 합당하다. 하지만 시험을 준비 중인 수험생의 입장에서는 만약 위의 문제들과 동일한 문제가 출제된다면 답을 어느 것으로 하여야 하느냐는 질문이 상당수 반복되었다. 그 물음에 답하는 것 자체가 불가하지만 그래도 하나만 선택하라고 한다면 가장 최근의 문제에 대한 답으로 하는 것이 하나의 방법이라 생각한다.

폭발
폭발은 밀폐된 공간에서 물리적·화학적 변화의 결과로 발생한 급격한 에너지가 외계로 전환되는 과정에서 파열, 후폭풍, 폭음 등을 동반하는 현상이다. 폭발의 3대 조건은 밀폐된 공간, 점화원, 폭발범위이다.

심화학습

창문 등 개방
폭발의 3대 조건 중의 하나인 밀폐된 공간의 조건을 해소하기 위하여 창문, 출입구 등을 개방하여야 한다.

⑥ 안전검측대상

외부 검측	밖에서 안으로, 가까운 곳에서 먼 곳으로 확산하여 실시하고, 승·하차 지점, 출입구, 창문, 홈통, 테라스, 주차장, 자동차 등에 대한 안전조치를 실시하여야 한다.
내부 검측	가장 위험한 지역인 주 통로와 행사장, 주요 기계설비장소에 대한 안전점검, 가장 취약한 지역인 대중에게 개방된 곳은 아래층에서 위층으로 확산하여 실시하여야 한다.
공중지역 검측	출입구, 로비, 복도, 화장실, 휴게실 등의 공중지역과 신문판매대, 라디에이터, 자동판매기, 오물수거장 등 공중에 개방된 곳은 다중 접근이 가능한 지역이므로 사전에 안전을 확보하여야 한다.
방 검측	방의 크기에 따라 1단계(바닥), 2단계(벽), 3단계(천장 면), 4단계(천장 내부)로 구획을 나누어 실시한다. 특히 폭발물에 대한 검색을 철저히 하여야 하며, 방 안의 일정 지점으로부터 검측을 시작하여, 방 주변을 따라 시계방향으로 체계적인 검측을 실시하여야 한다.
야외 검측	행사장, 모내기, 식목행사 등 야외에서 이루어지는 행사에 대한 검측은 행사장 주변에 경계 울타리를 통해 통로를 단일화하여야 한다.
기념식 검측	기념식장은 많은 사람이 모이는 곳으로 비상사태 시 비상대피소를 설치하고, 식장의 각종 부착물과 시설물에 대한 안전검측을 실시하여야 한다.
숙소 검측	보안유지, 불필요한 인원 통제, 전기, 소방, 냉·난방, 소음 등에 대한 최적상태의 유지, 위험물에 대한 안전대책을 강구하여야 한다.
운동장 검측	구역을 세분화하여 책임구역을 설정하고 직시고지 등에 대한 반복적인 검측, 출입자에 대한 통로의 단일화, 반입물품에 대한 검색을 철저히 하여야 한다.
차량 검측	• 운전사 입회하에 경호대상자의 차량, 주변 지원차량, 일반차량의 출입통제조치와 차량 외부, 내부, 전기회로에 대한 안전점검을 실시하여야 한다. • 경호대상자의 안전대책으로 무선원격 시동장치를 사용하도록 한다. • 트렁크를 열 경우 5cm 이상 열지 않도록 한다.
연도 검측	책임구역을 할당하여 반복 검측을 실시하여야 하며, 폭발물 설치 여부, 원격조정장비의 장치 여부 등을 확인하여야 한다.

∷ 보충학습 안전검측 대상별 안전검측 순서 정리

검측대상	검측순서
외부	밖에서 안으로, 가까운 곳에서 먼 곳 순으로 실시한다.
내부	대중에게 개방된 곳은 아래층에서 위층 순으로 실시한다.
방	'바닥 ⇨ 벽 ⇨ 천장 면 ⇨ 천장 내부' 순으로 실시한다.

(3) 검식활동

① 조리를 담당하는 조리사의 신원을 사전에 조사하여 신원특이자는 사전에 배제하여야 한다.

② 검식활동은 경호대상자에게 제공하는 음식물에 대하여 구매, 운반, 저장, 조리 및 제공되는 일련의 과정을 포함하므로 식재료의 조리단계 이전의 단계부터 시작된다.

③ 각종 기물은 철저히 검색하고 사용 전 열탕 소독하여야 하며, 식재료는 신선도와 안전 여부를 철저하게 확인·점검하여야 한다.

④ 사전에 위생검사를 실시하여 질환이 있는 조리사를 배제하여야 하며, 행사 당일에는 경호원이 주방에 입회하여 조리사의 행동을 감시하여야 한다.

⑤ 음식물에 대한 검사는 전문요원이 실시하여야 하며, 음식물을 운반할 때에는 경호원이 근접감시를 하여야 한다.

> 신원특이자
> 신분이나 평소의 행실이 두드러지게 문제점이 있는 사람을 말한다.

핵심 기출문제

61 검식활동에 관한 설명으로 옳지 않은 것은? • 제26회 기출

① 안전검측활동에 포함되지 않는다.

② 음식물은 전문요원에 의한 검사를 실시한다.

③ 식재료의 구매, 운반과정에서의 안전성 확보활동을 포함한다.

④ 음식물의 조리 및 제공 과정에서 위해요소 제거활동을 포함한다.

해설 안전검측은 검측활동에 해당한다. 검측활동은 경호대상자에게 제공되는 음식료의 안전을 확인하고 점검하는 검식활동을 포함한다. 안전검측이란 행사장의 안전점검을 실시하여 제반 위해요소 및 폭발물을 위시한 위해물질을 사전에 탐지, 색출, 제거하는 제반 안전활동을 하는 것이다. 검식활동은 VIP가 드시는 음식물과 관련한 위해물질을 사전에 탐지, 색출, 제거하는 제반 안전활동이므로 안전검측의 한 분야이다.

정답 ①

4. 지리적 취약요소의 배제활동

경호행사장 및 연도 주변의 지리적 여건이 경호대상자에게 위해를 가할 근거지가 될 소지가 있는 경우에 이를 사전에 제거하는 활동을 말한다.

(1) 특별순찰 및 특별경찰방문(특별방범심방) 실시

① 경찰방문이란 경찰관이 관할구역 내의 각 가정, 상가 및 기타시설 등을 방문하여 청소년 선도, 소년소녀가장 및 독거노인 · 장애인 등 사회적 약자에 대한 보호활동 및 안전사고 방지와 같은 지도 · 상담 · 홍보 등을 행하며 민원사항을 청취하고 필요시 주민의 협조를 받아 방범진단을 하는 등의 예방경찰활동을 말한다.
② 경호 관련 경찰방문은 행사장 및 연도 주변 주택이나 상가 등이 경호안전에 끼칠 취약점을 발견하기 위한 활동이다.

(2) 취약지역의 수색

행사가 임박한 경우에 경호원들은 취약산악, 연도 양측, 위해광고물이 있는 지역 또는 경호대상자가 사용하는 비행장이 직시되는 감제고지 등에 대하여 계속 반복하여 수색하여야 한다.

> **위해광고물**
> 구조상의 문제, 부식이나 설치 불량 등으로 낙하의 위험이 있거나 위해기도자가 은폐, 엄폐 수단으로 사용할 수 있는 광고물을 말한다.

핵심 기출문제

62 경호안전대책에 관한 설명으로 옳은 것은?

• 제19회 기출

① 행사장의 인적 · 물적 · 지리적 위해요소에 대한 비표 운용을 통하여 행사장의 안전을 도모한다.
② 인적 위해요소에 대해서는 행사장 주변 수색 및 위해광고물 일제정비 등을 통해 경호 취약요소를 제거한다.
③ 물적 위해요소에 대해서는 금속탐지기 등을 이용한 검색을 통하여 위해물품이 행사장 내로 반입되지 못하도록 한다.
④ 지리적 위해요소에 대해서는 입장 및 주차계획, 본인 여부 확인을 통하여 불순분자의 행사장 내 침투 및 접근을 차단한다.

해설 ① 비표 운용을 통하여 행사장의 인적 위해요소에 대한 안전을 도모한다.
② 지리적 위해요소에 대해서는 행사장 주변 수색 및 위해광고물 일제정비 등을 통해 경호 취약요소를 제거한다.
④ 인적 위해요소에 대해서는 입장 및 주차계획, 본인 여부 확인을 통하여 불순분자의 행사장 내 침투 및 접근을 차단한다.

정답 ③

5. 검문검색 · 보안검색

(1) 검문검색(檢問檢索)

① 의의: 거동이 수상하다고 인정되는 자를 그 장소에서 정지시켜 질문을 실시하고 그 사람이 소지한 물건을 확인·조사하는 것을 말한다. 즉, 범법자로 의심이 가는 사람을 조사하여 따져 묻고 단서나 증거를 찾기 위하여 살펴 조사하는 것을 말한다.

② 대상: 어떤 범죄를 범하였거나 범하려고 하고 있다고 의심이 갈 만한 이유가 있는 경우나 합리적 의심이 드는 경우 그에 해당하는 사람을 정지하게 하거나 차량을 정지시켜 사람에 대하여 검문하고 물건에 대하여 검색한다.

③ 검문검색 요령

ㄱ 일반적인 질문사항

ⓐ 주소, 성명, 거소, 연령, 직업

ⓑ 행선지, 출발지, 경유지 및 용건

ㄴ 주의사항

ⓐ 검문검색 시 피검문·검색자의 갑작스러운 공격에 대비한다.

ⓑ 피검문·검색자의 증거인멸, 자살·자해와 도주에 대비한다.

ⓒ 도보 동행 시 검문·검색자는 피검문·검색자의 앞에 서지 말고 후방에 위치한다. 검문·검색 요원이 2명 이상인 경우 상대방 양측에 나누어 동행하는 것이 좋다.

ⓓ 차량검문 시 도로 우측에 차를 정지시키고 시동을 정지하게 한다.

ⓔ 버스검문 시 2명이 동시에 승차하여 1명은 앞에서 감시, 경계하면서 검문의 뜻을 알리고, 다른 1명은 뒤에서부터 검문을 실시한다.

ⓕ 화물자동차의 경우 1명은 운전자를 감시하고 다른 사람은 적재함을 검색한다.

ⓖ 차량트렁크의 경우 운전자가 직접 개방하게 한다.

ⓗ 검색요원은 대상자가 소지한 가방을 직접 개방하게 하고 가방 내의 물건을 전부 꺼내도록 한 후 확인한다. 주머니에 있는 휴대품도 대상자가 직접 꺼내도록 한다.

ⓘ 대통령경호의 경우 지정된 경호구역 안에서 검문·검색 등의 안전활동을 한다.

➕ **심화학습**

검문과 검색

• **검문(檢問)**
  검사하고 따져 물음
• **검색(檢索)**
  검사하고 색출(조사)함

ⓙ 법령에 의하여 검문검색권이 부여되지 아니한 경우 그 활동에 제약을 받는다.

④ 검문검색의 법적근거

㉠ 「경찰관 직무집행법」 제3조(불심검문) 제1항

경찰관은 다음의 어느 하나에 해당하는 사람을 정지시켜 질문할 수 있다.

ⓐ 수상한 행동이나 그 밖의 주위 사정을 합리적으로 판단하여 볼 때 어떠한 죄를 범하였거나 범하려 하고 있다고 의심할 만한 상당한 이유가 있는 사람

ⓑ 이미 행하여진 범죄나 행하여지려고 하는 범죄행위에 관한 사실을 안다고 인정되는 사람

㉡ 「대통령 등의 경호에 관한 법률」 제5조(경호구역의 지정 등)

ⓐ 처장은 경호업무의 수행에 필요하다고 판단되는 경우 경호구역을 지정할 수 있다.

ⓑ 경호구역의 지정은 경호 목적 달성을 위한 최소한의 범위로 한정되어야 한다.

ⓒ 소속공무원과 관계기관의 공무원으로서 경호업무를 지원하는 사람은 경호 목적상 불가피하다고 인정되는 상당한 이유가 있는 경우에만 경호구역에서 질서유지, 교통관리, 검문ㆍ검색, 출입통제, 위험물 탐지 및 안전조치 등 위해방지에 필요한 안전활동을 할 수 있다.

(2) 보안검색(保安檢索)

① 의의: 공항, 항만, 기관 등에서 탑승객이나 출입자들이 휴대하거나 맡기는 물건 가운데 무기나 위험물이 있는지를 살펴 찾아내는 일을 말한다.

② 보안검색장비의 종류

㉠ 휴대용 금속탐지기: 출입자의 인체에 직접 접촉하지 않고 소지품 및 소형택배를 검색한다.

㉡ 문형 금속탐지기: 출입문에 설치하여 출입자가 지닌 금속류와 무기류 등의 위해물체를 탐지하는 장비이다.

㉢ X-Ray 수하물검색기: 출입구에 설치하여 출입자의 휴대품 속에 감추어져 있는 무기류와 금속류 등 위해물체를 탐지하는 장비이다.

  ② 폭발물흔적탐지기(ETD): 검색대상물에 묻어 있는 화학성분을 흡입하여 화학적인 이온분석 방법 등을 이용하여 폭발물 및 폭약성분의 흔적을 탐지하는 장비이다.

  ⑩ 전신검색기(Full Body Scanner): 승객들이 은닉한 무기나 폭발물 등을 탐지하기 위해 공항 등에 설치되는 전신투시 스캐너로, 승객의 알몸을 일종의 3차원 영상으로 볼 수 있어 흔히 '알몸 투시기'로 불린다. 고주파를 이용한 밀리미터파 스캐너(Millimeter Wave Scanner)와 X선 투시기인 백스캐터 스캐너(Backscatter Scanner)가 대표적이다.

③ 보안검색 요령

  ㉠ 검색대상은 사람의 신체 및 물건이다.

  ㉡ 보안검색대상에 예외를 두지 않는다. 다만, 공무로 여행을 하는 대통령(대통령당선인과 대통령권한대행을 포함한다)과 외국의 국가원수 및 그 배우자 등은 「항공보안법 시행령」 제15조 제1항에 따라 보안검색을 면제할 수 있다.

  ㉢ 폭발물의 경우 폭발물흔적탐지기, 전신검색기 등 다양한 특수장비들을 사용하여 꼼꼼히 살핀다.

  ㉣ 여성의 신체검색을 하는 경우 여성요원이 실시한다.

  ㉤ 문형 금속탐지기 통과 후 밖으로 나간 사람이 다시 통과하려는 경우, 다시 문형 금속탐지기를 통과하도록 한다.

④ 보안검색의 법적근거

  ㉠ 보안검색의 면제(항공보안법 제15조 제1항 및 제2항)

   ⓐ 항공기에 탑승하는 사람은 신체, 휴대물품 및 위탁수하물에 대한 보안검색을 받아야 한다.

   ⓑ 공항운영자는 항공기에 탑승하는 사람, 휴대물품 및 위탁수하물에 대한 보안검색을 하고, 항공운송사업자는 화물에 대한 보안검색을 하여야 한다. 다만, 관할 국가경찰관서의 장은 범죄의 수사 및 공공의 위험예방을 위하여 필요한 경우 보안검색에 대하여 필요한 조치를 요구할 수 있고, 공항운영자나 항공운송사업자는 정당한 사유 없이 그 요구를 거절할 수 없다.

  ㉡ 보안검색의 면제(항공보안법 시행령 제15조 제1항)

  다음의 어느 하나에 해당하는 사람(휴대물품을 포함한다)에 대해서는 보안검색을 면제할 수 있다.

➕ 심화학습

항공보안법
「국제민간항공협약」 등 국제협약에 따라 공항시설, 항행안전시설 및 항공기 내에서의 불법행위를 방지하고 민간항공의 보안을 확보하기 위한 기준·절차 및 의무사항 등을 규정함을 목적으로 한다.

ⓐ 공무로 여행을 하는 대통령(대통령당선인과 대통령권한대행을 포함한다)과 외국의 국가원수 및 그 배우자
ⓑ 국제협약 등에 따라 보안검색을 면제받도록 되어 있는 사람
ⓒ 국내공항에서 출발하여 다른 국내공항에 도착한 후 국제선 항공기로 환승하려는 경우로서 다음 각 요건을 모두 갖춘 승객 및 승무원
  • 출발하는 국내공항에서 보안검색을 완료하고 국내선 항공기에 탑승하였을 것
  • 국제선 항공기로 환승하기 전까지 보안검색이 완료된 구역을 벗어나지 아니할 것

중요내용 OX 문제

제1절 경호임무 수행절차

	O	X

01 경호처의 경호계획 수립 시 근거는 경호규칙이다. ☐ ☐

02 수립된 계획의 실천 추진사항을 지속적으로 확인해야 하며, 필요시 경호대 ☐ ☐
상자 보호를 위해 수립된 계획을 변경한다.

제2절 경호활동의 수칙과 원칙

03 경호대상자를 암살, 납치 또는 신체적 침해로부터 보호하는 것이 경호작용의 ☐ ☐
목표이고, 범행의 성공 가능성을 최소화하는 것이 경호의 목적이다.

04 2인 이상의 경호대상자가 있을 때에는 경호대상자 간 균등한 경호를 실시한다. ☐ ☐

05 경호지침의 하달은 무선망에 의한다. ☐ ☐

06 경호수행절차 중 정보수집 및 위해분석은 사전예방활동에 해당한다. ☐ ☐

07 선발경호와 근접경호를 구분하여 운용하는 것은 예방경호와 방어경호의 기 ☐ ☐
능적 결합이라고 할 수 있다.

OX 정답 01 ✕ 02 ○ 03 ○ 04 ✕ 05 ✕ 06 ○ 07 ○

X 해설 01 경호처 경호계획 수립 시 근거는 경호규정이다. 경호규칙은 경찰 경호계획 수립 시의 근거이다.
  04 2인 이상의 경호대상자가 있을 때에는 서열이 높은 경호대상자를 우선시하여야 한다.
  05 경호지침의 하달은 반드시 문서로 하고, 무선망에 의한 지침하달을 금지한다. 경호지침 이외
  의 현장 경호업무 연락은 무선망으로 하되, 음어(陰語)를 사용한다.

	O	X

제3절 사전예방경호(선발경호) 방법

08 경호위기상황에 대한 즉각적인 조치는 대비단계의 활동에 해당한다. ☐ ☐

09 우호적인 경호환경을 조성하고 경호위협을 평가해 경호계획을 수립하는 단계는 예방단계에 해당한다. ☐ ☐

제4절 근접경호 수행방법

10 근접경호는 기동시기, 기동대형 등의 변화를 통해 위해기도자의 오판을 유도하는 기만성의 특성이 있다. ☐ ☐

11 근접경호는 위해요소를 최소화하기 위해 정적 상태가 요구되는 고정성의 특성이 있다. ☐ ☐

12 근접경호의 수행절차를 '출동준비단계 ⇨ 명령수령단계 ⇨ 임무분석단계 ⇨ 명령하달단계 ⇨ 실시단계 ⇨ 복귀 및 정리단계'로 구분한다. ☐ ☐

13 위해기도자는 접근이 용이한 사람으로 위장하는 경우가 많기 때문에 경호대상자를 제외한 모든 사람이 인적 경계대상이다. ☐ ☐

14 후미경호차는 차량대형을 리드하여 계획된 시간에 목적지에 도착할 수 있도록 속도를 조절하고, 기동 간 전방 상황에 대처한다. ☐ ☐

15 숙소경호는 단독주택과 호텔의 경우로 나눌 수 있으며, 근무요령은 모두 행사장의 경우와 동일하게 이루어진다. ☐ ☐

제5절 출입자 통제대책

16 행사장 내 모든 출입자와 반입물품은 지정된 통로만을 사용해야 하며, 기타 통로는 자유롭게 출입을 허용해야 한다. ☐ ☐

	O	X

17 비표는 대상과 용도에 맞게 운용하고, 모양과 색상은 식별이 용이, 단순·선명하게 제작하여 사용한다. ☐ ☐

제6절 위기상황(우발상황) 대응방법

18 우발상황 시 폭발음이나 총소리가 나면 자기보호본능으로 순간적으로 자세를 낮추어 경호원의 본분을 망각할 수 있다. ☐ ☐

19 우발상황 발생 시 대피를 하는 경우 가능한 한 군중 속으로 통과하도록 한다. ☐ ☐

20 경호원의 주의력효과 면에서는 군중과의 거리가 멀수록 유리하고, 대응효과 면에서는 군중과의 거리가 가까울수록 유리하다. ☐ ☐

21 비상대피계획은 위험상황이 발생한 지역을 빨리 벗어나 안전한 곳으로 대피하기 위한 계획이다. ☐ ☐

OX 정답 08 × 09 ○ 10 ○ 11 × 12 ○ 13 ○ 14 × 15 × 16 × 17 ○ 18 ○ 19 ×
20 × 21 ○

X 해설 08 경호위기상황에 대한 즉각적인 조치는 돌발사태 발생에 따른 조치로, 대응단계의 활동에 해당한다.
11 근접경호는 주로 행사장 참석 시, 도보나 차량에 의해 이동 중에 이루어진다. 따라서 행사 성격이나 주변 여건, 장비의 특성에 따라 경호활동 자체가 유동성, 기동성을 띠게 된다.
14 선도경호차는 차량대형을 리드하여 계획된 시간에 목적지에 도착할 수 있도록 속도를 조절하고, 기동 간 전방 상황에 대처한다.
15 단독주택의 경우 행사장의 경우와 대부분 동일하게 이루어지지만, 호텔의 경우는 일반에 공개되어 있고 출입통제가 어려운 특성이 있으므로 특별한 조치가 필요하다.
16 지정된 통로(단일통로)를 사용하여야 제대로 된 출입통제를 할 수 있다. 통로를 복수로 사용하는 경우 감시 인력이 많이 소요되어 경호자원을 효율적으로 운용할 수 없다.
19 대피는 가능한 한 군중 속을 통과하지 않도록 한다.
20 경호원의 주의력효과 면에서는 군중과의 거리가 가까울수록 유리하고, 대응효과 면에서는 군중과의 거리가 멀수록 유리하다.

	O	X

제7절 경호안전대책방법 등

22 경호대상자에 위해를 가할 가능성이 있는 모든 취약요소 및 위해물질을 사전에 탐지, 색출, 제거 및 안전조치하여 위해를 가할 수 없는 상태로 전환시키는 활동은 안전검사이다. ☐ ☐

23 검문검색 시 차량트렁크의 경우 검색요원이 직접 개방한다. ☐ ☐

24 검색요원은 검색 대상자가 소지한 가방을 직접 개방하게 하고 가방 내의 물건을 전부 꺼내도록 한 후 확인한다. 주머니에 있는 휴대품도 검색대상자가 직접 꺼내도록 한다. ☐ ☐

25 보안검색의 대상은 사람의 신체로 한정한다. ☐ ☐

26 공무로 여행을 하는 대통령과 그 배우자에 대하여 보안검색을 면제할 수 있다. ☐ ☐

OX 정답   22 ×   23 ×   24 ○   25 ×   26 ○

X 해설   22 안전검측에 대한 설명이다. 안전검사란 경호대상자가 이용하는 기구, 시설 등의 안전상태를 검사하는 것을 말한다.
23 차량트렁크의 경우 운전자가 직접 개방하게 한다.
25 보안검색의 검색대상은 사람의 신체 및 물건이다.

제1절 경호임무 수행절차

01 경호계획 수립 시 유의해야 할 사항으로 옳지 <u>않은</u> 것은?

O△✕

① 사전현지답사를 실시하여 완벽한 계획이 되도록 한다.

② 예비 병력을 확보하는 등 융통성 있는 계획을 수립한다.

③ 수립된 계획의 실천추진사항을 지속적으로 확인해야 하며, 일관된 업무수행을 위해 수립된 계획은 변경하지 않는다.

④ 검측 및 통신장비, 차량 등의 동원계획을 검토한다.

> **해설** 경호계획은 경호준비과정에서 전반적인 사항을 사전에 검토하고 준비하는 과정으로, 경호책임자 등이 경호를 지휘하기 위하여 경호에 관한 기본계획이나 실시계획을 수립하는 것이다. 이에 경호에서는 조그마한 실수를 하더라도 치명적인 경호 실패를 가져오기 때문에 철저한 경호계획의 수립으로 완벽한 경호활동을 기하여야 하며, 아울러 수립된 계획일지라도 주변 여건 변화에 따라 변경하여야 한다. 즉, 수립된 계획의 실천추진사항을 지속적으로 확인해야 하며, 수립된 계획에 미비사항이 있다면 이를 즉각 보완해야 한다.

02 다음 4명의 경호원 중 경호작용에 관하여 옳게 판단하고 있는 자는? ・제23회 기출

O△✕

① A경호원 - 경호자원의 효율적인 이용을 위한 분석자료를 토대로 사전에 경호계획을 수립한다.

② B경호원 - 경호임무는 사전에 신중하게 계획되어야 하며 융통성은 배제되어야 효과적이다.

③ C경호원 - 모든 경호임무는 예기치 않은 변화 가능성을 내포하고 있으므로 사전대응보다 신속한 사후대응이 더 중요하다.

④ D경호원 - 경호임무는 명확하게 부여하되 임무형태에 대한 책임은 경호책임자에게 국한되어야 한다.

> **해설** ② 경호임무는 사전에 신중하게 계획되어야 하며 융통성이 발휘되어야 효과적이다.
> ③ 모든 경호임무는 예기치 않은 변화 가능성을 내포하고 있으므로 사후대응보다 사전대응이 더 중요하다.
> ④ 경호임무는 명확하게 부여하고 임무형태에 대한 책임은 임무를 담당하는 경호요원도 부담한다.

01 ③ 02 ① **정답**

03 경호계획 수립 시 행정 및 군수사항에 포함되는 내용이 <u>아닌</u> 것은?

① 경호이동 및 철수계획　　　　② 경호복장, 장비, 비표

③ 식사 및 숙박계획　　　　　　④ 주차장 운영계획

> **해설** 주차장 운영계획은 출입자 통제계획 중 행사장 차량 통제계획에 포함되는 내용이다.
>
> ▶ 군수(軍需)
>
> 무기체계의 연구개발, 장비 및 물자의 소요 판단, 생산 및 조달 · 보급 · 정비 · 수송 · 시설 · 근무 분야에 걸쳐 물자, 장비, 시설자금 및 용역 등 모든 가용자원을 효과적 · 경제적 · 능률적으로 관리하여 군사작전을 지원하는 활동을 말한다. 군수에서 지원하는 군사활동은 다음과 같다.
> 1. 군수품의 보급, 장비 및 수송
> 2. 병력의 이동
> 3. 시설의 획득, 건설, 유지, 운용 및 처리
> 4. 용역 및 근무지원의 계획, 획득 및 제공

04 경호업무 수행에 있어 기본적으로 고려할 사항으로 옳은 것은?

① 경호에서 중요한 것은 일관성이므로 경호업무는 사전에 신중하게 계획되어야 하며 가능한 한 변화가 없어야 한다.

② 경호원들은 각각의 임무 형태에 대한 책임이 부여되어야 하므로 둘 이상의 경호대상자가 동일한 행사에 참석하게 되면 서열에 관계없이 각각의 경호요구에 따라 경호업무가 수행되어야 한다.

③ 경호에 필요한 인적 · 물적 자원의 동원을 위한 소요는 공식행사, 비공식행사 등 행사 성격이 아닌 사전획득한 내재적 위협 분석에 따라 결정된다.

④ 민주사회에서 보다 많은 시민들로부터 경호협조를 얻기 위해서는 이동경로, 참석자 등 일부 경호상황이 시민들과 언론 등에도 전파되어야 한다.

> **해설** ① 경호업무를 계획할 때에는 융통성 있게 수립하여야 한다.
> ② 서열이 높은 경호대상자를 우선하여 경호하여야 한다.
> ④ 경호상황에 대한 정보는 외부에 전파되지 않도록 엄격하게 통제하여야 한다.

05 경호인력 배치 시 고려할 사항으로 옳지 <u>않은</u> 것은?

① 주변 환경으로 보아 취약하다고 판단되는 곳은 인력을 중점적으로 배치한다.
② 특별히 통제해야 할 곳은 전체 구간이 통제되도록 배치하여야 한다.
③ 피경호자를 직시할 수 있는 고층 건물은 완전히 장악해야 한다.
④ 의심스럽거나 견제해야 할 요소가 많은 곳만 중점 배치하여 취약성을 제거한다.

> **해설** 의심스럽거나 견제해야 할 요소가 많은 곳에 경호인력을 중점 배치하되, 돌발적인 상황에 대처하기 위하여 경호인력을 전체적으로 분산 배치하여야 한다.

06 경호업무 수행에 따른 단계별 임무절차 중 계획단계에 해당하는 내용으로 옳지 <u>않은</u> 것은?

① 경호행사 전반에 대한 상황의 판단
② 행사장에 대한 인적 · 물적 · 지리적 정보수집과 분석
③ 작성된 분야별 세부계획과 실행 간의 타당성 여부 검토
④ 경호임무 수령 후 선발대가 행사장에 도착하기 전 단계

> **해설** 계획단계에서 작성된 분야별 세부계획과 실행 간의 타당성 여부 검토는 준비단계에 해당한다. 계획단계는 경호임무 수령 후 선발대가 행사장에 도착하기 전의 단계이고, 경호작용의 준비단계는 계획 수립 이후에 경호원이 행사장에 도착한 후부터 행사시작 전까지의 경호활동단계를 말한다.

07 경호작용에 관한 설명으로 옳지 <u>않은</u> 것은?   • 제22회 기출

① 모든 형태의 경호임무는 사전에 신중하게 계획되어야 하며 융통성은 배제되어야 한다.
② 경호대상자에 대한 완벽한 경호를 보장하기 위해서는 각각의 임무가 명확하게 부여되어야 한다.
③ 자원의 효율적인 이용을 위해서 사전에 위해분석 자료를 토대로 자원동원 체계를 구축하도록 한다.
④ 경호와 관련된 정보는 비인가된 자에게 제공해서는 안 된다.

> **해설** 모든 형태의 경호임무는 사전에 신중하게 계획되어야 하며 융통성이 부여되어야 한다. 융통성이란 그때그때의 사정과 형편을 보아 일을 처리하는 재주나, 일의 형편에 따라 적절하게 처리하는 재주를 의미한다.

| 03 ④ | 04 ③ | 05 ④ | 06 ③ | 07 ① | 정답 |

08 경호임무 수행절차에 관한 설명으로 옳지 <u>않은</u> 것은?　　　・제18회 기출

① 계획단계는 경호임무 수령 후부터 선발대가 행사장에 도착하기 전까지의 경호활동을 말한다.

② 준비단계는 경호대상자가 행사장에 도착한 후부터 행사시작 전까지의 경호활동을 말한다.

③ 행사단계는 경호대상자가 집무실을 출발해서 행사장에 도착하여 행사가 진행된 이후 복귀 시까지의 경호활동을 말한다.

④ 평가단계는 경호행사 종료 후 철수하여 결과를 보고하는 경호활동을 말한다.

해설 경호임무의 준비단계는 계획 수립 이후에 경호원이 행사장에 도착한 후부터 행사시작 전까지의 경호활동단계를 말한다.

09 경호행사보고서 작성에 대한 설명으로 옳지 <u>않은</u> 것은?

① 보고서는 임무종료 직후 근접경호요원에 의하여 작성된다.

② 보고서는 경호임무 수행자 간의 주요 강조사항을 대화의 형식으로 작성한다.

③ 결과보고서를 완성할 때에는 경호원들의 메모와 일지, 경호대상자와 그의 참모, 사전예방경호원 등의 코멘트를 참고로 하여 작성한다.

④ 행사결과보고서의 작성은 결과를 평가하여 잘못이 있으면 즉각 시정함으로써 잘못을 반복하지 않는 것을 목적으로 한다.

해설 보고서는 계획과 결과를 비교하는 성격이 있으므로 임무종료 직후 계획전담요원이 작성한다. 결과보고서를 작성할 때에는 경호요원들의 메모와 일지 그리고 경호대상자와 그의 참모, 사전예방경호요원 등의 코멘트를 참고로 한다. 직면했던 문제들과 이 문제들에 대해 제시된 해결책에 중점을 두고 결과보고서를 작성한다.

10 경호작전 시 위협평가(Threat Assessment)를 하는 목적이 <u>아닌</u> 것은?

⃞○△×

① 항상 가용한 최고의 경호수준을 유지하기 위해
② 경제성을 도모하기 위해
③ 행사 성격에 맞는 경호수준을 결정하기 위해
④ 합리적인 경호작전요소를 결정하기 위해

해설 위험도의 수준에 적합한 경호수준을 유지하기 위하여 위협분석을 한다. 이를 통해 인력과 장비의 동원규모를 달리 정할 수 있어 경제적이고 합리적인 경호활동을 수행할 수 있다.

11 경호작용 중 위협평가(위해평가)에 관한 설명으로 옳지 <u>않은</u> 것은?   • 제17회 기출

⃞○△×

① 모든 수준의 위협으로부터 경호대상자를 경호하려는 시도는 효과적이지도 않고 능률적이지도 않기 때문에 위협평가가 선행되어야 한다.
② 위협의 실체를 정확히 인식하고 가용자원의 효율적인 분배를 통하여 불필요한 인력과 자원의 낭비를 최소화하기 위함이다.
③ 경호대상자는 위협평가 후 경호대안 수립에 있어 자신이 경호업무의 일부분이 되어야 한다는 점을 인식할 필요는 없다.
④ 보이지 않는 적의 실체를 파악하여 그에 대한 경호방책을 강구하기 위한 첫걸음이다.

해설 경호대상자는 경호활동에 중요한 영향을 미칠 수 있다. 경호대상자의 경호에 대한 관심과 의지를 높이기 위해 경호대상자가 경호활동에 간접적으로나마 참여할 수 있는 상황을 만드는 것이 좋다. 따라서 경호대상자는 위협평가 후 경호대안 수립에 있어 자신이 경호업무의 일부분이 되어야 한다는 점을 인식할 필요가 있다.

08 ②   09 ①   **10 ①**   11 ③   **정답**

제2절 경호활동의 수칙과 원칙

12 경호작용의 기본 고려요소에 관한 설명으로 옳지 <u>않은</u> 것은?
<small>ㅇ△✕</small>   • 제24회 기출

① 자원 – 기본적으로 고려되어야 할 사항에 포함된다.

② 계획 수립 – 변화의 가능성 때문에 융통성 있게 한다.

③ 책임 – 경호임무는 명확하게 부여하고, 각각의 임무형태에 대한 책임이 부과된다.

④ 보안 – 수행원과 행사 세부일정은 공개하고, 경호경비상황은 보안을 유지한다.

> **해설** 보안 – 수행원과 행사 세부일정은 비공개로 하고, 경호경비상황은 보안을 유지한다.

13 경호원의 업무수행에 관한 설명으로 옳은 것은?
<small>ㅇ△✕</small>   • 제26회 기출

① 경호대상자의 사생활에 대해 가족에게만 말했다.

② 신속한 경호업무를 위해 수평적인 명령체계를 유지하였다.

③ 정확성과 완전성을 배제하고 적시성과 확실성을 고려한 정·첩보활동을 하였다.

④ 경호대상자를 중심으로 내부, 내곽, 외곽으로 구분하여 경호구역을 설정하였다.

> **해설** ① 경호대상자의 사생활에 대해서는 가족에게 알리고, 아울러 경호기관에도 알려 경호기관 경호업무 관련자 상호 간 정보를 공유하여 경호활동에 참고하여야 한다.
> ② 신속한 경호업무를 위해 수직적인 명령체계를 유지하여야 한다.
> ③ 정확성과 완전성을 포함하고 적시성과 확실성을 고려한 정·첩보활동을 하여야 한다.

14 다음이 설명하는 경호작용의 기본 고려요소는?
<small>ㅇ△✕</small>   • 제26회 기출

> • 경호 목적 달성에 부합되도록 경호임무를 명확하게 부여하여야 한다.
> • 경호활동에 참여하는 기관 간 도맡아 해야 할 임무가 명확하게 배분되어야 한다.

① 보안유지   ② 자원동원

③ 정보수집   ④ 책임분배

> **해설** 경호활동은 여러 기관들이 참여하고 이들 기관의 유기적인 협조체계가 요구되는 활동이므로 성공적인 경호활동을 위해서는 경호원 간의 임무와 책임에 대한 명확한 분배와 각 기관 간에 임무형태에 따른 책임의 분배가 선행되어야 한다.

15 경호원의 활동 수칙에 관한 내용으로 옳지 <u>않은</u> 것은? ·제24회 기출

◯△✕

① 경호대상자에게 스스로 안전에 대처할 수 있도록 일상적 경호수칙을 만들어 경각심을 높이게 한다.

② 경호업무 효율성 향상을 위해 경호대상자의 종교, 병력, 복용하는 약물에 대해서도 파악한다.

③ 위해자와 타협적인 행동을 하지 않는다.

④ 최대한 비노출경호를 위해 권위주의적 자세를 가진다.

> **해설** 위해기도자의 공격에 대비하여 비노출경호를 하는 것은 맞지만, 경호원이 권위주의적 자세를 취하는 것이 아니라 경호활동에 대한 철저한 사전 준비(신변보호를 위한 전문적 기술)와 투철한 직업정신으로 경호활동에 임하여야 한다.

제3절 사전예방경호(선발경호) 방법

16 선발경호의 목적으로 옳지 <u>않은</u> 것은? ·제26회 기출

◯△✕

① 행사지역의 안전 확보

② 위험요소를 제거하거나 최소화

③ 경호 관련 정·첩보 획득 및 공유

④ 도보경호 및 경호차량 대형 형성

> **해설** '도보경호 및 경호차량 대형 형성'은 근접경호활동에 해당한다.

| 12 ④ | 13 ④ | 14 ④ | 15 ④ | 16 ④ | 정답 |

17 선발경호의 특성에 관한 설명으로 옳지 <u>않은</u> 것은?　　　　　• 제22회 기출

◯△✕

① 예방성: 선발경호의 임무로 위해요소를 사전에 발견하여 제거하고 거부함으로써 경호행사의 안전을 확보하는 것이다.

② 통합성: 경호임무에 동원된 모든 부서는 각자의 기능을 완벽하게 발휘하면서, 하나의 지휘체계 아래에 통합되어 상호 보완적 임무를 수행한다.

③ 안전성: 확보한 행사장의 안전상태가 행사 종료 시까지 지속될 수 있도록 임무를 수행한다.

④ 예비성: 경호임무는 최상의 상황을 염두에 두고 수행한다.

> **해설** 예비성은 우발상황에 신속히 대처하고, 만약의 상황에 대비하기 위한 비상대책이 항상 준비되어 있는 것을 의미하다.

18 선발경호의 특성으로 옳지 <u>않은</u> 것은?　　　　　• 제21회 기출

◯△✕

① 경호팀의 능력에 부합하는 비상대응계획을 수립한다.

② 3중경호원리에 입각해 구역별 특성에 맞는 경호조치를 한다.

③ 경호임무에 동원된 부서는 각각의 지휘체계하에 상호보완적으로 임무를 수행한다.

④ 위해요소를 사전에 발견해서 제거하고 위해요소의 침투 가능성을 거부한다.

> **해설** 경호임무에 동원된 부서는 단일 지휘체계하에 상호보완적으로 임무를 수행한다. 경호행사에는 고유기능과 임무를 갖고 있는 많은 부서가 참가해서 경호활동을 수행한다. 각 부서의 활동은 분리된 것이 아니며 예방경호 실현이라는 경호목적을 달성하는 데 필요한 일부분으로, 예방경호는 이러한 제 기능이 하나가 되어 통합된 힘을 발휘할 때 비로소 가능하다. 이를 통합성이라고 하며, 이는 선발경호의 특성을 구성하는 요소에 해당한다.

19 경호의 특성을 올바르게 구분한 것은?

• 제24회 기출

| ㉠ 예방성 | ㉡ 통합성 | ㉢ 노출성 |
| ㉣ 예비성 | ㉤ 안전성 | ㉥ 유동성 |

① 선발경호 - (㉠, ㉡, ㉣, ㉤), 근접경호 - (㉢, ㉥)
② 선발경호 - (㉠, ㉢, ㉥), 근접경호 - (㉡, ㉣, ㉤)
③ 선발경호 - (㉡, ㉢, ㉥), 근접경호 - (㉠, ㉣, ㉤)
④ 선발경호 - (㉢, ㉥), 근접경호 - (㉠, ㉡, ㉣, ㉤)

해설 선발경호의 특성은 예방성, 통합성, 예비성, 안전성 등이고, 근접경호의 특성은 노출성, 유동성 등이다.

20 사전예방경호활동에 관한 설명으로 옳지 <u>않은</u> 것은?

① 경호대상자(VIP)의 절대 안전을 보장하기 위한 사전방책을 강구하는 것을 말하며, 크게 선발활동과 근접활동으로 구분한다.
② 행사장 내부경비(제1선)는 입장자에 대한 비표 패용을 확인하고 사전 폭발물 설치에 대비하여 완벽한 검측을 하여야 한다.
③ 행사장 내곽경비(제2선)는 돌발사태를 대비하여 비상통로, 소방차, 구급차 등을 확보하여 요원과 함께 대기하도록 한다.
④ 행사장 외곽경비(제3선)는 행사장 주변 감시조를 운용하며 외부로부터 내부로의 불심자 접근을 차단하는 데 주력한다.

해설 선발활동은 사전예방경호활동에 해당하지만, 경호대상자 주변에서 경호활동을 하는 근접활동은 근접경호활동에 해당한다.

17 ④ 18 ③ 19 ① 20 ① 정답

21 선발경호에 관한 설명으로 옳지 <u>않은</u> 것은?

• 제18회 기출

① 사전예방경호활동이다.

② 행사장의 취약요소를 판단하여 필요한 안전조치를 강구한다.

③ 행사장을 안전하게 확보하고 유지하는 경호활동이다.

④ 예방적 경호조치는 위해자의 입장이 아닌 경호원의 입장에서 면밀히 분석되고 조치되어야 한다.

해설 예방적 경호조치는 경호원이 아닌 위해자, 즉 적의 입장에서 면밀히 분석되고 조치되어야 한다. 만일 위해자라면 이러한 행위를 할 것이라고 가정하여 예방적 경호조치를 하여야 더욱 효과적이고 효율적인 예방적 경호조치가 될 수 있다.

22 사전예방경호의 작용과 거리가 <u>먼</u> 것은?

① 사전예방경호란 경호대상자가 도착하기 전에 실시하는 활동을 말한다.

② 사전예방경호란 임시로 편성된 경호단위를 사전에 파견하여 제반 취약 요소에 대한 안전조치를 강구하는 것을 말한다.

③ 경호의 사전안전작용은 경호정보작용, 안전대책작용, 근접경호작용으로 구분한다.

④ 사전예방경호의 활동은 경호의 협조와 경호의 안전작용을 주로 실시한다.

해설 근접경호작용은 행사 시 경호대상자의 신변에 대하여 직접적으로 가해지는 위해를 방지·제거하기 위해 실내·외 행사장은 물론 도보이동, 차량, 선박, 항공기, 철도 등의 기동 간에 실시하는 활동을 말하며, 사전예방경호와 다른 개념이다.

23 선발경호(Advance Security)에 관한 설명으로 옳지 <u>않은</u> 것은?

① 대통령경호처에서는 선발경호를 '수행경호'라고 부른다.

② 선발경호는 예방적 경호요소를 포함하며 완벽한 근접경호를 위한 준비활동으로 볼 수 있다.

③ 선발경호는 각종 사고의 가능성을 최소화하는 노력을 의미한다.

④ 선발경호는 예방성, 통합성, 안전성, 예비성이라는 특성을 가지고 있다.

해설 대통령경호처에서는 근접경호를 '수행경호'라고 부른다. 수행경호란 경호대상자를 따라다니면서 가까운 데서 경호활동을 하는 것을 의미한다. 선발경호(사전예방경호)는 사전적·예방적 작용인 반면, 근접경호(수행경호)는 동시적·최종적 작용이다.

24 선발경호업무의 범위가 <u>아닌</u> 것은?

① 행사장 안전점검 ② 행사장 비표 운용
③ 차량점검 및 차량대형 운용 ④ 출입자 통제

해설 선발경호대는 본대 도착 이전부터 행사 종료까지 위해자의 기도를 사전에 색출·제거하기 위한 예방적 차원의 제반 경호활동을 의미하고, 근접경호대는 경호대상자에게 근접하거나 경호대상자와 함께 이동하면서 예상되는 각종 위해요소에 대비하는 경호활동을 의미한다. 따라서 차량점검 및 차량대형 운용은 근접경호업무의 범위에 해당한다.

25 선발경호업무가 <u>아닌</u> 것은?
• 제21회 기출

① 행사장 사전답사 ② 도보 및 차량 대형 형성
③ 위해가능자 동향 파악 ④ 출입증 확인 및 물품 검색

해설 도보 및 차량 대형 형성은 근접경호업무에 해당한다. 근접경호는 행사 시 경호대상자의 신변에 대하여 직접적으로 가해지는 위해를 방지·제거하기 위하여 실내·외 행사장은 물론, 도보이동, 차량, 선박, 항공기, 철도 등의 기동 간에서 실시하는 활동을 말한다.

26 경호형성 및 준비작용에서 연락 및 협조체제 구축 시의 고려사항이 <u>아닌</u> 것은?

① 공식 및 비공식 수행원에 관한 사항
② 경호대상자와 수행원의 편의시설
③ 경호대상자의 참석범위, 행사의 구체적인 성격
④ 취재진의 인가 및 통제상황

해설 수행원은 경호대상자를 업무상 보좌하기 위하여 따라다니는 사람을 말하며, 수행원의 일반적 사항은 연락 및 협조체제 구축 시의 고려사항으로 포함되지 아니한다.
▶ 연락 및 협조체제 구축 시 고려사항

사전예방경호를 효율적으로 수행하려면 주된 경호기관을 중심으로 상이한 성격을 가진 여러 기관들이 다음의 사항을 고려하여 연락 및 협조체제를 구축하여야 한다.
1. 경호대상자와 수행원의 편의시설
2. 경호대상자의 참석범위, 행사의 구체적인 성격
3. 취재진의 인가 및 통제상황

21 ④ 22 ③ 23 ① 24 ③ 25 ② 26 ① 정답

27 다음 (   )에 들어갈 알맞은 용어는?

○△×

• 제20회 기출

> • (㉠): 폭발물 등 각종 유해물을 탐지하는 활동
> • (㉡): 경호대상자가 이용하는 물품과 시설 등의 안전상태를 확인하는 활동

	㉠	㉡		㉠	㉡
①	안전검사	안전점검	②	안전점검	안전검사
③	안전유지	안전검사	④	안전검사	안전유지

해설 폭발물 등 각종 유해물을 탐지 · 제거하는 것을 안전점검이라고 하고, 경호대상자가 이용하는 기구, 시설 등의 안전상태를 검사하는 것을 안전검사라고 한다.

28 경호작용에 관한 설명으로 옳지 **않은** 것은?

○△×

① 안전대책작용은 행사지역 내 · 외부의 취약요소에 대한 안전대책을 강구하고, 안전점검, 검측작용 등 통합적인 안전작용을 하는 것을 말한다.

② 경호와 관련된 인원, 문서, 시설, 지역, 통신 등에 대해 위해기도자로부터 완벽한 보호대책을 수립하여 보안을 유지해 나가는 것을 경호정보작용이라고 한다.

③ 안전조치는 경호행사 시 경호대상자에게 위해를 줄 수 있는 위해물질을 안전하게 관리하는 것을 말한다.

④ 안전조치가 이루어진 상태를 계속 유지하기 위하여 통제작용을 하는 것을 안전유지라고 한다.

해설 경호와 관련된 인원, 문서, 시설, 지역, 통신 등에 대해 위해기도자로부터 완벽한 보호대책을 수립하여 이를 지속적으로 유지해 나가는 것은 경호보안작용이다. 경호정보작용은 인적 · 물리적 · 지리적 위해요소를 사전에 수집 · 분석 · 전파하여 경호대상자의 신변의 안전을 보호하려는 예방경호 활동을 의미한다.

29 경호정보와 첩보에 관한 설명으로 옳지 <u>않은</u> 것은?
• 제18회 기출

① 경호첩보는 가공되지 않은 정보의 자료가 되는 2차적인 지식을 의미한다.

② 경호정보의 분류에는 인적정보, 물적정보, 지리정보, 교통정보, 기상정보 등이 있다.

③ 경호정보는 사용자가 필요로 하는 시기에 제공되어야 하는 적시성이 있어야 한다.

④ 경호정보는 시간이 허용되는 범위에서 사용자가 의도한 대상과 관련한 모든 사항을 망라하여 작성해야 하는 완전성이 있어야 한다.

> **해설** 경호첩보는 가공되지 않은 정보의 자료가 되는 1차적인 지식을 의미하며, 경호정보는 가치가 평가되고 체계화된 지식으로 2차 정보(2차적인 지식) 또는 가공정보라고 한다.

30 경호정보작용에 대한 설명으로 옳은 것은?

① 경호와 관련된 문서 등에 대하여 불순분자로부터의 보호대책 업무이다.

② 경호행사지역에 대한 인적·물적·지리적 취약요소에 대한 안전대책업무이다.

③ 행사 시 신변보호업무를 위한 기동 간 및 행사장에서의 근접호위업무이다.

④ 경호대상자의 신변안전을 위해하는 인적·물적·지리적 취약요소에 대한 사전수집분석 업무이다.

> **해설** 경호대상자의 신변안전을 위협하는 취약요소들을 사전에 수집, 분석, 예고함으로써 예방경호를 수행하는 것은 경호의 정보업무에 해당한다.
> ① 경호와 관련된 문서 등에 대하여 불순분자로부터의 보호대책 업무는 경호보안작용에 해당한다.
> ② 경호행사지역에 대한 인적·물적·지리적 취약요소에 대한 안전대책업무는 안전대책작용이라고 한다.
> ③ 행사 시 신변보호업무를 위한 기동 간 및 행사장에서의 근접호위업무는 근접경호활동에 해당한다.

27 ② 28 ② 29 ① 30 ④ **정답**

31 경호정보에 관한 설명으로 옳지 <u>않은</u> 것은?

• 제15회 기출

① 완전성: 절대적인 완전성이 아니더라도 시간이 허용되는 범위에서 가능한 한 사용자가 의도한 대상과 관련한 모든 사항이 작성되어야 한다.

② 적시성: 정확하고 완전한 정보라 하여도 사용자가 필요로 하는 시기에 사용하지 않으면 가치가 없게 된다.

③ 공개성: 첩보를 통해 생성하는 과정에서 사용자에게 공개적으로 제공하는 것을 의미한다.

④ 정확성: 사용자가 추구하는 가치의 달성을 위한 정책수립과 수행에 있어 이용 가능한 사전지식으로 그 존재 가치가 정확해야 한다.

해설 경호정보는 경호활동과 관련한 정보를 수집·분석하여 경호원에게 제공하는 것으로, 경호정보활동의 3대 요소인 정확성, 적시성, 완전성을 갖추어야 한다. 공개성은 경호정보활동의 구성요소에 해당하지 않는다.

32 경호정보작용에 관한 설명으로 옳은 것은?

① 경호와 관련된 인원, 문서, 시설, 지역, 자재 등에 대한 보호대책을 수립하여 보안을 유지해 나가는 작용이다.

② 경호작용의 원천적 사전지식을 생산 및 제공하는 작용으로, 정확성, 적시성, 완전성의 요건을 구비해야 한다.

③ 경호대상지역 내·외부의 인적·물적·지리적 취약요소에 대한 안전대책 강구 등의 안전작용을 말한다.

④ 경호행사 시 경호대상자에게 위해를 줄 수 있는 위해물질을 안전하게 관리하는 작용이다.

해설 경호정보작용은 경호작용의 원천적 사전지식을 생산 및 제공하는 작용이다. 이러한 업무는 정확성, 적시성, 완전성의 요건을 구비해야 하며, 기본정보, 분석정보, 판단정보, 예고정보 등으로 구분하여 작성하고 활용해야 한다.
① 경호보안작용에 대한 설명이다.
③ 안전대책작용에 대한 설명이다.
④ 안전조치에 대한 설명이다.

33 경호의 안전작용 중 경호보안업무에 대한 설명으로 옳지 <u>않은</u> 것은?
□△×

① 경호대상자의 정확한 출발, 도착시간, 행·환차로 등을 공개하지 않음으로써 위해 기도자로부터 안전을 도모할 수 있다.

② 경호대상자의 신변안전을 위협하는 취약요소들을 사전에 수집, 분석, 예고함으로써 예방경호를 수행하는 것이다.

③ 경호의 보안업무는 공식행사로 행사 일정이 공개되었다 하더라도 경로 및 이동방법 등을 보안 조치하여 경호대상자의 신변을 보호하고 안전을 도모하는 사전안전대책이다.

④ 국가적 차원에서의 보안작용은 국가의 안전보장과 관계되는 기밀이나 문서, 지역 등에 불순분자를 경계하고 차단하며 제재하는 사전예방작용이다.

> **해설** 경호대상자의 신변안전을 위협하는 취약요소들을 사전에 수집, 분석, 예고함으로써 예방경호를 수행하는 것은 경호정보작용에 해당한다.

34 경호보안활동에서 '보안과 능률의 원칙'에 관한 내용으로 옳은 것은?
□△×

① 보안을 지나치게 강조할 경우 생산된 정보가 사용자에게 제대로 전달되지 않아 정책결정에 사용하지 못할 수 있다.

② 사용자가 필요한 만큼 적당한 양의 정보를 전달하도록 한다.

③ 알 필요성이 없는 사람은 경호대상자에 관한 정보에 접근해서는 안 된다.

④ 내용과 가치의 정도에 따라 다른 비밀과 관련되지 않게 독립시켜야 한다.

> **해설** 보안업무의 원칙으로는 보안과 능률의 원칙(보안과 능률의 조화의 원칙), 알 사람만 알아야 한다는 원칙, 적당성(適當性)의 원칙, 부분화의 원칙이 있다.
> ② 적당성의 원칙에 해당한다.
> ③ 알 사람만 알아야 한다는 원칙에 해당한다.
> ④ 부분화의 원칙에 해당한다.

| 31 ③ | 32 ② | 33 ② | 34 ① | **정답** |

35 경호임무 활동절차에 관한 설명으로 옳지 <u>않은</u> 것은?

• 제15회 기출

① 경호정보활동은 어떻게 수집, 평가, 분석, 실행되어야 하는가에 따라 경호활동의 기본방향이 결정되므로 신속하고 정확한 정보분석과 대책의 수립이 요망된다.

② 경호보안활동은 경호 관련 인원, 문서, 시설, 지역, 자재, 통신 등에 대하여 불순분자로부터 완벽한 보호대책을 수립하여 지속적으로 보완 · 유지함을 말한다.

③ 안전대책 및 검측활동은 행사장 내 · 외부에 산재한 인적, 물적, 지리적 취약요소의 안전대책을 강구하고 내 · 외곽 시설물의 폭발물 탐지 · 제거, 안전점검 및 경호대상자의 음식물에 대한 검식작용을 통합한 것이다.

④ 계획수립활동은 경호 관련 기본정보, 분석정보, 판단정보, 예고정보 등을 작성하여 경호지휘소에 전파하는 것이다.

해설 경호 관련 기본정보, 분석정보, 판단정보, 예고정보 등을 작성하여 경호지휘소에 전파하는 것은 경호정보작용에 해당한다.

▶ 경호정보작용

1. 정보활동이란 인적 · 물리적 · 지리적 위해요소를 사전에 수집 · 분석 · 전파하여 경호대상자의 신변의 안전을 보호하려는 예방경호활동을 의미한다.
2. 정보활동은 경호활동과 관련된 정보를 수집 · 분석하여 경호원에게 제공하는 것으로 정확성, 적시성, 완전성을 갖추어야 한다.

36 경호임무 활동절차에 관한 설명으로 옳지 <u>않은</u> 것은?

• 제18회 기출

① 계획 수립은 행사에 관련된 정보를 획득하여 필요한 인원과 장비, 선발대 파견 일정 등을 결정하는 활동이다.

② 안전대책작용이란 행사지역 내 · 외부에 산재한 취약요소 안전대책 강구, 행사장 시설물 폭발물 탐지 제거 등 통합적 안전작용을 말한다.

③ 보안활동은 경호대상자에 대한 위해기도의 기회를 최소화하여 신변안전을 도모하는 활동이다.

④ 안전대책의 3대 작용원리는 안전점검, 안전검사, 안전조치를 말한다.

해설 안전대책의 3대 작용원리는 안전점검(폭발물 등 각종 유해물을 탐지 · 제거하는 것), 안전검사(경호대상자가 이용하는 기구, 시설 등의 안전상태를 검사하는 것), 안전유지(행사 시 경호대상자에게 위해를 줄 수 있는 물질에 대한 안전점검과 검사가 이루어진 상태를 관리 또는 통제하는 것)를 말한다.

37 안전대책활동에 관한 설명으로 옳지 <u>않은</u> 것은?

① 안전점검은 폭발물 등 각종 유해물을 탐지·제거하는 것이고, 안전검사는 이용하는 기구시설의 안전상태를 검사하는 것이며, 안전점검과 안전검사가 이루어진 상태를 계속 유지하기 위하여 통제하는 것을 안전유지라고 한다.

② 공격성 정신질환자, 시국불만자 등 인적 위해분자의 행동을 감시하거나 VIP에 대한 접근을 차단하는 등 경호대상자의 안전을 도모하는 것은 인적 위해요소 배제작용이다.

③ 특별호구조사 실시, 위해광고물 일제정비 등 취약요인을 사전제거하는 활동을 통해 VIP의 안전을 도모하는 것을 물적 위해요인 배제작용이라고 한다.

④ VIP 음식에 대한 독극물 투여 등에 대비한 검식활동은 안전대책활동에 포함된다.

해설 특별호구조사 실시, 위해광고물 일제정비 등 취약요인을 사전제거하는 활동을 통해 VIP의 안전을 도모하는 것을 지리적 위해요인 배제작용이라고 한다. 이때, 특별호구조사란 집집마다 돌아다니며 가족의 실태를 조사하는 것을 의미한다. 물적 위해요인 배제작용에는 총기류 및 폭발물 등의 위험물질에 대한 통제조치 등이 있다.

38 다음 ( )에 들어갈 경호의 안전대책은? • 제24회 기출

- (㉠): 경호대상자가 이용하는 기구와 물품, 시설 등의 안전상태를 확인하는 활동
- (㉡): 경호대상자에게 위해를 가할 수 있는 위해물질을 안전하게 관리하는 활동
- (㉢): 폭발물 등 각종 유해물을 탐지, 제거하는 활동

	㉠	㉡	㉢		㉠	㉡	㉢
①	안전검사	안전조치	안전점검	②	안전조치	안전점검	안전검사
③	안전점검	안전검사	안전조치	④	안전조치	안전검사	안전점검

해설 안전대책작용이란 행사지역 내·외부에 산재한 인적·물적·지리적 위해요소에 대한 안전대책 강구, 행사장 내·외곽 시설물에 대한 폭발물 탐지·제거 및 안전점검, 경호대상자에게 제공되는 각종 음식물에 대한 검식작용 등 통합적인 안전작용을 말한다. 경호대상자에게 위해를 가할 수 있는 위해물질을 안전하게 관리하는 활동은 안전조치라 한다.

▶ 안전대책의 3대 작용원리

안전점검	폭발물 등 각종 유해물 탐지·제거
안전검사	경호대상자가 이용하는 기구, 시설 등의 안전상태 검사
안전유지	행사 시 경호대상자에게 위해를 줄 수 있는 물질에 대한 안전점검 및 검사가 이루어진 상태를 관리 또는 통제

35 ④　36 ④　37 ③　38 ① 정답

39 경호임무 활동에 관한 설명으로 옳은 것은?

☐△✕

• 제22회 기출

① 연례적이고 반복적인 행사장의 사전답사는 생략할 수 있다.

② 안전대책작용에는 행사장 내외부에 산재한 인적 · 물적 · 지리적 취약요소에 대한 안전대책을 포함한다.

③ 경호정보작용은 경호작용의 원천적 사전 지식을 생산, 제공하는 것으로 경호대상자의 신변안전을 위한 근접경호 임무이다.

④ 경호보안작용은 위해기도자의 인원, 문서, 시설, 지역, 자재, 통신 등의 정보를 정확하게 생산하는 활동이다.

해설 ① 행사장의 사전답사는 생략할 수 없다. 현장상황은 항상 변화가 있을 수 있으므로 현장에 출동하여 사전답사를 반드시 하여야 한다.
③ 경호정보작용은 경호작용의 원천적 사전 지식을 생산, 제공하는 것으로 사전예방경호의 임무에 해당한다.
④ 위해기도자의 인원, 문서, 시설, 지역, 자재, 통신 등의 정보를 정확하게 생산하는 활동은 경호정보작용에 해당하며, 경호보안작용은 경호와 관련된 인원, 문서, 시설, 지역, 자재, 통신, 특히 피경호자의 신변 등을 불순분자로부터 완벽하게 보호할 대책을 수립하여 이를 지속적으로 보완 · 유지해 나가는 것을 말한다.

40 경호업무 수행절차에 관한 내용이다. 다음이 설명하는 관리단계는?

☐△✕

• 제23회 기출

주요 활동은 정보활동이며, 정보의 수집 및 평가가 나타난다. 위협의 평가 및 대응방법을 강구하는 세부활동이 수행된다.

① 예방단계   ② 대비단계

③ 대응단계   ④ 학습단계

해설 예방단계는 경호활동과 관련하여 위험한 상황이 일어나기 전에 미리 대처하여 막는 단계이다. 즉, 법과 제도를 정비하여 우호적인 경호환경을 조성하고, 경호와 관련된 정보와 첩보를 수집 · 분석하여 경호위협을 평가하여 경호계획을 수립하는 경호준비과정으로, '예견단계 ⇨ 인식단계 ⇨ 조사단계 ⇨ 무력화단계'로 분류한다.

41 경호업무 수행절차에 관한 설명으로 옳은 것은?

· 제21회 기출

O△×

① 예방단계인 정보활동단계에서는 정·첩보를 수집하고 분석하여 경호위협을 평가한다.

② 학습단계인 안전활동단계에서는 행사장 취약요소에 대한 안전대책을 강구한다.

③ 대비단계인 경호활동단계에서는 경호 인력을 배치하여 지속적인 경계활동을 실시한다.

④ 대응단계에서는 경호실시결과를 분석하고 평가하여 보완한다.

해설 ② 학습단계인 평가 및 학습활동단계에서는 경호실시결과를 분석하고 평가하여 존안하고, 평가결과 대두된 문제점을 보완하기 위한 교육과 훈련을 실시하며, 평가결과를 차기 행사에 반영하기 위한 적용(Feedback)을 실시한다.

③ 대비단계인 안전활동단계에서는 경호계획을 근거로, 행사보안의 유지와 위해정보수집을 위한 보안활동을 전개하며, 행사장의 취약요소에 대한 안전대책을 강구하고, 경호위기상황에 대비한 비상대책활동을 실시하며, 위험요소에 대한 거부작전을 실시한다.

④ 대응단계인 경호활동단계에서는 잠재적인 위해기도자에게 공격기회를 주지 않기 위하여 경호 인력을 배치하여 지속적인 경계활동을 실시하며, 경호위기상황에 즉각적으로 대응하고 조치하는 즉각조치활동을 실시한다.

42 다음 설명에 해당하는 예방경호 수행단계는?

O△×

> 인식단계에서 위해가능성이 있다고 판단되는 위해요인을 추적하고 사실 여부를 확인하는 과정으로, 그 위해가능성을 직접 확인하고 그 결과에 따라 위해요소에 대해 실제 안전조치 여부를 판단해야 하므로 과학적이고 신중한 행동이 요구된다.

① 조사단계

② 인식단계

③ 무력화단계

④ 학습단계

해설 예방경호 수행단계는 '예견단계 ⇨ 인식단계 ⇨ 조사단계(분석단계) ⇨ 무력화단계'의 4단계 순으로 이루어진다. 그중 위해가능성이 있다고 판단되는 위해요인을 추적하고 사실을 확인하는 과정으로 과학적이고 신중한 행동이 요구되는 단계는 조사단계(분석단계)이다.

| 39 ② | 40 ① | 41 ① | 42 ① | 정답 |

43 선발경호원의 기본임무에 관한 설명으로 옳지 <u>않은</u> 것은?
• 제22회 기출

① 행사장의 보안상태 조사를 위해 내외부의 경호여건을 점검한다.
② 책임구역에 따라 사주경계를 실시하고 우발상황 발생 시 인적방벽을 형성하여 경호대상자를 보호한다.
③ 경계구역은 행사장 주변의 취약요소를 봉쇄, 감시할 수 있는 위치를 선정하고 기동순찰조를 운용한다.
④ 출입자 통제관리를 위하여 초청장 발급, 출입증 착용 여부를 확인한다.

> **해설** 책임구역에 따라 사주경계를 실시하고 우발상황 발생 시 인적방벽을 형성하여 경호대상자를 보호하는 것은 근접경호원의 기본임무에 해당한다.

44 선발경호원의 기본임무에 해당하지 <u>않는</u> 것은?
• 제18회 기출

① 경호원 각자 주어진 책임구역에 따라 사주경계를 실시하고 우발상황 발생 시 인적방벽을 형성하여 경호대상자를 보호한다.
② 출입자 통제관리를 위하여 초청장 발급, 출입증 착용 여부를 확인한다.
③ 내부경비(안전구역) 근무자는 경호대상자의 입장이 완료되면 복도, 화장실, 로비, 휴게실 등을 통제한다.
④ 외곽경비(경계구역)는 행사장 주변의 취약요소를 봉쇄, 감시할 수 있는 위치를 선정하고 기동순찰조를 운용하여 불순분자 접근을 차단한다.

> **해설** 경호원 각자 주어진 책임구역에 따라 사주경계를 실시하고 우발상황 발생 시 인적방벽을 형성하여 경호대상자를 보호하는 것은 경호대상자 주변에서 신변보호활동을 담당하는 근접경호원의 기본임무에 해당한다.
> ②③④ 선발경호와 관련된 활동으로 선발경호원의 기본임무에 해당한다. 선발경호(사전예방경호)는 경호대상자가 현장에 도착하기 전에 임시로 편성된 경호선발대가 행사지역에 파견되어 미리 현장답사를 실시하고 효과적인 경호협조와 경호준비를 하는 것으로, 이러한 업무를 수행하는 사람을 선발경호원이라고 한다.

45 경호활동 시 정보순환과정의 단계를 옳게 나열한 것은?
○△×

① 첩보수집단계 ⇨ 정보요구단계 ⇨ 정보생산단계 ⇨ 정보배포단계
② 정보요구단계 ⇨ 첩보수집단계 ⇨ 정보생산단계 ⇨ 정보배포단계
③ 정보요구단계 ⇨ 정보생산단계 ⇨ 첩보수집단계 ⇨ 정보배포단계
④ 정보배포단계 ⇨ 정보요구단계 ⇨ 첩보수집단계 ⇨ 정보생산단계

> **해설** 경호활동 시 정보순환과정의 단계는 '정보요구단계 ⇨ 첩보수집단계 ⇨ 정보생산단계 ⇨ 정보배포단계'의 순이다. 정보의 순환이란 정보활동 시 소요되는 정보의 요구를 결정하고 이 요구를 충족시키기 위해 수집된 첩보를 평가, 분석, 통합, 해석하여 정보를 생산하는 것을 말한다.

46 다음에서 설명하는 정보순환과정의 단계는?
○△×

> 정보요구자의 측면에서 주도면밀한 계획과 수집범위의 적절성, 수집활동에 대한 적절한 감독 등이 요구되는 단계

① 정보요구단계   ② 첩보수집단계
③ 정보생산단계   ④ 정보배포단계

> **해설** 정보순환과정은 '정보요구단계 ⇨ 첩보수집단계 ⇨ 정보생산단계 ⇨ 정보배포단계'의 4단계 순환과정으로 이루어진다. 정보요구단계는 정보사용자가 필요한 첩보의 수집을 요구하는 단계로, 첩보의 기본요소 결정, 첩보수집계획서의 작성, 명령하달 및 수집에 대한 감독 등의 소순환 과정으로 이루어진다.

47 사전경호활동 준비 시 고려해야 할 사항으로 옳지 <u>않은</u> 것은?
○△×

① 경호활동계획은 행사주최 측에서 작성한 행사계획에 근거하여 작성한다.
② 행사장소와 주변시설에 대한 자료를 이용하여 행사장에 대한 잠재적 위해요소를 판단한다.
③ 각 근무지별로 부여된 임무수행을 위한 점검리스트를 작성하고, 근무지별 세부활동계획을 수립한다.
④ 경호대상자에 대한 신상 및 의료자료는 사생활보호 차원에서 파악할 필요는 없다.

> **해설** 경호행사 일정하달에는 경호대상자가 누구인지와 더불어 완벽한 경호를 위한 경호대상자의 최소한의 의료자료 등이 포함된다.

48 행사장 현장답사 시 고려할 사항이 <u>아닌</u> 것은?

O△X

① 행사장 진입로, 주 통로 등을 고려하여 기동수단 및 승·하차 지점을 확인한다.

② 행사장 출입통제 범위 및 경호원 동원 범위를 판단한다.

③ 행사장 출입자에 대한 시차입장계획을 수립한다.

④ 행사장의 특성, 구조, 시설 등에 대한 취약여건을 판단한다.

> **해설** 현장답사는 경호조치를 취하기 위하여 취약요소를 분석하고, 운용경호자원의 규모를 판단하며 기동수단을 선정하기 위하여 현장에서 직접 수행하는 활동이다. 행사장 출입자에 대한 시차입장계획은 행사 준비를 위한 계획 수립 시 고려할 사항으로, 행사장 현장답사 시 고려해야 할 사항이 아니다.

49 경호 행사장 현장답사 시 고려사항이 <u>아닌</u> 것은?

O△X

① 행사장과 그 주변은 물론 교통과 관련된 시설이나 행·환차 코스가 포함되어야 한다.

② 대규모 행사가 예상되는 장소라면 지역의 집회나 공연 관련 관계법, 조례 등을 살펴보고 관계기관에 신고한다.

③ 주최 측과 협조하여 행사 의전계획서를 확보하고 행사장의 기상, 특성, 구조, 시설 등에 대한 여건을 판단한다.

④ 행사장에 CP를 설치하고 미리 유·무선망 설치를 완료한다.

> **해설** 행사장에 경호지휘소(CP)를 설치하고 유·무선망 설치를 완료하는 것은 준비단계의 경호활동 시 행하여야 할 사항으로, 경호 행사장 현장답사 시 고려할 사항이 아니다.

50 사전예방경호활동에 관한 설명으로 옳지 <u>않은</u> 것은?

O△X

① 안전검측이나 검식활동은 반드시 행사 당일에 실시해야 한다.

② 안전을 저해하는 위해요소를 사전수집, 분석, 예고하는 활동이다.

③ 인원, 문서, 자재, 지역, 통신 등에 대한 보호와 관련된 보안활동이 포함된다.

④ 인적·물적·지리적인 취약요소에 대한 안전대책 내용이 주로 이루어진다.

> **해설** 사전예방경호활동은 경호대상자가 현장에 도착하기 전에 임시로 편성된 경호선발대가 행사지역에 파견되어 미리 현장답사를 실시하고 효과적인 경호협조와 경호준비를 하는 것으로 정보활동, 보안활동, 안전대책작용을 한다. 안전검측이나 검식활동은 시간적 여유를 가지고 행사 전에 미리 실시하여야 한다.

51 현장답사 사항에 관한 설명으로 옳지 <u>않은</u> 것은?

ㅇ△✕

① 행사장에 도착한 후 행사 시작 전까지의 경호활동으로서 준비하는 단계를 말한다.

② 경호조치를 위한 취약요소 분석, 병력운용 규모 판단, 기동수단 및 거리를 산정한다.

③ 행사장의 승·하차 지점, 직시고지, 건물 등 경호환경 및 주요 장소를 최종 판단한다.

④ 주최 측과 협조하여 지리적 여건을 고려하고 진입로, 주 통로, 기동수단 및 승·하차지점을 판단한다.

해설 행사장에 도착한 후 행사 시작 전까지의 경호활동으로서 준비하는 단계는 경호임무 수행절차 중 준비단계에 해당하며, 현장답사 사항으로 볼 수 없다.

52 선발경호업무 시 출입통제에 관한 설명으로 옳지 <u>않은</u> 것은?

• 제21회 기출

ㅇ△✕

① 출입통제 효과를 극대화하기 위해 출입구를 다양화한다.

② 안전구역은 행사와 무관한 사람들의 행사장 출입을 통제 또는 제한해야 한다.

③ 경호구역 설정에 따라 각 통제의 범위를 결정한다.

④ 2선 경비구역은 모든 출입요소에 대한 실질적인 1차 통제점이 된다.

해설 선발경호업무 시 출입통제 효과를 극대화하기 위해 출입구를 가능한 한 일원화 또는 최소화해야 한다.

53 사전예방경호에 관한 설명으로 옳지 <u>않은</u> 것은?

• 제23회 기출

ㅇ△✕

① 내부근무자는 출입자의 비표를 확인하고 행사 진행 중 계획에 없는 움직임을 통제한다.

② 원활한 행사 준비를 위해 경호정보·보안·안전대책업무 수행을 지원한다.

③ 경호대상자가 도착하기 전에 현장답사를 실시하여 효과적인 경호를 준비한다.

④ 지휘체계는 외곽근무자와 내부근무자를 별도로 관리하는 것이 효율적이다.

해설 지휘체계는 혼란을 방지하기 위하여 외곽근무자와 내부근무자를 통합하여 관리하는 것이 효율적이다.

| 48 ③ | 49 ④ | 50 ① | 51 ① | 52 ① | 53 ④ | 정답 |

54 선발경호 시 다음의 업무를 수행하는 담당은?

• 제17회 기출

> 주최 측의 행사진행계획을 면밀히 검토하여 참석대상, 성격분석, 시차별 입장계획 등을 사전에 작전담당자에게 전달

① 승·하차 및 정문담당
② 안전대책담당
③ 주 행사장담당
④ 출입통제담당

해설 주최 측의 행사진행계획을 면밀히 검토하여 참석대상, 성격분석, 시차별 입장계획 등을 사전에 작전담당자에게 전달하는 업무를 수행하는 자는 출입통제담당이다. 또한 출입통제담당은 행사주최 측과 협조하여 초청장 발급·비표 패용 여부 등을 확인한다. 비표는 사전예방경호(선발경호) 시부터 운용한다.

55 선발경호에서 다음의 업무를 수행하는 담당은?

• 제16회 기출

> 안전구역확보계획 검토, 행사장 취약시설물, 최기병원, 비상 및 일반예비대 운용방법, 공중감시대책 등 사실적 관계를 확인한다.

① 작전담당
② 안전대책담당
③ 출입통제담당
④ 승·하차 및 정문담당

해설 선발경호 시 안전대책담당자는 안전구역의 확보계획 검토, 건물의 안전성 여부 확인, 상황별 비상대피로 구상, 행사장 취약시설물 파악, 공중감시대책, 비상 및 일반예비대 운용방법 확인, 최기병원 확인 등의 업무를 담당한다.

56 경호작전지휘소(CP; Command Post)의 설치목적으로 적절하지 <u>않은</u> 것은?

① 경호통신시스템의 관리 및 유지 목적

② 경호작전요소의 통합지휘 목적

③ 경호정보의 수집과 배포 목적

④ 피경호인의 세부적인 동향 파악 목적

해설▶ 경호대상자의 세부적인 동향 파악은 경호작전지휘소의 명을 받은 경호원의 임무이다.
①②③ 경호작전지휘소(CP)는 경호작전요소의 통합지휘, 경호정보의 수집과 배포, 경호통신시스템의 관리 및 유지, 다른 기관과의 연락·협조 등의 목적을 위하여 설치된다.

57 경호작전지휘소(CP; Command Post)의 운영에 관한 설명으로 옳지 <u>않은</u> 것은?

① 행사 간 경호정보의 터미널

② 행사 간 경호작전요소의 통제

③ 행사 간 경호통신시스템의 관리 및 유지

④ 행사 간 우발사태 발생 시 근접경호에 대한 즉각 대응체계를 통합지휘

해설▶ 행사 간 우발사태 발생 시에는 즉시 신속하게 현장에서 순발력을 발휘하여 근접경호원이 대처해야 한다.
①②③ 경호작전지휘소(CP)는 행사 간 경호정보의 터미널, 행사 간 경호작전요소의 통제, 행사 간 경호통신시스템의 관리 및 유지, 경호경찰에 대한 내·외곽 통합, 경호 진행사항 파악과 경호 시 필요한 조치 실시 등의 역할을 한다.

54 ④　　55 ②　　56 ④　　57 ④　　정답

제4절 근접경호 수행방법

58 근접경호의 특성 중 기만성에 해당하는 것은?

• 제24회 기출

① 경호대상자의 안전확보를 위해 경고 후 즉각 대피를 실시한다.

② 경호원의 체위를 통한 방벽을 구축한다.

③ 차량대형, 기동시간 등을 변칙적으로 운영하여 위해기도자가 상황을 오판하도록 한다.

④ 기동수단, 도보대형이 노출되고, 매스컴에 의해 행사일정 등이 알려진다.

> **해설** 차량대형, 기동시간 등을 변칙적으로 운영하여 위해기도자가 상황을 오판하도록 하는 것은 근접경호의 특성 중 기만성에 해당한다.
> ① 위기상황 대응방법에 해당한다.
> ② 근접경호의 특성 중 방벽성에 해당한다.
> ④ 근접경호의 특성 중 노출성에 해당한다.

59 근접경호원의 임무가 <u>아닌</u> 것은?

① 경호원은 각자 책임구역을 명확히 하고, 행사장의 취약요소 및 위해물질을 탐지, 색출, 제거 및 안전조치를 취해야 한다.

② 경호원은 항상 경호대상자의 근접에서 경호활동을 해야 한다.

③ 경호원 각자 책임구역에 대한 사주경계를 실시해야 한다.

④ 우발상황 발생 시 대적 및 제압보다는 경호대상자를 방호, 대피시키는 것을 우선으로 한다.

> **해설** 행사장의 취약요소 및 위해물질을 탐지, 색출, 제거 및 안전조치를 취해야 하는 것은 사전예방경호원의 임무이다. 경호대상자가 예정된 행사장에 도착하기 전에 미리 현장에 출동하여, 사전에 안전조치를 취하는 제반활동은 선발경호원의 임무에 해당한다.

60 근접경호 업무가 <u>아닌</u> 것은?
• 제24회 기출

① 차량 대형 형성
② 우발상황 발생 시 대피
③ 행사장에 대한 현장답사
④ 돌발상황 발생 시 경호대상자 방호

해설 차량 대형 형성, 우발상황 발생 시 대피, 돌발상황 발생 시 경호대상자 방호는 근접경호의 업무이다. 행사장에 대한 현장답사는 사전예방경호의 업무에 해당한다.

61 기동시기, 기동대형 등의 변화를 통해 위해기도자의 오판을 유도하는 근접경호의 특성은?
• 제26회 기출

① 기만성
② 기동성
③ 대피성
④ 방벽성

해설 경호의 기만성이란 차량대형 기만, 기동시간 기만, 기동로 및 기동수단 기만, 승하차 지점 기만 등으로 위해기도자로 하여금 행사상황을 오판하도록 실제상황을 은폐하고 허위상황을 제공하여 행사의 효율성을 높이려는 것이다.

62 근접경호의 특성으로 옳지 <u>않은</u> 것은?
• 제21회 기출

① 위해기도자의 추적을 회피하는 기만전술을 적절히 구사하여 경호의 효과성을 높인다.
② 근접경호원의 신체로 방벽을 형성하고 경호대상자의 시야를 제한하고 공격선을 차단한다.
③ 근접경호원의 대적보다는 경호대상자의 안전한 방호 및 대피에 중점을 둔다.
④ 경호대상자를 따라 이동하거나 변화하는 경호상황에 능동적으로 대처해야 한다.

해설 근접경호원의 신체로 방벽을 형성하여 위해자의 시야를 제한하고 공격선을 차단하는 것이 근접경호의 특성이다.

| 58 ③ | 59 ① | 60 ③ | 61 ① | 62 ② | 정답 |

63 경호임무 수행 중 근접경호업무의 특성으로 옳지 <u>않은</u> 것은?

① 우발상황 시 범인을 제압하는 것보다 경호대상자의 안전을 위한 방호 및 대피성이 우선된다.

② 방탄복 및 기동수단에 의한 외부공격으로부터 방벽성과 인적방벽효과가 요구된다.

③ 기동수단 및 도보대형에 의한 시각적 노출과 각종 매스컴에 의해 행사 내용이 알려지는 노출성이 있다.

④ 위해요소를 최소화하기 위하여 정적 상태가 요구되는 고정성의 특성이 있다.

해설 근접경호업무는 행사의 성격, 주변 여건, 장비의 특성에 따라 신속하게 대처하는 기동성과 도보 또는 차량대형의 기동성을 띠게 된다.

64 경호행사 시 주의력효과와 대응효과에 관한 설명으로 옳지 <u>않은</u> 것은? ・제21회 기출

① 주의력은 위해자를 사전에 색출하기 위한 노력으로 예리한 사주경계가 요구된다.

② 주의력을 높이기 위해서는 경계대상과의 거리를 좁히는 것이 효과적이다.

③ 대응력은 경호대상자를 보호하고 대피시켜 신변을 보호하는 능력으로 경호대상자와의 거리를 넓히는 것이 효과적이다.

④ 주의력효과와 대응효과는 서로 상반되는 개념이므로 위치 선정에 유의해야 한다.

해설 대응력은 위해기도자가 위해공격을 감행할 경우 신속하고도 효과적으로 경호대상자를 보호하고 대피시켜 경호대상자의 신변을 보호하는 경호능력을 말한다. 대응력을 높이기 위해서는 우발상황 발생 시 신속하게 대처하기 위하여 경호대상자와의 거리를 좁히는 것이 효과적이다.

65 근접경호 수행방법에 관한 설명으로 옳은 것을 모두 고른 것은? • 제26회 기출

○△×

> ㉠ 방호 및 대피보다 대적에 중점을 둔다.
> ㉡ 신체로 방벽을 형성하여 공격선을 차단한다.
> ㉢ 기만전술을 통해 위해기도자의 추적을 회피한다.
> ㉣ 경호원의 대형과 위치는 수시로 변화를 주어야 한다.

① ㉠, ㉢ ② ㉡, ㉣
③ ㉠, ㉢, ㉣ ④ ㉡, ㉢, ㉣

해설 경호의 궁극적 목적은 경호대상자의 절대 안전을 도모하는 것이다. 그러므로 위해기도자와 맞서 싸우는 대적보다 위해기도를 방어하고 경호대상자를 보호하며 위험한 현장에서 경호대상자를 피신(대피)시키는 것이 우선이다. 따라서 대적보다 방호 및 대피에 중점을 둔다.

66 경호활동의 기본 원칙으로 옳지 않은 것은? • 제21회 기출

○△×

① 경호대상자가 참석할 장소와 지역에 대한 정보를 분석하여 위험요인을 사전에 제거한다.
② 경호대상자의 이동시간, 이동경로, 이동차량 등에 변화를 주어 위해기도자가 다음 행동을 예측할 수 없도록 한다.
③ 경호대상자를 제외한 모든 사람이 검색대상이며 모든 인적·물적·지리적 위해요소에 대해 경호조치가 이루어져야 한다.
④ 일반인의 불편을 최소화하면서 경호대상자와 국민의 접촉을 차단하여 완벽한 임무를 수행한다.

해설 일반인의 불편을 최소화하는 것은 옳지만, 경호대상자와 국민의 접촉을 차단한다는 것은 옳지 않다. 경호대상자의 안전에 반하지 않는 범위에서 경호대상자와 국민과의 친화 도모도 필요하다.

67 근접경호원의 임무원칙에 관한 설명으로 옳지 <u>않은</u> 것은? · 제26회 기출

O△X

① 도보이동 속도는 경호원의 건강상태, 보폭, 신장을 기준으로 정한다.

② 타 지역으로 이동 전에 경호대상자에게 이동로, 소요시간, 경호대형 등의 정보를 제공한다.

③ 출입문을 통과할 경우 경호원이 먼저 통과하여 안전을 확인한 후 경호대상자를 통과시킨다.

④ 위해기도자의 공격 가능성을 줄이고, 경호대상자에 대한 피해를 최소화하기 위하여 이동속도는 가급적 빠르게 한다.

해설 도보이동 속도는 경호대상자의 건강상태, 보폭, 신장을 기준으로 정한다. 경호란 전적으로 경호대상자(VIP)의 안전을 도모하기 위한 활동이다. 모든 것은 경호대상자를 기준으로 한다.

68 근접경호원의 자세에 관한 설명으로 옳은 것은? · 제22회 기출

O△X

> ㉠ 순간적인 경호상황을 정확히 판단하고 대응하기 위한 명석한 판단력을 갖추어야 한다.
> ㉡ 행사의 성격 및 상황을 직시하여 그에 맞는 적절한 자세를 견지한다.
> ㉢ 급박한 상황 외에는 경호대상자의 활동에 방해를 해서는 안 된다.
> ㉣ 경호대상자와 경호환경에 어울리지 않는 복장을 착용한다.

① ㉠, ㉡, ㉢   ② ㉠, ㉡, ㉣

③ ㉠, ㉢, ㉣   ④ ㉡, ㉢, ㉣

해설 근접경호원은 경호대상자와 경호환경에 어울리는 복장을 착용한다.

▶ **경호요원의 복장**

> 경호요원은 행사의 성격에 따라 주변 환경과 어울리도록 복장을 착용하여 신분이 노출되지 않아야 하며, 노출경호가 필요할 경우에는 지정된 복장을 착용한다.

69 근접경호 수행방법에 관한 설명으로 옳지 <u>않은</u> 것은? • 제20회 기출

① 에스컬레이터를 이용하여 이동하는 것은 다른 이동수단으로 이동하는 것에 비해 상대적으로 취약하다.

② 주위경계 시 경호대상자로부터 먼 곳에서 가까운 곳으로 좌우 반복해서 실시하되 인접경호원과 중첩되지 않도록 한다.

③ 외부에 노출되어 있는 개방형 계단을 오르내릴 때에는 경호대상자를 계단 중앙에 위치하도록 하여야 한다.

④ 건물 밖에서 안으로 문을 통과할 때에는 미는 문의 경우 전방경호원이 안으로 들어가서 문을 잡아 경호대상자가 통과할 수 있도록 하여야 한다.

해설 주위경계(사주경계) 시 경호대상자로부터 가까운 곳에서 먼 곳으로, 좌에서 우로, 팀 단위 경호 시 반복해서 실시하되 인접경호원과 책임구역을 중첩되게 실시한다.

70 근접경호의 수행요령으로 옳은 것은?

① 경호대상자 주위의 모든 사람들은 흉기나 소지하고 있는 물건 등으로 순식간에 위해를 가할 수 있으므로 항상 그들의 손을 주시하여야 한다.

② 근접경호원은 자기담당구역 책임원칙에 입각하여 다른 경호원과 근무 위치가 바뀌지 않도록 해야 한다.

③ 위해기도자의 공격기회를 줄이고 피해를 최소화하기 위해서는 가능한 한 정해진 노선으로 이동하는 것이 좋다.

④ 도로나 계단, 복도 등의 이동 시에는 위급 시 피신이 용이하도록 공간의 한쪽 편으로 이동하는 것이 좋다.

해설 ② 근접경호원은 상대적 위치를 수시로 바꾸어 가면서 위해기도자의 끼어들기를 차단하고 경호대상자의 심리적 안정을 위하여 경호대상자가 볼 수 있는 최근접 지점에 위치한다.
③ 위해기도자의 공격기회를 줄이고 피해를 최소화하기 위해서는 가능한 한 예정된 시간과 노선을 변경하는 것이 좋다.
④ 도로나 계단, 복도 등의 이동 시에는 위급 시 공간을 여유 있게 활용할 수 있도록 공간의 중앙으로 이동하게 한다.

67 ① 68 ① 69 ② 70 ① 정답

71 근접경호 방법에 관한 설명으로 옳지 <u>않은</u> 것은?

• 제23회 기출

① 신체에 의한 방호벽을 형성하되 경호대상자의 성향을 고려해야 한다.

② 근접경호원의 신체조건을 충분히 활용하여 경호대상자의 시야를 제한하고 공격선을 차단한다.

③ 경호대상자를 따라 이동하여 변화하는 경호상황에 능동적으로 대처해야 한다.

④ 위해기도자의 추적을 회피하는 기만전술을 구사하여 경호효과를 높일 수 있다.

> 해설 근접경호원의 신체조건을 충분히 활용하여 위해기도자의 시야를 제한하고 공격선을 차단한다.

72 근접경호기법에 대한 설명으로 옳지 <u>않은</u> 것은?

① 육감경호는 정확성이 떨어져 첨단과학장비나 기법에 의한 경호보다 효율성이 낮다.

② 경호기만은 위해기도자로 하여금 공격을 포기하게 하거나 공격에 실패하도록 유도하는 계획적·변칙적 기법이다.

③ 기동 간 경호기만 시 일반대중에게 노출되지 않도록 대중의 시야를 벗어났을 때 행하여져야 한다.

④ 복제경호원은 경호대상자와 용모·복장이 닮은 사람을 경호원 또는 수행원으로 대동하여 위해기도자의 눈을 기만하여 경호대상자를 보호하는 기법이다.

> 해설 경호요원의 치밀한 주의력과 신속한 반응 능력은 성공적 경호를 위하여 가장 효율적이므로 근접경호원은 사람이 갖고 있는 오관과 육감을 최대한 이용하여 경호활동을 하여야 한다. 경호기법이 아무리 발전했다 해도 경호요원의 치밀한 주의력과 신속한 반응 능력이 성공적 경호를 위하여 가장 효율성이 높으므로, 근접경호원은 사주경계 시에는 사람이 갖고 있는 오관과 육감을 최대한 이용하여 경호활동을 하여야 한다.

73 사주경계에 관한 설명으로 옳은 것은 모두 몇 개인가?

• 제22회 기출

○△×

> • 행사장이나 주변의 모든 시설물과 물체가 경계대상이다.
> • 위해기도자가 은폐하기 좋은 장소나 공격하기 용이한 장소가 경계대상이다.
> • 경호대상자 주변의 모든 인원 중 행사상황에 어울리지 않는 행동을 하는 사람들이 중점감시대상이다.
> • 경호행사 시 영향을 미칠 수 있는 간접적 위해요인도 경계대상이다.

① 1개 ② 2개
③ 3개 ④ 4개

해설 행사장이나 주변의 모든 시설물과 물체가 경계대상이며, (그중에서) 위해기도자가 은폐하기 좋은 장소나 공격하기 용이한 장소가 (중점)경계대상이다. 위해기도자가 직접 경계근무자의 눈에 보이지 않더라도 주변의 사물이 상당히 부자연스럽게 보일 경우 간접적 위해요인으로 볼 수 있다. 사소한 것 하나라도 소홀히 하였다가 그것이 원인이 되어 경호대상자의 신상에 커다란 위해요인이 될 수 있기 때문이다.

74 사주경계에 관한 설명으로 옳지 않은 것은?

• 제24회 기출

○△×

① 시각의 한계를 고려하여 주위경계의 범위를 선정하고, 인접한 경호원과의 경계범위를 중복되지 않게 실시한다.
② 돌발상황을 제외하고는 고개를 심하게 돌리거나 완전히 뒤돌아보는 등의 사주경계를 하지 않는다.
③ 경호대상자의 주위 사람들의 눈과 손, 표정, 행동에 주목하여 경계한다.
④ 사주경계의 대상은 인적·물적·지리적 취약요소들을 총망라해야 한다.

해설 사주경계 시 인접한 경호원과의 경계범위를 중복(중첩)되게 실시한다. 인접한 경호원과 경계범위가 중복되지 않게 주위경계를 실시할 경우 경계부분의 사주경계에 대한 책임관계가 모호해져 상대방에게 책임을 떠넘기는 취약점이 발생할 수 있다.

71 ② 72 ① 73 ④ 74 ① 정답

75 근접경호 시 사주경계요령으로 옳지 않은 것은?

O△×

① 인접해 있는 경호원과 경계범위는 중복되지 않게 명확히 구분한다.

② 시각의 한계를 고려하여 사주경계의 범위를 선정한다.

③ 위해자는 심리적으로 대중 가운데 둘째 열에 위치하는 경우가 많다는 것을 참고한다.

④ 복도의 좌·우측 문, 모퉁이, 창문 주위 등에 관심을 두고 경계한다.

> **해설** 경호대상자로부터 가까운 곳에서 먼 곳으로, 좌에서 우로, 인접해 있는 경호원과 경계범위를 중복되게 실시하여야 한다.

76 행사장 경호임무 중 위험감지를 위한 사주경계방법으로 적절하지 않은 것은?

O△×

① 시각적으로 움직임과 정황들에 대해 의문점을 제기하고 정리·분석하도록 한다.

② 시각의 한계를 두고 경계범위를 설정하되, 인접경호원과 중복되지 않게 한다.

③ 위험감지의 단계를 주위관찰, 문제제기, 위기의식, 대응조치 계획 순으로 수립한다.

④ 경호대상자에게 접근하는 사람의 거리, 위치, 복장, 손의 움직임을 관찰한다.

> **해설** 경호원 간의 경계범위는 상호 중첩되도록 한다. 중첩되지 않게 경계범위를 설정하면 근무자 간의 경계범위가 접한 곳의 경계활동이 느슨해질 수 있으므로 일정 범위에서 경계구역이 겹치도록 중복되게 경계범위를 설정한다.

77 근접경호 도보대형을 검토할 때 고려사항이 아닌 것은?

O△×

· 제21회 기출

① 경호대상자의 성향

② 행사장의 취약요인

③ 비상시 최기병원 위치

④ 공식, 비공식 등 행사 성격

> **해설** 비상시 최기병원 위치는 안전대책담당의 업무이다. 이는 안전대책담당자가 경호대상자 등의 동선을 파악하여 미리 최기병원의 위치를 확인하는 것으로, 근접경호 도보대형 검토와 관련이 없다.

78 근접경호의 도보대형 형성 시 고려사항이 <u>아닌</u> 것은?

·제19회 기출

① 주변 감제건물의 취약도

② 행사장 기후

③ 행사장 사전예방경호 수준

④ 인적 취약요소와의 이격도

해설 도보대형 형성 시 주변 감제건물 취약도, 행사장 사전예방경호 수준, 인적 취약요소와의 이격도, 행사 성격, 근접경호원 수는 고려사항에 해당한다. 기후는 지역에서 여러 해에 걸쳐 나타난 기온, 비, 눈, 바람 등의 평균 상태를 의미하므로 근접대형의 도보대형 형성 시 고려사항이 아니다.

79 민간경호원의 근접도보대형 이동 시 근무방법으로 적절하지 <u>않은</u> 것은?

① 이동 전 보안유지를 위하여 경호대상자에게 이동로, 경호대형 및 특이사항 등을 사전에 알려 주지 않도록 한다.

② 이동 시 위험에 노출되는 정도를 최소화하기 위하여 단거리 직선통로를 이용한다.

③ 이동에 따른 주 통로, 예비통로와 비상대피로를 적절히 선정해 두는 것이 좋다.

④ 복도, 도로, 계단 등을 이동할 때에는 위해 시 방어와 대피를 위한 여유공간 확보를 위하여 통로의 중앙으로 이동한다.

해설 이동 전 피경호인에게 이동로, 경호대형 및 특이사항을 알려 주어야 한다.

80 도보이동 간 근접경호의 원칙으로 옳지 <u>않은</u> 것은?

·제19회 기출

① 근접경호원은 상황변화에도 고정된 대형을 고수해야 한다.

② 근접경호원은 경호대상자에 이르는 모든 접근로를 차단하기 위하여 분산 배치되어야 한다.

③ 위험노출 정도를 최소화하기 위해 최단거리 직선통로를 이용한다.

④ 근접경호대형은 전 방위에 대한 사주경계와 신변안전을 담보할 수 있도록 행사장 여건을 고려하여 최소한의 인원으로 형성한다.

해설 근접경호원은 상황변화가 있으면 그 상황에 맞는 대형으로 도보이동 간 대형을 변경한다.

| 75 ① | 76 ② | 77 ③ | 78 ② | 79 ① | 80 ① | 정답 |

81 근접경호에 관한 설명으로 옳지 않은 것은?

• 제22회 기출

① 완벽한 경호방패막은 근접경호원들이 형성하는 인적방벽인 경호대형으로 완성된다.

② 위급상황 시 위해자와 경호대상자 사이를 차단하고, 경호대상자를 안전지대로 대피시켜야 한다.

③ 위급상황 시 경호대상자를 방호하여 공격방향으로 신속하게 현장을 이탈시켜야 한다.

④ 경호대형 형성에 허점이 생기지 않도록 인접근무자의 움직임과 상호 연결되어 있어야 한다.

해설 대피는 적 공격의 반대방향이나 비상구 쪽으로 하여야 한다.

▶ 대피방법 및 대피방향

> 대피는 가능한 한 군중 속을 통과하지 않도록 한다. 군중은 그 자체가 경호의 위험요소라고 할 수 있다. 야외 행사 시에는 경호대상자의 근접거리에서 대피를 위한 비상차량을 마련해 놓고 있어야 한다. 경호대상자에게 신체적 무리가 있더라도 대피 시에는 예의를 무시하고 과감하고 신속하게 행동하여야 하며, 대피는 적 공격의 반대방향이나 비상구 쪽으로 하여야 한다.

82 도보이동 간 근접경호에 관한 설명으로 옳지 않은 것은?

① 가능하다면 사전 선정된 도보이동 시기 및 이동로는 변경되어야 한다.

② 근접경호원은 경호대상자에게 이르는 모든 접근로를 차단하기 위하여 분산되어서는 안 된다.

③ 대부분의 경우 도보이동으로 군중 속을 통과할 때가 가장 취약하다고 할 수 있다.

④ 이동 시에는 위험에 노출되는 정도를 최소화하기 위하여 단거리 직선통로를 이용해야 한다.

해설 근접경호원은 경호대상자에게 이르는 모든 접근로를 차단하기 위하여 분산되어야 한다.

83 근접경호에서 도보대형 형성 시 우선적으로 고려할 사항이 <u>아닌</u> 것은?

○△×

① 행사 성격
② 인적 취약요소와의 이격도
③ 행사장 사전예방경호 수준
④ 이동시간 및 노면상태

> **해설** 이동시간 및 노면상태는 차량경호 시 우선적으로 고려할 사항에 해당한다.
> ①②③ 이외에 주변 감시통제 건물의 취약도 및 경호대상자의 취향, 물적 취약요소의 위치, 지리적 취약요소, 행사장 참석자 인원수 및 성향, 근접경호원 수의 참작 등이 도보대형 형성 시 우선적으로 고려할 사항에 해당한다.

84 다음은 도보이동대형에 관한 내용이다. (   )에 들어갈 내용을 바르게 연결한 것은?

○△×

> 도보이동 간 근접경호 시 군중이 밀집해 있는 통로에는 (   ) 대형이 적합하고, 군중이 많지 않은 장소나 인도와 같은 좁은 통로에서는 (   ) 대형이 적합하다.

① 다이아몬드형 – 쐐기형
② 다이아몬드형 – 사다리형
③ 쐐기형 – 사다리형
④ 사다리형 – 다이아몬드형

> **해설** 혼잡한 복도, 군중이 밀집한 통로 등에는 다이아몬드형이 적합하다. 다이아몬드 대형은 경호원들이 경호대상자의 전후좌우의 전 방향을 둘러싸고 이동하면서 기동로에 대해 360° 경계를 할 수 있도록 책임구역이 부여된다. 쐐기형은 대중이 별로 없는 장소 통과 시, 인도와 좁은 통로 이동 시, 한쪽에 인위적·자연적 방벽이 있을 때 유용하다.

85 도보이동 간 근접경호대형에 관한 설명으로 옳지 <u>않은</u> 것은?

○△×

① 도보대형 형성 시 주변 감제건물의 취약도, 인적·물적 취약요소 등을 고려하여야 한다.
② 다이아몬드 대형은 혼잡한 복도, 군중이 밀집해 있는 통로 등에 적합하다.
③ 역삼각형 대형은 진행방향 전방에 위해가능성이 있는 경우, 오솔길, 곡각지 등과 같은 지리적 취약점이 있을 때 유용한 대형이다.
④ 기본 대형은 접견 대형, 단상 대형, 현황보고 대형, 골프 대형, 하차 대형, 복도 대형 등으로 구분할 수 있다.

> **해설** 접견 대형, 단상 대형, 현황보고 대형, 골프 대형, 하차 대형, 복도 대형은 응용 대형에 해당한다. 기본 대형에는 쐐기 대형, 마름모 대형, 사각 대형, 원형 대형, 'V'자 대형 등이 있다.

| 81 ③ | 82 ② | 83 ④ | 84 ① | 85 ④ | 정답 |

86 경호행사 시 경호대상자의 진행방향을 중심으로 도로 양쪽에 운집한 경호에 적합한 경호대형은?

① 사다리 대형
② 마름모꼴 다이아몬드 대형
③ 삼각형 대형
④ 쐐기형 대형

해설 사다리 대형은 경호대상자를 중심으로 4명의 경호원이 사다리 형태를 유지하며 이동하는 것으로 진행방향을 중심으로 양쪽에 군중이 운집해 있는 도로의 중앙을 이동할 때 적합한 대형이다. 이는 전통적인 마름모 대형의 변형으로 넓은 공간에서 사용할 경우 비교적 양호한 사주경계는 가능하나 전방과 측방이 노출되는 위험성이 있다.

87 근접경호에 관한 설명으로 옳지 않은 것은?

① 저격 등의 위험이 있을 경우에는 밀착형 대형으로 안전도를 높일 수 있다.
② 근접도보대형을 형성하여 이동할 경우 이동속도가 느리더라도 신중하게 천천히 이동하는 것이 더 안전하다.
③ 근접도보경호대형 이동 시 이동코스는 최단거리 직선로를 이용하는 것이 좋으며, 주변에 비상차량을 대기시켜 놓도록 한다.
④ 근접도보경호대형 자체가 외부적으로 노출이 크고 방벽효과도 낮아지므로 가급적 도보이동을 통한 경호는 지양하는 것이 좋다.

해설 근접도보대형으로 이동 시 외부적으로 노출이 크고 방벽효과도 낮다. 노출에 따른 위해기도자의 공격에 대비한 안전성을 확보하기 위하여 빠른 속도로 이동하는 것이 더 안전하다.

88 근접경호에 대한 설명으로 옳지 않은 것은?

• 제25회 기출

① 노출성과 유동성이라는 특성을 가지고 있다.
② 행사 성격이나 주변상황에 유연하게 대처할 수 있어야 한다.
③ 경호원들이 직접적으로 경호대상자에 대한 경호를 실시한다는 점에서 경호대비단계라고 한다.
④ 경호대상자의 신변을 보호하기 위하여 경호대상자 최근거리에서 실시하는 호위활동이다.

해설 경호원들이 직접적으로 경호대상자에 대한 경호를 실시한다는 점에서 경호실시단계(대응단계)라고 한다.

89 에스컬레이터 이용 시 도보대형에 관한 설명으로 옳지 <u>않은</u> 것은?　•제16회 기출
◯△✕

① 전방근무자는 이동로를 확보하여 에스컬레이터에서도 이동시간을 단축시킬 수 있도록 한다.

② 이동속도가 느리기 때문에 우발상황 시 신속하게 대피하기가 어려운 면이 있다.

③ 계단이나 엘리베이터로 이동하는 것보다는 상대적으로 안전하다.

④ 될 수 있는 한 걸음을 멈추지 않고 이동하는 것이 바람직하다.

> **해설** 에스컬레이터는 사방이 노출되어 있으므로 가능하면 사용하지 않고 계단이나 엘리베이터를 이용하는 것이 안전하다.

90 근접경호에서 경호대상자가 엘리베이터에 탑승할 경우의 경호기법에 관한 설명으로
◯△✕ 옳지 <u>않은</u> 것은?　•제17회 기출

① 가능한 한 별도의 전용엘리베이터를 이용한다.

② 경호대상자를 먼저 신속히 탑승시킨 후 경호원은 내부 안쪽에 방호벽을 형성하고 경호대상자를 엘리베이터 문 가까이 위치하도록 하여야 한다.

③ 전용엘리베이터는 이동층 표시등, 문의 작동속도, 작동상 이상 유무를 점검해 두어야 한다.

④ 엘리베이터를 타고 내리는 지점과 경호구역을 사전에 철저히 점검해야 한다.

> **해설** 경호대상자를 엘리베이터의 내부 안쪽 모서리 부분에 탑승시킨 다음 방벽을 형성하여 경계임무를 수행하도록 하여야 한다. 경호대상자를 문 가까이에 위치하도록 하면 문이 열릴 때 경호대상자가 외부에 쉽게 노출된다.

86 ① 　87 ② 　88 ③ 　89 ③ 　90 ② 　정답

91 차량기동 간의 근접경호 시 가장 중요시 여겨야 할 사항은?

☐△✕

① 행·환차로의 선택　　　　　　② 탑승의 인원수

③ 차량의 색상 선택　　　　　　④ 탑승인원의 좌석배치

> **해설**　차량기동 간의 근접경호는 차량의 선택, 행·환차로의 선택, 차량대형 구성이 중요하다. 행·환차로의 선택에 따라 경호대상자의 동선이 결정되기 때문에 가장 기본적이며 중요한 사항이다.

92 선도경호차량 - VIP차량 - 후미경호차량으로 구성된 차량대형에서 선도경호차량의

☐△✕ 역할이 아닌 것은?　　　　　　　　　　　　　　　　　　• 제21회 기출

① 전방 교통 및 도로 상황을 전파한다.

② 행차코스 개척 및 차량대형을 선도한다.

③ 선도경호차량이 기동 간 이동지휘소 역할을 한다.

④ 계획된 시간에 목적지에 도착할 수 있도록 속도를 조절한다.

> **해설**　기동 간 이동지휘소 역할은 후미경호차량이 담당한다.

93 차량경호에 관한 일반적인 상황에 관한 내용이다. 다음 차량의 순서(앞 ⇨ 중간 ⇨ 뒤)

☐△✕ 로 옳은 것은?　　　　　　　　　　　　　　　　　　　• 제24회 기출

> • A차량: 기동 간 경호대상자 차량의 방호업무와 경호지휘 업무를 수행하고 있다.
> • B차량: 비상사태 시 비상도로를 확보하고 전방에 나타나는 각종 상황에 대한 경계업무를 수행한다.
> • C차량: 선도차량과 일정한 간격을 유지하고 유사시 선도차량과 같은 방향으로 대피하며, 경호대상자의 최안전을 위해 문은 잠가 둔다.

① A ⇨ B ⇨ C　　　　　　　② A ⇨ C ⇨ B

③ B ⇨ C ⇨ A　　　　　　　④ C ⇨ A ⇨ B

> **해설**　B차량(선도차량으로 앞에 위치) ⇨ C차량(경호대상자 차량으로 중간에 위치) ⇨ A차량(지휘차량으로 뒤에 위치)

94 차량기동 간 근접경호활동 시 우선적인 고려사항이 <u>아닌</u> 것은?

□△✕

① 차량대형 및 차종 선택

② 행·환차로의 선택

③ 수행원을 위한 차량의 수 및 의전절차

④ 우발사태의 발생 시 대피장소 및 병원 선정

[해설] ▶ 차량기동 간 근접경호활동 시 우선적 고려사항

> 1. 경호대상자 및 관계자 차량번호 숙지
> 2. 현지에서 합류되는 차량번호 숙지
> 3. 행·환차로의 선택 등
> 4. 우발사태의 발생 시 대피장소 및 병원 선정
> 5. 차량대형 및 차종 선택

95 차량경호 시 고려할 사항에 관한 설명으로 옳지 <u>않은</u> 것은?

□△✕

① 속도는 경호상 중요한 요소이므로 위해기도자의 표적에서 눈에 벗어날 수 있도록 가능한 한 빠르게 이동한다.

② 경호차량의 효과적인 은폐, 엄폐환경을 제공하기 용이하도록 주차나 정차해 있는 차량 가까이에 정지한다.

③ 의심스러운 지점에서 멀리하고 경호대상자가 차를 타고 내릴 때 눈에 잘 띄지 않는 지점을 선정한다.

④ 경호대상자가 차량을 수시로 바꾸어 타면 위해기도자를 혼란시킬 수 있다.

[해설] 경호차량은 주차나 정차해 있는 차량 가까이 접근하지 않는다. 주차나 정차한 차량 내부에 무장병력이 숨어 있거나 폭발물이 설치되어 있을 가능성이 있기 때문이다.

96 차량경호업무 내용으로 옳지 <u>않은</u> 것은? • 제17회 기출

① 차량이동 시 속도를 평상시보다 빠르게 하는 것이 경호에 유리한 여건을 조성한다.

② 차량이 하차지점에 도착하면 제일 먼저 차량문을 개방하여 경호대상자가 하차하도록 해야 한다.

③ 경호책임자는 경호대상자 승·하차 시 차량문의 개폐와 잠금장치를 통제한다.

④ 운전요원은 경호대상자가 하차한 후 안전한 곳으로 이동 시까지 차량에 대기해야 한다.

> **해설** 경호차량이 하차지점에 도착하면 운전석 옆에 탑승한 경호원은 차에서 내려 경호대상자 탑승문 쪽으로 이동하여 안전을 확인하고, 다른 경호원은 경호대상자 탑승문 뒤쪽의 안전을 점검하여야 한다. 경호팀장(경호책임자)은 외부의 안전을 점검한 다음 경호대상자차량의 잠금장치를 풀고 경호대상자가 차에서 건물 안으로 신속하게 이동할 수 있도록 하여야 한다.

97 경호차량에 관한 설명으로 옳지 <u>않은</u> 것은? • 제21회 기출

① 경호차량은 외부의 시선을 집중시키는 차종이나 색상은 지양한다.

② 경호차는 경호대상자 차량의 성능에 필적할 만한 차량을 선택해야 한다.

③ 승하차가 용이하며, 튼튼한 차체와 높은 가속력을 갖춘 차량을 선정한다.

④ 기만효과를 달성하기 위해 경호대상자 차량과 다른 차종을 선정한다.

> **해설** 기만효과를 달성하기 위해 경호대상자 차량과 같은 차종을 선정해야 한다.

98 승차와 하차의 경호방법으로 옳지 <u>않은</u> 것은?

① 하차 지점의 상황을 경계하면서 서행으로 접근하도록 한다.

② 승차 시는 경계임무를 수행하면서 하차 시보다 좀 더 천천히 이동한다.

③ 하차 시 운전사는 시동을 건 상태에서 경호대상자가 건물 내로 들어갈 때까지 차 내에서 대기한다.

④ 비상시 차량을 급히 출발시킬 수 있는 여유 공간을 확보하고 정차한다.

> **해설** 경호대상자는 차량에서 내릴 때보다 더 빠른 속도로 탑승하여야 한다. 차량 탑승 시에는 탑승 전부터 경호대상자의 신체가 노출되어 있으며, 탑승을 하기 위하여 정지하기 때문에 차량 안에서 불시에 하차하는 경우보다 위험도가 더 높다. 따라서 경호대상자는 차량에서 내릴 때보다 더 빠른 속도로 탑승하여 위험에 대비하여야 한다.

99 차량 승·하차 시 경호방법에 관한 설명으로 옳은 것은?

○△×

① 경호대상자가 모두 하차하면 운전자는 바로 출발한다.

② 신속한 차량탑승을 위해 경호요원이 차문을 열어 주면 경호요원의 공백을 초래하게 된다.

③ 운전요원이 직접 차문을 열고 닫는 것이 최선의 방법이다.

④ 하차 지점에 도착하면 상황을 경계하면서 고속으로 접근한다.

> **해설** 신속한 차량탑승을 위해 경호요원이 차문을 열어 주면 경호요원의 공백을 초래하게 된다. 이 경우 직접적으로 경호(경계)활동에 참여하고 있지 않은 사람이나 경호팀장이 차문을 열어 주는 것이 올바르다.
> ① 운전자는 경호대상자가 건물 안으로 안전하게 도착할 때까지 운전석에서 대기하고 있어야 한다.
> ③ 운전요원이 직접 차문을 열고 닫으면 경호운전요원의 공백을 초래한다.
> ④ 하차 지점에 도착하면 상황을 경계하면서 저속으로 접근한다.

100 근접경호 중 차량기동 간 경호요령에 대한 설명으로 옳지 <u>않은</u> 것은?

○△×

① 차량기동 간 근접경호의 지휘는 선도차량이 한다.

② 경호대상자의 차량은 색상이 보수적이고 문이 4개인 차량으로 선정하여야 한다.

③ 경호대상자차량의 기사는 사복의 무장경찰관 또는 경호요원이어야 한다.

④ 해상 이동 시 선박의 정박위치 선정에는 편리성·접근성·안전성이 고려되어야 한다.

> **해설** 기동 간 경호대상차량의 방호업무, 경호지휘임무의 수행, 후미에 접근하는 차량 통제 및 추월 방지 등의 임무는 후미차량이 담당한다.

| 96 ② | 97 ④ | 98 ② | 99 ② | 100 ① | 정답 |

101 기동 간 차량운전방법에 관한 설명으로 옳지 <u>않은</u> 것은?

□△✕

① 회전 시에는 길 바깥쪽으로 원심력이 작용하여 차량이 전복되거나 전도되는 사고 등의 가능성에 유의해야 한다.

② 회전 시에는 진입하기 전에 충분히 감속해서 커브에 맞는 속도로 조절하면서 직선에 가까운 코스를 유지하는 것이 바람직하다.

③ 회전 시 선도차량은 중앙선에 근접하여 회전하면서 반대방향의 과속차량에 대한 견제임무를 수행하고 경호대상자차량과 간격을 유지하며 속도를 조절한다.

④ 후미경호차량은 좌회전 시에는 경호대상자차량의 좌측 후미차선, 우회전 시에는 우측 후미차선을 이용하여 회전하면서 접근차량에 대한 방호임무를 수행한다.

> **해설** 후미경호차량은 좌회전 시에는 경호대상자차량의 우측 후미차선, 우회전 시에는 경호대상자차량의 좌측 후미차선을 이용하여 회전하면서 접근차량에 대한 방호임무를 수행한다.

102 기동 간 경호대책의 원칙에 관한 내용으로 옳은 것은?

□△✕

• 제19회 기출

① 적절한 차량대형을 형성하여 방어태세를 유지한다.

② 교통흐름에 맞게 자연스러운 차량운행을 한다.

③ 저격에 대비하여 혼잡하거나 곡선인 도로를 이용한다.

④ 기동 간 경계력 분산을 방지하기 위하여 전방경계에 집중한다.

> **해설** ② 행사차량대형은 기준에 의한 차선확보와 신호기 개방으로 정차 없이 소통이 유지되어야 한다.
> ③ 저격에 대비하여 혼잡하거나 곡선인 도로를 피한다.
> ④ 기동 간에는 어느 쪽에서든 위해기도가 발생할 가능성이 있으므로 사주경계를 하여야 한다.

103 차량경호에 관한 설명으로 옳은 것은?

• 제23회 기출

① 운전요원은 경호대상자의 위험지역 하차 후 즉시 그 지역을 신속히 벗어나야 한다.

② 같은 방향으로 2대의 경호차량이 교차로에 진입 시 방호차원에서 우측 경호차량이 우선통과해야 한다.

③ 공격받을 위험성은 정차하고 있는 차량보다 주행하고 있는 차량이 더 높다.

④ 근접도보경호에 비해 차량경호는 위해자가 범행을 가할 수 있는 기회가 더욱 많다.

> **해설** 교차로 통과 시 우선순위는 교차로에 제일 먼저 진입하는 차이며, 같은 방향으로 2대가 동시에 통과하는 경우에는 우측도로에 위치하고 있는 차, 교차 폭이 다른 경우에는 폭이 넓은 도로에 있는 차가 각각 우선이다. 좌회전 시 직진 · 우회전 중인 차가 먼저 통과하며 순서를 지켜 통과한다.
> ① 운전요원은 경호대상자의 위험지역 하차 후 그 장소에서 대기하여야 하고, 경호대상자 이동 시 그 방향으로 이동한다.
> ③ 공격받을 위험성은 주행하고 있는 차량보다 정차하고 있는 차량이 더 높다.
> ④ 차량경호에 비해 근접도보경호는 위해자가 범행을 가할 수 있는 기회가 더욱 많다.

104 경호기법 중 기만경호에 관한 설명으로 옳지 <u>않은</u> 것은?

• 제17회 기출

① 위해기도자에게 행사상황을 오판하도록 허위 흔적을 제공한다.

② 위해기도자로부터 공격행위를 포기하게 하거나 실패하도록 유도하는 비계획적이고 정형적인 경호기법이다.

③ 경호대상자의 차량위치, 차량의 종류를 수시로 바꾼다.

④ 경호대상자와 용모가 닮은 사람을 경호요원이나 수행요원으로 선발하여 배치한다.

> **해설** 기만경호는 위해기도자로 하여금 공격을 타 방향으로 전환시켜 위해기도를 포기 또는 위해기도가 실패하도록 유도하는 계획적 · 변칙적인 경호기법이다.

101 ④	102 ①	103 ②	104 ②	정답

105 차량경호와 관련하여 교차로 접근 시의 경호운전법에 대한 설명으로 옳지 <u>않은</u> 것은?
□△✕

① 교차로에 접근할 때에는 가속페달에 발을 떼어 놓지 말고 항상 가속페달을 밟을 준비를 하여야 한다.

② 예상치 못한 상황이나 우발상황이 발생할 수 있으므로 교차로를 건너기 전에 확실히 확인하고 건넌다.

③ 교차로를 통과할 때에는 자신이 우선이라고 생각하거나 상대방이 양보해 줄 것이라고 생각해서는 안 된다.

④ 교차로에 접근하면 먼저 좌측을, 그리고 우측을 확인해야 한다.

> **해설** 교차로에 접근할 때에는 항상 가속페달에서 발을 떼고 브레이크페달을 밟을 준비를 하는 습관을 길러야 한다.

106 차량경호 임무수행에 관한 설명으로 옳지 <u>않은</u> 것은?
□△✕

① 선도차량은 행·환차로를 안내하고 행사시간에 맞게 주행속도를 조절하며, 전방의 각종 상황에 대한 경계임무를 수행한다.

② 경호대상자차량 운행 시 차문은 우발상황 시 긴급히 대피하기 위하여 열어 두어야 하며, 도로의 중앙차선을 이용하여야 한다.

③ 경호대상자는 가장 먼저 차량의 뒷좌석 오른쪽에 탑승하고 경호책임자의 안내에 따라 가장 마지막에 하차한다.

④ 목적지에 도착하면 경호책임자는 가장 먼저 하차하고 출발 시에는 가장 나중에 승차하며 경호대상자 승하차 시 차량 문의 개폐와 잠금장치를 통제한다.

> **해설** 경호대상자차량 운행 시 차문은 우발상황 시 대비하기 위하여 잠가 두어야 한다.

107 기동경호대형 중 차량대형 결정 시 고려사항이 <u>아닌</u> 것은?
☐○△×

① 도로 및 교통상황
② 행사장의 주차장 운용계획
③ 경호대상자의 성향
④ 행사 성격

해설 차량대형은 차량 운행 중의 대형으로, 이에는 도로 및 교통상황, 경호대상자의 성향, 행사 성격이 포함된다. 행사장의 주차장 운용계획은 운행 중인 차량에 대한 고려사항이 아니라 운행을 하지 않는 주차된 차량에 대한 고려사항이다.

108 숙소경호에 관한 설명으로 옳지 <u>않은</u> 것은?
☐○△×

① 숙소경호의 특징에는 혼잡성, 고정성, 보안성 취약, 방범개념의 미흡 등이 있다.
② 지리적 취약요소란 행사를 위협하는 데 이용될 수 있는 제반시설 및 물자를 의미한다.
③ 수림지역 및 제반 감제고지 고층건물에 대한 접근로 봉쇄 및 안전확보를 한다.
④ 숙소 주변의 거주민 외에 유동인원에 대한 검색을 강화해야 한다.

해설 지리적 취약요소란 경호행사장 및 연도 주변의 지리적 여건이 경호대상자에게 위해를 가할 수 있는 근거를 제공할 수 있는 경우의 요소를 의미한다. 행사를 위협하는 데 이용될 수 있는 제반시설 및 물자는 물적 취약요소에 해당한다.

109 경호대상자의 숙소에 관한 사전점검사항으로 옳지 <u>않은</u> 것은?
☐○△×

① 경호대상자차량의 최적합 출입로를 확인하여야 하며 로비에 감시조를 배치하고 옥상은 비상탈출로 확보를 위하여 개방하여야 한다.
② 경호원이나 경호대상자 요구에 응하기 위한 숙소의 소유주 및 관리인 위치를 파악하여야 한다.
③ 숙소 및 주변도로를 순찰할 계획을 수립하여야 하며 경호대상자의 룸 및 유숙용 마스터키를 확보하여야 한다.
④ 신원조사를 위하여 주변 거주 및 종사인원의 명단을 확보하여 확인하여야 한다.

해설 경호대상자차량의 최적합 출입로를 확인하여야 하며 로비에 감시조를 배치하여야 한다. 옥상을 통해 위해기도자가 침입을 시도할 가능성이 높으므로 옥상문은 잠금장치 등을 이용하여 봉쇄하여야 한다.

| 105 ① | 106 ② | 107 ② | 108 ② | 109 ① | 정 답 |

110 숙소경호업무의 영역이라고 볼 수 <u>없는</u> 것은?

☐△✕

① 교통상황 및 주차장관리
② 순찰을 통한 시설물 안전점검 및 각종 사고예방
③ 출입자 통제 및 방문자 처리
④ 차량 출입통제 및 반입 물품 검색

> **해설** 주차장관리는 숙소경호업무의 영역에 해당하지만, 교통상황은 숙소경호업무의 영역에 해당하지 않는다.

111 경호대상자가 숙소나 그 외 지역에서 유숙하기 위하여 머물고 있을 때 실시되는 숙소

☐△✕ 경호의 특징이 <u>아닌</u> 것은?

① 보안성이 취약하다.
② 동일한 장소에 경호대상자가 장시간 체류하게 되므로 고정성이 있다.
③ 숙소의 종류 및 시설물들이 복잡하고 많은 위험요소가 내포되어 있어 취약성이 있다.
④ 자택을 제외한 지방숙소, 호텔, 해외 행사 시 유숙지 등은 경호적 방어 환경이 뛰어나다.

> **해설** 자택을 제외한 지방숙소, 호텔, 해외 행사 시 유숙지 등은 보안성이 취약하고 방어개념이 미흡하다. 자택의 경우 지속적으로 경호활동이 이루어져 왔고 외부인의 출입통제가 용이하지만, 지방숙소, 호텔, 해외 행사 시 유숙지 등은 낯선 장소이며, 외부인 출입통제가 쉽지 않다.

112 숙소경호에 관한 설명으로 옳지 <u>않은</u> 것은?

☐△✕

① 숙소의 시설물에는 많은 위험요소가 내포되어 있으나 지역 내에 출입하는 인원의 통제는 용이하다.
② 근무요령은 평시, 입출 시, 비상시로 구분하여 운용한다.
③ 경비배치는 내부, 내곽, 외곽으로 실시하고, 1, 2, 3선으로 경계망을 구성한다.
④ 수림지역 및 제반 감제고지 고층건물에 대한 접근로 봉쇄 및 안전확보를 한다.

> **해설** 경호대상자가 행사나 기념식 등에 참가하여 장·단기 시간 동안 외지에서 머무는 장소를 중심으로 이루어지는 경호를 숙소경호라고 한다. 숙소경호 시에는 지역 내에 출입하는 인원의 통제가 어렵다.

113 숙소경호의 요령에 관한 설명으로 옳지 <u>않은</u> 것은?

① 숙소경호는 크게 단독주택과 호텔의 경우로 나눌 수 있으며, 근무요령은 모두 행사장의 경우와 동일하게 이루어진다.
② 불순분자가 종업원으로 가장하여 위장침투가 가능하므로 종업원에 대한 신원파악과 동향을 철저히 관찰해야 한다.
③ 옥상을 수색한 후 출입문을 잠그고 열쇠는 별도로 보관해야 한다.
④ 지하층 근무자는 승강기나 비상계단 등 상층으로 통하는 모든 출입로를 통제한다.

해설 숙소경호 중 단독주택의 경우는 행사장의 경우와 대부분 동일하게 이루어지나, 호텔의 경우는 그 특수성에 비추어 단독주택과 달리 특별한 조치가 필요하다.

114 숙소경호에 관한 설명으로 옳지 <u>않은</u> 것은?

① 주민들의 불편을 최소화하기 위하여 인근 주민들을 경계대상에서 제외한다.
② 호텔 유숙 시 위해물 은닉이나 위장침투 등이 가능하기 때문에 일반인, 호텔업무 종사자 등의 위해기도에 대비한 안전대책이 필요하다.
③ 호텔 등 유숙시설은 일반 업무용 숙박시설의 기능을 가지고 있기 때문에 경호적 개념의 방어에 취약하다.
④ 주변 민가 지역 내 위해분자 은거, 감제고지의 불순분자 은신, 숙소 주변 차량, 행·환차로 등의 위해요소를 확인한다.

해설 주민들의 불편은 최소화하되, 인근 주민들 속에 숨어 있을 수 있는 위해기도자에 대비하기 위하여 인근 주민들에 대한 경계를 게을리하면 안 된다.

115 기만경호에 관한 설명으로 옳지 <u>않은</u> 것은?

① 범인의 심리적 상태를 이용하여 시간을 앞당긴 기동 및 도착이 효과적이다.
② 공식행사에서는 반드시 사용해야 한다.
③ 서로 다른 기동수단과 기동로를 선정하였다가 상황을 파악하여 한 가지를 선택하도록 한다.
④ 경호대상자와 유사하게 닮은 경호원을 선발하여 근접경호요원으로 배치시킨다.

해설 기만경호란 위해기도자로 하여금 공격을 타 방향으로 전환시켜 위해기도를 포기 또는 실패하도록 유도하는 계획적·변칙적인 경호기법을 말한다. 기만경호는 공식행사 시 반드시 사용하여야 하는 것은 아니고, 필요시에 사용한다.

110 ① 111 ④ 112 ① 113 ① 114 ① 115 ② **정답**

116 경호기법 중 기만경호에 관한 설명으로 옳지 <u>않은</u> 것은?

ⒾⒶⓧ

① 위해기도자에게 행사상황을 오판하도록 허위 상황을 제공하는 경호기법이다.

② 기만경호에는 인물, 기동, 장소, 시간 등을 기만하는 작전을 주로 사용한다.

③ 비노출 경호작전으로 경호대상자에게 불필요한 주의가 쏠리지 않게 하는 방법 이다.

④ 경호대상자의 차량 위치 또는 차량의 종류를 수시로 바꾸는 방법이 있다.

> **해설** 기만경호란 위해기도자로 하여금 공격을 타 방향으로 전환시켜 위해기도를 포기 또는 위해기도가 실패하도록 유도하는 계획적·변칙적인 경호기법을 말한다. 행동의 관습성, 경호대상자의 일정노출, 위해기도의 전문성 등 경호활동의 특성과 관련하여 기만경호가 필요하다.

제5절 출입자 통제대책

117 출입자 통제대책에 관한 설명으로 옳지 <u>않은</u> 것은?   • 제22회 기출

ⒾⒶⓧ

① 출입자 통제업무 시 지정된 통로를 사용하고 기타 통로는 폐쇄한다.

② 주차계획은 입장계획과 연계하여 주차동선과 입장동선에 혼잡상황이 발생하지 않도록 한다.

③ 참석자 통제에 따른 취약요소를 판단함에 있어 경호기관의 입장에서 행사장의 혼잡을 방지할 수 있는 방안을 강구한다.

④ 비표 운용 시 명찰이나 리본은 모든 구역의 색상을 단일화하여 식별이 용이하도록 하면 효과적이다.

> **해설** 비표는 식별이 용이하도록 하되, 행사별·구역별로 구분한다. 행사별·구역별로 구분하여 운용하여야 효율적인 출입통제가 가능하다.

118 다음을 총칭하는 개념은?

• 제20회 기출

☐△✕

> 출입통로 지정, 시차입장, 본인 여부 확인, 비표 운용, 검문검색, 주차관리

① 수행경호　　　　　　　　② 안전검측
③ 출입통제　　　　　　　　④ 안전조사

해설 행사주최 측과 협조하여 출입통로 지정, 시차입장, 본인 여부 확인, 비표 운용(비표 패용 여부), 주차관리 등을 통제하는 것을 출입통제라고 한다.

119 행사장 경호업무에 관한 설명으로 옳지 <u>않은</u> 것은?

☐△✕

① 정문에는 차량출입문과 도보출입문을 통합하여 입장하도록 한다.
② 입장 비표를 부착하지 않은 자는 어떤 경우에도 입장을 금지시킨다.
③ 행사 진행 시 묵념을 할 때에도 군중경계에 전념한다.
④ 행사장 주변의 취약요소 건물을 감시할 수 있는 위치를 선정하여 감시조를 운용한다.

해설 출입통로는 참가자 누구나 쉽게 식별할 수 있고 가능한 한 단일통로를 원칙으로 하되, 행사장 구조, 참가자 수, 참석자 성분 등을 고려하여 수개의 출입통로를 지정하여 불편요소를 최소화할 수 있다. 정문에는 차량출입문과 도보출입문을 누구나 쉽게 식별할 수 있는 통로로 구분하여야 한다.

120 경호행사장 출입자의 통제와 관리를 위한 담당경호원의 임무로 옳지 <u>않은</u> 것은?

☐△✕

① 행사참석자가 소지한 위해물품 등을 물품보관소에 보관한다.
② 승차입장 차량과 승차자를 확인하고 주차관리계획을 수립한다.
③ 행사장 내·외곽 시설물에 대한 폭발물의 탐지와 안전점검을 실시한다.
④ 행사주최 측과 협조하여 출입증을 발급한다.

해설 경호행사장 출입자의 통제와 관리를 위한 담당경호원은 행사참석자의 위해물품 등을 보관소에 보관, 행사주최 측과 협조하여 출입증 발급, 주차계획 수립 등을 실시해야 한다. 행사장 내·외곽 시설물에 대한 폭발물의 탐지, 안전점검 실시는 선발경호원의 임무이다.

116 ③　117 ④　118 ③　119 ①　120 ③　**정답**

121 출입자 통제업무에 관한 설명으로 옳지 <u>않은</u> 것은?

• 제24회 기출

① 인적 출입관리는 행사장의 모든 출입구에 대한 검색이나 수상한 자의 색출을 목적으로 한다.

② 지연참석자에 대해서는 검색 후 별도 지정된 통로로 출입을 허용한다.

③ 참석자가 시차별로 지정된 출입통로를 통하여 입장하도록 한다.

④ 출입통로지정은 구역별 통로를 다양화하여 통제의 범위를 넓혀 관리의 효율성을 높인다.

해설 출입통로지정은 단일통로 지정을 원칙으로 한다. 단일통로를 지정하여 출입통제인력의 활동을 단일통로에 집약하여 선택과 집중에 의한 업무효율성을 높일 수 있다.

122 출입자 통제에 관한 설명으로 옳은 것은?

• 제24회 기출

① 안전구역 설정권 내에 출입하는 인적·물적 제반 요소에 대한 안전활동을 말한다.

② 오관에 의한 검색은 지양하고, 문형 금속탐지기와 휴대용 금속탐지기 등 기계에 의한 검색을 실시한다.

③ 참석자들의 안전을 고려하여 모든 출입통로를 사용하여 출입통제를 실시한다.

④ 행사장으로부터 연도경호의 안전거리를 벗어난 주차장일지라도 통제범위에 포함시켜 운영한다.

해설 ② 출입자 통제를 위한 검색 시 오관 및 각종 탐지기 등 기계에 의한 검색을 병행하여 실시한다.
③ 출입통로는 참가자 누구나 쉽게 식별할 수 있는 통로로 한다. 가능한 한 단일통로를 원칙으로 하되, 행사장 구조, 참가자 수, 참석자 성분 등을 고려하여 수개의 출입통로를 지정하여 불편요소를 최소화할 수 있다.
④ 행사장으로부터 연도경호의 안전거리를 벗어난 주차장의 경우 통제범위에서 제외시킨다.

123 경호행사 시 경호근무자 비표의 운영에 관한 설명으로 옳은 것은?

ㅇ△X

① 비표 분실사고 발생 시 즉각 보고하고 전체 비표를 무효화하며 새로운 비표를 해당자 전원에게 지급한다.

② 비표의 종류는 다양할수록 좋으나 행사 시 구분 없이 전체가 통일되어야 한다.

③ 비표는 근무 관련 교양 시작 전에 배부하고 경호 종료 후 상황을 보면서 반납한다.

④ 경호근무자의 경호안전활동 시는 비표 운영을 하지 않는 것이 바람직하다.

해설 ② 비표의 종류는 적을수록 좋으며, 행사 시에는 구분하여 비표를 운영하여야 한다.

③ 비표는 근무 관련 교양 시작 전에 배부하고 경호 종료 후에는 즉시 반납하여야 한다.

④ 경호근무자의 경호안전활동 시부터 전원 비표를 패용하여야 한다.

124 비표 운용에 관한 설명으로 옳은 것은?

• 제24회 기출

ㅇ△X

① 보안성 강화를 위해 비표의 종류는 많을수록 좋으며 리본, 명찰 등이 있다.

② 구역별로 다른 색상으로 구분하여 비표를 운용하면 통제가 용이하다.

③ 비표는 식별이 용이하도록 선정하여야 하며, 복잡하게 제작되어야 한다.

④ 비표는 행사참석자에게 행사일 전에 미리 배포하여 출입혼잡을 예방하여야 한다.

해설 ① 비표의 종류는 적을수록 좋다. 비표의 종류가 많을 경우 비표확인 활동에 제약이 되어 효율적인 업무를 수행하는 데 어려움이 따른다.

③ 비표는 식별이 용이하도록 선정하여야 하며, 단순하게 제작되어야 한다.

④ 행사당일 현장에서 비표를 배부한다.

121 ④   122 ①   123 ①   124 ②   **정답**

125 다음 행사의 출입통제에 관한 설명으로 옳은 것은?

· 제26회 기출

> 어느 지역 행사장에 대통령이 참석할 예정이다. 이날 유명한 가수가 참석하기로 홍보되어 많은 인파가 모일 것으로 예상된다. 이와 관련하여 많은 인파를 통제하기 위해 3선 경호개념에 따른 경호조치를 계획 중이다.

① 1선인 경비구역은 행사참석자를 비롯한 모든 출입요소의 1차 통제점이다.

② 2선인 안전구역은 행사와 무관한 사람들의 행사장 출입을 통제 및 제한한다.

③ 3중의 경호막을 통해서 조기경보체제를 구축하고 위해기도자의 침투를 중첩되게 차단한다.

④ 구역별 통제의 범위 결정은 3중 경호구역의 설정과는 무관하다.

해설 ① 2선인 경비구역은 행사참석자를 비롯한 모든 출입요소의 1차 통제점이다.
② 1선인 안전구역은 행사와 무관한 사람들의 행사장 출입을 통제 및 제한한다.
④ 3선경호 개념에 근거한 경호구역의 설정에 따라 각 구역별 통제의 범위를 결정한다.

126 출입자 통제업무 수행에 관한 설명으로 옳은 것은?

· 제22회 기출

① 3중경호에 의거한 경호구역의 설정에 따라 각 구역별 통제의 범위를 결정한다.

② 안전구역은 행사참석자를 비롯한 모든 출입요소의 1차 통제지점이 된다.

③ 대규모 행사 시 참석대상과 좌석을 구분하지 않고 시차입장계획을 수립한다.

④ 행사장 및 행사규모에 따라 참석 대상별 주차지역을 구분 · 운용하지 않는다.

해설 ② 안전구역은 행사참석자를 비롯한 모든 출입요소의 최종 통제지점이 된다. 2선인 경비구역은 행사참석자를 비롯한 모든 출입요소의 1차 통제점이 되어, 상근자 이외의 용무가 없는 사람들의 출입을 가급적으로 제한한다.
③ 대규모 행사 시 참석대상과 좌석을 구분하고 시차입장계획을 수립한다.
④ 행사장 및 행사규모에 따라 참석 대상별 주차지역을 구분 · 운용한다.

127 출입자 통제대책에 관한 설명으로 옳지 <u>않은</u> 것은?

△□×

① 일반참석자는 행사시작 전 미리 입장하도록 하여 경호대상자의 입장시간과 시차를 두며, 지연 참석자에 대해서는 검색 후 별도의 지정된 통로로 출입을 허용한다.
② 출입증 배부장소의 안내요원은 가능하면 참석자를 식별할 수 있는 각 부서별 실무자로 선발하고, 출입증은 전 참가자가 운용할 수 있도록 한다.
③ 주최 측은 효율적인 주차관리를 위하여 승차입장카드에 대상별 주차지역을 사전에 지정하여야 하며, 주차지역별로 안내요원을 배치한다.
④ 참석자 출입통로는 행사장 구조상의 모든 출입문을 이용하여 참석자 입장 시 불편요소를 최소화한다.

> **해설** 출입통로는 참석자 누구나 쉽게 식별할 수 있는 것으로 가능한 한 단일통로를 원칙으로 한다. 단일통로를 원칙으로 하는 이유는 하나의 통로를 지정하고 그 통로에 대하여 집중적으로 감시 통제하여 경호활동에 효율을 기하고 완벽한 경호를 위한 것으로 선택과 집중의 효과를 얻으려 하는 것이다.

128 출입자 통제대책에 관한 설명으로 옳은 것은?

△□×

① 행사장 내 모든 출입자와 반입물품은 지정된 통로만을 사용하여야 하며 기타 통로는 자유롭게 출입을 허용해야 한다.
② 안전구역 설정권 내에 출입하는 시차입장계획, 안내계획, 주차관리계획을 세우고 출입통로를 지정하여 실시해야 한다.
③ 행사가 대규모일 때에는 참석대상이나 좌석별 출입통로를 선정할 필요가 없고 출입을 자유롭게 허용해야 한다.
④ 행사장 출입관리는 면밀하게 실시하여야 하며 안전검색을 철저히 하기 위하여 기본예절을 지킬 필요는 없다.

> **해설** ① 행사장 내 모든 출입자와 반입물품은 지정된 통로만을 사용하여야 하며 기타 통로는 폐쇄한다.
> ③ 행사가 대규모일 때에는 참석대상별 또는 좌석별 구분에 의하여 출입통로를 선정하고 시차입장계획을 수립하여 출입통제를 용이하게 하여야 한다.
> ④ 행사장 출입관리는 면밀하게 실시하여야 하고 기본예절은 지켜야 한다.

| 125 ③ | 126 ① | 127 ④ | 128 ② | 정답 |

129 출입자 통제방법에 관한 설명으로 옳지 <u>않은</u> 것은?　　　　　• 제21회 기출

☐△✕

① 출입증은 모든 참가자에게 운용함을 원칙으로 한다.
② 모든 출입요소는 지정된 출입통로를 사용하며 기타 통로는 폐쇄한다.
③ 대규모 행사 시 참석대상과 좌석을 구분하지 않고 시차입장계획을 수립한다.
④ 행사장 내 출입요소에 대해서는 인가된 인원 및 인가차량 여부를 확인한다.

해설　대규모 행사 시 참석대상과 좌석을 구분하고 시차입장계획을 수립한다.

130 출입자 통제업무 내용으로 옳지 <u>않은</u> 것은?

☐△✕

① 인적 출입관리는 행사장의 모든 출입구에 대한 검색이나 수상한 자의 색출을 목적으로 한다.
② 비표는 식별이 어렵게 하여 보안성을 강화한다.
③ 참석자는 시차별로 지정된 출입통로를 사용하여야 하며 기타 통로는 폐쇄한다.
④ 행사장 내 모든 출입요소에 대하여 인가된 인원의 본인 여부와 인가차량 여부를 확인한다.

해설　비표는 그 모양이나 색상이 원거리에서도 식별이 용이하도록 단순하고 선명하게 제작하도록 한다.

131 출입통제대책에 관한 설명으로 옳은 것은 모두 몇 개인가?　　　　　• 제26회 기출

☐△✕

> • 출입요소는 지정된 출입통로를 사용하여야 한다.
> • 출입증은 모든 참가자에게 운용함을 원칙으로 한다.
> • 참석 대상·좌석에 따라 출입통로 선정 및 시차입장 계획을 수립한다.
> • 금속탐지기를 사용한 검색 시 모든 출입요소를 대상으로 실시하고 예외를 불허함을 원칙으로 한다.

① 1개　　　　② 2개　　　　③ 3개　　　　④ 4개

해설　모두 올바른 지문이다.
　• 출입요소(인원 및 차량)는 지정된 출입통로를 사용하여야 하며, 그 밖의 통로는 폐쇄한다.
　• 출입증은 모든 참가자에게 운용함을 원칙으로 한다. 경호대상자에게는 예외가 인정된다.
　• 참석 대상·좌석에 따라 출입통로 선정 및 시차입장 계획을 수립한다. 출입로를 선정하여 중점 관리하며, 일시에 많은 참석자가 몰려 혼잡한 상황이 발생할 수 있으므로 시차입장 계획을 수립한다.
　• 금속탐지기를 사용한 검색 시 모든 출입요소(사람 및 물건)를 대상으로 실시하고 예외를 불허함을 원칙으로 한다. 다만, 경호대상자는 예외로 한다.

132 출입자 통제에 관한 설명으로 옳은 것은?

• 제22회 기출

① 행사장의 허가되지 않은 출입요소를 발견하여 통제·관리하는 사전예방차원의 경호방법이다.

② 지연참석자에 대해서는 검색 후 출입을 허용하지 않는다.

③ 금속탐지기 검색을 통하여 위해요소의 침투를 차단하고, 비표를 운용하여 인가자의 출입을 통제한다.

④ 행사와 무관한 사람들의 행사장 출입을 통제하고 그 효과를 극대화하기 위해서 다양한 통로를 통해 출입자를 확인한다.

해설 ② 모든 참석자는 행사 시작 15분 전까지 입장을 하여야 하며, 지연참석자가 있는 경우에는 검색 후 별도 지정된 통로를 통한 출입을 허용한다.
③ 금속탐지기 검색을 통하여 위해요소의 침투를 차단하고, 비표를 운용하여 비인가자의 출입을 통제한다.
④ 행사와 무관한 사람들의 행사장 출입을 통제하고 그 효과를 극대화하기 위하여 가능한 한 단일 통로를 원칙으로 하되, 행사장 구조, 참가자 수, 참석자 성분 등을 고려하여 수개의 출입통로를 지정하여 불편요소를 최소화할 수 있다.

133 경호원의 분야별 업무담당으로 옳지 않은 것은?

① 작전담당 – 작전정보수집 및 분석, 통합세부계획서 작성

② 차량담당 – 건물 안전성 여부 확인, 최기병원 선정

③ 행사장 내부담당 – 경호대상자 동선 및 좌석 위치 강구, 초청좌석 사복요원 배치

④ 행사장 외부담당 – 안전구역 내 단일 출입로 선정, 경비 및 경계구역 내 안전조치 강화

해설 건물 안전성 여부 확인, 최기병원 선정은 안전대책담당의 업무이다. 최기병원이란 행사장은 물론이고 기동 간에도 구간 구간 이용할 수 있는 병원으로, 주치의나 지정병원과의 연락체계가 항상 유지되어야 한다.

| 129 ③ | 130 ② | 131 ④ | 132 ① | 133 ② | 정답 |

134 경호업무 시 행사장 외부담당자의 업무내용으로 옳지 <u>않은</u> 것은?

◯△✕

① 취약요소 및 직시지점을 고려하여 단상을 설치한다.

② 경비 및 경계구역 내에 대한 안전조치를 강화한다.

③ 안전구역에 대한 단일 출입로를 설정한다.

④ 접견예상에 따른 대책 및 참석자 안내계획을 수립한다.

> **해설** 접견예상에 따른 대책 및 참석자 안내계획 수립, 경호대상자 동선 및 좌석위치에 따른 비상대책의 강구는 행사장 내부담당자의 업무이다.
> ①②③ 안전구역에 대한 단일 출입로 설정, 경비 및 경계구역 내의 안전조치 강화, 취약요소 및 직 시지점을 고려한 단상 설치, 차량 및 공중강습에 대한 대비책 수립 및 외곽 감제고지 · 직시건 물에 대한 안전조치는 행사장 외부담당자의 업무이다.

135 경호행사 시 주 행사장 외부담당자의 업무내용이 <u>아닌</u> 것은?

◯△✕

① 차량 및 공중강습에 대한 대비책을 수립한다.

② 외곽 감제고지, 직시건물에 대한 안전조치를 한다.

③ 경호대상자 동선 및 좌석위치에 따른 비상대책을 강구한다.

④ 경비 및 경계구역 내에 대한 안전조치를 강화한다.

> **해설** 경호대상자 동선 및 좌석위치에 따른 비상대책의 강구는 행사장 내부담당자의 업무에 해당한다.

136 경호행사 시 주 행사장(행사장 내부) 담당경호원의 업무수행 내용과 거리가 <u>먼</u> 것은?

◯△✕

① 행사장 내 접근통제 및 차단계획을 수립한다.

② 경비 및 경계구역에 대한 안전조치를 강화한다.

③ 각종 집기류를 최종 점검한다.

④ 행사장의 단일 출입 및 경호대상자의 동선에 대한 안전도를 확인한다.

> **해설** 경비 및 경계구역에 대한 안전조치 강화는 행사장 외부담당자의 업무이다.

137 경호임무 수행 시 행사장 내부를 담당하는 근무자의 근무요령으로 옳은 것은?

◯△✕

① 입장계획 수립 및 출입통로 지정
② 불순분자의 침투방지 및 검문·검색 실시
③ 정전 등 우발상황에 대비한 예행연습 실시
④ 행사주최 측과 협조하여 출입증 발급

해설 ▶ 경호임무 수행 시 행사장 내부를 담당하는 근무자는 입장자의 비표 확인, 신원 확인, 불심자에 대한 검문·검색, 입장완료 후 복도·계단·화장실 등에 무단 배회하는 자가 없도록 통제, 행사 개시 10분 전부터 일체 개별활동 통제, 행사 진행 중 경호근무자도 개별행동 금지, 군중에 대한 동향의 감시, 정전 등 우발상황에 대비한 예행연습 등을 하여야 한다. 이에 반하여 입장계획 수립 및 출입통로 지정, 불순분자의 침투방지 및 검문·검색 실시, 행사주최 측과 협조하여 출입증 발급은 출입통제담당자의 업무에 해당한다.

138 경호임무 수행 시 행사장 내부 안전구역에 관한 임무내용이 <u>아닌</u> 것은?

◯△✕

① 행사장 내 인적·물적 위해요인 접근통제 및 차단계획 수립
② 경호대상자의 휴게실 및 화장실의 위치 파악
③ 경호대상자의 동선 및 좌석위치에 따른 비상대책 강구
④ 안전구역 내 단일출입로 설정 및 비상차량 운용계획 수립

해설 ▶ 안전구역 내 단일출입로 설정 및 비상차량 운용계획 수립은 외부 담당자의 임무이다.

제6절 위기상황(우발상황) 대응방법

139 우발상황의 특성으로 옳은 것은?

◯△✕

• 제18회 기출

① 불확실성   ② 심리적 안정성
③ 예측가능성   ④ 시간여유성

해설 ▶ 우발상황은 언제 발생할지 알 수 없으므로 불확실성을 갖는다.

| 134 ④ | 135 ③ | 136 ② | 137 ③ | 138 ④ | 139 ① | 정답 |

140 우발상황 대응기법에 관한 설명으로 옳은 것을 모두 고른 것은?

• 제22회 기출

○△✕

> ㉠ 경호원의 주의력효과 면에서는 경호원과 군중의 거리가 가까울수록 유리하다.
> ㉡ 위험을 가장 먼저 인지한 경호원은 동료들에게 신속히 전파하여 공조체제를 유지하도록 한다.
> ㉢ 수류탄 또는 폭발물과 같은 폭발성 화기에 의한 공격에는 방어적 원형 대형을 유지한다.

① ㉠, ㉡   ② ㉠, ㉢
③ ㉡, ㉢   ④ ㉠, ㉡, ㉢

해설 ㉢ 수류탄 또는 폭발물과 같은 폭발성 화기에 의한 공격에는 함몰형 대형을 유지한다. 방어적 원형 대형은 위해의 징후가 현저하거나 직접적인 위해가 가해졌을 때 형성하는 대형이다.

141 경호 우발상황 대응기법에 관한 내용이다. 다음에서 설명하는 것은?

• 제23회 기출

○△✕

> 우발상황발생 시 위해상황을 처음 인지한 경호원이 경호대상자 주변의 근접경호원과 동시에 신속히 경호대상자를 보호하기 위하여 방벽을 형성한다.

① 경고   ② 방호
③ 대피   ④ 대적

해설 방벽은 공격을 막기 위한 벽을 의미하며, 방호는 공격으로부터 막아 지켜 보호하는 것을 의미한다(방어+보호).

142 우발상황에 관한 설명으로 옳지 않은 것은?

• 제19회 기출

① 우발상황은 어떠한 일이 예기치 못하게 발생하는 것을 의미하며, 사전예측 불가, 극도의 혼란사태 야기, 즉응적 대응요구, 자기보호본능 발동 등의 특성을 갖는다.
② 우발상황 발생 시 대응은 '경고 - 방호 - 대피'가 거의 동시에 이루어져야 한다.
③ 우발상황 발생 시 경호원은 경호대상자를 신속하게 안전지대로 대피시키기 위해 경호대상자에게 신체적 무리가 있더라도 과감하게 행동하여야 한다.
④ 수류탄 또는 폭발물과 같은 폭발성 화기에 의해 공격받았을 때 사용되는 방호 대형은 사각 대형이다.

해설 수류탄 또는 폭발물과 같은 폭발성 화기에 의해 공격받았을 때 사용되는 방호 대형은 함몰형 대형이다.

▶ 함몰형 대형(Cave in Formation)

수류탄 또는 폭발물과 같은 폭발성 화기에 의한 공격을 받았을 때 사용되는 방호 대형으로, 경호대상자를 지면에 완전히 밀착시키고 그 위에 근접경호원들이 밀착하며 포개어 경호대상자의 신체가 외부에 노출되지 않도록 하는 대형이다.

143 총기공격에 대응하는 즉각조치로 옳은 것은?

• 제18회 기출

① 방호는 위협상황인식과 동시에 경호원의 신체로 범인을 제압하는 것을 우선으로 한다.
② 방호 시 경호원은 몸을 은폐하여 위해기도자로부터 표적이 작아지도록 한다.
③ 대피 시에는 경호대상자의 품위를 고려하여 조심스럽게 머리를 아래로 향하게 한 상태에서 이동한다.
④ 즉각조치는 '경고 ⇨ 방호 ⇨ 대피' 순으로 이루어지되 거의 동시에 실시되어야 한다.

해설 ① 방호는 경호대상자를 보호하는 것을 우선으로 한다.
② 방호 시 경호원은 신체확장의 원칙을 적용하여 자기 자신의 몸을 은폐·엄폐하는 것이 아니라 최대한 확장하고 노출시켜 경호대상자에 대한 방호효과를 극대화하면서 공격방향으로 대응한다.
③ 품위도 중요하지만, 우발상황 시 안전을 위해 과감히 행동하여야 한다.

140 ① 141 ② 142 ④ 143 ④ 정답

CHAPTER 01 기출 및 예상문제 • 421

144 경호행사 시 돌발사태에 대응한 경호요원의 조치로 적절하지 **않은** 것은?
○△×

① 범인이 경호대상자에게 총격을 가하고 도주 시 근접경호원은 끝까지 추적하여 붙잡으려 해서는 안 된다.

② 경호대상자를 방호하는 근접경호요원은 범인의 총격 시 자기의 몸도 보호하기 위하여 땅바닥에 엎드려서 사격을 하여야 한다.

③ 근접경호요원들 이외의 다른 요원들은 위해자를 체포하거나 부상자를 돕고 현장을 봉쇄하여야 한다.

④ 근접경호요원은 육탄방어의 희생정신을 가지고 방호하며 경호대상자를 신속하게 위험지역에서 대피시켜야 한다.

해설 경호대상자가 위험지역에서 대피하기 전에는 자신의 몸으로 경호대상자를 방호한다는 자세로 똑바로 선 채로 범인을 제압하기 위하여 사격자세를 취하여야 한다.

145 우발상황에 관한 내용으로 옳지 **않은** 것은?
○△×
• 제22회 기출

① 우연히 또는 계획적으로 발생하여 경호행사를 방해하는 사태

② 상황이 직접적으로 발생하기 전까지는 위해기도가 발생되는 시간, 장소, 방법에 대한 사전예측의 불가능

③ 방법과 규모에 따라 차이가 생길 수 있으나 심리적인 공포와 불안의 조성에 따른 혼란의 야기와 무질서

④ 경호대상자의 방호 및 대피보다 경호원의 자기보호본능에 충실

해설 우발상황 시 경호원은 자기보호본능을 버리고 자기희생정신에 충실하여야 하고, 자기희생의 원칙을 지키며, 경호대상자의 방호 및 대피를 실시해야 한다.

146 위기상황 대응방법에 관한 설명으로 옳지 **않은** 것은?
○△×

① 경호의 목적은 공격이 아니라 방어에 있다.

② 위기상황 시에는 경호의 특별원칙을 지킬 필요가 없다.

③ 위기대응 요령으로서의 경고는 위급상황을 큰 소리로 외쳐 경호대상자 및 모든 경호원들에게 알리라는 의미이다.

④ 경호대상자를 대피시키는 근접경호원 외의 다른 경호원들은 암살범을 체포하거나 부상자 구조, 현장 봉쇄 등의 임무를 수행한다.

해설 위기발생 시에도 경호의 특별원칙인 자기희생의 원칙, 목적물 보존의 원칙, 자기담당구역 책임원칙에 입각하여 모든 경호역량을 방어에 집중하여야 한다.

147 우발상황 조치에 관한 내용이다. 다음 ( )에 들어갈 내용을 순서대로 옳게 나열한 것은?

○△×
• 제21회 기출

> 우발상황이 발생하였을 경우 경호대상자를 위험으로부터 보호하기 위한 일련의 순간적인 경호조치를 말하며, ( )의 결과에 따라 경호대상자를 살릴 수도 있고 죽일 수도 있다. 우발상황이 발생하면 최초에 정확하게 대응해야 한다는 데 핵심이 있다. 위험한 것을 ( ) 것으로 판단하면 자칫 ( )를 잃을 수도 있고, 위험하지 않은 것을 ( ) 것으로 판단하면 행사장을 혼란에 빠뜨리거나 행사를 망칠 수도 있다.

① 즉각조치, 위험한, 행사참석자, 위험하지 않은
② 즉각조치, 위험하지 않은, 경호대상자, 위험한
③ 통제조치, 위험하지 않은, 경호대상자, 위험한
④ 통제조치, 위험한, 행사참석자, 위험하지 않은

해설 우발상황이란 경호임무 수행 도중 예기치 않게 발생하는 각종의 위기상황들을 말한다. 우발상황이 발생하였을 경우 경호대상자를 위험으로부터 보호하기 위한 일련의 순간적인 경호조치를 말하며, 즉각조치의 결과에 따라 경호대상자를 살릴 수도 있고 죽일 수도 있다. 우발상황이 발생하면 최초에 정확하게 대응해야 한다는 데 핵심이 있다. 위험한 것을 위험하지 않은 것으로 판단하면 자칫 경호대상자를 잃을 수도 있고, 위험하지 않은 것을 위험한 것으로 판단하면 행사장을 혼란에 빠뜨리거나 행사를 망칠 수도 있다.

148 우발상황에 관한 설명으로 옳은 것을 모두 고른 것은?

○△×
• 제24회 기출

> ㉠ 사전예측이 불가능하므로 즉각조치가 어렵다.
> ㉡ 극도의 혼란과 무질서가 발생한다.
> ㉢ 자기보호본능으로 위해가해자에 대한 대적과 제압이 제한적이다.
> ㉣ 즉각조치의 과정은 '경고 ⇨ 대피 ⇨ 방호'의 순서로 전개된다.

① ㉠, ㉣
② ㉠, ㉡, ㉢
③ ㉡, ㉢, ㉣
④ ㉠, ㉡, ㉢, ㉣

해설 ㉣ 즉각조치의 과정은 '경고 ⇨ 방호 ⇨ 대피'의 순서로 전개된다.

144 ② 145 ④ 146 ② 147 ② 148 ② **정답**

149 경호임무 수행 중 위해자의 공격에 따른 상황대처 시 우선적으로 고려해야 할 내용으로 거리가 <u>먼</u> 것은?
ㅇ△✕

① 공격의 종류와 성격
② 주위 상황과 군중의 성격과 수
③ 범인 대적 및 체포의 방안 검토
④ 경호대상자와 범인과의 거리

> **해설** 경호원은 경호대상자를 위험으로부터 방호하여 안전한 곳으로 대피시키는 것이 우선이므로, 범인 대적 및 체포의 방안 검토는 우선적으로 고려할 사항이 아니다.

150 우발상황 발생 시 방호 및 대피에 관한 설명으로 옳은 것은?
ㅇ△✕

① 함몰형 대형은 위해의 징후가 현저하거나 직접적인 위해가 가해졌을 때 형성하는 것이 좋다.
② 방어적 원형 대형은 수류탄, 폭발물 등에 의한 공격을 받았을 때 사용되는 방호대형이다.
③ 대피 시 경호대상자의 대피도 중요하지만, 부상당한 동료의 처리와 도주범인 추적 및 체포로 제2범행을 방지한다.
④ 대피 시에는 경호대상자에게 신체적 무리가 뒤따르고 예의를 무시하더라도 신속하고 과감하게 행동해야 한다.

> **해설** ① 위해의 징후가 현저하거나 직접적인 위해가 가해졌을 때 형성하는 것이 좋은 대형은 방어적 원형 대형이다.
> ② 수류탄, 폭발물 등에 의한 공격을 받았을 때 사용되는 방호대형은 함몰형 대형이다.
> ③ 대피 시 먼저 경호대상자를 대피시키고, 그 후에 부상당한 동료의 처리와 도주범인 추적 및 체포로 제2범행을 방지해야 한다.

151 다음에서 설명하는 경호의 방호대형은?

• 제24회 기출

• 위해의 징후가 현저하거나 직접적인 위해가 가해졌을 때 형성하는 방어대형
• 경호원들이 강력한 스크럼을 형성하여 경호대상자를 에워싸는 형태로 보호하면서 군중 속을 헤치고 나가기 위한 방법

① 개방 대형
② 함몰 대형
③ 일렬 세로대형
④ 방어적 원형 대형

해설 ▶ 방어적 원형 대형(Defensive Circle Formation)

위해의 징후가 현저하거나 직접적인 위해가 가해졌을 때 형성하는 방어 대형이다. 근접경호원은 경호대상자가 보다 작은 표적이 되도록 무릎을 구부려 자세를 낮추도록 하고 경호대상자의 전후좌우에서 에워싸는 형태의 원형 대형을 유지한다. 일단 방어 대형으로 위기를 모면하였다 하더라도 위해기도자와 무기가 완전히 제압되지 않고 재공격 가능성 등의 위험이 남아 있다고 판단될 시에는 신속히 대피대형으로 전환하여 현장에서 즉시 이탈시켜야 한다.

152 우발상황에 적절하게 대응하지 못한 경호원은?

• 제20회 기출

• A경호원 - 체위를 확장하여 경호대상자에 대한 방벽효과를 극대화한다.
• B경호원 - 간단명료하고 신속하게 경고한다.
• C경호원 - 폭발성 화기에 의한 공격 시에는 방어적 원형 대형을 형성한다.
• D경호원 - 경호대상자의 방호보다는 위해기도자의 제압을 우선으로 한다.

① A, B
② A, C
③ B, D
④ C, D

해설 • C경호원 - 폭발성 화기에 의한 공격 시에는 함몰형 대형을 형성한다.
• D경호원 - 위해기도자의 제압보다는 경호대상자의 방호를 우선으로 한다.

149 ③   150 ④   151 ④   152 ④   정답

153 경호업무 수행 중 돌발상황의 대응방법으로 옳지 <u>않은</u> 것은?

① '돌발상황 시 인지 ⇨ 경고 ⇨ 방벽 형성 ⇨ 방호 및 대피 ⇨ 대적 및 제압'의 순으로 행동한다.

② 불필요한 출입자의 통제가 용이한 장소를 사전에 확보해 두는 것이 좋다.

③ 경호대상자를 잠시 대피시킬 수 있는 장소보다는 시간이 지체되더라도 안전한 장소를 확보한다.

④ 경호대상자의 노출을 최소화하고 근접경호원은 물리적 방벽을 형성한다.

해설 ▶ 돌발상황 시에는 경호대상자를 우선적으로 대피시켜야 하므로 경호대상자를 잠시 대피시킬 수 있는 장소를 확보하여야 한다. 비상대피장소는 노출을 최소화하고 이동에 30초 이내의 시간이 소요되는 장소를 선정하여야 한다. 촌각을 다투는 위급한 상황에서는 짧은 시간에 경호대상자를 안전하게 대피시킬 수 있는 장소를 선정하는 것이 좋다.

154 경호임무 수행 시 우발상황 발생에 따른 범인의 대적 및 제압에 관한 설명으로 옳지 <u>않은</u> 것은?

① 공격방향 전환 시 범인보다 경호대상자의 방향을 전환시키는 것이 효과적이다.

② 대적과 제압 시 주위의 환경, 공격의 방향과 방법, 범인의 공격기술 능력을 순간적으로 파악해야 한다.

③ 범인의 저항을 최소화하기 위하여 몸 전체를 최대한 밀착시켜 범인의 행동반경을 최소화해야 한다.

④ 완전히 제압된 범인은 현장에서 이동시켜 주변의 질서를 유지한다.

해설 ▶ 공격방향 전환 시에는 범인의 방향을 전환시키는 것이 효과적이다. 물리력을 사용하여 범인의 방향을 경호대상자에게 위해를 입히기 어려운 방향으로 변환시키고 신속한 방벽 형성으로 경호대상자를 보호한다.

155 우발상황 대응에 관한 설명으로 옳지 <u>않은</u> 것은?

• 제26회 기출

① 폭발물 공격을 받았을 때는 방어적 원형 대형을 형성한다.

② 상황 발생을 인지한 경호원이 먼저 취해야 할 조치는 경고이다.

③ 경고 시 방향이나 위치 등에 대해 명확한 내용으로 전달한다.

④ 경고와 동시에 대적 여부는 촉수거리의 원칙에 따라 위해기도자와 가장 가까이에 있는 경호원이 판단·대응한다.

해설 ▶ 폭발물 공격을 받았을 때는 함몰형 대형을 형성한다. 이에 반하여 위해의 징후가 현저하거나 직접적인 위해가 가해졌을 때에 형성하는 대형은 방어적 원형 대형이다.

156 비상(우발)상황 발생 시 대피소의 선정방법으로 옳지 <u>않은</u> 것은?

□△×

① 상황이 장기화될 경우를 고려하여 잠시 동안 머물 수 있는 곳을 선정한다.

② 출입자를 용이하게 통제할 수 있는 장소를 사전에 선정한다.

③ 경호대상자의 노출을 가능한 한 줄이고 이동에 30초 이내의 짧은 시간이 소요되는 장소를 선정한다.

④ 이동시간이 비교적 많이 소요되더라도 경호대상자를 안전하게 대피시킬 수 있는 장소를 선정한다.

해설 촌각을 다투는 위급한 상황에서는 짧은 시간에 경호대상자를 안전하게 대피시킬 수 있는 장소를 선정하는 것이 좋다.

제7절 경호안전대책방법 등

157 인적 위해요소 제거활동이 <u>아닌</u> 것은?

□△×

① 행사장 근무자에 대한 신원조사 실시

② 비표 분실사고 발생 시 전체 비표 무효화

③ 경호첩보수집의 강화

④ 안전조치

해설 신원조사 실시, 비표 운용, 경호첩보수집 등은 인적 위해요소 제거활동에 해당하고, 안전조치(민간인 소유 총포류, 경찰관 무기관리 등)는 물적 취약요소 배제에 해당한다.

158 비표 운용에 관한 설명으로 옳지 <u>않은</u> 것은?

□△×
• 제23회 기출

① 비표는 혼잡방지를 위해 시간과 장소에 관계없이 미리 배포할수록 좋다.

② 구역별 다른 색상으로 구분하여 비표를 운용하면 통제가 용이하다.

③ 비표 운용은 대상과 용도에 맞게 운영해야 한다.

④ 비표는 쉽게 구별되고, 위조 또는 복제가 불가능하도록 한다.

해설 비표를 미리 배포하는 경우 비표가 외부로 유출될 우려가 있으므로 비표는 행사 당일 현장에서 배포한다.

| 153 ③ | 154 ① | 155 ① | 156 ④ | 157 ④ | 158 ① | **정답** |

159 경호활동과 관련하여 위해(취약)요소에 관한 설명으로 옳지 <u>않은</u> 것은?

① 위해요소는 피경호인의 안전이나 경호활동에 어떤 영향을 줄 수 있는 요인을 말한다.

② 행사 지역의 총포류, 화약류, 무기고, 유류가스 등은 물적 취약요소에 해당한다.

③ 행사참석자, 종사자, 상근자, 방문자, 감시대상자는 인적 취약요소에 해당한다.

④ 지리적 취약요소로는 구조물 및 시설물 취약건물인 저층건물, 감제고지, 건널목 등이 해당한다.

> **해설** 지리적 취약요소로는 구조물 및 시설물 취약건물인 고층건물과 공사장, 감제고지, 건널목, 해안, 해상, 강 등이 해당한다.

160 경호대상자에게 위해를 가할 수 있는 가능성이 있는 모든 취약요소 및 위해물질을 사전에 탐지, 색출, 제거 및 안전조치하여 위해를 가할 수 없는 상태로 전환시키는 활동은?

① 경호보안 ② 안전검사

③ 안전검측 ④ 안전유지

> **해설** 경호안전대책이란 경호대상자의 신변을 보호하기 위하여 경호행사의 준비·진행 중에 행사장, 숙소, 연도 등의 인적·물리적·지리적 취약대상의 위해요소를 제거하기 위한 예방활동을 말한다. 이 중 안전검측은 물리적 취약요소의 배제활동에 해당한다.

161 검측활동에 관한 설명으로 옳지 <u>않은</u> 것은?

• 제23회 기출

① 위해물질의 존재 여부를 검사하거나 시설물의 안전점검에 사용되는 도구를 검측장비라고 한다.

② 검측인원의 책임구역을 명확하게 하여 중복되지 않게 계획적으로 검측한다.

③ 시설물의 불안전요소를 제거하는 것은 검측활동에 해당된다.

④ 검측활동은 행사장과 경호대상자의 이동로를 중심으로 구역을 나눠 실시한다.

> **해설** 검측인원의 책임구역을 명확하게 하고, 책임구역의 경계부분은 중복(중첩)하여 검측한다. 중복(중첩) 검측을 하지 않을 경우 경계부분에서 상대방에게 책임을 미루어 검측에 허점이 발생할 수 있다.

162 안전검측 방법에 관한 설명으로 옳은 것은?

• 제25회 기출

① 전기제품은 분해하지 않고 검측하고, 비금속물체는 장비를 활용하여 금속반응을 확인한다.
② 경호계획에 의거 공식행사에는 검측을 원칙으로 하나, 비공식행사에는 비노출 검측활동을 하지 아니한다.
③ 가용인원의 최대 범위에서 서로 중복되지 않도록 검측하여 시간의 효율성을 높인다.
④ VIP 탑승차량 및 주변 지원차량의 경우, 운전요원 입회 하에 외부와 내부의 장치를 철저하게 검측한다.

해설 ① 전자제품은 분해하여 확인하고, 확인이 불가능한 것은 현장에서 제거하거나 원거리에서 따로 보관한다.
② 경호계획에 의거해 공식행사에는 검측을 원칙으로 하며, 비공식행사는 비노출 검측활동을 실시할 수 있다. 경호대상자를 대상으로 하는 위해행위는 항상 발생 가능성을 내포하고 있으므로 공식행사이든 비공식행사이든 안전검측을 실시할 수 있다.
③ 가용인원의 최대 범위에서 중복되게 검측한다.

163 안전검측의 기본 지침으로 적절하지 않은 것은?

① 검측활동 중 행사보안 및 통신보안과 함께 경호대상자에 관하여는 최고도의 보안을 유지한다.
② 검측활동 시 인원 및 장비를 최대한 지원받아 활용한다.
③ 검측의 순서는 통로·현관 등 경호대상자가 움직이는 장소를 우선하고, 회의실, 오찬장, 휴게실 등 경호대상자가 장시간 머물러 있는 곳은 나중에 실시한다.
④ 검측활동 중 원격조정장치에 의한 폭발물들은 전자검측장비를 이용한다.

해설 안전검측은 경호대상자가 장시간 머물러 있는 곳을 먼저 하고, 순차적으로 경호대상자가 움직이는 통로를 실시하여야 한다.

| 159 ④ | 160 ③ | 161 ② | 162 ④ | 163 ③ | 정답 |

164 경호현장의 안전검측활동에 관한 설명으로 옳지 않은 것은?

① 특수시설이나 기술적 조치가 필요한 시설의 검측은 전문가를 초빙하여 검측조에 편성하고 자문을 통해 실시하며, 기술적 분야는 전문가가 직접 안전조치하여 하자가 발생하지 않도록 한다.

② 검측작용에서 오관을 최대한 활용하나, 장비에 대한 신뢰감을 가지고 의존하여야 한다.

③ 검측은 기본지식이 없어도 수행할 수 있는 일반검측과 교육을 받은 전문검측담당으로 하는 정밀검측이 있다.

④ 검측인원의 책임구역을 명확하게 하여 중복되게 점검이 이루어져야 한다.

해설 안전검측은 적의 입장에서 검측장비를 이용하되, 오관을 최대한 활용하여 실시하여야 한다. 하지만 장비를 지나치게 신뢰하여서는 안 된다.

165 검측에 관한 내용으로 옳지 않은 것은?

• 제18회 기출

① 검측장비란 위해물질의 존재 여부를 검사하거나 시설물의 안전점검에 사용되는 도구를 말한다.

② 검측장비에는 금속탐지기, 폭발물탐지기 등이 있다.

③ 검측활동은 사고로 이어질 수 있는 시설물의 불안전요소를 제거하기 위함이다.

④ 검측은 행사의 원활한 진행을 고려하여 최소한의 요원을 투입해서 한 번에 철저하게 실시한다.

해설 완벽한 검측을 실시하기 위해 충분한 검측요원을 투입하여 1차 및 2차 검측(점검)을 실시한 후 경호요원이 배치 완료된 행사 직전에 최종검색(검측)을 실시하여야 한다. 검측을 한 번만 실시하는 경우 숨겨진 폭발물 등을 찾지 못하고 놓칠 수 있다. 이러한 실수를 방지하기 위하여 여러 차례 반복하여 검색을 실시하여야 한다.

166 경호안전대책을 위한 분야별 안전검측 내용으로 적절하지 <u>않은</u> 것은?

<u>○△×</u>

① 숙소는 극도로 보안을 유지하고 불필요한 인원을 통제하며 전기, 소방, 소음 등에서도 최적상태를 유지한다.

② 운동장은 사람이 모이므로 비상사태 시 대피로를 설치하고 행사장의 각종 부착물과 시설물에 대한 안전조치를 강구한다.

③ 기념식장은 구역을 세분화하여 책임구역을 설정하고 출입자에 대해 가능하면 여러 통로로 출입시켜 혼잡을 피하도록 한다.

④ 차량검측은 경호차량뿐만 아니라 지원차량과 일반차종에 대한 출입통제와 안전점검을 운전사 입회하에 철저히 실시한다.

> **해설** 기념식장은 구역을 세분화하여 책임구역을 설정하고 출입통로는 가능한 한 단일통로를 원칙으로 하여 참가자 누구나 쉽게 식별할 수 있도록 함으로써 경호에 만전을 기하여야 한다.

167 방(Room)에서의 안전검측활동 단계를 순서대로 옳게 나열한 것은? ・제26회 기출

<u>○△×</u>

① 눈높이 → 바닥 → 천장높이 → 천장 내부

② 눈높이 → 천장높이 → 바닥 → 천장 내부

③ 바닥 → 눈높이 → 천장높이 → 천장 내부

④ 천장 내부 → 천장높이 → 눈높이 → 바닥

> **해설** 방(Room)에서의 안전검측활동 단계는 '바닥 → 눈높이 → 천장높이 → 천장 내부'의 순이다. 즉, 낮은 곳에서 시작하여 높은 곳의 순으로 안전검측을 한다.

| 164 ② | 165 ④ | 166 ③ | 167 ③ | 정답 |

168 안전검측활동의 내용으로 옳지 않은 것은?

① 안전점검, 안전검사, 안전조치 등을 포함한 포괄적인 내용이다.

② 책임구역을 명확히 구분하고 세부 실시계획을 세워 의심나는 곳은 반복해서 실시한다.

③ 경호대상자가 장시간보다 단시간 머물 곳을 먼저 실시한 후 경호대상자의 동선에 따라 순차적으로 실시한다.

④ 타 업무보다 우선하며 원칙에 예외를 불허하고, 원격조정형 폭발물은 전문검측장비를 이용한다.

해설 경호대상자가 단시간보다 장시간 머물 곳을 먼저 실시한 후 경호대상자의 동선에 따라 순차적으로 실시한다.

169 안전검측의 방법에 관한 설명으로 옳지 않은 것은?

① 일반적으로 검측은 방의 모든 표면을 촉각을 통해 더듬어 점검해야 한다.

② 검측은 책임구역을 명확하게 구분하여 반복 및 중복 실시한다.

③ 건물 외부 검측은 승·하차 지점 및 건물 외부 벽으로부터 확산하면서 실시한다.

④ 건물 내부 검측은 위층에서 아래층으로 검측하는 것을 원칙으로 한다.

해설 건물 내부 검측은 아래층에서 위층으로 검측하는 것을 원칙으로 한다. 건물에 진입하여 검측을 실시할 때 아래층부터 검측을 실시하여 위층으로 올라가는 것이 자연스럽고 합리적이기 때문에 아래층에서 위층으로 실시하도록 지침이 정하여진 것이다.

170 전문검측담당이 실시하는 정밀검측기법으로 옳지 않은 것은?

① 꽉 채워진 비품의 경우 손가락으로 조심스럽게 점검하고, 전부 꺼내 확인할 필요는 없다.

② 검측이 요구되는 벽, 천장, 마루 등의 반대편도 점검하고, 상하좌우의 방은 반드시 점검한다.

③ 방 안의 일정 지점으로부터 검측을 시작하여, 방 주변을 따라 시계방향으로 체계적인 검측을 실시한다.

④ 가구의 문과 서랍을 열어 보고 비밀공간이나 상단, 바닥 및 뒷부분을 점검한다.

해설 꽉 채워진 비품의 경우 손가락으로 조심스럽게 점검하고, 전부 꺼내 확인하여야 한다. 비품을 전부 꺼내 육안 또는 점검기구를 이용하여 확인하여야 확실한 검측을 실시할 수 있다.

171 경호임무 수행에 따른 안전검측 시 폭발물 발견에 따른 조치요령으로 옳지 <u>않은</u> 것은?

① 절대로 손을 대지 말고 관계기관에 즉시 신고한다.

② 건물 내부의 출입을 금지시킨다.

③ 출입문, 창문은 모두 닫아 잠근다.

④ 비파편성, 비금속성 물질로 방벽을 설치한다.

해설 ▶ 폭발물 검측 시 유의사항

1. 비금속성 물체에서 금속반응을 확인한다.
2. 적의 입장에서 폭발물 설치가 가능한 곳을 의심하여 검색한다.
3. 오관과 전자장비를 최대한 이용하여 검색한다.
4. 손대지 말고 고발조치하여 폭발물의 제거와 폭파는 폭발물 처리반 요원이 담당하게 한다.
5. 확인 불가능한 물건은 현장에서 제거하고, 선을 끝까지 추적하여 제거한다.
6. 주위를 최소한 100m 통제하고 출입문과 창문을 개방한다.
7. 건물 내부의 출입을 금지시키고, 비파편성·비금속성 물질로 방벽을 설치한다.
8. 폭탄은 차량에 의해 전달되거나 차량에 남아 있는 경우가 많기 때문에 주차를 엄격히 통제한다.

172 안전검측활동에 관한 설명으로 옳은 것은?

• 제24회 기출

① 위해기도자의 입장보다는 경호대상자의 입장에서 검측을 실시한다.

② 가용 인원의 최대 범위에서 중복이 되지 않도록 철저히 실시한다.

③ 경호대상자가 짧은 시간 머물 곳을 실시한 후 장시간 머물 곳을 체계적으로 검측한다.

④ 비공식행사에서도 비노출 검측활동을 실시할 수 있다.

해설 ① 위해기도자(적)의 입장에서 검측을 실시한다.
② 가용 인원의 최대 범위에서 중복되게 실시한다.
③ 검측은 경호대상자가 장시간 머물 곳을 실시한 후 경호대상자가 움직이는 통로를 따라 순차적으로 실시한다.

168 ③　169 ④　170 ①　171 ③　172 ④　정답

173 안전검측방법 및 그 실시요령으로 옳지 <u>않은</u> 것은?

◯△✕

① 가까운 곳에서 먼 곳으로, 좌에서 우로, 밖에서 안으로 계속 중복 실시한다.

② 통로는 양측을 중점 검측하고, 아래보다 높은 곳을 반복 검측한다.

③ 벽부터 실시하여 방 중앙으로 단계적으로 검측한다.

④ 방을 검측할 때에는 '천장 내부 ⇨ 천장면 ⇨ 벽 ⇨ 바닥' 순으로 한다.

> **해설** 방을 검측할 때에는 '바닥면 ⇨ 벽 ⇨ 천장면 ⇨ 천장 내부' 순으로 실시하되, 특히 천장면과 천장 내부를 중점 검측하여야 한다. 검측은 아래에서 위의 높낮이 순서를 실시한다.

174 안전검측에 관한 설명으로 옳지 <u>않은</u> 것은?

◯△✕

① 기념식장은 많은 사람이 모이는 곳으로 비상사태 시 비상대피소를 설치하고, 식장의 각종 부착물과 시설물에 대한 안전검측을 실시한다.

② 숙소는 극도의 보안을 유지하고 불필요한 인원을 통제하며 전기, 소방, 냉난방, 소음 등과 같은 위험물에 대한 안전대책을 강구한다.

③ 차량검측은 경호대상자의 차량뿐만 아니라 지원차량과 일반차량에 대한 출입통제 조치와 차량 내·외부, 전기회로, 배터리 등에 대한 안전점검 시 운전사의 접근을 통제하고 철저히 검측하도록 한다.

④ 운동장은 구역을 세분화하여 책임구역을 설정하고, 외부, 내부, 소방, 직시고지 등에 대한 반복적인 검측과 출입자에 대한 통로를 단일화하여 반입물품에 대한 검색을 철저히 하도록 한다.

> **해설** 차량검측은 경호대상자의 차량, 주변 지원차량, 일반차량의 출입통제 조치와 차량 내·외부, 전기회로, 배터리 등에 대한 안전점검을 하는 것을 말한다. 이때는 해당 차에 대해 가장 잘 아는 운전사의 입회하에 실시하여야 한다.

175 검측의 방법에 대한 설명으로 옳지 <u>않은</u> 것은?

□△×

① 점과 선에서 실시하되 가까운 곳에서 먼 곳 순으로 실시한다.

② 양 측면보다는 통로를, 아래보다는 높은 곳을, 의심되는 곳을 반복해서 실시한다.

③ 비금속성 물체에서 금속성 반응을 확인한다.

④ 적의 입장에서 폭발물 설치 가능 장소를 검측한다.

> **해설** 검측은 적의 입장에서 실시한다. 내가 폭발물 등을 숨기려는 범인이라면 어느 곳에 숨길 것인가를 곰곰이 생각하여 그럴 만한 곳을 집중적으로 검색하는 것이 효과적인 검색방법이다. 사람은 양 측면이나 높은 곳을 잘 쳐다보지 않는 습성을 가지고 있으므로 이러한 습성을 거꾸로 이용하여 위해기도자가 위험물질을 숨길 가능성이 높다. 즉, 통로보다 양 측면, 아래보다 높은 곳을, 의심되는 곳을 계속 반복하여 검측하여야 한다.

176 안전검측활동의 요령에 관한 설명으로 옳지 <u>않은</u> 것은? • 제22회 기출

□△×

① 검측은 책임구역을 명확하게 구분하여 계속적으로 반복 실시한다.

② 인간의 싫어하는 습성을 감안하여 사각지점이 없도록 철저한 검측을 실시한다.

③ 통로에서는 양 측면을 중점 검측하고, 높은 곳보다 아래를 중점적으로 실시한다.

④ 확인이 불가능한 물건은 원거리에 격리시킨다.

> **해설** 검측은 위장하여 타인이 알지 못하도록 실시하여야 하고, 통로(중앙)보다 양 측면, 아래보다 높은 곳을 중점 반복하여 검측하며, 의심이 되는 곳은 계속 반복 실시하여야 한다. 일반적으로 사람은 높은 곳을 잘 보지 않는 특성을 가지고 있다. 이러한 취약점을 이용하여 높은 곳에 폭발물을 설치하는 경우가 많다. 따라서 아래(낮은 곳)보다 높은 곳에 대해 안전검측을 중점적으로 실시한다.

177 검식활동에 관한 설명으로 옳지 <u>않은</u> 것은?

□△×

① 사전에 조리담당 종사자에 대한 신원조사를 실시하여 신원특이자는 배제한다.

② 음식물 운반 시를 제외하고는 철저하게 근접감시를 실시한다.

③ 행사 당일에는 경호원이 주방에 입회하여 조리사의 동향을 감시한다.

④ 음식물은 전문요원에 의한 검사를 실시한다.

> **해설** 음식물을 운반할 때에는 경호요원이 근접감시하여야 한다. 음식물 운반 시 감시가 소홀한 틈을 타 음식물에 독극물을 투입하려는 시도가 발생할 가능성이 높으므로 음식물 운반 시에는 근접하여 지속적인 감시를 하여야 한다.

173 ④ 174 ③ **175 ② 176 ③ 177 ②** 정답

178 검식활동에 관한 설명으로 옳은 것은?

• 제25회 기출

☐☐☐☐

① 조리가 완료된 후에는 검식활동이 종료된다.

② 경호대상자에게 제공되는 식음료의 안전을 점검하는 활동이다.

③ 경호대상자에게 식음료 운반 시 원거리 감시를 실시한다.

④ 검식활동의 시작은 식재료의 조리과정 단계부터이다.

> **해설** ①④ 검식활동은 경호대상자에게 제공하는 음식물에 대하여 구매, 운반, 저장, 조리 및 제공되는 일련의 과정을 포함하므로 식재료의 조리단계 이전의 단계부터 시작되며, 조리가 완료된 후에도 조리된 음식물의 운반과정과 음식물 취식과정이 완료된 후 검식활동이 종료된다.
> ③ 경호대상자에게 음식물을 운반할 때에는 경호원이 근접감시를 하여야 한다.

179 검식활동에 관한 설명으로 옳지 <u>않은</u> 것은?

• 제22회 기출

☐☐☐☐

① 경호대상자에게 제공되는 음식물의 이상유무를 검사하고 확인하는 과정이다.

② 행사장의 위생상태 점검 및 수질검사, 전염병 및 식중독의 예방대책을 포함한다.

③ 검식활동은 근접경호의 임무이다.

④ 경호대상자에게 제공되는 음식물에 대하여 구매, 운반, 저장, 조리 및 제공되는 과정을 포함한다.

> **해설** 검식활동은 안전검측 중 물적 취약요소의 배제활동에 속한다. 근접경호는 경호대상자 주변에 위치하여 경호대상자의 신변에 대하여 직접적으로 가해지는 위해를 방지·제거하기 위하여 경호대상자 주변에서 수행하는 경호활동을 임무로 한다.

180 검식활동에 관한 설명으로 옳지 <u>않은</u> 것은?

⊙△✕

• 제24회 기출

① 음식물은 전문요원에 의한 검사를 실시한다.
② 음식물 운반 시에도 근접 감시를 실시한다.
③ 안전대책작용으로 사전예방경호이면서 근접경호에 해당된다.
④ 식재료의 구매, 운반 저장과정, 조리 등 경호대상자에게 음식물이 제공될 때까지 모든 과정의 위해요소를 제거하는 것이다.

> **해설** 검식활동은 사전예방경호이면서 안전대책작용에 해당된다. 검식활동은 근접경호가 아님에 유의한다.

181 보안검색에 대한 설명으로 옳은 것은?

⊙△✕

① 보안검색이란 범법자로 의심이 가는 사람을 조사하여 따져 묻고 단서나 증거를 찾기 위해 살펴 조사하는 것을 말한다.
② 보안검색의 대상은 물건으로 한정한다.
③ 보안검색장비의 종류에는 문형 금속탐지기, 차량스파이크 트랩 등이 있다.
④ 보안검색대상에는 예외를 두지 않는 것을 원칙으로 한다.

> **해설** ① 보안검색이란 공항, 항만, 기관 등에서 탑승객이나 출입자들이 휴대하거나 맡기는 물건 가운데 무기나 위험물이 있는지를 살펴서 찾아내는 일을 말한다. 범법자로 의심이 가는 사람을 조사하여 따져 묻고 단서나 증거를 찾기 위해 살펴 조사하는 것은 검문검색이다.
> ② 보안검색대상은 사람의 신체 및 물건이다.
> ③ 차량스파이크 트랩은 방호장비에 해당한다.

182 검문검색의 요령에 대한 설명으로 옳지 <u>않은</u> 것은?

⊙△✕

① 차량검문 시 도로 우측에 차를 정지시키고 시동을 정지하게 한다.
② 검문검색 시 피검문·검색자의 갑작스러운 공격에 대비한다.
③ 화물자동차의 경우 1명은 운전자를 감시하고 다른 사람은 적재함을 검색한다.
④ 대통령경호의 경우 지정된 경호구역 안과 밖에서 검문·검색 등의 안전활동을 한다.

> **해설** 대통령경호의 경우 지정된 경호구역 안에서 검문·검색 등의 안전활동을 한다.

| 178 ② | 179 ③ | 180 ③ | 181 ④ | 182 ④ | 정답 |

CHAPTER

02 경호복장과 장비

최근 13개년 출제비중

5.4%

| 학습 TIP

☑ 경호원의 복장착용 및 용모관리요령을 정리하고, 경호처의 복제 · 청원경찰의 복제 · 경비원의 복제를 상호 비교 · 확인한다.

☑ 경호장비별 의의 및 종류를 정리하고, 드론시스템의 종류를 파악한다.

| POINT | CHAPTER 내 절별 출제비중 |

경호복장과 장비

1. 경호복장의 종류 및 착용요령

(1) 경호요원의 복장

① 경호요원은 행사의 성격에 따라 주변 환경과 어울리도록 복장을 착용하여 신분이 노출되지 않아야 하며, 노출경호가 필요할 경우에는 지정된 복장을 착용한다.

② 경호복장의 종류

사복 (평상복)	여름의 수영장에서는 수영복, 겨울의 스키장에서는 스키복, 공식 만찬석상 등에서는 턱시도 등을 착용하고, 경호대상자가 조깅이나 산책을 할 때에는 스포티한 재킷과 운동용 반바지 또는 가벼운 운동복을 착용하여야 한다.
근무복 (제복 및 특수 복장)	예복, 정복, 근무복, 기동복, 외투, 점퍼, 우의 등으로 구분하고, 계절에 따라 하복과 동복으로 구분한다.

(2) 복장의 착용지침

경호원은 대개 경호활동을 고려하여 그에 맞는 복장을 착용하면서 경호활동을 실시한다. 경호대상자가 등산을 갈 때에는 등산복장으로 경호활동에 임하고, 운동을 할 때에는 운동복장으로 임한다. 평상시에는 주로 정장차림으로 활동을 하게 되는데 주로 검은색 계통의 정장을 입는다. 넥타이는 너무 밝고 화사한 것은 피하며, 와이셔츠는 흰색으로 입고, 구두는 검정색 계통으로 신는다. 양말은 구두나 양복 색깔에 맞게 신으면 되고, 헤어스타일은 너무 길거나 짧지 않고 단정하게 하여야 한다. 경호원은 경호상황에 맞게 의복을 연출하여야 하며 주의를 요하는 선거후보자 수행경호활동에서는 더욱 그러하다. 경호원 복장은 간편하여야 하며, 액세서리 등을 착용하지 않는 것이 원칙이다. 경호원이 착용하는 복장에는 총기 및 통신장비, 보호장비 등이 포함되어 있어 불필요한 액세서리는 경호장비 사용에 불편을 주기 때문이다. 착용 복장이 적절한지를 경호행사 환경, 날씨 등을 판단하여 복장을 착용하여야 한다. 경호원은 환경에 맞게 단정한 의복을 착용하여 경호대상자의 명예를 실추시키거나 피해를 주는 일이 없어야 한다.

(3) 경호원의 복장착용 및 용모관리요령

① 근접경호원은 예의 바른 언행뿐만 아니라 단정한 복장을 착용하여 경호원으로서 품위를 유지하여 고객 및 일반인에게 불쾌감을 주지 않도록 하여야 한다.

② 복장: 행사의 성격에 따라 주변 환경과 어울리도록 착용하여야 하며, 경호 시 눈에 잘 띄지 않도록 보수적인 색상과 스타일의 복장이 적합하다.

③ 양복: 잘 구겨지지 않고 짙은 색이 좋다. 장비를 휴대할 것을 고려하여 코트는 약간 여유 있는 것이 좋고, 바지는 너무 길지 않도록 해야 한다.

④ 와이셔츠: 화려한 색상을 피하고 가능하면 흰색을 입는다. 면 함유율이 높은 것이 활동하기 편하다.

⑤ 넥타이: 양복과 잘 어울리는 것으로 고른다. 넥타이핀을 착용하되 손목 와이셔츠 핀은 착용하지 않는다.

⑥ 허리띠: 질기고 튼튼한 것으로 고르되 잘 풀리지 않는 버클을 착용하며, 손수건은 꼭 지참하도록 한다.

⑦ 양말과 신발: 경호요원은 운동량이 일반인보다 많기 때문에 땀의 흡수가 좋은 면양말이 좋다. 신발은 가죽 제품으로 발목 위로 올라와 발목을 보호하고 편하며 착용감이 좋은 것과 장시간 서 있는 근무상황을 고려해서 선택하여야 한다.

⑧ 보안경: 업무수행 중 먼지, 위해자의 스프레이, 화학물질로부터 눈을 보호하고 눈의 피로를 방지하며 눈동자의 움직임이 외부로 노출되지 않도록 한다.

⑨ 모자: 경호요원은 비, 눈, 태양광선, 바람을 피하고 눈의 움직임을 드러내지 않기 위해 모자를 착용하기도 한다.

⑩ 방탄복: 근접경호원의 몸을 관통하여 경호대상자에게 피해를 줄 수 있는 실탄이나 폭발물의 파편을 저지할 수 있는 방탄능력을

갖추어야 하며, 장시간 착용 시에도 육체적 피로감을 덜 수 있는 착용감이 좋고 가벼운 제품이어야 한다.

⑪ 손톱, 발톱은 항시 짧게 깎아야 하며, 치아를 항상 청결하게 유지한다.

⑫ 줄 있는 복장은 항상 주름을 유지하도록 다려 입고, 속옷과 양말은 매일 갈아입는다.

다른견해 **경호원의 복장 선택 시 고려사항**

경호원의 복장 선택 시 고려사항을 아래와 같이 다소 다르게 서술하는 견해도 있다.

1. 경호복장은 기능적이고 튼튼한 것이어야 한다.
2. 행사장의 성격과 장소에 어울리는 복장을 착용한다.
3. 경호대상자보다 튀지 않아야 한다. 개인의 취향이 아니라, 경호원이라는 직업이 원하는 복장을 선택한다.
4. 어두운 색상일수록 위엄과 권위가 있어 보인다. 주위의 시선을 끌 만한 색상이나 디자인은 지양한다. 동양 사람에게는 흑색이나 감색 또는 짙은 회색의 복장이 잘 어울린다.
5. 셔츠는 흰색계통이 무난하며, 면소재의 제품이 활동하기에 편하다.
6. 양말은 어두운 색으로, 발목 위로 올라오는 것을 착용한다.
7. 장신구의 착용은 지양한다. 여자 경호원의 경우 장신구를 착용한다면 평범하고 단순한 것을 선택한다.
8. 신발은 장시간 서 있는 근무상황을 고려하여 편하고 잘 벗겨지지 않는 것을 선택한다.

핵심 기출문제

01 경호복제에 관한 설명으로 옳은 것은?   • 제26회 기출

① 대통령경호처장은 필요하다고 인정하는 경우 대통령경호처 직원에게 제복을 지급할 수 있다.

② 대통령경호처 소속공무원의 복제에 관하여 필요한 사항은 차장이 정한다.

③ 행사 성격과 주변 환경에 어울리는 경호원의 복장은 그 신분이 노출될 수 있기에 지양한다.

④ 경호원은 화려한 색상이나 눈에 띄는 스타일의 복장을 착용하여 주위의 시선을 빼앗아 경호대상자를 보호한다.

해설 ② 직원의 복제에 관하여 필요한 사항은 처장이 정한다(대통령 등의 경호에 관한 법률 시행령 제34조 제2항).
③ 경호원은 보호색의 원리에 따라 주위환경에 어울리는 복장을 착용한다.
④ 주위의 시선을 빼앗는 화려한 색상이나 이상한 스타일의 복장을 착용해서는 안 된다.

정답 ①

02 경호원의 복제에 관한 설명으로 옳은 것은? • 제25회 기출

① 대통령경호처에 파견된 경찰공무원의 복제는 경찰청장이 정한다.
② 주변의 시선을 끌 수 있는 복제를 착용한다.
③ 경호원은 경호대상자와 구분되는 복장을 착용한다.
④ 공식일정, 비공식 일정 등 경호상황에 맞는 복장을 착용한다.

해설 ① 대통령경호처에 파견된 경찰공무원의 복제는 처장(경호처장)이 정한다.
② 주변의 시선을 끌 만한 색상이나 디자인은 지양한다.
③ 경호원의 복장은 경호대상자의 복장에 맞추어 정장이나 캐주얼 복장을 상황에 따라 입고, 두발상태도 경호대상자의 두발상태와 비슷하게 관리한다.

정답 ④

2. 경호복장의 법제상 규정

(1) 경호처 복제

① 처장은 필요하다고 인정하는 경우 직원에게 제복을 지급할 수 있다.
② 직원의 복제에 관하여 필요한 사항은 처장이 정한다.
③ 경호처에서 근무하는 경찰공무원의 복제에 관하여는 처장이 정한다(경찰복제에 관한 규칙 제11조).

(2) 경찰공무원

경호 시 경찰공무원은 정복착용을 원칙으로 하나, 행사의 성격과 시간·장소에 따라 주변환경에 어울리는 사복을 착용할 수 있다.

(3) 청원경찰의 복제

① 청원경찰은 근무 중 제복을 착용하여야 한다.
② 청원경찰의 복제와 무기 휴대에 관하여 필요한 사항은 대통령령으로 정한다.
③ 청원경찰의 복제는 제복·장구 및 부속물로 분류한다.
④ 청원경찰의 제복·장구 및 부속물에 관하여 필요한 사항은 행정안전부령으로 정한다.
　㉠ 종류
　　ⓐ 제복: 정모·기동모·근무복(하복, 동복)·한여름 옷·기동복·점퍼·비옷·방한복·외투·단화·기동화 및 방한화

심화학습

경호처 근무 경찰공무원 복제
복제란 옷차림에 대한 규정을 의미한다. 일반경찰공무원의 복제는 경찰의 수장(최고책임자)인 경찰청장이 정하나, 경호처에 파견되어 근무하는 경찰공무원은 현재 경호처에 근무하는 중이므로 근무기관인 경호처의 복제에 따르도록 규정하여 (경호)처장이 정한다.

ⓑ 장구: 허리띠·경찰봉·호루라기 및 포승

ⓒ 부속물: 모자표장·가슴표장·휘장·계급장·넥타이핀·단추 및 장갑

ⓛ 형태·규격 및 재질

ⓐ 제복: 제복의 형태·규격 및 재질은 청원주가 결정하되, 경찰공무원 또는 군인제복의 색상과 명확하게 구별될 수 있어야 하며, 사업장별로 통일하여야 한다.

ⓑ 장구: 장구의 형태·규격 및 재질은 경찰장구와 같다.

⑤ 청원경찰은 평상근무 중에는 정모·근무복·단화·호루라기·경찰봉 및 포승을 착용하거나 휴대하여야 하고, 총기를 휴대하지 아니하는 때에는 분사기를 휴대하여야 하며, 교육훈련이나 그 밖의 특수근무 중에는 기동모·기동복·기동화 및 휘장을 착용하거나 부착하되, 허리띠와 경찰봉은 착용하거나 휴대하지 아니할 수 있다.

⑥ 하복·동복의 착용시기는 각 사업장별로 청원주가 결정하되, 착용시기를 통일하여야 한다.

➕ 심화학습

민간경호원의 복장
일반적으로 검정색 계통의 편안한 정장을 한다. 단, 제복근무가 필요할 경우 경찰 또는 군과 식별이 쉽도록 하여야 하며, 형식과 색상을 확인할 수 있는 사진을 시·도경찰청장에게 신고하여야 한다.

(4) 「경비업법」상 경비원의 복제

① 복장과 신고: 경비업자는 경찰공무원 또는 군인의 제복과 색상 및 디자인 등이 명확히 구별되는 소속경비원의 복장을 정하고 이를 확인할 수 있는 사진을 첨부하여 주된 사무소를 관할하는 시·도경찰청장에게 행정안전부령으로 정하는 바에 따라 신고하여야 한다.

ⓛ 경비원의 복장 신고(변경신고 포함)를 하려는 경비업자는 소속 경비원에게 복장을 착용하도록 하기 전에 경비원 복장 등 신고서를 경비업자의 주된 사무소를 관할하는 시·도경찰청장에게 제출하여야 한다.

ⓛ 경비원 복장 시정명령에 대한 이행보고를 하려는 경비업자는 시정명령 이행보고서에 이행사실을 입증할 수 있는 사진 등의 서류를 첨부하여 시정명령을 한 시·도경찰청장에게 제출하여야 한다.

② 이름표의 부착: 경비업자는 경비업무 수행 시 경비원에게 소속경비업체를 표시한 이름표를 부착하도록 하고, 「경비업법」에 따라 신고된 동일한 복장을 착용하게 하여야 하며, 복장에 소속회사를 오인할 수 있는 표시를 하거나 다른 회사의 복장을 착용하게 하

여서는 아니 된다. 다만, 집단민원현장이 아닌 곳에서 신변보호
업무를 수행하는 경우 또는 경비업무의 성격상 부득이한 사유가
있어 관할 경찰관서장이 허용하는 경우에는 그러하지 아니하다.
경비원은 경비업무 수행 시 이름표를 경비원 복장의 상의 가슴
부위에 부착하여 경비원의 이름을 외부에서 알아볼 수 있도록 하
여야 한다.

③ **복장시정명령**: 시·도경찰청장은 제출받은 사진을 검토한 후 경
비업자에게 복장 변경 등에 대한 시정명령을 할 수 있다.

④ **시정과 보고**: 시정명령을 받은 경비업자는 이를 이행하여야 하
고, 시·도경찰청장에게 행정안전부령으로 정하는 바에 따라 이
행보고를 하여야 한다.

제2절 ▶ 경호장비의 유형별 관리 ★★☆

경호장비는 경호대상자를 경호하는 데 필요한 호신장비, 방호장비, 기동
장비, 검색장비(검측장비), 감시장비, 통신장비 등을 말한다. 현대사회에
서 암살 및 테러의 형태는 날로 고도화되어 장비 또한 첨단화되는 추세에
있어 경호임무 수행에 많은 어려움이 따르고 있다. 이와 같은 암살 및 테
러형태에 대응하기 위해서는 보다 과학적이고 전문적인 경호장비를 동원
하여 경호업무에 만전을 기하여야 한다.

1 호신장비

1. 의의

호신장비는 자신(경호요원)이나 타인(경호대상자)의 생명이나 신체에
위험이 발생하였을 때 이를 보호하는 데 사용하는 도구이다. 경호원
은 호신장비를 휴대 또는 착용하고 적절하게 사용할 수 있어야 한
다. 호신장비의 종류에는 가스분사기, 전자충격기, 전자총, 방어봉,
삼단봉, 경호총기(권총, 소총 등), 도검, 공격용 반지, 경적 등이 있다.

> **심화학습**
>
> 협의의 호신장비
> 호신장비를 '자신의 생명·신체
> 가 위험한 상태에 놓였을 때 스
> 스로를 보호하는 데 사용하는 도
> 구'라고 정의하는 경우도 있는데,
> 이는 호신장비의 범위를 좁게 설
> 명한 협의의 개념에 해당한다.

> **다른견해** 호신장비의 의의
>
> 호신장비란 심각한 위험과 마주한 상황에서 자신의 생명과 신체를 보호하기 위하여 위해기도자의 공격행위나 공격의지를 저지하는 데 사용하는 도구를 말한다.

2. 종류

(1) 청원경찰

경찰봉, 가스분사기, 총기 등의 소지가 허용된다.

(2) 민간경호원

단봉, 가스분사기 등이 호신장비로 허용된다.

(3) 공경호원

법률이 정하는 바에 따라 총기 등의 소지 및 사용이 허용된다.

> **참고** 민간경호원의 한계
>
> 현행법상 민간경호원은 정부기관의 공경호요원이 아닌 사설경호원이기 때문에 공공기관에서 인정하는 가스봉·가스분사기 등을 허가를 받아 휴대할 수 있다. 그러나 총·칼·각목·야구방망이 등을 호신용구로 휴대하는 것은 위법으로 허용되지 않는다.

3. 호신장비의 사용·관리

(1) 단봉

① 단봉을 쥔 손목의 관절은 유연하게 한다.
② 너무 세게 쥐지 말고 치는 순간에는 힘껏 단봉을 쥔다.
③ 칠 때에는 손목을 충분히 굽혀 친다.
④ 칠 때에는 손, 발, 허리가 일치하도록 동작하며 자세가 흐트러지지 않게 해야 정확한 타격이 가능하다.

(2) 휴대용 가스분사기

① 공권력 행사나 정당방위, 화재 초기 진화에만 사용할 수 있고, 자구행위·개인감정·시비 등의 목적으로 사용할 수 없다.
② 휴대 시 「총포·도검·화약류 등의 안전관리에 관한 법률」에 따

공권력
국가 또는 공공단체가 우월한 의사의 주체로서 국민에 대하여 명령·강제하는 권력을 말하며, 그 권력을 행사하는 국가 자체를 의미할 때도 있다. 국가가 국민에 대하여 공권력을 행사하는 경우가 본래의 공법관계이며, 원칙적으로 사법의 지배를 받지 아니하고 공법의 규율을 받는다.

른 소지허가를 받아야 하며, 사용한 후 즉시 관할 지구대에 신고
하는 등 분사기는 총기에 준하여 관리하여야 한다.

③ **사용방법**: 범인, 초기 발화물체로부터 2~3m 거리에서 안전장치
를 on 위치로 한 후 조준하여 방아쇠를 당기면 약제통 안에 든
분말가스가 분출된다.

(3) 휴대용 가스분사봉

휴대용 가스분사봉은 위해자로부터 2~3m 거리에서 조준한 다음 안
전장치를 on 위치로 한 후에 손잡이를 시계방향으로 반 바퀴 돌리면
약제통 안에 든 분말가스가 분출된다.

(4) 전자충격기(SDJG-6)

① 특징

㉠ 소형으로 휴대 및 사용이 편리하고, 1~2초 정도의 전기충격
으로 범인을 제압할 수 있다.

㉡ 9V 배터리로 1년간 사용이 가능하므로 배터리 교환 방식으로
반영구적인 사용이 가능하다.

㉢ 검문, 검색 혹은 수사활동 및 범인 체포 시 신변보호용으로 좋
고, 개인호신, 경호, 경비, 동물몰이 및 훈련용으로 적합하다.

② 주의사항

㉠ 겨울 의류, 두꺼운 의류 등 전기절연성이 높은 피복류의 경우
전자충격은 효과가 다소 떨어지므로 공격자에게 최대의 충격
효과를 주기 위해서는 목덜미 아래, 허벅지 안쪽 등에 가격하
는 게 좋으나, 안면부는 피해 사용하여야 한다.

㉡ 컴퓨터, 정밀계측기 등의 기기 주변, 폭발의 위험이 있는 유
류나 가스와 같은 물질의 주변에서는 절대로 사용을 금한다.

4. 경호무기

(1) 법적 근거

① **대통령경호처 경호원**: 경호처장은 직무를 수행하기 위하여 필요하
다고 인정할 때에는 소속공무원에게 무기를 휴대하게 할 수 있다.

② **경호경찰관**: 경찰관은 범인의 체포, 범인의 도주 방지, 자신이나 다
른 사람의 생명·신체의 방어 및 보호, 공무집행에 대한 항거의 제

➕ 심화학습

전자충격기 종류
• 3단식 자동호신용 전자충격기
(3단봉으로 구성)
• 초강력 전자봉 충격기
(방망이 겸용)

전기절연성
어떠한 두 도체(전기가 통하기 쉬
운 물질)가 있다면, 그 전기가 통
하는 도체 사이에 어떠한 부도체
를 넣음으로써 전도(전기가 통함)
를 막는 것이다. 즉, 절연성이 좋
다는 것은 저항이 강하다는 것이
므로 전기가 통하지 않는다는 것
을 의미한다.

지를 위하여 필요하다고 인정되는 상당한 이유가 있을 때에는 그 사
태를 합리적으로 판단하여 필요한 한도에서 무기를 사용할 수 있다.

③ 민간경호원

「경비업법」	시·도경찰청장은 국가중요시설에 대한 경비업무의 수행을 위하여 필요하다고 인정하는 때에는 관할 경찰관서장으로 하여금 시설주의 신청에 의하여 시설주로부터 국가에 기부채납된 무기를 대여하게 하고, 시설주는 이를 특수경비원으로 하여금 휴대하게 할 수 있다.
「청원경찰법」	시·도경찰청장은 청원경찰이 직무를 수행하기 위하여 필요하다고 인정하면 청원주의 신청을 받아 관할 경찰서장으로 하여금 청원경찰에게 무기를 대여하여 지니게 할 수 있다.

(2) 한계

① 실정법상 한계

경호처 경호원	• 직무를 수행함에 있어 필요하다고 인정되는 상당한 이유가 있을 때 사용할 수 있다. • 그 사태에 응하여 부득이하다고 판단되는 한도 내에서 무기를 사용할 수 있다.
경호경찰관	• 그 사태를 합리적으로 판단하여 필요한 한도 내에서 사용하여야 한다. • 필요한 최소한도의 범위에서 무기를 사용할 수 있다.
민간경비원	• 특수경비원은 국가중요시설의 경비를 위하여 무기를 사용하지 아니하고는 다른 수단이 없다고 인정되는 때에는 필요한 한도 안에서 무기를 사용할 수 있다. • 특수경비원이 무기를 휴대하고 경비업무를 수행하는 때에는 무기의 안전사용수칙을 지켜야 한다.

② 일반적 한계

㉠ 비례의 원칙: 필요한 최소한도 내에서 사용하여야 한다.

㉡ 보충성의 원칙: 무기를 사용하지 아니하고도 다른 수단이 없다고 인정되는 불가피성이 존재하여야 한다.

㉢ 상당성(필요성, 합리성)의 원칙: 필요하다고 인정되는 상당한 이유가 있을 때에는 그 사태를 합리적으로 판단하여 필요한 한도 내에서 사용하여야 한다.

(3) 경호 목적 총포의 일시 반출입 등

국내에 입국하는 국빈, 장관급 이상의 관료 및 이에 준하는 외국 요인(要人)·외교관 등에 대한 경호를 목적으로 총포를 소지하고 입국하려는 사람은 다음 각 호의 사항을 기재하여 미리 경찰청장에게 총포의 일시 반출입 및 일시 소지 허가를 신청하여야 한다(총포·도검·화약류 등의 안전관리에 관한 법률 시행령 제14조의3 제1항).

① 입국자의 성명, 생년월일, 국적 및 여권번호
② 총포의 종류, 제품명, 일련번호, 수량 및 실탄 수량
③ 입국이나 출국의 일시, 이용 항공 등 교통편명, 출발지 및 도착지

핵심 기출문제

03 입국하는 국빈, 장관급 이상의 관료 등에 대한 경호를 목적으로 총포를 소지하고 입국하려는 사람이 총포의 일시 반출입 및 일시 소지 허가를 신청할 경우 경찰청장에게 신고하여야 할 내용이 <u>아닌</u> 것은? · 제23회 기출

① 입국자의 국적 및 여권번호
② 입국이나 출국의 일시, 이용 항공 등 교통편명
③ 총포의 종류, 제품명, 일련번호
④ 총포의 이력추적관리 내역

해설 총포의 이력추적관리 내역은 입국하는 국빈, 장관급 이상의 관료 등에 대한 경호를 목적으로 총포를 소지하고 입국하려는 사람이 총포의 일시 반출입 및 일시 소지 허가를 신청할 경우 경찰청장에게 신고하여야 할 내용이 아니다.

정답 ④

(4) 경호·경비 장비휴대 및 사용에 관한 법률 비교

① 신변보호업무를 수행하는 경비원(민간경호원): 「경비업법」에 따라 무기는 휴대할 수 없으며, 분사기를 휴대할 수 있다.
② 요인을 경호하는 청원경찰: 「청원경찰법」에 따라 무기를 휴대할 수 있다.
③ 요인을 경호하는 경찰관: 「경찰공무원법」, 「경찰관 직무집행법」에 따라 무기를 휴대·사용할 수 있다.
④ 중요시설물의 경비업무를 수행하는 특수경비원: 「경비업법」에 따라 무기를 휴대·사용할 수 있다.
⑤ 특수경비원: 업무특성상 가스분사기나 전기충격기 소지 시 「총포·도검·화약류 등의 안전관리에 관한 법률」(약칭: 총포화약법)상의 허가를 얻어야 한다.

➕ 심화학습

경비원 휴대장비
• **경적**
 금속이나 플라스틱 재질의 호루라기
• **단봉**
 금속(합금 포함)이나 플라스틱 재질로 전장 700mm 이하의 호신용 봉
• **분사기**
• **안전모**
• **안전방패**
 폭 500mm 이하 길이 1,000mm 이하
• **기타 필요장비**
 무전기, 방검복

핵심 기출문제

04 민간경비원별 휴대 가능한 무기(장비)의 연결로 옳지 <u>않은</u> 것은?

• 제21회 기출

① 호송경비원: 권총, 경적, 단봉, 분사기
② 특수경비원: 권총, 소총, 경적, 단봉, 분사기
③ 기계경비원: 경적, 단봉, 출동차량, 분사기
④ 시설경비원: 경적, 단봉, 분사기

해설 호송경비원은 권총을 소지할 수 없다.

정답 ①

(5) 경찰관의 무기

① **경찰관의 무기휴대의 법적 근거**(경찰공무원법 제26조 제2항): '경찰공무원은 직무 수행을 위하여 필요하면 무기를 휴대할 수 있다.'고 규정하고 있다.

② **경찰관의 무기사용의 법적 근거**(경찰관 직무집행법 제10조의4 제1항): 경찰관은 범인의 체포, 범인의 도주 방지, 자신이나 다른 사람의 생명·신체의 방어 및 보호, 공무집행에 대한 항거의 제지를 위하여 필요하다고 인정되는 상당한 이유가 있을 때에는 그 사태를 합리적으로 판단하여 필요한 한도에서 무기를 사용할 수 있다.

(6) 총포 · 도검 · 화약류 · 분사기 · 전자충격기 · 석궁의 소지

① 법령에 따라 직무상 총포·도검·화약류·분사기·전자충격기·석궁을 소지하는 경우 등을 제외하고는 누구든지 허가 없이 총포·도검·화약류·분사기·전자충격기·석궁을 소지하여서는 아니 된다(총포·도검·화약류 등의 안전관리에 관한 법률 제10조).

② 법령에 따라 직무상 총포·도검·화약류·분사기·전자충격기·석궁을 소지하는 경우 등을 제외하고 총포·도검·화약류·분사기·전자충격기·석궁을 소지하려는 경우에는 다음의 각 구분에 따라 허가를 받아야 한다(총포·도검·화약류 등의 안전관리에 관한 법률 제12조 제1항).

  ㉠ **총포**(㉡에서 정하는 것은 제외): 주소지를 관할하는 시·도경찰청장

  ㉡ **총포 중 엽총·가스발사총·공기총·마취총·도살총·산업용총·구난구명총 또는 그 부품**: 주소지를 관할하는 경찰서장

ⓒ 도검 · 화약류 · 분사기 · 전자충격기 및 석궁: 주소지를 관할하
는 경찰서장

5. 경호무기의 종류 및 관리

(1) 경호무기의 종류

① 22구경 권총

ㄱ 제원은 무게 650g, 전장 170mm, 구경 0.22인치, 최대사거
리 1,500m, 유효사거리 50m, 강선 6조 우선 등이다.

ㄴ 특징: 반동식, 복동식, 파지식, 탄알집 장전식, 반자동식 등이다.

② 38구경 리볼버권총

ㄱ 제원은 무게 856g, 구경 0.38인치, 유효발사탄수 5발, 최대
발사탄수 8발, 유효사거리 50m, 최대사거리 1,500m, 강선
6조 우선 또는 강선 6조 좌선, 재질은 탄소강 등이다.

ㄴ 총열의 길이가 2인치, 4인치인 것이 있어 무게 등의 제원에
약간의 차이가 있다.

ㄷ 특징: 반자동식(실린더회전식), 실린더장전식, 분리복합작용식,
총미장전식, 파지식, 공랭식, 노출공이식 등이다.

> **참고** 38구경 리볼버권총
>
> 38구경 리볼버권총의 강선은 총열의 길이, 연도 · 연식에 따라 6조 좌선일
> 수도 있고, 6조 우선일 수도 있다. 대부분은 우선이나, 좌선인 경우도 있다.

③ 45구경 권총

ㄱ 제원은 무게 1,100g, 길이 $8\frac{5}{8}$인치, 구경 0.45인치, 유효사
거리 50m, 최대사거리 1,500m, 재질은 스틸, 강선 6조 좌
선 등이다.

ㄴ 특징: 탄창장전식, 공랭식, 반자동식, 파지식, 반동식 등이다.

④ M16A1 소총

ㄱ 제원은 길이 99cm, 강선 6조 우선(1.5회전), 구경 5.56mm,
무게(탄알집 포함) 2.9kg, 최대사거리 2,653m, 유효사거리
460m, 유효발사속도 반자동 45~65발/분, 자동 150~200
발/분, 재질은 알루미늄 · 특수플라스틱 등이다.

ㄴ 특징: 가스작용식, 공랭식, 탄알집 장전식, 견착사격식, 반자동

구경과 유효사거리
- **구경**
  총기의 총열 안쪽 구멍의 지름
  을 말한다.
- **유효사거리**
  총탄이 표적을 맞힐 수 있고 일
  정한 피해를 입힐 수 있는 거리
  로, 소총에서는 보통 맨눈으로 조
  준했을 때 사람의 상반신을 맞힐
  수 있고 철모를 관통시킬 수 있
  는 거리를 말한다. 총기회사나 국
  가에 따라 유효사거리에 대한 기
  준이 조금씩 다르다.

강선
총열 안쪽의 나선형 홈. 탄환은 나
선형 홈을 따라 회전하여 회전관
성을 가지게 되며 이로 인해 안정
된 탄도를 가지게 된다. 일반적으
로 탄환이 무겁고 길수록 더 많은
회전을 주어야 탄도가 안정된다.

및 자동식 등이다.

⑤ K1A소총

    ㉠ 1974년 생산된 최초의 국산 소총이다.

    ㉡ 제원은 구경 5.56mm, 전장 64.5cm, 장전발수 20발, 최대 사거리 2,450m, 유효사거리 250m, 강선 6조 우선, 무게 2.88kg, 재질은 스틸 및 특수플라스틱 등이다.

    ㉢ 특징: 가스작용식, 공랭식, 탄알집 장전식, 견착사격식, 반자동 및 자동식 등이다.

⑥ K-2소총

    ㉠ 1985년 생산된 한국형 소총이다.

    ㉡ 제원은 구경 5.56mm, 전장 73cm/98cm, 장전발수 30발, 최대사거리 3,300m, 유효사거리 460~600m, 무게 3.26kg, 강선 6조 우선, 재질은 스틸 및 특수플라스틱 등이다.

    ㉢ 특징: 가스피스톤식, 공랭식, 탄알집 장전식, 견착사격식, 반자동 및 자동식, 접철식, 점사식 등이다.

⑦ MP-5(A5)기관단총

    ㉠ 제원은 구경 9mm, 전장 480mm, 장전발수 20~30발, 최대사거리 1,500m, 유효사거리 50~100m, 무게 2.83kg, 강선 6조 우선 등이다.

    ㉡ 특징: 가스작용식, 공랭식, 탄알집 장전식, 반자동 및 자동식, 접철식, 점사식, 경찰특공대 소유 등이다.

(2) 경호총기의 제원 비교

① 권총(38구경, 45구경)

제원	38구경	45구경
구경	0.38인치	0.45인치
강선	6조 우선(좌선)	6조 좌선
최대사거리	1,500m	1,500m
유효사거리	50m	50m
특징	• 반자동식 • 실린더장전식 • 파지식 • 공랭식	• 반자동식 • 탄창장전식 • 파지식 • 공랭식

점사식
사수가 방아쇠를 1회 당길 때 미리 정해진 발수(보통 2 내지 3발)만큼만 발사가 이루어지는 사격 모드 방식이다.

② 소총(K2, M16)

제원	K2	M16
구경	5.56mm	5.56mm
강선	6조 우선	6조 우선
최대사거리	3,300m	2,653m
유효사거리	460m ~ 600m	460m
특징	• 개머리판접철식(휴대 편리) • 야간조준기구부착(야간 명중률 높음) • 3발점사장치(연발사격 시 실탄절약) • 소염기부착(명중률 높음)	• 가스작용식 • 공랭식 • 탄알집 장전식 • 견착사격식 • 반자동식 및 자동식

(3) 경호무기의 관리

① 경호요원이 직무를 수행함에 있어 필요하다고 인정되는 상당한 이유가 있을 때 총기를 사용할 수 있다.

② 총기 사용은 타인의 생명과 신체에 치명적인 수단이 되고 공공의 안녕과 질서 유지를 위해 최종적으로 행사하는 비상수단이므로 관계법상 인정되는 엄격한 요건과 한계 내에서 사용하여야 한다.

③ 경호요원이 총기를 휴대할 때에는 보이지 않게 하여야 하며, 사용하지 않을 때에는 절대로 노출되어서는 안 된다.

④ 경호대상자나 경호요원의 생명에 대한 위협을 격퇴시키는 데 그 어느 것도 충분하지 못할 때에만 총기가 사용되어야 하며, 위해자가 항복의 표시를 하면 무기를 사용하던 경호요원은 즉시 총기 사용을 삼가야 한다.

2 방호장비

1. 개념

방호장비란 적의 침입예상경로를 차단하기 위해 방벽을 설치·이용하는 최후 예방경호방법으로, 자연적 방벽, 물리적 방벽(인공적 방벽) 등이 있다.

➕ 심화학습

무기노출 금지

경호원이 소지한 무기가 노출될 경우 주변의 군중들에게 불안감을 조성하게 되며, 아울러 위해기도를 하려는 자에게 신분이 노출될 우려가 있으므로 경호원은 총기를 휴대할 때에는 외부에서 보이지 않게 하여야 한다.

2. 방호장비의 분류

자연적 방벽		산악, 절벽, 계곡, 강, 바다, 늪 등
물리적 방벽 (인공적 방벽)	시설방벽	울타리, 담벽, 출입구 설치 등
	인간방벽	청원경찰, 민간경비원, 자체경비원, 군사시설경비원 등
	동물방벽	공격견, 경비견, 거위 등
	전기방벽	방호조명, 전류방벽, 기계경비 등
	조명	시설 내부와 부근 활동상황을 관찰할 수 있도록 설치하여 침입자에게 심리적 부담감을 주는 방호장비
	방탄망	수류탄, 화염병 등의 투척이 용이한 창문을 도로 외부에 적절히 지형 및 환경에 맞도록 위장 설치하여 위해를 방어하는 방호장비
	연막차단	초당 17m의 강력한 연기를 뿜어내어 불법침입자, 위해자 등을 삽시간에 제압할 수 있는 방호장비

다른견해 방호장비

방호장비의 개념 정립과 세부 종류에 대하여 기존의 고전적인 견해와 달리 최근에 다음과 같은 견해가 유력하게 대두되면서 새롭게 자리매김을 하고 있다.

1. **방호장비의 개념**

    방호장비를 장비 자체의 방호기능을 통하여 위해기도자의 위해행위를 차단하거나 공격효과를 감소시킴으로써 경호원은 물론 경호대상자의 생명과 재산을 보호하기 위한 장비라고 보는 견해가 있다. 한편, 방호장비는 일정한 방벽을 형성하여 경호대상자 및 경호대상자가 사용하는 시설물 보호를 위한 장비 또는 장치라고 보는 견해도 있다.

2. **방호장비의 분류**

    ① 방탄막(안전방패), 방탄가방, 방폭담요, 방독면, 방탄복, 방검복, 선글라스(보안경), 바리케이드, 차량스파이크 트랩 등으로 분류하는 견해가 있다.

    ② 방호장비를 방호 대상에 따라 분류하는 견해도 있다.

    ㉠ 사람에 대한 방호장비(인적 방호장비): 방패, 방탄가방, 방폭담요, 방독면, 선글라스(보안경), 인간방벽

    ㉡ 시설에 대한 방호장비(물적 방호장비): 바리케이드, 차량스파이크 트랩

방폭담요
폭발물 또는 폭발물의 파편으로부터 경호대상자를 보호하는 등의 역할을 한다.

차량스파이크 트랩(Spike Trap)
자동차 타이어를 펑크 내는 일종의 못을 말한다.

3 기동장비

1. 개념

기동장비는 경호대상자의 경호를 위하여 운용하는 차량 · 항공기 · 선박 · 열차 등의 기동수단을 의미한다.

2. 종류

(1) 차량

① 차량은 고급스럽고 기동성이 뛰어나며 안전성이 높은 견고한 것을 주로 사용한다. 차량에는 결함이 없어야 하며, 기계적으로 양호한 상태를 항상 유지하고 있어야 한다. 차량에는 무전기, 소화기, 신호탄 등을 포함하는 비상장비가 설치되어야 한다.

② 방탄차는 경호를 위한 좋은 선택이 될 수 있다. 유리, 차량문, 연료탱크, 타이어 등에 방호능력이 강화된 방탄차가 효과적이다. 방탄차는 총탄의 관통을 막는 것이 아니라 총탄의 관통효과를 감소시키는 것이다. 방탄판이 두꺼울수록 방탄능력이 나아지지만 차가 무거워지고 더 많은 비용이 소용되며, 차의 기동력이 떨어진다.

(2) 항공기, 선박, 열차

항공기, 선박, 열차도 기동성 및 안전성에 중점을 두며, 경무장을 설치할 수 있는 장비를 이용한다.

4 검색장비(검측장비)

1. 개념

검색이란 신변보호 및 중요 행사경호를 수행함에 있어 위해요소에 대한 분석과 판단으로 적절한 조치를 강구하여 위해요소를 사전에 제거하는 활동을 말한다. 경호활동상의 검색장비란 행사장, 숙소, 연도 등에 대하여 폭발물을 탐지하고 제거하며, 제반시설물의 안전점검을 실시하는 데 사용하는 장비를 말한다. 일반적으로 검색장비에는 금속탐지기, 가스탐지기 등이 있다.

X-Ray 검색기, X-Ray 촬영기

X-Ray 검색기는 모니터에 재현되는 물품이미지를 판독하여 물품의 위해성 및 내부를 확인하는 탐지장비이다. 이에 반하여 X-Ray 촬영기는 폭발물 의심물건을 원격 촬영하여 내부를 확인하거나 발화장치 제거 시 사용하는 처리장비에 해당된다.

다른견해 **검색장비(검측장비) 개념**

다른 경호학자들과 달리 검색장비와 검측장비로 세분하여 구분하는 견해도 있다. 이 견해에 따르면 검색장비와 검측장비는 다음과 같이 구분된다.
검색장비는 위해도구나 위해물질을 찾아내는 데 사용하는 장비, 그리고 검측장비는 위해물질 존재 여부를 검사하거나 시설물 안전점검에 사용되는 도구라고 본다. 일반적으로 검측장비로 통칭되며 탐지장비(금속탐지기, X-Ray 검색기, 폭발물 탐지기, 서치탭 등), 처리장비(폭발물 처리키트, 물포, X-Ray 촬영기 등), 검측공구(탐침, 손전등, 디용도 칼 등)로 구분하여 사용된다고 분류하고 있다. 이런 검측장비는 인간의 능력으로 실체 및 위해성 여부의 식별이 불가능하거나, 과학적 근거가 요구되는 경우 또는 사람이 직접 확인할 수 없는 밀폐된 공간 확인 등에 사용된다고 말한다.

2. 종류

(1) 휴대용 금속탐지기

① 경호근무자가 손에 들고 출입자의 인체에 직접 접촉하지 않고 소지품 및 소형 택배를 검색한다.

② 철금속 또는 비철금속으로 이루어진 물체의 탐지가 가능하다. 휴대가 용이하고 견고하게 제작되었다. 주로 소형 권총이나 칼 등을 검색하는 데 유용하다.

③ 무게는 300g, 크기는 넓이 76mm × 두께 39mm × 길이 420mm이다.

④ 문형 금속탐지기 근무자 중 1~2명이 휴대용 금속탐지기를 휴대하고 근무한다.

(2) 문형 금속탐지기

① 경호행사장 출입문에 설치하여 출입자가 소지한 금속류와 무기류 등의 위해물체를 탐지하는 검색장비이다.

② 철금속 또는 비철금속으로 된 무기류를 비롯한 흉기 및 물체를 탐지하기 위하여 설계된 제품이다. 보안경호경비업무 시 유용한 탐지장비로 널리 이용되고 있다.

③ 규격은 대부분 높이 1,965mm × 넓이 720mm에서 높이 2,050mm × 넓이 760mm에 이르기까지이다.

④ 경찰서에서 경호행사 시 설치·운영한다.

⑤ 출입자가 많은 공항 등에서 문처럼 생긴 탐지기 통과 시 한 번에 검색할 수 있다.

철금속과 비철금속
- **철금속**
  철이 많이 포함된 금속을 비철금속과 구분하여 철금속이라고 한다.
- **비철금속**
  철 이외의 금속으로, 구리·알루미늄·납과 같은 금속의 총칭이다.

⑥ 철금속 또는 비철금속으로 된 무기를 비롯한 흉기 및 물체를 탐지하는데, 주로 공항, 공공관서, 주요 기관 등에 대한 보안상의 목적이나 생산현장에서 물품의 도난을 방지하기 위한 목적으로 사용한다.

⑦ 1인당 검색 소요시간이 3초이므로 신속한 검색이 가능하고, 전자펄스신호를 이용한 마이크로프로세서가 탑재되어 성능이 매우 우수하며, 특히 고장 시 수리가 편리하다.

⑧ 장비의 정상동작 여부를 나타내는 적외선센서가 부착되었으며, 주 P.C.B에 자기진단장치가 내장되어 있고, 비밀번호 또는 키로써 운용자 외에 타인의 장비 조작을 방지할 수 있어 보안유지에 유리하다.

⑨ 금속의 종류나 크기의 선별능력이 우수하며 감도 조절이 가능하여 원하는 검색수치를 맞출 수 있으나, 일부 폭약물에 대한 탐지가 어려운 단점이 있다.

(3) 봉형 금속탐지기

① 경호행사장 주변 잔디밭 및 땅속에 숨겨져 있는 금속성 위해물체를 탐지하는 검색장비이다. 땅속, 벽 속, 상자 속의 폭발물 또는 비철금속으로 된 크고 작은 모든 금속물체를 탐지하도록 설계된 제품이다.

② 휴대가 간편하고, 휴대가 가능한 금속탐지기 중 가장 탐색능력이 뛰어나며, 조작하기가 쉽고 무게가 가벼워 사용하기에 편리하다.

③ 봉 길이는 최고 1,280mm, 최저 970mm이며, 무게는 1.3kg, 감지부 크기는 210mm이다.

④ 경호행사 시 경호근무자가 휴대하여 근무한다. 지하 매설물이나 풀숲 등 최대 60~70cm 깊이까지 탐색이 가능하다.

(4) X-Ray 수하물검색기

① 경호행사장 출입구에 설치하여 출입자의 휴대품 속에 감추어져 있는 무기류와 금속류 등 위해물체를 탐지하는 검색장비이다.

② 전체 무게는 125kg, 적재 가능 화물중량은 약 40kg, 검색 가능 화물 크기는 높이 32cm × 폭 53cm이다.

③ 경호행사장에 설치하여 운영한다.

➕ 심화학습

문형 금속탐지기의 특성
- 소형 권총 크기 이상의 금속을 색출한다.
- 이동·설치가 용이하다.
- 금속에 가까이하면 경보음이 발생한다.

➕ 심화학습

봉형 금속탐지기의 특성
- 물에서 탐지가 가능하다.
- 집금속류도 탐지가 가능하다.
- 조립·해체가 용이하다.
- 대상에 따른 탐지능력 조절이 가능하다.

(5) 차량검색거울

① 원형검색거울, 회전식거울을 부착하여 하단 및 중간 레버를 고정시키고 고무바퀴를 이용하여 차량 하부에 밀어 넣고 검색등을 켠 다음 검색한다.

② 좌측 손잡이로 거울의 좌우를, 우측 손잡이로 거울의 상하를 조정하여 거울을 회전시켜 가면서 검색한다.

(6) 기타

가스탐지기, 폭발물탐지기 등이 있다.

3. 검색요령

(1) 입장객을 통과시킬 때 개인 간격은 최소 1.5m 거리를 유지하고, 대상자가 소지한 휴대품은 별도로 검색한다.

(2) 무전기와 같은 통신장비는 탐지기로부터 3m 이상 거리를 유지하고, 대상자가 움직이거나 탐지기를 건드린 때에는 다시 검색한다.

(3) 검색장비를 설치할 때에는 사용 전 전원을 확인하고, 기기에 무리한 힘이나 충격을 주지 말아야 한다.

(4) 검색장비는 정밀 전자과학 장비이므로 취급에 유의하여야 하며, 고압전류가 흐르는 주변이나 에어컨, 콘솔박스 등 전압의 변화가 심한 곳은 피하여 설치하여야 한다.

(5) 금속탐지기를 2대 이상 운영할 때에는 최소 3m 이상의 간격을 유지하여 설치하여야 한다.

콘솔박스
운전석과 조수석 사이에 설치된 박스 모양의 수납공간이다.

➕ 심화학습

폭발물 처리장비 등
국토교통부 예규 제272호 「공항에서의 폭발물 등에 관한 처리기준」 제8조(폭발물처리장비의 종류)에서는 폭발물처리장비를 폭발물탐지장비, 폭발물확인장비, 폭발물취급장비, 폭발물분쇄장비, 폭발물운반장비, 생화학물질처리장비로 분류하고 있으며, '금속탐지기'를 폭발물탐지장비, '엑스레이촬영기 및 현상기'를 폭발물확인장비로 각각 분류하고 있다. 「위해성 경찰장비의 사용기준 등에 관한 규정」 제2조 제4호에서는 물포를 기타장비로 분류하고 있다.

다른견해 검측장비의 분류

검측장비를 다음과 같이 실무현장에서의 쓰임새를 기본 바탕으로 하여 탐지장비, 처리장비, 검측공구의 3가지로 구분하고 더 나아가 상세히 세분하는 견해도 있다.

1. 탐지장비
   청진기(폭발물 등에 내장된 시한폭발장치 검색), 파이버스코프(육안으로 확인이 불가능하거나 시야가 제한된 좁은 공간 검침 시 사용), 금속탐지기(문형, 봉형, 휴대용), X-Ray(X-Ray 검색기, 전신검색기), 폭약탐지기·액체폭발물탐지기, 방사능탐지기·독가스탐지기, 독극물탐지기, 서치탭(Search Tap), 검색경, 폭발물탐지견, 소방점검장비

2. 처리장비
   X-Ray 촬영기(폭발물 의심물건을 원격 촬영하여 내부를 확인하거나 발화장치 제거 시 사용), 폭발물처리키트(폭발물을 폭파시키거나 발화장치를 제거하기 위한 공구), 물포(Water Cannon: 폭발물의 전기장치 제거에 사용)

3. 검측공구

간편히 손으로 검측 대상물을 확인하고 제거하기 위한 장비. 탐침, 손전등, 거울, 개방공구, 다용도칼 등

핵심 기출문제

05 다음에서 설명하는 경호장비는? · 제24회 기출

- 유해물질 존재여부의 검사
- 시설물의 안전점검
- 사람이 직접 확인할 수 없는 밀폐공간의 확인

① 호신장비
② 감시장비
③ 방호장비
④ 검측장비

해설 검측장비는 위해요소에 대한 분석과 판단으로 적절한 조치를 강구하여 위해요소를 사전에 제거하는 작용에 활용되는 장비이다. 검측장비는 위해물질 존재 여부를 검사하거나 시설물 안전점검에 사용되는 도구이며, 사람이 직접 확인할 수 없는 밀폐공간의 확인을 위한 도구이다.

정답 ④

06 검측장비에 해당하지 <u>않는</u> 것은? · 제23회 기출

① X-Ray 검색기
② 전자충격기
③ 금속탐지기
④ 폭발물탐지기

해설 전자충격기는 호신장비에 해당한다.

정답 ②

---

5 감시장비

1. 개념

감시장비란 경호임무를 수행하는 과정에서 잠재적 위해기도자의 공격 등을 감시하는 장비를 말한다. 이는 경호임무에 있어 인력 부족으로 인한 경호의 취약점을 보완하는 수단으로 사용되어 침입 또는 범죄행위를 사전감지할 수 있는 장비이다.

2. 종류

감시장비 (협의의 감시장비)	포대경(M65), 다기능 쌍안경(6×30), 고성능 쌍안망원경, 영상감시장비(TOD), 통합안전관리시스템, 드론(Drone), CCTV 등
기계경보장치 (기계경비시스템)	침투탐지경보시스템으로 전기회로의 파괴, 방범경보시스템, 출입통제시스템, 침입감지시스템, 광선의 방해, 음향 및 진동의 탐지, 초음파의 탐지, 전자기의 침투, CCTV 설치, 로봇경비원, 감지기(자석감지기, 매트감지기, 담장감지기 등) 등

➕ 심화학습

통합안전시스템 구성의 예시
기본적인 시스템 구성요소로 중앙제어용 소프트웨어인 서버와 서버로부터 전송되는 모든 신호를 표시하는 터미널이 구축되고, 그 외 대상물이 요구하는 다양한 서브시스템들이 접속된 활용성 높은 종합관리 기능이다.

핵심 기출문제

07 경호장비에 관한 분류로 옳지 <u>않은</u> 것은? · 제20회 기출

① 호신장비 : 총기, 가스분사기
② 감시장비 : 금속탐지기, X-Ray 수화물검색기
③ 방호장비 : 방폭담요, 방폭가방
④ 기동장비 : 차량, 항공기

해설 금속탐지기, X-Ray 수화물검색기는 검색장비(검측장비)에 해당한다.

정답 ②

3. 드론(Drone)

(1) 의의

조종사 없이 무선전파의 유도에 의해 비행 및 조종이 가능한 비행기나 헬리콥터 모양의 무인항공기의 총칭이다.

(2) 용도의 변천

① 드론은 2000년대 초반에 등장했으며 처음엔 군사용 무인항공기로 개발됐다. 초창기 드론은 공군의 미사일 폭격 연습 대상으로 쓰였는데, 점차 정찰기와 공격기로 용도가 확장됐다.

② 조종사가 탑승하지 않아도 적군을 파악하고 폭격까지 가할 수 있어 미국은 2000년대 중반부터 드론을 군사용 무기로 적극 활용했다.

③ 2010년대를 전후하여 군사적 용도 외에 다양한 민간 분야에도 드론이 활용되고 있다. 드론 산업이 발달하면서 시험 감독, 항공

사진 촬영, 농약 살포, 택배, 인명구조와 수색 등 다양한 용도로 사용되고 있다.

(3) 경호활동에서 드론의 양면성

① 장점: 드론은 사람이 직접 접근하기 곤란한 지역에 쉽게 침투할 수 있다. 드론을 이용하여 현장에 인원이 도착하지 않고도 주변 상황을 파악하여 외부 침입자의 접근을 미리 감지할 수 있다.

② 단점: 드론을 이용한 경호위해자의 공격에 대비해야 하는 과제에 직면하게 되었다. 드론을 이용하여 경호주체 및 경호객체(경호대상자)의 활동을 감지할 수 있고, 드론에 폭발물, 총기류, 유독성 화학물질을 탑재하여 불시에 공격을 가할 수 있으므로 이에 대한 경호주체의 구체적인 대책이 강구되어야 한다.

(4) 드론시스템의 종류

① 드론방범시스템: 드론을 이용하여 이동형 방범서비스를 제공하는 시스템을 말한다. 드론은 일반적인 고정형 기계경비방범시스템과 달리 공간적 측면에서 이동형 방범서비스를 제공할 수 있다.

② 드론정찰시스템: 관측 및 감시 임무를 수행할 수 있는 시스템을 말한다. 정찰이란 작전을 수행하는 특정 작전지역 내의 적 혹은 환경적·지리적 특성들을 일시적으로 관측하는 일로, 이의 목적은 적의 최근 배치, 활동, 능력을 파악하거나 작전지역의 환경적·지리적 특성의 최근 상태를 확인하는 데 있다. 통상 군에서의 정찰은 첩보 수집 대상지로의 이동을 포함하는 개념이며, 감시는 상대적으로 고정된 위치에서의 첩보 수집 활동을 의미한다. 근래에는 감시 및 정찰 기능을 동시에 수행하는 첩보 수집 장비·체계가 많이 개발되고 있다.

③ 드론출입확인시스템: 감시카메라와 LED라이트를 탑재한 드론을 활용하여 사람의 얼굴, 옷차림, 차량의 차량번호와 차량 등을 촬영하고 무선으로 전송하여 확인 및 추적하는 등의 출입확인 임무를 수행할 수 있는 시스템을 말한다.

④ 드론외곽침입방지시스템: 드론에 감시카메라와 야간감시를 위한 적외선카메라 및 열화상카메라를 설치하여 외곽침입자를 감시하는 임무를 수행하는 시스템을 말한다.

> **LED라이트**
> LED(Light Emitting Diode)를 이용하여 만든 조명으로 LED는 기존의 광원에 비하여 소형이며 수명이 길고 전력이 적게 들어 효율적이다.

(5) 드론의 종류

① **열화상 드론**: 드론에 열화상카메라를 장착한 드론이다. 열화상카메라는 온도별로 색깔이 구분되어 실종자 수색과 은폐하고 있는 위해기도자에 대한 식별이 가능하다.

② **줌기능 드론**: 줌(Zoom)이란 초점거리나 화상의 크기를 급격히 변화시키는 기능 또는 그런 촬영 기법을 의미한다. 줌기능을 가진 드론은 평소 넓은 면적을 드론으로 정찰하다가 의심스러운 구역이나 지점을 식별하거나, 외부로부터 요청을 받고 특정 지역의 수색정찰을 실시할 경우 대상물에 가까이 접근하지 않고 줌으로 상세한 식별을 할 수 있다.

③ **군집(群集)드론**: 여러 대의 드론이 군집하여(한곳에 모여) 비행하는 것을 의미한다.

④ **말하는 드론**: 드론에 카메라 및 스피커를 장착하여 정찰 도중 통제할 상황이 발생하였을 경우 중앙통제실에서 마이크를 이용하여 말을 하면 송신장치에서 드론 수신기로 전송되어 스피커로 말이 전달될 수 있다.

6 통신장비

1. 개념

경호업무를 수행하는 데 필요한 보고 또는 연락을 위한 장비로, 유선이나 무선을 사용한다. 경호환경이 실내일 때에는 주로 유선을 사용하고, 실외 그리고 실내인 경우라도 이동 시에는 무선통신을 이용한 경호가 이루어진다.

2. 경호용 통신장비의 분류

유선통신장비	전화기, 교환기, IMTS 자동전화망, 직통전화망(Hot Line), 텔레타이프(TTY)망, 팩시밀리(FAX)망, 컴퓨터 통신, 유선 텔레비전(CCTV) 등
무선통신장비	휴대용 무전기(워키토키: FM-1), 페이징, 차량용 무전기(MR-40V, KSM-2510A, FM-5), 휴대용 전자식 교환기(Portable Electronic Telephone), 무선전화기, 인공위성 등

➕ **심화학습**

통신원칙
유선이 원칙이며, 무선은 유선통신이 불가능한 환경 또는 상황에 사용한다. 무선통신은 100% 도청이 가능하기 때문이다.

3. 주요 통신장비의 분류

(1) 고정용 무전기

① 파출소 등에 설치된 무전기로, 고출력과 넓은 소통권을 갖추고 있는 통신장비이다.

② 채널 수는 99개 이상이고, 출력은 20~25와트(W), 발전방식은 PLL신시사이즈 등이다.

③ 송신시간제한 기능 및 채널 순차스캔 기능이 있다.

(2) 차량용 무전기

① 경호차량 또는 순찰차 등에 설치되어 있는 무전기로, 휴대용 무전기보다 고출력을 갖추고 있는 통신장비이다.

② 채널 수는 99개 이상이고, 출력은 20~25와트(W), 발전방식은 PLL신시사이즈 등이다.

③ 차량잡음 제거회로가 내장되어 있고, 송신시간제한 기능 및 채널 순차스캔 기능이 있다.

(3) 휴대용 무전기

① 경호원이 휴대하면서 근무하는 통신장비로, 무선 송수신이 가능하다.

② 채널 수는 99개 이상이고, 출력은 2~4.8와트(W), 발전방식은 PLL신시사이즈 등이다.

③ 무전기는 방우형으로 제작하고 빗물 차단 커버가 구비되어 있으며, 가죽케이스 채택으로 근무요원의 허리띠에 장착이 가능하다.

④ 잔여용량표시 기능, 비밀번호설정 기능이 있다.

4. 경찰유선통신망 설치(경찰 정보화업무 관리규칙 제36조)

(1) 유선통신망 설치

정보통신관리자가 경찰관서에 경찰유선통신망을 설치할 때에는 통신망의 안정적인 운영을 위해 다음의 사항을 반영해야 한다.

① 통신망에 장애가 발생하더라도 통신이 유지될 수 있도록 통신사 또는 통신국사를 이원화하여 통신망을 구축할 것

② 네트워크 장비에 장애가 발생하더라도 예비 장비가 기능할 수 있도록 주요 네트워크 장비를 병렬적으로 설치할 것

➕ 심화학습

주요 통신용어

• **주파수**
통신파장에서 초당 반복되는 Cycle의 수를 말한다. 측정기본단위는 Hertz(Hz)로, 초당 1Cycle을 나타낸다.

• **채널**
둘 이상의 지점 간에 정보의 전송을 위해 쓰이는 유·무선의 통신회로를 말한다.

(2) 사전 협의

경찰유선통신망이 아닌 별도의 정보통신망을 설치하려는 경찰관서 부서의 장은 통신망 자원의 효율적 활용을 위해 경찰청 정보통신관리자와 사전에 협의해야 한다.

5. 무선중계소 설치 · 운용(경찰 정보화업무 관리규칙 제43조)

(1) 공동이용

무선중계소는 「전파법」 규정의 무선설비 공동사용 취지에 부합하도록 가능한 공동으로 이용한다.

(2) 출입통제

시 · 도경찰청장은 경찰 무선중계소를 제한구역으로 설정하고 허가받지 않은 외부인의 출입을 통제해야 한다.

(3) 제반조치

시 · 도경찰청장은 장마 · 월동 · 해빙기 등 계절적 변화에 따른 통신 운용상의 장애 발생을 방지하기 위한 제반 조치를 마련해야 한다.

6. 무선통신운영 주파수 관리(경찰 정보화업무 관리규칙 제42조)

(1) 경찰관서의 정보통신관리자는 경찰 정보통신에 사용되는 모든 무선통신 주파수를 경찰청장이 정하는 바에 따라 운용해야 한다.

(2) 경찰관서의 정보통신관리자는 이미 할당된 주파수의 사용 목적을 변경할 경우에는 사전에 경찰청장의 승인을 얻어야 하며, 사용이 불필요하게 된 주파수는 즉시 반납해야 한다.

(3) 주파수에 혼신이 발생한 경우 경찰관서의 정보통신관리자는 다음 각 호의 구분에 따라 혼신 사실을 보고 또는 통보하고 혼신 원인을 제거해야 한다.

① 경찰 내부 혼신의 경우: 경찰청 정보통신관리자
② 경찰 외부 혼신의 경우: 경찰청 및 과학기술정보통신부 산하 중앙 전파관리소

7. 경호통신보안관리

(1) 국가원수 행사 및 경호 관련 사항

국가원수 행사 및 경호 관련 사항은 경호통신망 이외의 다른 통신수단으로 송·수신할 수 없다. 다만, 부득이한 경우 대통령경호처와 협의한 경우는 그러하지 아니하다.

(2) 경호업무 수행부서의 장이 보안시스템을 사용하여 송·수신할 수 있는 경우

① 행사준비단계의 준비사항
② 관련 기관 간 행사 관련 협조사항
③ 대통령행차 및 환차와 관련한 일체의 사항
④ 행사종료 후 지휘보고 사항

8. 무전기 사용상 유의점과 응급조치

(1) 무전기 사용상 유의점

① 상대방 호출번호, 자기의 호출번호, 약호 및 음어 등 핵심적인 사항을 사전에 숙지하고 있어야 한다.
② 무전기를 사용하기 전에 안테나, 배터리, 스위치 조정의 적절성, 송수신 감도 등을 확인하여야 한다.
③ 장애물이 없는 곳, 평지, 언덕, 해상 등 좋은 위치를 선정하여 무전기를 사용할 수 있도록 하여야 한다.

(2) 무전기 불통 시 응급조치

① 안테나 연결 및 접촉상태를 확인하고, 전지의 소모·결합상태를 파악하여야 한다.
② 스켈치(Squelch) 과도 조정 여부, 난청지역 여부를 확인하여야 한다.

(3) 무전기 조작상 유의사항

① 타인이 교신 중이거나 송신내용이 길 때 필요 이상으로 송신버튼을 누르지 않도록 하여야 하며, 안테나를 접속하지 않은 상태에서 송신하지 않도록 하여야 한다.

---

www.eduwill.net

경호통신보안
통신장비를 통하여 소통되는 제반 정보가 직접 또는 간접적으로 위해기도의 목적을 가진 자에게 누설되는 것을 미연에 방지하거나 지연시키기 위한 제반수단과 보호방책을 말한다.

➕ 심화학습

경호통신 방법
• 암호사용 방법
• 음어사용 방법
• 약호사용 방법
• 첨단장비를 동원하여 적의 통신 장애를 강구하는 방법

스켈치
무전기 사이에 서로 신호가 없을 경우 잡음을 없애는 기능을 말한다.

② 배터리를 충전할 때에는 스위치 오프상태에서, 완전히 방전된 상태에서 충전하여야 한다.

(4) 경호통신의 3요소

신뢰성, 정확성, 안전성이 고려되어야 한다.

핵심 **기출문제**

08 경호장비에 관한 설명으로 옳지 않은 것은?   • 제19회 기출

① 검색장비란 위해도구나 위해물질을 찾아내는 데 사용하는 장비로 금속탐지기, X-Ray 수화물검색기 등이 있다.
② 방호장비란 경호원이 자신의 생명·신체가 위험상태에 놓였을 때 스스로를 보호하는 장비로 가스분사기, 전자충격기 등이 있다.
③ 감시장비란 경호취약점을 보완하는 수단으로 침입 또는 범죄행위를 사전에 알아내는 역할을 하는 장비로 쌍안경, 열선감지기 등이 있다.
④ 통신장비란 경호임무 수행에 있어 필요한 보고 또는 연락을 위한 장비로 차량용 무전기, 휴대용무전기 등이 있다.

해설 ②는 호신장비에 대한 설명이다. 방호장비의 의의에 대하여 장비 자체의 방호기능을 통하여 위해기도자의 위해행위를 차단하거나 공격효과를 감소시킴으로써 경호원은 물론 경호대상자의 생명과 재산을 보호하기 위한 장비라고 보는 견해가 있다. 한편, 방호장비는 일정한 방벽을 형성하여 경호대상자 및 경호대상자가 사용하는 시설물 보호를 위한 장비 또는 장치라고 보는 견해도 있다. 방호장비로는 방탄막, 방탄복, 보안경, 바리케이드, 차량스파이크 트랩 등이 있다.

정답 ②

「경찰장비관리규칙」
「물품관리법」, 「경찰관 직무집행법」 및 「위해성 경찰장비의 사용기준 등에 관한 규정」의 시행을 위하여 필요한 사항을 정하고 기타 경찰장비의 관리에 관한 기본적인 사항을 규정함으로써 경찰장비의 합리적 운용 및 관리를 도모함을 목적으로 하는 경찰청 훈령이다.

7 「경찰장비관리규칙」

1. 검색 · 관찰장비의 구분

검색 · 관찰장비는 위해성 요소 및 범죄혐의 등을 검색 · 관찰하는 장비로, 다음과 같이 구분한다(제140조).

검색장비	금속탐지기(문형·봉형·휴대용) 및 탐지기용 텐트, X-ray 소화물검색기, 검측장비(차량검측거울, 탐침봉, 전압측정기, 레이저거리측정기 등)
관찰장비	휴대용탐조등, 쌍안경, CCTV, 차량용 녹화카메라 등

2. 검색 · 관찰장비의 관리 및 운용(제141조)

(1) 문형 금속탐지기는 다음의 사항을 유의하여 관리 · 운용한다.

① 취급, 운반 및 설치 시 파손 등에 주의한다.
② 조정용 장치 내 부품을 임의로 조작해서는 안 된다.
③ 우천 · 강설 등 야외행사 시 문형 금속탐지기용 천막 등을 설치하여야 한다.
④ 영하 10℃ 이하인 경우 문형 금속탐지기의 보온방안을 강구하여야 한다.

(2) X-Ray 소화물검색기는 다음의 사항을 유의하여 관리 · 운용한다.

① 이중 차단커튼 안에 신체 일부분을 집어넣어서는 안 된다.
② 조작요원 및 판독요원은 반드시 사전교육을 이수한 자로 배치하고, 고장 시 전문업체에 수리를 의뢰한다.
③ 창고에 보관할 경우 높이 5~10cm 이상의 깔판 위에 보관하여야 한다.
④ 직사광선은 피하고 가능한 한 보관함 등에 넣어 보관한다.

(3) 탐침봉은 다음의 사항을 유의하여 관리 · 운용한다.

① 사용 후 반드시 건전지를 분리하여 보관한다.
② 사용 후 흙 등의 이물질을 깨끗이 닦아 보관한다.

(4) 차량 검색거울은 유리를 깨끗이 닦은 후 습기가 없는 곳에 보관한다.

3. 전자충격기(제79조)

(1) 물품관리관의 책임하에 집중관리함을 원칙으로 하나, 운용부서에 대여하여 그 부서장의 책임하에 관리 · 운용하게 할 수 있다.

(2) 경찰관이 직무수행을 위하여 전자충격기를 사용할 경우에는 다음의 안전수칙을 준수하여야 한다.

① 사용 전 배터리 충전 여부를 확인한다.
② 전극침이 발사되는 전자충격기의 경우 안면을 향해 발사해서는 아니 된다.
③ 14세 미만의 자 또는 임산부에 대하여 사용하여서는 아니 된다.

중요내용 O✕ 문제

제1절 경호복장의 종류 및 법제상 규정

	O	X

01 경호원은 화려한 색상이나 눈에 띄는 스타일의 복장을 착용하여 주위의 시선을 빼앗아 경호대상자를 보호한다. ☐ ☐

제2절 경호장비의 유형별 관리

02 호신장비는 자신의 생명과 신체를 보호하기 위하여 사용하는 장비로 권총, 소총, 분사기 등을 포함한다. ☐ ☐

03 방호장비는 자신의 생명·신체가 위험한 상태에 놓였을 때 스스로를 보호하는 데 사용하는 도구이다. ☐ ☐

04 문형 금속탐지기 운용 시 개인 간격은 1.5m 이상 거리를 유지하고, 무전기와 탐지기의 거리는 3m 이상 유지한다. ☐ ☐

05 드론은 처음에는 단순 운송수단의 용도로 개발되었다. ☐ ☐

06 드론을 이용하여 경호주체 및 경호객체(경호대상자)의 활동을 감지할 수 있으며, 아울러 드론에 폭발물, 총기류, 유독성화학물질을 탑재하여 불시에 공격을 가할 수 있다. ☐ ☐

OX 정답 01 ✕ 02 ○ 03 ✕ 04 ○ 05 ✕ 06 ○

X 해설
01 경호원은 주위의 시선을 빼앗는 화려한 색상이나 이상한 스타일의 복장을 착용해서는 안 된다.
03 자신의 생명·신체가 위험한 상태에 놓였을 때 스스로를 보호하는 데 사용하는 도구는 호신장비이다. 방호장비는 적의 침입 예상경로를 차단하기 위하여 설치하거나 이용하는 장비 또는 경호대상자나 경호대상자가 사용하는 시설물을 보호하기 위한 장비를 말한다.
05 드론은 처음에는 군사용 무인항공기로 개발됐다.

제1절 경호복장의 종류 및 법제상 규정

01 경호원의 복장에 대한 설명으로 옳지 <u>않은</u> 것은?

① 경호 행사의 성격, 장소, 시간 등에 따라 주위와 잘 어울리는 복장으로 한다.

② 개개인의 취향을 살려 각자에게 잘 어울리는 복장을 선택하는 것이 바람직하다.

③ 경호업무를 위하여 특별히 제작된 옷은 없지만, 일반적으로 정장 차림을 하는 것이 좋다.

④ 여자경호원의 경우 편의성을 고려하여 하이힐은 피하는 것이 좋다.

> **해설** 복장은 행사의 성격에 따라 주변 환경과 조화되도록 착용하여 신분이 노출되지 않아야 하며, 경호 시 눈에 잘 띄지 않도록 보수적인 색상과 스타일의 복장이 적합하다. 노출경호가 필요할 경우에는 지정된 복장을 착용한다.

02 경호원의 복제에 관한 설명으로 옳지 <u>않은</u> 것을 모두 고른 것은?   • 제24회 기출

> ㉠ 경호현장의 주변 환경과 조화를 이루는 복장을 선택한다.
> ㉡ 경호활동 시 필요한 장비착용이 가능한 복장을 선택한다.
> ㉢ 대통령경호처에 파견된 경찰공무원의 복제는 경찰청장이 정한다.
> ㉣ 행사의 성격에 관계없이 경호대상자의 권위유지를 위한 복장을 선택한다.

① ㉠, ㉡

② ㉠, ㉣

③ ㉡, ㉣

④ ㉢, ㉣

> **해설** ㉢ 대통령경호처에 파견된 경찰공무원의 복제는 경호처장이 정한다.
> ㉣ 경호요원은 행사의 성격에 따라 주변 환경과 어울리도록 복장을 착용한다.

01 ② 　 02 ④ 　 **정답**

03 근접경호원의 복장으로 적절한 것은?

☐△✕

① 행사의 성격과 관계없이 경호원의 품위가 느껴지는 검정색 계통의 정장

② 보호색원리에 의한 경호현장의 주변 환경과 조화되는 복장

③ 위해기도자에게 강한 인상을 줄 수 있는 색상과 장비착용에 편한 기능성 복장

④ 경호대상자와 구분되는 색상이나 스타일의 복장

> **해설** ① 평상시에는 주로 검은색 계통의 정장 차림을 하나, 행사의 성격에 맞는 복장을 착용하여야 한다.
> ③④ 경호기만을 위해서라도 경호대상자와 구분되는 색상이나 스타일의 복장은 피하는 것이 좋다.

04 경호복장에 관한 내용으로 옳지 <u>않은</u> 것은?

☐△✕

① 경호처 직원의 복제에 관하여 필요한 사항은 경호처장이 정한다.

② 경호처에 근무하는 경찰공무원의 복제에 관하여는 경호처장이 정한다.

③ 경비업자는 경비업무 수행 시 경비원에게 예외 없이 소속경비업체를 표시한 이름 표를 부착하도록 하여야 한다.

④ 청원경찰의 동·하복의 착용 시기는 각 사업장별로 청원주가 결정하되, 착용 시기 를 통일하여야 한다.

> **해설** 집단민원현장이 아닌 곳에서 신변보호업무를 수행하는 경우 또는 경비업무 성격상 부득이한 사유 가 있어 관할 경찰관서장이 허용하는 경우에는 예외이다.

05 경호복장 선택과 착용에 관한 설명으로 옳지 <u>않은</u> 것은?　　　　• 제21회 기출

☐△✕

① 주변의 시선을 끌 만한 색상이나 디자인은 지양한다.

② 행사의 성격과 장소와 무관하게 기능적이고 튼튼해야 한다.

③ 신발은 장시간 서 있는 근무상황을 고려해서 선택해야 한다.

④ 기상조건을 극복하기에 적절한 복장을 착용한다.

> **해설** 경호요원은 행사장의 성격에 따라 주변 환경과 어울리도록 복장을 착용해야 한다.

06 경호복장에 관한 설명으로 옳은 것은?

• 제22회 기출

① 경호복장은 기능적이고 튼튼한 것이어야 한다.

② 위해기도자에게 주도면밀함과 자신감을 과시하기 위해 장신구의 착용을 지향한다.

③ 경호대상자 보호를 위해 경호대상자보다 튀는 복장을 선택하여 주위의 시선을 빼앗는다.

④ 대통령경호처에서 근무하는 경찰공무원의 복제에 관하여 필요한 사항은 경찰청장이 정한다.

해설 ② 장신구의 착용은 지양한다. 여자 경호원의 경우, 장신구를 착용한다면 평범하고 단순한 것을 선택한다.

③ 경호원의 복장은 경호대상자보다 튀지 않아야 한다. 개인의 취향이 아니라 경호원이라는 직업이 원하는 복장을 선택한다.

④ 대통령경호처에서 근무하는 경찰공무원의 복제에 관하여는 처장이 정한다.

07 경호원의 복장에 관한 설명으로 옳은 것은?

• 제23회 기출

① 경호원은 행사의 성격에 따라 주변 환경과 어울리는 복장을 착용한다.

② 경호원으로서의 신분이 노출되지 않도록 화려한 복장을 착용한다.

③ 잠재적 위해기도자의 범행동기를 사전에 제거하기 위해 장신구를 착용한다.

④ 행사의 성격과 관계없이 경호대상자 품위를 높이기 위해 검정색 계통의 정장을 착용한다.

해설 ② 화려한 복장을 착용하는 경우 다른 사람의 눈에 띄어 경호원의 신분이 노출될 우려가 있다.

③ 장신구란 몸치장을 하는 데 쓰는 물건, 반지, 귀고리, 목걸이, 팔찌, 브로치, 넥타이핀 따위를 통틀어 이르는 말이다. 원칙적으로 장신구 착용은 지양한다. 다만, 장신구를 착용한다면 평범하고 단순한 것을 선택한다.

④ 경호원은 행사의 성격에 따라 주변 환경과 어울리도록 복장을 착용한다.

03 ② 04 ③ 05 ② 06 ① 07 ① **정 답**

제2절 경호장비의 유형별 관리

08 경호장비에 관한 설명으로 옳지 <u>않은</u> 것은?

• 제26회 기출

① 호신장비는 자신의 생명과 신체를 보호하기 위하여 사용하는 장비로 권총, 소총, 분사기 등을 포함한다.

② 감시장비는 위해기도자의 침입이나 범죄행위를 감시하기 위한 장비로 쌍안경, 드론 등을 포함한다.

③ 경비업법상 경비원이 휴대할 수 있는 장비의 종류는 경적·단봉·분사기 등으로 항상 이를 휴대하여야 한다.

④ 대통령경호처장은 직무를 수행하기 위하여 필요하다고 인정할 때에는 대통령경호처에 파견된 사람에게 무기를 휴대하게 할 수 있다.

해설 경비원이 휴대할 수 있는 장비의 종류는 경적·단봉·분사기 등 행정안전부령으로 정하되, 근무 중에만 이를 휴대할 수 있다(경비업법 제16조의2 제1항).

09 경호장비에 관한 설명으로 옳지 <u>않은</u> 것은?

• 제22회 기출

① 호신장비란 자신의 생명과 신체가 위험한 상태에 놓였을 때 스스로를 보호하는 데 사용하는 도구를 말한다.

② 검측장비는 가스분사기, 전기방벽, 금속탐지기, CCTV 등이다.

③ 대통령경호처장은 직무를 수행하기 위하여 필요하다고 인정할 때에는 소속공무원에게 무기를 휴대하게 할 수 있다.

④ 경비업법상 경비원이 휴대할 수 있는 장비의 종류는 경적·단봉·분사기 등으로, 근무 중에만 이를 휴대할 수 있다.

해설 검측장비는 위해물질 존재 여부를 검사하거나 시설물의 안전점검에 사용되는 도구이다. 가스분사기는 호신장비, 전기방벽은 방호장비, 금속탐지기는 검색장비(검측장비), CCTV는 감시장비에 해당한다.

▶ **검색장비(검측장비) 개념**

> 다른 경호학자들과 달리 검색장비와 검측장비를 세분하여 구분하는 견해도 있다. 검색장비는 위해도구나 위해물질을 찾아내는 데 사용하는 장비, 검측장비는 위해물질 존재 여부를 검사하거나 시설물 안전점검에 사용되는 도구라고 본다. 일반적으로 검측장비로 통칭되며 탐지장비, 처리장비, 검측공구로 구분하여 사용된다고 분류하고 있다. 이런 검측장비는 인간 능력으로 실체 및 위해성 여부의 식별이 불가능하거나, 과학적 근거가 요구되는 경우 또는 사람이 직접 확인할 수 없는 밀폐된 공간 확인 등에 사용된다고 말한다.

10 경호장비에 대한 설명으로 옳지 <u>않은</u> 것은?

① 방호장비는 일정한 방벽을 형성하여 경호대상자 및 경호대상자가 사용하는 시설물 보호를 위한 장비 또는 장치이다.

② 경호대상자의 경호를 위하여 경호요원이 운용하는 차량, 항공기, 선박, 열차 등을 기동장비라고 한다.

③ 호신장비의 종류에는 가스분사기, 전자충격기, 방어봉, 방탄조끼, 경호총기 등이 있다.

④ 검색장비의 종류에는 CCTV, 로봇경비원, 고성능 쌍안망원경 등이 있다.

> **해설** 검색장비는 행사장, 숙소, 연도 등에 대하여 폭발물을 탐지하고 제거하며 제반시설물의 안전점검을 실시하는 데 활용되는 장비로, 금속탐지기, X-Ray 수하물검색기, 차량검색거울, 가스탐지기, 폭발물탐지기 등이 있다. CCTV, 로봇경비원, 고성능 쌍안망원경 등은 감시장비에 해당한다.

11 호신장비의 사용·관리에 관한 설명으로 옳지 <u>않은</u> 것은?

① 단봉으로 칠 때에는 손, 발, 허리가 일치하도록 동작하며 자세가 흐트러지지 않게 해야 정확한 타격이 가능하다.

② 분사기의 경우 총포·도검·화약류 등의 안전관리에 관한 법률에 따라 소지허가를 받아야 한다.

③ 전자충격기의 경우 겨울 의류, 두꺼운 의류 등 절연성이 높은 피복류의 경우 전자충격의 효과가 떨어지므로 공격자에게 최대의 충격효과를 주기 위해서는 목덜미 아래, 허벅지 안쪽 또는 안면부에 가격하는 것이 좋다.

④ 휴대용가스분사기는 자구행위목적으로 사용할 수 없다.

> **해설** 공격자에게 최대의 충격효과를 주기 위해서는 목덜미 아래, 허벅지 안쪽에 가격하는 것은 허용되나, 안면부에 가격할 경우 신체에 엄청난 충격을 줄 수 있으므로 안면부는 피해 사용하여야 한다.

12 경호 관련 장비의 휴대 및 사용에 관한 사항을 규정한 법률의 연결로 옳은 것은?

○△×

• 제16회 기출 변형

① 신변보호업무를 수행하는 경비원의 분사기 – 위험물안전관리법
② 청원경찰의 권총 – 경찰관 직무집행법
③ 특수경비원의 소총 – 경비업법
④ 경찰관의 권총 – 총포·도검·화약류 등의 안전관리에 관한 법률

> **해설** ① 신변보호업무를 수행하는 경비원의 분사기 – 「경비업법」
> ② 청원경찰의 권총 – 「청원경찰법」
> ④ 경찰관의 권총 – 「경찰공무원법」, 「경찰관 직무집행법」

13 경호장비에 관한 설명으로 옳지 <u>않은</u> 것은?

○△×

① 감시장비에는 CCTV, 쌍안경, 망원경 등이 있다.
② 검색장비에는 금속탐지기, 가스탐지기 등이 있다.
③ 기동장비란 도보, 차량, 항공기, 선박 등을 말한다.
④ 통신장비에서 경호통신은 신뢰성, 정확성, 안전성이 고려되어야 한다.

> **해설** 기동장비란 경호대상자의 경호를 위하여 경호대상자와 경호요원이 운용하는 차량, 항공기, 선박, 열차 등의 장비를 말한다.

14 경호장비에 관한 설명으로 옳지 <u>않은</u> 것은?

○△×

• 제25회 기출

① 하부검색경으로 행사장 이동차량의 안전상태를 확인한다.
② 경호대상자에게 보내온 발신불명의 우편물을 X-RAY를 통해 안전하게 관리한다.
③ 대통령경호처장은 직무를 수행하기 위하여 필요하다고 인정할 때에는 소속공무원에게 무기를 휴대하게 할 수 있다.
④ 사람이 직접 확인할 수 없는 공간의 확인, 유해물질 존재여부 등을 방호장비로 점검한다.

> **해설** 사람이 직접 확인할 수 없는 공간의 확인, 유해물질 존재여부 등을 검측장비로 점검한다. 검측장비는 위해물질의 존재여부를 검사하거나 시설물의 안전점검에 사용되는 도구를 말한다.

15 호신장비 소지허가권자가 옳지 <u>않은</u> 것은?

① 엽총 – 경찰서장　　　　　② 사격총 – 시·도경찰청장

③ 분사기 – 경찰서장　　　　④ 전자충격기 – 시·도경찰청장

> **해설**　「총포·도검·화약류 등의 안전관리에 관한 법률」(약칭 총포화약법)에 따르면 총포를 소지하려는 경우에는 주소지를 관할하는 시·도경찰청장의 허가를 받아야 하며(단, 총포 중 엽총·가스발사총·공기총·마취총·도살총·산업용총·구난구명총 또는 그 부품은 주소지를 관할하는 경찰서장), 도검·화약류·분사기·전자충격기 및 석궁을 소지하려는 경우에는 주소지를 관할하는 경찰서장의 허가를 받아야 한다.

16 경비원이 분사기를 휴대하기 위한 적법한 절차로 옳은 것은?

① 경비업자가 총포·도검·화약류 등의 안전관리에 관한 법률에 의하여 미리 분사기의 소지허가를 받아야 한다.

② 경비업자가 분사기를 구입하여 관할 경찰서에 기부 후 필요시 경찰청장의 허가에 의해 대여하여 휴대할 수 있다.

③ 경비원이 개인적으로 구입하여 관할 경찰서장의 허가를 받아 휴대할 수 있다.

④ 경비원 개인은 근무목적상 본인이 구입하여 경비업자의 허가를 받아 휴대할 수 있다.

> **해설**　경비업자가 「총포·도검·화약류 등의 안전관리에 관한 법률」에 의하여 미리 주소지를 관할하는 경찰서장에게 분사기의 소지허가를 받아야 한다.

17 경호장비 중 권총(38구경 리볼버)의 제원으로 옳지 <u>않은</u> 것은?

① 구경 – 0.38인치

② 강선 – 6조 우선 또는 6조 좌선

③ 총열 길이 – 2인치, 4인치

④ 최대사거리 – 약 1,000m, 유효사거리 – 약 50m

> **해설**　▶ 38구경 리볼버권총
>
> 1. 제원은 무게 856g, 구경 0.38인치, 유효발사탄수 5발, 최대발사탄수 8발, 유효사거리 50m, 최대사거리 1,500m(4인치), 강선 6조 우선 또는 강선 6조 좌선, 재질은 탄소강이다.
> 2. 특징은 반자동식(실린더회전식), 실린더장전식, 분리복합작용식, 총미장전식, 파지식, 공랭식, 노출공이식 등이다.

| 12 ③ | 13 ③ | 14 ④ | 15 ④ | 16 ① | 17 ④ | 정답 |

18 휴대용 가스분사기(SS2형) 사용 및 취급에 관한 설명으로 옳지 <u>않은</u> 것은?

☐△✕

① 휴대용 가스분사기 사용 시 유효사거리는 2~3m이다.

② 휴대용 가스분사기 구입 시에는 분사기 구입신청서를 복사하여 관할 시·군·구에 신고하여야 한다.

③ 휴대용 가스분사기는 공권력 행사나 정당방위, 화재 초기 진화 등에만 사용할 수 있다.

④ 취급자는 휴대용 가스분사기에 대한 안전수칙, 취급요령 등에 대한 지식을 습득한다.

해설 분사기 및 전자충격기·석궁의 경우에는 주소지를 관할하는 경찰서장의 허가를 각각 받아야 한다.

19 가스분사기 사용에 관한 설명으로 옳지 <u>않은</u> 것은?

☐△✕

① 소지·관리 등은 총기에 준하여 안전하게 관리해야 한다.

② 정당방위 등에 사용하고 개인감정, 시비 목적으로 사용을 금한다.

③ 도난, 피탈 시에는 경찰관서에 신고한다.

④ 제압효과를 높이기 위하여 분사목적물에 5m 이상 이격하여 가스를 분사한다.

해설 휴대용 가스분사기는 범인, 초기 발화물체로부터 2~3m 거리에서 조준한 후에 안전장치를 on 위치로 하고 방아쇠를 당기면 약제통 안에 든 분말가스가 분출된다.

20 특수경비원의 무기관리수칙으로 옳지 <u>않은</u> 것은?

☐△✕ · 제21회 기출

① 무기관리실태를 매월 파악하여 다음 달 3일까지 관할 경찰관서장에게 통보하여야 한다.

② 무기고 및 탄약고는 단층으로 설치하고 환기, 방습, 방화 등의 시설을 한다.

③ 탄약의 출납은 소총은 1정당 7발 이내, 권총은 1정당 15발 이내로 한다.

④ 무기를 지급받은 경비원으로 하여금 매주 1회 이상 손질하게 한다.

해설 탄약의 출납은 소총은 1정당 15발 이내, 권총은 1정당 7발 이내로 한다.

21 경호업무수행 시 경비원이 휴대 가능한 무기, 장비 등으로 적절하지 <u>않은</u> 것은?

◯△✕

① 특수경비원 − 권총, 소총, 경적, 단봉, 분사기
② 일반경비원 − 경적, 단봉, 분사기
③ 기계경비원 − 경적, 단봉, 출동차량, 분사기
④ 호송경비원 − 현금호송백, 권총, 경적, 단봉, 분사기

해설 호송경비원은 권총을 휴대할 수 없다.

22 가스탐지기, 차량검색거울, 금속탐지기, X−Ray 검색기 등이 해당하는 장비의 유형은?

◯△✕

① 기동장비   ② 호신장비
③ 검색장비   ④ 통신장비

해설 검색장비는 위해도구나 위해물질을 찾아내는 데 사용하는 장비를 말한다. 검색장비에는 금속탐지기, X−Ray 수하물검색기, 차량검색거울, 가스탐지기, 폭발물탐지기 등이 있다.

23 검측장비 중 탐지장비가 <u>아닌</u> 것은?   • 제19회 기출

◯△✕

① 서치탭(Search Tap)   ② 청진기
③ 검색경   ④ 물포(Water Cannon)

해설 물포는 높은 압력의 물을 뿌리는 장치로, 화재를 막는 소방을 위해 또는 경찰이 시위나 다중범죄를 진압하기 위해 쓰인다. 방수포(放水砲) 또는 물대포(大砲)라고도 한다. 그러나 물포를 검측장비 중 처리장비로 분류하는 경우도 있다. 즉, 폭발물의 전기장치를 제거하기 위하여 사용할 수 있으며, 이때에는 그 용도가 진압장비가 아닌 검측장비 중 처리장비로 분류한다.

| 18 ② | 19 ④ | 20 ③ | 21 ④ | 22 ③ | 23 ④ | 정답 |

24 검색장비의 설치 및 검색요건으로 적절한 것은?

☐○△×

① 검색장비는 무리한 힘을 가하거나 충격을 주어도 무방하다.

② 고압전류가 흐르는 곳에 설치를 해야 효과적이다.

③ 금속탐지기는 통과 입장객이 최소 1.5m 거리의 개인간격을 유지하도록 해야 한다.

④ 무전기와 같은 통신장비 등은 탐지기로부터 최소한 1m 이상 거리를 유지해야 한다.

> **해설** ① 검색장비는 무리한 힘을 가하거나 충격을 주지 말아야 한다.
> ② 검색장비는 고압전류가 흐르는 주변을 피하여 설치하여야 한다.
> ④ 무전기와 같은 통신장비 등은 탐지기로부터 최소한 3m 이상 거리를 유지해야 한다.

25 경호행사 중에 사용되는 통신장비의 요소에 해당하지 <u>않는</u> 것은?

☐○△×

① 신뢰성   ② 전통성

③ 정확성   ④ 안전성

> **해설** 통신장비는 경호업무를 수행하는 데 필요한 보고 또는 연락을 위한 장비로, 유선이나 무선을 사용한다. 경호환경이 실내일 때 주로 유선을 사용하고, 실외 그리고 실내인 경우라도 이동 시에는 무선통신을 이용한 경호가 이루어진다. 통신장비는 신뢰성, 정확성, 안전성이 구비되어야 한다.

26 경호장비에 관한 설명으로 옳지 <u>않은</u> 것은?   • 제23회 기출

☐○△×

① 호신장비는 자신의 생명과 신체가 위험한 상태에 놓였을 때 스스로 보호하는 데 사용하는 도구이다.

② 방호장비는 경호대상자가 사용하는 시설물을 보호하기 위한 장치를 말한다.

③ 검측장비는 위해기도자의 침입이나 범죄행위를 감시하고, 거동수상자의 동태를 추적하는 장비를 말한다.

④ 기동장비는 경호대상자의 경호를 위하여 사용하는 기동수단을 말한다.

> **해설** 위해기도자의 침입이나 범죄행위를 감시하고, 거동수상자의 동태를 추적하는 장비는 감시장비이다.

27 경호장비의 유형별 관리에 관한 설명으로 옳지 <u>않은</u> 것은?

① 검색장비의 운용 시 입장객을 통과시킬 때에는 개인 간 간격을 최소 1m 이내로 밀착시켜 빠른 걸음으로 통과시켜야 행사가 원만하게 진행될 수 있다.

② 전자파, 초음파, 적외선 등의 광학을 이용한 기계장비는 인력부족으로 인한 경호 취약점을 보완하는 수단으로 활용된다.

③ X-Ray 검색기는 경호행사장 입구에 설치하여 입장자의 휴대품 속에 숨겨져 있는 무기류를 확인하는 장비이다.

④ 금속탐지를 2대 이상 운용할 때에는 최소 3m 이상의 간격을 확보하여야 한다.

해설 입장객을 통과시킬 때 개인 간격은 최소 1.5m 거리를 유지한다.

28 대상물에 가까이 접근하지 않고 줌으로 상세한 식별을 할 수 있는 기능을 가진 드론은?

① 열화상 드론　　② 줌기능 드론

③ 군집 드론　　④ 말하는 드론

해설 줌기능을 가진 드론은 평소 넓은 면적을 드론으로 정찰하다가 의심스러운 구역이나 지점을 식별하거나 외부로부터 요청을 받고 특정 지역의 수색정찰을 실시할 경우 대상물에 가까이 접근하지 않고 줌으로 상세한 식별을 할 수 있다.

29 경호장비에 관한 설명으로 옳지 <u>않은</u> 것은?　　• 제24회 기출

① 대통령 등의 경호에 관한 법률에서 호신장비와 관련하여 무기에 대한 규정을 두고 있다.

② 경비원이 사용하는 단봉, 분사기는 호신장비에 포함된다.

③ 경호업무에서 사용되는 드론은 감시장비에 포함된다.

④ 경호현장에서 설치되는 바리케이드나 차량스파이크 트랩은 인적 방호장비이다.

해설 경호현장에서 설치되는 바리케이드나 차량스파이크 트랩은 물적 방호장비이다.

| 24 ③ | 25 ② | 26 ③ | 27 ① | 28 ② | 29 ④ | 정답 |

CHAPTER

03 경호의전과 구급법

최근 13개년 출제비중

7.5%

학습 TIP

☑ 대한민국국기법에서 규정한 경호행사 시 국기게양요령을 정리한다.

☑ 탑승 시 경호예절을 이동수단별로 구분하여 정리하고 비교한다.

☑ 응급처치 4대 요소 및 순서를 정리하고 이해하며, 심정지환자의 심폐소생술 방법을 파악한다.

POINT CHAPTER 내 절별 출제비중

01 경호원의 자격과 윤리	10.2%
02 경호원의 의전과 예절	51.3%
03 응급처치 및 구급법	38.5%

경호의전과 구급법

제1절 ▶ 경호원의 자격과 윤리

1 경호원의 자격

1. 경호원의 개념

경호원이란 경호대상이 되는 인물의 신변보호와 더불어 외부의 위협으로부터 그 인물을 보호하는 것을 주요 임무로 하는 사람이다.

2. 경호원의 직업개요

(1) 경호의 대상

대통령 등 국가적 차원에서 보호해야 할 필요성이 있는 인물을 보호하는 공경호와 연예인이나 스포츠 스타, 기업체 임원 등 계약의 체결에 의해 계약자를 보호해 주는 사경호(민간경호)가 있다. 경호원은 의뢰자의 상황에 따라 야간이나 주말에 상관없이 일을 하기도 한다.

(2) 경호원

측근경호원과 외곽경호원으로 나누어지는데, 특히 측근경호원은 투철한 사명감과 책임의식을 가지고 있어야 한다.

(3) 경호원의 요건

경호원이 되기 위해서는 냉철하고 정확한 상황판단, 근접거리에서 대결 가능한 무술 실력, 정확한 사격술 및 무기사용술, 주변의 지형지물을 이용한 보호능력, 경호대상자에 대한 정확한 자료의 파악, 공격 가능성의 사전탐지 등 기본적인 요건을 갖추고 있어야 한다.

3. 경호원의 자세

(1) 경호대상자에게 선택되었다는 자부심을 갖고 근무하며, 신변의 경호를 위하여 어떠한 희생도 감수한다.

(2) 경호대상자나 다른 동료에게 절대 부담을 주지 않으며, 인간의 본보기가 되고자 노력한다.

(3) 인격과 지성을 갖추기 위하여 노력하며, 보고, 듣고, 말하지 않는 3대 불문율을 지킨다.

(4) 상황의 논리적 순서에 따라 정당방위가 되지 않는 경우면 공격이나 장비의 사용을 하지 않는다.

(5) 근무 전에는 반드시 예상 상황을 예견하고, 근무 후에는 상황에 대해 반성하고 분석하여 실수를 방지한다.

(6) 모든 요원은 반드시 경박한 언행을 삼가고 경호와 관련한 어떤 사항도 누설하지 않는다.

(7) 불필요한 행동이나 근무지 이탈을 하지 말고, 늘 단정한 용모로 근무에 임한다.

(8) 업무 본질상 항상 정신이 육체를 지배하도록 하고 육체가 정신을 지배하도록 하지 않는다.

(9) 어떠한 상황에서도 의뢰인을 보호할 수 있는 기술을 습득하여야 한다.

> **➕ 심화학습**
>
> 경호 5대 정신
> - **의전정신**
>   최고예의를 갖춘다.
> - **3대 불문율**
>   보고, 듣고, 말하지 않는다.
> - **긴장자세**
>   위험에 방심하지 않는다.
> - **보호관찰**
>   경호대상에 대하여 시선을 집중한다.
> - **초인정신**
>   육탄경호임무를 완수한다.

> **∷ 보충학습** 경호원의 조건과 능력
>
> 1. **경호원의 조건**
>   ① 투철하고 확고한 가치관 정립
>   ② 철저한 자기관리 및 자질 구비
>   ③ 좋은 환경 및 교육의 질적 향상
>   ④ (경호원의 조건을 제시한) 법규 및 제도의 합리적인 개선
>
> 2. **경호원의 능력**
>   경호원은 경호대상에 대한 신체·생명의 위협으로부터 방어·보호를 유지할 수 있는 다양하고도 충분한 전문가적인 능력을 갖추어야 한다.

4. 경호원의 자격

(1) 지적 능력과 기본적 소양

경호원은 사회 각 분야에 대한 다양한 지적 능력과 정보판단력, 비상사태 발생 시 순간적으로 대응할 수 있는 냉철한 판단력과 두뇌의

순발력(두뇌경호) 등을 갖추어야 한다. 갈수록 경호공무원 선발에 있어 다양한 분야의 상식과 어학시험을 통한 어학능력, 기본적인 소양과 두뇌의 순발력, 합리적 판단력 등을 고루 갖춘 인재를 요하고 있다.

(2) 품성과 자질

경호원은 내적 마음가짐과 외적 행동자세가 중요하며, 지속적으로 경호업무가 적성에 맞아야 한다. 경호임무는 국가공권력을 바탕으로 경호유관기관의 협조를 통해 조직적으로 이루어지므로 희생과 봉사의 자세로 조직에 원만히 적응할 수 있어야 한다.

(3) 전문직업의식

경호원에게는 투철한 희생정신을 바탕으로 자신의 생명보다 경호대상자의 보호를 최우선으로 하여 유사시 자신의 생명을 버리면서 과감한 행동을 할 수 있는 투철한 전문직업의식이 요구된다.

(4) 리더십

경호업무는 경호유관기관의 협조 및 다수의 경호기관이 참가하는 경우가 많으므로 경호원에게는 경호지원부서를 지휘·감독할 수 있는 뛰어난 리더십이 요구된다.

(5) 신체적 요건

대통령경호처 경호원 채용 시 종전에는 위해기도자를 압도할 수 있는 신체적 요건을 갖추기 위하여 체력 민첩성 이외에도 신장과 시력에 대한 기준을 엄격히 운영하였으나, 2018년 경호공무원 채용부터는 신장과 시력의 기준을 철폐하였다. '미래 위협에 대비하기 위한 스마트한 경호원'을 찾는 데 있어 신장과 시력기준은 철폐하고, 체력기준은 계속 유지하는 것으로 조정하였다.

(6) 고도의 주의력·관찰력과 냉정한 판단력

경호원은 돌발상황의 발생 시 혼란한 주위 여건 속에서도 흔들리거나 동화되지 않는 정확한 관찰력과 냉철한 판단력이 요구된다.

(7) 전문적 자질

경호원에게는 사격, 무도, 체력, 정보처리능력, 경호이론, 외국어, 경호 관련 법규, 검측기법, 대테러전술, 국가의전, 국제 경호관례 등 많은 전문적인 지식이 필요하므로 경호원 선발 시 무도유단자, 체력 및 어학 우수자와 정보통신 또는 정보처리 관련 기사자격증 소지자 등이 선호된다.

2 경호원의 윤리

경호원은 피경호인(의뢰인)의 신변을 보호(호위)하는 임무가 주된 업무로, 제1선에서 인명의 피해와 사상과 직접적 관련을 맺고 있으므로 특히 고도의 기술과 정신자세가 필요한 직업이다. 직접적으로 사람을 상대하는 직업이며 이에 따른 감정적 변화와 행동을 제어할 줄 알아야 하는 직업으로 무엇보다도 강인한 정신자세가 필요하다. 이러한 강인한 정신력은 올바른 윤리관과 직업정신을 바탕으로 이루어져야 한다.

1. 경호원이 갖추어야 할 윤리의 기본덕목

경호는 타인의 신변을 보호하는 작용으로, 경호를 행함에 있어 국가 경호기관 경호원이나 사설경호기관 경호원이 지켜야 할 기본적 윤리 덕목이 있다. 이 윤리덕목을 갖추었을 때 비로소 경호원으로서의 자질이 있는 것이라 할 수 있다. 경호원으로서 경호의 기본윤리덕목을 준수하지 않으면 자신은 물론, 경호대상자 및 국가와 국민에게까지 피해를 줄 수 있다.

(1) 자기희생정신

① 경호원 수칙과 원칙에서는 육탄방어(경호)의 정신이라 하기도 한다. 경호원으로서 갖추어야 할 가장 근본적인 정신이다. 다른 여타의 공공안전 서비스직업에서 일하는 모든 사람들의 기본자세이기도 하지만, 특히 신변보호가 주 임무인 경호원에게는 가장 중요한 윤리덕목이다.

② 경호원은 경호대상자가 위험에 처하여 있을 때 대상자를 위하여 목숨을 바쳐서라도 막아야 한다. 이런 이유로 국가기관이 경호원을 선발할 때에는 까다로운 신원조사를 실시한다. 특히, 우리나라와 같이 남북이 분단된 상황에서는 더욱더 그러하다. 출신 성분이나 경호원의 사상 등이 국가안보에 절대적인 영향을 끼칠 우려가 있을 뿐만 아니라 투철한 희생정신에도 차이가 있을 것이기 때문이다. 신체가 건강하고 무도실력이 뛰어나다 하더라도 경호

➕ 심화학습

자기희생정신의 사례

1970년대 중남미 칠레에서는 반군의 폭격에 의해 대통령이 사망하였다. 당시 죽은 대통령의 시신을 위해 목숨을 바치고자 한 많은 경호원들이 희생되었다.

요원을 가장한 테러집단의 비밀테러요원을 선발하였을 때에는 엄청난 결과를 초래할 수 있을 것이다. 또한 경호대상자와의 관계에 따라 희생정신에도 차이가 있을 것이다. 자식을 보호하는 부모와 같은 마음자세로 경호대상자를 위해 항상 희생을 실천해야 한다.

(2) 비밀엄수

비밀정보의 관리 및 유출방지는 경호원의 기본적인 도리로, 이것이 지켜지지 않는다면 직업의식의 결여 및 자격미달이라 할 수 있다.

(3) 사생활침해금지

① 경호원으로서 꼭 지켜야 할 3대 불문율로, 이는 보고, 듣고, 말하지 않는다는 것이며, 경호원칙 중 가장 근본적으로 지켜야 할 중요한 원칙이다.

② 경호원은 경호대상자와 가장 밀접하게 움직이고 경호대상자의 일거수일투족을 훤히 알 수 있다. 경호대상자의 사생활이 공개되면 어떠한 결과를 초래할지 모르기 때문에 사생활에 관한 어떤 사항도 보고도 못 본 것으로, 들어도 못 들은 것으로 해야 하고, 타인에게 절대 말하지 않아야 한다.

(4) 사상(이념)의 중립적 자세

① 개인적 감정이나 사상적(이념적) 중립성을 지키지 못한다면 경호원으로서의 기본적 정신자세를 갖추지 못했다고 할 수 있다.

② 특히, 공경호에서는 정치적, 사상적 이념의 중립성이 요구되며, 사경호의 경우 개인적 감정의 이입과 피경호인의 사생활 속에 포함되기 쉬우므로 주의하여야 한다. 사적인 감정은 경호활동의 본래 목적을 흐트릴 수 있고 팀 전체의 와해를 불러올 수 있다.

(5) 민간경비원의 공공이익을 위한 활동

① 피경호인(의뢰인)의 비밀엄수와 사상의 중립적 자세에 있어 근본은 바로 개인적 양심을 거스르지 않는 행동을 하는 것이다.

② 민간경비업체로서 또는 민간경비원(경호원)으로서 이익을 추구하는 것은 당연한 일이지만 반사회적 성격을 보이는 일에 옹호나 보호가 되는 활동을 하거나 사회적으로 문제가 될 만한 사건에

연루되거나 관습과 양식을 벗어나는 활동을 하는 것은 스스로 자제하고 억제하여야 한다.

③ 경호원은 비록 민간인의 신분으로서 개인의 신변보호(호위)활동이 주 업무이지만, 근본적으로 사회 안정에 기여하는 한 부분이라 생각하고 공익을 위한 활동을 우선으로 생각하여야 하며 반사회적 활동이나 이권개입 등에 관련되어서는 안 된다.

(6) 경호예절

① 경호는 곧 의전인데, 이는 대상과 신분에 맞는 의전을 해야 함을 말한다. 국가원수는 국가원수에 맞는 의전을 해야 하며, 장관은 장관에 맞는 의전을 해야 한다. 의전으로 인해 외교의 성과에 차이가 있을 수 있고, 사설경호원은 의전으로 인해 사업의 성과에 차이가 나타날 수 있다.

② 경호원은 친절해야 한다. 경호원의 친절은 곧 경호대상자의 이미지와 같이 해석되기 때문이다. 특히, 정치인의 선거유세장에서의 경호원의 행동은 유권자들의 표로 직접 연결될 수 있음을 인식하여야 한다. 경호원은 최대한의 친절로 경호활동을 해야 하며, 과시하거나 강압적인 경호자세는 경호대상자에게 나쁜 이미지를 심어 줄 수 있다.

경호원의 기본자세

- **사회예절**
  준법정신, 문화시민으로서의 자세, 타인에 대한 배려를 말한다.
- **교양**
  말씨나 몸가짐이 공손하고, 옷매무새가 단정하며, 기품 있는 행동을 말한다.
- **예절**
  인간관계를 원활하게 하기 위한 자연발생적 실천윤리이다.
- **현대예절**
  대화는 필요한 이야기만 하고, 상황에 맞는 행동, 단정한 몸가짐을 한다.

핵심 기출문제

01 경호원의 직업윤리에 관한 내용으로 옳지 않은 것은? • 제24회 기출

① 경호원으로 준법정신의 자세가 필요하다.
② 경호원은 자율적 규제보다 타율적 규제가 우선시되어야 한다.
③ 경호대상자의 생명과 재산을 지키기 위한 올바른 가치관을 함양한다.
④ 경호대상자의 안전을 위하여 자기희생의 자세를 갖춘다.

해설 경호원은 타율적 규제보다 자율적 규제가 우선시되어야 한다.

정답 ②

www.eduwill.net

CHAPTER 03 경호의전과 구급법 • **487**

02 경호원의 자격과 윤리에 관한 설명으로 옳지 <u>않은</u> 것은? ・제23회 기출

① 성희롱 예방교육의 철저한 관리로 경호원의 직업윤리 강화 풍토를 조성한다.
② 경호위해요소에 대한 인지능력 향상 훈련으로 사전예방활동의 중요성을 부각시킨다.
③ 경호원 간 상하 지휘체계 확립을 위하여 권위주의적, 상호보완적 동료의식을 강조한다.
④ 워라밸 근무환경 조성을 위한 경비인력의 탄력적 운영으로 정부시책 사업에 능동적으로 참여한다.

해설 상호보완적 동료의식을 강조하는 것은 경호원의 윤리에 적절하지만, 권위주의를 강조하는 것은 경호원의 윤리에 적절하지 않다.

정답 ③

2. 경호의 성공요소

주도면밀한 계획과 실시	• 경호계획에 필요한 사전 첩보・정보수집활동을 실시하여 기본계획을 완성하여야 한다. • 경호대상인물의 활동・일정 등을 토대로 제반사항을 파악한 후 필요한 관계기관과 부서에 협조를 구하여야 한다. • 세부계획에 따라 필요한 인원과 장비, 소요예산, 비용을 판단하고 실천 가능한 경호계획을 완성한 후 경호원에 대한 각개 임무를 부여하여 교육을 실시한다.
보안의 유지	경호계획 수립단계부터 경호임무 종료 시까지 인원・장비에 대한 보안조치가 철저히 이루어져야 경호대상자에 대한 완벽한 경호가 가능하다. 보안의 유지는 성공적 경호활동을 위해 반드시 필요하다.
지휘체제의 단일화	• 경호대상인물의 사회역량이 낮거나 위해도가 낮을 경우에는 자체지휘 계통에 의해 실시하는 것도 가능하다. • 대상인물이 사회 지도층 인사로 사회역량이 높거나 위해도가 높은 경우 또는 행사규모가 커 광범위한 지역 또는 대규모의 경호로 민간이 합동경호를 실시해야 할 경우에는 경호대상을 중심으로 각 조장, 그리고 각개 경호원에 이르기까지 지휘체제를 단일화하여야 한다.
집중적 경호망 구성	• 예상되는 위험요소 및 상황에 대비하기 위하여 경호대상을 중심으로 그 위해도에 따라 중첩경호망을 구성한다. • 경호대상인물에 접근 가능한 모든 통로를 통제하고 접근자가 있을 경우 경호원이 인지하고 확인하여 허가하는 과정을 계획, 실시하여야 한다.

경호원 선발	• 경호원 자격 부족으로 실패할 가능성이 있으므로 요원 선발 시 직업의식이 투철하고 희생정신이 강하며 경호 기술능력이 탁월한 사람을 선발하여야 한다. • 경험이 풍부한 경호원을 차출한다. • 기능에 따라 적재적소에 적격 경호원을 배치한다.

3. 경호원의 직업관

일반적으로 직업관은 이기주의적 직업관, 전체주의적 직업관, 자아실현적 직업관으로 구분할 수 있다.

(1) 이기주의적 직업관

직업을 자기 자신을 위한 것으로 보는 통속적인 직업관(생계수단, 입신출세, 물자획득 수단)을 의미한다.

(2) 전체주의적 직업관

① 개인이 속한 집단 전체의 목적이나 이익이 우선시되어 개인의 봉사와 희생이 요구되는 직업관(사회적 역할 분담, 국가본위의 직업관)을 말한다.

② 일반적으로 공경호요원은 국가원수 및 고위 공직자의 경호라는 사명감으로 전체주의적 직업관을 갖기 위해 꾸준히 자기 발전의 노력을 기울여야 한다.

(3) 자아실현적 직업관

이기주의적 직업관과 전체주의적 직업관을 조화시킨 것으로, 직업을 자아실현의 과정으로 보는 직업관(자아실현이나 개성발휘는 그 직업 자체 속에서 존재)이다.

심화학습

경호원의 직업관

경호원은 생명을 담보로 임무를 수행하며, 자신의 생명보다 피경호인 보호를 최우선으로 두고 유사시 자신의 생명을 버리면서 과감한 행동을 요구함과 동시에 희생정신을 바탕으로 한 투철한 전문직업관을 요구하고 있다.

제2절 ▶ 경호원의 의전과 예절 ★★☆

1 경호원의 의전

1. 의전의 개념과 주요 내용

(1) 개념

① 넓은 의미의 의전: 사회구성원으로서 개개인이 지켜야 할 건전한 상식에 입각한 예의범절을 의미한다.

② 좁은 의미의 의전: 국가행사, 외교행사, 국가원수 및 고위급 인사의 방문과 영접에서 행해지는 국제적 예의를 의미한다.

(2) 필요성

고위공직자 또는 사회 저명인사 간의 공식행사 시에는 그에 걸맞은 품위 있는 행동과 격식 및 절차가 필요하다. 품격 있는 경호의전으로 한 나라의 국격이 높아질 수 있다.

(3) 기능

① 의전은 관습, 의례, 형식, 절차, 규례를 동원하여 인간관계를 원만히 하고, 행사의 효율성을 극대화하는 기능을 갖는다.

② 의전의 기능은 소극적 기능과 적극적 기능으로 나눌 수 있다. 소극적 기능은 행사업무의 지원기능에 한정하는 것이며, 적극적 기능은 행사 전반의 조정통제기능으로 확대하는 것이다.

③ 국가의전은 국가위상과 권위를 확고히 하고 국민적 통합과 사회 질서를 유지하는 데 기여한다.

④ 의전의 기능을 한 분야로 국한시킨다면 의전행사(개 · 폐회식, VIP 참석 행사 등)가 가장 중요하다.

(4) 의전업무의 특성

① 의전업무는 순간적으로 끝나므로 상황 변화에 신속히 대처하는 능력을 배양하여야 한다.

② 이질적인 요소를 종합하는 타협과 조정을 이끌어 낼 수 있어야 하며, 관례와 경험이 중요하나 시대의 흐름에 적응하여야 한다.

(5) 의전경호의 주요 내용

행사장 배치확인	진입로, 승·하차장, 이동통로, 엘리베이터 탑승계획 등 여러 가지 사항을 사전에 점검하고 현상을 유지한다.
임석 귀빈의 영접	경호에서는 무선통신을 활용하므로 행사 주관기관장이 일반참석자를 영접하다가 자연스럽게 임석 귀빈을 영접하는 것이 가능하고, 행사장 준비상태와 단상인사의 입장준비를 연결하는 중요한 역할을 담당한다.
상황 변동에 대처	의전행사에서는 예정에 없었던 상황 변동, VIP의 일정 변동 등으로 계획을 변경하는 경우에 대처하여야 한다.

2. 경호의전(警護儀典)

(1) 의의

경호의전이란 국경일, 기념일, 이·취임식, 외국 국가원수 환·송영, 기타 각종 공식적인 행사의 경호 시 이루어지는 의식을 말한다.

(2) 경호행사 시 국기게양요령(대한민국국기법)

① 국기에 대한 경례
  ㉠ 국기에 대한 경례를 하는 때에는 선 채로 국기를 향하여 오른손을 펴서 왼편 가슴에 대고 국기를 주목하거나 거수경례를 한다.
  ㉡ 제복을 입지 아니한 국민은 국기를 향하여 오른손을 펴서 왼쪽 가슴에 대고 국기를 주목(注目)한다.
  ㉢ 제복을 입지 아니한 국민 중 모자를 쓴 국민은 국기를 향하여 오른손으로 모자를 벗어 왼쪽 가슴에 대고 국기를 주목한다. 다만, 모자를 벗기 곤란한 경우에는 ㉠의 방법에 따를 수 있다.
  ㉣ 제복을 입은 국민은 국기를 향하여 거수경례(擧手敬禮)를 한다.
② 국기에 대한 맹세
  ㉠ 국기에 대한 경례를 하는 때에는 다음의 맹세문을 낭송하되, 애국가를 연주하는 경우에는 낭송하지 아니한다.
  "나는 자랑스러운 태극기 앞에 자유롭고 정의로운 대한민국의 무궁한 영광을 위하여 충성을 다할 것을 굳게 다짐합니다."
  ㉡ 맹세문 낭송은 녹음물·영상물 등 시청각 자료를 활용하여 실시할 수 있다.

③ 국기게양일 등

㉠ 국기를 게양하여야 하는 날은 다음과 같다.

ⓐ 국경일, 국군의 날, 정부가 따로 지정한 날, 지방자치단체가 조례 또는 지방의회의 의결로 정하는 날

ⓑ 현충일(조기 게양), 국가장 기간(조기 게양)

㉡ 위 ㉠의 규정에 불구하고 국기는 매일, 24시간 게양할 수 있다.

㉢ 국가, 지방자치단체 및 공공기관의 청사 등에는 국기를 연중 게양하여야 하며, 다음의 장소에는 가능한 한 연중 국기를 게양하여야 한다. 이 경우 야간에는 적절한 조명을 하여야 한다.

ⓐ 공항·호텔 등 국제적인 교류장소

ⓑ 대형건물·공원·경기장 등 많은 사람이 출입하는 장소

ⓒ 주요 정부청사의 울타리

ⓓ 많은 깃대가 함께 설치된 장소

ⓔ 그 밖에 대통령령이 정하는 장소

㉣ 각급 학교 및 군부대의 주된 게양대에는 국기를 매일 낮에만 게양한다.

㉤ 국기가 심한 눈·비와 바람 등으로 그 훼손이 우려되는 경우에는 이를 게양하지 아니한다.

핵심 기출문제

03 경호의전에 관한 설명으로 옳은 것은?

• 제26회 기출

① 국기는 매일 24시간 게양할 수 있다.

② 학교 및 군부대의 주된 게양대는 교육적인 목적을 고려하여 낮에만 게양하되, 이 경우 3~10월에는 17:00에 강하한다.

③ 정부행사 시 초청인사 집단별 좌석배치 순서는 관행상 예우 기준, 즉 '국회의장 – 헌법재판소장 – 대법원장'의 순으로 한다.

④ 주요 정당의 대표를 초청하여 좌석을 배치하는 경우, 국회법에 따라 원내 의석수가 많은 정당 순으로 배치한다.

해설 ② 학교 및 군부대의 주된 게양대는 교육적인 목적을 고려하여 낮에만 게양하되, 이 경우 3~10월에는 오후 6시(18:00)에 강하한다.
③ 정부행사 시 초청인사 집단별 좌석배치 순서는 관행상 예우 기준, 즉 '국회의장 – 대법원장 – 헌법재판소장'의 순으로 한다.
④ 주요 정당의 대표를 초청하여 좌석을 배치하는 경우, '여당대표 – 야당대표' 순으로 배치한다.

정답 ①

04 국기게양에 관한 설명으로 옳은 것은? · 제20회 기출

① 조의를 표하는 날은 현충일 및 국가장법 제6조에 따른 국가장 기간이다.

② 국경일은 3 · 1절, 제헌절, 광복절 및 국군의 날이다.

③ 국기를 전국적으로 게양하여야 하는 날은 국경일 및 기념일, 조의를 표하는 날이며, 국기는 일출부터 일몰까지만 게양할 수 있다.

④ 국가, 지방자치단체, 공공기관의 청사 등에는 목적을 고려하여 국기를 낮에만 게양할 수 있다.

해설 ② 국경일은 3 · 1절, 제헌절, 광복절, 개천절, 한글날(국경일에 관한 법률 제2조)이다. 국군의 날은 기념일이다.

③ 국기를 전국적으로 게양하여야 하는 날은 국경일 및 국군의 날, 정부가 따로 지정한 날, 지방자치단체가 조례 또는 지방의회 의결로 정하는 날, 조의를 표하는 날(현충일, 국가장 기간)이며, 국기는 24시간 게양할 수 있다.

④ 국가, 지방자치단체, 공공기관의 청사 등에는 국기를 연중 게양하여야 한다.

정답 ①

④ 국기의 게양방법 등

　㉠ 국기는 깃대 또는 국기게양대에 게양한다. 다만, 다음의 어느 하나에 해당하는 경우에는 국기를 벽면 등에 게시할 수 있다.

　　ⓐ 실내 여건, 교육목적 등으로 실내 벽면에 국기를 게시하는 경우

　　ⓑ 경축 등의 목적으로 건물의 벽면 등에 대형국기를 게시하는 경우

　㉡ 국기는 그 깃면의 건괘가 왼쪽 위로 오도록 하여 건괘와 이괘가 있는 쪽의 깃면 너비부분이 깃대에 접하도록 게양한다.

　㉢ 국기와 다른 기를 같이 게양할 때에는 국기를 가장 높은 깃대에 게양한다. 다만, 2개 이상의 게양대 높이가 동일할 때에는 게양하는 기의 수가 홀수인 경우에는 국기를 중앙에, 그 수가 짝수인 경우에는 앞에서 바라보아 왼쪽 첫 번째에 게양한다.

　㉣ 국기의 게양방법

　　ⓐ 경축일 또는 평일: 깃봉과 깃면의 사이를 떼지 아니하고 게양한다.

　　ⓑ 현충일 · 국가장 기간 등 조의를 표하는 날: 깃봉과 깃면의 사이를 깃면의 너비만큼 떼어 조기(弔旗)를 게양한다.

　㉤ 국기의 게양 및 강하 시각

　　ⓐ 국기를 매일 게양 · 강하하는 경우에는 다음의 구분에 따른 시각에 국기를 게양 · 강하한다(원칙).

🛈 심화학습

「국가장법」에 따른 국가장 대상자

다음의 어느 하나에 해당하는 사람이 서거한 경우에는 유족 등의 의견을 고려하여 행정안전부장관의 제청으로 국무회의의 심의를 마친 후 대통령이 결정하는 바에 따라 국가장(國家葬)으로 할 수 있다(법 제2조).

1. 전직 · 현직 대통령
2. 대통령당선인
3. 국가 또는 사회에 현저한 공훈을 남겨 국민의 추앙을 받는 사람

- 계양 시각: 오전 7시
- 강하 시각: 3월부터 10월까지는 오후 6시, 11월부터 다음 해 2월까지는 오후 5시

ⓑ 다음 중 어느 하나에 해당하는 경우에는 국기 게양 및 강하 시각을 달리할 수 있다(예외).

- 야간행사 등에 국기를 게양할 필요가 있는 경우
- 「국가장법」에 따른 국가장 등 조기(弔旗)를 게양하여야 하는 경우
- 그 밖에 특별한 사유로 인하여 중앙행정기관의 장이 행정안전부장관과 협의하여 정한 경우

⑤ 국기의 게양위치: 국기는 다음의 위치에 게양한다. 다만, 건물 또는 차량의 구조 등으로 인하여 부득이한 경우에는 국기의 게양위치를 달리할 수 있다.

단독주택	대문이나 앞에서 바라보아 왼쪽에 국기를 게양한다.
공동주택	각 세대의 난간 중앙이나 앞에서 바라보아 왼쪽에 국기를 게양한다.
건물 안의 회의장·강당	그 내부의 전면을 앞에서 바라보아 그 전면의 왼쪽 또는 중앙에 국기가 위치하도록 한다.
차량	그 전면을 앞에서 바라보아 왼쪽에 국기를 게양한다. 외국의 원수가 방한하여, 우리나라 대통령과 동승 시 전면을 앞에서 바라보아 태극기는 왼쪽, 외국기는 오른쪽에 게양한다.

⑥ 국기와 외국기의 게양

㉠ 외국기는 우리나라를 승인한 나라만 게양한다. 다만, 국제회의·체육대회 등에 있어서는 우리나라를 승인하지 아니한 국가의 국기도 게양할 수 있다.

㉡ 국기와 외국기는 그 크기와 높이를 같게 게양하고, 외국기의 게양 순서는 외국 국가 명칭의 영문 알파벳 순서에 따른다.

㉢ 국기와 외국기를 교차시켜 게양하는 경우에는 앞에서 바라보아 국기의 깃면이 왼쪽에 오도록 하고, 그 깃대는 외국기의 깃대 앞쪽에 오도록 한다.

㉣ 국기와 유엔기를 게양할 경우에는 앞에서 바라보아 왼쪽에 유엔기를, 오른쪽에는 국기를 게양한다.

㉤ 국기·유엔기 및 외국기를 함께 게양할 경우에는 유엔기·국

심화학습

국기와 외국기를 교차시켜 게양하는 방법

기 및 외국기의 순서로 게양한다.

ⓗ 외국기와 함께 게양 시 알파벳 순서로 게양하되, 홀수일 경우 태극기를 중앙에, 짝수일 경우 앞에서 보아 맨 왼쪽에 태극기를 게양한다.

:: 보충학습 여러 외국기와 함께 게양하는 경우

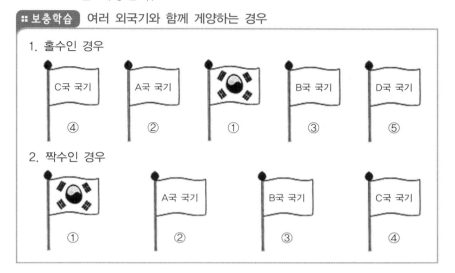

1. 홀수인 경우

| C국 국기 | A국 국기 | (태극기) | B국 국기 | D국 국기 |
| ④ | ② | ① | ③ | ⑤ |

2. 짝수인 경우

| (태극기) | A국 국기 | B국 국기 | C국 국기 |
| ① | ② | ③ | ④ |

ⓢ 태극기와 외국기를 나란히 부착 또는 게양 시 태극기가 왼쪽에 오도록 한다.

ⓞ 국기의 깃면을 늘여 게양할 때에는 깃대를 위로 하고 태극기의 이괘가 왼쪽 위로 오도록 한다.

⑦ **국기의 관리**

ㄱ 국기를 게양하는 기관 또는 단체의 장 등은 국기의 존엄성이 훼손되지 아니하도록 국기 · 깃봉 및 깃대 등을 관리하여야 한다.

ㄴ 여러 사람이 모이는 집회 등 각종 행사에서 수기(手旗)를 사용하는 경우 행사를 주최하는 자는 국기가 함부로 버려지지 아니하도록 관리하여야 한다.

ㄷ 국기가 훼손된 때에는 이를 지체 없이 소각 등 적절한 방법으로 폐기하여야 한다.

ㄹ 국기에 때가 묻거나 구겨진 경우에는 국기를 훼손하지 아니하는 범위에서 국기를 세탁하거나 다림질하여 게양 · 보관할 수 있다.

ㅁ 국기를 영구(靈柩)에 덮을 때에는 국기가 땅에 닿지 않도록 하고 영구와 함께 매장하여서는 아니 된다. 국기를 영구(靈柩)에 덮을 때에는 영구의 덮개를 위에서 바로 내려다보아 덮개의

➕ 심화학습

국기의 깃면을 늘여 게양하는 방법

◀ 영구(靈柩)
시체를 담은 관을 말한다.

윗부분 오른쪽에 건(乾)괘가, 왼쪽에 이(離)괘가 오도록 한다.

⑧ 재외공관의 국기게양 및 강하 시각 등: 재외공관의 국기 게양 및 강하시각 등은 주재국의 관례에 따른다.

(3) 국가원수의 취임식

① 취임준비위원회: 위원장을 국무총리로, 부위원장을 기획재정부장관 · 교육부장관 · 외교부장관 · 행정안전부장관으로, 위원을 국무위원 · 법제처장 · 국가보훈처장 · 서울특별시장으로 하되, 위원장과 부위원장을 포함하여 25인 이내로 구성한다.

② 기관별 업무분장: 국가원수 취임행사에 있어 각 기관의 일반적인 업무분장 내용은 다음과 같다.

주관기관	분장업무 내용
행정안전부	취임식 행사의 기본계획 수립, 각종 행사 종합 조정, 초청범위 결정, 기념메달제작 등
외교부	외교단 경축연회 주관, 경축사절 영접안내
기획재정부	소요경비의 예비비 지원 및 지출
법무부	특별사면
과학기술정보통신부	기념우표 발행
문화체육관광부	국내외 홍보 및 특별좌담, 경축공연 주관

③ 취임식순: 국가원수의 취임식순은 '개식(주악) ⇨ 국기에 대한 경례 ⇨ 애국가 합창 ⇨ 순국선열 및 전몰호국장병에 대한 묵념 ⇨ 식사, 선언 ⇨ 취임사 ⇨ 꽃다발 증정 ⇨ 폐식' 등의 순으로 진행된다.

(4) 국가원수의 외국방문

① 실무위원회 구성: 방문 일자가 확인되면 외교부, 대통령비서실, 대통령경호처 등의 관계기관으로 구성되는 실무위원회를 구성하여 방문과 관련된 여러 문제를 협의하고 조정한다.

② 준비업무 분장

준비기관	분장업무 내용
대통령실, 외교부	일정의 확정, 항공기 결정, 연설문 · 성명서 작성, 선물 · 기념품 준비
외교부	방문국에 대한 의전설정, 예산편성

행정안전부	국내공항행사
문화체육관광부	공보활동계획
외교부, 관계부처	회담 및 교섭자료 작성
외교부, 행정안전부	교환할 훈장 준비
과학기술정보통신부	기념우표 발행

③ 일정안 작성: 실무위원회와 협의를 거친 후 늦어도 방문 40일 전 (선발대 출발 전)에 국가원수에게 보고하여야 한다.

④ 선발대: 출발 40일 전에 반드시 선발대를 방문예정국에 파견하여 방문국 정부당국과 협의하고 현장을 직접 답사하여야 한다.

(5) 외빈방문행사 절차

① 공식방문(Official Visit)과 사적방문(Private Visit)으로 구분된다.

② 영접계획서 결재: 일정, 수행원 명단 및 만찬초청 대상자 등이 결정된 단계에서 최소한 외빈방문 20일 전에 외빈영접계획서를 작성하여 최고통치권자의 재가를 받는다.

③ 공식방문행사는 일반적으로 '환영행사 ⇨ 국가원수 내외에 대한 예방 ⇨ 국가원수 주최 리셉션(만찬 등) ⇨ 회담 · 국회방문 · 시찰 등 ⇨ 환송' 순으로 이어진다.

④ 국가원수의 공식방문 시에는 21발의 예포를 발사한다.

(6) 서열

행사에 참석하는 국내외 요인 또는 그 대표자에 대한 의전의 우선 순위를 정하는 것으로, 좌석을 정하는 중요한 기준이 된다.

① 서열의 일반원칙

㉠ 개요

ⓐ 정부관리 또는 그 대표자가 참석하는 모든 행사에 있어 참석자의 서열을 존중하는 것은 의전의 가장 중요한 원칙 중 하나이다. 이러한 원칙은 공식행사 또는 연회 등에 참석하는 정부관리 및 일반내객의 좌석을 정하는 데도 적용된다.

ⓑ 서열의 중요한 원칙으로는 'Rank concious(서열에 신경을 쓸 것)'와 'Lady on the right(숙녀는 항상 상석인 우측에 자리하게 할 것)', 'Reciprocate(대접을 받았으면 상응하는 답례를 할 것)', 그리고 'Local custom respected(현지의 관행이 우선한다)'이다.

> **예포**
> 국가 · 부대 · 함정을 공식방문하는 내 · 외국의 국가원수, 고위관리 및 장성 등이 도착하거나 각종 의례 시 경의를 표하기 위하여 일정 수의 공포탄을 발사하는 예식절차를 말한다.

핵심 기출문제

05 의전의 원칙에 관한 설명으로 옳지 <u>않은</u> 것은?　　　　　• 제20회 기출

① 의전의 바탕은 상대 생활양식 등의 문화와 상대방에 대한 존중 및 배려에 있다.
② 정부행사에서 의전행사 서열은 관례적으로는 정부 수립 이후부터 시행해 온 정부의전행사를 통하여 확립된 선례와 관행을 기준으로 한다.
③ 정부행사에서 공식적으로는 헌법, 정부조직법, 국회법, 법원조직법 등 법령에서 정한 직위순서를 기준으로 한다.
④ 행사주최자의 경우 손님에게 상석인 왼쪽을 양보한다.

해설 행사주최자의 경우 손님에게 상석인 오른쪽을 양보한다.

정답 ④

ⓛ 공식서열과 비공식서열

ⓐ **공식서열**: 왕국의 귀족, 공무원, 군인 등 신분별 지위에 따라 공식적으로 인정된 서열이므로 국가에 따라 제도가 서로 다르다. 우리나라에서는 공식서열에 관해 명문상 규정은 없으나, 의전업무상의 필요에 따라 공직자의 서열관행이 어느 정도 확립되었다. 그러나 이러한 서열을 실제적으로 적용할 때에는 필요에 따라 적절하게 조정되어야 하는 경우가 많다.

ⓑ **비공식**(관례상)**서열**: 공식적인 지위를 가지고 있지 않은 일반인에게 사회생활에서 의례적으로 정해지는 서열을 말하며, 동 서열을 정함에 있어서는 다음과 같은 일반원칙이 존중되어야 한다.

• 지위가 비슷한 경우에는 여자는 남자보다, 연장자는 연소자보다, 외국인은 내국인보다 상위에 둔다.
• 여성의 서열은 기혼부인, 미망인, 이혼부인 및 미혼자의 순위로 하며, 기혼부인 사이에서의 서열은 남편의 지위에 따른다.
• 공식적인 서열을 가지지 않은 사람이 공식행사 또는 공식연회 등에 참석할 경우의 좌석은 개인적 및 사회적 지위, 연령 등을 고려하여 정해야 한다.
• 원만하고 조화된 좌석배치를 위해서는 서열 결정상의 원칙이 다소 조정될 수도 있다.

- 남편이 국가대표로서의 자격을 가지고 있는 경우 등에는 'Lady first'의 원칙은 적용되지 않아도 좋다.
- 한 사람이 2개 이상의 사회적 지위를 가지고 있을 때에는 원칙적으로 상위직을 기준으로 하되, 행사 성격에 따라 행사와 관련된 직위를 적용하여 조정될 수도 있다.

ⓒ 서열관행

ⓐ 우리나라의 서열관행: 공식서열을 가지지 않은 사람이 공식행사 또는 연회에 참석할 경우 서열(좌석배치)은 개인적·사회적 지위, 연령 등을 고려한다. 공적지위가 있는 경우의 서열기준은 직급(계급) 순위, 「헌법」 및 「정부조직법」상의 기관순위, 기관장 선순위는 서열기준이 되나, 현직이 아닌 전직 순위는 서열기준이 될 수 없다. 외교부를 비롯한 그 밖의 의전당국에서 실무처리상 일반적 기준으로 삼고 있는 비공식서열(공적 직위가 있는 경우)은 다음과 같다.

> 대통령 ⇨ 국회의장 ⇨ 대법원장 ⇨ 헌법재판소장 ⇨ 국무총리 ⇨ 중앙선거관리위원장 ⇨ 여당대표 ⇨ 야당대표 ⇨ 국회부의장 ⇨ 감사원장 ⇨ 경제부총리 겸 기획재정부장관

ⓑ 미국의 서열관행: 서열관행은 행사 성격에 따라 다르나, 일반적으로 다음과 같다.

> 대통령 ⇨ 부통령 ⇨ 하원의장 ⇨ 대법원장 ⇨ 전 대통령 ⇨ 국무장관 ⇨ UN사무총장

➕ 심화학습

미국 상원의장의 서열
미국 상원은 양원제인 미국의회의 상급 의회이다. 부통령이 상원의장이 되므로 상원의장의 서열을 별도로 정하지 않았으며 부통령의 서열이 상원의장의 서열이 된다.

핵심 기출문제

06 경호의전에 관한 설명으로 옳지 않은 것은? • 제25회 기출

① 국회의장은 국무총리에 우선한다.
② 공식적 국가 의전서열에서 헌법재판소장은 대법원장에 우선한다.
③ 안내원이 없는 승강기를 탈 때에는 상급자가 나중에, 안내원이 있는 승강기를 탈 때에는 상급자가 먼저 탄다.
④ 차량에 태극기를 게양하는 경우 차량운전석에서 보았을 때 오른쪽에 게양하며, 외국기와 동시에 게양할 경우에도 동일하다.

해설 공식적 국가 의전서열에서 대법원장은 헌법재판소장에 우선한다.

정답 ②

② **서열의 조정**: 상시(관례대로의 보통 때) 서열은 비공식적인 것이므로 이를 실제로 적용할 때에는 적절히 조정해야 할 경우가 있다. 서열을 조정할 경우에는 다음과 같은 원칙에 따르는 것이 바람직하며, 부득이한 사유로 상위 서열자를 하위로 조정하는 경우에는 특별히 배려하여 조치해야 한다. 그러나 서열기준을 조정할 경우에도 다음과 같은 원칙에 따르는 것이 좋다.

㉠ 대통령을 대행하여 행사에 참석하는 정부 각료는 외국대사에 우선한다.

㉡ 외빈방한 시 동국(同國) 주재 아국(我國)대사가 귀국하였을 때에는 주한외국대사 다음으로 할 수 있다.

㉢ 한국의 대사관 이외에 별도 정부기관을 설치하였을 경우 동국 대사관원과 기관원 간의 서열은 동국 국내법이 정하는 바에 따른다.

㉣ 대사가 여자일 경우의 서열은 자기 바로 상위 대사부인 다음이 되며, 그의 남편은 최하위의 공사 다음이 된다.

㉤ 외국대사와 아국 정부 각료 간의 명백한 서열상의 구분을 피하기 위하여 경우에 따라서는 교환제(Alternate System)를 원용할 때가 있는데, 이때에는 대사, 각료, 대사, 각료의 순으로 한다.

㉥ 우리가 주최하는 연회에서 아국 측 빈객은 동급의 외국 측 빈객보다 하위에 둔다.

㉦ 3부 요인이 외국을 공식방문할 경우, 현지 주재대사의 서열은 국내직급에도 불구하고 적절히 조정할 수 있다.

㉧ 확립된 국제관례에 따라, 외국특명전권 대사 간 또는 특명전권 공사 간의 서열은 대통령이 신임장을 제정한 일자를 기준으로 하여 정하며, 대리대사 간 또는 대리공사 간의 서열은 외교부장관이 임명장을 제정한 일자순으로 하고, 대사대리 간 또는 공사대리 간의 서열은 지명통고가 접수된 순서에 따른다.

㉨ 공관장 이외의 외교관은 외교관 계급에 따르고, 동일 계급 간에는 착임 순위에 따른다. 또한 각국은 재외공관에 근무하는 직원 상호 간의 서열에 관한 규정을 가지고 있는 것이 관례이다.

신임장
특정인을 외교 사절로 파견하는 취지와 그 사람의 신분을 접수국에 통고하는 문서이다. 외교사절(대사·공사 등)을 파견할 때 파견국 국가원수가 접수국 국가원수에 대하여 외교관으로 임명하였다는 것을 통고하고 당해 외교관을 신용하여 주기 바란다는 뜻으로 제출하는 일종의 신분증명서이다.

착임 순위
부임할 곳에 도착한 차례나 순서를 나타내는 위치나 지위를 의미한다.

:: 보충학습 대사 · 공사 · 영사 · 대리대사 · 대사대리

1. 대사 · 공사 · 영사
  ① 대사: 외교 사절의 최고 계급이며, 국가를 대표하는 외교교섭과 함께 자국민에 대한 보호와 감독의 임무를 수행한다.
  ② 공사: 대사 다음 계급의 외교사절로, 정식명칭은 특명전권공사이다.
  ③ 영사: 외교부장관과 특명전권대사 또는 공사의 지시를 받아 자국의 무역통상 이익을 도모하며, 주재국에 있는 자국민을 보호하는 것이 주요 임무이다.

2. 대리대사 · 대사대리
  ① 대리대사: 대사가 사고 또는 국외 장기출장 등에 의해 업무수행을 할 수 없는 경우 대사임무를 임시로 수행하는 사람
  ② 대사대리: 대사가 없는 상황에서 대사의 일을 대신 보는 사람

③ **국제행사 시 서열**: APEC이나 ASEAN＋3, ASEM 등 우리나라가 회원국으로 참여하는 국제회의의 경우 통상 의전서열을 정하는 데 있어 알파벳 순서를 사용한다. 주최국을 중심으로 오른쪽으로 순서를 정하기도 하고, 오른쪽과 왼쪽을 번갈아 가며 순서를 정하기도 한다. 어느 순서가 되었든 설명할 수 있는 기준을 정하는 것이 중요하며, 가능한 한 모든 참석자들이 예우를 받고 있다는 느낌을 받을 수 있도록 좌석배치 시 각별히 신경을 쓸 필요가 있다.

④ **유엔총회 시 서열**: 모든 국가가 1국 1표제를 행사함으로써, 최소한 형식상은 국제사회에서 민주주의를 표방하고 있는 유엔총회의 경우 매년 추첨으로 1개국을 선정, 그 나라를 시작으로 알파벳순으로 좌석을 배정하게 된다. 따라서 유엔에서의 각국별 좌석은 매년 변동하게 된다.

(7) 정부행사의 의전기준(좌석기준 및 일반적 원칙)

① **주한외교단의 좌석배치**: 주한외교단은 외교단장을 비롯하여 관례에 따른 서열, 즉 신임장을 제정한 일자순으로 배치하며, 그 외의 외국인은 알파벳순으로 배치한다.

> 주한외교단
> 대한민국에 주재하는 여러 나라의 외교사절을 말한다.

② **군장성의 좌석배치**: 차관급 이상의 군장성은 행정부 인사와 같이 직제순위에 따라 배치하는 것이 원칙이나, 다수의 장성이 참석하는 경우 계급순으로 배치할 수 있으며, 계급이 같은 경우에는 승진일자순, 군별(육군 · 해군 · 공군순), 임관일자순, 연령순 등을 참작하여 서열을 결정한다.

③ 예외(행사 주관기관의 장 등 우대): 정부의전행사에 있어 대통령 등 상급자를 대행하는 경우 행사 주관기관의 장(연회에서는 초청자), 행사 직접 관련 기관장 또는 인사, 행사에 역할(경과보고, 식사 등)이 있는 인사의 경우에는 예외적으로 의전서열에도 불구하고 좌석을 우대할 수 있다.

④ 단상인사 좌석배치: 단상·단하 좌석배치는 옥내와 옥외 또는 식장의 형태에 따라 약간 다를 수 있으나, 일반적으로 다음과 같은 원칙에 따라 배치한다.

  ㉠ 단상좌석배치는 행사에 참여한 최상위자를 중앙으로 하고, 최상위자가 부인을 동반하였을 때에는 단 위에서 단 아래를 향하여 중앙에서 우측에 최상위자를, 좌측에 부인을 각각 배치한다. 그다음 인사는 최상위자를 중심으로 단 아래를 향하여 우좌(右左)의 순으로 교차하여 배치하는 것이 원칙이다.

  ㉡ 정부의전행사에서는 정부요인의 서열에 의하여 좌석을 배치하는 것이 원칙이나, 의식 또는 행사를 주관하는 기관의 장의 자리가 단상 끝자리에 위치하거나 행사 진행에 있어 주빈의 안내가 필요한 경우에는 주빈에 근접된 위치(앞열 또는 뒷열의 직근 위치)에 배치할 수 있다.

  ㉢ 주빈을 수행하는 주요 수행원은 정부요인 좌석배치에도 불구하고 주빈의 보좌에 용이한 위치에 배치하는 것이 관례이다.

  ㉣ 의식 또는 행사진행에 주된 역할을 담당하는 정부요인 또는 일반인사는 좌석 순위에도 불구하고 담당임무의 수행에 용이한 좌석에 배치할 수 있다.

  ㉤ 우리나라 정부인사가 외국정부의 같은 급의 인사를 초청한 경우에는 외빈 인사를 상위의 좌석에 배치하는 것이 관례이다.

⑤ 일반참석자 좌석배치

  ㉠ 단상 아래의 일반참석자는 각 분야별로 좌석군(坐席群: 개인별 좌석을 지정하지 않음)을 정하는 것이 무난하며, 당해 행사와의 유관도·사회적 비중 등을 감안하여 단상을 중심으로 가까운 위치부터 배치하도록 한다.

  ㉡ 주관기관의 소속직원은 뒤쪽에, 초청인사는 앞쪽으로 하며, 행사 진행과 직접 관련이 있는 합창단, 실내악단 등 참여자는 앞쪽으로 한다.

2 경호예절

경호예절이란 경호원들이 지켜야 할 예절을 말한다. 경호의전이 경호에 대한 특별예의라면, 경호예절은 경호원이 지켜야 할 일반예의이다. 경호원은 경호대상자와 밀접한 관계에 있으므로 더더욱 예절을 지켜야 한다. 사회통념적으로 이루어지는 예절 중에서도 특히 경호원으로서 지켜야 할 예절을 경호예절이라고 한다.

1. 인사예절

(1) 악수예절

① 악수하는 순서
- ㉠ 여성이 남성에게 먼저 청하고, 윗사람이 아랫사람에게 먼저 청한다.
- ㉡ 상급자가 하급자에게 먼저 청하고, 기혼자가 미혼자에게 먼저 청한다.
- ㉢ 예외: 국가원수, 왕족, 성직자 등은 이러한 기준에서 예외가 될 수 있다.

② 악수방법
- ㉠ 악수는 서양식 인사이므로 악수를 하면서 절까지 할 필요는 없다.
- ㉡ 악수는 인사할 때 사람과 사람이 손을 마주 잡고 정을 느낄 수 있게 하여야 한다.
- ㉢ 악수를 할 때에는 반드시 일어나서 상대방의 눈을 보면서 오른손을 내밀어 자연스럽고 가볍게 쥐는 것이 예의이다.
- ㉣ 처음에는 가볍게 쥐고 차차 손에 힘을 주어 서로의 정성과 호의를 나타내야 하고, 손을 쥐는 시간은 장소와 친밀도에 따라 다르지만 보통 2~3초가량이 적당하다.
- ㉤ 악수를 할 때에는 부드럽게 미소를 지은 채 손을 팔꿈치 높이만큼 올려 잠시 상대방의 손을 꼭 잡았다 놓는 것이 좋다. 이때 형식적으로 손끝만 잡는다거나 또 손끝만 힘없이 내미는 것은 실례이다.
- ㉥ 신분이 높은 사람이 연소자일 경우에는 연장자라도 먼저 손을 내밀면 실례가 된다.

➕ 심화학습

악수의 유래
상대방과 싸울 의사가 없을 때 손에 무기가 없다는 것을 증명하기 위하여 오른손을 내밀어 잡았는데, 이것이 악수의 유래가 되었다.

         ⓐ 이성 간에 악수할 때에는 남녀 모두 장갑을 벗는 것이 예의이
           지만, 여성의 예장(禮裝)으로서의 장갑은 실내에서도 벗지 않
           아도 된다.

         ⓞ 상대방이 웃어른이면 먼저 절을 하고 난 다음에 어른의 뜻에
           따라 악수를 한다.

         ⓩ 슬픈 일, 좋지 않은 일에 있어서는 절대로 악수하지 않는다.

    ③ **국왕 · 왕족 · 대통령의 특례**

         ㉠ 여성이 왕이나 왕족, 대통령에게 소개될 때에는 왼발을 뒤로
           빼고 무릎을 굽혔다 펴는 정도의 예의를 표한 다음에 악수에
           응하여야 한다.

         ㉡ 남성이 왕이나 왕족, 대통령에게 소개될 때에는 목례로 공손
           히 인사를 한 다음에 상대방이 악수를 청하면 재차 머리를 숙
           여 인사하고 악수에 응하여야 한다.

         ㉢ 여성이라도 대통령에게 먼저 악수를 청해서는 안 되며, 고위
           관직자들과 악수를 하는 경우에도 존경의 뜻으로 허리를 굽
           히는 등의 행위를 해서는 안 된다.

(2) 손에 입맞추기 및 포옹

    ① 신사가 숙녀의 손에 입술을 가볍게 대는 것을 Kissing hand라
      고 하는데, 이 인사법은 유럽의 프랑스, 이탈리아 등 라틴계 사
      교모임 등에서 친밀한 인사표시로 여성의 손에 남성이 가볍게 입
      맞춤을 하는 것이다.

    ② 포옹은 악수보다 훨씬 더 사교적인 방법으로 반가움과 친밀함을
      온몸으로 표현하는 애정의 표현이며, 유럽의 여러 나라, 특히 라
      틴계, 슬라브계 나라에서는 자주 통용되고 있다.

(3) 목례

    ① 목례는 가볍게 머리를 숙여 경의를 표하는 것으로, 머리나 상반신
      을 굽히는 것은 상대방에 대한 존경의 정도에 따르는 것이 좋다.

    ② 여성은 남성에게 악수가 아닌 목례와 미소로 첫인사를 하는 것이
      좋으나, 소개를 받은 남성이 작별인사를 할 때에는 악수로 응하
      는 것이 좋다.

    ③ **종류**

         ㉠ 목례: 바로 선 자세에서 15°가량 앞으로 굽히면서 하는 것으
           로 가벼운 인사에 해당한다.

ⓛ **보통례**: 바로 선 자세에서 35° 정도 앞으로 굽히면서 하는 것이다.

ⓒ **정중례**: 상체를 60°가량 앞으로 굽히면서 하는 것으로, 극히 높은 사람에게나 의식 등에서 하며 한 번만 한다.

(4) 명함예절

① 자기 명함을 줄 때에는 반드시 일어서서 이름을 밝히면서 오른손으로 주고, 받을 때에는 일어서서 두 손으로 받는다.

② 명함을 내밀 때 딴전을 피우거나, 명함을 받자마자 보지도 않고 바로 집어넣어서는 안 되며, 모르는 한자가 있을 경우에는 물어보는 것이 좋다.

③ 명함을 건넬 때에는 오른손에 들고 상대의 위치에서 바로 읽을 수 있도록 가슴 높이에서 건네야 하며, 상대가 다수일 때에는 상대방 중 지위가 높은 사람부터 명함을 교환한다.

④ 명함을 건넬 때에는 상대를 향해 오른손으로 명함을 내밀고, 목례보다 더 깊게 인사하면서 반드시 회사이름과 자신의 이름을 밝히는 것이 좋으며, 명함을 받을 때에는 손가락이 상대방의 이름을 가리지 않도록 주의하고 이름을 확인하여야 한다.

⑤ 받은 명함에 낙서를 하거나 책상 위에 그냥 내버려 두어서는 안 된다.

⑥ 순백색의 명함용지에 반드시 흑색 잉크를 사용하여야 하며, 금색 둘레를 친다거나 기타 색채를 사용해서는 안 된다.

⑦ 명함용지는 너무 얇거나 두꺼운 것은 피하는 것이 좋으며, 인쇄 방법은 양각이 원칙이다.

(5) 담배예절

① 담배를 피울 때에는 상대방에게 양해를 구하고 지정된 장소에서 피워야 하며, 두 번째의 경우도 처음과 같이 양해를 구한 다음 피운다.

② 줄담배를 피우는 것은 결례이며, 담배를 사양하는 것은 예의에 어긋나지 않는다.

③ 상대방으로부터 담배를 권유받았을 경우에는 감사의 말을 한 다음에 담배를 피우거나 사양하여야 한다.

④ 출입구, 걷고 있을 때, 꾸지람 받을 때, 상대방의 식사가 끝나지 않았을 때, 웃어른 앞에서는 반드시 금연하여야 한다.

✚ **심화학습**

명함의 유래

명함은 루이 14세 때 생겼다고 전해지며, 루이 15세 때 현재와 같은 동판 인쇄의 명함을 사교에 사용했다고 한다. 중국에서는 옛날부터 친구 집을 찾아간 경우 친구가 부재 시 자기 이름을 적어 두고 왔던 습관이 전해진다.

2. 소개예절

(1) 기본원칙

① 남성을 여성에게 소개한다.

② 손아랫사람을 손윗사람에게 먼저 소개하여야 하며, 반드시 덜 중요한 사람을 더 중요한 사람에게 먼저 소개시킨다.

③ 예외: 상대가 성직자나 고관이라면 그들에게 여성을 소개하는 것이 올바른 예의이다.

(2) 만찬·오찬 시

① 주빈에게는 모든 손님을 소개하여야 하며, 주인은 손님과 인사를 주고받은 후 주빈이나 지위가 높은 사람에게 소개하여야 한다.

② 외국인이 참석한 경우에는 가능하면 참석자 전원에게 소개를 하여야 하며, 주인은 외국인이 대화할 수 있는 사람을 반드시 소개하여야 한다.

③ 정찬 만찬 시에는 남자 손님을 반드시 파트너에게 소개하여야 한다.

(3) 리셉션 시

① 만찬·오찬 시와 같이 주빈은 모든 참석자에게 소개를 하여야 한다.

② 처음 온 손님은 안주인이 먼저 도착한 손님에게 소개를 시켜야 하며, 손님들이 무리를 이루고 있는 경우에는 처음 온 손님을 그곳으로 인도하여 소개를 하여야 한다.

③ 칵테일파티에 처음 온 손님에게 기존 손님을 소개하는 것은 대략 10~20명 정도가 좋다.

3. 일반적인 직장근무예절

(1) 일상적 예절

① 상사에게는 먼저 '안녕하십니까?'라고 명료하게 인사한다.

② 상사를 호칭할 때에는 성이나 성과 이름 뒤에 직책을 부르고 '님' 자를 붙여 호칭한다.

③ 상사가 음성으로 부를 때에는 먼저 대답을 하고 차후 지시를 기다린다.

만찬, 오찬, 주빈

• **만찬**
  손님을 초대하여 함께 먹는 저녁 식사를 말한다.
• **오찬**
  손님을 초대하여 함께 먹는 점심 식사를 말한다.
• **주빈**
  손님 가운데서 주가 되는 손님을 말한다.

리셉션(Reception)
어떤 사람을 환영하거나 어떤 일을 축하하기 위하여 베푸는 공식적인 연회이다.

④ 상사의 방문손님에게 차를 대접할 때 상사가 권하는 쪽으로 찻잔을 먼저 올린다. 일반적으로 손님부터 찻잔을 올리는 것이 순서이다.

⑤ 상사가 찾을 때에는 반드시 필기구를 준비하여 들어가도록 한다.

(2) 출근 시

① 출근할 때에는 복장을 항상 깨끗하고 단정하게 하여 근무시작 10분 전까지 출근하는 것이 가장 좋다.

② 대인관계가 많은 사람은 정장과 넥타이를 하는 것이 좋고, 진부한 차림이나 지나치게 유행을 앞서가는 옷차림은 피하는 것이 좋다.

(3) 근무 중 자리를 비울 때

근무 중 자리를 비울 때에는 동료에게 행선지, 걸리는 시간, 용건을 미리 알려 만약을 대비하여야 하며, 장시간 사무실을 비우는 경우에는 책상 위에 공지 표지판을 놓아두는 것이 좋다.

(4) 복도나 계단을 걸을 때

복도나 계단을 걸을 때에는 우측통행을 하고, 잡담이나 흡연, 껌을 씹으며 다니는 행위 또는 팔짱을 끼거나 손을 주머니에 넣고 다니는 행위를 삼가야 한다.

(5) 퇴근 시

① 퇴근준비는 근무시간이 끝난 후에 하여야 하며, 상사나 동료에게 퇴근인사를 깍듯이 하여야 한다.

② 오늘 처리한 일을 체크하고 내일 해야 할 일도 살펴본 다음 책상 위를 깨끗하게 정리하고 PC 전원을 반드시 끈다.

4. 전화예절

(1) 전화를 먼저 걸었을 때에는 인사를 한 다음 자신의 신분을 밝히고 용건을 간단하고 명료하게 통화한다.

(2) 전화를 받았을 경우 자신의 직장과 신분을 밝히고 친절하게 받는다.

(3) 전화를 받았을 때 전화 받을 사람이 자리를 비웠을 경우에는 자리에 없음을 알려 주고 용건과 인적사항, 전화번호 등을 메모했다가 사람이 오면 전해 준다.

(4) 전화 상대편이 자신보다 상위자일 경우 전화를 먼저 끊지 않도록 하여야 하고 전화를 끊었는지를 확인하고 끊어야 한다.

5. 탑승 시 경호예절

(1) 승용차

① 운전자(직업적인 운전기사)가 있는 경우에는 조수석 뒷좌석이 상석이고, 그다음이 운전석 뒷좌석, 운전석 옆좌석, 뒷좌석 가운데 순이다.

② 자가 운전자의 경우에는 운전석 옆자리, 즉 주인의 옆자리가 상석이며, 그리고 뒷자리 오른편, 왼쪽, 가운데 순이다.

③ 여성과 동승할 때 승차 시에는 여성이 먼저 타고 하차 시에는 남성이 먼저 내려 문을 열어 준다. 윗사람의 경우에도 여성과 동승할 경우와 마찬가지이다.

(2) 기차

① 두 사람이 나란히 앉는 좌석에서는 창가 쪽이 상석이고, 침대차에서는 아래쪽 침대가 상석이다.

② 네 사람이 마주 앉는 자리에서는 기차 진행방향의 창가 좌석이 가장 상석이고, 그 맞은편, 상석의 옆좌석, 그 앞좌석 순서이다.

③ 차내에서 큰 소리를 내거나, 음식물쓰레기 등을 바닥에 버리거나, 출입구나 통로에 기대어 있거나, 물건을 바닥에 놓아서 타인에게 불편을 끼쳐서는 안 된다.

(3) 대중교통

① 시내버스나 전철 등에서는 노약자나 여성에게 자리를 양보하여야 하고, 시내버스나 전철 등이 혼잡할 때에는 동행한 여성이 있다면 먼저 여성이 편안히 탈 수 있도록 도와준 다음에 타는 것이 예의이다.

② 동행한 여성에게 다른 남자가 자리를 양보한 경우에는 여성을 대신해서 목례 정도로 사의(謝意)를 표시하는 것이 좋다.

③ 대중교통을 이용할 때에는 음료수, 냄새 나는 음식을 가지고 타서는 안 되고, 큰 소리로 떠들며 웃지 않도록 하여야 한다.

심화학습

승용차 말석
승용차 좌석의 서열에서 뒷좌석 가운데가 가장 말석인 이유는 다른 좌석에 비하여 앉기에 다소 불편하기 때문이다.

(4) 비행기

① 비행기를 타고 내릴 때에는 상급자가 마지막으로 타고 먼저 내린다.

② 비행기 탑승 시 창문가 좌석이 상석이며, 통로 쪽 좌석이 차석, 상석과 차석 사이의 좌석이 말석이다.

③ 비행기 내에서는 무거운 휴대품이나 물품은 반드시 지정된 장소에 보관하여야 한다.

④ 이·착륙 시에는 안전벨트를 반드시 착용하여야 한다.

⑤ 장시간 비행을 하는 경우에는 간편한 옷차림이나 슬리퍼를 신는 것은 괜찮으나, 양말을 벗는 행위는 삼가는 것이 좋다. 그러나 신발을 벗어야 하는 경우가 발생하면 발을 타인에게 보이거나 벗은 채로 비행기 내부를 돌아다녀서는 안 된다.

> **비행기 탑승 순서**
> 이륙 직전에 상급자가 환송자들의 환송을 받기 위하여 가장 마지막으로 탑승하며, 착륙 후 상급자가 환영자들의 환영을 먼저 받기 위하여 먼저 내린다.

(5) 선박

① 일반 선박일 경우에는 보통 상급자가 나중에 타고 하선 시에는 먼저 내리고, 함정의 경우에는 상급자가 먼저 타고 먼저 내린다.

② 객실의 등급이 정해져 있다면 문제가 없으나, 지정된 좌석이 없는 경우(객실의 등급이 정해져 있지 않을 경우)에는 선체의 중심부가 상석이 된다.

핵심 기출문제

07 경호예절에 관한 설명으로 옳지 않은 것은?   • 제26회 기출

① 선박을 타고 내리는 순서는 상급자가 마지막에 타고, 제일 먼저 내리는 것이 일반적이다.

② 비행기를 타고 내리는 순서는 상급자가 마지막에 타고, 제일 먼저 내리는 것이 일반적이다.

③ 기차 좌석은 통로 측에 상급자가 앉고, 하급자가 창 측에 앉는 것이 일반적이다.

④ 일반 승용차의 운전자가 있는 경우 조수석 뒷좌석이 상급자의 자리이고, 운전석 뒷좌석이 하급자의 자리이다.

해설 기차 좌석은 창 측에 상급자가 앉고, 하급자가 통로 측에 앉는 것이 일반적이다.

정답 ③

(6) 엘리베이터

① 안내하는 사람이 있을 경우에는 상급자가 먼저 타고 먼저 내리나,

안내하는 사람이 없을 경우에는 하급자가 먼저 타서 엘리베이터를 조작하고, 내릴 때에는 상급자가 먼저 내린다.

② 엘리베이터 안에 여성이 타고 있을 때 남성은 모자를 벗고, 시선은 층표지판이나 그 외의 부착물을 향하도록 하는 것이 좋다.

③ 엘리베이터 안에서는 잡담, 흡연, 상대를 응시하는 행위 등을 삼가야 한다.

(7) 에스컬레이터

에스컬레이터를 타고 올라갈 때에는 상급자가 먼저 올라가고, 내려올 때에는 하급자가 먼저 내려온다.

다른견해 **남성과 여성의 탑승**

에스컬레이터 탑승에 대하여 "에스컬레이터 탑승 시에는 상급자가 먼저 올라가고, 내려올 때에는 하급자가 먼저 내려오며, 여성의 경우에도 마찬가지다."라고 남녀의 경우를 구분한 견해가 있다. 여기서 여성의 경우에도 마찬가지라는 표현은 남녀를 구분하지 않고 상급자 및 하급자 기준으로만 경호 시 에스컬레이터 탑승 순서를 정한다는 의미로 본다. 이는 경호업무의 특수성에 비추어 일반적인 직장예절과 다른 기준으로 볼 수 있으며, 2017년 제19회 경비지도사 시험에서도 이를 바탕으로 문제가 출제된 바 있다.

핵심 기출문제

08 탑승 시 경호예절에 관한 설명으로 옳은 것은? • 제19회 기출

① 기차의 경우 2인용 좌석일 때 창가 쪽이 상석이고 통로 쪽이 말석이다. 침대차에서는 위쪽의 침대가 상석이다.

② 비행기를 타고 내릴 때에는 상급자가 먼저 타고 먼저 내리는 것이 올바른 순서이다.

③ 일반 선박의 경우 상급자가 나중에 타고 하선할 때에는 먼저 내리나, 함정의 경우에는 상급자가 먼저 타고 먼저 내린다.

④ 에스컬레이터 탑승 시 올라갈 때에는 남성이 먼저 올라가고, 내려올 때에는 여성이 먼저 내려온다.

해설 ① 침대차의 경우 아래쪽의 침대가 상석이다.
② 비행기를 타고 내릴 때에는 상급자가 마지막으로 타고 먼저 내린다.
④ 에스컬레이터를 타고 올라갈 때에는 상급자가 먼저 올라가고, 내려올 때에는 하급자가 먼저 내려온다.

정답 ③

6. 식사예절

(1) 한식 식사예절

① 식사 전에는 물로 손을 깨끗이 씻는 것이 좋고, 제공된 물수건으로 손 이외에 얼굴·머리 등을 닦는 것은 실례가 되므로 조심하여야 한다.

② 상사나 윗사람을 아랫목이나 문에서 먼 곳에 앉히는 것이 예의이다.

③ 척추를 바로 세워 반듯한 자세로 모서리를 피해서 앉으며, 팔로 방바닥을 짚거나, 신문을 보면서 식사하는 것은 옳지 않다.

④ 어른이 먼저 수저를 든 다음 아랫사람이 식사를 시작하며, 식사를 마칠 때에도 어른과 보조를 맞추는 것이 예의이다.

⑤ 숟가락과 젓가락은 한꺼번에 쥐지 않으며 젓가락을 굴리지 않고, 잔이나 컵에 숟가락을 꽂아 두지 않는다.

⑥ 여럿이 식사를 할 때에는 개인접시를 마련하여 자기가 먹을 양만큼을 덜어 먹고, 자기 기호에 맞는 것만을 골라 먹음으로써 다른 사람에게 피해를 주는 일이 없도록 한다.

⑦ 밥공기에 숟가락이나 젓가락을 꽂지 않도록 하고, 밥은 한쪽에서 먹어 들어가며 국은 그릇째 들고 마시지 않는다.

⑧ 밥이나 반찬에 돌이나 불순물이 있을 경우 남의 눈에 띄지 않도록 처리하고, 음식을 먹을 때 소리를 내지 않으며 입안이 보이지 않도록 한다.

⑨ 한식 식사예절로는 식사 중에 이야기를 하지 않는 것이 예의이나, 분위기를 부드럽게 하는 정도의 가벼운 이야기는 해도 좋으며, 전문적이어서 어려운 이야기, 불쾌한 이야기, 불결한 이야기 등의 화제는 삼가는 것이 좋다.

⑩ 국이나 물을 마실 때에는 후루룩 소리를 내지 않고 뜨거운 음식을 먹을 때 불어 먹지 않도록 하며, 숟가락을 빨지 않도록 하여야 한다.

⑪ 식사 후 트림이나 양치질, 이쑤시개 사용, 화장 등은 다른 사람에게 불쾌감을 주기 쉬우므로 남들이 모르게 해결하는 것이 좋다.

(2) 양식 식사예절

① 좌석배치를 하여야 할 연회의 경우에는 좌석순위에 따라 좌석배치판(Seating Chart)을 만들고 좌석명패(Place Card)를 각자의 식탁 위에 놓아두어야 하며, 좌석배치판은 내빈이 식탁에 앉기 전에 자기 좌석을 알 수 있도록 식당 입구의 적당한 곳에 놓아두는 것이 좋다.

② 좌석배열은 연회 준비사항 중 가장 세심한 주의를 기울여야 하는 문제로, 참석자의 인원, 부부동반 여부, 주빈 유무, 장소의 규모 등 여러 가지 요소를 고려하여 결정한다.

③ 여성이 먼저 자리에 앉도록 하며, 테이블 끝에 앉지 않도록 한다 (단, 직책을 가지고 참석하는 여성 제외).

④ 반드시 예약을 하고 정장을 착용하며 좌석을 안내받아 앉도록 하며, 웨이터가 제일 먼저 빼 주는 의자가 상석(일반적으로 벽을 등지는 곳이 상석)이다.

⑤ 의자에 앉아서 팔짱을 끼거나, 머리를 긁거나, 손톱을 깨무는 것, 다리를 꼬거나 흔드는 행위를 삼간다.

⑥ 양다리는 되도록 붙이고 의자의 뒤로 깊숙이 앉는 것이 옳은 자세이고, 식탁 밑에서 다리를 앞으로 뻗거나 흔드는 것은 예의에 어긋난다.

⑦ 식사는 즐겁고 유쾌하고 느긋하게 즐기는 마음으로 하며, 식사 도중에 손가락질 또는 포크나 나이프를 들고 물건을 가리키거나, 손을 위로 올리는 행위를 하여서는 안 된다.

⑧ 음식을 입에 넣은 상태에서 와인이나 물을 마시지 않고, 식사 중에는 손가락질 · 트림 · 하품을 하지 않도록 하여야 한다.

⑨ 손가방이나 기타 소지품은 무릎 위에 놓아도 되지만, 되도록 의자와 등 사이에 놓는 것이 좋다.

⑩ 다른 손님의 실수는 못 본 척하는 것이 좋다.

⑪ 옆사람과 자연스럽고 교양 있는 대화를 나누고, 옆사람 너머로 멀리 있는 사람과 큰 소리로 이야기하는 것은 좋지 않다. 너무 혼자서만 대화를 독점하는 것도 안 좋지만 반대로 침묵만을 지키는 것 또는 큰 소리를 내거나 크게 웃는 것도 삼가야 한다.

⑫ 식기는 손님이 옮겨 놓지 않으며, 식사시간은 다른 사람과 보조를 맞추도록 하여야 한다.

⑬ 냅킨을 식탁 위에 놓아두면 식사를 마치고 나가 버린 것으로 오해하기 때문에 부득이 자리를 잠시 비워야 할 경우(식사 중 이석은 분위기를 해침) 냅킨은 의자 위에 두어야 하고, 식사가 끝나면 냅킨을 접어 식탁에 놓는다.

⑭ 식사 중에는 담배를 피우지 않는 것이 예의이다.

제3절 ▶ 응급처치 및 구급법 ★★☆

1 응급처치

1. 응급처치의 의의

(1) 응급처치법의 개념

응급처치법은 다친 사람이나 질병에 의한 부상자·환자에게 사고현장에서 전문적인 의료서비스를 받기 전까지 적절하게 돌보아 줄 수 있는 지식과 기능이다. 이는 질병의 부위·양상·종류·원인 등을 규명하는 등의 전통적인 치료와 다르며, 현재 환자에게 발생하는 중요한 변화에 대하여 어떤 치료를 우선적으로 시행할 것인지를 결정하고 이를 시행하는 행위이다.

> 응급처치
> 응급환자에게 행하는, 생명의 위험이나 증상의 악화를 방지하기 위하여 하는 처치이다.

(2) 응급처치의 필요성

사람이 생활 또는 활동을 하면서 언제 무슨 일이 일어날지 모른다. 주위의 사람이 갑자기 호흡곤란 증세를 겪을 수 있고, 내 눈앞에서 교통사고가 일어나 도움을 주어야 할 때가 생길 수도 있다. 이와 같은 사고가 내 눈앞에서 일어났는데 응급처치에 대한 아무런 지식이 없다면, 순간이 중요한 응급환자의 소중한 목숨이 어떻게 될지 모르며, 설사 생명에는 지장이 없더라도 사고 당사자가 제대로 된 응급처치를 받지 못하면 평생 불구로 살게 될지도 모른다. 이처럼 생명이 위급하거나 불구의 가능성이 있는 부상자와 중환자에 대한 응급처치는 대단히 중요하다. 또 생명이나 불구와 상관이 없더라도 부상자나 급성질환자에게 응급처치를 해 준다면 회복 가능성이 높아지고, 불필요한 합병증을 줄이거나 없앨 수 있다.

(3) 응급처치를 실시하는 범위

① 응급처치는 어디까지나 전문적인 치료를 받기 전까지의 즉각적이고 임시적인 적절한 처치와 보호이며, 전문적인 의료서비스요원에게 인계한 후에는 모든 것을 그의 지시에 따른다.

② 응급처치원이 지켜야 할 사항

ㄱ 응급처치원 자신의 안전을 확보한다. 다만, 공경호에 있어 요인경호 시에는 자기희생의 원칙에 입각하여 경호대상자의 안전을 최우선으로 한다.

ㄴ 환자에게 자신이 응급처치자임을 알린다.

ㄷ 환자나 부상자에 대한 생사의 판정은 하지 않는다.

ㄹ 원칙적으로 의료기구(자동제세동기는 제외)나 의약품은 사용하지 않는다.

ㅁ 어디까지나 응급처치에 그치고, 그다음은 전문의료요원의 처치에 맡긴다.

ㅂ 빠른 시간 내에 전문 응급의료진에게 인계할 수 있도록 한다.

ㅅ 환자나 부상자의 상태조사 및 편안한 자세를 유지한다.

ㅇ 병원이송 전까지 환자의 2차 쇼크를 방지하고 생명력을 유지하도록 한다.

ㅈ 심폐소생술 및 기본 외상처치술을 시행할 수 있어야 한다.

ㅊ 자동제세동기를 사용할 줄 알아야 하며, 장비를 사용하는 구급요원을 지원할 수 있어야 한다.

ㅋ 응급구조사의 업무를 도와줄 수 있어야 한다.

(4) 응급처치와 법적 문제

① 응급처치를 하기 전에 부상자가 의식불명의 상태가 아니면 응급처치원은 반드시 부상자로부터 사전 동의를 얻어야 한다. 동의가 없으면 위법행위가 될 수 있다.

② 부상자에게 사전 동의를 얻을 때에는 명시적 동의가 필요하다.

➕ 심화학습

자동제세동기(AED; Automated External Defibrillator)

• **의의**

심장 리듬을 자동으로 분석하여 필요한 경우 제세동(규칙적인 심박동의 리듬을 찾도록 심장에 강한 전류를 순간적으로 보내는 방법)을 시행할 수 있도록 유도하여 주는 응급구조용 의료 장비이다.

• **사용요령**

－ 전원 켜기

－ 두 개의 패드 부착
(오른쪽 빗장뼈 바로 아래 및 왼쪽 젖꼭지 옆 겨드랑이에 각각 패드 부착)

－ 심장리듬 분석

－ 제세동 시행

－ 심폐소생술 다시 시작

:: 보충학습 동의의 종류

응급처치자는 반드시 응급환자의 동의를 얻어야 하며, 동의에는 명시적 동의와 묵시적 동의가 있다.
1. 명시적 동의
   환자가 의식이 있을 경우 심폐소생술의 동의를 구하고자 할 때에는 환자의 명시적 동의가 필요하다.
2. 묵시적 동의
   환자가 의식이 없을 경우 의식이 있었다면 분명 심폐소생술의 도움을 구했을 것으로 간주하고 암묵적 동의하에 심폐소생술을 행할 수 있다.

(5) 응급구조의 원칙(순서)

① 현장조사
   ㉠ 현장의 안전한 정도와 무슨 일이 일어났는지를 알아본다.
   ㉡ 부상자는 몇 명인지 알아본다.
   ㉢ 주변에서 도움을 받을 수 있는 사람이 있는지 알아본다.

② 부상자 · 환자의 상태에 대한 1차 기본조사(기본적 진단법)
   ㉠ 기도가 열려 있는지, 숨을 쉬고 있는지 보고, 듣고, 느낀다.
   ㉡ 부상자의 심장이 뛰고 있는지, 심한 출혈이 있는지 조사한다.

③ 응급의료서비스기관에 도움 요청 전화
   ㉠ 보다 확실한 도움 요청이 되도록 가능하면 2명 이상이 전화하도록 한다.
   ㉡ 응급상황 발생장소, 전화하는 사람의 이름, 응급상황의 내용을 말해 준다. 보통 응급의료서비스기관의 응급의료서비스요원 파송원이 질문하는 사항이지만 정확하게 알고 답하도록 일러 준다.
   ㉢ 전화를 한 후 반드시 돌아와 응급의료서비스기관과 통화한 내용을 보고하도록 한다.

④ 부상자 · 환자의 상태에 대한 2차 조사
   ㉠ 부상자 · 환자가 말을 할 수 있는 경우(의식이 있는 경우): 환자에게 직업, 이름, 나이 등을 물어보고 10분 간격으로 말을 시킨다.
   ㉡ 말을 못 하는 경우(의식이 없는 경우): 주위 사람들에게서 필요한 정보를 얻고, 다음의 조치를 한다.
      ⓐ 호흡, 맥박, 체온 등의 생체징후를 면밀히 살펴본다.
      ⓑ 환자의 가슴을 보고, 소리를 듣고, 느낀다(약 10초).

ⓒ 성인의 경우 경동맥에 촉지(觸知)한다(약 5~10초간).

ⓓ 머리에서 발끝까지 다른 부상의 여부, 피부색, 동공반사, 의식 유지 정도, 운동능력, 지각능력 등을 검사한다.

2. 응급처치활동 시의 일반적 유의사항

(1) 환자의 상태조사

① 의식이 있을 때에는 환자에게 직접 물어본다.

② 의식이 없을 경우에는 외모에 나타난 증상을 조사하여 환자의 상태를 알아본다.

(2) 환자의 상태를 조사하는 요령

동공과 동공반사
- **동공**
  눈알의 한가운데에 홍채로 둘러싸여 있는 동그랗고 검게 보이는 부분이다.
- **동공반사**
  눈에 들어가는 빛의 양에 따라 눈동자의 지름이 커지거나 작아져서 망막에 닿는 빛의 양을 조절하는 현상이다.

① **의식 여부**: 말을 걸어 보고, 환자를 꼬집어 보고, 동공을 살펴보고, 환자의 의식이 있는지의 여부를 판단한다.

:: 보충학습 동공반사작용

1. 동공의 양쪽 크기가 다르면 두부손상을 의심한다.
2. 동공이 확장된 경우는 의식장애나 심장정지 후 30초 이내에 나타나는 증상이다.
3. 사망 시 동공은 확장된다.

② **호흡 여부**: 환자 가슴의 움직임을 살펴보고, 뺨을 입과 코 가까이에 대 보는 등으로 환자의 호흡상태를 판단한다.

경동맥
대동맥에서 갈려 나와 목을 지나서 얼굴과 머리에 피를 보내는 동맥을 말한다.

③ **맥박 여부**: 손목동맥, 경동맥을 살펴보고, 심박동을 들어 본다.

④ **출혈 여부**: 큰 출혈이 있으면 곧 지혈시키고, 출혈이 소량인 경우에는 호흡과 심장에 대한 처치를 한다.

⑤ **얼굴색과 피부색**

열성피로
무더운 날씨에 오래 노출하거나 과격한 육체 활동을 하여 열이 지나치게 방출되었을 때 수분과 염분의 손실과 함께 나타나는 전신 쇠약 증세이다.

붉은색	안색, 피부색이 붉으면 혈압이 높아진 것으로 일산화탄소 중독, 열성피로 등에 걸린 상태이다.
창백	안색, 피부색이 창백하고 피부가 차갑고 건조한 것은 대출혈, 심장발작 등으로 혈압이 낮아지고 심장의 펌프작용이 저하하여 혈액순환이 악화된 상태이다.
청홍색	안색, 피부색이 특히, 입술과 손톱색이 청홍색으로 변해 있으면 호흡을 할 수 없는 상태, 심장이 정지되기 직전, 약물중독 등으로 모두가 위험한 상태이다.

(3) 응급처치 시 감각기능의 여부

환자의 증상	의심상태
피부와 감각을 동반한 심한 통증	동맥절단 뇌손상 의심
운동기능은 있으나 감각기능이 없는 경우	척추손상 의심
의식은 있으나 손발이 움직이지 않는 경우	신경계통 상처 의심
말단 쪽이 움직이지 않는 경우	골절 의심
살을 꼬집어도 아픔을 느끼지 못하는 경우	척추손상 의심
양손, 양다리가 움직이지 않는 경우	경추 이상 의심
양다리만 움직이지 않는 경우	허리손상 의심
한 손과 다리가 움직이지 않는 경우	뇌손상 우려

(4) 응급처치 시 환자의 자세

① 의식이 있을 때 물어 가장 편한 자세를 취하도록 한다.

② 의식이 없을 때에는 수평으로 눕힌다.

③ 환자가 호흡하기 편한 자세로 해 준다.

④ **얼굴이 붉은 환자의 경우**

　㉠ 환자를 바로 눕히고 머리와 어깨를 약간 높인다.

　㉡ 머리에 찬 물수건을 대어 열을 식힌다.

　㉢ 환자를 옮길 때 눕힌 상태로 주의해서 옮긴다.

⑤ 구토하거나 토혈하는 환자는 의식이 있는 경우 얼굴을 옆으로 돌리고 머리가 발보다 낮게 한다.

⑥ 호흡장애가 있는 경우 앉게 하거나 상반신을 기대게 하고 발을 뻗어 편한 자세를 취하게 한다.

⑦ **기도확보 방법**(혀가 숨구멍을 막는 것을 방지)

　㉠ 목 뒤로 손을 넣어 턱을 들어 올린다.

　㉡ 한쪽 손은 이마에 놓고 다른 손은 목 뒤의 턱을 들어 올리며 머리를 뒤로 젖힌다.

　㉢ 잘 되지 않거나 인공호흡을 실시할 때에는 어깨 밑에 20cm 정도의 베개를 놓고 머리를 뒤로 젖힌다.

　㉣ 아래턱을 앞으로 민다. 아래턱 양쪽에 양손을 대어 아랫니 열이 윗니 열보다 앞이 되도록 끌어당긴다.

　㉤ 어린이는 머리 쪽에 앉아 양손으로 턱 아래를 밀어내는 방식이 안전하다.

경추

목등뼈 또는 목뼈라고도 한다. 머리뼈와 등뼈 사이에 있는데, 모양이 대부분 납작하며, 7개로 구성되어 있다.

(5) 보온

환자의 체온을 유지하도록 노력하여야 하며, 보온은 환자의 정신적 · 육체적 안정 유지에 필수적이다.

(6) 음료

① 환자가 마실 수 있을 정도로 따뜻한 것으로 조금씩 입술을 적시듯이 준다.

② 음료수를 마실 수 없는 경우
  ㉠ 의식이 없을 때
  ㉡ 메스껍거나 토할 때
  ㉢ 배에 상처, 복통, 가슴 및 복부 손상 시
  ㉣ 수술 전, 출혈환자
  ㉤ 쇼크상태 등

핵심 기출문제

09 경호원의 응급처치 사항으로 옳지 않은 것은? • 제20회 기출

① 가슴 및 복부 손상 시 지혈과 동시에 음료를 마시게 한다.
② 심한 출혈 시 출혈 부위를 심장보다 높게 하여 안정 상태를 유지한다.
③ 의식과 호흡이 없을 경우 빠른 시간에 심폐소생술을 실시한다.
④ 원칙적으로 환자의 생사판정은 하지 않는다.

해설 출혈환자에게 음료를 마시게 해서는 안 된다.

[정답] ①

3. 응급처치 4대 요소 및 순서

응급처치의 4대 요소는 기도유지(턱을 약간 높게 해서 기도를 바르게 하여 숨을 쉴 수 있게 하는 것), 지혈, 쇼크방지, 상처보호이다. 일반적인 응급처치 순서는 '기도유지 ⇨ 지혈 ⇨ 쇼크방지 ⇨ 상처보호' 순이나, 상처 부위나 정도에 따라 응급처치의 순서는 달라지게 된다.

(1) 기도유지(혀가 기도를 막는 것을 방지)

기도는 폐에 공기가 들어가고 나오는 통로이다. 기도가 막히면 이것을 열어(기도확보) 공기소통이 원활히 이루어지도록 하여야 하는데, 응급처치 중 가장 기본적인 행동이다. 의식이 없을 때에는 아래턱이

심화학습

응급처치 순서
일반적인 응급처치의 순서는 '기도유지 ⇨ 지혈 ⇨ 쇼크방지 ⇨ 상처보호' 순이나, 상황에 따라 '지혈 ⇨ 기도유지 ⇨ 쇼크방지 ⇨ 상처보호' 순으로 하는 경우도 있다.

나 목근육의 긴장이 약해져 혀가 늘어지거나 음식물이나 타액이 기도를 막는 현상이 발생할 수 있는데, 이러한 환자는 반드시 기도를 확보해 주어야 한다. 그 방법으로는 혼수체위(昏睡體位)와 턱을 들어 올리는 두 가지 방법이 있다.

① 혼수체위를 취하는 법

　㉠ 환자의 호흡을 편안하게 유지하고, 혀뿌리가 기도를 막는 것을 방지하며, 타액 및 토사물 등이 입 밖으로 흘러나오기 쉽도록 하기 위해 혼수체위를 취한다.

　㉡ 혼수체위를 취할 때에는 심장을 압박하지 않도록 가능한 한 오른손과 다리를 밑으로 향하게 하여 몸을 옆으로 눕힌다. 이때 환자의 오른쪽 흉부나 옆구리 등에 상처가 있는지 미리 살펴보는 것이 필요하다. 환자의 머리를 오른팔에 기댄 채 약간 뒤로 젖혀 주고, 왼손 손등을 턱에 받쳐 얼굴의 위치를 고정시킨다. 위쪽 다리를 구부린 다음 발끝이 아래쪽 다리의 복사뼈에 걸칠 수 있도록 하고, 팔꿈치와 무릎을 바닥이나 지면에 닿게 하여 몸을 안정시킨다.

② 한 손으로 턱을 들어 올려 기도를 확보하는 방법

　㉠ 환자를 바르게 눕혀 한쪽 손은 환자의 이마에, 다른 손은 아래턱 끝에 대고, 아래턱을 누르듯이 들어 올려 머리가 뒤로 기울어지게 한다.

　㉡ 이때 이마에 대고 있던 손으로 환자의 머리를 지그시 눌러 주는 것이 요령이다.

∷ 보충학습 그 밖의 기도확보 방법

1. 베개 등을 어깨 밑에 대는 방법
어깨에 방석이나 베개 등을 대고, 머리가 뒤로 젖혀지도록 한다. 이는 턱을 들어 올리는 방법과 같은 효과를 얻을 수 있다. 이때 받침대는 올바르게 어깨 밑에 두어야 하며, 절대로 목 밑에 두는 일이 없도록 한다.

2. 양손으로 아래턱을 들어 올리는 방법
턱 앞을 들어 올리는 방법만으로는 공기의 출입이 어려운 경우 양손으로 아래턱을 치켜올리듯이 들어 올리는 방법을 사용한다. 이 방법은 확실한 기도 확보 효과가 있다.

(2) 지혈

① 출혈

㉠ 보통 성인의 경우 몸속에는 4,000~5,000cc의 피가 있다.

㉡ 1,000cc(20~25%)의 피를 흘리게 되면 혈압저하, 의식장애 등으로 생명이 위험해진다.

㉢ 1,500cc(30%)의 피를 흘리게 되면 생명을 잃게 된다.

㉣ 혈액의 색깔이 선홍색이고 분출성이면 동맥출혈이고, 혈액의 색깔이 암적색이고 유혈성이면 정맥출혈이다.

② 심하지 않은 출혈

㉠ 출혈 부위의 이물질을 물로 씻어 낸 다음 소독된 거즈를 대고 직접압박한다.

㉡ 감염되지 않도록 상처 부위를 만지지 않고 엉긴 피는 떼어 내지 않는다.

㉢ 지혈한 다음에 붕대로 감고 환자를 병원으로 후송한다.

③ 심한 출혈

㉠ 출혈이 심하면 즉시 지혈하고 출혈 부위를 심장보다 높게 하여 안정되게 눕히고, 소독된 거즈나 헝겊으로 상처 부위를 세게 직접압박한다.

㉡ 환자를 편안하게 눕히고 체온을 유지하여야 하며, 환자에게 물·음료를 직접 마시게 하지 않는다.

④ 지혈법

직접압박법	상처 부위를 소독된 거즈 등으로 직접압박하는 지혈방법
국소거양법	상처 부위를 심장보다 높게 유지하면서 직접압박하여 지혈하는 방법
지혈대사용법	나뭇가지 등의 지혈대와 너비 5cm 정도의 끈을 이용하여 상처 부위에서 심장 쪽으로 5cm 부위에 끈을 묶고 지혈대를 끼워 돌려 압박하여 지혈하는 방법
부목고정	골절이 있을 때에는 골절된 뼛조각에 의하여 주위의 조직이 손상되어 출혈을 유발할 수 있으므로 부목을 이용한 골절 부위 고정은 출혈을 방지하는 중요한 방법

지혈대
나오는 피를 멈추게 하는 데 쓰는 띠를 말한다.

부목
팔다리의 외상이나 골절, 탈구, 염좌 등의 응급수단으로서 환부를 고정시켜 주는 기구이다.

⑤ 지혈대 사용 시 주의사항

㉠ 가능하면 폭이 넓은 것을 사용한다.

㉡ 무릎이나 팔꿈치 아래에는 착용하지 않는다.

㉢ 지혈대를 착용시킨 시간을 환자의 이마에 표시한다.

ⓔ 피부에 민감한 재료는 가급적 피한다.

ⓜ 일단 착용한 뒤에는 병원 도착 전까지 느슨하게 하면 안 된다.

핵심 기출문제

10 경호현장에서 응급상황 발생 시 경호원의 역할에 관한 설명으로 옳은 것은?

• 제25회 기출

① 의약품을 사용하여 처치하는 것이 원칙이다.

② 응급처치의 기본요소는 상처보호, 지혈, 기도확보, 전문치료이다.

③ 환자가 의식이 없을 때, 매스껍거나 토할 때, 배에 상처나 복통, 수술 전, 쇼크 상태에서는 마실 것을 주어서는 안 된다.

④ 심한 출혈 시 출혈 부위를 심장 부위보다 낮게 하고 출혈 부위에 더러운 것이 묻어 있을 때에는 물로 씻어낸다.

해설 ① 원칙적으로 의료기구(자동제세동기는 제외)나 의약품은 사용하지 않는다.
② 응급처치의 기본요소는 기도유지(기도확보), 지혈, 쇼크방지, 상처보호이다.
④ 심한 출혈 시 출혈 부위를 심장보다 높게 한다. "출혈 부위에 더러운 것이 묻어 있을 때에는 물로 씻어낸다."는 심하지 않은 출혈 시 응급처치 요령에 해당한다.

정답 ③

(3) 쇼크방지

① **쇼크의 개념**: 혈액 손실, 혈관 확장, 심박동 이상, 호흡기능의 이상, 알레르기 반응, 과민성 반응 등으로 세포조직 내로 산소를 충분히 공급하지 못하는 순환장애, 즉 세포조직 내에 관류가 정상적으로 이루어지지 못하여 신체의 기능이 떨어져 허탈한 상태에 빠지는 것을 말한다.

② **쇼크의 대표적 증상**: 불안감과 두려움, 차갑고 축축한 피부, 청색증, 불규칙한 호흡, 구토증세, 혈압 저하, 맥박이 약해짐, 환자의 의식이 약해짐 등이 있다.

:: 보충학습 청색증

청색증은 피부와 점막이 푸른색을 나타내는 것으로 해당 부위의 작은 혈관에 환원혈색소(Reduced Hemoglobin)가 증가하거나 산소 포화도가 떨어져 나타난다. 입술, 손톱, 귀, 광대 부위에 흔히 나타나며, 적혈구 증가증이나 일산화탄소 헤모글로빈에 의한 피부 변화와 구분되어야 한다. 청색증의 정도는 피부의 색깔 및 두께, 혈관분포의 정도에 따라 차이가 나므로 이 증상의 유무와 정도를 정확하게 발견하는 것은 어려운데, 보통 환원혈색소가 4~5g/dl 이상이거나 산소 포화도가 83% 이하일 때 관찰된다.

핵심 **기출문제**

11 경호행사 시 쇼크환자의 일반적인 증상이 <u>아닌</u> 것은? • 제21회 기출

① 호흡이 얕고 빨라진다.
② 맥박이 강하고 때로는 늦어진다.
③ 메스꺼움이나 구토를 호소한다.
④ 지속적으로 혈압 하강이 나타난다.

해설 쇼크는 혈액 손실, 혈관 확장 등의 이유로 세포조직 내로 산소를 충분히 공급하지 못하는 일종의 순환장애 현상이다. 대표적인 증상은 혈압저하와 맥박이 약해지는 것이다.

정답 ②

③ 쇼크의 종류

　ⓣ **심장성 쇼크**: 혈액순환의 원동력을 제공하는 심장의 기능이 부족하여 유발되는 쇼크 상태를 말한다. 이는 다시 심장 펌프 기능 자체의 기능부전에 기인한 형태와 심장 출입 인접 혈관의 폐쇄에 기인한 형태로 나뉜다. 울혈성 심부전증, 폐동맥 색전증, 심장눌림증, 심장판막 파열, 대동맥 박리증 등이 이에 해당한다.

　ⓛ **출혈성 쇼크**: 혈액이 지나치게 손실되어 혈압이 떨어지는 쇼크 상태를 말한다.

　ⓒ **신경성 쇼크**: 혈관 확장을 일으키는 신경계 작용에 의한 쇼크를 말한다. 저혈압·정맥 환류·심박출량(心搏出量)의 극단적인 감소현상이 따르는데, 중추 신경계나 척수 마취 또는 반사부전(反射不全)에 대한 상해(傷害) 따위가 원인이다.

　ⓔ **저체액성 쇼크**: 체액이나 혈액의 손실로 인해 유발되는 혈압의 저하현상으로 발생하는 쇼크를 말한다.

　ⓜ **호흡성 쇼크**: 호흡장애에 의하여 혈액 내 산소 공급이 원활하지 못할 경우 발생하는 쇼크를 말한다.

　ⓗ **정신성 쇼크**: 정신적 충격으로 발생하는 쇼크를 말한다.

　ⓢ **패혈성 쇼크**: 미생물에 감염되어 전신에 심각한 염증 반응이 나타나는 상태를 말한다. 체온이 38° 이상으로 올라가는 발열 증상 혹은 36° 이하로 내려가는 저체온증, 호흡수가 분당 24회 이상으로 증가(빈호흡), 분당 90회 이상의 심박수(빈맥), 혈액 검사상 백혈구 수의 증가 혹은 현저한 감소 중 두 가지 이상의 증상을 보이는 경우, 이를 전신성 염증 반응 증후군

체액
혈액·림프액·조직액 등 체내의 액체로, 체내를 이동하여 조직세포에 영양분이나 산소를 운반하고 노폐물을 운반·제거하며, 병원체의 박멸과 체온조절 등의 기능이 있다.

(SIRS; Systemic Inflammatory Response Syndrome)이라고 한다. 이러한 전신성 염증 반응 증후군이 미생물의 감염에 의한 것일 때 패혈성 쇼크라고 한다.

④ 쇼크 처치

  ㉠ 환자의 자세

    ⓐ 머리와 몸을 수평으로 눕히고, 가슴에 부상을 당하여 호흡이 힘든 환자인 경우에는 부상자의 머리와 몸을 받칠 수 있는 상자·베개·담요 등에 반쯤 기댈 수 있도록 한다.

    ⓑ 의식이 없는 환자는 기도를 개방하고 편안한 자세로 눕힌다.

    ⓒ 골절 부위는 부목으로 고정하고, 출혈 부위는 직접압박법에 의하여 지혈하는 것이 좋다.

  ㉡ 보온의 유지: 부상자의 체온을 유지하기 위해서는 부상자를 담요 등으로 잘 덮어 주고 잘 닦아 주어야 한다.

  ㉢ 수분 섭취

    ⓐ 의식이 불명하거나 의식이 희미한 환자에게는 원칙적으로 음료수를 주지 않으며, 수술이 필요한 환자에게는 절대로 물을 주어서는 안 된다.

    ⓑ 환자가 물을 심하게 원할 경우에는 환자가 마실 수 있을 정도로 따뜻한 것으로 조금씩 입술을 적시듯이 준다.

    ⓒ 열사병, 심한 설사로 인한 탈수 등은 오히려 수분을 섭취하도록 하는 것이 좋다.

  ㉣ 응급처치

    ⓐ 최소 10분 간격으로 환자의 신체징후를 계속 측정하여야 한다.

    ⓑ 구강 대 구강 인공호흡법 및 심폐소생술을 실시하고, 폐와 위에 들어 있는 이물질을 제거하여야 한다.

(4) 상처보호

① 봉합이 필요하지 않은 작은 상처는 항생연고를 얇게 바른다. 항생연고는 병균을 많이 죽일 수 있으며, 알레르기 반응이 거의 없다.

② 상처를 덮을 때에는 소독 드레싱을 사용한다. 반창고로 상처를 직접 덮어서는 안 된다. 상처를 그대로 두거나 드레싱을 하였을 때보다 세균 감염의 기회가 많아지기 때문이다.

> 드레싱
> 외상이나 염증 따위를 약품이나 거즈, 붕대 등을 사용하여 치료하는 것을 말한다.

③ 드레싱과 붕대는 응급처치에 사용되는 물품이다. 드레싱은 상처에 대서 지혈을 하고 오염을 막으며, 붕대는 드레싱을 그 자리에 고정시켜 주는 역할을 한다. 드레싱을 바꾸려다가 딱지가 떨어지면 상처가 아무는 속도가 느려지고 감염의 위험성이 커진다. 드레싱을 뗄 경우 따뜻한 물로 딱지를 부드럽게 하면 쉽게 뗄 수 있다.

2 구급법

구급법
응급치료를 하는 방법을 말한다.

1. 심정지와 심폐소생술

(1) 심정지(心停止)

심장박동과 혈액공급이 완전히 정지되어 각 조직에 산소 등의 공급이 중단되어 조직의 기능이 마비된 상태이다.

(2) 심정지 증상

① 숨을 쉬지 않는다.
② 외견상 사망한 것으로 보인다.
③ 의식이 없다.
④ 경동맥에서 맥박이 느껴지지 않는다.

(3) 심폐소생술(心肺蘇生術, Cardiopulmonary Resuscitation)

① 심장과 폐의 활동이 멈추어 호흡이 정지된 경우 실시하는 응급처치이다. 심장과 폐의 정지현상은 급성심부전 및 폐부전증 등에 의하여 생기므로 그 원인을 분석해서 처치에 적용하여야 한다.

② 호흡부전증의 원인으로는 저산소, 호흡기로 폐쇄 또는 폐질환, 혈액의 산소운반능력 이상, 중추성 호흡조절 능력 마비 등이 있다. 심부전증의 원인으로는 심근수축력 억제, 흥분, 관상동맥혈류량 부족 등이 있다.

심부전
심장의 구조적 또는 기능적 이상으로 인해 심장이 혈액을 받아들이는 충만기능(이완 기능)이나 짜내는 펌프기능(수축 기능)이 감소하여 신체 조직에 필요한 혈액을 제대로 공급하지 못해 발생하는 질환군이다.

③ 심폐소생술은 심장과 호흡이 멈춘 지 4분 이내에 시작하면 살아날 가능성이 높으며, 시간이 갈수록 뇌가 손상되어 사망하게 된다. 시간에 따른 환자의 상태는 다음과 같다.

ㄱ 0~4분: 소생술을 실시하면 뇌손상 가능성이 거의 없다.

ㄴ 4~6분: 뇌손상 가능성이 높다.

ㄷ 6~10분: 뇌손상이 확실하다.

ㄹ 10분 이상: 심한 뇌손상 또는 뇌사상태가 된다.

뇌사상태
뇌 기능이 멈추어 정상적인 원래 기능을 완전히 잃게 되는 상태이다. 구체적으로는 대뇌를 비롯한 대부분의 뇌 기능이 상실되었으나 인공호흡 장치에 의하여 심장이 아직 뛰고 있는 상태를 말한다.

④ 회복 불가능한 질환을 가진 사람이나 오랫동안 심장이 멈추어 살아날 가망이 전혀 없는 경우에는 시행하지 않는다. 단, 예를 들어 물에 빠져 낮은 온도에 노출된 사람이나 어린아이는 시간이 어느 정도 지나더라도 뇌 기능이 정상으로 돌아올 수 있으므로 이러한 경우에는 시간이 경과했더라도 시행하여야 한다.

(4) 심정지 환자의 심폐소생술 방법

① **호흡과 반응 확인**: 환자의 양쪽 어깨를 가볍게 두드리며 '괜찮으세요?'라고 물어본다. 환자가 반응이 없고 심정지 호흡처럼 비정상적인 호흡을 보인다면 심정지 상태로 판단한다. 이러한 징후를 놓치면 심정지 환자의 생존 가능성은 낮아진다.

② **119에 구조 요청**: 심정지 상태를 인지하면 바로 119에 신고한다. 구조자는 발생장소와 상황, 환자의 숫자와 상태, 필요한 도움에 대답할 준비를 한다. 현장에 2명 이상일 때 한 명은 신고와 함께 자동제세동기를 가져오도록 한다.

③ **가슴압박**(30회), **기도유지 후 인공호흡**(2회)

  ㉠ **가슴압박**

    ⓐ **위치**: 양측 유두선 사이 흉부 중앙지점

    ⓑ **깊이**: 최소 5cm 이상(최대 6cm)

    ⓒ **속도**: 분당 100회 이상 120회 이하

    ⓓ **압박**: 호흡 ⇨ 30 : 2(계속)

    ⓔ **방법**: 압박점에 한 손을 대고 다른 손을 그 위에 포개어 깍지를 끼고, 팔꿈치를 굽히지 않은 상태로 환자의 몸과 직각을 이루면서 시행한다.

  ㉡ **기도유지**(기도개방, 기도열기)

    ⓐ 머리를 젖히고 턱들기 방법으로 기도를 개방한다.

    ⓑ **방법**: 한 손은 심정지 환자의 이마에 대고 압력을 가하여 환자의 머리를 뒤로 기울이게 하고, 다른 손의 손가락으로 아래턱 뼈 부분을 머리 쪽으로 당겨 턱을 받쳐 주어 머리를 뒤로 기울인다.

  ㉢ **인공호흡**

    ⓐ 1회 호흡량은 가슴 팽창이 눈으로 관찰될 정도의 양

    ⓑ **방법**: 1초에 걸쳐 인공호흡을 한다. 가슴압박 동안에 인공호흡이 동시에 이루어지지 않도록 주의하며, 인공호흡을

과도하게 하여 과환기를 유발하지 않도록 한다(다만, 인공호흡교육을 받지 아니한 사람은 인공호흡을 생략하고 가슴압박만 반복한다).

(5) 심폐소생술을 종료할 수 있는 경우

다음의 상황이 발생할 때까지 심폐소생술을 계속하여야 한다. 부상자가 소생(호흡이나 기타 생존의 움직임이 되돌아오는 것)하였다 하더라도 대부분의 경우 심폐 기능이 완전히 회복되려면 심장치료가 필요하다.

① 응급구조요원이 도착하였을 때
② 의사가 종료하라고 지시했을 때
③ 너무 지쳐 계속할 수 없을 때(단, 공경호의 경우 제외)
④ 사고 현장이 처치를 계속하기에는 위험할 때
⑤ 심폐소생술의 실시 여부와 관계없이 30분 이상 심정지 상태가 계속될 때(단, 전 미국 응급의료체계 의사회에 의하면 심한 저체온증의 경우를 제외)

(6) 2010년 AHA(미국심장협회) Guidelines의 자동제세동기 관련 주요 내용

① 심정지가 목격된 경우 즉시 사용한다.
② 목격된 심정지 환자는 즉각 자동제세동기를 사용하고 심정지가 목격되지 않은 경우 심폐소생술을 시행하는 도중 제세동기가 도착하면 즉시 제세동기를 사용한다.
③ 1회의 제세동을 시행한 후 즉시 5cycles의 심폐소생술을 한 후 심전도 리듬을 분석한다. 심전도 리듬 분석 후 다시 제세동이 필요하면 제세동을 한 후 5cycles의 심폐소생술을 하는 과정을 반복한다.

핵심 기출문제

12 응급처치 및 구급법에 관한 설명으로 옳은 것은?   • 제26회 기출

① 심폐소생술의 순서는 '기도개방 – 가슴압박 – 인공호흡'이다.
② 자동심장충격기(AED)는 심정지 목격 시 심폐소생술 시행 후 사용하는 것을 원칙으로 한다.
③ 자동심장충격기의 사용 시 요동 방지를 위해 환자를 붙잡은 상태에서 제세동을 실시한다.
④ 자동심장충격기는 '패드 부착 – 전원 켬 – 분석 및 제세동 시행' 순으로 사용한다.

해설 ① 심폐소생술의 순서는 '가슴압박 – 기도개방(기도열기) – 인공호흡'이다.
　　③ 자동심장충격기 사용 시 안전을 위해 환자접촉을 금한다. 또한 감전될 수 있는 환경(금속, 물)을 피한다. 패드 사이에 이물질이 있으면 전류에 의해 피부에 화상을 초래한다.
　　④ 자동심장충격기는 '전원 켬 – 패드 부착 – 심장리듬 분석 – 제세동 시행' 순으로 사용한다.

정답 ②

13 심폐소생술에 관한 내용으로 옳지 않은 것은?   • 제24회 기출

① 심정지 환자는 골든타임 내에 신속하게 심폐소생술을 실시한다.
② 심폐소생술의 흉부(가슴)압박은 분당 100~120회 속도로 실시한다.
③ 심폐소생술 실시 중 자발적인 호흡으로 회복되어도 계속 흉부(가슴)압박을 실시한다.
④ 인공호흡에 자신이 없는 경우 흉부(가슴)압박을 실시한다.

해설 심폐소생술 실시 중 자발적인 호흡으로 회복되는 경우 흉부(가슴)압박은 중단한다.

정답 ③

2. 위급상황 시 행동원칙

(1) 응급상황을 정확하게 인식하여야 한다.

(2) 응급환자가 있을 때 도움을 줄 것인지를 결정하여야 한다.

(3) 필요시 신속한 지원을 요청하여야 한다.

(4) 부상자의 상태를 신속히 평가하여야 한다.

(5) 응급환자에 대한 본격적인 응급처치를 실시하여야 한다.

(6) 응급처치 후 생길 수 있는 피처치자의 반응도 고려하여야 한다.

3. 환자의 조치

(1) 원인불명의 인사불성 환자에 대한 응급처치

① 얼굴이 붉은 인사불성 환자

   ㉠ 증상: 얼굴이 붉고 맥박이 강하다.

   ㉡ 응급처치: 환자를 바로 눕히고 머리와 어깨를 약간 높여 안정시킨 후 환자의 목의 옷깃을 느슨하게 하고 머리에 찬 물수건을 대어 열을 식힌다.

② 얼굴이 창백한 인사불성 환자

   ㉠ 증상: 얼굴이 창백하고 맥박이 약하게 나타난다.

   ㉡ 응급처치: 환자의 머리를 수평으로 하고 다리를 높여 안정되게 눕히고 체온을 유지하여야 하며, 충격에 대한 응급처치를 한다.

③ 얼굴이 푸른 인사불성 환자

   ㉠ 증상: 환자의 얼굴이 창백하고 호흡이 부전(호흡기능 상실 전의 단계)되어 얼굴색이 파래진다.

   ㉡ 응급처치: 인공호흡과 충격에 대한 처치를 한다.

호흡부전
호흡계통에 의한 부적절한 가스 교환을 가리키는 용어로, 이 증상이 일어나면 동맥 산소 및 이산화탄소 수준이 통상 범위 안에서 유지될 수 없다. 피의 산소화가 떨어지는 현상을 저산소증이라고 한다.

14 경호임무 수행 시 발생한 환자유형별 응급처치 방법으로 옳지 <u>않은</u> 것은?

• 제21회 기출

① 얼굴이 붉은 인사불성환자의 경우 머리와 어깨를 낮게 하여 안정시킨다.
② 두부손상환자는 귀나 코를 통해 혈액과 함께 흘러나오는 액체를 막지 말고 그냥 흐르게 한다.
③ 화상환자는 화상 부위를 심장보다 높게 올리도록 한다.
④ 골절환자의 경우 찬물찜질을 하고 부상 부위를 높여 준다.

해설 얼굴이 붉은 인사불성환자의 경우 머리와 어깨를 높게 하여 안정시킨다.

정답 ①

(2) 원인을 알 수 있는 환자에 대한 응급처치

① **뇌일혈**(뇌출혈, 대뇌혈관장애, 뇌졸중, 뇌혈전): 뇌의 어떤 부분에 혈액 공급량이 줄어들거나 뇌출혈에 의해 생기는 증후군이다.

증상	• 얼굴색이 대개 붉어지나, 가끔은 회백색이 되기도 한다. • 맥박은 강하고 느리며 환자는 전혀 의식이 없다. • 한쪽 눈동자가 다른 쪽보다 크며, 입은 마비로 인하여 한쪽으로 쏠린다. • 반신이 마비된다.
응급처치	• 환자의 머리와 어깨를 약간 높인다. • 목부분의 옷을 느슨하게 하여 주고 찬 물수건·얼음주머니를 머리에 대어 열을 식힌다. • 환자를 절대 안정시키며 옷·담요 등을 이용하여 체온을 유지한다. • 음식물은 절대로 금지한다.

② **졸도**: 갑자기 정신을 잃고 쓰러지는 일로, 주로 뇌빈혈이 원인이며 충격, 과로, 일사병, 뇌진탕에 의해서도 일어난다.

증상	• 얼굴색이 창백해지고 이마에 땀이 흐른다. • 호흡이 얕고 맥이 약하며 느려진다. • 환자는 대개 현기증을 느끼고 실신한다.

> **증후군(Syndrome)**
> 원인이 불명확하거나 여러 가지 병적인 증세를 통틀어 이르는 말이다.

> **뇌빈혈**
> 일시적으로 뇌의 혈액순환이 나빠져서 생기는 증세를 말한다.

응급처치	• 환자의 머리와 몸을 수평으로 눕히고 다리를 높인다. • 옷깃을 느슨하게 하여 뇌에 피가 잘 흐르도록 한다. • 환자의 의식이 회복되면 차나 물을 많이 마시도록 한다. • 의식을 회복하지 못하면 환자를 따뜻하게 하고 병원으로 후송한다.

➕ **심화학습**

심근경색 원인
심장에 혈액을 공급하는 관상동맥이 막혀 심근이 괴사하는 것으로, 동물성 지방이 많아진 식단, 스트레스의 증가, 신체활동 부족으로 일어난다.

③ **심장마비**(심근경색): 심장의 기능이 갑자기 멈추는 일로, 여러 가지 원인으로 발생하며 생명을 잃는 경우가 많다.

증상	• 환자의 맥박이 약하고 안색은 창백하다. • 환자의 의식이 오락가락한다. • 환자는 대개 흉골 뒤의 심장 부위가 몹시 아프다. • 호흡이 곤란하다.
응급처치	• 환자의 머리와 몸을 수평으로 눕힌다. • 환자의 호흡이 곤란하면 벽면에 기대어 앉게 하고 환자가 원하는 대로 되도록 호흡을 편하게 해 준다. • 환자가 심장병에 대한 약을 소지하고 있는 경우에는 그 약을 먹도록 도와준다.

④ **창상**(상처): 외부에서 가해진 힘에 의해 신체조직의 정상적 구조의 연속성이 파괴된 상태로, 통상 칼, 창, 총검 따위에 다친 상처이다.

증상 · 위험성	• 피부의 점막이 심하게 마찰되거나 또는 몹시 긁힘으로써 생긴 찰과상인 경우 출혈은 심하지 않으나 감염되기 쉽다. • 칼, 면도날 또는 유리조각과 같은 날카로운 물체에 의하여 베인 창상인 절창은 잘 감염되지 않으나 출혈이 심하다. • 둔한 물건에 타박 또는 압박되어 혹은 면(面)에 부딪혔을 때 생기는 창상인 열창은 흔히 조직의 파괴를 초래하여 출혈은 적으나 혈액에 의해 상처에서 병균이나 더러운 물질을 씻어 내지 못하여 감염의 위험성이 크다. • 못, 바늘, 철사 혹은 총알 등에 찔리거나, 조직이 뚫고 나간 창상인 자창은 출혈이 많지 않아도 감염의 위험성이 크다. • 창상은 감염의 위험성이 있으며, 창상에 의해 심한 출혈을 하게 되면 생명을 위협받게 된다.

응급처치	출혈이 심하지 않은 경우	• 상처는 손이나 깨끗하지 않은 헝겊으로 함부로 건드리지 말고, 엉켜 뭉친 핏덩어리를 떼어 내지 말아야 한다. • 흙이나 더러운 것이 묻었을 때에는 깨끗한 물로 상처를 씻는다. • 소독한 거즈(Gauze)를 상처에 대고 드레싱(Dressing)을 하여야 한다.
	출혈이 심한 경우	• 출혈이 심하면 즉시 지혈을 하고 출혈 부위를 높게 하여 안정되게 눕혀야 한다. • 출혈이 멈추기 전에는 음료를 주지 않도록 하여야 한다. • 지혈방법은 직접압박, 지압점압박, 지혈대 사용 등의 방법이 있다.

⑤ **독사교상**(毒蛇咬傷): 독사의 타액이 물린 상처를 통해 체내에 들어와 일으키는 교상을 말한다.

종류	신경독	입과 목, 호흡근을 마비시킨다.
	혈액독	용혈현상을 일으켜 혈관벽의 내벽 파괴, 적혈구 용혈, 조직세포 파괴로 내출혈을 일으킨다.
응급처치		• 위험지역에서 벗어나 안전하게 환자를 눕힌다. 움직이면 혈액순환이 좋아져 독소가 빨리 퍼지므로 유의한다. • 환자의 활동을 최소화하고 안정시킨다. • 기도유지 후 호흡과 순환을 확인한다. • 상처 부위의 옷과 장신구를 제거한다. • 비누와 물로 물린 부위를 부드럽게 닦아 낸다. • 물린 부위를 심장보다 낮게 위치시키고 상처 부위 위쪽을 넓은 천으로 가볍게 묶어 준다. • 뱀은 한 번 이상 무는 습성이 있으므로 환자와 주위 사람들을 뱀으로부터 멀리 떨어지게 한다. 독사는 자기 몸길이 정도 거리는 단번에 공격할 수 있다. 뱀의 머리가 잘려도 20분 이상 움직일 수 있으므로 뱀의 머리가 잘린 경우라도 조심해야 한다. • 상지를 물린 경우 반지 등을 제거한다. 물린 부위의 부종으로 인하여 반지 등에 끼이면서 혈액차단에 의하여 괴사가 일어날 수 있다. • 상처를 깊이 파거나 칼로 절개하는 행위, 물린 부위를 입으로 빠는 행위 등은 과도한 출혈이나 2차 감염 위험이 있으므로 금지한다.

용혈현상
적혈구가 붕괴하여 헤모글로빈이 혈구(血球) 밖으로 용출하는 현상을 말한다.

➕ **심화학습**

독사교상 증상
• 1cm 간격으로 송곳니 자국이 부어오른다.
• 몇 분 내에 부종과 함께 통증이 나타나며 얼룩 또는 피가 고인다.
• 상처에서 지속적인 삼출액과 땀이 많이 흐른다.

광견병
온혈동물에서 발생되는 치명적인 바이러스성 뇌신경계통 감염질환으로 진행성 질환이다. 감염된 동물의 타액에 의해 전파되며 중추신경계를 침범한다.

⑥ 광견병

원인	• 광견병에 걸린 개에 물리면 인체에도 광견병이 생길 우려가 있다. • 광견병은 개뿐만 아니라 고양이, 여우 등 광견병에 걸린 동물에게 물렸을 때 또는 상처가 난 곳을 핥을 때 침이나 콧물 속에 섞여 있다가 인체에 감염된다.
응급처치	• 환자를 안정시키고 상처 부위는 즉시 비누와 물로 잘 씻어 내고 70% 알코올로 소독한다. • 부목으로 고정하고 신속하게 병원으로 이송한다. • 집에서 키우는 개에게 물렸을 경우 개가 광견병 예방접종을 맞았는지 확인한다. • 개를 약 10일간 관찰하는 동안 아무 이상이 발견되지 않으면 안심해도 된다.

⑦ 벌에 쏘였을 때

원인	벌·독이 있는 벌레에 물리거나 쏘이면 붓고 아프며, 가려운 곳을 긁으면 감염될 수 있다.
응급처치	• 벌에 쏘였을 때 그 침이 그대로 살 속에 남아 있으면 침을 밀어내 빼야 한다. • 그다음에 암모니아수를 바른 다음 연고를 발라야 한다. • 찬 물수건을 대면 통증을 가라앉힐 수 있다.

➕ **심화학습**

화상의 종류
• 열화상
• 전기화상
• 화학약물에 의한 화상: 강산이나 강알칼리가 조직에 침투하면서 발생

⑧ 화상

원인		대부분의 화상은 열에 직접 닿거나 감전 또는 뜨겁고 축축한 증기나 액체에 의하여 발생한다.
증상	1도 화상	열에 의하여 피부가 붉어진 정도의 화상(찬물찜질과 연고를 바른다)
	2도 화상	피부에 물집이 생긴 정도의 화상(물집을 터뜨리지 않고, 미지근한 물로 상처의 윗부분부터 물을 흘려보내고, 깨끗한 수건이나 거즈를 상처 부위에 덮고 병원에서 소독된 상태에서 이 물집을 잘 터뜨린다. 치료는 화상 연고를 사용하거나 상처를 습윤된 상태에서 잘 낫게 하는 습윤테이프를 붙인다)
	3도 화상	화상의 정도가 매우 심하여 조직의 파괴까지 동반된 화상(쇼크 예방, 전문적 치료)
	4도 화상	표피, 진피층, 피하조직까지 전체적인 손상은 물론, 근육층과 구조물까지 손상된 경우

응급처치	• 화상환자는 화상부위를 심장보다 높게 올리도록 한다. • 통증을 덜고, 감염을 예방하며, 충격에 대한 처치를 하는 것으로, 화상부위의 열기와 통증이 가라앉을 정도로 찬물에 담근다. • 화재나 그 밖의 사고로 화상 환자가 생기면, 의복을 벗기려 애쓰지 말고 화상 입은 곳을 처치하고 담요 등으로 환자를 덮고 안정시켜 속히 병원으로 데려가는 것이 좋다. • 집 안에서 화상을 입었으면 상처에 붙지 않은 옷은 벗기고 상처에 붙은 부분은 억지로 떼려고 하지 말고 병원에 가서 떼도록 한다. • 전문 의료요원이 도착할 때까지 환자를 담요 등으로 덮어 주어 따뜻하게 하고, 전문 의료요원이 속히 오지 못하면 환자에게 물을 조금씩 자주 주는 것이 좋다. • 상처에 탈지면을 직접 대지 않도록 하며, 쇠붙이 등 상처에 붙어 있는 물건을 떼려고 애쓰지 말고 물집을 터뜨려서는 안 된다.

⑨ **열사병**: 높은 열 혹은 일광의 직사에 의하여 생기는 병이다.

증상	• 초기에 대개 두통, 현기증, 구토 등의 증상이 나타난다. • 눈 앞이 어두워지고 입술과 피부가 마른다. • 피부는 뜨겁고 마르며 얼굴색은 붉어진다. • 맥박은 빠르고 강하며, 때로 체온이 $39\sim40°$까지 올라가 최악의 경우에는 의식을 잃기도 한다.
응급처치	• 환자를 서늘한 그늘로 옮겨 옷을 벗기거나 느슨하게 해 주어야 한다. • 환자의 머리와 어깨를 조금씩 높여서 바로 눕히고 머리에 찬 물수건이나 얼음주머니 혹은 얼음을 대어 열이 내리게 하여야 한다. • 환자의 몸을 홑이불·천으로 감고 찬물을 몇 분간에 걸쳐 끼얹음으로써 환자의 몸을 식힌다. • 심장을 향하여 사지를 문질러 혈액순환을 도와야 한다. • 의식이 회복된 후에 냉수를 마시게 하고 환자를 병원으로 운반하는 도중에도 응급처치를 계속해야 한다.

⑩ **동상**: 추위에 대한 적당한 방한을 하지 않고 긴 시간 찬 공기에 접촉함으로써 생기는 병이다.

➕ **심화학습**

화상부위 위치

화상환자의 화상부위를 심장부위보다 높게 올리는 이유는 화상부위의 자극을 억제하고 그 부위를 통하여 피가 외부로 유출되는 것을 방지하기 위함이다.

➕ **심화학습**

동상 예방법
• 가급적 추위 노출을 피한다.
• 방한의류를 최대한 많이 입는다.
• 젖은 옷 등은 즉시 갈아입는다.
• 몸을 많이 움직여 체온을 올린다.

	증상	별로 아프지 않으나 동상을 입은 신체 부위가 차고 저리고 가려워진다.
부분동상	응급처치	• 환자가 방 밖에 있을 때에는 동상을 입은 부위를 모직물이나 다른 천으로 싸고, 전신도 천으로 싸 주거나 옷을 입히는 것이 좋다. • 따뜻한 방으로 들어가게 하고 따뜻한 물을 마시게 하여 속히 체온을 회복시키는 것이 좋다. 상처가 차고 저릴 때에는 동상을 입은 부위를 더운물에 잠깐 동안 넣었다가 꺼내는 것이 좋으나, 직접 뜨거운 물주머니를 대거나 난로에 쪼이지 말고 뜨거운 불 가까이에 가는 것도 좋지 않다. • 동상 입은 부위에 다시 온기가 돌면 환자로 하여금 부상당한 손 또는 발가락을 움직이게 하고, 물집이 생겼으면 터뜨리지 말고 그대로 두는 것이 좋다.
전신동상	증상	• 운동이 곤란해지고 감각이 없어지며 참을 수 없을 정도의 졸음이 온다. • 걸음이 산만해지고 눈이 둔해지며 나중에는 실신하여 의식을 잃게 된다.
	응급처치	• 호흡이 없으면 구조호흡을 시작하고, 되도록 빨리 따뜻한 방으로 데려가는 것이 좋다. • 더운물에 온몸을 담그거나 담요 같은 따뜻한 것으로 온몸을 싸고 마사지를 하는 것이 좋다. • 의식이 있으면 차나 물을 마시게 하고 안정시킨다.

⑪ 골절

㉠ 골절

증상	• 단순골절(폐쇄성 골절, 피하골절): 부러진 뼈가 피부를 뚫지 않은 경우로 뼈가 부러진 곳이 저리며 붓고 아프다. • 복잡골절(개방성 골절): 부러진 뼈가 피부를 뚫고 나온 경우로 피부를 뚫어 창상을 보이거나 부러진 뼈가 찔려 혈관이 손상되어 출혈과 충격을 동반한다.

➕ **심화학습**

골절의 종류

• **단순골절**
몸 안에서 단순히 뼈 자체만 부러지고 피부를 찢거나 골절 부위의 뼈가 조각나거나 하지 아니한 상태를 말한다.

• **복잡골절**
뼈가 부러져 뼈와 그 주위의 연부조직에 중대한 손상이 있고 피부 밖으로 뼈가 노출된 상태이다.

응급처치	• 골절환자: 찬물찜질을 하고 부상 부위를 높인다. • 단순골절: 골절된 손발이 움직이지 않도록 부목을 대고 고정시킨다. 고정은 부상 부위를 보호하고, 통증을 완화시키며, 악화를 방지하기 위한 조치이다. • 복잡골절: 뼈가 상처 밖으로 빠져나왔을 때 나온 뼈를 원상(본디 형상이나 모습)대로 회복시키려고 해서는 안 된다.

ⓛ 두개골 골절

증상	• 머리가 터지거나 의식이 없고, 심할 경우에는 귀, 코, 입으로 출혈이 있다. • 뇌출혈에 의한 압박이 가중되면 증상이 악화된다.
응급처치	• 부상자의 머리와 어깨를 약간 높여 눕힌다. • 머리는 차갑게 하여야 하며(부기를 가라앉히기 위해), 담요 등으로 몸을 잘 덮어 주어 보온에 신경을 써야 한다. • 머리의 손상 부분은 직접압박법으로 지혈한다. • 두부손상환자는 귀나 코를 통해 혈액과 함께 흘러나오는 액체를 막지 말고 그냥 흐르게 한다.

ⓒ 척추골절

증상	부상자가 손가락 또는 발가락을 자기 뜻대로 움직이지 못한다.
응급처치	• 의료진이 도달하기 전까지는 부상자를 그대로 두는 것이 좋다. • 경추손상의 처치는 튼튼한 전신부목 위에 바로 눕히고 필요한 부분에 고임을 대고 삼각건으로 잘 고정시켜야 한다.

⑫ 탈구: 관절의 뼈가 제자리에서 벗어난 상태를 말한다. 탈구가 되면 뼈를 연결하는 인대 및 관절 주위의 혈관, 근육 및 신경 역시 손상을 입을 수 있다.

증상	• 매우 아프고 관절의 모양이 변한다. • 뼈가 어긋나 있으며 부어 있다.
응급처치	• 부상당한 부위는 편하게 하여야 하며, 냉찜질을 하여 아픔을 가라앉히고 부종을 막아야 한다. • 응급처치자나 전문 의료요원이 아니면 탈구를 바로잡으려 하지 말아야 한다.

➕ 심화학습

액체유출을 막지 않는 이유
두부손상환자의 귀나 코를 통해 혈액과 함께 흘러나오는 액체(체액의 일종)는 오염되었고 그 기능을 다할 수 없기 때문에 외부로 방출하는 것이 바람직하다.

중요내용 O X 문제

	O	X

제1절 경호원의 자격과 윤리

01 대통령경호처 경호요원 채용 시 신장과 시력의 기준이 적용된다. ☐ ☐

02 공경호에서 경호원은 경호대상자의 사상이나 이념에 따라 자신의 사상이나 이념도 변화시켜야 한다. ☐ ☐

03 공경호요원은 국가원수 및 고위 공직자의 경호라는 사명감으로 전체주의적 직업관을 갖기 위해 꾸준히 자기 발전의 노력을 기울여야 한다. ☐ ☐

제2절 경호원의 의전과 예절

04 각급 학교 및 군부대의 주된 게양대에는 국기를 매일 낮에만 게양한다. ☐ ☐

05 차량에 태극기를 게양하는 경우 차량 운전석에서 볼 때 왼쪽에 게양하며, 외국기와 동시에 게양하여 총 2개의 국기를 게양할 경우에도 태극기를 왼쪽에 게양한다. ☐ ☐

06 국기와 함께 외국기를 게양할 때 앞에서 게양대를 바라보아 게양할 기의 총수가 짝수인 경우 국기의 바로 왼쪽이 차순위가 되도록 한다. ☐ ☐

07 국가원수의 외국방문 시 관련되는 예산의 편성업무는 외교부에서 담당한다. ☐ ☐

08 외국특명전권 대사 간 서열은 그들이 본국에서 임명된 일자를 기준으로 정한다. ☐ ☐

09 정부행사 시 초청인사 집단별 좌석배치 순서는 관행상 예우 기준, 즉 '국회의장 – 대법원장 – 헌법재판소장'의 순으로 한다. ☐ ☐

10 주요 정당의 대표를 초청하여 좌석을 배치하는 경우 국회법에 따라 원내 의석수가 많은 정당 순으로 배치한다. ☐ ☐

	O	X

11 비행기를 타고 내릴 때에는 상급자가 먼저 타고 먼저 내린다.

제3절 응급처치 및 구급법

12 자동심장충격기는 '전원 켬 – 패드 부착 – 심장리듬 분석 – 제세동 시행' 순으로 사용한다.

13 심장과 호흡이 멈춘 지 10분 이내에 심폐소생술을 시작하면 뇌손상 가능성이 거의 없다.

14 복잡골절로 뼈가 상처 밖으로 빠져나왔을 때 나온 뼈를 원상대로 회복시키려고 해서는 안 된다.

OX 정답 01 × 02 × 03 ○ 04 ○ 05 × 06 × 07 ○ 08 × 09 ○ 10 × 11 × 12 ○
13 × 14 ○

X 해설

01 2018년 대통령경호처 경호공무원 채용부터는 신장과 시력의 기준을 철폐하였다. '미래 위협에 대비하기 위한 스마트한 경호원'을 찾기 위해 신장과 시력기준은 철폐하고, 체력기준은 계속 유지하는 것으로 조정하였다.

02 개인적 감정이나 사상적(이념적) 중립성을 지키지 못한다면 경호원으로서의 기본적 정신자세를 갖추지 못했다고 할 수 있다. 특히, 공경호에서는 정치적, 사상적 이념의 중립성이 요구된다.

05 차량에 태극기를 게양하는 경우 차량 운전석에서 볼 때 오른쪽에 게양하며, 외국기와 동시에 게양하여 총 2개의 국기를 게양할 경우에도 태극기를 오른쪽에 게양한다. 즉, 차량의 전면을 앞에서 바라보아 왼쪽에 국기를 게양한다.

06 국기와 외국기를 함께 게양할 때, 그 수가 짝수인 경우에는 국기를 앞에서 바라보아 왼쪽의 첫 번째에 게양하여야 한다. 외국기의 게양 순서는 국가 명칭의 알파벳 순서에 따른다. 외국기 간에는 별도의 서열을 정하지 않는다.

08 대통령에게 신임장을 제정한 일자를 기준으로 한다.

10 주요 정당의 대표를 초청하여 좌석을 배치하는 경우 '여당대표, 야당대표' 순으로 배치한다.

11 비행기를 탈 때에는 상급자가 마지막으로 타면서 가장 나중에 환송을 받고, 내릴 때에는 먼저 내리면서 가장 먼저 환영을 받는다.

13 심장과 호흡이 멈춘 지 4분 이내에 심폐소생술을 실시해야 뇌손상 가능성이 거의 없다.

제1절 경호원의 자격과 윤리

01 경호원 직업윤리 정립을 위한 내용으로 옳지 <u>않은</u> 것은?
· 제18회 기출
◻◺✕

① 안전사고 예방을 위한 정신교육 강화

② 경호대상자와의 신뢰를 통한 정치적 활동 지향

③ 사전예방활동을 위한 경호위해요소 인지능력 배양

④ 지휘단일성의 원칙에 의한 위기관리 대응능력 함양

해설 경호활동에서 개인적 감정이나 사상적(이념적) 중립성을 지키는 것은 경호원의 기본적 정신자세이다. 특히, 공경호에서는 정치적, 사상적 이념의 중립성이 요구되며, 사경호의 경우 개인적 감정을 이입하기 쉽고 피경호인의 사생활 속에 포함되기 쉬우므로 주의하여야 한다.

02 경호원의 자격과 윤리에 관한 내용으로 옳은 것은?
· 제22회 기출
◻◺✕

① 경호환경 조성 및 탄력적 경호 운영을 위한 정치적 활동 지향

② 경호대상자의 생명과 재산을 지키기 위한 올바른 가치관 함양

③ 경호원의 권위주의 강화를 위한 일방적 주입식 교육의 확립

④ 경호원의 직업윤리 강화를 위한 성희롱 예방교육 배제

해설 ① 개인적 감정이나 사상적(이념적) 중립성을 지키지 못한다면 경호원으로서의 기본적 정신자세를 갖추지 못했다고 할 수 있다. 특히, 공경호에서는 정치적, 사상적 이념의 중립성이 요구되며, 사경호의 경우 개인적 감정의 이입과 피경호인의 사생활 속에 포함되기 쉬우므로 주의하여야 한다.
③ 권위주의 강화를 위한 일방적 주입식 교육의 확립은 바람직하지 않다.
④ 경호원의 직업윤리 강화를 위한 성희롱 예방교육이 필요하다.

제2절 경호원의 의전과 예절

03 경호의전에 관한 설명으로 옳지 <u>않은</u> 것은?

<small>○△×</small>
① 의전은 주최 측이 담당할 영역이므로 경호원은 의전에 관심을 가질 필요가 없다.
② 의전업무는 순간적이며 그 오류는 회복할 수 없다.
③ 의전이란 어떤 행사를 주최할 때 갖추어야 할 품격 있는 의식을 말한다.
④ 의전은 행사의 효율성을 극대화하고 행사 전반의 조정 · 통제기능으로 확대된다.

> **해설** 경호의전은 국경일, 기념일, 이 · 취임식, 외국 국가원수 환 · 송영, 기타 각종 공식적인 행사의 경호 시 이루어지는 의식을 말한다. 경호원은 경호의전 내용과 절차를 숙지하여야 한다.

04 일반적인 의전의 원칙(의전구성의 5요소)에 위반되는 것은?

<small>○△×</small>
① 상대에 대한 존중과 배려   ② 문화의 반영
③ 서열에 의한 의전   ④ 왼쪽(Left)이 상석

> **해설** 일반적으로 오른쪽이 상석이다.
>
> ▶ 의전구성의 5요소(5R)
>
> > 1. 의전은 상대에 대한 존중(Respect)과 배려이다.
> > 2. 의전은 문화의 반영(Reflecting Culture)이다.
> > 3. 의전은 상호주의(Reciprocity)를 원칙으로 한다.
> > 4. 의전은 서열(Rank)이다.
> > 5. 오른쪽(Right)이 상석이다.

05 국빈행사 시 의전에 관한 사항으로 적절하지 <u>않은</u> 것은?

<small>○△×</small>
① 국가원수급 외빈의 공식방문 환영행사 시 예포는 21발을 발사한다.
② 국빈방문 시 의전은 '환영행사 ⇨ 국가원수 내외 예방 ⇨ 국가원수 내외 주최 리셉션 및 만찬 ⇨ 회담 · 국회방문 · 시찰 등 ⇨ 환송행사' 순에 의한다.
③ 외국방문 시 의전관행은 항상 방문하는 나라보다 자국의 관행이 우선한다.
④ 좌석 서열 배치는 지위가 비슷한 경우 여자를 남자보다 우선한다.

> **해설** 방문하는 나라의 관행이 우선한다. 예를 들어, 대한민국 대통령이 우방국인 미국을 방문하는 경우 자국(대한민국)보다 방문국(미국)의 관행이 우선한다.

---

01 ②   02 ②   03 ①   04 ④   05 ③   ◀ 정답

06 경호의전에 관한 설명으로 옳지 않은 것은?

• 제24회 기출

① 우리나라의 공식적 국가 의전서열은 '대통령 ⇨ 국무총리 ⇨ 국회의장 ⇨ 대법원장 ⇨ 헌법재판소장' 순이다.

② 공식적인 의전서열을 가지지 않은 사람의 좌석은 당사자의 개인적·사회적 지위 및 연령 등을 고려한다.

③ 우리나라가 주최하는 연회에서는 자국 측 빈객은 동급의 외국 측 빈객보다 하위에 둔다.

④ '상대에 대한 존중과 배려'는 의전의 중요한 원칙 중 하나이다.

해설 우리나라의 공식적 국가 의전서열은 '대통령 ⇨ 국회의장 ⇨ 대법원장 ⇨ 헌법재판소장 ⇨ 국무총리' 순이다.

07 의전서열에 관한 설명으로 옳지 않은 것은?

① 지위가 비슷한 경우 연소자보다 연장자가, 내국인보다 외국인이 상위서열이다.

② 기혼부인 간의 서열은 남편의 지위에 따른다.

③ 공식서열은 신분별 지위에 따라 인정된 서열로서, 국제적으로 동일하게 적용된다.

④ 비공식서열의 경우 원만하고 조화된 좌석배치를 위하여 서열 결정상의 원칙은 다소 조정될 수도 있다.

해설 공식서열은 왕국의 귀족, 공무원, 군인 등 신분별 지위에 따라 공식적으로 인정된 서열이므로 국가에 따라 제도가 상이하다.

08 외교관 및 영사의 서열에 관한 설명으로 옳지 않은 것은?

① 공관장인 대사 및 공사 상호 간의 서열은 신임장 제정순서에 따른다.

② 대사대리 상호 간의 서열은 계급에 관계없이 지명통고가 접수된 순서에 따른다.

③ 공관장 이외의 외교관 서열도 외교관 계급에 따르고, 동일 계급 간에는 나이 순서에 따른다.

④ 같은 계급에 있어 외교관은 무관보다 앞선다.

해설 공관장 이외의 외교관은 서열도 외교관 계급에 따르고, 동일 계급 간에는 착임 순위에 따르며, 각국은 재외공관에 근무하는 직원 상호 간의 서열에 관한 별도 규정을 가지고 있는 것이 관례이다.

09 의전에 관한 설명으로 옳지 <u>않은</u> 것은? • 제20회 기출

□△×

① 3부(府)의 초청인사 집단별 좌석배치 순서는 관행상 행정 · 입법 · 사법의 순이다.

② 정부 의전행사에서 적용하고 있는 주요 참석인사에 대한 예우기준에 따라 공적 직위가 없는 인사 서열의 경우 직급, 기관장, 전직, 연령 등을 기준으로 한다.

③ 주한외교단은 신임장을 제정한 일자순으로 배치한다.

④ 우리나라 정부인사가 외국 정부와 같은 급의 인사를 초청한 경우에는 외빈인사를 상위의 좌석에 배치하는 것이 일반적인 관례이다.

해설 ▶ 공식서열이 없는 사람이 공식행사 또는 연회에 참석할 경우 서열(좌석배치)은 개인적 · 사회적 지위, 연령 등을 고려한다.

10 의전에 관한 내용으로 옳지 <u>않은</u> 것은? • 제22회 기출

□△×

① 의전의 원칙상 주최자의 경우 손님에게 상석인 오른쪽을 양보한다.

② 차량용 국기 게양 시 차량의 본네트 앞에 서서 차량을 정면으로 바라볼 때 본네트의 왼쪽이나 왼쪽 유리창문에 단다.

③ 국기의 게양 위치는 옥외 게양 시 단독주택의 경우 집 밖에서 보아 대문의 오른쪽에 게양한다.

④ 실내에서는 출입문 쪽을 아랫자리로 하고 그 정반대 쪽을 윗자리로 한다.

해설 ▶ 국기의 게양 위치는 옥외 게양 시 단독주택의 경우 집 밖에서 보아 대문의 왼쪽에 게양한다.

| 06 ① | 07 ③ | 08 ③ | 09 ② | 10 ③ | 정답 |

11 태극기 게양일 중에 조기(弔旗)를 게양해야 하는 날은?

① 3 · 1절　　　　　　　　　　　② 제헌절

③ 현충일　　　　　　　　　　　④ 국군의 날

해설 태극기 게양일 중 현충일 및 국가장 기간에는 조기(弔旗)를 게양해야 한다.

12 차량에 국기 부착 시 의전관례에 관한 설명으로 옳지 <u>않은</u> 것은?

① 우리나라 국기만 부착할 경우는 운전자 중심으로 우측(조수석 방향)에 한다.

② 양 국기를 부착할 경우 우리나라 국기를 운전자 중심으로 좌측(운전석 방향)에 부착한다.

③ 양 국기를 부착할 경우 그 전면에서 바라보아 외국기를 우측에 부착한다.

④ 우리나라 국기는 그 전면에서 바라보아 왼쪽에 국기를 게양한다.

해설 양 국기를 부착할 경우 우리나라 국기를 운전자 중심으로 우측(조수석 방향)에 부착한다.

▶ **차량의 국기 부착**

> 1. 각종 차량에는 전면을 밖에서 보아 왼쪽에 국기를 게양하여야 한다.
> 2. 차량에는 앞에서 보아 왼쪽 전면에 차량보다 기폭만큼 높게 게양하여야 한다.
> 3. 외국의 원수가 방한하여 우리나라 대통령과 동승 시 앞에서 보아 태극기는 왼쪽, 외국기는 오른쪽에 위치하도록 게양하여야 한다.

13 의전에 있어 태극기 게양방법으로 옳지 <u>않은</u> 것은?

① 국군의 날은 태극기를 전국적으로 게양하여야 하는 날이다.

② 현충일은 조기를 게양한다.

③ 공항 · 호텔 등 국제적인 교류장소는 태극기를 가능한 한 연중 게양하여야 한다.

④ 국제 행사가 치러지는 건물 밖에 여러 개의 국기를 동시에 게양 시, 총 국기의 수가 짝수이고 게양대의 높이가 동일할 경우 건물 밖에서 바라볼 때를 기준으로 태극기를 가장 오른쪽에 게양한다.

해설 외국기와 함께 게양 시 알파벳 순서로 게양하되, 홀수일 경우 태극기를 중앙에, 짝수일 경우 앞에서 보아 맨 왼쪽에 태극기를 게양한다.

14 의전에 있어 태극기 게양방법으로 옳지 <u>않은</u> 것은?

☐△✕

① 태극기 게양일은 3월 1일, 7월 17일, 8월 15일, 10월 1일, 10월 3일, 10월 9일이며, 6월 6일은 조기를 게양한다.

② 공항·호텔 등 국제적인 교류장소는 태극기를 되도록 연중 게양한다.

③ 차량에 태극기를 게양하는 경우 차량 운전석에서 볼 때 왼쪽에 게양하며, 외국기와 동시에 게양하여 총 2개의 국기를 게양할 경우에도 태극기를 왼쪽에 게양한다.

④ 국제행사가 치러지는 건물 밖에 여러 개의 국기를 동시에 게양 시 총 국기의 수가 짝수이고 게양대의 높이가 동일할 경우 건물 밖에서 바라볼 때를 기준으로 태극기를 가장 왼쪽에 게양한다.

> **해설** 차량에 태극기를 게양하는 경우 차량 운전석에서 볼 때 오른쪽에 게양하며, 외국기와 동시에 게양하여 총 2개의 국기를 게양할 경우에도 태극기를 오른쪽에 게양한다.

15 일반적인 서열의 원칙으로 옳지 <u>않은</u> 것은?

☐△✕

① 대사들의 서열은 알파벳 순서에 의한다.

② 정상급 외빈에 대한 서열은 국가원수, 행정수반 순으로 하고, 동급인 경우에는 영어국명의 알파벳 순서로 한다.

③ 국내행사에서 공직자와 민간인이 섞여 있을 때에는 고위직의 공직자를 우선으로 한다.

④ 외국인이나 여성은 내국인과 남성에 우선하여 배려한다.

> **해설** 한 국가를 대표하는 대사들의 경우 서열은 주재국에 부임, 신임장을 제정한 날짜를 기준으로 삼는다. 신임장은 외교사절단의 장이 그 자격을 증명하기 위하여 휴대하는 문서를 말하는 것으로, 이는 대사나 공사의 경우에는 파견국원수로부터 접수국원수에게 발행된다. 신임장이 효력을 발휘하기 위해서는 접수국원수의 제정(결정)이 있어야 한다.

---

11 ③	12 ②	13 ④	14 ③	15 ①	정답

16 우리나라 정부 의전행사 시 적용하고 있는 주요 참석인사에 대한 예우에서 공적 직위
가 있는 경우의 서열기준이 <u>아닌</u> 것은?　　　　　　　　　　　　• 제18회 기출

① 직급(계급) 순위

② 전직 순위

③ 헌법 및 정부조직법상의 기관순위

④ 기관장 선순위

> **해설** 공적 지위가 있는 경우 직급(계급) 순위, 「헌법」 및 「정부조직법」상의 기관순위, 기관장 선순위는
> 서열기준이 되나, 현직이 아닌 전직 순위는 서열기준이 될 수 없다. 공식서열을 가지지 않은 사람
> 이 공식행사 또는 연회에 참석할 경우 서열(좌석배치)은 개인적·사회적 지위, 연령 등을 고려한다.

17 일반적으로 이용되는 경호의전 중 탑승에 관한 설명으로 옳지 <u>않은</u> 것은?

① 승용차 좌석의 서열은 자가운전자의 차인 경우 운전석 옆자리가 상석이고, 조수의
뒷좌석이 차석, 운전석의 뒷좌석이 3석, 중앙이 말석이 된다.

② 에스컬레이터의 경우 올라갈 때에는 상급자가 먼저 올라가고, 내려올 때에는 하급
자가 먼저 내려온다.

③ 함정의 경우에는 상급자가 먼저 타고 먼저 내린다.

④ 열차의 경우 마주 앉는 좌석에서는 진행방향의 통로가 상석이고, 맞은편이 차석,
상석의 옆이 3석, 그 앞좌석이 말석이 된다.

> **해설** 열차의 경우 네 사람이 마주 앉는 좌석에서는 기차 진행방향의 창가 좌석이 가장 상석이고, 그 맞
> 은편, 상석의 옆좌석, 그 앞좌석 순서이다.

18 탑승예절에 관한 설명으로 옳지 <u>않은</u> 것은?

○△×

· 제21회 기출

① 승용차 탑승 시 운전기사가 있을 경우 좌석의 가장 상석은 조수석 뒷좌석, 다음이 운전석 뒷좌석, 마지막이 뒷좌석 가운데이다.

② 기차 탑승 시 네 사람이 마주 앉을 경우 가장 상석은 진행방향의 창가 좌석, 다음이 맞은편 좌석, 다음은 가장 상석의 옆좌석, 그리고 그 앞좌석이 말석이 된다.

③ 비행기 탑승 시 객석 창문 쪽이 상석이고, 통로 쪽이 차석, 상석과 차석의 사이가 하석이다.

④ 선박 탑승 시 일반 선박일 경우 상급자가 먼저 타고, 하선할 때에는 나중에 내리며, 함정일 경우는 상급자가 나중에 타고 먼저 내린다.

해설 일반 선박일 경우에는 보통 상급자가 승선 시 나중에 타고 하선 시 먼저 내리나, 함정의 경우에는 상급자가 먼저 타고 먼저 내린다.

19 경호의전과 예절에 관한 설명으로 옳지 <u>않은</u> 것은?

○△×

· 제23회 기출

① 비행기를 타고 내릴 때에는 상급자가 최우선하여 타고 내린다.

② 기차에서 두 사람이 나란히 앉는 좌석에서 창가 쪽이 상석이다.

③ 여성과 남성이 승용차에 동승할 때에는 여성이 먼저 탄다.

④ 승강기를 타고 내릴 때에는 상급자가 나중에 타고, 먼저 내린다.

해설 비행기를 타고 내릴 때에는 상급자가 마지막으로 타고 먼저 내린다.

| 16 ② | 17 ④ | 18 ④ | 19 ① | 정답 |

20 일반적인 탑승예절에 관한 설명으로 옳지 <u>않은</u> 것은?

① 기차의 경우 두 사람이 나란히 앉는 좌석에서는 창가 쪽이 상석이고, 통로 쪽이 말석이다.

② 비행기의 경우 상급자가 마지막으로 타고, 먼저 내리는 것이 순서이다.

③ 엘리베이터의 경우 안내하는 사람이 있을 때에는 상급자가 먼저 타고 먼저 내린다.

④ 에스컬레이터는 하급자가 먼저 올라가고, 내려올 때에는 상급자가 먼저 내려온다.

> **해설** 에스컬레이터의 경우 올라갈 때에는 상급자가 먼저 올라가고, 내려올 때에는 하급자가 먼저 내려온다.

21 다음은 국기와 외국기의 교차게양에 관한 설명이다. ( )에 들어갈 내용을 순서대로 연결한 것은?

> 국기와 외국기를 교차시켜 게양하는 경우에는 앞에서 바라보아 국기의 깃면이 ( )에 오도록 하고, 그 깃대는 외국기의 깃대 ( )에 오도록 한다.

① 왼쪽, 뒷쪽   ② 오른쪽, 뒤쪽

③ 오른쪽, 앞쪽   ④ 왼쪽, 앞쪽

> **해설** 국기와 외국기를 교차시켜 게양하는 경우에는 앞에서 바라보아 국기의 깃면이 왼쪽에 오도록 하고, 그 깃대는 외국기의 깃대 앞쪽에 오도록 한다(대한민국국기법 시행령 제16조 제3항).

22 탑승예절에 관한 설명으로 옳은 것은?

① 에스컬레이터는 올라갈 때에는 하급자가 먼저 올라가고 내려올 때에는 상급자가 먼저 내려온다.

② 승용차 탑승 시 운전기사가 있을 경우 자동차 좌석의 서열은 뒷좌석 왼쪽이 상석이며, 그다음이 오른쪽, 앞자리, 가운데 순이다.

③ 비행기를 타고 내릴 때에는 상급자가 먼저 타고 먼저 내린다.

④ 비행기 탑승 시 창문가 좌석이 상석이며, 통로 쪽 좌석이 차석, 상석과 차석 사이의 좌석이 말석이다.

> **해설** ① 에스컬레이터의 경우 올라갈 때에는 상급자가 먼저 올라가고 내려올 때에는 하급자가 먼저 내려온다.
> ② 승용차 탑승 시 운전기사가 있을 경우 자동차 좌석의 서열은 뒷좌석 오른쪽이 상석이며, 그다음이 뒷좌석 왼쪽, 조수석, 뒷좌석 가운데 순이다.
> ③ 비행기를 타고 내릴 때에는 상급자가 마지막에 타고 먼저 내린다.

제3절 응급처치 및 구급법

23 응급처치의 범위에 관한 설명으로 옳지 <u>않은</u> 것은?

☐△✕

① 응급처치는 전문적인 치료를 받기 전까지의 즉각적이고 임시적인 적절한 처치와 보호이다.

② 공경호요원은 응급처치 시 어떠한 경우에도 자신의 안전을 확보하는 것을 최우선으로 한다.

③ 응급처치원은 환자나 부상자에 대한 생사의 판정은 하지 않는다.

④ 응급처치원은 원칙적으로 의약품을 사용하지 않는다.

> **해설** 응급처치원은 자신의 안전을 확보하는 것이 중요하다. 다만, 공경호에 있어 요인경호 시에는 자기 희생의 원칙에 입각하여 경호대상자의 안전을 최우선으로 한다.

24 사고현장의 응급처치에 관한 설명으로 옳지 <u>않은</u> 것은?

☐△✕

① 긴급 환자를 우선 조치하고, 환자의 인계, 증거물이나 소지품을 보존한다.

② 쇼크에 대한 조치는 기도유지, 척추 고정, 지혈, 적정자세 유지가 중요하다.

③ 출혈 부위는 심장보다 낮게 하며, 물을 충분히 주어 갈증을 해소시켜야 한다.

④ 절단된 부위는 무균드레싱 후 비닐주머니에 넣어 물과 얼음이 담긴 용기에 넣어 운반한다.

> **해설** 출혈 부위를 심장보다 낮게 하는 경우 낮은 곳으로 피가 몰려 출혈량이 많아지며, 환자가 물을 많이 섭취하는 경우 피의 농도가 낮아진다. 이에 출혈 부위는 심장보다 높게 하며, 환자에게 물을 주어서는 안 된다.

| 20 ④ | 21 ④ | 22 ④ | 23 ② | 24 ③ | **정답** |

25 경호원의 응급처치 사항으로 옳지 **않은** 것은?
ㅇㅣㅿㅣ✕ ·제23회 기출

① 가슴 및 복부 손상 시 지혈을 하고 음료를 마시지 않게 한다.

② 심한 출혈 시 출혈 부위를 심장보다 높게 하여 안정한 상태를 유지한다.

③ 맥박과 호흡이 없을 경우 빠른 시간에 보조호흡을 실시한다.

④ 환자의 생사판정을 하지 않는 것을 원칙으로 한다.

> 해설 맥박과 호흡이 없을 경우에는 빠른 시간에 심폐소생술(제세동기 사용 포함)을 실시한다.
>
> ▶ **보조호흡**
>
> 폐용량 기능의 이상치를 측정할 때 그 호흡을 보조해서 환기를 충분히 시키는 것이다. 예를 들면, 마취 중의 환자에게 이용하는 보조호흡기에는 환자의 호흡에 맞추어 호흡기계를 음압으로 시키거나, 호기로 이행시키는 조절기구가 붙어 있다.

26 심폐소생술에 관한 내용으로 옳지 **않은** 것은?
ㅇㅣㅿㅣ✕ ·제24회 기출

① 심정지 환자는 골든타임 내에 신속하게 심폐소생술을 실시한다.

② 심폐소생술의 흉부(가슴)압박은 분당 100~120회 속도로 실시한다.

③ 심폐소생술 실시 중 자발적인 호흡으로 회복되어도 계속 흉부(가슴)압박을 실시한다.

④ 인공호흡에 자신이 없는 경우 흉부(가슴)압박을 실시한다.

> 해설 심폐소생술 실시 중 자발적인 호흡으로 회복되는 경우 흉부(가슴)압박은 중단한다.

27 경호임무 수행 중 응급환자 발생 시 경호원의 행동으로 옳지 **않은** 것은?
ㅇㅣㅿㅣ✕

① 먼지나 세균에 의한 2차 감염을 방지한다.

② 현장에서 안전하게 치료를 한 다음 이동시킨다.

③ 되도록 손이나 물건을 상처에 대지 않는다.

④ 출혈이 있는 환자는 지혈을 하여야 한다.

> 해설 응급환자 발생 시 경호원은 빠른 응급처치 후 신속하게 병원으로 이송하여야 한다. 경호원은 전문의료인이 아니므로 치료는 할 수 없다.

28 경호현장에서 응급상황 발생 시 최초반응자로서 경호원의 역할에 관한 내용으로 옳지
〇△✕ 않은 것은?
• 제18회 기출

① 심폐소생술 및 기본 외상처치술을 시행할 수 있어야 한다.
② 자동제세동기를 사용할 줄 알아야 하며, 장비를 사용하는 구급요원을 지원할 수
있어야 한다.
③ 응급구조사의 업무를 도와줄 수 있어야 한다.
④ 교육받은 행위 외에 의료진과 같이 치료를 할 수 있어야 한다.

> 해설 응급처치는 어디까지나 전문적인 치료를 받기 전까지의 즉각적이고 임시적인 적절한 처치와 보호
> 이며, 전문적인 의료서비스요원에게 인계한 후에는 모든 것을 그의 지시에 따른다. 경호원은 전문
> 의료인이 아니므로 의료진과 같이 치료를 할 수 없다.

29 다음 (   )에 알맞은 내용은?
〇△✕
• 제17회 기출

> (   )(이)란 의식장애나 호흡, 순환기능이 정지되거나 현저히 저하된 상태로 인하여
> 사망의 위험이 있는 자에 대하여 즉시 기도를 개방하고 인공호흡과 심장압박을 실시해
> 서 즉각적으로 생명유지를 도모하는 처치방법이다.

① 환자관찰   ② 심폐소생술
③ 응급구조   ④ 보조호흡

> 해설 심폐소생술은 심장과 폐의 활동이 멈추어 호흡이 정지된 경우 실시하는 응급처치이다. 심폐소생술
> 은 심장이 마비된 상태에서도 혈액을 순환시켜 뇌의 손상을 지연시키고, 심장이 마비 상태로부터
> 회복하는 데 결정적인 도움을 준다.

30 경호임무 중 응급처치에 관한 사항으로 옳지 않은 것은?
〇△✕

① 심정지 증상의 경우 숨은 쉬나 의식이 없고, 경동맥에서 맥박이 느껴지지 않는다.
② 심폐소생술의 수단은 인공호흡과 흉부압박이다.
③ 보통 성인의 경우 혈액량의 30% 정도의 피를 흘리면 생명을 잃게 된다.
④ 쇼크환자에게 물을 주어서는 안 된다.

> 해설 심정지 상태의 환자는 숨을 쉬지 않고 외견상 사망한 것으로 보인다. 또한 의식이 없고 경동맥에는
> 맥박이 느껴지지 않는다.

| 25 ③ | 26 ③ | 27 ② | 28 ④ | 29 ② | 30 ① | 정답 |

31 경호임무 수행 중 사고에 의한 환자 발생 시 조치요령으로 옳지 <u>않은</u> 것은?

① 척추손상 환자가 의식이 없을 경우 반듯하게 눕히고 턱을 당겨 기도를 개방한다.

② 심폐소생술을 할 때 환자의 출혈이 심하면 옆에 있는 다른 사람이 지혈을 병행한다.

③ 심폐소생술을 실시할 때 쇼크를 예방하기 위하여 가슴을 차갑게 한다.

④ 환자가 호흡을 하고 있다면 경동맥을 짚어 맥박이 있는지를 확인한다.

> **해설** 심폐소생술을 할 때 가슴을 차갑게 하면 환자가 쇼크를 일으킬 수 있으므로 가슴을 차갑게 해서는 안 된다.

32 감염증에 의한 쇼크에 해당하는 것은?

① 출혈성 쇼크 ② 저체액성 쇼크

③ 패혈성 쇼크 ④ 호흡성 쇼크

> **해설** 세균에 감염되면 세균에서 유리된 내독소의 작용으로 전신의 혈관이 확장되고 혈압이 저하된다. 이러한 상태가 지속되면 조직세포의 산소 부족과 심박출량의 감소로 쇼크 증상이 나타나는데, 이런 감염증에 의한 쇼크를 패혈성 쇼크라고 한다.

33 피경호인이 만찬 중 구토와 함께 졸도하였을 때 경호원의 최초 행동으로 옳은 것은?

① 의사를 부르고 기다린다.

② 입안의 오물을 제거한다.

③ 바로 인공호흡을 실시한다.

④ 정신을 차리도록 찬물을 끼얹는다.

> **해설** 가장 먼저 기도유지를 위하여 입안의 오물을 제거하여야 한다. 입안에 있는 음식물 등의 오물을 제거하지 아니할 경우 자칫 그 오물이 기도를 막아 숨을 쉴 수 없는 상황을 초래할 수 있다.

34 질식한 듯한 모습을 보이고 화상을 동반하며 쇼크 증상을 보일 수 있는 것은?

① 감전 ② 골절

③ 창상 ④ 탈구

> **해설** 감전사고의 특징으로는 의식 상실 및 쇼크가 발생하며, 전기가 들어가고 나간 양쪽 모두에 심부 화상, 부종, 그을림이 있다는 것이다. 또 고압전류에 의한 화상의 경우 피부에 갈색 흔적이 있다.

35 경호임무 수행 중 타박상을 입었을 때의 조치사항으로 옳지 <u>않은</u> 것은?

①△✕

① 출혈이 멈추고 부기가 가라앉으면 더운물치료나 온찜질을 한다.

② 8 ~ 10시간 동안 얼음찜질을 한다.

③ 상처 부위는 심장보다 낮게 하여 혈액순환이 잘 되게 한다.

④ 상처 주위에 탄력붕대를 감아 출혈과 부종을 막는다.

> **해설** 출혈 부위를 심장보다 높게 하고, 소독된 거즈나 헝겊으로 상처 부위를 세게 직접압박한다. 타박상 상처 부위를 얼음주머니 등으로 차갑게 하는 이유는 혈관이 수축되어 내출혈과 주위의 조직이 붓는 것을 방지하고 통증을 줄일 수 있기 때문이다. 출혈이 멈추고 부기가 가라앉으면 더운물치료나 온찜질을 해 준다.

36 출혈이 심한 환자에 대한 응급처치 방법이 <u>아닌</u> 것은?

①△✕

① 상처에 대한 지압점의 압박　　　② 상처의 드레싱

③ 출혈 부위에 대한 직접압박　　　④ 지혈대의 사용

> **해설** 심한 출혈인 경우의 응급처치 방법으로는 상처에 대한 지압점의 압박, 출혈 부위에 대한 직접압박, 지혈대의 사용, 체온 유지, 환자에게 물·음료를 직접 마시지 않게 하는 것 등이 있다.

37 경호원의 기본응급처치 요령으로 옳지 <u>않은</u> 것은?　　　• 제19회 기출

①△✕

① 호흡이 없을 시 즉시 심폐소생술을 실시하고, 전문의료진에게 신속하게 인계한다.

② 의식이 없을 경우에는 경호대상자를 옆으로 눕혀 이물질에 의한 질식을 예방한다.

③ 가슴 및 복부 손상 시 지혈을 하고 물을 마시게 한다.

④ 목 부상 시 부목 등의 도구를 이용하여 고정시켜 목의 꺾임을 방지한다.

> **해설** 부상자에게는 물을 먹이지 않는 것을 원칙으로 한다. 특히, 배를 깊이 찔려 출혈이 있을 때에는 내장 손상이 있으므로 더욱 주의해야 한다.

| 31 ③ | 32 ③ | 33 ② | 34 ① | 35 ③ | 36 ② | 37 ③ | 정답 |

38 응급처치의 기본요소에 해당하지 <u>않는</u> 것은?

ㅇㅣ△ㅣ×

• 제22회 기출

① 기도확보   ② 지혈

③ 상처보호   ④ 전문치료

해설 응급처치의 4대 요소는 기도유지(턱을 약간 높게 해서 기도를 바르게 하여 숨을 쉴 수 있게 하는 것), 지혈, 쇼크방지, 상처보호이다. 일반적인 응급처치 순서는 '기도유지 ⇨ 지혈 ⇨ 쇼크방지 ⇨ 상처보호' 순이나, 상처 부위나 정도에 따라 응급처치의 순서는 달라질 수 있다.

39 원인불명의 인사불성 중 얼굴이 붉은 환자의 상태와 일반적인 응급처치에 관한 설명으로 옳지 <u>않은</u> 것은?

ㅇㅣ△ㅣ×

① 주요 증상은 맥박이 약하다는 것이며, 구토를 할 경우 얼굴을 옆으로 돌린다.

② 환자를 바로 눕히고 머리와 어깨를 약간 높여 안정시킨다.

③ 머리에 찬 물수건을 대어 열을 식혀야 한다.

④ 환자를 옮길 필요가 있으면 눕힌 상태로 주의해서 운반한다.

해설 원인불명의 인사불성 환자 중 얼굴이 붉은 환자의 주요 증상은 맥박이 강하다는 것이다. 응급처치로는 환자를 바로 눕히고 머리와 어깨를 약간 높여 안정시킨 후 환자의 목의 옷깃을 느슨하게 하고 머리에 찬 물수건을 대어 열을 식혀야 한다.

40 피부가 붉어지고 수포가 생기며, 심한 통증이 나타나는 정도의 화상은?

ㅇㅣ△ㅣ×

① 1도 화상   ② 2도 화상

③ 3도 화상   ④ 4도 화상

해설 ▶ 증상에 따른 화상의 분류

> 1. 1도 화상: 열에 의하여 피부가 붉어진 정도의 화상을 말한다.
> 2. 2도 화상: 피부에 물집(수포)이 생긴 정도의 화상을 말한다.
> 3. 3도 화상: 피부의 상피층뿐만 아니라 피부 속까지 침범하여 피부괴사를 일으키는 화상이다.
> 4. 4도 화상: 뼈까지 침범된 조직손상으로 미라처럼 딱딱하게 되는 화상이다.

41 경호행사 시 사고로 인한 골절환자의 응급처치 요령으로 옳지 <u>않은</u> 것은?

① 움직임을 억제하고 상처의 감염 방지 처리를 해야 한다.

② 골절된 뼈가 돌출되면 1차적으로 뼈를 맞춘다.

③ 출혈 시에는 직접압박지혈법을 행한다.

④ 골절 부위를 조사하여 골절 부위 상·하단에 부목을 대고 고정한다.

> **해설** 골절환자의 경우는 골절 부위가 그 이상 손상되지 않도록 주의하여야 한다. 골절된 뼈를 맞추는 행위는 치료행위로, 전문의료인만이 할 수 있다.

42 경호활동 시 발생되는 두부손상에 대한 응급처치 요령으로 옳지 <u>않은</u> 것은?

① 두피손상의 경우 손상 입은 피부를 본래의 위치로 되돌려놓고 거즈를 덮어 직접압박으로 지혈하고 붕대로 고정한다.

② 두개골 골절의 경우 귀나 코에서 흐르는 액체는 막지 않고 이송한다.

③ 두부손상의 경우 두부에 박힌 이물질을 제거하고 보온 조치하여 체온을 유지한다.

④ 일반적으로 두부가 손상되었다고 확인되면 기도확보, 경추·척추 고정, 산소 공급 및 기타 외상처치를 실시한다.

> **해설** 머리에 상처가 있으면 이물질 제거와 같은 조치를 금하며, 상처를 보호한 채 병원으로 신속히 이송해야 한다. 두부(머리)에 박힌 이물질 제거 시 과도한 출혈 등이 발생하여 환자에게 위험한 상황이 발생할 수 있으므로 반드시 의료기관에서 전문의료인에 의한 이물질 제거가 이루어져야 한다.

43 경호임무 수행 중 발견한 유형별 응급처치 방법에 관한 설명으로 옳지 <u>않은</u> 것은?

① 얼굴이 창백한 인사불성환자는 머리를 수평되게 하고 다리를 높여 안정되게 눕히고 보온조치를 한다.

② 뇌일혈 환자는 목의 옷을 느슨하게 하고 찬 물수건이나 얼음주머니를 머리에 대어 준다.

③ 졸도환자는 머리와 몸을 수평으로 눕히고 다리를 높인다.

④ 두부외상 환자는 보온 조치를 하여 체온을 상승시켜 유지하도록 한다.

> **해설** 두부외상 환자는 체온이 정상 체온보다 저하될 수 있으므로 보온 조치를 하여 정상 체온을 유지할 수 있도록 하여야 한다. 체온을 상승시켜야 하는 것은 아니다.

| 38 ④ | 39 ① | 40 ② | 41 ② | 42 ③ | 43 ④ | **정답** |

CHAPTER 03 기출 및 예상문제 • 553

44 다음 설명 중 옳지 <u>않은</u> 것은?

ㅇ△✕

① 부상자가 의식이 없고 척추손상 상태라면 부상자를 반듯하게 눕히고 머리 부위를 당기며 기도를 개방시킨다.

② 부상자가 호흡을 하지 않아 기도를 개방하고 인공호흡을 실시하였다면 경동맥을 짚어 맥박이 있는지 확인한다.

③ 심폐소생술을 실시하던 중 출혈이 심하다면 심폐소생술 실시자 외의 다른 보호자가 지혈을 실시한다.

④ 심폐소생술을 실시할 때에는 쇼크를 방지하기 위하여 부상자를 차갑게 보호해 주어야 한다.

> 해설 ▶ 심폐소생술을 실시할 때에는 쇼크를 방지하기 위하여 부상자를 따뜻하게 보호해 주어야 한다. 보온은 환자의 정신적 · 육체적 안정에 필수이다.

45 유형별 응급환자에 대한 처치 사항으로 옳지 <u>않은</u> 것은?

ㅇ△✕

① 두부손상이 의심되면 상체를 높이고 구토 등 이물질이 있는 경우 옆으로 눕힌다.

② 뇌일혈의 경우 환자의 머리와 어깨를 높이고, 목의 옷을 느슨하게 하며 찬 물수건이나 얼음주머니를 머리에 댄다.

③ 약품화상의 경우 물로 상처를 씻어 내고 감염을 예방하도록 한다.

④ 독사교상의 경우 상처 부위의 위쪽은 묶고, 상처 부위를 심장보다 높게 하여 이송한다.

> 해설 ▶ **독사교상의 경우 응급처치**
>
> 1. 뱀은 한 번 이상 무는 습성이 있으므로 환자와 주위 사람들을 뱀으로부터 멀리 떨어지게 한다. 독사는 자기 몸길이 정도의 거리는 단번에 공격할 수 있다. 뱀은 머리가 잘려도 20분 이상을 움직일 수 있으므로 뱀의 머리가 잘린 경우라도 조심해야 한다.
> 2. 우선 환자를 뱀이 없는 곳으로 옮긴 다음, 상처 부위를 심장보다 낮게 하여 편안히 눕히고 안정시켜 움직이지 않도록 한다. 흥분하거나 걷거나 뛰면 독이 더 빨리 퍼진다.
> 3. 상지를 물린 경우 반지 등을 제거한다. 물린 부위의 부종으로 인하여 반지 등에 끼이면서 혈액차단에 의하여 괴사가 일어날 수 있다.
> 4. 물린 부위를 비누와 물로 부드럽게 닦아 낸다.

46 다음 설명 중 옳지 <u>않은</u> 것은?

① 염좌환자는 부종을 빼기 위하여 마사지나 더운물로 찜질하는 것이 좋다.

② 출혈환자는 맥박수가 증가한다.

③ 쇼크환자는 몸이 식으면 충격이 악화된다.

④ 머리에 부상이 있을 때에는 수평으로 눕히거나 머리를 올린다.

> **해설** 염좌(관절을 삐어 인대가 늘어난 상태)환자는 환부를 높게 고정하거나, 냉(얼음)찜질로 부종을 빼야 하며, 마사지는 금한다.

47 경호대상자가 화상을 입었을 경우 경호원의 응급처치 방법으로 옳지 <u>않은</u> 것은?

① 화상 부위에 연고를 바른 후 거즈를 댄 뒤 붕대로 감는다.

② 불에 탔거나 뜨거운 물에 젖은 의복은 가위를 이용하여 제거한다.

③ 수포를 가능한 한 터뜨리고 그 위에 연고를 바른다.

④ 화상 부위는 소독된 거즈로 두툼하게 덮은 후 붕대로 감는다.

> **해설** 화상 시 수포를 터뜨리면 2차 감염이 우려되므로 수포를 터뜨리지 말고 수포 위에 연고나 소독된 거즈를 두툼하게 대고 붕대를 감아야 한다.

48 경호대상자가 빈혈로 쓰러졌을 경우 경호원의 응급처치 요령으로 옳지 <u>않은</u> 것은?

① 다리를 높게 한다.

② 머리를 낮게 한다.

③ 의식이 있는 경우 따뜻하게 보온하고 따뜻한 물이나 국물을 마시게 한다.

④ 의식 회복을 위해 몸을 마구 흔들어 정신을 차리게 한다.

> **해설** 빈혈 시의 응급처치로는 머리로 피가 가도록 머리를 낮게 하고 다리를 높게 해야 하며, 어느 정도 안정이 되면 수분을 보충하게 해야 하고, 몸을 마구 흔들어서는 안 된다.

| 44 ④ | 45 ④ | 46 ① | 47 ③ | 48 ④ | 정답 |

CHAPTER

04

경호의 환경

10%

학습 TIP

☑ 경호의 일반적 환경요인과 특수적 환경요인을 구분하여 정리하고, 4차 산업을 응용한 경호활동 및 경호위해활동을 이해한다.

☑ 뉴테러리즘과 사이버테러리즘의 정의를 비교 · 정리하고, 사이버테러기법의 종류를 학습한다.

☑ 테러방지법상의 국가테러대책위원회 심의 · 의결사항과 대테러센터 업무를 비교 · 정리하고, 테러대응절차의 순서 및 세부내용을 학습한다.

| POINT | CHAPTER 내 절별 출제비중 |

01 경호의 환경요인		13.5%
02 암살 및 테러 등		28.8%
03 우리나라의 대테러관리 (약칭: 테러방지법)		57.7%

경호의 환경

경호대상자의 신변보호를 목적으로 하는 경호조직은 조직의 목적을 달성하기 위한 경호활동을 수행함에 있어 그 조직을 둘러싸고 있는 주변의 환경, 여건에 영향을 받는다. 경호조직은 경호활동과 관련된 환경적 요인에 적절히 적응할 수 있어야 한다.

> **참고** 경호환경
>
> 1. **개념**
>   경호환경이란 경호대상자의 신변안전과 관련 있는 총체적 환경을 말한다. 총체적 환경이란 VIP의 생존과 안전에 직·간접적 영향을 줄 수 있는 사회적, 자연적 상황 또는 조건이다.
> 2. **경호환경 구분**
>   ① **경호내적 환경**: 경호기관의 내부환경으로 경호조직의 구성원, 지휘체계, 재정, 규모 등을 말한다.
>   ② **경호외적 환경**: 경호기관의 외부환경으로 일반적 환경과 특수적 환경으로 구분할 수 있다.
>   ㉠ **일반적 환경**: 모든 사회 구성체와 다를 바 없는 정치적, 경제적, 사회적, 문화적 환경을 의미한다. 일반적 환경요인으로는 경제 발전, 과학기술의 발전, 정보화, 사회구조와 국민의식의 변화, 국제화·개방화 등이 있다.
>   ㉡ **특수적 환경**: 경호대상자의 생존과 안전에 직접적인 영향을 주는 환경으로, 특수적 환경요인으로는 암살, 테러, 유격전, 국가별 특수한 환경여건(대한민국에 대한 북한의 도발위협) 등이 있다.

유격전
적 지역이나 적 점령지역 내에서 무장한 주민 또는 정규군 요원에 의해서 직접, 간접으로 불규칙하게 수행되는 군사 및 준군사활동을 말한다.

1 경호의 일반적 환경

1. 경제 발전

경제 발전은 물질문명의 발달로 인하여 부의 축적이 가능해지나, 부의 분배과정에서 소외되는 계층이 나타나 결국 빈부의 격차에 따른 계층 간, 지역 간 갈등이 생겨 사회질서의 혼란이 야기되므로 이를 보호하기 위해서도 경호의 필요성이 생긴다. 경제 발전 및 경제개혁의 과정에서 발생하는 빈부의 격차 등에 의하여 소외감을 갖게 되는 불만계층은 경호환경을 악화시킨다.

2. 과학기술 발전

과학기술이 발전함에 따라 위해자와 위해조직이 위해수단으로 첨단 장비와 기술을 활용함으로써 위해의 성공 가능성이 높아지고, 피해 범위가 광범위하게 나타난다.

3. 정보화

현대사회는 전자기술의 발달로 이메일 등 정보화 수단이 진전됨에 따라 범죄의 광역화와 지능화·신속화가 이루어지고, 정보의 이용에 의하여 범죄의 발생 가능성은 높아졌다. 그러나 범죄의 발견 가능성은 낮아지고 있는 실정이다.

4. 사회구조와 국민의 의식구조 변화

전통사회의 사회의식인 공동사회, 협력주의는 사회가 발달함에 따라서 개인화·이기주의화됨으로써 성공적인 경호활동에 어려움이 많아지고 있다. 국민들의 의식구조와 생활양식의 변화는 경호활동에도 영향을 미친다.

5. 국제화·개방화

최근 국제화·개방화됨에 따라 국제적 교류가 활발해지면서 국제적 테러조직의 활동 증가, 범죄의 광역화 등으로 인하여 경찰이나 경호기관의 통제력이 약화되고 있다.

6. 신냉전체제와 다양한 갈등

우크라이나·러시아 전쟁 발생으로 인하여 서방자유진영과 공산독재진영 간 이해가 첨예하게 대립하며 새로운 냉전체제가 구축되었다. 아울러 민족주의, 인종 갈등, 지역주의 등이 본격적으로 대두되어 서로 간의 갈등이 다양한 형태로 발생하고 있다.

핵심 기출문제

01 경호의 일반적 환경요인으로 옳지 않은 것은?   • 제19회 기출

① 경제 발전과 과학기술의 발전
② 사회구조와 국민의식 구조의 변화
③ 정보의 팽창과 범죄의 다양화
④ 우리나라에 대한 북한 테러 위협 증가

해설 경호환경은 일반적 환경과 특수적 환경으로 구분할 수 있다. 일반적 환경요인으로는 경제 발전, 과학기술의 발전, 정보화, 사회구조와 국민의식의 변화, 국제화·개방화 등이 있으며, 특수적 환경요인으로는 암살·테러, 유격전, 국가별 특수한 환경 여건 (대한민국에 대한 북한의 도발위협) 등이 있다. 우리나라에 대한 북한 테러 위협 증가는 특수적 환경요인에 해당한다.

정답 ④

---

2 경호의 특수적 환경

경호의 일반적 환경이 보편적이며 최근 들어 일반적으로 넓게 일어나는 경호의 환경요인이라면, 경호의 특수적 환경은 인류의 역사상 오랜 기간 지속적으로 특별한 지역, 특수한 여건 속에서 일어난 사건이며 환경이라고 할 수 있다.

1. 암살·테러·유격전

암살·테러·유격전은 자신들의 정치적·경제적·종교적·이념적·군사적 목적을 달성하기 위한 치밀한 사전 계획에 의한 행위이다. 암살·테러·유격전에 영향을 주는 요소 4가지는 다음과 같다.

(1) 소수민족 및 소외된 집단

세계는 군사전쟁에서 경제전쟁으로 탈바꿈하여 지역이기주의 또는 지역경제주의로 발전하게 되고, 소수민족이나 소외된 지역의 테러단체들의 투쟁이 증가하여 경호환경에 큰 영향을 미치게 되었다.

(2) 국제적인 지위향상에 따른 위협의 증가

국제적인 지위향상은 해외에서 테러·암살 등 위협의 증가로 나타나게 되고, 국제테러는 전 인류를 공포 속으로 빠뜨리고 있다. 이러한 경향은 경호조직에도 막대한 영향을 미치며, 경호산업의 발달을 촉진하게 된다.

(3) 특정국의 경제적 곤란과 정치적 불안

특정국의 경제적 곤란과 정치적 불안으로 인한 테러 및 유격전의 유발이 우려된다. 각국은 국민의 안전과 국가의 질서유지를 위하여 경호조직을 강화하게 될 것이다.

(4) 약자층에 대한 증오심

소수인종 및 민족, 종교적 편견, 장애인, 노인 등 약자층을 대상으로 이유 없는 증오심을 갖고 테러를 자행하는 증오범죄가 등장하고 있다. 이는 경호조직의 증감에 영향을 미치고 있다.

:: 보충학습 특수적 환경의 개념

> 경호의 특수적 환경이란 특정한 시점에서 특정한 국가가 직면하고 있는 경호환경을 말한다. 경호의 일반적 환경이 모든 시간과 대상에 적용되는 일반론이라면, 경호의 특수적 환경은 특정 국가 또는 지역이 당면하고 있는 경호대상자를 둘러싼 환경인 것이다.

➕ 심화학습

기타 특수적 환경 요소
- 종교 간 갈등과 문명 간 충돌
- 9 · 11테러와 뉴테러리즘 등장
- 대한민국의 이라크 파병
- 대한민국의 국제적 지위향상
- 북한의 핵보유

2. 북한의 도발위협

북한의 국제사회로부터의 고립, 경제난 등이 대한민국에는 큰 위협이 되고 있다. 그러나 미국과 북한 간의 비핵화 협상 타결과 이에 따른 남북 화해 및 경제협력이 이루어진다면 북한의 도발위협은 크게 감소될 수 있다.

3 국내 치안환경요인

1. 범죄의 양적 증가

(1) 1970년 이후에는 범죄가 약 4배의 증가율을 보이면서 전반적으로 총 범죄발생 건수가 증가하고 있다.

(2) 과거에 비해 현재에는 형법범보다 특별법범이 크게 증가하고 있다.

형법범과 특별법범
- **형법범**
  「형법」에 저촉되는 범죄자
- **특별법범**
  특별법에 규정된 범죄를 저지른 범죄자

2. 범죄의 질적 변화

(1) 미국 등 세계경제의 장기침체, IMF 이후 기업의 경쟁력 강화를 위한 구조조정의 상시화, 신용카드 발급 · 사용의 남발로 인한 개인채무와 실업률의 증가로 경제적 이익이 목적인 경제범죄가 증가하고 있다.

사이버범죄(Cyber Crime)
컴퓨터, 통신, 인터넷 등을 악용
하여 사이버공간에서 행하는 범
죄로, 범행 목적에 따라 사이버
테러형과 일반 범죄형으로 분류
할 수 있다.

(2) 과학화에 따른 치밀성이 향상되고 과학자에 의한 사이버범죄가 지속적으로 증가하고 있다.

(3) 살인 · 강도 · 강간 등의 강력범죄가 증가하고 있고, 금융범죄의 대형화, 범죄사고의 광역화 · 조직화 · 집단화 경향이 있으며 불특정 다수를 대상으로 한 범죄가 증가하고 있다.

(4) 범죄자 100명 중 21명이 여성 및 소년일 정도로 청소년과 여성의 범죄가 증가하고 있으며, 범죄자의 절반 이상이 재범자에 해당한다.

(5) 범죄자의 고학력화로 범죄수법이 지능화 · 전문화될 것으로 예상된다.

(6) 교통 · 통신 시설의 급격한 발달로 범죄가 광역화 · 기동화 · 조직화 · 흉포화되고 있으며, 성범죄 등 여성을 대상으로 하는 가정파괴범이 증가하고 있다.

(7) 금융, 보험, 신용카드, 컴퓨터 등과 관련된 화이트칼라 범죄형태로 변화하고 있다.

3. 범죄의 국제화현상

국제화 · 개방화에 따른 국내인의 해외범죄, 외국인의 국내범죄, 밀수, 테러 등의 국제범죄가 증가하고 있다. 즉, 불법체류 및 밀입국 등 출입국관리사범의 증가, 국제 범죄조직의 국내 진출 기도, 마약 · 총기류 · 위조달러 등의 불법 밀반입 증가, 인터넷 등을 이용한 국제해킹 위협 가중 등 범죄의 국제화현상이 증가하고 있다.

4. 인터넷 등을 통한 해킹 위협의 증대

정보화시대가 본격화됨에 따라 전 세계의 정보통신망이 서로 긴밀하게 연결되면서 인터넷 등 국제 전산망을 이용하여 국내 전산망에 침투하여 국가의 중요 정보나 기업체의 중요 연구결과를 불법적으로 유출해 가거나 파괴하는 국제적인 해킹사건이 자주 발생하고 있다. 이는 국가의 안전과 경제기반을 위협하고 있다.

5. 한반도의 정세 변화

(1) 핵무기로 대한민국과 주변 국가를 위협하고 있는 호전적인 북한이 핵

무기를 더욱더 고도화하고 대륙 간 탄도탄 개발을 거의 완성함에 따라 한반도의 긴장이 심화되고 있다. 이런 가운데 남북 간의 군사적 대치보다 경제적 실리 추구와 평화 공존이 중요시되고 있다. 미국과 북한 간의 비핵화 협상이 원만하게 타결된다면, 국제사회의 북한에 대한 각종 제재 해제와 남북 간 경제협력이 이루어질 수 있다. 이럴 경우 한반도에 항구적인 평화가 구축되는 계기가 될 것이다.

(2) 21세기 이후에는 세계화·개방화에 따른 초국가적 범죄가 증가하고 있으므로 국제적 연대가 요구되고 있다.

(3) 동남아시아, 중국에서 불법취업과 체류가 증가하여 다국적기업에 대한 범죄와 국제 범죄조직에 의한 범죄행위가 계속적으로 증가하고 있다.

핵심 기출문제

02 경호환경에 관한 설명으로 옳지 않은 것은? • 제24회 기출

① 국제 관계와 정세로 인하여 해외에서 우리 국민을 대상으로 한 테러위험이 증가되는 것은 특수적 환경요인이다.

② 국민의식과 생활양식의 변화로 경호에 비협조적 경향이 나타나는 것은 특수적 환경요인이다.

③ 북한의 핵실험 등 도발위협은 특수적 환경요인이다.

④ 과학기술의 발전이 상대적으로 경호환경을 약화시키는 것은 일반적 환경요인이다.

해설 국민의식과 생활양식의 변화로 경호에 비협조적 경향이 나타나는 것은 일반적 환경요인이다.

정답 ②

03 우리나라 경호의 환경요인에 관한 설명으로 옳지 않은 것은? • 제23회 기출

① 경제와 과학기술의 발전으로 경호의 첨단화가 가속화되고 있다.

② 사회와 국민의식 구조의 변화로 인한 시대적 요구사항을 반영하여 경호의 수단과 방법이 변화되고 있다.

③ 사이버범죄 증가에 따라 경호방법 다변화의 일환으로 개인정보 보호법은 적용하지 않는다.

④ 드론 사용 범죄 등과 같은 신종 위해가 증가하고 있다.

해설 사이버범죄 증가에 따른 개인정보 침해를 방지하기 위하여 「개인정보 보호법」을 적용하여야 한다.

정답 ③

4 일반적 경호위해요소

1. 위해의 유형

(1) 성격에 따른 분류

① 자연적 위해: 폭풍, 홍수, 지진, 폭염, 폭설 등과 같이 자연현상에 의하여 야기되는 위해들을 말한다.

② 인위적 위해: 신체를 위협하는 범죄, 절도, 좀도둑, 횡령, 염탐행위, 폭탄 위협, 화재, 교통사고 등과 같이 인간의 고의, 실수, 부주의에 의하여 야기되는 재난을 말한다.

③ 특정한 위해: 원자력발전소의 방사능 누출 위해, 화학공장의 화학적 화재나 폭발 위험, 가스폭발 위해, 백화점의 날치기 등과 같이 특정 시설물 또는 각 지역, 각 국가 등에 따라 성질이나 유형이 다양하게 나타나는 위해를 말한다.

(2) 주체에 따른 분류

① 인적 위해요소: 시국불만자, 외국인, 일반요시찰자, 피보안처분자, 공격형 정신병자 등이 해당한다.

② 물적 위해요소: 직접적으로 위해가 될 수 있는 자연물과 인공물, 간접적으로 위해가 되거나, 위해자에 의하여 이용되는 자연물과 인공물이 해당한다.

2. 경호위해조직의 특징

(1) 동심원적 구조

경호위해조직은 지도자조직을 중심으로 하여 행동조직과 지원조직 등이 동심원적으로 결합되어 있다.

> **동심원**
> 같은 중심을 가지며 반지름이 다른 두 개 이상의 원을 말한다.

(2) 전문성

첨단기술의 발달로 인하여 위해조직들은 첨단기술을 위해행동에 이용하게 되었고, 체계화된 경호조직과 기술에 대응하기 위해서도 위해조직이 고도로 전문화되고 있다.

(3) 폐쇄적 구조

대테러조직의 공격으로부터 위해조직의 안전을 확보하고 위해의 성공 가능성을 높이기 위하여 위해조직은 폐쇄적인 구조를 갖추고 있다.

(4) 정확성 · 치밀성

위해조직은 치밀한 계획과 정확한 행동을 갖추어 위해의 성공 가능성을 높이고 있다.

5 ┃ 4차 산업

1. 4차 산업

(1) 의의

① 4차 산업은 정보 · 지식산업의 진전과 더불어 쓰이게 된 용어로 지능을 기반으로 하는 산업이다. 4차 산업은 3차 산업군 중 지식 집약적 산업을 지칭할 때 주로 사용되는 용어로, 사회의 문화 수준이 높아짐에 따라 정보 · 지식을 자본으로 한 기업을 3차 산업과 구별한 것이다. 미국에서는 이미 국민총생산의 3분의 1이 이 지식산업에서 파생된다.

② 4차 산업은 경제의 지식 기반의 일부를 기술하는 한 방법으로서 일반적으로 정보 배포 및 공유, 정보기술, 상담, 교육, 연구 및 개발, 금융 계획, 기타 지식 기반 서비스를 포함한다.

참고 1~5차 산업의 개념

1. 1차 산업
농업 · 목축업 · 임업 · 어업 등 직접 자연에 작용하는 산업의 총칭을 말한다.

2. 2차 산업
제조업 · 건축토목업 · 광업 · 가스업 · 전기업 등 자연으로부터 얻은 원료나 재료를 가공하는 산업을 말한다.

3. 3차 산업
2차 산업에서 생산된 물건을 소비자에게 판매하거나 각종 서비스를 제공하는 산업을 말한다.

4. 5차 산업
산업이 발달함에 따라 서비스업을 제3차 산업만으로 분류할 수 없기 때문에 제4차 산업과 같이 만들어진 개념이며, 아직 확정된 개념은 아니다. 제3차 산업을 금융, 보험, 상업, 수송 등으로 국한시키고, 제4차 산업은 정보, 교육, 의료 등의 산업으로, 제5차 산업은 취미나 여가 생활(오락, 패션 등)로 분류한다. 제4차 산업과 제5차 산업의 비중은 점점 증가하고 있는 추세이다.

2. 산업혁명

(1) 1차 산업혁명

1784년 영국에서 시작된 증기기관과 기계화로 대표된다.

(2) 2차 산업혁명

1870년 전기를 이용한 대량생산의 본격화로 대표된다.

(3) 3차 산업혁명

1969년 인터넷이 이끈 컴퓨터 정보화 및 자동화 생산시스템의 주도로 대표된다.

(4) 4차 산업혁명

인공지능(AI)
인공지능(Artificial Intelligence)이란 사고나 학습 등 인간이 가진 지적 능력을 컴퓨터를 통해 구현하는 기술이다.

사물인터넷(IoT)
사물인터넷(Internet of Things)은 사물에 센서를 부착해 실시간으로 데이터를 인터넷으로 주고받는 기술이나 환경을 일컫는다.

① 인공지능(AI), 사물인터넷(IoT), 로봇기술, 드론, 자율주행차, 가상현실(VR) 등이 주도하는 차세대 산업혁명을 말한다. 인공지능, 로봇기술, 생명과학이 주도하는 차세대 산업혁명으로 정보통신기술(ICT)의 융합으로 이루어진다.

② 이 용어는 2016년 스위스에서 열린 다보스 포럼(Davos Forum)에서 포럼의 의장이었던 클라우스 슈밥(Klaus Schwab)이 처음으로 사용하면서 이슈화됐다. 당시 슈밥 의장은 '이전의 1, 2, 3차 산업혁명이 전 세계적 환경을 혁명적으로 바꿔 놓은 것처럼 4차 산업혁명이 전 세계 질서를 새롭게 만드는 동인이 될 것'이라고 밝힌 바 있다.

3. 4차 산업의 발전에 따른 경호환경의 변화

4차 산업의 발전은 경호의 외적환경 중 일반적 환경으로 분류할 수 있다. 4차 산업의 지속적인 성장에 따라 경호환경에 위해를 끼칠 수 있는 새로운 요소가 등장할 수 있으며, 반대로 경호활동에 새로운 전기를 맞이할 수도 있다. 4차 산업의 발달은 경호활동에 있어 위기인 동시에 기회이기도 하다. 경호주체는 이에 따른 경호환경의 변화를 잘 이해하고 적응하여야 한다.

4. 4차 산업을 응용한 경호활동 및 경호위해활동

(1) 인공지능 로봇경호원의 출현

① 인간의 신체적 능력을 초월한 강인한 체력과 인공지능으로 순간적인 높은 판단력, 침착함을 겸비한 로봇경호원의 등장으로 경호활동에 획기적인 전기가 될 수 있다.

② 경호위해집단이 역으로 인공지능을 가진 로봇 위해기도자를 이용한 공격을 가할 수 있다.

(2) 드론의 활용

① 드론을 활용하여 경호대상자에게 접근하려는 사람 및 차량 등을 폭넓게 정찰하고 감시할 수 있으며, 경우에 따라서는 공세적으로 드론을 운용하여 위해기도자를 추격·공격·포획 및 위해시설물을 폭파할 수 있다.

② 경호위해집단이 역으로 드론을 이용한 공격을 가할 수 있다.

(3) 원격조정에 의한 암살·테러의 실행

현장에 직접 위해기도자가 접근하지 않고 먼 거리에서 원격조정장치를 이용하여 비행물체나 차량에 폭발물 또는 총기류를 장착한 상태로 경호대상자나 경호대상자가 이용하는 시설에 공격을 가할 수 있다. 예를 들면, 미국 워싱턴에서 원격조정장치로 인공위성을 거쳐 이라크 바그다드 공항에 있는 사람을 폭발물이 탑재된 비행물체로 공격하여 암살한 경우이다.

(4) 인공지능에 의한 정보의 분석 및 경호계획의 수립

인공지능을 활용하여 경호 각종의 관련 정보를 분석하고 이를 바탕으로 효율적인 경호계획을 수립할 수 있다.

제2절 ▶ 암살 및 테러 등 ★★☆

1 암살(暗殺: Assassination)

1. 의의

(1) 정치적 · 종교적, 기타 여러 가지의 이유로 공적이나 사회적으로 중요한 요인을 법에 의하지 않고 비밀리에 살해하는 것을 암살이라고 한다.

(2) 영어의 Assassination은 아랍어 하시신(Hashishin)에서 유래하는데, 하시신이란 마약의 일종인 하시시를 먹은 사람이라는 뜻이다. 11세기 말 하산 사브라라는 자가 페르시아에 소수정예의 비밀 결사대를 조직한 후 이들에게 하시시를 주어 정부요인을 암살하게 했는데, 이 암살단이 십자군에 의해 유럽에 알려지게 되어 그 어원이 되었다.

(3) 암살은 권력자에 의한 것 또는 권력자를 대상으로 한 것, 백색 테러, 적색 테러, 정치적 목적이 있는 것, 개인적 동기에 의한 것 등으로 그 이유가 다양하나, 어떤 것이든 정치적 불안과 긴장을 촉발시키는 요인이 된다.

2. 동기

암살의 동기로는 정치적 동기 및 혁명적 동기, 이념적 동기, 원한 · 증오와 관련된 개인적 동기, 정신병적 문제 등의 심리적 동기, 경제적 동기, 전쟁 중의 양 국가 간의 적대적 동기, 종교적 몰입에 의한 순교자적 동기, 금전적 동기 등이 있다.

(1) 정치적 동기(혁명적 동기)

현재의 정권을 교체하거나 새로운 정부를 재구성해 보려는 욕망에서 개인 또는 집단이 대통령이나 정부의 수반을 제거하기 위하여 암살이라는 방법을 택한다.

(2) 개인적 동기

복수, 증오, 분노, 적개심, 과대망상적 사고 등 개인적인 동기에 의하여 암살이 이루어지는데, 그 동기는 실제적이거나 상상적인 것이다. 피암살자와 전혀 관계없이 심리적 욕구불만을 해소하기 위한 방편으로 암살이 일어난다.

심화학습

암살과 보통살인의 비교
암살은 비합법적인 행동이지만 주로 정치적 · 이념적 목적으로 공적 · 정치적 인물을 대상으로 하는 점에서 보통살인과 다르다.

심화학습

암살 동기의 복합성
암살은 사실상 복잡하고 다양한 이유로 발생한다. 또한 암살의 동기도 단순하거나 일정하지 않고 여러 가지 다양한 동기가 상호 중첩적인 경우가 많다.

(3) 경제적 동기

자신이 속해 있는 집단이나 가족, 민족에게 영향을 미치는 경제적 악조건을 타개하거나 금전적 보상을 위하여 어떤 인물이 희생되어야 한다는 신념에 의하여 암살이 행하여진다.

(4) 이념적 동기(사상적 동기)

암살대상자가 자신들이 중요시하는 사상을 위태롭게 하고 있다고 생각되는 때에는 그 인물을 제거하기 위하여 암살을 시도하기도 한다.

(5) 심리적 동기

암살자가 지니고 있는 정신분열증, 조울증, 편집증, 노인성 치매 등의 질환이 단독적으로 또는 복합적으로 작용하여 암살이 이루어진다. 심리적 동기에 의한 암살은 정신병적 증세와 기타의 동기가 복합 작용하여 암살이 기도되는 경우가 대부분이다.

(6) 전략적 동기, 적대적 동기

전쟁 중인 경우, 적대 관계에 있는 적국의 지도자 제거로 승리를 이끌 수 있거나 적대적인 국가에 전쟁발발의 기회, 사회혼란이 조성될 수 있다는 전략적 판단에서 암살이 이루어지기도 한다.

> 전략
> 전쟁을 전반적으로 이끌어 나가는 방법이나 책략을 말한다.

(7) 순교자적 동기

잔인하고 포악한 절대적 지배자나 식민지 통치자를 제거하면 대의를 달성할 수 있다고 보고 암살을 기도하는 경우이다. 이런 경우의 암살범은 자신을 대의를 위한 희생자로 자처하며 일반국민들도 암살을 범죄로 보지 않고 애국적 희생으로 찬양하게 된다.

핵심 기출문제

04 암살에 관한 설명으로 옳지 않은 것은?   • 제25회 기출

① 정치적, 사상적 입장의 차이에서도 비롯된다.
② 정신분열증, 편집증, 조울증 등은 암살의 심리적 동기에 해당한다.
③ 암살자가 극히 중요하다고 생각하는 사상을 암살대상자들이 위태롭게 하고 있다고 생각하는 것은 적대적 동기에 해당한다.
④ 혁명적 목적 달성을 위해 암살을 하는 경우도 있다.

해설 ▶ 암살자가 극히 중요하다고 생각하는 사상을 암살대상자들이 위태롭게 하고 있다고 생각하는 것은 이념적 동기(사상적 동기)에 해당한다.

정답 ③

3. 암살범의 특징

암살은 다양한 목적과 동기에 따라 여러 사람에 의하여 감행되고 있어 암살범의 절대적인 특징을 도출하기는 곤란하나, 여러 가지의 실제 사례에서 보여 주는 일반적인 특징은 다음과 같다.

(1) 심리적 특징

① 암살범은 무능력자이거나 자기 자신을 학대한다. 정신질환자인 암살범은 자기를 학대하여 자신의 무능력에 기인한 개인의 불운을 정치화하여 공공연한 폭력행위로 나아간다.

② 암살범은 과대망상적이고 사고와 행동이 허황된 자들이 많다. 허황된 사고와 행동에 빠지기 쉽고, 과대망상적인 사고를 하기 때문에 본인이 폭력을 사용할 수 있는 도덕적 권한이 있다고 믿으나, 결과에 대한 책임은 없다고 느낀다.

③ 암살범은 인내심이 부족하고 생활이 불안정하며, 적개심을 소유한 자들이 많다.

④ 암살범은 지나친 종교적 몰입과 정치적 몰입자이다.

⑤ 암살범은 어린 시절 강렬한 증오심·울분·복수심을 체험한 사실이 있거나, 과도한 희망·약속·좌절로 말미암아 나르시시즘(자아도취) 또는 편집병에 빠져 있다.

⑥ 암살범은 지배욕과 명령·복종정신이 강하다.

⑦ 암살범은 공격성 또는 침략성이 강한 동물심리학적 성격을 가지고 있다.

⑧ 암살범은 용모, 복장상으로는 식별이 어려우나 심리적 불안정은 어떤 형태로든 반드시 외부로 표출된다.

(2) 신체적 특징

암살범은 외모만으로 식별하기가 곤란할 정도로 외모가 단정하다.

(3) 사회적 특징

① **암살집단의 지도자급의 특징**: 대부분 테러집단의 최고 지도자급은 전직이 법조인, 의사, 교직자, 직업군인, 기술자 등 고급 전문 직업의 경력을 가지고 있다.

② **암살행동대원**: 민족주의자, 분리주의자 그룹의 행동대원은 하부계층 출신이 대부분이다. 이데올로기적이며 사회혁명적인 그룹의 행동대원들은 중류 또는 상류계층 출신이 많다.

③ **고학력자**: 계획, 선전, 두뇌싸움을 담당하는 암살집단의 대원은 지능과 지식의 필요로 인해 대부분은 고학력자들로 구성된다.

④ **정신무장**: 자신이 신봉하는 이념에 대하여 각종 이론서적으로 정신무장을 한다.

⑤ **극단적 보수주의**: 정신적 판단의 균형을 잃고 극단적 보수주의에 치우치는 경우가 많다.

4. 암살의 실행단계

(1) 경호(행사)정보의 수집단계

암살대상자 주변에 대한 각종 정보를 수집하여 암살계획을 세운다. 기본적인 자료를 수집하여 암살 전반에 대한 상황을 판단하고 현장을 답사한다. 관련 정보의 획득을 통하여 암살의 성공 가능성과 도주로에 대한 안전판단이 선행된다. 현장답사 후에는 암살대상자에 대한 구체적인 인적·물적·지리적 정보를 수집하여 필요한 인원과 장비 등을 판단한다.

(2) 무기 및 장비 획득단계

암살에 사용할 무기와 각종 장비를 구입한다. 암살자가 군인, 경찰 등 특수한 신분의 자가 아닌 경우에는 암살에 필요한 무기 및 장비는 인터넷 판매, 통신 판매 등을 통하여 구입하거나 보유기관에서 훔쳐서 획득하는 것이 대부분이다. 경호수단과 기술이 발전함에 따라 암살의 성패는 무기 및 장비의 획득 여부에 따라 좌우된다고 할 수 있다.

(3) 임무의 분배(역할분담)단계

암살에 가담한 공모자에게 각자가 담당할 임무와 책임을 분배한다. 단독범행이 아닌 경우에 암살의 계획자 또는 수괴는 지원자의 지원

> **➕ 심화학습**
>
> **실행단계 분석**
> 암살의 실행단계는 암살범이 암살을 계획하고 최종적으로 행위에 나아가기까지의 단계를 말한다. 암살이 공적인 인물 또는 정치적 인물을 살해하는 것인 만큼 우발적 암살은 드물고 치밀한 계획에 의한 일련의 과정에 따라 행해진다.

과 능력에 따라 역할을 분담시킨다. 교통, 통신, 감시, 실행, 도주, 증거인멸 등의 역할을 분업하는 단계이다.

(4) 범행실행(암살실행)단계

암살범들의 암살실행은 거의 기습에 의하는 경우가 많다. 경호원들의 경호의 빈틈을 이용하는 것이다. 운집한 대중들 사이에서 저격용 권총을 숨기고 기다리거나, 지나가는 통로에 숨어 있다가 기습적으로 실행하는 것이다. 암살의 실행이 단독범이 아닌 수인에 의하여 실행될 때에는 암살의 실행은 1회에 그치지 않고 수회에 걸쳐 시도될 수도 있다.

5. 암살의 무기

(1) 단거리 개인화기

암살 무기로 보통 가장 많이 사용되는 것으로는 권총이나 흉기(단도 등)가 있다.

(2) 장거리 개인화기

고성능 소총, 군대의 장비 및 폭발물장치 등으로 먼 거리에서도 사용될 수 있다.

(3) 차량 고속강습

행사 기간 중 암살범이 차량(폭탄을 적재한 차량)을 이용하여 경호대상자가 탑승한 차량에 충돌함으로써 암살을 기도하는 방법이다.

(4) 폭발물에 의한 폭파

행사장이나 행차로에 폭발물을 사전에 설치하여 경호대상자가 행사장 도착 시, 행사 중 또는 행차로 통과 중에 폭발물을 폭파시켜 위해하는 방법이다.

(5) 미사일 또는 로켓탄에 의한 공격

경호지역 밖의 원거리에서 행사지역으로 개인 휴대용 미사일이나 로켓탄을 발사함으로써 암살대상뿐만 아니라 주변의 대량살상을 목표로 하는 위해방법이다.

2 테러 등

1. 테러리즘의 의의

테러 또는 테러리즘의 개념은 극단적 공포 또는 정치적 목적 달성을 위한 폭력의 행사 혹은 위협이다. 테러리즘은 테러에 비해 포괄적·조직적·이념적인 의미를 내포한다는 견해도 있으나, 통상 테러리즘을 테러로 줄여 사용하는 경우가 많으며, 실무에서도 거의 구분 없이 사용하고 있다.

(1) 테러리즘의 정의는 동기, 대상, 주체, 이념 등과 학자들의 시각, 각 국가가 처한 상황에 따라 다르게 정의되므로 그 개념이 다양하다.

(2) 미 국무부에 의하면 준국가단체 또는 국가의 비밀요원이 다수의 대중에게 영향력을 행사하기 위하여 비전투원을 공격대상으로 하는, 사전에 치밀하게 준비된 정치적 폭력을 테러리즘이라고 한다.

(3) 미 중앙정보국에 의하면 테러리즘이란 개인 또는 단체가 기존의 정부에 대항하기 위하여 직접적인 희생자들보다 더욱 광범위한 대중들에게 정치적 목적 달성을 위하여 폭력 사용 혹은 심리적 충격 및 협박을 행하는 것을 말한다.

(4) 테러리즘이란 개인이나 특정 단체 혹은 특정 국가가 사회·종교·정치적 목표 달성을 위하여 조직적·지속적으로 폭력을 행사하거나, 폭력행사에 대한 협박을 통해 광범위한 공포분위기를 조성함으로써 개인, 단체, 국가의 정치·심리적 인식 변화를 유도하는 행위를 말한다.

> **:: 보충학습** 대테러 · 반테러
>
> 1. **대테러**
>   현재 진행 중이거나 발생된 테러에 대한 응징차원의 대응활동 또는 발생 가능한 테러를 방지하기 위한 전술적, 방어적 현장 중심의 대응을 의미한다.
> 2. **반테러**
>   테러에 반대한다는 입장하에 테러행위를 미연에 방지하고 원천적으로 근절하기 위한 국가차원의 전략적, 공격적, 예방적 의미로 사용된다.

> **➕ 심화학습**
>
> 테러와 테러리즘
> 우리나라에서는 테러와 테러리즘을 거의 구분하지 않고 같은 의미로 혼용하고 있으나, 외국에서는 주로 공식문서에서는 테러리즘을, 비공식문서에서는 테러를 사용하는 경향이 있다.

2. 테러리즘의 발생원인

테러리즘의 원인은 자신들의 관점에 따라 다양하게 주장되고 대립하고 있으며, 테러리즘의 발생 원인을 규명하기 위한 노력은 다양한 각도에서 시도되고 있다. 사회현상과 경제·정치적인 역학관계에 대한 분석에서부터 인간관계의 심리적 본질에 대한 연구, 인류사회의 발전과정에서의 생태학적인 원리 등 주변학문과 연관하여 다양한 연구가 진행되고 있다. 테러리즘의 정의를 내리는 것처럼 발생원인의 근본적인 규명은 테러리즘의 정당성에 대한 서로 간의 입장 차이가 있기 때문에 국제적으로 보편성 있는 원인을 규명하기는 어렵지만, 크게 사회·심리적 측면의 원인, 국제정치상의 원인으로 구분한다.

(1) 사회·심리적 측면의 원인

① **상대적 박탈감**: 제2차 세계대전 이후 식민 지배에서 벗어나 독립한 신생국들이 정치적 독립과 근대화의 과정에서 급격한 정치·사회·경제적 변화를 겪으면서 발생하는 다양한 문제, 즉 기대치와 현실 사이의 불일치에서 야기되는 문제가 상대적 박탈감의 개념이다. 기대치란 그들이 당연히 차지해야 한다고 생각하는 생활의 조건이나 가치를 의미한다. 따라서 상대적 박탈감이란 누구나 마땅히 누려야 한다고 스스로 생각하는 이상적 삶의 조건들과 실제로 그가 향유하는 현실적 조건 간의 격차에서 비롯되는 사회·심리적 긴장을 말한다.

② **동일시이론**(테러리즘의 선택 배경): 동일시란 사회 심리학에서 개인에 의하여 다른 사람의 행위에 영향을 미치는 영향력을 설명하는 데 사용되는 용어로, 일단의 개인이 테러리즘을 선택하는 것을 심리적 측면에서 설명이 가능한 현상으로 보고 있다. 테러리즘에 있어 동일시는 다음의 두 가지 유형으로 나누어 볼 수 있다.

희생자와의 동일시	테러행위를 보는 대부분의 사람이 희생자의 운명과 자신을 동일시하며, 감정이입에 의해 희생자의 고통을 공감한다. 이처럼 일반 대중이 희생자와 동일시하므로 테러리즘을 촉진하는 결과를 가져온다.
공격자와의 동일시	테러리스트들이 자신들을 위하여 강력한 힘을 보여 주고 있다고 간주하고 테러리스트와 자신을 동일시하며, 특히 관중은 희생자가 자신들의 눈에 죄가 있는 것으로 비칠 때 희생자의 굴욕과 고통을 통해 쾌감을 얻는 것이다.

(2) 국제정치상의 발생원인

① **국제정치 체제의 산물**(국제정치 체제이론): 국제정치에 있어 기본적인 행위의 주체는 주권국가이다. 주권국가는 자국의 이익을 합리적으로 추구하고 국가의 힘으로 표현되는 것이 국제정치를 보는 현실주의자들의 시각이라고 볼 수 있다.

:: 보충학습 테러에 영향을 미치는 국제정치 현실

1. 국가 이익에 맞추어 발생되는 테러리즘 정의의 시각차에 의한 테러단체를 향한 직접적 혹은 간접적 지원
2. 강대국의 지배 논리 아래에서 약소국의 저항 수단
3. 테러리즘의 비용적 측면
4. 민족주의의 강력한 출현

② **현대사회구조의 발달**(현대사회구조이론)
　　㉠ 고도의 도시 집중화 현상
　　㉡ 기술 발달에 따른 고도화된 교통 체계의 존재와 대중 전달 매체의 발달
　　㉢ 과학기술의 발달에 따른 무기 체계의 고도화
　　㉣ 발생한 테러리즘에 대한 주권국가 차원의 묵인현상의 존재

3. 테러의 유형과 특징

(1) 유형

① **발생원인**(테러의 목적)**에 따른 분류**
　　㉠ **종교적 테러**: 종교적 이념대립에 의한 갈등, 종교적 신념에 의한 순교적 희생, 서방의 기독교적인 일방주의와 이슬람 원리주의와의 충돌, 문화적 단층발생 등에 의하여 나타나는 테러이다.
　　㉡ **정치적 테러**: 민족주의와 결부된 피식민지의 민족해방운동, 제3세계의 저항, 정치적 국가폭력, 정적의 제거, 요인 암살·납치 등에 의한 테러이다.
　　㉢ **경제적 테러**: 강대국에 의한 에너지, 자원 등 이권확보를 위한 수단으로 테러리즘단체에 지원 또는 사주를 함으로써 발생한다. 기업테러리즘, 경제 시설물 파괴 등이 있다.
　　㉣ **심리적 또는 사회 환경 구조적 테러**: 상대적 박탈감에서 오는 저항·투쟁·도시게릴라 활동 등을 통하여 발생한다.

➕ 심화학습

동일시이론 예시

동일시 과정은 '공격자와 동일시'(스톡홀름 증후군)와 '희생자와 동일시'(미국의 베트남전에서의 베트남 농민 학살)가 있는데, 희생자와의 동일시에 근거한 복수심으로 인해 평범한 일반인이 테러범이 되는 현상이 발생한다.

➕ 심화학습

자생적 테러리스트

자생적 테러리스트(Lone Wolf), 즉 '외로운 늑대'는 원래 무리에서 따로 떨어져 홀로 행동하는 늑대를 가리키는 전문용어에서 유래하며, 전문 테러 단체 조직원이 아닌 자생적 테러리스트를 이르는 말이다. 특정 조직이나 이념이 아니라 정부에 대한 개인적 반감 등을 이유로 스스로 행동에 나선다는 것이 특징이다. 외로운 늑대에 의한 테러는 테러 감행 시점이나 방식에 대한 정보수집이 쉽지 않아 예방이 거의 불가능하다는 점에서 테러 조직에 의한 테러보다 큰 위협으로 받아들여지고 있다.

② 성격에 따른 분류

이데올로기적 테러리즘	사회주의나 민주주의 등의 이념적 갈등에 의하여 발생하는 테러이다.
민족주의적 테러리즘	특정 지역의 독립이나 자치, 민족 독립 쟁취에 대한 열망에 의하여 발생하는 테러이다.
국가테러리즘	특정 국가의 목적이나 영향력을 위하여 다른 국가가 테러의 대상이 되는 테러이다.
백색테러리즘	프랑스혁명 직후 공포정치를 하는 프랑스정부에 대한 공격행위를 가리키는 말이었는데, 현재는 우익에 의한 테러를 지칭한다.
흑색테러리즘	나치의 유대인 학살행위를 지칭한다.
적색테러리즘	공산주의를 상징하는 빨간색과 관련하여 서방자유세계에 대한 공산주의자들의 공격행위를 말한다.
뉴테러리즘	테러의 대상이 무차별적이며, 테러의 목적 또한 불분명한 새로운 개념의 테러이다.
사이버테러리즘	해킹, 바이러스 유포, 고출력 전자총 등을 통신망에서 사용하여 컴퓨터시스템의 운영을 방해하거나, 정보통신망을 침해하는 행위로 국가적·사회적 공포심과 불안감을 야기하는 테러를 말한다.

③ 대상에 따른 분류

요인 또는 불특정 다수의 인적 희생	불특정 다수인에 대한 무차별적 공격행위이다. 요인의 납치·살해 등 사람을 대상으로 한 공격, 장비·시설·지역 등을 공격대상으로 한 공격 중 다수의 인적 희생을 목표로 한 테러이다.
시설·장비	항공기, 선박 등 상징성 있는 주요시설을 공격하는 테러이다. 1차적으로 항공기, 선박 등을 탈취하여 제2·제3의 목표로 이어져 예방과 대응이 어렵다.
사이버테러	사이버공간상의 주요 목표공격, 특정인이나 집단에 대한 인신공격, 정보화사회의 국가기능과 기간시설의 업무를 마비시켜 2차적 피해를 야기시킨다.

④ 학자들에 따른 분류
  ㉠ 미코러스(Mickolus)의 분류
    ⓐ 국가의 개입 여부, 특정 정부의 통제·지휘 여부 등에 따른 분류(4가지)
      • 국내테러리즘(Domestic Terrorism)
      • 국가테러리즘(State Terrorism)

- 국가 간 테러리즘(Interstate Terrorism)
- 초국가적 테러리즘(Transnational Terrorism)

ⓑ 행위자에 따른 분류(8가지)

- 영토복고주의자
- 민족혁명가
- 세계적 무정부주의자
- 범죄집단
- 정신이상자
- 장난꾼
- 전위혁명을 목적으로 하는 집단
- 질서유지를 위한 자원(자경단원)

ⓛ 페쳐(Fetscher)의 분류

ⓐ 소수인종에 의한 테러: 핍박받은 소수민족이 기존질서에 도전하는 행위로, 오랫동안 지속된다.

ⓑ 환경의 변화나 환경에 저항한 테러: 이념이 잘 무장되어 있고 조직이 정예화되어 있으나, 국민의 광범위한 지지를 받지 못한다. 테러는 증오심과 사회의 부정으로 시작한다.

ⓒ 헥커(Hacker)의 분류: 테러를 '피지배계층에 의한 테러'와 '권력에 의한 테러'로 구분하고, 다시 이를 목적원인에 따라 다음과 같은 3가지 형태의 테러리스트로 구분하였다.

ⓐ 정신이상자 테러리스트(정신이상자형): 타인들이 이해할 수 없는 테러를 행한다.

ⓑ 범죄형적인 테러리스트(조직범죄단형): 개인의 이익을 얻기 위해 테러를 행한다.

ⓒ 십자군형 테러리스트(십자군형): 특정한 이상을 기초로 정치적 목적을 달성하기 위하여 테러를 행하는 이상주의형이다.

영토복고주의자
손실된 영토를 다시 본 상태로 회복시키고자 하는 사람을 말한다.

무정부주의자
국가 권력 및 사회 권력을 부정하고 개인의 완전한 자유를 실현할 수 있는 무정부 사회를 주장하는 사람이다.

참고 테러의 분류

행위자에 따른 테러의 분류	수단에 따른 테러의 분류
• 민족적 영웅 • 종교적 순교자 • 정치적 혁명가 • 범죄자	• 폭발물 • 무기류 • 군사적 공격

(2) 특징

① 테러행위는 폭력적 파괴행위이고, 계획적이고 치밀한 준군사행위에 해당한다. 군사활동과 유사한 정확성을 지니는 등 전술적인 면모가 있다.

② 제한된 물량과 소규모의 희생으로 큰 효과를 거둘 수 있다.

③ 테러는 타의 복종을 강제적으로 요구하는 행위이며, 폭력행위나 폭력행위에 대한 협박을 통하여 타인에게 공포를 조성하는 행위이다.

④ 사람뿐만 아니라 시설물도 테러의 대상에 해당한다.

4. 뉴테러리즘

(1) 정의

① 2001년 발생한 9 · 11테러와 같이 주체도, 대상도 모호한 전쟁과도 같은 무차별적 테러리즘 양상을 말하는 것으로, 슈퍼 테러리즘이라고도 한다.

② 요구조건과 공격조건이 없고 불특정 다수를 대상으로 하며 전쟁수준의 무차별성을 보여 피해가 막대하다. 전통적인 무력에 더하여 생화학무기와 사이버테러 방식까지 사용함으로써 저비용으로 대규모 인명살상 및 국가인프라 파괴가 가능하며 그 색출 또한 어렵다.

(2) 특징

① 요구조건 및 공격주체가 불분명하여 추적이 곤란하다.

② 전쟁수준의 무차별 공격으로 피해가 막대하다.

③ 테러조직이 그물망 조직으로 되어 있어 무력화가 곤란하다.

④ 테러의 긴박성으로 인해 대처시간이 부족하다.

⑤ 첨단 과학장비 및 생활 속의 다양한 테러장비로 방어와 색출이 곤란하다.

⑥ 대량살상무기를 사용한 무차별적 공격으로 대량살상 위협이 가능하다.

⑦ 언론매체의 발달로 공포의 확산이 용이하다.

⑧ 테러사건이 대형화됨으로써 정치적 부담이 가중된다.

⑨ 테러리스트들이 중산층의 인텔리들로 구성되어 테러가 지능화되고 있다.

핵심 기출문제

05 뉴테러리즘에 관한 설명으로 옳지 <u>않은</u> 것은? ・제25회 기출

① 불특정 다수인을 상대로 한다.
② 테러조직의 다원화로 무력화가 어렵다.
③ 증거인멸이 쉬운 대량살상 무기가 사용될 가능성이 많다.
④ 전통적 테러에 비해 피해규모가 작다.

해설 뉴테러리즘(슈퍼 테러리즘)은 전통적 테러에 비해 피해규모가 훨씬 크다.

정답 ④

5. 사이버테러리즘

(1) 정의

인터넷을 이용하여 정부기관이나 민간의 정보시스템에 침입하여 데이터 파괴, 중대한 장애를 발생시키거나 파괴하는 등 해당 국가의 네트워크 기능을 마비시켜 사회를 혼란에 빠뜨리는 행위이다. 세계 각국에서 컴퓨터 통신망이 광범위하게 보급되어 있으며, 이를 이용한 정부기관이나 공공기관, 은행, 기업 등 중요한 컴퓨터 데이터베이스 등에 대한 정보시스템의 교란, 파괴 또는 악용행위가 각종 테러리스트 집단의 목표 달성 수단이 되고 있다.

(2) 사이버테러 기법

① **컴퓨터 바이러스**(Computer Virus): 악성 프로그램(컴퓨터 바이러스)을 상대방의 컴퓨터에 유통시켜 중요한 데이터를 사용 불가능하게 만드는 수법을 의미한다.
② **플레임**(Flame): 네티즌들이 공통으로 가지는 관심사를 토론하기 위하여 개설된 토론방에 고의로 가입하여 악성루머를 퍼뜨려 과격한 온라인 토론을 촉발시키는 것을 말한다.
③ **서비스 거부 공격**(Denial of Service Attack): 해킹수법의 하나로, 해커들이 대량의 접속을 유발하여 해당 컴퓨터를 마비시키는 수법을 말한다. 이는 특정 컴퓨터에 침투하여 자료를 삭제하거나 훔쳐 가는 것이 아니라, 목표 서버가 다른 정당한 신호를 받지 못하게 방해하는 작용만 한다.

④ **분산 서비스 거부 공격**(Distributed Denial of Service attack, DDoS): 특정 서버(컴퓨터)나 네트워크 장비를 대상으로 많은 데이터를 발생시켜 장애를 일으키는 해킹 기법이다. 앞글자만 따서 디도스 공격이라고 부른다. 서비스 거부 공격 DoS(Denial of Service attack)에서 한 단계 진보된 사이버테러 방법이다. 즉, 공격자가 한 지점에서 서비스 거부 공격을 수행하는 형태를 넘어 광범위한 네트워크를 이용하여 다수의 공격 지점에서 동시에 한곳을 공격하도록 하는 형태의 서비스 거부 공격이다.

⑤ **논리폭탄**(Logic Bomb): 해커나 크래커가 프로그램 코드의 일부를 조작하여 소프트웨어의 어떤 부위에 숨어 있다가 특정 조건에 달했을 경우 실행되도록 하는 것으로, 컴퓨터 범죄 수법 중 하나이다. 즉, 논리폭탄이라는 용어 그대로 프로그램에 어떤 조건이 주어져 숨어 있던 논리에 만족되는 순간 폭탄처럼 자료나 소프트웨어를 파괴하여 자동으로 잘못된 결과가 나타나게 한다. 트로이 목마라는 컴퓨터 바이러스와 유사한 면을 가지고 있다.

⑥ **전자폭탄**(Electronic Bomb): 약 1백억 와트(W)의 고출력 에너지로 순간적인 마이크로웨이브파를 발생시켜 컴퓨터 내의 전자 및 전기회로를 파괴하는 폭탄으로, 주로 국가통신시스템, 물류, 전력, 에너지 등의 사회 인프라를 그 대상으로 한다.

⑦ **트로이 목마**(Trojan Horse): 악성 루틴이 숨어 있는 프로그램으로, 겉보기에는 정상적인 프로그램으로 보이지만 실행하면 악성 코드가 실행된다. 이 이름은 트로이 목마 이야기에서 따온 것으로, 겉보기에는 평범한 목마 안에 사람이 숨어 있었다는 것에 비유한 것이다.

⑧ **트랩도어**(Trapdoor, 함정문수법): 시스템 보안이 제거된 비밀 통로이다. 서비스 기술자나 유지·보수 프로그램 작성자의 액세스 편의를 위하여 시스템 설계자가 고의로 만들어 놓은 시스템의 보안 구멍으로, 백 도어(Back Door)라고도 한다. 대규모의 응용 프로그램이나 운영 체계 개발에서는 코드 도중에 트랩도어를 설정하여 쉽게 보수할 수 있게 하는데, 최종 단계에서 삭제되어야 하는 트랩도어가 남아 있으면 컴퓨터 범죄에 악용되기도 한다.

⑨ **패킷 스니퍼링**(Packet Sniffering): 네트워크 모니터링툴을 이용하여 네트워크 내에 돌아다니는 패킷의 정보를 알아내는 수법으로, 네트워크에 연동되어 있는 호스트 컴퓨터뿐만 아니라 네트워크로 접속하는 모든 호스트 컴퓨터가 위험에 노출될 수 있다.

심화학습

논리폭탄과 트로이 목마 비교
논리폭탄과 트로이 목마는 악성 프로그램을 몰래 숨겨 놓는다는 점에서 공통점이 있다. 그러나 논리폭탄은 일정한 조건에 도달하여야 실행되나, 트로이 목마는 조건 없이 그 프로그램을 실행할 수 있다는 점에서 다르다.

악성 루틴
컴퓨터 프로그램의 일부로서 특정한 일을 실행하기 위한 일련의 명령이다.

패킷
네트워크를 통해 전송하기 쉽도록 자른 데이터의 전송단위이다.

⑩ **쓰레기 주워 모으기**(Scavenging): 컴퓨터의 메모리 내에 그전의 사용자가 사용하다가 쓰레기통에 버린 프로그램리스트, 데이터 리스트 등의 자료를 읽어 내거나 일정한 시간 동안 그 메모리의 내용을 읽게 조작하는 수법을 말한다.

⑪ **슈퍼 재핑**(Super Zapping): 컴퓨터가 고장으로 가동이 불가능할 때 비상용으로 쓰이는 프로그램이다. 패스워드나 각종 보안장치 기능을 일시적으로 마비시켜 컴퓨터의 기억장치에 수록된 모든 파일에 접근해 자료를 몰래 복사해 가는 수법이다.

⑫ **살라미기법**(Salami Techniques): 은행시스템에서 이자계산 시 떼어 버리는 단수를 1개의 계좌에 자동적으로 입금되도록 프로그램을 조작하는 방법으로, 어떤 일을 정상으로 실행하면서 관심 밖에 있는 조그마한 이익을 긁어모으는 수법을 말한다.

⑬ **데이터 디들링**(Data Diddling: 데이터 파괴): 금융기관에서 주로 사용하는 수법인 데이터 디들링은 컴퓨터에 데이터를 입력하는 동안이나 변환하는 시점에서 최종적인 입력 순간에 데이터를 변개하거나 허위의 자료를 입력하는 수법을 말한다.

⑭ **허프건**(Herf Gun: 고출력 전자총): 고출력 전자기장을 발생시켜 컴퓨터의 자기기록정보를 파괴하는 수법으로, 그 대상은 기업들의 핵심정보가 수록된 하드디스크 등이다.

⑮ **스팸**(Spam): 악의적인 내용이 들어 있는 전자우편을 인터넷상의 불특정 다수에게 무작위로 전송하여 컴퓨터시스템을 정지시키거나 온라인 공해를 야기하는 것을 말한다.

⑯ **스토킹**(Stalking): 인터넷을 이용하여 타인의 신상정보를 다른 사람들이 알 수 있도록 공개하거나 거짓 메시지를 남겨 남을 괴롭히는 행위를 말한다.

⑰ **스누핑**(Snuffing): IP 정보를 몰래 가로채는 행위를 말한다.

⑱ **스푸핑**(Spoofing): 어떤 프로그램이 마치 정상적인 상태로 유지되는 것처럼 믿도록 속임수를 쓰는 것이다.

⑲ **보이스피싱**(Voice Phishing): 전화를 통하여 신용카드 번호 등의 개인정보를 알아낸 뒤 이를 범죄에 이용하는 전화금융사기 수법을 말한다.

⑳ **스미싱**(Smishing): 문자메시지(SMS)와 피싱(Phishing)의 합성어로, 문자메시지를 이용한 피싱이다. 신뢰할 수 있는 사람 또는 기업이 보낸 것처럼 가장하여 개인비밀정보를 요구하거나 휴대폰 소액 결제를 유도한다.

> **IP(Internet Protocol)**
> 인터넷에서 해당 컴퓨터의 주소이다. 인터넷에 연결되어 있는 각 컴퓨터는 숫자로 이루어진 고유 주소를 갖고 있는데, 이를 IP 주소라고 부른다.

㉑ APT(Advanced Persistent Threat): 해커가 다양한 보안 위협을 만들어 특정 기업이나 조직의 네트워크에 지속적으로 가하는 공격을 말한다. 지능형 지속 공격이라고 한다. 특정 조직 내부 직원의 PC를 장악한 뒤 그 PC를 통해 내부 서버나 데이터베이스에 접근하여 기밀정보 등을 빼 오거나 파괴하는 것이 APT의 공격 수법으로, 불특정 다수보다 특정 기업이나 조직을 대상으로 한다. APT의 특징은 지속성과 은밀함이다.

㉒ 메신저피싱(Messenger Phishing): 메신저(전달자)를 이용한 피싱이다. 타인의 메신저 아이디를 도용하여 로그인한 뒤, 등록된 지인에게 메시지를 보내 금전을 요구하는 행위 등을 의미한다.

㉓ 스피어피싱(Spear Phishing): 정부 고위간부, 유명인, 군인 등과 같은 특정인을 대상으로 이들의 개인정보를 캐내기 위한 피싱 공격을 지칭하는 용어로, 물속에 있는 물고기를 작살로 잡는 '작살 낚시(Spearfishing)'에 빗댄 것이다. 가짜 인터넷 사이트를 만들어 놓고 이곳에 접속한 불특정 다수의 개인정보를 빼내는 일반적인 피싱과 달리 특정인을 목표로 한다는 점에서 다르다.

핵심 기출문제

06 다음이 설명하는 것은?
• 제21회 기출

> 문자메시지(SMS)와 피싱(Phishing)의 합성어로, 인터넷 접속이 가능한 스마트폰의 문자메시지를 이용한 해킹 범죄

① APT
② 메신저피싱
③ 스미싱
④ 보이스피싱

해설 스미싱(Smishing)이란 문자메시지를 이용한 새로운 휴대폰 해킹 기법이다. 휴대폰 사용자에게 웹사이트 링크를 포함하는 문자메시지를 보내 휴대폰 사용자가 웹사이트에 접속하면 트로이 목마를 주입하여 휴대폰을 통제하며 개인정보를 빼 간다.

정답 ③

6. 테러의 발생원인

(1) 환경적 원인

정치적 원인	정치적 불안정, 정치적 부패 등
경제적 원인	경제적 빈곤, 경제적 발전, 경제지상주의 강화 등
사회적 원인	도시화, 과학기술의 발달, 산업사회의 발달, 개방화·국제화 등

(2) 사상적 원인

정치사상	허무주의, 마르쿠제의 정치사상, 나치즘, 카스트로주의 등
폭력사상	파농의 폭력사상 등
민족사상	특정 지역, 인종·문화 간의 갈등, 팔레스타인과 이스라엘의 갈등 등
기타	식민사상, 게릴라사상, 급진사상 등

(3) 심리적 원인

사회심리	상대적 박탈감 등
개인심리	남자나 여자다움의 과시, 비인간화 욕구, 폭력과 유혈이라는 마술에 의한 신념, 강한 정신불안정 성향 등

7. 테러조직의 유형·세계의 테러조직

(1) 테러조직의 유형

수동적 지원조직	• 직접적으로 테러에 관련된 행위를 하지 않고 간접적으로 테러조직을 지원하는 정치적 전위집단, 후원자 • 반정부시위나 집단행동 등에서 다수의 위력 구성을 지원하는 조직으로 테러집단의 생존기반에 해당
전문적 지원조직	특정 분야에 대해 반복적으로 지원을 제공해주는 조직으로 직접적인 정보수집 및 정보와 자료 제공, 테러리스트의 은닉, 체포된 테러리스트 비호, 의료지원, 전문인에 의한 법적인 비호를 하는 조직
적극적 지원조직	선전효과의 증대와 테러조직의 자금을 획득하고 조직 확대에 기여함으로써 테러활동에 주요한 역할

직접적 지원조직	• 폭발물 설치자, 암살범 등 행동조직구성원들에게 직접적으로 지속적인 전술 및 작전지원을 하는 사람들로 이루어진 조직 • 공격용 차량 준비와 관리, 핵심요원의 훈련, 무기·탄약 지원, 전술 또는 작전을 지원하는 역할을 담당
행동조직	• 테러 현장에서 직접 테러행위를 실시하는 요원들(핵심요원)로서 이루어진 조직 • 테러계획에 따라 테러를 실행하는 조직
지도자조직	• 조직의 중심축으로 정신적 지주가 되는 조직 • 정책과 테러에 대한 계획을 수립하는 조직

(2) 세계의 테러조직

① **전통적인 테러조직**: 일본 적군파, 이탈리아 무장프롤레타리아 조직, 북아일랜드 공화국군, 네덜란드 남몰루카 독립운동자, 아르헨티나 인민해방군, 팔레스타인해방기구(PLO), 검은 9월단 등이 있다.

② **최근의 테러조직**

알카에다 (Al-Qaeda)	• 1979년 소련군이 아프가니스탄을 침공했을 때 아랍 의용군으로 참전한 사우디아라비아 출신의 오사마 빈라덴이 결성한 국제적인 테러지원조직이다. • 1991년 걸프전쟁이 일어나면서 반미세력으로 전환한 이 조직은 1998년 이집트의 이슬람 원리주의 조직인 지하드와 이슬람 과격단체들을 한데 묶어 알카에다와 알지하드로 통합하였는데, 특히 수니파 아랍인들로 구성된 이 조직은 유대인과 현대판 십자군에 대항하는 국제이슬람전선으로 일컬어지기도 한다. • 2001년 9월 11일 미국의 세계무역센터와 국방부에 대하여 항공기납치 자살테러사건을 저지른 테러조직이다. 알카에다의 조직원은 누구보다 충성심이 강하고 철저하게 점조직으로 되어 있는 단체이다. • 2011년 5월 조직의 우두머리인 오사마 빈라덴이 미국의 대테러조직인 네이비 실(Navy Seal, 해군)에 의하여 살해되었다.
알지하드 (Al-Jihad)	• 1980년대 후반 오사마 빈라덴의 개인 주치의인 아이만 알 자와히리(알 자위리)가 만든 조직으로, 알카에다와 깊은 연대관계가 있고 유대인과 십자군에 반대하는 성전을 기치로 미국을 테러공격의 목표로 정하고 있으며, 9·11테러에도 알카에다와 연계되었다.

점조직
점처럼 여기저기 흩어져 서로 연결되지 아니한 조직이다.

	• 빈라덴 사망 후 알 자와히리는 알카에다 조직을 장악하였으나, 2022년 7월 미군의 드론 공격에 의하여 사망하였다.
하마스 (Hamas)	1987년 아마드 야신이 창설한 팔레스타인의 이슬람 저항운동단체이다. 하마스는 '이슬람 저항운동'의 아랍어 약자이자 '용기'를 뜻하기도 한다. 이스라엘이 점령하고 있는 팔레스타인 영토의 즉각적이고 완전한 해방 및 수니파의 원리주의에 입각한 이슬람국가 건설을 목표로 한다. 2023년 10월 이스라엘본토에 대한 공격과 인질 납치를 실행하였으며, 이에 대한 이스라엘의 대대적인 보복 공격으로 최고 지도부가 암살당하고 그 세력이 약화되었다.
헤즈볼라 (Hezbollah)	신(神)의 당(黨), 이슬람 지하드라고도 한다. 이란 정보 기관의 배후 조정을 받는 4,000여 명의 대원을 거느린 중동 최대의 교전단체이면서 레바논의 정당조직이다. 호메이니의 이슬람 원리주의에 영향을 받아 1983년 이슬라믹 아말(Islamic Amal)과 다와 파티(Dawa Patty) 레바논 지구당을 통합하여 결성했고, 활동 본부는 레바논 동부쪽 비카에 있다. 이슬람 공동체로서 전 중동을 통일하기 위하여 시아파 이슬람교 이데올로기와 상반되는 개인·국가·민족 등을 대상으로 테러하기도 한다. 이스라엘에 의한 계획적인 공격으로 최고 지도부가 암살되고, 행동조직의 상당수가 사상되면서 그 세력이 약화되었다.
이슬람국가 (IS, ISIL)	• 이라크와 시리아 지역을 점령하고 있는 미승인 국가로 2004년 알카에다로부터 충성을 맹세하고 창립한 테러조직이다. 2006년 10월 이슬람국가 설립을 선포하였다. 2014년 2월, 8개월간의 권력 투쟁 이후 알카에다는 ISIL과의 결별을 선언했다. • 2017년 12월에는 이라크 내의 거의 모든 점령지를 잃은 뒤 시리아 동부의 군소 군벌 수준으로 축소되었으며, 수괴인 아부 바크르 알바그다디는 알카에다의 전 지도자였던 오사마 빈라덴처럼 잠적한 상태였으나, 2019년 10월 미군 특수부대의 작전으로 인하여 사망하였다.

③ 최근 테러의 특징

ⓐ 최근 테러조직은 이슬람계가 주류를 이루고 있으며, 이스라엘과 미국에 대한 공격적 성향이 강하다는 것이 특징이다.

ⓑ 세계적인 테러단체들이 네트워크로 연결되어 있으며, 테러수단은 개인에 대한 무차별적 총격 · 폭탄자살차량 · 잔혹한 공개적 처형 등 점점 잔혹해지고 있다.

ⓒ 테러조직의 구성원들은 중산층으로 엘리트적 소양을 갖추고 있는 경우가 많으며, 테러의 진행과정도 매우 치밀하고 첨단 과학을 사용하므로 방어에 어려움이 크다.

ⓓ 독재 지도자에 의하여 테러리스트들이 보호되는 경우가 많다.

ⓔ 실업과 빈곤 등 경제적 원인들이 테러의 토양이 되는 경우가 많다.

8. 외국의 대테러부대

(1) 영국 육군 공수특전단(SAS; Special Air Services)

영국의 육군 공수특전단으로 제2차 세계대전 중인 1941년 데이비드 스털링(David Stirling)에 의하여 창설된 SAS는 현대적 의미의 특수부대(대테러부대)의 원조이다. 북부 아프리카 사막에서 독일군 후방 깊숙이 침투하여 적을 공격하기 위하여 창설된 부대로서 잠수, 생존술, 격투기 등 각종 훈련을 받고 칼부터 소형 핵무기까지 모든 종류의 무기에 달통한 정예요원들로 구성되어 있다. 1980년 런던주재 이란 대사관 인질사태 때 10분 만에 인명 피해 없이 상황을 해결하였고, 특히 걸프전 당시에는 이라크 후방에서 파괴작전을 수행하여 그 능력을 인정받았다.

(2) 미국

① **국토안보부**(國土安保部, Department of Homeland Security): 미국 부시정부가 2001년 발생한 9 · 11테러 이후 자국 영토 내 안보를 총괄 담당할 기구로, 2002년 출범시킨 초대형 연방정부 부서이다. 기존 22개 기관의 17만 명의 인원이 통합된 조직으로, 연간 예산은 400억 달러에 이른다. 테러방지와 자연재해 발생 시 대처, 이민업무, 국경안전관리 등의 기능을 수행한다. 장관은 국방장관이나 법무장관과 같은 지위로 미국 내 테러위협과 관련한

모든 정보에 대한 접근권을 갖고 있으며, 비자발급업무를 관할한다. 그러나 전쟁이나 기타 군사적 방어활동에 개입할 권한은 없다.

② 군 대테러조직

　㉠ 델타포스: 정규군이 투입되기 힘든 상황에 투입되어 요인 암살, 인질 구출, 적 기지 파괴 등의 특수임무를 수행하는 미 육군 특수부대이다. 1977년 11월 특수전 장교 출신인 찰스 베크위드(Charles Beckwith)에 의하여 창설되었다. 찰스 베크위드는 1962년 그린베레 장교로서 영국 SAS에 1년간 파견 근무를 하면서 영국 특전단과 미국 특전단의 한 가지 차이점을 발견한다. 그것은 영국 특전단의 경우 대테러 분야에 노력을 기울이고 있다는 것이다. 그는 대테러팀 육성에 관해 상부에 보고하지만, 미군 지휘부는 관심을 보이지 않았다. 그러다가 1977년 소말리아 모가디슈의 항공기 인질구출작전을 성공시킨 GSG-9과 SAS의 소식에 미국도 대테러팀의 필요성을 그제야 절감하고 찰스 베크위드의 의견을 받아들여 대테러조직 델타포스를 창설하게 되었다.

　㉡ 네이비 실(Navy Seal): 미국해군의 특수전부대로 게릴라전, 대테러전, 인질구조 등 비정규작전을 수행하는 네이비 실은 존 F. 케네디 대통령의 지시로 1962년 창설되었다. SEAL은 바다, 공중, 지상, 즉 Sea, Air, Land의 줄임말로 어느 곳에서도 전투를 할 수 있는 전천후 부대라는 의미를 갖는다. 베트남전투에 투입되어 명성을 떨친 네이비 실은 걸프전과 아프가니스탄전, 이라크전에서도 특수작전을 수행하였다. 그러나 1980년 테헤란 주재 미국 대사관 인질구출 작전에서 실패하기도 했다. 알카에다의 최고지도자 오사마 빈라덴 암살작전에는 네이비 실 중에서도 최정예로 꼽히는 팀식스(Team Six)가 투입되었다.

③ **경찰**: SWAT(Special Weapons and Tactics)는 1967년 창설된 미국의 경찰 특수기동대이다.

(3) 독일 GSG-9

GSG-9(GSG 9 der Bundespolizei)는 독일 연방경찰(Bundespolizei)에 소속된 특수부대로, 1972년 뮌헨올림픽 당시 검은 9월단의 이스라엘 선수단에 대한 테러사건을 계기로 연방경찰인 국경경비대 산하

➕ 심화학습

네이비 실

태평양에 위치한 1특수전단에 1, 3, 5팀이, 대서양에 위치한 2특수전단에 2, 4, 6팀이 소속되어 있다. 이 중 SEAL-6은 우방국의 대해상 테러리즘 특공대의 능력 향상에 큰 도움을 주고 있다.

로 1973년에 설립되었다. 부대 이름은 연방경찰의 옛 이름인 국경
수비대 제9집단(Grenzschutzgruppe 9)의 약칭으로 G9라고 불리기
도 한다. 2005년 국경수비대는 연방경찰로 조직 이름을 변경했으나,
GSG-9라는 부대 명칭은 그대로 사용되고 있다.

(4) 프랑스 GIPN, GIGN

GIPN은 국가경찰 대테러부대로, 1972년 뮌헨올림픽 이스라엘 선
수단 테러사건 이후에 창설되었다. GIGN은 군인특공대로, 1973년
프랑스 주재 사우디아라비아 대사관 점거사건을 계기로 창설되었다.

(5) 러시아 알파(Spetsgruppa Al-fa)부대

한국의 국정원에 해당하는 연방보안국(FSB) 차장의 지휘를 받는
다. 1979년 아프가니스탄 침공 때 대통령궁을 습격하여 대통령을
비롯하여 100여 명을 사살하였다. 특히, 1995년 10월에는 모스크
바에서 발생한 현대그룹 연수생버스 인질사건을 해결한 것으로 유
명하다.

(6) 이스라엘 샤이렛 매트칼(Sayeret Mat'Kal)

1967년 발생한 '6일 전쟁'이 이스라엘의 일방적인 승리로 끝나게 되
자 정규군으로 이스라엘에 대항할 수 없음을 자각한 팔레스타인해방
기구(PLO)의 대 이스라엘 테러리즘 캠페인이 시작되었다. 이에 이스
라엘 정부는 정보국 산하에 샤이렛 매트칼이라는 대테러리스트 특공
대를 창설하게 되었다. 샤이렛 매트칼은 1976년의 엔테베 작전에서
핵심적인 역할을 하였다.

:: **보충학습** 중국과 대만의 대테러부대

1. **중국 마귀반**
   특수임무와 신속대응업무를 목표로 하는 중국의 대테러부대이다. 현재 5개
   전구에서 운용되고 있다.
2. **대만 벽력소조**
   일명 자객방탄복면두건부대로, 최고엘리트 경찰로 선발되는 대테러부대이다.

9. 테러의 수행단계

1단계	정보수집 및 관찰단계	대상에 대한 세밀한 관찰과 조사, 관련된 정보 수집 및 분석
2단계	공격계획 수립단계	공격팀, 공격 장소, 일시, 방법 등에 대한 세부적인 테러계획 수립
3단계	공격조 편성단계	테러계획에 따른 공격팀 구성, 훈련, 임무분배 등
4단계	공격 준비단계	무기 및 각종 장비 구입, 공격대상 주변에 은거지 마련 등
5단계	공격 실시단계	테러공격 실시, 테러 후 해당 테러장소 이탈

10. 테러방지활동 · 인질협상

(1) 대테러 방지부대의 임무

대테러 방지부대의 임무는 인질 및 난동 사건의 진압, 부수 피해의 방지, 현장으로부터 군중의 분리, 테러에 대한 증거수집 등이다.

(2) 대테러활동의 수행단계

1단계	준비과정	군중 격리, 경계 배치, 범인의 신원 파악, 진압작전계획 수립
2단계	선무공작과정	설득 유도, 테러조직의 와해 공작, 부수 피해 방지
3단계	공격검거과정	저격, 침투하여 테러범을 검거하는 과정
4단계	수습과정	테러범 검거 후 총기류 등의 위해요소 제거, 사상자를 병원으로 후송, 테러범의 조사 실시 등

(3) 테러 발생 시 경찰조치

현장조치	진압부대의 테러현장 출동, 피해자 구조, 테러현장에 일반시민의 접근 통제, 위험물 차단 등
일시성 테러에 대한 조치	테러 내용을 신속하고 정확하게 파악하여 시민들에게 알림, 시민들의 불안과 의혹 해소 등
계속성 테러에 대한 조치	• 현장에서 일반시민 통제, 인질의 안전보장 노력 • 언론매체의 무분별한 보도 통제 • 우선적으로 협상을 통한 문제 해결, 협상이 불가능할 때에는 안전하게 진압 • 관련 기관들의 협조를 통해 문제 해결방안을 모색

(4) 테러 발생의 예방방법

① 테러 성숙환경을 제거하여야 하며, 테러범이나 테러조직의 테러 활동을 원천적으로 근절하여야 한다.

② 테러를 억제하려는 태도를 유지하여야 한다.

③ 개방화 · 국제화로 인하여 국제적인 테러행위가 많아졌으므로 테러 방어에 대한 국제적인 협력이 강화되어야 한다.

11. 인질

(1) 인질사건 발생 시 나타날 수 있는 현상

인질
특정한 목적을 가진 자에 의하여 생명을 담보로 잡힌 자로, 볼모라고도 하고, 역사서에는 질이라는 표현도 많이 등장한다.

증후군(Syndrome)
함께 나타나는 증후(어떠한 공통된 현상을 보이는 사람들의 공통된 증상)를 의미하며, 의학적 용어로 쓰이는 경우도 있고 신조어 또는 유행어 형태로 쓰이는 증후군(스톡홀름 증후군, 인터넷 미아 증후군, 명절 증후군 등)도 있다.

① 리마 증후군(Lima Syndrome)

㉠ 인질범이 포로나 인질에게 강자로서 약자에게 갖는 동정심을 리마 증후군이라고 한다.

㉡ 인질사건에서 인질범이 인질의 문화에 익숙해지고 정신적으로 동화되면서 자신을 인질과 동일시하고 결과적으로 공격적인 태도가 완화되는 현상으로, 1996년 12월 페루 리마에서 발생한 일본 대사관저 점거 인질 사건에서 유래됐다. 당시 대사관을 점거한 페루의 반정부 조직 '투팍아마루 혁명운동(MRTA)' 요원들은 페루 정부군의 기습작전으로 사건이 마무리된 1997년 4월 22일까지 127일 동안 인질들과 함께 지냈다. 이 동안 점차 인질들에게 동화되어 가족과의 안부 편지, 미사 개최, 의약품과 의류 반입 등을 허용하고 자신들의 신상을 털어놓는 현상을 보였다. 이후 이런 현상을 심리학자들은 리마 증후군이라고 부르고 있다.

② 스톡홀름 증후군(Stockholm Syndrome)

㉠ 인질이 인질범들에게 동화되어 그들에게 동조하는 비이성적 현상을 스톡홀름 증후군이라고 한다.

㉡ 인질로 잡힌 사람들이 인질범들에게 정신적으로 동화되어 오히려 자신들을 볼모로 잡은 범인들에게 호감과 지지를 나타내는 심리현상을 말한다. 1973년 스웨덴 스톡홀름에서 은행에 침입한 4명의 무장강도가 은행 직원들을 볼모로 잡고 6일간 경찰과 대치한 사건에서 처음 관찰되어 이런 이름이 붙었다. 처음에는 인질들도 범인들을 두려워했으나, 시간이 흐르면서 차츰 그들에게 동화되어 자신들을 구출하려는 경찰들을

적대시하고, 사건이 끝난 뒤에도 계속해서 강도들에게 불리한 증언을 하지 않았는데, 이러한 심리현상을 말한다.

③ 런던 증후군(London Syndrome): 협상단계에서 통역이나 협상자와 인질범 사이에 동일시 현상이 일어나는 현상이다.

④ 항공교통기피 증후군: 9·11테러 이후 많은 사람들이 항공기 이용을 기피하는 사회적 현상이다.

핵심 기출문제

07 테러리즘의 '동일시이론'에 관한 설명으로 옳게 짝지은 것은? · 제25회 기출

- (㉠): 인질이 인질사건 과정에서 테러범을 이해하는 마음이 생겨 동화되는 것을 말한다.
- (㉡): 인질사건의 협상단계에서 통역사나 협상자가 테러범 사이에서 생존동일시 현상이 일어나는 것에서 유래되었다.

	㉠	㉡
①	스톡홀름증후군	런던증후군
②	스톡홀름증후군	리마증후군
③	리마증후군	런던증후군
④	리마증후군	항공기피증후군

해설 스톡홀름증후군은 인질이 인질사건 과정에서 테러범을 이해하는 마음이 생겨 동화되는 것을 말하며, 런던증후군은 인질사건의 협상단계에서 통역사나 협상자가 테러범 사이에서 생존동일시 현상이 일어나는 것에서 유래되었다.

정답 ①

(2) 인질협상

① 의의: 테러리스트들이 인질의 생명과 안전을 담보하여 일정한 목적을 달성하고자 할 때 대테러기관이 인질의 생명과 안전을 확보하기 위하여 범인을 설득하고 흥정하는 과정을 말한다.

② 인질협상 시 고려사항

㉠ 우선 보도진을 차단하고, 탈출루트(도주로)를 열어 두어야 한다. 협상 시에는 협상의 기법상 일단 인질범들에게 도주로를 확보해 주고 이에 대한 대책을 강구하는 것이 바람직하다.

㉡ 정확하고 신속하게 범인의 신원을 파악하고, 범인들과의 정확한 통신망을 구축하여야 하며 그 통신망은 단일화되어야 한다(인질과의 대화통로를 단일화한다).

ⓒ 범인을 안심시켜 신뢰감을 조성하며, 상호 간 양보의 필요성을 인식하여야 하고, 협상 시에는 적당한 선에서 요구조건을 수락하여야 한다.

ⓔ 협상 시 극단적인 언어를 사용하지 말아야 하며, 인질·테러·범인 등 직설적인 표현은 자제한다. 또한 여자친구나 부모를 직접적으로 접촉시키거나 이용하지 않도록 하여야 한다.

ⓜ 최대한 시간을 지연시켜야 하며 긴 대화를 통해 많은 정보를 얻어야 한다. 협상자와 범인의 직접적인 접촉이나 직시상태를 유지하고, 범인과 지속적으로 대화하여야 한다.

③ 인질사건 발생 시 협상기법
ⓐ 영국 Scott Negotiation Institute의 인질협상 8단계

1단계	협상준비	양보할 것, 얻기를 희망하는 것, 꼭 얻어야 하는 것을 준비한다.
2단계	논쟁개시	인질범으로 하여금 떼를 쓰고 흥정을 걸어오도록 유도한다.
3단계	신호	석방요구를 하면서 협상의사가 있다는 신호를 보낸다.
4단계	제안	협상상대, 교신방법, 진행방법 등 구체적인 제안사항을 차근차근하게 말한다.
5단계	타결안 제시	개개의 내용에 대한 일괄타결안이 되어야 한다. 한 가지씩 사안의 내용별로 조건·시간·장소·전달방식·식별방법·인도에 대한 상대방의 요구조건 처리 등을 명확히 하여 일괄적으로 합의를 해야 한다.
6단계	흥정	협상은 양보가 아니라 교환이므로 주고받는 형식으로 이루어져야 하며, 요구사항이 바뀌는 경우에는 다시 협상을 해야 한다.
7단계	정리	합의 시마다 내용을 정리하여 상대방에게 확인한다.
8단계	타결	쌍방의 제의와 내용에 대한 합의를 재확인한 후 실제 행동으로 옮긴다.

ⓑ 협상 타결 불가능 시 대화요령과 공격전략

1단계	상황을 탐색하고 접촉을 시도한다.
2단계	시간을 지연시키며, 정보를 수집하여 분석한다.
3단계	분석된 정보를 활용하여 진지한 협상을 시작한다.

> **심화학습**
>
> 하버드대 협상프로그램연구소의 인질협상방법론
> - 상대방과 교감해야 변화를 이끌어 낼 수 있다.
> - 병행접근을 시도하라.
> - 시간을 끌어라.
> - 손발이 잘 맞는 팀을 투입하라.
> - 악마와도 흥정하라.

4단계	범인의 심리적 압박과 조건에 대한 상호 양보를 유도하여야 한다.
5단계	범인과 대화를 지속하여야 하며, 만약을 대비하여 특공작전 준비를 하여야 한다.
6단계	협상 실패 시 특공작전의 실행과 수습을 하여야 한다.

❖ 5단계까지는 대화를 지속한다.

제3절 ▶ 우리나라의 대테러관리(약칭: 테러방지법) ★★☆

테러단체의 활동 양상은 특정 국가와 지역을 초월하여 전 세계적으로 확산되고 있고, 테러의 대상은 무고한 불특정 다수의 일반시민으로 무차별화하고 있다. 2001년 9·11테러 이후 국제사회가 지속적으로 테러와의 전쟁을 치르고 있음에도 불구하고 알카에다를 비롯한 극단주의 추종세력들의 테러활동은 끊이지 않고 이어지고 있다. 이에 UN은 9·11테러 이후 테러근절을 위해 국제공조를 결의하고 테러방지를 위한 국제협약 가입과 법령제정 등을 권고하여 OECD 가입국가 대부분이 테러방지를 위한 법률을 제정하였다.

우리나라는 그간 「국가대테러활동지침」(대통령훈령)에서 국가의 대테러 업무수행을 위하여 필요한 사항을 규정하고 있었을 뿐 테러의 전 세계적 확산과 UN의 관계법령 제정 권고가 있음에도 불구하고 우리나라에서는 국가 대테러활동 수행에 기본이 되는 구체적인 법률적 근거조차 마련하지 못하고 있는 실정이었다. 그러던 중 논란 끝에 2016년 3월 3일 「국민보호와 공공안전을 위한 테러방지법」(법률 제14071호)이 제정·공포되어 시행(2016년 6월 4일)되기에 이르렀다. 본 절에서는 「국민보호와 공공안전을 위한 테러방지법」(약칭: 테러방지법)을 중심으로 하고 2017년 9월 12일부터 시행된 국가대테러활동 세부운영 규칙(해양경찰청 훈령)의 일부 내용을 통하여 우리나라의 대테러관리에 대해 학습한다.

1 총칙 및 국가테러대책기구

1. 목적

「국민보호와 공공안전을 위한 테러방지법」은 테러의 예방 및 대응 활동 등에 관하여 필요한 사항과 테러로 인한 피해보전 등을 규정함으로써 테러로부터 국민의 생명과 재산을 보호하고 국가 및 공공의 안전을 확보하는 것을 목적으로 한다(법 제1조).

핵심 기출문제

08 국민보호와 공공안전을 위한 테러방지법상 목적에 관한 내용이다. ( ) 에 들어갈 용어로 옳은 것은? · 제22회 기출

> 테러의 (㉠) 및 (㉡) 활동 등에 관하여 필요한 사항과 테러로 인한 (㉢) 등을 규정함으로써 테러로부터 국민의 생명과 재산을 보호하고 국가 및 공공의 안전을 확보하는 것을 목적으로 한다.

	㉠	㉡	㉢
①	예방	대비	피해보전
②	대비	대응	피해보상
③	예방	대응	피해보전
④	대응	수습	피해보상

해설 이 법은 테러의 예방 및 대응 활동 등에 관하여 필요한 사항과 테러로 인한 피해보전 등을 규정함으로써 테러로부터 국민의 생명과 재산을 보호하고 국가 및 공공의 안전을 확보하는 것을 목적으로 한다(테러방지법 제1조).
㉢ 보전은 국가 등이 아닌 자의 행위에 의한 손실을 국가 등이 메워주는 것이며, 보상은 국가 등의 적법한 행위에 의한 손실을 국가 등이 메워주는 것이다.

정답 ③

2. 용어정의(법 제2조)

(1) 테러

국가·지방자치단체 또는 외국 정부(외국 지방자치단체와 조약 또는 그 밖의 국제적인 협약에 따라 설립된 국제기구를 포함한다)의 권한행사를 방해하거나 의무 없는 일을 하게 할 목적 또는 공중을 협박할 목적으로 하는 다음 각 행위를 말한다.

① 사람을 살해하거나 사람의 신체를 상해하여 생명에 대한 위험을 발생하게 하는 행위 또는 사람을 체포·감금·약취·유인하거나 인질로 삼는 행위

② 항공기(항공안전법 제2조 제1호의 항공기를 말한다)와 관련된 다음 각각의 어느 하나에 해당하는 행위

㉠ 운항 중(항공보안법 제2조 제1호의 운항 중을 말한다)인 항공기를

공중(公衆)
사회의 대부분의 사람들(일반사람들)을 말한다.

추락시키거나 전복·파괴하는 행위, 그 밖에 운항 중인 항공기의 안전을 해칠 만한 손괴를 가하는 행위

ⓛ 폭행이나 협박, 그 밖의 방법으로 운항 중인 항공기를 강탈하거나 항공기의 운항을 강제하는 행위

ⓒ 항공기의 운항과 관련된 항공시설을 손괴하거나 조작을 방해하여 항공기의 안전운항에 위해를 가하는 행위

③ 선박(선박 및 해상구조물에 대한 위해행위의 처벌 등에 관한 법률 제2조 제1호 본문의 선박을 말한다) 또는 해상구조물(같은 법 제2조 제5호의 해상구조물을 말한다)과 관련된 다음 각각의 어느 하나에 해당하는 행위

ⓖ 운항(같은 법 제2조 제2호의 운항을 말한다) 중인 선박 또는 해상구조물을 파괴하거나, 그 안전을 위태롭게 할 만한 정도의 손상을 가하는 행위(운항 중인 선박이나 해상구조물에 실려 있는 화물에 손상을 가하는 행위를 포함한다)

ⓛ 폭행이나 협박, 그 밖의 방법으로 운항 중인 선박 또는 해상구조물을 강탈하거나 선박의 운항을 강제하는 행위

ⓒ 운항 중인 선박의 안전을 위태롭게 하기 위하여 그 선박 운항과 관련된 기기·시설을 파괴하거나 중대한 손상을 가하거나 기능장애 상태를 일으키는 행위

④ 사망·중상해 또는 중대한 물적 손상을 유발하도록 제작되거나 그러한 위력을 가진 생화학·폭발성·소이성(燒夷性) 무기나 장치를 다음 각각의 어느 하나에 해당하는 차량 또는 시설에 배치하거나 폭발시키거나 그 밖의 방법으로 이를 사용하는 행위

ⓖ 기차·전차·자동차 등 사람 또는 물건의 운송에 이용되는 차량으로서 공중이 이용하는 차량

ⓛ ⓖ에 해당하는 차량의 운행을 위하여 이용되는 시설 또는 도로, 공원, 역, 그 밖에 공중이 이용하는 시설

ⓒ 전기나 가스를 공급하기 위한 시설, 공중이 먹는 물을 공급하는 수도, 전기통신을 이용하기 위한 시설 및 그 밖의 시설로서 공용으로 제공되거나 공중이 이용하는 시설

ⓔ 석유, 가연성 가스, 석탄, 그 밖의 연료 등의 원료가 되는 물질을 제조 또는 정제하거나 연료로 만들기 위하여 처리·수송 또는 저장하는 시설

➕ 심화학습

「항공안전법」상 '항공기'의 정의
'항공기'란 공기의 반작용(지표면 또는 수면에 대한 공기의 반작용은 제외)으로 뜰 수 있는 기기로서 최대이륙중량, 좌석 수 등 국토교통부령으로 정하는 기준에 해당하는 비행기, 헬리콥터, 비행선, 활공기(滑空機)와 그 밖에 대통령령으로 정하는 기기를 말한다.

➕ 심화학습

「항공보안법」상 '운항 중'의 정의
'운항 중'이란 승객이 탑승한 후 항공기의 모든 문이 닫힌 때부터 내리기 위하여 문을 열 때까지를 말한다.

소이성(燒夷性) 무기
화재를 일으키거나 사람에게 화상을 입히는 것을 주목적으로 한 무기이다.

　　　　ⓤ 공중이 출입할 수 있는 건조물·항공기·선박으로서 ㉠부터
　　　　　　㉣까지에 해당하는 것을 제외한 시설

　　⑤ 핵물질(원자력시설 등의 방호 및 방사능 방재 대책법 제2조 제1호의 핵
　　　　물질을 말한다), 방사성물질(원자력안전법 제2조 제5호의 방사성물질
　　　　을 말한다) 또는 원자력시설(원자력시설 등의 방호 및 방사능 방재 대
　　　　책법 제2조 제2호의 원자력시설을 말한다)과 관련된 다음 각각의 어
　　　　느 하나에 해당하는 행위

　　　　㉠ 원자로를 파괴하여 사람의 생명·신체 또는 재산을 해하거나
　　　　　　그 밖에 공공의 안전을 위태롭게 하는 행위

　　　　㉡ 방사성물질 등과 원자로 및 관계 시설, 핵연료주기시설 또는
　　　　　　방사선발생장치를 부당하게 조작하여 사람의 생명이나 신체
　　　　　　에 위험을 가하는 행위

　　　　㉢ 핵물질을 수수(授受)·소지·소유·보관·사용·운반·개조·
　　　　　　처분 또는 분산하는 행위

　　　　㉣ 핵물질이나 원자력시설을 파괴·손상 또는 그 원인을 제공하
　　　　　　거나 원자력시설의 정상적인 운전을 방해하여 방사성물질을
　　　　　　배출하거나 방사선을 노출하는 행위

핵연료주기(核燃料週期)
원자력 발전을 위한 연료 공급,
원자로에서 연료의 연소, 그리고
원자로로부터 배출된 연료 원소
의 취급, 처리하는 과정 등을 포
함하는 일련의 공정을 말한다.

(2) 테러단체

국제연합(UN)이 지정한 테러단체를 말한다.

(3) 테러위험인물

테러단체의 조직원이거나 테러단체 선전, 테러자금 모금·기부, 그
밖에 테러 예비·음모·선전·선동을 하였거나 하였다고 의심할 상
당한 이유가 있는 사람을 말한다.

(4) 외국인테러전투원

테러를 실행·계획·준비하거나 테러에 참가할 목적으로 국적국이
아닌 국가의 테러단체에 가입하거나, 가입하기 위하여 이동 또는 이
동을 시도하는 내국인·외국인을 말한다.

(5) 테러자금

「공중 등 협박목적 및 대량살상무기확산을 위한 자금조달행위의 금
지에 관한 법률(약칭: 테러자금 금지법)」 제2조 제1호에 따른 공중 등
협박목적을 위한 자금을 말한다.

(6) 대테러활동

테러 관련 정보의 수집, 테러위험인물의 관리, 테러에 이용될 수 있는 위험물질 등 테러수단의 안전관리, 인원·시설·장비의 보호, 국제행사의 안전확보, 테러위협에의 대응 및 무력진압 등 테러 예방과 대응에 관한 제반 활동을 말한다.

(7) 관계기관

대테러활동을 수행하는 국가기관, 지방자치단체, 「공공기관의 운영에 관한 법률」제4조에 따른 공공기관, 「지방공기업법」제2조 제1항 제1호부터 제4호까지의 사업을 수행하는 지방직영기업, 지방공사 및 지방공단을 말한다(시행령 제2조).

(8) 대테러조사

대테러활동에 필요한 정보나 자료를 수집하기 위하여 현장조사·문서열람·시료채취 등을 하거나 조사대상자에게 자료제출 및 진술을 요구하는 활동을 말한다.

시료채취
측정 및 분석 등을 하기 위해 대상이 되는 물질을 획득하는 것이다.

핵심 기출문제

09 국민보호와 공공안전을 위한 테러방지법상 용어의 정의로 옳지 않은 것은?

• 제24회 기출

① 외국인테러전투원: 테러를 실행·계획·준비하거나 테러에 참가할 목적으로 국적국인 국가의 테러단체에 가입하기 위하여 이동을 시도하는 외국인
② 테러단체: 국제연합(UN)이 지정한 테러단체
③ 테러위험인물: 테러단체의 조직원이거나 테러단체 선전, 테러자금 모금·기부, 그 밖에 테러 예비·음모·선전·선동을 하였거나 하였다고 의심할 상당한 이유가 있는 사람
④ 대테러조사: 대테러활동에 필요한 정보나 자료를 수집하기 위하여 현장조사·문서열람·시료채취 등을 하거나 조사대상자에게 자료제출 및 진술을 요구하는 활동

해설 "외국인테러전투원"이란 테러를 실행·계획·준비하거나 테러에 참가할 목적으로 국적국이 아닌 국가의 테러단체에 가입하거나 가입하기 위하여 이동 또는 이동을 시도하는 내국인·외국인을 말한다(국민보호와 공공안전을 위한 테러방지법 제2조 제4호).

정답 ①

---

3. 국가 및 지방자치단체의 책무(법 제3조)

(1) 테러대책 수립 · 시행

국가 및 지방자치단체는 테러로부터 국민의 생명 · 신체 및 재산을 보호하기 위하여 테러의 예방과 대응에 필요한 제도와 여건을 조성하고 대책을 수립하여 이를 시행하여야 한다.

(2) 국민의 기본권 침해 방지 노력

국가 및 지방자치단체는 (1)의 대책(테러대책)을 강구할 때 국민의 기본적 인권이 침해당하지 아니하도록 최선의 노력을 하여야 한다.

(3) 「헌법」 및 법률 준수의무

「국민보호와 공공안전을 위한 테러방지법」을 집행하는 공무원은 「헌법」상 기본권을 존중하여 법을 집행하여야 하며, 「헌법」과 법률에서 정한 적법절차를 준수할 의무가 있다.

4. 다른 법률과의 관계

「국민보호와 공공안전을 위한 테러방지법」은 대테러활동에 관하여 다른 법률에 우선하여 적용한다(법 제4조).

5. 국가테러대책위원회(대책위원회)

(1) 설치

대테러활동에 관한 정책의 중요사항을 심의 · 의결하기 위하여 국가테러대책위원회를 둔다(법 제5조 제1항).

(2) 구성

① **위원장**: 위원장은 국무총리로 한다(법 제5조 제2항).
② **위원**: 기획재정부장관, 외교부장관, 통일부장관, 법무부장관, 국방부장관, 행정안전부장관, 산업통상자원부장관, 환경부장관, 국토교통부장관, 해양수산부장관, 국가정보원장, 국무조정실장, 금융위원회 위원장, 원자력안전위원회 위원장, 대통령경호처장, 관세청장, 경찰청장, 소방청장, 질병관리청장 및 해양경찰청장으로 한다(시행령 제3조 제1항).

③ 회의참석 요청: 국가테러대책위원회의 위원장은 안건 심의에 필요한 경우에는 ②에서 정한 위원 외에 관계기관의 장 또는 그 밖의 관계자에게 회의 참석을 요청할 수 있다(시행령 제3조 제2항).

④ 간사: 대책위원회의 사무를 처리하기 위하여 간사를 두되, 간사는 대테러센터장이 된다(시행령 제3조 제3항).

> 간사
> 단체나 기관의 사무를 담당하여 처리하는 직무 또는 그런 일을 하는 사람이다.

(3) 심의 · 의결

대책위원회는 다음 각 호의 사항을 심의 · 의결한다(법 제5조 제3항).

① 대테러활동에 관한 국가의 정책 수립 및 평가

② 국가 대테러 기본계획 등 중요 중장기 대책 추진사항

③ 관계기관의 대테러활동 역할 분담 · 조정이 필요한 사항

④ 그 밖에 위원장 또는 위원이 대책위원회에서 심의 · 의결할 필요가 있다고 제의하는 사항

핵심 기출문제

10 국민보호와 공공안전을 위한 테러방지법령상 국가테러대책위원회의 심의 · 의결사항에 해당하지 <u>않는</u> 것은? • 제19회 기출

① 관계기관의 대테러활동 교육 · 훈련의 감독 및 평가

② 국가 대테러 기본계획 등 중요 중장기 대책 추진사항

③ 대테러활동에 관한 국가의 정책 수립 및 평가

④ 위원장 또는 위원이 대책위원회에서 심의 · 의결할 필요가 있다고 제의하는 사항

해설 국가테러대책위원회는 대테러활동에 관한 정책의 중요사항을 심의 · 의결하기 위하여 두는 기관이다. 관계기관의 대테러활동 교육 · 훈련의 감독 및 평가와 같은 구체적이고 세부적인 업무를 심의 · 의결하는 업무를 담당하지 않는다.

정답 ①

---

(4) 운영(시행령 제4조)

① 회의 소집: 대책위원회 회의는 위원장이 필요하다고 인정하거나 대책위원회 위원 과반수의 요청이 있는 경우에 위원장이 소집한다.

② 의결: 대책위원회는 재적위원 과반수의 출석으로 개의(開議)하고, 출석위원 과반수의 찬성으로 의결한다.

③ 회의 비공개 원칙: 대책위원회의 회의는 공개하지 아니한다. 다만, 공개가 필요한 경우 대책위원회의 의결로 공개할 수 있다.

④ **운영사항 결정**: ① ～ ③에서 규정한 사항 외에 대책위원회 운영에 관한 사항은 대책위원회의 의결을 거쳐 위원장이 정한다.

(5) 테러대책 실무위원회 구성 등(시행령 제5조)

① **테러대책 실무위원회 설치**: 대책위원회를 효율적으로 운영하고 대책위원회에 상정할 안건에 관한 전문적인 검토 및 사전 조정을 위하여 대책위원회에 테러대책 실무위원회를 둔다.

② **위원장**: 실무위원회에 위원장 1명을 두며, 실무위원회의 위원장은 대테러센터장이 된다.

③ **위원**: 실무위원회 위원은 국가테러대책위원회의 위원이 소속된 관계기관 및 그 소속기관의 고위공무원단에 속하는 일반직 공무원(이에 상당하는 특정직·별정직 공무원을 포함한다) 중 관계기관의 장이 지명하는 사람으로 한다.

④ **운영사항 결정**: ① ～ ③에서 규정한 사항 외에 실무위원회 운영에 관한 사항은 대책위원회의 의결을 거쳐 위원장이 정한다.

6. 대테러센터

(1) 설치 및 업무

대테러활동과 관련하여 다음의 사항을 수행하기 위하여 국무총리 소속으로 관계기관 공무원으로 구성되는 대테러센터를 둔다(법 제6조 제1항).

① 국가 대테러활동 관련 임무분담 및 협조사항 실무 조정

② 장단기 국가대테러활동 지침 작성·배포

③ 테러경보 발령

④ 국가 중요행사 대테러안전대책 수립

⑤ 대책위원회의 회의 및 운영에 필요한 사무의 처리

⑥ 그 밖에 대책위원회에서 심의·의결한 사항

(2) 대테러센터 사무 등

① 대테러센터는 국가 대테러활동을 원활히 수행하기 위하여 필요한 사항과 대책위원회의 회의 및 운영에 필요한 사무 등을 처리한다(시행령 제6조 제1항).

② **협조·지원 요청**: 대테러센터장은 관계기관의 장에게 직무 수행에 필요한 협조와 지원을 요청할 수 있다(시행령 제6조 제2항).

(3) 소속 직원의 인적사항

대테러센터 소속 직원의 인적사항은 공개하지 아니할 수 있다(법 제6조 제3항).

핵심 기출문제

11 국민보호와 공공안전을 위한 테러방지법에 관한 설명으로 옳은 것은?

• 제26회 기출

① 대테러활동에 관한 정책의 중요사항을 심의·의결하기 위하여 대테러센터를 두고, 이 센터는 대테러활동에 관한 국가의 정책 수립 및 평가의 사항을 심의·의결한다.

② 대테러활동과 관련하여 국가테러대책위원회를 두고, 이 위원회는 국가 대테러활동 관련 임무분담 및 협조사항 실무조정을 수행한다.

③ 국가 및 지방자치단체는 테러로부터 국민의 생명·신체 및 재산을 보호하기 위하여 테러의 예방과 대응에 필요한 제도와 여건을 조성하고 대책을 수립하여 이를 시행하여야 한다.

④ 국가정보원장은 정보수집 및 분석의 결과 테러에 이용되었거나 이용될 가능성이 있는 금융거래에 대하여 지급정지 등의 조치를 취하도록 금융감독원장에게 요청할 수 있다.

해설 ① 대테러활동에 관한 정책의 중요사항을 심의·의결하기 위하여 국가테러대책위원회를 두고, 이 위원회는 대테러활동에 관한 국가의 정책 수립 및 평가의 사항을 심의·의결한다.
② 대테러활동과 관련하여 대테러센터를 두고, 이 센터는 국가 대테러활동 관련 임무분담 및 협조사항 실무조정을 수행한다.
④ 국가정보원장은 정보수집 및 분석의 결과 테러에 이용되었거나 이용될 가능성이 있는 금융거래에 대하여 지급정지 등의 조치를 취하도록 금융위원회 위원장에게 요청할 수 있다.

정답 ③

2 대테러인권보호관

1. 대테러인권보호관 위촉

관계기관의 대테러활동으로 인한 국민의 기본권 침해 방지를 위하여 대책위원회 소속으로 대테러인권보호관 1명을 두며(법 제7조 제1항), 인권보호관은 다음의 어느 하나에 해당하는 대한민국 국민 중에서 위원장이 위촉한다(시행령 제7조 제1항).

① 변호사 자격이 있는 사람으로서 10년 이상의 실무경력이 있는 사람

심화학습

대테러인권보호관이 필요한 이유
대테러활동 중 도청, 서신의 감시, 개인의 위치 확인, 첩보원 활용 등으로 인하여 국민의 기본권 및 사생활을 침해할 가능성이 항상 내포되어 있다. 대테러정책, 인권침해 관련 민원의 처리, 인권보호 활동을 할 적합한 사람을 대테러인권보호관으로 위촉하고 그 신분을 보장하여 그로 하여금 인권보호활동을 하게 하기 위한 대테러인권보호관 제도가 필요하다.

② 인권 분야에 전문지식이 있고 「고등교육법」 제2조 제1호에 따른 학교(대학)에서 부교수 이상으로 10년 이상 재직하고 있거나 재직하였던 사람

③ 국가기관 또는 지방자치단체에서 3급 상당 이상의 공무원으로 재직하였던 사람 중 인권 관련 업무 경험이 있는 사람

④ 인권분야 비영리 민간단체·법인·국제기구에서 근무하는 등 인권 관련 활동에 10년 이상 종사한 경력이 있는 사람

2. 임기 및 해촉 제한

(1) 임기

인권보호관의 임기는 2년으로 하고, 연임할 수 있다(시행령 제7조 제2항).

(2) 해촉 제한

인권보호관은 다음의 경우를 제외하고는 그 의사에 반하여 해촉되지 아니한다(시행령 제7조 제3항).

① 「국가공무원법」 제33조 각 호의 결격사유에 해당하는 경우

② 직무와 관련한 형사사건으로 기소된 경우

③ 직무상 알게 된 비밀을 누설한 경우

④ 그 밖에 장기간의 심신쇠약으로 인권보호관의 직무를 계속 수행할 수 없는 특별한 사유가 발생한 경우

3. 인권보호관의 직무 등

(1) 직무(시행령 제8조 제1항)

① 대책위원회에 상정되는 관계기관의 대테러정책·제도 관련 안건의 인권 보호에 관한 자문 및 개선 권고

② 대테러활동에 따른 인권침해 관련 민원의 처리

③ 그 밖에 관계기관 대상 인권 교육 등 인권 보호를 위한 활동

(2) 민원처리 기한

인권보호관은 대테러활동에 따른 인권침해 관련 민원을 접수한 날부터 2개월 내에 처리하여야 한다. 다만, 부득이한 사유로 정해진 기간 내에 처리하기 어려운 경우에는 그 사유와 처리 계획을 민원인에게 통지하여야 한다(시행령 제8조 제2항).

(3) 행정적 · 재정적 지원

위원장은 인권보호관이 직무를 효율적으로 수행할 수 있도록 필요한 행정적 · 재정적 지원을 할 수 있다(시행령 제8조 제3항).

(4) 공무원 파견 요청

대책위원회는 인권보호관의 직무 수행을 지원하기 위하여 지원조직을 둘 수 있으며, 필요한 경우에는 관계 중앙행정기관 소속공무원의 파견을 요청할 수 있다(시행령 제8조 제4항).

4. 시정 권고

인권보호관은 직무수행 중 인권침해 행위가 있다고 인정할 만한 상당한 이유가 있는 경우에는 위원장에게 보고한 후 관계기관의 장에게 시정을 권고할 수 있으며, 권고를 받은 관계기관의 장은 그 처리결과를 인권보호관에게 통지하여야 한다(시행령 제9조).

> **시정 권고**
> 어떤 일에 대하여 잘못된 것을 바로잡기 위하여 상대방이 어떤 조치를 취할 것을 권유하는 일을 말한다. 법률상으로 상대방을 구속하는 구속력은 없다.

5. 비밀의 엄수

(1) 직무상 비밀 엄수

인권보호관은 재직 중 및 퇴직 후에 직무상 알게 된 비밀을 엄수하여야 한다(시행령 제10조 제1항).

(2) 위원장의 승인

인권보호관은 법령에 따른 증인, 참고인, 감정인 또는 사건 당사자로서 직무상의 비밀에 관한 사항을 증언하거나 진술하려는 경우에는 미리 위원장의 승인을 받아야 한다(시행령 제10조 제2항).

3 전담조직

관계기관의 장은 테러 예방 및 대응을 위하여 필요한 전담조직을 둘 수 있다(법 제8조). 관계기관의 장은 전담조직 외에 테러 예방 및 대응을 위하여 필요한 경우에는 대테러업무를 수행하는 하부조직을 전담조직으로 지정 · 운영할 수 있다(시행령 제11조 제2항).

1. 지역 테러대책협의회(시행령 제12조)

(1) 설치

특별시 · 광역시 · 특별자치시 · 도 · 특별자치도에 해당 지역에 있는 관계기관 간 테러예방활동에 관한 협의를 위하여 지역 테러대책협의회를 둔다.

(2) 의장

지역 테러대책협의회의 의장은 국가정보원의 해당 지역 관할지부의 장(특별시의 경우 대테러센터장을 말한다)이 된다.

(3) 심의 · 의결

지역 테러대책협의회는 다음의 사항을 심의 · 의결한다.
① 대책위원회의 심의 · 의결 사항 시행 방안
② 해당 지역 테러사건의 사전예방 및 대응 · 사후처리 지원 대책
③ 해당 지역 대테러업무 수행 실태의 분석 · 평가 및 발전 방안
④ 해당 지역의 대테러 관련 훈련 · 점검 등 관계기관 간 협조에 관한 사항
⑤ 그 밖에 해당 지역 대테러활동에 필요한 사항

2. 공항 · 항만 테러대책협의회(시행령 제13조)

(1) 설치

공항 또는 항만(항만법 제3조 제1항 1호에 따른 무역항을 말한다) 내에서의 관계기관 간 대테러활동에 관한 사항을 협의하기 위하여 공항 · 항만별로 테러대책협의회를 둔다.

(2) 의장

공항 · 항만 테러대책협의회의 의장은 해당 공항 · 항만에서 대테러업무를 담당하는 국가정보원 소속공무원 중 국가정보원장이 지명하는 사람이 된다.

(3) 심의 · 의결

공항 · 항만 테러대책협의회는 해당 공항 또는 항만 내의 대테러활동에 관하여 다음의 사항을 심의 · 의결한다.

① 대책위원회의 심의 · 의결 사항 시행 방안

② 공항 또는 항만 내 시설 및 장비의 보호 대책

③ 항공기 · 선박의 테러예방을 위한 탑승자와 휴대화물 검사 대책

④ 테러 첩보의 입수 · 전파 및 긴급대응 체계 구축 방안

⑤ 공항 또는 항만 내 테러사건 발생 시 비상대응 및 사후처리 대책

⑥ 그 밖에 공항 또는 항만 내의 테러대책

3. 테러사건대책본부(시행령 제14조)

(1) 설치 · 운영

외교부장관, 국방부장관, 국토교통부장관, 경찰청장 및 해양경찰청
장은 테러가 발생하거나 발생할 우려가 현저한 경우(국외테러의 경우
는 대한민국 국민에게 중대한 피해가 발생하거나 발생할 우려가 있어 긴급
한 조치가 필요한 경우에 한한다)에는 다음의 구분에 따라 테러사건대
책본부를 설치 · 운영하여야 한다.

분야별 테러사건대책본부	설치 · 운영자
국외테러사건대책본부	외교부장관
군사시설테러사건대책본부	국방부장관
항공테러사건대책본부	국토교통부장관
국내일반 테러사건대책본부	경찰청장
해양테러사건대책본부	해양경찰청장

(2) 설치 · 보고 등

대책본부를 설치한 관계기관의 장은 그 사실을 즉시 위원장에게 보
고하여야 하며, 같은 사건에 2개 이상의 대책본부가 관련되는 경우
에는 위원장이 테러사건의 성질 · 중요성 등을 고려하여 대책본부를
설치할 기관을 지정할 수 있다.

(3) 대책본부의 장

대책본부의 장은 대책본부를 설치하는 관계기관의 장(군사시설테러사
건대책본부의 경우에는 합동참모의장을 말한다)이 되며, 현장지휘본부의
사건 대응 활동을 지휘 · 통제한다.

(4) 편성 · 운영 세부사항

대책본부의 편성 · 운영에 관한 세부사항은 대책본부의 장이 정한다.

4. 현장지휘본부(시행령 제15조)

(1) 설치

대책본부의 장은 테러사건이 발생한 경우 사건 현장의 대응 활동을 총괄하기 위하여 현장지휘본부를 설치할 수 있다.

(2) 현장지휘본부의 장

현장지휘본부의 장은 대책본부의 장이 지명한다.

(3) 전문조직의 구성 및 지원 요청

현장지휘본부의 장은 테러의 양상 · 규모 · 현장상황 등을 고려하여 협상 · 진압 · 구조 · 구급 · 소방 등에 필요한 전문조직을 직접 구성하거나 관계기관의 장에게 지원을 요청할 수 있다. 이 경우 관계기관의 장은 특별한 사정이 없으면 현장지휘본부의 장이 요청한 사항을 지원하여야 한다.

(4) 현장출동 조직의 지휘 · 통제

현장지휘본부의 장은 현장에 출동한 관계기관의 조직(대테러특공대, 테러대응구조대, 대화생방테러 특수임무대 및 대테러합동조사팀을 포함한다)을 지휘 · 통제한다.

통합상황실
행정상 또는 작전상의 계획, 통계, 상황판 따위를 갖추어 전반적 상황을 한눈에 파악할 수 있도록 마련한 방이다.

(5) 통합상황실 설치 · 운영

현장지휘본부의 장은 현장에 출동한 관계기관과 합동으로 통합상황실을 설치 · 운영할 수 있다.

5. 화생방테러대응지원본부(시행령 제16조)

(1) 설치 · 운영

환경부장관, 원자력안전위원회 위원장 및 질병관리청장은 화생방테러사건 발생 시 대책본부를 지원하기 위하여 다음의 구분에 따른 분야별로 화생방테러대응지원본부를 설치 · 운영한다.
① 환경부장관: 화학테러 대응 분야
② 원자력안전위원회 위원장: 방사능테러 대응 분야

③ 질병관리청장: 생물테러 대응 분야

(2) 화생방테러대응지원본부의 임무

① 화생방테러사건 발생 시 오염 확산 방지 및 독성 제거 방안 마련
② 화생방 전문 인력 및 자원의 동원·배치
③ 그 밖에 화생방테러 대응 지원에 필요한 사항의 시행

(3) 대화생방테러 특수임무대 설치·지정

국방부장관은 관계기관의 화생방테러 대응을 지원하기 위하여 대책위원회의 심의·의결을 거쳐 오염 확산 방지 및 독성 제거 임무 등을 수행하는 대화생방테러 특수임무대를 설치하거나 지정할 수 있다.

(4) 설치·운영 사항

화생방테러대응지원본부 및 대화생방테러 특수임무대의 설치·운영 등에 필요한 사항은 해당 관계기관의 장이 정한다.

6. 테러복구지원본부(시행령 제17조)

(1) 설치·운영

행정안전부장관은 테러사건 발생 시 구조·구급·수습·복구활동 등에 관하여 대책본부를 지원하기 위하여 테러복구지원본부를 설치·운영할 수 있다.

> 구조·구급
> • 구조
> 위험에 처한 사람을 안전한 곳으로 이동시키는 것을 말한다.
> • 구급
> 질병 또는 부상으로 위급할 때 우선 목숨을 구하기 위한 처치를 하는 것이다.

(2) 임무

① 테러사건 발생 시 수습·복구 등 지원을 위한 자원의 동원 및 배치 등에 관한 사항
② 대책본부의 협조 요청에 따른 지원에 관한 사항
③ 그 밖에 테러복구 등 지원에 필요한 사항의 시행

7. 대테러특공대(시행령 제18조)

(1) 설치·운영

① 국방부장관, 경찰청장 및 해양경찰청장은 테러사건에 신속히 대응하기 위하여 대테러특공대를 설치·운영한다.
② 국방부장관, 경찰청장 및 해양경찰청장은 대테러특공대를 설치·운영하려는 경우에는 대책위원회의 심의·의결을 거쳐야 한다.

(2) 대테러특공대의 임무

① 대한민국 또는 국민과 관련된 국내외 테러사건 진압

② 테러사건과 관련된 폭발물의 탐색 및 처리

③ 주요 요인 경호 및 국가 중요행사의 안전한 진행 지원

④ 그 밖에 테러사건의 예방 및 저지활동

(3) 국방부 소속 대테러특공대의 출동 및 진압작전

국방부 소속 대테러특공대의 출동 및 진압작전은 군사시설 안에서 발생한 테러사건에 대하여 수행한다. 다만, 경찰력의 한계로 긴급한 지원이 필요하여 대책본부의 장이 요청하는 경우에는 군사시설 밖에서도 경찰의 대테러 작전을 지원할 수 있다.

(4) 군 대테러특수임무대의 지역 단위 편성·운영

국방부장관은 군 대테러특공대의 신속한 대응이 제한되는 상황에 대비하기 위하여 군 대테러특수임무대를 지역 단위로 편성·운영할 수 있다. 이 경우 군 대테러특수임무대의 편성·운영·임무에 관하여는 (1)의 ②부터 (3)까지의 규정을 준용한다.

핵심 기출문제

12 국민보호와 공공안전을 위한 테러방지법령상 대테러특공대를 설치·운영하지 않는 기관은?

• 제24회 기출

① 국방부 　　　　　　　　　 ② 해양경찰청

③ 국가정보원 　　　　　　　 ④ 경찰청

해설 국방부장관, 경찰청장 및 해양경찰청장은 테러사건에 신속히 대응하기 위하여 대테러특공대를 설치·운영한다(국민보호와 공공안전을 위한 테러방지법 시행령 제18조 제1항).

정답 ③

13 국가대테러활동지침상 대테러특공대의 임무를 수행한 자를 모두 고른 것은?

• 제23회 기출

> A: 테러사건에 대해 무력진압작전을 수행하였다.
> B: 요인경호행사 및 국가중요행사의 안전활동에 대한 지원을 하였다.
> C: 테러사건과 관련한 폭발물을 탐색하고 처리하였다.

① A 　　　　　　　　　　　 ② A, C

③ B, C 　　　　　　　　　　 ④ A, B, C

해설 국가대테러활동지침은 대통령 훈령으로 「국민보호와 공공안전을 위한 테러방지법」 (약칭: 테러방지법) 제정·시행 이후 2016년에 폐지되었다. 현재 '대테러특공대의 임무'는 「테러방지법」에서 규정하고 있다. 가답안 발표 시에는 정답을 ④로 발표하였으나, 이후 폐지된 훈령을 지칭하며 출제한 것(출제 오류)에 대한 이의신청이 받아들여지면서 '모두정답'으로 처리되었다.

정답 **모두정답**

---

8. 테러대응구조대(시행령 제19조)

(1) 설치·운영

소방청장과 시·도지사는 테러사건 발생 시 신속히 인명을 구조·구급하기 위하여 중앙 및 지방자치단체 소방본부에 테러대응구조대를 설치·운영한다.

(2) 테러대응구조대의 임무

① 테러발생 시 초기단계에서의 조치 및 인명의 구조·구급
② 화생방테러 발생 시 초기단계에서의 오염 확산 방지 및 독성 제거
③ 국가 중요행사의 안전한 진행 지원
④ 테러취약요인의 사전 예방·점검 지원

9. 테러정보통합센터(시행령 제20조)

(1) 설치·운영

국가정보원장은 테러 관련 정보를 통합관리하기 위하여 관계기관 공무원으로 구성되는 테러정보통합센터를 설치·운영한다.

(2) 테러정보통합센터의 임무

① 국내외 테러 관련 정보의 통합관리·분석 및 관계기관에의 배포
② 24시간 테러 관련 상황 전파체계 유지
③ 테러 위험 징후 평가
④ 그 밖에 테러 관련 정보의 통합관리에 필요한 사항

(3) 협조 요청

국가정보원장은 관계기관의 장에게 소속공무원의 파견과 테러정보의 통합관리 등 업무 수행에 필요한 협조를 요청할 수 있다.

10. 대테러합동조사팀(시행령 제21조)

(1) 편성 · 운영

국가정보원장은 국내외에서 테러사건이 발생하거나 발생할 우려가 현저할 때 또는 테러 첩보가 입수되거나 테러 관련 신고가 접수되었을 때에는 예방조치, 사건 분석 및 사후처리방안 마련 등을 위하여 관계기관 합동으로 대테러합동조사팀을 편성 · 운영할 수 있다.

(2) 결과 통보

국가정보원장은 합동조사팀이 현장에 출동하여 조사한 경우 그 결과를 대테러센터장에게 통보하여야 한다.

(3) 군사시설의 경우

위 **(1)**에도 불구하고 군사시설에 대해서는 국방부장관이 자체 조사팀을 편성 · 운영할 수 있다. 이 경우 국방부장관은 자체 조사팀이 조사한 결과를 대테러센터장에게 통보하여야 한다.

4 테러 대응 절차

1. 테러경보의 발령(시행령 제22조)

(1) 테러경보 발령 절차

대테러센터장은 테러 위험 징후를 포착한 경우 테러경보 발령의 필요성, 발령 단계, 발령 범위 및 기간 등에 관하여 실무위원회의 심의를 거쳐 테러경보를 발령한다. 다만, 긴급한 경우 또는 주의 이하의 테러경보 발령 시에는 실무위원회의 심의 절차를 생략할 수 있다.

(2) 테러경보 발령 단계

테러경보는 테러위협의 정도에 따라 '관심 ⇨ 주의 ⇨ 경계 ⇨ 심각'의 4단계로 구분한다.

14 국민보호와 공공안전을 위한 테러방지법령에 관한 설명으로 옳지 <u>않은</u> 것은?

• 제25회 기출

① 관세청장은 국가테러대책위원회의 구성원이다.

② 국가정보원장은 테러위험인물에 대하여 출입국·금융거래 및 통신이용 등 관련 정보를 수집할 수 있다.

③ 타국의 외국인테러전투원으로 가입한 사람은 5년 이상의 징역에 처한다.

④ 테러경보는 테러위협의 정도에 따라 주의·경계·심각·대비의 4단계로 구분한다.

[해설] 테러경보는 테러위협의 정도에 따라 관심·주의·경계·심각의 4단계로 구분한다.

[정답] ④

---

(3) 테러경보 발령 전파

대테러센터장은 테러경보를 발령하였을 때에는 즉시 위원장에게 보고하고, 관계기관에 전파하여야 한다.

(4) 관계기관의 조치사항

(1) ~ (3)에서 규정한 사항 외에 테러경보 발령 및 테러경보에 따른 관계기관의 조치사항에 관하여는 대책위원회 의결을 거쳐 위원장이 정한다.

2. 상황 전파 및 초동조치(시행령 제23조)

(1) 상황 전파

관계기관의 장은 테러사건이 발생하거나 테러 위협 등 그 징후를 인지한 경우에는 관련 상황 및 조치사항을 관련 기관의 장과 대테러센터장에게 즉시 통보하여야 한다.

(2) 초동조치

관계기관의 장은 테러사건이 발생한 경우 사건의 확산 방지를 위하여 신속히 다음의 초동조치를 하여야 한다.

① 사건 현장의 통제·보존 및 경비 강화

② 긴급대피 및 구조·구급

> **초동조치**
> 벌어지는 사태를 잘 살펴 맨 처음에 하는 조치를 말한다.

③ 관계기관에 대한 지원 요청

④ 그 밖에 사건 확산 방지를 위하여 필요한 사항

(3) 초동조치 지휘·통제

국내 일반테러사건의 경우에는 대책본부가 설치되기 전까지 테러사건 발생 지역 관할 경찰관서의 장이 초동조치를 지휘·통제한다.

3. 초동조치와 현장보전조치

(1) 초동조치

① 의의: 여러 종류의 범죄 또는 사고가 발생하였을 경우, 피해자나 현장목격자가 관계공무원이 현장에 도착할 때까지 범죄나 사고로 인한 피해의 확대를 감소시키기 위하여, 범인을 체포하고 아울러 수사관련 자료의 소멸 등을 방지하기 위하여 실시하는 제반의 조치를 초동조치라고 한다. 범죄가 발생한 후 시간이 경과할수록 증거 수집 및 범인의 수사와 체포가 어려워지기 때문에 초동조치의 중요성이 절대적이라 할 수 있다.

② 요령

㉠ 현행범의 경우 경찰이 아니라도 누구든지 현행범을 체포할 수 있다.

㉡ 초기소화가 가능한 소규모 화재의 경우 소화기 또는 옥내소화전을 사용하여 화재를 진압한다.

㉢ 가스사고의 경우 지역별 가스공급업체 등 유관기관에 신속히 통보하고, 대피조치를 취한다. 이때 바람이 불어오는 방향으로 대피하여야 한다.

㉣ 범행현장에서 가스누출 발생 시 즉시 선풍기나 배기팬을 작동시키면 전기스파크에 의하여 가스폭발이 발생할 우려가 있기 때문에 작동시켜서는 아니 된다.

(2) 현장보전조치

① 의의: 처음 발견된 범죄현장의 상태를 범죄 발생 당시 그대로의 상태로 일정 기간 보존하여 수사가 정확하게 진행될 수 있도록 하는 활동을 현장보전활동이라고 한다. 현장보존이 제대로 되지 아니한 경우 증거가 사라져 수사에 혼란을 가져올 수 있다.

➕ 심화학습

바람이 우측에서 좌측으로 분다면(←) 바람이 불어가는 방향은 좌측(←), 바람이 불어오는 방향은 우측(→)이다. 바람이 불어오는 방향의 반대 방향(바람이 불어가는 방향)으로 대피하면 바로 누출된 가스대와 마주치게 된다(가스대와 같이 이동하게 되므로). 따라서 바람이 불어오는 방향으로 대피하여야 한다.

---

② 요령

　ⓐ 현장보전의 범위는 처음에는 넓게 잡아야 한다. 광범위한 지역으로 먼저 설정한 후 차차 축소해 나가는 것이 합리적이다.

　ⓑ 범행이 행하여진 장소 및 현장출입통로를 차단한다.

　ⓒ 범죄발생 건물 소유자 등 관리권을 가진 자라도 범죄현장에 대해 경찰관의 출입통제에 따라야 한다.

　ⓓ 현장출입통제 시점 전후에 현장에서 활동한 사람의 명단 및 행동내용을 확인하고 기록한다.

핵심 기출문제

15 범죄발생에 따른 초동조치와 현장보존방법에 관한 설명으로 옳지 **않은** 것은?

• 제21회 기출

① 범행현장에서 현행범으로 판단될 경우 경찰뿐 아니라 민간경호원 등 누구나 영장 없이 체포할 수 있다.

② 범행현장에서 가스누출 발생 시 즉시 선풍기나 배기팬을 작동시켜 환기시킨다.

③ 범행현장의 범위를 최초에는 광범위한 지역으로 설정한 후 점차 축소해 간다.

④ 범죄발생 건물 소유자 등 관리권을 가진 자라도 범죄현장에 대해 경찰관의 출입통제에 따라야 한다.

해설 범행현장에서 가스누출 발생 시 즉시 선풍기나 배기팬을 작동시키면 전기스파크에 의해 가스폭발이 발생할 우려가 있다. 창문을 열어 자연 환기시키거나 창문을 연 후 신문지 등을 이용하여 내부의 공기를 밖으로 내보내야 한다.

정답 ②

4. 테러사건 대응(시행령 제24조)

(1) 현장지휘본부 설치

대책본부의 장은 테러사건에 대한 대응을 위하여 필요한 경우 현장지휘본부를 설치하여 상황 전파 및 대응 체계를 유지하고, 조치사항을 체계적으로 시행한다.

(2) 인력·장비 등의 지원 요청

대책본부의 장은 테러사건에 신속히 대응하기 위하여 필요한 경우에 관계기관의 장에게 인력·장비 등의 지원을 요청할 수 있다. 요청을 받은 관계기관의 장은 특별한 사유가 없으면 요청에 따라야 한다.

(3) 정부 현지대책반 구성 · 파견

외교부장관은 해외에서 테러가 발생하여 정부차원의 현장 대응이 필요한 경우에는 관계기관 합동으로 정부 현지대책반을 구성하여 파견할 수 있다.

(4) 지역주민의 긴급대피 방안 등 마련

지방자치단체의 장은 테러사건 대응 활동을 지원하기 위한 물자 및 편의 제공과 지역주민의 긴급대피 방안 등을 마련하여야 한다.

5 정보수집 · 취약요소 사전제거 등

1. 테러위험인물에 대한 정보수집 등(법 제9조)

(1) 출입국 · 금융거래 및 통신이용 등 정보수집

국가정보원장은 테러위험인물에 대하여 출입국 · 금융거래 및 통신이용 등 관련 정보를 수집할 수 있다. 이 경우 출입국 · 금융거래 및 통신이용 등 관련 정보의 수집은 「출입국관리법」, 「관세법」, 「특정 금융거래정보의 보고 및 이용 등에 관한 법률」, 「통신비밀보호법」의 절차에 따른다.

(2) 지급정지 등의 조치 요청

국가정보원장은 (1)에 따른 정보수집 및 분석의 결과, 테러에 이용되었거나 이용될 가능성이 있는 금융거래에 대하여 지급정지 등의 조치를 취하도록 금융위원회 위원장에게 요청할 수 있다.

(3) 개인정보 · 위치정보 요구

국가정보원장은 테러위험인물에 대한 개인정보(개인정보 보호법상 민감정보를 포함한다)와 위치정보를 「개인정보 보호법」 제2조의 개인정보처리자와 「위치정보의 보호 및 이용 등에 관한 법률」 제5조 제7항에 따른 개인위치정보사업자 및 같은 법 제5조의2 제3항에 따른 사물위치정보사업자에게 요구할 수 있다.

(4) 테러위험인물에 대한 추적

국가정보원장은 대테러활동에 필요한 정보나 자료를 수집하기 위하

위치정보
이동성이 있는 물건 또는 개인이 특정한 시간에 존재하거나 존재하였던 장소에 관한 정보로서 「전기통신사업법」에 따른 전기통신설비 및 전기통신회선설비를 이용하여 수집된 것을 말한다.

➕ 심화학습
「개인정보 보호법」상 '개인정보처리자'의 정의
업무를 목적으로 개인정보파일을 운용하기 위하여 스스로 또는 다른 사람을 통하여 개인정보를 처리하는 공공기관, 법인, 단체 및 개인 등을 말한다.

여 대테러조사 및 테러위험인물에 대한 추적을 할 수 있다. 이 경우 사전 또는 사후에 대책위원회 위원장에게 보고하여야 한다.

핵심 기출문제

16 국민보호와 공공안전을 위한 테러방지법상 테러위험인물에 대하여 출입국·금융거래 및 통신이용 등 관련 정보를 수집할 수 있는 자는?

• 제20회 기출

① 대통령경호처장　　　　② 국가정보원장
③ 대테러센터장　　　　　④ 금융감독원장

해설 테러위험인물에 대하여 출입국·금융거래 및 통신이용 등 관련 정보를 수집할 수 있는 자는 국가정보원장이다. 이 경우 출입국·금융거래 및 통신이용 등 관련 정보의 수집은 「출입국관리법」, 「관세법」, 「특정 금융거래정보의 보고 및 이용 등에 관한 법률」, 「통신비밀보호법」의 절차에 따른다.

정답 ②

17 국민보호와 공공안전을 위한 테러방지법의 내용으로 옳은 것은?

• 제19회 기출

① 테러위험인물이란 테러를 실행·계획·준비하거나 테러에 참가할 목적으로 국적국이 아닌 국가의 테러단체에 가입하거나 가입하기 위하여 이동 또는 이동을 시도하는 내국인·외국인을 말한다.
② 테러수사란 대테러활동에 필요한 정보나 자료를 수집하기 위하여 현장조사·문서열람·시료채취 등을 하거나 조사대상자에게 자료제출 및 진술을 요구하는 활동을 말한다.
③ 관계기관의 대테러활동으로 인한 국민의 기본권 침해 방지를 위하여 대책위원회 소속으로 대테러인권보호관을 2명 둔다.
④ 국가정보원장은 테러위험인물에 대하여 출입국·금융거래 및 통신이용 등 관련 정보를 수집할 수 있다.

해설 ① 테러위험인물이란 테러단체의 조직원이거나 테러단체 선전, 테러자금 모금·기부, 그 밖에 테러 예비·음모·선전·선동을 하였거나 하였다고 의심할 상당한 이유가 있는 사람을 말한다. 테러를 실행·계획·준비하거나 테러에 참가할 목적으로 국적국이 아닌 국가의 테러단체에 가입하거나 가입하기 위하여 이동 또는 이동을 시도하는 내국인·외국인은 외국인테러전투원이다.
② 대테러활동에 필요한 정보나 자료를 수집하기 위하여 현장조사·문서열람·시료채취 등을 하거나 조사대상자에게 자료제출 및 진술을 요구하는 활동을 대테러조사라고 한다.
③ 관계기관의 대테러활동으로 인한 국민의 기본권 침해 방지를 위하여 대책위원회 소속으로 대테러인권보호관 1명을 둔다.

정답 ④

2. 테러취약요인 사전제거(법 제11조)

(1) 보안장비 설치 등

테러대상시설 및 테러이용수단의 소유자 또는 관리자는 보안장비를 설치하는 등 테러취약요인 제거를 위하여 노력하여야 한다(법 제11조 제1항).

(2) 테러취약요인의 사전제거 지원(시행령 제27조)

① 테러대상시설 및 테러이용수단의 소유자 또는 관리자는 관계기관의 장을 거쳐 대테러센터장에게 테러예방 및 안전관리에 관하여 적정성 평가, 현장지도 등 지원을 요청할 수 있다.

② 대테러센터장은 요청을 받은 경우 관계기관과 합동으로 테러예방활동을 지원할 수 있다.

(3) 비용의 전부 또는 일부 지원

국가는 (1)의 테러대상시설 및 테러이용수단의 소유자 또는 관리자에게 필요한 경우 그 비용의 전부 또는 일부를 지원할 수 있으며(법 제11조 제2항), 국가기관의 장은 테러취약요인을 제거한 시설소유자 등에 대하여 비용을 지원하려는 경우에는 다음의 사항을 종합적으로 고려하여 비용의 지원 여부 및 지원 금액을 결정할 수 있다(시행령 제28조 제1항).

① 테러사건이 발생할 가능성

② 해당 시설 및 주변 환경 등 지역 특성

③ 시설·장비의 설치·교체·정비에 필요한 비용의 정도 및 시설소유자 등의 부담 능력

④ 적정성 평가와 그 이행 실태 확인 결과

⑤ 적정성 평가, 현장지도 결과

⑥ 그 밖에 ①부터 ⑤까지의 사항에 준하는 것으로서 국가기관의 장이 대테러센터장과 협의하여 정하는 사항

(4) 비용의 한도 등 결정

지원되는 비용의 한도, 세부기준, 지급 방법 및 절차 등에 관하여 필요한 사항은 대책위원회의 심의·의결을 거쳐 국가기관의 장이 정한다(시행령 제28조 제2항).

3. 테러선동 · 선전물 긴급 삭제 등 요청(법 제12조)

(1) 긴급 삭제 등 요청

관계기관의 장은 테러를 선동 · 선전하는 글 또는 그림, 상징적 표현물, 테러에 이용될 수 있는 폭발물 등 위험물 제조법 등이 인터넷이나 방송 · 신문, 게시판 등을 통해 유포될 경우 해당 기관의 장에게 긴급 삭제 또는 중단, 감독 등의 협조를 요청할 수 있다.

(2) 조치 · 통보

(1)의 협조를 요청받은 해당 기관의 장은 필요한 조치를 취하고 그 결과를 관계기관의 장에게 통보하여야 한다.

4. 외국인테러전투원에 대한 규제(법 제13조)

(1) 출국금지 요청

관계기관의 장은 외국인테러전투원으로 출국하려 한다고 의심할 만한 상당한 이유가 있는 내국인 · 외국인에 대하여 일시 출국금지를 법무부장관에게 요청할 수 있다.

(2) 일시 출국금지 기간

일시 출국금지 기간은 90일로 한다. 다만, 출국금지를 계속할 필요가 있다고 판단할 상당한 이유가 있는 경우에 관계기관의 장은 그 사유를 명시하여 연장을 요청할 수 있다.

(3) 여권효력정지 및 재발급제한 요청

관계기관의 장은 외국인테러전투원으로 가담한 사람에 대하여 「여권법」 제13조(여권의 효력상실)에 따른 여권의 효력정지 및 같은 법 제12조의2(여권의 발급 등의 제한)에 따른 재발급 제한을 외교부장관에게 요청할 수 있다.

18 국민보호와 공공안전을 위한 테러방지법상 외국인 테러전투원에 대한 규제에 관한 내용이다. (   )에 들어갈 숫자로 옳은 것은? ·제22회 기출

> • 관계기관의 장은 외국인테러전투원으로 출국하려 한다고 의심할 만한 상당한 이유가 있는 내국인·외국인에 대하여 일시 출국금지를 법무부장관에게 요청할 수 있다.
> • 제1항에 따른 일시 출국금지 기간은 (   )일로 한다. 다만, 출국금지를 계속할 필요가 있다고 판단할 상당한 이유가 있는 경우에 관계기관의 장은 그 사유를 명시하여 연장을 요청할 수 있다.

① 15   ② 30   ③ 60   ④ 90

해설 출국금지 기간은 90일로 한다(테러방지법 제13조 제2항 전단).

정답 ④

---

6 테러예방을 위한 안전관리대책

1. 테러예방을 위한 안전관리대책의 수립

관계기관의 장은 국가중요시설과 많은 사람이 이용하는 시설 및 장비(테러대상시설)에 대한 테러예방대책과 테러의 수단으로 이용될 수 있는 폭발물·총기류·화생방물질(테러이용수단), 국가 중요행사에 대한 안전관리대책을 수립하여야 한다(법 제10조 제1항).

(1) 국가중요시설

「통합방위법」 제21조 제4항에 따라 지정된 국가중요시설 및 「보안업무규정」 제32조에 따른 국가보안시설이다(시행령 제25조 제1항 제1조).

(2) 다중이용시설

다음의 시설과 장비 중 관계기관의 장이 소관업무와 관련하여 대테러센터장과 협의하여 지정하는 시설이다(테러방지법 시행령 제25조 제1항 제2조).
① 「도시철도법」 제2조 제2호에 따른 도시철도
② 「선박안전법」 제2조 제10호에 따른 여객선
③ 「재난 및 안전관리 기본법 시행령」 제43조의8 제1호·제2호에 따른 건축물 또는 시설

④ 「철도산업발전기본법」 제3조 제4호에 따른 철도차량

⑤ 「항공안전법」 제2조 제1호에 따른 항공기

2. 안전관리대책에 포함할 사항

관계기관의 장은 테러대상시설에 대한 테러예방대책과 테러이용수단의 제조·취급·저장 시설에 대한 안전관리대책 수립 시 다음 각 호의 사항을 포함하여야 한다(시행령 제25조 제2항).

① 인원·차량에 대한 출입통제 및 자체 방호계획

② 테러 첩보의 입수·전파 및 긴급대응 체계 구축 방안

③ 테러사건 발생 시 비상대피 및 사후처리 대책

3. 국가 중요행사 안전관리대책 수립(시행령 제26조)

(1) 안전관리대책 수립대상 국가 중요행사 결정

안전관리대책을 수립하여야 하는 국가 중요행사는 국내외에서 개최되는 행사 중 관계기관의 장이 소관 업무와 관련하여 주관기관, 개최근거, 중요도 등을 기준으로 대테러센터장과 협의하여 정한다.

(2) 관계기관의 장 수립·시행

관계기관의 장은 대테러센터장과 협의하여 국가 중요행사의 특성에 맞는 분야별 안전관리대책을 수립·시행하여야 한다.

(3) 대테러·안전대책기구 편성·운영

관계기관의 장은 국가 중요행사에 대한 안전관리대책을 협의·조정하기 위하여 필요한 경우에는 대책위원회의 심의·의결을 거쳐 관계기관 합동으로 대테러·안전대책기구를 편성·운영할 수 있다.

(4) 국빈 등의 경호 및 안전관리

안전관리대책의 수립·시행 및 대테러·안전대책기구의 편성·운영에 관한 사항 중 대통령과 국가원수에 준하는 국빈 등의 경호 및 안전관리에 관한 사항은 대통령경호처장이 정한다.

7 포상금 및 테러피해의 지원

1. 신고자 보호

국가는 「특정범죄신고자 등 보호법」에 따라 테러에 관한 신고자, 범인검거를 위하여 제보하거나 검거활동을 한 사람 또는 그 친족 등을 보호하여야 한다(법 제14조 제1항).

2. 포상금

(1) 지급

관계기관의 장은 테러의 계획 또는 실행에 관한 사실을 관계기관에 신고하여 테러를 사전에 예방할 수 있게 하였거나, 테러에 가담 또는 지원한 사람을 신고하거나 체포한 사람에 대하여 포상금심사위원회의 심의·의결을 거쳐 포상금을 지급할 수 있다(법 제14조 제2항, 시행령 제29조 제1항).

(2) 지급결정 기간

관계기관의 장은 특별한 사유가 없으면 포상금 신청일부터 90일 이내에 포상금의 지급 여부 및 지급 금액을 결정하며, 관계기관의 장은 기간 내에 결정할 수 없는 특별한 사유가 있는 경우 지급 결정 기간을 연장할 수 있으며, 그 사유를 신청인에게 통지한다(시행규칙 제5조).

3. 테러피해의 지원

(1) 테러피해의 신고

테러로 인하여 신체 또는 재산의 피해를 입은 국민은 관계기관에 즉시 신고하여야 한다. 다만, 인질 등 부득이한 사유로 신고할 수 없을 때에는 법률관계 또는 계약관계에 의하여 보호의무가 있는 사람이 이를 알게 된 때에 즉시 신고하여야 한다(법 제15조 제1항).

➕ 심화학습

「여권법」제17조 제1항 단서 영주(永住), 취재·보도, 긴급한 인도적 사유, 공무 등 대통령령으로 정하는 목적의 여행으로서 외교부장관이 필요하다고 인정하면 여권의 사용과 방문·체류를 허가할 수 있다.

(2) 국가 또는 지방자치단체의 지원

국가 또는 지방자치단체는 (1)의 피해를 입은 사람에 대하여 치료(신체 피해에 대한 치료비) 및 복구(재산 피해에 대한 복구비)에 필요한 비용의 전부 또는 일부를 지원할 수 있다. 다만, 「여권법」제17조 제1항 단서에 따른 외교부장관의 허가를 받지 아니하고 방문 및 체류

가 금지된 국가 또는 지역을 방문·체류한 사람에 대해서는 그러하지
아니하다(법 제15조 제2항).

4. 특별위로금

(1) 지급

테러로 인하여 생명의 피해를 입은 사람의 유족 또는 신체상의 장애
및 장기치료가 필요한 피해를 입은 사람에 대해서는 그 피해의 정도
에 따라 등급을 정하여 특별위로금을 지급할 수 있다. 다만, 「여권법」
제17조 제1항 단서에 따른 외교부장관의 허가를 받지 아니하고 방문
및 체류가 금지된 국가 또는 지역을 방문·체류한 사람에 대해서는
그러하지 아니하다(법 제16조 제1항).

(2) 종류(시행령 제36조 제1항)

① 유족특별위로금: 테러로 인하여 사망한 경우
② 장해특별위로금: 테러로 인하여 신체상의 장애를 입은 경우. 이
   경우 신체상 장애의 기준은 「범죄피해자 보호법」 제3조 제5호, 동
   법 시행령 제2조, [별표 1] 및 [별표 2]에 따른 장해의 기준을 따
   른다.
③ 중상해특별위로금: 테러로 인하여 장기치료가 필요한 피해를 입
   은 경우. 이 경우 장기치료가 필요한 피해의 기준은 「범죄피해자
   보호법」 제3조 제6호 및 같은 법 시행령 제3조에서 정한 중상해
   의 기준을 따른다.

> 「범죄피해자 보호법」
> 범죄피해자 보호·지원의 기본 정
> 책 등을 정하고 타인의 범죄행위
> 로 인하여 생명·신체에 피해를
> 받은 사람을 구조(救助)함으로써
> 범죄피해자의 복지 증진에 기여
> 함을 목적으로 제정된 법이다.

8 보칙 및 벌칙

1. 고유식별정보처리

관계기관의 장은 다음의 사무를 수행하기 위하여 불가피한 경우 「개
인정보 보호법 시행령」 제19조에 따른 주민등록번호, 여권번호, 운
전면허의 면허번호 또는 외국인등록번호가 포함된 자료를 처리할 수
있다(시행령 제45조).
① 테러위험인물에 대한 정보수집, 대테러조사 및 테러위험인물에
   대한 추적 등에 관한 사무

② 테러선동·선전물 긴급 삭제 등 요청에 관한 사무

③ 외국인테러전투원에 대한 규제 등에 관한 사무

④ 신고자 보호 및 포상금 지급 등에 관한 사무

⑤ 테러피해의 지원 등에 관한 사무

⑥ 특별위로금 지급 등에 관한 사무

2. 테러단체 구성죄 등(법 제17조)

(1) 테러단체 구성·구성원의 처벌

테러단체를 구성하거나 구성원으로 가입한 사람은 다음의 구분에 따라 처벌한다(법 제17조 제1항).

① 수괴(首魁)는 사형·무기 또는 10년 이상의 징역

② 테러를 기획 또는 지휘하는 등 중요한 역할을 맡은 사람은 무기 또는 7년 이상의 징역

③ 타국의 외국인테러전투원으로 가입한 사람은 5년 이상의 징역

④ 그 밖의 사람은 3년 이상의 징역

(2) 10년 이하의 징역 또는 1억 원 이하의 벌금

테러자금임을 알면서도 자금을 조달·알선·보관하거나 그 취득 및 발생원인에 관한 사실을 가장하는 등 테러단체를 지원한 사람은 10년 이하의 징역 또는 1억 원 이하의 벌금에 처한다(법 제17조 제2항).

(3) 5년 이하의 징역

테러단체 가입을 지원하거나 타인에게 가입을 권유 또는 선동한 사람은 5년 이하의 징역에 처한다(법 제17조 제3항).

(4) 미수범 처벌

(1) 및 (2)의 미수범은 처벌한다(법 제17조 제4항).

(5) 예비범·음모범 처벌

(1) 및 (2)에서 정한 죄를 저지를 목적으로 예비 또는 음모한 사람은 3년 이하의 징역에 처한다(법 제17조 제5항).

(6) 「형법」 등에 따라 처벌

「형법」 등 국내법에 죄로 규정된 행위가 「국민보호와 공공안전을 위

➕ **심화학습**

미수범, 예비범, 음모범

• **미수범(未遂犯)**
 범죄의 실행에 착수하였으나 그 행위를 끝내지 못하였거나 결과가 발생하지 아니한 범죄 또는 범인이다.

• **예비범(豫備犯)**
 어떠한 범죄의 예비 행위가 죄가 될 경우의 범죄 또는 범인이다.

• **음모범(陰謀犯)**
 2인 이상의 자가 어떤 죄를 범하기 위하여 남모르게 모의하는 범죄 또는 범인을 말한다.

한 테러방지법」 제2조의 테러에 해당하는 경우 해당 법률에서 정한 형에 따라 처벌한다(법 제17조 제6항).

핵심 기출문제

19 국민보호와 공공안전을 위한 테러방지법상 테러단체를 구성하거나 구성원으로 가입한 사람의 처벌과 관련하여 ( )에 들어갈 숫자의 합은?

• 제26회 기출

- 수괴(首魁)는 사형·무기 또는 ( )년 이상의 징역
- 타국의 외국인테러전투원으로 가입한 사람은 ( )년 이상의 징역
- 테러를 기획 또는 지휘하는 등 중요한 역할을 맡은 사람은 무기 또는 ( )년 이상의 징역

① 20 ② 22
③ 23 ④ 24

해설 테러단체를 구성하거나 구성원으로 가입한 사람은 다음의 구분에 따라 처벌한다(법 제17조 제1항).
- 수괴(首魁)는 사형·무기 또는 10년 이상의 징역
- 타국의 외국인테러전투원으로 가입한 사람은 5년 이상의 징역
- 테러를 기획 또는 지휘하는 등 중요한 역할을 맡은 사람은 무기 또는 7년 이상의 징역
- 그 밖의 사람은 3년 이상의 징역
따라서 빈칸에 들어갈 숫자의 합은 10+5+7=22이다.

정답 ②

20 국민보호와 공공안전을 위한 테러방지법상 테러단체를 구성하거나 구성원으로 가입한 사람의 처벌에 관한 내용으로 옳은 것은? • 제20회 기출

① 수괴(首魁)는 사형·무기 또는 7년 이상의 징역
② 테러를 기획하는 등 중요한 역할을 맡은 사람은 무기 또는 5년 이상의 징역
③ 타국의 외국인테러전투원으로 가입한 사람은 5년 이상의 징역
④ 테러를 지휘하는 등 중요한 역할을 맡은 사람은 5년 이상의 징역

해설 ① 수괴(首魁)는 사형·무기 또는 10년 이상의 징역에 처한다.
②④ 테러를 기획 또는 지휘하는 등 중요한 역할을 맡은 사람은 무기 또는 7년 이상의 징역에 처한다.

정답 ③

3. 무고, 날조

(1) 가중처벌

타인으로 하여금 형사처분을 받게 할 목적으로 「국민보호와 공공안전을 위한 테러방지법」 제17조(테러단체 구성죄 등)의 죄에 대하여 무고 또는 위증을 하거나 증거를 날조·인멸·은닉한 사람은 「형법」 제152조부터 제157조까지에서 정한 형에 2분의 1을 가중하여 처벌한다(법 제18조 제1항).

(2) 공무원 등의 처벌

범죄수사 또는 정보의 직무에 종사하는 공무원이나 이를 보조하는 사람 또는 이를 지휘하는 사람이 직권을 남용하여 **(1)**의 행위를 한 때에도 **(1)**의 형과 같다. 다만, 그 법정형의 최저가 2년 미만일 때에는 이를 2년으로 한다(법 제18조 제2항).

4. 세계주의(법 제19조)

「국민보호와 공공안전을 위한 테러방지법」 제17조의 죄(테러단체 구성죄 등)는 대한민국 영역 밖에서 저지른 외국인에게도 국내법을 적용한다.

9 「국가대테러활동 세부운영 규칙」 발췌(핵심사항)

1. 목적

이 규칙은 「국민보호와 공공안전을 위한 테러방지법」 및 그 시행령에서 해양테러의 예방 및 대응활동 등에 대해 위임된 사항과 그 시행에 관하여 필요한 사항을 규정함을 목적으로 한다.

2. 해양경찰청 대테러 임무

(1) 해양경찰청 대테러 임무

① 해양테러에 대한 예방대책의 수립·시행 및 관련 업무 종사자의 대응능력 배양
② 해양테러사건 발생 시 해양테러사건대책본부의 설치·운영 및 관련 상황의 종합처리

③ 대테러특공대 및 폭발물처리팀의 편성 · 운영

④ 협상실무요원 · 전문요원 및 통역요원의 양성 · 확보

⑤ 해양 대테러전술에 관한 연구개발 및 필요장비 · 시설의 확보

⑥ 해양의 안전관리를 위한 국제조약의 체결, 국제기구에의 가입 등에 관한 업무의 지원

⑦ 국제경찰기구 등과의 해양 대테러 협력체제의 유지

(2) 지방해양경찰청 대테러 임무

① 해양테러사건 발생 시 해양테러사건 현장지휘본부 설치 · 운영 및 관련 상황의 종합처리

② 대테러특공대 및 폭발물처리팀 운영

③ 협상실무요원 · 통역요원의 양성 · 확보

④ 해양 대테러전술에 관한 연구개발

3. 예방 · 대비활동

(1) 정보수집 및 전파

① **정보수집**: 해양경찰청 관계부서, 지방해양경찰청장 및 해양경찰서장은 해양테러사건의 발생을 미연에 방지하기 위하여 소관 업무와 관련한 국내외 해양테러 관련 정보의 수집활동에 주력한다.

② **정보의 전파**: 해양테러 관련 정보를 입수한 경우에는 지체 없이 해양경찰청장에게 보고하고, 대테러센터장 및 테러정보통합센터장에게 통보하여야 한다.

(2) 테러경보의 발령

① **테러대책실무위원회의 심의**: 테러경보는 테러대책실무위원회의 심의를 통해 대테러센터장이 발령한다. 다만, 긴급한 경우 심의절차를 생략할 수 있다.

② **테러경보의 단계**: 테러경보는 테러위협 또는 위험의 정도에 따라 관심 · 주의 · 경계 · 심각의 4단계로 구분하여 발령되며, 단계별 위기평가를 위한 일반적 업무절차는 국가위기관리기본지침을 따른다.

(3) 테러경보의 단계별 조치

해양경찰청장은 테러경보가 발령된 경우에는 다음의 각 기준을 고려하여 단계별 조치를 취하여야 한다.

➕ **심화학습**

국가위기관리기본지침

대통령 훈령(제124호)으로 2017년 7월에 제정되었다. 국가위기관리 시스템을 구축하는 데 가장 기본이 되는 문서이다. 기본지침에는 '국가위기의 개념 및 분야, 분야별 중점 활동, 위기관리의사기구 등에 관한 내용을 담고 있다.

관심단계	테러 관련 상황의 전파, 관계기관 상호 간 연락체계의 확인, 비상연락망의 점검 등
주의단계	테러대상 시설 및 테러에 이용될 수 있는 위험물질에 대한 안전관리의 강화, 자체 대비태세의 점검 등
경계단계	테러취약요소에 대한 경비 등 예방활동의 강화, 테러취약시설에 대한 출입통제의 강화, 대테러담당 비상근무 등
심각단계	대테러 관계 공무원의 비상근무, 해양테러사건대책본부 등 사건대응조직의 운영준비, 필요 장비·인원의 동원태세 유지 등

4. 대응활동

(1) 상황전파

① 해양경찰서장의 임무: 해양테러사건이 발생하거나 테러위협 등 그 징후를 인지한 관할 해양경찰서장은 관련 상황 및 조치사항을 해양경찰청장, 관할 지방해양경찰청장에게 신속히 보고하고, 사안에 따라 관계기관에 통보·전파하여야 한다.

② 해양테러사건대책본부장의 임무: 해양테러사건대책본부장은 사건 종결 시까지 관련 상황을 종합처리하고 대응조치를 마련하며, 그 진행상황을 국가테러대책위원회 위원장에게 보고하여야 한다.

(2) 초동 조치사항

① 사건현장의 보존 및 통제

② 인명구조 등 사건피해의 확산방지 조치

③ 현장에 대한 조치사항을 종합하여 관계기관에 전파

④ 사건처리를 위해 필요 시 관계기관에 지원 요청

(3) 사건대응

① 해양경찰청장의 임무: 해양테러사건이 발생한 경우에 해양경찰청장은 해양테러사건대책본부를 신속히 설치하여 대응책을 결정하고 통합 지휘하여야 한다.

② 해양테러사건대책본부의 임무: 해양테러사건대책본부는 필요한 경우에는 현장지휘본부를 가동하여 상황전파 및 대응체계를 유지하고, 단계별 조치사항을 체계적으로 시행한다.

(4) 사후처리

① **사후처리 총괄**: 해양테러사건대책본부의 장은 관계기관 등과 협조하여 테러사건의 사후처리를 총괄한다.

② **테러사건의 처리결과 전파**: 해양테러사건대책본부의 장은 테러사건의 처리결과를 종합하여 국가테러대책위원회의 위원장에게 보고하고, 대테러센터 및 관계기관에 이를 전파한다.

중요내용 OX 문제

제1절 경호의 환경요인

	O	X

01 해외에서 우리 국민을 대상으로 한 테러위협은 일반적 환경요인이다. ☐ ☐

02 화재 및 화학공장의 화학적 화재는 인위적 위해에 해당한다. ☐ ☐

03 4차 산업혁명이란 인공지능(AI), 사물인터넷(IoT), 로봇기술, 드론, 자율주 ☐ ☐
행차, 가상현실(VR) 등이 주도하는 차세대 산업혁명을 말한다.

04 4차 산업의 발달은 경호활동에 위해요소로만 작용한다. ☐ ☐

제2절 암살 및 테러 등

05 '암살범은 자기 자신을 학대하고 있다.'라는 표현은 암살범의 심리적 특징에 ☐ ☐
해당한다.

06 헤커는 테러리스트를 십자군형, 정신이상자형, 소수인종형의 3가지 형태로 ☐ ☐
구분하였다.

07 사이버테러는 기술에 능한 개인과 PC 한 대만으로도 실행이 가능하며, 파급 ☐ ☐
효과가 연쇄적이어서 피해가 매우 크다.

08 통역이나 협상자와 인질범 사이에 동일시 현상이 일어나는 것을 피터팬 증후 ☐ ☐
군이라고 한다.

제3절 우리나라의 대테러관리(약칭: 테러방지법)

09 국가테러대책위원회는 대테러활동에 관한 중요사항을 심의·의결하기 위한 ☐ ☐
기관으로, 위원장은 국무총리로 한다.

10 대테러활동과 관련하여 국가 대테러활동 관련 임무분담 및 협조사항 실무 조 ☐ ☐
정 등의 사항을 이행하기 위하여 대통령 소속으로 대테러센터를 둔다.

	O	X

11 대테러센터 소속 직원의 인적사항은 공개하지 아니할 수 있으며, 국민의 기본권 침해 방지를 위하여 대책위원회 소속으로 대테러인권보호관 1명을 둔다. ☐ ☐

12 국가정보원장은 대테러활동에 필요한 정보나 자료를 수집하기 위하여 대테러조사 및 테러위험인물에 대한 추적을 하는 경우 반드시 사전에 대책위원회 위원장에게 보고하여야 한다. ☐ ☐

13 테러를 기획 또는 지휘하는 등 중요한 역할을 맡은 사람은 국민보호와 공공안전을 위한 테러방지법에 따라 무기 또는 7년 이상의 징역에 처한다. ☐ ☐

14 테러방지법 제17조(테러단체 구성죄 등)는 대한민국영역 밖에서 저지른 외국인에는 적용되지 않는다. ☐ ☐

OX 정답 01 × 02 × 03 ○ 04 × 05 ○ 06 × 07 ○ 08 × 09 ○ 10 × 11 ○ 12 ×
13 ○ 14 ×

X 해설 01 해외에서 우리 국민을 대상으로 한 테러위협은 특수적 환경요인이다.
02 화재는 인위적 위해에 해당하고, 화학공장의 화학적 화재는 화학공장이라는 특정한 장소에서 발생하므로 특정한 위해에 해당한다.
04 4차 산업의 발달은 경호활동에 있어 위기인 동시에 기회이기도 하다. 경호주체는 이에 따른 경호환경의 변화를 잘 이해하고 적응하여야 한다.
06 헥커는 테러리스트를 십자군형, 정신이상자형, 조직범죄단형으로 구분하였다. 페처는 테러를 핍박받는 소수가 다수에게 행하는 것으로 보아 소수인종에 의한 테러와 환경의 변화나 환경에 저항한 테러로 구분하였다.
08 피터팬 증후군은 몸은 어른이지만 마음은 아직 동화의 세계에 머물러 사회에 적응할 수 없는 '어른 아이' 같은 이들이 나타내는 심리적 증후군을 말한다. 통역이나 협상자와 인질범 사이에 동일시 현상이 일어나는 것은 런던 증후군이다.
10 대테러센터는 국무총리 소속으로 둔다.
12 사전 또는 사후에 대책위원회 위원장에게 보고하여야 한다.
14 「테러방지법」 제17조(테러단체 구성죄 등)는 대한민국영역 밖에서 저지른 외국인에게도 적용된다.

제1절 경호의 환경요인

01 경호환경에 관한 설명으로 옳은 것을 모두 고른 것은?
◻◻△◻×

• 제26회 기출

> ㉠ 해외에서 우리 국민을 대상으로 한 테러 위협은 일반적 환경요인이다.
> ㉡ 4차 산업의 발달에 따른 드론을 활용한 북한의 남한에 대한 위협은 특수적 환경요인이다.
> ㉢ 국민의식과 생활양식의 변화로 인한 이기주의 성향은 경호의 비협조적 경향으로, 특수적 환경요인이다.

① ㉠   ② ㉡
③ ㉠, ㉢   ④ ㉡, ㉢

해설 ㉠ 해외에서 우리 국민을 대상으로 한 테러 위협은 특수적 환경요인이다.
㉢ 국민의식과 생활양식의 변화로 인한 이기주의 성향은 경호의 비협조적 경향으로 일반적 환경요인이다.

02 경호환경의 일반적 환경에 해당하지 <u>않는</u> 것은?
◻◻△◻×

① 국제화 및 개방화   ② 경제 발전 및 과학기술의 발전
③ 북한의 위협   ④ 정보화 및 범죄의 광역화

해설 경호의 일반적 환경은 모든 사회 구성체와 다를 바 없는 정치적, 경제적, 사회적, 문화적 환경을 의미한다. 일반적 환경에는 경제 발전, 과학기술의 발전, 정보화, 사회구조와 국민의 의식구조 변화, 국제화 및 개방화, 냉전체계의 붕괴 등이 있고, 특수한 환경에는 경제 전쟁과 북한의 위협 등이 있다.

03 경호의 일반적 환경요인에 해당하지 <u>않는</u> 것은?

|ㅇ|△|×|

① 경제 발전 및 경제개혁의 과정에서 발생하는 빈부의 격차 등에 의하여 소외감을 갖게 되는 불만계층은 경호환경을 악화시킨다.

② 경호의 일반적 환경요인으로는 테러, 암살, 유격전 등이 있다.

③ 경제 발전과 과학기술의 향상이 상대적으로 경호환경을 악화시킨다.

④ 생활양식 및 국민의식의 변화는 이기주의에 빠져 경호작용의 비협조적 경향으로 나타난다.

> **해설** 테러, 암살, 유격전은 경호의 특수적 환경요인에 해당한다. 이는 경호대상자의 생존과 안전에 직접적인 영향을 준다.

04 경호의 특수적 환경에 관한 설명에 해당되지 <u>않는</u> 것은?   • 제16회 기출

|ㅇ|△|×|

① 북한의 경제적 곤경과 정치적 불안정으로 인하여 테러 및 유격전의 유발이 우려되고 있다.

② 우리나라의 국제적 지위향상과 더불어 해외에서 우리 국민을 대상으로 한 테러위협이 증가되고 있다.

③ 소수인종 및 민족 중 약자층을 대상으로 이유 없는 증오심을 갖고 테러를 자행하는 증오범죄가 등장하고 있다.

④ 생활양식 및 국민의식이 자유주의적이고 개인적으로 변하여 경호작용에서 비협조적 경향이 나타날 우려가 있다.

> **해설** 생활양식 및 국민의식이 자유주의적이고 개인적으로 변하여 경호작용에서 비협조적 경향이 나타날 우려가 있는 것은 일반적 환경요인에 해당한다.
> ①②③ 경호의 특수적 환경요인에 해당한다. 경호의 특수적 환경요인으로는 암살·테러, 유격전, 국가별 특수한 환경 여건(대한민국은 북한의 도발위협) 등이 있다. 이에 대하여 영향을 끼치는 요소로는 국제정세의 영향, 특정국의 경제적 곤란과 불안을 들 수 있다.

01 ②   02 ③   03 ②   04 ④   **정답**

05 경호의 환경에 관한 설명으로 옳지 <u>않은</u> 것은?

• 제18회 기출

① 과학기술의 향상으로 인한 경호위해요소의 증가
② 개인주의 보편화로 경호작용의 협조적 경향 증가
③ 개방화로 인한 범죄조직의 국제화
④ '외로운 늑대(Lone Wolf)' 등 자생적 테러 가능성 증가

해설 전통사회의 사회의식인 공동사회, 협력주의는 사회가 발달함에 따라 개인화·이기주의화됨으로써 성공적인 경호활동에 어려움이 많아지고 있다.

▶ 외로운 늑대(Lone Wolf)

> 전문 테러 단체 조직원이 아닌 자생적 테러리스트를 이르는 말이다. 이들은 특정 조직이나 이념이 아니라 정부에 대한 개인적 반감을 이유로 스스로 행동에 나선다는 특징이 있다.

06 경호환경요인 중 4차 산업에 대한 설명으로 옳지 <u>않은</u> 것은?

① 4차 산업은 정보·지식 산업의 진전과 더불어 쓰이게 된 단어이다.
② 4차 산업의 지속적인 성장에 따라 경호환경에 위해를 끼칠 수 있는 새로운 요소가 등장할 수 있다.
③ 4차 산업의 발달은 경호활동에 있어 위기인 동시에 기회이기도 하다.
④ 4차 산업혁명이란 인터넷이 이끈 컴퓨터 정보화 및 자동화 생산시스템이 주도한 것으로 대표된다.

해설 인터넷이 이끈 컴퓨터 정보화 및 자동화 생산시스템이 주도한 것으로 대표되는 것은 3차 산업혁명이며, 인공지능(AI), 사물인터넷(IoT), 로봇기술, 드론, 자율주행차, 가상현실(VR) 등이 주도하는 차세대 산업혁명이 4차 산업혁명이다.

제2절 암살 및 테러 등

07 암살에 관한 설명으로 옳지 <u>않은</u> 것은?

[O △ X]

① 암살이란 정치적, 종교적 각종 동기에 의해 법에 구애됨이 없이 공적인 지위에 있는 사람을 죽이는 것이다.

② 암살이란 정치적, 사상적 입장의 상이(相異), 대립에서 유래한 동기로 일정한 정치적 지위에 있는 사람을 살해하는 일이다.

③ 암살이란 정치적, 사회적 목적을 가진 집단이나 개인 또는 어떤 국가의 비밀공작원이 그 목적 달성 또는 상징적 효과를 얻기 위한 수단으로 비전투요원인 타인의 생명, 재산에 위해를 가하는 계획적인 폭력행위이다.

④ 암살은 정치적, 개인적, 이념적, 경제적, 심리적인 여러 동기로부터 유발된다.

> **해설** 암살이 아닌 테러에 관한 설명이다. 테러리즘이란 개인이나 특정 단체 혹은 특정 국가가 사회·종교·정치적 목표 달성을 위하여 조직적·지속적으로 폭력을 행사하거나, 폭력행사에 대한 협박을 통해 광범위한 공포분위기를 조성함으로써 개인, 단체, 국가의 정치·심리적 인식 변화를 유도하는 행위를 의미한다.

08 암살범에 관한 설명으로 옳지 <u>않은</u> 것은?

[O △ X]

① 암살범은 확신범이다.

② 암살범은 보안성을 지니고 있다.

③ 암살의 계획수립단계는 '경호정보수집 ⇨ 무기 및 장비 획득 ⇨ 임무분배 ⇨ 범행실행' 순으로 이루어진다.

④ 암살범의 심리적 불안정은 외부로 잘 표출되지 않으나 용모·복장 등으로 식별이 가능하다.

> **해설** 암살범은 용모나 복장으로는 식별하기 어려우나, 심리적 불안정은 어떤 형태로든 외부로 표출된다.

---

05 ②   06 ④   07 ③   08 ④   **정답**

09 암살의 동기와 유발원인을 바르게 연결한 것은?

☐△✕

① 경제적 동기 - 정신분열증

② 개인적 동기 - 정권 교체, 금전적 보상

③ 이념적 동기 - 사상의 괴리

④ 정치적 동기 - 복수, 증오, 분노

해설 ▶ 암살의 동기

1. 정치적 동기: 정권 교체
2. 개인적 동기: 복수, 증오, 분노, 적개심
3. 이념적 동기: 종교 등 사상적 반대
4. 경제적 동기: 악조건의 경제 불황 타개, 금전적 보상
5. 심리적 동기: 정신분열증, 조울증, 편집병, 노인성 치매
6. 적대적 동기: 적국 지도자의 제거

10 암살의 정치적 동기가 추구하는 목표는?

☐△✕

① 사상적 반대   ② 금전적 보상

③ 정권 교체   ④ 복수

해설 암살의 정치적 동기는 정권 교체에 있다. 현재의 정권을 교체하거나 새로운 정부를 재구성해 보려는 욕망에서 개인 또는 집단이 대통령이나 정부의 수반을 제거하기 위하여 암살이라는 방법을 택한다.

11 다음에서 설명하는 암살의 동기는?

☐△✕

• 제16회 기출

어떤 암살자들은 자신들이 극히 중요하다고 생각하는 사상을 위태롭게 하고 있다고 생각하는 자를 암살하기도 한다.

① 이념적 동기   ② 경제적 동기

③ 심리적 동기   ④ 우발적 동기

해설 제시된 설명은 암살의 동기 중 이념적 동기에 해당한다. 이는 어떤 암살자들은 암살대상자가 자신들이 신봉하는 사상이나 이념에 방해를 하고 있다고 확신하기 때문에 암살을 시도한다는 것이다. 예를 들면, 미국대통령 링컨의 암살은 남부의 사상을 강렬하게 신봉하고 있었던 암살범 존 윌크스 부스에 의해 일어났다.

12 암살의 동기에 관한 설명으로 옳지 <u>않은</u> 것은?

• 제17회 기출

① 이념적 동기 – 전쟁 중에 있는 적국의 지도자를 제거함으로써 승전으로 이끌 수 있다고 판단하는 경우

② 개인적 동기 – 복수 · 증오 · 분노와 같은 개인의 감정으로 인한 경우

③ 정치적 동기 – 현존하는 정권이나 정부를 재구성하려는 욕망으로 인한 경우

④ 심리적 동기 – 정신분열증, 편집병, 조울증, 노인성 치매 등의 요소들 중 한 가지 또는 그 이상의 요소들이 복합적으로 작용하는 경우

해설 암살의 동기 중 전략적 동기에 대한 설명이다. 이념적 동기는 암살대상자가 자신들이 중요시하는 사상을 위태롭게 하고 있다고 생각되는 때 그 인물을 제거하기 위하여 암살을 시도하는 경우이다.

13 '암살이 보통 형사사건인 살인사건과 다르다.'라는 진술의 기준이라고 볼 수 <u>없는</u> 것은?

① 정치권력과 정치세력 관계

② 국가 또는 정의의 명분

③ 좌파세력의 신장 및 강화

④ 금전적인 강탈

해설 정치적 · 종교적, 기타 여러 가지의 이유로 공적이나 사회적으로 중요한 요인을 법에 의하지 않고 비밀리에 살해하는 것을 암살이라고 한다. 암살이 보통의 살인과 다른 점은 ①②③ 이외에도 대항 세력의 몰락, 후퇴를 의도하여 살인을 행하는 것 등이다. 한편, 금전적인 강탈을 위하여 살인을 저질렀다면 이는 암살이 아닌 단순한 일반살인에 해당한다.

09 ③	10 ③	11 ①	12 ①	13 ④	정답

14 암살 무기로 가장 적절하지 <u>않은</u> 것은?
⬜△✕
① 권총   ② 소총
③ 자살폭탄   ④ 항공기

> **해설** 미국의 9 · 11테러의 경우와 같이 항공기는 인명의 다량살상용으로 사용되는 것으로, 특정인을 대상으로 하는 암살 무기가 아닌 테러의 무기로 보아야 한다. 권총, 소총, 자살폭탄은 암살 무기로 자주 사용된다.

15 암살에 관한 설명으로 옳지 <u>않은</u> 것은?
⬜△✕   • 제24회 기출
① 암살범의 적개심과 과대망상적 사고는 개인적 동기에 해당된다.
② 뉴테러리즘의 일종으로 불특정 다수를 대상으로 한다.
③ 암살범은 자신을 학대하고 무능력을 비판하는 심리적 특징을 보이는 경우도 있다.
④ 암살범은 암살에 대한 동기가 확연해지면 빠른 수행방법을 모색하는 경향이 있다.

> **해설** 암살과 테러리즘은 서로 다른 개념이다. 뉴테러리즘은 암살이 아닌 테러의 일종으로 불특정 다수를 대상으로 한다.

16 미국에서의 대통령 암살과 관련한 통계의 내용에 부합하지 <u>않는</u> 것은?
⬜△✕
① 비밀경호국에 의한 대통령에 대한 실질적인 경호가 행하여진 1901년 이후부터 현재까지 암살기도는 1건만 성공한 것으로 연구 · 보고되고 있다.
② 실질적인 경호의 대책과 암살의 성공률은 관계가 없는 것으로 판명되었다.
③ 암살의 성공률은 점차 낮아지고 있다고 볼 수 있다.
④ 암살수단과 방법은 더욱 교묘해지고 치밀해지고 있다.

> **해설** 미국에서 대통령에 대한 실질적인 경호가 행해지지 않았던 1801년부터 1901년까지 암살기도가 3차례나 성공한 반면, 대통령에 대한 실질적인 경호가 행하여진 1901년 이후부터 현재까지 암살기도는 단 1차례만 성공한 것으로 연구 · 보고되고 있다. 따라서 경호대책과 암살의 성공률은 밀접한 관련이 있다.

17 테러의 개념에 관한 설명으로 옳지 <u>않은</u> 것은?

☐△✕

① 정치적 목적 달성을 위한 폭력과 위협에 의한 공포 조성이다.

② 조직적이고 계획적인 확증의 경향을 보인다.

③ 컴퓨터 통신망을 이용한 정보조작 및 전산망 파괴도 포함된다.

④ 사람만을 대상으로 한다는 점에서 암살과 같다.

> **해설** 테러의 대상에는 사람이나 물건 등 제한이 없으나, 암살은 사람을 대상으로 한다는 점에서 차이가 있다.

18 테러에 관한 설명으로 옳지 <u>않은</u> 것은?

☐△✕

① 테러에 노출된 사람들은 위협이나 공포로 인해 극도로 불안한 심리상태에 빠진다.

② 국가의 권한 행사를 방해할 목적으로 사람을 살해하거나 사람의 신체를 상해하여 생명에 대한 위험을 발생하게 하는 행위는 국민보호와 공공안전을 위한 테러방지법상의 테러행위에 해당한다.

③ 테러리즘의 발생이론 중 동일시이론은 열망적·점감적·점진적 박탈감 등을 테러의 원인으로 설명하고 있다.

④ 국제테러란 타국과 연관되어 정치적·종교적 목적을 달성하기 위하여 조직적·체계적 무력과 폭력적 수단을 행사하는 것이라고 할 수 있다.

> **해설** 테러리즘의 발생이론 중 상대적 박탈감이론에 관한 설명이다. 열망적 박탈감이란 시간의 흐름에 따라 국민들의 기대치는 계속 상승하는 데 비해 기대치를 만족시켜 줄 수 있는 능력이 한정적인 데서 비롯되는 박탈감이며, 점감적 박탈감은 국민의 기대수준이 급격히 높아진 것이 아님에도 불구하고 그들의 기대를 받쳐 줄 국가의 기능이 점차 퇴보하는 상황에서 나타나는 박탈감이다. 점진적 박탈감이란 일정 기간 동안 삶의 조건이 개선되어 왔고 앞으로도 점진적으로 개선이 이루어질 것으로 기대하고 있으나, 더 이상의 점진적 개선이 실제로 불가능하다고 인지했을 때 나타나는 박탈감이다.

14 ④ **15** ② **16** ② **17** ④ **18** ③ **정답**

19 테러리즘과 게릴라전을 비교한 설명으로 옳지 **않은** 것은?

[O][△][×]

① 게릴라전과 테러리즘은 정치적 목적 달성의 수단으로 이용된다는 유사성을 가지고 있다.

② 테러리즘은 게릴라 단체와 비교할 때 규모 면에서 작은 집단에 의해 자행된다.

③ 폭력행사의 대상에 있어 테러리즘이 작전 중인 군대나 경찰을 폭력행사의 주 대상으로 삼는 데 비해 게릴라전의 공격 목표는 비전투원인 민간인을 주 대상으로 한다.

④ 게릴라전은 세력의 증가에 따라 군사력의 규모가 확대되면서 정규군의 편성을 갖는다.

> **해설** 폭력행사의 대상에 있어 게릴라전은 작전 중인 군대나 경찰을 주 대상으로 하며 장기간에 걸친 목적 달성 과정을 거친다. 게릴라전은 투쟁목적이 정부타도라는 성격을 가지기 때문에 대중의 지지가 매우 중요한 성공요소로 간주되며, 활동형태는 투쟁목적이 선명하기 때문에 세력이 커지면서 공개적인 투쟁양상으로 전환하는 특징을 가진다.

20 테러의 특징으로 볼 수 있는 것은?

[O][△][×]

① 비폭력적인 사회운동

② 공공 및 개인 소유물의 비파괴활동

③ 계획의 세밀성 및 정확성

④ 국토방위를 위한 군사활동

> **해설** 테러는 다른 범죄행위와 달리 철저히 계획되며 군사활동과 유사한 정확성을 지니고 있다.
> ① 테러는 치밀하게 준비된 정치적 폭력이다.
> ② 테러는 공공 및 개인 소유물의 파괴활동이다.
> ④ 테러는 개인이나 특정 단체 혹은 특정 국가가 그들의 사회 · 종교 · 정치적 목표 달성을 위한 준군사활동이다.

21 사이버테러리즘의 내용으로 옳지 **않은** 것은?

[O][△][×]

① 인원과 장비가 많이 소요되고 그 피해가 막대하다.

② 범행 후 그 흔적을 발견하기가 쉽지 않다.

③ 국가의 기간산업의 근간이 흔들릴 수 있다.

④ 사전에 파악하여 예방 · 차단하기가 쉽지 않다.

> **해설** 사이버테러리즘(Cyber Terrorism)이란 인터넷 등 컴퓨터 통신망을 이용하여 가상공간에서 상대방에게 피해를 입히는 행위로, 해킹 · 바이러스 제작과 유포 등 대규모 피해를 야기하는 사이버공간에서의 범죄를 말한다. 사이버테러는 기술에 능한 개인과 PC 한 대만으로도 실행이 가능하며 파급효과가 연쇄적이므로 피해가 한 국가 이상이 될 수도 있다.

22 다음에서 설명하고 있는 사이버테러 기법은?

○△×

> 공격대상이 되는 서버에 과도한 트래픽을 유발하거나 정상적이지 못한 접속 등을 시도하여 해당 서버의 네트워크를 독점하거나 시스템 리소스의 낭비를 유발하여 서버가 정상적으로 작동하지 못하게 하는 기법

① 논리폭탄   ② 서비스 거부

③ 트로이 목마   ④ 트랩도어

> **해설** 서비스 거부란 해킹수법의 하나로, 해커들이 대량의 접속을 유발하여 해당 컴퓨터를 마비시키는 수법을 말한다. 이 수법은 목표 서버가 다른 정당한 신호를 받지 못하게 방해하는 작용만 한다.

23 다음에서 설명하고 있는 사이버테러 기법은?

○△×

> 은행시스템에서 이자계산 시 떼어 버리는 단수를 1개의 계좌에 자동적으로 입금되도록 프로그램을 조작하는 방법으로, 어떤 일을 정상으로 실행하면서 관심 밖에 있는 조그마한 이익을 긁어모으는 수법

① 패킷 스니퍼링   ② 쓰레기 주워 모으기

③ 수퍼 재핑   ④ 살라미기법

> **해설** ① 패킷 스니퍼링(Packet Sniffering)이란 해킹(사용이 허락되지 않은 컴퓨터시스템에 불법으로 침투하여 목적된 일을 수행하는 것)의 한 종류로 네트워크 모니터링툴을 이용하여 네트워크 내에 돌아다니는 패킷(네트워크를 통해 전송하기 쉽도록 자른 데이터의 전송단위)의 정보를 알아내는 수법이다. 네트워크에 연동되어 있는 호스트 컴퓨터뿐만 아니라 네트워크로 접속하는 모든 호스트 컴퓨터가 위험에 노출될 수 있다.
> ② 쓰레기 주워 모으기(Scavenging)란 컴퓨터의 메모리 내에 그전의 사용자가 사용하다가 쓰레기통에 버린 프로그램리스트, 데이터리스트 등의 자료를 읽어 내거나 일정 시간 동안 그 메모리의 내용을 읽게 조작하는 수법을 말한다.
> ③ 수퍼 재핑(Super Zapping)이란 컴퓨터가 고장으로 가동이 불가능할 때 비상용으로 쓰이는 프로그램으로 패스워드나 각종 보안장치 기능을 일시적으로 마비시켜 컴퓨터의 기억장치에 수록된 모든 파일에 접근하여 자료를 몰래 복사해 가는 수법이다.

| 19 ③ | 20 ③ | 21 ① | 22 ② | 23 ④ | 정답 |

24 사이버테러에 관한 설명으로 옳지 <u>않은</u> 것은?

⟨○△✕⟩

① 보안사고의 경우 내부자 또는 외부 연고자에 의한 사고 사례들이 급증하고 있다.

② 2001년 발생한 9·11테러와 같이 주체도, 대상도 모호한 전쟁과도 같은 무차별적 테러리즘 양상을 말하는 것으로, 슈퍼 테러리즘이라고도 한다.

③ 오늘날 해킹수법이 고도화되고 있고 해킹의 정도가 과감해져 그 피해 사례가 늘고 있다.

④ 종전의 사이버테러에 이용되는 무기로는 논리폭탄이 주종이었으나, 최근에는 새로운 형태의 테러무기가 등장하여 국가기반시설 등에 막대한 피해를 주고 있다.

> **해설** 주체도, 대상도 모호한 전쟁과 같은 무차별적 테러리즘 양상을 말하는 것은 슈퍼 테러리즘이라고도 불리는 것으로 사이버테러가 아닌 뉴테러리즘이다. 질문은 사이버테러인데, ②의 경우 뉴테러리즘에 대한 설명을 하였기에 ②는 틀린 지문이다.

25 뉴테러리즘의 특징에 해당하지 <u>않는</u> 것은?

⟨○△✕⟩

① 요구조건이나 공격주체가 명확하다.

② 대량살상무기를 사용한다.

③ 공격대상이 무차별적이다.

④ 언론매체의 활용으로 공포확산이 쉽고 빠르다.

> **해설** 뉴테러리즘의 특징에는 공격주체의 불명(얼굴 없는 테러리즘), 공격대상의 무차별화, 대량살상무기의 사용, 언론매체의 발달로 인한 공포확산의 용이 등이 있다. 뉴테러리즘의 대표적인 예로 2001년 9월 11일 미국 세계무역센터 테러(9·11테러)가 있다.

26 뉴테러리즘(New Terrorism)의 특징에 관한 설명으로 옳지 <u>않은</u> 것은? ·제17회 기출

⟨○△✕⟩

① 요구조건이나 공격주체가 구체적이고 분명하다.

② 과학화·정보화의 특성을 반영하여 조직이 고도로 네트워크화되어 있다.

③ 테러행위에 소요되는 시간이 짧아 대처할 시간이 부족하다.

④ 전통적 테러리즘에 비해 그 피해가 상상을 초월한다.

> **해설** 뉴테러리즘은 주체도, 대상도 모호한 전쟁과 같은 무차별적 테러리즘 양상을 말하는 것으로, 슈퍼 테러리즘이라고도 한다. 이는 요구조건과 공격조건이 없고 불특정 다수를 대상으로 하며 전쟁 수준의 무차별성을 보여 피해가 상상을 초월한다.

27 뉴테러리즘에 관한 설명으로 옳지 <u>않은</u> 것은?

• 제23회 기출

① '외로운 늑대(Lone Wolf)'와 같은 자생테러가 증가하고 있다.
② 과학화, 정보화의 특성으로 조직이 네트워크화되고 있다.
③ 공격대상이 특정화되어 있고, 언론매체의 활용으로 공포 확산이 빠르다.
④ 전통적 테러에 비해 피해규모가 큰 양상을 띤다.

> 해설 뉴테러리즘은 공격주체와 공격대상이 모호한 전쟁과도 같은 무차별적 테러리즘의 양상이다. 언론 매체의 활용으로 공포 확산이 빠르다.

28 테러조직의 유형별 역할에 관한 내용으로 옳지 <u>않은</u> 것은?

① 적극적 지원조직: 선전효과 증대, 자금 획득, 조직 확대 등에 기여
② 직접적 지원조직: 공격용 차량 준비, 핵심요원 훈련, 무기탄약 지원
③ 지도자조직: 반정부 시위나 집단행동 등에서 다수의 위력 구성을 지원
④ 전문적 지원조직: 체포된 테러리스트 은닉 및 법적 비호, 의료지원 제공

> 해설 지도자조직은 조직의 중심축으로 정신적 지주가 되는 조직을 말한다. 반정부 시위나 집단행동 등 에서 다수의 위력 구성을 지원하는 조직은 수동적 지원조직이다.

29 테러조직의 유형 중 지도자조직의 임무는?

① 지휘부의 정책 수립   ② 테러리스트의 비호 · 기만
③ 자금획득   ④ 무기 · 탄약지원

> 해설 테러조직의 유형 중 지도자조직은 조직의 중심축으로 정신적 지주가 되는 조직으로 정책 수립, 테 러에 대한 계획을 수립하는 조직이다.

24 ②	25 ①	26 ①	27 ③	28 ③	29 ①	**정답**

30 현대에 인간이 아닌 목표를 대상으로 가장 많이 사용되는 테러공격방법은?

ㅇ△✕

① 암살   ② 하이재킹

③ 유인납치   ④ 폭파

> **해설** 대부분의 비인간 목표에 대해 테러공격은 큰 기능이 필요 없고, 폭파 장비 습득이 용이하며 증거인
> 멸 및 도피 용이 등의 이유 때문에 폭파에 의한 방법이 흔히 동원된다.
> ② 하이재킹이란 운항 중인 항공기나 배 따위를 납치하는 행위이다.

31 테러조직의 유형 중 수동적 지원조직에 관한 내용인 것은?

ㅇ△✕

① 정치적 전위집단, 후원자

② 목표에 대한 정보 제공, 의료지원

③ 선전효과 증대, 자금획득

④ 폭발물 설치, 무기탄약 지원

> **해설** 직접적으로 테러에 관련된 행위를 하지 않고, 간접적으로 테러조직을 지원하는 정치적 전위집단,
> 후원자 등을 수동적 지원조직이라 한다.
> ② 전문적 지원조직, ③ 적극적 지원조직, ④ 직접적 지원조직에 대한 설명이다.

32 화학무기테러에 관한 설명으로 옳지 <u>않은</u> 것은?

ㅇ△✕

① 화학무기 중 신경작용제는 흡입, 섭취 또는 피부를 통하여 체내에 흡수하도록 하
는 테러이다.

② 화학무기가 현대전에 처음으로 사용된 것은 제2차 세계대전이다.

③ 미국과 러시아는 화학무기에 대한 미·러 쌍무조약을 맺고 있다.

④ 화학테러발생 시 대책본부를 지원하기 위한 화학테러대응분야는 환경부장관의 소
관 임무이다.

> **해설** 1914년 제1차 세계대전 당시 독일이 세계 최초로 염소 가스를 이용한 화생방전을 실시하였다. 연
> 합군도 같은 염소 가스로 대응하여 전쟁이 끝날 무렵 독가스로 인한 사망자가 10만 명, 부상자는
> 130만 명에 달했다.

33 테러공격에 관한 설명으로 옳지 <u>않은</u> 것은?

ㅇ△×

① 테러의 공격방법은 암살, 폭발, 하이재킹, 사이버공격, 전자공격 등 다양화되고 있는 추세이다.
② 화학무기의 생리적 작용에 따른 분류에는 신경작용제, 수포작용제, 최루작용제 등이 포함된다.
③ 소이탄 등에 의한 방화는 동시에 대규모 파괴력으로 건물이나 자동차를 대상으로 한다.
④ 조직적인 테러리스트들의 경우에는 권총이나 저격용 소총에 의한 저격을 주로 선택한다.

해설 개인적인 동기의 암살범의 경우에는 권총이나 저격용 소총에 의한 저격을 주로 선택하고, 조직적인 테러리스트들은 건물이나 사람들이 많이 모이는 곳에 돌진하여 자살폭탄을 주로 사용하고 있다.

34 테러의 수법에 관한 설명으로 옳지 <u>않은</u> 것은?

ㅇ△×

① 인적 목표에 의한 암살은 가장 역사가 긴 테러수법에 해당한다.
② 항공기와 인질을 납치하여 국외로 도피하기 위한 수단으로 사용하기도 한다.
③ 최근의 테러공격은 특정인의 암살 및 제한된 폭파와 고정적인 수법을 많이 사용하고 있다.
④ 최근에는 직접적인 목표나 건물, 관계부서만 아니라 직접적으로 관련이 없는 일반 시민도 테러대상으로 확대되어 가고 있다.

해설 과거의 테러공격은 특정인의 암살 및 제한된 폭파와 고정적인 수법을 사용하여 왔으나, 최근에는 무기가 발달되고 정교화됨에 따라 대량파괴와 혼란 등으로 변화하는 경향을 보이고 있다.

| 30 ④ | 31 ① | 32 ② | 33 ④ | 34 ③ | 정답 |

35 각국의 대테러조직에 관한 설명으로 옳지 <u>않은</u> 것은?

ㅇㅿ✕

① SAS는 영국의 대테러부대로 유괴, 납치, 암살 등 테러에 대응한다.

② 미국의 대테러부대에는 SWAT, 델타포스가 있다.

③ 독일의 대테러부대에는 GIGN, GSG-9이 있다.

④ KNP868은 한국의 대테러부대이다.

> **해설** 독일의 대테러부대에는 GSG-9이 있다. GIGN은 프랑스의 대테러조직이다. GSG-9은 1972년
> 뮌헨올림픽에서 검은 9월단 사건을 계기로 창설된 대테러 경찰특공대이며, GIGN은 프랑스국가헌
> 병대 소속의 대테러부대로, 1994년 에어프랑스 항공기 납치사건을 해결하였다.
> ④ KNP868은 서울경찰청 소속 대테러부대이다.

36 각국의 경호기관과 대테러조직의 연결이 옳지 <u>않은</u> 것은?   • 제15회 기출

ㅇㅿ✕

① 미국 국토안보부 비밀경호국: SWAT

② 영국 수도경찰청 왕실 및 특별요인경호과: SAS

③ 프랑스 국립경찰청 요인경호과: GSG-9

④ 우리나라 대통령경호처: KNP868

> **해설** GSG-9(GSG 9 der Bundespolizei)은 독일 연방경찰(Bundespolizei)에 소속된 특수부대로
> 1972년 뮌헨올림픽 당시 검은 9월단의 이스라엘 선수단에 대한 테러사건을 계기로 연방경찰인 국
> 경경비대 산하로 1973년에 설립되었다. 즉, GSG-9은 독일의 대테러조직이다.

37 테러공격의 수행단계를 옳게 나열한 것은?

ㅇㅿ✕

① 정보수집 및 관찰 – 공격계획 수립 – 공격조 편성 – 공격준비 – 공격실시

② 공격준비 – 공격계획 수립 – 공격조 편성 – 정보수집 및 관찰 – 공격실시

③ 공격계획 수립 – 공격조 편성 – 공격준비 – 정보수집 및 관찰 – 공격실시

④ 공격조 편성 – 공격준비 – 공격계획 수립 – 정보수집 및 관찰 – 공격실시

> **해설** ▶ 테러공격의 수행단계
>
> | 1단계 | 정보수집 및 관찰단계 | 대상에 대한 세밀한 관찰과 조사, 관련된 정보수집 및 분석 |
> | --- | --- | --- |
> | 2단계 | 공격계획 수립단계 | 공격팀, 공격 장소, 일시, 방법 등에 대한 세부적인 테러계획 수립 |
> | 3단계 | 공격조 편성단계 | 테러계획에 따라 공격팀의 구성, 훈련, 임무분배 등 |
> | 4단계 | 공격준비단계 | 무기 및 각종 장비 구입, 공격대상 주변에 은거지 마련 등 |
> | 5단계 | 공격실시단계 | 테러 실시, 테러 후 테러장소 이탈 |

38 테러발생의 예방방법이 <u>아닌</u> 것은?

☐△✕

① 테러 성숙환경을 제거한다.

② 테러범이나 테러조직의 테러활동을 원천적으로 근절한다.

③ 테러의 기피태도를 유지한다.

④ 협상기술을 배양한다.

> [해설] 협상기술은 인질사건 발생 시 인질의 생명과 안전을 확보하기 위해 필요한 기법으로, 테러발생의 예방방법과 관련이 없다.

39 인질사건에서 인질이 인질범에게 정신적으로 동화되어 자신을 인질범과 동일시하는

☐△✕ 현상은?

① 리마 증후군(Lima Syndrome)

② 런던 증후군(London Syndrome)

③ 피터팬 증후군(Peter Pan Syndrome)

④ 스톡홀름 증후군(Stockholm Syndrome)

> [해설] 스톡홀름 증후군은 인질이 인질범에게 동화되는 현상을 말하는 것이다. 1973년 스웨덴의 수도 스톡홀름에서 4명의 무장강도가 은행에 침입하여 직원들을 인질로 잡고 6일 동안 경찰과 대치하는 과정에서 처음에 인질들은 인질범들을 무서워했으나, 시간이 경과하면서 인질범들을 옹호하고 인질범과 함께 경찰에 대항해서 싸운 데서 유래된 비이성적인 심리현상을 말한다.

35 ③	36 ③	37 ①	38 ④	39 ④	정답

40 테러공격 수행단계에 관한 설명으로 옳지 <u>않은</u> 것은?

ⓞ△☓

① 선전효과의 증대, 자금 획득, 새로운 구성요원 구성 및 보강에 기여, 테러활동에 중요한 역할을 하는 자는 적극적 지원조직이다.

② 테러집단의 생존 기반에 해당되는 정치적 전위집단이나 후원자는 직접적 지원조직이다.

③ 테러를 사용하는 모든 조직은 지속력 있는 조직 생존성을 갖기 위하여 일반적으로 동심원적 구조에 의해 형성된다.

④ 특정 분야에 대해 반복적으로 지원을 제공, 목표에 대한 참고자료나 정보를 제공, 체포된 테러리스트를 비호 · 기만 · 은닉하는 등의 지원을 하는 조직은 전문적 지원조직이다.

> **해설** 테러집단의 생존 기반에 해당되는 정치적 전위집단이나 후원자는 수동적 지원조직이다. 직접적 지원조직은 테러를 위하여 폭발물 설치, 공격용 차량준비, 핵심요원 훈련, 무기 · 탄약지원, 전술 또는 작전을 지원하는 조직이다.

41 리마 증후군에 관한 설명으로 옳은 것은?

ⓞ△☓

① 인질범이 인질에게 동화되는 현상

② 인질이 인질범에게 동화되는 현상

③ 인질이 인질범에 대하여 적대감을 갖는 현상

④ 인질범이 인질에 대해 적개심을 표출하는 현상

> **해설** 인질범이 포로나 인질에게 강자로서 약자에게 갖는 동정심을 리마 증후군(Lima Syndrome)이라고 한다. 인질 사건에서 인질범이 인질의 문화에 익숙해지고 정신적으로 동화되면서 자신을 인질과 동일시하고 결과적으로 공격적인 태도가 완화되는 현상으로 1996년 12월 페루 리마에서 발생한 일본 대사관저 점거 인질 사건에서 유래됐다.

42 협상단계에서 통역이나 협상자와 인질범 사이에 동일시 현상이 일어나는 것은?

① 스톡홀름 증후군   ② 리마 증후군

③ 런던 증후군   ④ 항공교통기피 증후군

해설 ▶ 테러리즘의 증후군

스톡홀름 증후군	인질이 인질범에게 동화되어 자신을 인질범과 동일시하는 현상
리마 증후군	인질범이 인질에게 동화되어 자신을 인질과 동일시하여 공격적인 태도가 완화되는 현상
런던 증후군	협상단계에서 통역이나 협상자와 인질범 사이에 동일시 현상이 일어나는 현상
항공교통기피 증후군	9·11테러 이후 많은 사람들이 항공기 이용을 기피하는 사회적 현상

제3절 우리나라의 대테러관리(약칭: 테러방지법)

43 국민보호와 공공안전을 위한 테러방지법의 내용으로 옳지 <u>않은</u> 것은? • 제18회 기출

① 테러단체란 국가정보원이 지정한 테러단체를 말한다.

② 국민보호와 공공안전을 위한 테러방지법은 대테러활동에 관하여 다른 법률에 우선하여 적용한다.

③ 국가테러대책위원회는 국무총리 및 관계기관의 장 중 대통령령으로 정하는 사람으로 구성하고 위원장은 국무총리로 한다.

④ 대테러활동과 관련하여 국무총리 소속으로 관계기관 공무원으로 구성되는 대테러센터를 둔다.

해설 테러단체란 국제연합(UN)이 지정한 테러단체를 말한다(국민보호와 공공안전을 위한 테러방지법 제2조 제2호).

---

40 ②   41 ①   42 ③   43 ①   **정답**

44 국민보호와 공공안전을 위한 테러방지법상의 용어 정의로 옳지 <u>않은</u> 것은?

◻◺☒

① 직원 교육을 목적으로 협박의 수단을 이용하여 항공기의 운항을 강제하는 행위는 테러에 해당한다.

② 테러단체란 국제연합(UN)이 지정한 테러단체를 말한다.

③ 외국인테러전투원이란 테러를 실행·계획·준비하거나 테러에 참가할 목적으로 국적국이 아닌 국가의 테러단체에 가입하거나 가입하기 위하여 이동 또는 이동을 시도하는 내국인·외국인을 말한다.

④ 대테러조사란 대테러활동에 필요한 정보나 자료를 수집하기 위하여 현장조사·문서열람·시료채취 등을 하거나 조사대상자에게 자료제출 및 진술을 요구하는 활동을 말한다.

> **해설** 국가·지방자치단체 또는 외국 정부의 권한행사를 방해하거나 의무 없는 일을 하게 할 목적 또는 공중을 협박할 목적으로 항공기의 운항을 강제하는 행위가 테러에 해당한다.

45 국민보호와 공공안전을 위한 테러방지법상 대테러활동에 해당하는 것으로 옳은 것은

◻◺☒ 모두 몇 개인가?

• 제22회 기출

• 테러위험인물의 관리
• 인원·시설·장비의 보호
• 국제행사의 안전확보
• 테러위협에의 대응 및 무력진압

---

① 1개   ② 2개

③ 3개   ④ 4개

> **해설** '대테러활동'이란 제1호(테러)의 테러 관련 정보의 수집, 테러위험인물의 관리, 테러에 이용될 수 있는 위험물질 등 테러수단의 안전관리, 인원·시설·장비의 보호, 국제행사의 안전확보, 테러위협에의 대응 및 무력진압 등 테러 예방과 대응에 관한 제반 활동을 말한다(국민보호와 공공안전을 위한 테러방지법 제2조 제6호).

46 국민보호와 공공안전을 위한 테러방지법상의 기구로 국무총리가 위원장인 기구는?

☐△✕

① 국가테러대책위원회　　　　　② 테러대책실무위원회

③ 대테러센터　　　　　　　　　④ 국가안전보장회의

> **해설** 대테러활동에 관한 정책의 중요사항을 심의·의결하기 위하여 국가테러대책위원회를 두며, 위원장은 국무총리로 한다. 국가테러대책위원회는 대테러활동에 관한 국가의 정책 수립 및 평가, 국가대테러 기본계획 등 중요 중장기 대책 추진사항, 관계기관의 대테러활동 역할 분담·조정이 필요한 사항, 그 밖에 위원장 또는 위원이 대책위원회에서 심의·의결할 필요가 있다고 제의하는 사항을 심의·의결한다.

47 국민보호와 공공안전을 위한 테러방지법령상 국가테러대책위원회의 구성원인 자는?

☐△✕

· 제22회 기출 변형

① 관세청장　　　　　　　　　　② 검찰총장

③ 보건복지부장관　　　　　　　④ 합동참모의장

> **해설** ▶ 국가테러대책위원회 구성(테러방지법 시행령 제3조 제1항)
>
> | 기획재정부장관, 외교부장관, 통일부장관, 법무부장관, 국방부장관, 행정안전부장관, 산업통상자원부장관, 환경부장관, 국토교통부장관, 해양수산부장관, 국가정보원장, 국무조정실장, 금융위원회 위원장, 원자력안전위원회 위원장, 대통령경호처장, 관세청장, 경찰청장, 소방청장, 질병관리청장 및 해양경찰청장 |
> | --- |

48 국가테러대책위원회 위원이 될 수 <u>없는</u> 자는?

☐△✕

① 기획재정부장관　　　　　　　② 관세청장

③ 국가안보실장　　　　　　　　④ 금융위원회 위원장

> **해설** 국가테러대책위원회 위원은 기획재정부장관, 외교부장관, 통일부장관, 법무부장관, 국방부장관, 행정안전부장관, 산업통상자원부장관, 환경부장관, 국토교통부장관, 해양수산부장관, 국가정보원장, 국무조정실장, 금융위원회 위원장, 원자력안전위원회 위원장, 대통령경호처장, 관세청장, 경찰청장, 소방청장, 질병관리청장 및 해양경찰청장으로 한다.

44 ①	45 ④	46 ①	47 ①	48 ③	**정답**

49 국민보호와 공공안전을 위한 테러방지법상 대테러활동과 관련하여 대테러센터의 수행
□△☓ 사항으로 옳은 것은?

• 제20회 기출

① 국가 대테러활동 관련 임무분담 및 협조사항 실무 조정
② 대테러활동에 관한 국가의 정책 수립과 평가
③ 국가 대테러 기본계획 등 중요 중장기 대책 추진사항
④ 관계기관의 대테러활동 역할 분담·조정이 필요한 사항

해설 ②③④ 국가테러대책위원회의 심의·의결사항에 해당한다.

50 국가테러대책위원회의 임무가 <u>아닌</u> 것은?
□△☓
① 국가 대테러 기본계획 등 중요 중장기 대책 추진사항
② 관계기관의 대테러활동 역할 분담·조정이 필요한 사항
③ 그 밖에 위원장 또는 위원이 대책위원회에서 심의·의결할 필요가 있다고 제의
하는 사항
④ 장단기 국가대테러활동 지침 작성·배포

해설 장단기 국가대테러활동 지침 작성·배포는 대테러센터의 임무이다. 대테러센터는 국무총리 소속
으로 두며, 관계기관 공무원으로 구성된다.
▶ 국가테러대책위원회 및 대테러센터 비교

국가테러대책위원회	대테러센터
【심의·의결】 • 대테러활동에 관한 국가의 정책 수립 및 평가 • 국가 대테러 기본계획 등 중요 중장기 대책 추진사항 • 관계기관의 대테러활동 역할 분담·조정이 필요한 사항 • 그 밖에 위원장 또는 위원이 대책위원회에서 심의·의결할 필요가 있다고 제의하는 사항	【업무수행】 • 국가 대테러활동 관련 임무분담 및 협조사항 실무 조정 • 장단기 국가대테러활동 지침 작성·배포 • 테러경보 발령 • 국가 중요행사 대테러안전대책 수립 • 대책위원회의 회의 및 운영에 필요한 사무의 처리 • 그 밖에 대책위원회에서 심의·의결한 사항

51 국민보호와 공공안전을 위한 테러방지법상 국가테러대책위원회 및 실무위원회에 관한
설명으로 옳지 <u>않은</u> 것은?

① 국가테러대책위원회 위원장은 국무총리가 된다.

② 국가테러대책위원회는 대테러활동에 관한 정책의 중요사항을 심의·의결하기 위
한 국가기관이다.

③ 국가테러대책위원회 간사는 테러정보통합센터장이 된다.

④ 실무위원회의 위원장은 대테러센터장이 된다.

> **해설** 국가테러대책위원회의 사무를 처리하기 위하여 간사를 두되, 간사는 대테러센터장이 된다. 대테러
> 센터는 국무총리 소속이며, 테러정보통합센터는 국가정보원 소속이다.

52 국민보호와 공공안전을 위한 테러방지법상의 국가테러대책위원회에 관한 설명으로 옳
은 것은?

① 대테러활동에 관한 정책의 중요사항을 심의·의결하기 위하여 국가테러대책위원
회를 두며, 위원장은 대통령이 된다.

② 대책위원회의 사무를 처리하기 위하여 간사를 두되, 간사는 행정안전부장관이 된다.

③ 대책위원회 회의는 위원장이 필요하다고 인정하거나 대책위원회 위원 과반수의
요청이 있는 경우에 위원장이 소집한다.

④ 대책위원회에 테러대책 실무위원회를 두며, 실무위원회의 위원장은 국가정보원장
이 된다.

> **해설** ① 대테러활동에 관한 정책의 중요사항을 심의·의결하기 위하여 국가테러대책위원회를 두며, 위
> 원장은 국무총리이다.
> ② 대책위원회의 사무를 처리하기 위하여 간사를 두되, 간사는 대테러센터장이 된다. 행정안전부
> 장관은 국가테러대책위원회 위원이다.
> ④ 대책위원회에 테러대책 실무위원회를 두며, 실무위원회의 위원장은 대테러센터장이 된다. 국가
> 정보원장은 국가테러대책위원회 위원이다.

53 국민보호와 공공안전을 위한 테러방지법상 테러경보 발령을 수행하는 기관은?

① 국가정보원   ② 국가안보실

③ 대테러센터   ④ 국방부

> **해설** 테러경보 발령을 수행하는 기관은 국무총리 소속으로 관계기관 공무원으로 구성되는 대테러센터
> 이다.

49 ①   50 ④   51 ③   52 ③   53 ③   **정답**

54 대테러센터에 관한 설명으로 옳지 <u>않은</u> 것은?

① 국무총리 소속으로 관계기관 공무원으로 구성되는 대테러센터를 둔다.

② 대테러센터 소속 직원의 인적사항은 공개하여야 한다.

③ '국가 중요행사 대테러안전대책 수립'은 대테러센터의 업무이다.

④ 대테러센터장은 관계기관의 장에게 직무 수행에 필요한 협조와 지원을 요청할 수 있다.

> **해설** 대테러센터 소속 직원의 인적사항은 공개하지 아니할 수 있다. 소속 직원의 인적사항이 공개될 경우 테러조직에 노출되어 대테러업무 수행에 지장을 초래할 우려가 있기 때문이다.

55 다음은 국민보호와 공공안전을 위한 테러방지법상의 대테러인권보호관에 관한 설명이다. (　　)에 들어갈 내용을 순서대로 바르게 연결한 것은?

> ㉠ 관계기관의 대테러활동으로 인한 국민의 기본권 침해 방지를 위하여 대책위원회 소속으로 대테러인권보호관 (　　)을 둔다.
> ㉡ 인권보호관의 임기는 (　　)으로 하고, 연임할 수 있다.
> ㉢ 인권보호관은 대테러활동에 따른 인권침해 관련 민원을 접수한 날부터 (　　) 내에 처리하여야 한다.

① 1명 이상 – 3년 – 3개월　　② 1명 – 3년 – 2개월

③ 1명 – 2년 – 2개월　　④ 1명 이상 – 2년 – 3개월

> **해설** ㉠ 관계기관의 대테러활동으로 인한 국민의 기본권 침해 방지를 위하여 대책위원회 소속으로 대테러인권보호관 1명을 둔다(국민보호와 공공안전을 위한 테러방지법 제7조 제1항).
> ㉡ 인권보호관의 임기는 2년으로 하고, 연임할 수 있다(국민보호와 공공안전을 위한 테러방지법 시행령 제7조 제2항).
> ㉢ 인권보호관은 민원을 접수한 날부터 2개월 내에 처리하여야 한다. 다만, 부득이한 사유로 정해진 기간 내에 처리하기 어려운 경우에는 그 사유와 처리 계획을 민원인에게 통지하여야 한다(국민보호와 공공안전을 위한 테러방지법 시행령 제8조 제2항).

56 국민보호와 공공안전을 위한 테러방지법령상 다음의 내용에 해당하는 자는?

◯△✕

• 제26회 기출

> 테러가 발생하거나 발생할 우려가 현저한 경우(국외테러의 경우는 대한민국 국민에게 중대한 피해가 발생하거나 발생할 우려가 있어 긴급한 조치가 필요한 경우에 한한다)에는 테러사건대책본부를 설치·운영하여야 한다.

① 행정안전부장관   ② 국토교통부장관
③ 국가정보원장   ④ 대테러센터장

해설 외교부장관, 국방부장관, 국토교통부장관, 경찰청장 및 해양경찰청장은 테러가 발생하거나 발생할 우려가 현저한 경우(국외테러의 경우는 대한민국 국민에게 중대한 피해가 발생하거나 발생할 우려가 있어 긴급한 조치가 필요한 경우에 한한다)에는 테러사건대책본부를 설치·운영하여야 한다.

57 전담조직의 설치에 대한 설명으로 옳지 <u>않은</u> 것은?

◯△✕

① 환경부장관, 행정안전부장관은 화생방테러사건 발생 시 대책본부를 지원하기 위하여 분야별로 화생방테러대응지원본부를 설치·운영한다.
② 행정안전부장관은 테러복구지원본부를 설치·운영할 수 있다.
③ 소방청장과 시·도지사는 중앙 및 지방자치단체 소방본부에 테러대응구조대를 설치·운영한다.
④ 국가정보원장은 테러 관련 정보를 통합관리하기 위하여 관계기관 공무원으로 구성되는 테러정보통합센터를 설치·운영한다.

해설 환경부장관, 원자력안전위원회 위원장 및 질병관리청장은 화생방테러사건 발생 시 대책본부를 지원하기 위하여 분야별로 화생방테러대응지원본부를 설치·운영한다. 행정안전부장관은 테러사건 발생 시 구조·구급·수습·복구활동 등에 관한 대책본부를 지원하기 위하여 테러복구지원본부를 설치·운영할 수 있다.

| 54 ② | 55 ③ | 56 ② | 57 ① | 정답 |

58 국민보호와 공공안전을 위한 테러방지법령상 테러사건에 신속히 대응하기 위하여 대
테러특공대를 설치 · 운영할 수 있는 자는?   • 제18회 기출

① 해양경찰청장   ② 외교부장관
③ 대통령경호처장   ④ 국가정보원장

> **해설** 국방부장관, 경찰청장 및 해양경찰청장은 테러사건에 신속히 대응하기 위하여 대테러특공대를 설
> 치 · 운영한다(국민보호와 공공안전을 위한 테러방지법 시행령 제18조 제1항).

59 국민보호와 공공안전을 위한 테러방지법상 대테러특공대에 관한 설명으로 옳지 <u>않은</u>
것은?

① 국방부장관, 경찰청장 및 해양경찰청장은 대테러특공대를 설치 · 운영한다.
② 대테러특공대를 설치 · 운영하려는 경우에는 대책위원회의 심의 · 의결을 거쳐야 한다.
③ 국방부 소속 대테러특공대의 출동 및 진압작전은 군사시설 안에서 발생한 테러사
건에 대하여 수행한다.
④ 경찰력의 한계로 긴급한 지원이 필요하여 현장지휘본부의 장이 요청하는 경우에
는 군사시설 밖에서도 경찰의 대테러 작전을 지원할 수 있다.

> **해설** 국방부 소속 대테러특공대의 출동 및 진압작전은 군사시설 안에서 발생한 테러사건에 대하여 수행
> 한다. 다만, 경찰력의 한계로 긴급한 지원이 필요하여 대책본부의 장이 요청하는 경우에는 군사시
> 설 밖에서도 경찰의 대테러 작전을 지원할 수 있다(국민보호와 공공안전을 위한 테러방지법 시행
> 령 제18조 제4항).

60 국민보호와 공공안전을 위한 테러방지법상 대테러특공대에 관한 설명 중 (   )에 들
⊙△✕ 어갈 내용을 순서대로 바르게 연결한 것은?

> (   ) 소속 대테러특공대의 (   )은 군사시설 안에서 발생한 테러사건에 대하여 수
> 행한다. 다만, 경찰력의 한계로 긴급한 지원이 필요하여 (   )이 요청하는 경우에는
> 군사시설 밖에서도 경찰의 대테러 작전을 지원할 수 있다.

① 국방부 – 진압작전 – 현장지휘본부의 장
② 국방부 – 출동 및 진압작전 – 대책본부의 장
③ 국방부 – 출동 및 진압작전 – 대책위원회 위원장
④ 국방부 – 출동작전 – 국가정보원장

해설 국방부 소속 대테러특공대의 출동 및 진압작전은 군사시설 안에서 발생한 테러사건에 대하여 수행
한다. 다만, 경찰력의 한계로 긴급한 지원이 필요하여 대책본부의 장이 요청하는 경우에는 군사시
설 밖에서도 경찰의 대테러 작전을 지원할 수 있다(국민보호와 공공안전을 위한 테러방지법 시행
령 제18조 제4항).

61 테러의 대응절차에 관한 설명으로 옳지 <u>않은</u> 것은?
⊙△✕ ① 테러정보통합센터장은 테러경보 발령의 필요성, 발령 단계, 발령 범위 및 기간 등
에 관하여 실무위원회의 심의를 거쳐 테러경보를 발령한다.
② 테러경보는 테러위협의 정도에 따라 '관심 ⇨ 주의 ⇨ 경계 ⇨ 심각'의 4단계로 구분
한다.
③ 대책본부의 장은 테러사건에 대한 대응을 위하여 필요한 경우 현장지휘본부를 설
치하여 상황 전파 및 대응 체계를 유지하고, 조치사항을 체계적으로 시행한다.
④ 외교부장관은 해외에서 테러가 발생하여 정부 차원의 현장 대응이 필요한 경우에
는 관계기관 합동으로 정부 현지대책반을 구성하여 파견할 수 있다.

해설 대테러센터장은 테러 위험 징후를 포착한 경우 테러경보 발령의 필요성, 발령 단계, 발령 범위 및
기간 등에 관하여 실무위원회의 심의를 거쳐 테러경보를 발령한다. 즉, 테러경보발령권자는 국가
정보원 소속의 테러정보통합센터장이 아니라 국무총리 소속의 대테러센터장이다.

58 ①   59 ④   60 ②   61 ①   ◀ 정답

62 다음은 국민보호와 공공안전을 위한 테러방지법상 '외국인테러전투원에 대한 규제'에
관한 사항이다. (   )에 들어갈 내용이 순서대로 바르게 연결된 것은?

> • 관계기관의 장은 외국인테러전투원으로 출국하려 한다고 의심할 만한 상당한 이유가
> 있는 내국인·외국인에 대하여 일시 출국금지를 (   )에(게) 요청할 수 있다.
> • 일시 출국금지 기간은 (   )(으)로 한다. 다만, 출국금지를 계속할 필요가 있다고 판
> 단할 상당한 이유가 있는 경우에 관계기관의 장은 그 사유를 명시하여 연장을 요청할
> 수 있다.
> • 관계기관의 장은 외국인테러전투원으로 가담한 사람에 대하여 「여권법」에 따른 여권
> 의 효력정지 및 재발급 제한을 (   )에(게) 요청할 수 있다.

① 외교부장관 − 60일 − 법무부장관
② 국가정보원장 − 90일 − 국가테러대책위원회
③ 법무부장관 − 90일 − 외교부장관
④ 국가테러대책위원회 − 60일 − 국가정보원장

해설 「국민보호와 공공안전을 위한 테러방지법」 제13조(외국인테러전투원에 대한 규제)의 내용이다. 각
각의 빈칸에 들어갈 내용은 '법무부장관 − 90일 − 외교부장관' 순이다.

63 외국인테러전투원에 관한 내용으로 옳지 <u>않은</u> 것은?

① 외국인테러전투원이란 테러를 실행·계획·준비하거나 테러에 참가할 목적으로
국적국이 아닌 국가의 테러단체에 가입하거나 가입하기 위하여 이동 또는 이동을
시도하는 내국인·외국인을 말한다.

② 관계기관의 장은 외국인테러전투원으로 출국하려 한다고 의심할 만한 상당한 이
유가 있는 사람에 대하여 일시 출국금지를 법무부장관에게 요청할 수 있다.

③ 일시 출국금지 기간은 90일로 하며, 연장을 요청할 수 없다.

④ 관계기관의 장은 외국인테러전투원으로 가담한 사람에 대하여 여권의 효력정지를
외교부장관에게 요청할 수 있다.

해설 일시 출국금지 기간은 90일로 한다. 다만, 출국금지를 계속할 필요가 있다고 판단할 상당한 이유
가 있는 경우에 관계기관의 장은 그 사유를 명시하여 연장을 요청할 수 있다.

64 국민보호와 공공안전을 위한 테러방지법상 테러위험인물에 관한 정보수집 등의 설명
○△× 으로 옳지 않은 것은?

① 국가정보원장은 테러위험인물에 대하여 출입국·금융거래 및 통신이용 등 관련 정보를 수집할 수 있다.

② 국가정보원장은 대테러활동에 필요한 정보나 자료를 수집하기 위하여 대테러조사 및 테러위험인물에 대한 추적을 할 수 있다. 이 경우 반드시 사전에 대책위원회 위원장에게 보고하여야 한다.

③ 국가정보원장은 테러위험인물에 대한 개인정보와 위치정보를 개인정보처리자와 위치정보사업자에게 요구할 수 있다.

④ 국가정보원장은 정보수집 및 분석의 결과, 테러에 이용되었거나 이용될 가능성이 있는 금융거래에 대하여 지급정지 등의 조치를 취하도록 금융위원회 위원장에게 요청할 수 있다.

해설 사전 또는 사후에 대책위원회 위원장에게 보고하여야 한다. 즉, 긴급을 요할 경우 먼저 대테러조사 및 테러위험인물에 대한 추적을 할 수 있으며, 이 경우는 사후에 대책위원장에게 보고하여야 한다.

65 국민보호와 공공안전을 위한 테러방지법상 테러피해에 관한 내용으로 옳지 않은 것
○△× 은?

• 제24회 기출

① 국가 또는 지방자치단체는 테러의 피해를 입은 사람에 대하여 치료 및 복구에 필요한 비용의 전부 또는 일부를 지원할 수 있다.

② 테러로 인하여 생명의 피해를 입은 사람의 유족에 대해서는 그 피해의 정도에 따라 등급을 정하여 특별위로금을 지급할 수 있다.

③ 외교부장관의 허가를 받지 아니하고, 방문 및 체류가 금지된 국가 또는 지역을 방문·체류한 사람의 테러피해의 치료 및 복구에 필요한 비용도 예외 없이 지원하도록 하고 있다.

④ 테러로 인하여 신체 또는 재산의 피해를 입은 국민은 관계기관에 즉시 신고하여야 한다.

해설 국가 또는 지방자치단체는 테러피해를 입은 사람에 대하여 대통령령으로 정하는 바에 따라 치료 및 복구에 필요한 비용의 전부 또는 일부를 지원할 수 있다. 다만, 「여권법」에 따른 외교부장관의 허가를 받지 아니하고 방문 및 체류가 금지된 국가 또는 지역을 방문·체류한 사람에 대해서는 그러하지 아니하다(국민보호와 공공안전을 위한 테러방지법 제15조 제2항).

62 ③　　63 ③　　64 ②　　65 ③　　**정답**

eduwill

eduwill

내가 꿈을 이루면
나는 누군가의 꿈이 된다.

– 이도준

2025 에듀윌 경비지도사 2차 경호학 한권끝장

발 행 일	2025년 2월 24일 초판
편 저 자	이근명
펴 낸 이	양형남
개 발	정상욱, 조희진
펴 낸 곳	(주)에듀윌
등록번호	제25100-2002-000052호
주 소	08378 서울특별시 구로구 디지털로34길 55 코오롱싸이언스밸리 2차 3층
I S B N	979-11-360-6666-4(14350)
	979-11-360-3999-6(SET)

www.eduwill.net

대표전화 1600-6700

여러분의 작은 소리
에듀윌은 크게 듣겠습니다.

본 교재에 대한 여러분의 목소리를 들려주세요.
공부하시면서 어려웠던 점, 궁금한 점,
칭찬하고 싶은 점, 개선할 점, 어떤 것이라도 좋습니다.

에듀윌은 여러분께서 나누어 주신 의견을
통해 끊임없이 발전하고 있습니다.

에듀윌 도서몰 book.eduwill.net
• 부가학습자료 및 정오표: 에듀윌 도서몰 → 도서자료실
• 교재 문의: 에듀윌 도서몰 → 문의하기 → 교재(내용, 출간) / 주문 및 배송

64개월, 563회 베스트셀러 1위
시리즈 전 교재 1위

만점합격자를 만든 1위 교재!
클래스의 차이를 직접 경험해 보세요.

1차 한권끝장 (법학개론/민간경비론)

2차 한권끝장 (경비업법/경호학)

2025 최신판

에듀윌 경비지도사
2차 경호학 한권끝장 + 기출특강

기본개념이 확실해지는
3회독 워크북

1회독 **기출 빈칸노트**
반드시 알아야 할 기출 개념만 주관식으로 복습

2회독 **최신 기출문제**
2024년 최신 기출문제로 취약챕터 재점검 후, 집중학습

3회독 **마무리 모의고사**
출제확률 높은 문제만 모은 모의고사로 확실한 실전연습

eduwill

2025 최신판

에듀윌 경비지도사
2차 경호학 한권끝장+기출특강

에듀윌 경비지도사

2차 경호학 한권끝장 + 기출특강

기본개념이 확실해지는

3회독 워크북

기출 빈칸노트

| PART1 | 경호학 총론

CHAPTER 01 경호학과 경호

24회, 25회 기출
001 '경호'란 경호대상자의 생명과 재산을 보호하기 위하여 [   ]에 가하여지는 [   ]를 [   ]하거나 [   ]하고, [   ]을 경계 · 순찰 및 방비하는 등의 모든 [   ]활동을 말한다.

15회, 19회 기출
002 형식적 의미의 경호개념은 [   ]의 권한에 속하는 일체의 경호작용을 의미한다.

26회 기출
003 1급(A급) 경호, 2급(B급) 경호, 3급(C급) 경호로 구분하는 것은 경호의 분류 중 [   ]에 의한 경호의 방식이다.

23회 기출
004 경호관계자의 사전 통보에 의해 계획 · 준비되는 경호활동은 경호의 [   ]에 의한 분류 중에서 [   ] 경호에 해당한다.

19회 기출
005 [   ]는 의전절차 없이 불시에 행사가 진행되고, 사전경호조치도 없는 상태에서 최소한의 근접경호만으로 실시하는 경호활동을 말한다.

20회 기출
006 [   ]는 평상시에 이루어지는 치안 및 대공활동, 국제정세를 포함한 안전대책작용이다.

---

001 신체, 위해, 방지, 제거, 특정 지역, 안전 **002** 실정법상 경호기관 **003** 수준 **004** 성격, 공식 **005** 약식경호
006 간접경호

007 대통령 등의 경호에 관한 법률은 대통령 등에 대한 경호를 효율적으로 수행하기 위하여 경호의 [   ] · [   ]와 그 밖에 필요한 사항을 규정함을 목적으로 한다.

008 3중경호의 원칙에 있어서 3가지 구역 중 [   ]은 완벽한 통제가 이루어져야 하며, 경호원의 확인을 거치지 않은 인원의 출입은 금지한다.

009 영국식 3중경호의 원칙은 경호대상자가 위치한 지역에서 가장 근거리부터 엄중한 경호를 취하는 순서로 [   ]경호, [   ]경호, [   ]경호로 나누고 그에 따른 요원의 배치와 임무가 부여된다.

010 연도경호는 경호행사의 [   ]에 의한 분류에 따라 구분할 수 있다.

011 [   ]의 원칙은 경호대상자를 위해요소로부터 분리하는 것을 말한다.

012 고종 18년(1881년) 종래 5군영 중 훈련도감 · 용호영 · 호위청을 합쳐 새로 설립한 무위영은 [   ]의 연장으로 왕궁을 지키는 친군 내지 근위군이다.

013 경무대경찰서는 주로 대통령 경호임무를 수행하였으며, 1953년 경찰서 직제를 개정하여 관할구역을 [   ] 구내로 제한하였다.

014 대통령경호처에 기획관리실 · 경호본부 · [   ] 및 [   ]를 둔다.

---

007 조직, 직무범위 **008** 안전구역 **009** 근접, 중간, 외곽 **010** 장소 **011** 목표물 보존 **012** 무위소 **013** 경무대
014 경비안전본부, 지원본부

015 경호행사를 직접 담당하는 경호기관의 조직은 다른 조직에 비해 [   ]이 강조되고 있으며, 경호조직의 비공개와 경호기법의 비노출 등 [   ]의 특성을 갖는다.

14회, 15회, 17회, 20회, 22회, 25회 기출

016 상하계급 간의 일정한 관계가 이루어져 책임과 업무의 분담이 이루어지고 명령과 복종의 지위와 역할의 체계가 통일되어야 한다는 원칙은 [   ]의 원칙이다.

15회, 20회, 22회 기출

017 국민과 함께하고, 경호에 우호적인 사회환경을 조성해야 한다는 경호조직의 원칙은 경호 [   ]의 원칙에 해당한다.

26회 기출

018 외무성 소속으로 MI6로 불리기도 하며, 국외 경호 관련 정보의 수집·분석·처리업무를 담당하는 기관은 영국의 [   ]이다.

19회 기출

019 해외 정보수집 및 분석을 임무로 하는 프랑스의 경호유관기관은 [   ]이며. 미국 경호기관인 [   ]의 경호대상에는 부통령과 그 직계존비속도 포함된다.

16회, 18회, 25회 기출

020 대통령경호안전대책위원회규정은 [   ] 제16조에 따른 대통령경호안전대책위원회의 구성 및 운영에 관하여 필요한 사항을 규정한다.

22회 기출

021 방한 국빈의 국내 행사 지원, 대통령과 그 가족 및 대통령 당선인과 그 가족 등의 외국방문 행사 지원 업무의 분장책임은 대통령경호안전대책위원 중 외교부 [   ]의 임무이다.

22회 기출

---

015 계층성, 폐쇄성 **016** 경호체계 통일성 **017** 협력성 **018** 비밀정보부(SIS) **019** 해외안전총국, 비밀경호국
020 대통령 등의 경호에 관한 법률 **021** 의전기획관

022 대통령경호처장은 [   ]이 임명하고, 경호처의 업무를 총괄하며 [   ]을 지휘·감독한다.

24회 기출

023 소속공무원과 관계기관의 공무원으로서 경호업무를 지원하는 사람은 경호목적상 불가피하다고 인정되는 상당한 이유가 있는 경우에만 [   ]에서 질서유지, 교통관리, 검문·검색, 출입통제, 위험물 탐지 및 안전조치 등 위해 방지에 필요한 안전활동을 할 수 있다.

26회 기출

024 [   ]의 장은 다자간 정상회의의 경호 및 안전관리를 위하여 필요하면 관계기관의 장과 협의하여 「통합방위법」제2조 제13호에 다른 국가중요시설과 불특정 다수인이 이용하는 시설에 대한 안전관리를 위하여 필요한 인력을 배치하고 장비를 운용할 수 있다.

17회, 24회 기출

025 대통령경호처장의 제청으로 [   ] 검사장이 지명한 경호공무원이라도 일반범죄에 대하여 [   ]의 직무를 수행할 수 없다.

17회 기출

026 처장은 대통령 등의 경호에 관한 법률에 따른 경호대상에 대한 경호를 위하여 필요한 경우 [   ], [   ] 및 경호·안전관리 업무를 지원하는 관계기관에 근무할 예정인 사람에게 신원진술서 및 가족관계의 등록 등에 관한 법률에서 정하는 증명서와 그 밖에 필요한 자료의 제출을 요구할 수 있다.

24회, 26회 기출

027 본인의 의사에 반하지 아니하는 경우에 한정하여 퇴임 후 [   ]년 이내의 전직 대통령과 그 배우자. 다만, 대통령이 임기 만료 전에 퇴임한 경우와 재직 중 사망한 경우의 경호 기간은 그로부터 [   ]년으로 하고, 퇴임 후 사망한 경우의 경호 기간은 퇴임일부터 기산(起算)하여 [   ] 년을 넘지 아니하는 범위에서 사망 후 [   ]년으로 한다.

---

022 대통령, 소속공무원 **023** 경호구역 **024** 경호안전대책기구 **025** 서울중앙지방검찰청, 사법경찰관리
026 대통령비서실, 국가안보실 **027** 10, 5, 10, 5

| PART2 | 경호학 각론

18회, 20회, 26회 기출

028 경호작용의 기본 고려요소에는 계획수립, 책임분배, [   ], 보안유지가 있다.

26회 기출

029 "경호목적 달성에 부합되도록 경호임무를 명확하게 부여하며, 경호활동에 참여하는 기관 간 도맡아 해야 할 임무가 명백하게 배분되어야 한다."는 경호작용의 기본요소 중 [   ]에 관한 설명이다.

19회, 22회, 23회 기출

030 정보활동은 [   ]단계, 안전활동은 [   ]단계, 경호활동은 [   ]단계, 학습활동은 학습단계에 해당된다고 볼 수 있다.

21회 기출

031 경호대상자를 제외한 모든 사람이 검색대상이며 모든 [   ] · [   ] · 지리적 위해요소에 대해 경호조치가 이루어져야 한다.

24회 기출

032 경호대상자에게 스스로 안전에 대처할 수 있도록 일상적 [   ]을 만들어 경각심을 높이게 한다.

25회 기출

033 경호원은 신속하고 과감한 대처능력이 필요하며, 예리하고 정확한 [   ]을 갖추어야 한다.

24회 기출

034 경호의 안전대책 중 경호대상자에게 위해를 가할 수 있는 위해물질을 안전하게 관리하는 활동을 [   ]라고 하며, 폭발물 등 각종 유해물을 탐지, 제거하는 활동을 [   ]이라고 한다.

---

028 자원동원 **029** 책임분배 **030** 예방, 대비, 대응 **031** 인적, 물적 **032** 경호수칙 **033** 판단력
034 안전조치, 안전점검

035 경호[　　　　]은 인원, 문서, 시설 등을 위해기도자로부터 보호하는 활동이다.

036 [　　　　]는 가공되지 않은 정보의 자료가 되는 1차적인 지식을 의미한다.

037 경호수칙은 [　　　　]보다 [　　　　]의 능력을 우선적으로 하며, 경호원에게 가장 중요한 수칙은 자기희생과 살신성인이다.

038 경호대상자가 이용하는 물품과 시설 등의 안전상태를 확인하는 활동은 안전대책 3대 작용원리 중 [　　　　]에 해당한다.

039 보호지역은 중요도에 따라 제한지역, 제한구역 및 [　　　　]으로 나눈다.

040 경호환경을 극복하기 위한 예비계획 및 [　　　　]계획을 준비하고, 경호 경비 상황에 관한 [　　　　]유출에 관한 엄격한 통제는 경호작용의 기본요소에 해당한다.

041 [　　　　]를 정비하여 우호적인 경호환경을 조성하고, 경호와 관련된 정보와 첩보를 수집·분석하여 경호위협을 평가하고 이를 통하여 경호계획을 수립하는 경호준비과정은 경호활동 4단계 중 [　　　　]이며, 학습활동이 주요 활동인 단계는 [　　　　]이다.

042 신변보호의 예방작용 단계별 순서는 '예견(예측)단계 ⇨ [　　　　]단계 ⇨ [　　　　]단계 ⇨ 무력화(억제) 단계'로 분류한다.

---

035 보안작용　**036** 경호첩보　**037** 개인, 전체　**038** 안전검사　**039** 통제구역　**040** 우발, 보안
041 법과 제도(법제), 예방단계, 평가단계　**042** 인식(인지), 조사(분석)

043 선발경호의 특성에는 [   ], [   ], [   ] 및 예비성이 있다.

044 선발경호의 특징 중 [   ]이란 경호대상자에 대한 경호활동은 고유한 기능과 임무를 가지고 있는 다른 여러 기관이 참여하여 이루어지지만, 이를 각 기관들이 하나의 지휘체계 아래 보완적이고 협력적 관계에서 주어진 임무를 수행한다.

045 [   ]는 경호대상자가 집무실을 출발해서 행사장에 도착하여 행사가 진행된 이후 복귀 시까지의 경호활동이다.

046 선발경호 시 주최 측의 행사진행계획을 면밀히 검토하여 참석대상, 성격분석, 시차별 입장계획 등을 사전에 작전담당자에게 전달하는 업무를 수행하는 담당은 [   ]담당이다.

047 [   ]경호는 경호관련 정·첩보를 획득 및 전파함으로써 [   ]경호 실현을 통해 행사장의 안전을 확보하는 행사직전까지의 업무이다.

048 모든 수단과 방법을 이용하여 각종 위해요소를 사전에 탐지·제거·봉쇄하여 경호대상자의 절대안전을 위한 예방업무를 수행하는 것을 경호[   ]작용이라 한다.

049 우발상황 발생 시 자신의 몸을 최대한 크게 벌려서 경호대상자에 대한 방호효과를 극대화해야 한다는 경호원칙은 [   ]의 원칙이다.

---

043 예방성, 통합성, 안전성 **044** 통합성 **045** 행사단계 **046** 출입통제 **047** 선발, 예방 **048** 안전 **049** 체위확장

050
위해기도자가 고층건물 등에서 공격을 시도할 경우 경호원의 신장 차이가 [   ] 방벽효과에 큰 영향을 미친다.

051
도보이동 간 근접경호에서 이동 시에는 위험에 노출되는 정도를 최소화하기 위하여 [   ]통로를 이용해야 한다.

052
차량경호 시 후미경호차에 팀장이 [   ]에 탑승하고, 기동 간 이동지휘소의 역할을 한다.

053
근접경호에서 사주경계 시 [   ]를 중심으로 360° 전 방향을 감시해야 한다.

054
복도, 도로, 계단 이동 시에는 경호대상자를 공간의 [   ] 쪽으로 유도하여 위해 발생 시 여유 공간을 확보한다.

055
행사장 내 경호대상자를 근접경호할 때 도보대형 형성에 고려해야 할 사항에는 행사의 형태와 종류, [   ]의 노출시간 등이 있다.

056
경호대상자가 완전히 경호원에 의해 둘러싸여 있는 인상을 주게 되어 대외적인 이미지는 안 좋을 수 있으나, 경호효과가 높은 대형은 [   ] 대형이다.

057
경호대상차량을 [   ] 실시한 후 시동을 켠 상태에서 대기하였다가 경호대상자의 탑승과 동시에 출발하여 주행상태를 유지하도록 노력하였다.

---

050 수직적 **051** 단거리 직선 **052** 조수석 **053** 경호대상자 **054** 중앙 **055** 경호대상자 **056** 원형 **057** 안전점검

21회, 25회, 26회 기출

058 출입통제 시 2선 [   ]구역은 모든 출입요소에 대한 실질적인 [   ]차 통제점이 된다.

16회, 20회, 25회 기출

059 출입자 통제업무 시 출입통로는 가능한 한 [   ]통로를 원칙으로 하며, 기타 통로는 [   ] 하도록 한다.

16회, 24회 기출

060 행사참석자를 위한 비표는 [   ]별로 그 [   ]을 달리하면 식별 및 통제가 용이하다.

21회 기출

061 우발상황 조치는 우발상황이 발생하였을 경우 경호대상자를 위험으로부터 보호하기 위한 일련의 순간적인 경호조치를 말하며, [   ]의 결과에 따라 경호대상자를 살릴 수도 있고 죽일 수도 있다. 우발상황이 발생하면 최초에 정확하게 대응해야 하는 데 핵심이 있다.

19회, 21회 기출

062 행사장 비상대책 수립 시 우선적으로 고려하여야 하는 요소에는 비상통로, [   ], [   ]이 해당된다.

26회 기출

063 우발상황 발생 시 경고와 동시에 대적 여부는 [   ]의 원칙에 따라 위해기도자와 가장 가까이에 있는 경호원이 판단ㆍ대응한다.

20회, 22회, 24회, 26회 기출

064 [   ]이란 경호대상자에 제공되는 음식물에 대하여 구매, 운반, 저장, 조리 및 제공되는 과정에서 위해요소를 제거하는 업무를 의미한다.

---

058 경비, 1　**059** 단일, 폐쇄　**060** 구역, 색상　**061** 즉각조치　**062** 비상대피소, 비상대기차량　**063** 촉수거리
064 검식작용

065 20회, 24회 기출

일반적으로 경호원은 [   ]에 따라 주변 환경과 조화되도록 복장을 착용한다.

066 22회, 24회, 25회, 26회 기출

대통령경호처에서 근무하는 경찰공무원의 복제에 관하여 필요한 사항은 [   ]이 정한다.

067 25회 기출

사람이 직접 확인할 수 없는 공간의 확인, 유해물질 존재여부 등을 [   ]로 점검한다.

068 24회 기출

경호원이 사용하는 단봉, 분사기는 [   ]에 포함되며, 경호현장에 설치되는 바리케이드나 차량 스파이크 트랩은 물적 [   ]이다.

069 20회 기출

방폭담요 및 방폭가방은 [   ]장비에 해당하며, 차량 및 항공기는 [   ]장비에 해당한다.

070 26회 기출

[   ]은 직무를 수행하기 위하여 필요하다고 인정할 때에는 대통령경호처에 파견된 사람에게 무기를 휴대하게 할 수 있다.

071 23회 기출

[   ]는 위해기도자의 침입이나 범죄행위를 감시하고, 거동수상자의 동태를 추적하는 장비이다.

---

065 행사 성격　**066** (경호)처장　**067** 검측장비　**068** 호신장비, 방호장비　**069** 방호, 기동　**070** 대통령경호처장
071 감시장비

26회 기출

072 학교 및 군부대의 주된 게양대는 교육적인 목적을 고려하여 낮에만 게양하되, 이 경우 3~10월에는 [   ]에 강하한다.

20회 기출

073 의전의 바탕은 상대 생활양식 등의 문화와 상대방에 대한 존중 및 배려에 있다. 행사주최자의 경우 손님에게 상석인 [   ]쪽을 양보한다.

24회 기출

074 우리나라의 공식적 국가 의전서열은 '대통령 ⇨ 국회의장 ⇨ 대법원장 ⇨ [   ] ⇨ [   ]' 순이다.

23회 기출

075 기차에서 두 사람이 나란히 앉는 좌석에서 [   ] 쪽이 상석이며, 여성과 남성이 승용차에 동승할 때는 [   ]이 먼저 탄다.

14회, 17회 기출

076 경호의전상 탑승예절 중 선박의 경우 객실등급이 정해져 있지 않을 경우 선체의 [   ]가 상석이다.

25회 기출

077 [   ]는 전문적인 치료를 받기 전까지의 임시적인 처치임을 숙지하며, 빠른 시간 내에 전문 응급의료진에게 인계할 수 있도록 하며, 기본요소는 [   ], 지혈, 쇼크방지, 상처보호이다.

24회 기출

078 심정지환자는 골든타임 내에 신속하게 [   ]을 실시하며, 심폐소생술의 흉부(가슴)압박은 분당 [   ]회 속도로 실시한다.

---

072 18:00   **073** 오른   **074** 헌법 재판소장, 국무총리   **075** 창가, 여성   **076** 중심부   **077** 응급처치, 기도확보
078 심폐소생술, 100~120

079 가슴 및 복부 손상 시 지혈을 하고 [   ]를 마시지 않게 하며, 심한 출혈 시 출혈 부위를 심장보다 [   ] 하여 안정한 상태를 유지한다.

080 자동심장충격기(AED)는 [   ] 목격 시 심폐소생술 시행 후 사용하는 것을 원칙으로 한다.

CHAPTER 04　　경호의 환경

081 4차 산업의 발달에 따른 드론을 활용한 북한의 남한에 대한 위협은 [   ] 환경요인이며, 국민의식과 생활양식의 변화로 인한 이기주의 성향은 경호의 비협조적 경향으로 [   ] 환경요인이다.

082 암살범의 적개심과 과대망상적 사고는 암살의 동기 중 [   ] 동기에 해당하며, 암살자가 극히 중요하다고 생각하는 사실을 암살대상자들이 위태롭게 하고 있다고 생각하는 것은 [   ] 동기에 해당한다.

083 불특정 다수인을 상대로 하며, 테러조직의 다원화로 무력화가 어렵고, 증거인멸이 쉬운 대량 살상 무기가 사용될 가능성이 많은 새로운 형태의 테러를 [   ]이라 한다.

084 문자메시지(SMS)와 피싱(Phishing)의 합성어로, 인터넷 접속이 가능한 스마트폰의 문자메시지를 이용한 해킹 범죄는 [   ]이다.

085 테러경보는 테러위협의 정도에 따라 '관심 ⇨ [   ] ⇨ 경계 ⇨ 심각'의 4단계로 구분한다.

---

079 음료, 높게　**080** 심정지　**081** 특수적, 일반적　**082** 개인적, 이념적　**083** 뉴테러리즘　**084** 스미싱　**085** 주의

19회, 20회, 25회 기출
086 [   ]은 테러위험인물에 대하여 출입국 · 금융거래 및 통신이용 등 관련 정보를 수집할 수 있다.

19회, 20회, 26회 기출
087 대테러활동에 관한 국가의 정책 수립과 평가는 [   ]의 심의 · 의결사항에 해당한다.

20회, 26회 기출
088 국가 대테러활동 관련 임무분담 및 협조사항, 실무 조정 등을 수행하기 위하여 국무총리 소속으로 [   ]를 둔다.

22회 기출
089 국민보호와 공공안전을 위한 테러방지법상 관계기관의 장은 외국인테러전투원으로 출국하려 한다고 의심할 만한 상당한 이유가 있는 내국인 · 외국인에 대하여 일시 출국금지를 법무부장관에게 요청할 수 있는데, 이때 일시 출국금지 기간은 [   ]로 한다.

26회 기출
090 국가정보원장은 정보수집 및 분석의 결과 테러에 이용되었거나 이용될 가능성이 있는 금융거래에 대하여 지급정지 등의 조치를 취하도록 [   ] 위원장에게 요청할 수 있다.

086 국가정보원장   **087** 국가테러대책위원회   **088** 대테러센터   **089** 90일   **090** 금융위원회

에듀윌이
너를
지지할게
ENERGY

풍랑은 영원하지 않습니다.
터널은 무한하지 않습니다.
견디면 다 지나갑니다.

지나고 보면 그 시간이 유익입니다.

– 조정민, 『고난이 선물이다』, 두란노

최신 기출문제

GUIDE
□ 2회독 후, 기출문제로 실력 점검
□ 취약챕터 확인 후, 이론으로 돌아가 집중 학습

* 2024년도 제26회 시험에 출제된 기출문제입니다.

풀이시간 & 정답 및 해설	
적정풀이시간	40분
정답 및 해설	p.32

41

우리나라 구한말 경호조직의 변천에 관한 내용이다. 일어난 순서대로 나열된 것은?

> ㉠ 훈련도감 · 용호영 · 호위청을 합쳐 무위영을 설립하였다.
> ㉡ 관제 개혁에 의하여 경위원이 황궁경위국으로 개편되었다.
> ㉢ 훈련대를 폐지하고, 친위대를 경성에 주둔시켜 왕성수위를 전담하게 하였다.

① ㉠ - ㉡ - ㉢
② ㉠ - ㉢ - ㉡
③ ㉡ - ㉢ - ㉠
④ ㉢ - ㉠ - ㉡

42

다음 경호기관 중에서 시대순(과거부터)으로 세 번째에 해당하는 경호기관의 명칭은?

① 청와대경찰관파견대
② 대통령경호처
③ 경무대경찰서
④ 대통령경호실

43

대통령 등의 경호에 관한 법령상 밑줄 친 기구의 구성원을 모두 고른 것은?

> 경호 · 안전 대책기구의 장은 다자간 정상회의의 경호 및 안전관리를 위하여 필요하면 관계기관의 장과 협의하여 「통합방위법」 제2조 제13호에 따른 국가중요시설과 불특정 다수인이 이용하는 시설에 대한 안전관리를 위하여 필요한 인력을 배치하고 장비를 운용할 수 있다.

> ㉠ 대통령경호처장
> ㉡ 소속공무원
> ㉢ 관계기관의 공무원

① ㉠
② ㉠, ㉡
③ ㉡, ㉢
④ ㉠, ㉡, ㉢

44

경호의 분류에 관한 설명으로 옳은 것은?

① 비공식경호는 출 · 퇴근 시 일상적으로 실시하는 경호이다.
② 장소에 따른 경호는 행사장경호, 숙소경호, 도보경호 등으로 분류된다.
③ 경호의 수준에 의한 분류에 따라 공식경호, 비공식경호, 약식경호 등으로 구분한다.
④ 약식경호는 일정한 규칙적인 방식에 의하지 아니하고 실시하는 경호를 말한다.

45

경호조직의 특성으로 옳지 <u>않은</u> 것은?

① 권력보다는 전문성이 요구되는 조직이다.
② 계층성에 따른 지휘ㆍ감독에 의해 목적을 달성한다.
③ 위해기도자에게 경호조직과 경호기법이 노출되지 않아야 한다.
④ 조직구조는 통일된 마름모형으로 구성하여 효율성을 극대화한다.

46

경호의 성문법원에 해당하는 것을 모두 고른 것은?

> ㉠ 헌법
> ㉡ 판례법
> ㉢ 대통령경호안전대책위원회규정
> ㉣ 대통령경호처와 그 소속기관 직제

① ㉠, ㉡, ㉢   ② ㉠, ㉡, ㉣
③ ㉠, ㉢, ㉣   ④ ㉡, ㉢, ㉣

47

경호의 원칙에 관한 설명이다. 〈보기 1〉과 〈보기 2〉의 내용이 옳게 연결된 것은?

> 〈보기 1〉
> a. 경호대상자가 대중에게 노출되는 도보이동은 가급적 제한하여 위해를 가할 가능성이 있는 요소로부터 경호대상자를 보호하여야 한다.
> b. 경호대상자를 중심으로 '근접경호 – 중간경호 – 외곽경호'로 나누어 경호업무를 수행한다.
> c. 고도의 순간적인 판단력과 치밀한 사전계획이 중요하다.

> 〈보기 2〉
> ㉠ 목표물 보존의 원칙
> ㉡ 은밀경호의 원칙
> ㉢ 중첩경호의 원칙
> ㉣ 두뇌경호의 원칙

① a – ㉠, b – ㉡, c – ㉢
② a – ㉠, b – ㉢, c – ㉣
③ a – ㉢, b – ㉠, c – ㉡
④ a – ㉣, b – ㉢, c – ㉠

48

국민과 함께하고, 경호에 우호적인 사회환경을 조성해야 한다는 경호조직의 원칙은?

① 경호지휘 단일성의 원칙
② 경호협력성의 원칙
③ 경호기관단위 작용의 원칙
④ 경호체계 통일성의 원칙

49

다음 밑줄 친 경호대상에 해당하지 <u>않는</u> 자는?

> 미국 선거유세 도중 대통령 후보가 괴한에 의해 저격을 당한 사건이 발생한 일이 있었다. 우리나라도 이러한 사건들에 대비해 대통령경호처의 <u>경호대상</u>을 규정한 법이 있다.

① 대통령의 아들
② 대통령의 누나
③ 대통령 당선인의 딸
④ 대통령 당선인의 할아버지

50

대통령 등의 경호에 관한 법률에 따른 대통령경호처의 경호대상은?

> ㉠ 대통령권한대행과 그 배우자
> ㉡ 대한민국을 방문하는 외국의 행정수반(行政首班)과 그 배우자
> ㉢ 본인의 의사에 반하지 않은 전직 대통령(퇴임 후 7년)과 그 가족
> ㉣ 대통령경호처 실장이 경호에 필요하다고 인정하는 국내외 요인(要人)

① ㉠, ㉡
② ㉢, ㉣
③ ㉠, ㉡, ㉢
④ ㉡, ㉢, ㉣

51

대통령경호처장이 경호등급을 구분하여 운영하고자 할 경우 협의 대상이 <u>아닌</u> 자는?

① 경찰청장
② 외교부장관
③ 국방부장관
④ 국가정보원장

52

경호임무 수행절차에 관한 설명으로 옳지 <u>않은</u> 것은?

① 학습단계 – 경호임무 수행 전에 경호환경을 분석하고 평가하여 문제점 등을 보완하는 단계
② 예방단계 – 우호적인 경호환경을 조성하고 경호위협을 평가해 경호계획을 수립하는 단계
③ 대비단계 – 행사보안유지와 위해정보 수집을 위한 보안활동 단계
④ 대응단계 – 경호위기상황에 즉각적으로 대응하고 조치하는 단계

53

경호 행사계획 수립 시 고려사항이 <u>아닌</u> 것은?

① 수행원 수
② 기동방법 및 수단
③ 위해기도자의 신상 및 도주로
④ 방문지역의 특성에 관한 사항

54

다음이 설명하는 경호작용의 기본 고려요소는?

> • 경호 목적 달성에 부합되도록 경호임무를 명확하게 부여하여야 한다.
> • 경호활동에 참여하는 기관 간 도맡아 해야 할 임무가 명확하게 배분되어야 한다.

① 보안유지
② 자원동원
③ 정보수집
④ 책임분배

55

선발경호의 목적으로 옳지 <u>않은</u> 것은?

① 행사지역의 안전 확보
② 위험요소를 제거하거나 최소화
③ 경호 관련 정·첩보 획득 및 공유
④ 도보경호 및 경호차량 대형 형성

56

경호원의 업무수행에 관한 설명으로 옳은 것은?

① 경호대상자의 사생활에 대해 가족에게만 말했다.
② 신속한 경호업무를 위해 수평적인 명령체계를 유지하였다.
③ 정확성과 완전성을 배제하고 적시성과 확실성을 고려한 정·첩보활동을 하였다.
④ 경호대상자를 중심으로 내부, 내곽, 외곽으로 구분하여 경호구역을 설정하였다.

57

기동시기, 기동대형 등의 변화를 통해 위해기도자의 오판을 유도하는 근접경호의 특성은?

① 기만성
② 기동성
③ 대피성
④ 방벽성

58

다음이 설명하는 선발경호의 특성은?

> 경호대상자에 대한 경호활동은 고유한 기능과 임무를 가지고 있는 다른 여러 기관이 참여하여 이루어지지만, 이들 각 기관들이 하나의 지휘체계 아래 보완적이고 협력적 관계에서 주어진 임무를 수행한다.

① 통합성
② 예방성
③ 안전성
④ 예비성

59

근접경호 수행방법에 관한 설명으로 옳은 것을 모두 고른 것은?

> ㉠ 방호 및 대피보다 대적에 중점을 둔다.
> ㉡ 신체로 방벽을 형성하여 공격선을 차단한다.
> ㉢ 기만전술을 통해 위해기도자의 추적을 회피한다.
> ㉣ 경호원의 대형과 위치는 수시로 변화를 주어야 한다.

① ㉠, ㉢
② ㉡, ㉣
③ ㉠, ㉢, ㉣
④ ㉡, ㉢, ㉣

60

사전예방경호에 관한 설명으로 옳지 <u>않은</u> 것은?

① 안전대책작용의 3대 원칙은 안전검측, 안전검사, 안전점검식이다.
② 경호보안작용은 인원, 문서, 시설 등을 위해기도자로부터 보호하는 활동이다.
③ 경호정보작용은 경호대상자의 신변안전을 위협하는 취약요소 등을 사전에 수집 및 분석하는 것이다.
④ 경호대상자가 도착하기 전에 현장답사를 통해 경호협조와 경호준비를 하는 것을 말한다.

61

경호원의 주의력효과와 대응효과에 관한 설명으로 옳지 <u>않은</u> 것은?

① 대응력은 경호원이 위해기도에 반응하여 취하는 태도나 행동능력이다.
② 주의력은 경호원이 이상 징후를 포착하기 위하여 기울이는 힘이다.
③ 주의력효과 측면에서는 경호원과 경계대상과의 거리가 멀수록 유리하다.
④ 대응효과 측면에서는 경호원이 경호대상자와의 거리를 좁히는 것이 효과적이다.

62

방(Room)에서의 안전검측활동 단계를 순서대로 옳게 나열한 것은?

① 눈높이 → 바닥 → 천장높이 → 천장 내부
② 눈높이 → 천장높이 → 바닥 → 천장 내부
③ 바닥 → 눈높이 → 천장높이 → 천장 내부
④ 천장 내부 → 천장높이 → 눈높이 → 바닥

63

우발상황 대응에 관한 설명으로 옳지 <u>않은</u> 것은?

① 폭발물 공격을 받았을 때는 방어적 원형 대형을 형성한다.
② 상황 발생을 인지한 경호원이 먼저 취해야 할 조치는 경고이다.
③ 경고 시 방향이나 위치 등에 대해 명확한 내용으로 전달한다.
④ 경고와 동시에 대적 여부는 촉수거리의 원칙에 따라 위해기도자와 가장 가까이에 있는 경호원이 판단·대응한다.

64

근접경호원의 임무원칙에 관한 설명으로 옳지 <u>않은</u> 것은?

① 도보이동 속도는 경호원의 건강상태, 보폭, 신장을 기준으로 정한다.
② 타 지역으로 이동 전에 경호대상자에게 이동로, 소요시간, 경호대형 등의 정보를 제공한다.
③ 출입문을 통과할 경우 경호원이 먼저 통과하여 안전을 확인한 후 경호대상자를 통과시킨다.
④ 위해기도자의 공격 가능성을 줄이고, 경호대상자에 대한 피해를 최소화하기 위하여 이동속도는 가급적 빠르게 한다.

65

검식활동에 관한 설명으로 옳지 <u>않은</u> 것은?

① 안전검측활동에 포함되지 않는다.
② 음식물은 전문요원에 의한 검사를 실시한다.
③ 식재료의 구매, 운반과정에서의 안전성 확보활동을 포함한다.
④ 음식물의 조리 및 제공 과정에서 위해요소 제거활동을 포함한다.

66

근접도보경호에 관한 설명으로 옳은 것은?

① 도보대형 형성 시 고려사항에 행사성격은 포함되지 않는다.
② 선정된 도보이동 시기 및 이동로는 변경되지 않아야 한다.
③ 경호대상자가 군중 속을 통과하거나 대중 가운데 있을 때 경호에 취약하다.
④ 이동 시 위험에 노출되는 정도를 최소화하기 위하여 장거리 곡선통로를 이용한다.

67

차량경호에 관한 설명으로 옳은 것은?

① 선도경호차에 팀장이 조수석에 탑승하고, 기동 간 이동지휘소의 역할을 한다.
② 경호대상차와 경호차 모두 외부의 시선을 집중시키는 차종이나 색상은 지양한다.
③ 차선 변경 시 경호대상차가 먼저 차선을 바꾸어 차로를 확보한 이후에 후미경호차가 진입한다.
④ 후미경호차는 차량대형을 리드하여 계획된 시간에 목적지에 도착할 수 있도록 속도를 조절하고, 기동 간 전방 상황에 대처한다.

68

출입자 통제에 관한 설명으로 옳지 <u>않은</u> 것은?

① 지연 참석자에 대해서는 검색 후 별도 지정된 통로로 출입을 허용한다.
② 출입통로는 가능한 주통로와 예비통로 형태의 이중통로 운영을 원칙으로 한다.
③ 비표는 대상과 용도에 맞게 운용하고, 모양과 색상은 식별이 용이, 단순 · 선명하게 제작하여 사용한다.
④ 행사장 및 행사규모에 따라 참석 대상별 주차지역을 구분하여 선정하고, 경호대상차의 주차지역은 별도로 확보하여 운영한다.

69

출입통제대책에 관한 설명으로 옳은 것은 모두 몇 개인가?

- 출입요소는 지정된 출입통로를 사용하여야 한다.
- 출입증은 모든 참가자에게 운용함을 원칙으로 한다.
- 참석 대상 · 좌석에 따라 출입통로 선정 및 시차입장계획을 수립한다.
- 금속탐지기를 사용한 검색 시 모든 출입요소를 대상으로 실시하고 예외를 불허함을 원칙으로 한다.

① 1개
② 2개
③ 3개
④ 4개

70

우발상황의 특성으로 옳은 것은 모두 몇 개인가?

- 노출성
- 즉각조치의 요구
- 시간 제약성
- 혼란 야기
- 발생 여부의 불확실성
- 예측 불가능성
- 자기보호본능 발동
- 무질서

① 5개
② 6개
③ 7개
④ 8개

71

다음 행사의 출입통제에 관한 설명으로 옳은 것은?

> 어느 지역 행사장에 대통령이 참석할 예정이다. 이날 유명한 가수가 참석하기로 홍보되어 많은 인파가 모일 것으로 예상된다. 이와 관련하여 많은 인파를 통제하기 위해 3선경호 개념에 따른 경호조치를 계획 중이다.

① 1선인 경비구역은 행사참석자를 비롯한 모든 출입요소의 1차 통제점이다.
② 2선인 안전구역은 행사와 무관한 사람들의 행사장 출입을 통제 및 제한한다.
③ 3중의 경호막을 통해서 조기경보체제를 구축하고 위해기도자의 침투를 중첩되게 차단한다.
④ 구역별 통제의 범위 결정은 3중 경호구역의 설정과는 무관하다.

72

경호복제에 관한 설명으로 옳은 것은?

① 대통령경호처장은 필요하다고 인정하는 경우 대통령경호처 직원에게 제복을 지급할 수 있다.
② 대통령경호처 소속공무원의 복제에 관하여 필요한 사항은 차장이 정한다.
③ 행사성격과 주변 환경에 어울리는 경호원의 복장은 그 신분이 노출될 수 있기에 지양한다.
④ 경호원은 화려한 색상이나 눈에 띄는 스타일의 복장을 착용하여 주위의 시선을 빼앗아 경호대상자를 보호한다.

73

경호장비에 관한 설명으로 옳지 않은 것은?

① 호신장비는 자신의 생명과 신체를 보호하기 위하여 사용하는 장비로 권총, 소총, 분사기 등을 포함한다.
② 감시장비는 위해기도자의 침입이나 범죄행위를 감시하기 위한 장비로 쌍안경, 드론 등을 포함한다.
③ 경비업법상 경비원이 휴대할 수 있는 장비의 종류는 경적·단봉·분사기 등으로 항상 이를 휴대하여야 한다.
④ 대통령경호처장은 직무를 수행하기 위하여 필요하다고 인정할 때에는 대통령경호처에 파견된 사람에게 무기를 휴대하게 할 수 있다.

74

경호의전에 관한 설명으로 옳은 것은?

① 국기는 매일 24시간 게양할 수 있다.
② 학교 및 군부대의 주된 게양대는 교육적인 목적을 고려하여 낮에만 게양하되, 이 경우 3~10월에는 17:00에 강하한다.
③ 정부행사 시 초청인사 집단별 좌석배치 순서는 관행상 예우 기준, 즉 '국회의장 – 헌법재판소장 – 대법원장'의 순으로 한다.
④ 주요 정당의 대표를 초청하여 좌석을 배치하는 경우, 국회법에 따라 원내 의석수가 많은 정당 순으로 배치한다.

75

경호예절에 관한 설명으로 옳지 않은 것은?

① 선박을 타고 내리는 순서는 상급자가 마지막에 타고, 제일 먼저 내리는 것이 일반적이다.
② 비행기를 타고 내리는 순서는 상급자가 마지막에 타고, 제일 먼저 내리는 것이 일반적이다.
③ 기차 좌석은 통로 측에 상급자가 앉고, 하급자가 창측에 앉는 것이 일반적이다.
④ 일반 승용차의 운전자가 있는 경우 조수석 뒷좌석이 상급자의 자리이고, 운전석 뒷좌석이 하급자의 자리이다.

76

응급처치 및 구급법에 관한 설명으로 옳은 것은?

① 심폐소생술의 순서는 '기도개방 – 가슴압박 – 인공호흡'이다.
② 자동심장충격기(AED)는 심정지 목격 시 심폐소생술 시행 후 사용하는 것을 원칙으로 한다.
③ 자동심장충격기의 사용 시 요동 방지를 위해 환자를 붙잡은 상태에서 제세동을 실시한다.
④ 자동심장충격기는 '패드 부착 – 전원 켬 – 분석 및 제세동 시행' 순으로 사용한다.

77

국민보호와 공공안전을 위한 테러방지법에 관한 설명으로 옳은 것은?

① 대테러활동에 관한 정책의 중요사항을 심의·의결하기 위하여 대테러센터를 두고, 이 센터는 대테러활동에 관한 국가의 정책 수립 및 평가의 사항을 심의·의결한다.
② 대테러활동과 관련하여 국가테러대책위원회를 두고, 이 위원회는 국가 대테러활동 관련 임무분담 및 협조사항 실무조정을 수행한다.
③ 국가 및 지방자치단체는 테러로부터 국민의 생명·신체 및 재산을 보호하기 위하여 테러의 예방과 대응에 필요한 제도와 여건을 조성하고 대책을 수립하여 이를 시행하여야 한다.
④ 국가정보원장은 정보수집 및 분석의 결과 테러에 이용되었거나 이용될 가능성이 있는 금융거래에 대하여 지급정지 등의 조치를 취하도록 금융감독원장에게 요청할 수 있다.

78

국민보호와 공공안전을 위한 테러방지법령상 다음의 내용에 해당하는 자는?

> 테러가 발생하거나 발생할 우려가 현저한 경우(국외테러의 경우는 대한민국 국민에게 중대한 피해가 발생하거나 발생할 우려가 있어 긴급한 조치가 필요한 경우에 한한다)에는 테러사건대책본부를 설치·운영하여야 한다.

① 행정안전부장관
② 국토교통부장관
③ 국가정보원장
④ 대테러센터장

79

경호환경에 관한 설명으로 옳은 것을 모두 고른 것은?

> ㉠ 해외에서 우리 국민을 대상으로 한 테러 위협은 일반적 환경요인이다.
> ㉡ 4차 산업의 발달에 따른 드론을 활용한 북한의 남한에 대한 위협은 특수적 환경요인이다.
> ㉢ 국민의식과 생활양식의 변화로 인한 이기주의 성향은 경호의 비협조적 경향으로, 특수적 환경요인이다.

① ㉠
② ㉡
③ ㉠, ㉢
④ ㉡, ㉢

80

국민보호와 공공안전을 위한 테러방지법상 테러단체를 구성하거나 구성원으로 가입한 사람의 처벌과 관련하여 ( )에 들어갈 숫자의 합은?

> • 수괴(首魁)는 사형·무기 또는 ( )년 이상의 징역
> • 타국의 외국인테러전투원으로 가입한 사람은 ( )년 이상의 징역
> • 테러를 기획 또는 지휘하는 등 중요한 역할을 맡은 사람은 무기 또는 ( )년 이상의 징역

① 20
② 22
③ 23
④ 24

마무리 모의고사

GUIDE
☐ 3회독 후, 실전모의고사로 최종 실력 점검
☐ 실제 시험 유형을 구현한 모의고사로 실전감각 키우기

* 2025년도 제27회 시험 출제예상문제로 구성하였습니다.

풀이시간 & 정답 및 해설	
적정풀이시간	40분
정답 및 해설	p.38

41

경호의 의의와 경호학의 개념에 대한 다음의 설명 중 가장 옳지 <u>않은</u> 것은?

① 초기의 경호는 개인의 사적 권리를 지키려는 자기보호 본능의 결과이거나, 특정 권력자를 지키기 위한 군사적 호위의 개념에서 출발하였다.
② 현재의 공경호는 국가의 주요 인사를 보호함으로써 국가의 질서와 체제를 유지하려는 성격이 강하다.
③ 현재의 경호는 공경호 위주이며, 민간 부분에서의 활동은 침체되어 있다.
④ 경호학은 광범위한 사회현상을 고려해야 하며, '종합적 학문'의 성격을 띤다.

42

다음 상황에 해당하는 경호의 분류로 옳은 것은?

> ㉠ 미국 대통령 방한
> ⇩
> ㉡ 평택 미군 기지 내 투숙
> ⇩
> ㉢ 사전에 계획되지 않은 삼성전자 평택 캠퍼스 방문

	㉠	㉡	㉢
①	을(B)호	행사장경호	공식경호
②	갑(A)호	행사장경호	공식경호
③	을(B)호	숙소경호	비공식경호
④	갑(A)호	숙소경호	비공식경호

43

중첩경호(3중경호)에 관한 설명으로 옳지 <u>않은</u> 것은?

① 경호대상자에 대한 위해요소를 최소화하기 위하여 행사장을 중심으로 일정 간격을 유지하여 중첩보호막 또는 경계선을 설치·운용하는 것이다.
② 행사장에 참석하는 경호대상자를 중심으로 위해요소의 중복 차단과 조기경보를 목적으로 한 지역방어 개념이다.
③ 중첩경호는 행사장을 중심으로 경호의 행동반경을 거리와 지역을 고려하여 설정한 것이다.
④ 2선은 경계구역으로 간접영향권이라고도 하며, 제한적 통제가 이루어진다.

44

대통령 등의 경호에 관한 법률에서 정한 '경비구역'에 관한 정의이다. ( )에 들어갈 내용으로 옳은 것은?

> '경호구역'이란 (㉠)과 (㉡)의 공무원으로서 경호업무를 지원하는 사람이 (㉢)활동을 할 수 있는 구역을 말한다.

	㉠	㉡	㉢
①	경호공무원	국가기관	경호
②	경호공무원	지방자치단체	안전
③	소속공무원	관계기관	경호
④	소속공무원	지방자치단체	안전

45

우리나라의 경호관련 법령의 제정 연도를 순서대로 나열한 것은?

> ㉠ 집회 및 시위에 관한 법률
> ㉡ 국가경찰과 자치경찰의 조직 및 운영에 관한 법률
> ㉢ 대통령 등의 경호에 관한 법률
> ㉣ 경비업법

① ㉣ − ㉡ − ㉠ − ㉢
② ㉠ − ㉢ − ㉣ − ㉡
③ ㉡ − ㉣ − ㉢ − ㉠
④ ㉡ − ㉣ − ㉠ − ㉢

46

대통령 등의 경호에 관한 법률상 다음(㉠~㉢)에 해당하는 숫자의 합은?

> ㉠ 차장은 ( )급 경호공무원 또는 고위공무원단에 속하는 별정직 국가공무원으로 보하며, 처장을 보좌한다.
> ㉡ ( )급 이상 경호공무원은 처장의 제청으로 대통령이 임용한다.
> ㉢ 제9조 제2항(소속공무원은 직무와 관련된 사항을 발간하거나 그 밖의 방법으로 공표하려면 미리 처장의 허가를 받아야 한다)을 위반한 사람은 2년 이하의 징역·금고 또는 ( )만 원 이하의 벌금에 처한다.

① 506
② 507
③ 1006
④ 1007

47

경호조직의 구성원칙(경호조직 관리의 원칙)에 관한 설명으로 옳지 않은 것은?

① 경호기관의 모든 단위나 체계가 당해 경호조직이 추구하는 목적 달성을 위해 일관되게 작용되어야 한다는 원칙은 경호체계 통일성의 원칙이다.
② 최종결정은 지휘관만이 할 수 있고, 지휘관의 명령에 의해서만 업무가 이루어지며 그 결과에 대한 책임도 원칙적으로 지휘관만이 진다는 원칙은 경호지휘 단일성의 원칙이다.
③ 지휘 및 통제의 이원화로 인해 일어나는 문제들을 보완하기 위해 경호조직은 맨 윗선에서 맨 아래까지의 명령체계가 단일해야 한다는 원칙은 경호지휘 단일성의 원칙이다.
④ 일반대중(국민)들의 수용과 이해, 각 기관들의 협력과 도움 없이는 경호활동의 지속과 발전이 불가능하여 그들과의 협력을 통해 경호업무를 수행해야 한다는 원칙은 경호협력성의 원칙이다.

48

다음 중 이스라엘의 비밀경호 임무를 담당하는 기관은?

① 모사드(Mossad)
② 샤바크(Shabak 또는 Shin Bet)
③ 샤이렛 메트칼(Sayeret Mat'Kal)
④ 아만(IDI)

49

대통령 경호안전대책위원회 규정상 각 위원의 업무분장에 대한 설명으로 옳지 <u>않은</u> 것은?

① '행사참석자에 대한 신원조사'는 경찰청 경비국장만의 고유 업무에 해당한다.

② '경호유관시설에 대한 보안지원활동'은 국군방첩사령부 소속 장성급 장교 또는 2급 이상 군무원 중 위원장이 지명하는 위원만의 고유 업무에 해당한다.

③ '정보 및 보안대상기관에 대한 조정'은 국가정보원 테러정보종합센터장만의 고유 업무에 해당한다.

④ '해상에서의 경호 · 테러예방 및 안전조치'는 해양경찰청 경비국장만의 고유 업무에 해당한다.

50

대통령경호안전대책위원회의 관장업무가 <u>아닌</u> 것은?

① 대통령 경호에 필요한 안전대책과 관련된 업무의 협의

② 대통령 경호와 관련된 첩보 · 정보의 교환 및 분석

③ 대통령의 호위 및 경비를 위한 경호구역의 지정

④ 그 밖에 대통령 등 경호대상에 대한 경호에 필요하다고 인정되는 업무

51

대통령 등의 경호에 관한 법률상 다자간 정상회의 경호 및 안전관리에 관한 내용으로 옳은 것은?

① 대통령경호처 소속으로 경호 · 안전 대책기구를 두어야 한다.

② 경호 · 안전 대책기구의 장은 경호처장이 된다.

③ 경호 · 안전 대책기구는 소속공무원으로만 구성한다.

④ 경호 · 안전 대책기구의 운영기간은 다자간 정상회의의 별로 6개월을 초과할 수 없다.

52

우리나라 대통령경호처에 관한 내용으로 옳은 것은?

① 대통령경호처는 국가안보실 소속으로 둔다.

② 대통령경호처 설치의 근거법은 대통령 등의 경호에 관한 법률이다.

③ 경호처장은 대통령이 임명하고, 경호처의 업무를 총괄하며 소속공무원을 지휘 · 감독한다.

④ 차장은 정무직 · 1급 경호공무원 또는 고위공무원단에 속하는 별정직 국가공무원으로 보하며, 처장을 보좌한다.

53

경호작용의 계획 수립에 관한 설명으로 옳지 <u>않은</u> 것은?

① 평상시 경호대상자의 신변안전보호를 위한 경호대비책뿐만 아니라 사전에 예정되어 있는 특정한 행사에 대한 구체적인 경호계획을 수립한다.

② 예기치 않은 변화의 가능성이 있으므로 경호임무의 계획은 융통성 있게 수립되어야 한다.

③ 융통성이 있는 경호를 위하여 예비계획 및 우발계획이 준비되어야 한다.

④ 계획을 수립하는 일은 계획전담요원만의 임무가 아니므로 수행원은 물론, 주관부서(기관)도 같이 수립절차에 참여하여 공동으로 수립해야 한다.

54

다음 설명에 해당하는 선발경호의 특징은?

- 만약의 상황에 대비하기 위한 비상대책은 항상 준비되어 있어야 한다.
- 선발경호는 사전에 경호팀의 능력에 부합하고 지형과 상황에 맞는 비상대응계획과 비상대피계획을 수립하여 비상상황에 대비하여야 한다.

① 예방성   ② 예비성

③ 통합성   ④ 안전성

55

사전예방경호에 관한 설명으로 옳지 <u>않은</u> 것은?

① 사전예방경호작용은 경호의 협조, 경호의 안전작용, 경호행사 시 돌발사태조치에 대한 계획 등으로 구분할 수 있다.

② 경호대상자의 신변에 직접적으로 가해지는 위해를 방지하는 경호활동이다.

③ 경호대상자가 현장에 도착하기 전에 임시로 편성된 경호선발대가 행사지역에 파견되어 미리 현장답사를 실시하고 효과적인 경호협조와 경호준비를 하는 것이다.

④ 경호와 관련된 첩보와 정보를 획득하고 전파하는 활동은 사전예방경호작용에 해당한다.

56

경호업무 수행절차 4단계 중 다음 활동 내용이 해당하는 단계로 옳은 것은?

> • (㉠): 활동 내용에는 경호작전, 비상대책활동, 즉각조치활동이 있다.
> • (㉡): 활동 내용에는 정보보안활동, 안전대책활동, 거부작전이 있다.

	㉠	㉡
①	대응단계(실시단계)	대비단계(안전활동단계)
②	대비단계(안전활동단계)	대응단계(실시단계)
③	예방단계(준비단계)	학습단계(평가단계)
④	학습단계(평가단계)	예방단계(준비단계)

57

경호활동의 기본고려요소에 관한 설명으로 옳은 것은?

① 경호와 관련된 정보를 행사관계자 모두에게 공개함으로써 성공적인 경호임무를 완수할 수 있다.

② 경호에 동원한 자원은 경호대상자가 참석하는 행사 지속시간, 위협분석(Threat Analysis)의 결과에 따라 결정된다.

③ 경호업무는 사전에 신중하게 계획되어야 하며, 수립된 계획은 변경하지 않아야 한다.

④ 둘 이상의 경호대상자가 동일한 행사에 참석하게 되면 서열에 따른 경호 우선순위는 무시된다.

58

근접경호의 도보이동 간 대형에 관한 설명으로 옳지 <u>않은</u> 것은?

① 일렬대형은 복도나 통로 등과 같이 좁은 공간에서 신속하게 이동을 하기에 유리한 대형이다.

② 진행방향을 중심으로 양쪽에 군중이 운집해 있는 도로의 중앙을 이동할 때 적합한 대형은 다이아몬드 대형(마름모 대형)이다.

③ 진행방향 전방에 사용하는 대형으로 진행방향의 전방에 오솔길, 곡각지 등과 같은 지리적 취약점이 있을 때 유용하게 사용하는 대형은 역삼각형대형이다.

④ 페어대형은 전방과 후방에서 경계를 수행하는 최소 단위의 경호대형으로 2인 1조로 구성한다.

59

경호활동 시 정보순환과정의 단계(4단계)에 관한 설명으로 옳지 <u>않은</u> 것은?

① 정보의 순환이란 정보활동 시 소요되는 정보의 요구를 결정하고 이 요구를 충족시키기 위하여 수집된 첩보를 평가, 분석, 통합, 해석하여 정보를 생산하는 것을 말한다.

② 첩보가 정보화되어 배포될 때까지는 '정보의 요구단계 ⇨ 첩보의 수집단계 ⇨ 정보의 생산단계 ⇨ 정보의 배포단계'의 4단계의 순환과정을 거친다.

③ 첩보의 수집단계는 첩보의 기본요소 결정, 첩보수집 계획서의 작성, 명령하달 및 수집에 대한 확인·감독의 소순환 과정으로 이루어진다.

④ 정보의 생산단계는 수집된 첩보를 정보요구자의 필요에 맞도록 정보화하는 단계로서 이 과정은 첩보의 분석 및 평가, 정보의 작성 등의 소순환 단계를 거친다.

60

경호정보에 관한 설명으로 옳지 <u>않은</u> 것은?

① 경호준비단계(경호계획 수립 등)에서의 경호정보가 광범위하고 간접적이라면, 경호대비단계(선발경호)에 의한 현장에서의 위해동향 정보는 보다 구체적이고 직접적이다.

② 경호준비단계에서는 경호위해정보 수집뿐만 아니라 경호계획을 수립하고, 경호의 방향을 결정하는 데 필요한 행사와 행사장 또는 교통과 기상여건 등과 관련된 다양한 정보가 요구된다.

③ 경호대비단계의 현장정보는 직접적인 위해요소나 행사방해행위에 관한 정보활동에 초점을 둔다.

④ 경호정보의 질적 요건 3요소에는 정확성, 균형성, 적시성이 있다.

61

각 임무별 경호요령 중 행사장 내부담당자의 임무를 모두 고른 것은?

> ㉠ 취약요소 및 직시 지점을 고려하여 단상을 설치한다.
> ㉡ 경비 및 경계구역 내의 안전조치를 강화하여야 한다.
> ㉢ 행사장 내 인적 · 물적 접근 통제계획을 수립한다.
> ㉣ 접견예상에 따른 대책 및 참석자 안내계획을 수립한다.
> ㉤ 경호대상자의 휴게실 및 화장실에 대한 위치를 파악한다.
> ㉥ 안전구역에 대한 단일 출입로를 설정한다.

① ㉠, ㉡, ㉢   ② ㉠, ㉡, ㉥
③ ㉢, ㉣, ㉤   ④ ㉣, ㉤, ㉥

62

근접경호요원의 준수사항에 관한 내용으로 옳지 <u>않은</u> 것은?

① 근무지의 장소 · 지형 · 취약성과 관계없이 일관성 있는 대형을 유지한다.

② 경호원들은 항상 수행비서팀과 긴밀한 협조를 하여야 하며, 연락을 위하여 무선망의 운용이 필요하다.

③ 책임을 완수하기 위해서는 투철한 희생정신으로 과감하게 육탄방어에 의한 경호임무를 수행해야 한다.

④ 근접경호요원은 항상 행동과 언어에 주의하여 행사참석 인사 및 군중 등 외부 사람들과의 위화감이 조성되지 않도록 하며, 예의와 친절을 체질화하여야 한다.

63

기만경호에 대한 설명으로 가장 적절하지 <u>않은</u> 것은?

① 기만경호는 비계획적이고, 고정적인 경호기법을 말한다.

② 공식행사와 비공식행사를 불문하고 필요시 경호기만을 할 수 있다.

③ 필요에 따라 건물의 출입구를 변경시켜 위해기도자에게 눈속임을 할 수도 있다.

④ 위해기도자의 위협에 대처하는 다양한 경호전술 중 최선의 방책은 적을 피해가는 방법이다. 그래서 경호의 기만전술이 중요하다.

64

근접경호 임무수행 시 사주경계(주위경계)요령으로 옳지 <u>않은</u> 것은?

① 전체적인 분위기와 조화되지 않는 부자연스럽고 불균형한 사항에 대하여 관찰을 주의 깊게 한다.

② 위해를 가하려는 자는 대중들 가운데 가장 마지막 열에 서는 경우가 많다.

③ 경호대상자로부터 가까운 곳에서 먼 곳으로, 좌에서 우로, 팀 단위 경호 시 개인의 책임감시구역을 중첩되게 설정한다.

④ 경호원의 시선이 한곳에 고정되면 좋지 않으므로 시선의 방향에 적절한 변화를 주는 것이 좋다.

65

도보이동 간 근접경호원의 근무방법으로 옳은 것은?

① 경호대상자에게 이르는 모든 접근로를 차단하기 위하여 집결하여야 한다.
② 저격의 위험이 있는 경우에는 개방형 대형으로 이동한다.
③ 도보이동이 차량이동보다 안전성이 높다.
④ 이동 시에는 최단거리 노선을 선택한다.

66

차량경호 시 고려할 사항으로 옳지 않은 것은?

① 경호차량은 주차나 정차해 있는 차량 중 의심스러운 차량에 접근하여 검문·검색을 한다.
② 차량대형이란 차량의 운행 중의 대형을 말하는데, 차량대형 결정 시에는 도로 및 교통상황, 경호대상자의 성향, 행사성격 등이 포함된다.
③ 속도는 경호상 중요한 요소이므로 위해기도자의 표적에서 눈에 벗어날 수 있도록 가능한 한 빠르게 이동한다.
④ 의심스러운 지점을 멀리하고 경호대상자가 차를 타고 내릴 때 눈에 잘 띄지 않는 지점을 선정한다.

67

도보이동 간 대형의 종류를 바르게 연결한 것은?

> ㉠ 대체로 안전한 지역에서 사용하는 대형으로, 안전구역인 경호막의 형성이 비교적 용이하고 전후좌우 사방에 대한 사주경계가 가능하다. 4인 대형, 5인 대형, 6인 대형으로 분류한다.
> ㉡ 연도경호 시 도로 양편에 군중이 운집해 있을 경우, 전방은 열어 주고 군중이 밀집해 있는 측방에 대한 경계를 강화할 필요가 있는 경우 사용할 수 있다.

	㉠	㉡
①	다이아몬 대형(마름모 대형)	일렬 대형
②	다이아몬 대형(마름모 대형)	사각 대형(박스 대형)
③	사각 대형(박스 대형)	다이아몬드 대형(마름모 대형)
④	사각 대형(박스 대형)	펜타곤 대형

68

행사장 경호업무에 관한 설명으로 옳지 않은 것은?

① 정문에는 차량출입문과 도보출입문을 통합하여 입장하도록 한다.
② 입장 비표를 부착하지 않은 자는 어떤 경우에도 입장을 금지시킨다.
③ 행사 진행 시 묵념을 할 때에도 군중경계에 전념한다.
④ 행사장 주변 취약요소 건물을 감시할 수 있는 위치를 선정하여 감시조를 운용한다.

69

다음의 폭발사고에 대비한 검색에 관한 주의요령이다. 이 중 옳지 않은 것은?

① 폭발물이 외부에서 건물 내로 유입될 수 있으므로, 환기구, 채광창은 막혀있어야 한다.
② 보일러실이나 우편물 보관함, 승강기 통제실과 같은 문과 접근통로는 사용하지 않을 때 잠겨 있어야 한다.
③ 폭발물을 숨길 수 있는 지역의 모든 출입구에 감시기구를 설치하고 CCTV를 설치하도록 한다.
④ 통제된 주차장이 이용 불가능하다면 방문차량을 시설 가까운 곳에 주차할 수 있도록 하고 직원들의 차량은 그 거리를 이격하여 주차시킨다.

70

즉각조치와 관련한 방호, 대피 및 대적에 관한 설명으로 옳은 것은?

① 함몰형 대형은 경호원들이 강력한 스크럼을 형성하여 경호대상자를 보호하면서 군중 속을 헤치고 나가기 위한 방법이다.
② 방어적 원형 대형은 경호대상자가 수류탄 등 폭발물에 의한 공격을 받았을 경우 경호대상자를 육탄으로 방호하기 위한 대형이다.
③ 경호대상자에게 지향된 위해기도자의 총구 방향을 위 또는 옆으로 바꾸도록 해야 한다.
④ 대피는 공격의 역방향으로 하며, 비상차량이나 비상대피소가 있는 안전한 지역이나 장소로 신속히 경호대상자를 이동시켜야 한다.

71

안전검측 방법에 관한 설명으로 옳지 <u>않은</u> 것은 모두 몇 개인가?

- 안전검측은 공식 행사인 경우만 실시하고, 공식 행사가 아닌 경우는 실시하지 않는다.
- 안전검측은 적의 입장에서 검측장비를 이용하되 오감을 최대한 활용하여 실시한다.
- 안전검측 시 점검은 많은 인력을 투입하여 일괄적으로 한 번만 실시하고 안전유지에 전념한다.
- 책임지역을 통합하고 중복하여 검측을 실시하여야 한다.
- 위험물 발견 시 100m 이상 차단하고 대비방벽을 설치하며, 수색작업반과 통신대책을 수립하여 긴밀한 상호연락을 취한다.

① 1개   ② 2개

③ 3개   ④ 4개

72

경호장비에 관한 설명으로 옳지 <u>않은</u> 것은?

① 방호장비를 방호대상에 따라 분류하는 경우 사람에 대한 방호장비(인적방호장비)와 시설에 대한 방호장비(물적 방호장비)로 분류하기도 한다.

② 검색장비(검측장비)란 행사장, 숙소, 연도 등에 대하여 폭발물을 탐지하고 제거하며, 제반시설물의 안전점검을 실시하는 데 사용하는 장비를 말한다.

③ 금속탐지기는 검색장비 중 처리장비에 해당된다.

④ 암살 및 테러에 대응하기 위해서는 보다 과학적이고 전문적인 경호장비를 동원하여 경호업무에 만전을 기해야 한다.

73

경호원의 복장 착용에 관한 내용 중 가장 옳지 <u>않은</u> 것은?

① 행사의 성격과 장소에 어울리는 복장을 착용한다.

② 보안경은 업무수행 중 먼지, 위해자의 스프레이, 화학물질로부터 눈을 보호하고 눈의 피로를 방지하며 눈동자의 움직임이 외부로 노출되지 않도록 한다.

③ 양복은 장비를 휴대할 것을 고려하여 코트는 약간 여유 있는 것이 좋다.

④ 방탄복은 경호원 자신의 신체를 보호하기 위해서만 필요한 복장으로 경호원의 신체에 위해를 가할 수 없는 정도의 완벽한 성능을 갖추어야 한다.

74

우리나라 행사장에서 드론을 활용하여 구체적인 경호조치를 취한 첫 행사는?

① 1988년 서울 올림픽

② 2010년 서울 G20 정상회의

③ 2012년 서울 핵안보정상회의

④ 2018년 평창 올림픽

75

탑승 시 경호예절에 관한 설명으로 옳지 <u>않은</u> 것은?

① 일반 선박일 경우에는 보통 상급자가 나중에 타고 하선할 때에는 먼저 내리고, 함정의 경우에는 상급자가 먼저 타고 먼저 내린다.

② 비행기를 타고 내릴 때에는 상급자가 마지막으로 타고 먼저 내린다.

③ 네 사람이 마주 앉는 자리에서의 상석은 기차 진행방향의 창가 좌석이 가장 상석, 가장 상석의 옆좌석, 가장 상석의 맞은편, 그 옆좌석 순서이다.

④ 승용차의 경우 자가운전자의 경우에는 운전석 옆자리, 즉 주인의 옆자리가 상석이며, 이어서 뒷자리 오른편, 왼쪽, 가운데 순이다.

76

심폐소생술에 대한 다음의 설명 중 옳지 <u>않은</u> 것은?

① 가슴압박의 경우 속도는 분당 100회 이상 120회 이하의 속도를 유지한다.
② 가슴압박 시 팔꿈치를 굽히지 않은 상태에서 환자의 몸과 직각을 이루면서 시행한다.
③ 심정지환자에서 가슴압박과 인공호흡의 비율은 30:2로 유지한다.
④ 심폐소생술에서 가슴압박과 인공호흡은 반드시 병행하여야 한다.

77

다음에서 설명하고 있는 사이버테러기법은?

> 공격자가 한 지점에서 서비스 거부 공격을 수행하는 형태를 넘어 광범위한 네트워크를 이용하여 다수의 공격지점에서 동시에 한곳을 공격하도록 하는 형태의 서비스 거부 공격

① 서비스 거부 공격(Denial of Service attack, DoS)
② 분산 서비스 거부 공격(Distributed Denial of Service attack, DDoS)
③ 논리폭탄(Logic Bomb) 공격
④ 트랩도어(Trapdoor, 함정문수법) 공격

78

테러리즘의 개념에 관한 설명으로 옳지 <u>않은</u> 것은?

① 테러리즘의 3대 구성 요소로는 테러의 주체, 테러의 객체, 테러의 목적이 있다.
② 테러리즘이란 폭력행사에 대한 협박을 통해 광범위한 공포분위기를 조성함으로써 개인, 단체, 국가의 정치·심리적 인식 변화를 유도하는 행위를 의미한다.
③ 테러리즘 3대 구성 요소 가운데 테러의 주체인 테러조직의 존재가 테러리즘의 출발이라고 할 수 있다.
④ 테러와 테러리즘은 혼용되기도 하는데, 테러는 개별행위나 사건을 의미하며, 테러리즘은 테러를 통한 목적 달성이라는 노선(路線)이나 주의(主義)를 의미한다.

79

국민보호와 공공안전을 위한 테러방지법상의 내용으로 옳은 것은?

① 대테러센터 소속 직원의 인적사항은 공개하지 아니할 수 있다.
② 외국인테러전투원이란 테러를 실행·계획·준비하거나 테러에 참가할 목적으로 국적국이 아닌 국가의 테러단체에 가입하거나 가입하기 위하여 이동 또는 이동을 시도하는 내국인을 제외한 외국인만을 말한다.
③ 변호사 자격이 있는 사람으로서 10년 이상의 실무경력이 있는 내국인·외국인은 국가테러대책위원장의 위촉을 받아 대테러인권보호관이 될 수 있다.
④ 국방부 소속 대테러특공대의 출동 및 진압작전은 군사시설 안에서 발생한 테러사건에 대하여만 수행한다.

80

국민보호와 공공안전을 위한 테러방지법상 전담조직에 관한 사항으로 옳은 것은?

① 해양수산부장관은 해양테러사건대책본부를 설치·운영하여야 한다.
② 현장지휘본부의 장은 대책본부의 장이 담당한다.
③ 행정안전부장관은 테러사건 발생 시 구조·구급·수습·복구활동 등에 관하여 대책본부를 지원하기 위하여 테러복구지원본부를 설치·운영할 수 있다.
④ 행정안전부장관과 시·도지사는 테러사건 발생 시 신속히 인명을 구조·구급하기 위하여 중앙 및 지방자치단체 소방본부에 테러대응구조대를 설치·운영한다.

깊은 땅 속 흙더미 바위 더미를 헤치지 않고
광맥을 찾을 수는 없습니다.

캐낸 원석을 이리저리 깎고 다듬지 않고서는
보석이 될 수 없습니다.

가치 있는 것은 결코 편하고 쉽지 않습니다.

– 조정민, 『인생은 선물이다』, 두란노

최신 기출문제

정답 및 해설

41	②	42	④	43	④	44	④	45	④
46	③	47	②	48	②	49	②	50	①
51	③	52	①	53	③	54	④	55	④
56	④	57	①	58	①	59	④	60	①
61	①	62	③	63	①	64	①	65	①
66	④	67	②	68	②	69	④	70	③
71	④	72	①	73	③	74	①	75	④
76	④	77	③	78	②	79	②	80	②

제2과목 | 경호학 본문 p.16

41
정답 ②

경호학과 경호 ▶ 경호의 발달과정과 배경 등 난이도 상 **중** 하

'㉠ 1881년 - ㉢ 1895년 - ㉡ 1905년' 순이다.

▶ 구한말 경호조직

- 무위영(1881년): 고종 18년(1881년) 종래 5군영 중 훈련도감·용호영·호위청을 합쳐 새로 설립된 무위영은 무위소의 연장으로, 왕궁을 지키는 친군 내지는 근위군이다. 1882년 흥선대원군에 의해 폐지되었다.
- 경위원(1901년), 황궁경위국(1905년): 경위원은 갑오경장 이후 광무 5년(1901년)에 설치되어 궁중에서의 내·외곽 경비와 궁내 사법업무를 담당한 오늘날의 경호경비경찰에 해당한다. 광무 9년(1905년) 궁내부 주전원(主殿院) 내의 황궁경위국으로 개편되었다.
- 친위대(1895년): 친위대는 1895년 을미사변 후 김홍집 내각이 훈련대를 폐지하고 친위군과 진위군으로 양분하여 친위군은 경성에 주둔시켜 왕성 수비를 담당하게 하였으며, 진위군은 지방수비를 담당하였다.

42
정답 ④

경호학과 경호 ▶ 경호의 발달과정과 배경 등 난이도 상 **중** 하

'③ 경무대경찰서(1949년) → ① 청와대경찰관파견대(1960년) → ④ 대통령경호실(1963년) → ② 대통령경호처(2008년)' 순이다.

▶ 대한민국 경호기관

- 경무대경찰서(1949년): 1949년 2월 23일 창덕궁경찰서가 폐지되고 경무대경찰서가 신설되면서 내무부 경무국산하 경위부가 행하던 대통령에 대한 호위를 전담하게 되었다.
- 청와대경찰관파견대(1960년): 1960년 4·19혁명 이후 3차 개헌(1960년 6월 15일)을 통해 대통령 중심제에서 내각책임제로 정부형태가 변화되면서 경무대경찰서가 폐지(1960년 6월 28일)되고, 서울시경찰국 경비과에서 경무대경찰관파견대를 설치(1960년 8월 13일)하여 대통령의 경호 및 대통령 관저 경비를 담당하였다. 또한 1960년 12월 윤보선 대통령이 경무대를 청와대로 명칭을 개칭함에 따라 경무대경찰관파견대는 청와대경찰관파견대로 명칭이 개칭되었다.
- 대통령경호실(1963년): 박정희 대통령이 취임하면서 1963년 12월 14일「대통령경호실법」과 같은 해 12월 16일「대통령경호실법 시행령」이 각각 제정·공포되어 대통령경호실이 정식으로 출범하였다.
- 대통령경호처(2008년): 2008년 개정된「정부조직법」제14조의 규정에 따라 대통령 등의 경호에 관한 사무를 분장하기 위하여 대통령실장 소속으로 경호처를 설치하였다.

43
정답 ④

경호의 조직 ▶ 경호의 주체와 객체 난이도 **상** 중 하

경호·안전 대책기구는 대통령경호처장(경호·안전 대책기구의 장) 및 소속공무원(경호처 직원과 경호처에 파견된 사람으로 구성된다)과 관계기관(경호처가 경호업무를 수행함에 있어 필요한 지원과 협조를 요청하는 국가기관, 지방자치단체 등을 말한다)의 공무원으로 구성한다.

44
정답 ④

경호학과 경호 ▶ 경호·경비의 분류 난이도 상 **중** 하

① 비공식경호는 비공식행사 시 행사 일정의 사전 통보나 협의 없이 이루어지는 비공개된 의전 절차에 따라 행사가 진행되는 경호이다. 이에 반하여 출·퇴근 시 일상적으로 실시하는 경호는 약식경호에 해당한다.
② 장소에 따른 경호는 행사장경호, 숙소경호 등으로 분류되며, 도보경호는 이동수단에 따른 경호에 해당한다.

③ 경호의 수준에 따른 분류는 1급(A급) 경호, 2급(B급) 경호, 3급(C급) 경호로 구분한다. 공식경호, 비공식경호, 약식경호는 경호의 성격에 따른 분류에 해당한다.

45
정답 ④

경호의 조직 ▶ 경호조직의 의의와 특성　　난이도 상 중 **하**

경호조직구조는 피라미드형으로 구성하여 효율성을 극대화한다. 피라미드형 조직구조는 과거부터 현재까지 많은 기관에서 활용하고 있는 보편적인 조직구조이다. 지휘관(최고 책임자) 입장에서는 조직구조를 한눈에 관망할 수 있고 의사결정이 지휘관에게 집중되어 관리가 용이하다는 장점이 있어 경호조직의 효율성을 극대화할 수 있다.

46
정답 ③

경호학과 경호 ▶ 경호의 법원　　난이도 상 **중** 하

「헌법」, 「대통령경호안전대책위원회규정」(대통령령), 「대통령경호처와 그 소속기관 직제」(대통령령)는 성문법(입법기관에 의하여 제정·공포되어 문서화된 법)원에 해당한다. 불문법(문서의 형식을 갖추지 않은 법)원에는 관습법, 판례법, 조리가 있으며, 이는 성문법에 대한 보충적 법원이 된다.

▶ 판례법

> 판례의 누적(累積)에 의하여 성립한 법 규범으로서 성문화되지 아니한 법(불문법)이다.

47
정답 ②

경호의 조직 ▶ 경호조직의 구성원칙　　난이도 **상** 중 하

a. 경호대상자가 대중에게 노출되는 도보이동은 가급적 제한하여 위해를 가할 가능성이 있는 요소로부터 경호대상자를 보호하여야 한다(목표물 보존의 원칙).
b. 경호대상자를 중심으로 '근접경호 – 중간경호 – 외곽경호'로 나누어 경호업무를 수행한다(중첩경호의 원칙=3중경호의 원칙).
c. 고도의 순간적인 판단력과 치밀한 사전계획이 중요하다(두뇌경호의 원칙).

48
정답 ②

경호의 조직 ▶ 경호조직의 구성원칙　　난이도 상 중 **하**

경호협력성의 원칙이란 경호조직과 국민 또는 관련 기관 및 관련 단체와의 협력을 통하여 경호업무를 수행하여야 한다는 원칙을 말한다. 즉, 국민과 함께하고, 경호에 우호적인 사회환경을 조성해야 한다는 경호조직의 원칙이다.

49
정답 ②

경호조직의 조직 ▶ 경호의 주체와 객체　　난이도 상 **중** 하

대통령 경호처의 경호대상을 규정한 법은 대통령 등의 경호에 관한 법률(약칭: 대통령경호법)이다. 대통령(현직 대통령을 의미한다)과 대통령 당선인과 관련한 경호대상의 범위는 동일하다. 대통령(대통령 당선인 포함)과 그 가족(배우자와 직계존비속)을 경호대상으로 한다. 그러므로 대통령의 누나는 직계가 아닌 방계혈족으로 경호대상에 해당하지 않는다.

▶ 직계 · 방계

> 직계는 조부·부·자·손과 같이 같은 조부로부터 손자로 곧바로 이어지는 관계이고, 방계는 형제·조카 등과 같이 공통의 조상을 통하여 갈라지는 관계이다.

50
정답 ①

경호조직의 조직 ▶ 경호의 주체와 객체　　난이도 상 **중** 하

ⓒ 본인의 의사에 반하지 않은 전직 대통령(퇴임 후 7년)과 그 배우자가 대통령 경호처 경호대상이다.
ⓔ 대통령경호처 처장이 경호에 필요하다고 인정하는 국내외 요인(要人)이 대통령경호처 경호대상이다.

51
정답 ③

경호학과 경호 ▶ 경호·경비의 분류　　난이도 상 중 **하**

외빈의 경호등급(A, B, C, D)은 경호처장이 외교부장관, 국가정보원장, 경찰청장과 협의하여 결정한다.

52
정답 ①

경호업무 수행방법 ▶ 사전예방경호 방법　　난이도 상 **중** 하

경호임무 수행절차 중 학습단계는 경호실시결과를 분석하고 평가하여 존안하며, 평가결과 대두된 문제점을 보완하는 단계이다. 즉, 경호임무 수행 전이 아니라 경호임무 수행 후에 실시하는 단계이다.

▶ 학습단계(평가단계)

학습단계인 평가 및 활동단계에서는 경호 실시결과를 분석하고 평가하여 존안하며, 평가결과 대두된 문제점을 보완하기 위한 교육과 훈련을 실시하고, 평가결과를 차기 행사에 반영하기 위한 적용(Feedback)을 실시한다. 활동 내용에는 평가 및 자료 존안(행사결과 평가, 행사결과 보고서 작성, 자료 존안), 교육훈련, 적용(새로운 이론 정립, 전파, 행사에의 적용)이 있다.

53
정답 ③

경호업무 수행방법 ▶ 경호임무 수행절차   난이도 상 중 하

경호행사계획이란 경호행사의 준비과정에서 전반적인 사항을 검토하고 준비하는 과정을 말한다. 경호 행사계획 수립 시 고려사항으로 수행원 수, 기동방법 및 수단, 방문지역의 특성에 관한 사항은 고려사항으로 올바르다. 이에 반하여 위해기도자의 신상 및 도주로는 고려사항으로 포함하기에 적절하지 않다. 위해기도자의 신상이란 위해를 가할 사람의 평소 처신 또는 그 주변에 관한 사항을 의미하는데, 행사계획 수립 과정에서 위해기도자를 특정할 수 없으며, 도주로까지 미리 파악하여 계획을 수립한다는 것은 현실성이 없다. 다만, 경호대상자의 신상은 경호행사계획 수립 시 고려사항에 포함된다.

54
정답 ④

경호업무 수행방법 ▶ 경호활동의 수칙과 원칙   난이도 상 중 하

경호활동은 여러 기관들이 참여하고 이들 기관의 유기적인 협조체계가 요구되는 활동이므로 성공적인 경호활동을 위해서는 경호원 간의 임무와 책임에 대한 명확한 분배와 각 기관 간에 임무형태에 따른 책임의 분배가 선행되어야 한다.

55
정답 ④

경호업무 수행방법 ▶ 사전예방경호 방법   난이도 상 중 하

'도보경호 및 경호차량 대형 형성'은 근접경호활동에 해당한다.

▶ 선발경호(사전예방경호)의 목적

• 행사지역의 안전을 확보한다.
• 사전에 각종 위험(위해) 요소를 제거하거나 최소화한다.
• 행사지역의 경호 관련 정·첩보를 획득하고 공유한다.
• 우발상황에 대응하기 위한 비상대책을 강구한다.

56
정답 ④

경호업무 수행방법 ▶ 경호활동의 수칙과 원칙   난이도 상 중 하

① 경호대상자의 사생활에 대해서는 가족에게 알리고, 아울러 경호기관에도 알려 경호기관 경호업무 관련자 상호 간 정보를 공유하여 경호활동에 참고하여야 한다.
② 신속한 경호업무를 위해 수직적인 명령체계를 유지하여야 한다.
③ 정확성과 완전성을 포함하고 적시성과 확실성을 고려한 정·첩보활동을 하여야 한다.

57
정답 ①

경호업무 수행방법 ▶ 근접경호 수행방법   난이도 상 중 하

경호의 기만성이란 차량대형 기만, 기동시간 기만, 기동로 및 기동수단 기만, 승하차 지점 기만 등으로 위해기도자로 하여금 행사상황을 오판하도록 실제상황을 은폐하고 허위상황을 제공하여 행사의 효율성을 높이려는 것이다.

58
정답 ①

경호업무 수행방법 ▶ 사전예방경호 방법   난이도 상 중 하

통합성이란, 경호행사에 고유기능과 임무를 갖고 있는 많은 부서가 참가하여 경호활동을 수행하므로 이러한 참가 부서들의 기능이 하나가 되어 통합된 힘을 발휘하기 위함이다.

59
정답 ④

경호업무 수행방법 ▶ 근접경호 수행방법   난이도 상 중 하

경호의 궁극적 목적은 경호대상자의 절대 안전을 도모하는 것이다. 그러므로 위해기도자와 맞서 싸우는 대적보다 위해기도를 방어하고 경호대상자를 보호하며 위험한 현장에서 경호대상자를 피신(대피)시키는 것이 우선이다. 따라서 대적보다 방호 및 대피에 중점을 둔다.

60
정답 ①

경호업무 수행방법 ▶ 사전예방경호 방법   난이도 상 중 하

안전대책작용의 3대 원칙은 안전점검, 안전검사. 안전유지이다.

▶ 안전대책의 3대 작용원리(원칙)

안전점검	폭발물 등 각종 유해물 탐지·제거
안전검사	경호대상자가 이용하는 기구, 시설 등의 안전상태 검사
안전유지	행사 시 경호대상자에게 위해를 줄 수 있는 물질에 대한 안전점검 및 검사가 이루어진 상태를 관리 또는 통제

61
정답 ③

경호업무 수행방법 ▶ 근접경호 수행방법   난이도 ④⑤⑥

주의력효과 측면에서는 경호원과 경계대상과의 거리를 좁히는 것이 유리하다.

▶ 주의력의 개념

> 경호원이 이상 징후를 포착하기 위하여 기울이는 힘으로, 위해기도자를 사전에 색출하기 위한 노력이라고 할 수 있다. 최대한 자신을 은폐하여 공격의 성공확률을 높이려는 위해기도자를 찾아내기 위하여 효율적인 사주경계가 필요하다.

62
정답 ③

경호업무 수행방법 ▶ 경호안전대책방법 등   난이도 ④⑤⑥

방(Room)에서의 안전검측활동 단계는 '바닥 → 눈높이 → 천장높이 → 천장 내부'의 순이다. 즉, 낮은 곳에서 높은 곳 순으로 안전검측을 한다.

63
정답 ①

경호업무 수행방법 ▶ 우발상황 대응방법   난이도 ④⑤⑥

폭발물 공격을 받았을 때는 함몰형 대형을 형성한다. 이에 반하여 위해의 징후가 현저하거나 직접적인 위해가 가해졌을 때에 형성하는 대형은 방어적 원형 대형이다.

▶ 방어적 원형 대형, 함몰형 대형

> • 방어적 원형 대형(Defensive Circle Formation): 위해의 징후가 현저하거나 직접적인 위해가 가해졌을 때 형성하는 방어 대형으로, 경호원들이 강력한 스크럼을 형성하여 경호대상자를 보호하면서 군중 속을 헤치고 나가기 위한 대형이다.
> • 함몰형 대형(Cave in Formation): 수류탄 또는 폭발물과 같은 폭발성 화기에 의한 공격을 받았을 때 사용되는 방호 대형으로, 경호대상자를 지면에 완전히 밀착시키고 그 위에 근접경호원들이 밀착하며 포개어 경호대상자의 신체가 외부에 노출되지 않도록 하는 대형이다.

64
정답 ①

경호업무 수행방법 ▶ 근접경호 수행방법   난이도 ④⑤⑥

도보이동 속도는 경호대상자의 건강상태, 보폭, 신장을 기준으로 정한다. 경호란 전적으로 경호대상자(VIP)의 안전을 도모하기 위한 활동이다. 모든 것은 경호대상자를 기준으로 한다.

65
정답 ①

경호업무 수행방법 ▶ 경호안전대책방법 등   난이도 ④⑤⑥

안전검측은 검측활동에 해당한다. 검측활동은 경호대상자에게 제공되는 음식료의 안전을 확인하고 점검하는 검식활동을 포함한다. 안전검측이란 행사장의 안전점검을 실시하여 제반 위해요소 및 폭발물을 위시한 위해물질을 사전에 탐지, 색출, 제거하는 제반 안전활동을 하는 것이다. 검식활동은 VIP가 드시는 음식물과 관련한 위해 물질을 사전에 탐지, 색출, 제거하는 제반 안전활동이므로 안전검측의 한 분야이다.

66
정답 ③

경호업무 수행방법 ▶ 근접경호 수행방법   난이도 ④⑤⑥

① 도보대형 형성 시 고려사항에 행사성격은 포함되는 것이 올바르다.
② 선정된 도보이동 시기 및 이동로는 위해기도자에게 예측가능성을 부여하지 않기 위하여 변경되어야 효과적이다.
④ 이동 시 위험에 노출되는 정도를 최소화하기 위하여 단거리 직선통로를 이용하는 것이 효과적이다.

67
정답 ②

경호업무 수행방법 ▶ 근접경호 수행방법   난이도 ④⑤⑥

① 후미경호차에 팀장이 조수석에 탑승하고, 기동 간 이동지휘소의 역할을 한다.
③ 차선 변경 시 후미경호차가 먼저 차선을 바꾸어 차로를 확보한 이후에 경호대상차가 진입한다.
④ 선도경호차는 차량대형을 리드하여 계획된 시간에 목적지에 도착할 수 있도록 속도를 조절하고, 기동 간 전방 상황에 대처한다.

68
정답 ②

경호업무 수행방법 ▶ 출입자 통제대책   난이도 ④⑤⑥

출입통로는 가능한 한 단일통로를 원칙으로 하되, 행사장 구조, 참가자 수, 참석자 성분 등을 고려하여 수개의 출입통로를 지정하여 불편요소를 최소화할 수 있다.

69
정답 ④

경호업무 수행방법 ▶ 출입자 통제대책　　난이도 상 **중** 하

모두 올바른 지문이다.
- 출입요소(인원 및 차량)는 지정된 출입통로를 사용하여야 하며, 그 밖의 통로는 폐쇄한다.
- 출입증은 모든 참가자에게 운용함을 원칙으로 한다. 경호대상자에게는 예외가 인정된다.
- 참석 대상·좌석에 따라 출입통로 선정 및 시차입장 계획을 수립한다. 출입로를 선정하여 중점 관리하며, 일시에 많은 참석자가 몰려 혼잡한 상황이 발생할 수 있으므로 시차입장 계획을 수립한다.
- 금속탐지기를 사용한 검색 시 모든 출입요소(사람 및 물건)를 대상으로 실시하고 예외를 불허함을 원칙으로 한다. 다만, 경호대상자는 예외로 한다.

70
정답 ③

경호업무 수행방법 ▶ 우발상황 대응방법　　난이도 **상** 중 하

노출성을 제외한 모든 내용이 우발상황의 특성에 해당한다. 우발상황은 언제 어떤 형태로 발생할지 알 수 없으며, 미리 외형상으로 노출되는 것이 아니므로 노출성이 아닌 비노출성의 특성이 있다.

71
정답 ③

경호업무 수행방법 ▶ 출입자 통제대책　　난이도 상 **중** 하

① 2선인 경비구역은 행사참석자를 비롯한 모든 출입요소의 1차 통제점이다.
② 1선인 안전구역은 행사와 무관한 사람들의 행사장 출입을 통제 및 제한한다.
④ 3선경호 개념에 근거한 경호구역의 설정에 따라 각 구역별 통제의 범위를 결정한다.

72
정답 ①

경호복장과 장비 ▶ 경호복장의 종류 및 법제상 규정
난이도 상 **중** 하

② 직원의 복제에 관하여 필요한 사항은 처장이 정한다 (대통령 등의 경호에 관한 법률 시행령 제34조 제2항).
③ 경호원은 보호색의 원리에 따라 주위환경에 어울리는 복장을 착용한다.
④ 주위의 시선을 빼앗는 화려한 색상이나 이상한 스타일의 복장을 착용해서는 안 된다.

73
정답 ③

경호복장과 장비 ▶ 경호장비의 유형별 관리　　난이도 상 **중** 하

경비원이 휴대할 수 있는 장비의 종류는 경적·단봉·분사기 등 행정안전부령으로 정하되, 근무 중에만 이를 휴대할 수 있다(경비업법 제16조의2 제1항).

74
정답 ①

경호의전과 구급법 ▶ 경호의 의전과 예절　　난이도 **상** 중 하

② 학교 및 군부대의 주된 게양대는 교육적인 목적을 고려하여 낮에만 게양하되, 이 경우 3~10월에는 오후 6시(18:00)에 강하한다.
③ 정부행사 시 초청인사 집단별 좌석배치 순서는 관행상 예우 기준, 즉 '국회의장 – 대법원장 – 헌법재판소장'의 순으로 한다.
④ 주요 정당의 대표를 초청하여 좌석을 배치하는 경우, '여당대표 – 야당대표' 순으로 배치한다.

▶ **비공식 서열(공적 지위가 있는 경우)**

> 대통령 ⇨ 국회의장 ⇨ 대법원장 ⇨ 헌법재판소장 ⇨ 국무총리 ⇨ 중앙선거관리위원장 ⇨ 여당대표 ⇨ 야당대표 ⇨ 국회부의장 ⇨ 감사원장 ⇨ 경제부총리 겸 기획재정부장관

75
정답 ③

경호의전과 구급법 ▶ 경호의 의전과 예절　　난이도 상 **중** 하

기차 좌석은 창 측에 상급자가 앉고, 하급자가 통로 측에 앉는 것이 일반적이다.

▶ **기차 탑승 시 경호예절**

> - 두 사람이 나란히 앉는 좌석에서는 창가 쪽이 상석이고, 침대차에서는 아래쪽 침대가 상석이다.
> - 네 사람이 마주 앉는 자리에서는 기차 진행방향의 창가 좌석이 가장 상석이고, 그 맞은편, 상석의 옆좌석, 그 앞 좌석 순서이다.
> - 차내에서 큰 소리를 내거나, 음식물쓰레기 등을 바닥에 버리거나, 출입구나 통로에 기대어 있거나, 물건을 바닥에 놓아서 타인에게 불편을 끼쳐서는 안 된다.

76
정답 ②

경호의전과 구급법 ▶ 응급처치 및 구급법　　난이도 **상** 중 하

① 심폐소생술의 순서는 '가슴압박 – 기도개방(기도열기) – 인공호흡'이다.

③ 자동심장충격기의 사용 시 안전을 위해 환자접촉을 금한다. 또한 감전될 수 있는 환경(금속, 물)을 피한다. 패드 사이에 이물질이 있으면 전류에 의해 피부에 화상을 초래한다.

④ 자동심장충격기는 '전원 켬 - 패드 부착 - 심장리듬 분석 - 제세동 시행' 순으로 사용한다.

▶ 2010년 AHA(미국심장협회) Guidelines의 자동제세동기 관련 주요 내용

- 심정지가 목격된 경우 즉시 사용
- 목격된 심정지 환자는 즉각 자동제세동기를 사용하고 심정지가 목격되지 않은 경우 심폐소생술을 시행하는 도중 제세동기가 도착하면 즉시 제세동기를 사용

77

경호의 환경 ▶ 테러방지법   난이도 상중하

① 대테러활동에 관한 정책의 중요사항을 심의·의결하기 위하여 국가테러대책위원회를 두고, 이 위원회는 대테러활동에 관한 국가의 정책 수립 및 평가의 사항을 심의·의결한다.

② 대테러활동과 관련하여 대테러센터를 두고, 이 센터는 국가 대테러활동 관련 임무분담 및 협조사항 실무조정을 수행한다.

④ 국가정보원장은 정보수집 및 분석의 결과 테러에 이용되었거나 이용될 가능성이 있는 금융거래에 대하여 지급정지 등의 조치를 취하도록 금융위원회 위원장에게 요청할 수 있다.

78
정답 ②

경호의 환경 ▶ 테러방지법   난이도 상중하

외교부장관, 국방부장관, 국토교통부장관, 경찰청장 및 해양경찰청장은 테러가 발생하거나 발생할 우려가 현저한 경우(국외테러의 경우는 대한민국 국민에게 중대한 피해가 발생하거나 발생할 우려가 있어 긴급한 조치가 필요한 경우에 한한다)에는 다음의 구분에 따라 테러사건대책본부를 설치·운영하여야 한다.

▶ 테러사건대책본부 설치·운영

분야별 테러사건대책본부	설치·운영자
국외테러사건대책본부	외교부장관
군사시설테러사건대책본부	국방부장관
항공테러사건대책본부	국토교통부장관
국내일반 테러사건대책본부	경찰청장
해양테러사건대책본부	해양경찰청장

79
정답 ②

경호의 환경 ▶ 경호의 환경요인   난이도 상중하

㉠ 해외에서 우리 국민을 대상으로 한 테러 위협은 특수적 환경요인이다.

㉢ 국민의식과 생활양식의 변화로 인한 이기주의 성향은 경호의 비협조적 경향으로, 일반적 환경요인이다.

▶ 경호 환경

- 일반적 환경: 모든 사회 구성체와 다를 바 없는 정치적, 경제적, 사회적, 문화적 환경을 의미한다. 일반적 환경요인으로는 경제 발전, 과학기술의 발전, 정보화, 사회구조변화, 국민의식과 생활환경의 변화로 인한 이기주의 성향, 국제화, 개방화 등이 있다.
- 특수적 환경: 경호대상자의 생존과 안전에 직접적인 영향을 주는 환경으로, 특수적 환경요인으로는 암살, 테러, 유격전, 국가별 특수한 환경 여건(대한민국에 대한 북한의 도발위협), 해외에서 우리 국민을 향한 테러 위협 등이 있다.

80
정답 ②

경호의 환경 ▶ 테러방지법   난이도 상중하

테러단체를 구성하거나 구성원으로 가입한 사람은 다음의 구분에 따라 처벌한다(법 제17조 제1항).

- 수괴(首魁)는 사형·무기 또는 10년 이상의 징역
- 타국의 외국인테러전투원으로 가입한 사람은 5년 이상의 징역
- 테러를 기획 또는 지휘하는 등 중요한 역할을 맡은 사람은 무기 또는 7년 이상의 징역
- 그 밖의 사람은 3년 이상의 징역

따라서 빈칸에 들어갈 숫자의 합은 $10+5+7=22$이다.

정답 및 해설(최신 기출문제) **37**

제2과목 | 경호학　　　본문 p.23

41	③	42	④	43	④	44	③	45	②
46	①	47	②	48	②	49	①	50	③
51	②	52	③	53	④	54	②	55	②
56	①	57	②	58	②	59	③	60	④
61	④	62	①	63	①	64	②	65	④
66	①	67	②	68	①	69	④	70	④
71	④	72	③	73	④	74	②	75	②
76	④	77	②	78	①	79	①	80	③

41　　　　　정답 ③

경호학과 경호 ▶ 경호의 정의　　난이도 상 중 하

현재의 경호는 민간 부분에까지 그 영역이 확대되어, 웬만한 유명인사는 경호의 도움 없이는 사회생활을 할 수 없는 경호의 일반화 현상이 나타나고 있다. 아울러 기업인, 정치인, 연예인, 스포츠인, 아동 및 부녀자뿐만 아니라 학교폭력 피해 학생도 민간경호의 서비스를 제공받고 있다.

42　　　　　정답 ④

경호학과 경호 ▶ 경호·경비의 분류　　난이도 상 중 하

미국 대통령은 외국의 국가원수이므로 ㉠은 경호 대상에 따른 경호의 분류 중 갑(A)호 경호에 해당한다. ㉡은 장소에 따른 경호의 분류 중 숙소경호에 해당한다. ㉢은 사전에 계획되지 않은 경호활동이므로 성격에 따른 경호의 분류 중 비공식경호에 해당한다.

▶ 경호 분류 시 주의사항

> 외국요인 중 국가원수 또는 행정부 수반은 우리나라와의 관계 등을 고려하여 A, B, C, D등급으로 구분한다. 하지만 외국 원수를 갑호로 표시하기도 하기에 외국요인 중 국가원수 또는 행정부 수반을 갑호 경호대상이라 하여도 틀린 내용은 아니다. 제16회 시험에서는 영국 여왕을 갑(A)호 대상이라고 표현하였다.

43　　　　　정답 ④

경호학과 경호 ▶ 경호의 목적과 원칙　　난이도 상 중 하

2선은 경비구역으로, 경호대상자의 신변과 행사안전에 직·간접적으로 영향을 미칠 수 있는 구역이다(부분적 통제).

▶ 3중경호의 원리

1선	• 안전구역 • 직접영향권이라고도 하며, 완벽한 통제가 이루어진다.
2선	• 경비구역 • 직·간접영향권이라고도 하며, 부분적 통제가 이루어진다.
3선	• 경계구역 • 간접영향권이라고도 하며, 제한적 통제가 이루어진다.

44　　　　　정답 ③

경호의 조직 ▶ 경호의 주체와 객체　　난이도 상 중 하

'경호구역'이란 소속공무원과 관계기관의 공무원으로서 경호업무를 지원하는 사람이 경호활동을 할 수 있는 구역을 말한다(법 제2조 제2호).

45　　　　　정답 ②

경호학과 경호 ▶ 경호의 법원　　난이도 상 중 하

㉠ 집회 및 시위에 관한 법률(1962년 제정) → ㉢ 대통령 등의 경호에 관한 법률(1963년 제정) → ㉣ 경비업법(1976년 제정) → ㉡ 국가경찰과 자치경찰의 조직 및 운영에 관한 법률(1991년 제정)

46　　　　　정답 ①

경호의 조직 ▶ 경호의 주체와 객체　　난이도 상 중 하

㉠ 차장은 1급 경호공무원 또는 고위공무원단에 속하는 별정직 국가공무원으로 보하며, 처장을 보좌한다(법 제3조 제3항).

㉠ 5급 이상 경호공무원과 5급 상당 이상 별정직 국가공무원은 처장의 제청으로 대통령이 임용한다. 다만, 전보·휴직·겸임·파견·직위해제·정직(停職) 및 복직에 관한 사항은 처장이 행한다(법 제7조 제1항).

㉢ 제9조 제2항(소속공무원은 직무와 관련된 사항을 발간하거나 그 밖의 방법으로 공표하려면 미리 처장의 허가를 받아야 한다)을 위반한 사람은 2년 이하의 징역 · 금고 또는 500만 원 이하의 벌금에 처한다(법 제21조 제2항).

∴ 1+5+500=506

47

정답 ②

경호의 조직 ▸ 경호조직의 구성원칙(관리원칙) 난이도 상**중**하

지휘관의 명령에 의해서만 업무가 이루어지며 그 결과에 대한 책임도 원칙적으로 지휘관만이 지는 것은 기관단위 작용의 원칙에 대한 설명이다. 경호지휘 단일성의 원칙은 각 구성원이 오직 하나의 상급자에게만 보고하고 그 명령지휘를 받고 그에게만 책임을 지우는 원칙을 말한다.

48

정답 ②

경호의 조직 ▸ 각국의 경호조직 난이도 **상**중하

① 모사드(Mossad): 해외 정보수집 및 분석, 해외 공작을 담당하는 정보기관이다.
② 샤바크(Shabak 또는 Shin Bet): 국내보안정보 및 비밀경호업무를 담당하는 기관이다.
③ 샤이렛 메트칼(Sayeret Mat'Kal): 대테러부대이다.
④ 아만(IDI): 군사관련 정보분야를 담당한다.

▶ **이스라엘의 비밀 경호기관 샤바크(Shabak 또는 Shin Bet)**

> '샤바크' 또는 '신베트'라고 표현하기도 한다. 이스라엘의 3대 정보기관 중 하나로 현재 국내 정보를 담당하는 샤바크의 첩보 활동은 이스라엘 총리가 지휘한다. 경호임무는 1949년 2월 8일 법으로 명문화되었다. 1957년 이후 정부 요인들을 그림자처럼 따라다니며 팔레스타인 과격파들의 암살시도를 완벽하게 차단하는 등 한 치의 오차 없는 경호로 세계적인 명성을 얻었다.

49

정답 ①

경호의 조직 ▸ 경호의 주체와 객체 난이도 상**중**하

'행사참석자에 대한 신원조사'는 경찰청 경비국장 및 국군방첩사령부 소속 장성급 장교 또는 2급 이상 군무원 중 위원장이 지명하는 위원 모두의 분장업무로 공통의 업무에 해당한다.

50

정답 ③

경호의 조직 ▸ 각국의 경호조직 난이도 상중**하**

경호구역은 경호처장이 지정하는 것으로, 대통령경호안전대책위원회의 관장업무에 해당하지 않는다.

▶ **경호구역의 지정**

> 경호처장은 경호업무의 수행에 필요하다고 판단되는 경우 경호구역을 지정할 수 있다. 경호구역의 지정은 경호 목적 달성을 위한 최소한의 범위로 한정되어야 한다.

51

정답 ②

경호의 조직 ▸ 경호의 주체와 객체 난이도 상**중**하

① 대통령 소속으로 경호 · 안전 대책기구를 둘 수 있다.
③ 경호 · 안전 대책기구는 소속공무원 및 관계기관의 공무원으로 구성한다.
④ 경호 · 안전 대책기구의 운영기간은 다자간 정상회의별로 1년 6개월을 초과할 수 없다.

52

정답 ③

경호의 조직 ▸ 각국의 경호조직 난이도 **상**중하

① 대통령경호처는 대통령 직속기관이다.
② 대통령경호처 설치의 근거법은 「정부조직법」 제16조 제1항이다. 「정부조직법」 제16조 제1항에서는 "대통령 등의 경호를 담당하기 위하여 대통령경호처를 둔다."라고 규정하고 있다.
④ 차장은 1급 경호공무원 또는 고위공무원단에 속하는 별정직 국가공무원으로 보하며, 처장을 보좌한다.

53

정답 ④

경호업무 수행방법 ▸ 경호임무 수행절차 난이도 상중**하**

계획의 수립은 전적으로 계획전담요원이 하며, 순시(방문)에 포함된 주관부서와의 협조를 긴밀히 한다.

54

정답 ②

경호업무 수행방법 ▸ 사전예방경호(선발경호) 방법 난이도 상**중**하

선발경호의 특징에는 예방성, 통합성, 안전성, 예비성이 있다. '비상대응계획과 비상대피계획을 수립하여 비상상황에 대비하는 것'은 선발경호의 특징 중 예비성에 대한 설명이다.

▶ 예방성과 예비성

예방성	예비성
선발경호의 임무이자 경호의 목표라 할 수 있는 예방경호는 위해요소를 사전에 발견·제지하고 위해요소의 침투 가능성을 거부함으로써 경호행사를 안전한 환경 속에서 치르게 한다. 직접적인 위해 가능성뿐만 아니라 간접적인 시설물의 불안전성 및 많은 참석자로 인한 사고의 개연성에 대비한다.	"모든 법칙에는 예외가 있다."라는 말이 있듯이 경호행사가 항상 계획하고 예상한 대로만 진행되지는 않는다. 예기치 못한 변화로 차질이 발생할 수 있다. 선발경호는 사전에 경호팀의 능력에 부합하고 지형과 상황에 맞는 비상대응계획과 비상대피계획을 수립하여 비상상황에 대비하여야 한다.

55
정답 ②

경호업무 수행방법 ▶ 사전예방경호(선발경호) 방법   난이도 상 중 **하**

'경호대상자의 신변에 직접적으로 가해지는 위해를 방지하는 경호활동'은 근접경호작용이다. 선발경호는 사전예방경호라고도 하며, 근접경호작용을 대통령경호처에서는 수행경호라고 부른다. 사전예방경호활동이 사전적·예방적 작용인 반면, 근접경호는 동시적·최종적 작용이다.

56
정답 ①

경호업무 수행방법 ▶ 사전예방경호(선발경호) 방법   난이도 상 **중** 하

㉠ 대응단계(실시단계)의 활동 내용에는 경호작전(모든 출입요소 통제 및 경계활동, 근접경호, 기동경호), 비상대책활동, 즉각조치활동(경고, 대적 및 방호, 대피)이 있으며, ㉡ 대비단계(안전활동단계)의 활동 내용에는 정보보안활동, 안전대책활동, 거부작전(주요 감제고지 및 취약지 수색, 주요 접근로 차단, 경호영향요소 확인 및 조치)이 있다.

57
정답 ②

경호업무 수행방법 ▶ 경호활동의 수칙과 원칙   난이도 상 중 **하**

① 요인의 이동경로, 참석자 등 일부 경호상황은 비밀로 한다.
③ 요인담당자는 수립된 계획의 실천추진상황을 지속적으로 확인하여야 하며, 미비한 사항은 즉시 보완하여야 한다. 행사계획이 변경되었거나 비상사태가 발생할 경우에는 수립된 계획을 경호대상자의 신변안전 차원에서 즉각 변경하여야 한다.
④ 둘 이상의 경호대상자가 동일한 행사에 참석하게 되면 참석자의 서열을 존중하고 그에 따른 경호를 해야 한다.

58
정답 ②

경호업무 수행방법 ▶ 근접경호 수행방법   난이도 상 **중** 하

진행방향을 중심으로 양쪽에 군중이 운집해 있는 도로의 중앙을 이동할 때 적합한 대형은 사다리형 대형(박스형 대형, 사각 대형)이며, 경호대상자를 중심으로 4명의 경호원이 사다리형 대형을 유지하며 이동한다.

59
정답 ③

경호업무 수행방법 ▶ 사전예방경호(선발경호) 방법   난이도 **상** 중 하

정보의 요구단계란 정보사용자가 필요한 첩보의 수집을 요구하는 단계로서, 첩보의 기본요소 결정, 첩보수집계획서의 작성, 명령하달 및 수집에 대한 확인·감독의 소순환 과정으로 이루어진다. 이는 정보요구자의 측면에서 주도면밀한 계획과 수집범위의 적절성, 수집활동에 대한 적절한 감독 등이 요구되는 단계이다. 첩보의 수집단계는 첩보수집기관이 정보생산에 필요한 자료를 획득하여 요구기관이나 사용자에게 전달하는 단계이다.

60
정답 ④

경호업무 수행방법 ▶ 사전예방경호(선발경호) 방법   난이도 **상** 중 하

경호정보란 경호활동의 목적을 달성하는 데 필요한 좋은 자료를 의미한다. 경호정보의 질적 요건 3요소는 정확성, 적시성, 완전성이다.

▶ 경호정보의 질적 요건 3요소

> 경호정보의 질적 요건이란 경호목적 달성에 부합되는 가치 있는 정보로서 평가받기 위해 갖추어야 할 조건을 말한다. 이에는 정확성(정보가 사실과 일치되는 성질), 적시성(가장 적절한 시기에 존재하는 성질), 완전성(가능한 모든 내용을 망라하고 있는 성질)이 있다.

61
정답 ③

경호업무 수행방법 ▶ 출입자 통제대책   난이도 **상** 중 하

㉠㉡㉤ 행사장 외부담당자의 임무에 해당한다.

62
정답 ①

경호업무 수행방법 ▶ 근접경호 수행방법   난이도 상 중 **하**

근접경호요원은 근무지의 장소·지형·취약성 등을 고려하여, 융통성이 있는 대형을 취하여야 한다.

▶ 융통성 있는 대형

> 융통성이란 그때그때의 사정과 형편을 보아 일을 처리하는 재주나 일의 형편에 따라 적절하게 처리하는 재주를 말한다. 근무지의 장소·지형·취약성 등 주변의 여건에 따라 언제든지 경호환경의 변화가 발생할 수 있고, 이런 경우 그 변화된 환경이나 여건에 알맞게 경호 대형에 적절한 변화를 주어 효율적이고 능동적인 경호활동을 수행하여야 한다.

63

기만경호는 테러기도자로 하여금 위해기도를 포기하거나 테러기도가 실패하도록 유도하는 계획적이고 변칙적인 경호기법을 말한다.

▶ 기만경호

> 경호기만은 공식적이 아닌 변칙적인 경호기법으로 인물기만, 기동기만, 장소기만, 시간기만 등이 있다. 위해 기도자로 하여금 행사상황을 오판하도록 실제상황을 은폐하고 허위 상황을 제공하여 행사의 효율성을 높이려는 특성이 있다.

64

위해를 가하려는 자는 심리적으로 대중들 가운데서 둘째 열에 서는 경우가 많으며, 목표를 집중하여 주시하고, 보통 웃지도 않고 몸을 움직이지도 않는다는 점을 고려하여 경계를 실시하여야 한다.

65

① 경호대상자에게 이르는 모든 접근로를 차단하기 위하여 분산되어야 한다.
② 저격의 위험이 있는 경우에는 폐쇄형(밀착형) 대형으로 안전도를 높일 수 있다.
③ 도보이동은 차량이동에 비해 경호대상자의 외부노출이 크므로 안전도가 낮다.

66

경호차량은 주차나 정차해 있는 차량 가까이 접근하지 아니한다. 주정차 차량 내부에 무장병력이 숨어 있을 수 있고, 경우에 따라 주정차 차량에 폭발물이 설치되어 있

을 가능성이 있기 때문이다.

67

▶ 다이아몬드 대형과 사각 대형

다이아몬드 대형 (마름모 대형)	사각 대형 (박스 대형, 사다리 대형)
• 대체로 안전한 지역에서 사용하는 대형으로, 안전구역인 경호막의 형성이 비교적 용이하고 전후좌우 사방에 대한 사주경계가 가능하다. • 4인 대형, 5인 대형, 6인 대형으로 분류한다. 특히, 5인 마름모 대형은 가장 기본적인 대형으로, 팀장을 제외한 4명의 경호원이 전후좌우 전방에 대한 사주경계를 제공하는 강점이 있다. 이 경우 팀장은 경호대상자의 우측 후방에 한 걸음 정도 떨어져 수행하고, 항상 촉수거리를 유지한다.	• 전통적인 마름모 대형의 변형이다. 사각 대형은 넓은 공간에서 사용할 경우 비교적 양호한 사주경계가 가능하나, 전방과 측방이 노출되는 위험성이 있다. • 연도경호 시 도로 양편에 군중이 운집해 있을 경우, 전방은 열어 주고 군중이 밀집해 있는 측방에 대한 경계를 강화할 필요가 있는 경우 사용할 수 있다.

68

출입통로는 가능한 한 단일통로를 원칙으로 하나, 예외적으로 행사장 구조, 참가자의 수, 참석자 성분 등을 고려하여 여러 개의 출입통로를 지정하여 불편을 최소화할 수 있다. 그러나 정문에는 차량출입문과 도보출입문을 누구나 쉽게 식별할 수 있는 통로로 구분하여야 한다. 또 행사장 및 행사규모에 따라 참석대상별 주차지역을 구분하여 선정하고 경호대상자 주차지역은 별도로 확보하여 운용한다.

69

통제된 주차장이 이용 불가능하다면 확인된 직원들의 차량을 시설 가까운 곳에 주차할 수 있도록 하고 방문차량은 그 거리를 이격하여 주차시킨다.

▶ 폭발사고에 대한 검색

> • 폭탄은 차량에 의하여 전달되거나 차량에 남겨지는 경우가 많기 때문에 주차는 엄격히 통제하여야 한다. 가능하다면 경호대상자의 건물이나 어떤 다른 종합건물로부터 100m 정도는 이격이 되어야 한다. 통제된 주차장이 이용 불가능하다면 확인된 직원들의 차량을 시설 가까

운 곳에 주차할 수 있도록 하고 방문차량은 그 거리를 이격하여 주차시킨다.
- 창문이 설치된 경우에는 철창, 쇠창살, 철조망 및 철문 등을 활용하여 침입을 효과적으로 막을 수 있다. 폭발물이 외부에서 건물 내로 유입될 수 있으므로, 환기구, 채광창은 막혀있어야 한다.
- 감시활동은 인가되지 않은 인원에 대해서, 그리고 잠재적으로 보이지 않는 장소에 대해서 실행되어야 한다(계단, 휴게실 및 사무실 등).
- 보일러실이나 우편물 보관함, 승강기 통제실과 같은 문과 접근통로는 사용하지 않을 때 잠겨 있어야 하고, 열쇠에 대한 책임 한계를 정하고, 가능하지 않다면 모든 자물쇠는 교환되어야 한다.
- 폭발물을 숨길 수 있는 지역의 모든 출입구에 감시기구를 설치하고 CCTV를 설치하도록 한다.

70
정답 ④
경호업무 수행방법 ▶ 위기상황(우발상황) 대응방법　난이도 상 중 하

① 방어적 원형 대형에 대한 설명이다.
② 함몰형 대형에 대한 설명이다.
③ 경호원은 신속하게 몸을 움직여 위해기도자의 무기를 움켜잡고 아래 또는 옆으로 힘을 가하여 경호대상자에게 지향된 총구 방향을 바꾸도록 해야 한다.

▶ 즉각조치

> 즉각조치란 우발상황이 발생하였을 경우 경호대상자를 위험으로부터 보호하기 위한 일련의 순간적인 경호조치를 말한다. 즉각조치의 결과가 경호대상자를 살릴 수도 있고 죽일 수도 있다.

71
정답 ③
경호업무 수행방법 ▶ 경호안전대책방법 등　난이도 상 중 하

- 안전검측은 경호계획에 따라 공식 행사를 할 때 실시하는 것이 원칙이지만, 공식 행사가 아닌 행사에서도 필요한 경우 실시가 가능하다.
- 안전검측 시 점검은 1차, 2차 점검을 실시한 후 경호요원이 배치 완료된 행사 직전에 최종검색을 실시하여야 한다.
- 책임지역을 명확하게 구분하고 중복하여 검측을 실시하여야 한다.

72
정답 ③
경호복장과 장비 ▶ 경호장비의 유형별 관리　난이도 상 중 하

금속탐지기는 검색장비 중 탐지장비에 해당된다.

▶ 검색장비(검측장비) 개념

> 검색장비는 위해도구나 위해물질을 찾아내는 데 사용하는 장비, 그리고 검측장비는 위해물질 존재 여부를 검사하거나 시설물 안전점검에 사용되는 도구라고 본다. 일반적으로 검측장비라고 통칭되며 탐지장비(금속탐지기, X-Ray 검색기, 폭발물 탐지기, 서치탭 등), 처리장비(폭발물 처리키트, 물포, X-Ray 촬영기), 검측공구(탐침, 손전등, 다용도 칼 등)으로 구분하여 사용된다고 분류하고 있다.

73
정답 ④
경호복장과 장비 ▶ 경호복장의 종류 및 법제상 규정　난이도 상 중 하

방탄복은 경호원 자신의 신체를 보호하기 위해서도 필요하고 경호대상자를 보호하기 위해서도 필요하다. 방탄복은 근접경호원의 몸을 관통하여 경호대상자에게 피해를 줄 수 있는 실탄이나 폭발물의 파편을 저지할 수 있는 방탄능력을 갖추어야 하며, 장시간 착용 시에도 육체적 피로감을 덜어줄 수 있는 착용감이 좋고 가벼운 제품이어야 한다.

74
정답 ④
경호복장과 장비 ▶ 경호장비의 유형별 관리　난이도 상 중 하

행사장에서 드론을 활용하여 구체적인 경호조치를 취한 우리나라의 첫 사례는 2018년 평창올림픽이다. 세계 21개국에서 우리나라를 찾는 정상급 외빈 26명에 대한 경호에 드론이라는 최신 장비를 활용한 것이다. 평창올림픽 경호안전통제단은 대통령이 참석하는 행사장 주변 수림이나 산악지역 수색 활용 시 드론에 고화질 카메라와 열상카메라 등을 부착해 경기장 일대에서 사용하였다. 평창 동계올림픽에 참석하는 외국 정상 등 외빈에 대한 경호에 드론(무인기)이 투입되었다. 첨단 IT 기술을 활용한 과학화된 경호를 위한 조치로 국내 행사장에서 드론을 활용한 경호는 처음이다.

75
정답 ③
경호의전과 구급법 ▶ 경호원의 의전과 예절　난이도 상 중 하

네 사람이 마주 앉는 자리에서의 상석은 기차 진행 방향의 창가 좌석, 그 맞은편, 상석의 옆좌석, 그 앞좌석 순서이다. 기차의 진행방향이 역방향에 비해 쾌적하고, 창가는 밖의 풍경을 볼 수 있으므로 최상석이며, 최상급자와 바로 마주 볼 수 있는 자리가 차석이 된다. 최상급자와 자연스럽게 마주하고 대화를 나눌 수 있는 자리이므로 최상급자의 다음 좌석인 차석이 된다. 그리고 가장 상석(최상급자 좌석)의 옆좌석은 차석의 옆좌석보다 상석

(서열상 높은 좌석)이 된다.

76

경호의전과 구급법 ▶ 응급처치 및 구급법　　난이도 ❸⑧⑧

인공호흡교육을 받지 아니한 사람은 인공호흡을 생략하고 가슴압박만 반복한다. 가슴압박은 별다른 전문적 지식 없이 누구나 실시할 수 있지만, 인공호흡은 일정한 전문성을 갖춘 경력자가 실시하여야 한다. 최근 인공호흡과 관련한 실무 현장에서 이러한 문제점이 제기되어 질병관리본부에서 인공호흡교육을 받지 아니한 사람은 인공호흡을 생략하고 가슴압박만 반복하는 것으로 지침을 정립하였다.

77

정답 ②

경호의 환경 ▶ 암살 및 테러 등　　난이도 ❸⑧⑧

분산 서비스 거부 공격(Distributed Denial of Service attack, DDoS)이란 특정 서버(컴퓨터)나 네트워크 장비를 대상으로 많은 데이터를 발생시켜 장애를 일으키는 해킹 기법이다. 보통 앞글자만 따서 디도스 공격이라고 부르고, 서비스 거부 공격(Denial of Service attack, DoS)에서 한 단계 진보된 사이버테러 방법이다. 즉, 공격자가 한 지점에서 서비스 거부 공격을 수행하는 형태를 넘어 광범위한 네트워크를 이용하여 다수의 공격지점에서 동시에 한곳을 공격하도록 하는 형태의 서비스 거부 공격이다.

▶ 사이버테러기법의 종류

서비스거부 공격 (Denial of Service attack, DoS)	해킹수법의 하나로, 해커들이 대량의 접속을 유발하여 해당 컴퓨터를 마비시키는 수법을 말한다. 이는 특정 컴퓨터에 침투해 자료를 삭제하거나 훔쳐 가는 것이 아니라, 목표 서버가 다른 정당한 신호를 받지 못하게 방해하는 작용만 한다.
논리폭탄 (Logic Bomb) 공격	해커나 크래커가 프로그램 코드의 일부를 조작하여 소프트웨어의 어떤 부위에 숨어 있다가 특정 조건에 달했을 경우 실행되도록 하는 것으로, 컴퓨터 범죄 수법 중 하나이다. 즉, 논리폭탄이라는 용어 그대로 프로그램에 어떤 조건이 주어져 숨어 있던 논리에 만족되는 순간 폭탄처럼 자료나 소프트웨어를 파괴하여 자동으로 잘못된 결과가 나타나게 한다. 트로이 목마라는 컴퓨터 바이러스와 유사한 면을 가지고 있다.
트랩도어 (Trapdoor, 함정문수법) 공격	시스템 보안이 제거된 비밀 통로로, 서비스 기술자나 유지·보수 프로그램 작성자의 액세스 편의를 위하여 시스템 설계자가 고의로 만들어 놓은 시스템의 보안 구멍으로, 백도어(Back Door)라고도 한다.

78

정답 ①

경호의 환경 ▶ 암살 및 테러 등　　난이도 ❸⑧⑧

테러리즘의 3대 구성 요소로는 테러의 주체, 테러의 객체, 테러의 수단이 있다. 테러의 주체는 테러를 수행하는 테러조직을 말하고, 테러의 객체는 테러의 주체가 공격하려는 대상을 말하며, 테러의 수단은 테러의 주체가 테러의 객체를 공격하는 데 동원되는 모든 공격수단을 말한다.

79

정답 ①

경호의 환경 ▶ 우리나라의 대테러관리　　난이도 ❸⑧⑧

② 외국인테러전투원이란 테러를 실행·계획·준비 중이거나 테러에 참가할 목적으로 국적국이 아닌 국가의 테러단체에 가입하거나 가입하기 위하여 이동 또는 이동을 시도하는 내국인·외국인을 말한다.
③ 대테러인권보호관은 대한민국 국민 중에서 위원장이 위촉한다. 외국인은 대테러인권보호관이 될 수 없다.
④ 국방부 소속 대테러특공대의 출동 및 진압작전은 군사시설 안에서 발생한 테러사건에 대하여 수행한다. 다만, 경찰력의 한계로 긴급한 지원이 필요하여 대책본부의 장이 요청하는 경우에는 군사시설 밖에서도 경찰의 대테러 작전을 지원할 수 있다.

80

정답 ③

경호의 환경 ▶ 우리나라의 대테러관리　　난이도 ⑧❸⑧

① 해양경찰청장은 해양테러사건대책본부를 설치·운영하여야 한다.
② 현장지휘본부의 장은 대책본부의 장이 지명한다.
④ 소방청장과 시·도지사는 테러사건 발생 시 신속히 인명을 구조·구급하기 위하여 중앙 및 지방자치단체 소방본부에 테러대응구조대를 설치·운영한다.

▶ 테러복구지원본부와 테러대응구조대

테러사건 발생 시 구조·구급·수습·복구활동 등은 국가재난관리 업무를 포괄적으로 총괄하는 행정안전부장관이 설치·운영하는 것이 효율적이나, 테러사건 발생 시 신속히 인명을 구조·구급하는 것은 구조·구급 관련 업무를 중앙에서 총괄하는 소방청장 및 자신의 담당구역에서 총괄하는 시·도지사가 각각 설치·운영하는 것이 효과적이다.

( )년도 ( ) 제( )차 국가전문자격시험 답안카드

성명	

교시 기재란
( )교시 ① ② ③

문제지 형별 기재란
( )형 Ⓐ Ⓑ

선 택 과 목 1

선 택 과 목 2

수 험 번 호

	⓪ ① ② ③ ④ ⑤ ⑥ ⑦ ⑧ ⑨

감독위원 확인

수험자 여러분의 합격을 기원합니다.

1	① ② ③ ④ ⑤	21	① ② ③ ④ ⑤	41	① ② ③ ④ ⑤	61	① ② ③ ④ ⑤	81	① ② ③ ④ ⑤	101	① ② ③ ④ ⑤	121	① ② ③ ④ ⑤
2	① ② ③ ④ ⑤	22	① ② ③ ④ ⑤	42	① ② ③ ④ ⑤	62	① ② ③ ④ ⑤	82	① ② ③ ④ ⑤	102	① ② ③ ④ ⑤	122	① ② ③ ④ ⑤
3	① ② ③ ④ ⑤	23	① ② ③ ④ ⑤	43	① ② ③ ④ ⑤	63	① ② ③ ④ ⑤	83	① ② ③ ④ ⑤	103	① ② ③ ④ ⑤	123	① ② ③ ④ ⑤
4	① ② ③ ④ ⑤	24	① ② ③ ④ ⑤	44	① ② ③ ④ ⑤	64	① ② ③ ④ ⑤	84	① ② ③ ④ ⑤	104	① ② ③ ④ ⑤	124	① ② ③ ④ ⑤
5	① ② ③ ④ ⑤	25	① ② ③ ④ ⑤	45	① ② ③ ④ ⑤	65	① ② ③ ④ ⑤	85	① ② ③ ④ ⑤	105	① ② ③ ④ ⑤	125	① ② ③ ④ ⑤
6	① ② ③ ④ ⑤	26	① ② ③ ④ ⑤	46	① ② ③ ④ ⑤	66	① ② ③ ④ ⑤	86	① ② ③ ④ ⑤	106	① ② ③ ④ ⑤		
7	① ② ③ ④ ⑤	27	① ② ③ ④ ⑤	47	① ② ③ ④ ⑤	67	① ② ③ ④ ⑤	87	① ② ③ ④ ⑤	107	① ② ③ ④ ⑤		
8	① ② ③ ④ ⑤	28	① ② ③ ④ ⑤	48	① ② ③ ④ ⑤	68	① ② ③ ④ ⑤	88	① ② ③ ④ ⑤	108	① ② ③ ④ ⑤		
9	① ② ③ ④ ⑤	29	① ② ③ ④ ⑤	49	① ② ③ ④ ⑤	69	① ② ③ ④ ⑤	89	① ② ③ ④ ⑤	109	① ② ③ ④ ⑤		
10	① ② ③ ④ ⑤	30	① ② ③ ④ ⑤	50	① ② ③ ④ ⑤	70	① ② ③ ④ ⑤	90	① ② ③ ④ ⑤	110	① ② ③ ④ ⑤		
11	① ② ③ ④ ⑤	31	① ② ③ ④ ⑤	51	① ② ③ ④ ⑤	71	① ② ③ ④ ⑤	91	① ② ③ ④ ⑤	111	① ② ③ ④ ⑤		
12	① ② ③ ④ ⑤	32	① ② ③ ④ ⑤	52	① ② ③ ④ ⑤	72	① ② ③ ④ ⑤	92	① ② ③ ④ ⑤	112	① ② ③ ④ ⑤		
13	① ② ③ ④ ⑤	33	① ② ③ ④ ⑤	53	① ② ③ ④ ⑤	73	① ② ③ ④ ⑤	93	① ② ③ ④ ⑤	113	① ② ③ ④ ⑤		
14	① ② ③ ④ ⑤	34	① ② ③ ④ ⑤	54	① ② ③ ④ ⑤	74	① ② ③ ④ ⑤	94	① ② ③ ④ ⑤	114	① ② ③ ④ ⑤		
15	① ② ③ ④ ⑤	35	① ② ③ ④ ⑤	55	① ② ③ ④ ⑤	75	① ② ③ ④ ⑤	95	① ② ③ ④ ⑤	115	① ② ③ ④ ⑤		
16	① ② ③ ④ ⑤	36	① ② ③ ④ ⑤	56	① ② ③ ④ ⑤	76	① ② ③ ④ ⑤	96	① ② ③ ④ ⑤	116	① ② ③ ④ ⑤		
17	① ② ③ ④ ⑤	37	① ② ③ ④ ⑤	57	① ② ③ ④ ⑤	77	① ② ③ ④ ⑤	97	① ② ③ ④ ⑤	117	① ② ③ ④ ⑤		
18	① ② ③ ④ ⑤	38	① ② ③ ④ ⑤	58	① ② ③ ④ ⑤	78	① ② ③ ④ ⑤	98	① ② ③ ④ ⑤	118	① ② ③ ④ ⑤		
19	① ② ③ ④ ⑤	39	① ② ③ ④ ⑤	59	① ② ③ ④ ⑤	79	① ② ③ ④ ⑤	99	① ② ③ ④ ⑤	119	① ② ③ ④ ⑤		
20	① ② ③ ④ ⑤	40	① ② ③ ④ ⑤	60	① ② ③ ④ ⑤	80	① ② ③ ④ ⑤	100	① ② ③ ④ ⑤	120	① ② ③ ④ ⑤		

성 명

( )년도 ( )제( )차 국가전문자격시험 답안카드

1	① ② ③ ④ ⑤	21	① ② ③ ④ ⑤	41	① ② ③ ④ ⑤	61	① ② ③ ④ ⑤	81	① ② ③ ④ ⑤	101	① ② ③ ④ ⑤	121	① ② ③ ④ ⑤
2	① ② ③ ④ ⑤	22	① ② ③ ④ ⑤	42	① ② ③ ④ ⑤	62	① ② ③ ④ ⑤	82	① ② ③ ④ ⑤	102	① ② ③ ④ ⑤	122	① ② ③ ④ ⑤
3	① ② ③ ④ ⑤	23	① ② ③ ④ ⑤	43	① ② ③ ④ ⑤	63	① ② ③ ④ ⑤	83	① ② ③ ④ ⑤	103	① ② ③ ④ ⑤	123	① ② ③ ④ ⑤
4	① ② ③ ④ ⑤	24	① ② ③ ④ ⑤	44	① ② ③ ④ ⑤	64	① ② ③ ④ ⑤	84	① ② ③ ④ ⑤	104	① ② ③ ④ ⑤	124	① ② ③ ④ ⑤
5	① ② ③ ④ ⑤	25	① ② ③ ④ ⑤	45	① ② ③ ④ ⑤	65	① ② ③ ④ ⑤	85	① ② ③ ④ ⑤	105	① ② ③ ④ ⑤	125	① ② ③ ④ ⑤
6	① ② ③ ④ ⑤	26	① ② ③ ④ ⑤	46	① ② ③ ④ ⑤	66	① ② ③ ④ ⑤	86	① ② ③ ④ ⑤	106	① ② ③ ④ ⑤		
7	① ② ③ ④ ⑤	27	① ② ③ ④ ⑤	47	① ② ③ ④ ⑤	67	① ② ③ ④ ⑤	87	① ② ③ ④ ⑤	107	① ② ③ ④ ⑤		
8	① ② ③ ④ ⑤	28	① ② ③ ④ ⑤	48	① ② ③ ④ ⑤	68	① ② ③ ④ ⑤	88	① ② ③ ④ ⑤	108	① ② ③ ④ ⑤		
9	① ② ③ ④ ⑤	29	① ② ③ ④ ⑤	49	① ② ③ ④ ⑤	69	① ② ③ ④ ⑤	89	① ② ③ ④ ⑤	109	① ② ③ ④ ⑤		
10	① ② ③ ④ ⑤	30	① ② ③ ④ ⑤	50	① ② ③ ④ ⑤	70	① ② ③ ④ ⑤	90	① ② ③ ④ ⑤	110	① ② ③ ④ ⑤		
11	① ② ③ ④ ⑤	31	① ② ③ ④ ⑤	51	① ② ③ ④ ⑤	71	① ② ③ ④ ⑤	91	① ② ③ ④ ⑤	111	① ② ③ ④ ⑤		
12	① ② ③ ④ ⑤	32	① ② ③ ④ ⑤	52	① ② ③ ④ ⑤	72	① ② ③ ④ ⑤	92	① ② ③ ④ ⑤	112	① ② ③ ④ ⑤		
13	① ② ③ ④ ⑤	33	① ② ③ ④ ⑤	53	① ② ③ ④ ⑤	73	① ② ③ ④ ⑤	93	① ② ③ ④ ⑤	113	① ② ③ ④ ⑤		
14	① ② ③ ④ ⑤	34	① ② ③ ④ ⑤	54	① ② ③ ④ ⑤	74	① ② ③ ④ ⑤	94	① ② ③ ④ ⑤	114	① ② ③ ④ ⑤		
15	① ② ③ ④ ⑤	35	① ② ③ ④ ⑤	55	① ② ③ ④ ⑤	75	① ② ③ ④ ⑤	95	① ② ③ ④ ⑤	115	① ② ③ ④ ⑤		
16	① ② ③ ④ ⑤	36	① ② ③ ④ ⑤	56	① ② ③ ④ ⑤	76	① ② ③ ④ ⑤	96	① ② ③ ④ ⑤	116	① ② ③ ④ ⑤		
17	① ② ③ ④ ⑤	37	① ② ③ ④ ⑤	57	① ② ③ ④ ⑤	77	① ② ③ ④ ⑤	97	① ② ③ ④ ⑤	117	① ② ③ ④ ⑤		
18	① ② ③ ④ ⑤	38	① ② ③ ④ ⑤	58	① ② ③ ④ ⑤	78	① ② ③ ④ ⑤	98	① ② ③ ④ ⑤	118	① ② ③ ④ ⑤		
19	① ② ③ ④ ⑤	39	① ② ③ ④ ⑤	59	① ② ③ ④ ⑤	79	① ② ③ ④ ⑤	99	① ② ③ ④ ⑤	119	① ② ③ ④ ⑤		
20	① ② ③ ④ ⑤	40	① ② ③ ④ ⑤	60	① ② ③ ④ ⑤	80	① ② ③ ④ ⑤	100	① ② ③ ④ ⑤	120	① ② ③ ④ ⑤		

수험자 여러분의 합격을 기원합니다.

국가전문자격시험 답안카드

( )년도 ( ) 제( )차

성명

교시 기재란
( )교시 ① ② ③

문제지 형별 기재란
( )형 ⓐ ⓑ

선택과목 1

선택과목 2

수험번호

1	① ② ③ ④ ⑤	21	① ② ③ ④ ⑤	41	① ② ③ ④ ⑤	61	① ② ③ ④ ⑤	81	① ② ③ ④ ⑤	101	① ② ③ ④ ⑤	121	① ② ③ ④ ⑤
2	① ② ③ ④ ⑤	22	① ② ③ ④ ⑤	42	① ② ③ ④ ⑤	62	① ② ③ ④ ⑤	82	① ② ③ ④ ⑤	102	① ② ③ ④ ⑤	122	① ② ③ ④ ⑤
3	① ② ③ ④ ⑤	23	① ② ③ ④ ⑤	43	① ② ③ ④ ⑤	63	① ② ③ ④ ⑤	83	① ② ③ ④ ⑤	103	① ② ③ ④ ⑤	123	① ② ③ ④ ⑤
4	① ② ③ ④ ⑤	24	① ② ③ ④ ⑤	44	① ② ③ ④ ⑤	64	① ② ③ ④ ⑤	84	① ② ③ ④ ⑤	104	① ② ③ ④ ⑤	124	① ② ③ ④ ⑤
5	① ② ③ ④ ⑤	25	① ② ③ ④ ⑤	45	① ② ③ ④ ⑤	65	① ② ③ ④ ⑤	85	① ② ③ ④ ⑤	105	① ② ③ ④ ⑤	125	① ② ③ ④ ⑤
6	① ② ③ ④ ⑤	26	① ② ③ ④ ⑤	46	① ② ③ ④ ⑤	66	① ② ③ ④ ⑤	86	① ② ③ ④ ⑤	106	① ② ③ ④ ⑤		
7	① ② ③ ④ ⑤	27	① ② ③ ④ ⑤	47	① ② ③ ④ ⑤	67	① ② ③ ④ ⑤	87	① ② ③ ④ ⑤	107	① ② ③ ④ ⑤		
8	① ② ③ ④ ⑤	28	① ② ③ ④ ⑤	48	① ② ③ ④ ⑤	68	① ② ③ ④ ⑤	88	① ② ③ ④ ⑤	108	① ② ③ ④ ⑤		
9	① ② ③ ④ ⑤	29	① ② ③ ④ ⑤	49	① ② ③ ④ ⑤	69	① ② ③ ④ ⑤	89	① ② ③ ④ ⑤	109	① ② ③ ④ ⑤		
10	① ② ③ ④ ⑤	30	① ② ③ ④ ⑤	50	① ② ③ ④ ⑤	70	① ② ③ ④ ⑤	90	① ② ③ ④ ⑤	110	① ② ③ ④ ⑤		
11	① ② ③ ④ ⑤	31	① ② ③ ④ ⑤	51	① ② ③ ④ ⑤	71	① ② ③ ④ ⑤	91	① ② ③ ④ ⑤	111	① ② ③ ④ ⑤		
12	① ② ③ ④ ⑤	32	① ② ③ ④ ⑤	52	① ② ③ ④ ⑤	72	① ② ③ ④ ⑤	92	① ② ③ ④ ⑤	112	① ② ③ ④ ⑤		
13	① ② ③ ④ ⑤	33	① ② ③ ④ ⑤	53	① ② ③ ④ ⑤	73	① ② ③ ④ ⑤	93	① ② ③ ④ ⑤	113	① ② ③ ④ ⑤		
14	① ② ③ ④ ⑤	34	① ② ③ ④ ⑤	54	① ② ③ ④ ⑤	74	① ② ③ ④ ⑤	94	① ② ③ ④ ⑤	114	① ② ③ ④ ⑤		
15	① ② ③ ④ ⑤	35	① ② ③ ④ ⑤	55	① ② ③ ④ ⑤	75	① ② ③ ④ ⑤	95	① ② ③ ④ ⑤	115	① ② ③ ④ ⑤		
16	① ② ③ ④ ⑤	36	① ② ③ ④ ⑤	56	① ② ③ ④ ⑤	76	① ② ③ ④ ⑤	96	① ② ③ ④ ⑤	116	① ② ③ ④ ⑤		
17	① ② ③ ④ ⑤	37	① ② ③ ④ ⑤	57	① ② ③ ④ ⑤	77	① ② ③ ④ ⑤	97	① ② ③ ④ ⑤	117	① ② ③ ④ ⑤		
18	① ② ③ ④ ⑤	38	① ② ③ ④ ⑤	58	① ② ③ ④ ⑤	78	① ② ③ ④ ⑤	98	① ② ③ ④ ⑤	118	① ② ③ ④ ⑤		
19	① ② ③ ④ ⑤	39	① ② ③ ④ ⑤	59	① ② ③ ④ ⑤	79	① ② ③ ④ ⑤	99	① ② ③ ④ ⑤	119	① ② ③ ④ ⑤		
20	① ② ③ ④ ⑤	40	① ② ③ ④ ⑤	60	① ② ③ ④ ⑤	80	① ② ③ ④ ⑤	100	① ② ③ ④ ⑤	120	① ② ③ ④ ⑤		

수험자 여러분의 합격을 기원합니다.

수험번호
⓪ ① ② ③ ④ ⑤ ⑥ ⑦ ⑧ ⑨

감독위원 확인
(인)

1	① ② ③ ④ ⑤	21	① ② ③ ④ ⑤	41	① ② ③ ④ ⑤	61	① ② ③ ④ ⑤	81	① ② ③ ④ ⑤	101	① ② ③ ④ ⑤
2	① ② ③ ④ ⑤	22	① ② ③ ④ ⑤	42	① ② ③ ④ ⑤	62	① ② ③ ④ ⑤	82	① ② ③ ④ ⑤	102	① ② ③ ④ ⑤
3	① ② ③ ④ ⑤	23	① ② ③ ④ ⑤	43	① ② ③ ④ ⑤	63	① ② ③ ④ ⑤	83	① ② ③ ④ ⑤	103	① ② ③ ④ ⑤
4	① ② ③ ④ ⑤	24	① ② ③ ④ ⑤	44	① ② ③ ④ ⑤	64	① ② ③ ④ ⑤	84	① ② ③ ④ ⑤	104	① ② ③ ④ ⑤
5	① ② ③ ④ ⑤	25	① ② ③ ④ ⑤	45	① ② ③ ④ ⑤	65	① ② ③ ④ ⑤	85	① ② ③ ④ ⑤	105	① ② ③ ④ ⑤
6	① ② ③ ④ ⑤	26	① ② ③ ④ ⑤	46	① ② ③ ④ ⑤	66	① ② ③ ④ ⑤	86	① ② ③ ④ ⑤	106	① ② ③ ④ ⑤
7	① ② ③ ④ ⑤	27	① ② ③ ④ ⑤	47	① ② ③ ④ ⑤	67	① ② ③ ④ ⑤	87	① ② ③ ④ ⑤	107	① ② ③ ④ ⑤
8	① ② ③ ④ ⑤	28	① ② ③ ④ ⑤	48	① ② ③ ④ ⑤	68	① ② ③ ④ ⑤	88	① ② ③ ④ ⑤	108	① ② ③ ④ ⑤
9	① ② ③ ④ ⑤	29	① ② ③ ④ ⑤	49	① ② ③ ④ ⑤	69	① ② ③ ④ ⑤	89	① ② ③ ④ ⑤	109	① ② ③ ④ ⑤
10	① ② ③ ④ ⑤	30	① ② ③ ④ ⑤	50	① ② ③ ④ ⑤	70	① ② ③ ④ ⑤	90	① ② ③ ④ ⑤	110	① ② ③ ④ ⑤
11	① ② ③ ④ ⑤	31	① ② ③ ④ ⑤	51	① ② ③ ④ ⑤	71	① ② ③ ④ ⑤	91	① ② ③ ④ ⑤	111	① ② ③ ④ ⑤
12	① ② ③ ④ ⑤	32	① ② ③ ④ ⑤	52	① ② ③ ④ ⑤	72	① ② ③ ④ ⑤	92	① ② ③ ④ ⑤	112	① ② ③ ④ ⑤
13	① ② ③ ④ ⑤	33	① ② ③ ④ ⑤	53	① ② ③ ④ ⑤	73	① ② ③ ④ ⑤	93	① ② ③ ④ ⑤	113	① ② ③ ④ ⑤
14	① ② ③ ④ ⑤	34	① ② ③ ④ ⑤	54	① ② ③ ④ ⑤	74	① ② ③ ④ ⑤	94	① ② ③ ④ ⑤	114	① ② ③ ④ ⑤
15	① ② ③ ④ ⑤	35	① ② ③ ④ ⑤	55	① ② ③ ④ ⑤	75	① ② ③ ④ ⑤	95	① ② ③ ④ ⑤	115	① ② ③ ④ ⑤
16	① ② ③ ④ ⑤	36	① ② ③ ④ ⑤	56	① ② ③ ④ ⑤	76	① ② ③ ④ ⑤	96	① ② ③ ④ ⑤	116	① ② ③ ④ ⑤
17	① ② ③ ④ ⑤	37	① ② ③ ④ ⑤	57	① ② ③ ④ ⑤	77	① ② ③ ④ ⑤	97	① ② ③ ④ ⑤	117	① ② ③ ④ ⑤
18	① ② ③ ④ ⑤	38	① ② ③ ④ ⑤	58	① ② ③ ④ ⑤	78	① ② ③ ④ ⑤	98	① ② ③ ④ ⑤	118	① ② ③ ④ ⑤
19	① ② ③ ④ ⑤	39	① ② ③ ④ ⑤	59	① ② ③ ④ ⑤	79	① ② ③ ④ ⑤	99	① ② ③ ④ ⑤	119	① ② ③ ④ ⑤
20	① ② ③ ④ ⑤	40	① ② ③ ④ ⑤	60	① ② ③ ④ ⑤	80	① ② ③ ④ ⑤	100	① ② ③ ④ ⑤	120	① ② ③ ④ ⑤
										121	① ② ③ ④ ⑤
										122	① ② ③ ④ ⑤
										123	① ② ③ ④ ⑤
										124	① ② ③ ④ ⑤
										125	① ② ③ ④ ⑤

수험자
여러분의
합격을
기원합니다.

3회독 워크북

2025 최신판

에듀윌 경비지도사
2차 경호학 한권끝장 + 기출특강

고객의 꿈, 직원의 꿈, 지역사회의 꿈을 실현한다

에듀윌 도서몰
book.eduwill.net

- 부가학습자료 및 정오표: 에듀윌 도서몰 > 도서자료실
- 교재 문의: 에듀윌 도서몰 > 문의하기 > 교재(내용, 출간) / 주문 및 배송

에듀윌 경비지도사

2025 최신판

에듀윌 경비지도사
2차 경호학 한권끝장+기출특강

상위 10%의 합격 비법

경호학
합격노트

최신 개정법령 ✚ 테마별 핵심이론

2025 최신판

에듀윌 경비지도사
2차 경호학 한권끝장 + 기출특강

관련법령

SECURITY

INSTRUCTOR

01 대통령 등의 경호에 관한 법률

(약칭: 대통령경호법)

[시행 2025.6.4.] [법률 제20559호, 2024.12.3., 일부개정]

★은 중요도 표시입니다. 진하게 표시된 것과 밑줄 아래 ※의 설명은 반드시 숙지하시기 바랍니다.

제1조【목적】★ 이 법은 대통령 등에 대한 경호를 효율적으로 수행하기 위하여 경호의 조직·직무범위와 그 밖에 필요한 사항을 규정함을 목적으로 한다.

제2조【정의】★★★★ 이 법에서 사용하는 용어의 뜻은 다음과 같다.

1. "경호"란 경호대상자의 생명과 재산을 보호하기 위하여 <u>신체에 가하여지는 위해(危害)를 방지하거나 제거하고, 특정 지역을 경계·순찰 및 방비</u>
   ※ 경호 = 호위(생명·재산 보호) + 경비(경계, 순찰, 방비)
   하는 등의 모든 안전 활동을 말한다.
2. "경호구역"이란 소속공무원과 관계기관의 공무원으로서 경호업무를 지원하는 사람이 경호활동을 할 수 있는 구역을 말한다.
3. "소속공무원"이란 **대통령경호처(이하 "경호처"라 한다) 직원과 경호처에 파견된 사람**을 말한다.
   ※ 소속공무원 = 경호처 직원 + 경호처에 파견된 사람
4. "관계기관"이란 경호처가 경호업무를 수행함에 있어 필요한 지원과 협조를 요청하는 국가기관, 지방자치단체 등을 말한다.

제3조【대통령경호처장 등】★★ ① 대통령경호처장(이하 "처장"이라 한다)은 대통령이 임명하고, 경호처의 업무를 총괄하며 소속공무원을 지휘·감독한다.
② 경호처에 차장 1명을 둔다.
③ 차장은 <u>1급 경호공무원 또는 고위공무원단에 속하는 별정직 국가공무원</u>으로 보하며, 처장을 보좌한다.
   ※ 차장은 경호공무원뿐만 아니라 별정직공무원도 될 수 있음

제4조【경호대상】★★★★ ① 경호처의 경호대상은 다음과 같다.

1. **대통령과 그 가족**
2. **대통령 당선인과 그 가족**
3. 본인의 의사에 반하지 아니하는 경우에 한정하여 퇴임 후 10년 이내의 전직 **대통령과 그 배우자.** 다만, **대통령이 임기 만료 전에 퇴임한 경우와 재직 중 사망한 경우의 경호 기간은 그로부터 5년으로 하고, 퇴임 후 사망한 경우의 경호 기간은 퇴임일부터 기산(起算)하여 10년을 넘지 아니하는 범위에서 사망 후 5년으로 한다.**
4. **대통령권한대행과 그 배우자**
   ※ 대통령권한대행의 자녀(×)

5. 대한민국을 방문하는 **외국의 국가 원수 또는 행정수반(行政首班)과 그 배우자**
6. 그 밖에 **처장이 경호가 필요하다고 인정하는 국내외 요인(要人)**

② 제1항 제1호 또는 제2호에 따른 가족의 범위는 대통령령으로 정한다.
③ 제1항 제3호에도 불구하고 전직 대통령 또는 그 배우자의 요청에 따라 **처장이 고령 등의 사유로 필요하다고 인정**하는 경우에는 <u>5년의 범위</u>에서 같은 호에 **규정된 기간을 넘어 경호할 수 있다.** ※ 3년(×), 7년(×)

제5조【경호구역의 지정 등】★★ ① 처장은 경호업무의 수행에 필요하다고 판단되는 경우 경호구역을 지정할 수 있다.
② 제1항에 따른 경호구역의 지정은 경호 목적 달성을 위한 **최소한의** 범위로 한정되어야 한다.
   ※ 최대한(×)
③ 소속공무원과 관계기관의 공무원으로서 경호업무를 지원하는 사람은 경호 목적상 불가피하다고 인정되는 상당한 이유가 있는 경우에만 경호구역에서 질서유지, 교통관리, 검문·검색, 출입통제, 위험물 탐지 및 안전 조치 등 위해 방지에 필요한 안전 활동을 할 수 있다.
④ 삭제 〈2013.3.23.〉

제5조의2【다자간 정상회의의 경호 및 안전관리】★★
① 대한민국에서 개최되는 다자간 정상회의에 참석하는 외국의 국가원수 또는 행정수반과 국제기구 대표의 신변(身邊)보호 및 행사장의 안전관리 등을 효율적으로 수행하기 위하여 **대통령 소속으로** 경호·안전 대책기구를 둘 수 있다. ※ 경호처 소속(×)
② 경호·안전 대책기구의 장은 **처장**이 된다.
③ 경호·안전 대책기구는 **소속공무원 및 관계기관의 공무원으로 구성**한다.
④ 제1항에 따른 경호·안전 대책기구의 구성시기, 구성 및 운영 절차, 그 밖에 필요한 사항은 대통령령으로 정한다.
⑤ 경호·안전 대책기구의 장은 다자간 정상회의의 경호 및 안전관리를 위하여 필요하면 관계기관의 장과 협의하여 「통합방위법」 제2조 제13호에 따른 <u>국가중요시설</u>
   ※ 국가중요시설 = 공공기관, 공항·항만, 주요 산업시설 등 적에 의하여 점령 또는 파괴되거나 기능이 마비될 경우 국가안보와 국민생활에 심각한 영향을 주게 되는 시설

과 불특정 다수인이 이용하는 시설에 대한 안전관리를 위하여 필요한 인력을 배치하고 장비를 운용할 수 있다.

제6조【직원】★★ ① 경호처에 **특정직 국가공무원인 1급부터 9급까지의 경호공무원과 일반직 국가공무원을 둔다**. ※ 경호처 직원 = 국가직(○), 지방직(×)
다만, 필요하다고 인정할 때에는 경호공무원의 정원 중 일부를 일반직 국가공무원 또는 별정직 국가공무원으로 보할 수 있다.
② 경호공무원 각 계급의 직무의 종류별 명칭은 대통령령으로 정한다.

제7조【임용권자】★★ ① 5급 이상 경호공무원과 5급 상당 이상 별정직 국가공무원은 **처장의 제청으로 대통령이 임용**한다. 다만, 전보 · 휴직 · 겸임 · 파견 · 직위해제 · 정직(停職) 및 복직에 관한 사항은 처장이 행한다.
② 처장은 경호공무원 및 별정직 국가공무원에 대하여 제1항 외의 모든 임용권을 가진다.
③ 삭제〈2013.3.23.〉
④ 고위공무원단에 속하는 별정직공무원의 신규채용에 관하여는 「국가공무원법」 제28조의6 제3항을 준용한다.

제8조【직원의 임용 자격 및 결격사유】★★★ ① 경호처 직원은 신체 건강하고 사상이 건전하며 품행이 바른 사람 중에서 임용한다.
② 다음 각 호의 어느 하나에 해당하는 사람은 직원으로 임용될 수 없다.
1. **대한민국의 국적을 가지지 아니한 사람**
2. **「국가공무원법」 제33조 각 호의 어느 하나에 해당하는 사람**
   ※ 경호처 직원은 국가직 공무원이므로 국가공무원법상 결격자는 임용될 수 없다.
③ 제2항 각 호(**「국가공무원법」 제33조 제5호는 제외한다**)의 어느 하나에 해당하는 직원은 당연히 퇴
※ 금고 이상의 형의 선고유예를 받은 경우에 그 선고유예 기간 중에 있는 자는 제외한다.
직한다.

제9조【비밀의 엄수】★★ ① 소속공무원[퇴직한 사람과 원(原) 소속 기관에 복귀한 사람을 포함한다. 이하 이 조에서 같다]은 **직무상 알게 된 비밀**을 누설하여서는 아니 된다. ※ 직무 = 직업상의 임무
② 소속공무원은 경호처의 직무와 관련된 사항을 발간하거나 그 밖의 방법으로 공표하려면 **미리 처장의 허가**를 받아야 한다.

제10조【직권면직】★★ ① 임용권자는 직원(별정직 국가공무원은 제외한다. 이하 이 조에서 같다)이 다음 각 호의 어느 하나에 해당하면 직권으로 면직할 수 있다.

1. **신체적 · 정신적 이상으로 6개월 이상 직무를 수행하지 못할 만한 지장이 있을 때** ※ 1년(×), 3개월(×)
2. 직무 수행 능력이 현저하게 부족하거나 근무태도가 극히 불량하여 직원으로서 부적합하다고 인정될 때
3. **직제와 정원의 개폐(改廢) 또는 예산의 감소 등에 의하여 폐직(廢職) 또는 과원(過員)이 된 때**
   ※ 개폐 = 고치거나 없애버림, 폐직 = 해당 직을 없애버림, 과원 = 초과된 인원
4. 휴직 기간이 끝나거나 휴직 사유가 소멸된 후에도 정당한 이유 없이 직무에 복귀하지 아니하거나 직무를 수행할 수 없을 때
5. 직무 수행 능력이 부족하거나 근무성적이 극히 불량하여 대통령령으로 정하는 바에 따라 대기 명령을 받은 사람이 그 기간 중 능력 또는 근무성적의 향상을 기대하기 어렵다고 인정될 때
6. 해당 직급에서 직무를 수행하는 데에 필요한 자격증의 효력이 상실되거나 면허가 취소되어 담당 직무를 수행할 수 없게 되었을 때
② 제1항 제2호 · 제5호에 해당하여 면직하는 경우에는 대통령령으로 정하는 바에 따라 고등징계위원회의 동의를 받아야 한다.
③ 제1항 제3호에 해당하여 면직하는 경우에는 임용형태, 업무실적, 직무 수행 능력, 징계처분 사실 등을 고려하여 면직 기준을 정하여야 한다. 이 경우 면직된 직원은 결원이 생기면 우선하여 재임용할 수 있다.
④ 제3항의 면직 기준을 정하거나 제1항 제3호에 따라 면직 대상자를 결정할 때에는 대통령령으로 정하는 바에 따라 인사위원회의 심의 · 의결을 거쳐야 한다.

제11조【정년】① 경호공무원의 정년은 다음의 구분에 따른다.
1. 연령정년
   가. **5급 이상: 58세**
   나. **6급 이하: 55세**
2. 계급정년
   가. 2급: 4년
   나. 3급: 7년
   다. 4급: 12년
   라. 5급: 16년
② 경호공무원이 강임(降任)된 경우에는 제1항 제2호에 따른 계급정년의 경력을 산정할 때에 강임되기 전의 상위계급으로 근무한 경력은 강임된 계급으로 근무한 경력에 포함한다.
③ 징계로 인하여 강등(6급으로 강등된 경우를 포함한다)된 경호공무원의 계급정년은 제1항 제2호에도 불구하고 다음 각 호에 따른다.〈신설 2024.12.3.〉
1. 강등된 계급의 계급정년은 강등되기 전 계급 중 가장 높은 계급의 계급정년으로 한다. 다만, 1급

경호공무원이 강등된 경우에는 제1항 제2호 가목의 계급정년으로 한다.

2. 계급정년을 산정할 때에는 강등되기 전 계급의 근무연수와 강등 이후의 근무연수를 합산한다.

④ 경호공무원은 그 정년이 된 날이 1월부터 6월 사이에 있는 경우에는 6월 30일에, 7월부터 12월 사이에 있는 경우에는 12월 31일에 각각 당연히 퇴직한다. 〈개정 2024.12.3.〉

⑤ 삭제 〈2013.8.13.〉

제12조【징계】★★ ① 직원의 징계에 관한 사항을 심사·의결하기 위하여 경호처에 고등징계위원회와 보통징계위원회를 둔다.

② 각 징계위원회는 위원장 1명과 4명 이상 6명 이하의 위원으로 구성한다.

③ **직원의 징계는 징계위원회의 의결을 거쳐 처장이 한다. 다만, 5급 이상 직원의 파면 및 해임은 고등징계위원회의 의결을 거쳐 처장의 제청으로 대통령이 한다.** ※ 징계의 최종결재권자＝처장 및 대통령(○), 징계위원회(×)

④ 징계위원회의 구성 및 운영 등에 필요한 사항은 대통령령으로 정한다.

제13조【보상】 직원으로서 제4조 제1항 각 호의 경호대상에 대한 경호업무 수행 또는 그와 관련하여 상이(傷痍)를 입고 퇴직한 사람과 그 가족 및 사망(상이로 인하여 사망한 경우를 포함한다)한 사람의 유족에 대하여는 대통령령으로 정하는 바에 따라 「국가유공자 등 예우 및 지원에 관한 법률」 또는 「보훈보상대상자 지원에 관한 법률」에 따른 보상을 한다.

제14조【국가공무원법과의 관계 등】① 직원의 신규채용, 시험의 실시, 승진, 근무성적평정, 보수 및 교육훈련에 관한 사항은 대통령령으로 정한다.

② 직원에 대하여는 이 법에 특별한 규정이 있는 경우를 제외하고는 「국가공무원법」을 준용한다.

③ 직원에 대하여는 「국가공무원법」 <u>제17조</u> 및 <u>제18조</u>를 적용하지 아니한다. ※ 인사에 관한 감사 ※ 통계 보고

제15조【국가기관 등에 대한 협조 요청】★ 처장은 직무상 필요하다고 인정할 때에는 국가기관, 지방자치단체, 그 밖의 공공단체의 장에게 그 공무원 또는 직원의 파견이나 그 밖에 필요한 협조를 요청할 수 있다.

제16조【대통령경호안전대책위원회】★★ ① 제4조 제1항 각 호의 경호대상에 대한 경호업무를 수행할 때에는 관계기관의 책임을 명확하게 하고, 협조를 원활하게 하기 위하여 **경호처에 대통령경호안전대책위원회(이하 "위원회"라 한다)를 둔다.**
※ 대통령 소속(×)

② **위원회는 위원장과 부위원장 각 1명을 포함한 20명 이내의 위원으로 구성한다.**

③ 위원장은 처장이 되고, 부위원장은 차장이 되며, 위원은 대통령령으로 정하는 관계기관의 공무원이 된다.

④ 위원회는 다음 각 호의 사항을 관장한다.

1. 대통령경호에 필요한 안전대책과 관련된 업무의 협의

2. 대통령경호와 관련된 첩보·정보의 교환 및 분석

3. 그 밖에 제4조 제1항 각 호의 경호대상에 대한 경호에 필요하다고 인정되는 업무

⑤ 위원회의 구성 및 운영에 필요한 사항은 대통령령으로 정한다.

제17조【경호공무원의 사법경찰권】★★★★ ① 경호공무원(처장의 제청으로 **서울중앙지방검찰청 검사장이**
※ 서울중앙지방검찰청 검사장 = 서울지검장
지명한 경호공무원을 말한다. 이하 이 조에서 같다)은 제4조 제1항 각 호의 경호대상에 대한 **경호업무 수행 중 인지한 그 소관에 속하는 범죄에 대하여 직무상 또는 수사상 긴급을 요하는 한도 내에서 사법경찰관리(司法警察官吏)의 직무를 수행할 수 있다.**

② 제1항의 경우 7급 이상 경호공무원은 사법경찰관의 직무를 수행하고, 8급 이하 경호공무원은 사법경찰리(司法警察吏)의 직무를 수행한다.

제18조【직권 남용 금지 등】★★ ① 소속공무원은 직권을 남용하여서는 아니 된다.

② **경호처에 파견된 경찰공무원은 이 법에 규정된 임무 외의 경찰공무원의 직무를 수행할 수 없다.**
※ 경호처에 소속되어 있는 동안은 경호처 고유의 업무에만 전념하여야 한다.

제19조【무기의 휴대 및 사용】★★★ ① **처장은 직무를 수행하기 위하여 필요하다고 인정할 때에는 소속공무원에게 무기를 휴대하게 할 수 있다.**
※ 모든 소속공무원이 반드시 무기를 휴대하는 것은 아니다.

② 제1항에 따라 무기를 휴대하는 사람은 **그 직무를 수행할 때 필요하다고 인정**하는 **상당한 이유가** 있을 경우 그 사태에 대응하여 **부득이하다고 판단되는 한**도 내에서 무기를 사용할 수 있다. 다만, 다음 각 호의 어느 하나에 해당할 때를 제외하고는 사람에게 **위해를 끼쳐서는 아니 된다.**
※ '위해를 끼쳐서는 아니 된다' = '조준사격을 하지 않는다'

1. 「형법」 제21조 및 제22조에 따른 **정당방위와 긴급피난**에 해당할 때

2. 제4조 제1항 각 호의 경호대상에 대한 경호업무 수행 중 인지한 그 소관에 속하는 범죄로 **사형, 무기 또는 장기 3년 이상의 징역 또는 금고에 해당하는 죄를 범하거나 범하였다고 의심할 만한 충분한 이유가 있는 사람이 소속공무원의 직무집행에 대하여 항거하거나 도피하려고 할 때 또는 제3자가 그를 도피시키려고 소속공무원에게 항거할 때에 이를 방지하거나 체포하기 위하여 무

기를 사용하지 아니하고는 다른 수단이 없다고 인정되는 상당한 이유가 있을 때

3. **야간**이나 **집단**을 이루거나 **흉기**나 그 밖의 위험한 물건을 휴대하여 경호업무를 방해하기 위하여 소속공무원에게 항거할 경우에 이를 방지하거나 체포하기 위하여 무기를 사용하지 아니하고는 다른 수단이 없다고 인정되는 상당한 이유가 있을 때

제20조【손실보상】 ① 처장은 소속공무원의 적법한 직무집행으로 인하여 다음 각 호의 어느 하나에 해당하는 손실을 입은 자에 대하여 제3항에 따른 손실보상심의위원회의 심의를 거쳐 정당한 보상을 하여야 한다.

1. 손실발생의 원인에 대하여 책임이 없는 자가 입은 생명 · 신체 또는 재산상의 손실(손실발생의 원인에 대하여 책임이 없는 자가 소속공무원의 직무집행에 자발적으로 협조하거나 물건을 제공하여 생명 · 신체 또는 재산상의 손실을 입은 경우를 포함한다)

2. 손실발생의 원인에 대하여 책임이 있는 자가 자신의 책임에 상응하는 정도를 초과하여 입은 생명 · 신체 또는 재산상의 손실

② 제1항에 따른 손실보상을 청구할 수 있는 권리는 손실이 있음을 안 날부터 3년, 손실이 발생한 날부터 5년간 행사하지 아니하면 시효의 완성으로 소멸한다.

③ 제1항에 따른 손실보상청구 사건을 심의하기 위하여 처장 소속으로 손실보상심의위원회를 둔다.

④ 처장은 거짓 또는 부정한 방법으로 보상금을 받은 자에 대하여는 해당 보상금을 환수하여야 한다.

⑤ 처장은 제4항에 따라 보상금을 반환하여야 할 자가 대통령령으로 정한 기한까지 그 금액을 납부하지 아니한 때에는 국세 강제징수의 예에 따라 징수할 수 있다.

⑥ 제1항부터 제5항까지에서 규정한 사항 외에 손실보상에 관하여 필요한 사항은 대통령령으로 정한다. 〈본조신설 2024.12.3.〉

제21조【벌칙】 ★★★ ① 제9조 제1항, 제18조 또는 제19조 제2항을 위반한 사람은 5년 이하의 징역이나 금고 또는 1천만 원 이하의 벌금에 처한다.

② 제9조 제2항을 위반한 사람은 2년 이하의 징역 · 금고 또는 500만 원 이하의 벌금에 처한다.

02 대통령 등의 경호에 관한 법률 시행령

(약칭: 대통령경호법 시행령)
[시행 2023.6.5.] [대통령령 제33382호, 2023.4.11., 타법개정]

제1조【목적】이 영은 「대통령 등의 경호에 관한 법률」에서 위임된 사항과 그 시행에 필요한 사항을 규정함을 목적으로 한다.

제2조【가족의 범위】★★ 「대통령 등의 경호에 관한 법률」(이하 "법"이라 한다) 제4조 제1항 제1호 및 제2호에 따른 <u>가족은 대통령 및 대통령당선인의 배우자와 직계존비속으로 한다.</u>
※ 직계존비속 = 혈연을 통해 친자 관계가 직접적으로 이어져 있는 존속(부모, 조부모 등)과 비속(아들 딸, 손자 손녀 등)을 아울러 이르는 말

제3조【전직대통령 등의 경호】법 제4조 제1항 제3호에 따라 전직대통령과 그 배우자의 경호에는 다음 각 호의 조치를 포함한다.
1. 경호안전상 별도주거지 제공(별도주거지는 본인이 마련할 수 있다)
2. 현 거주지 및 별도주거지에 경호를 위한 인원의 배치, 필요한 경호의 담당
3. 요청이 있는 경우 대통령전용기, 헬리콥터 및 차량 등 기동수단의 지원
4. 그 밖에 대통령경호처장(이하 "처장"이라 한다)이 관계기관과 협의하여 정한 사항

제3조의2【경호등급】★★ ① 처장은 법 제4조 제1항 제5호 및 제6호에 따른 경호대상자의 경호임무를 수행하기 위하여 해당 경호대상자의 지위와 경호위해요소, 해당 국가의 정치상황, 국제적 상징성, 상호주의 측면, 적대국가 유무 등 국제적 관계를 고려하여 경호등급을 구분하여 운영할 수 있다.
② 제1항에 따라 <u>경호등급을 구분하여 운영하는 경우에는 외교부장관, 국가정보원장 및 경찰청장과 미리 협의하여야 한다.</u> ※ 국방부장관(×)
③ 제1항의 경호등급과 관련하여 필요한 사항은 처장이 따로 정한다.

제3조의3【경호업무 수행 관련 관계기관 간의 협조 등】① 처장은 법 제4조에 규정된 경호대상에 대한 경호를 위하여 필요한 경우 대통령비서실, 국가안보실 및 경호·안전관리 업무를 지원하는 관계기관에 근무할 예정인 사람에게 신원진술서 및 「가족관계의 등록 등에 관한 법률」에서 정하는 증명서와 그 밖에 필요한 자료의 제출을 요구할 수 있다. 이 경우 처장은 제출된 자료의 내용을 확인하기 위하여 관계기관

에 조회 또는 그 밖에 필요한 협조를 요청할 수 있다.
② 처장은 법 제5조 제3항에 따른 안전 활동 등 경호업무를 효율적으로 수행하기 위하여 필요한 경우에는 관계기관에 대하여 경호구역에 출입하려는 사람의 범죄경력 조회 또는 사실 증명 등 필요한 협조를 요청할 수 있다.
③ 처장은 경호업무를 효율적으로 수행하기 위해 필요한 경우 관계기관의 장과 협의하여 법 제15조에 따라 경호구역에서의 경호업무를 지원하는 인력·시설·장비 등에 관한 사항을 조정할 수 있다.
〈신설 2023.5.16.〉

제4조【경호구역의 지정】법 제5조 제1항에 따라 <u>경호구역을 지정할 때에는 경호업무 수행에 대한 위해요소와 구역이나 시설의 지리적·물리적 특성 등을 고려해 지정한다.</u> ※ 경호구역지정권자 = 경호처장
〈전문개정 2022.5.9.〉

제4조의2【경호·안전 대책기구의 구성시기 및 운영기간】① 법 제5조의2 제1항에 따른 <u>경호·안전 대책기구(이하 "경호·안전 대책기구"라 한다)의 구성시기 및 운영기간은 다자간 정상회의의 규모·성격, 경호 환경 등을 고려하여 처장이 정한다.</u>
※ 경호·안전 대책기구의 장 = 경호처장
② 경호·안전 대책기구의 운영기간은 다자간 정상회의별로 1년 6개월을 초과할 수 없다.

제4조의3【경호·안전 대책기구의 구성 및 운영 등】① 경호·안전 대책기구의 장은 다자간 정상회의의 경호 및 안전관리 활동에 관한 업무를 총괄한다.
② 경호·안전 대책기구는 소속공무원과 관계기관에서 파견된 공무원으로 구성한다.
③ 제1항 및 제2항에서 규정한 사항 외에 경호·안전 대책기구의 구성 및 운영에 필요한 사항은 경호·안전 대책기구의 장이 관계기관의 장과 협의하여 정한다.

제4조의4【국가중요시설 등에 대한 인력 배치 등】① 법 제5조의2 제5항에 따른 인력 배치 및 장비 운용은 같은 항에 따른 협의를 거친 후 경호구역 내에서는 경호·안전 대책기구의 장이, 경호구역 외의 지역에서는 해당 국가중요시설 또는 불특정 다수인이 이용하는 시설의 안전관리를 담당하는 관계기관의 장이 각각 주관하여 실시한다.

② 법 제5조의2 제5항에 따른 **인력 배치 및 장비 운용 기간은 다자간 정상회의별로 6개월을 초과할 수 없다.**

제4조의5 【과학경호 발전방안의 수립·시행】 ★ 처장은 다음 각 호의 업무를 효율적으로 수행하기 위해 필요한 경우 **독자적 또는 산학협력 등을 통한 경호 연구개발사업의 수행으로 첨단과학기술을 활용한 과학경호 발전방안을 수립·시행할 수 있다.**

※ 산학협력 = 기업과 교육기관이 제휴 및 협력을 통하여 업무 효율을 향상시키는 방식

1. 경호구역에서의 경호업무
2. 법 제5조 제3항에 따른 안전 활동 업무
3. 법 제5조의2 제1항에 따른 신변보호 및 행사장의 안전관리 등의 업무
4. 그 밖에 경호업무의 효율적 수행을 위해 처장이 필요하다고 인정하는 업무

〈본조신설 2023.5.16.〉

제5조 【직급】 경호공무원의 계급별 직급의 명칭은 별표 1과 같다.

제6조 삭제 〈2008.2.29.〉

제6조의2 삭제 〈2008.2.29.〉

제7조 【인사위원회의 설치】 ① 대통령경호처(이하 "경호처"라 한다) 직원의 인사에 관한 정책 및 그 운용에 관한 중요사항을 심의하기 위하여 인사위원회 및 인사실무위원회를 둔다. 〈개정 2022.5.9.〉

② 인사위원회는 위원장 1인과 5인 이상 7인 이하의 위원으로 구성하며, 위원장은 2급 이상 직원 중에서, 위원은 3급 이상 직원 중에서 각각 처장이 임명한다.

③ 인사실무위원회는 위원장 1인과 5인 이상 7인 이하의 위원으로 구성하며, 위원장은 3급 이상 직원 중에서, 위원은 4급 이상 직원 중에서 각각 처장이 임명한다.

④ 인사위원회 및 인사실무위원회의 회의 기타 운영에 관하여 필요한 사항은 처장이 정한다.

제8조 【인사위원회의 직무 등】 인사위원회는 인사에 관하여 인사실무위원회와 관계부서에서 제안한 인사정책 및 그 운용에 관한 사항 등을 심의하여 처장에게 건의한다.

제9조 【임용】 경호처 직원의 임용은 학력·자격·경력을 기초로 하며, 시험성적·근무성적, 그 밖의 능력의 실증에 의하여 행한다.

제9조의2 【임용 직원의 임용 자격 확인 등】 ① 처장은 법 제8조 제1항에 따라 직원을 임용할 때에는 임용 대상자의 건강 상태, 사상의 건전성, 품행 및 제9조의 학력·자격·경력을 확인하기 위하여 임용 대상자에게 신원진술서, 학력증명서, 경력증명서, 건강진단서, 「가족관계의 등록 등에 관한 법률」에서 정하는

증명서와 그 밖에 필요한 자료의 제출을 요구할 수 있다.

② 처장은 제1항의 자료의 내용을 확인하기 위하여 관계기관에 조회 또는 그 밖에 필요한 협조를 요청할 수 있다.

③ 제1항 및 제2항에서 규정한 사항 외에 임용 직원의 임용 자격 확인 등에 필요한 사항은 처장이 정한다.

제10조 【신규채용】 ① **경호공무원 및 일반직 공무원의 신규채용은 공개경쟁채용시험으로 한다.**

※ 공개경쟁채용 = 일정한 자격자가 공직에 지원할 수 있도록 공정한 기회 제공

② 제1항에도 불구하고 다음 각 호의 어느 하나에 해당하는 경우에는 경력 등 응시요건을 정하여 같은 사유에 해당하는 다수인을 대상으로 경쟁하는 방법으로 채용하는 시험으로 경호공무원 및 일반직공무원을 신규채용할 수 있다. 다만, 제2호, 제3호 또는 제5호의 어느 하나에 해당하는 경우로서 다수인을 대상으로 시험을 실시하는 것이 적당하지 아니한 경우에는 다수인을 대상으로 하지 아니한 시험으로 경호공무원 및 일반직 공무원을 신규채용할 수 있다.

1. 공개경쟁채용시험에 의한 채용이 곤란한 임용예정직에 관련된 자격증 소지자를 임용하는 경우
2. 임용예정직에 상응하는 근무실적 또는 연구실적이 3년 이상인 자를 임용하는 경우
3. 임용예정직에 상응하는 전문지식·경험·기술이 있는 자를 1급 또는 2급의 경호공무원으로 임용하는 경우
4. 외국어에 능통하고 국제적 소양과 전문지식을 지닌 자를 임용하는 경우
5. 법 제10조 제1항 제3호의 사유로 퇴직하거나 「국가공무원법」 제71조 제1항 제1호의 휴직기간 만료로 인하여 퇴직한 경호공무원 또는 일반직공무원을 퇴직한 날부터 3년 이내에 퇴직 시에 재직한 직급의 직원으로 재임용하는 경우

③ 별정직 공무원의 신규채용은 비서·공보·의무·운전·사범·교관·사진 등의 특수 분야를 대상으로 한다.

제11조 【시보임용】 ① **5급 이하 경호공무원 또는 일반직 공무원을 신규채용하는 경우에는 1년 이내의 기간 동안 시보로 임용**

※ 시보 = 어떤 공직에 정식으로 임명되기 전에 실제로 그 일에 종사하는 직책

하고 그 기간 중에 근무성적과 교육훈련성적이 양호한 경우에 정규직원으로 임용한다.

② 휴직기간, 직위해제기간 및 징계에 의하여 정직 처분을 받은 기간은 제1항의 규정에 의한 시보임용 기간에 산입하지 아니한다.

제12조 【시험】 ① 직원의 임용을 위한 시험은 이를

직급별로 실시한다.

② 시험은 공개경쟁채용시험, 제10조 제2항 각 호 외의 부분 본문 및 단서에 따른 시험(이하 "경력경쟁채용시험 등"이라 한다) 및 승진시험으로 구분하여 처장이 실시하며, 경호공무원의 필기시험과목은 별표 2와 같다.

③ 별정직·일반직 공무원에 대하여는 신규채용의 경우를 제외하고는 시험을 과하지 아니한다.

④ 처장은 시험에 관한 출제·채점·면접시험·실기시험 및 기타 시험에 필요한 사항을 담당하게 하기 위하여 시험위원을 임명 또는 위촉할 수 있다.

⑤ 필기시험의 출제 및 채점에 있어서는 과목당 2인 이상의 시험위원이 임명 또는 위촉되어야 하며, 면접시험에 있어서는 3인 이상의 시험위원이 임명 또는 위촉되어야 한다.

⑥ 이 영에 규정된 사항 외에 시험에 관하여 필요한 사항은 처장이 정한다.

제13조【공개경쟁채용시험】① 공개경쟁채용시험은 필기시험·면접시험·신체검사 및 체력검정으로 실시한다. 다만, 처장이 필요하다고 인정하는 경우에는 실기시험·지능검사·인성검사 및 적성검사의 전부 또는 일부를 병행하여 실시할 수 있다.

② 경호공무원의 공개경쟁채용시험의 대상이 되는 계급은 5급·7급 및 9급으로 하고, 일반직 공무원의 공개경쟁채용시험의 대상이 되는 계급은 9급으로 한다.

제14조【경력경쟁채용시험 등】① 경력경쟁채용시험 등은 필기시험·면접시험 및 신체검사로 실시하며, 서류전형·실기시험·체력검정·지능검사·인성검사 및 적성검사의 전부 또는 일부를 병행하여 실시할 수 있다. 〈개정 2023.5.16.〉

② 제1항의 시험에 있어 처장이 필요하다고 인정하는 자에 대하여는 필기시험의 전부 또는 일부를 면제할 수 있다.

제15조【승진시험】① 6급 경호공무원을 5급 경호공무원으로 승진임용하려는 경우에는 승진시험을 병행할 수 있다.

② 제1항에 따른 승진시험은 필기시험으로 실시하되, 실기시험을 병행할 수 있다.

제16조【근무성적평정 및 경력평정의 실시】직원의 복무능률의 증진과 인사관리의 적정을 기하기 위하여 근무성적평정과 경력평정을 한다. 다만, 별정직 공무원에 대하여는 경력평정을 하지 아니한다.

제17조【평정기준】① 근무성적평정은 일정한 기간 중 당해 직원의 직무수행의 성과·능력·태도, 청렴도 및 직무에의 적합성 기타 직무수행에 필요한 사항에 관하여 행한다.

② 경력평정은 당해 직원의 경력이 직급별로 그 담당

직무수행과 관련되는 정도를 기준으로 행하여야 한다.

제18조【근무성적평정】① 근무성적평정은 3급 이하의 직원을 대상으로 하여 정기평정과 수시평정으로 나누어 실시하되, 정기평정은 연 1회 실시한다.

② 근무성적평정의 방법·시기·절차 등에 관하여 필요한 사항은 처장이 정한다.

제19조【경력평정】① 제21조 제1항의 승진소요최저연수에 도달한 5급 이하 경호공무원과 일반직 공무원에 대하여는 그 경력을 평정하여 승진임용에 반영하여야 한다.

② 경력평정은 해당 직급, 하위직급 및 차하위직급의 재직기간을 평정기간으로 한다.

③ 휴직기간, 직위해제기간 및 정직기간은 제2항의 경력평정 대상기간에 포함하지 아니한다. 다만, 「공무원임용령」 제31조 제2항 제1호 및 제2호에 따라 승진소요최저연수에 포함하는 휴직기간과 직위해제기간은 각각 휴직 또는 직위해제 당시의 직급 또는 계급의 직무에 종사한 기간으로 보아 제2항의 경력평정 대상기간에 포함한다.

④ 경력평정의 시기·방법·절차 등에 관하여 필요한 사항은 처장이 정한다.

제20조【승진임용 방법】① 경호공무원 및 일반직 공무원의 승진은 근무성적 및 경력평정 기타 능력의 실증에 의하여 행한다.

② 처장은 승진임용에 필요한 요건을 구비한 5급 이하 경호공무원 및 일반직 공무원에 대하여 근무성적평정 5할, 경력평정 1.5할, 교육훈련성적 3할, 상훈 및 신체검사 0.5할의 비율에 따라 승진심사자명부를 작성하여야 한다.

③ 제2항의 승진심사자명부에 등재하는 대상은 승진심사일이 속하는 달의 다음 달 말일까지 승진소요최저연수를 충족하는 자를 포함한다.

④ 승진심사는 승진심사자명부에 등재되어 있는 자를 대상으로 하고, 승진이 결정된 자는 승진일에 승진소요최저연수를 충족하여야 한다.

⑤ 이 영에 규정된 사항 외에 승진임용에 관하여 필요한 사항은 처장이 정한다.

제20조의2【승진선발위원회 등】① 처장은 승진대상자의 추천, 심사 및 선발을 위하여 다음 각 호의 위원회를 각각 구성·운영할 수 있다.

1. 2개 이상의 승진후보추천위원회
2. 승진선발위원회

② 제1항 제1호에 따른 2개 이상의 승진후보추천위원회는 상호 차단된 상태의 동일한 심사조건에서 동시에 심사한다.

③ 승진선발위원회는 승진후보추천위원회가 추천한 후보자 중에서 승진대상자를 선발한다.

④ 제1항 각 호의 위원회의 구성에 관하여는 「공무

원임용령」 제34조의3 제2항 및 제3항을 준용한다.

⑤ 제1항부터 제4항까지에서 규정한 사항 외에 승진후보추천위원회 및 승진선발위원회의 구성 및 운영에 필요한 사항은 처장이 정한다.

제21조【승진소요최저연수】① 경호공무원이 승진하려면 다음 각 호의 기간 동안 해당 계급에 재직하여야 한다.

1. 3급: 2년 이상
2. 4급: 4년 이상
3. 5급: 5년 이상
4. 6급: 4년 이상
5. 7급 및 8급: 3년 이상
6. 9급: 2년 이상

② 삭제〈2014.12.8.〉

제22조【특별승진】① 경호공무원 및 일반직 공무원이 다음 각 호의 어느 하나에 해당하는 때에는 제20조 및 제21조의 규정에 불구하고 특별승진 임용할 수 있다. 다만, 제1호 내지 제3호는 3급 이하 경호공무원 및 일반직 공무원에게만 적용한다.

1. 경호위해요소를 사전에 발견·제거하여 경호안전에 특별한 공을 세운 자
2. 경호위급사태 발생 시 경호대상자의 생명을 구하는 데 공이 현저한 자
3. 헌신적인 직무수행으로 업무발전에 기여한 공이 현저하여 모든 직원의 귀감이 되는 자
4. 재직 중 공적이 특히 현저한 자가 제26조의 규정에 의하여 공로퇴직하는 때
5. 재직 중 공적이 특히 현저한 자가 공무로 인하여 사망한 때

② 제1항의 규정에 의하여 특별승진임용하는 경우에는 「공무원임용령」 제32조 제1항의 규정에 의한 승진임용의 제한을 받지 아니한다.

③ 제1항 제1호 내지 제3호의 규정에 의하여 특별승진임용하는 경우에는 제21조의 규정에 의한 승진소요최저연수를 1년 단축할 수 있고, 동항 제4호의 규정에 의하여 특별승진임용하는 경우에는 공로퇴직일 전일까지 당해 계급에서 1년 이상 재직하여야 하며, 동항 제5호의 규정에 의하여 특별승진임용하는 경우에는 승진소요최저연수의 적용을 받지 아니한다.

④ 직원을 특별승진임용하고자 하는 때에는 인사위원회의 심의를 거쳐야 한다.

제23조【별정직 국가공무원의 근무상한연령】별정직 국가공무원의 근무상한연령은 경호공무원의 정년과 균형을 유지하는 범위 안에서 처장이 정한다.

제24조【교육훈련 등】① 처장은 직원에 대하여 직무의 능률증진을 위한 교육훈련을 실시한다.

② 처장은 필요하다고 인정하는 때에는 직원을 국내외의 교육기관 또는 연구기관에 위탁하여 교육훈련을 받게 할 수 있다.

③ 처장은 교육훈련의 성과측정을 위하여 정기 또는 수시로 평가를 실시하고 그 결과를 인사관리에 반영하여야 한다.

④ 제2항의 규정에 의하여 6월 이상 국외에서 교육훈련을 받은 직원에 대하여는 6년의 범위 안에서 교육훈련기간의 2배에 상당하는 기간, 6월 이상 국내에서 교육훈련을 받은 직원에 대하여는 6년의 범위 안에서 교육훈련기간과 동일한 기간(일과 후에만 실시하는 국내훈련의 경우에는 훈련기간의 5할에 해당하는 기간)을 복무하도록 하여야 한다. 다만, 복무의무를 부과하기 곤란하거나 복무의무를 부과한 후 이를 이행할 수 없는 특별한 사유가 있어 처장이 복무의무를 면제한 경우에는 그러하지 아니하다.

⑤ 제4항의 규정에 의한 의무복무를 이행하지 아니한 자는 교육훈련을 위하여 소요된 경비의 전액 또는 일부를 반납하여야 한다.

⑥ 처장은 경호공무원으로 20년 이상 근무한 후 퇴직하고자 하는 자에 대하여 퇴직 후 사회적응능력의 배양을 위하여 1년 이내의 범위에서 연수를 실시할 수 있다. 이 경우 처장은 연수기간 중 당해 연수자의 직급에 해당하는 정원이 따로 있는 것으로 보고 결원을 보충할 수 있다.

제25조【보수】① 처장의 보수는 「공무원보수규정」에 따른 차관의 보수와 같은 금액으로 한다.

② 기타 직원의 보수에 관하여는 「공무원보수규정」에 따른다.

제26조【공로퇴직】① 경호공무원으로 10년 이상 성실하게 근무한 후 퇴직하는 자에 대하여는 예산의 범위 안에서 공로퇴직수당(이하 "수당"이라 한다)을 지급할 수 있다.

② 제1항의 수당지급액은 다음의 산식에 의하여 산출한 금액의 범위 안으로 한다.

퇴직당시 봉급월액 × {36 + (33 − 근속연수) × 2/3}

③ 수당의 지급절차 기타 수당지급에 관하여 필요한 사항은 기획재정부장관 및 인사혁신처장과 협의하여 처장이 정한다.

제27조【직권면직 등】① 임용권자는 법 제10조 제1항 제2호·제5호 및 같은 조 제2항에 따라 **직권면직에 대한 동의를 받아야 하는 경우**에는 법 제12조 제1항에 따른 고등징계위원회(이하 "고등징계위원회"라 한다)에 **직권면직 동의 요구서로 동의를 요구해야 한다.** ※ 직권면직 = 해당 공무원의 의사와는 상관없이 국가의 일방적 의사에 따라 공무원을 그 직나나 직무에서 물러나게 하는 일

② 처장은 법 제10조 제1항 제5호에 따라 직무 수행 능력이 부족하거나 근무성적이 극히 불량하여 「국가공무원법」 제73조의3 제1항 제2호에 따라 **직위해제**

된 사람에게 3개월의 범위에서 대기를 명해야 한다.

③ 처장은 제2항에 따라 대기 명령을 받은 사람에게 능력 회복이나 근무성적의 향상을 위한 교육훈련 또는 특별한 연구과제 부여 등 필요한 조치를 해야 한다.

제27조의2 삭제 〈2013.8.20.〉

제27조의3 삭제 〈2013.8.20.〉

제28조【징계의결의 요구】① 처장은 소속 직원에게 징계사유가 있다고 인정되는 때에는 관할징계위원회에 징계의결을 요구하여야 한다.

② 처장은 경호처에 파견되어 근무 중인 직원에 대하여 징계사유가 있다고 인정되는 때에는 파견직원의 원 소속기관의 장에게 그 사유를 통보하여야 한다.

③ 제1항의 규정에 의하여 징계의결을 요구하는 때에는 미리 당해 직원의 징계사유에 대하여 충분히 조사하고 입증자료를 첨부하여 징계의결요구서에 의하여 이를 행하여야 한다.

제29조【징계위원회의 구성 등】① <u>고등징계위원회의 위원장은 차장이 되고,</u>

※ 고등징계위원회 위원장 = 처장(×), 차장(○)

위원은 3급 이상의 직원(고위공무원단에 속하는 직원을 포함한다)과 다음 각 호의 어느 하나에 해당하는 사람 중에서 성별을 고려하여 처장이 임명 또는 위촉한다.

1. 법관·검사 또는 변호사로 10년 이상 근무한 사람
2. 「고등교육법」 제2조에 따른 학교 또는 그 밖의 다른 법률에 따라 설립된 이에 준하는 교육기관(이하 "대학 등"이라 한다)에서 법률학·행정학 또는 경호 관련 학문을 담당하는 부교수 이상으로 재직 중인 사람
3. 3급 이상의 경호공무원으로 근무하고 퇴직한 사람(퇴직일부터 3년이 지난 사람으로 한정한다)

② 법 제12조 제1항에 따른 <u>보통징계위원회(이하 "보통징계위원회"라 한다)의 위원장은 기획관리실장이 되</u>고, 위원은 4급 이상의 직원(고위공무원단에 속하는 직원을 포함한다)과 다음 각 호의 어느 하나에 해당하는 사람 중에서 성별을 고려하여 처장이 임명 또는 위촉한다. 〈개정 2023.5.16.〉

1. 법관·검사 또는 변호사로 5년 이상 근무한 사람
2. 대학 등에서 법률학·행정학 또는 경호 관련 학문을 담당하는 조교수 이상으로 재직 중인 사람
3. 경호공무원으로 20년 이상 근무하고 퇴직한 사람(퇴직일부터 3년이 지난 사람으로 한정한다)

③ 제1항 및 제2항에 따라 위촉되는 위원의 수는 위원장을 제외한 위원 수의 각각 2분의 1 이상이어야 한다.

④ 제1항 및 제2항에 따라 위촉되는 위원의 임기는 3년으로 하며, 한 차례만 연임할 수 있다.

⑤ 처장은 제1항 및 제2항에 따라 위촉되는 위원이

다음 각 호의 어느 하나에 해당하는 경우에는 해당 위원을 해촉(解囑)할 수 있다. 다만, 제4호에 해당하는 경우에는 해촉하여야 한다.

1. 심신장애로 인하여 직무를 수행할 수 없게 된 경우
2. 직무와 관련된 비위사실이 있는 경우
3. 직무태만, 품위손상이나 그 밖의 사유로 인하여 위원으로 적합하지 아니하다고 인정되는 경우
4. 「공무원 징계령」 제15조 제1항에 해당하는 데에도 불구하고 회피하지 아니한 경우
5. 위원 스스로 직무를 수행하는 것이 곤란하다고 의사를 밝히는 경우

제30조【징계위원회의 관할·운영 등】① <u>고등징계위원회는 1급 내지 5급 직원에 대한 징계사건 및 6급 이하 직원에 대한 중징계 사건을 심사·의결한다.</u>

※ 중징계 = 파면, 해임, 강등, 정직

② <u>보통징계위원회는 6급 이하 직원에 대한 경징계 사건을 심사·의결한다.</u> ※ 경징계 = 감봉, 견책

③ 징계위원회의 관할이 다른 상하직위자가 관련된 징계사건은 제1항 및 제2항의 규정에 불구하고 고등징계위원회에서 심사·의결한다. 다만, 하위직위자에 대한 징계를 분리하여 심사·의결하는 것이 타당하다고 인정되는 때에는 고등징계위원회의 의결로써 하위직위자에 대한 징계사건을 보통징계위원회에 이송할 수 있다.

제31조【공무원 징계령의 준용】직원의 징계에 관하여 이 영에 특별한 규정이 있는 경우를 제외하고는「공무원 징계령」제9조 내지 제15조, 제17조 내지 제25조를 준용한다.

제32조【보상】① 법 제13조에 따른 상이(傷痍)를 입고 퇴직한 사람과 그 가족은「국가유공자 등 예우 및 지원에 관한 법률」제6조의4 또는「보훈보상대상자 지원에 관한 법률」제6조에 따른 상이등급에 해당하는 신체의 상이를 입고 퇴직한 사람과 그 가족으로 한다.

② 법 제13조에 따른 사망(상이로 인하여 사망한 경우를 포함한다)한 사람의 유족은 직원의 사망 당시「국가유공자 등 예우 및 지원에 관한 법률」제5조 또는「보훈보상대상자 지원에 관한 법률」제3조에 해당하는 사람으로 한다.

③ 제1항에 해당하는 사람은「국가유공자 등 예우 및 지원에 관한 법률」제4조 제1항 제4호·제6호 또는「보훈보상대상자 지원에 관한 법률」제2조 제1항 제2호에 따른 전상군경(戰傷軍警), 공상군경(公傷軍警) 또는 재해부상군경과 그 가족으로 보고, 제2항에 해당하는 사람은「국가유공자 등 예우 및 지원에 관한 법률」제4조 제1항 제3호·제5호 또는「보훈보상대상자 지원에 관한 법률」제2조 제1항 제1호에 따른 전몰군경(戰歿軍警), 순직군경(殉職軍警) 또는

재해사망군경의 유족으로 보아 「국가유공자 등 예우 및 지원에 관한 법률」 또는 「보훈보상대상자 지원에 관한 법률」에 따른 보상을 실시한다.

④ 제3항에 따른 보상을 받으려는 사람은 「국가유공자 등 예우 및 지원에 관한 법률」 제6조 또는 「보훈보상대상자 지원에 관한 법률」 제4조에 따라 국가보훈부장관에게 등록을 신청하여야 한다. 이 경우 등록신청서에는 처장이 발급한 상이확인증명서 또는 사망확인증명서를 첨부하여야 한다. 〈개정 2023.4.11.〉

⑤ 처장은 「국가유공자 등 예우 및 지원에 관한 법률 시행령」 제9조 제2항 또는 「보훈보상대상자 지원에 관한 법률 시행령」 제6조 제2항에 따라 국가보훈부장관으로부터 국가유공자 또는 보훈보상대상자 요건과 관련된 사실의 확인에 대한 요청을 받으면 그 요건과 관련된 사실을 확인하여 국가보훈부장관에게 통보하여야 한다. 〈개정 2023.4.11.〉

제33조 삭제 〈2008.2.29.〉

제34조【복제】 ① 처장은 필요하다고 인정하는 경우 직원에게 제복을 지급할 수 있다.

② 직원의 복제에 관하여 필요한 사항은 처장이 정한다.

제35조【준용】 경호처의 직원에 관하여 이 영에 특별한 규정이 있는 경우를 제외하고는 「공무원임용령」 및 「국가공무원 복무규정」을 준용한다.

제35조의2【민감정보 및 고유식별정보의 처리】 ① 처장은 다음 각 호의 업무를 수행하기 위하여 불가피한 경우 「개인정보 보호법 시행령」 제18조 제2호에 따른 범죄경력자료에 해당하는 정보, 같은 조 제3호에 따른 특정 개인을 알아볼 목적으로 일정한 기술적 수단을 통해 생성한 정보(제1호의 업무를 수행하는 경우로 한정한다)나 같은 영 제19조에 따른 주민등록번호, 여권번호, 운전면허의 면허번호 또는 외국인등록번호가 포함된 자료를 처리할 수 있다. 〈개정 2022.5.9.〉

1. 법 및 이 영에 따른 경호업무
2. 법 제8조 및 이 영 제9조·제9조의2에 따른 임용 직원의 임용 자격 확인 등에 관한 업무

② 다음 각 호의 조회 또는 협조 요청을 받은 관계 기관의 장은 그 조회 또는 협조 업무를 수행하기 위하여 불가피한 경우 「개인정보 보호법 시행령」 제18조 제2호에 따른 범죄경력자료에 해당하는 정보, 같은 조 제3호에 따른 특정 개인을 알아볼 목적으로 일정한 기술적 수단을 통해 생성한 정보(제1호의 업무를 수행하는 경우로 한정한다)나 같은 영 제19조에 따른 주민등록번호, 여권번호, 운전면허의 면허번호 또는 외국인등록번호가 포함된 자료를 처리할 수 있다. 〈개정 2022.5.9.〉

1. 제3조의3에 따른 경호업무 수행과 관련한 조회 또는 협조

2. 제9조의2에 따른 임용 직원의 임용 자격 확인 등과 관련한 조회 또는 협조

제36조【위임사항】 이 영의 시행에 관하여 필요한 사항은 처장이 정한다.

03 대통령경호안전대책위원회규정

[시행 2022.11.1.] [대통령령 제32968호, 2022.11.1., 타법개정]

제1조【목적】★ 이 영은 「대통령 등의 경호에 관한 법률」 제16조에 따른 대통령경호안전대책위원회의 구성 및 운영에 관하여 필요한 사항을 규정함을 목적으로 한다.

제2조【구성】★★★ 대통령경호안전대책위원회(이하 "위원회"라 한다)의 **위원은 국가정보원 테러정보통합센터장, 외교부 의전기획관, 법무부 출입국·외국인정책본부장, 과학기술정보통신부 통신정책관, 국토교통부 항공안전정책관, 식품의약품안전처 식품안전정책국장, 관세청 조사감시국장, 대검찰청 공공수사정책관, 경찰청 경비국장, 소방청 119구조구급국장,**

※ 경찰청 보안국장(×)

해양경찰청 경비국장, 합동참모본부 작전본부 소속 장성급 장교 중 위원장이 지명하는 1명, 국군방첩사령부 소속 장성급 장교 또는 2급 이상의 군무원 중 위원장이 지명하는 1명, 수도방위사령부 참모장과 위원장이 임명 또는 위촉하는 자로 구성한다. 〈개정 2022.11.1.〉

제3조 삭제 〈2007.1.18.〉

제4조【책임】★★★★ ① 대통령경호안전대책활동(이하 "안전대책활동"이라 한다)에 관하여는 **위원회 구성원 전원과 그 구성원이 속하는 기관의 장이 공동으로 책임**을 지며, 각 구성원은 위원회의 결정사항 기타 안전대책활동을 위하여 부여된 임무에 관하여 상호 간 최대한의 협조를 하여야 한다.

② 각 구성원의 분장책임은 다음과 같다. 〈개정 2022.11.1.〉

1. 대통령경호처장
   안전대책활동에 관한 전반적인 업무를 총괄하며 필요한 안전대책활동지침을 수립하여 관계부서에 부여한다.
2. 국가정보원 테러정보통합센터장
   가. 입수된 경호 관련 첩보 및 정보의 신속한 전파·보고
   나. 위해요인의 제거
   다. 정보 및 보안대상기관에 대한 조정
   라. **행사참관 해외동포 입국자에 대한 동향 파악 및 보안조치**
   마. 그 밖에 국내외 경호행사의 지원
3. 외교부 의전기획관
   가. 입수된 경호 관련 첩보 및 정보의 신속한 전파·보고
   나. 방한 국빈의 국내 행사 지원
   다. **대통령과 그 가족 및 대통령 당선인과 그 가족 등의 외국방문 행사 지원**
   라. 다자간 국제행사의 외교의전 시 경호와 관련된 협조
   마. 그 밖에 국내외 경호행사의 지원
4. 법무부 출입국·외국인정책본부장
   가. 입수된 경호 관련 첩보 및 정보의 신속한 전파·보고
   나. 위해용의자에 대한 출입국 및 체류관련 동향의 즉각적인 전파·보고
   다. 그 밖에 국내외 경호행사의 지원
5. 삭제 〈2020.4.21.〉
6. 삭제 〈2020.4.21.〉
7. 과학기술정보통신부 통신정책관
   가. 입수된 경호 관련 첩보 및 정보의 신속한 전파·보고
   나. 경호임무 수행을 위한 정보통신업무의 지원
   다. 정보통신망을 이용한 경호 관련 위해사항의 확인
   라. 그 밖에 국내외 경호행사의 지원
8. 국토교통부 항공안전정책관
   가. 입수된 경호 관련 첩보 및 정보의 신속한 전파·보고
   나. 민간항공기의 행사장 상공비행 관련 업무 지원 및 협조
   다. 육로 및 철로와 공중기동수단 관련 업무 지원 및 협조
   라. 그 밖에 국내외 경호행사의 지원
8의2. 식품의약품안전처 식품안전정책국장
   가. 식품의약품 안전 관련 입수된 첩보 및 정보의 신속한 전파·보고
   나. 경호임무에 필요한 식음료 위생 및 안전관리 지원
   다. 식음료 관련 영업장 종사자에 대한 위생교육

라. 식품의약품 안전검사 및 그 밖에 필요한 자료의 지원
마. 그 밖에 국내외 경호행사의 지원

9. 관세청 조사감시국장
   가. 입수된 경호 관련 첩보 및 정보의 신속한 전파·보고
   나. 출입국자에 대한 검색 및 검사
   다. 휴대품·소포·화물에 대한 검색
   라. 그 밖에 국내외 경호행사의 지원

10. 대검찰청 공공수사정책관
   가. 입수된 경호 관련 첩보 및 정보의 신속한 전파·보고
   나. 위해음모 발견 시 수사지휘 총괄
   다. 위해가능인물의 관리 및 자료 수집
   ※ 위해가능인물에 대한 동향 파악은 경찰청 경비국장의 임무이다.
   라. 국제테러범죄 조직과 연계된 위해사범의 방해책동 사전차단
   마. 그 밖에 국내외 경호행사의 지원

11. 경찰청 경비국장
   가. 입수된 경호 관련 첩보 및 정보의 신속한 전파·보고
   나. 위해가능인물에 대한 동향 파악
   ※ 위해가능인물의 관리 및 자료 수집은 대검찰청 공공수사정책관의 임무이다.
   다. 행사참석자 및 종사자의 신원조사
   라. 삭제〈2020.4.21.〉
   마. 행사장·이동로 주변 집회 및 시위관련 정보제공과 비상상황 방지대책의 수립
   바. 우범지대 및 취약지역에 대한 안전조치
   사. 행사장 및 이동로 주변에 있는 물적 취약요소에 대한 안전조치
   아. 삭제〈2020.4.21.〉
   자. 총포·화약류의 영치관리와 봉인 등 안전관리
   차. 불법무기류의 단속 및 분실무기의 수사
   카. 그 밖에 국내외 경호행사의 지원

12. 해양경찰청 경비국장
   가. 입수된 경호 관련 첩보 및 정보의 신속한 전파·보고
   나. 해상에서의 경호·테러예방 및 안전조치
   다. 그 밖에 국내외 경호행사의 지원

13. 소방청 119구조구급국장
   가. 입수된 경호 관련 첩보 및 정보의 신속한 전파·보고
   나. 경호임무 수행을 위한 소방방재업무 지원
   다. 그 밖에 국내외 경호행사의 지원

14. 합동참모본부 작전본부 소속 장성급 장교 중 위원장이 지명하는 1명
   가. 입수된 경호 관련 첩보 및 정보의 신속한 전파·보고
   나. 안전대책활동에 대한 육·해·공군업무의 총괄 및 협조
   다. 삭제〈2007.1.18.〉
   라. 그 밖에 국내외 경호행사의 지원

15. 국군방첩사령부 소속 장성급 장교 또는 2급 이상의 군무원 중 위원장이 지명하는 1명
   가. 입수된 경호 관련 첩보 및 정보의 신속한 전파·보고
   나. 군내 행사장에 대한 안전활동
   다. 군내 위해가능인물에 대한 안전조치
   라. 행사참석자 및 종사자의 신원조사
   ※ 군인과 군 관련 민간인을 그 대상으로 한다.
   마. 경호구역 인근 군부대의 특이사항 확인·전파 및 보고
   바. 이동로 주변 군시설물에 대한 안전조치
   사. 취약지에 대한 안전조치
   아. 경호유관시설에 대한 보안지원 활동
   자. 그 밖에 국내외 경호행사의 지원

16. 수도방위사령부 참모장
   가. 입수된 경호 관련 첩보 및 정보의 신속한 전파·보고
   나. 수도방위사령부 관할지역 내 진입로 및 취약지에 대한 안전조치
   다. 수도방위사령부 관할지역의 경호구역 및 그 외곽지역 수색·경계 등 경호활동 지원
   라. 그 밖에 국내외 경호행사의 지원

제5조【소집】① 위원장은 위원회의 회의를 소집하고, 그 의장이 된다.
② 위원장은 필요하다고 인정할 때에는 부위원장으로 하여금 위원장의 직무를 대행하게 할 수 있다.

제6조【간사】① 위원회의 사무를 처리하기 위하여 위원회에 간사 1인을 둔다.
② 간사는 대통령경호처 직원 중에서 위원장이 임명한다.

제7조【실무위원회】① 위원회의 소관사항을 예비심의하거나 위원회로부터 위임받은 사항의 처리를 위하여 위원회에 실무위원회를 둘 수 있다.
② 실무위원회의 구성·운영 등에 관하여 필요한 사항은 위원장이 정한다.

제8조【운영세칙】이 영의 시행에 관하여 필요한 사항은 위원장이 정한다.

전직대통령 예우에 관한 법률

(약칭: 전직대통령법)

[시행 2017.9.22.] [법률 제14618호, 2017.3.21., 일부개정]

제1조【목적】이 법은 전직대통령(前職大統領)의 예우에 관한 사항을 규정함을 목적으로 한다.

제2조【정의】이 법에서 "전직대통령"이란 헌법에서 정하는 바에 따라 대통령으로 선출되어 재직하였던 사람을 말한다.

제3조【적용 범위】이 법은 전직대통령 또는 그 유족에 대하여 적용한다.

제3조의2 삭제 〈1995.12.29.〉

제4조【연금】① 전직대통령에게는 연금을 지급한다.
② 제1항에 따른 연금 지급액은 지급 당시의 대통령 보수연액(報酬年額)의 100분의 95에 상당하는 금액으로 한다.

제5조【유족에 대한 연금】① 전직대통령의 유족 중 배우자에게는 유족연금을 지급하며, 그 연금액은 지급 당시의 대통령 보수연액의 100분의 70에 상당하는 금액으로 한다.
② 전직대통령의 유족 중 배우자가 없거나 제1항에 따라 유족연금을 받던 배우자가 사망한 경우에는 그 연금을 전직대통령의 30세 미만인 유자녀(遺子女)와 30세 이상인 유자녀로서 생계능력이 없는 사람에게 지급하되, 지급 대상자가 여러 명인 경우에는 그 연금을 균등하게 나누어 지급한다.

제5조의2【기념사업의 지원】민간단체 등이 전직대통령을 위한 기념사업을 추진하는 경우에는 관계 법령에서 정하는 바에 따라 필요한 지원을 할 수 있다.

제5조의3【묘지관리의 지원】전직대통령이 사망하여 국립묘지에 안장되지 아니한 경우에는 대통령령으로 정하는 바에 따라 묘지관리에 드는 인력 및 비용을 지원할 수 있다.

제6조【그 밖의 예우】★★ ① 전직대통령은 비서관 3명과 운전기사 1명을 둘 수 있고, 전직대통령이 서거한 경우 그 배우자는 비서관 1명과 운전기사 1명을 둘 수 있다.
② 제1항에 따라 전직대통령이 둘 수 있는 비서관과 운전기사는 전직대통령이 추천하는 사람 중에서 임명하며, 비서관은 고위공무원단에 속하는 별정직 공무원으로 하고, 운전기사는 별정직 공무원으로 한다.
③ 제1항에 따라 전직대통령이 서거한 경우 그 배우자가 둘 수 있는 비서관과 운전기사는 전직대통령의 배우자가 추천하는 사람 중에서 임명하며, 비서관과 운전기사의 신분은 대통령령으로 정한다.
④ 전직대통령 또는 그 유족에게는 관계 법령에서 정하는 바에 따라 다음 각 호의 예우를 할 수 있다.
1. **필요한 기간의 경호 및 경비(警備)**
2. 교통·통신 및 사무실 제공 등의 지원
3. 본인 및 그 가족에 대한 치료
4. 그 밖에 전직대통령으로서 필요한 예우

제7조【권리의 정지 및 제외 등】★★★★ ① 이 법의 적용 대상자가 공무원에 취임한 경우에는 그 기간 동안 제4조 및 제5조에 따른 연금의 지급을 정지한다.
② **전직대통령이 다음 각 호의 어느 하나에 해당하는 경우에는 제6조 제4항 제1호에 따른 예우를 제외하고는 이 법에 따른 전직대통령으로서의 예우를 하지 아니한다.**
※ 전직대통령에 대한 필요기간의 경호 및 경비는 박탈되지 않는다.
1. **재직 중 탄핵결정을 받아 퇴임한 경우**
2. **금고 이상의 형이 확정된 경우**
3. **형사처분을 회피할 목적으로 외국정부에 도피처**
   ※ 민사처분(×)
   또는 보호를 요청한 경우
4. **대한민국의 국적을 상실한 경우**

제8조【연금의 중복 지급 금지】이 법에 따라 연금을 지급받는 사람에게는 다른 법률에 따른 연금을 지급하지 아니한다.

제9조【연금의 지급방법 및 지급절차】이 법에 따른 연금의 지급방법 및 지급절차와 그 밖에 이 법의 시행에 필요한 사항은 대통령령으로 정한다.

05 전직대통령 예우에 관한 법률 시행령

(약칭: 전직대통령법 시행령)

[시행 2021.1.5.] [대통령령 제31380호, 2021.1.5., 타법개정]

제1조【목적】이 영은 「전직대통령 예우에 관한 법률」에서 위임된 사항과 그 시행에 필요한 사항을 규정함을 목적으로 한다.

제2조【용어의 정의】① 「전직대통령 예우에 관한 법률」(이하 "법"이라 한다) 제4조 제2항 및 제5조 제1항에서 "지급 당시의 대통령 보수연액"이라 함은 연금의 지급일이 속하는 월의 대통령연봉월액의 8.85배에 상당하는 금액을 말한다.

② 법 제5조 제2항에서 "30세 이상의 유자녀로서 생계능력이 없는 자"라 함은 유자녀와 그 가족의 소득·재산 및 부양가족 등을 고려하여 사회통념상 전직대통령의 유자녀로서의 품위를 유지하기 어렵다고 인정되는 자를 말한다.

제3조【연금증서】① 유족연금수급권자로 된 자는 유족연금수급권자임을 입증하는 데 필요한 관계서류를 첨부하여 연금증서의 교부를 행정안전부장관에게 신청하여야 한다.

② 행정안전부장관은 전직대통령과 유족연금수급권자에 대하여 별지 서식에 의한 연금증서를 교부한다. 이 경우 행정안전부장관이 연금증서를 교부함에 있어서 필요한 때에는 당해 연금수급권자에게 증빙서류 등의 제출을 요구할 수 있다.

③ 법 제5조 제2항의 유족연금수급권자가 수인인 경우에는 하나의 연금증서에 유족연금수급권자 전원의 성명 등을 기재하여 이를 교부할 수 있다.

제4조【연금의 지급기간】연금은 그 사유가 발생한 날이 속하는 월의 익월부터 그 사유가 소멸된 날이 속하는 월까지 지급한다.

제5조【연금지급일】연금은 12월로 분급(分給)하되, 매월 20일에 지급한다.

제6조【연금지급의 정지】법 제7조에 의하여 연금의 지급을 정지할 사유가 발생한 때에는 그 사유가 발생한 날이 속하는 월의 익월부터 그 사유가 소멸된 날이 속하는 월까지 지급을 정지한다.

제6조의2【기념사업의 지원】① 법 제5조의2에 따라 지원하는 기념사업은 다음 각 호와 같다.

1. 전직대통령 기념관 및 기념 도서관 건립 사업
2. 기록물, 유품 등 전직대통령 관련 사료를 수집·정리하는 사업
3. 전직대통령의 업적 등을 연구·편찬하는 사업
4. 제2호 및 제3호에 해당하는 사료 및 자료 등의 전시 및 열람 사업
5. 전직대통령 관련 학술세미나 개최 또는 강좌 등의 운영 사업
6. 전직대통령 관련 국제 학술회의 개최 등의 대외협력 사업
7. 그 밖에 제1호부터 제6호까지에 준하는 사업으로서 행정안전부장관이 정하는 사업

② 제1항의 기념사업에 대한 지원 내용은 다음 각 호와 같다.

1. 문서·도화 등 전시물의 대여
2. 사업경비의 일부보조
3. 기타 사업추진을 위하여 필요하다고 인정되는 지원

③ 제1항 및 제2항에 따른 지원의 대상과 규모는 국무회의의 심의를 거쳐 결정한다.

제6조의3【묘지관리의 지원】① 법 제5조의3에 따라 **지원할 수 있는 묘지관리에 드는 인력은 묘지의 경비 인력 및 관리 인력으로 한다.** 이 경우 묘지관리의

※ 국립현충원에 안장되지 않을 경우의 묘지관련 지원 조항

효율성 등을 고려하여 해당 인력의 운용 비용으로 지급할 수 있다.

② 법 제5조의3에 따라 지원할 수 있는 묘지관리에 드는 비용은 묘지의 시설 유지 등 관리 비용으로 한다.

③ 제1항 후단 및 제2항에 따른 비용은 묘지관리를 하는 유족에게 지급하되, 유족의 동의를 얻어 묘지관리를 하는 단체가 있는 경우 해당 단체에 그 비용을 지급할 수 있다. 다만, 묘지관리를 하는 유족이나 단체가 없는 경우에는 행정안전부장관이 묘지관리를 위하여 지원할 필요가 있다고 인정하는 자에게 그 비용을 지급할 수 있다.

④ 제1항 및 제2항에 따른 지원을 받으려는 자는 묘지관리에 드는 인력 및 비용 등 필요한 사항을 포함한 신청서류를 행정안전부장관에게 제출하여야 한다.

⑤ 제1항부터 제3항까지의 규정에 따른 구체적인 지원 대상, 규모 및 방법 등은 행정안전부장관이 따로 정한다.

제7조【비서관 등의 임명 등】① **전직대통령의 비서관은 행정안전부장관의 제청으로 국무총리를 거쳐 대통령이 임명하고, 운전기사는 행정안전부장관이 임명한다.**

② 서거한 전직대통령의 배우자의 비서관은 행정안전부장관의 제청으로 국무총리를 거쳐 대통령이 임명하고, 운전기사는 행정안전부장관이 임명하되, 비서관은 고위공무원단에 속하는 별정직 공무원으로 하고, 운전기사는 별정직 공무원으로 한다.

③ 삭제 〈2011.9.6.〉

제7조의2【무상진료】전직대통령 및 그 배우자의 국·공립병원(「서울대학교병원 설치법」에 따른 서울대학교병원, 「서울대학교치과병원 설치법」에 따른 서울대학교치과병원, 「국립대학병원 설치법」에 따른 국립대학병원 및 「국립대학치과병원 설치법」에 따른 국립대학치과병원을 포함한다)에서의 진료는 무료로 하고, 민간의료기관에서의 진료에 소요된 비용은 국가가 이를 부담한다.

제7조의3【사무실의 제공 등】법 제6조 제4항 제2호에 따른 지원의 내용은 다음과 같다.

1. 사무실 및 차량의 제공과 기타 운영경비의 지급
2. 공무여행 시 여비 등의 지급

제8조【예산조치】전직대통령과 그 유족에 대한 연금예산은 행정안전부일반회계에 계상하여야 한다.

제9조【민감정보 및 고유식별정보의 처리】행정안전부장관은 다음 각 호의 사무를 수행하기 위하여 불가피한 경우 <u>「개인정보 보호법」 제23조</u>에 따른 건강

※ 민감정보의 처리 제한

에 관한 정보, 같은 법 시행령 제18조 제2호에 따른 범죄경력자료에 해당하는 정보, 같은 영 제19조 제1호·제2호 또는 제4호에 따른 주민등록번호, 여권번호 또는 외국인등록번호가 포함된 자료를 처리할 수 있다.

1. 법 제4조 및 제5조에 따른 연금의 지급에 관한 사무
2. 법 제5조의3에 따른 묘지관리의 지원에 관한 사무
3. 법 제6조 제4항 제2호 및 제3호에 따른 교통·통신 및 사무실 제공 등의 지원에 관한 사무와 본인 및 그 가족에 대한 치료에 관한 사무
4. 법 제7조 제2항에 따른 전직대통령 예우 정지 및 제외에 관한 사무

06 대통령경호처와 그 소속기관 직제

[시행 2023.12.29.] [대통령령 제34075호, 2023.12.29., 일부개정]

제1조【목적】이 영은 대통령경호처와 그 소속기관의 조직과 직무범위, 그 밖에 필요한 사항을 규정함을 목적으로 한다.

제2조【소속기관】대통령경호처장의 관장사무를 지원하기 위하여 **대통령경호처장(이하 "처장"이라 한다) 소속으로 경호안전교육원을 둔다.**

※ ~둔다 = ~두어야 한다(경호안전교육원은 필수기관)

제3조【직무】대통령경호처는 「대통령 등의 경호에 관한 법률」(이하 "법"이라 한다) 제4조 제1항의 경호대상에 대한 경호업무를 수행한다.

제4조【차장】① 대통령경호처에 차장 1명을 둔다.

② 차장은 1급 경호공무원 또는 고위공무원단에 속하는 별정직 국가공무원으로 보한다.

③ 차장은 처장을 보좌하며, 처장이 부득이한 사유로 직무를 수행할 수 없을 때에는 그 직무를 대행한다.

제5조【하부조직】① 대통령경호처에 기획관리실·경호본부·경비안전본부 및 지원본부를 둔다. 〈개정 2023.12.29.〉

② 기획관리실장·경호본부장·경비안전본부장 및 지원본부장은 2급 경호공무원으로 보한다. 〈개정 2023.12.29.〉

③ 처장 밑에 감사관 1명을 둔다.

④ 감사관은 3급 경호공무원으로 보한다. 〈개정 2023.12.29.〉

⑤ 기획관리실, 경호본부, 경비안전본부 및 지원본부의 하부조직 및 그 분장사무와 감사관의 분장사무는 처장이 정한다. 〈개정 2023.12.29.〉

제6조【경호안전교육원】① 경호안전교육원은 다음 사무를 관장한다.

1. **경호안전관리 관련 학술연구 및 장비개발**
2. **대통령경호처 직원에 대한 교육**
3. 국가 경호안전 관련 분야에 종사하는 공무원에 대한 수탁교육
4. 경호안전 관련 단체에 종사하는 사람에 대한 수탁교육
5. 법 제16조에 따른 대통령경호안전대책위원회 관련 기관 소속공무원 및 처장이 필요하다고 인정하는 사람에 대한 수탁교육
6. 그 밖에 국가 주요 행사 안전관리 분야에 관한 연구·조사 및 관련 기관에 대한 지원

② 경호안전교육원에 원장 1명을 둔다.

③ 원장은 2급 공무원으로 보한다. 〈개정 2023.12.29.〉

④ 원장은 처장의 명을 받아 소관 사무를 총괄하고, 소속공무원을 지휘·감독한다.

⑤ 경호안전교육원의 하부조직과 그 분장사무는 처장이 정한다.

제7조【대통령경호처에 두는 공무원의 정원】① 대통령경호처에 두는 공무원의 정원은 별표 1과 같다. 다만, 「행정기관의 조직과 정원에 관한 통칙」 제29조 제2항에 따라 별표 1에 따른 총정원의 10퍼센트를 넘지 않는 범위에서 따로 정하는 공무원의 정원은 별표 2와 같다. 〈개정 2022.12.13., 2023.4.11., 2023.8.30.〉

② 대통령경호처에 두는 공무원의 직급별 정원은 처장이 훈령·예규 및 그 밖의 방법으로 정한다. 〈신설 2023.4.11., 2023.8.30.〉

③ 대통령경호처에 두는 공무원의 정원 중 1명(5급 1명)은 인사혁신처, 1명(6급 1명)은 과학기술정보통신부, 1명(6급 또는 연구사 1명)은 식품의약품안전처 소속 공무원으로 각각 충원해야 한다. 이 경우 처장은 충원 방법 및 절차 등에 관하여 해당 기관의 장과 미리 협의해야 한다. 〈신설 2022.12.13., 2023.4.11., 2023.12.29.〉

제8조【소속기관에 두는 공무원의 정원】① 대통령경호처의 소속기관에 두는 공무원의 정원은 별표 2와 같다. 다만, 필요한 경우에는 별표 2에 따른 총정원의 10퍼센트를 넘지 않는 범위에서 훈령·예규 및 그 밖의 방법으로 정원을 따로 정할 수 있다. 〈개정 2023.8.30.〉

② 대통령경호처의 소속기관에 두는 공무원의 직급별 정원은 훈령·예규 및 그 밖의 방법으로 정한다.

제9조 삭제 〈2023.8.30.〉

국민보호와 공공안전을 위한 테러방지법

(약칭: 테러방지법)

[시행 2024.2.9.] [법률 제19580호, 2023.8.8., 타법개정]

제1조【목적】 ★★ 이 법은 테러의 예방 및 대응 활동 등에 관하여 필요한 사항과 테러로 인한 피해보전 등을 규정함으로써 테러로부터 국민의 생명과 재산을 보호하고 국가 및 공공의 안전을 확보하는 것을 목적으로 한다.

※ 예방은 테러 발생 전, 대응은 발생하여 진행 중, 피해보전은 발생 후 각각의 시차에 따른 대책이다.

※ 공공의 안전 = 국가나 사회의 구성원에게 공동으로 관계되어 사고나 재해를 당할 위험이 없는 상태

제2조【정의】 ★★★★ 이 법에서 사용하는 용어의 뜻은 다음과 같다.

1. "테러"란 국가·지방자치단체 또는 외국 정부(외국 지방자치단체와 조약 또는 그 밖의 국제적인 협약에 따라 설립된 국제기구를 포함한다)의 권한행사를 방해하거나 의무 없는 일을 하게 할 목적 또는 공중을 협박할 목적으로 하는 다음 각 목의 행위를 말한다.

   가. 사람을 살해하거나 사람의 신체를 상해하여 생명에 대한 위험을 발생하게 하는 행위 또는 사람을 체포·감금·약취·유인하거나 인질로 삼는 행위

   나. 항공기(「항공안전법」 제2조 제1호의 항공기를 말한다. 이하 이 목에서 같다)와 관련된 다음 각각의 어느 하나에 해당하는 행위

   1) 운항 중(항공보안법 **제2조 제1호의 운항 중**을

      ※ 운항 중 = 승객이 탑승한 후 항공기의 모든 문이 닫힌 때부터 내리기 위하여 문을 열 때까지

      말한다. 이하 이 목에서 같다)인 항공기를 추락시키거나 전복·파괴하는 행위, 그 밖에 운항 중인 항공기의 안전을 해칠 만한 손괴를 가하는 행위

   2) 폭행이나 협박, 그 밖의 방법으로 운항 중인 항공기를 강탈하거나 항공기의 운항을 강제하는 행위

   3) 항공기의 운항과 관련된 항공시설을 손괴하거나 조작을 방해하여 항공기의 안전운항에 위해를 가하는 행위

   다. 선박(「선박 및 해상구조물에 대한 위해행위의 처벌 등에 관한 법률」 제2조 제1호 본문의 선박을 말한다. 이하 이 목에서 같다) 또

   는 해상구조물(같은 법 제2조 제5호의 해상구조물을 말한다. 이하 이 목에서 같다)과 관련된 다음 각각의 어느 하나에 해당하는 행위

   1) 운항(같은 법 제2조 제2호의 운항을 말한다.

      ※ 운항 = 항해, 정박, 계류, 대기 등 해양에서의 선박의 모든 사용 상태

      이하 이 목에서 같다) 중인 선박 또는 해상구조물을 파괴하거나, 그 안전을 위태롭게 할 만한 정도의 손상을 가하는 행위(운항 중인 선박이나 해상구조물에 실려 있는 화물에 손상을 가하는 행위를 포함한다)

   2) 폭행이나 협박, 그 밖의 방법으로 운항 중인 선박 또는 해상구조물을 강탈하거나 선박의 운항을 강제하는 행위

   3) 운항 중인 선박의 안전을 위태롭게 하기 위하여 그 선박 운항과 관련된 기기·시설을 파괴하거나 중대한 손상을 가하거나 기능장애 상태를 일으키는 행위

   라. 사망·중상해 또는 중대한 물적 손상을 유발하도록 제작되거나 그러한 위력을 가진 생화학·폭발성·소이성(燒夷性) 무기나 장치를 다음 각각의 어느 하나에 해당하는 차량 또는 시설에 배치하거나 폭발시키거나 그 밖의 방법으로 이를 사용하는 행위

   1) 기차·전차·자동차 등 사람 또는 물건의 운송에 이용되는 차량으로서 공중이 이용하는 차량

   2) 1)에 해당하는 차량의 운행을 위하여 이용되는 시설 또는 도로, 공원, 역, 그 밖에 공중이 이용하는 시설

   3) 전기나 가스를 공급하기 위한 시설, 공중이 먹는 물을 공급하는 수도, 전기통신을 이용하기 위한 시설 및 그 밖의 시설로서 공용으로 제공되거나 공중이 이용하는 시설

   4) 석유, 가연성 가스, 석탄, 그 밖의 연료 등의 원료가 되는 물질을 제조 또는 정제하거나 연료로 만들기 위하여 처리·수송 또는 저장하는 시설

   5) 공중이 출입할 수 있는 건조물·항공기·선박으로서 1)부터 4)까지에 해당하는 것을 제외한 시설

마. 핵물질(「원자력시설 등의 방호 및 방사능 방
재 대책법」 제2조 제1호의 핵물질을 말한다.
이하 이 목에서 같다), 방사성물질(「원자력안
전법」 제2조 제5호의 방사성물질을 말한다.
이하 이 목에서 같다) 또는 원자력시설(「원자
력시설 등의 방호 및 방사능 방재 대책법」
제2조 제2호의 원자력시설을 말한다. 이하
이 목에서 같다)과 관련된 다음 각각의 어느
하나에 해당하는 행위

1) 원자로를 파괴하여 사람의 생명ㆍ신체 또는
재산을 해하거나 그 밖에 공공의 안전을 위태
롭게 하는 행위

2) 방사성물질 등과 원자로 및 관계 시설, 핵연
료주기시설 또는 방사선발생장치를 부당하게
조작하여 사람의 생명이나 신체에 위험을 가
하는 행위

3) 핵물질을 수수(授受)ㆍ소지ㆍ소유ㆍ보관ㆍ사
용ㆍ운반ㆍ개조ㆍ처분 또는 분산하는 행위

4) 핵물질이나 원자력시설을 파괴ㆍ손상 또는 그
원인을 제공하거나 원자력시설의 정상적인 운
전을 방해하여 방사성물질을 배출하거나 방사
선을 노출하는 행위

2. "**테러단체**"란 **국제연합(UN)이 지정한 테러단체**
를 말한다.

3. "**테러위험인물**"이란 **테러단체의 조직원**이거나 **테
러단체 선전, 테러자금 모금ㆍ기부, 그 밖에 테
러 예비ㆍ음모ㆍ선전ㆍ선동을 하였거나 하였다
고 의심할 상당한 이유가 있는 사람**을 말한다.

4. "**외국인테러전투원**"이란 **테러를 실행ㆍ계획ㆍ준비
하거나 테러에 참가할 목적으로 국적국이 아닌 국
가의 테러단체에 가입하거나 가입하기 위하여 이
동 또는 이동을 시도하는 내국인ㆍ외국인**을 말한다.

5. "**테러자금**"이란 「공중 등 협박목적 및 대량살상무
기확산을 위한 자금조달행위의 금지에 관한 법률」
제2조 제1호에 따른 **공중 등 협박목적을 위한 자
금**을 말한다.

6. "대테러활동"이란 제1호의 테러 관련 정보의 수
집, 테러위험인물의 관리, 테러에 이용될 수 있
는 위험물질 등 테러수단의 안전관리, 인원ㆍ시
설ㆍ장비의 보호, 국제행사의 안전확보, 테러위
협에의 대응 및 무력진압 등 테러 예방과 대응에
관한 제반 활동을 말한다.

7. "관계기관"이란 대테러활동을 수행하는 국가기
관, 지방자치단체, 그 밖에 대통령령으로 정하는
기관을 말한다.

8. "대테러조사"란 대테러활동에 필요한 정보나 자
료를 수집하기 위하여 현장조사ㆍ문서열람ㆍ**시료**
※ 시료=시험, 검사, 분석 따위에 쓰는 물질이나 생물

채취 등을 하거나 조사대상자에게 자료제출 및
진술을 요구하는 활동을 말한다.

제3조【**국가 및 지방자치단체의 책무**】① 국가 및 지
방자치단체는 테러로부터 국민의 생명ㆍ신체 및 재
산을 보호하기 위하여 테러의 예방과 대응에 필요
한 제도와 여건을 조성하고 대책을 수립하여 이를
시행하여야 한다.

② 국가 및 지방자치단체는 제1항의 대책을 강구할
때 국민의 기본적 인권이 침해당하지 아니하도록 최
선의 노력을 하여야 한다.

③ 이 법을 집행하는 공무원은 헌법상 기본권을 존
중하여 이 법을 집행하여야 하며 헌법과 법률에서
정한 적법절차를 준수할 의무가 있다.

제4조【**다른 법률과의 관계**】이 법은 **대테러활동에 관
하여 다른 법률에 우선하여 적용한다.**

제5조【**국가테러대책위원회**】★★★ ① **대테러활동에
관한 정책의 중요사항을 심의ㆍ의결하기 위하여 국
가테러대책위원회(이하 "대책위원회"라 한다)를 둔다.**

② 대책위원회는 국무총리 및 관계기관의 장 중 대
통령령으로 정하는 사람으로 구성하고 위원장은 국
무총리로 한다.

③ 대책위원회는 다음 각 호의 사항을 심의ㆍ의결한다.

1. 대테러활동에 관한 국가의 정책 수립 및 평가

2. 국가 대테러 기본계획 등 중요 중장기 대책 추진
사항

3. 관계기관의 대테러활동 역할 분담ㆍ조정이 필요
한 사항

4. 그 밖에 위원장 또는 위원이 대책위원회에서 심
의ㆍ의결할 필요가 있다고 제의하는 사항

④ 그 밖에 대책위원회의 구성ㆍ운영 등에 필요한
사항은 대통령령으로 정한다.

제6조【**대테러센터**】★★★ ① 대테러활동과 관련하여
다음 각 호의 사항을 수행하기 위하여 **국무총리 소
속으로 관계기관 공무원으로 구성되는 대테러센터를
둔다.**

1. 국가 대테러활동 관련 임무분담 및 협조사항 실
무 조정

2. 장단기 국가대테러활동 지침 작성ㆍ배포

3. **테러경보 발령**

4. 국가 중요행사 대테러안전대책 수립

5. 대책위원회의 회의 및 운영에 필요한 사무의 처리

6. 그 밖에 대책위원회에서 심의ㆍ의결한 사항

② 대테러센터의 조직ㆍ정원 및 운영에 관한 사항은
대통령령으로 정한다.

③ 대테러센터 소속 직원의 인적사항은 공개하지 아
니할 수 있다.

제7조【**대테러 인권보호관**】★ ① 관계기관의 대테러
활동으로 인한 국민의 기본권 침해 방지를 위하여

대책위원회 소속으로 대테러 인권보호관(이하 "인권보호관"이라 한다) 1명을 둔다.

※ 대책위원회 = 국가테러대책위원회

② 인권보호관의 자격, 임기 등 운영에 관한 사항은 대통령령으로 정한다.

제8조【전담조직의 설치】① 관계기관의 장은 테러 예방 및 대응을 위하여 필요한 전담조직을 둘 수 있다.

② 관계기관의 전담조직의 구성 및 운영과 효율적 테러대응을 위하여 필요한 사항은 대통령령으로 정한다.

제9조【테러위험인물에 대한 정보 수집 등】★★ ① **국가정보원장**은 테러위험인물에 대하여 출입국·금융거래 및 통신이용 등 관련 정보를 수집할 수 있다. 이 경우 출입국·금융거래 및 통신이용 등 관련 정보의 수집은 「출입국관리법」, 「관세법」, 「특정 금융거래정보의 보고 및 이용 등에 관한 법률」, 「통신비밀보호법」의 절차에 따른다.

② 국가정보원장은 제1항에 따른 정보 수집 및 분석의 결과 테러에 이용되었거나 이용될 가능성이 있는 금융거래에 대하여 지급정지 등의 조치를 취하도록 **금융위원회 위원장**에게 요청할 수 있다.

※ 금융위원회는 국무총리 소속으로, 금융 정책, 외국환 업무 취급 기관의 건전성 감독, 금융 감독에 관한 업무를 맡는다.

③ **국가정보원장**은 테러위험인물에 대한 **개인정보**(「개인정보 보호법」상 민감정보를 포함한다)와 **위치정보**를 「개인정보 보호법」 제2조의 개인정보처리자와 「위치정보의 보호 및 이용 등에 관한 법률」 제5조 제7항에 따른 **개인위치정보사업자 및** 같은 법 제5조의2 제3항에 따른 **사물위치정보사업자에게 요구할 수 있다.**

④ 국가정보원장은 대테러활동에 필요한 정보나 자료를 수집하기 위하여 대테러조사 및 테러위험인물에 대한 추적을 할 수 있다. 이 경우 **사전 또는 사후에 대책위원회 위원장에게 보고하여야 한다.**

※ 긴급을 요할 경우에는 사후에 보고한다.

제10조【테러예방을 위한 안전관리대책의 수립】① 관계기관의 장은 대통령령으로 정하는 국가중요시설과 많은 사람이 이용하는 시설 및 장비(이하 "테러대상시설"이라 한다)에 대한 테러예방대책과 테러의 수단으로 이용될 수 있는 폭발물·총기류·화생방물질(이하 "테러이용수단"이라 한다), 국가 중요 행사에 대한 안전관리대책을 수립하여야 한다.

② 제1항에 따른 안전관리대책의 수립·시행에 필요한 사항은 대통령령으로 정한다.

제11조【테러취약요인 사전제거】① 테러대상시설 및 테러이용수단의 소유자 또는 관리자는 보안장비를 설치하는 등 테러취약요인 제거를 위하여 노력하여야 한다.

② 국가는 제1항의 테러대상시설 및 테러이용수단의 소유자 또는 관리자에게 필요한 경우 그 비용의 전부 또는 일부를 지원할 수 있다.

③ 제2항에 따른 비용의 지원 대상·기준·방법 및 절차 등에 필요한 사항은 대통령령으로 정한다.

제12조【테러선동·선전물 긴급 삭제 등 요청】① 관계기관의 장은 테러를 선동·선전하는 글 또는 그림, 상징적 표현물, 테러에 이용될 수 있는 폭발물 등 위험물 제조법 등이 인터넷이나 방송·신문, 게시판 등을 통해 유포될 경우 해당 기관의 장에게 긴급 삭제 또는 중단, 감독 등의 협조를 요청할 수 있다.

② 제1항의 협조를 요청받은 해당 기관의 장은 필요한 조치를 취하고 그 결과를 관계기관의 장에게 통보하여야 한다.

제13조【외국인테러전투원에 대한 규제】★★★ ① **관계기관의 장은 외국인테러전투원으로 출국하려 한다고 의심할 만한 상당한 이유가 있는 내국인·외국인에 대하여 일시 출국금지를 법무부장관에게 요청할 수 있다.**

※ 외교부장관(×)

② 제1항에 따른 **일시 출국금지 기간은 90일로 한다.** 다만, 출국금지를 계속할 필요가 있다고 판단할 상당한 이유가 있는 경우에 관계기관의 장은 그 사유를 명시하여 연장을 요청할 수 있다.

③ **관계기관의 장은 외국인테러전투원으로 가담한 사람에 대하여 「여권법」 제13조에 따른 여권의 효력 정지 및 같은 법 제12조의2에 따른 재발급 제한을 외교부장관에게 요청할 수 있다.** 〈개정 2023.8.8.〉

제14조【신고자 보호 및 포상금】① 국가는 「특정범죄신고자 등 보호법」에 따라 테러에 관한 신고자, 범인 검거를 위하여 제보하거나 검거활동을 한 사람 또는 그 친족 등을 보호하여야 한다.

② 관계기관의 장은 테러의 계획 또는 실행에 관한 사실을 관계기관에 신고하여 테러를 사전에 예방할 수 있게 하였거나, 테러에 가담 또는 지원한 사람을 신고하거나 체포한 사람에 대하여 대통령령으로 정하는 바에 따라 포상금을 지급할 수 있다.

제15조【테러피해의 지원】① 테러로 인하여 신체 또는 재산의 피해를 입은 국민은 관계기관에 즉시 신고하여야 한다. 다만, 인질 등 부득이한 사유로 신고할 수 없을 때에는 법률관계 또는 계약관계에 의하여 보호의무가 있는 사람이 이를 알게 된 때에 즉시 신고하여야 한다.

② 국가 또는 지방자치단체는 제1항의 피해를 입은 사람에 대하여 대통령령으로 정하는 바에 따라 치료 및 복구에 필요한 비용의 전부 또는 일부를 지원할 수 있다. 다만, 「여권법」 제17조 제1항 단서에 따른 외교부장관의 허가를 받지 아니하고 방문 및 체류가 금지된 국가 또는 지역을 방문·체류한 사람에 대해서는 그러하지 아니하다.

③ 제2항에 따른 비용의 지원 기준·절차·금액 및 방법 등에 관하여 필요한 사항은 대통령령으로 정한다.

제16조【특별위로금】① 테러로 인하여 생명의 피해를 입은 사람의 유족 또는 신체상의 장애 및 장기치료가 필요한 피해를 입은 사람에 대해서는 그 피해의 정도에 따라 등급을 정하여 특별위로금을 지급할 수 있다. 다만, 「여권법」 제17조 제1항 단서에 따른 외교부장관의 허가를 받지 아니하고 방문 및 체류가 금지된 국가 또는 지역을 방문·체류한 사람에 대해서는 그러하지 아니하다.

② 제1항에 따른 특별위로금의 지급 기준·절차·금액 및 방법 등에 관하여 필요한 사항은 대통령령으로 정한다.

제17조【테러단체 구성죄 등】★★ ① 테러단체를 구성하거나 구성원으로 가입한 사람은 다음 각 호의 구분에 따라 처벌한다.

1. **수괴(首魁)는 사형·무기 또는 10년 이상의 징역**
   ※ 수괴 = 못된 짓을 하는 무리의 우두머리

2. **테러를 기획 또는 지휘하는 등 중요한 역할을 맡은 사람은 무기 또는 7년 이상의 징역**

3. **타국의 외국인테러전투원으로 가입한 사람은 5년 이상의 징역**

4. 그 밖의 사람은 3년 이상의 징역

② 테러자금임을 알면서도 자금을 조달·알선·보관하거나 그 취득 및 발생원인에 관한 사실을 가장하는 등 테러단체를 지원한 사람은 10년 이하의 징역 또는 1억 원 이하의 벌금에 처한다.

③ 테러단체 가입을 지원하거나 타인에게 가입을 권유 또는 선동한 사람은 5년 이하의 징역에 처한다.

④ 제1항 및 제2항의 **미수범은 처벌한다.**
※ 미수범 = 범죄의 실행에 착수하였으나 그 행위를 끝내지 못하였거나 결과가 발생하지 아니한 범인

⑤ 제1항 및 제2항에서 정한 죄를 저지를 목적으로 예비 또는 음모한 사람은 3년 이하의 징역에 처한다.

⑥ 「형법」 등 국내법에 죄로 규정된 행위가 제2조의 테러에 해당하는 경우 해당 법률에서 정한 형에 따라 처벌한다.

제18조【무고, 날조】① 타인으로 하여금 형사처분을 받게 할 목적으로 제17조의 죄에 대하여 무고 또는 위증을 하거나 증거를 날조·인멸·은닉한 사람은 「형법」 제152조부터 제157조까지에서 정한 형에 2분의 1을 가중하여 처벌한다. ※ 위증, 자백, 자수, 무고 등

② 범죄수사 또는 정보의 직무에 종사하는 공무원이나 이를 보조하는 사람 또는 이를 지휘하는 사람이 직권을 남용하여 제1항의 행위를 한 때에도 제1항의 형과 같다. 다만, 그 법정형의 최저가 2년 미만일 때에는 이를 2년으로 한다.

제19조【세계주의】제17조의 죄는 대한민국 영역 밖에서 저지른 외국인에게도 국내법을 적용한다.

08 국민보호와 공공안전을 위한 테러방지법 시행령

[시행 2022.11.1.] [대통령령 제32968호, 2022.11.1., 타법개정]

제1장 총칙 및 국가테러대책기구

제1조【목적】 이 영은 「국민보호와 공공안전을 위한 테러방지법」에서 위임된 사항과 그 시행에 필요한 사항을 규정함을 목적으로 한다.

제2조【관계기관의 범위】 「국민보호와 공공안전을 위한 테러방지법」(이하 "법"이라 한다) 제2조 제7호에서 "대통령령으로 정하는 기관"이란 다음 각 호의 기관 또는 단체를 말한다.

1. 「공공기관의 운영에 관한 법률」 제4조에 따른 공공기관
   ※ 기획재정부장관이 지정한 일정한 요건을 갖춘 기관

2. 「지방공기업법」 제2조 제1항 제1호부터 제4호까지의 사업을 수행하는 지방직영기업, 지방공사 및
   ※ 수도사업, 공업용수도사업, 궤도사업, 자동차운송사업
   지방공단

제3조【국가테러대책위원회 구성】 ★★★ ① 법 제5조 제2항에서 "대통령령으로 정하는 사람"이란 **기획재정부장관, 외교부장관, 통일부장관, 법무부장관, 국방부장관, 행정안전부장관, 산업통상자원부장관, 환경부장관, 국토교통부장관, 해양수산부장관, 국가정보원장, 국무조정실장, 금융위원회 위원장, 원자력안전위원회 위원장, 대통령경호처장, 관세청장, 경찰청장, 소방청장, 질병관리청장 및 해양경찰청장**을 말한다.

② 법 제5조에 따른 국가테러대책위원회(이하 "대책위원회"라 한다)의 위원장(이하 "위원장"이라 한다)은 안건 심의에 필요한 경우에는 제1항에서 정한 위원 외에 관계기관의 장 또는 그 밖의 관계자에게 회의 참석을 요청할 수 있다.

③ **대책위원회의 사무를 처리하기 위하여 간사를 두되,**
   ※ 간사 = 실무 사무를 처리하는 사람
간사는 법 제6조에 따른 대테러센터(이하 "대테러센터"라 한다)의 **장**(이하 "대테러센터장"이라 한다)이 **된다.**

제4조【대책위원회의 운영】 ① 대책위원회 회의는 위원장이 필요하다고 인정하거나 대책위원회 위원(이하 "위원"이라고 한다) 과반수의 요청이 있는 경우에 위원장이 소집한다.

② 대책위원회는 재적위원 과반수의 출석으로 개의(開議)하고, 출석위원 과반수의 찬성으로 의결한다.

③ 대책위원회의 회의는 공개하지 아니한다. 다만, 공개가 필요한 경우 대책위원회의 의결로 공개할 수 있다.

④ 제1항부터 제3항까지에서 규정한 사항 외에 대책위원회 운영에 관한 사항은 대책위원회의 의결을 거쳐 위원장이 정한다.

제5조【테러대책 실무위원회의 구성 등】 ★★ ① 대책위원회를 효율적으로 운영하고 대책위원회에 상정할 안건에 관한 전문적인 검토 및 사전 조정을 위하여 대책위원회에 테러대책 실무위원회(이하 "실무위원회"라 한다)를 둔다.

② 실무위원회에 위원장 1명을 두며, **실무위원회의 위원장은 대테러센터장이 된다.**
   ※ 실무위원회 위원장 = 대테러센터장 = 대책위원회 간사

③ 실무위원회 위원은 제3조 제1항의 위원이 소속된 관계기관 및 그 소속기관의 고위공무원단에 속하는 일반직공무원(이에 상당하는 특정직·별정직 공무원을 포함한다) 중 관계기관의 장이 지명하는 사람으로 한다.

④ 제1항부터 제3항까지에서 규정한 사항 외에 실무위원회 운영에 관한 사항은 대책위원회의 의결을 거쳐 위원장이 정한다.

제6조【대테러센터】 ① 대테러센터는 국가 대테러활동을 원활히 수행하기 위하여 필요한 사항과 대책위원회의 회의 및 운영에 필요한 사무 등을 처리한다.

② 대테러센터장은 관계기관의 장에게 직무 수행에 필요한 협조와 지원을 요청할 수 있다.

제2장 대테러 인권보호관

제7조【대테러 인권보호관의 자격 및 임기】 ★ ① 법 제7조 제1항에 따른 **대테러 인권보호관**(이하 "인권보호관"이라 한다)은 다음 각 호의 어느 하나에 해당하는 **대한민국 국민 중에서 위원장이 위촉한다.**
   ※ 대한민국 국민이 아닌 사람은 어떠한 경우에도 인권보호관이 될 수 없다.

1. 변호사 자격이 있는 사람으로서 10년 이상의 실무경력이 있는 사람

2. 인권 분야에 전문지식이 있고 「고등교육법」 제2조 제1호에 따른 학교에서 부교수 이상으로 10년 이상 재직하고 있거나 재직하였던 사람
3. 국가기관 또는 지방자치단체에서 3급 상당 이상의 공무원으로 재직하였던 사람 중 인권 관련 업무 경험이 있는 사람
4. 인권분야 비영리 민간단체·법인·국제기구에서 근무하는 등 인권 관련 활동에 10년 이상 종사한 경력이 있는 사람

② 인권보호관의 임기는 2년으로 하고, 연임할 수 있다.

③ 인권보호관은 다음 각 호의 경우를 제외하고는 그 의사에 반하여 해촉되지 아니한다.
1. 「국가공무원법」 제33조 각 호의 결격사유에 해당하는 경우
2. 직무와 관련한 형사사건으로 기소된 경우
3. 직무상 알게 된 비밀을 누설한 경우
4. 그 밖에 장기간의 심신쇠약으로 인권보호관의 직무를 계속 수행할 수 없는 특별한 사유가 발생한 경우

제8조【인권보호관의 직무 등】① 인권보호관은 다음 각 호의 직무를 수행한다.
1. 대책위원회에 상정되는 관계기관의 대테러정책·제도 관련 안건의 인권 보호에 관한 자문 및 개선 권고
2. 대테러활동에 따른 인권침해 관련 민원의 처리
3. 그 밖에 관계기관 대상 인권 교육 등 인권 보호를 위한 활동

② **인권보호관**은 제1항 제2호에 따른 <u>**민원을 접수한 날부터 2개월 내에 처리하여야 한다**</u>.

※ 민원 = 주민이 행정 기관에 대하여 원하는 바를 요구하는 일

다만, 부득이한 사유로 정해진 기간 내에 처리하기 어려운 경우에는 그 사유와 처리 계획을 민원인에게 통지하여야 한다.

③ 위원장은 인권보호관이 직무를 효율적으로 수행할 수 있도록 필요한 행정적·재정적 지원을 할 수 있다.

④ 대책위원회는 인권보호관의 직무 수행을 지원하기 위하여 지원조직을 둘 수 있으며, 필요한 경우에는 관계 중앙행정기관 소속공무원의 파견을 요청할 수 있다.

제9조【시정 권고】① 인권보호관은 제8조 제1항에 따른 직무수행 중 인권침해 행위가 있다고 인정할 만한 상당한 이유가 있는 경우에는 위원장에게 보고한 후 관계기관의 장에게 시정을 권고할 수 있다.

② 제1항에 따른 권고를 받은 관계기관의 장은 그 처리 결과를 인권보호관에게 통지하여야 한다.

제10조【비밀의 엄수】① 인권보호관은 재직 중 및 퇴직 후에 직무상 알게 된 비밀을 엄수하여야 한다.

② 인권보호관은 법령에 따른 증인, 참고인, 감정인 또는 사건 당사자로서 직무상의 비밀에 관한 사항을 증언하거나 진술하려는 경우에는 미리 위원장의 승인을 받아야 한다.

제3장 전담조직

제11조【전담조직】① 법 제8조에 따른 전담조직(이하 "전담조직"이라 한다)은 제12조부터 제21조까지의 규정에 따라 테러 예방 및 대응을 위하여 관계기관 합동으로 구성하거나 관계기관의 장이 설치하는 다음 각 호의 전문조직(협의체를 포함한다)으로 한다.
1. 지역 테러대책협의회
2. 공항·항만 테러대책협의회
3. 테러사건대책본부
4. 현장지휘본부
5. 화생방테러대응지원본부
6. 테러복구지원본부
7. 대테러특공대
8. 테러대응구조대
9. 테러정보통합센터
10. 대테러합동조사팀

② 관계기관의 장은 제1항 각 호에 따른 전담조직 외에 테러 예방 및 대응을 위하여 필요한 경우에는 대테러업무를 수행하는 하부조직을 전담조직으로 지정·운영할 수 있다.

제12조【지역 테러대책협의회】① **특별시·광역시·특별자치시·도·특별자치도(이하 "시·도"라 한다)에 해당 지역에 있는 관계기관 간 테러예방활동에 관한 협의를 위하여 지역 테러대책협의회를 둔다.**

② 지역 테러대책협의회의 의장은 국가정보원의 해당 지역 관할지부의 장(특별시의 경우 대테러센터장을 말한다. 이하 같다)이 되며, 위원은 다음 각 호의 사람이 된다. 〈개정 2022.11.1.〉
1. 시·도에서 대테러업무를 담당하는 고위공무원단 나급 상당 공무원 또는 3급 상당 공무원 중 특별시장·광역시장·특별자치시장·도지사·특별자치도지사(이하 "시·도지사"라 한다)가 지명하는 사람
2. 법무부·환경부·국토교통부·해양수산부·국가정보원·식품의약품안전처·관세청·검찰청·경찰청 및 해양경찰청의 지역기관에서 대테러업무를 담당하는 고위공무원단 나급 상당 공무원 또는 3급 상당 공무원 중 해당 관계기관의 장이 지명하는 사람
3. 지역 관할 군부대 및 국군방첩부대의 장
4. 지역 테러대책협의회 의장이 필요하다고 인정하는 관계기관의 지역기관에서 대테러업무를 담당하는 공무원 중 해당 관계기관의 장이 지명하는 사람 및 국가중요시설의 관리자나 경비·보안 책임자

③ 지역 테러대책협의회는 다음 각 호의 사항을 심의·의결한다.
1. 대책위원회의 심의·의결 사항 시행 방안
2. 해당 지역 테러사건의 사전예방 및 대응·사후처리 지원 대책
3. 해당 지역 대테러업무 수행 실태의 분석·평가 및 발전 방안
4. 해당 지역의 대테러 관련 훈련·점검 등 관계기관 간 협조에 관한 사항
5. 그 밖에 해당 지역 대테러활동에 필요한 사항
④ 관계기관의 장은 제3항의 심의·의결 사항에 대하여 그 이행 결과를 지역 테러대책협의회에 통보하고, 지역 테러대책협의회 의장은 그 결과를 종합하여 대책위원회에 보고하여야 한다.
⑤ 지역 테러대책협의회의 회의와 운영에 관한 세부사항은 지역 실정을 고려하여 지역 테러대책협의회의 의결을 거쳐 의장이 정한다.

제13조【공항·항만 테러대책협의회】① **공항 또는 항만**(「항만법」 제3조 제1항 제1호에 따른 무역항을 말한다. 이하 같다) **내에서의 관계기관 간 대테러활동에 관한 사항을 협의하기 위하여 공항·항만별로 테러대책협의회를 둔다.**
② 공항·항만 테러대책협의회의 의장은 해당 공항·항만에서 대테러업무를 담당하는 국가정보원 소속 공무원 중 국가정보원장이 지명하는 사람이 되며, 위원은 다음 각 호의 사람이 된다. 〈개정 2022.11.1.〉
1. 해당 공항 또는 항만에 상주하는 법무부·농림축산식품부·국토교통부·해양수산부·관세청·경찰청·소방청·질병관리청·해양경찰청 및 국군방첩사령부 소속기관의 장
2. 공항 또는 항만의 시설 소유자 및 경비·보안 책임자
3. 그 밖에 공항·항만 테러대책협의회의 의장이 필요하다고 인정하는 관계기관에 소속된 기관의 장
③ 공항·항만 테러대책협의회는 해당 공항 또는 항만 내의 대테러활동에 관하여 다음 각 호의 사항을 심의·의결한다.
1. 대책위원회의 심의·의결 사항 시행 방안
2. 공항 또는 항만 내 시설 및 장비의 보호 대책
3. 항공기·선박의 테러예방을 위한 탑승자와 휴대화물 검사 대책
4. 테러 첩보의 입수·전파 및 긴급대응 체계 구축 방안
5. 공항 또는 항만 내 테러사건 발생 시 비상대응 및 사후처리 대책
6. 그 밖에 공항 또는 항만 내의 테러대책
④ 관계기관의 장은 제3항의 심의·의결 사항에 대하여 그 이행 결과를 공항·항만 테러대책협의회에 통보하고, 공항·항만 테러대책협의회 의장은 그 결과를 종합하여 대책위원회에 보고하여야 한다.

⑤ 공항·항만 테러대책협의회의 운영에 관한 세부사항은 공항·항만별로 테러대책협의회의 의결을 거쳐 의장이 정한다.

제14조【테러사건대책본부】★★★ ① 외교부장관, 국방부장관, 국토교통부장관, 경찰청장 및 해양경찰청장은 테러가 발생하거나 발생할 우려가 현저한 경우(국외테러의 경우는 대한민국 국민에게 중대한 피해가 발생하거나 발생할 우려가 있어 긴급한 조치가 필요한 경우에 한한다)에는 다음 각 호의 구분에 따라 테러사건대책본부(이하 "대책본부"라 한다)를 설치·운영하여야 한다.
1. **외교부장관: 국외테러사건대책본부**
2. **국방부장관: 군사시설테러사건대책본부**
3. **국토교통부장관: 항공테러사건대책본부**
4. 삭제 〈2017.7.26.〉
5. **경찰청장: 국내일반 테러사건대책본부**
6. **해양경찰청장: 해양테러사건대책본부**
② 제1항에 따라 대책본부를 설치한 관계기관의 장은 그 사실을 즉시 위원장에게 보고하여야 하며, 같은 사건에 2개 이상의 대책본부가 관련되는 경우에는 위원장이 테러사건의 성질·중요성 등을 고려하여 대책본부를 설치할 기관을 지정할 수 있다.
③ **대책본부의 장은 대책본부를 설치하는 관계기관의 장(군사시설테러사건대책본부의 경우에는 합동참모의장을 말한다. 이하 같다)이 되며,** 제15조에 따른
※ 군사시설테러사건대책본부의 장 = 합동참모의장(○), 국방부장관(×)
현장지휘본부의 사건 대응 활동을 지휘·통제한다.
④ 대책본부의 편성·운영에 관한 세부사항은 대책본부의 장이 정한다.

제15조【현장지휘본부】★★ ① 대책본부의 장은 테러사건이 발생한 경우 사건 현장의 대응 활동을 총괄하기 위하여 현장지휘본부를 설치할 수 있다.
② **현장지휘본부의 장은 대책본부의 장이 지명한다.**
③ 현장지휘본부의 장은 테러의 양상·규모·현장상황 등을 고려하여 협상·진압·구조·구급·소방 등에 필요한 전문조직을 직접 구성하거나 관계기관의 장에게 지원을 요청할 수 있다. 이 경우 관계기관의 장은 특별한 사정이 없으면 현장지휘본부의 장이 요청한 사항을 지원하여야 한다.
④ 현장지휘본부의 장은 현장에 출동한 관계기관의 조직(대테러특공대, 테러대응구조대, 대화생방테러 특수임무대 및 대테러합동조사팀을 포함한다)을 지휘·통제한다.
⑤ 현장지휘본부의 장은 현장에 출동한 관계기관과 합동으로 통합상황실을 설치·운영할 수 있다.

제16조【화생방테러대응지원본부 등】 ① **환경부장관, 원자력안전위원회 위원장 및 질병관리청장은 화생방테러사건 발생 시 대책본부를 지원하기 위하여 다음 각 호의 구분에 따른 분야별로 화생방테러대응지원본부를 설치·운영한다.**

1. 환경부장관: 화학테러 대응 분야
2. 원자력안전위원회 위원장: 방사능테러 대응 분야
3. 질병관리청장: 생물테러 대응 분야

② 화생방테러대응지원본부는 다음 각 호의 임무를 수행한다.

1. 화생방테러사건 발생 시 오염 확산 방지 및 독성제거(除毒) 방안 마련
2. 화생방 전문 인력 및 자원의 동원·배치
3. 그 밖에 화생방테러 대응 지원에 필요한 사항의 시행

③ 국방부장관은 관계기관의 화생방테러 대응을 지원하기 위하여 대책위원회의 심의·의결을 거쳐 오염 확산 방지 및 독성제거 임무 등을 수행하는 대화생방테러 특수임무대를 설치하거나 지정할 수 있다.

④ 화생방테러대응지원본부 및 대화생방테러 특수임무대의 설치·운영 등에 필요한 사항은 해당 관계기관의 장이 정한다.

제17조【테러복구지원본부】 ① **행정안전부장관은 테러사건 발생 시 구조·구급·수습·복구활동 등에 관하여 대책본부를 지원하기 위하여 테러복구지원본부를 설치·운영할 수 있다.**

② 테러복구지원본부는 다음 각 호의 임무를 수행한다.

1. 테러사건 발생 시 수습·복구 등 지원을 위한 자원의 동원 및 배치 등에 관한 사항
2. 대책본부의 협조 요청에 따른 지원에 관한 사항
3. 그 밖에 테러복구 등 지원에 필요한 사항의 시행

제18조【대테러특공대 등】 ★★★ ① **국방부장관, 경찰청장 및 해양경찰청장은 테러사건에 신속히 대응하기 위하여 대테러특공대를 설치·운영한다.**

② 국방부장관, 경찰청장 및 해양경찰청장은 제1항에 따른 **대테러특공대를 설치·운영하려는 경우에는 대책위원회의 심의·의결을 거쳐야 한다.**

③ 대테러특공대는 다음 각 호의 임무를 수행한다.

1. 대한민국 또는 국민과 관련된 국내외 테러사건 진압
2. 테러사건과 관련된 폭발물의 탐색 및 처리
3. **주요 요인 경호** 및 국가 중요행사의 안전한 진행 지원
4. 그 밖에 테러사건의 예방 및 저지활동

④ 국방부 소속 대테러특공대의 출동 및 진압작전은 군사시설 안에서 발생한 테러사건에 대하여 수행한다. 다만, **경찰력의 한계로 긴급한 지원이 필요하여 대책본부의 장이 요청하는 경우에는 군사시설 밖에서도 경찰의 대테러 작전을 지원할 수 있다.**

※ 대테러특공대 중 국방부 소속 대테러특공대의 인력 및 장비가 가장 강력하기 때문에 경찰력의 한계를 지원할 수 있다.

⑤ 국방부장관은 군 대테러특공대의 신속한 대응이 제한되는 상황에 대비하기 위하여 군 대테러특수임무대를 지역 단위로 편성·운영할 수 있다. 이 경우 군 대테러특수임무대의 편성·운영·임무에 관하여는 제2항부터 제4항까지의 규정을 준용한다.

제19조【테러대응구조대】 ① **소방청장과 시·도지사는 테러사건 발생 시 신속히 인명을 구조·구급하기 위하여 중앙 및 지방자치단체 소방본부에 테러대응구조대를 설치·운영한다.**

※ 소방청장은 중앙테러대응구조대를 설치·운영한다.

② 테러대응구조대는 다음 각 호의 임무를 수행한다.

1. 테러발생 시 초기단계에서의 조치 및 인명의 구조·구급
2. 화생방테러 발생 시 초기단계에서의 오염 확산 방지 및 독성제거
3. 국가 중요행사의 안전한 진행 지원
4. 테러취약요인의 사전 예방·점검 지원

제20조【테러정보통합센터】 ① **국가정보원장은 테러 관련 정보를 통합관리하기 위하여 관계기관 공무원으로 구성되는 테러정보통합센터를 설치·운영한다.**

※ 테러정보통합센터는 국가정보원장이 설치·운영하고, 대테러센터는 국무총리 소속기관이다.

② 테러정보통합센터는 다음 각 호의 임무를 수행한다.

1. 국내외 테러 관련 정보의 통합관리·분석 및 관계기관에의 배포
2. 24시간 테러 관련 상황 전파체계 유지
3. 테러 위험 징후 평가
4. 그 밖에 테러 관련 정보의 통합관리에 필요한 사항

③ 국가정보원장은 관계기관의 장에게 소속공무원의 파견과 테러정보의 통합관리 등 업무 수행에 필요한 협조를 요청할 수 있다.

제21조【대테러합동조사팀】 ① 국가정보원장은 국내외에서 테러사건이 발생하거나 발생할 우려가 현저할 때 또는 테러 첩보가 입수되거나 테러 관련 신고가 접수되었을 때에는 예방조치, 사건 분석 및 사후처리방안 마련 등을 위하여 관계기관 합동으로 대테러합동조사팀(이하 "합동조사팀"이라 한다)을 편성·운영할 수 있다.

② 국가정보원장은 합동조사팀이 현장에 출동하여 조사한 경우 그 결과를 대테러센터장에게 통보하여야 한다.

③ 제1항에도 불구하고 군사시설에 대해서는 국방부장관이 자체 조사팀을 편성·운영할 수 있다. 이 경우 국방부장관은 자체 조사팀이 조사한 결과를 대테러센터장에게 통보하여야 한다.

제4장 테러 대응 절차

제22조【테러경보의 발령】★★★ ① 대테러센터장은 테러 위험 징후를 포착한 경우 테러경보 발령의 필요성, 발령 단계, 발령 범위 및 기간 등에 관하여 실무위원회의 심의를 거쳐 테러경보를 발령한다. 다만, 긴급한 경우 또는 제2항에 따른 주의 이하의 테러경보 발령 시에는 실무위원회의 심의 절차를 생략할 수 있다.
※ 실무위원회 심의를 생략할 수 있는 경우는 관심단계 및 주의단계에 한한다.

② 테러경보는 테러위협의 정도에 따라 관심·주의·경계·심각의 4단계로 구분한다.

③ 대테러센터장은 테러경보를 발령하였을 때에는 즉시 위원장에게 보고하고, 관계기관에 전파하여야 한다.

④ 제1항부터 제3항까지에서 규정한 사항 외에 테러경보 발령 및 테러경보에 따른 관계기관의 조치사항에 관하여는 대책위원회 의결을 거쳐 위원장이 정한다.

제23조【상황 전파 및 초동조치】★ ① 관계기관의 장은 테러사건이 발생하거나 테러 위협 등 그 징후를 인지한 경우에는 관련 상황 및 조치사항을 관련기관의 장과 대테러센터장에게 즉시 통보하여야 한다.

② 관계기관의 장은 테러사건이 발생한 경우 사건의 확산 방지를 위하여 신속히 다음 각 호의 초동조치를 하여야 한다.
1. 사건 현장의 통제·보존 및 경비 강화
2. 긴급대피 및 구조·구급
3. 관계기관에 대한 지원 요청
4. 그 밖에 사건 확산 방지를 위하여 필요한 사항

③ 국내 일반테러사건의 경우에는 대책본부가 설치되기 전까지 테러사건 발생 지역 관할 경찰관서의 장이 제2항에 따른 초동조치를 지휘·통제한다.

제24조【테러사건 대응】① 대책본부의 장은 테러사건에 대한 대응을 위하여 필요한 경우 현장지휘본부를 설치하여 상황 전파 및 대응 체계를 유지하고, 조치사항을 체계적으로 시행한다.

② 대책본부의 장은 테러사건에 신속히 대응하기 위하여 필요한 경우에 관계기관의 장에게 인력·장비 등의 지원을 요청할 수 있다. 이 경우 요청을 받은 관계기관의 장은 특별한 사유가 없으면 요청에 따라야 한다.

③ 외교부장관은 해외에서 테러가 발생하여 정부 차원의 현장 대응이 필요한 경우에는 관계기관 합동으로 정부 현지대책반을 구성하여 파견할 수 있다.

④ 지방자치단체의 장은 테러사건 대응 활동을 지원하기 위한 물자 및 편의 제공과 지역주민의 긴급대피 방안 등을 마련하여야 한다.

제5장 테러예방을 위한 안전관리대책

제25조【테러대상시설 및 테러이용수단 안전대책 수립】
① 법 제10조 제1항에서 "대통령령으로 정하는 국가중요시설과 많은 사람이 이용하는 시설 및 장비"(이하 "테러대상시설"이라 한다)란 다음 각 호의 시설을 말한다.
1. 국가중요시설:「통합방위법」제21조 제4항에 따라 지정된 국가중요시설 및「보안업무규정」제32조에 따른 국가보안시설
2. 많은 사람이 이용하는 시설 및 장비(이하 "다중이용시설"이라 한다): 다음 각 목의 시설과 장비 중 관계기관의 장이 소관업무와 관련하여 대테러센터장과 협의하여 지정하는 시설
   가.「도시철도법」제2조 제2호에 따른 도시철도
   나.「선박안전법」제2조 제10호에 따른 여객선
   다.「재난 및 안전관리 기본법 시행령」제43조의8 제1호·제2호에 따른 건축물 또는 시설
   라.「철도산업발전기본법」제3조 제4호에 따른 철도차량
   마.「항공안전법」제2조 제1호에 따른 항공기
   ※ 비행기, 헬리콥터, 비행선, 활공기(滑空機)

② 관계기관의 장은 법 제10조 제1항에 따른 테러대상시설에 대한 테러예방대책과 법 제10조 제1항에 따른 테러이용수단(이하 "테러이용수단"이라 한다)의 제조·취급·저장 시설에 대한 안전관리대책 수립 시 다음 각 호의 사항을 포함하여야 한다.
1. 인원·차량에 대한 출입 통제 및 자체 방호계획
2. 테러 첩보의 입수·전파 및 긴급대응 체계 구축 방안
3. 테러사건 발생 시 비상대피 및 사후처리 대책

③ 관계기관의 장은 테러대상시설 및 테러이용수단의 제조·취급·저장 시설에 대하여 다음 각 호의 업무를 수행하여야 한다.
1. 테러예방대책 및 안전관리대책의 적정성 평가와 그 이행 실태 확인
2. 소관 분야 테러이용수단의 종류 지정 및 해당 테러이용수단의 생산·유통·판매에 관한 정보 통합관리

제26조【국가 중요행사 안전관리대책 수립】① 법 제10조 제1항에 따라 안전관리대책을 수립하여야 하는 국가 중요행사는 국내외에서 개최되는 행사 중 관계기관의 장이 소관 업무와 관련하여 주관기관, 개최 근거, 중요도 등을 기준으로 대테러센터장과 협의하여 정한다.

② 관계기관의 장은 대테러센터장과 협의하여 국가중요행사의 특성에 맞는 분야별 안전관리대책을 수립·시행하여야 한다.

③ 관계기관의 장은 국가 중요행사에 대한 안전관리대책을 협의 · 조정하기 위하여 필요한 경우에는 대책위원회의 심의 · 의결을 거쳐 관계기관 합동으로 대테러 · 안전대책기구를 편성 · 운영할 수 있다.

④ 제2항에 따른 **안전관리대책의 수립 · 시행 및 제3항에 따른 대테러 · 안전대책기구의 편성 · 운영에 관한 사항 중 대통령과 국가원수에 준하는 국빈 등의 경호 및 안전관리에 관한 사항은 대통령경호처장이 정한다.**

제27조【테러취약요인의 사전제거 지원】① 테러대상시설 및 테러이용수단의 소유자 또는 관리자(이하 "시설소유자 등"이라 한다)는 관계기관의 장을 거쳐 대테러센터장에게 테러예방 및 안전관리에 관하여 적정성 평가, 현장지도 등 지원을 요청할 수 있다.

② 대테러센터장은 제1항에 따른 요청을 받은 경우 관계기관과 합동으로 테러예방활동을 지원할 수 있다.

제28조【테러취약요인의 사전제거 비용 지원】① 국가기관의 장은 법 제11조 제2항에 따라 테러취약요인을 제거한 시설소유자 등에 대하여 비용을 지원하려는 경우에는 다음 각 호의 사항을 종합적으로 고려하여 비용의 지원 여부 및 지원 금액을 결정할 수 있다.

1. 테러사건이 발생할 가능성
2. 해당 시설 및 주변 환경 등 지역 특성
3. 시설 · 장비의 설치 · 교체 · 정비에 필요한 비용의 정도 및 시설소유자 등의 부담 능력
4. 제25조 제3항 제1호에 따른 적정성 평가와 그 이행 실태 확인 결과
5. 제27조 제1항 · 제2항에 따른 적정성 평가, 현장지도 결과
6. 그 밖에 제1호부터 제5호까지의 사항에 준하는 것으로서 국가기관의 장이 대테러센터장과 협의하여 정하는 사항

② 제1항에 따라 지원되는 비용의 한도, 세부기준, 지급 방법 및 절차 등에 관하여 필요한 사항은 대책위원회의 심의 · 의결을 거쳐 국가기관의 장이 정한다.

제6장 포상금 및 테러피해의 지원

제29조【포상금의 지급】① 법 제14조 제2항에 따른 **포상금(이하 "포상금"이라 한다)은 제30조에 따른 포상금심사위원회의 심의 · 의결을 거쳐 관계기관의 장이 지급할 수 있다.**

② 법 제14조 제2항에 따른 신고를 받거나 체포된 범인을 인도받은 관계기관의 장은 지체 없이 관할 지방검찰청 검사장이나 지청장 또는 국방부검찰단장이나 각 군 검찰단장에게 그 사실을 통보하여야 하며, 검사 또는 군검사는 신고를 한 사람이나 범인을

체포하여 관계기관의 장에게 인도한 사람(이하 "신고자 등"이라 한다)에게 신고 또는 인도를 증명하는 서류를 발급하여야 한다.

③ 관계기관의 장은 테러예방에 기여하였다고 인정되는 신고자 등을 포상금 지급 대상자로 추천할 수 있다. 이 경우 그 대상자에게 추천 사실을 통지하여야 한다.

제30조【포상금심사위원회의 구성 및 운영】① 포상금의 지급에 관한 사항을 심의하기 위하여 대테러센터장 소속으로 포상금심사위원회(이하 "심사위원회"라 한다)를 둔다.

② 심사위원회는 위원장 1명과 위원 8명으로 구성한다.

③ 심사위원회의 위원장은 대테러센터 소속의 고위공무원단에 속하는 일반직 공무원(이에 상당하는 특정직 · 별정직 공무원을 포함한다)이 되며, 심사위원회 위원은 총리령으로 정하는 관계기관 소속 4급 상당 공무원 중 관계기관의 장이 지명하는 사람이 된다.

④ 심사위원회의 위원장은 포상금 지급에 관한 사항을 심의할 필요가 있을 때 회의를 소집한다.

⑤ 심사위원회는 다음 각 호의 사항을 심의 · 의결한다.

1. 포상금 지급 여부와 그 지급금액
2. 포상금 지급 취소 및 반환 여부
3. 그 밖에 포상금에 관한 사항

⑥ 심사위원회는 심의를 위하여 필요하다고 인정될 때에는 포상금 지급 대상자 또는 참고인의 출석을 요청하여 그 의견을 들을 수 있으며, 관계기관에 대하여 필요한 자료의 제출을 요청할 수 있다.

⑦ 제1항부터 제6항까지에서 규정한 사항 외에 심사위원회 운영에 관한 세부사항은 총리령으로 정한다.

제31조【포상금 지급기준】① 법 제14조 제2항에 따른 포상금은 다음 각 호의 사항을 고려하여 1억 원의 범위에서 차등 지급한다.

1. 신고 내용의 정확성이나 증거자료의 신빙성
2. 신고자 등이 테러 신고와 관련하여 불법행위를 하였는지 여부
3. 신고자 등이 테러예방 등에 이바지한 정도
4. 신고자 등이 관계기관 등에 신고 · 체포할 의무가 있는지 또는 직무와 관련하여 신고 · 체포를 하였는지 여부

② 포상금의 세부적인 지급기준은 대책위원회의 의결을 거쳐 위원장이 정한다.

③ 관계기관의 장은 하나의 테러사건에 대한 신고자 등이 2명 이상인 경우에는 제2항에 따른 지급기준의 범위에서 그 공로를 고려하여 배분 · 지급한다.

④ 관계기관의 장은 제3항의 경우 포상금을 받을 사람이 배분방법에 관하여 미리 합의하여 포상금 지급을 신청하는 경우에는 그 합의한 내용에 따라 지급한다. 다만, 합의된 비율이 현저하게 부당한 경우에

는 심사위원회의 심의 · 의결을 거쳐 관계기관의 장이 이를 변경할 수 있다.

제32조【포상금 신청 절차】① 포상금은 그 사건이 공소제기 · 기소유예 또는 공소보류되거나 관계기관의 장이 제29조 제3항에 따라 추천한 경우에 신청할 수 있다.

② 검사 또는 군검사는 법에 따른 포상금 지급대상이 되는 사건에 관하여 공소를 제기하거나 제기하지 아니하는 결정을 하였을 때에는 지체 없이 신고자 등에게 서면으로 그 사실을 통지하여야 한다.

③ 포상금을 받으려는 사람은 총리령으로 정하는 신청서에 다음 각 호의 서류를 첨부하여 관계기관의 장에게 신청하여야 한다.

1. 제29조 제2항에 따른 증명서
2. 제2항 또는 제29조 제3항 후단에 따른 통지서
3. 공적 자술서

④ 제3항에 따른 신청은 제2항 또는 제29조 제3항 후단에 따른 통지를 받은 날부터 60일 이내에 하여야 한다.

⑤ 포상금을 신청하려는 사람이 2명 이상인 경우에는 신청자 전원의 연서(連署)로써 청구하여야 한다.

제33조【포상금 지급 절차】① 관계기관의 장은 심사위원회가 심의 · 의결한 사항을 기초로 포상금 지급 여부와 지급금액을 결정한다.

② 관계기관의 장은 포상금 지급대상자에게 결정 통지서를 보내고 포상금을 지급한다.

③ 제1항 및 제2항에서 규정한 사항 외에 포상금 지급 등에 관하여 필요한 사항은 총리령으로 정한다.

제34조【포상금 지급 취소 및 반환】① 관계기관의 장은 포상금을 지급한 후 다음 각 호의 어느 하나에 해당하는 경우에는 심사위원회의 심의 · 의결을 거쳐 그 포상금 지급 결정을 취소한다.

1. 포상금 수령자가 신고자 등이 아닌 경우
2. 포상금 수령자가 테러사건에 가담하는 등 불법행위를 한 사실이 사후에 밝혀진 경우
3. 그 밖에 포상금 지급을 취소할 사유가 발생한 경우

② 관계기관의 장은 제1항에 따라 포상금의 지급 결정을 취소하였을 때에는 해당 신고자 등에게 그 취소 사실과 포상금의 반환 기한, 반환하여야 하는 금액을 통지하여야 한다.

③ 제1항 및 제2항에서 규정한 사항 외에 포상금 반환에 관하여 필요한 사항은 총리령으로 정한다.

제35조【테러피해의 지원】① 법 제15조 제2항에 따라 국가 또는 지방자치단체가 지원할 수 있는 비용(이하 "피해지원금"이라 한다)은 신체 피해에 대한 치료비 및 재산 피해에 대한 복구비로 한다.

② 테러로 인한 신체 피해에 대한 치료비는 다음 각 호와 같고, 치료비 산정에 필요한 사항은 총리령으로 정한다.

1. 신체적 부상 및 후유증에 대한 치료비
2. 정신적 · 심리적 피해에 대한 치료비

③ 테러로 인한 재산 피해에 대한 복구비는「재난 및 안전관리 기본법」제66조에 따른 사회재난 피해 지원의 기준과 금액을 고려하여 대책위원회가 정한다.

④ 제2항에 따른 치료비와 제3항에 따른 복구비는 대책위원회의 심의 · 의결을 거쳐 일시금으로 지급한다.

⑤ 제2항부터 제4항까지에서 규정한 사항 외에 피해지원금의 한도 · 세부기준과 지급 방법 및 절차 등에 관하여 필요한 사항은 대책위원회가 정한다.

제36조【특별위로금의 종류】① 법 제16조 제1항에 따른 특별위로금은 다음 각 호의 구분에 따라 지급한다.

1. 유족특별위로금: 테러로 인하여 사망한 경우
2. 장해특별위로금: 테러로 인하여 신체상의 장애를 입은 경우. 이 경우 신체상 장애의 기준은「범죄피해자 보호법」제3조 제5호, 같은 법 시행령 제2조, 별표 1 및 별표 2에 따른 장해의 기준을 따른다.
3. 중상해특별위로금: 테러로 인하여 장기치료가 필요한 피해를 입은 경우. 이 경우 장기치료가 필요한 피해의 기준은「범죄피해자 보호법」제3조 제6호 및 같은 법 시행령 제3조에서 정한 중상해의 기준을 따른다.

② 대책본부를 설치한 관계기관의 장은 제1항에 따른 특별위로금을 대책위원회의 심의 · 의결을 거쳐 일시금으로 지급한다.

③ 제1항 제1호에 따른 유족특별위로금(이하 "유족특별위로금"이라 한다)은 피해자가 사망하였을 때 총리령으로 정하는 바에 따라 맨 앞 순위인 유족에게 지급한다. 다만, 순위가 같은 유족이 2명 이상이면 똑같이 나누어 지급한다.

④ 제1항 제2호에 따른 장해특별위로금(이하 "장해특별위로금"이라 한다) 및 제1항 제3호에 따른 중상해특별위로금(이하 "중상해특별위로금"이라 한다)은 해당 피해자에게 지급한다.

제37조【특별위로금의 지급기준】① 유족특별위로금은 피해자의 사망 당시(신체에 손상을 입고 그로 인하여 사망한 경우에는 신체에 손상을 입은 당시를 말한다)의 월급액이나 월실수입액 또는 평균임금에 24개월 이상 48개월 이하의 범위에서 유족의 수와 연령 및 생계유지 상황 등을 고려하여 총리령으로 정하는 개월 수를 곱한 금액으로 한다.

② 장해특별위로금과 중상해특별위로금은 피해자가 신체에 손상을 입은 당시의 월급액이나 월실수입액 또는 평균임금에 2개월 이상 48개월 이하의 범위에서 피해자의 장해 또는 중상해의 정도와 부양가족의 수 및 생계유지 상황 등을 고려하여 총리령으로 정한 개월 수를 곱한 금액으로 한다.

③ 제1항 및 제2항에 따른 피해자의 월급액이나 월실수입액 또는 평균임금 등은 피해자의 주소지를 관할하는 세무서장, 시장·군수·구청장(자치구의 구청장을 말한다) 또는 피해자의 근무기관의 장의 증명이나 그 밖에 총리령으로 정하는 공신력 있는 증명에 따른다.

④ 제1항 및 제2항에서 피해자의 월급액이나 월실수입액이 평균임금의 2배를 넘는 경우에는 평균임금의 2배에 해당하는 금액을 피해자의 월급액이나 월실수입액으로 본다.

⑤ 제1항부터 제4항까지에서 규정한 사항 외에 특별위로금의 세부기준·지급 방법 및 절차 등에 관하여 필요한 사항은 대책위원회가 정한다.

제38조【특별위로금 지급에 대한 특례】① 장해특별위로금을 받은 사람이 해당 테러행위로 인하여 사망한 경우에는 유족특별위로금을 지급하되, 그 금액은 제37조 제1항에 따라 산정한 유족특별위로금에서 이미 지급한 장해특별위로금을 공제한 금액으로 한다.

② 중상해특별위로금을 받은 사람이 해당 테러행위로 인하여 사망하거나 신체상의 장애를 입은 경우에는 유족특별위로금 또는 장해특별위로금을 지급하되, 그 금액은 제37조 제1항에 따라 산정한 유족특별위로금 또는 같은 조 제2항에 따라 산정한 장해특별위로금에서 이미 지급한 중상해특별위로금을 공제한 금액으로 한다.

제39조【피해지원금 및 특별위로금 지급 신청】① 법 제15조 또는 제16조에 따라 피해지원금 또는 특별위로금의 지급을 신청하려는 사람은 테러사건으로 피해를 입은 날부터 6개월 이내에 총리령으로 정하는 바에 따라 지급신청서에 관련 증명서류를 첨부하여 대책본부를 설치한 관계기관의 장에게 제출하여야 한다.

② 법 제15조 또는 제16조에 따른 피해지원금 또는 특별위로금의 지급을 신청하려는 사람이 둘 이상인 경우에는 다음 각 호의 구분에 따라 신청인 대표자를 선정할 수 있다. 이 경우 같은 순위의 사람이 둘 이상이면 같은 순위의 사람이 합의하여 신청인 대표자를 정하되, 합의가 이루어지지 아니하는 경우나 그 밖의 부득이한 사유가 있으면 신청인 대표자를 선정하지 아니할 수 있다.

1. 사망한 피해자에 대한 피해지원금 및 특별위로금: 총리령에서 정하는 바에 따라 맨 앞 순위인 유족 1명
2. 생존한 피해자에 대한 피해지원금 및 특별위로금: 생존한 피해자(생존한 피해자의 법정대리인을 포함한다)

③ 피해지원금 및 특별위로금의 지급 신청, 지급 결정에 대한 동의, 지급 청구 또는 수령 등을 직접 하기 어려운 사정이 있으면 다른 사람을 대리인으로 선임할 수 있다.

④ 대책본부를 설치한 관계기관의 장은 제1항에 따라 피해지원금 또는 특별위로금의 지급신청을 받으면 그 관련 서류 등을 검토하고 서류 등이 누락되거나 보완이 필요한 경우 기간을 정하여 신청인(제2항에 따른 신청인 대표자, 제3항에 따른 대리인을 포함한다. 이하 같다)에게 보완을 요청할 수 있다.

제40조【피해지원금 및 특별위로금 지급 결정】① 대책본부를 설치한 관계기관의 장은 대책위원회의 심의·의결을 거쳐 피해지원금 및 특별위로금의 지급신청을 받은 날부터 120일 이내에 그 지급 여부 및 금액을 결정하여 신청인에게 결정 통지서를 송부하여야 한다. 이 경우 해당 관계기관의 장은 대책위원회가 피해지원금 또는 특별위로금의 지급에 관하여 심의·의결한 날부터 30일 이내에 지급 여부 등을 결정하여야 한다.

② 제1항에 따른 결정에 관하여 이의가 있는 신청인은 결정 통지서를 받은 날부터 30일 이내에 총리령으로 정하는 바에 따라 이의 신청서에 그 사유를 증명할 수 있는 자료를 첨부하여 대책본부를 설치한 관계기관의 장에게 제출하여야 한다.

③ 제2항에 따른 이의 신청에 관하여는 제1항을 준용한다. 이 경우 제1항 중 "120일"은 "60일"로 본다.

제41조【피해지원금 및 특별위로금 지급 제한】대책본부를 설치한 관계기관의 장은 테러사건으로 피해를 입은 사람에게 과실이 있다고 판단되는 경우 대책위원회의 심의·의결을 거쳐 그 과실의 정도에 따라 피해지원금 및 특별위로금을 지급하지 아니하거나 금액을 줄여 지급할 수 있다.

제42조【피해지원금 및 특별위로금 지급】① 제40조 제1항에 따라 결정 통지서를 받은 신청인이 피해지원금 또는 특별위로금을 받으려는 경우에는 다음 각 호의 서류를 첨부하여 총리령으로 정하는 바에 따라 대책본부를 설치한 관계기관의 장에게 지급을 신청하여야 한다.

1. 지급 결정에 대한 동의 및 신청서
2. 인감증명서(서명을 한 경우에는 본인서명사실확인서를 말한다)
3. 입금계좌 통장 사본

② 피해지원금 및 특별위로금은 대책본부를 설치한 관계기관의 장이 지급하되, 그 실무는 국고(국고대리점을 포함한다)에 위탁하여 처리하게 할 수 있다.

③ 대책본부를 설치한 관계기관의 장은 제1항에 따른 동의 및 신청서를 받은 날부터 90일 이내에 피해

지원금 및 특별위로금을 지급하여야 한다. 다만, 90
일 이내에 지급할 수 없는 특별한 사유가 있는 경우
에는 지급 기간을 연장할 수 있으며, 그 사유를 신청
인에게 통지하여야 한다.

제43조【피해지원금 및 특별위로금 환수】대책본부를
설치한 관계기관의 장은 피해지원금 및 특별위로금
을 받은 사람이 다음 각 호의 어느 하나에 해당하는
경우에는 받은 금액의 전부 또는 일부를 환수하여
야 한다.
1. 테러사건에 가담하는 등 불법행위를 한 사실이
사후에 밝혀진 경우
2. 거짓이나 그 밖의 부정한 방법으로 받은 경우
3. 잘못 지급된 경우

제44조【다른 법령에 따른 급여 등과의 관계】테러로
인하여 신체 또는 재산의 피해를 입은 사람과 피해
를 입은 사람의 유족 또는 신체상의 장애 및 장기치
료가 필요한 피해를 입은 사람이 해당 테러 행위를
원인으로 하여 다른 법령에 따라 신체 또는 재산의
피해에 대한 치료비, 복구비, 특별위로금 또는 이에
상당하는 지원을 받을 수 있을 때에는 그 받을 금액
의 범위에서 법 제15조 제2항에 따른 치료비·복구
비 또는 법 제16조 제1항에 따른 특별위로금을 지
급하지 아니한다.

제7장 보칙

제45조【고유식별정보의 처리】관계기관의 장은 다음
각 호의 사무를 수행하기 위하여 불가피한 경우「개
인정보 보호법 시행령」제19조에 따른 주민등록번
호, 여권번호, 운전면허의 면허번호 또는 외국인등록
번호가 포함된 자료를 처리할 수 있다.
※ 고유식별정보의 범위
1. 법 제9조에 따른 테러위험인물에 대한 정보 수
집, 대테러조사 및 테러위험인물에 대한 추적 등
에 관한 사무
2. 법 제12조에 따른 테러선동·선전물 긴급 삭제
등 요청에 관한 사무
3. 법 제13조에 따른 외국인테러전투원에 대한 규제
등에 관한 사무
4. 법 제14조에 따른 신고자 보호 및 포상금 지급
등에 관한 사무
5. 법 제15조에 따른 테러피해의 지원 등에 관한 사무
6. 법 제16조에 따른 특별위로금 지급 등에 관한 사무

국민보호와 공공안전을 위한 테러방지법 시행규칙

[시행 2024.10.17.] [총리령 제1988호, 2024.10.17., 일부개정]

제1조【목적】이 규칙은 「국민보호와 공공안전을 위한 테러방지법 시행령」에서 위임된 사항과 그 시행에 필요한 사항을 규정함을 목적으로 한다.

제2조【포상금심사위원회의 구성】「국민보호와 공공안전을 위한 테러방지법 시행령」(이하 "영"이라 한다) 제30조 제3항에서 "총리령으로 정하는 관계기관"이란 다음 각 호의 기관을 말한다.
1. 기획재정부, 법무부, 경찰청
2. 제1호 외에 해당 사건과 관련 있는 중앙행정기관
3. 국가정보원
4. 그 밖에 「국민보호와 공공안전을 위한 테러방지법」(이하 "법"이라 한다) 제6조에 따른 대테러센터(이하 "대테러센터"라 한다)의 장(이하 "대테러센터장"이라 한다)이 영 제30조 제1항에 따른 포상금심사위원회(이하 "심사위원회"라 한다)에 참여할 필요가 있다고 인정하는 기관

제3조【포상금심사위원회의 운영】① 심사위원회의 회의는 위원장을 포함한 재적위원 과반수의 출석으로 개의(開議)하고, 출석위원 과반수의 찬성으로 의결한다.
② 심사위원회의 위원장이 부득이한 사유로 그 직무를 수행하지 못할 때에는 위원장이 지명하는 위원이 그 직무를 대행한다.
③ 심사위원회의 위원이 부득이한 사유로 회의에 출석하지 못할 때에는 그 소속공무원으로 하여금 회의에 출석하여 그 권한을 대행하게 할 수 있다.
④ 심사위원회에 간사를 두되, 간사는 대테러센터 소속공무원 중에서 대테러센터장이 지명한다.
⑤ 심사위원회의 위원장과 위원은 회의 안건과 관련하여 직접적인 이해관계가 있는 경우에는 참석하지 못한다.

제4조【포상금의 신청 절차】법 제14조 제2항에 따른 포상금을 받으려는 사람은 별지 제1호 서식의 포상금 지급 신청서에 영 제32조 제3항 각 호의 서류를 첨부하여 관계기관의 장에게 제출하여야 한다.

제5조【포상금의 지급 결정 기간 등】① **관계기관의 장은 특별한 사유가 없으면 포상금 신청일부터 90일 이내에 포상금의 지급 여부 및 지급 금액을 결정한다.**
※ 포상금 지급여부의 신속한 결정과 빠른 지급을 위하여 그 기한을 규정하고 있다.

② 관계기관의 장은 제1항에 따른 기간에 결정할 수 없는 특별한 사유가 있는 경우 지급 결정 기간을 연장할 수 있으며, 그 사유를 신청인에게 통지한다.

제6조【포상금의 반환통지 등】① 관계기관의 장은 영 제34조 제1항에 따라 포상금의 지급 결정을 취소한 날부터 20일 이내에 포상금을 반환하여야 할 사람에게 별지 제2호 서식의 포상금 반환통지서를 주어야 한다. 이 경우 그 통지서는 포상금을 반환하여야 할 사람에게 직접 주거나 배달증명등기우편 등의 방법으로 발송하여야 한다.
② 제1항에 따른 통지서를 받은 사람은 그 통지서를 받은 날부터 30일 이내에 반환하여야 하는 금액을 관계기관의 장이 지정한 예금계좌에 자신의 명의로 입금하여야 한다.

제7조【치료비 산정】① 영 제35조 제2항 각 호의 치료비(이하 "치료비"라 한다)는 피해자가 「의료법」 제3조에 따른 의료기관에서 5주 이상의 치료가 필요한 신체적·정신적 피해의 회복을 직접적인 목적으로 지출한 비용을 말한다. 다만, 간병을 목적으로 지출한 비용은 제외한다.
② 치료비는 「국민건강보험법 시행령」 제19조 제2항에 따른 본인부담액을 기준으로 하며, 피해자가 「의료급여법」 제2조 제1호에 따른 수급권자인 경우 같은 법 제10조에 따라 의료급여기금에서 부담한 급여비용을 고려하여 지급한다.
③ 치료비는 피해자 1명당 연 1천500만 원, 총 5천만 원의 한도에서 지원한다. 다만, 해당 테러사건의 발생일부터 5년이 지난 후 치료를 받은 경우에는 그 치료비를 지원하지 아니한다.
④ 제1항 본문 및 제3항 본문·단서에도 불구하고 테러피해의 경위, 정도 및 피해자의 경제적 사정 등을 고려하여 특별히 지원할 필요가 있다고 판단되는 경우에는 법 제5조에 따른 국가테러대책위원회의 심의·의결을 거쳐 다음 각 호의 비용을 추가로 지원할 수 있다.
1. 5주 미만의 치료를 요하는 신체적·정신적 피해에 대한 치료비
2. 연 1천500만 원을 초과하는 치료비
3. 총 5천만 원을 초과하는 치료비

4. 해당 테러사건 발생일부터 5년이 지난 후 치료를 받은 경우 그 치료비

제8조【유족의 범위 및 순위】① 영 제36조 제1항 제1호에 따른 유족특별위로금(이하 "유족특별위로금"이라 한다)을 받을 수 있는 유족은 다음 각 호의 어느 하나에 해당하는 사람으로 한다.
1. 배우자(사실상 혼인관계에 있는 사람을 포함한다) 및 피해자의 사망 당시 피해자의 수입으로 생계를 유지하고 있던 피해자의 자녀
2. 피해자의 사망 당시 피해자의 수입으로 생계를 유지하고 있던 피해자의 부모, 손자·손녀, 조부모 및 형제자매
3. 제1호 및 제2호에 해당하지 아니하는 피해자의 자녀, 부모, 손자·손녀, 조부모 및 형제자매
② 제1항에 따른 유족의 범위에서 태아는 피해자가 사망할 때 이미 출생한 것으로 본다.
③ 유족특별위로금을 받을 유족의 순위는 제1항 각 호에 열거한 순서로 하고, 같은 항 제2호 및 제3호에 열거한 사람 사이에서는 해당 각 호에 열거한 순서로 하며, 부모의 경우에는 양부모를 선순위로 하고 친부모를 후순위로 한다.
④ 다음 각 호의 어느 하나에 해당하는 유족은 유족특별위로금을 받을 수 있는 유족으로 보지 아니한다.
1. **피해자를 고의로 사망하게 한 경우**
   ※ 고의 = 일정한 결과가 발생하리라는 것을 알면서 감히 이를 행하는 심리상태
2. 피해자가 사망하기 전에 그가 사망하면 유족특별위로금을 받을 수 있는 선순위 또는 같은 순위의 유족이 될 사람을 고의로 사망하게 한 경우
3. 피해자가 사망한 후 유족특별위로금을 받을 수 있는 선순위 또는 같은 순위의 유족을 고의로 사망하게 한 경우

제9조【월급액 또는 월실수입액】① 영 제37조에 따른 월급액 또는 월실수입액은 이를 산정하여야 할 사유가 발생한 날 이전 3개월 동안 해당 피해자에게 지급된 임금 또는 실수입액의 월평균액으로 한다. 다만, 해당 피해자가 취업한 후 3개월 미만인 경우에는 그 기간 동안의 월평균액으로 한다.
② 영 제37조에 따라 특별위로금액을 산정하는 경우에 월급액이나 월실수입액을 증명할 수 없거나 월급액이나 월실수입액이 제10조에 따른 평균임금에 미치지 못하는 경우에는 평균임금을 기준으로 특별위로금액을 정한다.

제10조【평균임금의 기준】① 영 제37조에 따른 평균임금은 매년 6회 이상 주기적으로 임금통계를 공표하는 임금조사기관이 조사한 남자 또는 여자 보통인부의 전국규모 통계에 의한 일용노동임금에 따른다. 다만, 전국규모 통계가 없을 때에는 서울특별시

지역 통계에 의한 일용노동임금에 따른다.
② 제1항의 임금은 먼저 공신력 있는 건설노임단가 통계에 따르고 공신력 있는 건설노임단가 통계가 없을 때에는 정부노임단가 통계에 따르며, 정부노임단가 통계도 없을 때에는 공신력 있는 방법으로 조사한 남자 또는 여자 보통 인부의 일용노동임금에 따른다.

제11조【유족특별위로금의 금액】① 유족특별위로금의 산정에서 피해자의 월급액이나 월실수입액 또는 평균임금(이하 "월급액 등"이라 한다)에 곱하는 "총리령으로 정한 개월 수"에 관하여는 다음 각 호의 구분에 따른 개월 수에 일정한 배수를 곱한 개월 수를 말하며, 다음 각 호의 구분에 따른 개월 수에 곱하는 일정한 배수에 관하여는 「범죄피해자 보호법 시행령」 별표 4를 준용한다. 이 경우 해당 별표 중 "제22조 제1호"는 "제11조 제1항 제1호"로, "제22조 제2호"는 "제11조 제1항 제2호"로, "제22조 제3호"는 "제11조 제1항 제3호"로, "법 제18조 제1항 제3호"는 "제8조 제1항 제3호"로, "구조피해자"는 "피해자"로 각각 본다.
1. 제8조 제1항 제1호의 유족: 40개월
2. 제8조 제1항 제2호의 유족: 32개월
3. 제8조 제1항 제3호의 유족: 24개월
② 제1항에도 불구하고 유족특별위로금액은 평균임금의 48개월분을 초과할 수 없다.

제12조【장해특별위로금의 금액】① 영 제37조 제2항에 따른 장해특별위로금(이하 "장해특별위로금"이라 한다)의 산정에서 피해자의 월급액 등에 곱하는 "총리령으로 정한 개월 수"란 다음 각 호의 구분에 따른 장해등급별 개월 수에 일정한 배수를 곱한 개월 수를 말하며, 다음 각 호의 구분에 따른 장해등급별 개월 수에 곱하는 일정한 배수에 관하여는 「범죄피해자 보호법 시행령」 별표 5를 준용한다. 이 경우 해당 별표 중 "범죄행위"는 "테러사건"으로, "구조피해자"는 "피해자"로 각각 본다. 〈개정 2024.10.17.〉
1. 1급: 40개월
2. 2급: 36개월
3. 3급: 32개월
4. 4급: 28개월
5. 5급: 24개월
6. 6급: 20개월
7. 7급: 16개월
8. 8급: 12개월
9. 9급: 8개월
10. 10급: 4개월
11. 11급 또는 12급: 3개월
12. 13급 또는 14급: 2개월

② 제1항에도 불구하고 장해특별위로금액은 평균임금의 40개월분을 초과할 수 없다.

제13조【중상해특별위로금의 금액】① 영 제37조 제2항에 따른 중상해특별위로금(이하 "중상해특별위로금"이라 한다)의 산정에서 피해자의 월급액 등에 곱하는 "총리령으로 정한 개월 수"란 「의료법」 제3조 제2항 제3호의 병원급 의료기관에 속하는 의사가 발행한 진단서 등에 의하여 해당 중상해의 치료에 필요하다고 인정되는 개월 수에 일정한 배수를 곱한 개월 수를 말하며, 해당 중상해의 치료에 필요하다고 인정되는 개월 수에 곱하는 일정한 배수에 관하여는 「범죄피해자 보호법 시행령」 별표 5를 준용한다. 이 경우 해당 별표 중 "범죄행위"는 "테러사건"으로, "구조피해자"는 "피해자"로 각각 본다.

② 제1항에도 불구하고 중상해특별위로금액은 평균임금의 40개월분을 초과할 수 없다.

③ 제1항의 진단서 등에 기재된 치료기간이 일(日) 단위인 경우 30일을 1개월로 환산한 비율로 개월 수를 정한다.

④ 제1항의 진단서 등에 기재된 치료기간이 주(週) 단위인 경우 일 단위로 환산한 후 제2항의 방법에 따른다.

제14조【피해지원금 및 특별위로금 지급 신청】① 영 제39조 제1항에 따라 피해지원금 및 특별위로금의 지급을 신청하려는 사람은 별지 제3호 서식의 지급 신청서에 다음 각 호의 서류를 첨부하여 대책본부를 설치한 관계기관의 장에게 제출하여야 한다.

1. 피해자의 가족관계 기록사항에 관한 증명서 또는 제적등본(가족관계 기록사항에 관한 증명서로 피해자와 신청인의 관계를 확인할 수 없는 경우로서 신청인이 유족인 경우만 해당한다)

2. 별지 제4호 서식의 기지급치료비 지급명세서(의료기관이 발행한 계산서 및 영수증을 첨부한다) 또는 대책본부를 설치한 관계기관의 장이 지정한 의료기관이 발급한 의료비 청구서

3. 향후 치료비 또는 후유장해 등에 따른 장래의 소득 또는 수익의 상실이 예상되는 경우에는 대책본부를 설치한 관계기관의 장이 지정한 의료기관이 발급한 향후치료비 추정서 또는 후유장해진단서

4. 별지 제5호 서식의 신청인 대표자 선정서(영 제39조 제2항에 따라 신청인 대표자를 선임한 경우에만 제출한다)

5. 별지 제6호 서식의 위임장(영 제39조 제3항에 따라 대리인을 선임한 경우에만 제출한다)

6. 근로소득원천징수영수증, 급여명세서 등 근로소득을 객관적으로 증명할 수 있는 서류(근로소득자인 경우에만 제출한다)

7. 삭제〈2024.10.17.〉

8. 별지 제7호 서식의 재산피해명세서 및 테러사건으로 인한 재산피해의 내용을 증명할 수 있는 자료

9. 그 밖에 신청 사유를 소명할 수 있는 증거자료

② 영 제39조 제2항 제1호에 따라 사망한 피해자에 대한 피해지원금 및 특별위로금의 지급을 신청하려는 경우 신청인 대표자는 제8조 제1항 각 호의 순서에 따라 선정한다.

③ 제1항에 따른 지급신청을 받은 담당 공무원은 「전자정부법」 제36조에 따른 행정정보의 공동이용을 통하여 다음 각 호의 서류를 확인해야 한다. 다만, 신청인이 확인에 동의하지 않는 경우에는 해당 서류를 첨부하도록 해야 한다. 〈신설 2024.10.17.〉

1. 「가족관계의 등록 등에 관한 법률」 제15조 제1항 제1호에 따른 가족관계증명서(피해지원금 및 특별위로금 지급신청인이 영 제39조 제2항 각 목의 어느 하나에 해당하는 사람임을 증명하는 경우만 해당한다)

2. 「가족관계의 등록 등에 관한 법률」 제15조 제1항 제2호에 따른 기본증명서(법 제15조 및 제16조에 따른 피해를 입은 사람이 미성년자인 경우만 해당한다)

3. 사업자등록증 또는 폐업사실증명원과 소득금액증명원 등 사업소득을 객관적으로 증명할 수 있는 서류(사업소득자인 경우만 해당한다)

제15조【지급 결정 통지서 등 서식】① 영 제40조 제1항에 따른 지급 결정 통지서는 별지 제8호 서식과 같다.

② 영 제40조 제2항에 따른 이의 신청서는 별지 제9호 서식과 같다.

③ 영 제42조 제1항 제1호에 따른 지급 결정에 대한 동의 및 신청서는 별지 제10호 서식과 같다.

SECURITY

INSTRUCTOR

테마별 핵심정리

테마 01 ▶ 경호의 정의

「대통령 등의 경호에 관한 법률」	호위	경호대상자의 생명과 재산을 보호하기 위하여 신체에 가하여지는 위해를 방지하거나 제거하는 모든 안전활동
	경비	특정 지역을 경계·순찰 및 방비하는 모든 안전활동
「경찰관 직무집행법」		경찰관의 직무범위에 경비·주요 인사(人士)경호 포함
「전직대통령 예우에 관한 법률」		전직대통령 또는 그 유족에게는 관계 법령에서 정하는 바에 따라 필요한 기간의 경호·경비의 예우를 할 수 있음
「경비업법」		경비업무의 일환으로 신변보호업무를 규정함
미국 비밀경호국(SS)		실체적이고 주도면밀한 범행의 성공 가능성을 최소화하는 작용
일본경찰 요인경호대(SP)		신변에 위해가 있을 경우 국가 공공의 안녕과 질서에 영향을 줄 우려가 있는 자에 대하여 그 신변의 안전을 확보하기 위한 경찰활동

테마 02 ▶ 경호의 수준 및 성격에 따른 분류

수준에 따른 분류		성격에 따른 분류	
1급(A급)	행사보안이 사전에 노출되어 경호의 위해가 증대된 상황하의 각종 행사와 국왕 및 대통령 등 국가원수급의 1등급 경호대상으로 결정된 국빈행사의 경호	공식경호 (1호, A호)	경호관계자 간에 행사일정을 미리 통보받아 사전에 계획되고 공개된 의전절차에 따라 행사가 진행되는 경호(국경일, 기념일, 대통령 취임식, 정상회담), 의전절차 ○
2급(B급)	행사준비 등의 시간적 여유가 없이 갑자기 결정된 상황하의 각종 행사와 수상 및 국무총리급의 경호대상으로 결정된 국빈행사의 경호	비공식 경호 (2호, B호)	비공식행사 시 행사일정의 사전 통보나 협의 없이 이루어지고 비공개된 의전절차에 따라 행사가 진행되는 경호(예정에 없던 수해지역 방문, 고아원 방문, 전통시장 방문 등), 의전절차 ○
3급(C급)	사전에 행사준비 등 경호조치가 거의 없는 상황하에서 이루어지는 것으로 장관급의 경호대상으로 결정된 국빈행사의 경호	약식경호 (3호, C호)	정해진 의전절차 없이 불시에 행사가 진행되고 사전경호조치도 없는 상태에서 최소한의 근접경호만으로 실시하는 통상적인 경호(일상적인 출퇴근 시, 특정 지역 내에서의 짧은 이동 등), 의전절차 ×

테마 03 ▶ 경비기관에 따른 경비의 분류

공경비	국가공권력을 집행하는 국가기관(대통령경호처, 경찰 등)이 법집행권과 강제권을 갖고 개인의 신체·생명·재산 보호, 사회질서유지 등에 관련된 업무를 수행하는 제반활동
민간경비	특정인의 비용 부담을 전제로 하고 강제권을 수반하지 않는 수단과 방법을 사용하여 개인의 신체·생명·재산 등을 보호하기 위하여 행하는 경비

경계대상에 따른 경비의 분류

치안경비	공공의 안녕과 질서를 문란하게 하는 범죄와 관련된 소요사태에 대해 경비부대가 예방·경계·진압하는 활동
재해경비	천재지변, 홍수, 태풍, 화재, 지진 등 재해에 의하여 발생하는 위해를 예방·경계·진압하는 작용
혼잡경비	여러 행사장에서 다수의 군중에 의한 비조직적 혼란에 의하여 발생하는 예측 불가능한 사태를 예방·경계·진압하는 작용
경호경비	정치적 목적으로 중요한 요인을 암살하려는 행위를 미연에 방지하고 피경호자의 신변을 보호하려는 활동
중요시설경비	국가산업시설·국가행정시설에 대한 간첩, 태업, 절도, 강도 등 기타 침해행위를 예방·경계·진압하는 작용
특수경비	총포류, 도검류, 폭발물에 의한 중요 범죄 등의 사태로부터 발생한 위해를 예방·경계·진압하는 활동
선거경비	선거 시 후보자에 대한 신변보호와 투·개표장에서의 선거와 관련한 폭력·난동·테러 등 선거방해책동요소를 사전에 예방·제거하는 경비활동

테마 05 경계개념에 따른 분류

비상경계 (정비상경계)	국가적 중요행사를 전후한 일정 기간이나 비상사태 발생 징후가 농후할 때의 경계(고도의 경계를 요할 때)
준비상경계	각종 행사일을 전후한 일정 기간 또는 비상사태 발생 우려가 있거나 불안전한 사태가 계속될 때의 경계(집중적인 경계가 요구될 때)

테마 06 경비의 중요도에 따른 분류

종류	의의	대상시설
'가'급 시설	광범위한 지역의 통합방위작전수행이 요구되고, 국민생활에 결정적인 영향을 미칠 수 있는 시설	대통령실, 국회의사당, 대법원, 정부종합청사, 국방부·국가정보원 청사, 한국은행 본점, 대규모산업시설, 원자력발전소, 국제공항 등
'나'급 시설	일부 지역의 통합방위작전수행이 요구되고, 국민생활에 중대한 영향을 미칠 수 있는 시설	대검찰청·경찰청·기상청 청사, 한국산업은행·한국수출입은행 본점, 국제공항을 제외한 주요 국내공항 등
'다'급 시설	제한된 지역에서 단기간 통합방위작전수행이 요구되고, 국민생활에 상당한 영향을 미칠 수 있는 시설	기타 중앙행정기관의 청급 독립청사(조달청, 통계청, 산림청 등), 국가정보원 지부, 한국은행 각 지역본부, 다수의 정부기관이 입주한 남북출입관리 시설, 기타 중요 국·공립기관, '가'급, '나'급 이외의 특별한 보호가 요구되는 산업시설 등

	미국의 중첩경호		영국의 중첩경호
1선 (내부)	① 근접경호원에 의해 완벽한 통제가 이루어지는 안전구역으로 직접적인 위해를 가할 수 있는 지역 ② 권총의 평균 유효사거리 및 수류탄 투척거리를 기준으로 50m 반경 이내에 설정 ③ 비인가자의 절대적 출입 통제가 실시(출입자 통제관리, MD 설치, 비표확인 및 출입자 감시) ④ 작은 빈틈도 허용하지 않는 최후의 방어선 역할 ⑤ 완벽한 통제	근접 경호	경호대상자의 신변보호 및 숙소경비
2선 (내곽)	① 건물 내곽의 울타리 안쪽으로, 근접경호원 및 경비경찰에 의한 부분적 통제가 되는 경비구역 ② 경호대상자의 신변과 행사안전에 직·간접적으로 영향을 미칠 수 있는 구역 ③ 소총의 유효사거리인 50~600m 반경 이내 행사장으로 향하는 통로 통제 시에는 반드시 방호벽을 설치하며, 중요지점에는 경호원의 추가 배치가 원칙(돌발사태 대비 비상대기조 예비대 운영, 구급차·소방차 대기) ④ 출입요소에 대한 1차적 통제점으로 위해요소의 접근차단 ⑤ 부분적 통제	중간 경호	정복경관의 일상적인 경찰활동, 교통정리, 관찰, 통신활동 등의 작용을 통해 요인의 경호 담당
3선 (외곽)	① 행사장을 중심으로 한 외곽 울타리지역으로 행사에 간접적으로 영향을 미칠 수 있는 경계구역(제한적 통제) ② 소구경 곡사화기의 유효사거리를 기준으로 600~1,000m 이상의 범위이고, 수색 및 사찰활동을 중점 실시(감시조 운영, 기동 순찰조 운영, 원거리 불심자 검문차단) ③ 인원이나 물품의 자유로운 왕래를 허용하는 가운데, 불심검문을 통한 적절한 검문검색 실시 ⑤ 제한적 통제	외곽 경호	정보 분석, 항만관리, 위험인물 파악, 사건 발생 소지의 사전 제거 등을 통해 경호 담당
중점 사항	① 미국의 중첩경호는 근접경호(1선)에 더 큰 비중을 두나, 영국의 중첩경호는 외곽경호(3선)에 더욱 비중을 주어 위험요소를 사전에 제거하는 데 주력하는 특징이 있음 ② 영국은 왕실의 위엄과 권위를 살린다는 목적으로 외곽경호에 치중하며 위해요소에 대한 원천적 봉쇄를 우선으로 하고 있고, 미국의 경우 대통령제 국가로서 국민과 함께 한다는 이유로 원천적 봉쇄의 외곽경호보다는 내부(근접)경호에 중점을 두어 피경호인의 직접적 안전(보안)에 가장 치중하고 있음		

1. 경호의 일반원칙 및 특별원칙

경호의 일반원칙	경호의 특별원칙
① 3중경호(중첩경호) 원칙 　경호대상자의 위치를 중심으로 경호 행동반경을 거리 　개념으로 내부, 내곽, 외곽으로 구분하며, 처음으로 정 　립한 것은 영국, 발전시킨 것은 미국임 ② 두뇌경호 원칙 　사전에 치밀한 계획과 준비를 철저히 하여 위험요소를 　제거하는 데 경호의 중점을 둠 　※ 우선순위: 순간적 판단력 > 사전의 치밀한 계획 > 완 　　력·무력 ③ 방어경호 원칙 　공격자의 제압보다 인간방벽을 형성하는 등의 행위로 　경호대상자의 방어 및 대피를 우선해야 한다는 원칙 ④ 은밀경호 원칙 　경호요원은 은밀하게 침묵 속에서 행동하며 경호대상자 　의 신변을 보호할 수 있는 행동반경 내에 위치하고, 위 　해기도자의 눈에 띄지 않게 경호임무를 수행해야 한다 　는 원칙 ※ 3두방은 순서로 암기	① 자기희생의 원칙 　경호대상자는 어떠한 상황에서도 **절대적으로 보호**되어 　야 하므로 경호요원은 어떠한 희생을 감수하더라도 경 　호대상자의 신변안전을 확보하여야 한다는 원칙 ② 자기담당구역 책임의 원칙 　다른 지역에서 위급한 상황이 발생하더라도 자기 책임 　구역을 이탈해서는 안 된다는 원칙 ③ 목표물 보존의 원칙 　목표물(경호대상자)에 위해를 가할 가능성이 있는 자들 　로부터 철저히 격리하고 보안을 유지해야 한다는 원칙 ④ 하나로 통제된 지점을 통한 접근의 원칙 　경호대상자에게 접근할 수 있는 통로를 하나로 통제하 　여 위해자가 접근할 수 있는 기회를 최소화해야 한다는 　원칙 ※ 자자목하 순서로 암기

2. 경호조직의 구성원칙과 근접경호 작용의 기본원칙

경호조직의 구성원칙	근접경호 작용의 기본원칙
① 경호지휘 단일성의 원칙 　지휘 및 통제의 이원화로 인해 일어나는 문제들을 보완 　하기 위해 지휘관은 한 사람만 두어야 한다는 원칙 ② 경호체계 통일성의 원칙 　책임·임무의 분담이 명확히 이루어져 명령과 복종체계 　가 통일적으로 형성된다는 원칙 ③ 기관(조직)단위 작용의 원칙 　경호조직은 기관단위로 활동하며 최종결정은 지휘관만 　이 할 수 있고 그 결과에 대한 책임도 지휘관만이 진다 　는 원칙 ④ 경호협력성의 원칙 　경호실시 기관, 협조기관, 국민 등 3위 일체의 총력경호 　를 통해서 효과적인 업무수행이 가능하다는 원칙, 국민 　이 자발적으로 경호업무에 협조해 줄 때 효과적인 업무 　수행이 가능하다는 원칙 ※ 지휘체계기관협력 순서로 암기	① 과학적 두뇌작용의 원칙 　피경호인과 동행근무 중에도 순간순간의 변화에 경호원 　의 끊임없는 두뇌작용 및 판단이 요구된다는 원칙 ② 고도의 경계력(집중력)유지의 원칙 　담당한 구역에서 고도의 집중력을 발휘하여 경계임무를 　실행해야만 한다는 원칙 ③ 적절한 위치선정의 원칙 　위치선정 시 경호대상자의 신분, 사회활동 내용, 행사성 　격, 행사 보안성, 취약도 등을 고려한다는 원칙 ④ 합리적인 지역방어의 원칙 　주변의 지형지물과 시설을 최대한 활용하여 안전을 도 　모할 수 있도록 고려한다는 원칙 ⑤ 지휘권 단일화의 원칙 　경호지휘권은 반드시 경호전문가에게 귀속하도록 하고, 지 　휘권을 단일화하여 혼란발생을 억제해야 한다는 원칙 ※ 과고적합지 순서로 암기

1. 시대별 경호제도 총설

삼국 시대	고구려	대모달, 말객	① 경호 · 군사 · 치안 통합운영 ② 군사조직의 최고직은 문무관 구별 없이 겸직
	신라	시위부, 서당, 금군	
	백제	위사좌평, 5부 5방	
고려 시대	전기	순군부, 내군부, 2군 6위, 내순검군, 중추원	① 최초의 전문성을 갖춘 공경비조직: 중추원 ② 최초의 전문성을 갖춘 사경비조직: 도방
	무신	도방, 서방, 마별초, 삼별초	
	후기	순마소, 순군만호부, 사평순위부, 성중애마	
조선 시대	전기	별시위, 내금위, 내시위(태종) 겸사복, 충의위(세종) / 우림위(성종) 내삼청(내금위, 우림위, 겸사복)	조선의 전후기 구분: 임진왜란 기준
	후기	호위청, 어영군(인조) / 어영청, 금군(효종) / 금위영 (숙종) / 용호영(영조) / 숙위소, 장용위(정조)	
구한말	전기	무위소, 무위영, 친군용호영, 시위대, 친위대	구한말 전후기 구분: 갑오경장 기준
	후기	경위원, 황궁경위국, 경무총감부, 창덕궁경찰서	
대한 민국		경무대경찰서 ⇨ 경무대경찰관파견대 ⇨ 청와대경찰관파견대 ⇨ 국가재건최고회의장 경호대 ⇨ 중앙정보부경호대 ⇨ 대통령경호 실(처) ⇨ 대통령실경호처 ⇨ 대통령경호실 ⇨ 대통령경호처	'경호'라는 용어를 최초로 사용한 시기: 1949년 12월

2. 대통령경호처 편제

기관	업무
기획관리실	① 국회 · 예산 등 대외업무와 인사 · 조직 · 정원관리 업무 ② 미래 경호위협 분석 및 대비
경호본부	① 대통령 행사 수행 및 선발경호활동 ② 방한하는 외국정상, 행정수반 등 요인에 대한 경호
경비안전본부	① 대통령실과 주변지역 안전 확보를 위한 경비 총괄 ② 대통령실 내외곽을 담당하는 군 · 경 경호부대 지휘 ③ 국내외 경호관련 정보 수집 및 보안업무 ④ 행사장 안전대책 강구 및 전직대통령에 대한 경호
지원본부	① 시설관리, 경호차량 운행 등 경호행사 지원 업무 ② 국정업무통신망 운용 및 과학적 경호시스템 구축 ③ IT 장비개발
경호안전교육원	① 경호안전관리 관련 학술연구 및 장비개발 ② 대통령경호처 직원에 대한 교육 ③ 국가 경호안전 관련 분야에 종사하는 공무원에 대한 수탁교육 ④ 경호안전 관련 단체에 종사하는 사람에 대한 수탁교육 ⑤ 대통령경호안전대책위원회 관련 기관 소속공무원 및 처장이 필요하다고 인정하는 사람에 대한 수탁교육 ⑥ 그 밖에 국가 주요 행사 안전관리 분야에 관한 연구 · 조사 및 관련 기관에 대한 지원

테마 10 ▶ 경호의 특성

경호조직의 특성	근접경호의 특성
① 계층성과 통합성 구성원이나 단위별 권한과 책임은 경호업무에 기여할 수 있도록 분화되어야 하고(계층성), 전체적 목표 달성에 조화되어 조직에 구심점을 제공할 수 있도록 통합성(조정과 통합)을 발휘해야 함 ② 폐쇄성 경호조직·경호기법도 노출되면 안 됨 ③ 기동성 상황에 따라 재빠르게 움직이거나 대처하는 특성을 갖춘 조직으로 변해야 함 ④ 대규모성 위해요소의 다양성과 광범위성에 맞서기 위해 기구·인원면에서 대규모화되고 있음. 특히, 과거에 비해 다변화되고 있음 ⑤ 전문성 각 임무별로 세분화된 다양한 전문가로 구성해야 함 ※ 계통폐기대전 순서로 암기	① 노출성 경호대상자의 행차가 시각적으로 외부에 노출됨 ② 방벽성 근무자의 체위에 의한 인적 자연방벽과 방탄복 및 각종 기동수단에 의해 외부의 공격으로부터의 방벽을 구축함 ③ 기만성 위해기도자로 하여금 행사상황을 오판하도록 실제상황을 은폐하고 허위상황을 제공하여 행사의 효율성을 높임 ④ 기동성 및 유동성 도보 또는 차량에 의해 기동 중에 이루어지며 행사지역이나 주변 여건, 장비의 특성에 따라 경호 자체가 유동성·기동성을 띠게 됨 ⑤ 방호성 및 대피성 반사적이고 신속·과감한 행동으로 경호대상자의 방호 및 대피를 우선해야 함 ※ 노방기 기동 방대 순서로 암기

테마 11 ▶ 각 나라의 경호조직

미국	① 비밀경호국(SS) 경호대상 　㉠ 대통령 　㉡ 부통령 　㉢ 대통령과 부통령의 직계가족 　㉣ 전직대통령과 그 배우자, 그리고 16세 미만의 자녀 　㉤ 미국을 방문한 외국 국가원수와 그 배우자 　㉥ 국토교통부장관이 국가의 특별한 보호가 필요하다고 인정하여 지정한 행사 ② 국무부 요인경호과 경호대상 　㉠ 내방하는 국빈에 대한 경호 　㉡ 국무장관, 차관, 외국대사 경호, 기타 요인 경호
영국	① 왕실 및 특별요인경호과(경호국 소속) 국왕과 왕실 가족에 대한 경호, 총리·정부각료·해외 파견 자국 외교관과 특별요인 경호, 국가정보기관에서 보호가 필요하다고 요구한 사람의 경호, 런던 원저궁·스코틀랜드 왕실 가족 거주지역 경비 ② 의회 및 외교관경호과(경호국 소속) 영국에 파견된 외교관과 사절단에 대한 경호, 국회의사당(웨스트민스터) 지역 경호·경비

프랑스	① 경찰청 요인경호과(내무부 산하 국립경찰청 소속) 대통령과 그 가족의 경호, 수상·내무부장관 경호, 국내외 요인 경호 ② 공화국경비대(국방부 산하 국립헌병대 소속) 테러와 각종 위해로부터 대통령과 그 가족, 전직대통령, 대통령 후보 등 보호 ③ 공화국수비대(국방부 산하 국립헌병대 소속) 국가공공기관(대통령궁, 수상의 공식거주지역, 국회, 법원 등) 경비	
독일	① 연방범죄수사국 경호안전과 연방대통령, 수방, 연방각료, 외국원수, 국빈, 외교사절 등의 경호 ② 연방경찰 대통령 및 수상 집무실을 포함한 주요 연방기관의 시설경비	
일본	① 경찰청 황궁경찰본부 천황 및 황족에 대한 경호, 황궁경비 ② 경찰청 경비국 공안 제2과 내각총리대신(수상) 및 국내요인과 국빈에 대한 경호	
중국	① 당 중앙경위국(공산당 중앙위 군사위원회 소속) 국가주석·총리 및 당 고위직 경호, 중남해(고위지도자 거주지역) 경비업무 ② 공안부 경호국(공산당 국무원 공안부 소속) 당 중앙경위국 업무지원 및 외국 국빈의 경호	
북한	① 호위사령부(국무위원장 직속기구) 김정은(국무위원장) 근접경호(1선 경호) 및 김정은 일가와 노동당 고위간부 보호 ② 보위국(국무위원장 직속기구) 김정은 군부대 행사전담, 김정은 2선 경호	

테마 12 ▶ 각 나라의 경호유관기관

미국	연방범죄수사국 (FBI)	미국 내 테러·폭력·납치 및 범죄조직에 대한 첩보수집, 범죄예방 및 수사와 기타 방첩을 통한 경호첩보를 제공하는 비밀경찰기관
	중앙정보국 (CIA)	국제테러조직, 적성국 동향에 대한 첩보의 수집·분석·전파, 대통령의 자문에 응하는 직속기관
	이민국(USCIS)	해외 불순인물의 출입국 동향 파악 및 통제, 국내에 체류하고 있는 외국인 중 불순인물에 대한 첩보제공을 임무로 하는 기관
	국무부(DS) 산하 요인경호과	내방하는 국빈에 대한 경호, 영부인 및 그 가족 경호(대통령과 동행할 경우에는 비밀경호국에서 경호)와 국무장관, 차관, 외국대사 경호, 기타 요인 경호를 주요 임무로 함
	국가안전보장회의 (NSC)	국무부 산하로 국내정책, 외교정책, 군사정책의 통합 등에 관하여 대통령에게 자문하는 최고자문회의
	국가안전보장국 (NSA)	국방부 소속 정보수집기관으로 세계를 무대로 전자첩보활동을 하는 방대한 국가안보기관
	국방부 육군성 (Department of the Army)	① 군 관련 경호첩보의 수집·분석·전파와 미국 내의 외국정부 관료 경호 등의 임무 수행 ② 육군 정예 경호원으로 선발되었으며, 미국 국방성 산하 3성 중 하나의 기관
영국	보안서비스국(SS)	① 국내 보안과 방첩 활동이 주 임무, MI5라고도 함 ② 간첩 방위 및 태업을 기도함으로써 발생하는 국내외적 위험 또는 국내외를 불문하고 국가를 전복하려는 개인 및 조직의 활동으로부터 온전히 국토를 방위하는 것이 목표

	비밀정보부(SIS)	① 국외 경호 관련 정보의 수집·분석·처리업무를 담당, MI6라고도 함 ② 해외 첩보를 담당하는 기구로 공공기관과 외국 첩보원들 간의 차단막이 되며, 공공기관과 해외 첩보원 간의 중재 및 방첩임무를 맡고 있음
일본	내각정보조사실	내각의 중요정책에 관한 정보 수집 및 보고를 하고, 국내치안정보를 취급하는 국가정보기관
	공안조사청	① 파괴활동방지법에 의해 1952년 창설되어 문제성 단체 조사 및 해산 등의 업무 수행 ② 북한에 대한 정보활동 수행
	외무성 조사기획국	국제문제에 대한 첩보수집과 분석, 특정 국가에 대한 조사·연구업무 수행
프랑스	대테러조정통제실 (UCLAT)	국내외 대(對)테러 및 인질 난동에 대한 정보를 수집·종합·분석하여 처리하는 업무 수행
	경찰특공대 (RAID)	VIP에 대한 신변을 보호하며 위해 발생 시 위해 제거를 위한 대테러작전 및 사전 예방작전(검문, 검색), 폭발물처리업무 수행
	해외안전총국 (DGSE)	해외 정보 수집 및 분석업무 수행
독일	연방정보부(BND)	해외 정보의 수집·분석 및 국외 첩보 제공의 임무 수행
	연방헌법보호청 (BfV)	국내의 정보 수집·분석·관리, 국내 극좌·극우·대간첩·대테러 대책수립 및 외국인 동향감시 임무 수행
	국방보안국(MAD)	군 관련 첩보 및 경호 관련 첩보 제공 임무 수행

테마 13 ▶ 대통령경호처 경호대상

① 대통령과 그 가족
② 대통령 당선인과 그 가족
③ 본인의 의사에 반하지 아니하는 경우에 한정하여 퇴임 후 10년 이내의 전직대통령과 그의 배우자. 다만, 대통령이 임기 만료 전에 퇴임한 경우와 재직 중 사망한 경우의 경호 기간은 그로부터 5년으로 하고, 퇴임 후 사망한 경우의 경호 기간은 퇴임일부터 기산하여 10년을 넘지 아니하는 범위에서 사망 후 5년으로 함
④ 대통령권한대행과 그 배우자
⑤ 대한민국을 방문하는 외국의 국가원수 또는 행정수반과 그 배우자
⑥ 그 밖에 처장이 경호가 필요하다고 인정하는 국내외 요인
⑦ ③에도 불구하고 전직대통령 또는 그 배우자의 요청에 따라 처장이 고령 등의 사유로 필요하다고 인정하는 경우에는 5년의 범위 안에서 ③에 규정된 기간을 넘어 경호할 수 있음
※ '가족'은 대통령 및 대통령 당선인의 배우자와 직계존비속으로 함

테마 14 ▶ 경호구역의 지정

지정	처장은 경호업무의 수행에 필요하다고 판단되는 경우 경호구역을 지정할 수 있음
범위	경호구역의 지정은 경호목적 달성을 위한 최소한의 범위로 한정되어야 함
안전활동	소속공무원과 관계기관의 공무원으로서 경호업무를 지원하는 사람은 경호 목적상 불가피하다고 인정되는 상당한 이유가 있는 경우에만 경호구역에서 질서유지, 교통관리, 검문·검색, 출입통제, 위험물 탐지 및 안전조치 등 위해 방지에 필요한 안전활동을 할 수 있음

테마 15 ▶ 경호등급

운영	처장은 경호대상자의 경호임무 수행을 위하여 해당 경호대상자의 지위와 경호위해요소, 해당 국가의 정치상황, 국제적 상징성, 상호주의 측면, 적대국가 유무 등 국제적 관계를 고려하여 경호등급을 구분하여 운영할 수 있음
협의	경호등급을 구분하여 운영하는 경우에는 외교부장관, 국가정보원장 및 경찰청장과 미리 협의하여야 함

테마 16 ▶ 경호처 직원 임용권자

대통령	5급 이상 경호공무원과 5급 상당 이상 별정직 국가공무원은 처장의 제청으로 대통령이 임용함
경호처장	① 5급 이상 경호공무원과 5급 상당 이상 별정직 국가공무원의 전보·휴직·겸임·파견·직위해제·정직(停職) 및 복직에 관한 사항은 처장이 행함 ② 6급 이하 경호공무원 및 별정직 국가공무원에 대한 모든 임용권은 처장이 가짐

테마 17 ▶ 경호처장·차장·직원의 신분

처장·차장	처장은 정무직으로 보하며, 차장은 1급 경호공무원 또는 고위공무원단에 속하는 별정직 국가공무원으로 보함
직원	특정직 국가공무원인 1급부터 9급까지의 경호공무원과 일반직 국가공무원. 다만, 필요하다고 인정할 때에는 경호공무원의 정원 중 일부를 일반직 국가공무원 또는 별정직 국가공무원으로 보할 수 있음

테마 18 ▶ 「대통령 등의 경호에 관한 법률」상 벌칙

비밀누설 금지, 직권 남용 금지 등 또는 무기의 휴대 및 사용을 위반한 사람	5년 이하의 징역이나 금고 또는 1천만 원 이하의 벌금에 처함
소속공무원이 경호처의 직무와 관련된 사항을 처장의 허가를 받지 아니하고 발간 및 그 밖의 방법으로 공표한 경우	2년 이하의 징역·금고 또는 500만 원 이하의 벌금에 처함

결격 사유	① 대한민국 국적을 가지지 아니한 사람 ② 「국가공무원법」상의 결격사유 중 어느 하나에 해당하는 사람 　㉠ 피성년후견인 　㉡ 파산선고를 받고 복권되지 아니한 자 　㉢ 금고 이상의 실형을 선고받고 그 집행이 끝나거나(집행이 끝난 것으로 보는 경우를 포함한다) 집행이 면제된 날부터 5년이 지나지 아니한 자 　㉣ 금고 이상의 형의 집행유예를 선고받고 유예기간이 끝난 날부터 2년이 지나지 아니한 자 　㉤ 금고 이상의 형의 선고유예를 받은 경우에 그 선고유예 기간 중에 있는 자 　㉥ 법원의 판결 또는 다른 법률에 따라 자격이 상실되거나 정지된 자 　㉦ 공무원으로 재직기간 중 직무와 관련하여 「형법」 제355조(횡령・배임) 및 제356조(업무상의 횡령과 배임)에 규정된 죄를 범한 자로서 300만 원 이상의 벌금형을 선고받고 그 형이 확정된 후 2년이 지나지 아니한 자 　㉧ 다음 각 목의 어느 하나에 해당하는 죄를 범한 사람으로서 100만 원 이상의 벌금형을 선고받고 그 형이 확정된 후 3년이 지나지 아니한 사람 　　ⓐ 「성폭력범죄의 처벌 등에 관한 특례법」 제2조에 따른 성폭력범죄 　　ⓑ 「정보통신망 이용촉진 및 정보보호 등에 관한 법률」 제74조 제1항 제2호 및 제3호에 규정된 죄 　　ⓒ 「스토킹범죄의 처벌 등에 관한 법률」 제2조 제2호에 따른 스토킹범죄 　㉨ 미성년자에 대하여 「성폭력범죄의 처벌 등에 관한 특례법」 제2조에 따른 성폭력범죄 또는 「아동・청소년의 성보호에 관한 법률」 제2조 제2호에 따른 아동・청소년대상 성범죄를 범한 사람으로서 다음 각 목의 어느 하나에 해당하는 날부터 20년이 지나지 아니한 사람 　　ⓐ 금고 이상의 실형을 선고받고 그 집행이 끝나거나(집행이 끝난 것으로 보는 경우를 포함한다) 집행이 면제된 날 　　ⓑ 금고 이상의 형의 집행유예를 선고받고 그 집행유예가 확정된 날 　　ⓒ 벌금 이하의 형을 선고받고 그 형이 확정된 날 　　ⓓ 치료감호를 선고받고 그 집행이 끝나거나 집행이 면제된 날 　　ⓔ 징계로 파면처분 또는 해임처분을 받은 날 　㉩ 징계로 파면처분을 받은 때부터 5년이 지나지 아니한 자 　㉪ 징계로 해임처분을 받은 때부터 3년이 지나지 아니한 자 ※ 직원이 ①, ②의 어느 하나(㉤을 제외)에 해당하는 때에는 당연히 퇴직한다.
직권 면직 사유	① 신체적・정신적 이상으로 6개월 이상 직무를 수행하지 못할 만한 지장이 있을 때 ② 직무 수행 능력이 현저하게 부족하거나 근무태도가 극히 불량하여 직원으로서 부적합하다고 인정될 때 ③ 직제와 정원의 개폐(改廢) 또는 예산의 감소 등에 의하여 폐직(廢職) 또는 과원(過員)이 된 때 ④ 휴직 기간이 끝나거나 휴직 사유가 소멸된 후에도 정당한 이유 없이 직무에 복귀하지 아니하거나 직무를 수행할 수 없을 때 ⑤ 직무 수행 능력이 부족하거나 근무성적이 극히 불량하여 대통령령으로 정하는 바에 따라 대기 명령을 받은 사람이 그 기간 중 능력 또는 근무성적의 향상을 기대하기 어렵다고 인정될 때 ⑥ 해당 직급에서 직무를 수행하는 데에 필요한 자격증의 효력이 상실되거나 면허가 취소되어 담당 직무를 수행할 수 없게 되었을 때 ※ ② 및 ⑤에 해당하여 면직하는 경우에는 대통령령으로 정하는 바에 따라 고등징계위원회의 동의를 받아야 한다. ※ ③에 해당하여 면직하는 경우에는 임용 형태, 업무실적, 직무 수행 능력, 징계처분 사실 등을 고려하여 면직 기준을 정하여야 한다. 이 경우 면직된 직원은 결원이 생기면 우선하여 재임용할 수 있다.

테마 20 ▶ 「전직대통령 예우에 관한 법률」

적용	전직대통령 또는 그 유족에 대하여 적용
예우의 종류	① 전직대통령 연금 　지급 당시의 대통령 보수연액의 100분의 95에 상당하는 금액 ② 유족에 대한 연금 　지급 당시의 대통령 보수연액의 100분의 70에 상당하는 금액 ③ 기념사업의 지원 　민간단체 등이 전직대통령을 위한 기념사업을 추진하는 경우에는 관계 법령에서 정하는 바에 따라 필요한 지원을 할 수 있음 ④ 전직대통령 묘지 관련 지원 　전직대통령이 사망하여 국립묘지에 안장되지 아니한 경우에는 묘지관리에 드는 인력(묘지의 경비 인력 및 관리 인력) 및 비용을 지원할 수 있음 ⑤ 그 밖의 예우 　비서관 및 운전기사 지원, 필요한 기간의 경호 및 경비, 교통·통신 및 사무실 제공 등의 지원, 본인 및 그 가족에 대한 치료, 그 밖에 전직대통령으로서의 필요한 예우
예우적용의 제외	전직대통령이 다음의 어느 하나에 해당하는 경우에는 필요한 기간의 경호 및 경비에 따른 예우를 제외하고는 이 법에 따른 전직대통령으로서의 예우를 하지 아니함 ① 재직 중 탄핵결정을 받아 퇴임한 경우 ② 금고 이상의 형이 확정된 경우 ③ 형사처분을 회피할 목적으로 외국정부에 도피처 또는 보호를 요청한 경우 ④ 대한민국의 국적을 상실한 경우

테마 21 ▶ 「대통령경호안전대책위원회규정」

위원회의 설치	관계기관의 책임을 명확하게 하고, 협조를 원활하게 하기 위하여 경호처에 대통령경호안전대책위원회를 둠
위원회의 구성	① 위원장과 부위원장 각 1명을 포함한 20명 이내의 위원으로 구성 ② 위원장은 경호처장, 부위원장은 차장, 위원은 관계 기관의 공무원이 됨 ③ 위원은 국가정보원 테러정보통합센터장, 외교부 의전기획관, 법무부 출입국·외국인정책본부장, 과학기술정보통신부 통신정책관, 국토교통부 항공안전정책관, 식품의약품안전처 식품안전정책국장, 관세청 조사감시국장, 대검찰청 공공수사정책관, 경찰청 경비국장, 소방청 119구조구급국장, 해양경찰청 경비국장, 합동참모본부 작전본부 소속 장성급 장교 중 위원장이 지명하는 1명, 국군방첩사령부 소속 장성급 장교 또는 2급 이상의 군무원 중 위원장이 지명하는 1명, 수도방위사령부 참모장과 위원장이 임명 또는 위촉하는 자로 구성
책임	위원회 구성원 전원과 그 구성원이 속하는 기관의 장이 공동으로 책임을 지며, 각 구성원은 위원회의 결정사항과 기타 안전대책활동을 위하여 부여된 임무에 관하여 상호 간 최대한의 협조를 하여야 함

1. 출입국 · 외국인정책본부장 · 조사감시국장 · 경찰청 경비국장

법무부 출입국 · 외국인정책본부장	관세청 조사감시국장
위해용의자에 대한 출입국 및 체류관련 동향의 즉각적인 전파 · 보고	① 출입국자에 대한 검색 및 검사 ② 휴대품 · 소포 · 화물에 대한 검색

경찰청 경비국장	
① 행사참석자 및 종사자의 신원조사 ② 위해가능인물에 대한 동향 파악 ③ 행사장 · 이동로 주변 집회 및 시위 관련 정보 제공과 비상상황 방지대책의 수립 ④ 우범지대 및 취약지역에 대한 안전조치 ⑤ 행사장 및 이동로 주변에 있는 물적 취약요소에 대한 안전조치 ⑥ 총포 · 화약류의 영치관리와 봉인 등 안전관리 ⑦ 불법무기류의 단속 및 분실무기의 수사 ⑧ 그 밖에 국내외 경호행사 지원	

2. 공공수사정책관 · 테러정보통합센터장

대검찰청 공공수사정책관	국가정보원 테러정보통합센터장
① 위해음모 발견 시 수사지휘 총괄 ② 국제테러범죄 조직과 연계된 위해사범의 방해책동 사전 차단 ③ 위해가능인물의 관리 및 자료 수집	① 위해요인의 제거 ② 정보 및 보안대상기관에 대한 조정 ③ 행사관 해외동포 입국자에 대한 동향 파악 및 보안조치

3. 식품안전정책국장 · 통신정책관

식품의약품안전처 식품안전정책국장	과학기술정보통신부 통신정책관
① 식품의약품 안전 관련 입수된 첩보 및 정보의 신속한 전파 · 보고 ② 경호임무에 필요한 식음료 위생 및 안전관리 지원 ③ 식음료 관련 영업장 종사자에 대한 위생교육	① 경호임무수행을 위한 정보통신업무의 지원 ② 정보통신망을 이용한 경호관련 위해사항의 확인

4. 항공안전정책관 · 해양경찰청 경비국장

국토교통부 항공안전정책관	해양경찰청 경비국장
① 민간항공기의 행사장 상공비행 관련 업무 지원 · 협조 ② 육로 및 철로와 공중기동수단 관련 업무 지원 · 협조	해상에서의 경호 · 테러예방 및 안전조치

5. 국군방첩사령부 · 수도방위사령부

국군방첩사령부 소속 장성급 장교 또는 2급 이상의 군무원 중 위원장이 지명하는 1명	수도방위사령부 참모장
① 군내 행사장에 대한 안전활동 ② 군내 위해가능인물에 대한 안전조치 ③ 행사참석자 및 종사자의 신원조사 ④ 경호구역 인근 군부대의 특이사항 확인 · 전파 및 보고 ⑤ 이동로 주변 군 시설물에 대한 안전조치 ⑥ 경호유관시설에 대한 보안지원활동 ⑦ 취약지에 대한 안전조치	① 수도방위사령부 관할지역 내 진입로 및 취약지에 대한 안전조치 ② 수도방위사령부 관할지역의 경호구역 및 그 외곽지역 수색 · 경계 등 경호활동 지원

	대외적으로 국가를 대표할 지위	① 국가를 대표하여 선전포고와 강화 · 조약의 체결 · 비준 ② 외교사절의 신임 · 접수 · 파견권 등
국가원수로서의 지위	국헌수호자로서의 지위	① 국가의 독립 · 영토의 보전 · 국가의 계속성과 「헌법」을 준수할 책무 ② 긴급재정경제처분 · 명령권 및 긴급명령권 ③ 계엄선포권, 전쟁수행권, 위헌정당해산제소권 등
	국정의 통합 · 조정자로서의 지위	① 헌법개정제안권, 중요정책의 국민투표회부권 ② 국회임시회집회요구권, 국회출석발언권 ③ 법률안제출권, 사면 및 감형에 대한 권한 등
	헌법기관 구성권자로서의 지위	대법원장 · 헌법재판소장 · 감사원장의 임명, 헌법재판소재판관 · 대법관 · 중앙선거관리위원회 3인의 임명권, 감사위원임명권 등
국민대표기관 으로서의 지위		현행 「헌법」에서도 국가원수인 동시에 행정부 수반인 대통령은 국회와 더불어 대내적인 국민대표를 의미함. 다만, 이 경우 국회가 다원적 집단이익의 대표를 의미한다면, 대통령은 통일적 국가이익의 대표를 의미함
행정부 수반 으로서의 지위		국가원수로서의 대통령의 지위는 입법부와 사법부보다 우월한 지위이지만 행정부 수반으로서의 지위(집행에 관한 최고지휘권자 · 최고책임자로서의 지위, 행정부 조직권자로서의 지위, 국무회의 의장으로서의 지위)는 입법부 및 사법부와 동렬에 위치하는 수평적 지위에 불과함

1. 예방단계 (준비단계)	① 완벽한 경호목표 달성을 위해 사전에 대비 위해요소를 감소시키는 단계(경호계획 수립단계) ② 경호활동 관련하여 위험한 상황이 일어나기 전에 미리 대처하여 막는 단계	
	① 예견단계 (예측단계)	신변보호대상에게 영향을 줄 수 있는 인적 · 물적 · 지형적 · 자연적 취약요소에 대한 정보 · 첩보를 수집하는 단계
	② 인식단계 (인지단계)	예견단계에서 수집된 정보 · 첩보내용 중 위해가능성 여부를 확인 · 판단하는 과정으로 정확 · 신속 · 종합적인 고도의 판단력을 필요로 하는 단계, 즉 제한된 동원자원을 활용하여 예방할 수 있는 실질적인 위해요소를 찾아내는 단계
	③ 조사단계 (분석단계)	인식단계에서 위해가능성이 있다고 판단된 위해요소를 추적하여 사실 여부를 확인하는 단계로 과학적이고 신중한 행동이 요구됨
	④ 무력화단계 (억제단계)	조사단계에서 확인된 실제 위해요인을 신변보호대상자 주변에 접근하지 못하도록 차단하거나 무력화하는 단계
2. 대비단계 (안전활동단계)	① 발생가능성이 있는 위해요소 대비를 위해 사전 준비하는 단계로, 앞으로 일어날지도 모르는 경호위해행위에 대비하기 위하여 미리 준비하는 안전활동 준비단계 ② 행사장에 대한 안전유지, 취약요소에 대한 안전조치와 협조, 행사보안자와 지리적 취약요소에 대한 거부작전실시 등	
3. 대응단계 (실시단계)	① 경호대상자 신변에 위해가 닥쳤을 때 즉각적으로 대처 · 조치를 취하는 단계 ② 경호위해행위와 관련한 일이나 사태에 맞추어 직접적인 태도나 행동을 취하는 것 ③ 경호위기상황에 대한 즉각적인 조치 등	
4. 평가단계 (학습단계)	① 경호활동 완료 후 단계별 분석과 반성, 그 결과를 차후 경호활동에 반영하기 위한 단계 ② 경호실시결과를 분석하고 평가하여 존안하며, 평가결과 대두된 문제점을 보완하기 위한 교육과 훈련을 실시하고, 평가결과를 차기 행사에 반영하기 위한 적용(feedback)을 실시	

테마 25 ▶ 정보의 순환과정 4단계

1. 정보요구단계	① 정보의 사용자가 필요성의 결정에 따라 첩보의 수집활동을 집중적으로 지시하는 단계 ② 첩보의 기본요소 결정 ⇨ 첩보수집계획서 작성 ⇨ 명령 하달 ⇨ 사후검토(수집활동에 대한 조정·감독)
2. 첩보수집단계	① 수집기관이 수집지시 및 수집요구에 의해 첩보를 수집하고 이를 지시 또는 요구한 사용자에게 제공하는 단계(정보순환과정 중 가장 중요하고 어려운 단계) ② 출처의 개척 ⇨ 첩보의 수집 ⇨ 첩보의 전달
3. 정보생산단계	① 수집된 첩보를 기록·평가·조사·분석·결론 도출 과정을 통해 정보로 전환하여 처리하는 과정(학문적 성격이 가장 많이 지배하는 단계) ② 선택 ⇨ 기록 ⇨ 평가 ⇨ 분석 ⇨ 종합 ⇨ 해석
4. 정보배포단계	생산된 정보가 정보를 필요로 하는 정보의 사용권자에게 유용한 형태인 구두·서면·도식 등으로 배포되는 단계

테마 26 ▶ 경호임무 수행절차 4단계

1. 계획단계	① 경호임무 수령 후 선발대가 행사장에 도착하기 전의 단계 ② 현장을 답사하고(1차 현장답사), 답사 후에는 안전판단을 토대로 하여 경호에 필요한 인적·물적·지리적 지원요소에 대한 소요를 판단한 후 세부계획을 수립
2. 준비단계	① 계획 수립 이후에 경호원이 행사장에 도착한 후부터 행사시작 전까지의 단계 ② 현장에 도착 후 2차 답사를 한 다음 행사 관련자들을 소집하여 계획과 실행 간의 문제점 파악, 위해 및 취약요소별 예상상황의 분석, 안전구역의 검측 및 확보, 최종계획의 확인 및 변동사항 정리 등 종합적인 경호활동을 점검
3. 행사단계	경호대상자가 관저(집무실)를 출발해 행사장에 도착하고 나서 행사를 마친 후 관저(집무실)에 도착할 때까지의 단계
4. 결산단계	결과를 보고하는 단계로, 경호행사가 종료되고 경호요원이 행사장을 철수한 후에 경호활동에 대한 평가가 이루어지는 단계

테마 27 ▶ 경호업무의 수행절차(위협평가를 중심으로 한 절차) 6단계

1. 정보 수집·분석	① 정보를 수집하고 그 정보의 가치와 적격성 여부를 판단함 ② 분석과정에서는 정보분석가의 전문성과 자질, 분석기관, 정보의 질 등이 중요시됨
2. 위협평가	위협 수준을 객관적 수치로 계량화하여 경호원들이 위협의 정도를 정확하고 쉽게 인지하도록 하고, 경우에 따라서 피경호인도 함께 인식하여 효과적인 경호 대응체계를 수립할 수 있도록 하기 위한 필수적 절차임
3. 경호계획 수립	경호활동을 지휘하기 위하여 기본계획이나 실시계획을 수립함
4. 검측활동	경호대상자에게 위해를 가할 가능성이 있는 모든 취약요소 및 위해물질을 사전에 탐지, 색출, 제거 및 안전조치를 하여 위해를 가할 수 없는 상태로 전환시키는 활동
5. 근접경호	경호대상자에 대하여 직접적으로 가해지는 위해를 방지·제거하기 위해서 실내외 행사장은 물론 도보, 이동, 차량, 선박, 항공기, 철도 등의 기동 간에서 실시하는 활동
6. 경호평가	경호활동의 문제점을 보완하고 계획과의 차이를 감소시키기 위한 행사 후 평가활동

테마 28 ▶ 근접경호의 수행절차 6단계

1. 출동준비단계	24시간 출동태세 유지, 근무조 편성, 출동차량 점검, 기상 및 특이사항 확인·전파
2. 명령수령단계	경호대상자 또는 상관으로부터 명령을 수령하는 단계로, 공식행사의 명령은 시간에 맞춰 수령하고, 불시행사는 주의를 기울여 정확히 수령함
3. 임무분석단계	행사장 위치 파악, 행사 성격·특성 고려, 행·환차로 결정, 답사계획 수립, 근접경호계획 수립
4. 명령하달단계	행사 일반계획, 경호환경, 차량대형, 행·환차코스, 개인별 임무 부여, 행사장 비상대책, 예행연습 등
5. 실시단계	근접선발경호원 출동, 출동준비상태 점검, 기동 간 행사장 근접경호 실시
6. 복귀 후 정리단계	차량·장비 확인, 행사결과에 대한 토의, 행사결과 보고서 작성

테마 29 ▶ 경호행사 시 업무분담

작전담당자	정보 수집 및 분석, 인원운용 계획, 시간사용 계획, 관계기관 회의 시 주요 지침사항, 계획 및 임무별 진행사항 점검, 통합 세부계획서 작성 등
출입통제담당자	참석대상·구역별 비표 구분, 시차별 입장계획 수립, MD 설치 장소 지정, 중간집결지 운용, 주차장 운용, 상주자 및 민원인대책, 야간근무자 통제계획 등
안전대책담당자	안전구역 확보계획 검토, 비상 및 일반예비대 운용방법 확인, 최기병원 확인, 건물안전성 여부 확인, 상황별 비상대피로 구상, 행사장 취약시설물 파악, 직시건물 확인, 공중감시대책 등
행정담당자	출장여비 신청 및 수령, 각 대의 숙소 및 식사장소 선정, 비상연락망 구성, 경비복장·장비 담당 등
승하차 및 정문 담당자	진입로 확보 및 취약점 파악, 통행인 순간통제방법 강구, 비상 대기대와 예비대의 대기 장소 확인, 행사장 승하차 지점과 경비구역의 검문검색 강화 등
행사장 내부 담당자	① 행사장 내 단일 출입 및 단상, 천장, 경호대상자 동선·좌석위치에 따른 안전도 확인 ② 경호대상자 동선 및 좌석위치에 따른 비상대책 강구 ③ 경호대상자의 휴게실 및 화장실에 대한 위치 파악 및 안전점검 실시 ④ 접견예상에 따른 대책 및 참석자 안내계획 수립 ⑤ 행사장 내 인적·물적 접근통제 및 차단계획 수립 ⑥ 필요시 행사진행절차에 입각한 예행연습 실시
행사장 외부 담당자	① 취약요소 및 직시지점을 고려하여 단상 설치 ② 안전구역 내 단일출입로 설정 ③ 경비 및 경계구역 내에 대한 안전조치 강화 ④ 차량 및 공중강습에 대비한 대비책 수립 ⑤ 외곽 감제고지, 직시건물에 대한 안전조치 ⑥ 단상, 전시물, 동선상 취약점에 대한 안전점검 ⑦ 방탄막 설치, 비상차량운용계획 수립, (지하)대피시설 점검 및 확보

테마 30 ▶ 도보이동 시 및 차량이동 간 경호 유의사항

도보이동 시 유의사항	차량이동 간 유의사항
① 가급적 도보이동을 통한 경호는 지양할 것	① 주차나 정차되어 있는 차량 가까이 정차하지 않을 것
② 행사 성격, 근접경호원 수를 참작하여 도보대형을 형성할 것	② 이동로를 수시로 변경하고 빠른 속도로 운전할 것
③ 선정된 도보이동 시기 및 이동로는 변경되어야 함	③ 회전 시 선도차량은 중앙선에 근접하여 반대방향의 과속에 대한 견제임무를 수행할 것
④ 최단거리 직선통로를 이용할 것	④ 후미차량은 좌회전 시에는 경호대상자 차량의 우측 후미차선, 우회전 시에는 좌측 후미차선을 이용하여 회전할 것
⑤ 주변에 비상차량을 대기시킬 것	⑤ 경호차량은 시동이 걸린 상태로 대기할 것
⑥ 근접경호원의 위치는 수시로 변경할 것	⑥ 경호대상자는 차량에서 내릴 때보다 더 빠른 속도로 탑승하도록 할 것
⑦ 경호대상자는 항상 계단의 중앙부에 위치하도록 할 것	⑦ 주차 시 및 운행 시 차문을 잠글 것
⑧ 모퉁이에서의 회전 시 경호원은 바깥쪽으로 회전하여 시야를 넓게 할 것	⑧ 운전자는 시동을 건 상태에서 경호대상자가 건물 안으로 안전하게 도착할 때까지 운전석에서 대기할 것
⑨ 에스컬레이터에서 걸음을 멈추지 말고 최대한 빨리 에스컬레이터를 벗어나도록 할 것	⑨ 주차된 차량이나 차량대형을 감시하는 경우 차 밖에서 할 것
⑩ 회전문은 가능한 한 사용하지 않을 것	

테마 31 ▶ 도보대형 시 상황별 유의사항

악수 시의 대형	전방경호원	경호대상자와 악수하기 위해 대기하는 사람의 수상한 행동, 눈빛, 손을 감시하면서 만일의 사태를 대비해 경계근무를 하여야 함
	후방경호원	경호대상자의 최근접에서 악수하는 자와 악수를 마친 자에 대한 경계근무를 수행하면서 우발상황 발생 시 방어와 대적업무를 수행하여야 하며, 전체 군중의 행동과 손도 감시하여야 함
계단이동 시의 대형		① 경호대상자는 계단의 중앙부에 위치하도록 함. 다만, 경호대상자가 노약자이거나 높은 구두를 신은 여성일 때에는 계단 측면의 좌우측 중 외부의 노출이 적은 쪽의 손잡이를 이용하도록 유도함 ② 좌우측이 개방된 계단을 경호대상자가 이동할 때에는 전방경호원이 계단의 안전 여부와 이동속도를 조절하고, 좌우측방경호원은 경호대상자에게 몸을 밀착하여 방벽을 형성하고 개방된 쪽의 경계근무를 강화함
에스컬레이터 이동 시의 대형		에스컬레이터는 사방이 노출되어 있으므로 가능하면 사용하지 않고 계단이나 엘리베이터를 이용하는 것이 안전하며, 에스컬레이터를 사용하는 경우 에스컬레이터에서도 걸음을 멈추지 않고 최대한 빨리 에스컬레이터를 벗어나도록 하여야 함
출입문 통과 시 대형		① 문을 통과할 때는 항상 전방경호원이 문의 상태를 파악해야 함. 미는 문일 경우 안으로 들어가서 문을 잡고 있어야 하고, 당기는 문일 경우에는 바깥에서 문을 잡아 경호대상자가 안전하게 통과하도록 함 ② 회전문은 가능한 한 사용하지 않는 것이 좋음

대응순서	'인지 – 경고 – 경호대상자 주변에 방벽 형성 – 경호대상자 방호 및 대피 – 대적 및 제압'의 순서에 의하여 신속히 상황을 처리하여야 함	
비상대피장소 선정방법	① 상황이 길어질 경우를 고려하여 잠시 동안 머물러 있을 수 있는 장소를 선정해야 함 ② 경호대상자의 노출을 최소화하고 이동에 30초 이내의 시간이 소요되는 장소를 선정해야 함	
방호 · 대피 대형 형성 시 우선적 고려사항	① 경호대상자와 경호원 및 위해기도자와의 거리 ② 주위상황과 군중의 성격 · 수 ③ 공격의 종류와 성격 ④ 대응소요시간에 대한 판단 ⑤ 방어 및 대피대형을 형성할 수 있는 경호원의 수	
방호 · 대피 대형	방어적 원형 대형	위해의 징후가 현저하거나 직접적인 위해가 가해졌을 때 형성하는 방어 대형
	함몰형 대형	수류탄, 폭발물과 같은 폭발성 화기에 의한 공격을 받았을 때 사용되는 방어 대형
대응방법	① 경호대상자에 대한 공격을 최초 인지한 경호요원이 육성이나 무전기로 전 경호요원에게 경고함 ② 경호원이 체위를 확장하여 경호대상자에 대한 위해자의 공격을 방어함 ③ 공범이나 제2의 공격을 차단하고 안전을 위하여 경호대상자를 신속히 대피시킴	
대피방향	대피는 적 공격의 반대방향이나 비상구 쪽으로 하여야 함	

검문검색	의의	거동이 수상하다고 인정되는 자를 그 장소에서 정지시켜 질문을 실시하고 그 사람이 소지한 물건을 확인 · 조사하는 것
	주의 사항	① 검문검색 시 피검문 · 검색자의 갑작스러운 공격에 대비해야 함 ② 피검문 · 검색자의 증거인멸, 자살 · 자해와 도주에 대비해야 함 ③ 도보 동행 시 피검문 · 검색자의 앞에 서지 말고 후방에 위치할 것. 검문검색 요원이 2명 이상인 경우 상대방 양측에 나누어 동행하는 것이 좋음 ④ 차량트렁크의 경우 운전자가 직접 개방하게 함 ⑤ 법령에 의하여 검문검색권이 부여되지 아니한 경우 그 활동에 제약을 받음
보안검색	의의	공항, 항만, 기관 등에서 탑승객이나 출입자들이 휴대하거나 맡기는 물건 가운데 무기나 위험물이 있는지를 살펴서 찾아내는 일
	장비의 종류	휴대용 금속탐지기, 문형 금속탐지기, X-Ray 수하물검색기, 폭발물흔적탐지기(ETD), 전신검색기(Full body scanner) 등
	요령	① 검색대상은 사람의 신체 및 물건 ② 보안검색대상에 예외를 두지 않음. 다만, 대통령과 외국의 국가원수 및 그 배우자 등은 보안검색을 면제할 수 있음

테마 34 ▶ 경호 · 경비장비 휴대 및 사용에 관한 법률 비교

신변보호업무수행 경비원(민간경호원)	「경비업법」에 따라 무기는 휴대할 수 없으며, 분사기를 휴대할 수 있음
요인을 경호하는 청원경찰	「청원경찰법」에 따라 무기를 휴대 · 사용할 수 있음
요인을 경호하는 경찰관	① 경찰관 무기휴대 법적근거(경찰공무원법 제26조 제2항) 경찰공무원은 직무 수행을 위하여 필요하면 무기를 휴대할 수 있음 ② 경찰관 무기사용의 법적근거(경찰관 직무집행법 제10조의4) 경찰관은 범인의 체포, 범인의 도주 방지, 자신이나 다른 사람의 생명 · 신체의 방어 및 보호, 공무집행에 대한 항거의 제지를 위하여 필요하다고 인정되는 상당한 이유가 있을 때에는 그 사태를 합리적으로 판단하여 필요한 한도에서 무기를 사용할 수 있음
특수경비원	① 중요시설물의 경비업무를 수행하는 특수경비원의 경우 「경비업법」에 따라 무기를 휴대 · 사용할 수 있음 ② 업무특성상 가스분사기나 전기충격기 소지 시 「총포 · 도검 · 화약류 등 안전관리에 관한 법률」상 허가를 얻어야 함

테마 35 ▶ 드론시스템 및 드론의 종류

드론시스템의 종류	드론방범 시스템	드론을 이용하여 공간적 측면에서 이동형 방범서비스를 제공하는 시스템
	드론정찰 시스템	작전을 수행하는 특정 작전지역 내의 적 혹은 환경적 · 지리적 특성들을 일시적으로 관측하는 임무를 수행할 수 있는 시스템
	드론출입확인 시스템	감시카메라와 LED라이트를 탑재한 드론을 활용하여 사람의 얼굴, 옷차림, 차량의 차량번호와 차량 등을 촬영하여 무선으로 전송하여 확인 및 추적하는 임무를 수행할 수 있는 시스템
	드론외곽침입방지 시스템	적외선카메라 및 열화상카메라를 설치하여 외곽침입자를 감시하는 임무를 수행하는 시스템
드론의 종류	열화상 드론	드론에 열화상카메라를 장착한 드론
	줌기능 드론	줌기능(초점거리나 화상의 크기를 급격히 변화시키는 기능 또는 그런 촬영 기법)을 가진 드론
	군집 드론	여러 대의 드론이 군집하여(한곳에 모여) 비행하는 드론
	말하는 드론	중앙통제실에서 마이크를 이용하여 말을 하면 송신장치에서 드론 수신기로 전송되어 스피커로 말이 전달될 수 있는 드론

테마 36 ▶ 국기게양 요령

국기의 게양방법	① 국기는 그 깃면의 건괘가 왼쪽 위로 오도록 하여 건괘와 이괘가 있는 쪽의 깃면 너비부분이 깃대에 접하도록 게양함 ② 국기와 다른 기를 같이 게양할 때에는 국기를 가장 높은 깃대에 게양함. 단, 2개 이상의 게양대 높이가 동일할 때에는 게양하는 기의 수가 홀수이면 국기를 중앙에, 그 수가 짝수이면 앞에서 바라보아 왼쪽 첫 번째에 게양함	
국기의 게양위치	단독주택	대문이나 앞에서 바라보아 왼쪽에 국기를 게양함
	공동주택	각 세대의 난간 중앙이나 앞에서 바라보아 왼쪽에 국기를 게양함
	회의장 및 강당	그 내부의 전면을 앞에서 바라보아 그 전면의 왼쪽 또는 중앙에 국기가 위치하도록 함
	차량	그 전면을 앞에서 바라보아 왼쪽에 국기를 게양함. 외국 원수가 방한하여 우리나라 대통령과 동승 시 전면을 앞에서 바라보아 태극기는 왼쪽, 외국기는 오른쪽에 게양함
국기와 외국기의 게양	① 외국기는 우리나라를 승인한 나라에 한하여 게양하여야 함. 다만, 국제적 회의 또는 체육대회 등에 있어서는 우리나라를 승인하지 아니한 국가의 국기도 게양할 수 있음 ② 국기와 외국기는 그 크기와 높이를 같게 게양함. 이 경우 외국기의 게양 순서는 외국 국가 명칭의 영문 알파벳 순서에 따름 ③ 국기와 외국기를 교차시켜 게양해야 할 경우 앞에서 바라보아 국기의 깃면이 왼쪽에 오도록 하고, 그 깃대는 외국기의 깃대 앞쪽에 오도록 함 ④ 국기와 유엔기를 게양할 경우에는 앞에서 바라보아 왼쪽에 유엔기를, 오른쪽에는 국기를 게양함 ⑤ 국기·유엔기 및 외국기를 함께 게양할 경우에는 유엔기·국기 및 외국기의 순서로 게양함	

테마 37 ▶ 국가원수의 외국방문

실무위원회 구성	방문 일자가 확정되면 외교부, 대통령비서실, 대통령경호처 등의 관계기관으로 구성	
준비업무 분장	대통령실·외교부	일정의 확정, 항공기 결정, 연설문·성명서 작성, 선물·기념품 준비
	외교부	방문국에 대한 의전설정, 예산편성
	행정안전부	국내공항행사
	문화체육관광부	공보활동계획
	외교부·관계부처	회담 및 교섭자료 작성
	외교부·행정안전부	교환할 훈장 준비
	과학기술정보통신부	기념우표 발행
일정안 작성	실무위원회와 협의를 거친 후 늦어도 방문 40일 전(선발대 출발 전)에 국가원수에게 보고하여야 함	
선발대	출발 40일 전에 반드시 선발대를 방문예정국에 파견하여 방문국 정부당국과 협의하고 현장을 직접 답사하여야 함	

54 경호학 합격노트

승용차	운전기사가 있는 경우	조수석 뒷좌석이 상석이고, 그다음은 운전석 뒷좌석, 운전석 옆좌석, 뒷좌석 가운데 순임
	자가 운전	운전석 옆자리가 상석이며, 그다음은 뒷자리 오른쪽, 왼쪽, 가운데 순임
기차	두 사람이 나란히 앉는 좌석	창가 쪽이 상석이고, 침대차에서는 아래쪽 침대가 상석임
	네 사람이 마주 앉는 좌석	기차 진행방향의 창가 좌석이 가장 상석이고 그다음은 맞은편, 상석의 옆좌석, 그 앞좌석 순임
비행기	① 타고 내릴 때는 상급자가 마지막으로 타고 먼저 내림 ② 창문가 좌석이 상석, 통로 쪽 좌석이 차석, 상석과 차석 사이의 좌석이 말석임	
선박	일반 선박	상급자가 나중에 타고 하선할 때는 먼저 내림
	함정	상급자가 먼저 타고 먼저 내림
	객실의 등급이 정해져 있다면 문제가 없으나, 지정된 좌석이 없는 경우(객실등급이 정해져 있지 않을 경우)에는 선체의 중심부가 상석이 됨	
엘리베이터	안내자가 있을 때	상급자가 먼저 타고 먼저 내림
	안내자가 없을 때	하급자가 먼저 타서 엘리베이터를 조작하고, 내릴 때는 상급자가 먼저 내림
에스컬레이터	상급자가 먼저 올라가고 내려올 때는 하급자가 먼저 내려옴	

가슴압박 (30회)	압박점에 한 손을 대고 다른 손을 그 위에 포개어 깍지를 끼고, 팔꿈치를 굽히지 않은 상태로 환자의 몸과 직각을 이루면서 시행
기도유지	머리를 젖히고 턱들기 방법으로 기도를 개방
인공호흡 (2회)	1초에 걸쳐 인공호흡을 함. 가슴압박 동안에 인공호흡이 이루어지지 않도록 주의하며, 인공호흡을 과도하게 하여 과환기를 유발하지 않도록 함(다만, 인공호흡교육을 받지 아니한 사람은 인공호흡을 생략하고 가슴압박만 반복함)

의의	인공지능, 로봇기술 등이 주도하는 차세대 산업혁명으로 정보통신기술(ICT)의 융합으로 이뤄짐	
4차 산업을 응용한 경호활동 및 경호위해활동	인공지능 로봇경호원의 출현	인간의 신체적 능력을 초월한 강인한 체력을 가지며, 아울러 인공지능으로 순간적인 높은 판단력과 침착함을 겸비한 로봇경호원이 등장
	드론의 활용	드론으로 경호대상자에게 접근하려는 사람 및 차량 등을 폭넓게 정찰하고 감시할 수 있음
	원격조정에 의한 암살·테러의 실행	비행물체나 차량에 폭발물 또는 총기류를 장착한 상태로 경호대상자나 경호대상자가 이용하는 시설에 공격을 가할 수 있음
	인공지능에 의한 정보의 분석 및 경호계획의 수립	인공지능을 활용하여 정보를 분석하고 이를 바탕으로 효율적인 경호계획을 수립할 수 있음

테마 41 ▶ 외국의 대테러부대

영국	SAS(Special Air Services): 육군 소속의 대테러 특수부대이며, 제2차 세계대전 중인 1941년 창설됨. 현대적 의미의 대테러부대의 원조임
미국	① 델타포스(Delta Force) 　　1977년에 창설된 육군특수부대로, 정규군 투입이 힘든 상황에 투입되어 요인 암살, 인질 구출, 적 기지 파괴 등의 특수임무를 수행함 ② 네이비 실(Navy Seal) 　　미국해군의 특수전부대로 게릴라전, 대테러전, 인질구조 등 비정규작전을 수행함. 케네디 대통령의 지시로 1962년 창설되었으며, 알카에다 최고지도자 오사마 빈라덴 암살작전에 네이비 실 중에서도 최정예로 꼽히는 팀식스(Team Six)가 투입됨 ③ SWAT(Special Weapons and Tactics) 　　미국의 각 주 경찰서에 위치하여 테러진압활동을 하며, 주요 요인의 신변경호 및 인질 구출 등의 작전을 수행하는 경찰 특수기동대
독일	GSG-9: 1972년 뮌헨올림픽 당시 검은 9월단 사건을 계기로 창설된 대테러 경찰특공대
프랑스	GIPN, GIGN: GIPN은 국가경찰 대테러부대이고, GIGN은 군인특공대로서 1973년 프랑스 주재 사우디아라비아대사관 점거사건을 계기로 창설됨

테마 42 ▶ 테러공격과 대테러활동의 수행단계

테러공격의 수행단계

① 1단계 정보 수집 및 관찰단계
　대상에 대한 세밀한 관찰과 조사, 관련된 정보의 수집 및 분석
② 2단계 공격계획 수립단계
　공격팀, 공격 장소 · 일시 · 방법 등에 대한 세부적인 테러계획 수립
③ 3단계 공격조 편성단계
　테러계획에 따라 공격팀 구성
④ 4단계 공격준비단계
　무기 및 각종 장비 구입, 공격대상 주변에 은거지 마련
⑤ 5단계 공격실시단계
　테러 실시, 테러 후 테러장소 이탈

대테러활동의 수행단계

① 1단계 준비과정
　군중 격리, 경계 배치, 범인의 신원 파악, 진압작전계획의 수립
② 2단계 선무공작과정
　설득 유도, 테러조직의 와해 공작, 부수 피해 방지
③ 3단계 공격검거과정
　저격 · 침투하여 테러범을 검거하는 과정
④ 4단계 수습과정
　테러범 검거 후 총기류 등의 위해요소 제거, 사상자를 의료원으로 후송, 테러범의 조사 실시 등

경호학 합격노트

2025 최신판

에듀윌 경비지도사
2차 경호학 한권끝장 + 기출특강

고객의 꿈, 직원의 꿈, 지역사회의 꿈을 실현한다

에듀윌 도서몰
book.eduwill.net

• 부가학습자료 및 정오표: 에듀윌 도서몰 > 도서자료실
• 교재 문의: 에듀윌 도서몰 > 문의하기 > 교재(내용, 출간) / 주문 및 배송

만족도 97% 명품강의로
합격자수 525% 폭발 증가

에듀윌 전문 교수진과 함께 쓰는
2025년 경비지도사 합격 신화

이근명 교수(경호학), 임지수 교수(민간경비론), 어상일 교수(경비업법), 여성곤 교수(법학개론)

합격자 수 525% 폭발 증가로 증명된 합격 커리큘럼

기본 이론	핵심&문제풀이	실전모의고사	기출해설 특강
기본 개념과 과목별 주요 이론 정리	유형별 접근법으로 문제 적응력 향상	최종 합격을 위한 출제 포인트 파악	개인별 실력 점검과 취약 부분 보완